Sous la direction
de Roland-Manuel

Histoire
de la musique

II vol. 1

*Du XVIIIe siècle
à nos jours*

Gallimard

Cette édition reprend l'intégralité des deux tomes de l'*Histoire de la musique*, ouvrage paru, sous la direction de Roland-Manuel, dans l'Encyclopédie de la Pléiade.

Chaque tome est publié en deux volumes dont la pagination est continue d'un volume à l'autre. Les tableaux chronologiques, les index de chaque tome (des noms, des œuvres) ainsi que les tables des matières analytique et générale, se trouvent donc en fin de chaque volume indiqué comme second (vol. 2). Le glossaire des principaux termes techniques se trouve à la fin du tome premier (I, vol. 2).

PRÉFACE

L<small>E</small> second et dernier tome de notre Histoire de la Musique s'ouvre sur les années climatériques qui marquent, avec la mort de Jean-Sébastien Bach, le déclin de cette ère qu'en bons Français nous éprouvons quelque scrupule à dénommer baroque et l'aurore du style musical classique. L'exposé proprement historique s'interrompt aux lendemains de la guerre de 1939-1945, pour nous proposer en appendice — mais non point en conclusion — un compte rendu des diverses tendances que manifeste la musique de notre temps, sous la rubrique Situation de la Musique contemporaine. Nous espérons qu'on nous pardonnera le caractère exorbitant d'une telle tentative. A considérer les limites extrêmes qui s'imposent à l'histoire, le mur de silence à quoi nous nous heurtons, pour peu que nous interrogions le mystère des origines, nous oppose un refus qui a du moins l'avantage de la netteté, tandis que le tumulte déchirant et confus de tant de « vols épars dans le futur » risque de nous entraîner dans une enquête sans terme. Il n'est, bien sûr, d'histoire que du révolu et l'on nous répète à bon droit, depuis Sophocle, qu'il nous faut nous garder d'appeler jamais un homme heureux qu'il n'ait franchi les portes de la mort. Aussi nous fut-il conseillé de limiter notre étude aux seules musiques dont les compositeurs, ayant accompli leur carrière, ont mis à leur discours ce point final qui lui impose le sceau de l'achevé. A suivre exactement ce conseil, nous aurions été conduits à traiter des œuvres de Ravel, de Schönberg, de Berg et de Webern, de Bartok et de Falla, de Prokofiev, d'Honegger et de Poulenc, au péril imminent de négliger ce Stravinsky qu'un long règne glorieux a nanti du privilège de survivre à ses héritiers et dont chaque partition, depuis un demi-siècle et davantage, répond à notre attente par une surprise nouvelle.

Comment, au surplus, ne pas accorder quelque chose aux requêtes d'une époque qui entend serrer toujours l'actualité de plus près ? Paul Dukas, il y a quelque quarante ans, constatait déjà que la critique, lasse de s'informer toujours de la gloire au bureau des décès, avait fini par prendre le parti aventureux

*d'aller s'en enquérir au bureau des naissances. Nous avons estimé,
pour notre part, que ce n'était pas tomber dans un excès complaisant au snobisme que de répondre de notre mieux à la curiosité puérile et honnête de ce lecteur de bonne volonté, sollicité
sans doute par les origines et l'évolution de notre art, mais qui
n'en est pas moins avide de connaître « la fin de l'histoire ».
Et nous espérons que cet appendice, net de toute propagande
partisane, remplira sa modeste ambition de bilan provisoire.*

*Notre Histoire de la Musique est sans doute, de tous les
ouvrages qui composent à ce jour l'Encyclopédie de la Pléiade,
celui qui réunit le plus grand nombre de collaborateurs. Nous nous
sommes expliqué, dans la préface du tome premier, sur la nécessité de cette extrême division du travail, eu égard à la complexité
de la matière et à la dispersion des compétences. Ces compétences,
qui valent chacune d'être respectées, ne sont pas constamment
d'accord les unes avec les autres. Nous avouons de bonne grâce
que nous ne nous en sommes pas alarmé. La diversité des angles
de prise de vues ne pouvait manquer de produire certaines disparates. Et si les contrastes, voire les conflits, se dessinent, dès le
premier chapitre, à propos de la genèse du style classique, pour
s'accuser davantage à mesure que l'enquête suit les courants du
XIXe siècle, n'est-ce pas le signe qu'ils répondent au rythme et au
tempo du romantisme dont ils reflètent le climat ? C'est encore
le romantisme, dans la mesure où il exalte, comme parle Barrès, « la fière créature supérieure à toutes les formules, ne se
pliant sur aucune, mais prenant sa loi en soi-même », qui requiert
et justifie la prolifération des essais monographiques.*

*Nous prions qu'on nous permette, pour finir, d'exprimer le
vœu que ne peut s'empêcher de former le directeur responsable
d'une publication collective : nous conjurons le lecteur de ne pas
croire qu'avant lui nous avons mesuré l'importance d'un sujet
au nombre de pages qu'on lui voit ici consacrées. Nos collaborateurs ont aussi leur tempo et leur rythme propre, qu'il convenait de respecter. Nous aurions fait conscience de brider leur
élan ou de stimuler leur faconde en leur imposant le supplice du
lit de Procuste. La densité du texte peut compenser la brièveté
de l'exposé. Au demeurant, s'il faut en croire Valéry, les plus
vastes sujets ne nécessitent pas toujours les plus abondantes
lumières, au contraire parfois de thèmes plus restreints qui
appellent d'amples considérations et justifient de longs développements.*

Il a fallu plusieurs années pour réunir et mettre au point les éléments qui composent ce volume. En menant l'ouvrage à son terme, notre pensée va très naturellement à tant de collaborateurs dont la science et la conscience n'ont eu d'égale que la longanimité, et tout d'abord à ceux qui nous ont quittés avant d'avoir vu l'achèvement de la tâche commune. C'est le lieu de rappeler que la musicologie et la musique ont porté depuis cinq ans et porteront longtemps le deuil d'Adolfo Salazar, de Constantin Braïloiu, d'Émile Haraszti, d'Edward J. Dent, de Léon Vallas, d'Eugène Borrel et de Francis Poulenc.

Je remplirai, pour terminer, le plus agréable devoir en rendant un hommage particulier à notre directeur Raymond Queneau et à ceux de nos compagnons de travail qui, pour n'être pas nommés dans le corps de l'ouvrage, n'en sont pas moins les artisans de sa publication. La tâche des collaborateurs de l'éditeur n'a pas été la moins lourde. Ils l'ont assumée avec une pertinence et un dévouement qui donnent toute l'étendue de son sens à la vertu de discrétion. Parmi eux, j'aime à remercier très affectueusement MM. Louis René des Forêts et Georges Humbrecht.

ROLAND-MANUEL.

NOTE DE L'ÉDITEUR

Suivant l'usage de l'Encyclopédie de la Pléiade, ce second tome de l'*Histoire de la Musique* peut être utilisé comme ouvrage de référence. La plupart des chapitres sont suivis d'une bibliographie d'orientation, à l'exception toutefois de ceux qui traitent de sujets encore mal explorés sur lesquels aucune œuvre sérieuse n'a été publiée jusqu'à ce jour.

Bien qu'adepte de la transcription scientifique de l'alphabet cyrillique, M. Vladimir Fédorov a bien voulu adopter pour les noms russes la transcription phonétique française habituelle.

En outre, le lecteur pourra consulter à la fin du volume :

1º Un *tableau chronologique* des principaux événements de la création et de la vie musicale depuis 1720 jusqu'à 1960.

2º Un *index des noms*.

3º Un *index des œuvres*.

4º Une *table analytique*.

5º Une *table générale*.

LISTE DES COLLABORATEURS

VERS LE CLASSICISME

L'OPÉRA

OPÉRA BOUFFE ET OPÉRA-COMIQUE

L'OPÉRA-COMIQUE français a trouvé sa forme définitive peu après le milieu du XVIIIᵉ siècle. C'était, musicalement, une combinaison d'éléments français et italiens. Le but du présent chapitre est d'établir brièvement de quelle nature est l'apport respectif de chaque nation et de montrer l'influence réciproque de l'une sur l'autre, dans la première moitié du XVIIIᵉ siècle; puis de suivre le développement de l'opéra-comique aux mains de ses premiers maîtres, jusqu'à la Révolution.

La comédie en musique, en tant que forme dramatique particulière, est une création du XVIIIᵉ siècle. Alors que l'opéra baroque vénitien et l'*opera seria* napolitain constituaient des types cosmopolites et internationaux, qui se retrouvaient avec des caractères identiques à travers toute l'Europe, la comédie en musique, dès son apparition, se distingua par un caractère purement national et se développa principalement dans des limites nationales. Dans tous les pays elle se différenciait de l'*opera seria* par certains traits saillants : les sujets, les scènes, les personnages et le style du livret étaient empruntés à la comédie populaire et souvent aux aspects familiers de la vie quotidienne. La musique en était relativement simple, et d'expression nettement nationale; socialement, la comédie en musique appartenait à un milieu plus humble que celui de l'*opera seria*. Il n'était pas rare, non plus, que la comédie en musique fût une parodie ou une satire de celui-ci. De tous les types d'opéra national, nous ne considérerons, pour le moment, que l'*opera buffa* italien, et l'*opéra-comique en vaudevilles* français.

L'OPÉRA BOUFFE

C'est une des caractéristiques de l'opéra italien du XVIIᵉ siècle d'entremêler scènes comiques et tragiques dans un même ouvrage. Les réformes de Zeno et de Métastase, en abolissant ces mélanges incongrus, ont contribué indirectement au développement et à l'émancipation de l'opéra-comique.

Il y avait deux genres de spectacles. Le plus ancien était la *commedia in musica,* opéra de longueur normale, sur un livret entièrement comique, dont on trouve des exemples au XVIIe siècle, et qui a été pratiqué ensuite par quelques compositeurs tels qu'Alessandro Scarlatti, dans *Il Trionfo dell' onore* (1718). Mais le type véritablement caractéristique du XVIIIe siècle, c'est *l'intermezzo* qui se développe à Naples vers 1710 et qui, à l'origine, devait, comme d'ailleurs son nom l'indique, servir de divertissement entre les actes d'une pièce ou d'un *opera seria.* Ceux-ci comportaient généralement trois actes et, par conséquent, il fallait deux *intermezzi.* Au début, les deux *intermezzi* étaient sans rapport l'un avec l'autre; mais plus tard, on utilisa le même sujet, divisé en deux parties, pour l'insérer entre les trois actes de la représentation. Finalement, on relia les deux actes, et l'intermezzo fut représenté comme un tout faisant pendant à un *opera seria,* ou parfois comme une production entièrement indépendante. Les premiers *intermezzi,* écrits en dialecte napolitain, empruntaient leurs personnages et leurs sujets à la *commedia dell' arte* ou aux farces populaires : le capitaine fanfaron, la vieille nourrice, le docteur (un charlatan prétentieux), le valet comique à l'esprit vif; l'histoire du vieillard riche, infatué de sa personne, amoureux d'une jeune fille qui le berne et qui épouse son jeune prétendant; ou encore celle du marin qu'on croyait depuis longtemps disparu, et qui revient au moment même où sa jeune femme est sur le point d'épouser un mari plus jeune, etc.

La musique de ces *intermezzi* est généralement l'œuvre d'obscurs compositeurs restés pour la plupart anonymes; mais peu à peu, des compositeurs connus d'*opera seria* se tournèrent vers cette forme nouvelle, et parmi eux Alessandro Scarlatti, Leo, Vinci, Pergolèse, Hasse, Rinaldo da Capua.

Parmi les centaines d'*intermezzi* si rapidement montés et si vite oubliés, pendant la première partie du XVIIIe siècle, celui qui a gardé, à juste titre, sa place au répertoire jusqu'à nos jours, c'est *la Serva padrona* (*la Servante maî-*

tresse) de Pergolèse, représenté pour la première fois à Naples en 1733, et que l'on peut considérer comme l'exemple parfait de l'opéra bouffe. Comme la plupart des œuvres de ce type, *la Serva padrona* n'emploie qu'un nombre restreint d'acteurs, en fait, deux seulement : un soprano et une basse, plus un troisième personnage muet. L'orchestre est composé de cordes et d'une basse continue. Le sujet en est simple : Serpina, jeune servante autoritaire, exploitant la jalousie de son vieux maître Uberto, le persuade de l'épouser et devient ainsi la maîtresse de maison. Typiques de l'opéra bouffe, les airs de basse d'Uberto, en forme de vigoureux allégros, sont d'un style comique délicieusement spontané, qui unit parfaitement les paroles, la musique et l'action :

Les airs *andante cantabile,* avec quelques touches chromatiques d'un pathétique burlesque, sont moins fréquents. La diversité des airs, non seulement dans cet ouvrage, mais dans l'opéra bouffe en général, contrastait nettement avec l'*opera seria* de cette époque, où le *da capo* prévalait presque exclusivement. Dans l'opéra bouffe, le dialogue, comme dans l'*opera seria,* est confié au *recitativo secco.* On usait du *recitativo accompagnato* occasionnellement, et souvent dans la nette intention de parodier le style dramatique intense de l'*opera seria.*

La présence de la voix de basse dans l'opéra bouffe contribua à en fixer l'une des caractéristiques : l'emploi des ensembles, qui alla croissant au cours du XVIIIe siècle. L'*opera seria*, où prédominait le chant solo, ne leur laissait que peu de place, à l'exception des duos, et même ceux-ci ne différaient guère, dans leur style musical ou leur fonction dramatique, de l'aria solo. Mais dans l'opéra bouffe, l'habitude s'introduit de terminer chaque acte, ou en tout cas le dernier, par un finale concertant auquel prennent part tous les personnages. Le déroulement rapide du drame ne permettait plus à l'ensemble d'être un simple « morceau » : il fallut trouver le moyen d'en combiner la musique à une action dramatique continue qu'elle viendrait renforcer.

Nicola Logroscino, « le dieu de l'opéra bouffe », dont les œuvres se jouaient à Naples depuis 1738, fut le premier à tenter de résoudre ce problème en composant toute la musique du finale en accord avec l'action, sans divisions conventionnelles ou autres principes d'organisation musicale. Le Vénitien Baldassare Galuppi expérimenta avec ce qu'on est convenu d'appeler le finale « en chaîne » qui divise l'action de telle manière que chaque élément pouvait être traité comme un morceau séparé. Plus tard, la structure dramatique et musicale de l'ensemble final dans les œuvres des principaux compositeurs italiens d'opéras bouffes après 1750 — plus particulièrement Piccinni, Anfossi, Guglielmi et Paisiello — prépare la voie aux finales symphoniques magistraux de Mozart.

L'opéra bouffe, comme certaines formes plus légères d'opéra dans d'autres pays, subit, dans la seconde partie du XVIIIe siècle, une évolution qui le conduisit à s'inspirer de sujets plus divers, plus raffinés, empruntant certains traits au roman sentimental, ainsi qu'à d'autres éléments préromantiques, qui s'accompagnèrent d'un développement dans la variété et la valeur expressive de la musique. Cette évolution qui doit son origine, pour une large part, aux comédies et livrets de Goldoni et à la musique de Piccinni et Paisiello, se termina avec Mozart (*les Noces de Figaro, Don Giovanni, Cosi fan tutte*) et Cimarosa (*le Mariage secret*). Sans essayer d'examiner en détail cette dernière phase de l'opéra italien, tournons-nous maintenant vers la France, et suivons le destin de cette forme essentiellement française : l'opéra-comique, dans la première partie du XVIIIe siècle.

L'OPÉRA-COMIQUE   EN   VAUDEVILLES

L'opéra-comique français ne s'est pas, comme l'opéra bouffe en Italie, développé parallèlement à l'opéra régulier, mais plutôt en opposition avec celui-ci. Le privilège exclusif accordé à l'Académie royale de Musique en 1669, et confirmé sous le règne triomphant de Lully, empêchait tout autre théâtre de Paris de lui faire concurrence dans le domaine de l'opéra. Aussi, quand, peu après 1700, quelques petits théâtres éphémères s'ouvrirent à la Foire de Saint-Germain et de Saint-Laurent et présentèrent au public de petites comédies et pantomimes entremêlées de chansons, ils se virent bien vite accablés par une série de procès qui, après bien des années, se terminèrent par un compromis : les directeurs de ces petits théâtres obtenaient, en échange d'une redevance annuelle à l'Opéra, le privilège de donner une quantité limitée de musique dans leurs productions.

Le Théâtre de la Foire et son rival, le Nouveau Théâtre Italien, présentèrent, à partir de 1715, des centaines d'œuvres de caractère comique ou fantastique, dans lesquelles un dialogue parlé alternait avec des chansons de style populaire. Les livrets de ces « opéras-comiques », comme on avait l'habitude de les appeler, offraient un mélange des styles français et italien. Les pièces, écrites sur le modèle de l'ancien théâtre italien installé à Paris au XVIIᵉ siècle, avec les personnages de la *commedia dell' arte* (Arlequin, Mezzetin, Scaramouche, Colombine, etc.) étaient des farces plus ou moins stéréotypées, ou des sortes de revues agrémentées de scènes fantastiques (souvent dans un cadre oriental), d'allusions à l'actualité, de parodies et de satires. La musique était purement française. La limitation du nombre des musiciens et des chanteurs excluait les ballets, les chœurs et les arias comparables à ceux de l'opéra — mais le public auquel ce théâtre s'adressait n'était pas particulièrement épris du style grandiose et pompeux de la tragédie lyrique. Les chansons, au début, n'étaient guère que des airs populaires (principalement des « vaudevilles »), sur lesquels les auteurs écrivaient des paroles. Plusieurs centaines de ces airs connurent une vogue plus ou moins longue pendant la première moitié du xviiie siècle, et on peut en trouver un grand nombre dans les suppléments musicaux des volumes du Théâtre de la Foire et dans certaines autres collections semblables. Dans un genre nécessairement limité, on trouve une surprenante variété de mélodies; beaucoup d'entre elles ont gardé intacts leur fraîcheur, leur charme, leur vivacité habile et malicieuse. Ce qui est peut-être plus fascinant encore que les mélodies elles-mêmes, c'est la technique subtile dont font preuve bien des auteurs et des arrangeurs dans l'art de choisir les chansons les mieux adaptées à une situation donnée : non seulement certains airs convenaient particulièrement à l'expression de certaines actions ou de certains sentiments, mais il y avait également une possibilité de double entente ou d'allusion cachée dans le fait que chaque mélodie avait son « timbre » ou étiquette, mot ou phrase qui l'identifiait. Ainsi, lorsque les paroles avaient un double sens, l'emploi de l'air : « *Vous m'entendez bien* » exprimait cette idée; ou bien, lorsqu'une promesse était faite sans qu'on ait l'intention de la tenir, l'air « *Attendez-moi sous l'orme* » suggérait la tromperie.

Le premier auteur qui comprit les possibilités artistiques des vaudevilles mêlés aux opéras-comiques a été Lesage, qui trouva un successeur et un émule en Piron. Mais le maître incontesté de l'opéra-comique fut Charles-Simon Favart, dont les œuvres les meilleures et les plus originales datent de la période qui va de 1740 à 1760.

Les sources musicales du répertoire traditionnel des vaudevilles de l'opéra-comique au début du xviiie siècle n'ont jamais été étudiées à fond. Sans aucun doute, beaucoup de ces airs remontent au xvie siècle, et peut-être plus loin encore. On peut retrouver la trace de certains autres dans les recueils de chansons du xviie siècle; beaucoup d'autres enfin étaient les airs favoris des opéras de Lully et de ses successeurs. Avec le temps, le répertoire changeait : on abandonnait les vieux vaudevilles, qu'on remplaçait par des « airs nouveaux » tirés d'opéras à la mode, de ballets et de cantates. Sans compter quelques mélodies récemment composées, ces changements ne se faisaient pas sans opposition de la part des défenseurs des airs anciens, comme le prouvent certaines revues du Théâtre de la Foire, telles que les *Couplets en procès* (1739) de Lesage, où la question est débattue en détail. Outre les vaudevilles et autres mélodies empruntées qui formaient l'essentiel du contenu musical des premiers opéras-comiques, il y eut aussi, dès le début, une part de musique originale qui augmenta avec les années : des ouvertures, quelques petites symphonies descriptives, parfois des ensembles, et en particulier le « vaudeville final », sorte de finale semblable à celui des opéras bouffes italiens, mais généralement en strophes, et souvent accompagné de danses et de chœurs, à la manière des ballets d'opéras. Tout ceci fut l'œuvre de compositeurs obscurs, attachés au Théâtre de la Foire et au Théâtre Italien, parmi lesquels nous pouvons citer Jean-Claude Gillier et Jean-Joseph Mouret. Certaines de ces œuvres étaient assez compliquées, et exigeaient des chanteurs professionnels en plus des acteurs habituels du théâtre, tout juste capables de chanter des airs de vaudeville.

LA QUERELLE DES BOUFFONS

Vers le milieu du XVIIIe siècle, l'opéra-comique s'était fait une place modeste encore, mais assurée, dans l'estime du public parisien, et il avait acquis un caractère et un style musical distincts. Le conflit entre les anciens et les nouveaux airs, entre la musique traditionnelle et la musique nouvellement composée, existait toujours, mais ce conflit se trouva subitement résolu et la carrière de l'opéra-comique profondément modifiée par un de ces événements imprévisibles qui interviennent avec une soudaineté dramatique dans l'évolution générale de la musique.

Entre le mois d'août 1752 et février 1754, une troupe venue d'Italie présenta à Paris une douzaine d'opéras bouffes. Leur succès fut énorme et immédiat ; il suscita même aussitôt une querelle littéraire et musicale, devenue célèbre sous le nom de « querelle des Bouffons ».

Ce n'était pas la première fois, au XVIIIe siècle, que Paris entendait des opéras italiens. Il y avait eu précédemment des représentations en 1729 et en 1746, mais qui ne semblaient pas avoir fait grande impression ni sur le public, ni sur les critiques. Et la querelle des Bouffons n'était pas la première bataille que se livraient la musique française et la musique italienne.

Le premier opéra présenté par les « buffonistes » avec un succès durable a été *la Serva padrona (la Servante maîtresse)* de Pergolèse. Les autres étaient composés par des auteurs populaires en Italie, qu'il est d'autant plus inutile de citer qu'il s'agit d'œuvres qui n'étaient plus ou moins que des pastiches. En général, ces œuvres étaient représentatives du style « bouffe » à la mode en Italie. Le sujet typique consistait en une série de péripéties comiques, où deux ou quatre personnages participaient à une seule intrigue sans aucun épisode étranger à l'action, qui tirait ses effets de sa propre rapidité et de l'expression réaliste des sentiments, au moyen d'un langage musical vif et bien adapté, qui exigeait des chanteurs un haut degré de virtuosité et de finesse psychologique. Les solos étaient le plus souvent écrits sur le modèle *da capo,* ou sur une de ses formes abrégées. Les finales habituels, en général des duos, suivaient de près l'action dramatique sans chercher à produire de forme musicale cohérente, et ils étaient caractérisés par un échange de phrases courtes et rapides.

Le seul ouvrage qui se distingua nettement des autres par la forme fut *Bertoldo in corte* de Ciampi, sur un livret de Goldoni, qui, selon la nouvelle mode, mettait en scène un couple de paysans vertueux qui préféraient à la corruption de la vie de société l'honnête douceur de leur existence rurale. Ce thème, avec de nombreuses variantes, devint, par la suite, très fréquent dans l'opéra-comique français. *Bertoldo* fut parodié par Favart, qui en tira un de ses plus grands succès : *Ninette à la cour* (1755), où il utilisait non seulement la musique de Ciampi, mais encore celle d'autres opéras du style « bouffe ».

Il convient de noter ce fait remarquable, que, pendant toute la durée de la querelle des Bouffons, personne, ou presque, ne remarqua qu'il ne s'agissait point d'une controverse sur les mérites respectifs de l'opéra bouffe italien et de l'opéra-comique, mais d'une comparaison entre l'opéra bouffe et l'*opera seria* français de Rameau et de Mondonville. L'opéra-comique semble avoir été considéré comme trop vulgaire pour mériter l'attention.

Mais le grand enthousiasme pour l'opéra bouffe fut certainement comme un arrêt de mort pour le vieil opéra-comique en vaudevilles. Contant d'Orville écrit en 1768 : « Comme après une calamité publique, lorsque les flammes ont ravagé les bâtiments gothiques d'un quartier, les matériaux échappés à l'incendie sont assemblés pour en construire des maisons dans le goût moderne, ainsi nous, après la perte des chanteurs italiens, nous avons glané, picoré ce que nous avons pu de leur musique, et à l'aide de quelques paroles françaises nous avons élevé un édifice léger, il est vrai, sans consistance, qui par lui-même n'est rien... et qui, travaillé par d'habiles artistes, ne fera jamais un genre, mais peut devenir un *rien* fort agréable. » (*Histoire de l'opéra bouffon*, I, 12.) Comme tous les historiens de son temps, Contant d'Orville place le début de l'opéra-comique français à l'époque des premiers imitateurs de l'opéra bouffe, et paraît ignorer un demi-siècle de comédies vaudevilles, comme si ces dernières n'avaient jamais existé. Le moins qu'on puisse dire de cette attitude, c'est qu'elle exagère l'influence italienne.

L'OPÉRA-COMIQUE FRANÇAIS

LES ARIETTES REMPLACENT LES VAUDEVILLES

L'opéra-comique, au cours des quarante dernières années du XVIIIᵉ siècle, devait effectivement beaucoup aux opéras bouffes italiens. C'est de ces modèles que les auteurs apprirent à condenser et à simplifier l'intrigue, à éliminer les scènes épisodiques et à abandonner le royaume de la féerie et du fantastique au profit du monde de la vie quotidienne, avec ses types plus humbles, plus réels.

Les compositeurs français étaient pleins de respect pour la technique instrumentale et vocale des Italiens, et avaient l'ambition d'écrire pour le théâtre comique français des ouvrages où la musique ne serait pas seulement un appoint décoratif, mais un facteur de poids et d'une importance égale à celle du drame. Ils n'essayèrent guère, cependant, d'imiter le *recitativo secco* à l'italienne, préférant le dialogue parlé, comme dans la vieille comédie vaudeville. Leur musique, quoique très influencée par leurs modèles italiens, sut préserver certaines caractéristiques importantes et bien françaises, et le style mélodique de beaucoup de leurs airs, l'usage constant qu'ils faisaient des finales en « vaudevilles » étaient des signes distinctifs de leur héritage national.

La première étape de transition, qui dura environ dix ans, voit le remplacement progressif des vaudevilles par des airs ou « ariettes », comme on les appelait en France à cette époque. Neuf des douze opéras bouffes, qui avaient été donnés en traductions ou adaptations libres (parodies) avant 1756, utilisaient soit la musique italienne originale, soit des airs italiens provenant d'autres sources, soit des ariettes composées par des Français.

Des ouvrages français originaux commencèrent alors à paraître. Le plus célèbre parmi ces derniers est *le Devin du village* de Jean-Jacques Rousseau (1752), qui utilisait des récitatifs de style italien à la place du dialogue parlé, mais qui, à part cela, est un modèle de musique française, avec ses ariettes sentimentales, touchantes de simplicité, ses petits airs et ses chœurs dans le style des vaudevilles, et un usage fort adroit de la langue française, pour un homme qui, un an plus tard, devait s'élever avec véhémence contre son emploi!... Il faut signaler également une œuvre imitée de l'opéra bouffe italien, *les Troqueurs,* livret de Vadé, musique de Dauvergne, représentée pour la première fois à la Foire de Saint-Laurent en 1753.

Monnet, directeur de l'Opéra-Comique, joua un bon tour aux adeptes de l'opéra bouffe en attribuant la musique des *Troqueurs* à un compositeur italien imaginaire habitant Vienne. Et quand l'ouvrage eut obtenu un succès enthousiaste auprès des ennemis de la musique française, il révéla que son auteur était bel et bien français. Si l'ouverture et les ariettes de Dauvergne étaient, comme ses récitatifs et ses ensembles, de style italien, l'ouvrage contenait encore deux vaudevilles et s'achevait sur un divertissement de danses et d'airs à la manière des vieux opéras-comiques.

Dans une œuvre comme *Annette et Lubin* de Favart (1762), on trouve dans la même partition un mélange de divers styles particuliers, arrangé et composé en partie par Blaise : des airs imités de l'opéra italien (en particulier *Adriano in Siria* de Hasse), des airs de certains compositeurs français comme Philidor, Campra, Sodi, Gaviniès, La Borde, Rousseau, des duos, des ensembles et certaines ariettes dans le style italien. Cet ouvrage, qui obtint un succès sans précédent en France et à l'étranger, représente le type d'opéra-comique dans la vieille tradition de la comédie vaudeville. Dans une « revue » donnée à la Foire Saint-Laurent en 1760, intitulée *le Procès des ariettes et des vaudevilles* (imité des *Couplets en procès* de Lesage), Favart essaie encore de réconcilier les deux genres. Mais il fut finalement obligé de céder au goût du public qui ne voulait que de la musique nouvelle. A partir de 1762, on peut constater nettement la victoire des ariettes sur les vaudevilles. Cette même année, le Théâtre de la Foire est absorbé par le Théâtre Italien, et un nouveau contrat, conclu avec l'Opéra en 1766, confirme l'ancienne interdiction faite « aux ouvrages de *musique suivie,* tels que *les Troqueurs,* et autres de pareille nature ». La forme classique de l'opéra-comique était donc établie de manière permanente : une pièce en dialogue parlé, entremêlée de chansons originales, telle est la forme des opéras-comiques des maîtres de la dernière partie du XVIIIe siècle, parmi lesquels les plus importants furent Duni, Gluck, Philidor, Monsigny, Grétry et Dalayrac.

LA COMÉDIE MÊLÉE D'ARIETTES

Egidio Romoaldo Duni était un Napolitain qui avait été l'élève de Durante, et avait occupé la charge de maître de chapelle à Parme depuis 1748. A son arrivée à Paris en 1757, il devint l'un des plus âpres défenseurs de l'opéra en langue française. Il obtint immédiatement un triomphe avec la mise en musique d'une petite comédie d'Anseaume, *le Peintre amoureux de son modèle,* qui contenait un certain nombre de vaudevilles et des ariettes de style italien. Puis vint une autre œuvre importante : *l'Isle des fous,* pièce en deux actes faite de petites scènes détachées, genre très répandu aux débuts du Théâtre de la Foire, et connu sous le nom de « pièces à tiroirs ». Dans *le Milicien* (1763), Duni a créé un des personnages favoris de l'opéra-comique, celui du vieux soldat, comique, bourru, bon cœur néanmoins. Il faut encore citer *les Deux Chasseurs et la laitière,* petite comédie pastorale d'Anseaume, pour laquelle Duni écrivit quelques-uns de ses airs les plus charmants et qui obtint également un grand succès. *L'École de la jeunesse* (1765), d'après la tragédie de Lillo, *George Barnwell,* fut l'un des premiers opéras-comiques à représenter un drame bourgeois avec des scènes extrêmement émouvantes, auxquelles Duni adapta une musique d'un style vigoureux et sévère. La même année, il écrivit la musique d'une pittoresque et expressive comédie fantaisie : *la Fée Urgèle, ou Ce qui plaît aux dames,* sur un livret de Favart. *La Clochette,* autre comédie en un acte, d'après une comédie pastorale d'Anseaume (1766), développe un des thèmes favoris de l'opéra-comique du xviiie siècle : le culte de la vie rurale où la vertu et la bonté naturelle des bergers et des paysans s'opposent aux mœurs artificielles et aux vices de la cour et des villes. Cette dernière œuvre de Duni, critiquée à l'époque et considérée comme démodée, contenait cependant de jolis passages, en particulier le récitatif et le duo de la scène xv, avec une imitation de « la clochette » dans l'accompagnement d'orchestre, et le style réaliste de la comédie bouffe. Le motif de la clochette reparaît au vaudeville final avec le refrain : « *Tout en faisant drelin* ». Si Duni ne doit pas être compté parmi les meilleurs compositeurs d'opéras-comiques, on ne peut contester son importance en tant que précurseur. Il fut le premier à obtenir des succès durables avec une musique entièrement nouvelle et originale sur des livrets français. Il aspirait à réconcilier le style français et le style italien, bien qu'on ne puisse dire qu'il y soit parvenu. Par contre, il a été l'un des premiers à définir clairement certains types et certains sujets d'opéra-comique, qui devaient être développés plus tard par d'autres compositeurs : la comédie farce à l'intrigue amoureuse, très proche de l'opéra bouffe italien, la pastorale, ou paysannerie, déjà illustrée par Favart dans son *Annette et Lubin,* et par J.-J. Rousseau avec *le Devin du village ;* le conte féérique, qui avait débuté avec Anseaume et *Cendrillon* de Laruette en 1759; et le drame sentimental qui devait connaître une si grande popularité à la fin du xviiie siècle.

LES OPÉRAS-COMIQUES DE GLUCK

Afin de respecter l'ordre chronologique, nous devons nous occuper maintenant des opéras-comiques de Gluck, bien que ceux-ci, n'ayant pas été connus immédiatement en France, n'aient pas eu d'influence directe sur les compositeurs français cités plus bas. Entre 1755 et 1768, l'opéra-comique était aussi familier au public de Vienne et de Schönbrunn qu'il l'était à celui de Paris. La longue liste des œuvres représentées par la troupe française de Vienne comprend, en plus des comédies vaudevilles, presque toutes les œuvres nouvelles importantes des compositeurs d'opéra-comique français. Pour satisfaire le goût des Viennois, ces œuvres subissaient souvent des changements plus ou moins importants. La tâche d'arranger une douzaine de ces opéras-comiques et, au besoin, d'y ajouter de nouvelle musique, avait été confiée à Gluck entre 1755 et 1764. Au début, Gluck se contentait d'arranger la musique qu'il recevait, mais peu à peu il remplaça les ariettes et les vaudevilles originaux par ses propres compositions. En 1761, la musique du *Cadi dupé,* dont le livret était de Lemonnier, fut complètement récrite, et, en 1764, pour *la Rencontre imprévue,* la partition était entièrement de Gluck. Ce fut son dernier opéra-comique, quoique plus tard il arrangeât quelques-uns des précédents pour les faire représenter à Paris. L'importance de ces dix années, pendant lesquelles Gluck s'occupa presque uniquement d'opéras-comiques français, semble avoir échappé parfois aux historiens. Ce n'est certainement pas par une simple coïncidence que, pendant les années mêmes où il envisageait des projets de réforme de l'opéra — qu'il allait formuler si clairement dans la fameuse préface d'*Alceste* — Gluck s'efforçait d'assimiler le style français, effort qui devait plus tard porter ses fruits. C'est ainsi que *la Rencontre imprévue ou les Pèlerins de la Mecque,* comédie arrangée par Dancourt, d'après un spectacle donné au Théâtre de la Foire en 1762, devint un opéra-comique dans le cadre oriental si populaire au XVIIIe siècle. Par son orientalisme et par le traitement de l'intrigue, cet opéra peut être considéré comme le précurseur de *l'Enlèvement au sérail* de Mozart. (Mozart a d'ailleurs écrit une série de dix variations sur un thème tiré de *la Rencontre* : l'air intitulé *Les hommes pieusement...*, k. 455.) La partition de Gluck offre une extraordinaire diversité de moyens d'expression et de formes : il y a des airs sur des rythmes de danse français et dans le style des vaudevilles, des chansons comiques pour basse bouffe, des ensembles très animés, des solos compliqués dans le style italien, et un certain nombre de mélodies lyriques, tendres et expressives, dans le mode majeur, d'une sérénité toute classique et pleine de retenue qui rappelle le « *Che farò senza Euridice ?* » d'*Orfeo*. La proportion importante des ensembles, dix sur trente-quatre, rappelle l'opéra-comique français, et est beaucoup plus élevée que dans les opéras italiens. Ajoutons que les ouvertures des opéras-comiques de Gluck sont d'habitude d'un seul mouvement et plus intimement liées au ton du drame que ne le sont ordinairement les ouvertures de cette époque. L'ensemble symphonique habituel — quintette à cordes avec deux flûtes, hautbois, bassons et cors — a été augmenté dans *la Rencontre imprévue* par l'adjonction d'un piccolo et d'une variété d'instruments à percussion pour les effets de « turqueries ».

PHILIDOR

A Paris, le premier compositeur important après Duni fut François-André Danican Philidor, issu d'une famille de musiciens distingués, et aussi connu comme compositeur que comme grand joueur d'échecs. (Il a publié, en effet, en 1748, une *Analyse du jeu d'échecs,* et son nom s'est perpétué dans l'ouverture classique connue sous le nom de « défense de Philidor ».) Le style musical de Philidor est énergique, sûr et puissant. Mieux doué peut-être que les autres musiciens de son temps pour les effets dramatiques, il possédait une solide connaissance de la technique de la composition musicale, et ne donnait jamais l'impression — comme c'était le cas de Duni et de Monsigny — d'être plus capable d'inventer de jolis airs que de les doter d'une richesse d'harmonie et de contrepoint. Les premiers succès de Philidor furent *Blaise le savetier,* en 1759, et *le Jardinier et son seigneur,* en 1761, d'après deux comédies de Sedaine. La musique du premier est remarquable par sa verve comique, tandis que le second nous séduit par ses qualités descriptives. *Le Jardinier* est l'un des premiers opéras où une touche de satire sociale se mêle aux images idylliques de la vie pastorale : « Ces seigneurs-là, dit, par exemple, un des personnages, n'ont qu'un doigt pour faire du bien; ils en ont neuf pour faire du mal. » Cette première note menaçante devait aller s'amplifiant pendant trente années, faisant de l'opéra-comique, comme l'observe Abert, les « Sturmvögel » (les oiseaux de malheur) de la Révolution. L'œuvre de Philidor se poursuit par *le Maréchal ferrant* (1761), *Sancho Pança* (1762), *le Bûcheron* (1763) et *le Sorcier* (1763). Son chef-d'œuvre *Tom Jones*, « comédie lyrique » de Poinsinet, d'après le roman populaire de Fielding, fut présenté en 1765. Cette œuvre, de même que *l'École de la jeunesse* de Duni, parue la même année, était un drame pathétique et mouvementé; Philidor sut lui donner le ton qui convenait grâce à une vigueur, une sensibilité, une vivacité et un pittoresque qui ont rarement été atteints dans tout l'opéra-comique du XVIIIᵉ siècle. Particulièrement admirables sont l'air où le chevalier Western chante les gloires de la chasse, au premier acte, le fameux septuor de l'acte II et le récitatif de Sophie ainsi que l'air « *O toi qui ne peux m'entendre* », à l'acte III. Aucune des œuvres de Philidor qui succédèrent à *Tom Jones* ne fut aussi réussie, et aucune n'obtint un aussi grand succès. Il écrivit un opéra en 1769, *Ernelinde,* et un de ses derniers ouvrages, un charmant petit opéra-comique dans le goût oriental, *la Belle Esclave,* fut représenté en 1787.

MONSIGNY

Pierre-Alexandre Monsigny, dont la carrière de compositeur va de 1759 à 1777, s'oppose par bien des aspects à Philidor. Doux et presque féminin, mélodiste-né, il se montre excellent dans les parties descriptives, mais il avait fort peu de science et était incapable de soutenir le développement logique de ses idées musicales. Il débuta, comme tous les compositeurs de sa génération, par des comédies farces à intrigue imitées de l'opéra bouffe (*les Aveux indiscrets,* 1759; *le Maître en droit,* 1760) qui contenaient des vaudevilles et des ariettes parodiées. Dans son meilleur ouvrage, *On ne s'avise jamais de tout*

(1761), sur un livret de Sedaine, la musique était entièrement originale. *Le Roi et le fermier* (1762), imité par
Sedaine du drame de Dodsley *The King and the Miller
of Mansfield (le Roi et le fermier de Mansfield)*, et *Rose et
Colas* (1764), livret de Sedaine, sont d'excellents exemples
d'idylles paysannes à la mode de l'époque, et contiennent
des passages très réussis dans ce style sentimental et
pittoresque particulier à Monsigny. Son meilleur
ouvrage, *le Déserteur* (1769), « marque une étape décisive dans l'évolution de l'opéra-comique vers un art
plus simple, débarrassé des personnages de convention,
et dont la force résidera surtout dans une émotion plus
pure, plus profondément humaine » (Cucuel, *les
Créateurs de l'opéra-comique français*, p. 142). L'ariette de
Louise, au début du premier acte, nous donne une idée
des dispositions tendres et sentimentales si caractéristiques de Monsigny :

Cet ouvrage est certainement, parmi les opéras-
comiques du xviiie siècle, l'un des meilleurs, et, historiquement, l'un des plus importants. Malgré certaines
insuffisances évidentes de la technique musicale, on
s'étonne que Grimm ait pu dire de cette œuvre qu'elle
était « informe et inexpressive ». *Le Déserteur* eut une
longue carrière en France, Allemagne, Angleterre et

Amérique, et on retrouve encore certains échos de son style chez Méhul, Boieldieu et même Massenet. Parmi les derniers ouvrages de Monsigny, mentionnons le conte féerique de Favart, *la Belle Arsène* (1773), et *Félix, ou l'Enfant trouvé,* de Sedaine (1777), excellente partition que la postérité a injustement négligée.

GRÉTRY

Nous ne pouvons qu'esquisser brièvement la carrière et les œuvres de la plus importante figure du XVIIIᵉ siècle dans le domaine de l'opéra-comique : André-Ernest-Modeste Grétry. Né à Liège en 1741, Grétry étudia à Rome durant huit ans et vint à Paris en 1767, où il devint immédiatement célèbre. Il continua à composer à profusion des opéras-comiques et d'autres ouvrages jusqu'à la fin du XVIIIᵉ siècle. Une édition encore incomplète de son œuvre a été publiée sous les auspices de l'Académie royale de Belgique. Ses *Mémoires ou Essais sur la musique,* publiés pour la première fois en 1797, nous renseignent sur la vie musicale de son temps, et exposent ses idées personnelles sur l'esthétique musicale, où l'on sent nettement l'influence des encyclopédistes. Pour nous permettre peut-être de mieux comprendre la place de Grétry dans l'histoire de l'opéra-comique, il faut examiner les diverses contributions qu'il a apportées aux différents types ou genres pratiqués pendant les deux décades précédant la Révolution. *Le Tableau parlant* (Anseaume, 1769) est une comédie parade dans la manière du Théâtre de la Foire, dans laquelle Grétry prouve à quel point il a assimilé et maîtrisé le style vivant et nerveux de l'opéra bouffe. Avec la « comédie-ballet », *Zémire et Azor* (1771), sur un livret de Marmontel, il a produit l'un des opéras-comiques les plus réussis du siècle. C'est un des ouvrages qui fit connaître le nom de Grétry dans toute l'Europe. La Borde nous rapporte que, dans une foire en Allemagne, la pièce se jouait dans trois théâtres et en trois langues différentes, le même jour. Burney l'entendit à Bruxelles en 1772, et à Mannheim quatre éditions en furent publiées entre 1772 et 1777; il se jouait encore en Allemagne en 1790. *La Caravane du Caire* (1783), autre pièce « orientale », conti-

nua d'être reprise à Paris jusqu'en 1829. En 1773,
Grétry se tourna vers l'idylle pastorale : *la Rosière de
Salency* (1774) et *l'Épreuve villageoise* (1784) ont été les
deux pièces les plus importantes de ce type. Une autre
série de sujets, histoires et scènes du Moyen âge, qui
annonce l'un des thèmes favoris du début du mouvement
romantique, est inaugurée par *Aucassin et Nicolette* (1779),
et continuée par *Raoul Barbe-Bleue* (1789). Mais cette tentative de Sedaine et Grétry pour recréer un style archaïque
médiéval ne fut pas particulièrement goûtée du public.
C'est également le Moyen âge qui servit de cadre à
l'œuvre maîtresse de Grétry, *Richard Cœur de Lion* (1784),
sur un excellent livret de Sedaine, d'après la légende de
Richard Cœur de Lion, et de son fidèle ménestrel,
Blondel. Avec *Richard,* nous entrons vraiment dans la
période de l'opéra romantique. C'est la première fois
qu'est utilisé le thème du « sauvetage » — thème qui
se multiplia à la fin du siècle, et dont l'exemple le plus
marquant est le *Fidelio* de Beethoven. La diversité pittoresque des scènes, et surtout l'émotion que provoque le spectacle de l'amour et de la loyauté de Blondel
pour son roi, offraient à Grétry une occasion exceptionnelle de faire valoir ses dons. Sa partition était un résumé
des différents styles perfectionnés au cours de ses premières œuvres, mais on y trouvait aussi une résonance
nouvelle, une grandeur et une noblesse qui annoncent
déjà Beethoven, dans l'air de Blondel, « *O Richard, ô
mon Roi* » :

O Richard, ô mon Roi! L'u_ni_vers t'a_ban_

_don_ne, Sur la ter_re il n'est donc que

moi Qui s'inté_resse à_ ta per_son _ _ ne

air qui, on le comprend aisément, devint le cri de ralliement des royalistes aux premières années de la Révolution. *Richard* contenait une autre nouveauté : la mélodie de Blondel — « *Une fièvre brûlante* » — revient dans
tout l'opéra comme un *leitmotiv,* dont Grétry tire un effet
sans précédent. Tout cela fait de *Richard Cœur de Lion* le
point culminant de l'opéra-comique au XVIIIᵉ siècle.
L'importance de Grétry pour cette période vient à la fois
de sa fécondité et de l'universalité de son génie. A son
aise dans tous les styles, il avait à la fois la verve des
Italiens, la robustesse et la solidité d'un Philidor, la tendresse et la sensibilité d'un Monsigny. De plus, il possédait un don imaginatif et poétique, lié à un pouvoir
descriptif et suggestif qui, parfois, pénétrait et touchait
l'auditeur au point d'atteindre la grandeur.

Parmi les contemporains de Grétry, deux compositeurs méritent d'être cités : Dezède, avec *les Trois Fer-
miers* (1777) et Dalayrac avec *Nina ou la Folle par amour*
(1786), tous les deux dans le « genre larmoyant ». Ce
dernier opéra est un exemple parfait de drame romantique et pathétique, et servit de modèle à Paisiello pour
un opéra plus célèbre, qui fut présenté trois ans plus tard
sous le même titre.

A la fin du XVIIIᵉ siècle, l'opéra-comique avait évolué,
amenant la création de types assez différents. L'un, s'inspirant du Théâtre de la Foire et de la vieille « comédie
à vaudevilles », animé par l'exemple de l'opéra bouffe et
illustré par des œuvres comme *On ne s'avise jamais de tout*
de Monsigny et *le Tableau parlant* de Grétry, sans compter une multitude de petites pièces éphémères dues à des
compositeurs tels que Dezède, Dalayrac et Isouard, qui
tendent vers le style de l'opérette et de l'opéra bouffe
d'Hervé et d'Offenbach. L'autre type, créé dans la
seconde moitié du siècle, avec des œuvres comme *Tom
Jones, le Déserteur, Richard Cœur de Lion, Nina,* préparaient
l'opéra-comique romantique de Boieldieu et l'opéra
lyrique de Thomas, Gounod et Massenet. L'influence de
ce que nous appellerons l'opéra-comique pré-roman-
tique fut particulièrement importante en Allemagne :
toute l'école du *Singspiel* de l'Allemagne du Nord, à
partir de Hiller, et, partant, l'opéra allemand de Mozart,
de Beethoven, de Weber, comptent parmi leurs princi-

pales sources historiques l'opéra-comique de Philidor, de Monsigny et de Grétry.

Donald J. GROUT.

BIBLIOGRAPHIE

ARNOLDSON, Louise Parkinson, *Sedaine et les musiciens de son temps,* Paris, 1934.

BACHAUMONT, Louis PETIT de, *Mémoires secrets pour servir à l'histoire de la république des lettres,* 36 volumes, Paris, 1771-1778.

BONNET, Georges, *Philidor et l'évolution de la musique française au XVIIIe siècle,* Paris, 1921.

BRENET, Michel, *Grétry, sa vie et ses œuvres,* Mémoires... publiés par l'Académie royale... de Belgique, tome XXXVI, 1883.

CONTANT d'ORVILLE, André-Guillaume, *Histoire de l'opéra bouffon,* 2 vol., Amsterdam et Paris, 1768.

CUCUEL, Georges, *Les créateurs de l'opéra-comique français,* Paris, 1914.

DELLA CORTE, Andrea, *L'Opera comica italiana nel' 700,* 2 vol., Bari, 1923.

DESBOULMIERS, Jean-Auguste-Julien, *Histoire anecdotique et raisonnée du théâtre italien,* 7 vol., Paris, 1769.

FAVART, Charles-Simon, *Mémoires et Correspondances,* 3 vol., Paris, 1808.

FONT, Auguste, *Favart, l'opéra-comique et la comédie-vaudeville aux XVIIe et XVIIIe siècles,* Paris, 1894.

GOLDONI, Carlo, *Mémoires,* 3 vol., Paris, 1787.

GRÉTRY, A.E.M., *Mémoires ou Essais sur la musique,* 3 vol., Paris, 1797.

GRIMM, Friedrich Melchior, baron von, *Correspondance littéraire,* 16 vol., Paris, 1877-1882.

HAAS, Robert, *Gluck und Durazzo im Burgtheater,* Zürich, 1925.

HOLZER, Ludmilla, *Die komische Opern Glucks,* dans « Studien zur Musikwissenschaft », XIII, 1926.

LA LAURENCIE, Lionel de, *La musique française de Lully à Gluck,* deuxième partie : *l'Opéra-comique,* dans : LAVIGNAC, *Encyclopédie de la musique,* première partie (Histoire de la Musique).

LA LAURENCIE, Lionel de, *La grande saison italienne de 1752 : les Bouffons,* Paris, 1912.

LA LAURENCIE, Lionel de, *Deux Imitateurs français des Bouffons,* dans « l'Année musicale », II, 1912.

LESAGE, Alain-René, *Le Théâtre de la Foire,* 10 vol., Paris, 1721-1737.

MONNET, Jean, *Mémoires,* Paris, 1884.

PARFAICT, François, *Mémoires pour servir à l'histoire des spectacles de la foire,* Paris, 1743.

POUGIN, Arthur, *Monsigny et son temps,* Paris, 1908.

POUGIN, Arthur, *L'opéra-comique pendant la Révolution de 1788 à 1801,* Paris, 1891.

LA QUERELLE DES BOUFFONS

L A Querelle des Bouffons est l'épisode le plus marquant de la rivalité entre la musique française et la musique italienne. Pour bien juger le débat, il faut connaître les idées du temps ; aux XVIIᵉ et XVIIIᵉ siècles, le langage musical ne s'était pas encore internationalisé : l'École française et l'École italienne se séparaient par une foule de particularités qui permettaient de distinguer d'emblée l'appartenance d'un chanteur, d'un instrumentiste, d'un morceau ; la manière de traiter les agréments, la réalisation de la basse chiffrée, la texture harmonique, même l'intensité de la sonorité, bien d'autres détails encore permettaient à coup sûr de situer le personnage ou l'œuvre en deçà ou au-delà des Alpes.

On ne sait pas comment cet état de choses s'est établi ; quoi qu'il en soit, il n'existait pas au XVIᵉ siècle : H. Expert a lumineusement démontré que « l'histoire de la musique de la Renaissance, c'est l'histoire de la suprématie, de l'hégémonie glorieuse du génie franco-belge sur tous les centres artistiques de l'Italie, de l'Espagne et des États germaniques ». A cette époque, les chanteurs et compositeurs du Nord jouissaient d'une telle réputation qu'on a pu écrire en 1552 : *Belgici et Galli singulare quodquam donum in canendo prae aliis nationibus habent* (les Belges et les Français sont extraordinairement doués pour le chant, — exactement ce qu'on dira des Italiens deux siècles plus tard). Et l'on ne s'étonnera pas que Palestrina ait eu pour maîtres Firmin Le Bel et Robin Mallapert, patronymes fort peu répandus dans le pays qu'arrose le Tibre...

Il semblerait donc que les Italiens, élèves des Franco-Belges, aient dû vivre en bonne harmonie avec ces derniers ; or, au XVIIᵉ siècle, on voit poindre entre eux une opposition, dont on peut déceler une cause dans un caractère de la musique française de cette époque :

> La manière dont je chante
> Exprime ma langueur;
> Quand ce mal touche le cœur
> La voix est moins éclatante.

Ainsi se lamente la Musique française dans son dialogue avec la Musique italienne (*Ballet de la Raillerie*, 1659), faisant allusion à une tradition qui remonte au Moyen âge et qui ne s'éteindra que dans la deuxième moitié du XVIIIe siècle.

Mais cette « douceur française » n'est elle-même qu'un reflet de notre esprit national : en 1636, le P. Mersenne écrivait déjà : « Les Italiens représentent avec une violence étrange la passion, au lieu que les Français se contentent de flatter l'oreille et qu'ils usent d'une douceur perpétuelle dans leurs chants. » De même Saint-Évremond se plaint de ce que « les Italiens ont l'expression outrée... profonds en musique, ils nous portent leur science aux oreilles sans douceur aucune ». Aussi les quelques représentations d'opéras italiens donnés à la cour à l'occasion de mariages princiers n'eurent-elles pas tout le succès qu'on en attendait. Lully, bien que Florentin, comprit qu'il fallait prendre parti pour la musique française contre l'italianisant M.-A. Charpentier; une sourde hostilité prend naissance entre les deux partis. On compte bien quelques éclectiques de marque — Lalande, Couperin, Leclair, même Rameau — qui auraient voulu enrichir la musique française de la fleur de l'art italien; mais à la base du dissentiment, il y a une question de tempérament national, exactement aperçue dès le XVIIe siècle par le fameux violiste Maugars qui écrit : « J'ai observé en général que nous péchons dans le défaut, et les Italiens dans l'excès. » Les démêlés entre Raguenet et Lecerf de La Viéville au commencement du XVIIIe siècle, beaucoup de notes aigres-douces échangées dans les périodiques du temps, en reviennent toujours au même point. En 1749, Fréron, parlant de l'influence italienne, gémit : « On s'accoutume à voir danser des bergers sur des airs de Démons; on souffre une déclaration d'amour précédée ou soutenue de préludes et d'accompagnemens effrayans... Nous allions renoncer à être François, abjurer notre patrie pour adopter des accens incompatibles avec la douceur et la sagesse de notre langue, et totalement opposés à la tendresse de nos sentimens. » D'Alembert lui-même emboîte le pas : « La musique italienne est défectueuse par ce qu'elle a de trop, la musique français : par ce qui n'y est pas. »

Bien noter dans tout cela qu'il n'est question que d'opéra : à Paris, dans le vocabulaire musical de l'époque, qui dit musique dit chant, et par conséquent opéra, — le chant par excellence. « La musique instrumentale, écrit Morellet en 1771, toute seule est une langue qui s'écrit sans voyelles, comme quelques langues orientales; et si elle accompagne des paroles chantées, les voyelles sont mises »; elle est considérée, au milieu du xviiie siècle, comme un genre secondaire.

D'autre part, depuis longtemps, un certain relâchement régnait à l'Opéra de Paris. Si la puissante personnalité de Rameau parvenait à galvaniser le personnel, les représentations des pièces ordinaires, les reprises des chefs-d'œuvre de Lully, de Campra, de Destouches, étaient trop souvent jouées avec négligence : on avait perdu la tradition du vivant récitatif du Florentin, on alanguissait les mouvements; mis à part quelques chanteurs exceptionnels — Jélyotte, Chassé, Mlles Fel, Lemaure, Pélissier —, les coryphées étaient souvent de second ordre. Il subsiste un écho des plaintes du public à cet égard dans des opuscules comme les *Réflexions sur l'opéra* (1741) de Rémond de Saint-Mard où l'on trouve une critique des exécutions, fréquemment trop peu soignées, et qui, à la longue, indisposaient les auditeurs contre ce genre de spectacle. Et, comme il est d'usage en pareil cas, on regrette le bon vieux temps : « Il y a eu un temps où nos Musiciens exécutoient avec plus d'exactitude et de goût qu'ils ne font aujourd'hui » (Laugier). Il est à remarquer que jamais de telles censures n'avaient provoqué de réactions violentes.

LES DÉBUTS DE L'OPÉRA BOUFFE A PARIS

C'est dans un tel climat que, le 1er août 1752, la troupe italienne des Bouffons fit ses débuts sur la scène de l'Opéra avec *la Serva padrona (la Servante maîtresse)*, de Pergolèse. Avant d'aller plus loin, il faut observer qu'on

attribue souvent — et cela dès le XVIIIe siècle — le
commencement de la Querelle à la publication de la
Lettre sur Omphale (février 1752) de Grimm. Le regretté
P.-M. Masson, dans sa communication du 23 mars 1945
à la Société française de Musicologie, a fait justice de
cette erreur : « Cette Lettre est le dernier épisode de la
polémique entre lullistes et ramistes ; elle doit être disso-
ciée très nettement de la Querelle des Bouffons. Sa
publication a eu lieu six mois avant la venue des Bouffons
à Paris, et la petite effervescence qu'elle provoqua est
complètement calmée lors des premières représentations
italiennes de l'Opéra. »

Donc, MM.M anelli, Cosimi et Mme Tonelli donnèrent, le 1er août 1752, la première des douze pièces
que la petite troupe de Bambini allait présenter au public
parisien, jusqu'à son départ (le 7 mars 1754), motivé par
une reprise de *Platée*, de Rameau. C'étaient des œuvrettes
de courte durée, très simples d'intrigue, très éloignées
« de la fine observation des Lesage, des Piron, des
Panard » (Cucuel) ; elles apportaient de l'inédit, du vivant :
les héros en étaient des gens du peuple, des petits bourgeois ; le décor en était simple, mais réaliste.

Le succès fut éclatant, et d'autant plus inexplicable que
la Serva padrona, déjà jouée au Théâtre Italien en 1746,
avait passé complètement inaperçue. Le 22 août, la
troupe donne *Il Giocatore (le Joueur)* et le 19 septembre
Il Maestro di musica, avec le même bonheur.

En novembre paraît un opuscule anonyme (édité « En
Arcadie ») : *Lettre à une dame d'un certain âge sur l'état présent
de l'opéra;* l'auteur (le baron d'Holbach), partisan des
ultramontains, affecte de se scandaliser de la réussite
italienne : « Le théâtre auguste de l'Opéra a (été) profané
par d'indignes bateleurs... On rit à l'Opéra, on y rit à
gorge déployée... Le François a abandonné la musique
de ses pères ; il court en foule à des productions mons-
trueuses et dont nous n'avions aucune idée... trois misérables intermèdes ont fasciné le public depuis trois mois. »
Puis on voit apparaître le bout de l'oreille : « Après les
leçons qu'on vient de nous donner, il seroit bien étonnant que nous revinssions à une musique gothique et
barbare qui a fait assez longtemps notre ennui et la risée
des étrangers. » Le trait final est juste (et il est encore
d'actualité!) : « Des études commencées dès la jeunesse

la plus tendre et continuées pendant des années entières suffisent à peine pour former un chanteur italien; c'est assez pour les nôtres de solfier pendant quelques mois; et on les en a même quelquefois dispensés sans qu'on s'en trouvât plus mal. »

Dès lors, les hostilités sont ouvertes; il faut donner la parole à J.-J. Rousseau pour avoir une idée de la violence avec laquelle elles se déchaînèrent :

Les Bouffons firent à la musique italienne des sectateurs très ardens. Tout Paris se divisa en deux partis plus échauffés que s'il se fût agi d'une affaire d'Etat ou de religion. L'un, plus puissant, plus nombreux, composé des grands, des riches et des femmes, soutenoit la musique françoise; l'autre, plus vif, plus fier, plus enthousiaste, étoit composé des vrais connoisseurs, des gens à talens, des hommes de génie. Son petit peloton se rassembloit à l'Opéra sous la loge de la reine. L'autre parti remplissoit tout le reste du parterre et de la salle; mais son foyer principal étoit sous la loge du roi. Voilà d'où vinrent ces noms de partis célèbres dans ce tems-là de *coin du roi* et de *coin de la reine*. La dispute en s'animant produisit des brochures. Le coin du roi voulut plaisanter; il fut moqué par *le Petit Prophète* ; il voulut se mêler de raisonner, il fut écrasé par la *Lettre sur la musique françaíse*. Ces deux petits écrits, l'un de Grimm, et l'autre de moi, sont les seuls qui survivent à cette querelle; tous les autres sont déjà morts.

Évidemment, Jean-Jacques ne se veut aucun mal; mais ici sa perspicacité est en défaut : sur la soixantaine de brochures parues en 1753 et 1754 et relatives à cette affaire, la plupart, y compris la sienne et celle de Grimm, écrites par des littérateurs, des gazetiers ou des gens du monde, n'ont aucune valeur, quoiqu'on rencontre ici ou là une remarque juste; il y en a cependant deux qui détruisent complètement les raisonnements assez pitoyables de Rousseau, l'une est de Laugier, l'autre de Rameau; mais comme elles ont paru en 1754, au moment du départ des Bouffons, on ne leur a pas prêté l'attention qu'elles méritaient.

La Querelle présente deux phases distinctes, séparées par la *Lettre sur la musique françaíse* : dans la première, on s'occupe des Bouffons; la seconde est une réaction du patriotisme français contre le dénigrement systématique de l'auteur des *Confessions*.

La plupart des brochures, « sans lieu ni date », ne sont

pas signées; on est parvenu pourtant à percer leur anonymat et à établir une chronologie approximative. Jean-
Jacques parle du *Petit Prophète ;* voici le titre extravagant
de ce libelle : *Fr. W. Grimm. Le petit prophète de Boehmischbroda, le correcteur des Bouffons et la guerre de l'opéra*
(1753) et, en exergue : *Ici sont écrits les vingt-un chapitres
de la prophétie de Gabriel-Joannes Nepomucenus Franciscus
de Paula Waldstorch, dit Waldstoerchel... et il les appelle
Lat. Canticum Cygni Bohemici.* Qu'on se figure une
contrefaçon d'Ézéchiel relative aux Bouffons! Aujour-
d'hui, la plaisanterie paraît un peu lourde; mais bien des
allusions, transparentes pour les contemporains, doivent
échapper au lecteur du XXᵉ siècle. Grimm assimile l'opéra
à un spectacle de marionnettes : le chef d'orchestre, à
cause de son bâton de mesure, est un bûcheron, qui
ferait mieux de gagner sa vie à fendre du bois dans une
forêt de Bohême; les chanteurs sont ridicules avec leurs
gargarismes et leurs efforts, etc. En un mot, c'est surtout
une critique de l'opéra français. Toutefois, le prophète
propose un rajeunissement de la musique française par
« le principe italien ».

Ce pamphlet parut dans la première quinzaine de janvier 1753; il ne fut pas accueilli avec un enthousiasme
unanime; Cappeval écrit à son sujet : « Cette rapsodie
se fit lire par sa singularité : mais en général elle n'inspiroit
que le mépris. » Entre-temps, les Bouffons avaient donné,
le 30 novembre, *la Finta Cameriera* et, le 19 décembre, *la
Donna superba.* Le 25 janvier, parut la *Réponse du coin du
roi au coin de la reine,* où l'auteur (l'abbé de Voisenon)
n'hésite pas à déclarer : « Rameau est certainement le
premier homme de son siècle », ce qui ne faisait pas du
tout l'affaire des assaillants pro-italiens, quoique, dans *le
Petit Prophète,* on ait mis hors concours Lully et Rameau
comme compositeurs, Jélyotte et Mlle Fel comme chanteurs. Aussi un *Arrêt rendu à l'amphithéâtre de l'Opéra sur
la plainte du milieu du parterre* fit-il opposition à la brochure
de Voisenon; on y trouve une remarque de bon sens :
on avait fait un parallèle entre *Armide,* de Lully, et *la
Donna superba;* le rédacteur (Diderot) demande qu'on
fasse « le parallèle du *Médecin malgré lui* et de *Polyeucte,* et
en outre celui de *Pourceaugnac* avec *Athalie,* le tout afin de
prouver que les farces de Molière sont mauvaises parce
que les tragédies de Corneille et Racine sont bonnes. »

C'était mettre le doigt sur la plaie : la plupart des argumentations de la Querelle sont viciées à la base parce qu'on s'acharne à comparer la tragédie lyrique française à des piécettes très proches de l'opérette.

Dans *la Guerre de l'Opéra, Lettre écrite à une dame en province par quelqu'un qui n'est ni d'un coin, ni de l'autre*, l'anonyme (Cazotte) constate que « le feu est à tous les Coins de l'Opéra; la musique italienne y est aux prises avec la musique française. Imaginez le désordre d'une guerre en même temps étrangère et civile ». De fait, la Querelle s'est déroulée en France entre Français; les Italiens n'y ont pris aucune part. Il est surtout question, dans cet opuscule, du triomphe de *Titon et l'Aurore*, de Mondonville, soutenu par le roi et Mme de Pompadour : « On crie à la merveille et au prodige; M. Rameau n'eut jamais de succès si flatteurs. » Même son de cloche dans la *Lettre sur les Bouffons :* « Jamais Rameau, le grand Rameau, si supérieur à M. de Mondonville... n'a vu dans sa plus grande gloire accueillir ses pièces les plus brillantes avec des transports si outrés. » Et pour insinuer que le succès de *Titon* est dû à une cabale montée en sa faveur, l'auteur ajoute : « Quel argument pour prouver que les applaudissements ne concluent rien en faveur de ceux qui les obtiennent! »

Puis c'est une série de pamphlets sans grande importance : *les Prophéties du grand prophète Monet*, en style apocalyptique, la *Lettre écrite de l'autre monde par l'A.D.F.* (abbé Desfontaines) *à M. F.* (Fréron; l'auteur réel était Suard), *l'Anti-Scurra ou Préservatif contre les Bouffons italiens* (6 février 1753), *la Réforme de l'Opéra* (9 février), les *Réflexions liriques* [sic] (16 février), — ces trois derniers opuscules écrits en vers, — puis le galimatias intitulé *l'Apologie du sublime bon mot* (28 février), le *Jugement de l'orchestre de l'Opéra*, les *Trois Chapitres ou la Vision du Mardi gras*, où on retrouve le style prophétique de l'Ancien Testament, décidément très employé dans cette affaire, *la Paix de l'Opéra*, qui reprend le *Parallèle des Italiens et des Français en ce qui regarde la musique et les opéras*, publié par Raguenet, en 1702, d'autres encore... Au nombre et à la fréquence de ces libelles on peut mesurer l'acharnement de la lutte, dont on a pu dire qu'elle avait fait l'économie d'une guerre civile : « Les acteurs italiens ont tellement absorbé l'attention de Paris que les brouilleries du Parlement avec la Cour, son exil, le transfèrement de la Grand-Chambre à Pontoise, tous ces graves événements sont passés presque inaperçus. » (Carlez, *Grimm et la musique de son temps*.)

Au milieu de tout ce fatras d'inutilités ou de niaiseries, l'auteur anonyme (Diderot) de la brochure *Au petit prophète de Boehmischbroda* (21 février 1753), après avoir débuté par une apostrophe cinglante (« J'ai lu, Messieurs, tous vos petits écrits, et la seule chose qu'ils m'auraient apprise, si je l'avais ignoré, c'est que vous avez beaucoup d'esprit, et beaucoup plus de méchanceté »), émet une idée raisonnable : il propose de faire une comparaison impartiale d'*Armide* : « *Au temps heureux où l'on sçait plaire* », et le fameux monologue, avec une scène italienne du même genre, comme « *Solitudini amene, ombre gradite* » de *Sesostri* de Terradellas. Il déclare que « l'Opéra d'*Armide* est le chef-d'œuvre de Lulli, et le monologue d'Armide est le chef-d'œuvre de cet Opéra... Il s'agit d'opposer Lulli à Terradellas, Lulli, le grand Lulli, et cela dans l'endroit où son rival même, le jaloux Rameau l'a trouvé sublime ».

Les éclectiques prennent part au débat : on lit dans la *Déclaration au public au sujet des contestations qui se sont élevées sur la musique* : « Nous applaudirons à Lulli, à Rameau, à Pergolèze, à Mondonville quand leurs ouvrages mériteront nos éloges. » *Le Correcteur des Bouffons* assure que « la raison et le bon goût sont toujours sûrs à la fin de triompher de notre frivolité passagère ». Il blâme les Italiens de ne pas admettre la danse dans leurs opéras et, bien qu'il tienne pour la musique française, il critique les exécutions de l'Académie royale de musique. Dans *Ce qu'on a dit, ce qu'on a voulu dire. Lettre à Madame Folio,* l'auteur (F. L. C. Marin), après avoir attesté que « la musique française a des beautés qui la rendent supérieure à la musique italienne » parce que c'est une musique de sentiment, qui peint les passions et les inspire, fait un parallèle entre les deux arts : « La musique française est une beauté mâle et régulière qui nous en impose par la fierté et la majesté... l'italienne ressemble à une coquette rusée qui folâtre et qui nous charme par ses gentillesses... Il est impossible de comparer l'une avec l'autre, elles ont chacune leurs beautés particulières, et ce serait diminuer nos plaisirs que d'en adopter une exclusivement à l'autre. »

Les comédiens eux-mêmes mettent la Querelle en scène : Boissy écrit *la Frivolité* donnée au Théâtre italien le 23 janvier 1753 avec un succès retentissant, dû surtout au talent de Mme Favart qui imitait à s'y méprendre le jeu et le chant de la Tonelli.

LA « LETTRE SUR LA MUSIQUE FRANÇAISE »

Tous ces projectiles de papier qu'on se jetait à la tête n'avaient pas grande portée et ne faisaient pas grand mal; J.-J. Rousseau, le 15 novembre 1753, changea la tournure des débats en se posant en technicien dans sa fameuse *Lettre sur la musique française*, extraordinaire mélange d'incompétence, d'incompréhension et de parti pris. Pour accabler notre art national, il suppose l'existence d'une langue sourde et antimusicale, dont il imagine les caractéristiques, et il s'efforce de démontrer que le français a tous les défauts de cet idiome factice, sans avoir les qualités sonores de l'italien, et que, par suite, la musique française ne peut exister; il a l'adresse de parer l'objection que lui oppose d'elle-même la musique instrumentale, en affirmant sans preuve que cette dernière procède de la musique vocale dont elle a reçu « ses tours de chant et sa mesure (?) ».

Comme beaucoup d'amateurs, Rousseau fait volontiers étalage d'une érudition frelatée.

A l'égard des contrefugues, doubles fugues, fugues renversées, basses contraintes et autres sottises difficiles que l'oreille ne peut souffrir et que la raison ne peut justifier, ce sont évidemment des restes de barbarie et de mauvais goût, qui ne subsistent, comme les portails de nos églises gothiques, que pour la honte de ceux qui ont eu la patience de les faire. Du temps de Roland de Lassus et de Goudimel on faisait de l'harmonie et des sons (?); Lulli y a joint un peu de cadence (?); Corelli, Bononcini, Vinci et Pergolèse sont les premiers qui aient fait de la musique.

Inutile de souligner ce verbiage, qui n'a guère de sens pour un musicien.

Rousseau certifie doctoralement que « de toutes les parties de la musique, la plus difficile à traiter est le

Duo », à cause d'une prétendue règle, l'unité de mélodie
(?), qu'il a imaginée, et qu'il est bien incapable de définir.

Ensuite il reproche à la musique française de n'avoir
pas de mouvement fixe, alors que la musique italienne
est constamment assujettie à la plus stricte mesure. La
musique italienne est, « quand il plaît au musicien,
triste sur un mouvement vif, gaie sur un mouvement
lent », tandis que les mouvements des musiciens français sont « donnés par le sens des paroles, et ils sont
forcés de s'y tenir, s'ils ne veulent pas tomber dans des
contresens ridicules ».

Ici Jean-Jacques fait la preuve par neuf de son ignorance des règles de la composition musicale : le chant
n'est que de la déclamation embellie, il doit donc se
modeler sur les paroles, qui en déterminent le mouvement, surtout dans le récitatif. Et le Genevois ne s'aperçoit même pas qu'il donne raison à ses adversaires ! Enfin,
après une analyse ridicule du monologue d'*Armide,*
auquel il n'a rien compris, il termine par les lignes suivantes :

Je crois avoir fait voir qu'il n'y a ni mesure ni mélodie
dans la musique française, parce que la langue n'en est pas
susceptible; que le chant françois n'est qu'un aboiement
continuel, insupportable à toute oreille non prévenue; que
l'harmonie en est brute, sans expression, et sentant uniquement son remplissage d'écolier; que les airs françois ne sont
point des airs; que le récitatif n'est point du récitatif. D'où
je conclus que les François n'ont point de musique et ne
peuvent en avoir, ou que, si jamais ils en ont une, ce sera
tant pis pour eux.

Et nunc, erudimini... Venant après les chefs-d'œuvre de
Lully, de Couperin, de Lalande, de Rameau, ce discours
trahit beaucoup plus la frénésie du partisan qu'il n'exprime
la sérénité du « philosophe ». (Il ne faut pas oublier à ce
propos que Rousseau avait fait un opéra, *les Muses
galantes ;* l'auteur de *Dardanus* l'avait jugé indigne d'être
essayé, même en répétition. *Inde irae...*)

Et tout d'abord, on se demande si l'auteur de la *Lettre
sur la musique française* est le même homme — *quantum
mutatus ab illo* — qui a déclaré à Grimm, en 1750, que la
musique italienne se borne à charmer l'oreille, tandis que
les « sons séduisants » de la musique française « vont
droit au cœur ». On peut trouver non moins singulier

que Rousseau ait écrit son *Devin du village,* donné au fort
de la Querelle, le 1ᵉʳ mars 1753, dans cette langue antimusicale qu'est le français, et qu'il ait jugé bon de le
faire exécuter à l'Opéra, « quoique l'orchestre, très ignorant, estropiât à plaisir les pièces qu'il donnait ». Cette
phrase dénote une fois de plus la mauvaise foi de son
auteur : ces prétendus misérables symphonistes étaient
tout de même capables de jouer les chefs-d'œuvre de
Rameau; on connaît leurs noms : en 1753, ils comptaient
des artistes de premier rang comme les violonistes
Aubert, les Caraffe, Dupont, L'Abbé, Exaudet, Tarade,
Piffet, les violoncellistes Gianotti, Antheaume, L'Abbé,
le fameux flûtiste Blavet, le hautboïste Sallantin, etc., que
n'effrayait certainement pas la partition du *Devin du
village !* Et, après coup, on peut apprécier le flair de
Jean-Jacques : dans ses vaticinations il assure que « les
François ne peuvent avoir de musique ». Vingt ans plus
tard, Gluck, qui, comme Lully, aurait pu préférer des
textes italiens pour ses opéras, relève le défi et choisit
précisément pour ses chefs-d'œuvre l'abominable langue
française !

LES RÉACTIONS A LA « LETTRE
SUR LA MUSIQUE FRANÇAISE »

Cette diatribe provoqua ce qu'on est convenu d'appeler des « mouvements divers ». Elle fit la joie du coin de
la reine, mais son auteur se fit rabrouer par l'autre parti,
qui n'en goûta pas le ton général : « Parmi ces choses
si offensantes il y en a d'équivoques, ou d'absolument
fausses... Je tiens qu'un pareil ouvrage n'est ni d'un Philosophe ni d'un citoïen; mais d'un cerveau malade, d'un
cœur équivoque et d'un esprit dangereux et faux », écrit
l'auteur (Cazotte) des *Observations sur la lettre de J.-J. Rousseau.* De même les *Lettres sur la musique française en réponse
à celle de Jean-Jacques Rousseau* (Genève, 1754) ne mâche
pas les mots : « Qu'on lise l'ouvrage, l'on n'y trouve
que des opinions extravagantes, des satires amères, des
sophismes insoutenables, des personnalités offensantes,
des inconséquences marquées, des contradictions pal-
pables, des duretés, des invectives, des calomnies, tout

cela exhalé avec ce dédain insultant, ces expressions orgueilleuses, cet air décisif, ce ton de maître qui révolterait même dans la bouche d'un homme supérieur : c'est un furieux, un frénétique, un pédagogue bilieux, un *Dracon* (...) En vain M. Rameau a-t-il cité le monologue d'*Armide* comme un chef-d'œuvre. M. Rameau! La belle autorité pour un génie supérieur tel que Jean-Jacques Rousseau! »

Dès lors les brochures ne se font pas plus rares — on en compte près d'une trentaine — mais leur ton change; il n'est uniformément question que de défendre l'art national contre son contempteur; on y met tant d'ardeur qu'on voit descendre dans l'arène l'auteur des *Réflexions sur la musique en général et sur la musique française en particulier* (1754), lequel déclare qu'il n'est pas musicien et qu'il ne connaît pas assez la musique italienne pour la juger!

De toute cette littérature frénétique, les deux ouvrages qui sont lisibles de nos jours — et qui auraient pu arrêter net la Querelle s'ils avaient paru plus tôt — sont les *Observations sur notre instinct pour la musique* (1754), de Rameau, et l'*Apologie de la musique française contre M. Rousseau* (1754), de Laugier qui avait du bon sens, disposition qui manquait à la plupart des combattants de cette guerre. D'un trait de plume l'auteur ruine l'argumentation du Genevois : « Le caractère d'une Musique nationale ne dépend point de la qualité du langage, mais de la nature du génie. » D'après lui, la mélodie, l'harmonie, le rythme n'ont rien à voir avec le langage; le compositeur traite son sujet non selon qu'il sera Italien ou Français, mais selon qu'il aura plus ou moins de génie. Il prend vigoureusement la défense de Lully : « Lully n'est plus à la mode; mais vous n'ignorez point qu'il a fait les délices d'un siècle qui, de l'aveu de tout l'Univers, a été pour nous le siècle de la perfection en tout genre... Plus on connoîtra Lully, plus on estimera son beau génie. Il a toutes les parties essentielles qui font le grand musicien. Plusieurs ont excellé au-dessus de lui dans quelques-unes; personne n'en aura réuni un si grand nombre, et dans un degré si parfait. »

Mais la seule réfutation absolument pertinente est due à Rameau, dans ses *Observations sur notre instinct pour la musique,* où il pulvérisa la misérable argumentation de

Rousseau par l'exégèse du monologue d'*Armide,* de Lully, devenu le pivot de la dispute. Le maître de Dijon prouve clairement, par une démonstration purement musicale, le génie de Lully, et la beauté du monologue — que Gluck lui-même n'a pas surpassée. Malheureusement cette magnifique justification ne vint au jour que trop tard, en 1754, dernière année de la Querelle.

Le départ des Bouffons fut porté à la scène du Théâtre-Français, le 13 février 1754, dans la comédie en vers *les Adieux du goût,* de Patu et Portelance, et à la Comédie-Italienne, le 25 février, dans *le Retour du goût,* de Chevrier, où un bouffon déclarant qu'il allait quitter Paris, l'acteur personnifiant le Goût lui répond : le départ des Bouffons annonce mon retour. Ainsi finit la Querelle.

Le bilan de cette affaire s'établit ainsi qu'il suit :

A l'actif, la Querelle a contribué grandement à la création de l'opéra-comique français par l'intermédiaire de la pièce des *Troqueurs,* de Dauvergne. Pendant longtemps il a été de mise de dédaigner ce genre et de mépriser Philidor, Monsigny, Grétry et les autres petits maîtres de cette catégorie. C'est une attitude qu'on ne peut plus garder aujourd'hui; on sait en effet que l'opéra-comique français a été une source d'inspiration pour des génies non moindres que Mozart et Beethoven. Toutefois, si l'on avait suivi la voie tracée par *Platée* de Rameau, on eût certainement réussi aussi bien, et à moins de frais. En effet :

Le passif est énorme : il consiste en la disparition de notre ancienne tragédie lyrique. Comme a dit Laugier, il faut distinguer entre l'œuvre et son exécution : on pouvait corriger les défectuosités de l'Académie royale de musique sans se croire obligé d'anéantir notre ancien opéra. Les dégâts furent tels que Gluck lui-même ne parvint pas à redresser la situation; après lui, l'effondrement du goût s'accentua et persista jusqu'au dernier quart du XIXe siècle.

On a pu remarquer qu'une grande figure domine toute la dispute; c'est celle de Rameau; alors même qu'on ne le cite pas, on pense à lui; l'acharnement de ses détracteurs prouve qu'il est, en tant que mainteneur de la tradition française, le centre de la Querelle — et en même temps le grand artiste dont A. von Nikisch, l'illustre chef d'orchestre, disait à Henri Morin, son élève et ami : « Si Rameau était allemand, on le trouverait peut-être supérieur à Bach. »

E. BORREL.

BIBLIOGRAPHIE

On trouvera l'indication des brochures parues au cours de la Querelle dans l'article THOINAN, deuxième volume du supplément de la *Biographie universelle des musiciens,* par FÉTIS.

POUGIN, A., *Mondonville et la guerre des coins,* dans « Revue et Gazette musicale de Paris », 1860.

JULLIEN, A., *La musique et les philosophes du XVIIIe siècle,* Paris, 1873.

HELLOUIN, Fr., *Feuillets d'histoire musicale française,* Paris, 1903.

LA LAURENCIE, L. de, *Les Bouffons,* Paris, 1912.

CUCUEL, G., *Les créateurs de l'opéra-comique français,* Paris, 1914.

RICHEBOURG, L., *Contribution à l'histoire de la Querelle des Bouffons,* Paris, 1938.

BOYER, Noël, *La Guerre des Bouffons,* Paris, 1945.

Sans oublier le document capital : l'analyse du monologue d'*Armide* par RAMEAU dans ses *Observations sur notre instinct pour la musique,* reproduites dans le *Code de musique pratique* (1760), réédité in extenso dans *L'interprétation de la musique française de Lully à la Révolution,* d'E. BORREL, Paris, 1934, et en abrégé dans *Lully,* d'E. BORREL, Paris, 1949.

GLUCK ET LA RÉFORME
DU DRAME LYRIQUE

D ESTINÉE singulière que celle de ce grand artiste,
obscur en sa jeunesse, dont une grande partie de
l'existence se passe dans le conformisme le plus absolu,
et qui brusquement, vers la soixantaine, révolutionne
l'art lyrique de son temps. Pendant cinq années, un frénétique mouvement d'idées va tournoyer autour de sa
personnalité dominatrice. Couronnement de sa carrière,
cinq partitions, purs chefs-d'œuvre lyriques, naissent
pendant cette brève mais fulgurante période française.
Fin de vie apaisée et silencieuse, au fond d'une opulente
retraite, dans le rayonnement d'un prestige grandissant.

Au fond de la forêt bavaroise, proche de la Bohême,
dans le village d'Erasbach, naît le 2 juillet 1714,
Christoph Willibald Gluck. Son père, ancien soldat du
prince Eugène, exerce la profession de garde forestier,
au service du prince tchèque Lobkowitz. Milieu très
modeste, simplicité rustique de la vie familiale, dans la
grande solitude des bois. A Kommotau, en Bohême,
l'enfant reçoit une première instruction, et commence
des études musicales, qu'il poursuit à Prague. Maîtrises
d'églises et bals champêtres lui assurent d'assez maigres
ressources. Mais l'appui de la famille Lobkowitz lui permet de venir à Vienne en 1734, où il parfait sa technique
de compositeur, et a la chance d'être remarqué par un
riche seigneur italien, le comte Melzi. Ce mécène l'attache
à son service, l'emmène à Milan, et lui donne toute
facilité pour recevoir durant quatre années les précieux
conseils de Sammartini. Formation parfaite, sous la direction d'un maître de l'art instrumental, qui permet à Gluck
d'aborder la carrière de compositeur nanti d'un métier
solide, à toute épreuve.

Façonné au contact de l'opéra italien, c'est vers cette

forme d'art qu'il s'oriente d'abord, et il la pratique durant
une trentaine d'années, jusque vers 1770. Période d'attente, que l'on pourrait tenir pour négligeable si elle
n'apportait à Gluck une notoriété européenne — il fait
figure de musicien international — et surtout une grande
expérience de la scène, une totale maîtrise d'homme de
théâtre.

Sortant un instant du style conventionnel — livrets
sans ressort dramatique, pâles récitatifs, airs de coupe
prévue, où la prépondérance du chanteur s'affirme au
détriment de la musique —, Gluck tente une incursion
vers l'opéra-comique français. De 1758 à 1764, à l'instigation du comte Durazzo, intendant des spectacles
impériaux à Vienne, il écrit une dizaine de petites partitions sur des livrets du Théâtre de la Foire, envoyés par
Favart. Essais profitables, bain de fraîcheur et de naturel, qui obligent le compositeur à une recherche d'accents nouveaux, plus directs et plus spontanés. Genre
nullement inférieur, qui l'initie au rythme et à la prosodie
de la langue française.

Vers ce moment — il exerce alors les fonctions de
maître de chapelle à la cour viennoise —, les hasards
de sa vie cosmopolite le mettent en relation avec une des
plus curieuses figures du mouvement intellectuel de
l'époque : Ranieri Calzabigi, poète, dramaturge,
esthéticien, homme de finance, demi-aventurier à la personnalité la plus authentique. Ses idées sur la nécessité
d'une réforme de l'opéra — cristallisation d'une tendance générale alors naissante dans toute l'Europe —
s'accordent avec celles que Gluck entrevoit à la suite de
sa longue expérience. De leur collaboration naissent trois
partitions italiennes, *Orfeo, Alceste, Paride ed Elena,* d'un
esprit nouveau, où la préoccupation du drame et la
recherche de lignes nobles et simples passent au premier
plan. Déjà l'essentiel de la doctrine révolutionnaire du
compositeur tient dans ces trois ouvrages, écrits de 1762
à 1769, dernière étape avant la grande révélation française.

Dans l'interrègne de dix années qui sépare la mort de
Rameau (1764) de l'apparition des premières œuvres
françaises de Gluck (1774), une intense activité musicale
se développe à Paris. A côté du domaine instrumental,

où se multiplient les symphonies et les œuvres pour clavier, le théâtre connaît une période de prospérité, et voit de nombreuses et importantes créations.

A l'Académie royale de Musique, la grande tragédie lyrique et le ballet héroïque ont toujours de fervents adeptes. *Aline, reine de Golconde* (1766) de Monsigny, *Thésée* (1767) de Mondonville, *Ernelinde, princesse de Norvège* (1767) de Philidor, *l'Union de l'amour et des arts* (1773) de Floquet, *Sabinus* (1774) de Gossec — sans compter une dizaine d'ouvrages de moindre importance de Berton, La Borde, Cardonne, Dauvergne et Rodolphe — attestent la vigueur de genres qu'il est de bon goût de dénigrer à cette époque.

Parallèlement, la forme plus nouvelle mais définitivement constituée de l'opéra-comique triomphe sur la comédie italienne. Philidor (*le Sorcier*, 1764, *Tom Jones*, 1765, *le Jardinier et son seigneur*, 1768) Monsigny (*Rose et Colas*, 1764, *le Déserteur*, 1769, *le Faucon*, 1772), Grétry (*le Huron*, 1768, *Lucile*, 1769, *Sylvain*, *les Deux Avares*, 1770, *Zémire et Azor*, 1771, *l'Ami de la Maison*, 1772, *le Magnifique*, 1773) — et quelques compositeurs plus oubliés, tels Blaise, Duni, Piccinni, Dezède, Martini — y apportent un esprit original et un style plus vivant, qui préparent un rajeunissement du théâtre lyrique français.

Une seule ville semble alors possible à Gluck pour la réalisation totale de ses idées, et le couronnement de sa carrière : Paris. L'éclat de sa vie artistique, le prestige de l'Académie royale de Musique l'attirent depuis longtemps. Là seulement, une conception neuve et personnelle du drame lyrique peut triompher.

Il lui faut un livret français : le bailli Du Roullet, attaché à l'ambassade de Vienne, lui offre une *Iphigénie en Aulide*, d'après Racine. Dans l'enthousiasme, il brosse une partition d'une unité et d'une largeur de ton encore jamais atteintes. Clairvoyant, le directeur de l'Opéra, Dauvergne, accepte l'œuvre, mais sent bien qu'un pareil drame « tue tous ceux qui ont existé jusqu'à présent ».

L'appui de son ancienne élève, la dauphine Marie-Antoinette, en facilite la création le 19 avril 1774. « J'en ai été transportée », écrit-elle ; « il règne dans toutes les têtes une fermentation aussi extraordinaire sur cet évé-

nement que vous le puissiez imaginer ; c'est incroyable :
on se divise, on s'attaque comme s'il s'agissait d'une
affaire de religion... Comme je m'y attendais, à la représentation, s'il y a eu des morceaux qui ont transporté,
on avait l'air en général d'hésiter : on a besoin de se
faire à ce nouveau système, après avoir eu tant l'habitude
du contraire. Aujourd'hui, tout le monde veut entendre
la pièce, ce qui est bon signe, et Gluck se montre très
satisfait. »

Peu après cette première réussite parisienne — pendant une trêve imposée par la mort du roi Louis XV, et
la fermeture provisoire des théâtres — Gluck prépare
un second ouvrage. D'après son ancienne partition d'*Orfeo ed Euridice,* qu'il transforme et enrichit sensiblement,
il met au point un *Orphée* français, qui voit le jour le
2 août 1774. Impression profonde sur le public, saisi par
l'unité de sentiment et de style, la hauteur et la noblesse
de l'inspiration. Saisissement et émoi des âmes sensibles
qui cèdent au grand charme de cette émouvante tragédie.
Musique « qui me rend folle », écrit Julie de Lespinasse ;
et « si déchirante, si absorbante, qu'il m'était absolument
impossible de parler de ce que je sentais : j'éprouvais le
trouble, le bonheur de la passion ». Et Jean-Jacques
Rousseau d'avouer : « Puisqu'on peut avoir un si grand
plaisir pendant deux heures, je conçois que la vie peut
être bonne à quelque chose. »

Puisant encore dans son répertoire italien, Gluck transforme son *Alceste,* avec l'aide du bailli Du Roullet. Il en
modifie profondément la structure, en resserre l'unité,
écrit de nouvelles scènes d'un pathétique intense. Un
départ hésitant le 22 avril 1776, une certaine surprise et
froideur du public inquiètent un instant l'auteur. « Il
serait plaisant que cette pièce tombât, déclare-t-il. Cela
ferait époque dans l'histoire du goût de la nation française ! » Echec impossible, car il en a « posé tous les
fondements sur la nature, qui n'est jamais soumise à la
mode ». La grande foule qui se presse de plus en plus
au théâtre confirme ses prévisions. Climat plus favorable,
triomphe définitif et grandissant, réussite plus large
encore que pour ses ouvrages précédents, et qui lui suscite d'inévitables opposants.

Recrutés surtout chez les littérateurs peu sensibles à la
musique, et partisans de l'ancienne école italienne, le

clan des adversaires tente vainement d'entraver cette série de succès. Les écrits de La Harpe, de Ginguené et de Marmontel, les intrigues de la Du Barry et de l'ambassadeur de Naples, ne parviennent qu'à irriter Gluck. L'estimable compositeur napolitain Piccinni, que l'on essaye de lui opposer, n'a ni l'envergure, ni la personnalité suffisantes. Le contre-courant échoue.

De Vienne, où il était momentanément reparti, Gluck revient avec son *Armide,* écrite sur le vieux poème de Quinault, déjà utilisé par Lully. « J'en ai fait la musique de manière qu'elle ne vieillira pas de sitôt », écrit-il. Pour le public, « il faudra au moins autant de temps pour la comprendre qu'il lui en a fallu pour comprendre l'*Alceste* ». Pronostic exact, qui se vérifie le soir de la création, le 23 septembre 1777; mais bientôt les recettes montent dans les caisses de l'Opéra, et atteignent des chiffres records.

Dernier triomphe — immédiat celui-là — le 18 mai 1779 avec *Iphigénie en Tauride,* sur un livret adroitement conçu par le jeune poète Guillard. Mais échec imprévu en septembre suivant : son *Écho et Narcisse,* dont le médiocre texte du baron von Tschudi manque de mouvement, ne parvient pas à intéresser le public. Chute immédiate et définitive, qui fait aussitôt renaître l'agressivité des détracteurs.

Violemment courroucé, Gluck décide de quitter Paris. Les efforts de Marie-Antoinette, qui l'avait choisi comme maître de musique des Enfants de France, ne parviennent pas à le retenir. Il regagne Vienne où il passe les huit dernières années de sa vie dans sa fastueuse résidence de Berchtholdsdorf. L'un de ses nombreux visiteurs, le compositeur Reichardt, raconte sa réception dans ce somptueux château, par ce « grand vieillard majestueux vêtu d'un habit gris richement bordé d'argent, d'une mise recherchée..., entouré de ses serviteurs. »

Toujours très ouvert au mouvement intellectuel, Gluck se tient au courant de tout ce qui se passe à Paris, résistant toutefois aux propositions qui lui sont renouvelées. Une seule fois, il songe à se remettre au travail sur le poème des *Danaïdes* de Calzabigi et Du Roullet, mais abandonne bientôt ce projet au bénéfice de son élève Salieri. Il se contente d'esquisser *la Bataille d'Hermann,* sur des vers allemands de Klopstock, à la gloire de la

Germanie. Après plusieurs attaques d'apoplexie, il meurt le 15 novembre 1787.

Gluck expose ses idées esthétiques et les principes de sa réforme dramatique dans la préface d'*Alceste,* en 1767, puis, en 1770, dans l'épître dédicatoire de *Paride ed Elena.* Il complète sa doctrine dans quelques lettres, notamment dans celles qu'il adresse au « Mercure de France » en 1773, et à La Harpe en 1777.

Première réforme indispensable : resserrement de l'action lyrique en trois actes au lieu de cinq, et suppression du prologue, inutile et artificiel. Le poème doit avoir une grande unité, une simplicité de lignes, une action vivante où se heurtent quelques caractères vigoureusement dessinés. Choisir avant tout « des passions fortes, de grandes images, et des situations tragiques qui secouent les spectateurs ». Il importe de substituer « aux descriptions fleuries, aux comparaisons superflues et aux sentencieuses et froides moralités, le langage du cœur,... et un spectacle toujours varié ». Bien versifié, le livret doit offrir d'adroits contrastes, et contenir « de ces traits terribles et pathétiques qui fournissent au compositeur le moyen d'exprimer de grandes passions, et de créer une musique énergique et touchante ». Quelque talent qu'ait l'artiste créateur, « il ne fera jamais que de la musique médiocre, si le poète n'excite pas en lui cet enthousiasme, sans lequel les productions de tous les arts sont faibles et languissantes ».

Conception nouvelle de l'ouverture, non plus envisagée en simple portique décoratif, mais comme une préparation directe au drame, avec lequel elle doit faire corps. « J'ai imaginé, dit Gluck, que la *sinfonia* devait prévenir les spectateurs de l'action qui est à représenter, et en former, pour ainsi dire, l'argument. » En réalité, ce principe avait déjà été entrevu par Rameau dans plusieurs de ses partitions, notamment dans les pastorales héroïques de *Zaïs* (1748) et de *Naïs* (1749), et par quelques auteurs d'opéras-comiques, dont Monsigny, dans *le Déserteur,* en 1769. Mais il se réalise pleinement dans les grandes préfaces symphoniques de Gluck. Après l'ouverture d'*Orphée,* banale et sans liaison avec l'action, celle d'*Alceste* prépare déjà l'atmosphère pathétique du drame. Mais avec *Iphigénie en Aulide,* l'union totale s'ac-

complit : thèmes empruntés à la partition, et climat
identique. Qui n'a dans la mémoire les accents déchirants
qui ouvrent cette émouvante introduction ?

Ex. 1.

« Solidité grandiose dans le choix des motifs », note
Wagner, qui admire la structure de cette ouverture, et
la juge comme une des plus achevées de Gluck. « Le
Maître a tracé ici en traits nobles et puissants l'idée principale du drame, et l'a personnifiée avec la clarté de
l'évidence. »

Même tendance dans *Armide,* où l'ouverture esquisse
par avance les conflits, et dessine les différents caractères,
mais sans aucun emprunt de motif à la partition. Innovation totale dans celle d'*Iphigénie en Tauride :* plus qu'une
préparation musicale, c'est l'action dramatique elle-même
qui commence dès les premières notes. Quelques mesures
d'une profonde sérénité, la tranquillité de la nature, précèdent un violent déchaînement orchestral : tempête,
pluie, brusques rafales, qui laissent entendre par instants
les supplications d'Iphigénie et des Prêtresses. Pas de
conclusion, mais un enchaînement direct avec la première
scène. Sobre et concis, véhément et coloré, cet exorde
a un accent vraiment personnel, et une résonance toute
moderne.

Renouvellement tout aussi grand dans l'écriture des
voix et la coupe des airs. Recherche de la vérité scénique,
et réaction contre l'emprise excessive des virtuoses.
« Révolte du compositeur contre la fantaisie du chanteur », écrit Wagner à propos de cette révolution.

« J'ai cru, dit Gluck, que le chant n'est dans un opéra
qu'une substitution à la déclamation. » D'où une indispensable primauté du naturel et de la simplicité dans le
dessin vocal, qui doit être « toujours guidé par l'expression la plus vraie, la plus sensible, et par la mélodie la

plus flatteuse ». Toujours liée à l'action et dépendante du texte, « ma musique ne tend qu'au renforcement de la déclamation de la poésie. C'est la raison pour laquelle je n'emploie point les *trilles,* les *passages,* ni les *cadences* que prodiguent les Italiens ».

Aussi, lorsqu'il entreprend la composition d'*Alceste,* l'auteur se propose de dépouiller entièrement son écriture « de tous ces abus qui, introduits ou par la vanité mal entendue des chanteurs, ou par une complaisance exagérée des Maîtres, défigurent depuis longtemps l'opéra italien, et qui, du plus pompeux et du plus beau de tous les spectacles, en font le plus ridicule et le plus ennuyeux ».

Nécessité de respecter le mouvement dramatique et de supprimer toute adjonction superflue : « Je n'ai donc pas voulu arrêter un acteur dans la plus grande chaleur du dialogue pour attendre une ennuyeuse ritournelle, ni couper un mot sur une voyelle favorable, pour faire parade dans un long passage de l'agilité de sa belle voix, ou pour attendre que l'orchestre donnât le temps par une cadence de reprendre haleine. » Le concert instrumental, ajoutait-il encore, devrait se régler « selon l'intérêt et la passion, et ne pas permettre qu'une coupure disparate dans le dialogue entre l'air et le récitatif vînt tronquer à contresens la période et interrompre mal à propos la force et la chaleur de l'action ». En progression constante, le jeu scénique ne peut donc plus toujours s'accommoder des airs construits dans l'ancienne forme dite à *da capo.* Conventionnelle et illogique, la reprise de la première phrase du morceau semble une véritable aberration théâtrale. L'ampleur donnée à l'épisode central — généralement très réduit chez les Italiens — semble au contraire plus légitime : « Je n'ai pas cru devoir glisser rapidement sur la seconde partie d'un air, qui peut être la plus passionnée et la plus importante, pour avoir l'occasion de répéter régulièrement quatre fois les paroles de la première, et finir l'air quand peut-être le sens n'est pas complet, pour donner au chanteur le moyen de faire voir qu'il peut varier capricieusement un passage d'autant de manières. » Au total, conclut le dramaturge, « j'ai cherché à bannir tous ces abus contre lesquels depuis longtemps protestent en vain le bon sens et la raison ».

L'exactitude dramatique guide donc Gluck dans la

composition de ces airs. Variété, souplesse, liberté de la coupe et du plan tonal, attestent une recherche constante d'expression authentique et de vie. Il suffit pour s'en convaincre d'entendre les morceaux les plus célèbres, encore au répertoire de tous nos chanteurs : dans *Iphigénie en Aulide*, l'air désolé « *Peuvent-ils ordonner qu'un père* », d'une sincérité absolue dans l'affliction, et le chant du pontife « *Au faîte des grandeurs* », à propos duquel l'abbé Arnaud affirmait qu' « avec un pareil air, on fonderait une religion ! »; dans *Alceste*, riche en monologues, la page si agitée et d'une grande énergie d'accent « *Rien n'égale mon désespoir* », et surtout la célèbre invocation aux puissances infernales « *Divinités du Styx* », de laquelle Paul Dukas disait : « C'est le pur langage de l'amour héroïque, la palpitation de la vie même, le cri humain dont l'écho ne saurait s'éteindre. » Autres aspects vocaux avec le calme récit de Renaud dans *Armide* « *Plus j'observe ces lieux* », et le cri passionné de l'héroïne « *Ah ! si la liberté me doit être ravie* »; avec les plaintes déchirantes d'*Orphée*, et la touchante mélodie « *J'ai perdu mon Eurydice* », qui, malgré sa prosodie défectueuse, a connu une vogue étonnante.

Les morceaux d'ensemble, duos, trios, quatuors, très nombreux dans *Iphigénie en Aulide* et *Orphée*, deviennent rares dans les dernières partitions. Plus vrai, au point de vue théâtral, le dialogue tend à les remplacer. Il n'y a qu'un seul duo dans *Alceste* (au troisième acte), et encore, dit Berlioz, le compositeur « n'y a permis aux voix de chanter ensemble que lorsque l'impatience de l'un des personnages ne lui permet pas d'attendre que l'autre ait fini de parler ». Comme les airs, Gluck les veut « expressifs, touchants et déclamés ».

Ces mêmes règles le guident d'ailleurs dans son écriture chorale. Aux masses — lourdes et statiques chez ses prédécesseurs — il insuffle une vie réelle, les fait participer à l'action. Son sens de la grandeur se manifeste dans ces larges fresques, traitées sobrement, mais animées toujours d'une frémissante passion. Il semble superflu de rappeler la transparente luminosité de certains chœurs d'*Iphigénie en Aulide* — en particulier celui qui souligne au premier acte l'arrivée d'Iphigénie « *Que d'attraits, que de majesté* », d'une séduction toute féminine

— la véhémence de ceux d'*Alceste,* si importants, et presque toujours au premier plan. Dans cette véritable tragédie chorale, le peuple — personnage collectif, constamment en scène, comme dans le drame grec — souffre des maux qui accablent son roi et ressent avec lui les mêmes émotions. Réactions identiques de cette « conscience vivante » dans *Orphée,* où parmi les grandes scènes de mouvement se détachent le premier ensemble : « *Ah ! dans ce bois tranquille et sombre* » ; puis, au second acte, le puissant tableau des Enfers, avec les hurlements de Cerbère, et les fulgurants « *Non !* » des Démons; enfin, dans les Champs-Elysées, le murmure des Ombres heureuses, « *Viens dans ce séjour paisible* ».

Le sens pictural de Gluck s'affirme pleinement dans les nombreux intermèdes symphoniques qui coupent les péripéties du drame. Fragments descriptifs, interventions instrumentales pendant lesquelles l'orchestre assume le rôle essentiel, et souligne les évolutions scéniques : jeu des personnages, pantomimes, danses.

Ainsi, le cortège qui entre dans le temple d'Apollon, au premier acte d'*Alceste,* se déroule sur la *Marche religieuse,* une des pages les plus illustres du musicien. « Il y règne quelque chose de mystique qui porte au recueillement », écrivent les premiers partisans de Gluck, à propos de cette phrase si limpide :

Ex. 2.

« Écoutez, dit encore Berlioz, cette mélodie douce, voilée, calme, résignée, cette pure harmonie, ce rythme à peine sensible des basses dont les mouvements onduleux se dérobent sous l'orchestre, comme les pieds des prêtresses sous leurs blanches tuniques; prêtez l'oreille à la voix insolite de ces flûtes dans le grave, à ces enlacements des deux parties de violon dialoguant le chant, et dites s'il y a en musique quelque chose de plus beau, dans le sens antique du mot, que cette marche religieuse.»

A retenir aussi le sommeil de Renaud, dans *Armide,* et surtout l'harmonieuse vision des Champs Elysées, à la fin du second acte d'*Orphée,* tandis que la flûte soupire sa mélancolique mélopée. « C'est d'abord une voix à peine perceptible qui semble craindre d'être entendue; puis elle gémit doucement, s'élève à l'accent du reproche, à celui de la douleur profonde, au cri d'un cœur déchiré d'incurables blessures, et retombe peu à peu à la plainte, au gémissement, au murmure chagrin d'une âme résignée » (Berlioz, *Grand Traité d'instrumentation,* p. 153).

Quant aux danses, exagérément développées avant Gluck — « tout danse à propos de tout », raillait Jean-Jacques Rousseau —, il veut les réduire à une proportion raisonnable. Il résiste à Vestris, le « dieu de la danse », tout-puissant chorégraphe de l'Académie royale; et s'il consent à laisser encore un ballet dans chaque acte d'*Iphigénie en Aulide,* il s'efforce du moins de le rattacher à l'action de la manière la plus vraisemblable. Les joyeux divertissements du second acte d'*Alceste,* la célèbre gavotte d'*Armide,* la *Danse des Furies* et la grande chaconne finale d'*Orphée,* s'incorporent assez heureusement à l'intrigue. D'ailleurs, il abandonne de plus en plus les titres et rythmes des danses de l'époque, et écrit de véritables morceaux symphoniques. Aboutissement de sa réforme : il n'utilise qu'une seule fois le corps de ballet dans *Iphigénie en Tauride,* pour la sauvage *Danse des Scythes* du premier acte. Plus de convention dans cette page pittoresque, mais une vérité scénique totale.

Le domaine de l'instrumentation et de l'orchestration s'élargit tout autant. En rupture complète avec ses devanciers, Gluck, par ses trouvailles personnelles et son sens du timbre, prépare la sonorité moderne. Le premier, il réalise une atmosphère enveloppante, une sorte de halo instrumental qui se superpose au décor et cerne les personnages. L'orchestre participe à la vie dramatique, et ses accents et ses teintes doivent renforcer le pathétique des situations. Les instruments parlent, écrit Berlioz, « ils chantent en même temps que le chanteur, ils souffrent de ses souffrances, ils pleurent ses larmes ».

Art de coloriste, qui demande beaucoup de discernement dans la sélection des valeurs et la recherche des contrastes. Le compositeur s'en explique à propos de l'air d'Achille, au troisième acte de son *Iphigénie en Aulide* : « Dans ce morceau toute ma magie consiste dans la nature du chant qui précède et dans le choix des instruments qui l'accompagnent. Vous n'entendez depuis longtemps que les tendres regrets d'Iphigénie et ses adieux à Achille; les flûtes et le son lugubre des cors y jouent le plus grand rôle. Ce n'est pas merveille si vos oreilles reposées, frappées subitement du son aigu de tous les instruments militaires réunis, vous causent un mouvement extraordinaire, mouvement qu'il était à la vérité de mon devoir de vous faire éprouver, mais qui cependant ne tire pas moins sa force d'un effet purement physique. »

Encore noté dans l'*Orfeo* italien, le clavecin disparaît dans la version française. D'où un allégement de la matière sonore, par la suppression du « ronronnement ininterrompu » de la basse continue. « Enfin désembrumés de cet estompage incessant », les timbres s'émancipent et trouvent une liberté favorable à leur mise en valeur. Le caractère poétique des bois se révèle. Jamais la flûte n'avait eu une sonorité aussi émouvante que dans le solo des Champs Elysées, d'*Orphée*. Elle se prête, selon Berlioz, « à tous les mouvements inquiets de cette douleur éternelle, encore empreinte de l'accent des passions de la terrestre vie ». Elle convient « à l'expression de ce gémissement mille fois sublime d'une ombre souffrante et désespérée ». La stridence de la petite flûte éclate avec une force inaccoutumée dans la tempête d'*Iphigénie en Tauride*. Deux de ces instruments suraigus dominent toute la masse orchestrale déchaînée : effet de violence et d'âpreté si souvent imité par la suite. Avant Beethoven, c'est également Gluck qui met en relief la véritable couleur du hautbois : son intensité pathétique, l'acuité de sa mélancolie perçante. Il fait apprécier dans *Alceste* la douceur infinie de la clarinette, et sa noble distinction.

Mais plus encore, avec les cuivres, ses innovations marquent un tournant décisif dans la constitution de l'orchestre moderne. Il tire des cors des effets surprenants et introduit les trombones à l'Académie royale pour la création d'*Alceste*. Leur timbre puissant tonne dans l'air « *Divinités du Styx* », répondant « comme la voix courroucée des dieux infernaux à l'interpellation d'Alceste » (Berlioz). Dans *Iphigénie en Tauride*, ils accompagnent d'une impressionnante gamme ascendante en *ré mineur* le chœur des Furies, au second acte. Ils s'identifient aux Euménides, note Gevaert dans son *Traité général d'instrumentation*, « donnent un saisissant relief à leur physionomie effrayante et font passer dans l'âme de l'auditeur toutes les terreurs du parricide : tantôt unissant leurs octaves foudroyantes, leurs pesants accords, aux sombres imprécations des sombres déesses, tantôt faisant retentir aux oreilles d'Oreste, avec un réalisme digne d'Eschyle, les aboiements de la meute infernale acharnée à sa poursuite ».

Enfin l'apport des instruments de percussion s'accroît considérablement. La grosse caisse apparaît pour la première fois à l'Opéra dans *Iphigénie en Aulide*. Les cymbales, le triangle et le tambour ajoutent une rudesse toute barbare à la vigoureuse et féroce *Danse des Scythes*, dans *Iphigénie en Tauride*.

Réformateur du théâtre lyrique, Gluck clôt l'ép que classique, celle de Lully et de Rameau, et ouvre la voie aux grands dramaturges du XIXe siècle : Weber et Wagner. Tous ses efforts tendent à une simplification et à une synthèse des arts. La recherche de l'unité, de la vérité et du naturel le guide dans la composition de ses grandes œuvres. « J'ai évité de faire montre de difficulté au préjudice de la clarté; je n'ai jugé précieuse la découverte de quelque nouveauté qu'autant qu'elle était naturellement commandée par la situation, et par l'expression; enfin il n'y a point de règle d'ordre que je n'aie cru devoir sacrifier de bonne volonté en faveur de l'effet. » En homme de théâtre, il s'occupe d'abord de la scène, car tout doit se ramener au drame : « La voix, les instruments, tous les sons, les silences mêmes, doivent tendre à un seul but qui est l'expression; et l'union doit être si étroite entre les paroles et le chant que le poème ne semble pas moins fait sur la musique que la musique sur le poème. »

Conception singulièrement en avance sur son temps, d'une largeur et d'une force peu communes. Le premier, note Paul Dukas, Gluck « vit le drame comme un tout organique dont les parties se subordonnent à une pensée générale ». Message d'une portée européenne, dont l'écho a traversé tout le XIXe siècle. C'est de là, remarque Vincent d'Indy, « que sort l'art moderne; les accents vrais n'ont pas passé, même si cette écriture est périmée ».

« Musique de géant », affirmait déjà Berlioz. Opinion nullement excessive qui rejoignait celle de l'historien anglais Charles Burney, reçu par Gluck en 1772, et qui dès ce moment voyait en lui « le Michel-Ange de la musique ».

Georges FAVRE.

BIBLIOGRAPHIE

OUVRAGES GÉNÉRAUX

ROZOI, B., de, *Dissertation sur le drame lyrique*, La Haye, 1775.
MARTINE, J.-D., *De la musique dramatique en France*, Paris, 1813.
CASTIL-BLAZE, F.M.J., *De l'opéra en France*, Paris, 1820.
GAIL, J.Fr., *Réflexions sur le goût musical en France*, Paris, 1832.
REICHA, A., *Art du compositeur dramatique*, Paris, 1833.
BLONDEAU, A. L., *Histoire de la musique moderne...*, Paris, 1847.
CHOUQUET, G., *Histoire de la musique dramatique en France*, Paris, 1873.
HERMANN, J., *Le drame lyrique en France depuis Gluck jusqu'à nos jours*, Paris, 1878.
COQUARD, A., *De la musique en France depuis Rameau*, Paris, 1891.

OUVRAGES SUR LE SUJET

BERLIOZ, H., *A travers chants*, Paris, 1862.
CHARNACÉ, G. de, *Lettres de Gluck et de Weber*, Paris, 1870.
DESNOIRESTERRES, G., *Gluck et Piccini*, Paris, 1872.
ROLLAND, R., *Musiciens d'autrefois*, Paris, 1908.
SAINT-SAËNS, C., *L'interprétation des œuvres de Gluck*, dans « Comedia », janvier 1908.

Tenéo, M., *Les chefs-d'œuvre du chevalier Gluck à l'Opéra de Paris,* dans « Revue d'histoire et de critique musicales », 1908.

Tiersot, J., *Gluck,* Paris, 1909.

Wotquenne, A., *Catalogue thématique des œuvres de Ch.-W. Gluck,* Leipzig, 1904; supplément par Liebeskind, 1913.

Debussy, Cl., *Monsieur Croche antidilettante,* Paris, 1921.

Arend, M., *Gluck,* Berlin, 1922.

La Laurencie, L. de, *Orphée de Gluck, étude et analyse,* Paris, 1932.

Cooper, M., *Gluck,* Londres, 1935.

Gerber, R., *Chr.-Will. Ritter von Gluck,* Potsdam, 1941.

Landormy, P., *Gluck,* Paris, 1941.

Prod'homme, J.-G., *Gluck,* Paris, 1948.

LE CONCERT

LE CONCERT SPIRITUEL (1725-1791)

En France, comme partout en Europe, on peut faire remonter l'origine des premiers concerts publics à l'époque lointaine où la musique débordait des églises et des palais des princes pour pénétrer « ès maisons » des bourgeois ou résonner en plein air. Chaque fête religieuse ou civile était prétexte à somptueux cortèges et concerts gratuits, non seulement dans la capitale, mais dans toutes les grandes cités du royaume.

Quand, vers le XVIᵉ siècle, la musique polyphonique eut atteint son plus haut point de perfection, la nécessité se fit sentir d'organiser des réunions réservées à l'élite des artistes et des amateurs ; alors furent fondés à Paris, en 1575, la Confrérie de Sainte-Cécile et, en province, les « Puys de musique » d'Évreux, de Lyon, de Caen, de Rouen, du Mans, véritables festivals et concours de composition, célébrés « en un lieu convenable » sous la présidence ou avec la collaboration des maîtres les plus fameux, et terminés par l'exécution publique des œuvres primées.

Charles IX et Louis XIII, rois musiciens, jouèrent envers les artistes le rôle de mécènes, et contribuèrent personnellement au développement de la culture musicale. On voit sous leur règne se répandre dans la bourgeoisie aisée le goût des concerts privés. C'est l'époque où le violon commence à détrôner les violes, malgré les protestations des amateurs d'instruments anciens et de sonorités discrètes et voilées.

Le nombre et la vogue des concerts privés augmentèrent sensiblement sous l'influence de Louis XIV. Passionné de musique, de théâtre et de danse, le grand roi daignait prodiguer aux compositeurs français ou même étrangers les marques de sa libéralité, voire ses conseils. Presque quotidiennement, il y avait à la cour concert ou spectacle. Les professionnels les plus en vue organisaient de leur côté des concerts privés, aux frais des-

quels participaient leurs invités moyennant quelque
« honneste loyer ».

Citons entre autres les concerts de Pierre Chabanceau
de La Barre, organiste de la Chapelle royale, ceux du
claveciniste Chambonnières, du chanteur de cour Michel
Lambert, des virtuoses de la viole Antoine Forqueray
et Sainte-Colombe, du luthiste Gallot, du guitariste
Médard, de l'organiste Clérambault.

Les grandes villes de province possédaient des « Académies de musique » où l'on suivait avec empressement
le mouvement donné par la capitale. En 1687, Sébastien
de Brossard fondait le Concert de Strasbourg; son
exemple fut suivi à Amiens, Dijon, Rouen, Lyon, Marseille, Nantes, Moulins, etc.

L'importation en France de la musique italienne, avec
l'arrivée de chanteurs venus de Florence et appelés par
Mazarin pour représenter au Louvre l'*Orfeo* de Luigi
Rossi, mit en contact le goût classique national avec le
lyrisme italien. Il appartient à Lully d'avoir réalisé dans
son œuvre un exact équilibre entre les deux tendances.
C'est dans le même temps que le prêtre Mathieu, curé
de Saint-André-des-Arcs, organisait des concerts pour
faire connaître à Paris les œuvres religieuses des Luigi
Rossi, Cavalli, Carissimi, Legrenzi, Stradella et Bassani.
Paolo Lorenzani, de son côté, dirigeait au couvent des
Théatins, avec un succès extraordinaire, des saluts en
musique au cours desquels furent exécutés, en première
audition en France, maints oratorios latins de l'école
romaine.

Vers la fin du règne de Louis XIV, déclarait Hubert
Le Blanc, rien n'était « si à la mode que la musique, passion des honnestes gens et des personnes de qualité ».
Un grand public s'était donc formé des amateurs de
l'opéra et de ceux de la musique symphonique. Le
moment propice semblait être arrivé d'instituer une sorte
de spectacle qui donnerait aux compositeurs et aux virtuoses une occasion de se produire périodiquement à la
ville, et permettrait en même temps à la bourgeoisie de
goûter des jouissances artistiques jusqu'alors réservées
à la cour et aux classes privilégiées.

Toutefois, ce fut seulement sous la Régence, en 1725,
que fut créé le « Concert spirituel », institution fameuse
qui devait connaître une brillante destinée et servir utile-

ment la musique, au même titre que l'Opéra national fondé exactement un demi-siècle auparavant.

Anne Danican Philidor, né à Paris le 11 avril 1681, fils du bibliothécaire de la musique du roi Louis XIV, inaugura ses concerts le 18 mars 1725. En raison du privilège accordé en 1672 à Lully pour l'exploitation de l'Académie royale de musique, Philidor avait dû s'entendre avec Francine, gendre et successeur du Florentin, pour obtenir, moyennant une redevance annuelle de dix mille livres, la permission de donner à Paris des concerts de « musique de chapelle », les jours où l'observation du calendrier liturgique entraînait la suspension des représentations théâtrales, soit trente-cinq jours environ par an. En même temps, Philidor s'engageait à ne faire exécuter aucune œuvre dont les paroles fussent françaises; mais il avait obtenu de la bienveillance du roi la salle des Suisses du palais des Tuileries, laquelle fut spécialement aménagée pour la circonstance par les maîtres menuisiers officiels, et décorée par le peintre Le Maire sur des dessins de Berain. Le programme du premier concert était composé d'une suite d'airs de violons de Michel-Richard de La Lande, de son grand motet *Confitebor,* du concerto écrit pour la nuit de Noël par Corelli, et d'un second motet à grand chœur de La Lande, *Cantate Domino.* Commencé à six heures, ce concert d'inauguration fut terminé, dit « le Mercure », à huit heures, « avec l'applaudissement de toute l'assemblée ».

Aux réunions suivantes figurèrent invariablement deux motets de Richard de La Lande; le vieux maître put ainsi goûter, dans ses derniers jours, la joie de se voir acclamé par un public enthousiaste, et d'entendre ses motets à grand chœur, composés pour la chapelle du château de Versailles, exécutés dans une salle où tous les détails d'interprétation apparaissaient en plein relief.

Les « récitants » (solistes) du concert, note « le Mercure », faisaient tous partie de l'Académie royale de musique. « Les chœurs étaient composés de tout ce qu'il y a de meilleurs sujets de la Musique du Roi, de l'Académie royale de musique et des principales églises de Paris, où il y a des chœurs de musique; il en est de même de ceux qui composent la symphonie. »

En dehors des motets à grand chœur dont la faveur devait se maintenir plus d'un demi-siècle, Philidor intéressait ses abonnés en leur présentant des violonistes capables de « faire assaut » de virtuosité : tels Baptiste Anet, élève de Corelli, ou le Piémontais Jean-Pierre Guignon, grand interprète des concertos de Vivaldi et dernier détenteur du titre de Roi des violons. Le *Miserere* de Lully, celui de Nicolas Bernier, le *Cum invocarem* du même auteur, se partageaient avec les grands motets de La Lande la faveur du public. Le *Te Deum* de Collin de Blamont, composé pour le sacre de Louis XV à la cathédrale de Reims, mais qui ne fut pas exécuté vu la longueur de la cérémonie, fut donné en première audition au Concert spirituel. Rebel et Francœur se produisirent ensemble au cours de la saison 1726; les flûtistes Michel Blavet et Gabriel Buffardin, le maître de Quantz, déchaînaient l'enthousiasme, de même que les cantatrices Nicole Lemaure et Marie Antier, « première actrice de l'Académie royale de musique », renommée pour ses interprétations des œuvres de Lully et de Campra.

Vers la fin de 1727, Philidor annonça qu'en dehors des concerts de musique religieuse, il organiserait des séances mélangées d'art profane et d'art sacré : ces séances débuteraient par un « divertissement », se continueraient par l'audition de pièces d'auteurs italiens et français, et se termineraient par un grand motet. Le répertoire de la cantate française devait être mis également à contribution, et l'on engagerait de nouveaux virtuoses, notamment Jean-Marie Leclair et Jean-Baptiste Senallié.

Philidor dirigea, le 20 décembre 1727, le premier de ces nouveaux concerts au programme duquel étaient inscrites deux œuvres de Collin de Blamont, disciple et successeur de Richard de La Lande : *le Retour des dieux sur la terre,* composé à l'occasion du mariage de Louis XV, et la cantate *Didon,* récemment présentée chez la Reine.

Malgré un grand succès artistique, le Concert ne faisait pas ses frais; de graves difficultés financières amenèrent donc Philidor à donner, en 1728, sa démission au conseil d'administration. Cette retraite précéda seulement de quelques mois le décès du valeureux directeur-fondateur, qui mourut à Versailles, le 8 octobre de la même année.

Michel de Lannoy, huissier des ballets du Roi et principal commandataire du Concert, Pierre Simard et le compositeur Jean-Joseph Mouret, prirent alors en main la direction de l'entreprise, qui fonctionna sans embarras pendant deux années. Mais après la mort de Lannoy, les difficultés recommencèrent, tant et si bien que Mouret se retira le 20 avril 1733. Il y eut ensuite des contestations avec la direction de l'Académie royale de musique, laquelle assura définitivement, dès le 25 décembre 1734, la régie du Concert et en confia la direction musicale à Jean-Ferry Rebel.

Cependant, malgré les ennuis et les procès, l'activité musicale de l'institution ne s'était jamais ralentie. Mouret inscrivait à ses programmes les œuvres de Couperin, Campra, Bernier, Gilles, à côté de ses propres compositions, son *Te Deum* notamment, ses motets, son prologue aux *Fêtes de Thalie,* ses cantates et ses fanfares. Il fit encore connaître les premiers motets de Gomay, Bordier, Gaveau, Madin et Blanchard. Le 22 novembre 1728, la demoiselle Lemaure créait *le Berger fidèle,* cantate de Rameau ; le 1er novembre 1734, Mlle Fel faisait ses débuts au Concert ; depuis mai 1733, Jélyotte avait conquis le public par le charme de sa « très belle voix de haute-contre » ; Bérard, auteur d'un précieux traité de l'*Art du chant* dédié à Madame de Pompadour, les chanteurs italiens Annibalino, de l'Opéra de Londres, et Bordicio, se partageaient la faveur du public. En 1733, Giovanni Battista Bononcini, le rival de Haendel en Angleterre, avait fait exécuter divers motets de sa composition, notamment un *Miserere* qui fut trouvé « admirable dans toutes ses parties ».

Mais c'est surtout dans le développement de la musique instrumentale que l'influence du Concert des Tuileries fut réelle et efficace. Les sonates et les concertos de Corelli, Vivaldi et Geminiani faisaient les délices des amateurs.

Rebel inaugura ses fonctions de chef d'orchestre le 25 décembre 1734, en dirigeant des *Noëls* en symphonie, un grand motet de Richard de La Lande, un motet à voix seule de Mouret chanté par Mlle Fel, trois concertos exécutés respectivement par Blavet, Leclair et Guignon ; et pour finir, le *Cantate Domino* de Richard de La Lande. Au cours des années suivantes, Rebel présenta les frères Besozzi, qui furent « extrêmement applaudis » dans des concertos pour hautbois et basson de leur composition.

La demoiselle Taillart, virtuose de la flûte traversière; le violoncelliste Lanzetti et le trompettiste Litterni, musiciens du roi de Sardaigne; le violoniste Jean-Baptiste Cupis, frère de la célèbre Camargo, virtuose au « jeu coquet et séduisant », se produisirent tour à tour avec succès; mais Guignon, Aubert et Blavet demeuraient toujours en grande faveur auprès du public.

Le 24 décembre 1736, le sieur Coremans faisait entendre « un air italien du fameux M. Handel »; le 25 mars 1738, un motet de Telemann fut « fort goûté ». C'était la première fois que les noms de grands maîtres allemands figuraient au programme du Concert des Tuileries. La même année, Mondonville, dont la première apparition comme violoniste, en 1734, avait passé presque inaperçue, se faisait applaudir en qualité de compositeur. Son *Concerto* à trois chœurs « passa pour être au pair de ce qu'il y a de mieux », lit-on dans les *Mémoires* du duc de Luynes. De fait, Mondonville allait devenir le principal soutien du Concert spirituel. Ses motets, qui continuaient ceux de Richard de La Lande, devaient se maintenir au répertoire pendant plus de trente années. Cependant Boismortier et Corrette, pour leur part, alimentaient copieusement le répertoire en motets, sonates et concertos pour les instruments les plus divers.

Il convient de signaler les succès remportés par les violonistes L'Abbé et Gaviniès (1741), Piantanida (1743) et Pagin, élève de Tartini (1747); par les violoncellistes Chrétien et Massart, le flûtiste allemand Graff, le hautboïste Celle et le bassoniste Ruault. Les joueurs de musette et de vielle, instruments champêtres sur lesquels étaient passés maîtres les Hotteterre, les Chédeville, Charpentier et Belleville, étaient favorisés du public et « mieux récompensés de leurs travaux que les meilleurs organistes », à la grande indignation d'Ancelet, courageux critique musical qui protestait en vain à une époque où l'on se sentait « un faible étonnant pour la bergerie ». Toutefois, malgré l'empressement du public, les recettes baissaient, et l'administration de l'Académie royale de musique se vit dans l'obligation de suspendre le Concert pendant l'été 1747.

L'année suivante, les administrateurs traitaient avec Pancrace Royer, « maître de musique des Enfants de France », lequel s'assura la collaboration des violonistes

Caperan et Mondonville. La réouverture du Concert spirituel eut lieu le 1er novembre 1748, avec « un très grand concours d'auditeurs » venus pour admirer la salle nouvellement mise en état « de plaire aux dames par sa distribution commode et l'arrangement des places ». Un grand orgue, habilement touché par André Chéron, Jolage ou Daquin, occupait le fond de la scène, et un rang de loges remplissait agréablement le tour de la salle. Le programme comprenait l'*In exitu* d'Adolfati, un concerto de flûte, le *Jubilate* de Fanton; un petit motet de Mouret; un concerto de violon de Tartini joué par Pagin; et pour terminer, le *De profundis* de Mondonville.

En 1751, Rameau fit chanter son motet *In convertendo*, « composé depuis quarante ans environ ». Le 16 avril 1753, fut donnée la première audition du *Stabat Mater* de Pergolèse, « motet célèbre dans toute l'Europe », et qui devint, dès l'année suivante, le « morceau d'honneur » pour la Semaine sainte.

Dès 1750, l'orchestre était composé de seize violons, deux altos, six violoncelles, deux contrebasses, cinq flûtes et hautbois, trois bassons, une trompette, une paire de timbales. En 1752, deux cors vinrent s'ajouter à cet ensemble. Le *continuo* était réalisé à l'orgue, de préférence au clavecin. On pouvait dénombrer dans le chœur : treize premiers dessus (six femmes et sept hommes); douze seconds dessus (six femmes et six hautes-contre); sept tailles (ténors); cinq basses-tailles (barytons) et huit basses-contre. La prédominance des voix d'hommes dans les chœurs était conforme au goût du temps; elle durera jusqu'à l'époque romantique.

Les artistes étrangers de passage à Paris étaient fréquemment invités à rehausser de leur présence l'intérêt des programmes. C'est ainsi que les amateurs purent entendre le célèbre chanteur Caffarelli (5 novembre 1753), les violonistes Chabran, neveu de Somis (1751), le fameux Gaetano Pugnani, et Johann Stamitz (1754), l'auteur des premières symphonies importées en France, chef d'orchestre particulier du fermier général Le Riche de La Pouplinière. Le public parisien prit alors connaissance de la musique instrumentale d'Alberti, de Hasse et de Jommelli.

Après la mort de Royer survenue le 11 janvier 1755, Mondonville prit la direction de l'orchestre; il devait la conserver jusqu'en 1762. Une de ses principales innovations fut le concerto pour orgue et orchestre, genre encore inconnu en France, et qui fut inauguré par Claude Balbastre, le 25 mars 1755.

Trois ans plus tard, Mondonville donnait, sous le titre de « motet français », *les Israélites à la montagne d'Horeb,* premier essai d'oratorio biblique qui passa pour une nouveauté dans un pays qui avait oublié les auditions d'oratorios latins du couvent des Théatins, et où les chefs-d'œuvre de Bach et de Haendel n'avaient pu encore pénétrer; en 1759, il renouvela la tentative en faisant exécuter un second motet français, *les Fureurs de Saül,* puis une sorte de cantate mythologique, *les Titans,* sur un livret de l'abbé de Voisenon.

On doit encore reconnaître à Mondonville le mérite d'avoir acclimaté en France les symphonies d'Ignace Holzbauer, de Henri de Croes de Bruxelles, de Wagenseil, de Schencker, ordinaire de la musique du prince de Conti, et de Gossec qui faisait alors partie de l'orchestre de La Pouplinière.

Au début de 1762, Mondonville manifesta le désir de se retirer de la direction du Concert et de « laisser reposer sa musique ». Antoine Dauvergne, survivancier de Rebel comme maître de musique de la Chambre du roi, fut alors nommé à la place de Mondonville. Il fit aménager la salle en renouvelant la décoration et l'éclairage, et chargea le facteur Somer d'apporter à l'orgue « des augmentations considérables » qui permettraient à Balbastre de « déployer ses talents avec bien plus d'étendue ».

Citons parmi les nouveautés inscrites aux programmes : le *Confitebor* à deux chœurs du Napolitain Francesco Feo; la *Messe des morts,* de Gilles; les grands motets *Lauda Jerusalem* de Philidor et de l'abbé d'Haudimont, l'*Exultate Deo* de Guilleminot Dugué, maître de chapelle de Saint-Germain-l'Auxerrois, le *Super flumina* de François Giroust, et un motet à voix seule de « M. le Chevalier Gluck, célèbre et savant musicien de S. M. Impériale », le *Lauda Jerusalem* de l'abbé Henri Hardouin, maître de chapelle de la cathédrale de Reims, et les proses *Dies irae* de Torlez et d'Alexandre Louet, claveciniste attaché au Concert de la reine Marie-Antoinette.

Parmi les virtuoses, mentionnons les harpistes Emming, Hinner et Petrini; les organistes Legrand, de l'abbaye de Saint-Germain-des-Prés; Burton, de Londres; Nicolas Séjan; Calvière et Daquin; les violoncellistes Duport et Boccherini; les violonistes étrangers Fränzl, Manfredi, Louis de Sirmen et sa femme; le hautboïste Gaetano Besozzi, Mlle Lechantre qui toucha pour la première fois, le 8 septembre 1768, le forte-piano, instrument appelé à détrôner peu à peu le clavecin.

En 1773, la ville de Paris qui avait pris le Concert à sa charge, accepta la proposition de Dauvergne qui cédait à Gaviniès, Leduc et Gossec la direction de l'entreprise. Chef d'orchestre éprouvé, Gossec, tout en faisant une place à ses propres œuvres, accueillait généreusement celles des jeunes compositeurs; il révéla au public les motets de Jean-Baptiste Rey, maître de musique à Nantes et futur chef d'orchestre de l'Opéra de Paris; d'Honoré Langlé, retour de Naples; de l'abbé Roze, le savant musicien qui deviendrait bibliothécaire du Conservatoire National. Gossec conduisit encore au succès les « oratoires » français de Lefroid de Méreaux qui avait mis en musique les chœurs d'*Esther,* et fut imité par l'Italien Giuseppe Cambini, fixé à Paris depuis 1770.

C'est encore à Gossec que revient l'honneur d'avoir imposé les symphonies de Haydn, de Jean-Chrétien Bach, et de Ditters von Dittersdorf à l'admiration du public parisien. L'actif directeur du Concert spirituel présentait aussi d'habiles virtuoses français ou étrangers : les violonistes Carl et Anton Stamitz; les frères Simon et Pierre Leduc; Jarnowick, le brillant élève de Lolli; le fameux corniste tchèque Giovanni Punto (Jan Václav Stich) et le clarinettiste Joseph Beer, deux futurs amis et interprètes de Mozart et de Beethoven.

Au temps de Gossec, habilement secondé par Gaviniès et Simon Leduc, l'orchestre du Concert comptait soixante exécutants : douze premiers violons, douze seconds, quatre altos, douze violoncelles, quatre contrebasses, deux flûtes, trois hautbois, deux clarinettes, quatre bassons, deux cors, deux trompettes, timbales, non comptés l'orgue et le clavecin; le personnel vocal était composé de onze solistes et quarante-quatre choristes.

Après la mort de Leduc (janvier 1777), Gossec et Gaviniès passèrent la main au célèbre chanteur de l'Opéra Joseph Legros, qui avait obtenu l'entreprise du Concert moyennant une redevance annuelle de six mille livres.

Celui-ci choisit pour chef d'orchestre le violoniste Pierre La Houssaye, brillant élève de Pagin et de Tartini, et donna son premier concert le 16 mars 1777 en présence d'un public nombreux. La reine Marie-Antoinette daigna venir assister au concert du 31 mars ; elle écouta deux symphonies de Gossec, *la Sortie d'Égypte* de Rigel, trois concertos successivement exécutés par la hautboïste Lebrun, le violoniste Jarnowick, le corniste Punto, et deux airs italiens chantés par Franziska Danzi, jeune cantatrice récemment arrivée à Paris, et dont la voix « très étendue, douce, juste et flexible » était fort admirée du public.

Fervent italianisant, Legros inscrivait à ses programmes des motets de Sacchini, Anfossi, Jommelli et Piccinni ; si d'aventure il offrait à son public un *Te Deum* « à grand chœur et deux orchestres » de Floquet, c'était en le faisant passer pour une œuvre d'importation italienne ; il chargeait « il Signor Amedeo Mozart », dès son arrivée à Paris, d'arranger pour le jour de la Toussaint de 1777 un *Miserere* du Viennois Holzbauer. C'est grâce à Legros que Mozart a pu faire jouer au Concert deux de ses symphonies : l'une le 18 juin 1778, l'autre le 8 septembre de la même année. On y remarqua « un grand caractère, une grande richesse d'idées et des motifs bien suivis ». Ces symphonies demeurèrent au répertoire et furent exécutées une bonne douzaine de fois du 18 juin 1778 au 3 avril 1789.

Un *Magnificat* et un *Lauda Sion* de l'abbé Vogler furent donnés en première audition le 17 avril 1781 ; l'abbé lui-même se fit entendre sur le piano-forte le 8 mars 1783. Cependant, Gossec avec sa *Nativité,* son *Te Deum,* sa *Messe des morts* et ses symphonies, tenait toujours la première place, et Henri-Joseph Rigel, autre favori du public, faisait exécuter ses nouveaux oratorios français : *la Sortie d'Égypte, la Destruction de Jéricho, les Macchabées, le Sacrifice de Jephté.*

Le *Carmen saeculare* de François-André Philidor, composé sur le poème d'Horace, figura de 1780 à 1788 aux programmes du Concert spirituel à titre d'exemple de « musique savante ». Pendant le carême de 1781, Legros eut l'idée de mettre en comparaison le *Stabat Mater* composé en 1777 par Haydn, et celui de Pergolèse. Les amateurs attribuèrent la palme au maître italien, mais le chef-d'œuvre de Haydn fut redonné avec un succès qui s'affirma de plus en plus les années suivantes ; une cabale fit échouer, en 1783, le *Stabat Mater* de Franz Beck, directeur de concerts à Bordeaux.

L'apparition de Viotti à Paris, lit-on dans les *Mémoires secrets* du 13 mars 1782, « fit tomber l'archet des mains de tous nos grands maîtres » ; cet illustre chef de l'école moderne du violon se produisit au Concert spirituel à diverses reprises, et fut « reçu avec les transports les plus mérités ». Dans le même temps brillaient Mmes Todi et Mara, cantatrices ; Mme Krumpholz, harpiste ; les chanteurs Amantini et Guichard ; le trio Lays, Chéron et Rousseau.

En 1784, graves soucis pour la direction : Louis XVI s'installe aux Tuileries, et le Concert spirituel doit émigrer dans la Salle des Machines du même palais, local d'une « mesquinerie affreuse » et d'une acoustique médiocre. Avant de quitter la Salle des Suisses où, depuis 1725, le Concert avait reçu l'hospitalité royale, l'excellent chef d'orchestre La Houssaye dirigea la première exécution en France de la symphonie des *Adieux* de Haydn, avec la même mise en scène, si l'on peut dire, qu'au château d'Esterhazy, chaque exécutant s'esquivant successivement au cours de l'exécution du *finale,* après avoir soufflé la bougie fixée à son pupitre. Le Concert spirituel fit encore connaître des fragments des *Sept Dernières Paroles du Christ,* de Haydn ; des odes ou des oratorios de Lesueur, Giroust, Rigel, Gossec, Berton et Salieri ; des symphonies de Devienne, Bréval, Jadin, Cannabich, Cherubini, Pleyel et Gossec. A chaque programme figurait une symphonie de Haydn.

A côté du Concert spirituel florissaient, sous l'Ancien Régime, des organisations privées de concerts fréquentées par une élite d'amateurs appartenant à la noblesse, à la finance et à la bourgeoisie, tels les Concerts des Amateurs à l'hôtel de Soubise (1769-1781), concerts fondés et dirigés par Gossec, à qui succéda au pupitre le chevalier de Saint-Georges ; les concerts du maréchal de Noailles, dirigés par Carl Stamitz ; ceux du duc d'Aiguillon, où débuta Rodolphe Kreutzer ; le Concert de la Loge Olympique, qui donnait ses séances d'abord au Palais-Royal, puis dans la salle des Gardes du palais des Tuileries, sous la direction de Viotti. C'est pour cette association que

Haydn écrivit, en 1784, six de ses plus belles symphonies.

Il faut encore citer parmi les principaux concerts de Paris au xviiie siècle : le Concert Crozat, puis Italien, fondé par souscription sous les auspices de Mme de Prie (1724); le Concert des Mélophilètes, sous la protection du prince de Conti (1722-1724); le Concert d'Amis (trente-six membres, par souscription, 1772); les Concerts des Enfants d'Apollon (1784); le Concert de la Société d'émulation (1786); les Concerts de la rue de Cléry (1789).

La Révolution entraîna la disparition de toutes ces sociétés musicales; seul, le Concert spirituel se maintint jusqu'en 1791, après avoir émigré dans la salle du Théâtre Italien, et bientôt après dans celle de l'Opéra à la porte Saint-Martin; il devait faire en 1805 une réapparition éphémère sous la direction de François-Antoine Habeneck qui, le premier en France, fit connaître les symphonies de Beethoven; mais déjà la célèbre institution, dont l'activité avait été si féconde et efficace pendant près d'un siècle, avait fait son temps. Sur la proposition de Marie-Joseph Chénier, la Convention avait fondé, le 3 août 1795, un Institut national de musique, le Conservatoire de Paris, qui était devenu bien vite l'unique foyer d'attraction pour les musiciens. Après avoir collaboré à l'éducation et à l'élargissement du goût musical en France en détournant périodiquement les esprits des enchantements de l'Opéra, et les obligeant à se recueillir et à s'intéresser aux problèmes musicaux, aux musiques étrangères, aux symphonies italiennes et allemandes, le Concert spirituel disparut sans bruit, au moment où le public commençait à se passionner pour les exercices publics des élèves du Conservatoire. Ces exercices donnèrent naissance, en 1801, aux Concerts français de la rue de la Victoire, lesquels tentèrent de rivaliser avec les Concerts de l'Opéra où se produisaient les artistes attachés à la cour impériale : Pierre Rode, Baillot, Rodolphe Kreutzer, Paer, Paisiello, Crescentini et Mme Grassini.

La chute de Napoléon entraîna la fermeture momentanée du Conservatoire et mit un terme à l'activité des Concerts français. Ce fut seulement sous la seconde Restauration que la célèbre Société des Concerts du Conservatoire fut fondée par Habeneck et Cherubini. Le dimanche 9 mars 1828, dans la salle de l'École royale de musique (grande salle de l'ancien Conservatoire), avait lieu, sous la direction de Habeneck, le premier concert; séance mémorable qui débuta par la *Symphonie héroïque* de Beethoven. Un duo de l'opéra *Sémiramis* de Rossini, le *IVe Concerto* de Rode exécuté par Eugène Sauzay, l'*Ouverture des Abencérages,* le *Kyrie* et le *Gloria* de la *Messe du sacre* de Cherubini, figuraient au programme.

Félix RAUGEL.

BIBLIOGRAPHIE

PÉRIODIQUES

« Affiches de Paris », avis divers (1745-1751).
« Avant-Coureur » (1762-1774).
« Gazette de France », jusqu'en 1780.
« Mercure de France » (1725-1790).
« Spectacles de Paris » (1754-1771-1780).

OUVRAGES GÉNÉRAUX

BACHAUMONT, *Mémoires secrets* (1777-1789).
BRENET, M., *Les concerts en France sous l'Ancien Régime,* Paris, 1900.
LA LAURENCIE, L. de, *L'École française de violon de Lully à Viotti,* Paris, 3 vol., 1922, 1923, 1924.
VIOLLIER, R., *Jean-Joseph Mouret, le musicien des grâces,* Paris, 1950.
BORREL, E., *L'orchestre du Concert spirituel et celui de l'Opéra de Paris de 1751 à 1800,* dans : *Mélanges offerts à P.-M. Masson,* tome II, Paris, 1955.

L'ÉCOLE INSTRUMENTALE
FRANÇAISE AU XVIIIᵉ SIÈCLE

Notre pays avait excellé, au XVIIᵉ siècle, dans plusieurs domaines de l'art instrumental : l'orgue, le clavecin, la basse de viole, le luth. Ce dernier disparaît radicalement, avec une surprenante rapidité, entre 1700 et 1710, après une ultime floraison de très grands talents (François Pinel, Jacques Gallot le Jeune, Perrine, Charles Mouton, etc.).

LA BASSE DE VIOLE

D'autres chapitres traitent de l'école française d'orgue et de clavecin. Pour la basse de viole, qui continue de défendre contre le violoncelle les valeurs anciennement prisées au plus haut point par nos mélomanes — discrétion, douceur un peu voilée de la sonorité — elle conservera ses fidèles jusqu'au milieu du XVIIIᵉ siècle, bien que, depuis longtemps déjà, les modernistes d'alors ne lui accordent plus qu'une admiration condescendante. Elle est pourtant illustrée par un musicien de la plus haute valeur, Marin Marais, né à Paris en 1656, mort dans la même ville en 1728. Il avait travaillé la composition avec Lully, la viole avec Sainte-Colombe. Titon du Tillet, dans sa *Description du Parnasse françois,* nous renseigne sur la passion avec laquelle il étudiait, allant jusqu'à se faufiler sous une cabane que Sainte-Colombe s'était aménagée dans un arbre de son jardin « pour y jouer plus tranquillement et plus délicieusement de la viole », et parvenant, de la sorte, à faire son profit « de quelques passages et de quelques coups d'archet que les Maîtres aiment à se conserver ». On doit reconnaître, pour son excuse, qu'il a fait rendre à ces enseignements, ouvertement reçus ou

acquis par la fraude, les plus brillants résultats. Ses
contemporains étaient unanimes à louer son talent d'exécutant, l'ampleur et la pureté de son style, la solide assise
d'un mécanisme à peine dépassé par celui de ses disciples,
son fils Roland (l'un des aînés de dix-neuf enfants,
presque tous violistes), Antoine Forqueray, Louis de
Caix d'Hervelois. Comme compositeur, J. G. Walther,
dans son dictionnaire de 1732, le présente en ces termes :
« Un incomparable violiste parisien, de qui les œuvres
sont connues dans l'Europe entière. » De ses opéras,
on a retenu *Alcyone* (1706), où l'épisode de la tempête
lui a inspiré des effets d'orchestration assez neufs. Mais
c'est surtout sa musique de chambre qui mérite attention.
Quelque huit cents pièces pour une, deux et trois violes,
publiées en cinq livres dont la parution s'échelonne
entre 1686 et 1725, constituent un des plus précieux
monuments de l'ancienne musique française. Ces pièces,
trop rarement jouées, sont ordonnées en *Suites,* comme
l'œuvre de clavecin de Couperin, avec laquelle elles ont
plus d'un point commun. On y trouve la même liberté
d'invention, la même concision, le même dosage d'émotion et d'esprit, le même éclectisme. Marais peut s'ingé-
nier à décrire avec le réalisme le plus pointilleux (dans
le Tableau de l'opération de la taille, on trouve des anno-
tations telles que : « Icy se fait l'incision... Introduction
de la tenette... Icy on tire la Pière... Icy on perd quasi
la voix »...), mais des morceaux intitulés *la Petite Brillante, le Gracieux, le Bout entrain (sic),* suggèrent bien
plus qu'ils ne prétendent à peindre; et l'immense majorité des pièces consiste en danses stylisées souvent suivies
de variations, en préludes, en fantaisies exemptes de
toute préoccupation extra-musicale. L'écriture en est
aussi élégante que solide. Je ne puis faire mieux ressortir
les mérites du compositeur qu'en citant les critiques que
fait de ses successeurs le pamphlétaire occasionnel Hubert
Le Blanc, dans sa *Défense de la basse de viole* (1740). Ayant
au préalable exalté « la composition si épurée, l'exécution
si châtiée, la plénitude de l'harmonie » de cet « Ajax », il
poursuit : « Le Héros disparut. Les Monstres commen-
çoient à reparoître, savoir les miaulemens dans l'exécution, les fignolemens, les agrémens mis à tort ou à droit,
l'irrégularité dans la composition, où une idée démentoit
l'autre. » De ces propos on déduira aisément la position

de Marais aux yeux de son panégyriste : celle d'un maître déjà classique.

La vogue de l'instrument auquel il avait apporté tant de gloire ne devait pas lui survivre au-delà du milieu du siècle. On trouve bien, jusqu'en 1760, dans la musique de la Chambre du roi, quatre violistes dont Forqueray et Philidor; au Concert de la Reine, les Caix d'Hervelois père et filles. Ils disparaissent aussitôt après des contrôles, ou adoptent le violoncelle, comme font Chrétien et Berteau. La basse de viole n'est plus, désormais, qu'un « instrument ancien ». Le premier plan appartient tout entier à la famille du violon.

LE VIOLON

L'apparition du violon et de ses acolytes, l'alto et le violoncelle, dans la vie musicale française, avait cependant été tardive. Alors que l'Italie s'était enthousiasmée d'emblée pour le nouveau soprano instrumental, tellement plus souple, plus puissant, plus étendu que le dessus de viole, il avait rencontré en France un accueil fort réservé. L'éclat de sa sonorité heurtait le goût des salons, dont il se vit interdire l'accès pendant plus d'un siècle et demi, sauf pour accompagner les danses. Il convient d'ajouter que, dans ces fonctions ménétrières, nos violonistes s'étaient acquis une telle réputation que de nombreuses cours étrangères les engageaient, en « bandes » constituées, pour exécuter tout un répertoire de ballets par eux composés avec plus de verve que de science, mais d'un dynamisme irrésistible.

La corporation était hiérarchisée. Au sommet, les vingt-quatre violons du Roi formaient le fond de l'orchestre d'Opéra. En créant, pour les opposer aux vingt-quatre, sa bande des « Petits Violons », qu'il soumit à une discipline tyrannique, Lully haussa sensiblement le niveau de l'exécution d'ensemble. Il fut un temps où les symphonistes de notre Académie royale de Musique étaient donnés en exemple par-delà nos frontières. On citait aussi, de loin en loin, quelques solistes français, ou des Italiens francisés dont le talent forçait les résistances de nos délicats.

Mais, à ces rares exceptions près, la place du violon, en France, était dans les tavernes, ou entre les mains des laquais. La situation se modifia brusquement vers l'époque de la mort de Lully (1687), non point à cause de cette mort, mais pour diverses raisons dont la plus agissante fut une véritable vague de snobisme avant la lettre, snobisme ultramontain dont l'objet était Corelli, le fondateur, ou tout au moins le stabilisateur, de la première école classique du violon.

Corelli s'était acquis dans la société romaine une situation exceptionnelle, due à son génie d'exécutant et de compositeur, à sa culture, à l'ascendant de sa personnalité. Les barrières qui reléguaient les musiciens professionnels dans une condition subalterne s'étaient abaissées devant lui. On le recevait dans les milieux les plus fermés, les étrangers de marque tenaient à honneur de lui être présentés, si bien que son nom commença à se propager hors d'Italie, précédant souvent la connaissance de sa musique, laquelle, avant 1700, consistait uniquement en sonates à trois (deux violons et basse). A Paris, de petits cénacles firent venir des échantillons de cette musique, et se passionnèrent pour elle. De bruyantes polémiques aidant, le goût du violon et de la sonate gagna rapidement du terrain.

En 1692, le jeune et entreprenant François Couperin composa et fit entendre, en s'abritant sous un pseudonyme italien, la première sonate française en trio. Elle obtint un grand succès, et il est à présumer que l'auteur ne tarda pas à se démasquer, bien qu'il ait attendu pour le faire par écrit la publication de cette sonate, à trente-quatre ans de là, dans le recueil intitulé les Nations. Toujours est-il que dès 1695 paraissaient, ouvertement cette fois, trois recueils de sonates françaises, de Sébastien de Brossard, Élisabeth Jacquet de La Guerre, Jean-Ferry Rebel. Aucune de ces œuvres n'est négligeable, et les sonates de Rebel, en particulier, se signalent par une utilisation ingénieuse et hardie des ressources du violon, en même temps que par une qualité musicale qui les rendrait dignes d'être produites au concert. On en dira autant des sept livres de sonates, à deux et à trois, de François Duval, publiés de 1704 à 1720. Elles ont en commun avec celles de Rebel un caractère français très marqué, dans les tournures mélodiques et harmoniques, et dans la prédilection qui s'y manifeste pour la description ou l'évocation, à la manière des clavecinistes et des violistes *(le Tourbillon, la Guitare, l'Intrépide)*. Mais la technique instrumentale est plus poussée que celle de Rebel, son écriture plus travaillée, sa rythmique plus délicate et plus variée que celle même de Corelli. Sur un plan très voisin, on citera Jean-Baptiste Senallié, Dornel, Bouvard, Denis, Quentin le Jeune, Jacques Aubert, à l'inspiration facile et gracieuse, premier adaptateur en France de la forme *concerto* (dans ses *Concerts de simphonie* de 1730). François Francœur l'emporte sur eux tous, tant pour l'audace de son écriture que pour l'émotion qui se dégage des adagios de ses sonates.

Toutefois, aucun de ces maîtres ne s'égale aux grands Italiens de la même période, Corelli, Vivaldi, Somis, F. M. Veracini, Locatelli. Nous allons trouver en Jean-Marie Leclair l'Aîné un champion à leur mesure.

J.-M. LECLAIR

Né à Lyon en 1697, Leclair reçut probablement ses premières leçons de musique de son père, passementier de profession et bassiste amateur. Jean-Marie commença par cumuler, lui aussi, ajoutant au violon et à la passementerie le double métier de danseur et de maître de ballet. Ce n'est qu'environ 1727 qu'il opte définitivement pour le violon et la composition, probablement sous l'influence de Somis, avec qui il avait travaillé à Turin. Mais il a déjà à son actif son *Premier Livre de sonates à violon seul avec la basse continue*, paru en 1723, et cet ouvrage de début est d'une telle plénitude de pensée, d'une forme si magistrale, à la fois logique et brillante, qu'on date communément de cette année 1723 le point de départ de la première école française qui puisse être mise en parallèle avec l'école classique italienne du violon.

De ce moment, Leclair est remarqué par les connaisseurs sur qui se règle le jugement des salons; un mécène, le financier Bonnier de la Mosson, le patronne; le Concert spirituel, fondé en 1725 par Philidor, et qui, tout de suite, a pris dans la vie musicale française, et même européenne, une importance extrême, l'engage dès 1728. Bientôt il sera invité dans des cours princières, appelé à faire partie de la musique royale — où il ne fera que passer —, il formera des disciples auxquels il communiquera les éléments d'une technique puisée dans Corelli, Vivaldi et Somis, mais mûrie, adaptée au tempérament français, enrichie d'apports originaux. S'il n'a pas à proprement parler ouvert de voies entièrement nouvelles, il a donné à des procédés d'exécution déjà employés de longue date (double corde, arpège, etc.) des utilisations variées et fécondes. Et il se trouve que ce parfait maître de son instrument est un musicien hors de pair. Son invention mélodique et rythmique ne s'essouffle jamais, à travers une production qui comprend quarante-neuf sonates à violon et basse, douze sonates à deux violons sans basse, vingt-cinq trios, douze concertos pour violon et orchestre, un opéra, *Scylla et Glaucus,* dont les parties symphoniques et les chœurs pourraient être signés de Rameau. Il est d'ailleurs grand harmoniste : l'auteur du traité le plus considérable qu'on ait consacré à la basse continue, F. T. Arnold, lui emprunte nombre d'exemples.

Sa carrière devait être tragiquement arrêtée, une nuit d'octobre 1764, par le poignard d'un assassin demeuré inconnu. Un sort aussi dramatique attendait le violoniste français le plus proche de lui par son talent, Gabriel Guillemain : il se suicida en 1770 dans un accès de folie furieuse qui le fit se larder de quatorze coups de couteau! Guillemain n'était pas, musicalement, un génie comparable à Leclair, mais il y a beaucoup à retenir dans les dix-huit recueils de musique instrumentale qu'il a laissés. Il a été des premiers (devancé seulement par un autre excellent violoniste, Mondonville) à inverser l'équilibre de la sonate, dans un livre de *Pièces de clavecin en sonates avec accompagnement de violon* (1745), dont le titre dit assez clairement que le clavecin y est traité en instrument principal. En matière de technique, il est plus hardi que Leclair. Son *Amusement pour le violon seul,* op. 18, et les *Douze Caprices,* également pour violon sans basse, qui lui font suite, sont dans la ligne de Locatelli.

A partir de la génération de Leclair et de Guillemain, le violon compte tant d'adeptes en France, et les talents sont si nombreux, qu'il devient impossible de signaler tous les noms qui seraient dignes de mention. Notre école a, dès ce moment, pour elle la qualité et la quantité; elle s'est dégagée de l'imitation de l'Italie; elle a une physionomie caractérisée, on la considère dans toute l'Europe comme capable de rivaliser avec les écoles étrangères, sur lesquelles elle va bientôt prendre l'avantage.

Parmi les maîtres les plus représentatifs, je citerai L'Abbé le Fils, de son vrai nom Joseph-Barnabé Saint-Sevin, né en 1727 à Agen, mort à Paris, en 1803, l'un des meilleurs disciples de Leclair, comme lui exécutant et compositeur de distinction, auteur d'un ouvrage d'enseignement, les *Principes du violon* (1761) auquel on ne voit guère à comparer que la fameuse *Méthode* de Léopold Mozart. Mais sa personnalité, de même que celles de Pagin, Dauvergne, Vachon, de qui sont conservées des œuvres capables d'intéresser encore un auditoire, est éclipsée par celle de Gaviniès, presque aussi important, pendant cette seconde moitié du siècle, que Leclair l'avait été durant la première.

PIERRE GAVINIÈS

Né à Bordeaux en 1728, élève de maîtres obscurs, Pierre Gaviniès avait déjà, avant sa treizième année, sa réputation faite dans les salons de musique parisiens. A quatorze ans, il débute avec éclat au Concert spirituel dont il deviendra co-directeur dans son âge mûr. Après quelques années pendant lesquelles on n'entend plus parler de lui — sans doute est-il en train de perfectionner sa technique —, commence la vraie carrière, jalonnée de succès, tant de compositeur que de virtuose. « M. Gaviniès paraît, écrit Daquin ; il n'est point élève de Tartini, mais formé par la nature et l'art, pour aspirer à la première place. Il prend son violon, prélude : quels sons vous entendez... quel coup d'archet... que de force... que de grâce... Je suis saisi, enchanté, il parle à mon cœur, tout brille en ses mains. L'italien, le français, il l'exécute avec le même nerf et la même précision. » De fait, il triomphe dans l'interprétation de ses œuvres et de celles de Leclair, mais on le voit aussi, dans un de ces concerts à l'allure de duels courtois où s'affrontent deux virtuoses d'un même instrument, tenir tête à l'illustre Pugnani.

Comme pédagogue, il forme des élèves tels que Capron, Paisible, Guénin, l'abbé Robineau. Ses *Vingt-Quatre Matinées* sont si habilement conçues que les conservatoires les utilisent aujourd'hui encore comme études transcendantes. Il a enseigné au Conservatoire de Paris de 1794 à sa mort, survenue en 1800.

J.-B. VIOTTI

Son successeur à la tête de l'école française est, pour étrange que cela puisse paraître, un Italien, Jean-Baptiste Viotti, né à Fontanetto en 1755. Cette annexion s'explique par l'accueil que Paris fit à ce prodigieux virtuose, par la prédilection que lui-même éprouvait pour notre pays, les sympathies qu'il y rencontra, l'influence déterminante qu'il exerça sur la triade Kreutzer, Rode, Baillot, soit tout le corps enseignant auquel le violon a dû son nouvel essor dans notre pays au début du XIXᵉ siècle.

Dès son apparition au Concert spirituel en 1782, il imposait un style tout à fait personnel, beaucoup plus large, plus noble et en même temps plus communicatif que l'ancien. Il y avait dans son phrasé, dans l'expression qu'il donnait à la mélodie, dans l'impétuosité des traits, un lyrisme qui s'accordait merveilleusement avec le bouillonnement généreux de l'âge préromantique. Ses concertos, dont l'un (le vingt-deuxième, en *la mineur*) était, récemment encore, au répertoire d'Ysaye et de Jacques Thibaud, rendent compte de ce changement d'orientation : on voit parfaitement s'y dessiner l'esthétique de la future école franco-belge qui jouera, au XIXᵉ siècle, le rôle qu'avaient joué au XVIIIᵉ Corelli et ses disciples, puis Leclair et Gaviniès.

LE VIOLONCELLE

Le violoncelle s'imposa plus tardivement et plus difficilement en France que le violon, la basse de viole ayant pour elle, comme on l'a vu plus haut, une tradition ancienne, un goût ancré de longue date pour la distinction de son timbre, et des champions tels que Marin et Roland Marais, les Forqueray, les Caix d'Hervelois. C'est, croit-on, l'Allemand Jean-Baptiste Stuck, dit Batistin, qui introduisit le nouvel instrument à l'orchestre de l'Opéra de Paris, vers 1702, suivi un peu plus tard par les deux frères Saint-Sevin, dits L'Abbé Aîné et Cadet. Selon La

Borde, L'Abbé l'Aîné était déjà un virtuose : « C'est lui qui a fait tomber la viole, par la belle qualité de son qu'il tirait de son instrument. » Mais le premier violoncelliste français de renom devait être un transfuge de la viole, Berteau, de Valenciennes, qu'on dit avoir été conquis par la lecture d'une pièce de Franciscello, chef de l'école italienne du début du XVIIIᵉ siècle. Lorsque Berteau se fit entendre au Concert spirituel, en 1739, il paracheva la victoire que Pierre Saint-Sevin avait préparée. Son succès ne fit que croître et susciter de nouvelles vocations. Il forma de nombreux disciples, parmi lesquels Tillier, les deux Janson, Cupis le Jeune, Jean-Pierre Duport, que le public du Concert spirituel eut souvent l'occasion d'applaudir. A partir des années 1740-1750, l'essor du violoncelle est aussi rapide que ses débuts avaient été lents : Barrière, Chrétien, Bréval, Olivier Aubert, Lamare, Baudiot, etc., atteignent la notoriété, et deviennent pour les violonistes des concurrents redoutables. D'assez nombreuses méthodes sont publiées, attestant la vogue de l'instrument : celle de l'universel Michel Corrette dès 1741, puis celles de Cupis, Tillière, Bréval.

LES DUPORT

Parmi tous ces musiciens de talent, Jean-Pierre Duport occupe un rang privilégié. « Le Mercure » lui décerne en 1761 des éloges qui passent la mesure habituelle : « M. Duport a fait entendre tous les jours de nouveaux prodiges et a mérité une nouvelle admiration. Cet instrument n'est plus reconnaissable entre ses mains : il parle, il exprime, il rend tout, au-delà de ce charme qu'on croyait exclusivement réservé au violon. » Duport l'Aîné est l'un des premiers à faire des tournées de concerts à l'étranger. En 1773, Frédéric II de Prusse l'appelle à Berlin, où il meurt en 1818.

Son frère Jean-Louis, dit Duport le Jeune (né à Paris en 1749, mort en 1819), formé à son enseignement, l'a, semble-t-il, surpassé, et comme virtuose, et comme pédagogue. Il avait eu, dès ses dix-neuf ans, les honneurs du Concert spirituel. « Le Mercure » avait loué son exécution « précise, brillante, étonnante, des sons pleins, moelleux, flatteurs, un jeu sûr et hardi ». Il dut, par la suite, ses plus grands progrès à l'influence de Viotti qu'il entendit lors de ses débuts parisiens en 1782, et dont il n'eut de cesse qu'il parvînt à adapter à son instrument la manière large, le style vivant et fort. Éloigné de Paris par la Révolution, il rejoignit son frère à Berlin, d'où la guerre le chassa en 1806. Il revint en France. On l'y avait oublié, mais il ne tarda pas à retrouver et à élargir son cercle d'admirateurs, en même temps qu'il formait de nouveaux élèves, dont l'enseignement a valu à notre pays, au XIXᵉ siècle, quelques-uns des meilleurs violoncellistes de l'Europe. Sa méthode *(Essai sur le doigté du violoncelle et la conduite de l'archet)*, qui a transformé les bases techniques jusqu'alors en vigueur, n'a été publiée qu'en 1815 ; mais elle était rédigée en 1800 et Duport l'avait mise en pratique longtemps auparavant.

LE PARDESSUS DE VIOLE

Cet aperçu ne serait pas complet, en ce qui concerne les instruments à archet, si l'on ne signalait la curieuse survivance, jusqu'aux approches de 1789, du pardessus de viole, conservé sans doute comme une attendrissante rareté, mais qui avait ses virtuoses, applaudis de loin en loin dans les concerts, et même au Concert spirituel. Ce soprano de la famille des violes (que l'on tenait vertical, maintenu entre les genoux) devait un regain de faveur à l'exceptionnel talent d'une demoiselle Lévi, de Rennes, qu'on entendit à Paris en public pour la première fois en 1745. Elle suscita d'assez nombreuses émules, les demoiselles Haubaut, Lafont, Dupont, de La Roche. Aucune ne parvint à l'égaler : en 1778, les deux derniers joueurs de pardessus de viole dont on trouve mention dans les listes d'adresses, MM. Decaix (sans doute un Caix d'Hervelois) et Doublet, se paraient tous deux du titre de « Seul élève de la célèbre Mme Lévi ».

LA FLÛTE

En dehors des instruments à clavier et à archet, la virtuosité conquiert d'importants domaines dans la France du xviiie siècle. La flûte y devient un instrument soliste, la harpe sort d'une longue période de léthargie et reprend possession des salons et des estrades de concerts.

Le sort de la flûte a été certes plus enviable, pendant cette période, que celui des autres instruments à vent, rarement entendus hors de l'ensemble orchestral. Le Concert spirituel, à partir de 1736, faisait appel, de loin en loin, à des duos hautbois-basson, à l'imitation de ceux qui avaient valu à des Italiens, les frères Besozzi, l'année précédente, un succès qui n'était pas seulement de curiosité. C'est seulement vers la fin du siècle que Jean-Pierre Tulou, Devienne, Ozi, se produisirent comme bassonistes sur un pied d'égalité avec les virtuoses de la flûte, le hautbois restant encore en retrait.

La flûte avait connu dès la fin du xviie siècle une certaine vogue, qui débordait les milieux professionnels. On appréciait, à la cour, les talents de Des Coteaux, des Hotteterre, de Pierre Gaultier. Après 1700, Buffardin, Naudot, Michel de La Barre, perfectionnèrent une technique déjà fort développée. Il appartint à Michel Blavet d'en tirer tout le fruit. Né à Besançon en 1700, il ne quitta sa ville natale qu'en 1723, et sa première apparition au Concert spirituel n'eut lieu que trois ans plus tard. Ce fut un triomphe. Blavet dut reparaître souvent au Concert, faisant affiche avec Guignon et Leclair avec un succès égal au leur. Il est un des rares musiciens français que les souverains étrangers eurent désir d'entendre. Au temps où il n'était encore que prince royal, le futur Frédéric II essaya vainement de le garder à son service. Blavet mourut en 1768, laissant une œuvre abondante, que les flûtistes auraient grand intérêt à ne pas laisser en sommeil. Cette musique ne jure pas auprès de celle de Couperin, ou de Leclair.

LA HARPE

La harpe, que le Moyen âge et la Renaissance avaient chérie, était tombée au xviie siècle, au moins en France, dans un abandon à peu près total. Elle fut ressuscitée par un Allemand, Georges-Adam Goeppfert (dont le nom est écorché de mille manières par les journalistes,

ses contemporains : Gaiffre, Köppfer, Keipher, etc.),
venu à Paris en 1749 pour participer aux concerts de
La Pouplinière, et qui se produisit la même année au
Concert spirituel sur la harpe à pédales. L'invention,
toute récente, permettait d'étendre considérablement le
répertoire de l'instrument.

Pendant quelques saisons, la harpe resta le monopole
d'exécutants allemands, Hochbrucker, Emming, Meyer,
Schencker. Mais Goeppfert commençait à former des
élèves français, M. de Monville, Mme de Saint-Aubin,
Beaumarchais et bientôt la jeune Félicité Du Crest, plus
tard Mme de Genlis s'éprit de la harpe à pédales et
contribua (pas tout à fait autant, peut-être, qu'elle ne l'a
dit) aux progrès de sa technique et à l'extension de son
répertoire, en même temps qu'elle en propageait l'étude
dans l'aristocratie et la haute bourgeoisie françaises.
Bientôt le Concert spirituel fera entendre Gardel l'Aîné
(plus célèbre comme chorégraphe), les sœurs Descar-
sins, Mlle Duverger, Vernier, etc. Quant à la conquête
de l'aristocratie, elle est éloquemment illustrée par la
simple annonce, en juin 1776, d'un concert de « M. Hinner, maître de harpe de la Reine, de Madame, et de
Mme la Comtesse d'Artois ».

Marc PINCHERLE.

BIBLIOGRAPHIE

BRENET, Michel, *Les concerts en France sous l'Ancien Régime,*
Paris, 1900.

LA LAURENCIE, Lionel de, et SAINT-FOIX, G. de, *Contribution à l'histoire de la symphonie française,* dans « L'année musicale », 1911.

BOUVET, Charles, *Les Couperin,* Paris, 1919.

LA LAURENCIE, Lionel de, *L'école française de violon de Lully
à Viotti,* Paris, 1922-1924.

TESSIER, André, *Couperin,* Paris, 1926.

KŒCHLIN, Charles, *Les instrument à vent,* Paris, 1948.

MELLERS, Wilfrid, *François Couperin and the French Classical
Tradition,* Londres, 1950.

LE CLASSICISME FRANÇAIS
ET LE PROBLÈME
DE L'EXPRESSION MUSICALE

QUELLE idée notre âge classique s'est-il faite des pouvoirs et des devoirs de la musique ? Quelle est la mesure, quelles sont les limites de ses capacités expressives ? Ce sont ces questions que remue un débat dont les origines se confondent avec les accents de la lyre d'Orphée, mais qui a pris une acuité remarquable et une importance décisive aux temps qui nous occupent.

Le XVIIe siècle est témoin d'une transformation capitale. La polyphonie, sacrifiée sur le théâtre aux intérêts du lyrisme dramatique, abandonne le chœur des voix pour gagner le monde des instruments et s'adapter à leurs exigences. En empruntant la matière de leur ouvrage à des chansons qui ont perdu leurs paroles, à des danses qui négligent leur destination chorégraphique, les *canzone da sonar* des Italiens et les suites pour le luth des Français en venaient à priver la musique de ses appuis traditionnels — de l'apparente cohérence que lui prêtent le discours et le geste.

On ne saurait assez insister sur l'extraordinaire nouveauté d'une dialectique musicale qui reposera bientôt sur une pure combinaison sonore. Or, cette espèce de révolution va croître et embellir tout au long du XVIIe siècle, pour s'imposer peu à peu au siècle des lumières, cependant qu'en ce pays où l'on aime les arts plus pour en juger que pour en jouir, comme le notera Joubert, les meilleurs esprits s'interrogent surtout sur le point de savoir dans quelle mesure l'art musical peut faire office de conteur et de peintre. En dépit de quoi, nous voyons les formes que nous avons appris à vénérer sous le vocable de musique pure se faire jour peu à peu dans un monde qui n'a d'oreille que pour les genres narratifs et descriptifs.

Le mépris de d'Alembert et de Ducharger pour la musique « qui ne peint rien », l'apostrophe de Fontenelle : « Sonate, que me veux-tu ? » n'ont rien que de fort explicable. A tout prendre, les formes instrumentales, délivrées de toute sujétion extra-musicale, proposaient à ces têtes littéraires des énigmes analogues à celles qui troublent aujourd'hui le public en présence de la peinture non figurative.

Parvenu à ce point, on se voit contraint d'interroger les gens sur l'idée qu'ils se font d'un art dont les produits les déconcertent, et de leur demander quels sont les pouvoirs qu'ils lui attribuent, à raison des prestiges qu'ils en attendent.

Il nous a paru intéressant, de ce point de vue, de consulter d'abord les écrits que nous ont laissés, sur ce sujet, dès les débuts du XVIIe siècle, René Descartes et le Père Mersenne — l'acolyte du génie, comme parle Valéry.

Sans doute Descartes n'a-t-il consacré qu'un mince ouvrage à cette question : le *Musicae compendium,* qu'il publie en 1618, à l'âge de vingt-deux ans. C'est, sous les dehors d'un précis scolaire, une dissertation de commande, bien faite pour nous convaincre que l'auteur n'est pas le moins du monde intéressé par la pratique d'un art sur lequel il légifère en théoricien épris de récréations mathématiques.

Le *Musicae compendium,* succédant de peu au traité sur l'*Art de l'escrime* du même auteur, va marquer le terme des années d'apprentissage du galant cavalier vêtu de vert. Un an plus tard, le 10 novembre 1619, Descartes sera terrassé par l'illumination que l'on sait.

Il faut noter, cependant, que, dans la maturité de l'âge et du génie, Descartes ne reniera point cet ouvrage de jeunesse, auquel il prie ses correspondants de se référer.

Aussi bien y trouvons-nous, au milieu de dissertations gratuites et décevantes, une vue esthétique à laquelle il restera fermement attaché et qu'il fera partager à Mersenne.

Traduisons le latin du *Musicae compendium* : « L'objet de la musique est le son. La musique a pour fin de plaire et de susciter en nous divers sentiments. »

Que la musique, comme tout art, ait pour fin de plaire, c'est ici, mot pour mot, la définition des scolastiques et

nommément de saint Thomas. Quant au pouvoir — et
au devoir — « de susciter en nous divers sentiments »,
qu'est-ce à dire, une fois admis que la musique a pour
effet de remuer le champ de l'affectivité, de solliciter
cette part de nous-mêmes qui est trouble dans l'entende-
ment parce que nous avons un corps ? Est-ce à dire que
la musique possède pour Descartes, comme pour les
Grecs et les humanistes de la Renaissance, le pouvoir
de tendre à son gré les ressorts particuliers des sentiments et des passions ? En aucune façon! Descartes ne
croit pas qu'on puisse établir de façon certaine et déterminée une liaison entre le phénomène sonore et le
phénomène psychologique, « car une même cause
écrit-il, peut exciter diverses passions en divers
hommes ». Pirro résume clairement la position cartésienne sur ce point : « Il ne s'agit pas, pour l'artiste,
d'imposer à l'auditeur des émotions prévues, mais de
provoquer en lui des émotions quelconques. »

Le Père Mersenne que cette question chiffonne visiblement (et qui l'évoquera mainte fois dans la correspondance qu'il échange avec Descartes), le Père Mersenne finira, vaille que vaille, par épouser les vues de son
ami.

Il nous en donne le témoignage dans une lettre du
29 novembre 1640 où il mande à Huygens :

Il faut premièrement supposer que la musique, et par
conséquent les airs sont faits particulièrement et principalement pour charmer l'esprit et l'oreille, et pour nous faire
passer la vie avec un peu de douceur parmy les amertumes
qui s'y rencontrent...
Semblablement, les airs ne se font pas pour exciter la
colère et plusieurs autres passions; mais pour réjouir l'esprit
des auditeurs et quelquefois pour les porter à la dévotion...
Je ne veux pas nier que certains airs bien faits selon la lettre
m'émeuvent à la pitié, à la compassion, au regret, et à d'autres
passions; mais seulement que ce n'est pas là leur but principal, mais de resjouir ou même de remplir les savants auditeurs d'admiration...

Ce n'est pas de gaieté de cœur que Mersenne a pris
son parti de cette incertitude sur les moyens et les fins
de l'art musical. Et il faut avouer que cette indétermination est bien la chose la moins cartésienne du monde.
Dix ans plus tôt, Mersenne avait pressé Descartes de

lui mander « s'il ne connaît point de qualités aux consonnances qui répondent aux passions; si l'on peut établir de combien une consonnance est plus agréable qu'une autre ». Ensuite de quoi, comme il s'agissait d'un mince détail complémentaire, l'interrogant Minime demande « si l'on peut établir la raison du beau ».

Dans une première lettre, en date du 4 mars 1630, Descartes affirme avec force le caractère essentiellement subjectif de toute appréciation du beau :

Je ne connais point de qualité aux consonnances qui répondent aux passions. Vous m'empêchez autant de me demander de combien une consonnance est plus agréable qu'une autre que si vous me demandiez de combien les fruits sont plus agréables à manger que le poisson...

Les calculs ne servent que pour montrer quelles consonnances sont les plus simples, ou, si vous voulez, les plus douces et les plus parfaites; mais non pas pour cela les plus agréables [...] car tout le monde sait que le miel est plus doux que les olives et toutefois force gens aiment mieux manger des olives que du miel.

C'est ici que Descartes introduit une distinction capitale entre deux notions dont le conflit va défrayer pendant un long siècle les querelles musicales qui divisent, en particulier, les partisans du goût italien et du goût français. La distinction porte sur les nuances que Descartes semble faire entre le pur délectable et l'agréable proprement dit. Il y reviendra d'ailleurs dans son *Traité de l'homme* : « Ce ne sont pas les choses les plus douces qui sont les plus agréables aux sens; mais celles qui les chatouillent d'une façon mieux tempérée. »

Voilà qui mérite réflexion.

« Ce qui plaît fait plaisir, dit Littré, au lieu qu'*agréer* signifie précisément être au gré de. »

Agréer implique un assentiment, une acceptation supposant un minimum de délibération.

On en vient alors à se demander si l'esthétique française n'aurait pas pour caractère essentiel et presque constant la volonté d'écarter le simple délectable qui échappe comme tel aux justifications requises par la vraisemblance. Car seul le vraisemblable peut être *agréé,* et conséquemment tenu pour agréable.

« Il faut de l'agréable et du réel, note de son côté

Blaise Pascal; mais il faut que cet agréable soit lui-même pris du vrai. » Et Saint-Evremond protestera bientôt que la tragédie en musique est « tellement contre la nature » que, pour sa part, « il manque d'y prêter ce consentement *agréable* sans lequel les objets les plus voluptueux même ne sauraient lui donner du plaisir... »

Cette dialectique de l'assentiment nous aide à comprendre l'importance qu'on accorde communément aux droits de la nature et aux devoirs de l'imiter à une époque où le factice et l'artificiel paraissent dominer le monde de l'art. C'est qu'il s'agit d'une nature choisie, ce qui s'entend, précise un académicien librettiste, « des caractères dignes d'attention et des objets qui peuvent faire des impressions agréables; mais, ajoute Houdar de La Motte, qu'on ne restreigne pas ce mot d'agréable à quelque chose de riant : il y a des agréments de toute espèce; il y en a de curiosité, de tristesse, d'horreur même ».

C'est assez dire — et on le dira — que l'imitation consiste à ne prendre des choses que ce qui est propre à produire l'effet qu'on se propose.

Comme le marque si bien Écorcheville : « Fiction, imitation, vraisemblance sont les trois racines de la conception française du beau. »

Mais nous anticipons sur les naïves espérances du Père Marin Mersenne qui presse René Descartes de lui dire « si l'on peut établir la raison du beau ».

La réponse du philosophe, datée du 18 mars 1630, inclut, qu'on le veuille ou non, les prolégomènes d'une théorie fameuse en psychologie générale et dont il n'est pas inutile de s'aviser qu'elle est née de la question du Père Mersenne et d'une réflexion sur les pouvoirs de la musique.

Voici l'essentiel de cette lettre :

Pour votre question : sçavoir si on peut établir la raison du beau, c'est tout de même que ce que vous me demandiez auparavant pourquoi un son est plus agréable que l'autre... Généralement, ni le beau, ni l'agréable ne signifie rien qu'un rapport de notre jugement à l'objet; et pour ce que les jugements des hommes sont si différents, on ne peut dire que le beau ni l'agréable aient aucune mesure déterminée. Et je ne saurais mieux expliquer que j'ay fait autrefois en ma *musique*...

Et de renvoyer le Révérend Père à ce passage du *Musicae compendium,* où le beau est apprécié différemment selon le degré de complexité des figures que chacun peut agréer le plus aisément en s'abandonnant à sa fantaisie.

Mais voici le passage capital :

La même chose qui fait envie de danser à quelques-uns, peut donner envie de pleurer aux autres. Cela ne vient que de ce que les idées qui sont en notre mémoire sont excitées. Comme ceux qui ont pris autrefois plaisir à danser lorsqu'on jouait un certain air, sitôt qu'ils en entendent de semblable, l'envie de danser leur revient. Au contraire, si quelqu'un n'avait jamais ouï que des gaillardes qu'au même temps il ne lui fût arrivé quelque affliction, il s'attristerait infailliblement lorsqu'il en ouïrait une autre fois. *Ce qui est certain que je juge que si on avait bien fouetté un chien cinq ou six fois au son du violon, sitôt qu'il ouïrait une autre fois cette musique, il commencerait à crier et à s'enfuir.*

Voilà donc, affirmés de la façon la plus claire, et du même coup, la théorie du réflexe conditionné et, quoi qu'en dise notre auteur, l'un des fondements de la valeur expressive du langage musical.

Car l'auditeur de musique, à l'envi du chien de Descartes (et de Pavlov), accepte comme évidentes et nécessaires certaines expressions du langage musical qui ne nous paraissent liées à leur objet que par l'acquisition de réflexes intégrés à notre psychisme.

A une époque où le madrigal polyphonique touche à la fin de son règne et où l'opéra exerce ses premiers prestiges, il peut paraître singulier que notre philosophe ait obstinément nié la possibilité d'un rapport défini entre le phénomène sonore et le phénomène psychologique.

En fait, Descartes ne pose le principe du réflexe conditionnel à propos de la musique que pour mieux affirmer le caractère individuel des réactions qu'elle entraîne dans le cas particulier qu'il envisage. D'autre part, il ne fait pas réflexion que c'est parce que la musique est art du mouvement qu'elle entre en sympathie avec le monde de l'affectivité et que leur connexion n'est peut-être pas fortuite. La pratique du madrigal et les premières expériences de l'opéra venaient de le montrer. Mais les

querelles qui vont diviser les défenseurs et les adversaires de l'opéra, les partisans du goût français et du
goût italien sont querelles de littérateurs qui s'accordent,
au moins, pour considérer la musique dans ses effets
sans se mêler jamais de l'étudier dans sa substance. De
Saint-Évremond aux Encyclopédistes — de la querelle
des opéras à la guerre des Bouffons, s'ouvre l'ère de la
dictature littéraire qui nous régit encore, où l'art d'écrire,
comme parle Étienne Gilson, finit par s'annexer les
autres arts.

Cela va commencer juste au milieu du Grand Siècle
avec l'argument d'*Andromède* : « Je n'ai employé la
musique, déclare le grand Corneille, qu'à satisfaire les
oreilles des spectateurs tandis que leurs yeux sont arrêtés
à voir descendre ou remonter une machine. » « Je me suis
bien gardé, ajoute-t-il, de faire rien chanter qui fût
nécessaire à l'intelligence de la pièce, parce que communément les paroles qui se chantent étant mal entendues des
auditeurs pour la confusion qu'y apporte la diversité des
voix qui les prononcent ensemble, elles auraient fait
une grande obscurité dans le corps de l'ouvrage. »

Aux grands jours de Lully, Nicolas Boileau, exceptionnellement sollicité de collaborer avec Racine aux
fastes de la tragédie en musique, renonce bien vite au
projet d'un *Phaéton* en protestant que « Monsieur Racine
était plusieurs fois convenu avec lui qu'on ne peut
jamais faire un opéra, parce que la musique ne saurait
narrer ».

Passons aux mélomanes spécialisés :

Ce n'est pas davantage dans le *Parallèle* de l'abbé
Raguenet ni dans la *Comparaison de la musique italienne et
de la musique française* de Lecerf de La Viéville que nous
apprendrons grand-chose sur l'étendue et les limites de
l'expression musicale.

Italophiles et italophobes, hommes d'Église ou de
plume qui s'interrogent incessamment sur l'opéra et
qu'inquiète l'apparition d'une musique instrumentale
« sans dessein et sans objet », Cartaud de la Vilate,
Cahuzac et Dubos, Bollioud-Mermet, l'abbé Pluche,
l'abbé Terrasson, l'abbé Batteux, le grand Rameau
lui-même, l'Encyclopédie, et l'illustre Jean-Jacques bro-
chant sur le tout, ne font autre chose que d'accommoder
à toute sauce le dogme éternellement fuyant qui impose

à la musique, comme à tout art, l'imitation de la nature.

C'est au nom de la nature que l'abbé Raguenet et Lecerf de La Viéville se jettent à la tête des arguments tirés de la primauté du délectable ou de l'agréable. Le second louant les « agréments doux et aisés » de la musique française, tandis que le premier, friand d'un tout autre naturel, s'éprend « des voix douces et rossignolantes » des castrats de l'opéra romain. C'était quêter le naturel dans l'univers de la passion, fût-il paradoxalement évoqué, comme ici, par le truchement de ces personnages « si cruellement séparés de bien des choses, comme dit Valéry, et en quelque sorte d'eux-mêmes ».

L'imitation de la nature laisse au musicien le choix des caractères qu'il est raisonnable (et donc agréable) d'imiter. A mesure que le XVIIIe siècle s'achemine vers son déclin, nous voyons que l'imitation s'étend toujours davantage du monde matériel à ce monde du sentiment qui répond à l'humaine nature; mais ce n'est que vers la fin du siècle, à une époque qui correspond sensiblement à l'avènement du grand style musical que l'on dit classique, ce n'est qu'environ les années quatre-vingts que les questions naïves posées par le Père Mersenne, et dont il semble que Descartes ait entrevu la solution, vont recevoir les réponses cohérentes et, somme toute, décisives.

Boyé, l'abbé Morellet, et Michel de Chabanon auront le rare mérite de tirer au clair cette notion d'imitation de la nature, deux fois irritante quand on l'introduit dans le domaine de la musique. Dans son opuscule intitulé *l'Expression musicale mise au rang des chimères* (1779), Boyé déclare que la musique ne peut établir par ses moyens propres que des relations de simple convenance avec les situations auxquelles elle cherche à s'accorder. Il ne nie point pour autant que la musique suscite des résonances affectives; mais « provoquer les passions et les exprimer sont deux choses absolument différentes. Autrement, il s'ensuivrait que la vanille exprimerait l'amour, et les concombres l'indifférence ». Reste que « le compositeur, ne pouvant pas peindre les passions, adapte à chacune le caractère qui s'en approche le plus; mais, quelque effort qu'il fasse, il ne produira qu'une musique analogue. C'est comme une tapisserie qui répond à l'appartement ». Le mérite de

Chabanon sera de préciser le pourquoi et le comment de ces analogies qui autorisent l'expression musicale.

Michel de Chabanon, violoniste professionnel, helléniste, dramaturge et poète, ami de Voltaire et familier de Rameau, est, à notre connaissance, le seul praticien de l'art musical qui ait jamais forcé les défenses de l'Académie française, où il s'est assis en 1780 dans le fauteuil qui avait été celui de Corneille et de Houdar de La Motte, et qui sera celui de Victor Hugo... Rien ne lui a manqué, comme il l'écrit sans forfanterie, pour parler de musique avec quelque justesse. L'idée maîtresse qui commande ses *Observations sur la musique* (1779) s'autorise du fait que la musique, art du mouvement — *ars bene movendi* —, entre aisément en sympathie avec le monde de l'affectivité; leur commune instabilité les apparente. C'est parce qu'elle est *mouvante* que la musique est *émouvante*. Et c'est cette analogie qui « nous fait appeler cet art imitateur lorsqu'à peine il imite ».

C'est ainsi, dit Chabanon, que « la musique assimile ses bruits à d'autres bruits, ses mouvements à d'autres mouvements, et les sensations qu'elle procure à des sentiments qui leur soient analogues ». Et de constater que les différents caractères de la musique et ses possibilités expressives sont exactement liés aux quelques termes italiens qui sont d'usage pour déterminer le *tempo*. « Il ne tient qu'au lecteur, conclut Chabanon, de réduire à peu de chose ce long étalage de doctrine. Quatre mots techniques lui en auraient dit presque autant : *Largo ; Andante ; Allegro ; Presto,* tant la nomenclature d'un art en contient quelquefois les secrets les plus cachés. »

Près de cent ans plus tard — en 1876 — Édouard Hanslick ne fait que reprendre la thèse de Chabanon quand il soutient, contre Schopenhauer, que c'est en imitant l'apparence extérieure, en figurant le phénomène, que la musique nous donne l'illusion qu'elle exprime le sentiment.

La thèse de Chabanon ne lui est pas entièrement personnelle. Il en convient lui-même quand il rend hommage aux essais de son contemporain, l'abbé Morellet, auquel il fait de nombreux emprunts.

Dans le fait, nos deux esthéticiens se complètent. Toutefois, l'abbé Morellet apporte dans ce concert une note bien personnelle à propos du caractère métaphorique de l'expression musicale (le terme est de lui) où nous allons retrouver précisée et comme justifiée cette éternelle consigne de l'imitation agréable qui depuis Aristote ne cesse d'embarrasser les musiciens.

L'abbé Morellet professe que tous les arts ont pour mission de donner à l'âme plus d'agrément que la vérité même : « C'est, dit-il, à nous donner mieux que la nature que l'art s'engage en imitant. » C'est pour cela qu'il choisit des traits et qu'il groupe des beautés éparses.

S'ensuit une page d'une exquise profondeur qu'on s'étonne de trouver enfouie et pratiquement perdue dans le quatrième tome des *Mélanges de littérature et de philosophie,* publication posthume de cet étonnant polygraphe.

L'art, donc, choisit des traits dans la nature et groupe des beautés éparses. Mais... Écoutons bien : « Mais le plus grand des plaisirs que produit l'imitation moins rigoureuse de la vérité est celui de la réflexion sur l'artifice ingénieux dont on s'est servi pour nous séduire. Plaisir confus, mais très vif, sans lequel le plus grand charme de l'imitation est détruit, et qui disparaît dès que l'imitation est prise pour la vérité même et que l'illusion est entière et complète. »

« C'est peut-être, poursuit Morellet, à cette alternative soutenue d'illusions et de détrompements que nous sommes redevables des plus grands plaisirs que les arts nous procurent. Elle met en action deux des plus grands ressorts de l'âme : la sensibilité et la sagacité... elle les comprime alternativement, d'où résultent la variété et le contraste, source féconde de nos plaisirs. »

Nous tenons ici l'idée maîtresse de l'esthétique de Morellet. Il la reprend volontiers et nous la retrouvons dans ses *Observations sur le Traité du mélodrame.* « Les arts, dit-il, ont produit d'abord un plaisir simple et immédiat; ensuite, ils se sont asservis à des formes prises aussi dans leur propre essence et le plaisir de juger a été ajouté au plaisir de sentir... »

« Si un compositeur habile, en suivant les formes générales, sait, par des sons analogiques, par des impressions détournées et fugitives, me retracer le bruit des flots agités, mon esprit se réveille et déjà le tableau animé n'est plus l'ouvrage du musicien, c'est celui de mon imagination. »

C'est un des grands ressorts de l'art que Morellet surprend dans cette connivence.

Comment s'expliquer, en effet, que dans les mêmes époques et dans les mêmes milieux où l'art s'est fait une loi de l'imitation, le trompe-l'œil (qui n'est rien d'autre que la perfection totale de l'imitation) soit considéré comme un genre mineur, sinon méprisé ? C'est qu'il ne donne aucune prise à la réflexion sur la valeur d'un artifice qui s'est fait oublier en nous donnant l'illusion de la réalité.

Dans un livre récent, Henri Marrou, parlant de la rhétorique de saint Augustin, évoquait l'orateur qui peut surprendre et feindre de décevoir son auditeur par des allusions détournées qu'autorise le fait que chacun sait ce que sait l'autre, et comparait cet exercice à celui que provoque sur notre sensibilité la déformation expressive des peintres modernes. « Braque, dit H. Marrou, savait comment dessiner une guitare selon les lois de la perspective euclidienne, et nous avons ce qu'aurait été une telle guitare. »

L'esthétique française de l'âge classique, soumise au dogme de l'imitation de la nature, n'en est ici que plus à l'aise pour affirmer que tout le pouvoir expressif du langage musical repose, en définitive et tout à la fois, sur les stimulations répétées qui participent à la formation du réflexe conditionné et sur les éléments d'affinité dynamique qui unissent, d'une manière qui n'est pas illusoire, le monde psychique et le monde sonore.

Michel de Chabanon et l'abbé Morellet auront le privilège de tirer les principes d'un nouveau discours de la méthode pour bien conduire sa raison et chercher la vérité dans l'expression musicale parce qu'ils se sont longuement instruits par l'exemple et la pratique.

Car cette esthétique de l'agréable qui repose sur une relation du sujet à l'objet suppose à la fois la vigilance de l'esprit et cette expérience sensible des valeurs musicales qui avaient fait complètement défaut aux têtes littéraires du Grand Siècle.

ROLAND-MANUEL.

BIBLIOGRAPHIE

MERSENNE, P. Marin, *Correspondance* (année 1630), t. II, Paris, 1933.

MORELLET, abbé André, *Observations sur le traité du mélodrame*, « Mercure de France », août-sept. 1771.

BOYÉ, *L'expression musicale mise au rang des chimères*, Amsterdam-Paris, 1779.

CHABANON, M. de, *Observations sur la musique*, Paris, 1779.

MORELLET, abbé André, *De l'expression en musique et de l'imitation dans les arts*, dans *Mélanges de littérature et de philosophie*, Paris, 1818.

LUSSY, M., *Chabanon, précurseur de Hanslick*, dans « Gazette musicale de la Suisse Romande », 7 mai 1896.

LA LAURENCIE, L. de, *Le goût musical en France*, Paris, 1905.

ÉCORCHEVILLE, J., *De Lulli à Rameau. L'esthétique musicale*, Paris, 1906.

PIRRO, A., *Descartes et la musique*, Paris, 1907.

ROLAND-MANUEL, *Descartes et le problème de l'expression musicale*, dans « Cahiers de Royaumont », Philosophie, n° II, Paris, 1957.

ROLAND-MANUEL, *Réflexions sur les fins et les moyens de l'art musical ou Sonate, que me veux-tu ?* Lausanne, 1957.

LA MUSIQUE INSTRUMENTALE
ITALIENNE AU XVIIIᵉ SIÈCLE

Dans le grand mouvement qui avait, au XVIIᵉ siècle, achevé d'affranchir l'art instrumental de ses derniers liens avec la musique vocale, l'Italie avait eu un rôle prépondérant. Elle le conserve pour une large part au début du XVIIIᵉ siècle avant d'être rejointe, puis distancée — dans le domaine de la création, sinon de l'exécution — par les classiques austro-allemands.

L'Italie du Nord offre le spectacle d'une merveilleuse décentralisation : une douzaine de villes, pour le moins, ont une vie musicale intense. Rome est quelque peu en retrait depuis la mort de Corelli. Au sud, Naples monopolise presque toute l'activité.

A VENISE

C'est à Venise que la période 1710-1740 est le plus brillante et féconde. On a vu, dans le chapitre consacré au style concertant *(Musique I)*, comment Vivaldi, sans avoir été à proprement parler l'inventeur du concerto de soliste, lui a donné l'ampleur, la variété, la fermeté de structure, l'éclat orchestral, l'intensité expressive, grâce auxquels cette forme s'est imposée. Son action n'a pas été moins importante pour ce qui est de la technique du violon. Sa virtuosité dépassait de beaucoup celle que semblent requérir ses concertos tels qu'ils nous sont parvenus : d'après le témoignage d'un voyageur allemand, le sieur von Uffenbach, observateur sagace de qui le journal de route a été récemment exhumé, il improvisait, en jouant ceux-ci, des traits auxquels peuvent seulement se comparer ceux des *Caprices* de Locatelli, redoutables, aujourd'hui encore, aux violonistes les plus exercés.

Or il a enseigné pendant trente-cinq ans au conservatoire de la Pietà, le meilleur des quatre « Hospices » de Venise pour la musique instrumentale ; il y a formé des élèves dont plusieurs ont brillé dans toute l'Italie, comme cette Chiaretta que notre président de Brosses n'hésitait pas à comparer à Tartini. Si l'on veut bien se reporter à ce qui est dit plus loin sur son rôle dans l'élaboration de la symphonie, on comprendra l'importance qui lui est actuellement reconnue, malgré la légèreté avec laquelle, trop souvent, on le représente au concert par des œuvres mineures, qui ne subsistent que parce qu'il a négligé de les détruire.

TOMASO ALBINONI

Contemporain de Vivaldi, né un peu avant lui, mort après lui à Venise, Tomaso Albinoni a eu cette singulière destinée de lui servir d'abord de modèle puis, dans son âge mûr, de subir son ascendant et de composer dans son style, sans servilité d'ailleurs, et en conservant assez de traits d'originalité pour mériter de survivre. Fils d'un riche fabricant de papier, Albinoni s'est longtemps paré du titre de *dilettante veneto* (amateur vénitien), ce qui signifiait qu'il avait alors assez de fortune pour ne pas attendre de l'art son pain quotidien. Il n'en a pas moins laissé, sans parler de son énorme production dramatique (une cinquantaine d'opéras identifiés, et il se serait, paraît-il, vanté d'en avoir écrit deux cents !), dix recueils de sonates, concertos, *balletti,* dont on commence à peine à mesurer l'importance. Moins nettement orientées vers l'avenir que celles de Vivaldi, ses œuvres maintiennent un équilibre, dont on possède peu d'aussi parfaits exemples, entre l'ancienne écriture polyphonique et l'art nouveau de la mélodie accompagnée.

BENEDETTO MARCELLO

Autre « amateur vénitien » de marque : Benedetto Marcello, juriste, membre du Conseil des Quarante, mais aussi poète, pamphlétaire — son *Teatro alla moda* (1720) est une impitoyable satire de l'opéra et de sa faune — et surtout compositeur dont les fameux Psaumes, publiés sous le titre d'*Estro poetico-armonico,* ont établi la gloire.

Moins volumineuse, sa production instrumentale, des concertos à cinq, quelques recueils de sonates, fait souvent penser à Vivaldi, de même que celle de son frère Alessandro : à telles enseignes qu'on restitue aujourd'hui à ce dernier la paternité d'un admirable *Concerto* pour hautbois que, tout récemment, on attribuait tantôt à Benedetto, tantôt au Prêtre roux.

LES VIOLONISTES COMPOSITEURS

Hors de Venise, que nous retrouverons quand nous en viendrons à la musique pour clavier, les formes, destinées principalement aux archets, que nous venons d'y voir en honneur — sonate, concerto, symphonie — connaissent un grand développement en maintes autres villes d'Italie. Mais ici, les caractéristiques locales sont moins accusées que dans la cité des Doges, où tout concourait — climat, conditions de vie, mœurs politiques ou privées — à maintenir un style aussi aisément discernable en musique que dans les arts plastiques. C'est encore, en quelque mesure, le cas pour Naples; j'y reviendrai.

Ailleurs, les considérations géographiques perdent de leur intérêt. Depuis que l'école bolonaise a été décapitée par le départ pour Rome de Corelli, les écoles ne sont plus définies par la ville qui les abrite, mais par le maître, souvent venu du dehors, qui y enseigne, et qui emmènera avec lui ses disciples le jour où il ira chercher fortune plus loin. Je tiendrai donc compte des filiations artistiques plutôt que du lieu de naissance : si la tâche se trouve, à cet égard, facilitée, il reste bien délicat de désigner les artistes les plus représentatifs, tant les talents abondent à cette époque privilégiée. Il en est, parmi les plus grands, de qui l'on commence à peine à mesurer l'importance. Tel, par exemple, Antonio Bonporti, de Trente, qu'un étrange concours de circonstances a sorti de l'ombre où l'avait relégué son indifférence à la gloire musicale : prêtre dans sa ville natale, son unique ambition était d'accéder au canonicat, ce à quoi il ne parvint pas. C'est l'identification, environ 1912, de quatre de ses *Inventions,* jusqu'alors attribuées à J. S. Bach, et copiées de la main du Cantor, qui a incité les musicologues à redécouvrir ses recueils de sonates, concertos, inventions, publiés de 1696 à 1720, où abondent les marques d'une personnalité originale parfois jusqu'à la bizarrerie, parfois jusqu'au génie. Tel encore Giuseppe Matteo Alberti, longtemps président des *Filarmonici* de Bologne (à ne pas confondre avec le Domenico de la « basse d'Alberti »), auteur, dès 1713, d'un livre de *Concerti per chiesa e per camera* très proches de ceux de Vivaldi et par la technique et par la substance musicale. Tels Carlo Ambrogio Lonati, dit le Bossu *(il Gobbo)*, auteur, quand sa vie aventureuse lui en laissait le temps (il a été compromis dans une des tentatives d'assassinat de Stradella !), de pièces pour violon seul d'une écriture ingénieuse, et cet Andrea Zani, de Casalmaggiore, dont le premier ouvrage publié, des *Sonates à violon et basse,* de 1727, contient des adagios d'un lyrisme singulièrement éloquent, et des allégros dont la structure dithématique est déjà tout proche de celle des sonates de C. Ph. E. Bach.

Si de ces méconnus nous revenons aux violonistes compositeurs plus communément acceptés, nous trouvons, parmi les maîtres d'obédience corellienne, le Piémontais Giovanni Battista Somis (1686-1763), célèbre surtout pour le caractère vocal de sa mélodie et l'ampleur d'un archet qui, au dire de l'enthousiaste Hubert Le Blanc, venait à bout « du grand œuvre sur le violon, *la tenue d'une ronde* » ; entre autres titres de gloire, il a été le professeur de Jean-Marie Leclair, chef et fondateur de la première école française de violon. Geminiani a été à la fois un grand virtuose, le compositeur fécond de sonates et *concerti grossi* solidement construits, et d'une petite œuvre symphonique d'intention descriptive sur *la Forêt enchantée* du Tasse, enfin le pédagogue qui, le premier, a exposé dans sa méthode, *The Art of Playing on the Violin* (1731), la doctrine de Corelli ; grâce à lui, on voit à quel point les bases techniques établies par le « divin Arcangelo » étaient rationnelles : en fait, tous les développements ultérieurs partent d'elles et s'en déduisent naturellement. Locatelli lui-même se réclame de Corelli, bien qu'à première vue on ait quelque peine à retrouver le lien qui relie aux simples *Sonates* de la fameuse *opera quinta* les prouesses acrobatiques du disciple. Si, en effet, il y a de grandes et graves beautés dans les sonates et concertos de Locatelli, il nous frappe surtout par des prouesses de virtuosité transcendante que seul Paganini rejoindra et dépassera, un siècle plus tard. Les *Caprices* intercalés dans les concertos de son op. 3 (1733) posent des problèmes — traits suraigus, arpèges étalés sur tout l'étendue du registre, doubles cordes, etc. —, dont les meilleurs violonistes d'aujourd'hui ne triomphent pas sans effort. Evaristo Felice dall'Abaco est plus fidèle à l'esprit corellien, qu'il prolonge et enrichit, non dans le sens de la haute technique instrumentale, mais dans celui de l'écriture et de la forme. Ses sonates à trois sont d'un contrepoint plus serré que celui de son chef de file, et en même temps plus évolué, portant en soi les germes d'un système harmonique élargi. De bons esprits, Paul Henry Lang entre autres, considèrent qu'avec lui la grandeur classique, le souverain équilibre de l'école de Corelli prennent fin : on écrira encore des sonates en trio, mais leur sage architecture cédera devant la prédilection des Italiens pour le charme de la mélodie, l'éclat de la sonorité, le brillant de la virtuosité.

Ces caractères marqueront les œuvres de Tessarini, de Giuseppe Valentini, tous deux de la lignée de Vivaldi. Pour ce qui est de Tommaso Antonio Vitali, né à Bologne, on ne voit guère à qui le rattacher : ses œuvres gravées s'apparentent le plus naturellement du monde à celles de son père, Giovanni Battista, et aux trios de Corelli, tandis que la fameuse *Chaconne* conservée en manuscrit à la bibliothèque de Dresde marque, si elle est vraiment de lui, un prodigieux bond en avant, tant pour son écriture instrumentale que pour la hardiesse de ses modulations, si surprenantes qu'on les attribue souvent aux transcripteurs : or elles figurent sur le manuscrit, laissant l'énigme irrésolue.

Francesco Maria Veracini, de Florence, neveu et élève d'Antonio Veracini, représente, par rapport aux violonistes nommés précédemment, une tendance moderniste. Son jeu se distinguait par un don d'émotion, une sensibilité, dont sa musique porte trace. Ses thèmes sont amples, expressifs, assez riches pour engendrer des thèmes secondaires qui donnent à ses développements une parfaite unité de pensée. Son système harmonique était, en son temps, assez neuf pour déconcerter certains publics, dont celui de Londres. Un de ses récents commentateurs, Luigi Torchi, l'a baptisé un jour « le Beethoven du xviiie siècle », de façon à peine hyperbolique, s'il s'agit seulement d'une amorce de comparaison qui mette en lumière et son aptitude à développer et le sentiment préromantique qui anime certains de ses mouvements lents.

GIUSEPPE TARTINI

Moins puissamment lyrique que Francesco Maria Veracini, Giuseppe Tartini, de Pirano, en Istrie, a exercé dans l'évolution de la musique de violon un rôle plus considérable, comparable seulement à celui de Corelli. Après une jeunesse mouvementée, partagée entre la musique, le droit, l'escrime et d'autres passe-temps, il ne décida qu'à vingt ans de se consacrer entièrement à l'art où il devait s'illustrer. Dès lors, à part de rares voyages, sa vie se déroula tout entière à Padoue où il fonda, en 1728, une école de violon, l' « École des Nations », où se formèrent la plupart des violonistes qui allaient faire carrière pendant la seconde moitié du siècle. Sans parler de ses traités sur la théorie harmonique, qui sont du plus vif intérêt, il a laissé un grand nombre de sonates et de concertos (plus de 125 concertos manuscrits) dans lesquels il perfectionne et amplifie les formes exploitées par ses devanciers. L'écriture de violon est pleine de trouvailles, dont le *Trille du Diable* est un des plus fameux exemples; mais surtout, on y trouve une expression intense, souvent motivée par un argument poétique ou dramatique sous-jacent indiqué par un cryptogramme (on en a retrouvé et déchiffré un bon nombre). Le style en est élevé et sobre, du moins en apparence : à la fin de sa carrière, on lui reprochait une ornementation surabondante dont J.-B. Cartier, à la fin de son *Art du violon*, a noté un échantillon proprement ahurissant. Il a d'ailleurs laissé un *Traité des agrémens* qui nous fournit la clé de cette pratique; mais sa principale étude a été celle de l'archet, ce, dit-il, « dont on doit absolument se rendre maître, soit pour le goût, soit pour l'exécution ». Lui-même avait contribué à perfectionner la fabrication des archets, en faisant alléger la baguette à laquelle il obtint qu'on donnât une moindre courbure et un poids mieux réparti. Il a exposé sa méthode dans une série de variations sur une gavotte de Corelli, qu'il a intitulée *l'Art de l'archet,* et dans une lettre à son élève Maddalena Lombardini (plus tard Mme Sirmen), publiée en 1770 par « l'Europa Litteraria ». Adressée à une artiste de talent déjà reconnu, cette lettre insiste sur la nécessité de revenir sans cesse au travail essentiel des sons filés, du détaché, des batteries sur deux cordes éloignées, du trille ; en quoi elle complète Geminiani et relie aux écoles contemporaines l'enseignement italien de l'âge classique.

Une étude plus poussée devrait faire place ici à des violonistes de réelle valeur, tels que Pasquale Bini, Barbella, Morigi, Piantanida, Domenico Ferrari, célèbre pour la pureté et la vélocité de ses traits en octaves et en sons harmoniques, l'un des favoris du public parisien des Concerts spirituels, de même que Carminati, Chiabrano, F. de Giardini, ce dernier également réputé comme compositeur et comme virtuose. A Londres, où il vécut longtemps, l'historien Burney l'avait entendu, en 1769, dans un air varié d'une espèce singulière : le thème chaque fois réexposé sans changement mélodique, sans le moindre ornement surajouté, mais avec chaque fois un nouveau phrasé d'archet, une accentuation si habilement diversifiée qu'on avait l'impression de variations du type normal.

Les deux noms les plus marquants de la génération qui suit celle de Tartini sont ceux de Nardini et de Pugnani.

NARDINI

Pietro Nardini, de Fibbiana, en Toscane, avait été l'élève de prédilection de Tartini qu'il assista durant sa maladie qui devait être mortelle, et à qui il ferma les yeux. Il avait en partage la pureté, l'égalité du son, la grâce, un goût exquis sur lequel un juge particulièrement sévère, Léopold Mozart, ne tarit pas d'éloges. Ses sonates et ses concertos sont d'une grande spontanéité d'inspiration, avec des mouvements lents de forme *lied* où la phrase, même sous l'ornementation un peu trop riche qu'il se plaisait à improviser (J.-B. Cartier en a fixé quelques exemples), prend une ampleur toute moderne.

PUGNANI

Chez Gaetano Pugnani, de Turin, dominaient la largeur, la fermeté, la véhémence, la noblesse qui seront les caractères du jeu de son élève Viotti; car, disciple de Somis, Pugnani représente un anneau du plus splendide enchaînement traditionnel que nous fournisse l'histoire du violon : Corelli — Somis — Pugnani — Viotti, ce dernier ayant formé le talent de Rode, maître à son tour de Boehm et, par lui, de Joseph Joachim. Compositeur, il a excellé dans toutes les formes de musique pour archets, y compris des quintettes d'orchestre et une symphonie concertante d'une instrumentation originale : elle comporte deux violons soli (*principali*), deux violons *obligati* et deux parties de violons *ripieni,* plus deux altos, hautbois, cors, et les basses.

Comme professeur, il a eu pour élèves, outre Viotti, Traversa, Borghi, Bruni, Radicati, Polledro, que Beethoven, en 1812, jugera digne d'être son partenaire dans une sonate. Enfin, Pugnani est l'un des premiers, sinon le premier violoniste qui se soit signalé comme chef d'orchestre, au concert et au théâtre, substituant une véritable technique de la direction d'orchestre à l'empirisme dont on se contentait auparavant. Galeazzi en tient compte dans un remarquable *Essai sur l'art de jouer le violon* (1791), qui déborde son sujet comme J. J. Quantz avait fait dans l'*Essai d'une méthode pour apprendre à jouer de la flûte traversière.*

Après lui, l'école italienne reste riche de talents. Si l'on ne joue plus guère les œuvres de concert de Fiorillo, Campagnoli, Rolla, l'enseignement utilise encore leurs œuvres didactiques.

La fin du XVIIIe siècle voit l'extraordinaire succès de trois violonistes, Mestrino, Lolli, Jarnowick, complètement oubliés de nos jours, tous trois se rattachant à la veine passablement charlatanesque ouverte au XVIIe siècle par Carlo Farina, l'auteur du *Capriccio stravagante* et à laquelle Paganini sacrifiera plus d'une fois.

MESTRINO

Mestrino, de Milan, avait de très rares qualités de musicien, compromises par un amour du succès qui lui faisait cultiver certains effets faciles, comme ce *coulé alla Meſtrino,* un glissando sirupeux qui alanguissait ses adagios. Son émule français Woldemar a laissé de lui cet éloge funèbre : « Il joignait à l'aplomb et à la difficulté vaincue la science profonde de l'harmonie... il improvisait les plus savants points d'orgue, variait le quatuor en cent manières, peignait l'amour dans ses romances, conduisait l'orchestre avec la plus rare intelligence..., cachait dans le concerto les épines sous les roses : mais la nature, rivale jalouse de l'art, lui avait refusé cette vigueur énergique qu'on admire dans Viotti dont il trouva le genre exclusif à son arrivée à Paris, ce qui lui causa un chagrin qui altéra sa santé : son excessif amour pour les femmes acheva de le détruire et Vénus nous l'enleva en 1790 à l'âge de trente ans (en réalité quarante et un), emportant les regrets de tous les vrais talents. »

LOLLI

Antonio Lolli, de Bergame, était, au dire de ses contemporains, extraordinaire de brio, de vélocité, d'ampleur sonore, mais mal à l'aise dans les mouvements lents, auxquels, dans ses compositions, il accorde le minimum possible de place, les ramenant à l'humble fonction de repos entre deux allégros qui était la leur dans les *concerti grossi* à la fin du siècle précédent. Capricieux, mobile, grand voyageur, longtemps choyé par les souverains aussi bien que par les foules, il vieillit mal, tentant de retenir le succès par des excentricités sous lesquelles disparaissaient ses qualités encore intactes de technicien. A partir des années 1780-1785, ses programmes sont encombrés d'imitations, sur le violon, de la flûte, du luth, de la cornemuse, mais aussi de toutes sortes de cris d'animaux. Son *Concerto du chat (Concerto del gatto)* avait eu à Vienne une telle faveur, sans doute nuancée d'ironie, que les violonistes des orchestres s'étaient mis à pratiquer le glissando qui en faisait l'originalité, au point que Salieri dut provoquer un décret en vertu duquel tout violoniste ou violoncelliste surpris à jouer dans ce style serait exclu des théâtres et des sociétés musicales de la ville.

JARNOWICK

Jarnowick, le meilleur élève de Lolli, au nom italianisé de Giovanni Mane Giornovichi, a en commun avec lui certains traits de caractère, mobilité, goût de surprendre, amour des voyages (qui le conduisit, comme Lolli, jusqu'à la cour de Russie). Comme exécutant, on lui reconnaissait un beau son, une grande justesse, une non moindre facilité, de l'expression dans l'adagio, de la vivacité et du piquant dans les finales. Ses concertos, qui triomphèrent au Concert spirituel jusqu'à l'arrivée de Viotti, sont loin d'être sans mérite, avec des thèmes agréables dont plusieurs sont d'esprit mozartien, des traits adroitement écrits pour l'instrument, une orchestration bien sonnante quoique simple. A partir de son cinquième concerto, il s'avise, le premier, de remplacer l'adagio par une *Romance* d'allure naïve, nettement inspirée de celles que les compositeurs français, avant les « Mannheimer », avaient introduites dans leurs symphonies environ 1760.

LE VIOLONCELLE

Comme le violon, le violoncelle a commencé sa carrière en Italie, supplantant définitivement la basse de viole dès le début du xviiie siècle, alors qu'elle avait encore de nombreux adeptes dans les autres pays d'Europe, en particulier en France et en Angleterre. Mais, en Italie même, le violoncelle n'a été traité, jusque vers la fin du xviie siècle, qu'en instrument de basse, accompagnateur du violon (son nom, *violoncello* ou *violoncino*, diminutif de *violone*, qui désignait un équivalent de notre contrebasse, définissait fort bien ses attributions premières). C'est seulement après 1680 que l'on trouve des *Ricercate, Trattenimenti, Sonate* pour violoncelle solo, de Giovanni Battista degli Antonii, Giovanni Battista Vitali, Domenico Gabrielli, Petronio Franceschini, tous formés à Bologne où était né Giuseppe Jacchini, le plus illustre représentant de l'école bolonaise de violoncelle au temps de Corelli. Le voyageur allemand von Uffenbach, qui l'entendit en 1715, vieux et d'aspect misérable, écrivait dans

son journal : « Il joue excellemment; sous ses doigts
l'instrument sonne plutôt comme une basse de viole que
comme un violoncelle. Surtout aux positions élevées, il
joue avec tant de pureté, d'agilité et de charme qu'on ne
sait ce qu'il faut le plus admirer, de l'exécution ou de la
composition des sonates et pièces dont il est l'auteur. »

Giovanni Battista Bononcini, connu surtout comme
musicien de théâtre, avait également travaillé le violoncelle à Bologne et s'y était acquis une brillante réputation
de virtuose avant de se laisser totalement absorber par
la composition dramatique. De même Antonio Caldara,
avant de devenir grand fournisseur d'opéras et d'oratorios de la cour de Vienne, s'intitulait *musico di violoncello
veneto* en publiant son premier recueil de *Sonates*.

A partir de la deuxième décennie du XVIIIe siècle, la
vogue du violoncelle se développe rapidement dans la
Péninsule. Il se publie, à son intention, de nombreux
recueils de sonates et de concertos. Quant aux virtuoses,
ils sont légion. Parmi les plus réputés, je citerai Giacobbe
Cervetto, né vers 1682 et qui mourut plus que centenaire
à Londres où il s'était fixé depuis une soixantaine d'années; Antonio Vandini, partenaire habituel de Tartini,
que le président de Brosses entendit à Padoue avec
ravissement, trouvant son jeu «excellentissime»; Giuseppe Dall' Oglio, de Padoue, soliste éminent mais célèbre
aussi pour l'art avec lequel il improvisait des accompagnements destinés à soutenir les voix ou à concerter
avec elles; il est de ceux que leur réputation fit appeler
hors d'Italie, particulièrement en Russie et en Pologne;
Angelo Maria Fiore, de Turin, fondateur de l'école pié-
montaise, soliste de la chapelle royale de sa ville natale
de 1697 à 1721, de qui les bibliothèques de Modène et
de Milan conservent en manuscrit des *Sinfonie a solo violoncello* et des sonates avec accompagnement de basse
d'archet ou de clavecin; Bernardo Aliprandi, de Milan,
qui fit surtout carrière en Allemagne; Giovanni Battista
Costanzi, de Rome, compositeur fécond (quarante opéras et oratorios) mais qui, jusqu'à sa mort survenue en
1778, se distingua comme exécutant jusqu'à être mis par
le P. Eximeno sur le même plan que Boccherini; Giam-
battiste Cirri, de Forli, qui, à l'exemple de Cervetto, fit
à Londres la plus grande partie de sa carrière, au cours
de laquelle il publia cinq livres de sonates pour violon-

celle, deux livres de duos pour deux violoncelles, deux concertos, sans préjudice de nombreux recueils de musique de chambre, trios pour deux violons et basse, trios pour violon, alto, violoncelle, quatuors, le tout d'un niveau plus qu'honorable.

Leur renom à tous semble avoir été éclipsé par celui de Salvatore Lanzetti, né à Naples, mort à Turin, qu'on applaudit à la cour de Londres, à Paris au Concert spirituel, dont plusieurs livres de sonates et une méthode (*Principes du doigter pour le violoncelle*) furent publiés à Amsterdam, et par celui, surtout, de Luigi Boccherini.

BOCCHERINI

Boccherini est assez connu comme compositeur. (Voir dans le chapitre intitulé : *Formation du style classique* son rôle dans l'histoire de la musique de chambre où ses deux octuors, ses seize sextuors, cent cinquante-cinq quintettes pour diverses combinaisons instrumentales, cent deux quatuors, cinquante trios, lui assignent une place aussi justifiée par la qualité que par l'abondance.) Mais il a été aussi un grand virtuose du violoncelle. En ayant reçu le rudiment à Lucques, où il était né en 1743, il avait montré assez de dispositions pour qu'à l'âge de quatorze ans on l'envoyât à Rome, où sa réputation fut vite établie. Il n'avait pas vingt-cinq ans lorsqu'il entreprit avec Filippo Manfredi, l'un des meilleurs élèves de Tartini, de grands voyages au cours desquels ils se firent entendre dans le nord de l'Italie, puis en France où ils firent sensation au Concert spirituel. L'ambassadeur d'Espagne à Paris fut si enthousiasmé qu'il les pressa de se rendre à Madrid où il leur prédisait un accueil chaleureux de la part du prince des Asturies, le futur roi Charles IV. En réalité, ni Charles III ni le prince n'accordèrent leur patronage aux deux virtuoses italiens, mais ils éveillèrent l'intérêt de l'Infant Don Luis, frère du roi, et Boccherini se sentit, pour un temps, en sécurité, malgré les intrigues du violoniste Brunetti qui le combattait sourdement auprès de la famille royale. Quand, affaibli par une longue maladie, il dut renoncer à la pratique de son instrument, il continua d'en perfectionner la technique et le style, en écrivant pour lui non seulement des sonates et des concertos, mais, dans sa

musique de chambre, quatuors et quintettes surtout, des
parties aussi délicates et aussi chargées de musique que
ses meilleurs soli. Son influence sur les destinées du violoncelle peut se comparer à celle de notre Duport le
Jeune.

LA GUITARE ET LA MANDOLINE

Ne quittons pas les instruments à cordes sans faire état
de la vogue, dans l'Italie du XVIIIᵉ siècle, des instruments
à cordes pincées, guitare et mandoline surtout (le luth
est pratiquement abandonné, le théorbe ne sert guère
qu'aux accompagnements). Il est significatif que les plus
grands luthiers, les Stradivari, les Gagliano, etc., en
aient construit, mais on a conservé peu de noms de virtuoses : pour la guitare, celui de Giacomo Merchi, de
Naples, qui s'est fait entendre en France et en Allemagne;
Carulli, lui, n'a été célèbre qu'à l'extrême fin du siècle (il
était né à Naples en 1770); quant à la mandoline, bien
qu'elle fût alors traitée sur un plan artistique où elle
ne s'est pas maintenue, ses virtuoses sont rarement sortis de l'anonymat. On ne sait pour qui Vivaldi a écrit
ses concertos pour une et deux mandolines; nous sont
parvenus les noms de Giovanni Battista Gervasio, de
Nonnini, de Carlo Sodi, tous venus d'Italie en France ou
en Angleterre, comme ce Pietro Leone, dit « *lo Spa-
gnuolo* », mais qui s'intitule lui-même, à la page de titre de
sa curieuse *Méthode raisonnée pour passer du violon à la mandoline,* « Mr. Leone de Naples ».

LES INSTRUMENTS A VENT

Les instruments à vent n'ont pas, à beaucoup près, la
même faveur que les archets, et le nombre d'Italiens
qui s'y sont signalés durant la période envisagée est
beaucoup plus restreint que celui des violonistes et violoncellistes. Parmi les flûtistes, on voit surtout à citer
Pietro Grassi Florio, soliste, environ 1755, du fameux
orchestre de Dresde, Antonio Guido, qui faisait les beaux
jours des salons du financier Crozat, Filippo Ruggi, de

Rome, qui se produisit au Concert spirituel et chez La Pouplinière (nos gazetiers l'appelaient M. Rouge), vers la fin du siècle Teobaldo Monzani, de Modène, établi à Londres comme flûtiste et hautboïste.

Le hautbois était plus brillamment représenté : par Ignazio Ciceri, attaché à la chapelle du duc de Wurtemberg à Stuttgart ; Giuseppe Sammartini, de Milan, frère de l'illustre symphoniste Giovanni-Battista. Il n'était pas seulement remarquable exécutant et compositeur pour son instrument : ses *concerti grossi,* ses sonates à deux et trois sont solides et brillantes, et son style, comme sa qualité d'inspiration, rendent délicate l'attribution d'œuvres signées du seul patronyme Sammartini, et qui peuvent tout aussi bien être de sa plume que de celle de Giovanni-Battista. On connaît aussi les frères Caravoglia, hautboïste et bassoniste, qui faisaient équipe comme Vandini et Tartini, ou Manfredi et Boccherini, et qui eurent, eux aussi, les honneurs du Concert spirituel.

Mais les Italiens de loin les plus fameux dans cette catégorie d'instruments appartenaient à la dynastie des Besozzi. On compte une dizaine d'artistes de ce nom, tous hautboïstes ou bassonistes. Ils étaient originaires de Milan, mais la famille se transporta à Parme au début du XVIIIe siècle, et c'est là que naquit Alessandro, le premier d'entre eux qui ait atteint à la grande notoriété. Attaché comme premier hautbois à la chapelle du duc de Parme, il voyagea à travers l'Europe avec un de ses frères, Pietro Girolamo, bassoniste, et fut applaudi avec lui au Concert spirituel, à plusieurs reprises, en mars, avril, mai 1735. Plus tard, il s'établit avec ce même frère à Turin, au service du roi de Sardaigne. Des autres membres de la famille, le plus célèbre a été Gaetano, un neveu de Pietro Girolamo. Né à Parme en 1725, il fut longtemps soliste à l'orchestre de la cour de Naples. L'ambassadeur de France, comte de Durfort, l'incita à se rendre à Paris, ce qu'il fit. Il entra à la chapelle royale et fut longtemps l'un des virtuoses favoris du public du Concert spirituel. Les *Tablettes de renommée des musiciens* écrivaient, en 1785, non sans injustice à l'égard de ses propres parents : « Ce virtuose est regardé comme le premier qui ait fait entendre sur cet instrument (le hautbois) ces sons délicats et argentins qui touchent et émeuvent et ravissent l'âme en charmant l'oreille. » Il mourut à Londres en 1798, laissant le souvenir d'un talent sur lequel l'âge n'avait pas eu de prise.

LES INSTRUMENTS A CLAVIER

Pour ce qui est des instruments à clavier, le XVIIIe siècle italien ne saurait, du point de vue quantitatif, se comparer à ce qu'il a été pour les archets. Mais il peut se prévaloir de Domenico Scarlatti, à qui l'art du clavecin doit un non moindre enrichissement qu'à François Couperin ou à J.-S. Bach. Avant lui, un très grand maître achève sa carrière dans le siècle naissant, Bernardo Pasquini, qui meurt en 1710 à Rome où il a prolongé la noble tradition polyphonique de Frescobaldi tout en laissant pressentir l'émancipation harmonique, la vivacité, les innovations techniques de Scarlatti. On a de lui des variations sur *la Follia* et *la Bergamasca,* d'une science aussi peu pédantesque que possible, des sonates à deux clavecins, datées de 1702, dans lesquelles les deux parties sont en quelque sorte sténographiées comme des basses chiffrées dont la réalisation est laissée à l'ingéniosité des exécutants, des pièces descriptives comme la fameuse *Toccata du Coucou,* dont la poésie rêveuse et le caprice ont tant de prix, si on les compare au divertissement mécanique et froid que le même thème a inspiré à Daquin.

Deux organistes de valeur, Giovanni Maria Casini et Gioseffo Bencini maintiennent, peu après la mort de Pasquini, les droits du strict style polyphonique, appelé à subir bientôt une décadence marquée. Au clavecin, Domenico Zipoli, un Toscan qu'on avait longtemps rattaché par erreur à l'école napolitaine, laisse un recueil de *Sonates pour orgue et clavecin* (publié à Rome en 1716, objet ensuite de réimpressions incomplètes et frauduleuses) qui contient encore des fugues vigoureuses. Mais, en dehors de Venise et de Naples, la palme du talent revient au Siennois Azzolino della Ciaia, de qui les *Sonate per cembalo* de 1727 « étonnent par leur ampleur à la Haendel, alternant avec des passages de vivacité qui annoncent Domenico Scarlatti » (H. Prunières).

LA MUSIQUE A NAPLES

En ce début du xviiie siècle, Naples est le seul centre de musique qui puisse, en Italie, rivaliser avec Venise. Depuis longtemps la région dont elle est la tête a possédé une élite de compositeurs, parmi lesquels il me suffira de nommer Gesualdo de Venosa, Trabaci, Francesco Provenzale pour rendre compte et de son importance et de la tendance qui caractérise les œuvres nées sous son climat : don mélodique, vivacité, sens théâtral y prédomineront.

L'enseignement de la musique y est particulièrement en honneur. Comme à Venise, il se donne dans quatre conservatoires moins anciens que ceux de la Dominante — leur fondation ne remonte qu'au xvie siècle —, mais plus tôt spécialisés (ceux de Venise sont longtemps restés des hospices dans lesquels on opérait une sélection parmi les enfants recueillis, pour leur apprendre le chant et les instruments : à Naples, les enfants des conservatoires de Santa Maria di Loreto, de San Onofrio, dei Poveri del Gesù furent dès l'origine instruits dans la musique en même temps qu'on leur apprenait à lire et à écrire ; c'est seulement au conservatoire della Pietà dei Turchini que la musique mit près d'un siècle à faire partie du programme des études). Ici comme là, les maîtres sont de tout premier ordre ; les échanges sont d'ailleurs fréquents avec Venise, les Vénitiens venant enseigner à Naples pendant des périodes plus ou moins longues de leur carrière, et vice versa.

Pour le clavecin, le maître le plus réputé de la génération qui est à cheval sur les xviie et xviiie siècles est Gaetano Greco, ou Grieco, du conservatoire dei Poveri del Gesù, et plus tard de S. Onofrio. Les pièces, restées manuscrites, qu'on a de lui ont une fantaisie légère d'un accent tout à fait nouveau, et qui peuvent avoir influencé Domenico Scarlatti. Parmi ses meilleurs disciples, on compte Durante, Vinci, Pergolèse ; parmi ses contemporains immédiats, le plus illustre représentant de la grande école napolitaine, Alessandro Scarlatti. Si je le mentionne ici, ce n'est pas qu'il ait, dans l'histoire des instruments à clavier, une importance particulière (à part le fait d'avoir engendré Domenico) : on

ne sait ni de qui il a été l'élève, ni s'il a enseigné le clavecin, pour lequel il a peu écrit, sa meilleure œuvre étant
sans doute une série de *Variations sur la Follia,* dont le
thème a été exploité par Corelli et tant d'autres musiciens.
Mais ses innombrables opéras et oratorios ont affirmé,
sinon créé de toutes pièces, un *nouveau style,* qui ne
pouvait pas ne pas agir sur la composition instrumentale,
où il va être donné à son fils Domenico de le mener à sa
perfection.

DOMENICO SCARLATTI

Domenico Scarlatti se détache, lui, comme un génie
authentique, d'ailleurs indiscuté, même de son vivant.
Né en 1685 — la même année que Jean-Sébastien Bach et
Haendel —, il commence par écrire des opéras et des
cantates, voyage à travers l'Europe, finit par accepter à
Madrid la charge de claveciniste de l'infante de Portugal Maria Barbara, la future reine d'Espagne. C'est à
Madrid qu'il écrira la majeure partie de sa musique instrumentale, et c'est là qu'il mourra en juillet 1757.

On a inventorié de lui cinq cent cinquante-cinq sonates,
dont une dizaine pour violon et basse. Toutes les autres
sont destinées au clavecin, sauf peut-être un petit nombre
que Ralph Kirkpatrick croit avoir été composé pour le
piano : dans les dernières années de sa vie, Scarlatti pouvait en effet disposer de trois *pianos-forte* de fabrication
florentine. Sur les douze instruments à clavier que la
reine possédait dans ses palais de Buen Retiro, Aranjuez
et l'Escorial, cinq étaient des pianos, mais on en avait
transformé deux en clavecins.

A de rares exceptions près, ces sonates, dont le premier
recueil gravé s'intitule *Essercizi,* au sens d'études, sont de
la structure la plus simple : un seul mouvement, en deux
reprises symétriques, comme dans les danses de la *suite*
préclassique. Elles n'affichent que des ambitions modestes.
La préface des *Essercizi* (Londres, 1739) avertit le lecteur
en ces termes : « Que vous soyez amateur ou professionnel, n'attendez pas de ces compositions une science profonde, mais plutôt un ingénieux badinage d'art destiné
à vous amener à la maîtrise du clavecin. Elles ne m'ont
été dictées ni par l'intérêt ni par des vues ambitieuses,
mais par la seule obéissance (sous-entendu : au dédicataire,
le roi Jean V de Portugal). Peut-être vous seront-elles

agréables, auquel cas j'obéirai d'autant plus joyeusement
à d'autres ordres, pour vous plaire dans des œuvres d'un
style plus facile et plus varié. Montrez-vous plus compré-
hensif que critique, augmentant ainsi votre propre plaisir. »

En réalité, dans cette forme brévissime et en apparence
stéréotypée, le merveilleux musicien a su enclore des
trésors d'invention, en toutes directions. La technique de
l'instrument y est poussée à un degré de virtuosité à peu
près insurpassable : seule la révolution qui, de nos jours,
bat en brèche le principe de la tonalité classique a permis
à cet égard quelques innovations aux artisans d'une résurrection de la composition pour clavecin. Le développement thématique prend, en dépit de la rigidité et de
l'exiguïté du cadre, de nouvelles orientations, de l'exploitation d'un unique dessin de quelques notes au déroulement de longues mélodies, de l'exposition pure et simple
de chants et de traits alternés au conflit d'idées du dithématisme. L'harmonie est émancipée au point d'avoir
suffoqué bien des transcripteurs, qui ont cru devoir l'édulcorer, et mutiler, en les allégeant, certaines *acciacature*
dans lesquelles des grappes de notes voisines préfigurent les blocs de sonorités, rebelles à l'analyse harmonique, auxquels ont recours certains maîtres d'aujourd'hui.
Toutes ces ressources au service d'une pensée musicale
dont le jaillissement a la liberté et le caprice de l'improvisation, gaie la plupart du temps, ou malicieuse, ou sarcastique, parfois inclinant vers une mélancolie pénétrante
mais s'en dégageant presque toujours par une volte-face
imprévue comme si, tel Mozart un peu plus tard, il avait
considéré comme impudique le fait de confier à l'auditeur
le secret de ses tristesses.

A côté d'une œuvre aussi riche et d'une aussi constante
originalité, la production pour clavier des contemporains
et successeurs de Scarlatti manque évidemment de relief.
A Naples, on citera surtout, après lui dans la hiérarchie
des talents, son contemporain immédiat, Francesco Durante, de Frattamaggiore, formé au conservatoire S. Onofrio, élève non d'Alessandro Scarlatti comme on l'a écrit
un peu à la légère, mais plutôt de Pitoni; grand technicien, chez qui l'on constate un renouveau et une heureuse
adaptation de l'écriture contrapuntique aux ressources

du clavecin. Il a eu lui-même pour élèves Vinci, Duni, Pergolèse, Traetta, Piccinni, Paisiello. Après lui, Pietro Domenico Paradisi, ou Paradies, donne, dans ses douze sonates de 1754, d'agréables modèles de facilité, d'élégance, en même temps que de fermeté dans la construction avec, dans l'expression, un certain modernisme auquel l'épithète de préromantique conviendrait presque. De cette même école dépendent les Giordani, Paisiello, Cimarosa, ces derniers tout proches de l'écriture pianistique de Mozart.

DANS LES AUTRES CENTRES

Moins bien représentée dans la littérature du clavier que dans celle des instruments à archet, Venise a cependant de quoi retenir l'attention avec Francesco Gasparini, Vénitien d'adoption, non de naissance (il était de Camaiore, près de Lucques), élève de Pasquini, auteur du traité longtemps classique d'accompagnement au clavecin, *l'Armonico pratico al cembalo;* Domenico Alberti, à qui l'on attribue abusivement l'invention de la *basse d'Alberti,* formule d'accompagnement dans laquelle les accords sont uniformément arpégés au lieu d'être plaqués, et qu'il a, il est vrai, employée avec persévérance et quelque monotonie dans des sonates assez superficielles mais souvent agréables; Giovanni Battista Pescetti, de qui les neuf sonates publiées à Venise en 1739, l'année où paraissait à Londres le premier recueil de Scarlatti, en possèdent, à un moindre degré, quelques caractères, enjouement, prestesse, élégance d'écriture; Giovanni Platti, hautboïste, violoniste et chanteur de qui la contribution au répertoire du clavecin est importante : dans ses deux recueils, *Six Sonates pour le clavessin sur le goût italien* (vers 1742) et *Six Sonates per cembalo,* op. 4, le musicologue italien Fausto Torrefranca a voulu voir réalisée avant C. Ph. E. Bach la sonate dithématique, dont on attribue d'ordinaire l'invention à ce dernier; enfin et surtout Galuppi, de qui les douze sonates, d'une verve comparable à celle qu'il a déployée dans ses innombrables opéras bouffes, et d'une ravissante écriture, supportent d'être jouées au voisinage de celles de Scarlatti.

D'autres villes que Naples et Venise ont eu, temporairement ou à demeure, de grands virtuoses et de grands professeurs; mais ce n'est guère qu'à Bologne qu'on peut parler d'une école, celle qui s'est groupée autour du Padre Martini, lui-même élève de Predieri pour le clavecin. A en juger par ses *Sonate d'intavolatura* de 1747, le musicien, en lui, valait le musicologue que la postérité a retenu. Il a formé, parmi d'autres, le Florentin Giovanni Maria Rutini, auteur d'une demi-douzaine de recueils de six sonates d'une excellente venue, et Giuseppe Sarti, compositeur et virtuose migrateur s'il en fut, qu'on trouve un moment directeur de l'Ospedaletto de Venise, mais aussi à la cour de Danemark à Copenhague, à Saint-Pétersbourg, à Berlin où il est allé mourir; on a de lui un certain nombre de sonates et pièces pour clavecin, quelques-unes conçues dans un style descriptif non dépourvu de pittoresque.

Rome peut revendiquer Muzio Clementi. Mais ce très grand maître, que Mozart, on ne sait trop pourquoi, a dénigré avec tant d'entrain, si Beethoven, lui, l'admirait ouvertement, appartient déjà, en esprit, au XIXe siècle, encore que l'on n'ait pas fini d'inventorier et d'estimer à sa valeur ce que, bien avant 1800, il avait apporté à la pédagogie du piano, à son répertoire, à la musique.

Marc PINCHERLE.

BIBLIOGRAPHIE

TORCHI, Luigi, *La Musica instrumentale in Italia nei secoli XVI, XVII e XVIII*, Turin, 1901.

VAN DER STRAETEN, Edmund, *History of the Violoncello*, Londres, 1915.

PANNAIN, Guido, *Le Origini e lo sviluppo dell'arte pianistica in Italia*, Naples, 1917.

RAUGEL, Félix, *Les organistes*, Paris, 1923.

PIRRO, André, *Les clavecinistes*, Paris, 1925.

HAAS, Robert, *Die estensischen Musikalien*, Ratisbonne, 1927.

SCHERING, Arnold, *Geschichte des Instrumentalkonzerts*, Leipzig, 1927.

VATIELLI, Francesco, *Arte e Vita musicale a Bologna*, Bologne, 1927.

TORREFRANCA, Fausto, *Le Origini italiane del romanticismo musicale*, Turin, 1930.

ENGEL, Hans, *Das Instrumentalkonzert,* Leipzig, 1932.

LANG, Paul-Henry, *Music in Western Civilization,* New York 1941.

MISHKIN, *The Solo Violin Sonata of the Bolognese School,* dans « The Musical Quarterly », New York, 1943.

CAPRI, Antonio, *Giuseppe Tartini,* Milan, 1945.

GIAZOTTO, Remo, *Tomaso Albinoni,* Milan, 1945.

BUKOFZER, Manfred, *Music in the Baroque Era,* New York, 1947.

PINCHERLE, Marc, *Vivaldi et la musique instrumentale,* Paris, 1948.

VEINUS, Abraham, *The Concerto,* Londres, 1948.

DUFOURCQ, Norbert, *Le clavecin,* Paris, 1949.

BORREL, Eugène, *La sonate,* Paris, 1951.

KIRKPATRICK, Ralph, *Domenico Scarlatti,* Princeton, 1953.

PINCHERLE, Marc, *Corelli et son temps,* Paris, 1954.

NEWMAN, William S., *The Sonata in the Baroque Era,* Chapel Hill, 1959.

ACTIVITÉS MUSICALES EN ALLEMAGNE

L'ÈRE DE L'EMPFINDSAMKEIT

CE n'est pas en vertu d'une idée préconçue que l'histoire de la musique use du vocable étranger d'*Empfindsamkeit* au lieu du terme français de *sensibilité* qui est pourtant sa traduction exacte. Si le phénomène ainsi désigné peut se discerner dans toute la musique européenne vers le milieu du XVIIIᵉ siècle — et même dans cette musique espagnole ou italienne qui lui serait le plus naturellement allergique —, c'est pourtant dans la musique allemande et autrichienne qu'il s'est manifesté avec le plus d'éclat. En France, cette primauté du sentiment recherchée par les compositeurs du temps comme « le plus véritable effet de l'art » apparaît bien plus comme une conséquence logique de la philosophie des lumières. « Il faut bien se dire à soi-même que nous n'avons rien à faire en ce monde qu'à nous y procurer des sensations et des sentiments agréables... » Pareille affirmation d'encyclopédiste introduit, ou du moins prépare directement, la primauté du sentiment et de la passion dans les arts et singulièrement en musique.

L'époque romantique s'est préparée longuement. En France, le terme « romantique » avait été employé dès la fin du XVIIᵉ siècle, mais, en 1765, l'abbé Leblanc écrivait encore que le mot anglais *romantic* « veut dire à peu près pittoresque... ». Ceux qui pensent avec Le Tourneur que le terme *romantique* « porte dans l'âme le sentiment de l'émotion douce et tendre » sont bien rares en ce temps-là; Rousseau lui-même appelait encore romantiques « les lieux sauvages et solitaires ». Pourtant l'âme sensible devient lentement la référence ultime. La réforme de Gluck est là pour en témoigner. C'est en évoquant sa jeunesse parisienne, vers les années 1770, que Grétry se propose dans ses *Mémoires* de développer « le sentiment de la musique ». Il avait sur sa table Racine mais il citait volontiers une phrase de Shakespeare : « L'homme qui n'a dans son âme aucune musique et qui

n'est pas ému par l'harmonie des tendres accords, est
capable de trahisons, de stratagèmes et d'injustices... »
(*le Marchand de Venise*, acte V.)

En Allemagne, au contraire, l'*Aufklärung*, sa conception purement rationaliste du monde et de l'art, avaient
suscité dès la première moitié du siècle des réactions
très vives. Ce n'est plus l'horlogerie rigoureuse de la
nature et des hommes, leur harmonie préétablie, c'est
l'abîme insondable de leurs remous profonds qui devient
l'objet préféré du musicien. A la science des maîtres du
début du siècle — mais n'oublions pas que la figure de
Jean-Sébastien Bach était déjà anachronique pour les
musiciens novateurs du temps — on opposa la liberté
de l'inspiration et donc la libération de la forme. Nulle
époque antérieure n'avait produit une floraison aussi
touffue de *fantaisies* pour tous les instruments, nulle
autre surtout n'avait cherché à y exprimer librement les mouvements de l'âme, ou du moins ce que l'on était convenu
d'appeler ainsi. Il ne s'agit plus de *fantasieren* (improviser)
selon les règles bien connues en faisant montre de sa
science instrumentale, mais d'exprimer ses humeurs et ses
sentiments en improvisant.

Dès 1739, Johann Mattheson loue, dans son *Vollkom-
mene Kapellmeister,* la forme musicale de la polonaise non
seulement parce qu'elle paraissait être la danse d'un
peuple plus proche de la nature, mais surtout parce qu'il
y règne selon lui *eine besondere Offenherzigkeit* (une sincérité
particulière, un « cœur mis à nu », serait-on tenté de
traduire) et *ein gar freies Wesen* (un caractère vraiment
libre). On n'est pas surpris après cela de voir se développer une littérature étonnamment riche de polonaises. Ce
n'est plus la danse un peu guindée des temps baroques ;
la nouvelle polonaise est toute dans les oppositions vives
de ses nuances dynamiques ; on y trouve les soupirs, les
modulations étranges, le côté *expressif* des tonalités
mineures, bref tout cet attirail qui évoque en musique
les souffrances du jeune Werther.

Carl Philipp Emanuel, le second des fils musiciens de
Jean-Sébastien Bach, apparaît comme l'expression la plus
adéquate de cette *Empfindsamkeit* musicale. Son œuvre
cherche à traduire les affections de l'âme jusqu'à la limite
du bizarre. Pourtant, elle ne débouche pas directement
sur le romantisme à l'instar du style savant de son génial

aîné Friedemann ou du classicisme tout neuf de son demi-
frère puîné Jean Chrétien. Une de ses pièces les plus
célèbres de son vivant s'intitule *C. P. E. Bachs Empfin-
dungen ;* elle est en *fa dièse mineur* et le manuscrit autographe de cette page pour violon et clavier porte la
mention *sehr traurig und ganz langsam* (très triste et tout
à fait lentement)...

Bien avant que Johann Georg Sulzer ait énoncé dans
son *Allgemeine Theorie der schönen Künste* (1771) l'axiome
« la composition qui n'exprime pas de manière intelligible quelque passion ou mouvement de la sensibilité
(Empfindung) n'est qu'un bruit superflu », C. P. E. Bach
avait écrit un trio pour deux violons et basse continue
chargé de traduire un monde sentimental fort précis.
L'œuvre est précédée d'une longue introduction programmatique dans laquelle on peut lire par exemple :
« Il s'agit de représenter en quelque sorte une conversation entre un *sanguineus* et un *melancholicus ;* ils disputent
pendant tout le premier, et la plus grande partie du
second mouvement; puis ils s'accordent, parce que le
melancholicus cède enfin et reprend le thème principal de
l'autre. Dans le dernier mouvement ils sont et restent
entièrement unis, mais on peut sentir la tristesse dans
la partie du *melancholicus,* etc. » (1749).

Ce n'est pas encore la crise romantique, ni même sa
préparation, le *Sturm und Drang,* cette brusque explosion
des passions déchaînées — en *sol mineur* de préférence —
que la musique connaîtra tout à coup vers les années 1770
et à laquelle tous les maîtres de la seconde moitié du
XVIIIe siècle, même les plus classiques, Haydn et Mozart,
paieront leur tribut. Mais l'*Empfindsamkeit* est la première étape de cette évolution. Elle la prépare en éri-
geant en idéal l'expression des « affections », des états
d'âme jaillis du plus profond de l'être, de ces régions
inaccessibles qui sont considérées alors comme la nature
même des choses. Elle tend déjà à fondre les genres et
donc à les confondre; l'affection des musiciens de ce
temps pour le récitatif instrumental est révélatrice à cet
égard. Elle se veut simple et naturelle; elle professe de
puiser son inspiration dans les musiques populaires,
même dans celles des peuples dénommés « sauvages ».
L'exotisme ne sera plus seulement un effet de pittoresque, il deviendra l'expression de ce mystère de

l'âme primitive et profonde que le musicien veut révéler.

C'est dans la musique instrumentale que l'*Empfindsamkeit* s'est exprimée de préférence, créant des œuvres qui peuvent être tenues pour le correspondant musical des *Rêveries d'un promeneur solitaire*. Le paradoxe apparent de la synthèse qu'elle veut réaliser entre la recherche de l'originalité, l'expression et l'esprit du *bel canto* italien — Schubert placera Rossini au pinacle de ses admirations! — explique que le *lied* et la musique vocale en général aient été moins directement influencés par elle, qu'ils aient joui d'une moindre faveur. Johann Adolf Hasse se contente, dans ses opéras italiens, de rechercher la plus grande vérité dramatique; son disciple Niccolo Jommelli cherchera à affiner et à diversifier les ressources expressives de la partie instrumentale de ses compositions lyriques en y intégrant les découvertes orchestrales de Mannheim; dans telle de ses pages sacrées relevant indirectement de l'idéal de l'*Empfindsamkeit,* l'admirable *Miserere* à huit voix (déjà *a cappella* à la manière des romantiques!), il atteindra d'un coup à l'émotion vraie et dépassera ainsi l'esthétique de son temps de la même manière que le maître de chapelle salzbourgeois, Johann Michael Haydn, dans son motet *Tenebrae factae sunt* ou dans telle page de son *Requiem* (1771).

L'apport des musiciens de l'*Empfindsamkeit* est donc essentiel. Ils mirent au point la forme-sonate inventée par un musicien qui fut rarement des leurs, Wilhelm Friedemann Bach. Ils donnèrent une orientation nouvelle aux recherches de couleur et de timbre. Le clavicorde de C. P. E. Bach, le clavecin « spirituel » de Domenico Scarlatti, le piano-forte de Jean-Chrétien dans les « Bach-Abel Concerts » demeurent les témoins privilégiés de cette orientation nouvelle. Elle sera secouée quelques années par le *Sturm und Drang* et marquera pour une brève accalmie heureuse l'équilibre des deux fléaux de la balance dans le style classique, avant de déboucher dans les bouleversements et les aventures du siècle suivant.

Carl DE NYS.

GEORGES-PHILIPPE TELEMANN

TELEMANN est un des phénomènes de la musique; mais les phénomènes sont faits pour être expliqués. C'est peut-être pour cela que le musicien lui-même s'est chargé de nous laisser une abondante et savoureuse auto-biographie, publiée par Mattheson dans ses *Grundlagen einer Ehren-Pforte* (1740). Petit-fils et fils de pasteurs luthé-riens, Georges-Philippe Telemann naquit à Magdebourg le 14 mars 1681. Garçon prodigieusement doué, mais aussi pourvu d'une facilité dangereuse, il brilla rapide-ment dans tous les domaines, en grec comme en musique, assez pour remplacer à moins de dix ans le *cantor* officiel dans l'enseignement du chant. Il trouvait que son maître à l'orgue, tenant du style sévère et contrapuntique, n'était pas très drôle : « Dans ma tête trottaient déjà de plus joyeuses musiques. Après un martyre de quinze jours, je me séparai de mon maître. Et depuis, je n'ai plus rien appris en musique. » Il avait douze ans lorsque son premier opéra fut joué; avec grand succès sans doute, mais il lui valut des ennuis sérieux : « Ah! quel orage je m'attirai sur la tête avec mon opéra! Les enne-mis de la musique vinrent en foule voir ma mère et lui représentèrent que je deviendrais un charlatan, un dan-seur de corde, un joueur, un meneur de marmottes, etc., si la musique ne m'était enlevée. Aussitôt dit, aussitôt fait : on me prit mes notes, mes instruments et avec eux la moitié de ma vie. »

On le mit en pension dans le Harz, à Zellerfeld. Il s'y passionna pour la géométrie et la basse continue, dont il imagina et écrivit à son propre usage les règles fondamen-tales, « ne sachant pas encore qu'il y avait des livres sur ce sujet ». A dix-sept ans, il commence ses études supé-rieures à Hildesheim. La logique le captive moins — on le comprend — que les œuvres de Rosenmüller, Caldara, Corelli et de Mgr. Agostino Steffani, protonotaire des ter-ritoires du Nord, maître de chapelle de la cour de

Hanovre et remarquable musicien ; il préférait déjà les Italiens aux Allemands à cause de « leur façon pleine d'invention, chantante et en même temps travaillée ». Il se passionne pour la technique des instruments qu'il peut observer dans les excellents ensembles de Hanovre et de Wolfenbüttel : « Je serais devenu peut-être un plus fort instrumentiste, si un feu trop vif ne m'avait poussé à connaître, en dehors du clavier, du violon et de la flûte, le hautbois, la traversière, le chalumeau, la gambe, etc., jusqu'à la contrebasse et à la basse de trombone... »

Envoyé à Leipzig pour y faire son droit en 1701, il le fait effectivement, mais trouve le temps de fonder un *Collegium Musicum* avec ses compagnons d'étude, le fameux *Telemann-Verein* à l'intention duquel J.-S. Bach écrira ses premiers concertos pour clavier. Rien d'étonnant qu'on lui ait demandé d'écrire régulièrement des cantates pour le culte à Saint-Thomas (Kuhnau en était *cantor* à l'époque) ; en 1704, il devint même organiste et maître de chapelle de la *Neue Kirche* (St Matthieu) avec la mention « qu'il pourrait au besoin diriger aussi le chœur à Saint-Thomas, et que l'on aurait ainsi sous la main un sujet capable lorsqu'un changement aurait lieu ». Le piquant de l'affaire est que Kuhnau ne mourut que vingt ans plus tard et qu'à cette époque Telemann refusa sa succession parce qu'il n'avait pas envie d'enseigner le grec et autres disciplines classiques aux garçons de Saint-Thomas ; le conseil de fabrique dut alors se résoudre — à contrecœur — à nommer J.-S. Bach...

En 1704, Telemann devint maître de chapelle du comte Erdmann von Promnitz, à Sorau, en Lusace ; c'est le premier contact sérieux du musicien avec le style français qu'il peut étudier dans les « partitions de Lully, Campra et autres bons maîtres. Je m'appliquai presque entièrement à ce style, si bien qu'en deux ans je fis jusqu'à deux cents ouvertures ». Première notation de sa prolixité ; lorsqu'il essaiera de faire l'énumération de ses œuvres, en reconnaissant d'ailleurs qu'il ne s'y retrouve pas, il ne dénombrera pas moins de six cents ouvertures (françaises). Au cours des déplacements du comte, il put également faire connaissance « avec la musique polonaise et *hanake* (morave) dans toute sa vraie et barbare beauté. Elle était jouée en certaines hôtelleries par quatre instruments : un violon très aigu, une musette polonaise, un trombone basse et un petit orgue... On ne saurait croire quelles extraordinaires fantaisies inventent les joueurs de cornemuse ou les violons quand ils improvisent, pendant que les danseurs se reposent. Quelqu'un qui prendrait des notes pourrait en huit jours faire provision d'idées pour sa vie tout entière... Cela m'a rendu plus tard des services même pour mainte composition sérieuse. J'ai écrit dans ce style de grands concertos et des trios que j'ai rhabillés ensuite à l'italienne. »

De Sorau, Telemann passe en 1708 à la cour d'Eisenach, autre centre rayonnant de la musique française. Telemann prétend même que sa chapelle « surpassait l'orchestre de l'Opéra de Paris ». Il pouvait parler en connaissance de cause puisqu'il fit, durant l'hiver 1737-1738, un séjour de huit mois dans la capitale française. Blavet, Guignon, Forqueray fils et Édouard jouèrent ses quatuors « d'une façon admirable ». Il y fit graver ses œuvres et confirma son succès auprès des mélomanes parisiens en faisant exécuter au Concert spirituel son *Psaume CXXI*, sa cantate française *Polyphème* et une symphonie bouffonne sur un air à la mode... Il se fera l'apôtre de cette musique qu'il aima par-dessus tout. Cette même année 1737, les « Hamburgische Berichte », publication pour les connaisseurs, disaient en effet : « Monsieur Telemann obligera beaucoup les connaisseurs de musique si, comme il le promet, il décrit l'état présent de la musique à Paris, ainsi qu'il a appris à la connaître par sa propre expérience, et par là s'il cherche à faire aimer toujours davantage chez nous la musique française, qu'il a si fort mis à la mode en Allemagne. »

C'est à Eisenach qu'il se marie et qu'il perd sa jeune femme après deux ans de mariage (et tire de l'événement un récit fort émouvant); il se remaria trois ans plus tard, après avoir fait sa crise mystique et s'être lié avec le pasteur Erdmann Neumeister, le champion de la cantate d'église à l'italienne, c'est-à-dire dans le style de l'opéra, ce même Neumeister dont J.-S. Bach mit en musique plus d'un livret. En 1712, il quitte la cour d'Eisenach pour devenir maître de chapelle de plusieurs églises à Francfort-sur-le-Main et gérer les finances d'une société noble de la ville; il explique ce changement de situation par la remarque piquante : « Il y a un proverbe qui dit : Qui veut vivre en toute sécurité, doit vivre dans

une république... » Il y fut moins en paix et en sécurité
qu'il ne le pensait puisqu'il ne put célébrer la paix avec
Louis XIV que dans une cantate qui fut exécutée le
3 mars 1715. Plus tard encore, tel mouvement de sérénade de noces porte l'épigraphe « A une prochaine et
bonne paix, au commerce florissant » après avoir évoqué
les figures de S. M. Romaine Catholique, de l'Impératrice Romaine, du prince Eugène et du duc de Marlbo-
rough...

Ce vif-argent finit tout de même par se fixer à Hambourg ; dans un port, le mouvement incessant satisfaisait
peut-être ses goûts de voyageur et de cosmopolite. Il y
était chargé de l'enseignement de la musique au gymnase
et au collège Johanneum, avait à fournir la musique des
cinq églises principales (sauf la cathédrale dont Mattheson était maître de chapelle) et remplissait la charge
d'organisateur des concerts par abonnement et d'adjoint
municipal aux Beaux-Arts *(Director musices)*. Mais il
conservait et honorait ses titres précédents : maître de chapelle de Saxe, d'Eisenach (qu'il continuait de fournir en
musique de table), de Francfort (qu'il ravitaillait en
musique religieuse) ; il était même devenu en 1726 maître
de chapelle du margrave à Bayreuth et lui envoyait à ce
titre de la musique instrumentale et baroque qui fait tous
les étés, de nos jours encore, concurrence au temple
wagnérien sur la colline toute proche... Enfin Telemann
avait fondé le premier journal musical d'Allemagne
en 1728 ; dans ce « Getreue Music-Meister », il publiait
une anthologie de la production contemporaine et ses
propres œuvres.

Ses dernières années furent physiquement pénibles ;
elles ne purent ternir ni sa bonne humeur, ni sa fureur
musicale. Sur une partition d'airs d'opéras il écrivit en
1762 de méchants vers que Romain Rolland traduit
ainsi : « Avec une encre trop forte, avec des plumes
boueuses, avec de mauvais yeux, par un temps sombre,
sous une lampe pâle, j'ai composé ces pages. Ne me gron-
dez pas pour cela ! » Quelques-unes de ses plus belles
œuvres, comme la cantate *Der Tag des Gerichts* ou *Ino*
datent même de ces années : elles furent donc écrites par
un maître de plus de quatre-vingts ans. Georges-Philippe
Telemann, musicien passionné, « insatiable d'hyacinthes
et de tulipes, avide de renoncules et surtout d'ané-

mones », mourut à Hambourg le 25 juin 1767. Il laissait
au moins douze séries complètes de cantates pour tous
les dimanches et fêtes de l'année, quarante-quatre Passions, d'innombrables oratorios et cantates, trente-deux
œuvres pour installation de pasteurs, vingt pour d'autres
cérémonies, douze musiques funèbres, treize compositions nuptiales, trente-trois *Hamburger Kapitänsmusiken,*
quarante opéras, une quantité ahurissante de partitions
instrumentales, dont les fameuses six cents ouvertures à
la française.

Tout cela ne pouvait être à chaque page génial et
impérissable. Mais il s'y trouva des pages assez belles
pour que J.-S. Bach (qui fut son ami, ainsi que
Georges-Frédéric Haendel) s'en fasse des copies aux fins
d'exécution à Saint-Thomas, assez belles aussi pour que
les plus fameux parmi les biographes de J.-S. Bach les
pussent admirer comme des œuvres originales de
l'auteur de *la Passion selon saint Matthieu.* Son opéra bouffe,
Pimpinone, est une délicieuse anticipation de *la Serva
padrona* de Pergolèse ; la truculente musique sur le *Don
Quichotte* de Cervantès, un authentique chef-d'œuvre.
Certains se demanderont peut-être aujourd'hui si c'est
un vrai compliment, mais on a pu écrire de certaines
pages lyriques ou dramatiques de Telemann qu'elles
pouvaient « rivaliser avec les plus célèbres récitatifs
dramatiques d'*Alceste* ou d'*Iphigénie en Aulide* de Gluck ».
Dans sa musique instrumentale il se trouve des pages, tel
ce *Concerto en sol majeur* pour flûte, que l'on réécoute
avec un plaisir extrême et qui sont d'ailleurs, incontestablement, d'un très grand musicien.

Telemann fut aussi un novateur passionné, souvent
important, parfois naïf. Carl Philipp Emanuel Bach,
son filleul et son successeur à Hambourg, a dit de lui :
« Telemann est un grand peintre ; il en a donné des
preuves saisissantes, surtout dans ses cycles de cantates.
Entre autres choses il m'exécuta un air, où il avait
exprimé l'étonnement et l'effroi causés par l'apparition
d'un esprit ; même sans les paroles, qui étaient misérables, on comprenait aussitôt ce que la musique voulait
dire. » Ce qui est à la fois un don et une limite ; cela
explique qu'il n'ait vu dans la musique française qu'une
« subtile imitatrice de la nature ». On comprend mal
que ses contemporains aient presque ignoré J.-S. Bach en

considérant Telemann comme le plus grand musicien
du XVIIIᵉ siècle; pourtant son œuvre innombrable
contient plus d'une page, vocale ou instrumentale, que
nous rangerions volontiers, aujourd'hui encore, parmi
les créations durables de la musique.

Carl DE NYS.

BIBLIOGRAPHIE

SCHNEIDER, M., Introduction à « Der Tag des Gerichts »
et « Ino », dans *Denkmäler der Tonkunst in Deutschland*, t. XXVIII,
Leipzig, 1907.

ROLLAND, R., « L'autobiographie d'un illustre oublié »,
dans *Voyage musical au pays du passé*, Paris, 1919.

GRÄSER, H., *Telemanns instrumentale Kammermusik*, Munich,
1924.

LA LAURENCIE, L. de, *Georges Philippe Telemann*, Paris,
1932.

HÖRNER, H., *Georg Philipp Telemanns Passionsmusiken*, Leipzig, 1933.

BÜTTNER, H., *Das Konzert in den Orchestersuiten Georg Philipp
Telemanns*, Berlin, 1935.

MEISSNER, R., *Georg Philipp Telemann*, Francfort, 1924.

MENKE, W., *Das Vokalwerk Georg Philipp Telemanns*, Cassel,
1942.

VALENTIN, E., *Georg Philipp Telemann*, Magdebourg, 1952.

LES FILS
DE JEAN-SÉBASTIEN BACH

De ses deux mariages, avec sa cousine Maria Barbara et avec Anna Magdalena Wülken, Jean-Sébastien Bach eut vingt enfants. Dix d'entre eux ne vécurent que quelques jours, quelques mois ou quelques années. Des quatre filles qui survécurent, la seconde épousa un musicien de grand talent, Altnikol, élève de J.-S. Bach; les six garçons devinrent tous de remarquables musiciens, quatre d'entre eux de véritables maîtres de leur art. Gottfried Heinrich Bach manifesta dans son enfance des dons exceptionnels pour la musique; s'il faut en croire Philipp Emanuel, il aurait été le plus doué de tous. Mais, vers la quinzième année, il perdit la raison et végéta jusqu'à sa mort dans le foyer d'Altnikol. Johann Gottfried Bernhard Bach n'était guère moins doué, mais il manquait totalement de sens moral. Son père paya ses dettes, lui procura des places d'organiste à Mühlhausen et à Sangerhausen; une « fièvre chaude » l'emporta à vingt-quatre ans, alors qu'il montrait des velléités de commencer son droit à Iéna.

Si l'on songe à tout cela, mais aussi aux ancêtres de Jean-Sébastien Bach, à ses parents proches, à l'ensemble de la descendance de Veit Bach, le phénomène « Bach » se présente comme l'un des plus impressionnants de la musique. En moins de deux siècles, près d'une centaine de membres d'une seule famille manifestent des dons exceptionnels de créateurs et d'interprètes dans l'art des sons. Tout cela culmine dans le *cantor* de Saint-Thomas à Leipzig; mais quatre de ses fils eurent eux aussi du génie; deux d'entre eux furent fêtés de leur vivant beaucoup plus que leur père. Mais avec ces quatre fils la fécondité s'arrête. La race elle-même est près de s'éteindre en une génération. Un seul enfant de Jean-Sébastien, Johann Christoph Friedrich Bach, eut un fils musicien qui lui sur-

vécut; c'est ce Wilhelm Friedrich Ernst qui assista —
robuste vieillard de quatre-vingt et un ans — à l'inauguration du monument Bach à Leipzig, ainsi que l'atteste
Robert Schumann dans la « Neue Zeitschrift für Musik »
(1843).

Dans cette époque cruciale que fut en musique le
XVIIIe siècle, les fils de Jean-Sébastien Bach occupent eux-
mêmes une position-charnière entre le *Kapellmeister* et
cantor, qui mourut symboliquement au milieu du siècle,
et la mort de Mozart ou les premiers éclats de Beethoven. Entre Bach et Mozart, entre Haendel et Beethoven,
voici les artisans essentiels de la transformation ou de la
révolution musicale; nés du style ancien, de l'ère baroque,
ils eurent la nostalgie du classicisme et l'atteignirent parfois; comme tous les vrais révolutionnaires, ils manifestèrent davantage le tourment des générations futures
que le bref équilibre classique qui devait leur succéder.
La légende s'est emparée d'eux, comme il fallait s'y
attendre; il reste fort malaisé de découvrir sous un amas
de clichés continuant de nous les masquer, même dans les
ouvrages récents, leur vrai et captivant visage, d'autant
que la plus grande partie de leur œuvre est inaccessible de
nos jours ou même n'a jamais été imprimée.

L'aîné, Wilhelm Friedemann, naquit à Weimar le jour
de la Sainte-Cécile, le 22 novembre 1710. Il commença
ses études humanistes à Cöthen et les poursuivit à Leipzig; quelques-uns de ses cahiers de collégien sont parvenus jusqu'à nous : ils nous montrent un élève très doué
mais déjà fort personnel — au demeurant parfaitement
conscient d'appartenir à la grande famille des Bach.
Son père lui donna l'essentiel de sa formation musicale;
c'est à son intention que furent composés le *Petit Livre
d'orgue* (dans sa première version de 1717), le *Clavier-
büchlein* de 1720-1721, dans lequel on trouve les premières
versions des *Inventions et Sinfonies,* les neuf petits préludes,
les premiers préludes et fugues du *Clavecin bien tempéré*
et d'autres pièces; c'est encore pour Friedemann que
Jean-Sébastien Bach écrivit les *Six Sonates* pour orgue. La
qualité de ces œuvres, les capacités techniques qu'elles
supposent chez l'interprète, permettent de compter Friedemann parmi les virtuoses du clavier. Il semble qu'il
fut aussi un violoniste hors ligne, après avoir reçu en
1726-1727 l'enseignement de J. G. Graun à Merseburg.

Après des études de droit à l'université de Leipzig, et une visite à G. F. Haendel au nom de son père, Wilhelm Friedemann obtient le poste d'organiste à Sainte-Sophie de Dresde en 1733; il y disposait d'un bel orgue Silbermann. En dehors de ses fonctions, il donna des leçons et participa activement à la vie artistique de cette capitale de l'italianisme musical. J. A. Hasse, Pisendel, S. L. Weiss comptèrent parmi ses amis; J. Chr. Nichelmann et surtout J. G. Goldberg parmi ses élèves. En 1746, Friedemann quitta Dresde pour devenir *cantor* à l'église Notre-Dame de Halle (aujourd'hui *Marktkirche*) avec le titre de *Director musices,* sorte d'adjoint municipal aux Beaux-Arts spécialement chargé de la musique. L'année suivante, il accompagna son père au cours du célèbre voyage à la cour de Potsdam, sur invitation de Frédéric II. Dès 1750 il eut des difficultés avec son administration à Halle. Il semble qu'elles aient commencé à l'occasion d'une absence non autorisée de plus de quatre mois à la suite de la mort de J.-S. Bach; Friedemann avait alors conduit à Berlin son plus jeune frère, Jean-Chrétien, pour le confier à la garde de Carl Philipp Emanuel. Mais d'autres motifs ont dû intervenir, même après son mariage avec Dorothea Elisabeth Georgi, fille d'un haut fonctionnaire, qui fut célébré en 1751. Trois enfants naquirent de ce mariage; deux fils, les aînés, moururent en bas âge; seule sa fille, Friederike Sophie, lui survécut.

Avant sa démission de Halle (1764), Friedemann Bach avait cherché à obtenir le poste d'organiste à Zittau et celui de *Hofkapellmeister* à Darmstadt; il semble qu'il ait obtenu ce dernier titre, car il s'en sert dans la dédicace d'une de ses œuvres. Pendant six ans il mène une existence de musicien indépendant à Halle, donnant des leçons et des concerts ou cherchant à vendre sa musique; il fut l'un des premiers — sinon le premier — à chercher à vivre en artiste libre, hors de tout emploi fixe. Mais l'époque n'était pas mûre encore pour ce genre d'expérience. En 1770, Friedemann dut quitter Halle; en partant, il écrivit l'une de ses plus belles fantaisies pour clavier, celle en *mi mineur*. Il s'installa avec sa famille à Brunswick; d'assez sombres intrigues l'y empêchèrent d'obtenir en 1771 le poste d'organiste à Saint-Égide, puis à Wolfenbüttel. Il essaie sans beaucoup de succès de sub-

venir à ses besoins par des leçons et des concerts; il se lia
d'amitié avec J. N. Forkel, le premier biographe de
Jean-Sébastien Bach, qui lui fit obtenir un concert en
l'église universitaire de Göttingen. En 1774, Friedemann
quitta Brunswick pour Berlin, où ses premiers récitals
d'orgue firent sensation.

Le baron Gottfried van Swieten, chez qui Mozart se
fit des copies d'œuvres de J.-S. Bach et de ses fils (en
particulier « des fugues de Friedemann et d'Emanuel »!),
et qui était, à cette époque, chargé d'affaires autrichien à la cour de Prusse, écrit dans une lettre à son
ministre : « En particulier le roi — Frédéric II — me
parla de musique et d'un grand organiste nommé Bach,
qui vient de faire quelque séjour à Berlin. Cet artiste est
doué d'un talent supérieur à tout ce que j'ai entendu ou
pu imaginer en profondeur de connaissances harmoniques et en force d'exécution... » Malgré ce succès
initial dont les traces se retrouvent dans tous les journaux berlinois du temps, Friedemann Bach disparaît dès
lors de la scène musicale. Nous savons seulement qu'il
fut professeur de Sara Lévi-Itzig, la grand-tante de Mendelssohn, à qui nous devons la conservation de quelques-
unes de ses œuvres les plus caractéristiques. Il mourut
dans la misère à Berlin, le 1er juillet 1784; on ignore jusqu'à l'endroit de sa tombe. Seul le « Magazine de la
Musique » de Cramer fait mention du décès en donnant
une notice biographique se terminant par cette phrase :
« L'Allemagne perd en lui son meilleur organiste; le
monde musical tout entier vient de subir une perte irréparable. »

La plus grande partie des œuvres de Wilhelm Friedemann Bach est restée inédite ou même inconnue. Parmi
ses œuvres vocales — une vingtaine de cantates d'église,
des messes et un opéra, malheureusement perdu — il faut
signaler la *Messe brève en ré mineur* qui mélange les textes
latins et leur traduction allemande; elle contient notamment l'admirable « *Heilig* » (*Sanctus*); la cantate de
Pâques, *Erzittert und fallet* et la cantate de Noël, *Ehre sei
Gott*. Une bonne partie de ses compositions pour
orchestre n'a pu être encore retrouvée; mais les deux *Symphonies en ré mineur*, celles en *ré* et en *fa majeur* ainsi
que la *Suite en sol mineur* (mise par erreur dans l'édition de la Bach-Gesellschaft sous le nom de Jean-Sébas-

tien), sont des pages puissantes et puissamment originales. Mozart s'est servi des deux mouvements de la plus ancienne des symphonies en *ré mineur* pour son *Requiem*. De sa musique de chambre il faut citer avant tout les six *Duos* pour deux flûtes et les trois *Duos* pour deux altos, ainsi que la *Sonate* pour alto et basse continue.

Il est bien regrettable que l'organiste semble avoir si peu écrit, du moins s'il faut juger par les manuscrits qui nous sont parvenus ; nous avons publié l'ensemble de ces œuvres (Éd. de la Schola Cantorum, Paris). Pourtant certaines des grandes fugues, celle en *si bémol* par exemple, ou encore les préludes de choral, permettent de se faire une idée du grand organiste que fut Friedemann, le seul qui était capable — au témoignage des contemporains — de jouer dignement les grandes œuvres de son père. Les recherches les plus récentes, non encore publiées, du comité d'édition de la Neue Bach-Ausgabe semblent vouloir partager la parenté de la fameuse *Fantaisie chromatique et Fugue* connue sous le nom de J.-S. Bach entre Friedemann et son père... Mais c'est le pianiste qui domine de très loin l'ensemble des œuvres que nous connaissons : douze sonates, onze fugues, quarante-deux polonaises, onze fantaisies, seize pièces diverses et une dizaine de concertos dont les plus importants sont celui en *mi mineur* (contenant déjà un mouvement final symphonique) et celui pour deux claviers en *mi bémol majeur*.

On a écrit — et on écrit encore — beaucoup d'erreurs et d'injustices sur le fils aîné de J.-S. Bach. Sans vouloir nier un tempérament devenu bizarre et ombrageux avec l'âge, il faut faire justice de la légende du musicien ivrogne, débauché et bohème. Son « originalité » s'explique par le caractère profondément neuf d'une musique faite de science contrapuntique — anachronique pour son temps — et d'intuitions harmoniques prophétiques. Les œuvres que nous connaissons de Wilhelm Friedemann nous montrent un génie d'une surprenante précocité (voir par exemple ses pièces pour horloge à flûtes datées de Cöthen !), d'une nouveauté bouleversante et nettement préromantique. Ses grandes fantaisies annoncent Beethoven et même Debussy, ses concertos, Schumann et Brahms, certaines polyphonies vocales vont jusqu'à pressentir Schönberg. Contrairement à bien des affirmations qui continuent d'être imprimées, c'est à Friedemann qu'il faut attribuer la première mise au point de la forme sonate et du concerto pour piano moderne.

Le second fils musicien de J.-S. Bach, Carl Philipp Emanuel, naquit lui aussi à Weimar, le 8 mars 1714. A Leipzig, il suit les cours de l'école Saint-Thomas, de la quatrième à la première (1730), commence l'année suivante ses études de droit à l'université pour les continuer à Francfort-sur-l'Oder. Dès 1734 il se signale comme instrumentiste, professeur et compositeur. Formé par son père, Philipp Emanuel évolue rapidement vers un style plus homophone et « *empfindsam* » (sensible). Au lieu de suivre une recommandation de J.-S. Bach en devenant professeur-mentor d'un riche aristocrate, Philipp Emanuel entra en 1738 dans l'orchestre du prince héritier de Prusse à Ruppin; il se lia d'amitié avec J. J. Quantz et les frères Graun. Lors de l'accession au trône de Frédéric II, il le suivit à Potsdam et, dès 1741, il y porta le titre de *Kammercembalist* (claveciniste officiel du roi). Il y fut aussi le maître de son frère puîné Jean-Chrétien et de Fr. W. Rust. En 1744, il avait épousé Johanna Maria Dannemann, fille d'un grossiste en vins berlinois.

Comme la vie musicale de la cour périclitait et que ses difficultés avec les compositeurs et théoriciens de Berlin allaient grandissant, Philipp Emanuel chercha à quitter son emploi à la cour. Après de vaines démarches pour devenir cantor à Brunswick, puis à Zittau (en même temps que Wilhelm Friedemann), il réussit à obtenir le poste de directeur de la musique à Hambourg; il succéda ainsi en 1767 dans ces fonctions à son parrain Georg Philipp Telemann. Pour obtenir cette charge importante et lucrative, il avait présenté un grand *Magnificat* dans lequel on relève aujourd'hui le voisinage de styles assez contradictoires. Jusqu'à sa mort, le 14 décembre 1788, il continua de donner de puissantes impulsions à la vie musicale de Hambourg, non seulement par son abondante production personnelle, mais aussi en y faisant connaître des œuvres telles que *le Messie* de Haendel, le *Stabat Mater* de Joseph Haydn, la fameuse *Messe en si* de son père (que celui-ci n'avait jamais entendue de son vivant), le *Requiem* de Jommelli. Par son frère aîné il entra en contact avec J. N. Forkel;

en 1770, il reçut la visite de Charles Burney à qui nous devons de précieuses données sur le Bach de Hambourg, sur ses œuvres et sa manière de toucher le clavicorde, son instrument de prédilection. Sa tombe a été identifiée en 1925 à Saint-Michel de Hambourg.

Contrairement à ce qui fut le cas pour Friedemann, l'œuvre imposante de Philipp Emanuel a été largement diffusée de son vivant. Parmi ses compositions vocales, il faut citer les oratorios *Die Israeliten in der Wüste, Klopstocks Morgengesang, Auferstehung und Himmelfahrt Jesu* et le *Magnificat*. Ses *Mélodies* sur des poèmes de Gellert marquent une étape vers la mélodie classique et même le lied romantique. De ses nombreuses symphonies, il faut connaître les six *Sinfonie* pour cordes, dédiées au baron van Swieten (dont la plus remarquable est sans doute celle en *si mineur*) et surtout les quatre dernières, à douze parties, éditées en 1780 à compte d'auteur à Leipzig ; elles révèlent un tempérament puissant, un sens du coloris orchestral comparable à celui de Joseph Haydn et des tendances préromantiques, tout en cherchant à faire éclater les formes reçues. Dans la musique de chambre, dans ses trios et ses quatuors, Philipp Emanuel évolue vers les formes et le langage classiques.

Parmi son énorme production pour clavier il faut citer les *Preussische Sonaten,* les *Württembergische Sonaten* et surtout les six recueils de sonates, fantaisies et rondos, « destinés aux amateurs » (Leipzig 1779-1787), d'une personnalité très affirmée et souvent pré-beethovénienne. Philipp Emanuel a laissé une bonne cinquantaine de concertos pour clavier ; aucun d'eux n'atteint à la hauteur des œuvres de Wilhelm Friedemann. Il faut faire une place à part à celui en *ré mineur* et aux curieuses et originales *Sonatines* pour deux clavecins avec grand orchestre, partitions à tendance rhapsodique. Il est indéniable que Philipp Emanuel a exercé une influence profonde sur son temps et sur tout le développement de la musique. On se souvient de la profession de foi de Joseph Haydn : « Emanuel Bach est le père, nous sommes ses enfants... » Son *Essai sur la véritable manière de toucher du clavier* (1757) résume, avec les traités parallèles de J. J. Quantz et de L. Mozart, l'esthétique musicale du XVIIIe siècle. Son œuvre, et sa manière qui parfois ne recule pas devant l'étrangeté, est faite de sensibilité et

de recherches instrumentales. Il mit au point la forme
sonate « inventée » par son frère aîné; il poursuivit une
beauté mélodique inspirée du *bel canto* italien de
J. A. Hasse. La musique de Philipp Emanuel pourrait être considérée comme le pendant sonore des
Rêveries d'un promeneur solitaire... et même de certaines
pages de Chateaubriand et de Lamartine.

L'avant-dernier fils de Jean-Sébastien Bach est incontestablement (et fort inexplicablement) le plus négligé
de tous. Ce Johann Christoph Friedrich naquit du deuxième mariage du cantor, le 21 juin 1732, à Leipzig.
Comme ses frères il fut formé par son père, suivit les cours
de l'école Saint-Thomas et fit son droit à l'université de sa
ville natale. A la différence de ses frères et de son père
lui-même, il est le seul dans cette famille qui ait d'emblée
trouvé sa voie et qui l'ait paisiblement suivie jusqu'à la
fin de ses jours. A l'âge de dix-huit ans il entra au service
du comte Wilhelm von Schaumburg-Lippe à Bückeburg;
il ne quitta la résidence que pour un seul voyage : en
1778 il s'en fut rendre visite à son frère Jean-Chrétien,
à Londres, en compagnie de son fils Wilhelm Friedrich
Ernst. Lors de son mariage, en 1758, il était devenu chef
d'orchestre et compositeur attitré de son employeur.
Pendant quarante-cinq ans il déploya à Bückeburg (qui
possédait un des meilleurs orchestres d'Allemagne et que
des maîtres étrangers visitaient souvent) une activité qui
fit de la petite résidence l'un des centres musicaux importants de l'Europe. L'amitié de J. G. Herder et le fait que
le comte accepta le parrainage de son fils Wilhelm
Friedrich Ernst peuvent donner une idée de la considération dont il jouissait.

Musicien classique, Johann Christoph Friedrich
annonce l'époque Biedermeier et le règne de cette bourgeoisie cultivée qui sera l'âme de l'Allemagne romantique.
Sa musique fait entendre un son familier, populaire au
meilleur sens du terme; c'est le Schubert des fils de Bach.
Il a publié une série de récréations musicales recueillies
sous le titre *Musikalische Nebenstunden* dont le propos
est d'obtenir le maximum de musique moyennant le
minimum de difficultés. Trait d'autant plus remarquable qu'il était renommé pour sa virtuosité d'exécutant
au clavier, comparable à celle de Wilhelm Friedemann.
Un de ses élèves, K. G. Horstig, nous raconte : « Il

aimait la musique avec passion ; même quand personne
n'était là pour l'écouter, il improvisait pendant des heures
sur son piano-forte anglais rapporté de Londres, mais il
était encore plus heureux quand il pouvait réjouir quelqu'un d'autre par ses fantaisies. » Et, définissant avec
bonheur le caractère particulier de son tempérament
musical : « Dans le traitement du clavier il a sans doute
été dépassé par son frère de Hambourg, dans l'invention
d'une mélodie ravissante et douce par son frère de
Londres. Le Bach de Halle est trop connu pour que j'essaie de le comparer à lui ; mais Johann Christoph surpassait ses frères par un sentiment intime et profond comme
aussi par la parfaite ordonnance de ses enchaînements
harmoniques et son élaboration thématique. Ses thèmes
une fois choisis ne sont jamais interrompus ni éparpillés. »

Des six oratorios que nous connaissons de lui il faut
citer *Die Kindheit Jesu* (1773), les cantates *Cassandra,
Die Amerikanerin* et *Ino* ; ses *Cantiques spirituels* d'après
Gellert sont loin d'être indifférents. Ses quatorze symphonies connues dominent de haut l'abondance des
compositions contemporaines du genre ; la dernière en
si bémol majeur est un des chefs-d'œuvre durables de
l'époque classique. Sa musique de chambre (trios, quatuors à cordes, sextuor, septuor) est beaucoup plus
qu'honorable. Ses concertos pour clavier comptent également parmi les créations majeures du genre. Celui qui
est intitulé *Concerto grosso en mi bémol majeur* est l'œuvre
d'un maître très personnel pouvant se mesurer avec
Mozart. Johann Christoph Friedrich est certainement le
plus équilibré, le plus classique parmi les fils de J.-S. Bach ;
il n'en a pas pour autant oublié l'art paternel de l'écriture.
La perfection formelle égale chez lui le charme pénétrant de la musique, rare et heureuse conjonction chez un
musicien de cette ère de transition.

De Wilhelm Friedemann il faudrait connaître le portrait à l'huile du château de Moritzburg à Halle, son
clair-obscur rembrandtien et ses énormes mains palmées
qui évoquent Franz Liszt ; de Philipp Emanuel il faudrait
contempler la gravure de Stöttrup conservée au musée
de La Haye ; mais pour comprendre parfaitement Jean-
Chrétien, le dernier des fils de Jean-Sébastien, il faut
absolument avoir vu le tableau de Gainsborough accroché aujourd'hui au Liceo Musicale de Bologne où vécut

son cher Padre Martini. Il naquit le 5 septembre 1735
à Leipzig. Il fut d'abord formé par un professeur leipzigois. A la mort de J.-S. Bach, il accompagna Wilhelm
Friedemann à Berlin où Philipp Emanuel continua sa
formation jusqu'en 1756. Il part alors pour l'Italie, y
travaille avec le Padre Martini à Bologne, se convertit
au catholicisme et devient organiste à la cathédrale de
Milan (1760). Il s'y lie avec Traetta, Sacchini, Jommelli
et Sammartini. Durant l'été 1762 il gagne l'Angleterre
où la réputation de ses premiers opéras, joués avec grand
succès en Italie, l'avait précédé.

Compositeur attitré du King's Theatre et d'autres
scènes londoniennes, Jean-Chrétien crée, en 1764, une
des premières organisations de concerts par abonnement, les fameux *Bach-Abel-Concerts* avec un autre élève
de son père, Carl Friedrich Abel. En 1774, il épouse la
célèbre cantatrice Cecilia Grassi. Il composa plusieurs
opéras pour Mannheim et fit à cette occasion des voyages
dans la capitale musicale du Palatinat. La première
représentation de sa dernière tragédie lyrique, *Amadis
des Gaules,* eut lieu à Paris où il se rendit en 1779. Il
mourut le 1er janvier 1782, âgé de quarante-sept ans.

Pour juger équitablement le grand maître admiré par
Mozart (lorsqu'il apprend sa mort il écrit à son père :
« Quelle perte pour le monde musical! »), il faudrait
connaître au moins l'essentiel de sa musique d'église,
notamment le *Dies irae* à double chœur écrit pour San
Francesco à Milan, ses grandes pages d'opéra et ses arias
de concert. Ses symphonies très nombreuses contiennent
d'aussi passionnants et prophétiques chefs-d'œuvre que
le n° 6 de l'opus 6 en *sol mineur,* composé vraisemblablement à Londres vers 1764; œuvre dramatique et préromantique, elle annonce les deux symphonies de
Mozart dans le même ton et même le *III*e *Concerto* de
Beethoven. On y sent ce monde de douloureuse résignation que reflète l'air de Pamina dans *la Flûte enchantée* ;
on a pu y souligner le crescendo beethovénien de la fin
du second mouvement, qui conduit à un piano et se
meurt dans un mystérieux pianissimo (K. Geiringer).
Aux antipodes de cette œuvre dramatique qui pourrait
tout aussi bien servir d'ouverture au *Don Giovanni,* il y
aurait par exemple cet autre chef-d'œuvre symphonique
de Jean-Chrétien qu'est la *Symphonie en ré majeur* op. 18,

n° 4 ou dans le même esprit la *Symphonie en mi bémol* op. 9, n° 2. On y découvre un Jean-Chrétien très français, très proche du Mozart des symphonies parisiennes. L'esprit, l'entrain irrésistible, la joie de vivre qui se dégage de ces pages enchanteresses semblent être aux antipodes de la *Symphonie en sol mineur ;* mais le génie du Bach de Milan et de Londres est justement défini par cette polyvalence classique. Lui aussi, comme Mozart, aurait pu dire adieu en improvisant deux canons, l'un poignant et l'autre drôle, dont la superposition produirait cet effet étrange que ressentirent les amis leipzigois de Mozart certain soir de 1789 dans la maison du *cantor* Doles, successeur de Jean-Sébastien Bach...

Ceux qui ont reproché — et qui continuent de reprocher — à Jean-Chrétien Bach sa légèreté, sa facilité, auraient dû au moins percevoir, dans des pages comme les symphonies que nous venons de citer, un métier transcendant, mais aussi cet irrésistible dynamisme, cette poésie proprement mozartienne. Ils auraient dû se rappeler les notes de Schubart; ce musicographe avait eu l'occasion d'entendre le Bach de Londres dans une improvisation solitaire : il fut surpris de découvrir une musique passionnée, virtuose, travaillée, difficile. Comme il s'en ouvrait à l'artiste, celui-ci lui répliqua avec l'amertume que l'on devine : « Ne faut-il pas que je balbutie pour que les enfants eux-mêmes puissent me comprendre ? » Et faisant allusion à ces œuvres publiées : « Voilà comment je composerais si j'en avais le moyen. Que voulez-vous : mon frère, lui (Philipp Emanuel), vit pour composer, alors que moi, je compose pour vivre... »

N'empêche que les témoignages de cet autre Bach de Londres abondent; ils finiront par s'imposer aux musiciens, tout comme les grandes pages de Mozart ont modifié profondément le cliché traditionnel d'un compositeur facile, superficiel. Parmi ces confidences de Jean-Chrétien il faut citer cette *Sonate en ut mineur* pour clavier qui tient autant du style sévère et contrapuntique de son père que de la douceur et de la perfection mozartiennes. Il faudrait citer aussi les concertos pour clavier moins connus, comme celui en *fa mineur,* que l'on vient enfin de rééditer ou surtout les concertos, inconnus jusqu'ici, datant probablement de ses jeunes années berlinoises :

ceux en *fa mineur, sol majeur* et *ut mineur*. On y sent
l'influence directe de Wilhelm Friedemann; on pourrait
même dire que ce sont les seules pages d'un autre fils
de Jean-Sébastien qui puissent se comparer honorable-
ment aux concertos de son fils aîné. G. Schünemann
qui les avait analysés à propos de ses recherches sur le
Bach de Bückeburg (ils portent des initiales qui brouillent
les pistes) les avait spontanément attribués au Bach de
Halle.

Il faudrait connaître les concertos pour hautbois et
pour flûte de Jean-Chrétien, ses quintettes, ses quatuors,
ses trios, et aussi toute cette musique de circonstance
qu'il écrivit avec autant de talent que de modestie pour
les divertissements populaires de Vauxhall Gardens...
Dans toutes ces pages qui ne sont pas encore connues
de l'ensemble des vrais amis de la musique, on découvrira
un fils de Bach qui fut un maître; un des esprits les plus
originaux de l'époque classique, qui ne fut si souvent
galant, d'apparence superficielle et facile d'accès que
parce qu'il voulut un peu trop exclusivement réussir
au cours de sa brillante carrière, plaire en prenant parfois, à l'égard de la *gentry* anglaise, le chemin le plus
facile. Évidemment dans les divertissements londoniens
du dernier fils de Bach nous sommes loin de *l'Art de la
fugue*. Mais ce métier sans faille, cette aisance suprême
de l'écriture, ce naturel enfin qui dissimule l'art le plus
parfait (tout comme chez Mozart), seraient-ils conce-
vables chez un musicien qui n'aurait pas été en quelque
sorte le « petit dernier », préféré — pour d'autres raisons mais non moins certainement que Wilhelm Friedemann — par le cantor de Saint-Thomas, Jean-Sébastien
Bach ?

On ne pourra manquer d'être frappé par la manière
profonde dont sont unis, dans l'œuvre des fils de Bach,
les partitions de l'auteur de *la Passion selon saint Matthieu* et
de *Cosi fan tutte*. Les contemporains de nos musiciens ne
s'y étaient pas trompés. Dans son célèbre *Lexique* de 1791,
Gerber n'écrit-il pas à propos de Mozart : « Ce grand
maître, grâce à sa précoce connaissance de l'harmonie,
s'est familiarisé si profondément et si intimement avec
cette science, qu'il est difficile à une oreille non exercée
de le suivre dans ses œuvres. Même les auditeurs plus
exercés sont obligés d'entendre ses compositions plu-

sieurs fois. Heureusement pour lui, il était encore jeune lorsque les muses aimables et badines de Vienne (!) ont achevé de le former; sinon il pourrait facilement connaître le sort du grand Friedemann Bach : bien rares étaient en effet, parmi le commun des mortels, ceux qui étaient capables de suivre son vol. » Mozart, comme Friedemann et les autres fils de Bach à des titres divers, a essayé de fondre en un tout sans faille le monde ancien du style contrapuntique et le monde naissant, tumultueux, du romantisme. Comme toujours, Mozart a réussi là où les fils de Bach ont échoué ou tout au moins réussi à demi seulement. Mais il est révélateur que Mozart ait réussi dans la musique sacrée cette fusion idéale, cet « équilibre entre les deux plateaux de la balance » (H. Focillon) en s'inspirant de Friedemann. On peut se demander s'il aurait pu le réussir sans les fils de Jean-Sébastien Bach.

Carl DE NYS.

BIBLIOGRAPHIE

Voir avant tout les articles dans « Die Musik in Geschichte und Gegenwart », en cours depuis 1949 :

    BENECKE, Rolf, *Bach Familie.*

    SCHMID, E. F., *Carl Philipp Emanuel Bach.*

    WIRTH, H., *Johann Christian Bach.*

    BENECKE, R., *Johann Christoph Friedrich Bach.*

    BLUME, F., *Wilhelm Friedemann Bach.*

Les articles de cette encyclopédie allemande contiennent une abondante bibliographie s'arrêtant en 1949; on en trouvera le complément dans la publication périodique de Wolfgang Schmieder, « Bach-Bibliographie ». Pour certains points plus récents on voudra bien se reporter à nos études :

Les œuvres pour orgue de Wilhelm Friedemann Bach, Schola Cantorum, Paris 2 vol., 1957.

Les Polonaises de Wilhelm Friedemann Bach, Société Frédéric Chopin, Varsovie, 1961.

Mozart et les fils de Jean-Sébastien Bach dans *Les influences étrangères dans l'œuvre de Mozart,* Centre National de la Recherche Scientifique, Paris, 1958.

Voir en outre :

« Autobiographie de C. P. E. Bach » dans *Voyage musical* de Charles Burney, Londres, 1773.

FALCK, M., *Wilhelm Friedemann Bach*, Leipzig, 1913, réimprimé sans modification en 1958.

WOTQUENNE, A., *Thematisches Verzeichnis der Werke von C. P. E. Bach*, Leipzig, 1905.

SCHÜNEMANN, G., *Johann Christoph Friedrich Bach*, « Bach-Jahrbuch ». Introductions aux volumes consacrés à J. Chr. Fr. Bach dans *Denkmäler der Tonkunst in Deutschland*, Leipzig, 1914.

TERRY, Ch. S., *John Christian Bach*, nouvelle édition revue et augmentée, Oxford, 1961.

GEIRINGER, K., *Bach et sa famille, Sept générations de génies créateurs*, Paris, 1955.

LA MUSIQUE DANS LES
COURS ET CHAPELLES ALLEMANDES

Dans son célèbre ouvrage sur l'état présent de la musique en Allemagne (*The Present State of Music in Germany,* 2ᵉ édition, Londres, 1773), Charles Burney évoque la musicalité exceptionnelle des populations de Bohême : « Souvent j'ai entendu dire que les habitants de la Bohême sont les meilleurs musiciens de toute l'Allemagne, ou peut-être même de toute l'Europe; un éminent compositeur allemand qui se trouve actuellement à Londres m'a dit qu'ils y rendraient même des points aux Italiens s'ils jouissaient des mêmes avantages que ces derniers. J'ai voyagé dans tout le royaume de Bohême, du Sud au Nord, et partout j'ai fait mon possible pour m'informer comment les enfants des deux sexes apprenaient la musique, non seulement dans les grandes villes, mais encore dans chaque village où il y a une école pour inculquer aux enfants les rudiments de la lecture et de l'écriture. » Résumant ces impressions et observations, Burney n'hésite pas à déclarer que la Bohême est à ce moment « l'école de musique de toute l'Europe ».

Pour peu que l'on s'intéresse à la formation du classicisme musical vers la moitié du XVIIIᵉ siècle — tout en se rappelant que ses racines poussent en pleine ère « baroque », vers la fin du XVIIᵉ siècle, — on rencontrera l'influence et l'activité des musiciens de Bohême. Le fameux orchestre de l'Électeur palatin Charles-Théodore, qui fut l'un des promoteurs déterminants du style nouveau et inventa la « couleur symphonique », était composé à l'origine, et pour les principaux pupitres, de musiciens venus de Bohême. Leur action y fut aussi considérable dans le domaine de l'interprétation, de la mise au point de la nouvelle technique et de la nouvelle virtuosité instrumentale, que dans celui de la composition, de la création des œuvres. La lecture de la liste de

cette « armée de généraux » — comme on l'a justement
dénommée — est fort révélatrice; on y trouve les Stamitz (germanisation du patronyme tchèque de Stemecz),
les Richter, les Filz, mais aussi leurs cousins germains
de Silésie, les Cramer et les Schobert, à côté de bien
d'autres noms autochtones qui seront vite fameux dans
l'histoire de la musique classique : les Beck, les Cannabich, les Danzi, les Grua (qui sont inséparables de la
vie musicale de Lyon), les Fränzl, les Holzbauer et les
Toeschi, sans oublier l'illustre abbé Vogler, esprit original
et bouillant qui fit tant de choses pour la culture musicale
en Europe mais se mêla malencontreusement de « simplifier » — *o beata simplicitas !* — d'admirables orgues
baroques...

On saisira mieux encore l'importante influence de
cette musique de Bohême en recherchant tous les centres
musicaux d'Europe où des musiciens tchèques ont
joué un rôle dans cette seconde moitié du XVIIIe siècle
qui reste un peu l'âge d'or de la musique occidentale.
On trouve leurs noms à Amsterdam, Florence, Londres,
Milan, Malines, Moscou, Naples, Padoue, Paris, Saint-
Pétersbourg, Rome, Strasbourg, Venise et Varsovie,
mais aussi dans des centres moins importants mais non
négligeables en musique, tels que Lubljana ou Nagy-
varad, la résidence hongroise où Johann Michael Haydn
commença sa carrière avant de devenir maître de chapelle
à Salzbourg. Partout les musiciens de Bohême constituent
en quelque sorte l'élément nouveau, complémentaire,
de l'espéranto musical de l'époque, l'italianisme. Ils en
constituent l'élément populaire, alors que les maîtres
d'outre-monts en fournissent plutôt l'aspect policé et
savant. Pour comprendre l'émerveillement de Burney
devant la musique qu'il a pu entendre dans les villages
de Bohême, il faut avoir pu prendre contact avec les
œuvres d'un de ces musiciens, instituteurs et cantors,
tel par exemple Jan Jakub Ryba qui vécut à Rozmital
et qui y composa des centaines de partitions pour l'usage
local : ses *pastorales* (sorte de cantates pour la messe de
minuit où un texte en langue populaire est souvent
chanté sur des rythmes de chansons du type des airs de
Papageno dans *la Flûte enchantée*) ont conservé leur attrait
aujourd'hui et dégagent un authentique parfum mozartien.

A Prague même, la vie musicale de ce demi-siècle est dominée par la figure de Josef Seger, organiste virtuose formé par le Père Bohuslav Černohorský qu'on a pu appeler « le Bach de Bohême ». Mais ses nombreux élèves retiendront mieux la partie *galante* de son enseignement que le solide métier contrapuntique, même les plus doués des musiciens d'église comme František Xaver Brixi, le fils de Simon Brixi, organiste à Saint-Gall puis maître de chapelle de la cathédrale Saint-Guy, ou encore Johann Baptist Kucharz, organiste à Saint-Henri, maître de chapelle de la collégiale du Strahov sur le Hradschin, qu'il abandonnera rapidement (et symboliquement) pour s'occuper de l'opéra italien et contribuer à la diffusion des opéras de Mozart en les publiant réduits aux deux mains des pianistes. Pourtant la solidité de l'écriture de Seger se retrouvera chez ceux de ses élèves qui essaimeront au loin, chez Kozeluch, chez Mysliveček et chez Pichl; pourtant aussi le monastère du Strahov demeurera le cadre de l'importante activité musicale du frère prémontré Johannes Lohelius-Œhlschlaegel qui laissa un nombre imposant de partitions d'église et construisit l'orgue monumental de la collégiale qui enthousiasma Mozart et qui fut témoin en automne 1787 de ses étonnantes improvisations (KV. 528a). Œhlschlaegel fera vite figure d'attardé; quelques années après sa mort, les milieux musicaux de la capitale tchèque s'intéressent beaucoup plus à Václav Jan Tomášek, pianiste surprenant dont les œuvres de jeunesse annoncent déjà Schubert.

Après Mannheim c'est la capitale de l'empire, Vienne, qui abrite à l'époque la plus importante colonie musicale venue de Bohême, Vienne qui symbolise le style classique au point de lui donner son nom : ne parle-t-on pas volontiers, même du temps de Haydn et de Mozart, de « l'école viennoise » ? Franz Benda y avait passé avant de commencer une carrière dont le récit se lit comme un roman et dont la partie la plus longue s'écoula à Potsdam au service de Frédéric II; Wenzel Czerny, le père du fameux Carl, s'y installa. Florian Leopold Gassmann devint à Vienne le successeur de Gluck et de Reutter; il y répandit dans ses pages sacrées et lyriques l'enseignement reçu du Padre Martini à Bologne; Johann Anton Kozeluch fut formé par lui avant de retourner

à Prague et y mourir comme maître de chapelle de la
cathédrale. Son neveu Leopold Anton Kozeluch s'y
fixa et produisit une œuvre moins volumineuse que celle
de son oncle (un bon millier de titres connus...) mais
peut-être plus importante, puisqu'une de ses symphonies
figurait tout récemment encore parmi les œuvres les plus
appréciées de Joseph Haydn; son ami František Krom-
mer-Kramař y écrivit lui aussi nombre de concertos
et de symphonies fort goûtés.

Jan Baptist Krumpholz, élève de Joseph Haydn, harpiste de l'orchestre du prince Esterhazy, quitta en 1777
la capitale autrichienne pour Paris où il mourut en se
jetant dans la Seine du haut du Pont-Neuf. Son frère
Václav, le violoniste, demeura à Vienne où il devint
ami de Beethoven qui lui dédia son *Mönschsgesang*. Les
concertos de piano de František Xaver Dušek, publiés
à Linz en 1784, sont peut-être moins précieux pour l'histoire de la musique que son amitié — et celle de sa
femme Josefa — avec Mozart; on n'en saurait dire
autant des quelque sept cents partitions de Václav Pichl
dont celles écrites au service du prince Lobkowitz pour
son instrument attitré, le violon, renferment de très
belles pages. Franz Ignaz Tuma continua dans la
capitale autrichienne la tradition de Černohorský et de
Fux, tandis que Johann Baptist Vanhal, formé par Dittersdorf, y incarne davantage le *Sturm und Drang* parfois
génial, comme dans sa *Symphonie en sol mineur*. Des deux
frères Vranický, Anton, élève d'Albrechtsberger et
musicien du prince Lobkowitz, est moins connu que
Pavel; celui-ci débuta comme violoniste à Esterhazy sous
Joseph Haydn, puis devint chef de l'opéra de la cour;
il y écrivit une étonnante anticipation de *la Flûte enchantée*
que Mozart alla jusqu'à citer textuellement.

L'élément italien de la vie musicale viennoise n'est pas
moins considérable; une simple énumération est déjà
fort éloquente : l'abbé Métastase, Cimarosa, Porpora,
Ziani, Pollini, Clementi et Bononcini. Il y a aussi des
Espagnols; mais Marianna Martinez, élève de Métastase,
Michael Haydn et Porpora, dont nous savons tout, est
beaucoup moins originale que son compatriote Carlos
de Ordoñez, violoniste de la chapelle impériale, dont
nous ignorons à peu près tout, sauf quelques œuvres
saisissantes : des symphonies préromantiques... Le baron

mélomane van Swieten exerça à Vienne une influence
déterminante par ses goûts, sa bibliothèque et ses amitiés
internationales. Les longs séjours de Johann Adolf Hasse
et de Gluck à Vienne sont bien connus, encore que l'on
songe davantage au Gluck des drames musicaux qu'à
l'artisan de la popularité de l'opéra-comique français ; il
faudrait se souvenir que c'est un Français, le Lyonnais
Pierre Dutillieu, qui succéda à Cimarosa dans les fonctions lyriques de la cour impériale.

Parmi les musiciens autrichiens d'origine quelques-uns
méritent aujourd'hui encore bien mieux que l'attention
des historiens et des musicologues. C'est l'organiste de la
Karlskirche, Mathias Georg Monn, dont il est difficile
de savoir s'il est ou non identique avec Giovanni Mateo
Monn dont nous connaissons des symphonies aussi
prophétiques que celles des fils de Bach ; c'est Georg
Christoph Wagenseil dont les sonates en trio « anciennes » restent sous la coupe du contrepoint de
J. J. Fux, mais dont les concertos pour clavier opèrent
l'osmose entre la forme sonate et le concerto ; son élève
Johann Schenk enseigna le contrepoint au jeune Beethoven en usant du fameux ouvrage didactique de
J. J. Fux, cependant qu'il demeure pour nous l'auteur
d'un ravissant et très « moderne » *Singspiel, Der Dorf-
barbier ;* c'est encore Wenzel Müller, auteur d'autres
Singspiele à succès, tels que *Kaspar der Fagottist.*

Dittersdorf est sans doute moins important que
ceux-ci, malgré une production surabondante ; mais il y
a d'excellents musiciens d'église, comme Franz Xaver
Süssmayer, dont on ignorera toujours la part exacte
qu'il a prise dans la composition du *Requiem* de Mozart,
ou encore Georg Reutter, Leopold Hoffmann, Johann
Georg Albrechtsberger ou l'abbé bénédictin Maximilien
Stadler. Plus intéressant comme inventeur instrumental
que comme musicien, Carl Leopold Roellig est pourtant une figure marquante de la musique viennoise à
l'époque classique au même titre que Franz Aspelmayr,
collaborateur de Noverre pour les ballets et auteur de
fort beaux quatuors à cordes avant Joseph Haydn. Il
faut signaler enfin le violoncelliste Anton Kraft pour qui
J. Haydn écrivit son *Concerto* et l'éditeur-musicien
Franz Anton Hoffmeister qui créa à Leipzig le fameux
« Bureau de musique » Peters.

A quelques heures de carrosse de Vienne se situe un
autre centre musical très vivant : le château de Kismarton-Eisenstadt des princes Esterhazy qui passaient les
mois d'été dans les Versailles hongrois de Fertöd-Esterhazy. Joseph Haydn y succéda à Gregor Joseph Werner,
maître contrapuntique à la recherche de l'expression
nouvelle. Mais Sammartini y séjourna aussi, parmi bien
d'autres musiciens étrangers, ce qui jette une lumière
très vive sur le caractère européen de la vie musicale du
temps. Pourtant en Autriche les monastères, les abbayes
bénédictines surtout, sont plus importants dans la vie
musicale que les résidences des princes et des aristocrates;
aujourd'hui encore les bibliothèques de Melk ou de
Kremsmünster, celles de Seitenstetten ou de Michaelsbeuren, celles de Saint-Pierre de Salzbourg surtout, en
témoignent.

Pour nos contemporains la ville des princes-archevêques
est un peu trop exclusivement celle de W. A. Mozart;
elle fut aussi celle de son père Leopold, excellent musicien auquel on vient seulement de restituer la ravissante *Cassation en sol* longtemps connue comme une
« symphonie des jouets » de Joseph Haydn. Elle fut la
ville de Johann Michael Haydn, le grand musicien du
Requiem de 1771, de symphonies et de sérénades fort
remarquables, sans parler de l'inventeur du quintette
à cordes. Elle fut la ville de l'excellent organiste et maître
de musique sacré Johann Ernst Eberlin dont l'élève
Anton Cajetan Adlgasser devrait figurer dans la musique
à d'autres titres que celui de contemporain et ami de
Mozart. Les Italiens y sont représentés par Domenico
Fischietti, auteur lyrique fécond et original, et Luigi
Maria Baldassare Gatti, le dernier maître de chapelle
avant la sécularisation. La tradition salzbourgeoise restera longtemps vivante à Paris en la personne de Sigismund Neukomm, Salzbourgeois émigré en France qui
avait été formé par Michael Haydn.

Munich est la capitale musicale la plus proche; en
1778, l'Électeur Charles-Théodore de Pfalz-Sulzbach y
transporta son fameux orchestre de Mannheim, dont le
premier chef fut Peter von Winter, compositeur qui
laisse des pages de musique sacrée fort estimables. Mais
nous y trouvons aussi *il divino boemo* Josef Mysliveček,
l'un des maîtres les plus éminents du style mélodique

classique que la seule admiration de Mozart suffirait à placer parmi les grands. Sacchini et Venanzio Rauzzini, le fameux castrat pour qui Mozart écrivit bien des pages dont le motet *Exultate jubilate* (K. 158 a), mais qui est plus important par ses sonates en trio, constituent les éléments italiens de la vie musicale de la capitale de Bavière.

Au nord-ouest de Munich, sur les bords du Danube, le comte Krafft Ernst entretenait à Œttingen-Wallerstein un des meilleurs orchestres du temps. C. F. Schubart en fait un éloge qui rappelle celui que l'on a l'habitude de citer à propos de Mannheim; il relève en particulier que, sous Franz Anton Rössler (plus connu sous le nom de Rosetti), les plus infimes nuances dynamiques et le coloris instrumental atteignaient une perfection inconnue ailleurs. Rosetti fut d'ailleurs un compositeur de grand talent; ses symphonies et ses concertos pour instruments à vent comptent d'authentiques chefs-d'œuvre. On sait que Joseph Haydn écrivit une partie de ses œuvres pour l'orchestre de Wallerstein. Clementi passa à Œttingen-Wallerstein; Mozart y exprima un dédain assez justifié pour Ignaz von Beecke dont les œuvres sont aujourd'hui oubliées. Plus près de Munich, la petite résidence de Freising compte au moins deux maîtres au-dessus de la moyenne si élevée du temps : le P. Placidus von Camerloher et Bartolomeo Campagnoli; ce dernier devint chef d'orchestre du fameux Gewandhaus de Leipzig.

En remontant vers le nord on trouve la résidence des princes de Tour et Taxis : Ratisbonne; elle est illustrée par Joseph Riepel, auteur d'une œuvre nombreuse et estimable, mais aussi d'ouvrages théoriques; son élève Johann Christoph Vogel mourut à Paris après avoir connu un véritable triomphe avec l'opéra révolutionnaire *Démophon*. Ignaz Walter, qui composa de fort jolis *Singspiele,* est une figure marquante de Ratisbonne. La future capitale des célébrations wagnériennes, Bayreuth, est, elle aussi, un centre musical vivant grâce à ses margraves mélomanes; dans le joli théâtre rococo qui existe encore, Giuseppe Antonio Paganelli, élève de Tartini, fit représenter ses opéras avant d'achever sa carrière à Madrid. La résidence épiscopale de Würzburg-sur-le-Main vit la fin de la carrière de Giovanni Platti, le plus

grand claveciniste du XVIIIe siècle italien avec Domenico Scarlatti, et peut-être le prophète de la sonate
« expressive » des romantiques avec W. F. Bach; plus
tard, le fameux corniste tchèque Jan Václav Štich, dit
Punto, pour qui Mozart a composé et qui séjourna longtemps à Paris, y déploya ses talents de virtuose incomparable et de compositeur fort doué.

Aux sources du Danube, la résidence des princes de
Fürstenberg, Donaueschingen, connut un grand essor
musical à partir de 1762, lorsque Franz Anton Martelli
prit la direction de l'orchestre. Parmi ses membres les
plus connus il faut citer le hautboïste et violoncelliste
tchèque Josef Fiala dont certaines partitions de musique
de chambre figurèrent longtemps au catalogue des
œuvres de Mozart. A Stuttgart, capitale du duché de
Wurtemberg, on trouve les Italiens Jommelli, Lolli et
le maître de ballet Noverre; Ignaz Holzbauer y séjourna
aussi; le *genius loci* est représenté par Christian Friedrich
Daniel Schubart, organiste, compositeur, critique, esthéticien et poète (c'est Schubert qui mit en musique sa
Truite). A Francfort-sur-le-Main s'écoula une bonne
partie de la carrière des maîtres mannheimiens Stamitz et
Cannabich. Darmstadt, la résidence des landgraves de
Hesse, est marquée par la longue activité de Christoph
Graupner, élève de Kuhnau à Saint-Thomas de Leipzig,
qui faillit devenir cantor à la place de J.-S. Bach, mais
que son employeur ne laissa point partir. Son premier
violon, Wilhelm Gottfried Enderle, écrivit de fort belles
symphonies pour l'orchestre du landgrave : certaines
d'entre elles se retrouvent jusque dans des bibliothèques
françaises.

La résidence des Électeurs à Mayence retint, elle aussi,
Giovanni Platti et Jan Václav Štich-Punto; elle fut la
patrie de l'étonnant maître méconnu Joseph Martin
Kraus qui écrivit la plus grande partie de son œuvre
instrumentale et vocale, notamment ses opéras, à la cour
de Suède. C'est Jan Zach qui composa à Mayence la
plupart de ses partitions sacrées et profanes. Les arche-
vêques-électeurs de Cologne résidèrent jusqu'en 1794 à
Bonn, où ils entretinrent un ensemble musical considérable dont le jeune Beethoven fit partie, mais aussi les
Tchèques Josef Reicha, violoncelliste qui avait été auparavant au service des comtes d'Œttingen-Wallerstein, et

Antonín Reicha, flûtiste, compositeur et théoricien qui devint directeur du Conservatoire national à Paris; sa musique de chambre, en particulier celle pour instruments à vent, contient de bien belles pages.

Dans le nord de l'Allemagne, les cours et chapelles ayant joué un rôle considérable dans la vie musicale ne sont pas moins nombreuses. Citons Rheinsberg, où le prince héritier de Prusse, le futur Frédéric II, avait une excellente chapelle; Carl Philipp Emanuel Bach, Franz Benda, Georg Benda, Johann Gottlieb Graun et le Bisontin Michel Blavet, tous musiciens de grand talent, en firent partie avant de suivre le prince devenu roi à la résidence berlinoise de Potsdam. Ludwigslust retint quelque temps Rosetti, mais aussi L. A. Abel, le frère de Carl Friedrich Abel qui partit à Londres où il organisa avec Jean-Chrétien Bach les fameux concerts. Chez les princes d'Anhalt-Dessau on relève le nom de Friedrich Wilhelm Rust, auteur de fort intéressantes sonates pour clavier; à Gotha, celui de Georg Benda et d'Anton Schweitzer, compositeur de *Singspiele* qui introduisit le mélodrame en Allemagne; à Breslau, ceux de Franz Benda et de František Václav Tuček. C'est à Iéna que Carl Stamitz termina une carrière féconde; c'est là encore que Friedrich Witt composa la belle symphonie qui figura jusqu'il y a peu dans le catalogue beethovénien sous le titre de *Symphonie d'Iéna*. Halle ne fut pas seulement une étape dans la vie de Wilhelm Friedemann Bach : Daniel Gottlob Türk y composa ses nombreuses et fort intéressantes œuvres pour clavier, Johann Friedrich Reichardt ses symphonies et ses lieder.

Si Brunswick a bien vu passer W. F. Bach mais ne compta que des musiciens aujourd'hui oubliés (J. G. Schwanenberger, F. G. Fleischer, C.-L. Maucourt), la petite résidence des comtes de Schaumburg-Lippe à Bückeburg connut une grande époque grâce aux Italiens G. B. Serini, A. Colonna et surtout à l'un des fils de Jean-Sébastien Bach : Johann Christoph Friedrich. A Hambourg, c'est encore un fils de Bach, Carl Philipp Emanuel, qui succède à Georg Philipp Telemann comme *Director musices*; cependant des musiciens de Bohême, Georg Anton Benda et Johann Ludwig Dussek, y séjournèrent eux aussi, ainsi que le chevalier Gluck. A Leipzig, c'est le *cantor* de Saint-Thomas Johann Frie-

drich Doles qui opère la transition de Bach à Mozart ;
lorsqu'il lui rendit visite en 1789, ce dernier remarqua
que l'exécution sans accompagnement des motets de
J.-S. Bach était sûrement inauthentique. La musique
sacrée du *cantor* Johann Gottfried Schicht est déjà dans
le goût du siècle suivant, cependant que les *Singspiele*
du *cantor* Johann Adam Hiller appartiennent aux réussites du classicisme, mais on n'en peut dire autant de
sa musique d'église. Le célèbre créateur de la Société
des Sciences musicales, dont Jean-Sébastien Bach s'honora
de faire partie, Lorenz Christoph Mizler, quitta Leipzig ;
le préromantique Johann Wilhelm Haessler, dont bien
des pages pour clavier furent longtemps connues sous
le nom de Wilhelm Friedemann Bach, ne fit qu'y passer
avant de s'établir en Russie.

La nomination de Johann Adolf Hasse, *il Sassone,* au
poste de *primo maestro di cappella di S. M. il re di Polonia* en
1731, fit de Dresde la capitale de l'italianisme musical.
Hasse fut l'un de ceux qui régnèrent sur ce temps,
autant peut-être par la fascinante invention de ses mélodies que par le talent lyrique exceptionnel de sa femme,
la fameuse cantatrice Faustina Bordoni. On comprend
l'orgueil de Leopold Mozart lorsqu'il put écrire de
Milan à sa famille que la « festa teatrale » de Wolfgang,
Ascanio in Alba, avait battu l'opéra du maître saxon...
Mais il y avait aussi Porpora et le Napolitain Pietro
Alessandro Guglielmi. Les deux Benda séjournèrent à
Dresde ; le flûtiste français Pierre-Gabriel Buffardin y fut
le maître de Quantz. Un élève de Wilhelm Friedemann
Bach, Johann Gottlieb Goldberg, l'interprète des
fameuses *Variations,* y fut à peu près aussi incompris que
son maître ; une grande partie de son œuvre audacieuse
mériterait de revenir au répertoire. Le musicien d'église
Joseph Schuster fut élève du Padre Martini à Bologne ;
le hautboïste solo de la chapelle des princes-électeurs et
des rois, Johann Christian Fischer, un des grands virtuoses de son temps. L'œuvre souvent géniale et presque
toujours passionnante de Johann Gottlieb Naumann,
musicien de l'*Empfindsamkeit,* appartient déjà au romantisme naissant.

Malgré le royal flûtiste Frédéric II, Berlin, capitale
du royaume de Prusse, ne put jouer dans la musique un
rôle comparable à celui de Vienne ou de Prague ; pour-

tant tous les grands courants du siècle y furent représentés, souvent par des musiciens de premier plan. Deux fils de Bach y demeurèrent : Carl Philipp Emanuel et Jean-Chrétien. L'Italie et l'Espagne s'y manifestèrent par le truchement de Luigi Boccherini et Giuseppe Sarti. La France y avait envoyé le Parisien Jean-Pierre Duport, violoncelliste dont Mozart immortalisa un menuet en le variant au clavier. Franz et Georg Anton Benda firent partie, eux aussi, de la chapelle de Frédéric II, alors que Johann Ludwig Dussek y connut quelque temps l'amitié du prince Louis-Ferdinand de Prusse, neveu de Frédéric II, grand pianiste et musicien de talent, auquel Beethoven dédia son *Concerto en ut mineur*. Mais le Berlinois Daniel Steibelt se rendit en 1790 à Paris avant de succéder à Boieldieu au service du tsar de toutes les Russies.

L'école de Berlin comprenait aussi nombre d'excellents musiciens allemands. Les clavecinistes-pianistes y tiennent la vedette : c'est un élève très doué de Wilhelm Friedemann Bach, Christoph Nichelmann, c'est Johann Philipp Kirnberger, auteur d'œuvres fuguées et de concertos fort intéressants pour son instrument préféré, élève de Jean-Sébastien Bach comme Johann Friedrich Agricola; c'est enfin Carl Friedrich Fasch, le fondateur de cette *Singakademie* qui devait jouer un si grand rôle par la suite; son élève Carl Friedrich Zelter, ami de Goethe, lui succéda à la direction de cette institution. Christoph Schaffrath est aussi important par ses symphonies que par ses concertos pour clavier, dont certains sont d'authentiques chefs-d'œuvre. Johann Friedrich Reichardt a composé une œuvre fort appréciable tandis que Friedrich Wilhelm Marpurg, l'oracle de la vie musicale berlinoise, se fit surtout disciple et traducteur des théories harmoniques de Rameau mais s'attira aussi beaucoup d'ennemis par son caractère retors et autoritaire.

Johann Gottlieb et Carl Heinrich Graun comptent également parmi les musiciens de valeur de la chapelle royale; c'est Carl Heinrich qui créa l'Opéra italien de la capitale prussienne et qui fut célèbre par son oratorio *Der Tod Jesu* dans lequel il s'écartait pourtant et de l'enseignement reçu à la Kreuzschule de Dresde et du conservatisme musical à la mode de Berlin. Le musicien de chambre et compositeur de la cour de Frédéric II,

Johann Joachim Quantz, est une figure synthétique en même temps qu'un virtuose illustre et un créateur de grand talent ; hautboïste à Dresde et à Varsovie, il travaille le contrepoint à Rome avec Gasparini, la flûte à Dresde avec Buffardin et avec Michel Blavet à Paris ; c'est lui qui fut le professeur du monarque et — disent les mauvaises langues — l'auteur principal de ses œuvres...

Vers la fin du siècle, en tout cas au siècle suivant, parmi les bouleversements dont la Révolution française avait marqué le début, la vie des cours et chapelles de l'Ancien Régime commence à disparaître. La fin des fastes musicaux de Salzbourg en même temps que celle du gouvernement temporel des princes-archevêques n'est qu'un symptôme plus frappant parmi beaucoup d'autres ; la salle de concert et l'association symphonique seront bientôt les véritables centres de la vie musicale. Michael Haydn, n'ayant plus à composer de musique religieuse ou profane pour les célébrations de la cour, pourra se consacrer davantage à la composition de *lieder* ou de ces pièces vocales à plusieurs voix qui se chantent autour d'un litre de « vin du prélat » dans le caveau de l'abbaye Saint-Pierre ; le *cantor* de Saint-Thomas à Leipzig sera plus occupé de son chœur d'hommes interprétant les œuvres de Zelter, Reichardt et Schubert dans la salle du Gewandhaus que du chœur de l'école Saint-Thomas. Si Zelter maintient quelque temps dans un cercle d'amateurs berlinois, où la noblesse est encore présente, la tradition de la musique *da camera* avec le concours d'excellents pianistes comme Felix Mendelssohn ou sa grand-tante Sara Lévi-Itzig, magnifiques interprètes des œuvres de Jean-Sébastien Bach et de son fils aîné, le jour n'est plus loin où le jeune fils du banquier réformé attirera les foules en donnant « en concert » *la Passion selon saint Matthieu*.

Carl DE NYS.

LES MAITRES CLASSIQUES

FORMATION DU STYLE CLASSIQUE
EN EUROPE

L E classicisme dont il va être question est celui qui a
pris forme à Vienne autour de Haydn et de Mozart,
un bon siècle après qu'un classicisme littéraire eut trouvé
en France, sous Louis XIV, son expression la plus achevée. La recherche de ses sources n'est pas simple. Elles
sont nombreuses, les courants qu'elles ont engendrés
cheminent capricieusement, brouillés souvent à nos vues
par une chronologie à peine moins floue que celle des
âges précédents, souvent aussi par l'ardeur partisane de
chercheurs enclins à s'exagérer la portée de leurs découvertes : l'enthousiasme d'Hugo Riemann pour l'école de
Mannheim, qu'il avait été le premier à étudier à fond, a
faussé et fausse encore bien des jugements.

La phase la plus active dans l'élaboration du style classique s'ouvre vers 1740-1750. Vers 1770, ses principaux
traits se discernent nettement; mais on saisissait dès le
début du siècle des signes avant-coureurs sur lesquels
nous aurons lieu de revenir.

Afin de ne pas gonfler démesurément ce chapitre, nous
n'essaierons pas de replacer la musique au sein du vaste
mouvement qui agitait les esprits à une époque où, dans
tous les domaines, s'annonçaient de profonds bouleverse-
sements. Indiquons toutefois que la formation du classicisme musical au XVIIIe siècle n'a présenté que de faibles
analogies avec celle du classicisme littéraire, dont l'objet
avait été de discipliner le sentiment, la passion, le lyrisme
individuel au profit de la règle et de la raison. En musique
il y a, certes, effort pour construire avec plus de méthode,
donner aux formes une harmonieuse symétrie; mais le
contenu de ces formes exprime de plus en plus l'humain,
le lyrisme individuel ne cesse d'étendre son empire.
Wilhelm Friedemann et C. Ph. E. Bach, Georg Benda, les
autres maîtres de l'Allemagne du Nord, ont pour mot

de ralliement *Empfindsamkeit* (sensibilité). Jusque dans leur musique instrumentale, on perçoit des inflexions déjà romantiques. Mais, sans nous attarder davantage à ces considérations d'ordre expressif, nous songerons d'abord à inventorier les apports essentiels du nouveau style en matière de technique. Ce sont :

Dans la sonate, l'adoption dans l'allégro initial d'un schéma basé sur l'opposition de deux thèmes, au lieu que la sonate de type corellien était monothématique ; ensuite, un renversement de l'équilibre instrumental, la sonate pour violon et basse continue étant évincée par la sonate pour clavecin ou piano-forte (accompagné ou non par le violon qui est passé au second plan) ;

Dans la symphonie, une coupe calquée sur celle de la sonate dithématique ; l'orchestration échappe à l'empirisme qui régnait jusqu'alors ; le quintette d'archets, élément dominant dans la *sinfonia* préclassique, devient fondamental ; les instruments d'harmonie lui sont adjoints dans des proportions qui varieront à peine jusqu'à Berlioz.

Enfin, le quatuor à cordes, dans le même temps, acquiert assez d'ampleur et de vitalité pour constituer désormais un genre autonome.

NAISSANCE DE LA NOTION
DE « SECOND THÈME »

L'ancienne sonate pour violon et basse continue, dans laquelle chaque morceau (ou mouvement) mettait en œuvre un seul thème, était parvenue, chez Corelli et ses disciples, à un degré d'organisation qu'on ne pouvait guère dépasser sans risque de prolixité ou de confusion. Rappelons que les mouvements non fugués étaient pour la plupart construits en deux compartiments séparés par une barre de reprise. Dans le premier, le thème était exposé, puis prolongé par des développements ou des traits modulant de façon à cadencer à la dominante ; le second compartiment réexposait le thème à la dominante et revenait conclure sur la tonique. La structure des danses qui formaient la sonate de chambre pouvait être plus sommaire, et ne comporter aucun développement, mais seulement un thème fait de deux fragments symétriques, de part et d'autre d'une barre de reprise : la pre-

mière moitié d'allure interrogative, la seconde conclusive.
Les mouvements lents se composaient parfois d'une seule
phrase, encadrée ou non de ritournelles. Ces schémas
n'avaient rien de rigide. Chacun les diversifiait à son gré.
Le monothématisme commandait toutefois une concision
à laquelle échappaient seules certaines danses graves,
chaconne, passacaille, susceptibles d'être traitées en
thèmes variés.

L'entrée en scène du « second thème » apporte un
changement dont l'importance a probablement échappé
à ses premiers expérimentateurs. Sans doute n'y voyaient-
ils qu'un enrichissement du discours musical, la possibilité d'agencements plus complexes et, peut-être, de
contrastes vivifiants. Il devait appartenir à Beethoven de
faire de ces contrastes le véritable ressort de la sonate
dithématique, en donnant aux deux thèmes le relief de
personnages antagonistes ou, à tout le moins, agités de
sentiments aussi différents que ceux des interprètes
d'une action dramatique.

On met en général à l'actif de C. Ph. E. Bach l' « invention » de ce second thème, dont la présence est manifeste
dès son premier recueil de sonates, de 1742. Pourtant, en
1910, dans un retentissant article de la « Rivista Musicale
italiana » intitulé *Giovanni Platti, il grande, Ph.-E. Bach, il
piccolo* (*Giovanni Platti le grand, Ph.-E. Bach le petit*),
l'ardent musicologue italien Fausto di Torrefranca en
revendiquait l'antériorité pour son compatriote Giovanni
Platti, violoniste vénitien attaché à la cour du prince-
évêque de Würtzbourg, auteur d'un livre de sonates dont
la parution a très probablement précédé celle des sonates
de C. Ph. E. Bach.

En réalité, l'initiative n'appartient pas plus à
C. Ph. E. Bach qu'à son rival supposé. Un second thème se
rencontrait déjà, à l'état d'ébauche plus ou moins poussée,
dans quantité d'œuvres du début du siècle. Plusieurs mouvements des *Sonates pour clavecin et violon* de J.-S. Bach
(vers 1720) contiennent, soit comme section médiane,
soit au début de la deuxième reprise, une idée mélodique
nouvelle (*andante* de la première sonate, *presto* de la troisième, etc.). On trouve des seconds thèmes chez Leclair
et plusieurs autres maîtres de l'école française à partir de
1730. Parmi les sonates de Scarlatti recueillies en 1739
par Roseingrave sous le titre *XLII Suites de pièces pour le*

clavecin, il en est qui opposent une première idée rythmique et brillante à une seconde purement mélodique. Mais ce sont des essais parmi d'autres.

Il semble que le mérite d'avoir imposé le dithématisme revienne à C. Ph. E. Bach, tant pour sa persistance à l'employer que pour la haute valeur musicale des œuvres dans lesquelles il a pratiqué la forme que l'école appelle la *forme-sonate,* dont voici, *grosso modo,* l'économie (ou plus exactement celle de l'*allegro* initial, dans lequel le nouveau plan est le plus couramment observé) :

Une première section, d'exposition, présente les thèmes. Le premier est écrit dans le ton principal. Un passage de transition, ou pont, mène au second thème, qui est dans le ton de la dominante ou au ton relatif. En principe les deux thèmes diffèrent de caractère, le premier plutôt volontaire et rythmique, le second mélodique, ou vice versa.

Dans la section médiane de développement, les deux thèmes, qui peuvent être escortés de thèmes accessoires, sont travaillés, combinés, opposés à travers un cycle de modulations au bout duquel une troisième section, de réexposition, ramène les deux thèmes au ton principal, — d'où suit que cette dernière partie ne fait pas, en général, réapparaître le pont, puisque son rôle était de conduire de la tonique à la dominante.

La sonate monothématique était essentiellement conçue pour le violon ou tout autre instrument mélodique, et un instrument harmonique, clavier, luth ou théorbe, réalisant la basse continue. La sonate dithématique est, à l'origine, destinée au clavier, accompagné ou non par le violon. C'est que, autour de 1740, s'est produite, dans les mœurs musicales, une manière de révolution sur laquelle les manuels scolaires restent discrets, bien qu'elle ait eu des conséquences non négligeables. Son point de départ se situe en France, peu après que le violon eut réussi à s'y imposer, en même temps que la sonate.

LA VOGUE DE LA SONATE POUR CLAVIER

Rappelons que le violon avait trouvé sa forme définitive dans le premier tiers du XVIe siècle et que, presque aussitôt, les compositeurs italiens s'étaient rendu compte

des immenses ressources qu'il leur apportait. En France
(comme en Angleterre), l'éclat de sa sonorité avait déconcerté les mélomanes férus de celle, beaucoup plus discrète, quasi confidentielle, des luths et des violes. Les
salons s'étaient fermés devant le nouveau venu, relégué
dans les tavernes, aux mains des ménétriers. On jugeait
sévèrement (voir les *Historiettes* de Tallemant des Réaux)
les gentilshommes qui s'abaissaient à en jouer.

Or, brusquement, en quelques années, aux approches
de 1700, un revirement se produisit. Le rayonnement
musical et humain de Corelli, la faveur mondaine dont
il jouissait à Rome, et dont les échos s'étaient répandus
dans l'Europe entière, eurent chez nous, pour le violon
et la sonate, l'effet de lettres de noblesse. On se mit à
composer des sonates. Il devint de bon ton, pour les
femmes du monde, d'apprendre à les accompagner au
clavecin : à telles enseignes que François Couperin, dans
son *Art de toucher le clavecin*, plaide discrètement la cause
des pièces pour clavecin seul, contre l'accompagnement
des sonates : « Je conviens que rien n'est plus amusant
pour soi-même et ne nous lie plus avec les autres que
d'être bon accompagnateur : mais quelle injustice ! C'est
le dernier qu'on loue dans les concerts... au lieu que quelqu'un qui excelle dans les Pièces jouit seul de l'attention
et des applaudissements de ses auditeurs. »

Mais la vogue des sonates allait s'accentuant : la
suprême habileté consisterait à en faire bénéficier le clavecin, et à ne plus le laisser au rang de comparse. C'est
un violoniste qui s'en avisa le premier, Jean-Joseph Cassanéa de Mondonville, grand virtuose et compositeur de
talent dans presque tous les domaines de la musique instrumentale et vocale. Persuadé que le genre de la sonate
pour violon et basse est « épuisé » (ainsi s'exprime-t-il
dans la dédicace de l'ouvrage dont il va être question —
et sur ce point précis il se trompe car on a continué de
publier, jusque vers 1800, d'innombrables recueils pour
violon et basse), il donne en 1734 ou 1735 ses *Pièces de
clavecin en sonates avec accompagnement de violon :* comme
l'indique le titre, l'équilibre est inversé ; le clavecin passe
au premier plan ; dans plusieurs mouvements, le violon
peut même être supprimé et la partie de clavecin continuer d'offrir une plénitude suffisante pour supporter
d'être jouée seule. Il en sera ainsi dans les *Pièces de cla-*

vecin en concerts de Rameau et dans de très nombreuses sonates construites selon le même principe par Guillemain, Jean-Chrétien Bach, Boccherini, Edelmann, Hüllmandel, Schobert, Méhul, Mozart au début de sa carrière, etc.

Ce qui caractérise l'écriture de Mondonville, et par quoi elle diffère de celle de J.-S. Bach dans ses *Six Sonates pour clavecin et violon* de l'époque de Cöthen (vers 1720), c'est une beaucoup plus nette adaptation à l'esprit des deux instruments en présence. Sauf dans quelques mouvements lents, Bach usait à peu près constamment d'un contrepoint à trois voix, l'une dévolue au violon, les deux autres au clavier, traitées avec une telle égalité ou une telle indifférence aux timbres (bien surprenante de la part d'un musicien que l'organographie passionnait) que le violon peut assumer la partie confiée à la main droite du clavier, et réciproquement. Chez Mondonville, au contraire, les figurations diffèrent selon les instruments, le poids principal étant accordé au clavecin.

Bientôt, le soutien moral que constituait la partie de violon ne sera plus jugé indispensable, et la sonate pour clavier seul, jusqu'alors représentée par des spécimens isolés et archaïques (Kuhnau), donnera une abondante floraison, trop riche et trop capricieuse pour qu'il puisse être question de la décrire, ou plus simplement de la cataloguer. Pour ce qui est de sa coupe d'ensemble, tantôt cette sonate pour clavier adoptera les trois mouvements *allegro-adagio-allegro* du concerto vivaldien, ou leur ajoutera un *menuet,* remplacé par un *scherzo* comme dans certaines œuvres de jeunesse de Haydn, tantôt elle se réduira à deux mouvements (*allegro-menuet,* dans l'op. 7 de Sammartini); les sonates ou *essercizi* de Domenico Scarlatti, publiées à partir de 1738, ne comportent qu'un seul mouvement.

Dans la structure des divers mouvements pris en particulier, on constate, jusqu'au moment où le style classique sera parvenu à maturité, c'est-à-dire dans le dernier quart du XVIIIe siècle, la même indécision — ou la même fantaisie. Seul l'allégro initial se conforme assez généralement au schéma sonate tel que nous l'avons esquissé plus haut. Les mouvements lents sont de forme libre, ou épousent celle du *lied* (A. B. A.), ou font place à un récitatif analogue à celui qui servait de transition entre les deux allégros dans les plus anciens concertos de soliste, ou encore se rallient à la forme sonate. Le finale peut être aussi de forme sonate. Plus souvent, c'est une danse ou un rondo avec refrain, ce refrain communément ornementé de façons différentes par l'interprète à chacune de ses réapparitions, si le compositeur n'en avait pas lui-même écrit les broderies.

L'écriture tend de plus en plus à l'homophonie. Des compositeurs nourris de polyphonie comme les fils de J.-S. Bach ne pouvaient pas renoncer totalement au contrepoint. Wilhelm Friedemann le combine souvent avec l'harmonie verticale, Philipp Emanuel, à un moindre degré, tandis que leur plus jeune frère, Jean-Chrétien opte pour le style galant, à l'italienne, que pratiquera aussi le Mozart des années de formation et, bien qu'avec moins de continuité, celui des grandes années.

On ne peut guère songer à énumérer ici les musiciens qui, en Italie, en Allemagne, en France, en Angleterre, pour ne parler que des principaux foyers, s'essaient dans le genre nouveau : citer Galuppi, Sammartini, Platti, Paradisi, Rutini, les fils de J.-S. Bach, G. Benda, Fasch, Schobert, Edelmann, Nichelmann, Hasse, les Mozart, père et fils, Joseph Haydn, Boccherini, Séjan, Clément, Filz, Cannabich, Monn, Wagenseil, etc., c'est donner une idée très faible et très incomplète d'un mouvement auquel prennent part les compositeurs de l'Europe entière, même s'ils continuent, par ailleurs, à écrire selon les anciennes routines, pour violon ou divers instruments et basse continue.

Le contenu expressif d'un répertoire aussi étendu, provenant d'écoles si hétéroclites, répond à cette extrême variété de tendances. Les sonates de la période 1740-1770 ou 1775 ressortissent en majorité au style galant, plus volontiers décoratif que lyrique; mais il en est, chez C. Ph. E. Bach, chez Schobert, « le premier poète que Mozart ait rencontré sur son chemin » (G. de Saint-Foix), chez Edelmann, et combien d'autres, où un accent nouveau se fait entendre, qu'on peut sans exagération dire préromantique, qui exige et, dans une large mesure, explique l'abandon du clavecin en faveur d'un instrument plus apte à exprimer les passions de l'âme, le piano-forte.

LE PIANO-FORTE

Inventé à peu près simultanément, au début du siècle, par Cristofori en Italie, Marius en France, Schröter en Allemagne, le piano-forte était resté, jusque vers 1760, d'un emploi assez exceptionnel. Un Italien, Lodovico Giustini, avait bien publié dès 1732, à Florence, douze *Sonate* (à vrai dire des suites), *da cimbalo di piano e forte detto volgarmente di martelletti,* conçues de toute évidence pour être exécutées sur l'instrument créé dans la même ville par Cristofori quelques années auparavant. J.-S. Bach connaissait les pianos-forte de Silbermann. Ralph Kirkpatrick a récemment découvert que Domenico Scarlatti (mort en 1757) avait eu des pianos à sa disposition dans les palais d'Aranjuez et de l'Escurial, et il n'est pas exclu qu'il ait écrit pour cet instrument un certain nombre de ses dernières sonates. Mais le piano-forte ne devient d'usage courant qu'à partir de 1768. L'année précédente, déjà, Dibdin avait accompagné une cantatrice dans un concert public donné à Londres le 16 mai 1767 sur « un nouvel instrument appelé piano-forte ». Le 2 juin 1768 le piano-forte est mis en valeur, dans la même ville, par un soliste qui n'est autre que Jean-Chrétien Bach. Le 8 septembre, à Paris, le Concert spirituel emboîte le pas en produisant une demoiselle Lechantre, au *clavecin forte-piano.* Bientôt Edelmann fera campagne pour l'instrument à marteaux, suivi de Rigel, Hüllmandel, Clementi : la porte sera ouverte à un art nouveau du clavier.

LA SYMPHONIE

Parvenue à maturité, la symphonie présente une telle similitude de plan avec la sonate qu'on la définit couramment une « sonate pour orchestre ». Mais la définition ne vaut qu'à partir d'une période voisine de l'âge classique. Auparavant, le mot *sinfonia* était resté longtemps plus imprécis encore que celui de *sonata.* Au XVIᵉ siècle, il pouvait désigner toutes sortes de compositions pour les instruments et les voix. Au XVIIᵉ siècle, il se restreint

aux compositions purement instrumentales, pour des
effectifs qui ne sont pas nécessairement nombreux, puisque
nous avons rencontré plus haut des *Symphoniae* de Nicolas
a Kempis à trois, deux, et même — au mépris de
l'étymologie — un instrument! Pour essayer de voir clair
dans une évolution assez complexe, nous nous reporte-
rons en deçà du champ du présent chapitre. Nous trou-
verons l'amorce de la symphonie dans les domaines les
plus divers : théâtre lyrique, concerto, suite, sonate à
plusieurs instruments.

Les tout premiers opéras, l'*Euridice* de Peri, l'*Orfeo* de
Monteverdi, comportent de brefs épisodes purement
instrumentaux, ouverture, ritournelles, interludes pour
des ensembles diversement composés, que le compositeur
intitule souvent *sinfonia*. Bientôt ce nom qualifiera plus
particulièrement l'ouverture, qui se développera au point
de nécessiter une organisation sinon très stricte, du moins
mieux équilibrée qu'au début du drame lyrique. Elle
adoptera des schémas divers, selon les écoles, jusqu'à la
fixation de deux types opposés, tous deux obéissant à
des plans logiques et nets : l'ouverture française, ébauchée par Lully à partir des ballets de *l'Amour malade* et
d'*Alcidiane* (1657 et 1658) et pleinement réalisée dans
l'ouverture qu'il écrivit en 1660 pour préfacer le *Serse*
de Cavalli; l'ouverture italienne, déjà plus qu'ébauchée
par Alessandro Stradella dans une cantate de 1681, *Il
Barcheggio,* mais dont Alessandro Scarlatti a fourni le
modèle accompli à partir de la reprise, en 1696, d'un de
ses opéras de jeunesse, *Dal male il bene.* Dans l'ouverture
française se succédaient une partie relativement lente,
majestueuse, en mesure binaire, caractérisée par la persistance d'un rythme très accentué (notes pointées), et une
seconde partie rapide et légère, en style d'imitation;
parfois une troisième partie s'ajoutait, lente à nouveau, qui pouvait être le rappel, abrégé, de la première.
L'ouverture italienne comportait trois sections, *allegro-
adagio-allegro,* d'écriture homophone, la première section
pouvant cependant, comme les *concerti grossi* de la même
période, recourir à l'ancien style d'imitation. La *sinfonia*
dramatique avait d'ailleurs plus d'un point de contact
avec le concerto et la sonate.

D'une part, il faut y insister, les limites des différents
genres étaient beaucoup moins strictement tracées que

dans nos manuels d'histoire de la musique : on passait de
la sonate à la sinfonia et au concerto par simple adjonction
d'exécutants supplémentaires. On trouve, pour une
Sonate à quatre (archets) de Torelli, conservée à S. Petronio de Bologne, un fascicule séparé intitulé *Ripieni*
(suppléments) *per la Sonata a quattro ;* inversement, nous
voyons Vivaldi ramener un concerto pour deux violons
soli et quatuor à une sonate ou sinfonia à quatre, en
raturant sur son manuscrit les indications *tutti* et *solo,*
qu'il remplace respectivement par *forte* (à la place des
tutti) et *piano* (pour les *soli*).

D'autre part, les compositeurs de l'époque préclassique, qui tous, à la seule exception peut-être de Corelli,
écrivaient pour le théâtre, l'église et le concert, n'avaient
aucune raison de ne pas s'emprunter à eux-mêmes, quand
ils étaient à court de temps, un concerto ou une sinfonia
pour en faire une ouverture d'opéra, et réciproquement.

Au fur et à mesure que l'ouverture dramatique se
développait, on s'accoutuma à la séparer de son opéra
pour l'utiliser, seule, comme morceau de concert (ou
d'église : en matière de musique, les églises italiennes
avaient l'esprit large). L'œuvre de Vivaldi est à cet égard
très révélatrice. Plusieurs *sinfonie* antérieures à 1720
portent en sous-titre le titre de l'opéra pour lequel elles
avaient été composées, mais sont manifestement copiées
pour être données hors du théâtre. Ailleurs, par exemple
chez J.-S. Bach, sensiblement à la même époque, l'ouverture française sert d'introduction à des *suites* ou *par-
tite.*

Nous ne nous appesantirons pas davantage sur ces
questions d'origine : il nous suffit d'en avoir fait entrevoir la complexité. Arrivés presque au seuil de l'âge
classique, nous trouvons la *sinfonia* enfin parvenue à
trouver son équilibre, entre les différents mouvements
qui la constituent, et dans l'intérieur de chaque mouvement. Le plan d'ensemble, *allegro-adagio-allegro,* emprunté
à l'ouverture italienne et aux concertos de solistes de
Torelli et Vivaldi, est celui qu'adopteront les classiques,
en lui adjoignant le *menuet* ou le *scherzo.* La structure de
chaque mouvement est calquée sur celle des mouvements
correspondants dans la sonate ou le concerto, avec une
tendance de plus en plus marquée à délaisser la coupe
fragmentaire du concerto (où peuvent alterner jusqu'à

sept et huit groupes *tutti-solo*) pour celle de l'*allegro* de sonate en deux sections symétriques.

DE 1715 A 1750

A ce moment se posent de nouveaux et délicats problèmes d'antériorité. De 1715 à 1750 viennent au jour de très nombreuses *sinfonie,* ou symphonies, car la nouvelle orthographe gagne sans cesse du terrain : à qui attribuer le mérite d'avoir sinon inventé un genre qui, nous l'avons vu, peut revendiquer de lointaines origines, du moins de lui avoir donné une impulsion décisive ?

La question est de celles qu'on agite, rituellement, depuis que les musicologues se penchent sur l'histoire de la symphonie, et il y a peu de chances pour qu'elle soit jamais résolue. D'abord, il s'est écrit, entre 1715 et 1750, un nombre considérable d'œuvres orchestrales qui répondent plus ou moins à l'idée que nous nous faisons de la symphonie. Il en a été publié en tous pays, notamment en Italie, en France, en Allemagne, en Angleterre, en Belgique. La plupart, éditées ou restées manuscrites, ne sont pas datées. Et puis la réponse change selon que l'on considère la forme ou l'orchestration (nous retrouverons la même difficulté à propos du quatuor à cordes) : bien des *sinfonie avanti l'opera,* construites en trois sections *allegro-adagio-allegro,* selon un véritable plan de symphonie, sont orchestrées pour des ensembles hasardeux et déséquilibrés ; d'autres *sinfonie,* dont la forme et l'écriture se souviennent de l'ancienne sonate d'église ou du *concerto grosso,* sont d'esprit moderne quant à l'orchestration. Nous nous trouvons, en réalité, dans un domaine vaste, mouvant, aux limites d'autant plus mal déterminées qu'il convient d'y inclure, à partir de 1740-1750, les sérénades, *divertimenti,* cassations et autres musiques de plein air qui tendent de plus en plus vers la symphonie, et les trios et quatuors à cordes destinés à être exécutés indifféremment par trois ou quatre solistes, ou par autant de pupitres d'orchestre.

Si, délaissant la période infantile de l'évolution de la symphonie, nous entrons dans celle qui précède immédiatement l'âge classique, ce sera pour y constater une énorme prolifération du genre, en divers points de l'Europe. Qui mène le jeu ? Il semble que ce soit l'Italie, où les maîtres qui écrivent pour l'orchestre se comptent par douzaines.

G. B. SAMMARTINI

On leur a longtemps donné pour chef et initiateur Giovanni Battista Sammartini, qui est, en tout cas, un musicien plein de dons : verve, élégance, mordant, sens poétique (moins enclin à la mélancolie qu'à une sorte de légèreté féerique, qui lui a parfois valu l'étiquette d' « impressionniste »). Sa première symphonie, en quatre mouvements, fut jouée en 1734 à Milan, avec un énorme succès. Plusieurs autres parurent en recueil, à Paris, avant 1742. Toutes sont homophones, sans aucun retour à la polyphonie d'antan. Le premier mouvement est tantôt monothématique, tantôt dithématique. L'orchestration est à base de trio ou de quatuor à cordes, avec adjonction de parties de cor dont le rôle est assez peu important pour que certains éditeurs les aient omises. C'est la vivacité, la saveur des idées musicales et leur parfaite appropriation aux cordes qui ont fait la vogue de ces symphonies dont l'une aurait arraché à Mysliveček, ce Tchèque ami et, dans une certaine mesure, inspirateur de Mozart, ce mot souvent cité : « J'ai trouvé le père du style de Haydn! »

LES SYMPHONIES DE VIVALDI

Ce peut être la vérité. Il paraît cependant probable que Vivaldi, plutôt que Sammartini, a joué ce rôle paternel. On a retrouvé de lui dix-huit symphonies manuscrites (plus les incipit de cinq autres), écrites à partir de 1716, qui déjà présentent le type préclassique dans sa pureté. Elles comportent les trois mouvements du concerto de soliste et de l'ouverture napolitaine, traités dans un style résolument différent de celui du concerto : les instruments du quatuor sont utilisés dans leur registre le plus sonore, sans recours aux positions élevées, avec des dessins faciles à doigter, des coups d'archet simples et efficaces, l'ornementation réduite à presque rien : en bref, l'écriture qu'on admirera dans l'école de Mannheim et jusqu'à des figurations — tels les trémolos à notes jaillissantes — dont il est d'usage d'attribuer l'invention à Johann Stamitz ou à son entourage. Les thèmes emprun-

tés à l'accord ou à la gamme du ton présentent ce caractère
d'affirmation tonale qu'on retrouve couramment chez
Haydn, Mozart et même Beethoven, au moins dans le
mouvement initial des symphonies. La construction est
mono ou dithématique (le dithématisme n'étant pas encore
employé dans le sens d'un conflit dramatique entre deux
personnages sonores). Les mouvements lents sont plus
développés que ceux de Sammartini. Les uns sont mono-
thématiques, d'autres en forme de lied A. B. A.; ou encore
en deux compartiments avec reprises. Les finales, pour
la plupart des menuets, sont courts, construits en deux
compartiments symétriques, avec reprises. L'orchestration repose sur le quatuor. Cinq seulement de ces
symphonies font appel aux bois et aux cors, moins ingénieusement utilisés que dans certains grands concertos de
Vivaldi — à part les cors employés pertinemment, non
en permanence, comme de simples doublures de la
basse, mais à point nommé, en vue d'effets précis.

La maîtrise de Vivaldi orchestrateur éclate surtout
dans la façon dont il écrit pour les instruments à archet,
et en tire une variété de coloris jusqu'à lui sans exemple.
On s'en rend mieux compte à lire les quelque quarante
œuvres qu'il intitule *concerti ripieni* ou *concerti a quattro,*
et qui sont d'authentiques symphonies pour cordes, les
unes de tous points semblables à celles dont il a été question au paragraphe précédent, d'autres s'en différenciant
par une écriture plus travaillée, qui n'est pas sans faire
songer à celle des anciennes sonates ou *sinfonie* d'église.
Le style contrapuntique y réapparaît, concurremment
avec l'harmonie verticale; le finale n'est plus un menuet
mais un allégro ou un presto; sans viser à l'austérité, ces
concerti ripieni se rendent propres aussi bien au saint lieu
qu'aux salles de concert profanes. Grâce à leur caractère
tempéré, ils peuvent alterner avec des symphonies plus
légères auxquelles, par une osmose salutaire, ils commu-
niquent un peu de leur sérieux. A un moment où le genre
court un certain risque de s'anémier en se contentant
d'un discours musical réduit à la simple mélodie accompagnée, le recours à un contrepoint modernisé, exempt
des surenchères pédantesques dont l'action avait été
néfaste et stérilisante à la fin de la Renaissance, devient
principe d'enrichissement. L'écriture à plusieurs voix
s'avère aussi stimulante pour les recherches d'orchestra-

tion qu'en ce qui concerne la forme : on saisira l'intérêt de ce point de vue en évoquant, par exemple, le finale de la *Symphonie Jupiter,* de Mozart.

Quant à la supposition, énoncée plus haut, que Haydn ait pu être au courant des modèles italiens, mais tirés plutôt de Vivaldi que de Sammartini, elle prend créance du fait que le comte de Morzin, grand seigneur de Bohême, protecteur du Prêtre roux et dédicataire des concertos des *Saisons,* voisinait avec les Esterhazy; et le maître de chapelle des Esterhazy auquel Haydn devait succéder, Gregor Joseph Werner, avait publié en 1748 un ouvrage symphonique inspiré des *Saisons,* sans le moindre doute possible.

LA SYMPHONIE EN FRANCE

A côté de Sammartini et de Vivaldi, de nombreux Italiens, les uns illustres, Porpora, Galuppi, Boccherini, Pergolèse, d'autres obscurs ou même demeurés anonymes, ont apporté leur part de création. Hors d'Italie, ils avaient des émules, égaillés dans l'Europe entière et qui, avec plus ou moins de génie, poursuivaient une marche parallèle, sans qu'on soit toujours en mesure de savoir s'il y a eu échange d'influences ou similitudes fortuites entre les pensées de compositeurs qui s'ignoraient l'un l'autre. Notre pays ne menait pas le jeu, mais il y était largement engagé. Bien que l'on continue de les sous-estimer, même après les travaux définitifs de La Laurencie et de Saint-Foix, les compositeurs français du XVIIIe siècle ont beaucoup écrit pour l'orchestre, dans des formes plus ou moins proches de celle de la symphonie italienne.

Jusqu'en 1740, environ, on constate en effet que l'appellation symphonie n'implique, à leurs yeux, aucune obligation précise. Ils en restent à la simple notion d'œuvre orchestrale, de forme libre, que le *Dictionnaire* de Brossard exposait en 1703, en définissant la symphonie « une pièce où le compositeur n'est point assujetti ny à un certain nombre, ny à une certaine espèce de mesure ». Mais, apparentées à la suite de danses, ou au concerto, ou à ce qui sera plus tard le poème symphonique (par exemple *les Élémens* de J.-F. Rebel, de 1737, où la peinture du chaos originel fait déjà penser au début de *la*

Création de Haydn), nombre de symphonies françaises valent par une fraîche et abondante invention thématique et la vivacité des rythmes. Certaines d'entre elles marquent un progrès dans l'orchestration, lorsque à l'indétermination qui régnait d'ordinaire dans le choix des instruments se substitue un emploi spécifié des différents timbres de l'orchestre : il en va ainsi dans *les Élémens,* qui utilisent, en plus des cordes, les flûtes, hautbois, bassons et cors, dans les *Symphonies* de Mouret, où interviennent hautbois, bassons, trompettes, cors et timbales, etc.

Au point de vue de la forme, l'avance se marque surtout dans des trios (ou quatuors) d'une facture spéciale, publiés en grand nombre à partir de 1760, et destinés à être « exécutés à trois ou à grand orchestre », c'est-à-dire par un ensemble d'archets éventuellement complété par des flûtes, hautbois, trompettes doublant les violons, et des bassons doublant les violoncelles. Parfois un même recueil est divisé à nombre égal entre des trios (ou quatuors) solistes et des trios (ou quatuors) d'orchestre, d'une écriture plus simple, partant plus adaptée à l'exécution collective. Ces œuvres abandonnent presque toutes la structure de la suite pour se rallier à celle de la sonate. Les *Six Symphonies dans le goût italien,* de Guillemain (1740), présentent des amorces de dithématisme. Leur titre, leur coupe en trois mouvements, les rattachent aux nouvelles tendances.

Ce répertoire de trios et quatuors d'orchestre comporte encore une partie de basse chiffrée destinée à l'accompagnement au clavecin. Mais le rôle du clavecin d'accompagnement perd de son importance à mesure que l'écriture des cordes s'affermit. Bientôt, autour de 1760, on ne le conservera que par routine traditionaliste, ou comme renfort, pour pallier l'insuffisance ou le manque d'une des parties.

L'activité du Concert spirituel, la fréquente participation d'instrumentistes étrangers, l'emploi à demeure de plusieurs de ces virtuoses chez des mécènes parisiens comme M. de La Pouplinière, les visites ou les séjours prolongés de compositeurs italiens, belges, allemands, tchèques, dont beaucoup faisaient graver leurs œuvres chez nos éditeurs, devaient apporter aux symphonistes français un stimulant que l'on peut mesurer à l'abondance de leur production, telle que La Laurencie et Saint-Foix l'ont inventoriée. Mais ces derniers, juges impartiaux, conviennent que nos compositeurs préclassiques, quelques qualités qu'on leur accorde, tant dans le domaine de l'expression que dans celui de la technique, restent, en matière d'art instrumental, tributaires de l'Italie et de l'Allemagne.

La Laurencie et Saint-Foix émettaient ce jugement en 1911. Depuis lors, une première école autrichienne nous a été révélée, comprenant des Viennois tels que Georg Matthias Monn, G. Chr. Wagenseil, des Salzbourgeois comme Leopold Mozart, qui, de très bonne heure, ont écrit des symphonies dont l'écriture et l'orchestration égalent en maturité celles des maîtres de Mannheim, leurs contemporains; et leurs chronologies respectives s'enchevêtrent au point que l'on peut difficilement, à l'heure actuelle, attribuer à coup sûr à l'une ou l'autre école tel progrès dans l'écriture, la structure ou l'orchestration de la symphonie. Le problème se complique encore si l'on considère que Johann Agrell, un Suédois, avait, dès 1725, composé des symphonies avec hautbois, trompette, flûtes, cors (musicalement assez pauvres, il est vrai), qu'avant 1740 le Morave Mića en écrivait de beaucoup plus solides et que, dans plusieurs cours princières d'Allemagne et d'Autriche, d'autres pionniers avançaient dans les mêmes voies.

L'ÉCOLE DE MANNHEIM

Si Mannheim s'est vu attribuer le plus souvent le mérite de l'invention, cela tient sans doute moins à la substance musicale des œuvres qui y ont pris naissance qu'à la splendeur de l'exécution que leur assurait un orchestre réputé le meilleur de son temps. Dès son accession au pouvoir (1743), le duc Charles-Théodore avait fait de Mannheim un centre artistique de toute première importance. La musique y occupait une place prépondérante. L'Électeur palatin s'était particulièrement appliqué à se constituer un orchestre modèle. Il lui donna pour chef l'excellent violoniste tchèque Johann Stamitz, qui bientôt eut à sa disposition un ensemble dont chaque membre était un maître. Stamitz put faire travailler ses musiciens à sa guise, instaurer un style symphonique, une discipline qui lui permît des attaques d'une netteté, des nuances d'une précision jusqu'alors inconnues. On lui a parfois attribué l' « invention » du *crescendo* et du *decrescendo,* ce qui est absurde, car les chanteurs, les violonistes, quiconque avait à « tenir » des sons, les pratiquaient depuis longtemps; mais il était le premier à les obtenir de tout un orchestre.

Ses œuvres, bien construites, élégantes, où l'on chercherait en vain la présence d'une originalité profonde, mais jouées avec une perfection dont nous conservons, d'auditeurs dignes de foi, des témoignages émerveillés, ont contribué pour beaucoup à imposer la symphonie à quatre mouvements, avec l'allégro initial de forme sonate, le finale généralement en rondo, le menuet intercalé entre l'andante et le finale (l'adjonction du menuet n'était pas une nouveauté absolue : on le trouve déjà dans les *Sinfonie a quattro* d'Albinoni, vers 1735). D'autres « Mannheimer » ont servi la même cause, aidés des mêmes éléments de succès : Franz Xaver Richter, Anton Filz, Holzbauer, puis Carl Stamitz (fils de Johann), Christian Cannabich, Franz Beck, sont parmi les plus importants. Moins pour la qualité de leur musique, dont une part relativement faible peut aujourd'hui affronter l'épreuve du concert, que parce qu'on y trouve déjà, quant à la forme, l'essentiel de la symphonie classique. Et c'est Mannheim qui a fixé, à très peu près, les proportions de l'orchestre classique, appuyé sur un solide quatuor (dès 1756, une masse de vingt violons, quatre altos, quatre violoncelles, deux contrebasses) auquel s'ajoutaient les bois par deux ou par quatre, quatre cors plus des trompettes et timbales quand besoin était.

LE RÔLE DE J. HAYDN

Joseph Haydn n'a pas écrit de symphonie avant 1759 — au plus tôt. On voit à quel point le titre de « Père de la symphonie », qu'on lui décerne souvent, est en désaccord avec la réalité des faits, si on veut le prendre à la lettre. Haydn a été devancé par tous les Italiens, Allemands, Autrichiens, Français déjà nommés; encore en ai-je omis beaucoup, de l'importance de C. Ph. E. Bach, Boccherini, Gossec.

Mais, à considérer les choses de plus haut, on doit lui

reconnaître une éclatante primauté. Dans ses cent quatre symphonies qui s'échelonnent entre 1759 et 1795, il a donné à la forme sa dignité la plus haute : il ne l'a pas seulement perfectionnée sous le double rapport de la construction et de l'orchestration : il y a mis l'empreinte d'un génie vigoureux et original. Ces adjectifs surprendront peut-être plus d'un lecteur ? J'emprunterai ma réponse à une excellente étude de Cecil Gray sur *Joseph Haydn et la symphonie*. Il y est fait bonne justice d'assertions que les manuels se transmettent d'âge en âge, et qu'on n'a vraiment plus le droit d'accepter. On ne peut plus ravaler Haydn au simple rôle de précurseur de Mozart, comme Mozart le serait de Beethoven, « respectivement le bourgeon, la fleur et le fruit d'un même arbre généalogique ». Cette place éminente assignée à Haydn dans l'histoire de la musique, on a cessé d'admettre qu'il ne la devrait « pas tant à son apport réel qu'à son rôle dans l'évolution de la forme symphonie dont il est communément, mais faussement, proclamé l'inventeur. D'où la familière et restrictive appellation « Père Haydn »... Que cette locution, dans la mesure où elle s'appliquait à sa personnalité, et pas seulement à sa part dans la formation du génie de ses successeurs, reposait sur « l'attribution à sa musique de qualités de second plan, impliquées dans cette désignation paternelle : une suave bénignité, une allégresse imperturbable, associées à une émouvante suggestion de sénilité, ou de seconde enfance ».

Or, poursuit en substance Cecil Gray, de même que l'on a, au début du présent siècle, renoncé à considérer Mozart comme un simple précurseur de Beethoven, de même, un peu plus tard, on a renoncé à voir tout bonnement en Haydn un « Mozart embryonnaire ». En bref, « Haydn n'est pas plus contenu dans Mozart que Mozart dans Beethoven. Mozart n'était pas plus capable de surpasser Haydn dans les domaines où il excelle que Haydn de surpasser Mozart dans les siens. » Sur quoi Cecil Gray exalte l'esprit novateur de son héros : non pas pour avoir introduit le menuet dans la symphonie (nous avons vu plus haut qu'en cela, il avait été devancé par Albinoni, parmi d'autres), mais pour l'avoir marqué de sa forte personnalité aussi bien que les trois autres mouvements traditionnels : l'allégro initial où il se montre le plus audacieusement opposé aux formules stéréotypées, le plus « protéiforme » des compositeurs, le second mouvement, dans lequel il substitue souvent le thème varié au lied habituel, où il met souvent aussi une intensité d'émotion dont on ne trouve d'exemple chez aucun de ses prédécesseurs immédiats. « Mais c'est peut-être, pardessus tout, dans ses finales que le souverain génie et l'originalité de Haydn apparaissent le plus clairement, de même que son invariable félicité, aux deux sens du mot : gaieté spontanée, absolue sûreté de touche. Même dans ses moments les plus heureux, Mozart n'est jamais loin des larmes ; avec lui, on est toujours conscient des virgiliennes *lacrymae rerum :* avec Haydn, jamais. »

Les quelques œuvres de jeunesse qui entrent chronologiquement dans les limites du présent chapitre laissent déjà paraître les qualités que mettra en pleine lumière la production de son âge mûr, élégance et fermeté de l'écriture, variété de la forme, trouvailles d'orchestration, étendue d'un clavier expressif qu'on ampute de la façon la plus arbitraire en le confinant dans la joie insouciante. A considérer tous ces traits de supériorité, on peut trouver justifiée l'étiquette de « Père de la symphonie » attachée, dans les manuels, au nom de Joseph Haydn.

On l'y appelle aussi le « Père du quatuor » : il l'est de la même façon (encore qu'il y ait des présomptions de paternité presque aussi fortes en faveur de Boccherini), en ce sens qu'il a doté de chefs-d'œuvre un genre dont l'équilibre demeurait incertain : mais nullement un genre nouveau, si l'on considère que l'originalité du quatuor consiste dans le concert de quatre voix instrumentales à la fois parentes et différenciées, et non dans le plan, qui ne se distingue en rien de celui de la sonate.

LE QUATUOR

Au XVIᵉ siècle, au moment où s'était créé un art instrumental appliqué à s'émanciper de l'imitation des voix, il n'en avait pas moins commencé par calquer le dispositif du quatuor vocal dans lequel s'échelonnaient les quatre tessitures : soprano (ou discantus), alto, ténor et basse. Nombre de compositions polyphoniques dont l'instrumentation n'était pas précisée pouvaient être jouées par quatre cornets, ou quatre violes, ou quatre violons. L'*Odhecaton* (Venise, 1501) contient des *canzone* instrumentales à quatre. On en trouve d'autres, et des *ricercari*, et toutes sortes de compositions en quatuor dans les recueils italiens, allemands, néerlandais, du XVIe siècle. Une fugue pour quatre violons *(Geigen)*, imprimée dès 1532 dans la *Musica Teusch* de Hans Gerle, est en parfait style de quatuor, de même que, un peu plus tard, les fantaisies pour violes de Du Caurroy, Guillet, Claude Le Jeune, ou les *Danceries* de Claude Gervaise. Des théoriciens qu'il serait trop long de citer présentent comme une formation normale le « concert » de quatre violes ou violons de formats différents. Et il faut convenir que la musique polyphonique confiée à de tels ensembles jusqu'au début du XVIIe siècle s'inspirait à un haut degré de ce qu'on peut appeler « l'esprit du quatuor ». Plus que dans la période qui va suivre, plus même que dans les premiers quatuors de Haydn ou de Mozart, les quatre parties concertent à égalité, toutes quatre chantent, sans qu'il soit entre elles question d'une hiérarchie au sommet de laquelle régnerait une partie mélodique, le *superius,* seulement accompagnée par les trois autres.

Lors même que le style homophone aura remplacé la polyphonie ancienne, modifiant et la sonorité et le sens même de la musique instrumentale, lorsque la mélodie du superius accaparera l'intérêt, des vestiges resteront çà et là de la conception, momentanément éclipsée, du quatuor. D'abord toute la musique de danse française écrite au XVIIe siècle pour la famille des violons, groupés en ensembles qui vont du quatuor soliste à de petits orchestres comme la bande des vingt-quatre violons. Leur répertoire présente cette particularité d'être destiné aux seuls archets, sans basse réalisée au clavier. Aux danses s'y ajoutent souvent des *fantaisies* qui sont de la musique de concert (par exemple dans les *Pièces pour le violon à quatre parties de différents autheurs,* publiées par Ballard en 1665).

En Italie, en Allemagne, d'innombrables sonates et suites à quatre instruments à archets (d'Adriano Banchieri, Giovanni Battista Vitali, Torelli, Rosenmüller, Schmiecerer, etc.) peuvent se passer du clavecin réalisant la basse qui semble n'être là qu'en cas de défaillance d'un des quatre partenaires. Cette basse pour clavier est même tout à fait absente d'une pièce de style contrapuntique, de Gregorio Allegri, reproduite dans la *Musurgia universalis,* de Kircher, en 1650, avec spécification des instruments : « Duoi Violini, Alto et Basso di Viola ».

Mais le pays par excellence où, au cours du XVIIe siècle, survit la composition pour instruments à archet sans accompagnement de clavier, c'est l'Angleterre. Très avant dans le XVIIe siècle, les violes y conservaient une faveur qu'on refusait au violon. Constituées en quatuors, quintettes, sextuors, elles fournissaient le fonds des concerts d'amateurs. La forme habituelle était la *fantaisie,* libérée le plus souvent des rythmes chorégraphiques. Elles donnent maintes fois l'impression d'avoir recherché un dosage de sonorités fort surprenant pour cette époque. Alfonso Ferrabosco, Ward, Jenkins, Coperario, Thomas Lupo, Matthew Locke, etc., ont écrit dans ce style de la *fancy* des œuvres infiniment séduisantes. L'habitude était alors si enracinée de composer pour des familles instrumentales homogènes, que lorsque des musiciens de l'époque élisabéthaine s'avisèrent de mélanger divers groupes, on appela le genre nouveau *Broken Music* (musique brisée). Vers la fin du siècle, quand le genre semblait épuisé, Henry Purcell, âgé de vingt et un ans (vers 1680), a donné des *Fantaisies à quatre parties* (violes ou violons) qui contiennent des beautés de premier ordre. On a pu, sans paradoxe, comparer certains de ses procédés d'écriture à ceux de Fauré dans son *Quatuor* posthume op. 121. Les quatre voix se meuvent avec une égale souplesse, au gré d'un contrepoint singulièrement expressif et libre d'allure.

Au début du XVIIIe siècle, les Italiens, en nombre, et quelques compositeurs en d'autres pays, ont acquis une telle maîtrise dans le nouveau style homophone, et en même temps une telle entente de l'écriture des instruments à archet que la basse chiffrée devient de moins en moins utile. Citons Luigi et Giulio Taglietti, Manfredini, dall'Abaco, mais on pourrait ajouter des noms par douzaines. Entre-temps, en 1725, se présente à nouveau un échantillon, à vrai dire exceptionnel, de véritable quatuor, délibérément privé des béquilles de la basse chiffrée. Alessandro Scarlatti en est l'auteur. L'œuvre se compose de six quatuors intitulés : *Sonata prima* (*seconda,* etc.)

a quattro, *Due Violini*, *violetta (alto)* e *Violoncello senza cembalo* (sans clavecin). Cette initiative de Scarlatti ne semble pas avoir eu d'écho, au moins immédiat. Pendant une trentaine d'années la basse chiffrée continuera d'escorter les quatre archets du quatuor, par simple routine, ou pour remplacer un absent, ou, dans les quatuors à double fin dont il a été question plus haut, pour servir de « conducteur » lorsqu'ils étaient joués à grand orchestre.

A partir de 1750 la vogue de ces quatuors bat son plein. Un catalogue parisien de 1751 (Le Clerc — Veuve Boivin) mentionne sous la rubrique *Quatuor* une vingtaine d'auteurs, parmi lesquels Telemann, Tessarini, Jommelli, Briuschi, Dauvergne. Dix ans plus tard, en 1761, Boccherini composera ses premiers quatuors, publiés seulement en 1768 sous le titre : *Sei Sinfonie o sia quartetti, per due violini, alto e violoncello obbligati*. Ils marquent le début de la série des cent deux quatuors qui nous ont été conservés de lui.

Haydn, qui devait en écrire quatre-vingt trois, l'avait devancé, si l'on accepte la date de 1755 que C. F. Pohl assigne à ses quatuors de début. Mais lesdits quatuors sont encore apparentés à l'ancienne suite, et l'on peut se demander s'ils ont en quelque manière influé sur Boccherini. Et quand on parviendrait à élucider le problème, resterait à savoir quand, au juste, ont été écrits les quatuors (sans basse chiffrée) de Mannheimistes, de Français, d'Allemands, de Viennois, d'Italiens, que l'on publie surtout à Paris en abondance par recueils de six ou douze, environ 1760-1765.

Retenons que, pour la qualité et la quantité, dans le domaine du quatuor, Haydn et Boccherini sont très proches. Ils avaient l'un pour l'autre une estime et une admiration qu'ils ont eu l'occasion d'exprimer : nous pouvons leur partager la nôtre et renoncer à une recherche de paternité qui, si elle aboutissait, n'aurait d'autre intérêt que de confirmer ou d'infirmer une étiquette simpliste, et vaine.

Marc PINCHERLE.

BIBLIOGRAPHIE

A la bibliographie du chapitre précédent, ajouter :

QUANTZ, J. J., *Essai d'une méthode pour apprendre à jouer de la flûte traversière*, Berlin, 1752 (importants chapitres sur la constitution de l'orchestre et l'exécution d'ensemble).

BRENET, Michel, *Histoire de la symphonie à orchestre*, Paris, 1882.

RIEMANN, Hugo, *Die Mannheimer Schule*, dans : *Denkmäler der Tonkunst in Bayern*, III², 1903 et VII² 1907, Leipzig.

LA LAURENCIE, Lionel de, et SAINT-FOIX, Georges de, *Contribution à l'histoire de la symphonie française*, dans : « Année musicale », 1911.

NEF, Karl, *Geschichte der Sinfonie und der Suite*, Leipzig, 1921.

SANDBERGER, A., *Zur Geschichte des Haydnschen Streichquartetts*, Munich, 1921.

SAINT-FOIX, Georges de, *Les premiers pianistes parisiens*, dans « Revue musicale », avril 1922, avril 1923, juin 1924 (Schobert, Hüllmandel, Edelmann).

SONDHEIMER, R., *Die Theorie der Sinfonie im 18. Jahrhundert*, Leipzig, 1925.

PINCHERLE, Marc, *Des origines du quatuor à cordes*, dans : *Feuillets d'histoire du violon*, Paris, 1927.

EMMANUEL, Maurice, *La sinfonia*, dans : « Courrier musical », 1er octobre 1930.

PRUNIÈRES, Henry, *Nouvelle Histoire de la musique*, II, chap. XV, Paris, 1936.

HILL, Ralph, *The Symphony*, avec un chapitre sur *Haydn*, par Cecil GRAY, Londres, 1949.

CARSE, Adam, *The Orchestra in the XVIIIth Century*, Cambridge, 1950.

BORREL, Eugène, *La symphonie*, Paris, 1954.

HAYDN

Joseph Haydn (1732-1809), compositeur autrichien universellement connu, principal représentant, avec Mozart, du « classicisme viennois » pendant la seconde moitié du XVIIIᵉ siècle, est né au village de Rohrau, en une contrée essentiellement limitrophe, carrefour d'éléments ethniques à la fois autrichiens, hongrois et slaves — notamment croates. Il n'est donc point étonnant que la musique de ces divers peuples ait laissé des traces dans l'art de Haydn. Cependant si d'aucuns, insistant sur ces traces, ont voulu faire de lui un musicien hongrois ou croate, voire tzigane, c'est là une assertion dénuée de tout fondement. Tant du côté paternel que du côté maternel, Haydn est le descendant de paysans ou d'artisans austro-allemands établis dans cette région depuis plusieurs générations. Son père, Mathias Haydn, était charron; sa mère, Maria Haydn, née Koller, était la fille d'un bourgeois considéré, qui remplissait à Rohrau les fonctions de *Marktrichter*, c'est-à-dire de commissaire aux marchés. De leur mariage naquirent douze enfants, dont six survécurent. Joseph Haydn était le second des douze et l'aîné des fils. Parmi les cadets, il convient de signaler son frère Michael, lui aussi compositeur de premier plan (notamment dans le domaine de la musique d'église).

De son village natal, les circonstances menèrent Haydn d'abord à Hainburg, dans le voisinage de Rohrau, puis à Vienne où il fit un premier séjour d'une dizaine d'années, recevant en qualité d'enfant de chœur quelques leçons, avant d'en passer dix autres durant lesquelles il mena une existence d'artiste indépendant, acquérant la pratique de son métier et s'imprégnant par tous les pores de son être du plus de musique qu'il pouvait. A partir de 1760, et durant de longues années, il fut maître de chapelle au service des princes Esterhazy, à Eisenstadt puis à Esterhaz. Après la mort du prince Nicolas Esterhazy en 1790, il fut presque totalement libéré de ses fonctions officielles et put, au cours des années suivantes, accomplir en Angleterre deux longues tournées de concerts qui affermirent beaucoup sa gloire européenne. A partir de 1795, il vécut principalement à Vienne, s'adonnant encore à la composition jusque vers 1805, mais fort vieilli et affaibli en ses dernières années. Il mourut peu après l'entrée des Français à Vienne en 1809 et fut enterré avec des honneurs considérables auxquels s'associèrent jusqu'aux troupes d'occupation.

La tendance, fort répandue, consistant à donner d'un grand artiste une sorte de portrait stéréotypé, a également conduit, dans le cas de Haydn, à bien des mécomptes. On l'a si longtemps représenté sous les traits naïvement souriants du « Papa Haydn » qu'on en a presque complètement oublié de voir autre chose en lui. En face de la figure, idéalisée par le romantisme, du « titan » Beethoven, on a voulu faire de Haydn une nature perpétuellement idyllique et, par là même, totalement étrangère aux grands problèmes intellectuels. Nous savons aujourd'hui à quel point une telle conception défigure sa véritable personnalité. Haydn, en réalité, n'est pas un « type d'artiste » au sens où l'entendait le romantisme. L'art, pour lui, ne consiste pas à faire étalage de son propre moi, ce n'est pas une confession personnelle. Homme du XVIIIe siècle, il entend faire de l'art pour l'art et non pour exprimer ses propres états d'âme. Aussi la conception de son art inspiré par le romantisme est-elle, tant sur le plan historique que sur le plan esthétique, absolument erronée.

La position de Haydn, dans l'évolution de la musique européenne, est essentiellement caractérisée par le fait qu'il a grandi durant la dernière phase de la musique baroque, vers 1750, et a participé à toute l'éclosion du classicisme viennois jusqu'au seuil du romantisme, qui fait irruption peu après 1800. L'œuvre de Haydn est à la fois le pont qui relie ces deux périodes et le moteur qui a permis, de façon décisive, à cette évolution de s'accomplir. Cependant, si nous voulons tenter de retracer ici l'évolution artistique de Haydn, il nous faut dès l'abord souligner qu'à maints égards nous nous trouvons dans une incertitude plus grande que pour les autres grands compositeurs du XVIIIe siècle. En premier lieu, nous ne possédons pas encore d'édition complète ni même un catalogue satisfaisant des œuvres de Haydn. D'autre part, on ne peut, en bien des cas, indiquer que de façon fort approximative l'époque à laquelle telle ou telle œuvre a été composée; souvent il n'est même pas possible d'affirmer avec certitude si une œuvre attribuée à Haydn est véritablement de lui, ou si c'est à tort qu'elle porte son nom. Cette incertitude affecte particulièrement les œuvres de jeunesse.

A quel âge Haydn a-t-il commencé à composer ? Nous ne le savons pas au juste. C'est comme enfant de chœur à Vienne qu'il reçut sa première formation, mais il a dit lui-même plus tard qu'il devait davantage sa science à la simple audition d'œuvres musicales qu'à de véritables études de composition. Quoi qu'il en soit, on peut compter avec certitude au nombre de ses premiers travaux une *Missa brevis* en *fa majeur,* probablement composée vers 1750 et qu'il reconnut avec une certaine émotion, la retrouvant cinquante années après, pour une de ses plus anciennes productions. Il va sans dire qu'elle ne montre point de traits tellement personnels, mais l'on y distingue déjà, en dépit de toute la gaucherie qui l'empreint, un talent foncièrement original, nullement altéré par une stricte observance des traditions. Les années 1750-1760, où Haydn, après avoir quitté le collège, mène à Vienne une vie de musicien indépendant, voient certainement aussi la naissance d'autres œuvres de musique d'église : c'est ainsi qu'on peut sans aucun doute dater de cette époque un *Salve Regina* en *mi majeur;* mais Haydn a probablement écrit au cours de ces années, pour les églises où il remplit les fonctions de chanteur, d'organiste ou de violoniste, quantité d'autres œuvres mineures de musique sacrée. Des concertos pour clavecin — ou orgue — et orchestre nous sont également parvenus, œuvres de caractère baroque nettement marqué et témoins irrécusables, précisément, des racines profondes qui rattachent notre musicien aux traditions de ce style. Une autre activité de Haydn, celle de professeur de piano, trouve d'autre part son reflet dans de charmantes petites pages pour cet instrument — sonates ou divertissements — destinées à des amateurs appartenant aux classes aisées de Vienne. Néanmoins Haydn rendait aussi hommage à une muse plus facile puisqu'il n'a pas dédaigné de mettre en musique une farce populaire intitulée *Der krumme Teufel (le Diable boiteux)* ; mais cette musique ne nous est point parvenue.

Il est cependant parmi sa production un autre groupe qui revêt une importance toute particulière : c'est celui des divertissements pour petits ensembles. Il a composé des *Divertimenti* pour vents seuls, pour cordes seules ou pour cordes et vents mêlés. Ceux pour quatre instruments à cordes méritent ici une mention spéciale : nous avons là les premiers exemples d'un genre de composition qui constitue le plus grand titre de gloire de Haydn, celui du quatuor à cordes. Aussi bien les premiers *Quatuors*, publiés quelques années après (mais non par Haydn lui-même, selon toute vraisemblance) à Paris, Amsterdam et Londres sous les numéros d'opus 1 et 2, doivent-ils absolument être considérés comme des divertissements. Ce sont des pièces en cinq mouvements, d'une forme également caractéristique de maints autres divertissements de la même époque : *allegro — menuet — adagio — menuet — presto* (ou mouvement similaire). L'esprit de l'ancienne suite baroque, l'amour de la danse, inné chez le peuple autrichien, et certains traits d'une volonté d'expression alors dans toute sa nouveauté, se mêlent dans ces œuvres. D'autres divertissements font présager un genre qui revêtira dans la production de Haydn une importance primordiale, celui de la symphonie, mais celle-ci, au cours de cette première période, ne fait que s'annoncer, sans parvenir encore à son véritable épanouissement.

Les années 1760 et suivantes marquent un tournant décisif dans la vie de Haydn et, partant, dans son art. Après un bref engagement chez un comte bohémien, il entre comme maître de chapelle au service du prince Esterhazy à Eisenstadt et Esterhaz, près de la frontière austro-hongroise. Un champ d'activité fécond s'offrait ainsi à lui, comme il l'a reconnu lui-même par la suite : « Mon prince était satisfait de tous mes travaux, je recevais son approbation ; placé à la tête d'un orchestre, je pouvais me livrer à des expériences, observer ce qui provoque l'effet ou l'amoindrit et, par suite, corriger, ajouter, retrancher, en un mot oser ; isolé du monde, je n'avais auprès de moi personne qui pût me faire douter de moi ou me tracasser, force m'était donc de devenir original. »

A ce nouvel emploi étaient liées de nouvelles obligations, non seulement pour le maître de chapelle mais
aussi pour le compositeur. Par sa production, Haydn
devait à présent subvenir à tous les besoins musicaux de
la cour du prince. Il s'ensuit que de nouveaux genres
passent au premier plan, principalement la symphonie
et l'opéra.

La symphonie, vers 1760, était fort différente de ce
qu'elle est de nos jours. Ce n'était point une de ces
« grandes machines » auxquelles Beethoven et Brahms
nous ont accoutumés; elle visait uniquement à une
représentation distinguée et à un noble divertissement.
Née de la *sinfonia* d'opéra italienne, d'où était également
issue, dès avant Haydn, une « symphonie de chambre »
constituant un genre autonome, elle s'assimilait les
éléments de toute une série de formes instrumentales
baroques, telles que concerto grosso et concerto pour
soliste, ouverture, sonate d'église et divertissement. De
toutes ces formes nous trouvons, dans les symphonies
de jeunesse de Haydn, des traces parfois assez rudimentaires, mais aussi, dans d'autres cas, témoignant d'une
influence vivace impossible à méconnaître. Dès les cinq
premières années passées au service du prince Esterhazy,
Haydn composa une trentaine de symphonies. Au
début, la constatation est facile à faire : telle symphonie
présente des réminiscences du *concerto grosso* (opposition
d'un petit groupe concertant, ou *concertino*, et de l'ensemble de l'orchestre, ou *tutti* : numéros 6-8 de l'édition
des *Œuvres complètes*); là, c'est la sonate d'église dont
on discerne le modèle (début formé d'une introduction
lente différant en son style des andantes de symphonie
habituels et suivie du mouvement principal vif : nos 5,
11, 18, 21, 22 notamment); ailleurs, c'est l'influence du
divertissement qui prédomine (mouvements simples,
à caractère de danses : nos 12, 14, 16). Mais vers 1765,
le processus d'assimilation est déjà si avancé que l'on
peut distinguer, à l'intérieur de cette évolution, une relative unité, encore que celle-ci revête de multiples
variantes. La symphonie haydnienne a dès lors adopté
la division quadripartite familière à chacun et présentant, sous sa forme typique, l'ordre de succession suivant :
allegro — andante — menuet avec *trio — allegro* ou *presto*
— et ce n'est que tout à fait exceptionnellement que

Haydn, à dater de 1765 environ, s'écarte de cet ordre. (L'introduction lente ouvrant le premier mouvement, que l'on trouve surtout dans bon nombre des dernières symphonies, constitue absolument une exception dans les symphonies de jeunesse et, si l'on considère l'ensemble des symphonies, elle n'apparaît que dans une faible minorité.) Au demeurant, cette division quadripartite n'a pas été, ainsi qu'on peut encore le lire assez souvent, créée ni inventée par Haydn. Maints de ses contemporains et même de ses devanciers l'ont également utilisée. Mais c'est lui qui, aux prises avec les diverses formes de la musique baroque en présence desquelles il se trouvait, en a fait la véritable conquête et l'a définitivement fixée dans ses propres symphonies.

La seconde moitié de cette décennie, et plus précisément sans doute les années 1768-1769, marquent dans l'art de Haydn le début d'une nouvelle phase, comme permet de le constater, au premier chef, son évolution symphonique. Cette phase (sur laquelle, le premier, Wyzewa a attiré l'attention dans un article publié dans « la Revue des Deux-Mondes » en 1909) a été désignée diversement comme « crise romantique » ou comme *Sturm und Drang*. Des définitions telles que celles-là sont-elles propres à caractériser comme il convient la nature du processus en question ? Il est loisible d'en douter. Il ne s'agit pas seulement ici d'une crise simplement passagère mais d'un tournant décisif dans l'art de Haydn, et même dans l'évolution du style classique viennois tout entier. Il n'est du reste pas si aisé d'établir ce qui a directement déterminé et provoqué cette évolution. Divers facteurs y ont, semble-t-il, leur part. L'un de ceux-ci, d'ordre tout à fait général, est probablement l'évolution de Haydn sur le plan humain au cours des années qui nous occupent. L'époque de sa pleine maturité approche, favorisée par le milieu cultivé où il vit et qui lui ouvre de vastes horizons. Sans doute peut-on penser aussi en premier lieu à sa double activité de chef d'orchestre et de compositeur d'opéras, les nécessités du genre lui faisant un devoir de s'occuper, bien plus qu'auparavant, des problèmes de l'expression musicale.

Mais il est également possible de discerner des influences très nettes d'ordre musical. Haydn lui-même a souligné plusieurs fois sa dette à l'égard de Philipp Emanuel Bach. Mais on ne saurait ramener à une simple formule ce qu'il a appris de lui. Il ne s'agit ni d'une imitation de certains détails techniques de composition, ni d'un emprunt de modèles formels, mais d'une intime connaissance des accents personnels de l'art de Ph. E. Bach, lequel, en tout état de cause, plonge lui-même ses racines dans la puissante personnalité de son père. A l'école de Ph. E. Bach, qui tournait le dos au goût italien en faveur jusque dans la Vienne d'alors, Haydn découvre la source d'une inspiration jamais oubliée. En réalité sa première prise de contact avec les sonates pour piano de Ph. E. Bach se place sans doute à Vienne dès les années 1750, mais il semble qu'il n'ait définitivement assimilé les impressions de cet art vigoureusement personnel qu'à la fin des dix années suivantes.

C'est probablement aussi juste à cette époque que vient s'y ajouter une autre influence : celle du quatuor à cordes d'écriture serrée qui, dans cette Vienne de 1770, fait figure de véritable engouement, vraisemblablement sous l'impulsion de la haute aristocratie. A l'instar de son royal confrère prussien Frédéric le Grand, l'empereur Joseph II professait, en musique, des idées conservatrices et commandait à son maître de chapelle et compositeur officiel de sa cour, le talentueux F. L. Gassmann, des quatuors dans le style sévère qui n'étaient en fait que des vestiges attardés de la sonate d'église baroque. Or, au cours des années qui s'étendent à peu près de 1769 à 1772, Haydn compose trois séries de *Quatuors* (op. 9, op. 17 et op. 20 — ces numéros, comme toujours, n'étant pas dus à Haydn lui-même). Et nous y voyons se nouer les fils du style sévère et de l'écriture libre, donnant ainsi naissance à une nouvelle conception du quatuor qui jouera un rôle déterminant dans le futur développement du classicisme viennois.

Dans le domaine de la symphonie, cette transformation est aussi très nettement perceptible, bien qu'il ne s'agisse point tant ici d'un équilibre entre différents types ou formes traditionnels (semblable équilibre, nous l'avons noté, s'était déjà produit dans les symphonies antérieures) que d'une maturation du style personnel de Haydn, maturation d'une puissance sans équivalent dans sa

production tout entière. Deux traits caractéristiques de
son nouveau style symphonique (le terme ne semble
nullement exagéré!) sont particulièrement marquants :
un renforcement de l'élément rythmique et une tension
expressive passionnée, pathétique (fréquemment souli-
gnée par la couleur harmonique) qui se traduit notamment
par le fait qu'un nombre surprenant des symphonies
de cette période hante les sombres régions du mode
mineur. Citons entre autres la *Symphonie en fa mineur*,
n° 49 (*la Passione*, 1768), la *Symphonie en sol mineur*, n° 39
(vers 1769), la *Symphonie en mi mineur*, n° 44 (*Symphonie
funèbre*, vers 1772), ainsi que la célèbre *Symphonie en fa
dièse mineur*, n° 45 (*les Adieux*, 1772). Il suffit de comparer les symphonies « représentatives » des années immédiatement précédentes, c'est-à-dire des environs de 1765,
à ces œuvres si vigoureusement expressives pour éprouver à l'évidence quelle renaissance, pour ainsi dire,
s'opère ici.

Cette évolution dans le sens d'un nouveau style fortement individualisé, qui nous fait apparaître pleinement l'originalité de Haydn, atteint son apogée vers 1772,
puis semble s'arrêter brusquement. Pour quelle raison
au juste ? Il est difficile de le préciser. Nous en sommes
réduits aux hypothèses. On pourrait penser à une
simple réaction de Haydn lui-même désirant, après
avoir en quelque sorte « jeté sa gourme », revenir à un
langage plus habituel. Mais cela n'est guère vraisemblable. Nous sommes plutôt tentés d'admettre l'apparition d'un certain conflit entre la volonté d'expression
que Haydn vient de sentir s'éveiller en lui et les exigences
de son patron, qui veut une musique représentative et
aimablement divertissante. Ce dernier permettrait bien
encore à son maître de chapelle un certain élargissement
des traditions et conventions existantes mais, tôt ou tard,
la nouvelle direction prise par Haydn se heurterait inévitablement à l'opposition du prince.

Quoi qu'il en soit, les années suivantes nous montrent
Haydn sous un autre aspect. L'expression prend des
traits moins frappants, elle s'atténue au profit d'un style
aimable et plaisant, revenant au caractère d'un divertissement distingué. Ceci apparaît d'une manière particulièrement nette dans les sonates pour piano. Après les
divertissements pour piano sans prétentions des années

précédentes, Haydn, s'inspirant du concerto pour piano, avait composé aux environs de 1770 quelques grandes *Sonates* comme celle en *la bémol majeur* :

Ex. 1.

ou celle en *ut mineur* :

Ex. 2.

que l'on pourrait désigner comme les premières annonciatrices de la sonate pour piano classique. Mais, en 1774, il en publie une série dédiée au prince Eſterhazy et dont certaines, tout au moins, semblent pour ainsi dire renoncer à ce nouveau ſtyle pianiſtique, n'offrant qu'un aimable divertissement de bonne compagnie, sans rien de la profondeur expressive de leurs devancières immédiates. Témoin le début suivant :

Ex. 3.

ou encore un finale comme celui-ci :

Ex. 4.

Et la même constatation s'impose dans le domaine des symphonies. Celle surnommée *le Maître d'école* (n° 55), par exemple, avec sa tonalité « facile », enjouée, est à cent lieues des symphonies en mineur citées plus haut. Quant au quatuor, Haydn, pour un temps, semble en avoir perdu le secret : durant une quinzaine d'années, il cesse complètement d'en écrire.

Si les compositions instrumentales subissent une certaine éclipse, nous voyons en revanche passer au premier plan d'autres genres que le mélomane d'aujourd'hui rattache beaucoup moins au nom de Haydn : la musique d'église et l'opéra. Des années voisines de 1772 datent deux messes de caractère fort différent : la claire et presque joyeuse *Missa Sancti Nicolai* (également connue, en raison de son début, sous la désignation de Messe à 6/4) et la grande *Messe de sainte Cécile,* la plus longue que Haydn ait écrite. A quoi s'ajoutent un *Salve Regina* et le *Stabat Mater,* qui conquit rapidement une célébrité universelle.

Mais c'est surtout à l'opéra que Haydn, au cours des années suivantes, semble vouer son attention. Depuis l'achèvement, en 1766, de son splendide château d'Esterhaz, le « Versailles hongrois », le prince passait chaque été plusieurs mois dans cette résidence où il possédait un Opéra, et c'est sur la scène de celui-ci que furent créées les œuvres de Haydn. Ce ne furent d'abord que des œuvres de caractère purement bouffe, comme *la Canterina* et *lo Speziale,* mais, au cours des années 1770, les traits sérieux s'y mêlent de plus en plus nombreux, jusqu'à ne plus laisser place qu'à des opéras de style à demi ou tout à fait sérieux. La peinture des personnages et de leurs caractères remplace les effets parodiques et le comique des situations. De grands airs alternent avec les mélodies bouffes et les airs en forme de simples chansons ou les supplantent complètement, en même temps que se développent les grands ensembles, spécialement les finales.

Citons ici *l'Incontro improvviso,* que son sujet apparente à
l'Enlèvement au sérail de Mozart, *la Vera Coſtanza, Orlando
Paladino* — *dramma eroicomico,* dit le titre — et, parmi
les œuvres tout à fait sérieuses, *l'Isola disabitata* et
Armida.

Avec les premières années 1780, cette vague d'opéras
se calme et, à partir de 1784, Haydn n'écrit plus d'opéras
pour Eſterhaz. Il se contente de quelques airs ou autres
morceaux deſtinés à tel de ses opéras que l'on reprend ou
à servir d'intermèdes dans l'œuvre d'un confrère. Quant
à ses nouvelles compositions, c'eſt désormais et de plus
en plus l'extérieur qui lui en suggère l'idée : éditeurs et
organisateurs de concerts des principales villes musicales
européennes, surtout Vienne, Paris et Londres. Et sa
produĉtion eſt essentiellement déterminée par les commandes qu'on lui adresse. Dès 1780, l'éditeur viennois
Artaria commence la publication d'œuvres de Haydn et,
après 1785, c'eſt à qui, parmi les éditeurs français, anglais
et allemands, déploiera le plus d'aĉtivité pour leur diffusion.

En même temps, les compositions inſtrumentales
reprennent la première place. Le quatuor renaît à la vie.
En 1781, Haydn en compose l'une de ses séries les plus
fameuses, les six *Quatuors russes* qui inspirent peu après
à Mozart la série où il montre la plus grande maturité.
Les séries suivantes, comme les *Quatuors prussiens* ou
dédiés à Toſt, Apponyi, Erdödy et Lobkowitz, para-
chèvent cette partie de la produĉtion de Haydn. Car il
n'eſt point d'autre genre, même pas celui de la symphonie, où l'influence de Haydn ait été aussi déterminante. Sans doute celui-ci n'a-t-il pas créé de toutes pièces
le quatuor classique, mais il lui a en tout cas donné de
façon décisive sa physionomie et son caraĉtère, principalement en y faisant triompher le principe de l'écriture
thématique, synthèse classique du ſtyle sévère et du ſtyle
libre, qui trouvera sa suprême manifeſtation dans les
grands développements des symphonies classiques (en
particulier chez Beethoven).

Alors que, dans la produĉtion de Haydn, la symphonie était apparemment passée, depuis 1775, au second
plan, elle connaît à partir d'environ 1780 un nouvel
essor. Les premières de cette période offrent, il
eſt vrai, un aspeĉt assez varié. Il semble que Haydn, sur

ce terrain, éprouve quelque difficulté à se retrouver lui-
même. Se sentait-il paralysé par le souvenir de ses
grandes symphonies des années 1770 et suivantes ? Ou
bien était-ce le jeune Mozart qui, avec ses œuvres déjà
empreintes d'une telle maturité, le faisait douter de lui-
même ? Toujours est-il que son style symphonique
témoigne d'un certain manque d'assurance jusqu'au
moment où, avec les six *Symphonies parisiennes* (1785-
1786), il parvient à retrouver sa maîtrise en ce domaine.
En ces œuvres, composées pour les « Concerts de la
Loge Olympique », Haydn s'est en effet libéré de tous
ses complexes et a produit une série marquant un nouveau triomphe de sa personnalité. Signalons simplement
ici, entre autres, la symphonie *l'Ours,* avec la force virile
et la fraîcheur directe de son premier mouvement, le
charme plein de vie et de grâce de son andante et l'inspiration éminemment originale de son finale :

Ex. 5.

ou encore l'art suprêmement délicat de la variation dans
tous les mouvements de *la Reine,* où le caractère populaire
le plus noble s'allie à un métier stupéfiant. A ces deux-là
en succèdent d'autres comme la fameuse et très populaire
Symphonie en sol majeur, avec son premier mouvement
finement ciselé, son largo merveilleusement expressif :

Ex. 6.

et l'envol irrésistible de son finale, ainsi que les trois en *ut, mi bémol* et *sol,* probablement composées, elles aussi, pour Paris (n° 90 à 92 de l'édition monumentale) et dont la dernière acquit ensuite la célébrité sous le nom de *Symphonie d'Oxford.*

A partir de 1785, un autre genre passe, à côté des quatuors, au premier plan : le trio avec piano. Loin d'être le descendant direct de la sonate en trio de l'âge baroque, celui-ci constitue un phénomène fort caractéristique des conditions de la vie musicale à l'époque pré-classique et classique. C'est au fond une sonate pour piano avec accompagnement de violon et violoncelle, forme qui s'adresse spécialement aux amateurs éclairés, eux-mêmes exécutants, et dont les éditeurs, par conséquent, se montrent fort avides. Aussi bien les *Trios* de Haydn, composés pour la plupart entre 1785 et 1795, sont-ils expressément le résultat de commandes, venant en particulier d'éditeurs anglais. Le caractère d'aimable divertissement de ces œuvres est évident et explique clairement leur grande popularité auprès des contemporains et, dans une certaine mesure, jusqu'à nos jours. Mais, si Haydn a tendance à y flatter le goût populaire, sa nature foncièrement musicale s'y manifeste aussi fortement, comme le fait apparaître de la façon sans doute la plus frappante le *Trio en sol majeur* avec le finale *all'ongarese,* auquel l'auditoire réserve toujours un chaleureux accueil.

Le prince Nicolas Esterhazy étant mort en 1790, Haydn s'apprêta à se fixer à Vienne. Mais à peine y était-il arrivé qu'on vint le chercher pour l'emmener à Londres. Il y avait déjà des années que l'on songeait, dans la capitale anglaise, où les œuvres de Haydn jouissaient de longue date d'une extraordinaire faveur, à engager leur auteur pour une série de concerts et seules les obligations de ce dernier vis-à-vis de son « patron » avaient fait différer jusqu'alors la réalisation de ce projet. Haydn avait du reste un double rôle à remplir dans ces concerts, connus sous le nom de Concerts Salomon : il devait s'y montrer comme une sorte d'attraction, comme « le célèbre Haydn » et aussi fournir de nouvelles compositions destinées à y être exécutées.

Parmi les œuvres en question, la première place revient aux douze *Symphonies londoniennes* (n° 93 à 104 de la grande édition), qui font partie du répertoire de base de tous les orchestres symphoniques. Quelques-unes d'entre elles, notamment celles qui portent un surnom célèbre comme *la Surprise* (n° 94), la *Symphonie militaire* (n° 100), *l'Horloge* (n° 101), comptent parmi les œuvres à succès de la littérature symphonique, cependant que d'autres, comme la *Symphonie en ut mineur* (n° 95), *en ut majeur* (n° 97) ou *en mi bémol majeur* (n° 99), pour moins populaires qu'elles soient peut-être, ne leur cèdent certainement en rien quant au contenu musical. Pour qui a appris à aimer et admirer le Haydn « révolutionnaire » des symphonies écrites vers 1772, les *Londoniennes* ne représentent sans doute pas ses réalisations les plus personnelles en ce domaine; mais pour la maîtrise de leur architecture, la délicatesse de leur instrumentation et l'extrême simplicité de leurs lignes mélodiques, elles n'ont pas leurs pareilles. Les dernières symphonies de Mozart, les *Londoniennes* de Haydn et les symphonies de Beethoven, voilà les grandes étapes de la symphonie « moderne ».

À côté de diverses œuvres de musique de chambre (nous avons déjà mentionné les quatuors à cordes et les trios avec piano), de quelques rares sonates pour piano, d'un certain nombre de *Lieder* en langue anglaise et

d'arrangements d'une quantité de mélodies populaires
britanniques, citons encore, pour la période de Londres,
le dernier opéra de Haydn, *Orfeo,* que des circonstances
défavorables empêchèrent cependant d'être représenté.

Les deux séjours de Haydn à Londres constituent dans
son existence un épisode d'une importance toute particulière. Ils représentent son seul contact personnel, en
dehors de son champ d'activité étroit, avec l'Europe
musicale, avec l'étranger auquel depuis longtemps sa
musique l'avait rendu familier. Les ovations qu'on lui
avait réservées en Angleterre, sa promotion, à Oxford,
au doctorat, l'accès qu'il avait trouvé dans les milieux les
plus huppés et l'immense succès de ses œuvres dans les
concerts publics, tout cela lui était jusqu'alors resté
étranger. Aussi ces honneurs eurent-ils une répercussion
décisive sur sa position à Vienne au lendemain de ses
voyages à Londres. Lui qui, auparavant, en dépit de
mérites artistiques qui ne pouvaient passer inaperçus,
n'avait pu trouver place parmi les maîtres viennois, se
vit adulé et comblé d'honneurs.

Les années de vieillesse de Haydn, de 1795 jusqu'en
1803, date à laquelle, affaibli par l'âge, il cesse de composer, sont de nouveau caractérisées, sur le plan de la
production, par une transformation frappante, déterminée cette fois encore par des circonstances extérieures.
Au lieu des compositions instrumentales qui avaient si
longtemps tenu chez lui la première place, ce sont à
présent les œuvres vocales de grand style qui constituent
l'essentiel de son activité créatrice. C'est l'époque des
grandes messes et des oratorios.

Les messes doivent leur naissance à la prédilection du
prince Nicolas Esterhazy pour la musique d'église. C'est
pour répondre aux vœux exprimés par celui-ci que Haydn
composa, de 1796 à 1802, six grandes messes qui
comptent parmi les œuvres les plus belles et les plus
grandioses de toute sa production. Des préjugés liturgiques les ont longtemps empêchées de jouir de l'estime
qu'elles méritent et ce n'est que de nos jours qu'elles
commencent lentement à conquérir la place qui leur
revient aux côtés du *Requiem* de Mozart et des grandes
messes de Beethoven et de Schubert. Chacune d'elles a
d'ailleurs son caractère propre et Haydn s'entend à varier
chaque fois le vêtement dont il pare un texte immuable

avec une inspiration qui nous confond d'admiration.
Ainsi voisinent la fraîche et limpide *Messe des Timbales*
et la *Heiligmesse* pleine de ferveur; à la *Messe de Lord Nel-
son,* vigoureuse et aux accents un peu plus sombres,
succède, tout empreinte de charme et de grâce, la *The-
resienmesse ;* enfin, après la *Messe de la Création,* légèrement
moins originale peut-être, la monumentale *Harmonie-
messe,* remarquable par la richesse de son instrumentation.

Enfin, et quel qu'ait été le succès rencontré à Londres,
Haydn atteint le sommet de la gloire avec ses deux oratorios, *la Création* et *les Saisons,* composés l'un et l'autre
entre sa soixante-cinquième et sa soixante-dixième année,
mais empreints néanmoins d'une fraîcheur d'inspiration
quasi juvénile ne laissant en rien soupçonner l'épuisement qui accablera le vieillard quelques années plus
tard. Dès 1774-1775, Haydn avait écrit un oratorio dans
le style italien traditionnel, *il Ritorno di Tobia (le Retour
de Tobie)* et, peu avant *la Création,* pense-t-on, il
avait arrangé en oratorio les sonates instrumentales
(pour grand orchestre) antérieurement composées, sous
le titre *les Sept Dernières Paroles du Christ en croix.* Cependant, les deux oratorios qui nous occupent ont peu de
points communs avec ces œuvres. Leur composition
avait été inspirée à Haydn par l'audition, à Londres, de
plusieurs oratorios de Haendel. Et c'est de Londres
également qu'il avait rapporté le livret de *la Création*
que le baron van Swieten, le fameux mélomane viennois,
traduisit et accommoda à son intention, ainsi qu'il le
fit quelques années plus tard pour *les Saisons* (d'après
Thomson).

Bien que ces oratorios ressortissent à la tradition haendelienne, ils sont au fond d'une nouveauté absolue. De
même que Haendel, avant lui, avait adapté à ses propres
idées et aux nécessités qui s'imposaient à lui les traditions
existantes, créant ainsi à son usage une forme d'oratorio
éminemment personnelle, de même Haydn s'inspire des
œuvres de son devancier pour forger selon sa propre
conception et ses propres dispositions un type d'oratorio
répondant essentiellement à sa nature la plus intime.
Alors que l'oratorio haendelien vise au monumental
et au dramatique, les deux chefs-d'œuvre de Haydn se
distinguent avant tout par l'admirable fraîcheur avec

laquelle ils dépeignent la nature, ainsi que par la grâce et le pouvoir immédiatement évocateur de leur langage.

Outre l'influence de Haendel, on perçoit, surtout dans *la Création,* un écho de la noble et sublime naïveté qui baigne *la Flûte enchantée* de Mozart. Cette fraîcheur sans détour se retrouve tout entière dans *les Saisons.* Mais, tandis que *la Création* se signalait par son caractère religieux, c'est une peinture foncièrement humaine et quotidienne que nous offrent *les Saisons.* Le déroulement de l'année ne nous y est point présenté sous le signe de l'intervention divine mais par une suite de tableaux agrestes allant du printemps à l'hiver. Opposition sensible jusque dans la musique elle-même, du reste, la grâce éthérée et impalpable de *la Création* faisant place ici, en bien des pages, à une musique d'un caractère plus populaire, apparenté au lied, et qui s'accorde fort bien avec le texte. Aussi bien ces deux oratorios comptent-ils parmi les plus grands chefs-d'œuvre du classicisme viennois et, avec ceux de Haendel, ils ont formé tout au long du XIXe siècle le répertoire de base d'innombrables sociétés chorales d'Allemagne et des pays voisins.

Nous avons tenté d'exposer ici l'évolution artistique de Haydn telle, à peu près, qu'elle pouvait apparaître à ses contemporains et non en nous plaçant au point de vue d'une époque bien postérieure, encline à ne porter tous ses jugements qu'en fonction de ses propres idées et de ses propres idéaux — fort éloignés de ceux de Haydn. On ne saurait comprendre pleinement le rôle historique de ce dernier si l'on songe à ce que Beethoven a accompli après lui. C'est bien plutôt à ce qui constituait son point de départ qu'il faut nous référer. C'est pourquoi, dans l'histoire de la symphonie, l'évolution de Haydn, aux environs de 1770, marque un tournant plus décisif que les grandes œuvres de Londres, même si ces dernières se rapprochent davantage de l'idéal symphonique du XIXe et du XXe siècle. Mais, sans nous placer sous l'angle de son évolution historique, même pour apprécier les valeurs purement artistiques de ses œuvres et les faire revivre, il est nécessaire de se rendre compte que le monde où vivait Haydn était très différent du nôtre et qu'on est injuste à son égard si l'on ne veut voir en lui que le pionnier méritant, certes, mais somme toute

très imparfait, qui a frayé la voie à Beethoven et au
XIXᵉ siècle.

Haydn est le grand trait d'union entre l'âge baroque et
le classicisme. Il ne s'est jamais dégagé entièrement de
l'esprit baroque, comme le prouve notamment le fait
qu'il reste toujours un tenant de la « musique pure »,
même lorsque, comme dans *la Création,* il vise à peindre
en musique. Ce qui fait surtout sa grandeur, ce n'est pas
le côté populaire que l'on trouve principalement dans les
œuvres des dernières années, mais bien l'absolue originalité de son imagination créatrice, sa nature foncièrement
musicienne et, par surcroît, son sens aigu du métier et de
la technique, qui lui fait, contrairement à Mozart, accorder plus d'importance aux possibilités d'exploitation
de ses thèmes qu'à la beauté intrinsèque et à la ligne mélodique de ces thèmes eux-mêmes.

Grâce, d'une part, à une connaissance historique plus
étendue, de l'autre à un renouveau d'intérêt pour la
musique pré-classique, les jugements de valeur portés
sur l'œuvre de Haydn sont soumis depuis quelques
années à révision. Les mérites, depuis longtemps
reconnus, qu'il s'est acquis dans l'évolution des deux
grands genres instrumentaux de la musique classique et
romantique, c'est-à-dire la symphonie et le quatuor à
cordes, sont demeurés intacts, encore qu'il convienne
peut-être de répartir un peu différemment qu'on ne l'a
fait jusqu'à présent les lumières et les ombres. Peu à
peu notre champ visuel s'élargit et notre vision gagne en
clarté. C'est ainsi qu'à la symphonie et au quatuor on
peut sans doute ajouter, parmi les genres dans lesquels
Haydn a fait figure de pionnier, la sonate pour piano, de
même qu'à côté des deux oratorios qui couronnent sa
carrière on peut placer sans hésitation et comme leurs
égales les grandes messes.

Toute une série de genres n'ont pu être étudiés ici.
Mentionnons cependant, parmi les plus importants : des
concertos pour piano et divers autres instruments (violon, violoncelle, cor, trompette), des compositions pour
baryton, instrument favori du prince Nicolas Esterhazy,
des divertissements de toutes sortes, entre autres ceux
composés à l'intention du roi de Naples et primitivement
intitulés *Notturni per lire ;* sans oublier des trios à cordes,
des danses, des compositions pour orgue mécanique, etc.

Faute d'être publiées — ou de l'être correctement — maintes des œuvres écrites par Haydn dans plusieurs des genres ci-dessus échappent à notre appréciation. Espérons cependant que les années qui viennent nous permettront de compléter notre connaissance de ce génie, en particulier grâce à la publication de ses œuvres complètes. Le terrain à défricher est encore vaste, mais c'est là un travail qui en vaut la peine.

Jens Peter LARSEN.

BIBLIOGRAPHIE

BRENET, Michel, *Haydn*, Paris, 1909.

GEIRINGER, Karl, *Joseph Haydn*, Potsdam, 1932.

GEIRINGER, Karl, *Haydn, a creative Life in Music*, Londres, 1947.

HUGHES, Rosemary, *Haydn*, Londres, 1950.

LARSEN, J. P., *Die-Haydn-Uberlieferung*, Copenhague, 1939.

LARSEN, J. P., *Drei Haydn-Kataloge in Faksimile*, 1941.

NOWAK, Leopold, *Joseph Haydn Leben, Bedeutung und Werk*, Vienne, 1951.

POHL, C. F., *Joseph Haydn*, tomes I et II, (1875-1882), et H. BOTSTITER, tome III, en allemand, 1927.

Un catalogue thématique des œuvres de Haydn, dû à Anthony VAN HOBOKEN, est en cours de publication, sous le le titre *Joseph Haydn, Thematisch-bibliographisches Werkverzeichnis* (tome Ier, Mayence, 1957).

Une édition critique d'ensemble fut entreprise par Breitkopf et Härtel en 1907, mais seuls 10 volumes furent publiés jusqu'en 1933; la « Haydn Society » (Boston et Vienne), qui projette de la poursuivre, a édité quatre tomes entre 1949 et 1951; d'autres suivront sous peu; l'ensemble comprendra, pense-t-on, environ 75 volumes.

MOZART

La postérité de Wolfgang Amadeus Mozart ne compte encore que deux siècles, mais atteste déjà une surprenante continuité : la gloire de ce musicien n'a cessé de grandir, sa musique n'a cessé de pénétrer plus profondément dans la vie des hommes et d'étendre son rayonnement. Pas d'éclipse mozartienne, pas de « retour à Mozart »; depuis les premiers menuets de l'enfant prodige cette musique devient chaque jour un peu plus *la* musique. En cette seconde moitié du XXe siècle, Mozart est en tête de liste, par exemple, de tous les compositeurs pour le nombre de représentations de ses opéras ou pour le nombre de disques qui répandent son œuvre. Ce rayonnement n'est pas le fait de telle ou telle partie de son œuvre, plus ou moins bien connue, inégalement pénétrée; c'est l'ensemble qui est apprécié — ce qui est d'autant plus remarquable que Mozart a cultivé tous les genres, sauf le genre didactique ou théorique. De grands voyageurs de notre temps nous ont rapporté que dans les civilisations les plus lointaines, chez des populations presque isolées du reste du monde, Mozart avait été écouté, qu'il avait eu prise, alors que ni la musique rythmique, si en vogue de part et d'autre de l'Atlantique, ni même le grand Bach n'avaient su opérer semblable séduction.

Ce n'est pas que connaisseurs, critiques ou confrères aient applaudi continûment à ce génie, ni que ses admirateurs eux-mêmes soient d'accord sur la signification et l'interprétation de ses œuvres. Au lendemain du premier opéra à succès, *l'Enlèvement au sérail,* le correspondant viennois du « Magazin der Musik », de Cramer, écrivait qu'il avait « dépassé toute l'attente du public », que « son goût et ses idées nouvelles » avaient transporté et enthousiasmé les spectateurs; mais l'empereur Joseph II, expression des connaisseurs éclairés de la capitale, hochait la tête et laissait tomber, ironique et irrité : « Trop beau pour nos oreilles et une quantité énorme de notes,

cher Mozart... » L'étonnante introduction dissonante du
Quatuor à cordes (K. 465) fut l'occasion pour son contemporain, Giuseppe Sarti, d'une acerbe critique : dans son
Esame acustico fatto sopra due frammenti di Mozart, le musicien immortalisé par les *Variations* (K. 454 a) le traitait de
pianiste à l'oreille pervertie et — suprême injure! — de
partisan du « système erroné qui divise l'octave en douze
demi-tons », cependant que le grand Joseph Haydn admirait cette même page et jurait solennellement au père de
son auteur que celui-ci était le plus grand musicien qu'il
eût jamais connu. (L'état le plus récent de la critique
des textes tente de démontrer que les *Variations* que nous
connaissons ne sont pas de Mozart, mais de Sarti, et
que les variations de Mozart sur le thème de Sarti sont
perdues.)

Une critique aussi vive s'acharna sur *la Flûte enchantée ;*
même les romantiques qui se réjouirent de voir Mozart
se rallier à l'opéra « allemand » (!) fustigèrent un livret
que Goethe trouva admirable (mais dont on rencontre
encore des détracteurs parmi nos contemporains), alors
que Mozart pouvait constater avec joie « l'enthousiasme
recueilli » (stiller Beifall) de ses spectateurs populaires
du théâtre « Auf der Wieden » et voyait déjà « monter »
cette pièce — comme elle le fit effectivement depuis sa
création en 1791. Quelques années après l'annonce de la
première « Collection complète » de ses œuvres par un
éditeur (1797), Beethoven transcrivait l'interlude d'orchestre après la chute du commandeur au début du
Don Giovanni pour en faire l'*andante sostenuto* de sa fameuse
Sonate en ut dièse mineur, ce qui ne l'empêcha pas de reprocher à Mozart d'avoir composé une œuvre aussi « immo-
rale »... Clementi, l'un des rares confrères que Mozart
traita avec une malveillance certaine, déclarait au début
du siècle dernier que l'auteur des *Noces de Figaro* s'était
élevé jusqu'aux « frontières de la musique et qu'il laissait
loin derrière lui les maîtres anciens et même ceux de
l'avenir » tout en lui faisant grief d'avoir emprunté pour
le fugato de l'ouverture de *la Flûte enchantée* le thème
d'une de ses symphonies; mais pour Schubert, son œuvre
était déjà, comme pour certains de nos contemporains, le
paradis perdu de la musique (*Journal intime,* 14 juin 1816).

E. T. A. Hoffmann et Stendhal furent de fervents
mozartiens, tout en essayant de faire de leur idole l'idéal

du créateur romantique, de sa mélancolie et de sa philosophie de l'amour. Lamartine le désigna comme « la plus
parfaite organisation musicale en une nature mortelle »;
Schumann — à la suite de beaucoup d'esthéticiens qui
avaient commencé à exploiter le parallèle Mozart-
Raphaël — remonta jusqu'à la vision romantique de
l'harmonie de la Grèce classique. A la fin de sa vie, Chopin ne pouvait entendre d'autre musique que celle de
Mozart; Rossini déclarait en gourmet dans sa retraite de
Passy : « Je prends Beethoven deux fois par semaine,
Haydn quatre fois, Mozart tous les jours... » Tout en
reconnaissant son génie « immense », Wagner estimait
que bien des endroits de ses symphonies lui paraissaient
traduire en musique « le bruit du service à une table prin-
cière... ». Cependant que Brahms, Kierkegaard, Bizet,
Thackeray et Mörike par exemple manifestent à son égard
des enthousiasmes contradictoires, Verdi le traite un peu
dédaigneusement de « quartettista ». Mais c'est aussi à
cette époque que se situe le début des véritables études
mozartiennes avec les travaux d'Oulybychev (1843) et de
Jahn (1856); I. Goschler, chanoine honoraire, directeur
du collège Stanislas à Paris, est sans doute le premier à
s'intéresser, à partir des lettres de Mozart, à la signification religieuse de cette œuvre dans sa *Vie d'un artiste
chrétien au XVIII* siècle* (1857), mais il se laisse emporter par son sujet en voulant faire voir dans la vie de
Mozart le modèle de toutes les vertus chrétiennes...

La publication du catalogue thématique des œuvres
de Mozart par Ludwig von Koechel (K), en 1862, fut suivie, une quinzaine d'années plus tard, par celle de l'édition monumentale des partitions elles-mêmes chez Breitkopf. Ce qui eut aussi des conséquences inattendues,
comme le remarque A. H. King (*Mozart in Retrospect*,
1955) : « Chefs d'orchestre, compositeurs, musicologues
et écrivains se hâtèrent de prendre leurs billets pour des
excursions sur les calmes lignes secondaires de l'époque
classique, loin de la gare en cul-de-sac du dernier romantisme; le nom de la locomotive qui nous traînait —
auraient-ils pu dire avec Samuel Butler — était Mozart. »
Mais de grands musiciens, comme Gustave Mahler,
Richard Strauss et Ferruccio Busoni, retrouvaient le
style mozartien authentique dans les interprétations dont
ils transmirent la ligne à des artistes tels qu'Edwin Fi-

scher ou Bruno Walter. C'est à eux que notre temps est
redevable d'une plus indiscutable vérité mozartienne,
autant qu'aux travaux passionnants de Wyzewa et Saint-
Foix, Henri Ghéon, Girdlestone ou surtout du grand
Alfred Einstein, auquel nous devons, par ailleurs, la
dernière en date des mises au point du catalogue
Koechel (1947).

Pourtant les musiciens de notre temps se réclament
plus volontiers de Bach, dont une certaine apparence systématique, un certain goût de la recherche des lois
éternelles du monde sonore leur paraissent plus encou-
rageants que l'ineffable perfection mozartienne. L'un des
plus représentatifs d'entre eux nous le désigna un jour
comme le gêneur, comme le créateur dont l'extérieure
facilité fait écran par rapport à la musique contemporaine la plus expérimentale. D'autres, comme Darius Milhaud ou Olivier Messiaen — pour ne citer que ces deux
noms — ne se lassent pas d'analyser pour leurs élèves les
partitions de Mozart. Partant du fait que la bibliothèque
assez mince de Mozart contenait un livre fatigué de
hautes mathématiques de Joseph Spengler (*Anfangsgründe
der Rechenkunst und Algebra,* 1772), d'autres découvrent la
prodigieuse structure intérieure d'une musique qui
semble pourtant s'épanouir aussi naturellement que la
création elle-même sur les ailes de la mélodie. Les études
les plus marquantes de cette seconde moitié du xxe siècle
sont orientées vers les aspects de sa musique montrant à
quel point il connaissait et maîtrisait le style fugué des
compositeurs de l'ère baroque; elles font voir comment
les pages fuguées de Mozart (et plus généralement
son contrepoint) n'ont rien à envier au cantor de
Saint-Thomas.

C'est ainsi que nous prenons conscience de l'universalité en même temps que du caractère unique de Mozart.
Il semble qu'Alfred Einstein ait, le premier, exprimé
cette vue avec son acuité habituelle dans son passionnant
essai, *Grösse in der Musik* (*Notion de grandeur en musique,*
1949). « Le plus universel de tous les maîtres, c'est
Mozart. Où se situent les sommets de son art ? Dans les
concertos pour piano, dans les quintettes à cordes ou
dans les opéras bouffes ? A-t-il été davantage un compositeur de musique instrumentale ou, au contraire, de
musique vocale ? » Questions sans réponse puisqu'il a

créé des chefs-d'œuvre définitifs dans tous ces genres, des
chefs-d'œuvre dont nous voyons bien que son génie les
a sortis une fois pour toutes et des pays qui les virent
naître et du temps. Si ce qualificatif ne sonnait curieusement en pareil contexte, on pourrait dire que Mozart est
le musicien le plus « international », mieux : le seul qui
l'ait été totalement dans l'histoire de la musique. A l'occasion du deuxième centenaire de sa naissance, le Centre
national de la recherche scientifique organisa à Paris un
colloque international sur *les Influences étrangères dans
l'œuvre de W. A. Mozart* (1956). Tirant des conclusions de
l'ensemble des travaux présentés, Roland-Manuel pré-
cisa : « Le parangon du classicisme que fait apparaître
l'ensemble de vos témoignages nous laisse deviner un
homme de proie qui prend son bien où il le trouve — et
qui s'en trouve bien. Toujours curieux d'imiter quelqu'un ou quelque chose (comme l'a dit l'un d'entre vous),
Mozart reste tout exempt de ce prurit d'originalité
qui trahit toujours l'insuffisance de style. Aux grandes
périodes organiques où chacun parle la langue de tous, le
génie tient à la pureté de l'accent. » Preuve par l'absurde
de la même vérité : discutant une œuvre attribuée à
Mozart mais d'une authenticité douteuse, tous les spécialistes exprimèrent leur conviction qu'elle n'était pas de
Mozart, sans pour autant se mettre d'accord sur un seul
des arguments concrets présentés. Ce « concept opéra-
tionnel » du caractère universel et unique du musicien
fondé sur une connaissance de plus en plus complète de
son œuvre rejoint parfaitement, en notre temps, son
incomparable popularité.

L'ÉTERNEL VOYAGEUR

L'enfant naquit en la fête de saint Jean Chrysostome
(27-1-1756), au carrefour des grandes routes traversant
le monde occidental, en cette ville de Salzbourg, qualifiée
par le poète Hugo von Hofmannsthal de « cœur du cœur
de l'Europe ». Des dons d'une extraordinaire précocité
et un père entreprenant lui firent découvrir très tôt l'attrait des grands voyages. Une nature extrêmement vive y
trouva son bonheur; elle intrigua les médecins de
l'époque qui constatèrent que son cœur battait deux fois
plus vite que la normale. S'il est d'autres musiciens dont

la carte biographique est impressionnante, il n'en est pas
dont la condition de voyageur traduise si parfaitement le
rythme intérieur. Une abondante correspondance de la
famille Mozart retrace cette existence trépidante, presque
au jour le jour; les lettres de Wolfgang abondent en
réflexions sur la musique qu'il entend ou qu'il compose :
parfois elles sont construites elles-mêmes comme un rondeau, comme une aria... Il s'y trouve une seule allusion à la
nature : elle exprime l'admiration de Mozart pour une
grotte qu'un aristocrate avait fait construire dans ses pro-
priétés et dont on jurerait qu'elle est authentique.

En 1762, alors qu'il vient d'avoir six ans, l'enfant qui a
déjà composé des pages simples et enfantines sans doute,
mais dont l'accent ne trompe pas (et qui nous ravissent
encore), fait pour la première fois les deux voyages les
plus fréquents de sa vie : celui de Munich et de Vienne
(où il joue devant l'impératrice Marie-Thérèse). L'année
suivante, il parcourt une bonne partie de l'Allemagne, les
Pays-Bas, il séjourne à Paris et à la cour de Versailles,
avant de s'embarquer pour la Grande-Bretagne où il
passera une année. En 1765 et 1766, il revient dans sa
ville natale en retraversant les Pays-Bas, la France, la
Suisse, et l'Allemagne. On devine la diversité des découvertes et des impressions musicales : ce furent presque
des coups de foudre pour l'école parisienne de clavecin et
surtout pour le dernier des fils de Jean-Sébastien Bach,
Jean-Chrétien, dont il a dû entendre avant tout cette
Symphonie en sol mineur, op. 6 no 6, dont les échos ne se
retrouvent pas seulement dans le cahier d'esquisses de
Chelsea (K. 15 p), mais jusque dans l'air de Pamina de la
lointaine *Flûte enchantée.* Comment un enfant de huit ans
a-t-il pu entrevoir et traduire en musique cet univers de
résignation douloureuse ?

Rentré à Salzbourg, Léopold Mozart, créateur sans
génie transcendant quoique d'excellent métier, mais pédagogue hors pair, s'emploie à lui faire travailler très à fond
ce style « ancien » ou « sévère » qu'on ne trouvait plus
guère que dans les compositions pour l'église, moins sans
doute parce qu'il avait commencé jadis sa théologie chez
les Jésuites ou parce qu'il espérait ainsi faire obtenir une
charge de musicien ecclésiastique à son fils que parce
qu'il estimait que ce style était la chose la plus précieuse
que l'on pût apprendre en cette ère galante. Deux de ses

collègues salzbourgeois, l'excellent Adlgasser et surtout
le grand musicien Michael Haydn, se chargèrent d'ouvrir
au garçon les arcanes de la science contrapuntique de
leur vieux maître, Johann Joseph Fux, le Bach viennois,
et peut-être (quoique nous n'en ayons pas les preuves
matérielles) ceux du cantor de Leipzig lui-même. Cela
n'empêcha pas Mozart de faire des voyages en Autriche
et en Moravie; c'est un intermède fort important par ses
conséquences et — semble-t-il — fort négligé par ses
biographes.

En automne 1767, la famille Mozart partit pour Vienne
où devaient être célébrées les noces fastueuses de l'archi-
duchesse Marie-Joséphine avec le roi Ferdinand de
Naples. La fête tourna au tragique par la mort foudroyante de la jeune princesse, victime d'une épidémie de
variole qui venait d'éclater dans la capitale autrichienne;
Mozart lui-même tomba malade et la famille s'enfuit de
Vienne. Léopold amena son fils à Olmütz en Moravie
chez une de ses relations salzbourgeoises, le comte
Podstatsky, doyen de l'église principale, qui sauva la vie
de Wolfgang en faisant appel à un excellent médecin, le
docteur Joseph Wolff. Pour remercier son sauveur et la
fille de celui-ci — elle aimait la musique et chantait fort
bien — Wolfgang leur dédia une ariette sur des vers de
J. P. Uz, *An die Freude* (K. 43 b); le texte célébrant la
« *Joie, reine des sages* » est d'inspiration nettement maçonnique. Il semble donc que les relations musicalement si
importantes de Mozart avec les loges maçonniques
datent du voyage à Olmütz en 1767.

Si le séjour tragiquement interrompu à Vienne avait
pourtant comporté la découverte de Johann Adolf Hasse
et du chevalier Gluck, le premier voyage en Italie devait
en apporter bien d'autres. Les Mozart visitèrent en
deux ans (1769-1771) tous les centres musicaux importants de la péninsule, de Venise à Turin, de Milan à
Naples. L'adolescent put étancher sa soif d'opéra; il
arriva que l'amour-propre paternel empêchât Wolfgang
d'assister à la création de *Ruggiero* de Hasse, à l'occasion
du mariage princier pour lequel il composa sa propre
« festa teatrale », *Ascanio in Alba* (K. 111); mais le garçon
écrira en souriant à sa sœur qu'il connaissait « heureusement » par cœur toute la partition, de sorte qu'il avait
pu suivre la représentation tout en restant chez lui... Ce

n'est pas seulement le style vocal italien qu'il assimile, mais aussi l'art palestrinien, ce *stile antico* dont l'oracle bolonais, le Padre Giovanni Battista Martini, s'employa d'ailleurs à le faire admettre, après une épreuve en loge, parmi les membres de la docte Académie philharmonique de sa cité. Plus que les enseignements des contrapuntistes comme le célèbre franciscain, ou le comte de Ligniville (au service du duc de Toscane), c'est l'audition des chœurs de la chapelle Sixtine qui l'impressionna. Rentrant d'un office solennel romain, il nota de mémoire une imposante polyphonie qu'il venait d'entendre; bien plus tard il déclarait encore qu'il donnerait volontiers son œuvre pour avoir inventé la mélodie du *Pater* ou de la Préface en plain-chant.

Le voyage fut interrompu brusquement par la maladie du prince-archevêque von Schrattenbach; les Mozart arrivèrent à temps pour ses funérailles solennelles et Wolfgang put tenir l'orgue dans le *Requiem* de son cher Michael Haydn, le 16 décembre 1771 : rien d'étonnant qu'il se souvienne ensuite de cette partition lorsqu'il écrira, vingt ans plus tard, son propre *Requiem* inachevé. Le nouvel archevêque fera de Wolfgang son *Konzertmeister,* le premier violon de sa chapelle privée, ce qui n'empêchera pas ce dernier d'aller faire jouer ses œuvres au cours des cinq années « salzbourgeoises » à Milan, à Vérone, à Vienne et à Munich, tout en composant sur place pour toutes les occasions possibles. Un matin, il apprend l'arrivée du grand violoniste Brunetti; séance tenante, il lui écrit la partie de violon d'une sonate dont il improvisera le soir la partie de clavier; il ne l'écrira que longtemps plus tard, de mémoire. Une grande pianiste française, Mlle Jeunehomme, lui offre l'occasion de composer l'admirable *Concerto en mi bémol* pour piano (K. 271) et aussi celle de la rupture avec son employeur, le comte Colloredo qui ne manquait guère de remarquer que son premier violon n'avait pas assez profité à son goût des leçons des maîtres italiens; Colloredo les avait lui-même entendus lorsqu'il faisait ses études au collège germanique de Rome. Le prince-archevêque estimait aussi que Mozart n'avait pas de quoi se montrer réticent devant ses idées réformatrices de la musique liturgique ou plus généralement religieuse dans un sens populaire; qu'en un mot, ce mauvais esprit méritait tout juste de manger à la dernière place de la table de ses valets. A la même époque, Joseph Haydn présidait les repas de la chapelle musicale dans la « maison des musiciens » du château d'Esterhaza.

En été 1777, Mozart a vingt et un ans; près de la moitié de son œuvre est écrite. C'est le voyage décisif à Mannheim et à Paris. A Mannheim, il a l'occasion de s'intéresser de près au fameux orchestre qui fut l'un des facteurs déterminants de la création du style symphonique classique, mais aussi à Aloysia et à Constance Weber; l'aînée semble lui avoir inspiré un amour dont il ne se remit jamais; elle épousa l'acteur et peintre Lange qui fit de Mozart l'émouvant portrait inachevé. Wolfgang épousa la plus jeune des deux sœurs, Constance, qui avait comme son aînée une très belle voix de soprano ainsi qu'un penchant certain encore que curieux pour le contrepoint sévère (car il ne se retrouve guère dans l'ensemble de son existence) : pourtant, en dépit de ce qu'on a souvent écrit, elle fut pour Mozart une compagne aimante et fidèle; si elle n'a pas su s'élever jusqu'à la compréhension totale de son génie, nous lui devons, indirectement peut-être mais non moins certainement, des œuvres capitales comme la célèbre *Messe en ut mineur* (K. 417 a). Malgré des triomphes musicaux, la découverte des symphonies de Joseph Haydn et la tentation de devenir organiste à Versailles ou à Strasbourg, le séjour en France fut surtout marqué par la mort de sa mère, dont les obsèques eurent lieu à Saint-Eustache à Paris.

Tout cela qui se conjugua avec les courants de la musique du temps provoqua dans la musique mozartienne un bref accès de fièvre « *Sturm und Drang* », orientation préromantique qui fait songer aux *Souffrances du jeune Werther*. Au retour de son grand voyage, le musicien tenta une fois encore de s'acclimater dans sa ville natale : il sollicita et obtint la charge d'organiste de la cathédrale (1779). Il ne la remplit que deux ans; en 1781, c'est une nouvelle rupture, définitive cette fois, avec la ville archiépiscopale. Dès lors, Mozart vivra comme créateur indépendant à Vienne, tout en continuant de rayonner à travers l'Europe, généralement pour monter un opéra ou interpréter une de ses œuvres. Après l'éclatante entrée en scène viennoise de *l'Enlèvement au sérail* et le célèbre tournoi musical avec Clementi devant l'empereur, Mozart épouse, l'année suivante, Constance Weber ; l'année précédente, il avait créé à Munich cet *Idomeneo* qui paraît mettre un point final à l'*opera seria* et même à la tradition ramiste tout en anticipant dans son finale celui de *la Flûte enchantée*.

Pourtant ces années viennoises marquent une certaine fixation de l'éternel voyageur, peut-être parce que la capitale autrichienne était, comme il l'écrivit un jour, « das wahre Clavierland » (le pays d'élection du piano). C'est l'approfondissement des relations avec Haydn et Gluck, mais aussi celui de l'œuvre de Haendel, de Bach et de ses fils, notamment à l'occasion des concerts dominicaux chez le baron van Swieten. C'est la rencontre capitale de deux de ses librettistes, l'abbé Lorenzo Da Ponte et le comédien Emanuel Schikaneder. Malgré le succès triomphal de certaines de ses « académies » viennoises et l'accueil chaleureux réservé aux *Noces de Figaro* (1786), c'est à Prague que tout le monde chante dans la rue les airs de cette partition et c'est là que *Don Giovanni* (1787) devient une sorte d'événement national. La fièvre de cette première tchèque est symbolique ; la partition ne fut achevée que pendant les répétitions, alors que les parties étaient déjà écrites : l'ouverture fut composée la veille de la première et déchiffrée sous la conduite de l'auteur lors de la création. C'est alors que Mozart obtint le titre de musicien de chambre impérial, mais le modeste traitement annuel de 800 florins, qui y est assorti, ne suffit pas à assainir la situation financière du musicien, pas plus que les leçons particulières et les secours en espèces de ses frères de la loge maçonnique « A l'Espérance nouvellement couronnée ».

Pourtant la renommée et la gloire internationale du musicien sont évidentes pendant ses dernières années ; ses opéras sont joués un peu partout à travers l'Europe, dans la version originale comme dans les adaptations les plus fantaisistes. Ses œuvres imprimées paraissent régulièrement ; elles se vendent bien. Ni Constance ni Wolfgang n'avaient le sens de l'économie domestique ; Constance était assez dépensière et il semble bien que Wolfgang ait eu la passion ruineuse du jeu. Le dernier grand voyage, en Saxe et à Berlin, aurait dû rapporter de nouvelles possibilités matérielles ; Mozart varia bien un joli menuet de M. Duport (K. 573), le factotum musical

de la cour de Prusse, mais il ne parvint pas à trouver avec
son auteur le contact humain qui aurait fait de lui un
allié dans ses démarches. Le 22 avril 1789, il avait pourtant improvisé des heures durant sur l'instrument de
J.-S. Bach à Leipzig; le successeur du cantor, Johann Friedrich Doles, lui tirait les registres. Le chœur des Thoma-
ner lui avait fait un accueil exceptionnel en chantant en
son honneur un des motets de Bach; Mozart fut transporté par la « nouveauté » de cette musique où il trouvait enfin quelque chose à apprendre : sur la copie qu'il
se fit faire de cette partition chantée a cappella, il nota
pourtant qu'elle devait être interprétée avec instruments
(ce que les études sur J.-S. Bach ont récemment confirmé).

Pendant l'hiver suivant, les danses de Mozart pour les
bals de la Redoute ont autant de succès que la reprise des
Noces de Figaro ; pourtant il n'y aura qu'une dizaine de
représentations du chef-d'œuvre absolu du théâtre lyrique
mozartien, ce *Cosi fan tutte* sur le meilleur livret de
Da Ponte, dont Joseph Haydn suivra les répétitions —
et encore, ces dix représentations seront réparties sur la
plus grande partie de l'année. En octobre 1790, il donne
un grand concert à Francfort à l'occasion des cérémonies
du couronnement de Léopold II; le succès en est mince,
malgré les splendeurs musicales offertes aux « connaisseurs », d'ailleurs clairsemés. Pourtant le journal de l'un
d'entre eux, le comte de Bentheim-Steinfurt, remarque
que « Mozart joua un Concert de sa composition qui
étoit d'une gentilesse et d'un agrement extraordinaire
[K. 459], il avoit un forte Piano de Stein à Augsbourg...
Le Jeu de Mozart rasemble un peu à cellui de feu Klöffler
mais infiniment plus parfait. M. Mozart est un petit
home de figure assez agréable, il avoit un habit satin
Brune de marine bien brodé, il est engagé à la cour de
l'Empereur... » (*sic*).

Au retour, il trouve une offre séduisante pour une saison lyrique à Londres; pourquoi il n'y donna pas suite
demeure un mystère. Au début de mars, il joue pour la
dernière fois en public : c'est le dernier des concertos pour
clavier, celui en *si bémol* (K. 595). Un peu plus tard, les
admirateurs du feld-maréchal Laudon peuvent entendre
dans le cabinet de figures de cire de M. Müller une
étonnante musique mécanique, la *Fantaisie en fa mineur*
(K. 594), intitulée aujourd'hui *Adagio et allegro en fa*

mineur. L'été est occupé tout entier par *la Flûte enchantée*, mais Mozart trouve le moyen de composer beaucoup d'autres chefs-d'œuvre, comme le *Concerto en la majeur*, pour clarinette (K. 622) pour Stadler, l'*Ave verum* pour la Fête-Dieu de Baden où Constance fait sa cure, les étonnantes pages d'harmonica pour la virtuose aveugle Marianne Kirchgässner. Et aussi l'opéra pour les fêtes du couronnement à Prague, cette *Clémence de Titus* qui appartient sans doute à un genre qui a vécu mais où son génie répand à profusion la plus belle invention musicale. Un mystérieux émissaire vient lui commander le *Requiem* qu'il n'achèvera pas, mais dont nous sommes incapables aujourd'hui de dire avec précision quelles sont les pages achevées par Mozart lui-même.

A la mi-septembre, en quittant Prague, il avait laissé à la grande cantatrice Josefa Dušek un émouvant adieu, l'aria *Io ti lascio, o cara, addio* (K. 621 a); c'est un peu un adieu à la vie du musicien qui sentait sa santé minée au moment même où tous les succès arrivaient en même temps, celui de *la Flûte enchantée*, la nomination à la cathédrale de Vienne, la souscription nationale de la noblesse hongroise en sa faveur, les invitations plus séduisantes les unes que les autres venant de tous les coins d'Europe. Le 18 novembre, il achève encore et dirige lui-même une cantate maçonnique à la loge (*Eine kleine Freimaurer-Kantate*, K. 623), mais le surlendemain, il est obligé de se mettre au lit. Son état empire rapidement, le docteur Closset ne semble rien pouvoir faire pour lui; on pense aujourd'hui qu'il avait une affection rénale compliquée d'une crise d'urémie. Pourtant le 4 décembre 1791 une légère amélioration se fait sentir et, dans l'après-midi, on peut faire dans sa chambre une lecture des parties achevées du *Requiem*. Dans la soirée, la fièvre remonte, bientôt c'est le coma; il expire le 5 décembre à une heure moins cinq.

Les funérailles eurent lieu le 6 décembre; levée du corps à 15 heures en la chapelle du crucifix de la cathédrale Saint-Étienne et mise en terre dans une tombe paroissiale (Reihengrab) du cimetière Saint-Marx. Ni Constance, ni les frères de la Loge, ni van Swieten ou d'autres amis ne suivirent le convoi. On a voulu expliquer cette évidente anomalie par une tempête de neige; le baron von Zinzendorf a pourtant soigneusement noté dans son journal pour ce jour-là : « Tems doux. Troi ou quatre brouillards par jour depuis quelque tems » (*sic*). La simplification des cérémonies édictée par l'empereur-sacristain Joseph II n'est pas une raison suffisante. Ce qui est aussi étrange, sinon davantage, c'est qu'on n'ait pas même pris la peine de marquer provisoirement la tombe. Quand il fut question de relever les tombes de ce quartier du cimetière, sept ans plus tard, personne ne put désigner l'endroit où Mozart avait été mis en terre. Mais le comte Deym avait pris le masque mortuaire de Mozart ; un moulage en fut remis au jour vers 1950 chez un antiquaire viennois : c'est peut-être, avec le tableau inachevé de Lange, le portrait le plus musical de Wolfgang.

PLAISIR DE LA MUSIQUE

On a dit que les œuvres complètes étaient les ennemies des grands musiciens ; on peut être assuré que cette boutade ne s'applique guère à Mozart. Un bon tiers de l'ensemble de sa production si prodigieusement féconde relève en effet du genre musical dont il semble bien que l'on ait aujourd'hui perdu le secret sinon peut-être le goût : cette musique qui naît des circonstances, qui ne cherche qu'à plaire, à divertir, sans que son auteur abandonne pour autant sa personnalité et son génie. Cette musique n'a rien de commun avec ce que nous appelons aujourd'hui le fond sonore ou ce qu'un musicien d'esprit avait naguère dénommé musique d'ameublement ; les partitions que Mozart dédia au seul plaisir de la musique ne sont même pas celles dont Napoléon disait qu'elles n'empêchent point de penser à ses affaires (éloge qu'il adressait à ses musiciens favoris comme Paisiello et Cimarosa). Elles se gardent seulement de toucher en l'auditeur ces sources d'idées noires que les esprits sensibles exaltèrent sous le nom de mélancolie ; elle exalte, au contraire, l'allégresse rythmique, la bonne humeur des globules rouges et offre un support aux rêveries agréables, si elle n'imite pas carrément, à l'adresse du prince-archevêque et de ses hôtes, les borborygmes de la digestion...

Un nombre imposant de ces partitions est intitulé *divertissements*. Malgré cette étiquette commune, elles sont d'essence fort diverse ; on y découvre aussi bien les œuvres les plus travaillées de la musique de chambre (ou

même de cette musique que nous qualifions aujourd'hui
de symphonique) que des sérénades ou fonds musicaux
pour les fêtes de plein air, d'où l'abondance des parties
pour instruments à vent plus sonores que les cordes.
L'origine commune de toutes ces compositions doit être
cherchée dans la suite ancienne, adaptée et transformée en
vue d'utilisations variées. La *sérénade* — on le devine —
est généralement offerte le soir, en l'honneur d'un personnage de qualité, alors que la *cassation,* plus populaire
et presque familiale, est destinée habituellement à être
jouée sous le balcon d'une belle, *gassatim* (dans la ruelle),
et l'on a voulu voir dans cette filiation étymologique
incertaine l'explication du titre de ces compositions. Le
divertissement est moins défini dans son but; il sert aussi
bien de musique de table que de pièce en concert.

Regardons d'un peu plus près. Voici un *Septuor en ré
majeur* (K. 251) et qui porte le titre autographe *Divertimento
à 7 stromenti di Amadeo Wolfango Mozart. Luglio 1776,* ce
qui précise clairement la date de la composition et même le
lieu puisque nous savons que Wolfgang se trouvait en juillet 1776 à Salzbourg. Malgré les hautbois et les deux cors
s'ajoutant aux cordes, ce divertimento n'est pourtant pas une
musique à ciel ouvert; le jeune maître l'écrivit, peut-être même
l'improvisa, pour le vingt-cinquième anniversaire de sa sœur
Nannerl. Lorsqu'on joue aujourd'hui cette partition, il n'y a
plus guère que les spécialistes pour s'apercevoir, théories en
main, qu'il s'agit d'une production hâtive, parce qu'il y
manque par exemple un trio dans l'un des menuets... On reste
au contraire en admiration devant une perfection de forme si
rarement égalée. Ce qui nous ravit dans cette musique d'anniversaire pimpante, c'est le côté indéniablement français de la
partition : il y a le hautbois solo que Mozart orthographie à la
française dans son manuscrit, instrument français par excellence et dont les virtuoses éminents étaient français à l'époque.
Il y a aussi les thèmes qui ont l'air de chansons de chez nous,
quoiqu'elles aient toutes jailli de l'imagination de ce gamin
génial. Il y a toute l'œuvre créée, semble-t-il, pour accompagner quelque tapisserie Louis XV ou pour sonoriser une toile
de Watteau.

Une introduction presque martiale d'une énergie endiablée:
la jeunesse et la vie débordante. Les soli narquois et vifs du
hautbois pourraient bien être les paroles du discours malicieux de Wolfgang à sa sœur pour son anniversaire (qu'on
relise, pour les bien comprendre, les vers qu'il lui adressa la
veille de son mariage!). Suit le premier menuet, digne mais

point guindé; il comporte un trio pour les cordes seules sur le rythme de la polonaise (« entrée de nobles seigneurs polonais à la cour du roi de France »!). Le troisième mouvement est en forme de rondeau, mais sur un rythme plus retenu, *andantino*. Sans doute n'est-ce pas un hasard si l'on y rencontre l'un des thèmes les plus caractéristiques du ballet que Mozart écrivit un peu plus tard et à Paris pour Noverre sous le titre *les Petits Riens*... Pour qui connaît l'argument de ce ballet très Boucher, voilà qui en dit long sur l'espièglerie mozartienne; mais on se garde d'insister. On peut se demander ce qu'en pensa S. E. Mgr Colloredo, dont on sait la rigueur, lorsqu'on le lui offrit comme musique finale tel jour de novembre à la cour salzbourgeoise.

Si l'on n'avait pas encore compris les intentions du musicien, les trois derniers mouvements se chargeraient de préciser les idées. Rien de plus français que le deuxième menuet qui est un thème varié. Suit un rondeau *allegro assai* mêlant des rythmes de ronde populaire aux échos de chasse. Un délicieux intermède en mineur, confié au hautbois solo et qu'accompagnent les batteries des cordes, n'est peut-être pas seulement délicieux; qui sait les tourments qu'il cache ou qu'il veut faire entrevoir à la « sœur chérie » ? Et la musique d'anniversaire s'achève par une *marcia alla francese ;* il ne pouvait en être autrement. Mais quelle poésie sonore dans une marche : d'ailleurs la marche, elle aussi, est en forme de rondeau! Or on peut ignorer parfaitement les circonstances et les particularités de ce divertissement et en apprécier tout le charme. On peut aussi analyser les autres divertissements et constater qu'il n'y en a pas un qui ressemble rigoureusement à un autre; le moule de chacun d'entre eux semble avoir été brisé dès la dernière note écrite.

Parmi les sérénades, on trouvera des partitions ingénieusement conçues pour répartir les sonorités à travers l'espace ou développer à partir de l'ancien concerto grosso cette plasticité parfois recherchée en soi par nos contemporains pour ses effets stéréophoniques. C'est le cas de la *Sérénade en ré majeur (Serenata notturna, K. 239)* qui combine deux ensembles, l'un composé d'un quatuor à cordes soliste, l'autre d'un ensemble rehaussé de timbales, ou encore de ce *Notturno,* toujours en *ré majeur* (K. 269 a), dans lequel concertent quatre groupes composés chacun de quatre parties de cordes et de deux cors. Parmi les réussites les plus surprenantes, il faut citer aussi cette *Sérénade* (K. 370 a) que Mozart appelle *Gran Partita* et qu'il confie à un orchestre à vent aux timbres d'une grande richesse, haut en couleurs : 2 hautbois, 2 clarinettes, 2 cors de basset, 4 cors, 2 bassons et un contrebasson. Il arrivera aussi que, sans y prendre garde, le musicien passera les frontières entre les genres en écrivant une *Nacht-Musique* (K. 384 a) pour 2 hautbois, 2 clarinettes, 2 cors et 2 bassons s'ouvrant sur un *allegro* étrangement tourmenté en *ut mineur* :

Ex. 1.

On ne sera pas surpris de retrouver cette œuvre étonnante sous une forme plus « sévère » cinq ans plus tard, lorsque le musicien en fera son *Quintette à cordes* (K. 516 b).

La dernière des sérénades de Mozart, la fameuse *Petite Musique de nuit* (K. 525) rejoint d'ailleurs ce qu'il est convenu de considérer comme les formes pures, puisqu'il s'agit d'un quatuor à cordes renforcé par une contrebasse à l'unisson. Cette *Sérénade en sol* voisine avec l'invention du lied romantique (*Abendempfindung*, K. 523) et avec *Don Giovanni*. Mais elle n'a pas le lyrisme nostalgique de l'un et pas davantage la passion tourmentée, le fond métaphysique de l'autre. Elle est beauté en soi, sérénité. On y trouve une écriture très serrée, polyphonique, des modulations audacieusement neuves, des séquences en mineur d'un chromatisme prophétique : le génie pousse en avant, de toute sa force, le développement de la musique, même dans une simple sérénade. On voudrait relever à ce propos, comme une clé spirituelle de ce joyau, une rencontre thématique qui ne semble guère avoir intéressé les commentateurs : dans la célèbre *Romance en ut,* le deuxième mouvement de l'œuvre dans sa forme actuelle (car il lui manque peut-être un menuet), Mozart reprend une de ses musiques les plus heureuses : l'air de Belmonte dans le deuxième acte de *l'Enlèvement,* « *Wenn der Freude Tränen fliessen* » ; les larmes de la joie, c'est bien l'univers de Mozart.

Si toute l'abondante littérature de divertissements, cassations et sérénades dérive de l'ancienne suite de danses, la danse pure, fonctionnelle comme on dit aujourd'hui, a également intéressé Mozart; ce n'est pas seulement la nécessité du pain quotidien qui poussa le maître à écrire ces séries de menuets et contredanses pour les bals de la Redoute à Vienne. On connaît au moins une bonne centaine de danses de Mozart, parfois pour des instruments inattendus relevant de leur timbre caractéristique une matière orchestrale toujours riche et contrastée; une *Danse allemande* (K. 600) évoquera par un solo de piccolo le canari, une autre (K. 605) une promenade en traîneau en utilisant notamment deux cors de poste et cinq clochettes. Il n'est que de comparer ces compositions apparemment descriptives avec d'autres œuvres du même genre nées dans ce siècle friand de pittoresque (et notamment avec les compositions de Leopold Mozart) pour mesurer toute la distance qui sépare le génie, même fonctionnel, d'une honnête imagination et du solide métier de l'artisan.

Parmi ces danses fort nombreuses, il faut faire une place à part aux menuets. « Quand j'éprouve en faisant un vers un certain battement de cœur que je connais, je suis sûr que mon vers est de la meilleure qualité que je puisse produire. » C'est Musset qui l'écrivit à son frère et on imagine que Mozart a dû ressentir un battement de cœur de ce genre chaque fois qu'il écrivait un menuet. On ne saurait imaginer la musique de Mozart sans menuet. Sa première œuvre connue est un menuet, cette ravissante danse toute simple (K. 1); sa dernière page achevée, quelques semaines avant sa mort, c'est encore un menuet grave, majestueux et presque religieux, le duo « *Lasst uns mit geschlungnen Händen* » (K. 623), cet hymne à la fraternité de tous les enfants de Dieu qui est devenu l'hymne national autrichien. Depuis la première ronde enfantine jusqu'à cette danse grave, c'est toute la vie de Mozart. Mais le dernier menuet gardera un peu de la fraîcheur première. « Il n'est de beaux génies que ceux qui gardent dans leur perfection quelque enfance » (M. Barrès).

Entre ces deux menuets qui délimitent la route terrestre de Mozart, il y a tous les autres menuets de ses œuvres. Ceux des sonates, des symphonies, des divertissements, des sérénades, celui de *Don Giovanni*… On pourrait faire une esthétique musicale de Mozart à partir de ses menuets; on se perdrait en contemplation devant les menuets des *Symphonies en sol mineur* (K. 183 et K. 550) par exemple, ou devant celui de la *Symphonie en mi bémol* (K. 543). Mais le menuet de Mozart à l'état pur, avec la seule ambition d'être une bonne et authentique musique de danse, plus exactement même musique pour faire danser, on le trouve dans les *Menuets* pour les bals de Vienne (K. 585, 599, 601 et 604). Le XIXᵉ siècle aurait déploré cette confusion des genres : l'auteur du *Requiem* et de la *Messe en ut mineur* fournisseur de musique de bal! Il s'est apitoyé sur le génie obligé de faire cette musique utilitaire pour subsister. Nous retrouvons un sentiment plus juste des relations profondes. Il n'y a pas deux musiques, la grande et la légère; il n'y a que la musique, qu'elle soit de prière ou de danse, et puis celle « que c'est pas la peine », comme disait Chabrier : et celle-là on l'a faite aussi bien pour les bals que pour les messes.

Un divertimento de Mozart pousse le plaisir de la musique jusqu'à la plaisanterie tout court : un *Sextuor en fa majeur* pour cordes et deux cors (K. 522) qu'il intitule *Une plaisanterie musicale (Ein musikalischer Spass)*. Wolfgang nous donne dans ces pages divertissantes et étranges à la fois une sorte d'esthétique *a contrario* en montrant comment il ne faut pas faire. Dans les quatre mouvements d'une symphonie classique, mais inversés, pour ajouter encore à la satire, il brosse la caricature du mauvais compositeur, du musicien auquel ne manque pas seulement le génie mais encore quelques tours fondamentaux de son métier et qui par-dessus le marché n'a aucun goût. On a voulu y voir trop souvent une raillerie à l'endroit des interprètes incapables; Einstein remarque que les fausses notes trop calculées, comme celles des derniers accords par exemple (qui sont dans des tons différents) exprimeraient plutôt la rage et le désir de vengeance d'excellents interprètes contre l'incapable qui les oblige à jouer pareilles sornettes. Les défauts les plus courants de la musique médiocre de son temps y sont rassemblés en quelques pages et ridiculisés avec une habileté consommée tout en amusant auditeurs et interprètes; comme Mozart a dû malgré tout se forcer pour aligner tout cela!

Un orchestre à cordes et deux cors — quelles merveilles ont fait avec cela un Carl Stamitz ou Mozart lui-même! Ici ce n'est qu'enchaînements maladroits de formules éculées, écriture vide, lourdeur du phrasé instrumental, modulations qui seraient attendrissantes si elles n'étaient ridicules à force de prétention. Et le *fugato* du

dernier mouvement, d'une incapacité insigne, imaginé
par le compositeur qui a écrit la *Fugue en ut mineur*
(K. 426)! Malgré tout Mozart reste le maître incomparable qu'il est, même dans cette plaisanterie. Si nous
n'avions que la partition anonyme, sans titre indiquant
les intentions sarcastiques, nous n'aurions pu nous y
tromper : le thème de l'*adagio cantabile* nous aurait appris
que nous avions affaire à un très grand maître se moquant
des mauvais fabricants :

Ex. 2.

Il est bien regrettable que nous ne connaissions pas la
circonstance précise et savoureuse qui est à l'origine de
cette partition : il ne fait pas de doute que Mozart visait
ici quelqu'un ou quelque chose.

Toujours dans la perspective du plaisir de la musique,
voici un grand nombre de *Concertos* pour instruments à
vent et pour violon. Celui pour basson, le premier en
date, puisqu'il se situe en 1774 (K. 186 e), montre une
écriture presque disproportionnée à la destination de
l'œuvre : très contrapuntique, très travaillée ou en imitations, alors que les autres concertos de cette espèce
inclinent plutôt vers le style aimable et galant. Ce caractère singulier s'explique peut-être parce que sa composition se situe parmi les litanies, les vêpres et les messes
salzbourgeoises. Mais il faut dire aussi que cette gravité,
cette dignité de style conviennent à merveille au caractère
particulier du basson, narquois peut-être, mais toujours
un peu grave et distant, les doigts de Madame la Marquise
faisant poum-poum sur la table, comme dirait Claudel.
De toute manière, l'*andante ma adagio,* qui est le centre de
gravité musical, est une grande et pure rêverie, une de
ces pages de poésie qui sourdent du son même de l'instrument sans le secours d'aucune image, d'aucune idée,
fût-elle musicale et qui ne pouvaient être conçues que
par Mozart.

Il y a un grand et noble *Concerto en sol* pour flûte

(K. 285 c) et surtout un *Andante* isolé pour le même
soliste (*ut majeur*, K. 285 e) qu'il faut mettre à part parce
qu'il s'élève évidemment au-dessus du seul plaisir et qu'il
dégage un silence intérieur, une atmosphère de contemplation; certaine modulation en *sol mineur* découvre
d'ailleurs des abîmes généralement ignorés par cette
partie de son œuvre. Il y a aussi le *Concerto en ré majeur*
pour hautbois (K. 285 d) que l'on joue souvent à la flûte.
Il aurait été destiné à un certain Ferlendis, de Brescia, que
Haydn entendit pourtant sans enthousiasme à Londres,
puisqu'il note dans son journal : « souffle médiocrement »... C'est une sorte de petit opéra bouffe instrumental dont le caractère se dessine dès les premières mesures
évoquant l'introduction d'un grand air d'opéra. Après un
andante d'atmosphère (échappant comme bien des pages
de Mozart à toute analyse), le finale offre l'un des airs les
plus ravissants et les plus populaires de Blondine « *Welche
Wonne, welche Lust* ». Mozart a dû l'écrire au retour d'une
soirée d'opéra et il n'est pas étonnant qu'il s'en soit souvenu lorsqu'il écrivit *l'Enlèvement au sérail*. Peut-être
était-ce une musique de fiançailles ?

Lors de son voyage à Paris de 1778, Mozart écrit le
célèbre *Concerto en ut majeur* pour flûte et harpe (K. 297 c),
partition hautement originale notamment parce qu'elle
révèle une fusion personnelle de trois formes alors en
pleine évolution : celles du concerto, de la symphonie
concertante et de la sérénade. La *Symphonie concertante
en mi bémol* pour hautbois, clarinette, cor, basson et
orchestre (K. 297 b), composée vers la même époque,
n'est pas moins originale : ni symphonie avec parties obli-
gées, ni quadruple concerto, mais chef-d'œuvre certain.
Les concertos dédiés à sa tête de Turc *obligée*, le corniste
Leutgeb (pour qui il ne dédaignait pas d'écrire la partie
soliste en plusieurs couleurs...) sont des bijoux de poésie
instrumentale. Quand on connaît tout cela, on ne peut
que regretter très vivement que deux partitions concertantes très originales n'aient pas été achevées : un
concerto pour violon, alto et violoncelle et surtout un
autre pour violon et piano, dont l'auteur se proposait de
jouer lui-même la partie de clavier.

Le violon concertant n'a intéressé Mozart qu'à une
seule et brève époque de sa carrière, celle qui suivit sa
nomination au poste de *Konzertmeister,* c'est-à-dire de

premier violon ou violon solo de l'orchestre archiépisco-
pal. En effet, les cinq concertos authentiques pour le
violon ont vu le jour entre les mois d'avril et de
décembre 1775 à Salzbourg. Remarquons en passant qu'il
n'y a que ces cinq concertos authentiques pour violon
parmi les huit partitions qui circulent sous son nom; le
concerto *Adélaïde* est une amusante mystification; celui en
mi bémol n'est sûrement pas de Mozart et celui en *ré*
(K. 271 i) ne peut être de lui, du moins dans sa forme
actuelle; il doit s'agir d'esquisses arrangées par une autre
main. De toute façon il y a une telle unité dans les cinq
concertos de 1775 (K. 207 en *si bémol*, K. 211 en *ré majeur*,
K. 216 en *sol majeur*, K. 218 en *ré majeur*, K. 219 en *la
majeur*) qu'ils constituent bien un tout. (Si on inclut le
couronnement du genre, le *Concerto en mi bémol* pour violon et alto, on retrouve le cycle des quintes : *sol-ré-la-
mi bémol-si bémol*). Et le dernier, celui en *la,* établit des
normes de perfection qu'il paraît difficile de dépasser
dans le même genre. D'ailleurs, ne serait-ce pas l'une des
raisons pour lesquelles le compositeur n'y est jamais
revenu par la suite ?

D'autres raisons ont pu jouer qui tiennent au genre et à
l'instrument. Le concerto pour violon était une forme
ancienne, bien fixée notamment depuis Vivaldi, Tartini
et Nardini. Le mouvement classique, symphonique, ne
l'avait guère transformé; il y avait simplement adapté ses
conceptions mélodiques et dynamiques nouvelles. A
proprement parler, même les œuvres romantiques, peu
nombreuses au demeurant, en regard de la production du
siècle précédent, n'apportent rien de fondamentalement
neuf dans ce domaine. Tandis que le concerto pour clavier était, à l'époque de Mozart, une forme toute jeune,
dans laquelle bien des choses restaient à faire. Le concerto
pour piano-forte était pratiquement à inventer, si l'on
excepte quelques pages de Friedemann et de Jean-Chrétien Bach. La transformation de ce genre depuis le
premier jusqu'au dernier concerto de Mozart, séparés par
près de vingt ans de vie, est prodigieuse; elle équivaut à
la création d'un genre nouveau. Si l'on y pense, on comprend que le concerto pour violon l'ait moins intéressé.
Il reste que sa contribution est d'importance; trois au
moins de ces concertos sont d'immortels chefs-d'œuvre
sous la forme la plus immédiatement accessible et

aimable : aussi appartiennent-ils au répertoire permanent des concerts.

C'est ici que se place une partition étrange dont l'appellation non contrôlée de « symphonie concertante » semble avoir empêché de prendre la mesure exacte. Le *Concerto en mi bémol majeur* pour violon, alto et orchestre (K. 320 d) serait bien plutôt, comme le remarque Einstein, l'aboutissement de sa série de concertos pour violon ; il a été composé en 1779 et l'on peut supposer, avec une très grande vraisemblance, qu'il était destiné à être interprété par les excellents musiciens de l'Électeur palatin, cet orchestre de la petite résidence de Mannheim que Charles Burney avait qualifié d'armée de généraux parce que chacun de ses membres était « aussi capable de dresser les plans que de les exécuter ». En effet, lorsqu'on lit la partition, on devine que le compositeur a dû avoir à sa disposition deux solistes de grande classe du genre d'Ignaz Fränzl, le violoniste qu'il avait connu à Mannheim et pour qui il esquissa à la même époque le double *Concerto en ré majeur* pour piano et violon (K. 315 f). Mozart a noté la partie d'alto de cette œuvre en *ré majeur ;* l'interprète doit donc accorder son instrument un demi-ton plus haut et obtient de la sorte une sonorité beaucoup plus brillante, plus lumineuse, qui tranche sur celle des altos de l'orchestre. Un détail de ce genre montre à quel point Mozart avait la préoccupation de la manière dont ses œuvres sonneraient concrètement.

Dès les premiers accords *allegro maestoso,* on sent la maturité de l'homme et du musicien. Pendant son voyage à Paris et à Mannheim, Mozart a approfondi la notion de la vraie grandeur, il est devenu « adulte »; il exprime avec force cette expérience nouvelle. L'orchestre est d'une richesse et d'un coloris presque inusités ; les altos sont divisés comme les violons, les hautbois écrits dans un registre peu habituel qui les dote d'une gravité jusqu'alors inconnue. L'*andante* est dans cette tonalité d'*ut mineur* qui était déjà celle de la partie centrale de la première symphonie de l'enfant (K. 16); l'impression profonde de cette page qu'on aurait tort de romantiser (car Mozart n'est jamais romantique) n'est pas entièrement effacée par la contredanse endiablée qui sert de finale étincelant à ce double concerto (*presto*). On comprend très bien que Mozart n'ait plus écrit de concerto pour cordes après celui-ci, car cette œuvre est un point final, une somme; elle fut créée par un jeune homme de vingt-trois ans.

Bien sûr, le *Concerto en la majeur* pour clarinette et orchestre mérite une place à part, ne fût-ce que parce qu'il date des derniers mois de la vie du musicien et qu'il porte le K. 622 et qu'après lui il n'y aura plus qu'une cantate pour la loge maçonnique (K. 623) et le *Requiem* inachevé. Pourtant Mozart parle de son finale comme du « rondo pour Stadler », d'une œuvre destinée à servir un virtuose patenté et ami, d'une musique destinée avant tout à plaire. S'il a une gravité et une élévation incomparable, surtout dans le mouvement central, pur comme un chant d'oiseau, c'est que Mozart se sait au seuil de l'éternité; il ne croit pas pour autant qu'il faille abandonner ce but essentiel de sa carrière qui fut de répandre la joie de vivre. En écoutant ce sommet de la musique on songe au verset claudélien : « Ah, que c'est beau de vivre et que la gloire de Dieu est immense! » Mais on remarque aussi avec quelle extrême économie de moyens, avec quelle retenue, avec quelle pudeur suprême on touche ici à des régions si hautes du plaisir musical qu'il faudrait l'appeler béatitude.

La plus grande partie de ses œuvres offre la particularité de parfaitement sonner avec des effectifs fort différents; la *Sérénade en sol majeur* (*Eine kleine Nacht Musik*, K. 525) par exemple est aussi efficace avec un simple quintette qu'avec un grand ensemble de cordes et avec toutes les formations intermédiaires. L'interprétation des œuvres de Mozart demande avant tout un style et un goût qui peut — paradoxalement — manquer au quintette à cordes et être rendu de façon idéale par un ensemble à cordes de quarante musiciens. L'utilisation des instruments authentiques, si précieuse dans le cas de J.-S. Bach ou même encore de la seconde génération de Mannheim, voire chez le grand Haydn lui-même, ne constitue plus dans la musique de Mozart un apport essentiel, même dans ces nombreuses partitions bâties sur les combinaisons des timbres pour le plaisir des auditeurs les plus divers. On voit à quel point la musique de Mozart est réussie en elle-même, à quel point ses formes les plus sociales et les plus fonctionnelles sont en même temps des chefs-d'œuvre intemporels. Mozart a explicitement prévu, par exemple en écrivant certains de ses concertos, que les parties d'orchestre pouvaient être interprétées par un seul instrumentiste; à l'inverse il n'est nullement hérétique de jouer à l'occasion avec une grande formation ses œuvres de musique de chambre.

Cette musique de chambre relève pour une bonne partie du même genre de musique « occasionnelle » que toutes les œuvres précédentes. C'est le cas notamment des *Quatuors* pour flûte et cordes, hautbois et cordes, d'une *Sonate* pour basson et violoncelle, d'une série de brèves et ravissantes *Sérénades* ou *Divertimenti* pour deux clarinettes et un basson, de douze *Duos* pour deux cors, d'un *Quintette* pour cor et cordes et de l'admirable *Quintette en la majeur* (K. 581) pour clarinette et quatuor à

Ex. 3.

cordes que Mozart écrivit, en automne 1789, pour le même clarinettiste Anton Stadler auquel il dédia le célèbre concerto, deux ans plus tard; évidemment le *larghetto* de cette œuvre — une tranquille et sereine pensée musicale — dépasse déjà le cadre habituel de ce genre de musique (voir ex. 3), mais c'est justement le miracle mozartien que la musique faite pour le seul plaisir des oreilles et au gré des jours, des virtuoses rencontrés, des nécessités du service ou des liens de l'amitié, que cette musique parfaite en soi, et immortelle, frôle toujours les régions réputées réservées à cet art que l'on dit « pur ».

Ce glissement, cette sublimation sont plus sensibles encore dans un certain nombre de compositions pour cordes seules, sans qu'on doive classer ces pages dans le même genre que les œuvres proprement symphoniques ou pianistiques. Peut-être est-ce la sonorité précise et presque un peu abstraite des cordes qui est à l'origine de ce changement d'orientation. Le fait que Mozart a trans-

crit pour cordes une *Fugue* qu'il avait d'abord conçue pour
deux pianos (K. 426) pour la doter d'un grand et surprenant prélude pour quatre parties de cordes, l'*Adagio et
fugue en ut mineur* (K. 546), qu'il ait transcrit des fugues
du *Clavier bien tempéré* de Jean-Sébastien Bach et une des
plus belles fugues de son fils aîné, Wilhelm Friedemann
Bach, pour trio à cordes en les dotant, elles aussi, d'admirables préludes (K. 404 a) semble bien confirmer l'hypothèse. Pourtant, même ici, nous restons dans la musique
de circonstance puisque les fugues avaient été « découvertes » au moment même où Mozart les arrangea et que
Constance avait un goût pour la musique travaillée,
contrapuntique, d'autant plus surprenant qu'elle avait
été élevée en un milieu où le style ancien était officiellement honni, puisque Mannheim était une citadelle de la
« musique nouvelle »; de là à la soupçonner d'une pointe
de snobisme, il n'y a pas loin et certains des biographes ont
allégrement (et un peu complaisamment) franchi le pas.

On est surpris de constater que l'on néglige aujour-
d'hui encore les chefs-d'œuvre accomplis que sont les deux
Duos pour violon et alto (K. 423/4), que Wolfgang composa en toute hâte pour « dépanner » son ami vénéré
Michael Haydn; même avec une très grande et sincère
admiration pour ce maître salzbourgeois, on ne peut pas
ne pas mesurer l'ampleur du génie mozartien en compa-
rant ces deux partitions aux quatre précédentes sorties de
la plume du frère de Joseph Haydn. Il s'agissait de faire
une série de six duos, commandée par S. E. Mgr Colloredo,
et Haydn avait été pris de court pour les achever en temps
voulu; Mozart composa sur-le-champ les deux partitions
manquantes qu'il ne vit aucun inconvénient à laisser présenter et publier sous le nom de Michael Haydn. Il y a
aussi un trio à cordes datant de septembre 1788 et que
Mozart appelle dans son catalogue *Divertimento ;* il comporte d'ailleurs deux menuets, mais il suffit de l'entendre
pour deviner que ce *Trio en mi bémol*, K. 563, (la symbolique maçonnique est dans l'énoncé même) écrit pour
son ami et frère F∴ M∴ Michael Puchberg est une
intime confidence mozartienne.

Dans les quatuors et quintettes à cordes, ce phénomène
est de plus en plus fréquent; il semble difficile, dans bien
des cas, de ranger ces œuvres dans l'une des catégories
que nous avons bien été obligés d'énoncer pour commen-

ter l'œuvre mozartien. On ne sait pas pour qui ou pour
quoi le jeune musicien qui venait d'avoir quatorze ans
écrivit à Lodi, en Italie, son premier *Quatuor à cordes,* et
cela d'autant moins que le finale, un rondeau, ne fut
conçu que quatre ans plus tard à Vienne. Le musicien n'y
suit pas encore le schéma architectonique du quatuor
classique, puisqu'il commence par un *adagio* pour continuer par un *allegro* sur lequel s'enchaîne un menuet; mais
il est certain qu'il existe peu de preuves aussi frappantes
de son unique génie que cette grande page, ce premier
adagio par lequel un jeune garçon entre de plain-pied dans
un genre tout neuf pour s'y manifester tout de suite avec
un chef-d'œuvre d'envergure (K. 73 f) :

Ex. 4.

Mozart écrira encore vingt-deux quatuors après ce
premier chef-d'œuvre; les douze premiers marqueraient
plutôt une régression par rapport à l'étonnant début.
Pourtant, après une longue pause, le musicien composera
dix grands quatuors, dans le sens classique du terme, dont
il dédiera les six derniers à Joseph Haydn, le maître
incontesté du genre, qui était aussi un maître à ses yeux
et dont on sent très nettement que Mozart a assimilé les
enseignements. Il lui arrivera de pousser plus loin que le
maître; c'est le cas, par exemple, dans l'introduction poly-
tonale du *Quatuor en ut majeur* (K. 465) improprement
appelée « dissonante ». Il y apparaît que Mozart a parfaitement compris tout ce que l'on pourrait tirer d'une
écriture moins directement liée à la tonalité et à l'harmonie classique; mais il apparaît non moins clairement qu'il
n'a pas estimé devoir poursuivre en ce sens et c'est avec
un plaisir évident qu'il fait suivre cette introduction
prophétique d'un *allegro* parfaitement tonal, parfaitement chantant, et dont les thèmes semblent être emprun-

tés à la musique vocale italienne. C'est d'ailleurs l'un des
caractères les plus frappants de toute sa musique instrumentale; l'application de la « cantabilité » italienne à
toute l'invention mélodique; l'idéal d'une voix humaine
bien ronde, bien timbrée et par-dessus tout bien conduite
est de toute évidence le sien. Il ne devait jamais cesser
d'être celui de ses interprètes; la beauté horizontale et en
quelque sorte indépendante des lignes d'une partition
mozartienne est essentielle à sa compréhension musicale,
à sa beauté; c'est seulement dans cette perspective que
l'on s'aperçoit à quel point l'héritage polyphonique de
longs siècles de musique européenne reste présent dans
toutes ces pages, apparemment écrites au fil de la plume
et des circonstances.

L'idéal mozartien du quatuor à cordes, son harmonie
connaturelle, se trouve peut-être dans le mouvement
central du *Quatuor en ré majeur* (K. 575), un *andante sotto
voce* en *la bémol majeur* dans lequel les quatre partenaires
« concertent » au sens le plus parfait de ce terme. Si on
l'a écouté attentivement, on ne peut admettre de voir
classer dans les quatuors à cordes trois partitions datant
des premiers mois de 1772 et que l'on voit figurer, soit
parmi les *Divertissements* (à cause d'une indication apocryphe sur l'autographe), soit dans cette forme de
musique de chambre pour solistes; ces trois partitions
pour quatre parties de cordes (K. 125 a, K. 125 b,
K. 125 c) sont évidemment symphoniques, alors que les
quatuors et les quintettes à cordes sont justement les
seules compositions de musique de chambre de Mozart
qu'il faut interpréter avec des instruments solistes.

C'est une fois de plus l'anecdote qui explique la plus
grande partie des quintettes à cordes de Mozart : remarquons qu'ils sont écrits, comme ceux de Boccherini ou
de Beethoven, pour deux violons, deux altos et violoncelle. Les plus beaux d'entre eux, les quatre derniers en
date, ont été écrits dans l'espoir qu'ils seraient agréés par
le roi de Prusse dont Boccherini était alors compositeur
attitré; le roi lui-même jouait du violoncelle. Il est bien
regrettable que le musicien n'ait pas pu achever la série
projetée de six au moins de ces quintettes et que la
détresse l'ait obligé ensuite à offrir les premiers en
souscription, car parmi ces pages on trouve un des sommets de la musique, ce *Quintette en sol mineur* (K. 516)

achevé le 16 mai 1787 à Vienne (Mozart ajoute même l'endroit, ce qui est significatif : *Landstrasse*). Alfred Einstein lui a consacré l'une des plus belles pages de son livre.

Nous n'aimons pas, le lecteur l'aura remarqué, les métaphores ni les paraboles ; et pourtant ce qui se passe ici ne peut sans doute se comparer qu'à la scène du jardin de Gethsémani. Il faut vider le calice au breuvage amer, et les disciples sont endormis. Que l'on compare avec les rares mouvements que Haydn ait écrits dans le mode mineur : ceux de la *Symphonie en ut mineur*, du *Quatuor des cavaliers*, du *Quatuor en ré mineur*, op. 65, de la *Symphonie en ré mineur*, nº 80, Haydn ne peut s'empêcher de faire la reprise en majeur, il ne supporte pas longtemps les ténèbres ni les pensées sombres. Mozart, lui, conclut son exposition dans la tonalité correspondante du mode majeur, mais pour revenir inexorablement au mode mineur dans la reprise. Ce retour est inéluctable. Et le menuet n'a d'autre sens que celui-ci : « Non point comme je veux, mais que Votre volonté soit faite. » Dans le trio, un rayon de consolation céleste déchire les nuages, mais le retour au menuet proprement dit est inévitable. L'*adagio ma non troppo* a l'accent d'une prière, prière d'une âme isolée, tout entourée d'abîmes ; et les nombreux soli ainsi que l'équivoque enharmonique qui précède le retour à la tonique, sont, à ce titre, bien symboliques. Le dernier mouvement est introduit par une sorte de cavatine d'un sombre héroïsme, confiée au premier violon, et passant ensuite en *sol majeur*, mais c'est le mode majeur empreint de désolation particulier à Mozart en tant de ses dernières œuvres ; aussi bien le thème de ce rondo semble un peu trop trivial pour former le dénouement des trois mouvements précédents et son retour, après les divers épisodes, est, chaque fois, quelque peu choquant.

LA MUSIQUE PURE

Avec la musique de chambre pour cordes l'optique des œuvres mozartiennes s'est modifiée ; nous pénétrons dans un domaine où la création personnelle, au sens que l'on donne à ce mot depuis Beethoven par exemple, joue le premier rôle, même si la commande reste la grande inspiratrice et si Mozart n'a pour ainsi dire jamais écrit une de ses grandes partitions sans « occasion » extérieure, pour le seul motif qu'il sentait le besoin profond de composer de la musique et plus précisément telle musique. Dans cette musique « pure », il faut citer avant tout les symphonies. Pourtant la symphonie mozartienne n'apparaît pas immédiatement comme l'œuvre autonome que nous connaissons par exemple sous le qualificatif « Jupiter »; elle commence par s'insérer tout simplement dans la production courante de l'époque, qui était énorme, naissant au fur et à mesure des besoins de la vie des concerts; il était très rare qu'une symphonie fût jouée deux fois, du moins au même endroit, à moins que ce ne fût à la demande expresse de quelque aristocrate qui en était le dédicataire ou qui l'avait commandée.

Évidemment la symphonie écrite dans ces conditions ne semble rien avoir de métaphysique; elle ne cherche pas d'abord à être un message très personnel. Il ne faudrait pas pour autant en exclure le sentiment, ni même la confidence. Il y a des œuvres de jeunesse de Joseph Haydn par exemple qui sont fort expressives et même un peu romantiques avant la lettre. Il faut en tout cas comparer les partitions symphoniques de Mozart, à part les toutes dernières, à la centaine de symphonies de Haydn que nous connaissons. Seulement le maître d'Esterhaza composa sa première symphonie à l'âge de vingt-sept ans et les quelque vingt dernières, les plus importantes, après la mort de Mozart et sous son influence. Tandis que la première symphonie de Mozart date de 1764 — elle est donc l'œuvre d'un enfant de huit ans! — et la dernière de 1788. L'ensemble de ses cinquante symphonies se répartit sur vingt-quatre ans; celles de Haydn sur un demi-siècle.

En étudiant l'ensemble de ces partitions symphoniques, on remarque un phénomène semblable à celui qui se produit dans l'œuvre de Joseph Haydn. Au fur et à mesure que la forme s'affirme, se précise, que le contenu affectif s'approfondit, les œuvres s'espacent. Mozart écrit de moins en moins de symphonies, alors que les sonates et les concertos continuent de naître par groupes et ensembles, avec souvent une recherche cyclique dans les tonalités respectives. Dans les symphonies, il n'y a que deux exemples de cette tendance : les deux trilogies, celle de la fin (les trois dernières) et celle de 1773-1774 dans laquelle se retrouvent deux des trois tonalités de la fin. Cette première trilogie est annoncée par une œuvre fort caractéristique, la *Symphonie en mi bémol* (K. 166 a) du printemps 1773. On comprendra son importance si on sait comment son auteur l'utilisa à la fin de sa vie.

Au cours de cette année 1773, Mozart eut à composer de la musique de scène pour un drame mystico-philosophique dû à la plume médiocrement inspirée d'un baron-fonctionnaire autrichien, Tobias Philipp von Gebler, sous le titre *Thamos, roi d'Égypte*. Le librettiste avait espéré une musique du chevalier Gluck, mais celui-ci ne fut guère séduit par le texte et fit traîner la chose. En attendant et pour ainsi dire à défaut de meilleure solution (!) on s'adressa au jeune Mozart, mais en limitant très strictement ses interventions à des entractes instrumentaux et à quelques chœurs. Quelques années plus tard, en 1779, le compositeur reprit son œuvre, l'augmenta d'un mélodrame et l'adapta à un nouveau livret, extrait d'une pièce française d'A.-M. Lemierre, *la Veuve du Malabar*. Cette pièce connut pendant longtemps un gros succès sur les scènes d'Europe ; cette époque était sensible au chagrin de la veuve inconsolable qui, ne pouvant supporter la séparation, se précipite dans les flammes d'un bûcher (indien, bien entendu). Le Berlinois Karl Martin Plümicke, dont Wilhelm Friedemann Bach composa un *Lausus und Lydia* très malheureusement perdu, adapta l'œuvre de Lemierre sous le titre de *Lanassa*.

C'est dans cette dernière vision que Mozart entendit la pièce à Francfort en 1790. Elle ne lui déplut point. Qui sait si cette soirée ne joua pas un rôle déterminant dans la naissance de *la Flûte enchantée* ? Mais la musique de scène pour le baron von Gebler ne comportait pas d'ouverture. Le livret de *Lanassa* en voulait une. Mozart puisa dans ses œuvres de l'époque et y choisit une page dont le sentiment déchaîné se prêtait admirablement à cette fonction : la *Symphonie en mi bémol* (K. 166 a) justement. On voit son importance par cette utilisation ultérieure : Mozart la rapproche directement de l'ouverture de son dernier opéra. Elle débute d'ailleurs par de grands accords tutti, puissamment frappés, auquel répond un sujet en croches descendantes. La rudesse rythmique du premier thème tout autant que la plainte intense du second donnent à cette œuvre un caractère dramatique qui fait songer moins à telle *Symphonie en ut* (n° 52) de J. Haydn composée vers la même époque qu'à la célèbre ouverture de Beethoven pour *Coriolan*. Une suite de modulations très expressives, colorées avec une grande richesse de timbres, prépare le second mouvement, un *andante* à 2/4 en *ut mineur,* page aussi finement écrite que violemment sentie. La manière dont les violons dialoguent entre eux ou avec les altos montre Mozart en possession d'une maîtrise nouvelle ; elle indique aussi dans quelle direction allaient ses recherches symphoniques. Le rondo final n'est peut-être pas de la même hauteur d'inspiration ou d'une facture comparable ; mais les grands sentiments — Mozart l'a dit lui-même — ne doivent jamais être poussés jusqu'à l'excès.

La première trilogie symphonique s'ouvre sur une partition en *ut majeur* (K. 173 e, novembre 1773) qui se signale immédiatement par une émotion plus profonde que les nombreuses symphonies de jeunesse et aussi par un travail thématique plus délicat, plus élaboré; son mouvement central présage déjà les grands adagios et le finale avec ses dialogues entre les solos des deux violons et le tutti, comme d'ailleurs le crescendo endiablé qui le termine, évoque à nouveau le monde du théâtre. On voit à quel point la naissance de la grande symphonie mozartienne est liée à son tempérament dramatique. La partition symphonique qui la suit de près, celle en *sol mineur* (K. 183) confirme cette orientation, avec les syncopes mouvementées de l'orchestre, les contrastes dynamiques aussi nouveaux dans le genre que l'unité presque cyclique des thèmes, le dernier mouvement renouant ostensiblement avec le début. Peut-être cette symphonie était-elle destinée à l'église : ce serait une *Passionsmusik* pour le carême salzbourgeois de 1774. Il est bien possible que Mozart se soit souvenu en l'écrivant de l'impression profonde que lui avait laissée à Londres la *Symphonie en sol mineur* op. 6 n° 6 de Jean-Chrétien Bach.

Dans le troisième volet de la trilogie, dans la *Symphonie en la majeur* (K. 186 a), l'instrumentation est moins éclatante que dans les deux pages précédentes, mais ce dépouillement dans les ressources des timbres semble servir encore la concentration de l'inspiration créatrice. Les cordes ne sont renforcées que de deux hautbois et de deux cors. Le début de l'œuvre est l'un des plus beaux qu'on ait imaginés pour une symphonie; c'est l'ébauche souriante du grand chef-d'œuvre dramatique en *sol mineur* (K. 550), une ébauche qui est un chef-d'œuvre en elle-même. Le finale *con spirito* est irrésistible; aujourd'hui encore il électrise une salle de concert. Le menuet même semble vouloir se transformer pour devenir un petit scherzo beethovénien, mais il le fait avec une grâce, avec une tranquille et sereine perfection qui ne sera jamais l'apanage de Beethoven. Il faudrait faire une analyse détaillée de toute cette partition pour comprendre le travail original dont abondent ces pages dans lesquelles Mozart joue souverainement avec toutes les possibilités de la forme sonate. L'*andante con sordini* en *ré majeur* est une invention très spécifique de son auteur, c'est le

« vert paradis des amours enfantines » selon Amadeo
Chrysostome Mozart...

L'habitude qui s'est répandue aujourd'hui de jouer les
symphonies de Mozart avec un effectif réduit, au maximum les quelque vingt-cinq à trente musiciens d'un
orchestre de chambre, n'est pas dans le goût de son auteur.
Nous avons là-dessus un témoignage très précis, bien
révélateur du style de ses œuvres, même si l'on tient
compte de la sonorité moins éclatante des instruments de
son temps. Le 11 avril 1781, le compositeur écrit à son
père à propos de l'exécution d'une de ses symphonies
chez le maître de chapelle Bonno (K. 338, en *ut majeur*
« sans menuet ») : « J'ai oublié de vous raconter la dernière fois que cette symphonie a magnifiquement marché
et qu'elle a eu tout le succès possible. Il y avait 40 violons,
les vents étaient tous doublés, 10 altos, 10 contrebasses,
8 violoncelles et 6 bassons... » Cela fait un total de
soixante-quatorze musiciens, c'est-à-dire l'effectif moyen
de l'orchestre symphonique contemporain.

La parfaite possession d'une forme élaborée, équilibrée, classique, se manifeste aussi par la rapidité avec
laquelle il lui arrivera d'écrire une de ses partitions
symphoniques maîtresses, celle dite *de Linz* (K. 425 en
ut majeur). Dans une lettre datée du 31 octobre 1783
par Wolfgang à son père, on peut lire : « Mardi 4 novembre, je vais donner une académie au théâtre ici
(Linz). Comme je n'ai aucune symphonie dans mes
affaires, j'en écris une en toute hâte en prenant mes
jambes à mon cou... » Ponctuellement, trois jours plus
tard, le lundi 3, il inscrit l'œuvre achevée — partition
et parties d'orchestre! — dans son catalogue; on croit
rêver, d'autant plus que la partition affirme sa qualité
exceptionnelle dès l'introduction *adagio,* d'une majesté
pré-beethovénienne (puisqu'il est entendu que chaque fois
que Beethoven s'inspire des sommets mozartiens, Mozart
annonce Beethoven). Dans le finale impétueux, on sent
déjà la puissance de la *Symphonie* « de Prague » (K. 504),
l'imposant portique de la trilogie finale.

Cette *Symphonie en ré majeur* destinée au public qui a peut-
être le mieux compris Mozart de son vivant, celui en tout cas
que le musicien préférait, celui de la capitale tchèque, ne comporte pas de menuet mais on pourrait imaginer que l'immense

adagio d'introduction, beaucoup plus étendu que ceux des symphonies de Haydn par exemple, joue en fait le rôle de quatrième mouvement. S'il n'y a rien de comparable à ce portique, ni chez Haydn, ni chez Beethoven, c'est que justement il n'est pas tributaire du romantisme à venir, il est grandeur en soi. Nous savons qui a révélé cette voie nouvelle à Mozart : un maître longtemps négligé et maltraité par Wolfgang lui-même, Clementi, auquel il a d'ailleurs emprunté le premier thème de l'*allegro* qui nous apparaît aujourd'hui comme une « première version » du fugato de l'ouverture de *la Flûte enchantée*. Document précieux : nous connaissons un brouillon de ce mouvement (Mozart en faisait très rarement) : ce ne sont que canons et polyphonies! Il est vrai que l'on retrouve ici comme une sublimation de la puissance rythmique des *Concertos brandebourgeois* de Bach. Dans l'*andante*, on reconnaît une version orchestrale d'un air de Don Ottavio dans *Don Giovanni* et, dans le finale, on perçoit l'écho très net du duo de Chérubin et de Suzanne au deuxième acte des *Noces de Figaro* : tout au long de ses grandes symphonies, Mozart nous ramène au monde central de l'opéra.

Un an et demi plus tard, c'est la grande triade. On a discuté sur la succession réelle des trois œuvres, sur leur gradation et sur le sens de ce groupement dans le catalogue de Mozart. Si l'on songe que ces trois partitions se situent dans la période d'incubation de *Cosi fan tutte,* une comparaison peut nous faire approcher du mystère. Entre *Don Giovanni* (l'opéra « romantique » — et l'on comprend dans quel sens il faut prendre ce mot ici) et le chef-d'œuvre final de *la Flûte enchantée,* nettement apollinien (on voit le parallèle possible avec les *Symphonies en sol mineur* (K. 550) et *Jupiter* (K. 551), il y a *Cosi fan tutte,* le plus mozartien des opéras de Mozart, la quintessence de son style lyrique qu'il est sans doute téméraire de vouloir psychanalyser. Car *Cosi* aussi — comme la *Symphonie en mi bémol* (K. 543) — est essentiellement dépourvu de toute « intention », il est jeu libre, joie de la musique sans aucune arrière-pensée, Mozart enfin! C'est ce même équilibre que l'on retrouve dans la triade symphonique. Entre la *sol mineur,* symphonie « romantique », et la *Jupiter* apollinienne, il y a la *Symphonie en mi bémol,* la plus mozartienne des symphonies de Mozart. Il est même superflu d'invoquer à son propos, comme on l'a fait, la maçonnerie, malgré la tonalité et la prédominance des bois, surtout des clarinettes éminemment maçonniques,

car on est bien plus près de *Cosi* que de *la Flûte* musicalement et spirituellement.

L'introduction lente de cette *Symphonie* (K. 543) est
plus importante encore que celle de la *Symphonie de
Prague*. Les grands coups frappés ne sont ni les coups du
grand maître, ni ceux du destin. Les gammes montantes
et descendantes sans arrêt, le trouble profond, l'audace
harmonique presque inouïe et aussi certains chromatismes, tout cela semble introduire dans un autre monde,
une sorte d'au-delà du bien et du mal. L'*andante* de la
Symphonie (K. 550) est en *mi bémol,* lui aussi; cette tonalité
est l'expression de la gravité sereine. Les romantiques
eux-mêmes, qui firent un sort à cette symphonie, ne s'y
sont pas trompés. Ni Berlioz, ni Schumann n'ont vu
dans cette œuvre l'explosion d'une passion. Ils y lurent la
danse d'une statue grecque, descendue du fronton ou
d'une frise de Phidias; Richard Wagner s'imprégnait de
l'atmosphère d'au-delà que dégagent ces pages, malgré
les basses qui paraissent monter des abîmes vers la
lumière. Si l'on peut parler de mélancolie à propos de ce
morceau, c'est en songeant à certaines répliques des vents,
mais c'est une mélancolie des anges, la mélancolie sur la
seule tristesse de n'être pas des saints, selon la formule de
Léon Bloy. Par ailleurs, le chromatisme prend ici cette
allure « moderne » qui, pour certains critiques, annonce
toujours *Tristan*...

Quinze jours après la dernière note de la *Symphonie en
sol mineur,* la *Jupiter* est achevée à son tour. On songe à la
déclaration solennelle de Rossini à Pauline Garcia,
lorsque celle-ci fit l'acquisition de l'autographe de
Don Giovanni : « Je voudrais m'agenouiller devant cette
sainte relique, c'est le plus grand maître de tous, c'est le
seul qui ait eu autant de science et autant de génie que de
science. » Le premier mouvement est héroïque, les ressources du bithématisme, ses multiples oppositions et
combinaisons dans la forme sonate sont admirablement
utilisées, mais dans la seconde partie Mozart introduit un
troisième sujet qui est une véritable mélodie, un air
d'opéra bouffe écrit quelques mois plus tôt pour *le Gelosie
fortunate* d'Anfossi : *Un bacio di mano* (K. 541). Même
lorsqu'il écrit le chef-d'œuvre de la symphonie de concert,
de cette musique qui sera pour le monde de la musique
pure le centre de gravité idéal, comme l'opéra dans le

domaine du chant, Mozart se réserve cet hommage discret mais indiscutable à « l'ample comédie aux cent actes
divers et dont la scène est l'univers ».

Au contrepoint serré et au chromatisme du menuet
s'ajoute encore, pour renforcer l'unité et souligner le
caractère unique de la symphonie, l'esquisse du thème
sur lequel sera bâti le finale; lorsque ce thème apparaît à
découvert dans le dernier mouvement, il lui en viendra
une signification nouvelle. Ce thème n'est pas nouveau
dans l'œuvre de Mozart, il avait été employé plus d'une
fois, notamment dans une messe et dans une sonate pour
violon et piano; c'est dans le finale de cette symphonie
qu'il s'exprime de manière complète et définitive. Ce
finale a inspiré une imposante littérature, surtout aux
musiciens créateurs réfléchissant sur leur art. Cela se comprend si l'on remarque qu'il est l'aboutissement de toute
la musique symphonique du XVIIIe siècle et même un
aboutissement en soi, un adieu à jamais dans le même sens
que le second mouvement de la *Sonate* op. 111 de Beethoven. Dans cette construction grandiose et inégalée, le
génie de Mozart semble avoir touché les frontières de
l'art des sons, atteint à une de ces limites au-delà desquelles il n'y a plus, selon l'admirable mythe balzacien du
Chef-d'œuvre inconnu, que le retour au chaos primitif. On
comprend très bien que certains estiment, à la suite
d'Henri Ghéon, que ce finale émeut plus, frappe plus,
comble plus que le finale de la *Symphonie* avec chœurs. Il
offre une concentration unique en son genre des trois
grands moteurs de la musique : le chromatisme, le contrepoint et « l'expressionnisme » (primauté du message personnel de portée universelle).

L'UNIVERS DU CLAVIER

En abordant cet univers éminemment mozartien de la
musique pour clavier — toutes les partitions où il intervient sont en effet à mettre à part — il faut dire un mot de
l'instrument auxquelles ces pages ont été destinées. Il est
certain que Mozart n'a écrit ni pour le clavicorde, ni pour
le clavecin, mais pour le pianoforte moderne, même si
les instruments dont il a pu disposer n'avaient pas la
puissance du grand Steinway mis au point dans le courant du XIXe siècle. Le 17 octobre 1777, Mozart écrit :

« Cette fois il faut que je commence tout de suite par les pianofortes de Stein. Avant d'avoir vu quelque chose de la façon de Stein, c'était les pianos de Spaeth que j'aimais le mieux; mais à présent, je dois donner la préférence à ceux de Stein, car ils étouffent la résonance beaucoup mieux que ceux de Ratisbonne. Quand je frappe fort, je peux laisser le doigt sur la touche, ou le relever; le son cesse au moment même où je le fais entendre. Je puis faire des touches ce que je veux : le son est toujours égal; il ne tinte pas désagréablement, il n'est pas trop fort, ou trop faible, ou tout à fait manquant... Non, il est partout bien égal. Stein, il est vrai, ne livre pas ses pianos à moins de trois cents florins, mais la peine et l'application qu'il leur consacre ne se peuvent payer. Ses instruments ont surtout cet avantage sur les autres, qu'ils sont faits à échappement. Or, sur cent facteurs de pianos, pas un ne s'occupe de cela; et pourtant, sans échappement, il est absolument impossible qu'un piano ne tinte pas ou ne continue pas à vibrer après coup. Ses marteaux, quand on appuie sur les touches, retombent dans le moment même sur les cordes placées au-dessus d'eux, soit que l'on continue à presser la touche, soit qu'on la laisser aller. Quand Stein a terminé un de ses pianos, il s'assied d'abord, comme il me l'a dit lui-même, et essaie toute espèce de passages, de traits et d'intervalles, puis il polit, il travaille, jusqu'à ce que l'instrument rende bien tout, car il ne travaille que dans l'intérêt de la musique et non pour son seul intérêt propre, sans quoi il aurait tout de suite fini. Il se porte garant que la table d'harmonie ne se brisera ni n'éclatera. Quand il a terminé celle d'un piano, il l'expose à l'air, à la pluie, à la neige, à l'ardeur du soleil, à tous les diables... pour qu'elle éclate; et alors il y colle de petits morceaux de bois, pour qu'elle devienne tout à fait solide et résistante. Il est enchanté si elle se fend, car désormais il ne lui arrivera plus rien. Souvent il y fait lui-même des incisions pour la recoller ensuite et la rendre bien solide. »

Cette lettre montre sans ambiguïté que les œuvres pour clavier de Mozart sont bien destinées, dans l'esprit de leur auteur, au piano moderne. Mais il faut savoir que le mécanisme des pianofortes du XVIIIᵉ siècle et l'exiguïté de leurs touches ne permettaient pas de dépasser un certain tempo; le *presto* mozartien correspond à peu près à un *allegro* assez vif de nos jours : nous en avons la preuve dans un document récemment retrouvé. Mozart avait réglé lui-même le mécanisme d'un instrument reproduisant sa *Fantaisie en fa mineur* (K. 594) (*adagio-allegro-adagio*) : son exécution durait exactement huit minutes (C. M. A. : *Beschreibung der K. K. privilegierten durch den*

Herrn Hofstatuarius Müller errichteten Kunstgalerie zu Wien,
Vienne, 1797, p. 76-77). Par ailleurs, la sonorité des instruments du temps était plus transparente, plus riche en
harmoniques aiguës. Ces particularités observées, on
remarquera que les tempos mozartiens font ressortir
automatiquement les phrasés et la valeur expressive des
ornements, deux soucis dont nous connaissons la constante préoccupation chez le musicien.

S'il n'est pas question de parler à propos des œuvres
pour clavier de Mozart de clavecin ou de clavicorde, il est
beaucoup moins sûr que certaines d'entre elles n'aient pas
été pensées davantage pour l'orgue que pour le piano. La
question a été posée pour la première fois dans toute son
ampleur par le Docteur Hanns Dennerlein dans une étude
parue en 1959 (*Mozart-Jahrbuch,* 1958); depuis, des études,
des publications et des essais sur des instruments appropriés (notamment ceux de Johannes Proeger sur l'orgue
Stumm de Kirchheimbolanden que Mozart toucha en
1778) semblent confirmer que nous pouvons retrouver
dans certaines pages classées, en particulier parmi les
œuvres pour clavier, sinon des compositions purement
organistiques, du moins des pages permettant de se
faire une idée du style d'orgue de Mozart. Il est certain —
les témoignages en abondent — que ses contemporains
estimaient l'organiste au moins autant que le pianiste :
c'était déjà le cas du garçon de huit ans à la cour de
Londres et de Versailles : c'est encore le cas du jeune
maître voyageant dans les Pays-Bas, en Italie ou en
Autriche. On sait qu'il fut nommé *Hof-und-Domorganist* à
Salzbourg, le 17-1-1779 sur sa demande, par S. E. Colloredo; auparavant, il avait cherché, sans succès, à obtenir
les postes d'organiste à Versailles et à la cathédrale de
Strasbourg. Pendant ses derniers grands voyages
(Prague, Dresde, Leipzig), l'organiste se manifeste encore
et le 5 mai 1791, Mozart est nommé second maître de
chapelle de la cathédrale Saint-Étienne, avec droit de succession, toujours à sa demande; à la même époque, il
avait posé sa candidature au poste d'organiste de la cathédrale et il est appelé en compagnie d'Albrechtsberger,
comme expert, pour la réception d'un nouvel orgue
viennois (paroisse de Saint-Laurent).

Il suffit de jouer à l'orgue certaines pages réputées
pianistiques pour s'apercevoir qu'elles conviennent

mieux encore à cet instrument : l'écriture contrapuntique
très serrée — que certains de ses contemporains ont d'ailleurs reprochée à Mozart en qualifiant ses improvisations
d'organiste de « sombres » et « enchevêtrées » — pouvait induire à le supposer. C'est ici que se situent : par
exemple le *Prélude et fugue en ut majeur* (K. 383 a) [le manuscrit de la fugue porte *andante maestoso* « pour éviter surtout
qu'on ne la joue trop vite », écrit Mozart à sa sœur],
l'*intrada* suivie d'un *allegro* fugué dans le mode phrygien
(K. 385 i), l'*Allegro* (K. 189 i) et la *Fugue en sol mineur*
(K. 375 e) qui s'enchaînent fort bien, la *Gigue en sol majeur*
(K. 574), mais aussi le fameux *Adagio en ut mineur* pour
cordes (K. 546), le *Capriccio en ut majeur* (K. 300 g), les *Fantaisies en ut mineur* (K. 385 f) et *en ré mineur* (K. 385 g) et peut-
être même le célèbre *Adagio et Fugue en si mineur* (K. 540)
[il faut l'avoir joué ou entendu pour s'apercevoir combien il se prête aux registres de l'orgue classique], l'*Andante et fugue en la majeur* pour violon et piano (K. 385 e),
et — bien entendu — la grande *Fugue en ut mineur* pour
deux claviers (K. 426), puisque nous savons que l'on
jouait à quatre mains sur l'orgue ce genre de compositions au temps de Mozart.

Un religieux de Prague, le P. Norbert Lehmann, moine
au Strahov, a noté — comme il a pu — le début d'une
fantaisie contrapuntique improvisée par Mozart en
automne 1787; il suffit de rapprocher cette esquisse des
œuvres que l'on vient d'énumérer pour être assuré que
ces pages reflètent bien le style de Mozart à l'orgue. Les
témoins de ses improvisations à l'orgue rapportent qu'il
affectionnait particulièrement les grands pleins jeux (*in
organo pleno*) et ce détail explique en bonne partie l'écriture de ces pages. Quoique nous sachions que les deux
grandes *Fantaisies en fa mineur* (K. 594 et 608), ainsi que
le *Rondo* (K. 616) n'ont pas été destinées à l'orgue mais
à un instrument mécanique pourvu de rouleaux —
Mozart s'est expliqué précisément à ce sujet —, le caractère objectif et contrapuntique de ces pages donne, lui
aussi, de précieuses indications sur le style de l'organiste
Mozart. Il importe de remarquer que l'expression profonde de ces pièces est obtenue surtout par une parfaite
rigueur de l'interprétation : elle est dans l'écriture elle-
même.

Par contre, il ne faudrait pas parler du style d'orgue de

Mozart à propos des 17 *Sonate all'epistola* pour clavier et ensemble instrumental plus ou moins important. On sait que le musicien les écrivit à Salzbourg parce que le prince avait remplacé le chant du graduel, du verset alleluiatique ou du trait par un intermède instrumental. Dans une lettre au Padre G. B. Martini, à Bologne, le musicien s'est expliqué fort clairement sur la situation de la musique d'église à Salzbourg; il estimait sans doute que c'était une conception très contestable qui avait fait remplacer ces chants liturgiques par un intermède instrumental, aussi écrit-il des mouvements de concertos qui ne sont pas moins profanes et qui — à quelques exceptions près — ne comptent pas parmi ses inventions majeures. A ses yeux, les conceptions de pastorale musicale de S. E. Mgr Colloredo ne méritaient probablement pas mieux que cela; peut-être s'amusait-il à souligner le contraste par ses propres improvisations d'orgue à la cathédrale pour le début et la sortie des grand-messes...

Avant d'aborder la partie proprement pianistique, il faut citer encore les deux compositions pour harmonica, instrument à clavier dont les petits marteaux frappent sur des cloches de verre. Mozart les écrivit pour une virtuose aveugle, Marianne Kirchgässner; il l'a fait en y mettant tout son génie. Il suffit de lire l'*Adagio en ut majeur* (K. 617 a), « musique des sphères » au sens propre, pour s'en convaincre. Mais le grand chef-d'œuvre, c'est l'*Adagio et rondo* (K. 617) pour harmonica et un quatuor composé d'une flûte, d'un hautbois, d'un alto et d'un violoncelle. L'œuvre s'inscrit dans le catalogue de Mozart à la date du 23 mai 1791; la qualité de la composition n'échappa pas à la critique. Lorsque la virtuose de vingt et un ans la créa dans son académie du 19 août suivant au Kärtnerthortheater, la « Gazette de Vienne » lui en fit les plus vifs compliments et releva l'heureuse conjonction sonore de cet ensemble inusité.

Mozart connaissait l'instrument depuis sa jeunesse; dès le séjour à Londres il avait entendu une Miss Davies donner un récital sur ce piano à clochettes de verre. En 1773, il eut l'occasion d'en jouer lui-même dans la maison viennoise du célèbre Dr Mesmer et Léopold rapporte, dans une note du 12 août de cette année, que Wolfgang s'en servit fort bien. La réussite de cette grande composition en deux mouvements concis est bien le pendant instrumental de l'*Ave verum,* comme le remarque Alfred Einstein. L'*adagio* commence en *ut mineur,* le ton tragique et désolé du répertoire mozartien; mais on module rapidement et le *rondo* se meut dans la tranquille et olympienne affirmation d'*ut majeur.* Il n'est pas impossible que Mozart ait voulu exprimer dans ces pages une philosophie de la vie à l'usage de la courageuse musicienne aveugle, qui était d'un caractère doux et joyeux au dire de ses contemporains. Malgré les épreuves de la vie humaine, c'est la lumière de l'éternité qui domine sa carrière; les yeux fermés aux beautés terrestres sont plus accessibles à la contemplation de la patrie véritable. On ne peut s'empêcher d'évoquer, en écoutant le *rondo,* les rondes d'anges de Fra Angelico da Fiesole.

« J'ai écrit deux grands concertos — puis un quintette qui a reçu un accueil extraordinaire. Je le tiens moi-même pour le meilleur que j'aie encore écrit, de ma vie... il comporte un hautbois, une clarinette, un cor, un basson et le pianoforte... Ah, que je voudrais que vous ayez pu l'entendre... Et comme il a été joliment exécuté! » Cette lettre datée de Vienne (10-4-1784) livre une des confidences les plus révélatrices du musicien sur son œuvre. Le musicien tient ce *Quintette en mi bémol* (K. 452) pour « le meilleur qu'il ait encore écrit de sa vie ». C'est donc une œuvre capitale. Le musicien regrette que son père n'ait pas pu l'entendre : il faut que la qualité sonore en soit bien particulière; il ajoute même dans la lettre « qu'il s'est fatigué en le jouant », c'est donc que sa partie de clavier est très difficile à bien interpréter...

L'autographe de cette œuvre hors série fait partie du fonds Malherbe de la Bibliothèque du Conservatoire de Paris et on connaît aussi — chose fort rare chez Mozart — toute une série d'esquisses montrant que l'œuvre a été longuement travaillée et mûrie. Wolfgang avait les meilleures oreilles qu'un musicien ait jamais possédées; il s'en est servi dans ses pages, car tout cela sonne d'une façon vraiment merveilleuse! Le problème sonore à résoudre n'était pas commun : les quatre instruments à vent, avec le cor assez massif, sont parfaitement fondus avec le timbre du pianoforte, si bien fondus à la vérité que la différence entre l'ancien pianoforte et l'actuel instrument de concert est à peine perceptible, pour peu qu'on s'attache à respecter le mariage des pâtes sonores. Un chef-d'œuvre dont le compositeur est entièrement satisfait! Ce qui n'a pas empêché les éditeurs d'arranger cette œuvre précieuse, de lui enlever l'essentiel en l'adaptant pour trois instruments à cordes et piano...

Un *largo* solennel sert d'entrée en matière. C'est une entrée digne d'une symphonie; on frôle toujours, au long de ces pages, les limites du concerto et de la musique symphonique, mais on ne les dépasse jamais. Les effets les plus rares et les plus riches sont obtenus par les seuls acteurs du quintette. L'atmosphère de ce début solennel en *mi bémol,* avec ses trois accords du tutti et les trois couplets du piano, semble anticiper déjà celle de *la Flûte enchantée.* Œuvre de la pleine maturité où domine cette sérénité que nous connaissons bien par les compositions des deux dernières années. Après l'*allegro,* ce sont les quatre vents qui ouvrent le *larghetto* et le piano leur répond :

Ex. 5.

Musique de nuit ou de contemplation ? On ne sait; c'est bien le même climat que dans le *Quintette* avec clarinette (K. 581) ou dans le mouvement central du *Concerto en si bémol* pour piano (K. 595), un rien de tendresse en plus à peine. Et d'adorables chromatismes! Comment rester tonal sans user les ressources de la tonalité ? Comment évoquer un monde d'une diversité de nuances infinie sans sortir des habitudes de langage, sans que jamais une modulation, pour audacieuse qu'elle soit, heurte les auditeurs ? Comment écrire pour le seul plaisir des oreilles et tout de même faire de la musique « pure » ? Mozart l'a démontré ici.

Un an et demi plus tard, Mozart invente une forme nouvelle en écrivant coup sur coup deux *Quatuors* pour violon, alto, violoncelle et piano. Il y avait eu des œuvres apparemment semblables chez les fils de Bach, mais le clavier n'y joue encore qu'un rôle dérivé de l'ancienne basse continue ou, à l'opposé, on frôle le concerto pour

clavier. Dans le *Quatuor en sol mineur* (K. 478), au contraire,
c'est la musique de chambre la plus haute, d'une difficulté
d'exécution certaine au demeurant et dont le contenu,
passionné et sombre, est présent dès le premier unisson
du tutti. Sur le plan de la musique de chambre, du
dépouillement et de la maîtrise à la fois des moyens, voici
le pendant des symphonies en *sol mineur,* en moins accessible, si on peut dire. Il paraît que l'éditeur ne l'apprécia
pas et qu'il renonça à demander à Mozart une série de
trois partitions similaires. Le musicien en écrivit un autre
pourtant, quelques mois plus tard, en *mi bémol* cette fois
(K. 493) et en cherchant à simplifier un peu la charge des
interprètes; moins tragique, l'œuvre reste pourtant d'une
essence qui ne se livre point à la première expérience, elle
est évidemment destinée à ceux qui n'ont pas, comme
Mozart, « de longues oreilles ».

La tradition veut qu'une autre partition d'une qualité
sonore fort rare, le *Trio* pour piano, clarinette et alto
(K. 498, en *mi bémol* encore!) ait été esquissée pendant
que le compositeur jouait aux quilles avec ses amis
Jacquin, à Vienne, quelques mois après la première des
Noces de Figaro. Ce n'est pas impossible, puisque Mozart
a confié qu'il composait presque sans arrêt « dans sa
tête ». Franziska Jacquin, sœur de Gottfried, dut tenir
la partie de piano, Mozart celle d'alto et Jacquin celle de
clarinette. Franziska était une excellente pianiste, élève du
compositeur. C'est de la musique de chambre, au sens le
plus complet : chacun des partenaires tient un rôle d'une
importance égale, son ambiance sonore s'épanouit parfaitement dans un petit salon, la salle de concert lui est
beaucoup moins favorable, car ce trio est tout en finesse
et demi-teintes. Pourtant on n'en reste pas au simple
plaisir de *concerter* ensemble : l'écriture est d'une merveilleuse fermeté, d'une densité presque contrapuntique.

Le trio avec piano est une création de l'ère classique à
partir de la sonate baroque; on avait souvent fait jouer la
partie supérieure, la mélodie, par un violon, tandis que la
gambe ou le violoncelle renforçait la basse de clavier;
inversement le clavier renforçait la sonorité des cordes en
réunissant leur chant sous les dix doigts de l'interprète.
Il suffisait que les deux lignes mélodiques se développent
et que le clavier devienne concertant pour qu'on ait le
trio classique des frères Haydn et de Johann Schobert.

Mozart écrivit sept trios dont quelques sommets qu'on ne dépassera pas après lui. Cependant ces pages ont disparu par la suite du répertoire des concerts. C'est que l'idée même de la musique de chambre s'est modifiée. A partir de Beethoven, le trio avec piano n'est plus tellement une musique d'intérieur, mais une œuvre de concert qu'on écoute en salle; d'ailleurs l'écriture a pris le chemin de la virtuosité transcendante.

Du moment que la musique de chambre devient un genre de musique de concert, son contenu changea; il aurait changé même si le mouvement révolutionnaire n'avait pas intronisé la passion et la lutte, le message philosophique et humanitaire, sinon la confidence lyrique et le sentiment comme valeur suprême. C'est exactement l'opposé de la conception de Mozart. Pour lui, il s'agit d'abord d'écrire une œuvre que les trois instrumentistes auront plaisir à jouer; ensuite il faut que chacun soit mis en valeur; enfin il faut que tout cela sonne, sans qu'il y ait lutte ou combat. *Voglio divertir !* Le premier trio de Mozart porte le titre de *Divertimento* (K. 254), ce qui ne l'empêche pas d'avoir un *adagio* très lyrique. Mais même lorsque Mozart imaginera les deux sommets de l'espèce, les *Trios en ut majeur* (K. 548) et en *mi majeur* (K. 542), musique « profonde » s'il en est, il n'oubliera jamais qu'il faut d'abord que cela sonne et qu'on ait plaisir à jouer. On peut très bien ne jamais vivre la « profondeur » de ces œuvres et cependant les apprécier pleinement.

Si on se familiarise avec eux, deux au moins parmi ces trios révéleront des arrière-plans de plus en plus étranges. Voici le *Trio en mi majeur* (K. 542), dont le début à la fois chromatique et contrapuntique est bien dans le même esprit que le début de la grande *Symphonie en mi bémol* (K. 543) que Mozart inscrira moins de huit jours plus tard dans son catalogue. A sa sœur, il écrira : « Il faut jouer ce trio avec Michael Haydn, il ne lui déplaira pas ! » Lorsqu'il terminera son dernier grand voyage par le pèlerinage à Saint-Thomas, à Leipzig, c'est ce trio que l'on jouera chez J. Fr. Doles, le *cantor* successeur de Bach. D'ailleurs, ce trio que Mozart appelle *Terzett* contient en son centre la préfiguration du trio des trois garçons de *la Flûte enchantée,* il est écrit dans le même ton de *la.* Si le *Trio en mi majeur* est le *Cosi* des trios avec piano, celui en

ut majeur (K. 548) qui le suit quelques semaines plus tard
et qui précède immédiatement la grande *Symphonie en sol
mineur,* c'est le *Jupiter* des trios. Le dépouillement auquel
il atteint fait parfois songer à Anton von Webern, à ses
phrases, à ses touches musicales, arrachées, gagnées de
haute lutte sur le silence et la solitude. Avec cette différence que chez Mozart, il ne perce aucun effort, que la
rondeur est parfaite et qu'il faut recourir à une lettre
écrite vers le même temps à l'ami Puchberg pour le
comprendre. Cette lettre est un cri au secours, Mozart y
parle de consolation, d'au-delà de la tombe, de bonheur
plus lointain...

Une cinquantaine de sonates et variations pour piano et
violon (il est vrai que quelques-unes sont d'une authenticité justement contestée) pèse beaucoup moins lourd dans
la balance que deux trios. Pourquoi ? Parce que la plupart
d'entre elles sont des œuvres de jeunesse et que pour le
goût idéal de Mozart cette association était déséquilibrée,
pas très heureuse du seul point de vue sonore. Il est certain en tout cas que nous n'abordons jamais aux sommets les plus élevés dont sa musique de chambre avec
piano est familière, sauf en une seule page, la *Sonate en
mi mineur* (K. 300 c), composée de deux mouvements seulement, un *allegro* et un *tempo di menuetto,* qu'il conçut à
Paris, au début de l'été de 1778 au cours duquel il perdit sa mère, presque en même temps que la fameuse *Sonate
en la mineur* pour piano (K. 300 d). Voilà qui explique
peut-être pourquoi elle tranche sur les pages similaires.
« Issue des régions les plus profondes du sentiment, dit
Einstein, et non plus tout à fait alternée, dialoguée, quant
à la forme, mais d'un caractère touchant au dramatique,
au seuil de cet univers inquiétant dont Beethoven a ouvert
les portes. » On voit poindre un autre motif : pour
pousser la sonate pour violon et piano aussi loin qu'il
avait conduit les autres genres, Mozart aurait dû se
résoudre à faire ce qui lui déplaisait le plus, ce qui lui
paraissait être la négation même de son art : ajouter, au
désordre du cœur humain par le désordre, l'angoisse
inquiétante de la musique.

Si l'on cherche à prendre une connaissance de l'ensemble des œuvres pour piano de Mozart, on est d'abord
frappé par l'aspect organisé de ses sonates, suivant un plan
de composition dont la rigueur peut se comparer à celui

du *Clavier bien tempéré* de J. S. Bach. Si l'on fait abstraction de quelques pages de jeunesse avec violon *ad libitum*
(il faut de toute façon les classer dans les œuvres pour
piano et violon), les dix-huit sonates de Mozart se répar-
tissent en cycles aux tonalités préconçues. Le premier
cycle de six a été composé en 1772-1773 à Salzbourg :
(K. 189 d, e, f, g, h, et K. 205 b); elles révèlent l'enchaînement suivant : *mi bémol-si bémol-fa majeur-ut majeur-sol
majeur-ré majeur*. Un deuxième cycle naît pendant les
grands voyages des années 1778-1781 (K. 284 b, 300 d,
300 i, 300 k, 315 c, 457); la succession des tonalités est :
ut majeur -la mineur -la majeur -fa majeur -si bémol -ut mineur,
ce second cycle se déduisant du premier. Au premier
cycle s'ajoutent deux sonates qui devaient remplacer des
œuvres jugées insuffisantes pour la publication de l'ensemble : K. 284 c, *(ré majeur)* et K. 300 h *(ut majeur)*. Après
le second cycle, il n'y aura plus qu'un groupe de quatre,
mais qui est organisé comme un nouveau cycle dont il
manquerait les deux dernières (K. 545, 547 a, 570, 576),
puisqu'on obtient l'enchaînement : *ré majeur -si bémol -fa
majeur -ut majeur.*

A l'intérieur de cette organisation, les formes sont
d'une extrême liberté; elles révèlent une invention jaillissante : les trouvailles sont pour ainsi dire à chaque détour
du chemin mélodique ou harmonique. Mais les trois
grands groupes ont aussi des caractères communs nettement tranchés : le premier fait la somme de la sonate du
temps, le second apporte l'originalité mozartienne, le
dernier fait une nouvelle synthèse au niveau où Mozart
est parvenu dans ses dernières années. L'exemple le plus
frappant de cette virtuosité dans la perfection du dernier
Mozart est peut-être cette *Sonate en ut majeur* dite « facile »
(K. 545), que l'on a bien tort de donner aux débutants,
car elle dit tant de choses en si peu de notes qu'elle
n'est en vérité accessible qu'aux très grands interprètes;
il faut se rappeler comment elle fut jouée par Walter Gieseking ou Edwin Fischer pour en avoir la preuve.
L'idéal de la sonate mozartienne, pour autant que nous
puissions nous en rendre compte, n'est pourtant pas cette
sonate-là, mais celle en *si bémol* (K. 570), dont on se
demande encore pourquoi elle figure si souvent parmi les
sonates pour piano et violon, grâce à une partie de violon
parfaitement apocryphe et inutile.

Les deux seules sonates en mineur sont justement célèbres, quoiqu'on semble ne pas oser les comparer aux sonates de Beethoven, peut-être parce qu'elles gardent dans le tragique et même dans la désolation une suprême mesure. Il faut avoir relu la lettre que Mozart écrit le 3 juillet 1778 à l'abbé Bullinger pour annoncer la mort de sa mère, document bouleversant avec ses terribles précisions horaires, pour pénétrer dans la *Sonate en la mineur* (K. 300 d). Cette offrande mortuaire n'est pas seulement dédiée à sa mère, mais encore à l'organiste salzbourgeois Adlgasser et à l'un de ses protecteurs, l'Électeur Maximilien Joseph de Bavière, qui venaient de mourir à la même époque. L'*allegro maestoso* débute *ex abrupto* sur un motif de plainte et d'imploration. Majestueux, grand et solennel comme la mort elle-même, qui est — ne l'oublions pas! — selon Mozart « la clé de la véritable félicité ». Car ce mouvement n'a rien de pathétique, de révolté, de démoniaque; il s'apparenterait plutôt à l'*Actus tragicus* de Bach qu'à la passion romantique. L'*andante* en *fa majeur* est un avant-goût du bonheur de l'au-delà. Dans le *presto* final s'esquisse par endroits le thème du *Dies irae* et ces pages semblent évoquer quelque danse macabre de la fin du Moyen âge. Léopold Mozart a approuvé son fils de ranger cette œuvre parmi les grandes sonates difficiles.

C'est dans les années de la maturité viennoise que se situe la *Sonate en ut mineur* (K. 457), que Mozart a d'ailleurs fait précéder un peu plus tard d'une monumentale introduction en forme de *Fantaisie* (K. 475). Si l'on feuillette la biographie du maître à cette époque, on y lit la mort d'enfants en bas âge, le triste mariage de raison de Nannerl avec un gentilhomme de quinze ans son aîné, la grave maladie d'août 1784, la tragédie de sa cousine Bäsle, à qui il avait adressé jadis des lettres si pittoresques; on y trouve enfin la rencontre d'Aloysia, très malheureusement mariée, elle aussi... Mozart reconnaît dans une lettre à son père qu'il est fort providentiel que son beau-frère, le peintre et acteur Lange, soit un homme jaloux; il ne cache pas son émotion lorsqu'il entend Aloysia chanter le grand aria *Non so d'onde viene,* évocateur des heureuses journées de Mannheim. Cette sonate est bien la *Pathétique* de Mozart, mais elle n'annonce pas l'œuvre de Beethoven : elle est son égale, même pour nous qui savons tout ce qui est sorti de ces deux compositions; en l'écoutant on comprend pourquoi elle devait rester solitaire dans l'œuvre de Mozart comme un bloc erratique.

En mars 1787, Mozart inscrit dans son catalogue un *Rondo en la mineur* (K. 511). Peu après, son père tomba malade et ce fut sa dernière maladie. C'est à l'occasion de cette ultime maladie, et tout en lui annonçant la mort « du meilleur », « du très cher ami », le comte de Hatzfeld, que Wolfgang envoie la lettre bien connue sur la mort, « la véritable amie de l'homme ». Les deux séquences les plus longues du rondo sont en majeur; le centre de gravité musical est même en *la majeur*. Le thème de cette séquence, qui a peut-être donné naissance au motif initial, sorte de refrain qui termine d'ailleurs le rondo, évoque très clairement celui de l'aria de l'Amour dans la version italienne de l'*Orphée* de Gluck : « *Gli sguardi trattieni, Affrena gli accenti, Rammenta che peni Che pochi momenti Hai più da penar...* » Voilà le sens de cette page que l'on voudrait emporter sur l'île déserte : accomplir joyeusement la volonté divine, c'est le vrai bonheur de l'homme. L'au revoir dans les dernières mesures du rondo, c'est presque un à bientôt. L'ordonnance et le climat de cet hymne funèbre, par lequel Mozart a définitivement acclimaté le rondo dans le monde des formes pures, sont d'une beauté radieuse et poignante tout à la fois.

Il y a quinze séries de *Variations* pour le piano, presque toutes sur les thèmes familiers aux auditeurs à qui elles étaient destinées. C'est peut-être dans ces pages que l'on surprend le mieux le secret de l'écriture pianistique du musicien, que l'on peut jeter un regard furtif dans son atelier, sans pour autant pouvoir lui ravir ses tours de main. Les plus belles, ce sont sans doute celles qu'il improvisa le 23 mars 1783 au cours d'un de ses concerts par souscription à Vienne devant l'empereur sur l'air *Unser dummer Pöbel meint* (K. 455) des *Pèlerins de la Mecque* de Gluck; il ne les écrivit qu'un an et demi plus tard! Cette série de dix variations offre un raccourci saisissant et inégalé de son art. Elle va même au-delà; on y trouve une page pour *Quatuor à cordes en mi mineur* et un finale qui est celui d'un grand concerto, pour ne citer que ces deux exemples. C'est Mozart déchaîné et en même temps parfaitement maître de son génie; aujourd'hui cet

univers du sentiment où ne manquent pourtant pas trois
grandes cadences, c'est sans doute le meilleur portrait
sonore d'un musicien qui sut tout dire même le plus
sacré et le plus grave (fin de la 9e variation), en restant
dans les limites du plus bel humanisme.

Dans les sonates à quatre mains, d'une facture comme
d'un climat nécessairement plus « de bonne compagnie »,
on trouve pourtant des chefs-d'œuvre comme la *Sonate
en fa majeur* (K. 497). L'unique *Sonate en ré majeur,* pour
deux pianos (K. 375 a) est, elle aussi, un « chef-d'œuvre
unique et inégalable » (A. Einstein). On a dit de ces
pages qu'elles étaient brillantes et bien des interprètes
n'y voient — hélas! — que l'occasion de faire briller
une technique polie jusque dans les moindres triples
croches, une sorte de mécanique transcendante mettant
en valeur leurs possibilités digitales. Il s'agit bien de
cela! Sans doute Mozart a-t-il songé ici à montrer ce que
sa meilleure élève, Mlle von Aurnhammer, et lui-même
étaient capables de tirer des effets sonores conjugués de
deux pianos totalement fondus dans l'unité supérieure
d'un ensemble qui serait à la fois « de chambre » et
orchestral; mais il ne s'arrête pas à cela. Il répand ses
idées mélodiques les plus personnelles, ses émotions les
plus fugitives aussi, sa bonne humeur indéfectible surtout en une matière musicale dont le seul qualificatif est :
perfection. Cette perfection-là ne pourra être dépassée
(pour ceux qui aiment mesurer, comparer) que dans
les concertos pour piano et orchestre.

Si l'on devait faire un classement des formes musicales
selon leur « importance » et si l'on s'apercevait alors que
le concerto pour piano vient immédiatement après la
grande composition pour solistes, chœurs et orchestre, ce
serait surtout à cause de Mozart. Rien de plus complet,
dans l'ordre de l'expression musicale, que cette opposition,
ce dialogue, cette collaboration aussi entre l'univers
sonore de l'orchestre et son résumé sous les doigts du
pianiste dans le microcosme du clavier. Inventé au début
du siècle, le concerto pour piano atteindra en moins
de trois générations sa perfection, ce terme que nul ne
saurait dépasser, celui des vingt grands concertos de
Mozart. Car sur les trente qu'il a écrits, il y en a vingt
grands, épuisant les possibilités à l'intérieur du genre. Les
premiers (K. 21 b; K. 37, 39, 40 et 41) sont des études, de

ravissantes études, il faut le reconnaître, de l'enfant qui adapte des sonates de Jean-Chrétien Bach, de Raupach, d'Honauer, d'Eckard, de Schobert et de Carl Philipp Emanuel Bach; ils révèlent déjà un sens aigu du style concertant et des thèmes qui serviront le plus complètement l'épanouissement du genre.

Lorsqu'il écrit son premier vrai concerto, celui-ci en *ré majeur* (K. 175), Mozart affirme par l'ampleur de son orchestre, par le travail de l'écriture (un finale contrapuntique qu'il remplacera d'ailleurs plus tard par le fameux *Rondo*, K. 382) et par la profondeur de l'*andante ma un poco adagio* que cette activité va marquer une date dans l'histoire de la musique. Les trois concertos salzbourgeois qui suivront quelques années plus tard (K. 238, 242 pour trois pianos et K. 246) sont une sorte de parenthèse galante et comme une concession aux auditeurs, malgré les incessants progrès d'écriture qu'ils révèlent (dans la mesure où l'on peut parler de progrès chez ce musicien). Brusquement, au mois de janvier de l'année suivante (1777), c'est l'éclosion du chef-d'œuvre, le *Concerto en mi bémol* (K. 271) dédié à la grande pianiste française Mlle Jeunehomme; Mozart a vingt et un ans! C'est l'*Eroica* de Wolfgang et en même temps — hommage à l'interprète — le plus français de ses concertos, car il évoque bien la grandeur, l'héroïsme et aussi la désolation des plus belles pages lyriques de Rameau (*Castor et Pollux, Dardanus, Zoroastre*).

Si l'on veut comprendre les mystérieux cheminements souterrains, sans d'ailleurs cerner l'irréductible du génie, on pourra remarquer que ce concerto qui laisse entrevoir *Don Giovanni* rappelle aussi une *sinfonia* de Carl Friedrich Abel — un des derniers élèves de contrepoint de Jean-Sébastien Bach, cantor à Saint-Thomas! — que le jeune Wolfgang avait jadis entendu à Londres, et même copié, et dont un thème fournira à Beethoven, par le truchement de l'ouverture du « Singspiel » (K. 46 b) *Bastien et Bastienne,* le point de départ de sa troisième symphonie, l'*Eroica.* Après une pause de deux ans, le concerto suivant est écrit pour deux pianos, à l'intention de cette même demoiselle von Aurnhammer à qui il a dédié la *Sonate en ré majeur* pour deux pianos. Encore un *Concerto en mi bémol* et quel concerto (K. 316 a)! Musique heureuse et sereine sans doute, faisant apparaître notamment tel motif de comique poltronnerie du futur Papageno, mais montrant surtout une maîtrise totale de la forme, cette virtuosité suprême qui substitue l'évidence à la performance.

Deux ans encore et c'est la triade des *Concertos en la* (K. 386 a), *fa* (K. 387 a), *ut majeur* (K. 387 b). Œuvres d'un genre très particulier puisque le compositeur précise qu'on peut les jouer chez soi avec un simple quatuor sans les parties de vents (ou les timbales) ou encore avec

Ex. 6.

l'orchestre à cordes. Mais il écrit à son père : « Ces concertos tiennent le juste milieu entre le trop difficile et le trop facile. Ils sont très brillants, agréables aux oreilles, naturels, sans tomber dans la pauvreté; çà et là les connaisseurs seuls peuvent y trouver aussi satisfaction, pourtant de façon que les non-connaisseurs en puissent être contents, sans savoir pourquoi... » Il est révélateur que le second de ces trois concertos comporte en son milieu un hommage à ce Jean-Chrétien Bach, chéri par l'auteur, qui venait de mourir à Londres et dont Mozart déclara : « Quelle perte pour la musique! » (lettre à son père du 10 avril 1782). Cet hommage est la citation presque textuelle d'un mouvement de symphonie du Bach de Londres qui devint par la suite l'ouverture d'un de ses opéras *la Calamita dei cuori* (1763) et qui révèle parfaitement ce que Mozart trouvait d'incomparable dans son art (voir ex. 6).

De février 1784 à décembre 1786, donc en moins de trois ans, au milieu de tant d'autres chefs-d'œuvre, naissent coup sur coup les treize grands concertos en la ville de Vienne que Mozart a qualifiée en une confidence enthousiaste de « vraie patrie du piano » *(das rechte Clavier-*

land). Même si l'on fait quelques concessions en admettant que deux de ces *Concertos,* tous deux *en ré majeur* (K. 451 et K. 537 « du Couronnement ») ne sont peut-être pas absolument de qualité identique aux autres, il reste onze chefs-d'œuvre immortels, aussi variés qu'on peut l'imaginer. On admet généralement qu'ils sont dominés encore par les deux *Concertos en ré mineur* (K. 466) et *en ut mineur* (K. 491). On les a souvent qualifiés de préromantiques ; la remarque que fait à leur propos l'un de ses plus grands recréateurs, Edwin Fischer, semble plus juste : « Lorsque le démon surgit chez Beethoven, quand

Ex. 7.

toute une scène est caractérisée en quelques notes, il ne faut pas dire : voilà qui est beethovénien, mais : voilà qui est vraiment mozartien, car ces grands passages dramatiques, on les trouve d'abord et de la façon la plus saisissante dans son œuvre à lui. » (*Considérations sur la musique,* Paris, 1951.)

Mais il y a tous les autres. Celui en *mi bémol* (K. 449) est un des plus secrets, avec sa mélancolie voilée et ses grandes séquences contrapuntiques ; celui en *si bémol* (K. 450) s'ouvrant sur de chromatiques fanfares évoquant des cors de chasse, avec son second thème si éminemment mozartien (voir ex. 7), semble dédié tout entier au plaisir du jeu, des sons et à la joie de la nature. Dans celui en *sol majeur* (K. 453), Mozart a même utilisé le chant d'un oiseau qu'il s'était acheté peu auparavant (à moins que ce ne soit lui qui avait appris à son compagnon à siffler cette mélodie), mais la « ferveur passionnée » (A. Einstein) du mouvement lent est très personnelle. Le *Concerto en si bémol* (K. 456) était destiné à une virtuose aveugle, Marie-Thérèse Paradies, qui devait être, à entendre la partition, une bien grande pianiste. S'ouvrant sur un mouvement de marche qui n'est pas sans présager Schubert (beaucoup plus qu'il ne révèle l'influence de Viotti, comme on l'a pourtant écrit), le *Concerto en fa* (K. 459) offre en son milieu une nostalgique anticipation de l'air de Suzanne dans *les Noces* : *Deh vieni, non tardar.* « Quant au finale, il est hanté de tous les esprits soumis à Ariel, auxquels se mêlent parfois aussi Colombine, Arlequin et Papageno. C'est de l'opéra bouffe transposé sur le plan instrumental, mais aussi, outre cela, un jeu auquel Mozart se livre, en maître, sur le *style savant,* opérant la fusion de l'homophonie et de la polyphonie... et l'un des rares exemples où Mozart fait un emploi burlesque du contrepoint » (A. Einstein).

Le « Jupiter » des concertos pour piano, c'est ce *Concerto en ut majeur* (K. 467) qui a été composé presque en même temps que le préromantique en *ré mineur* (K. 466) : parallèle des dernières symphonies et nouvelle confirmation du besoin connaturel et du sens éminent de l'équilibre, de cette respiration profonde de la vie qui doit libérer l'âme après l'avoir remuée, tourmentée; on ne se lasse pas d'en admirer l'harmonie symphonique. C'est le basson narquois des premières mesures du tutti qui plante le décor intérieur du *Concerto en mi bémol* (K. 482), chef-d'œuvre qui a dû proprement ravir les auditeurs viennois et qui n'ignore pourtant pas, dans l'*andante* en *ut mineur,* la peine profonde à peine éclaircie par une musette des vents, ni la fine mélancolie des fins d'automne dans le couplet *andante cantabile* en *la bémol* s'insérant dans la ronde finale, sorte de menuet qui n'est pas sans parenté avec les plus sublimes séquences de *Cosi fan tutte* (voir ex. 8).

C'est Henri Ghéon, éminent mozartien d'avant les grandes études musicologiques de ce siècle, qui avait remarqué déjà à quel point le *Concerto en la* (K. 488) ouvre la porte à Chopin, surtout par l'étonnant mouvement central en *fa dièze mineur*. Et si le onzième (ou le treizième) de ces grands concertos, celui en *ut majeur* (K. 503), n'est pas un moindre chef-d'œuvre, ce n'est pas parce qu'il semble esquisser en son début le thème de la révo-lutionnaire *Marseillaise,* mais bien parce qu'il est effecti-vement traversé de cette grande inspiration héroïque qui annonce les événements des prochaines décennies.

Cinq ans se passent avant que Mozart n'écrive son der-nier concerto, celui en *si bémol* (K. 595). Il est vrai qu'il est

Ex. 8.

solitaire, à tous points de vue, œuvre « à part » s'il en est. On a souvent évoqué à propos de cet ultime message la désolation, au moins la résignation; on rappelle la lettre à Da Ponte de l'automne 1791 (mais le concerto était écrit depuis le début de l'année, le 5 janvier 1791). Rien ne semble moins heureux. La désolation parmi les concertos de Mozart, son voyage d'hiver en quelque sorte (« avec les saules étêtés au bord de la rivière enveloppée de brouillard », comme disait E. Fischer aux musiciens de la Société des Concerts à Paris, pendant une répétition), c'est le *Concerto en ut mineur* (K. 491). Le *Concerto en si bémol*, qui frappe d'abord par une extrême économie et concentration des moyens (le début des cordes seules, à mi-voix, les longues séquences où le piano, simple chant à deux voix, est à découvert, les soupirs et les silences, la ronde enfantine du dernier mouvement, techniquement à la portée de tous les bons élèves, toutes les admirables cadences entièrement écrites par Mozart — pour lui-même) — ce concerto est bien autre chose. Ne serait-ce pas plutôt cette « paix profonde, qui est peut-être ce qui ressemble le plus à la mort dont nous avons tellement peur; mais elle ne sera rien d'autre : la paix de l'amour par-delà le sommeil », dont François Mauriac parlait un jour, en priant devant le tabernacle de son église de banlieue. Edwin Fischer ne l'a jamais joué, cet ultime concerto, lui qui organisait des séries de concerts consacrés aux seuls concertos de Mozart; il nous confiait un jour qu'il était « trop difficile ».

L'ART DU CHANT

Puisque, comme nous le verrons, il faut mettre à part les œuvres relevant du théâtre lyrique, la très grande partie de la musique vocale est destinée à l'église. Contrairement à ce qu'on peut lire de nos jours encore, cette destination n'était pas une nécessité de service ou de gagne-pain. Dans les soixante grandes partitions pour l'église, deux seulement ont été commandées à Mozart : la première *Messe solennelle* (K. 139, ou mieux 47 b) et le *Requiem ;* toutes les autres ont été écrites spontanément, parfois même pour accomplir un vœu « fait dans son cœur ». D'ailleurs nous avons rappelé à propos de l'orgue qu'il a constamment cherché un poste de musicien d'église. Il ne faudrait pas en déduire que c'est pour cela qu'il a tant composé à l'intention du culte; c'est le contraire qui est vrai : il a cherché à obtenir un poste de maître de chapelle pour pouvoir écrire de la musique sacrée.

Mais, dira-t-on, la musique que Mozart destina à l'Église n'est-elle pas très profane, très semblable, sinon identique, à la musique qu'il écrit pour l'opéra ? On demanderait alors en quoi une musique sacrée se distingue, musicalement, d'une musique profane, en rappelant par exemple que les madrigaux profanes de Palestrina ne se distinguent que par les paroles de ses motets et que chez le grand J.-S. Bach lui-même la matière musicale passe sans difficulté de la danse à la cantate pour le prince, de la cantate pour le prince au culte dominical et débouche même dans la *Messe en si*. Les discussions sur le caractère sacré d'une partition sont, musicalement, aussi vaines que celles des critiques qui ne savent pas, dans tel tableau du Titien intitulé *l'Amour sacré et l'Amour profane* (il représente deux femmes assises sur la margelle d'un puits, l'une habillée, l'autre sans vêtements), lequel des deux personnages doit incarner l'un ou l'autre amour; s'il faut en croire saint Augustin, il n'y en a qu'un d'ailleurs. Le caractère sacré ou même liturgique d'une musique n'est point immuable, car il se déduit d'abord de l'observation des règles édictées dans ce domaine par l'autorité ecclésiastique. Celles-ci peuvent changer et l'on peut observer une aussi grande différence de points de vue entre l'encyclique de Benoît XIV, *Annus qui* (1748) et les idées de S. E. Mgr Colloredo qu'entre l'encyclique de Pie XII *Musicae sacrae disciplina* (1955) et le *Motu proprio* de Pie X (1903).

En dehors de la fidélité à ces prescriptions ou même à ces vœux de l'autorité ecclésiastique, on ne peut invoquer — à la rigueur — que les sentiments ou les convictions personnelles du compositeur, s'ils ont été clairement exprimés. Si un musicien se déclare explicitement athée, on voit mal comment il pourrait écrire un *Requiem* par exemple, puisqu'il lui manque le contact intérieur avec la matière qu'il a à traiter; cela s'est vu pourtant. Il paraît aussi évidemment gratuit de vouloir juger du dehors du caractère sacré d'une musique; c'est comme si on voulait juger les vitraux d'une cathédrale sans y entrer. Il est vrai que les adversaires de la musique sacrée de Mozart, ou plus justement, du caractère sacré d'une musique à laquelle ils ne refusent nullement leur admiration dans le domaine de l'art sonore — il est vrai qu'ils s'appuient parfois sur un fait qui peut paraître troublant. Il suffit de regarder les deux partitions pour s'apercevoir que l'aria « *Dove sono i bei momenti* », au troisième acte des

Noces de Figaro eſt la reprise presque textuelle de l'*Agnus Dei* de la *Messe* dite « du couronnement », composée, écrite sept ans plus tôt; Mozart ne semble nullement hésiter à « profaner » une musique d'abord deſtinée à Notre-Dame.

Il faudrait conseiller à ceux que cela choque de relire l'admirable sermon de Newman sur le Chriſt manifeſté dans le souvenir (7 mai 1837) où il eſt montré notamment que ce qui nous attire dans nos souvenirs et singulièrement dans ceux remontant jusqu'à l'enfance, c'eſt la présence de Dieu, en sorte que, selon l'audacieuse image du grand théologien anglais, nous paraissons regretter le passé alors que nous avons la noſtalgie de l'avenir... Car que chante la comtesse, au milieu de *la Folle Journée,* parmi les démêlés et les intrigues amoureuses et alors qu'elle reſte parfaitement fidèle à Almaviva ? Le bonheur de son enfance innocente. C'eſt à cet endroit qu'il faut se rappeler aussi les déclarations de Mozart à la fin de sa vie, chez le cantor Doles à Leipzig : « Vous ne sentez pas ce que cela veut dire *Agnus Dei qui tollis peccata mundi dona nobis pacem.* Mais lorsque depuis sa première enfance on a été introduit comme moi dans le sanctuaire myſtique de notre religion, lorsqu'on y a attendu avec un cœur ardent les offices, sans savoir exactement ce qu'on voulait, et qu'on s'en eſt allé ensuite plus léger, comme élevé intérieurement, sans vraiment savoir ce qu'on avait fait, lorsqu'on déclarait heureux ceux qui s'agenouillaient pendant le touchant *Agnus Dei* et recevaient la communion et que pendant qu'ils recevaient le sacrement la musique semblait dire, en une douce joie, du fond du cœur de celui qui était agenouillé : *Benedictus qui venit,* etc. — alors c'eſt autre chose. » (Rapporté par Rochlitz dans « Allgemeine musikalische Zeitung » de Leipzig du 15-4-1801.)

Il serait fort injuſte de déduire l'idéal de la musique sacrée des nombreuses compositions salzbourgeoises deſtinées à l'église. Nous savons aujourd'hui que celle-ci ne correspondait pas à son idéal, comme nous le dirons bientôt. Mais même cette musique salzbourgeoise, les fameuses messes brèves, vêpres, litanies ou motets, malgré toute la volonté louable qu'ils manifeſtent chez son auteur de se conformer aux prescriptions archiépiscopales, laissent percer en bien des endroits des intentions profondes, qui seraient plutôt celles d'un réformateur. C'est par exemple l'emploi de *cantus firmus* grégoriens, de tonalités évoquant les modes anciens, ou tout simplement un recueillement, une gravité, un sérieux inaccoutumé dans la musique d'église de l'époque. Qu'on lise le *Salus infirmorum* des *Litaniae Lauretanae* (K. 186 d) par exemple, qu'on se rappelle l'émouvant *Laudate Dominum* pour solo et chœur (K. 339) ou qu'on écoute tout simplement la séquence centrale de la *Messe du couronnement* (K. 317), la profon-

Ex. 9.

deur d'expression du *Crucifixus* et surtout l'anticipation exacte de la fameuse *Maurerische Trauermusik* (K. 479 a) dans la partie instrumentale qui accompagne et suit les paroles *et sepultus est* : tout cela révèle à quel musicien d'envergure, à quel musicien d'église nous avons affaire.

D'ailleurs nous savons maintenant, grâce aux recherches de Karl Pfannhauser, que cette musique salzbourgeoise est une parenthèse dans la musique sacrée de Mozart et que son idéal personnel, spontané, était tout différent. En effet, avant les nombreuses musiques salzbourgeoises, le 7 décembre 1768, le musicien de douze ans écrivait sa première *Messe* solennelle, celle qui porte le numéro K. 139, mais qui devrait être rectifié en K. 47 b, et qui ne ressemble à aucune œuvre similaire suivante, si ce n'est à la grand-messe inachevée en *ut mineur* (K. 417 a). On en a la preuve dès les premières mesures (voir ex. 9), mais c'est toute l'étonnante et souvent bouleversante partition qu'il faudrait entendre, plus belle parfois et plus « sacrée » que la grande partition dans le même ton. Le seul *Kyrie* écrit entre celui de la première messe et celui de la *Messe en ut mineur* (K. 417 a) et qui n'était pas destiné à Salzbourg, est d'une grandeur et d'une gravité incomparables; c'est le *Kyrie en ré mineur,* « de Munich » (K. 368 a).

Il n'est pas possible d'analyser ici la grande *Messe en ut mineur* (K. 417 a) que Mozart écrivit à la suite d'un vœu : il l'avait promise si les difficultés de toute sorte s'opposant à son mariage avec Constance étaient surmontées. C'est un des grands chefs-d'œuvre de la musique sacrée; il prend sa place normale entre la *Messe en si* de J. S. Bach et la *Messe en ré* de Beethoven. Pourtant on peut penser que ni Bach ni Beethoven n'atteignent à des hauteurs comparables (dans le domaine de la musique sacrée, bien entendu) au *Qui tollis* pour huit voix réparties en deux chœurs du Gloria ou à l'*Et incarnatus est* pour soprano solo, tout proche des mélismes du *jubilus* grégorien. Il ne faudrait pas pour autant ignorer le côté problématique du style concertant de ce temps-là du point de vue de la musique sacrée, autre excès que l'on rencontre parfois de nos jours. Il est probable que Mozart lui-même en avait parfaitement conscience, puisqu'il écrit, à la fin de sa vie, un sublime *Ave verum* (K. 618), qui est bien au-delà du style concertant et qui rejoint en une sorte d'absolu de la prière épousant parfaitement la plus intense beauté musicale l'inspiration anonyme des mélodies du plainchant.

Le *Requiem* inachevé (K. 626), qui lui fut commandé par un messager mystérieux (dont on sait aujourd'hui qu'il lui fut envoyé par un comte mélomane, Walsegg zu Stuppach), pose plusieurs problèmes. Celui de son texte d'abord, car les spécialistes n'ont jamais pu se mettre d'accord sur ce qui, dans cette partition achevée telle que nous la connaissons, était de Mozart et ce qui était de son élève Süssmayer; on ne peut imputer avec certitude à ce dernier que l'évidente erreur de la reprise du début de la partition sur la conclusion du texte liturgique. L'autre problème, plus grave, c'est l'accent peut-être trop personnel, trop dramatique et spectaculaire de certaines pages, qui semblent vraiment sortir de la destination liturgique de l'œuvre, comme le début de la séquence *Dies irae* par exemple. Il est vrai qu'à côté de cela on y trouve des inspirations aussi sublimes que la fugue du *Kyrie* ou le quatuor du *Recordare, Jesu pie,* sans même parler de l'inoubliable *Lacrymosa dies illa.* De toute façon, si on a eu l'occasion de l'entendre dans le cadre du culte, enchâssé dans les prières modales prévues par la liturgie, surtout si l'acoustique d'un très grand édifice impose les tempos et les phrasés adaptés à cette musique, si elle est dirigée par un maître de chapelle sachant que sa fonction est de faire prier (et non un virtuose de la baguette calculant ses effets sur le public), les objections s'estompent et l'on a le sentiment d'une authentique musique sacrée.

Alors que la *Messe du couronnement,* la *Messe en ut mineur,* l'*Ave verum* et le *Requiem* sont universellement célèbres, on peut se demander pourquoi la vie musicale et même la littérature mozartienne ont négligé si constamment le maître de l'oratorio qu'il ne faut pas chercher, évidemment, dans une assez malheureuse adaptation de la *Messe* (K. 417 a) sur le livret *Davidde penitente* (K. 469), ni davantage dans la contribution du jeune homme au travail salzbourgeois collectif *Die Schuldigkeit des ersten Gebotes* (K. 35), mais dans un chef-d'œuvre d'envergure, écrit par le musicien de quinze ans : *la Betulia liberata* (K. 118, qu'il faut transformer en K. 75 c ou 93 e et non en 74 c comme le fait Einstein). En dehors du mystère de la négligence que l'on a montrée à l'égard de cette œuvre étonnante (même le plus éminent des mozartiens, le grand Einstein, est ici critiquable) il se pose l'énigme de son histoire : commandée par un aristocrate de Padoue, l'oratorio ne fut joué ni à Padoue, ni ailleurs, malgré les efforts réitérés du compositeur, qui chercha, encore en 1784, à donner l'œuvre à Vienne en ayant parfaitement conscience que cette partition de sa jeunesse pouvait se mesurer avec celles qu'il écrivait alors.

Un oratorio de cette époque ne pouvait pas ne pas avoir des allures italiennes et la partition de Mozart ne fait pas exception à la règle. Mais il faut voir et entendre ce qu'il tire de l'excellent livret de Métastase, l'un de ses meilleurs même si l'on songe à la destination d'un livret d'oratorio, d'opéra de carême en quelque sorte. Une aria comme celle d'Amital dans la seconde partie « *Con troppo rea vilta* » appartient aux sommets de la musique vocale de Mozart, son sentiment religieux profond est évident. Le grand ensemble du ténor et des chœurs « *Pietà se irato sei* » ou surtout l'ensemble final de Judith et des chœurs (ceux-ci chantant sur le cantus firmus du psaume *In exitu Israël,* le « tonus peregrinus ») n'appartiennent pas moins certainement aux sommets de l'oratorio. Enfin Mozart a écrit pour cette partition une de ses plus belles ouvertures, en une tonalité particulièrement dramatique de *ré mineur,* qui n'a pourtant rien de commun avec l'ouverture de *Don Giovanni.* Il est grand temps, pour la connaissance de la musique sacrée mozartienne, que ce chef-d'œuvre prenne la place qui lui revient au répertoire.

Parmi la musique sacrée de Mozart, il faut compter aussi ses compositions vocales et instrumentales destinées aux cérémonies maçonniques de la loge « A l'Espérance nouvellement couronnée », dont il fit partie. On serait presque tenté de dire que certaines de ces pages ont un accent plus immédiatement religieux que sa musique destinée à la liturgie de l'Église; il est trop vrai, hélas! que les normes dans ce domaine se déduisent beaucoup plus du cantique pour le peuple dérivé de la conception romantique du siècle dernier; depuis cette époque, on attend d'une musique liée au culte un certain « pathétique retenu », une « vérité humaine », « l'expression d'un idéal », toutes données qui sont de toute évidence étrangères à l'essence de la musique sacrée, art puisque culte, hiératique puisque adressée par substance au Tout Autre. C'est peut-être cette perspective qui a conduit Einstein à penser que la véritable musique d'église de Mozart était sa musique maçonnique. La réalité est plus simple. On n'exagère nullement en disant que les loges viennoises groupaient dans la seconde moitié du xviiie siècle une bonne partie des hommes vraiment croyants du temps, qui prenaient l'Évangile au sérieux, d'excellents catholiques notamment.

Pour Mozart, il n'y avait pas la moindre contradiction entre une foi sincère, une pratique solide (et adulte) et l'appartenance à la loge, où l'on prêtait serment sur l'Évangile de saint Jean. La fille du conseiller aux comptes Loibl, ami et voisin des Mozart, avait vu souvent, par le trou de la serrure, les réunions des F⁎⁎⁎ M⁎⁎⁎; elle avait vu son père, revêtu de ses insignes maçonniques, commenter un passage de l'Écriture aux frères réunis... Il faut ajouter, pour éclairer cette situation, que les dignitaires ecclésiastiques qui étaient affiliés aux loges viennoises n'étaient même pas juridiquement en défaut, puisque la bulle pontificale sur la maçonnerie n'avait pas

été promulguée en Autriche et que l'empereur Joseph II
protégeait les loges, sans en faire partie d'ailleurs. Il est
probable que Joseph Haydn a été maçon, lui aussi; on
lui connaît pourtant une foi particulièrement solide et
respectueuse de l'Église visible. Pour qui connaît la biographie et les lettres de Mozart, sa foi comme sa pratique religieuses ne sauraient être mises en doute; il
serait donc entièrement faux d'opposer sa musique
maçonnique à sa musique destinée à l'Église.

On a remarqué la parenté entre un fragment de la
Messe du Couronnement et la *Maurerische Trauermusik*
(*Musique funèbre maçonnique,* K. 479 a). Cette admirable
partition pour cordes, deux hautbois, clarinette, cor de
basset, *gran fagotto* et deux cors, *en ut mineur,* fut écrite pour
la cérémonie funèbre qui se déroula le 17 novembre 1785
dans sa loge à la mémoire de deux frères défunts, le duc
G. A. de Mecklenbourg-Strelitz et le comte F. Esterházy
de Galantha. Son sens est parfaitement clair lorsqu'on
entend à partir de la mesure 25 le *cantus firmus* présenté
par les hautbois et la clarinette à la manière d'un choral
réformé : c'est le verset d'introït du *Requiem* (Psaume
LXIII, 2) *Te decet hymnus, Deus, in Sion, et tibi reddetur votum
in Jerusalem,* c'est-à-dire le « tonus peregrinus » qu'il avait
employé dans le finale de *la Betulia* et qu'il emploiera dans
le verset de son *Requiem.* La modulation finale avec son
accord majeur n'est pas moins révélatrice des intentions
du musicien. Par-dessus tout, cette page est d'une force
d'expression aussi immédiate que la science de l'écriture
et des oppositions de timbres instrumentaux.

Dans le même ordre d'idée, il faut signaler à l'attention toute particulière des mozartiens deux pages instrumentales destinées au rituel maçonnique et dont il n'est
pas très sûr qu'elles soient au bon endroit dans le catalogue de ses œuvres. Elles auraient été écrites en 1783,
alors qu'il suffit de les entendre une seule fois pour les
rattacher aux œuvres des dernières années, en particulier
au *Quintette en ré* (K. 593) et au *Concerto en si bémol* pour
piano (K. 595). C'est un *Adagio canonique en fa* pour deux
cors de basset et basson (K. 440 d) et surtout un grand
Adagio en si bémol pour deux clarinettes et trois cors de
basset (K. 440 a). Cette grande page était probablement
l'*intrada* de cette « suite liturgique »; on y entend le
martèlement estompé des maillets, des points d'orgue y

sont ménagés pour des allocutions ou des chants. L'atmosphère est celle de la sérénité et du recueillement, atmosphère de prière et de culte « en esprit et en vérité », s'il en est. L'utilisation des instruments dans tous les registres de leur sonorité est magistrale, comme d'ailleurs l'écriture contrapuntique.

Il y a encore trois cantates. La première, *Dir, Seele des Weltalls* (K. 420 a), hymne au soleil et au printemps, d'autant plus frappant qu'il réapparaîtra dans le finale de *la Flûte enchantée* (« *Die Strahlen der Sonne...* ») ne comporte qu'un accompagnement de piano, comme le chef-d'œuvre de juillet 1791, la cantate pour ténor *Die ihr des unermesslichen Weltalls Schöpfer ehrt* (K. 619), plus proche encore de l'ultime opéra dont il est comme l'esquisse de pages entières. Les cantates *Die Maurerfreude* (K. 471) et *Laut verkünde unsre Freude* (K. 623), la dernière partition achevée par Mozart et qu'il dirigea lui-même quelques jours après l'avoir inscrite dans son catalogue (15-11-1791) font appel à un ensemble plus important, ténor, baryton, chœur et orchestre. L'aria de ténor « *Dieser Gottheit Allmacht* » et le duo « *Lange sollen diese Mauern* » de la cantate K. 623 pourraient avoir été conçus sur des textes du missel; ils ne dépareraient point, musicalement, dans les plus belles partitions liturgiques. D'autres pages de ces mêmes compositions participent au contraire de ce lyrisme de la nature que le lied romantique mettra en honneur.

On ne songe pas assez que l'invention du lied romantique, on serait tenté d'écrire : du lied schubertien, date en réalité de Mozart. Sait-on seulement qu'il a écrit une quarantaine de mélodies dont une dizaine au moins sont des chefs-d'œuvre dignes de figurer à côté de ceux de Schubert et de Schumann ? Le choix du premier texte aboutissant à un lied véritable est caractéristique : c'est *Das Veilchen (la Violette)*, K. 476, de Goethe. On en vient à se demander s'il n'est pas plus vraiment « populaire » que les *Volkslieder* du siècle suivant; en tout cas cette page d'une simplicité géniale est la première réussite totale du genre, à peine dépassée par la ronde enfantine de 1791, *Komm lieber Mai* (K. 596), qui fournira le thème du finale du dernier concerto. Il faut connaître au moins l'émouvant *Die Engel Gottes weinen (les Adieux,* K. 519), l'étonnante scène de Louise qui « déchire les lettres de l'amant infi-

dèle » (K. 520), quoique celle-ci relève, à y regarder de
près, du génie lyrique et dramatique de son auteur, le
romantique *Traumbild* (K. 530), rempli d'une rêverie
toute nouvelle dans la musique du temps (car il ne s'agit
pas de celle de Carl Philipp Emanuel Bach!) et surtout
le chef-d'œuvre du lied qui domine tous les autres *Abendempfindung* (K. 523). « Le sentiment qui s'en dégage a
quelque chose d'indicible, d'ineffable; il s'y mêle —
les mots nous semblent impuissants — une sorte de
mélancolie extatique, où le reflet céleste tarit les larmes. Il
y a là quelque chose que seule la musique peut exprimer,
ou suggérer, et qui ne peut ni durer, ni se renouveler »
(G. de Saint-Foix).

Il y a encore les canons les plus variés, dont certains
sont de vrais bijoux musicaux, tantôt truculents jusqu'à
passer les limites de la bienséance et des bonnes manières
(comme les lettres à Bäsle), tantôt poétiques. Mais le
plus original, le plus mozartien d'entre eux, semble
perdu : nous ne le connaissons que par la chronique.
C'était au moment des adieux à Doles, certain soir
d'avril 1789 à Leipzig. On dînait ensemble et le cantor
exprimait son chagrin de voir partir Mozart; celui-ci prit
une feuille de papier et y traça quelques mesures. C'était
un canon, très mélancolique, sur les mots *Lebet wohl,
wir sehn uns wieder* (Adieu, nous nous reverrons). On le
chanta non sans émotion. Puis Mozart écrivit un autre
canon à trois voix, sur un rythme rapide et burlesque
Heult noch gar, wie alte Weiber (Ne pleurez pas — le
terme est plus trivial — comme de vieilles femmes). On
le chanta aussi, sans comprendre. Puis Mozart fit chanter
les deux canons ensemble : ils s'adaptaient parfaitement
l'un à l'autre... L'ensemble était drôle et poignant à la
fois. Quand on eut fini, Mozart partit sans presque dire
bonsoir (Rochlitz dans « *Allgemeine musikalische Zeitung* », III, 450 sqq.).

L'OPÉRA, PARABOLE DU MONDE
ET SOMME DES STYLES

Lorsqu'on esquisse, comme nous avons tenté de le
faire dans ces pages, la vie et l'œuvre de Mozart, on est
ramené malgré soi, à tous les détours du chemin, au
théâtre lyrique, à cet opéra qui occupe une position cen-

trale. Pour pénétrer dans sa musique instrumentale, il faut la relier à l'opéra et ce que nous venons de rappeler à propos de ses compositions pour l'église ou la loge pose plus nettement le problème. Mozart lui-même a exprimé clairement cette préférence ; il serait tout près d'admettre — ainsi que l'insinuent Richard Strauss et Clemens Krauss dans leur *Capriccio* — que la réalité du théâtre complet, le théâtre chanté, est plus grande, plus totale, que celle de la vie même, ce qui, tout bien pesé, est beaucoup moins étrange qu'il n'y peut paraître à première vue. Mais il est non moins vrai que l'opéra mozartien constitue une réussite si solitaire, qu'il ne se trouve rien qui lui puisse être comparé, une réussite qu'il est impossible de définir (puisqu'en ses sommets elle ne peut se référer à rien d'autre) mais dont une familiarité prolongée permet au moins d'entrevoir les lignes de force qui y convergent.

Au départ il y a un don, une harmonie préétablie d'une rare qualité. On en connaît trois témoignages. Au début de 1765, le garçon de neuf ans assiste à Londres au *pasticcio* de Métastase, *Ezio ;* comme ce genre d'œuvre permet la juxtaposition des compositions les plus diverses et qu'il avait eu sans doute l'occasion de faire connaissance avec le ténor italien Ciprandi qui y tenait une partie secondaire, il lui écrit un air : il choisit l'un des plus dramatiques, l'air de passion contenue, *Va, dal furor portata* (K. 19 c). C'est avant tout un air de bravoure cherchant à mettre en valeur et les qualités vocales du chanteur et celles du compositeur — et qui y réussit ; mais il y a déjà ce phénomène caractéristique de la transposition musicale opérée par une véritable musique dramatique : même sans connaître les paroles, ou sans les comprendre, on a le sentiment que cet air exprime une volonté déterminée — ce qui est plus important, dramatiquement parlant, qu'une traduction psychologiquement exacte ou précise et à supposer que cette « vérité psychologique » soit dans les possibilités de l'expression musicale (ce qui n'est pas prouvé).

Pour le bi-centenaire de sa naissance le festival de Salzbourg a présenté un opéra mythologique latin de Mozart, *Apollo et Hyacinthus* (K. 38), composé à l'âge de onze ans, pour la distribution des prix du collège bénédictin de Salzbourg. Il l'a présenté dans des conditions

d'une vraisemblance particulièrement savoureuse :
musiciens d'orchestre, décorateur et metteur en scène
étaient des élèves d'un collège monastique de la Bavière
toute proche : l'efficacité scénique et lyrique de la partition
présentée de la sorte fut évidente sur un public très varié
où les jeunes (et leurs parents) tenaient la plus grande
place. Le premier opéra traditionnel est une partition
bouffe de dimensions respectables — trois actes ! — écrite
un an plus tard sur un livret sans grand intérêt : *la Finta
semplice* (K. 46 a). Elle montre les progrès stupéfiants de
l'enfant dans le domaine du maniement vocal et instrumental des moyens, mais elle confirme surtout par une
scène comme celle du duel les étonnantes dispositions de
caractérisation musicale d'une action dramatique chez
le jeune musicien.

Peut-être ne faut-il pas placer dans le même contexte le
délicieux « Singspiel », *Bastien et Bastienne* (K. 46 b), écrit
immédiatement après l'opéra bouffe et donc l'œuvre, lui
aussi, du garçon de douze ans. Il semble que Léopold y
ait aidé et ce genre de composition n'offre pas les mêmes
problèmes de caractérisation dramatique : il faut avant
tout que les mélodies, duos et trios, soient beaux, et c'est
le cas de la partition offrant déjà des airs inoubliables
(« *Meiner Liebsten schöne Wangen* »). Il est plus que probable que l'enfant y a vu avant tout l'occasion de bonne
musique et que la bergerie innocente l'a moins intéressé
que le drame mythologique d'Hyacinthe ; pourtant son
tempérament exceptionnel se manifeste à plus d'un endroit
de la partition (« *Diggi daggi* », « *Geh hin ! dein Trotz* » et le
trio final « *Kinder...* »). Il s'y est exercé déjà à acquérir cette
apparente simplicité qu'il lui faudra plus tard pour les
airs les plus « populaires » de *l'Enlèvement au sérail* et de
la Flûte enchantée. Peut-être d'ailleurs le public n'était-il
pas préparé encore à cet « opéra allemand ».

C'est dans l'opéra italien, dans l'opera seria qu'il lui
fallait d'abord faire ses armes et peut-être même montrer
ou faire l'expérience pour lui-même que ce genre appartenait déjà à l'histoire. C'est l'intérêt de la *festa teatrale* ou
de la *serenata* que le musicien de quinze ans composa pour
le mariage princier d'octobre 1771 à Milan : *Ascanio in
Alba* (K. 111). Œuvre d'apparat et de circonstance par
définition, la sérénade lyrique prend pourtant, grâce à la
musique de Mozart, une vérité et une densité surpre-

nantes. On y trouve l'esquisse de la technique des soupirs et des battements de cœur qui sera conduite jusqu'à
la perfection dans *l'Enlèvement* et *les Noces,* un air de
Silvia (« *Si, ma d'un altro amore* ») présage l'emploi si
caractéristique des clarinettes dans *Cosi,* et par-dessus
tout l'air « *Infelici affetti miei* » dans la seconde partie,
d'une vérité musicale nouvelle dans le genre et plus que
surprenante chez un jeune garçon de cet âge. On peut
même dire que l'ensemble de cette partition est d'une
expression inconnue dans la *serenata :* elle reflète parfaitement la beauté du monde idéal dépeint par l'excellent
livret de Giuseppe Parini, mais elle est aussi beauté en
soi en faisant apparaître une vérité et une profondeur de
sentiment propres au théâtre lyrique de Mozart.

Dans la décade qui suit, Mozart ne reste pas inactif dans
le domaine lyrique, il continue de se faire la main comme
on dit, mais on ne trouve rien d'essentiellement nouveau,
rien qui n'ait été contenu, plus ou moins explicitement,
dans les partitions de jeunesse. Le grand chef-d'œuvre, le
plus étrange assurément, passe sur la scène munichoise en
janvier 1781 : *Idomeneo, rè di Creta* (K. 366). Il est fort
regrettable que, sous prétexte qu'il appartient à un genre
effectivement sorti de la sensibilité de nos contemporains,
on présente si rarement cette œuvre et qu'on s'acharne à
vouloir l'arranger ou l'adapter. On songe à la réponse que
Mozart fit à son père lorsque celui-ci lui recommanda de
penser à satisfaire les goûts du public; identifié à son
œuvre au point de se « sentir devenir lui-même troisième acte » (voilà un accent nouveau dans ses nombreuses déclarations sur ses travaux lyriques!), il réplique
que la musique qu'il est en train de faire sera exactement
ce qu'il faut, « sauf pour ceux qui ont de longues
oreilles... ».

Idomeneo est rempli à ras bord de la plus merveilleuse
musique « en soi », c'est-à-dire indépendamment même
de son sujet et des démêlés de l'auteur avec son librettiste, l'abbé Varesco. C'est même une musique très
concertante, que l'on pourrait dans bien des cas interpréter sur les seuls instruments. Mais cette partition achève
et dépasse le cadre de l'*opera seria.* Car si cette partition
couronne une longue évolution culminant dans les plus
belles pages de Rameau (que Mozart connaissait), il est
fort révélateur de la direction dans laquelle il a fait éclater

les cadres. Ce n'est pas tellement en préparant *la Flûte enchantée,* mais en ouvrant les voies aux grands oratorios de Haydn, aux chœurs des *Saisons,* par exemple, mieux encore, à l'opéra d'atmosphère du genre *Vaisseau fantôme* de Wagner (chœur « *Qual nuovo terrore* » au deuxième acte). Le célèbre *andante sostenuto* de la *Sonate* dite « au clair de lune », que Beethoven créa à partir d'une transposition de la scène du duel au début de *Don Giovanni,* on le trouve d'abord ici (chœur « *O voto tremendo* »). L'admirable ensemble qui le précède de peu, un quatuor (« *Andro ramingo e solo* »), est peut-être le premier de cette perfection formelle et de cette profondeur d'expression dans la musique. Il est certain, en tout cas, qu'on ne pouvait pas aller plus loin dans cette direction, dans cette transposition d'une action scénique sur le plan intérieur de l'oratorio. Malgré l'admirable musique qu'il écrira une fois encore, dans les derniers mois de sa vie, pour un opera seria, *la Clémence de Titus* (K. 621), le musicien y sera en retrait sur l'unique *Idomeneo,* cet oratorio de la mer et de l'amour dans ce qu'il a de plus sacré.

Avant d'entendre *l'Enlèvement au sérail* (K. 384), avant de pénétrer dans le monde des cinq grands opéras au sens traditionnel du mot, il faudrait lire l'extraordinaire lettre du 26 septembre 1781, dans laquelle Mozart veut donner à son père « une petite idée » de l'opéra qu'il est en train d'écrire, le seul d'ailleurs qui lui demandera un an de travail, *l'Enlèvement* justement; c'est une véritable dramaturgie musicale écrite de la façon la plus drôle et la plus concrète à la fois. On y voit plus que toute autre chose le sens aigu du jeune maître sur les exigences d'un bon livret et la collaboration intime qu'il conçoit entre le poète et le musicien. Il n'est absolument pas indispensable que le librettiste soit un grand poète au seul point de vue de la forme : c'est sur ce malentendu fondamental que reposent la plus grande partie des critiques et des incompréhensions manifestées à l'égard des livrets mozartiens et le fait par exemple que les deux plus parfaits d'entre eux, ceux de *Cosi* et de *la Flûte,* sont aujourd'hui encore l'objet d'attaques cocasses. Il ne manquait pas de très grands poètes écrivant pour le théâtre lyrique au temps de Mozart : n'importe quel mélomane familier de l'italien s'en convaincra aisément en lisant les très beaux

vers de Métastase ou de Parini, dignes de la plus belle
tradition italienne classique. Si Mozart les a abandonnés
pour choisir les textes d'hommes de théâtre qui n'étaient
pas de grands poètes, sans pour autant être dénués de
qualités littéraires, tels que Da Ponte ou même Schikaneder, il nous a admirablement démontré pourquoi. Ce
n'est pas malgré ces livrets que sa musique est belle, mais
à cause d'eux.

L'*Enlèvement* en fait pour la première fois la preuve :
son efficacité scénique est immédiate et évidente sur les
spectateurs les moins préparés, à condition de donner la
version originale et à condition aussi, bien sûr, que les
auditeurs comprennent la langue employée. Quelles ressources il offre aux metteurs en scène et quelle force il
garde même à la simple écoute, expérience possible
aujourd'hui grâce à la radio et au disque! La musique
« colle » étroitement à ce texte, elle en épouse les
moindres accents, les moindres inflexions, les intentions
les plus secrètes, beaucoup mieux, il faut le dire, que dans
d'autres partitions célèbres postérieures ou antérieures,
réputées plus réalistes, plus vraies; n'insistons pas. Il
n'y a pas un numéro de *l'Enlèvement* (même pas, tout
compte fait, le fameux « *Martern aller Arten* », dont le
caractère emphatique, la bravoure vocale et l'instrumentation concertante sont parfaitement à leur place à cet
endroit de l'action), il n'y a pas un numéro qui n'exprime
parfaitement et le caractère de chaque *dramatis persona* et
ses sentiments de l'instant; nous savons très précisément
qui va intervenir, nous pressentons ce qui va se passer,
nous sommes intimement associés à l'action dès les premières mesures de l'introduction d'orchestre. La sympathie sincère du créateur à l'égard des acteurs de son
opéra, sa conception très profonde des petites et des
grandes qualités des hommes conquiert le public le plus
exigeant.

La souriante leçon de *l'Enlèvement* exprimée de façon
quelque peu sentencieuse par le *bassa* dans la dernière
scène est bien celle que Marivaux avait si bien formulée :
« En ce bas monde, il faut être un peu trop bon pour
l'être assez. » La musique est vraiment transfigurée par
cette conviction profonde et on en oublie toutes les
trouvailles, toutes les perfections si nouvelles dans
l'ordre vocal et instrumental. Comme Mozart avait le

droit de répondre avec une fière déférence à Joseph II
que cette partition comportait exactement autant de notes
qu'il fallait! Il est bien vrai aussi que cette partition a un
accent d'insouciante jeunesse que le musicien ne retrouvera jamais : c'est l'opéra de son mariage, sorte d'épitha-
lame offert à Constance — Constance, le nom même de
l'héroïque et fidèle fiancée de *l'Enlèvement*. C'est qu'on
est loin dans cette œuvre qui en porte le titre et qui en
respecte certaines conventions extérieures, du « Singspiel » traditionnel, il suffirait d'étudier d'un peu plus
près l'étonnant caractère musical d'Osmin pour s'en
rendre compte. En fait, cette partition inaugure un
genre nouveau, sans suite, sans descendance dans l'histoire : l'opéra mozartien.

Car *les Noces de Figaro* sont aussi éloignées de l'opéra
bouffe reçu que *l'Enlèvement* l'est du « Singspiel » du
XVIIIe siècle. Il est vain de se livrer au jeu des comparaisons pour savoir si l'un ou l'autre de ces opéras est plus
grand, s'il va plus loin. Ce qui est certain, c'est que *les
Noces* sont précédées de signes avant-coureurs. L'un des
plus savoureux, c'est le *terzetto* dont l'autographe porte la
distribution : Constance, Mozart et Jacquin... Une histoire de fanfreluche féminine égarée *Liebes Mandel, wo
ü's Bandel* (K. 441), et voilà l'occasion d'une admirable
scène, hautement « dramatique », musicalement et
humainement vraie autant qu'admirable. Plus près encore
c'est l'impresario, ce *Directeur de théâtre* (K. 486), comédie
musicale du même librettiste que *l'Enlèvement au sérail*.
Aussi le travail avance beaucoup plus vite : moins de
sept mois pour une partition de dimensions nettement
plus importantes.

Ce qui frappe d'abord dans cette composition qui fut
créée le 1er mai 1786 à Vienne, c'est la vérité nouvelle des
récitatifs *secco,* formule stéréotypée s'il en est d'entre
tous les lieux communs de la musique dite classique.
Mozart fait de ces conversations musicales quelque chose
d'aussi naturel et d'aussi beau que l'alexandrin français à
mi-chemin du meilleur Racine et de tout Molière; tous
ses récitatifs seront au moins de cette qualité dans les
deux partitions à venir sur des livrets italiens — tous
trois de l'étrange Lorenzo Da Ponte (dont la vie vaut
les meilleurs romans d'aventures). On ne voit guère,
dans cet ordre d'idées, que deux maîtres qui lui puissent

être comparés pour la perfection et la vérité de leurs dialogues musicaux : Moussorgsky et Richard Strauss
(*Capriccio !*). Il est essentiel que ces récitatifs soient rendus
très librement, *quasi parlando,* avec toutes les variétés de
mouvement, de tempo et de nuances dynamiques que les
humeurs des personnages peuvent y introduire; on comprend alors que traduire un livret composé de la sorte en
allemand ou en français équivaut à peu près à un
meurtre, « en chacun de nous Mozart assassiné », comme
disait Saint-Exupéry.

La tentative était certes osée de transposer dans le
domaine lyrique l'œuvre de Beaumarchais, moins encore
à cause de la valeur intrinsèque de celle-ci qu'en raison
de tout ce qu'elle exprime et présage par rapport à l'histoire, par rapport au temps dans lequel elle s'insère. Ce
n'est pas le lieu de rappeler les incidences presque politiques de la pièce de Beaumarchais, mais on est surpris
d'entendre que dans l'opéra de Mozart «le rasoir de Figaro
n'annonce pas, comme chez Beaumarchais, le couteau du
docteur Guillotin ». En fait, Mozart va au-delà de la
révolution à venir, au-delà et plus haut. Cela est particulièrement évident dans le finale (voir ex. 10).

Musicalement, nous sommes là dans le monde du
finale de la *IXᵉ Symphonie* de Beethoven, dans le monde
des grands sentiments humanitaires, dans l'affirmation
presque religieuse de la foi en la bonté profonde de la
créature sortie de l'Amour infiniment fécond du Créateur.
Nous frôlons aussi, stylistiquement, la musique sacrée
proprement dite — à moins que nous n'y soyons déjà.

Ex. 10.

Comment Mozart y est-il amené ? Au bout de la folle
journée, le Comte, sorte de Don Juan sympathique (et
nullement métaphysique comme le provocateur du
Convive de pierre) découvre brusquement que le monde
qui l'entoure est bien meilleur qu'il ne l'avait pensé,
que la comtesse Rosine en particulier lui garde malgré
tout son amour fidèle, qu'il y a des anges parmi les êtres
les plus familiers (il n'était pas là lorsque Suzanne et la
Comtesse ont déguisé Chérubin...); alors il s'agenouille
devant Rosine : « *Contessa, perdono...* » — c'est, proprement, une nouvelle dimension s'introduisant dans la folle
journée, c'est irruption brusque du surnaturel, de la
grâce plus vraie que la nature (*mirabilius reformasti,* dit une
prière du missel) : « *Ah, tutti contenti saremo così !* » On
voit comment ceci rejoint ce que nous avons remarqué à
propos de l'air de la Comtesse « *Dove sono i bei momenti.* »

Il faut croire que la première interprète du rôle de
Suzanne, Nancy Storace, était une bien grande cantatrice et comédienne, puisque Mozart lui dédie l'une de
ses plus belles arias de concert, la seule qui comporte une
partie de piano obligée (le manuscrit porte : *für Mlle Storace und mich :* Mozart dialogue avec elle), si rarement
interprétée de nos jours *Ch'io mi scordi di te* (K. 505). Malgré l'œuvre, malgré les interprètes exceptionnels, *les
Noces* n'eurent pas le succès éclatant que le musicien pouvait escompter ; seuls ses chers Praguois lui firent fête plus
tard et il put écrire : « Tout le monde dans la rue ici chan-
tonne mon Figaro... » et effectivement, on retrouvera des
mélodies de cette partition dans le domaine anonyme de
la chanson populaire dès avant la fin du XVIIIe siècle :
suprême consécration du génie. Mais aussi circonstance
d'une importance capitale puisque nous lui devons,
un an et demi plus tard, *Don Giovanni* (K. 527). Cette fois,
les deux auteurs, Da Ponte et Mozart, ont nettement
conscience qu'ils ont quitté pour de bon et l'opéra bouffe
et le *seria,* plus encore le *Singspiel* et le *dramma per musica,*
puisqu'ils déclarent en sous-titre *dramma giocoso,* un
« drôle de drame » en quelque sorte...

Peut-être ne devrait-on jamais rapprocher les incomparables, mais il semble que rien ne donne mieux l'idée
des hauteurs et des profondeurs mozartiennes que si l'on
voit jouer coup sur coup le *Don Juan* de Molière et *Il
dissoluto punito.* Il est vrai que Molière est déjà obligé de

commencer sans avoir la ressource de l'étonnante ouverture du drame mozartien, cette page à la fois tragique et fiévreuse, terrible et souriante, qui n'a pas d'égale. On a beau connaître par cœur la partition, l'avoir vue jouer des dizaines de fois, on reste encore toujours saisi par cette action qui se noue avec une rapidité foudroyante : la tentative de viol, le duel, le meurtre, la fuite vers de nouvelles aventures. Mais on s'aperçoit très vite que c'est le commandeur mort qui est le personnage principal, le personnage invisible dont l'évocation musicale avait d'ailleurs introduit l'ouverture et qui par son « apparition » dans le finale élève ce drame au niveau métaphysique, sans jamais cesser de conserver à ses acteurs vivants leur caractère profondément humain, depuis la poltronnerie apitoyée de Leporello jusqu'à la naïve rouerie de Zerline, en passant par la noblesse d'âme un peu agaçante d'Elvire, la vaillance plus sociale que réelle d'Ottavio, la sympathique rondeur et l'enthousiasme naïf de Masetto et surtout ce tempérament de feu qu'est Donna Anna.

Tout compte fait, un seul personnage n'est pas vraiment humain : Don Giovanni lui-même, ce pécheur vraiment trop indifférent, ce destructeur de l'ordre qui y prend son seul plaisir, cet opposant perpétuel qui n'admettra pas son erreur fondamentale même devant la vision de la réalité de ce qu'il a nié et dont le cri de terreur final semble impersonnel, poussé par les gouffres dans lesquels il s'abîme. C'est que Mozart a réussi ici à créer une personnification du *mysterium iniquitatis* de l'Écriture, une personnification vraisemblable à sa manière au demeurant dans l'atmosphère de ce drame nocturne et dont l'aventure nous amènerait presque, grâce à la densité humaine de ce qui l'entoure, jusqu'aux bords de la sympathie, si cela était possible. Mais cela n'est pas possible et le grand dialogue de la fin « *Pentiti ! — No* » (avec sa série de douze tons subrepticement introduite et qui joue un rôle musical essentiel, sur lequel Darius Milhaud a, le premier, attiré l'attention) nous en assure en nous donnant froid dans le dos. Ce n'est pas le feu de Bengale souvent maladroit de nos scènes, ni la trappe qui s'ouvre, c'est la musique de plus en plus torturée de Mozart et qui finit par flamber littéralement dans la grande séquence chromatique après la main tendue « *Eccola !* ». Il faut rappeler que Beethoven, génial mais manquant d'humour, n'a pas pardonné à Mozart « l'immoralité » de son *Dissoluto punito*... Alors que l'opéra n'est pas seulement moral, profondément, mais même moralisateur, puisque les rescapés de cette terrible aventure viennent faire la leçon au public au bord de la rampe en une scène post-dernière dont il nous a toujours semblé qu'elle avait surtout comme utilité de revenir en *ré majeur* et de permettre aux spectateurs de se remettre, pour qu'ils ne rentrent pas chez eux, trop inquiets et lourds...

C'est peut-être dans le même esprit que Mozart, demeurant à la Bertramka à Prague, ne suggéra pas à son amie, la grande cantatrice Josefa Dušek, de chanter les airs de Donna Anna, mais lui écrivait l'apaisante et enveloppante aria *Resta, o cara* (K. 528), au lendemain du succès triomphal de *Don Giovanni*. Et c'est peut-être aussi pourquoi, après la tension presque insupportable du *dramma giocoso,* le monde souriant, idéal, définitivement transfiguré, sans pour autant cesser d'être profondément vrai et humain de *Cosi fan tutte* vient s'inscrire en janvier 1790 dans le catalogue des opéras de Mozart (K. 588).

« A l'apogée de sa puissance et de ses charmes, Mozart, qui a tout juste deux ans à vivre, nourrit pour la dernière fois l'illusion d'un avenir meilleur. Il émane de *Cosi,* comme de toutes les musiques qu'il compose à cette époque, une suavité si exquisément purifiée qu'on ne peut s'empêcher d'y poursuivre, par-delà la sérénité formelle d'un quintette avec clarinette ou les sarcasmes d'un opéra bouffe, l'écho d'on ne sait quel message spirituel. Le *terzettino* du premier acte de *Cosi fan tutte* nous montre sur le théâtre deux belles filles agitant le mouchoir des adieux pour saluer le départ des amants qu'elles vont trahir. Est-ce par hasard si l'on a plus d'une fois succombé à la tentation d'y adapter des paroles liturgiques et si Mozart lui-même s'est souvenu de ce *terzettino* en composant quelques mois plus tard le motet *Ave verum ?* » Et Roland-Manuel, que nous citons, rappelle l'étonnante page de Taine :

Sur le théâtre, il y a deux coquettes italiennes qui rient et qui mentent; mais, dans la musique, personne ne ment et personne ne rit; on sourit tout au plus; même les larmes sont

voisines du sourire... La voluptueuse harmonie arrive comme
un nuage de parfum qu'une brise lente vient recueillir en passant sur les jardins en fleur. De fraîches joues, des yeux riants,
apparaissent par éclairs, et le corsage bleu, la taille penchée,
l'épaule ronde et blanche, se détachent distinctement sur le
bord de la terrasse. Au-delà, le grand ciel ouvert, la mer azurée
luisent toujours avec la sérénité de leur joie et de leur jeunesse
immortelle.

On voit aussi pourquoi on ne peut absolument pas
dire que cet opéra idéalement bouffe montre d'abord et
surtout l'infidélité et l'inconstance du cœur humain. Au
contraire, la fidélité et l'amour qui est plus fort que la
mort ont trouvé dans cette partition des accents incomparables. Si Don Alfonso fait le pari avec les deux frin-
gants prétendants au début du premier acte de faire tomber en moins d'un jour la fiancée de l'un dans les bras de
l'autre, par des subterfuges si naïvement drôles que ceux
que nous présentent Da Ponte et Mozart, c'est pour
qu'ils ne vivent pas dans l'utopie et qu'ils découvrent la
réalité d'un amour profond, plus durable que toutes les
aventures. On s'en persuade aisément en écoutant le finale
et on s'en persuade mieux encore si on ne cesse d'avoir à
l'esprit — car rien n'est inséparable comme les différentes facettes du miroir du monde qu'est l'opéra mozartien — l'émouvant idéal de l'humanité qu'il dresse devant
les spectateurs et plus encore devant les auditeurs de *la
Flûte enchantée*.

C'est parce qu'il offre des difficultés de réalisation scénique presque insolubles que nous voudrions suggérer
que cet ultime opéra mozartien n'est peut-être pas totalement l'égal de *Cosi fan tutte*. L'approximation la plus
complète, ce fut cette soirée salzbourgeoise que Wilhelm Furtwängler avait préparée avec le grand peintre
Oskar Kokoschka; mais Furtwängler mourut avant de
pouvoir collaborer à la présentation de cette *Flûte enchantée*. Et il avait — hélas — coupé quelques répliques de
Papageno jugées trop triviales dans ce « Feierspiel » :
on sentait qu'il aurait voulu faire disparaître l'ample
comédie aux cent actes divers pour ne garder que la para-
bole du monde. Or c'est l'unité, la fusion complète de ces
deux éléments qui fait les splendeurs du chef-d'œuvre
sorti de la collaboration de Mozart avec Schikaneder et
Gieseke (on sait qu'il a travaillé avec eux au livret, qu'il

y avait introduit d'importantes modifications et même
des changements d'orientation). N'empêche que Furtwängler avait raison d'y voir la fable naïve pour enfants
se doubler de l'éternelle histoire d'amour et se dessiner à
l'arrière-fond les grands symboles de la lutte des ténèbres
contre l'indéfectible lumière. S'il avait choisi Kokoschka,
c'est qu'il sentait que cet artiste avait comme Mozart « la
science du cœur » (Kokoschka), l'art de suggérer, par les
nuances les plus ténues, les émotions les plus fines du cœur
humain.

Il suffit d'entendre *la Flûte enchantée,* de la lire une seule
fois, pour saisir ses prolongements, son sérieux profond et
aussi à quel point l'art musical de Mozart est devenu une
véritable somme des styles. Dans l'unique et admirable air
de Pamina (« *Ach, ich fühl's* »), nous percevons l'écho très
net d'un des plus beaux *Kyrie* de Mozart, celui en *ré mineur*
écrit à Munich (K. 368 a) : la supplication de l'humanité
chassée du paradis se retrouve lorsque Pamina chante le
bonheur perdu de l'amour véritable. Dans le célèbre duo
des deux hommes en armes à la fin de l'œuvre, au moment
où Tamino et Pamina affrontent l'épreuve du feu et de
l'eau, Mozart amalgame en une polyphonie qui n'est qu'à
lui trois thèmes liturgiques : le choral *Ach Gott, vom Him-
mel sieh darein,* le *Kyrie* de la *Missa Sancti Henrici* du maître
de chapelle salzbourgeois I. F. Biber, et le choral *Christ,
unser Herr, zum Jordan kam :* le baptême de l'eau et de
l'Esprit. Dans ses œuvres antérieures, Mozart reste pour
ainsi dire au-dessus de son sujet, il ne s'identifie à aucun
de ses héros. Dans *la Flûte enchantée,* c'est l'homme et le
musicien qui chante à travers les différents rôles, surtout
les grands rôles, celui du prêtre, celui de Sarastro, celui
de Tamino, mais aussi celui du touchant et cocasse Papageno dont il répétait sur son lit de mort l'ariette « *Der
Vogelfänger bin ich ja* », au moment où il allait retrouver
enfin le paradis de lumière dont il nous a laissé la clé
dans la transfiguration de sa musique.

Carl DE NYS.

BIBLIOGRAPHIE

On trouvera les éléments d'une bibliographie mozartienne assez complète dans :

Musik in Geschichte und Gegenwart, vol. 9, colonnes 826-839, Bärenreiter, Cassel, 1961.

Le *Mozart-Jahrbuch,* publication annuelle de la fondation internationale Mozarteum à Salzbourg, constitue la plus précieuse mise à jour des études mozartiennes, qu'on fera bien de compléter par les commentaires et les *Kritische Berichte* de la *Neue Mozart-Ausgabe* (Bärenreiter, Cassel, depuis 1955).

Les références ci-dessous sont un choix d'ouvrages essentiels.

1. DOCUMENTS

SCHIEDERMAIR, L., *Die Briefe W. A. Mozarts und seiner Familie,* 5 vol; G. Müller, Leipzig, 1914.

CURZON, H. de, *Lettres de W. A. Mozart,* traduction nouvelle et complète, Paris, 1928.

KÖCHEL, L. R. von, *Chronologisch-Thematisches Verzeichnis sämtlicher Tonwerke W. A. Mozarts,* 4e édition (revue par A. Einstein), Ann Arbor, USA, 1947, (la cinquième édition est annoncée pour 1962 chez Breitkopf à Wiesbaden).

VOSER-HOESSLI, I., *W. A. Mozart. Der Briefstil eines Musikgenies,* Artemis, Zürich, 1948.

DEUTSCH, O. E., *Mozart. Die Dokumente seines Lebens,* Bärenreiter, Cassel, 1961.

DEUTSCH, O. E. (vorgelegt von), *Mozart und seine Welt in zeitgenössischen Bildern,* Bärenreiter, Cassel, 1961.

2. OUVRAGES GÉNÉRAUX

NIEMETSCHEK, F., *Leben des K.K.Kapellmeisters Wolfang Gottlieb Mozart nach Originalquellen beschrieben,* première édition : Prague, 1798; réédition en fac-similé : Taussig, Prague, 1905, (traduction anglaise par H. Mautner, Londres, 1956).

NISSEN, G. N. von, *Biographie W. A. Mozarts,* Breitkopf et Härtel, Leipzig, 1828.

OULIBICHEFF, A., *Nouvelle biographie de Mozart,* 3 vol., Moscou, 1843.

GHEON, H., *Promenades avec Mozart,* Paris, 1932.

WYZEWA, T. et SAINT-FOIX, G. de, *W. A. Mozart, sa vie musicale et son œuvre,* 5 vol., Paris, 1936-1946.

EINSTEIN, A., *Mozart, sein Charakter, sein Werk,* Dernière édition revue par l'auteur : Pan-Verlag, Zürich, 1953, (traduction française par Jacques Delalande, Paris, 1954).

Valentin, E., *Mozart, Wesen und Wandlung,* Otto Müller, Salzbourg, 1953.

Schenk, E., *W. A. Mozart,* Amalthea-Verlag, Vienne, 1955.

Hyatt-King, A., *Mozart in Retrospect,* Oxford University Press, 1956.

Robbins-Landon, H. C. et Mitchell, D., *The Mozart Companion,* Rockliff, Londres, 1956 (ouvrage collectif).

Schaller, P. et Kuhner, H., *Mozart Aspekte,* Otto Walter, Olten, 1956 (ouvrage collectif).

Hocquard, J. V., *La pensée musicale de Mozart,* Paris, 1958.

3. MONOGRAPHIES

Tenschert, R., *Mozart, ein Leben für d'ie Oper,* Frick, Vienne, 1941.

Chantavoine, J., *Mozart dans Mozart,* Paris, 1948.

Dent, E. J., *Mozart's Operas,* Londres, 1948, (traduction française par Duchac, R. : *Les opéras de Mozart,* Paris, 1958).

Dennerlein, H., *Der unbekannte Mozart. Die Welt seiner Klavierwerke,* Breitkopf et Härtel, Leipzig, 1951.

Girdlestone, C. M., *Mozart et ses concertos pour piano,* Paris, 1953.

L'année Mozart en France, Livre d'or du Bi-centenaire, in « Revue Musicale », Paris, 1956.

Badura-Skoda, E. et P., *Mozart-Interpretation,* Wancura-Verlag, Vienne, 1957.

Les influences étrangères dans l'œuvre de W. A. Mozart, Colloque international de musicologie, Paris, 1956. — Publications du C.N.R.S., Paris, 1958.

Taling-Hajnali, M., *Der fugierte Stil bei Mozart,* Verlag Paul Haupt, Berne, 1959.

A L'ORÉE DU ROMANTISME

LA MUSIQUE DE CLAVIER
EN FRANCE DE 1760 A 1850

Dans le sillage de Rameau et de Couperin, une pléiade d'estimables clavecinistes s'efforcent, vers le milieu du XVIIIe siècle, de maintenir chez nous la grande tradition instrumentale française. Mais le souffle de préromantisme, qui passe alors sur les modes intellectuelles, effleure aussi la musique. Des tendances nouvelles se dessinent. Des voies inconnues s'ouvrent aux artistes épris de liberté.

La grêle sonorité du vieux clavecin devient manifestement impuissante à traduire les aspirations des jeunes musiciens. Avec ses possibilités expressives, le pianoforte leur apporte la faculté de s'exprimer en toute plénitude. L'écriture s'adapte donc à l'instrument, le style se transforme, la pensée s'élargit : matière musicale neuve et palette plus colorée, recherches opiniâtres d'une esthétique désormais basée sur la sensibilité.

SCHOBERT

Avec Johann Schobert, Silésien d'origine, mais venu très tôt — vers 1760 — se fixer à Paris, s'amorce ce renouveau de la musique de clavier. Séduisante et pure figure que celle de ce juvénile compositeur, au service du prince de Conti, applaudi dans la plus haute société, et dont les œuvres suscitent de grands enthousiasmes tant dans notre capitale qu'à Londres et à Amsterdam. Grimm le tient pour « le premier maître de Paris », et vante son harmonie « qui ne manque point de magie »; Mozart, encore enfant, prend à son contact un premier bain de fraîche et vivifiante poésie. Destinée brillante, mais trop brève : à peine âgé d'une trentaine d'années, il meurt en 1767, empoisonné par des champignons. « Ses mœurs étaient aussi douces et aussi simples que son talent était extraordinaire », note son contemporain La Borde.

Seize recueils publiés de son vivant, et quatre posthumes, attestent l'abondance et la variété de son inspiration : nombreuses sonates et concertos pour le clavecin, mais aussi trios, quatuors (avec violons et basse), et symphonies pour clavecin, violon et cors. Si la mention du piano-forte ne figure encore sur aucune de ses œuvres, il ne fait aucun doute que l'auteur utilise le nouvel instrument. L'usage commence à s'en répandre dans la capitale, et ses ressources attirent tous les compositeurs de la génération montante.

Aux pages encore faibles des premiers essais — jusqu'à l'op. 5 — succèdent vite d'originales conceptions. La courbe chantante de ses thèmes, leur accent personnel, leur caractère passionné donnent déjà à sa musique une apparence insolite pour l'époque. Son harmonie frappe encore plus : audacieuses appoggiatures, accords de neuvième, chromatisme, modulations imprévues. Hardie, l'écriture du clavier a souvent une résonance tout orchestrale, une diversité de coloris inhabituelle fort attachante. Le ton prophétique de quelques-uns de ses mouvements lents mérite d'être retenu. Ainsi celui de la IIIᵉ *Sinfonie pour clavecin,* op. 9, dont voici la phrase initiale :

Ex. 1.

Une grande force interne se devine derrière ces robustes lignes. Si ne jaillissent pas encore les effusions romantiques, les éclats de la grande passion, un changement dans la manière de penser et de sentir s'affirme incontestablement chez Schobert. Son art s'éloigne délibérément du langage mondain en honneur dans les salons de son temps. Même les pièces les plus légères qu'il écrit pour satisfaire à la mode du jour — les menuets, par exemple, — portent sa marque. Tel le thème du *Menuetto grazioso* de la *IIIe Sonate* pour clavecin, op. 14 :

Ex. 2.

Précurseur authentique, prédécesseur immédiat de Mozart, Schobert se place à la tête du renouveau de la musique instrumentale française. Poète, il tire d'agréables et neuves sonorités de son clavier, et se crée un style en avance sur celui de son époque. Vainement ses contemporains cherchent à imiter sa manière, mais ils restent au-dessous de leur modèle. Quelques semaines après sa tragique disparition, la sœur de Goethe ne se lasse pas d'exécuter ses œuvres : « Toute autre musique ne me plaît presque plus. En jouant, des sentiments douloureux percent mon âme; je le plains, ce grand auteur qui, à la fleur de son âge, avec un tel génie, a péri d'une façon si misérable et inopinée. »

LA PREMIÈRE ÉCOLE PIANISTIQUE

Utilisé pour la première fois en 1768 au Concert spirituel — centre de la musique parisienne du moment —, le piano-forte va désormais éclipser rapidement le clavecin. Dès avril 1770, paraît la première œuvre française portant la mention « pour clavecin ou piano-forte » : *Deux Concertos... par Mlle Le Chantre, œuvre premier.* Quelques mois plus tard, les gazettes commencent à insérer de nombreuses annonces offrant des clavecins à bas prix, ou l'échange contre un piano-forte, ou même le troc contre les objets les plus divers. Tous nos musiciens adoptent d'enthousiasme le nouvel instrument.

Cohorte effervescente, les promoteurs de cette première école pianistique se livrent à des recherches de style, à des essais d'écriture, à des explorations osées de la matière sonore : innovations plus ou moins heureuses, mais qui enrichissent peu à peu le vocabulaire instrumental. L'un des premiers, l'organiste J.-F. Tapray publie de nombreux recueils de sonates adroitement conçues; son goût pour les combinaisons de timbres le porte à écrire quatre *Symphonies concertantes,* dans lesquelles il oppose clavecin et piano-forte traités en solistes. Efforts identiques chez son confrère J.-J. Beauvarlet-Charpentier — successeur de Daquin à l'orgue de l'église Saint-Paul — et chez quelques jeunes virtuoses du clavier, comme Hüllmandel et Edelmann, Strasbourgeois fixés à Paris depuis 1772. Réussites plus marquantes, et personnalité plus affirmée chez Nicolas Séjan, brillant organiste de Saint-Sulpice. Son premier livre de *Six Sonates,* en 1773, et son *Recueil de pièces... dans le genre gracieux ou gay,* conçu vers le même moment, témoignent d'un métier éprouvé et d'une musicalité hors du commun.

MÉHUL

Il faut attendre toutefois l'année 1783 pour trouver une œuvre vraiment valable, qui surclasse cette abondante production, sans cesse croissante. Les *Trois Sonates* avec lesquelles se fait connaître le jeune Méhul avant d'aborder la carrière dramatique, laissent deviner en effet un véritable tempérament de symphoniste. Pages d'adolescent qui ne vont pas sans quelques maladresses, mais où le relief des thèmes, l'harmonie substantielle, le sens de la construction et l'ampleur de la forme, révèlent une nature originale. Qualités rares qui s'affirment en un second recueil de *Trois Sonates* en 1788, en attendant qu'elles s'épanouissent plus largement encore dans ses quatre symphonies orchestrales. A l'inspiration juvénile s'oppose parfois un ton pathétique et véhément, d'une couleur prébeethovénienne. Vigueur du rythme, fréquence du mode mineur, accords de septièmes diminuées — « propres à peindre les objets tristes », affirme d'Alembert — silences dramatiques, brusques suspensions de sens, arrêts imprévus qui font rebondir l'action sans interrompre pour cela le rythme du discours musical : mode d'expression nouveau qui donne aux sonates de Méhul une singulière et forte impression de mouvement et de vie.

Avec les années révolutionnaires, une recrudescence du genre descriptif se manifeste dans la musique instrumentale. *Tombeaux, batailles, scènes historiques,* redeviennent à la mode et se multiplient. Un programme détaillé commente souvent ces tableaux sonores, morcelés à l'excès, où le souci du pittoresque épisodique se développe au détriment de l'unité. La diversité de leur réussite, et l'inégalité de leur style ne doivent pas pour autant les rendre négligeables, puisqu'ils marquent une des dernières étapes avant la constitution définitive du poème symphonique.

Les meilleurs représentants de cette tendance connaissent à l'époque une appréciable notoriété : Louis Jadin, originaire de Versailles, par ailleurs auteur d'attachantes sonates ; Beauvarlet-Charpentier fils, organiste de Saint-Germain-des-Prés ; et surtout Gervais-François

Couperin — dernier descendant de l'illustre dynastie — qui officie à la tribune familiale de Saint-Gervais. Après quelques séries de variations, son plus grand succès se place en 1797, avec *les Incroyables,* et *les Merveilleuses,* « pièces musicales pour le piano-forte ».

BOIELDIEU

Cette orientation du goût vers la musique descriptive ne détourne pas nos compositeurs des formes traditionnelles et des œuvres fortement pensées et construites. Sur les traces de Méhul, le jeune Rouennais Adrien Boieldieu donne une vive impulsion à notre école et l'engage plus avant dans le chemin de la découverte.

Entraîné au piano-forte dès son plus jeune âge, à la maîtrise de la cathédrale de Rouen, Boieldieu se produit fréquemment comme virtuose dans la capitale normande, et y interprète ses premiers essais entre 1792 et 1795. Précoce carrière de compositeur pianiste, qu'il continue à Paris, à partir de 1796, parallèlement à celle de musicien dramatique. Son *Concerto,* très primesautier, et un premier recueil de *Trois Sonates,* « dédiées à son ami Rode », attirent d'emblée l'attention du monde artistique. L'aisance du style et la souplesse de l'écriture les font apprécier jusqu'à Leipzig, où l'un des périodiques musicaux les plus lus en conseille l'étude, « car elles renferment une foule de brillants traits de concert et tombent cependant si bien sous les doigts, qu'un bon pianiste peut les exécuter à première vue, et elles n'abîment pas les mains comme tant de nouvelles sonates des compositeurs allemands actuels » (« Allgemeine Musikalischer Zeitung », décembre 1801).

Séduction toute semblable dans les *Trois Sonates* op. 2, avec plus de recherches de contrastes et de variété dans l'expression. De fréquents effets dramatiques — assez voisins de ceux de Méhul — laissent discerner le musicien né pour la scène. Les inflexions lyriques se multiplient, notamment dans la Ire *Sonate en fa mineur,* ton pathétique par excellence, dont l'impérieux thème initial mérite d'être retenu :

Ex. 3.

Rythmes nets et francs dans la *II*e *Sonate,* qui contient un *adagio* d'une pure lumière mozartienne. Verve mélodique constamment renouvelée dans la *III*e, avec son vigoureux *menuet,* qui appelle l'orchestre, et sa robuste *polonaise* terminale.

Le rapide succès de ses premières œuvres assure vite à Boieldieu une enviable renommée. Si bien que, malgré son jeune âge — il n'a encore que vingt-trois ans — il se voit nommé professeur d'une des classes de piano au Conservatoire, en 1798. Peu doué en réalité pour la pédagogie, il assure néanmoins pendant cinq années, jusqu'à son départ en Russie, un enseignement très efficace, et forme de nombreux élèves. Artiste délicieux et spontané, au dire de ceux-ci, il guide avec bienveillance, sans austérité ni formalisme, donnant toujours le pas à la musique sur la virtuosité. La leçon de piano se passe souvent à déchiffrer les dernières pages fraîchement écrites du *Calife de Bagdad* ou de *Beniowski ;* mais il enthousiasme ses jeunes disciples et suscite leur sympathie.

Maintenant le rythme de sa production, il compose chaque année plusieurs nouveaux recueils. Enrichissant son harmonie — correcte, mais assez pâle parfois dans ses pages de début —, il tente de donner plus de relief et de personnalité à son style. Le côté romantique vers lequel s'orientent alors ses partitions de drames lyriques l'incite à diriger dans le même sens sa pensée instrumentale. Tendances qui font souvent pressentir l'art d'un Weber, particulièrement sensibles dans les *Deux Grandes Sonates,* op. 4, l'une de ses meilleures réussites. La vibrante clarté et l'allure chevaleresque de la première s'opposent à la capricieuse fantaisie un peu languide de la seconde, d'une sonorité pianistique déjà plus moderne. De celle-ci, nous citerons la très expressive phrase de départ, qui crée aussitôt l'atmosphère du morceau :

Ex. 4.

Un peu plus inégal, mais de la même veine, le *Trio* pour piano-forte, violon et violoncelle, op. 5, contient quelques pages sensibles, adroitement développées. A une époque où la musique de chambre n'a encore que peu d'adeptes chez nous, l'exemple de Boieldieu ne manque ni d'audace, ni d'intérêt.

Cette incessante curiosité d'esprit, et le désir de se renouveler, se traduisent peu après par une *Grande Sonate,* op. 6. De dimensions inaccoutumées, coupée en deux longs mouvements, cette vaste composition ne va pas sans quelques redites. Les thèmes, toutefois, rayonnent d'une certaine chaleur. Un souffle généreux les anime; une ardeur intérieure emporte les expositions et atténue l'excès d'ampleur. Quelque abus aussi et monotonie dans l'emploi de formules décoratives brillantes, mais assez vides de sens.

Outre deux recueils avec violon (op. 7 et 8), introuvables aujourd'hui, Boieldieu, pour répondre au goût de son temps, allie le timbre de la harpe à celui du piano-forte. Ses *Quatre Duos* — l'un dédié à Clementi —, morceaux brillants, tout cliquetants de dessins arpégés, restent bien dans la manière alerte du musicien, plus attiré par l'éclat que par la profondeur. Enfin quelques séries de variations, pièces brèves et exercices, complètent cet important bagage.

Engagé par le tsar Alexandre Ier pour aller à Saint-Pétersbourg exercer les fonctions de compositeur de la cour impériale, Boieldieu démissionne de sa classe du Conservatoire en juin 1803. Il cesse dès lors d'écrire pour le piano, consacrant toute son activité au théâtre. Abandon regrettable, car les riches promesses des années de jeunesse pouvaient faire espérer des œuvres parfaites dans l'âge mûr. Peut-être l'eussent-elles placé sur le même plan que les grands pianistes romantiques étrangers du début du XIXe siècle ?

Le développement de la virtuosité, déjà apparent chez Boieldieu, va s'accentuer chez ses successeurs. A l'exemple de quelques pianistes d'Europe centrale, notamment de Steibelt, Dussek et Cramer, qui commencent à inonder le monde musical de leurs médiocres et insignifiantes compositions, nos auteurs recherchent de plus en plus l'écriture volubile. La technique se

développe alors si rapidement qu'elle submerge bientôt
la musique même. La forte armature de la pensée
manque souvent aux œuvres de cette époque, qui ne
laissent voir qu'une accumulation d'arabesques sans vie.

LOUIS ADAM

Les étapes de cette transformation stylistique —
triomphe des notes sur l'expression — se découvrent
avec une netteté parfaite dans la vaste production du
Strasbourgeois Louis Adam. Échelonnée à la charnière
de deux siècles, son œuvre reflète les tendances les plus
diverses. D'une sagesse toute provinciale, non exempte
de gaucheries, ses premières pages, imprimées à son
arrivée à Paris en 1778, accusent un retard sensible sur
le style alors pratiqué dans la capitale. De rapides progrès, et une adaptation intelligente aux modes ambiantes
se constatent dans ses *Trois Sonates en trio,* op. 3, qu'il
n'hésite pas à dédier au chevalier Gluck. Une élégance
de plume et une musicalité réelle s'affirment dans les
nombreuses sonates et symphonies concertantes qu'il
publie jusqu'en 1800. Puis brusquement, sa manière
change. Le prestige d'une écriture brillante, d'habiles
modulations, de subtiles indications de nuances et d'expression, ne parviennent pas à dissimuler l'inégalité,
voire même la faiblesse de sa pensée. Désormais s'accentue chez lui cette propension à un style disparate, à
une virtuosité superficielle, verbiage qui frise même le
mauvais goût. En dépit de furtifs élans romantiques,
et de séductions passagères, les importants ouvrages
qu'il donne après 1800 ont un ton déclamatoire et un
fallacieux brillant qui en rendent l'audition absolument
insupportable aujourd'hui.

Considéré parfois comme le fondateur de notre enseignement pianistique, Louis Adam a en effet pour principal mérite d'avoir professé au Conservatoire, de 1797
à 1842, et d'avoir rédigé la première grande *Méthode,*
doctrine officielle de l'école pendant plus d'un demi-
siècle.

HÉROLD

Les efforts sérieux d'un Méhul et d'un Boieldieu pour
créer un courant bien français, de haute tenue artistique,

ne vont pas rester sans écho dans les trente années suivantes. En 1810, le jeune Ferdinand Hérold, élève de la classe de Louis Adam, est autorisé à concourir avec une *Sonate* de sa composition — faveur probablement unique dans les annales de l'établissement. Le premier prix qu'il obtient — il a alors dix-neuf ans — l'incite à poursuivre la carrière de compositeur pianiste. Quatre concertos, des sonates, des caprices, et de très nombreuses variations et morceaux de tous genres, rappellent la manière de ses prédécesseurs. Mais à l'élégance et à la distinction mélodique de ses devanciers, il joint un sentiment harmonique raffiné et très personnel. Toujours ce subtil musicien se signale par quelques trouvailles absolument originales : juxtapositions de tonalités lointaines, enharmonies, enchaînements inhabituels. De plus, son écriture reste toujours sobre; il n'use qu'avec modération des formules de haute vélocité, et fait preuve d'un goût très sûr.

Ses premiers succès au théâtre le détournent assez vite — comme Boieldieu — de la musique instrumentale. Il n'y attache plus qu'une importance secondaire, et consacre uniquement à ses opéras-comiques les dernières années de sa brève existence.

BOËLY

Dans un même souci de musicalité, mais avec une tout autre tournure d'esprit, son contemporain A. P. F. Boëly destine au piano une grande partie de sa production. Formé en marge de l'enseignement officiel — études avec l'Allemand Ladurner —, il s'imprègne des œuvres de J.-S. Bach, encore bien peu connues à Paris, et s'enthousiasme pour Beethoven, dont les ouvrages commencent à se répandre chez nous.

Ainsi orienté vers un art sérieux, et nanti de connaissances techniques très complètes, il débute en 1810 par *Deux Sonates* dédiées à son maître. Des influences germaniques certaines s'y manifestent, mais une réelle dextérité dans le maniement des formes et un goût marqué pour l'écriture contrapuntique prouvent des dons peu courants. Habitué à une manière plus frivole, le public ne remarque guère cette publication, pas plus que les *Trente Caprices,* op. 2, dédiés à la célèbre interprète de

Beethoven, Mme Bigot. Alors qu'au même moment Hérold fait de ce genre un grand morceau très développé, de virtuosité quelque peu clinquante, Boëly le traite à l'ancienne manière des clavecinistes : concision et sobriété, grande fantaisie dans l'architecture, tissu harmonique serré, dont ce bref échantillon (extrait du *Caprice* n° 25), suffit à montrer la trame solide :

Ex. 5.

Après un *Duo à quatre mains,* op. 4, d'une pure tradition beethovénienne, Boëly esquisse un poétique *Caprice,* op. 7, sur un frémissant rythme de valse. A cette vision romantique, toute d'élan et de fraîcheur, succède un *Troisième Livre de pièces d'études,* op. 13, dédié à J. B. Cramer. Boëly excelle dans la composition de ces courts tableaux, se plaît à condenser sa pensée dans une forme volontairement étroite. Ciseleur minutieux, il soigne le détail sans perdre de vue la ligne générale, utilisant toujours une riche matière musicale, aussi variée dans ses rythmes que dans ses harmonies. Déjà ces *Pièces* laissent présager le grand intérêt que va bientôt prendre le genre de l'*étude* avec Chopin, Schumann et Liszt.

Quatre Suites, dans le style des anciens maîtres, op. 16, une ample *Sonate à quatre mains,* op. 17, *Vingt-quatre Pièces divisées,* op. 20, sans compter de multiples ensembles de musique de chambre, voient le jour entre 1820 et 1830. Il ne cesse par la suite d'écrire, tout en menant une vie assez obscure de professeur et d'organiste, mais ne parvient à faire imprimer que de trop rares fragments. A sa mort, en 1858, il laisse plus de trois cents manuscrits inédits, dont une quinzaine seulement paraissent alors chez l'éditeur Richault. A Saint-Saëns, en 1902, revient le mérite d'avoir réhabilité la mémoire de cet artiste sincère, « musicien de grand talent et de grande conscience ».

L'évolution de l'art instrumental, qui semble s'accélérer au début du XIXe siècle, va aboutir à une rupture complète avec l'ancien style. Aux alentours de l'année 1825, quelques audacieux créateurs s'affranchissent des contraintes scolastiques, et innovent délibérément.

URHAN

Ainsi Chrétien Urhan, Rhénan d'origine, mais Parisien d'adoption, et élève de Lesueur, se signale en 1828 par un très curieux morceau : *Elle et moi, duo romantique à quatre mains... dédié à L. van Beethoven,* op. 1. « Voici une production originale s'il en fut jamais, écrit Fétis, dans sa « Revue musicale » ; l'auteur n'a consulté évidemment que ses propres sensations en la composant, sans s'inquiéter des formes convenues et probablement sans autre but que de plaire. Ce qu'on y trouve surtout, c'est de la passion, de l'abandon, du délire même. » Un *Deuxième Duo,* tout aussi révolutionnaire, deux *Quintettes romantiques,* et diverses pièces instrumentales placent l'artiste à la pointe du cénacle d'avant-garde. Ses idées avancées plaisent à Berlioz, qui apprécie particulièrement l'œuvre intitulée *A Elle, Lettres pour le piano* (1834) : « Les quatre lettres intitulées *Temps et Lieux* sont des impressions de voyage, reproduites en de vagues harmonies dans lesquelles il ne faut pas chercher de forme ni de plan. Capricieuses images toujours ceintes d'une pâle auréole, l'imagination aime à s'égarer à leur suite, pendant que l'oreille, doucement caressée par de tels accents, retrouve en eux ces mille bruits de la nature, interrompus par la voix souffrante ou joyeuse de l'homme, et dont l'incohérence même est toujours empreinte de grandeur et d'une mystérieuse poésie. »

DAVID

De son côté, le jeune Félicien David, à la suite d'un séjour de deux années dans le Moyen-Orient, — de 1833 à 1835 — introduit l'exotisme dans la musique de clavier. Vraiment neuves, et d'une conception non conformiste, ses *Mélodies orientales* déroutent les pianistes contemporains, en mars 1836. De la poésie, de vives couleurs, des rythmes et des modes peu usuels, des notations pittoresques, donnent à ces neuf aquarelles une physionomie particulière. La forme assez rudimentaire et la coupe tonale peu variée — l'auteur montre encore de l'inexpérience — n'enlèvent pas l'attrait de quelques tableaux bien dessinés, comme *Une promenade sur le Nil, Smyrne, Vieux Caire, Egyptienne, le Harem*. De ses carnets de voyage, Félicien David extrait encore en 1845 une suite de dix pièces, *les Brises d'Orient,* et *les Minarets,* trois fantaisies pour le piano où, à défaut d'un renouvellement de l'inspiration, l'artiste affermit sa technique. Dans la très inégale série d'œuvres instrumentales qu'il publie encore — esquisses symphoniques, romances sans paroles, morceaux de genre —, les plus réussies sont celles où s'accroche un dernier reflet d'Orient, un ultime et nostalgique souvenir de ces années de jeunesse et de soleil.

ALKAN

Enfin, dans cette période d'effervescence, l'apport de Charles-Valentin Alkan ne doit pas être oublié. Pianiste de grande classe, fervent de Liszt, auquel il dédie ses *Souvenirs, trois morceaux dans le genre pathétique,* op. 15, il inaugure chez nous la virtuosité transcendante. Mais, en musicien complet, il sait mettre une écriture colorée au service d'une pensée réfléchie. La substance musicale ne manque jamais, même dans ses compositions les plus acrobatiques.

Manière originale, mais difficile, disent les critiques du moment, à propos de ses premières publications marquantes, comme les *Trois Andantes romantiques,* dédiés à Urhan, le *Nocturne,* op. 22, et le très curieux *Chemin de fer,* étude, op. 27, éditée en 1844. Dans ce véritable poème symphonique, Alkan évoque d'abord le départ du train, sur une longue pédale préparatoire de dominante. Puis un premier thème, *vivacissimamente,* en souligne l'accélération et la rapidité. Un second motif, très lyrique, chante l'enthousiasme du voyageur lancé à la vitesse exaltante de trente kilomètres à l'heure. Puis, vers la fin, après une classique réexposition, un ralentissement du rythme (doubles croches, croches, noires, blanches, rondes) — péroraison très étalée — décrit l'arrivée et l'arrêt du bolide. Qui n'a reconnu en Alkan un lointain précurseur d'Arthur Honegger ?

En dépit d'influences schumanniennes inévitables à l'époque, la patte du musicien marque encore quelques œuvres, dont *les Mois,* les deux livres de *Chants* pour le piano, op. 38, où se détache une noble *Procession nocturne,* deux recueils d'*Impromptus,* une très vivante *Bourrée d'Auvergne,* et surtout les *Douze Études* op. 39. Le dédicataire, son ancien maître Fétis, les tient pour une « véritable épopée ... d'un genre absolument nouveau ». En réalité, ces deux cent soixante-seize pages de musique manquent parfois de concision et de relief; quelques-unes, toutefois, *Comme le vent,* le *Scherzo diabolico* et *le Festin d'Ésope,* retiennent encore l'attention de nos exécutants.

Avec Chrétien Urhan, Félicien David et Alkan, pionniers résolus, en quête de sentiers inexplorés, s'achève cette période de transition. Longue étape, qui voit le déclin du clavecin, l'avènement du piano-forte, et la lente élaboration d'un style nouveau. Production instrumentale volumineuse, océan de musique d'où émergent quelques noms et ouvrages de valeur, trop oubliés. Tous ces promoteurs préparent l'école française moderne qui s'ouvre aux alentours de l'année 1855, quand paraissent les premières œuvres de César Franck, d'Édouard Lalo et de Camille Saint-Saëns.

Georges FAVRE.

BIBLIOGRAPHIE

OUVRAGES GÉNÉRAUX

LACÉPÈDE, comte de, *La poétique de la musique,* 2 vol., Paris, 1785.

FRAMERY et GINGUENÉ, *Encyclopédie méthodique ; Musique ;* t. I, 1791, t. II, 1818, Paris.

MOMIGNY, J.-J. de, *Cours complet d'harmonie et de composition,* Paris, 1806.

BURNEY, Charles, *De l'état présent de la musique en France et en Italie,* traduction Charles BRACK, Gênes, 1809.

CASTIL-BLAZE, *Dictionnaire de musique moderne,* Paris, 1821.

REICHA, A., *Traité de mélodie,* Paris, 1832.

FÉTIS, *État actuel de la musique en France,* dans « l'Europe littéraire », 20 mai, 24 juin, 31 juillet, 9 août 1833.

PIERRE, Constant, *Les facteurs d'instruments de musique,* Paris, 1893.

BRENET, Michel, *Les concerts en France sous l'Ancien Régime,* Paris, 1900.

LA LAURENCIE, L. de, *La musique instrumentale aux XVIIe et XVIIIe siècles,* dans *Encyclopédie de la musique,* Ire partie, t. III, Paris, 1914.

PIRRO, André, *Les clavecinistes,* Paris, 1924.

SERVIÈRES, Georges, *Documents inédits sur les organistes français des XVIIe et XVIIIe siècles,* Paris, Schola Cantorum, s. d.

OUVRAGES SUR LE SUJET

MÉRÉAUX, A., *Les clavecinistes de 1637 à 1790,* Paris, 1867.

MARMONTEL, A., *Histoire du piano et de ses origines,* Paris, 1885.

MARMONTEL, A., *Les pianistes célèbres,* Tours, 1887.

FROMAGEOT, Paul, *Un disciple de Bach : Pierre-François Boëly,* dans « Revue de l'Histoire de Versailles », 1909.

BRENET, Michel, *Boëly et ses œuvres de piano,* « Revue musicale S.I.M. », 1er avril et 1er mai 1914.

BOUVET, Charles, *Les Couperin,* Paris, 1919.

SAINTE-FOIX, G. de, *Les premiers pianistes parisiens : Schobert* (« Revue musicale », août 1922); *Hullmandel* (avril 1923); *Edelmann* (juin 1924); *J. L. Adam* (juin 1925); *Les Frères Jadin* (août 1925); *Méhul* (novembre 1925); *Boieldieu* (février 1926); *Ladurner* (novembre 1926); *Boëly* (août 1928).

FAVRE, Georges, *La musique française de piano avant 1830,* Paris, 1953.

LUDWIG VAN BEETHOVEN

L'HOMME

L A vie et l'œuvre de Beethoven, ainsi que toutes les considérations esthétiques et techniques qui en résultent, ont donné naissance à une littérature extrêmement abondante, souvent remarquable, souvent aussi fort niaise et ridicule. Il devient difficile, après tout cela, de prendre encore la parole. Toutefois, parmi les travaux sérieux, il en est peu qui n'aient pas subi, par certains côtés, les atteintes du temps, la plupart d'entre eux étant, du reste, relativement anciens. Ils datent soit de l'époque romantique, soit de ce néo-romantisme musicologique qui a beaucoup fleuri au début du XXe siècle. Depuis, des points de vue nouveaux se sont dégagés, de nouvelles perspectives se sont ouvertes, de nouvelles façons de considérer les choses aussi peut-être, et un certain nombre de vérités que l'on avait pris l'habitude de tenir pour définitives paraissent s'effriter quelque peu. Bref, au milieu du XXe siècle, il convient de s'arrêter pour revoir un peu le dossier de la légende beethovénienne. C'est là un travail considérable que la musicographie de langue française verra naître, souhaitons-le, un jour prochain. Sans avoir des ambitions aussi hautes, la présente étude tentera seulement de faire, sans littérature et aussi objectivement que possible, un bilan de ce que représente essentiellement Beethoven dans l'histoire de la musique, et cela en ne redisant pas trop ce qui a déjà été dit et fort bien dit.

Si on a employé le mot « légende », c'est que l'image que l'on se fait communément de Beethoven a été sentimentalisée de la façon la plus complaisante et la plus suspecte, l'enthousiasme des plus légitimes admirateurs n'étant pas, à cet égard, la source la moins dangereuse. Beethoven vit ainsi sur un certain nombre de clichés romantiques, il est auréolé de tant de chevelures en broussaille, de tant de clairs de lune, de tant d'attitudes théâtrales dont on a souvent tiré les conséquences les plus abusives faisant jouer à Beethoven le rôle de Beethoven, que si tout cela est extrêmement spectaculaire pour un scénario cinématographique, un calendrier postal, ou les bandes dessinées des journaux, tout cela n'est peut-être pas aussi bon pour le miroir de l'histoire. Il n'est pas absolument certain que s'il avait été heureux, riche, et que s'il eût possédé une ouïe parfaite, Beethoven n'eût pas écrit les mêmes chefs-d'œuvre. C'est sans doute beaucoup plus en raison de son indépendance, de cet isolement fondamental auquel le vouait son génie, que de l'isolement auquel le condamna sa surdité, que se sont produites ses grandes découvertes expressives et stylistiques.

Il est, certes, probable que bien des circonstances malheureuses ou pathétiques de sa vie intime ont trouvé une résonance déterminante dans telles de ses œuvres pour leur donner telle ou telle coloration sentimentale, pour les engager dans telle ou telle voie formelle ou architectonique. Mais Beethoven savait trop ce qu'il voulait, où il voulait aller, pour que des circonstances extérieures à son art, aussi profondément affectives eussent-elles été, le détournent réellement des chemins de son génie. N'oublions pas que c'est à peu près en même temps qu'il écrit le testament de Heiligenstadt et le premier morceau de l'*Eroica* !

L'œuvre de Beethoven dépasse maintenant, et de loin, toute cette légende passionnément et pittoresquement édifiée par des évangélistes fiévreux, souvent de bonne foi d'ailleurs, mais dont les récits et suggestions ont fréquemment faussé l'optique dans laquelle il convient de voir les éléments essentiels du phénomène beethovénien. Le délire anecdotique a souvent empêché de distinguer ce que signifie l'œuvre de Beethoven, ce que, finalement, elle apporte dans l'histoire de la musique, comme l'arbre qui empêche de voir la forêt.

Les plus grandes erreurs d'optique concernant Beethoven proviennent surtout des romantiques. Ceux-ci en ont fait leur homme, leur saint patron, ils se sont approprié son génie, l'ont paré de leurs idées, de leurs manies, de leurs défauts. Ils ont voulu en faire exclusivement leur saint Jean-Baptiste, et ainsi Beethoven devient le pro-

phète de tous les excès romantiques, y compris de cette
part de nihilisme préliminaire se trouvant à l'origine
du mouvement romantique, alors que Beethoven fut
le contraire d'un nihiliste. Les romantiques, il faut le
reconnaître, avaient des excuses, car l'arrivée elle-même
de Beethoven dans l'histoire de la musique apportait de
quoi embrouiller singulièrement les choses : à l'aube
du XIXe siècle, après une évolution logique et progressive qui venait d'assez loin, on aboutissait à une période
charnière où il devait nécessairement se passer quelque
chose. Or, par un miraculeux hasard de la chronologie,
c'est Beethoven qui se trouve alors aux avant-postes. Ce
quelque chose se serait évidemment passé de toutes
façons, mais sans doute fort différemment, si la mort
prématurée d'un valet de chambre de l'Électeur de Trèves
n'eût permis à sa veuve de convoler avec Johann Van
Beethoven qui lui donna une nombreuse progéniture
dont Ludwig. Et pour jouer ce rôle aux avant-postes,
rôle qui consiste surtout à apporter du nouveau, Beethoven n'a que du génie, mais point de recette, de formule
ou de méthode. Ce sont les romantiques qui, après coup,
à travers les prismes de leur enthousiasme, codifieront
formules et méthodes, embrigaderont Beethoven dans
leur univers, en faisant de lui le père du romantisme.

Il faut reconnaître aussi que ce n'est pas seulement la
circonstance qui se prêtait à ce genre d'annexion, mais
la personnalité même de Beethoven, cette personnalité réunissant un certain nombre d'éléments qui allaient
devenir quelques-uns des caractères fondamentaux du
romantisme — en particulier son sens intransigeant de
la liberté. Car il est hors de doute que la production
de Beethoven ouvre la voie à bien des chefs-d'œuvre
romantiques. Mais, précisément, son sens de la liberté
et de l'isolement était trop fort, trop efficace, pour que
sa mémoire puisse supporter de se laisser enfermer *a
posteriori* dans un mouvement aussi exclusif, eût-il des
liens nombreux et étroits avec celui-ci. La particularité
et la grandeur de Beethoven, c'est précisément de ne
pouvoir être enfermé, contenu en aucun autre univers,
de ne pouvoir trouver vraiment aucun commun dénominateur avec une école quelconque. Des formules
comme « Schubert est le classique du romantisme,
et Beethoven le romantique du classicisme », ou bien

encore « Beethoven est un artiste classique dans la peau
d'un homme romantique », pour brillantes, séduisantes,
et relativement exactes qu'elles soient, ne rendent pas
compte pour autant du Beethoven essentiel.

Une première erreur des romantiques, erreur que l'on
peut trouver résumée dans les écrits théoriques de
A. W. von Schlegel, a été de prétendre d'une part qu'il
n'y a pas de lien entre le XVIIIe et le XIXe siècle, que la
rupture est totale, et que, d'autre part, le XIXe siècle est
une période préparatoire des âges nouveaux, le romantisme devant trouver son épanouissement et sa réalisation complète au XXe siècle. Or, l'un des éléments
essentiels constituant le génie de Beethoven est justement
qu'il ne s'est jamais posé en rupture avec le passé proche
ou lointain, et qu'il ne l'est d'ailleurs nullement. Cette
négation du passé, que les théoriciens romantiques ont
élevée à la hauteur d'un dogme, et qui a du reste été
également soutenue par des musiciens comme Wagner et
Berlioz, est une idée qui n'est nullement partagée par
certains autres romantiques d'une authenticité cependant
indiscutable comme Schumann ou Brahms.

Mais aussi bien le romantisme est-il loin d'être une
grande chose toute simple, et l'on a souvent fait ressortir
ce qu'il comporte de contradictions aussi bien dans les
idées que dans les hommes : songeons à l'ordre men-
delssohnien et au chaos berliozien qui se recommandent
l'un et l'autre du génie de Beethoven; dans le domaine
du langage musical, songeons à la subjectivité progres-
siste de Wagner et de Berlioz, et à l'objectivité conser-
vatrice de Schubert, de Schumann, de Brahms ou de
Verdi; songeons que si le romantisme a, dans le domaine
de la musique de chambre, porté la *musique pure* sur un
des sommets les plus élevés de toute l'histoire, c'est aussi
lui qui fut le champion déchaîné de la *musique à programme ;*
songeons enfin que chez Beethoven lui-même se retrouve
l'un des contrastes les plus caractéristiques de la musique
romantique : le goût de l'éclat, du brillant, du théâtral
avec certaines œuvres symphoniques, et le goût de l'intime, du secret, du silence de l'âme, avec ses œuvres de
musique de chambre. Par contre songeons aussi que le
nationalisme — sentiment dont le romantisme fut affecté
de façon presque pathologique — est tout à fait étranger
à Beethoven (nous voulons parler évidemment de

l'étroit nationalisme de clocher qui fleurit depuis le
XIXᵉ siècle, et non d'un patriotisme sain et large que Beethoven manifesta comme tout citoyen normal).

Devant ces éléments si mouvants, et qu'à l'époque,
sans recul, on devait mal distinguer, on doit évidemment
excuser dans une certaine mesure les erreurs d'optique
commises par les romantiques à l'égard de Beethoven,
erreurs qui nous ont transmis de celui-ci une image
conventionnelle, devenue traditionnelle, en grande partie
inexacte. Ils sont d'autant plus excusables — sous
réserve des rectifications que nous devons effectuer
aujourd'hui — que le génie de Beethoven apportait à
cette période charnière des premières années 1800,
à l'aube de ce qui devait être tout de même une ère
nouvelle, un certain nombre d'idées ou de réalités qui
allaient devenir, par hasard ou par la volonté consciente
des artistes du XIXᵉ siècle, des éléments constitutifs du
romantisme.

C'est ainsi que, sans vouloir diminuer en quoi que ce
soit la portée du message humain contenu dans l'œuvre
de Mozart, il n'en reste pas moins que c'est Beethoven
le premier qui allait changer la signification et la nature
même de la musique par rapport à l'homme, qui allait
transformer l'attitude et la nature même de l'artiste créateur. Avant Beethoven, la musique est un art à peu près
exclusivement fonctionnel et utilitaire (qu'il s'agisse de
divertissement ou de liturgie, ou des deux mélangés),
et l'artiste est plutôt un artisan. Beethoven va faire disparaître les notions de « musique art d'agrément » et de
musique utilitaire, musiques qui ne recherchaient en
somme que l'apaisement et la sérénité soit dans le cours
des plaisirs, soit dans l'attente de la mort (ce qui est, schématiquement, l'attitude des classiques). Par contre, l'art
beethovénien introduit l'individualisme dans la musique.
Avec lui, ce n'est plus la musique qui parle par un homme,
c'est un homme qui parle par la musique, et, à la notion
de l'art au service de la société, va se substituer la notion
de l'art pour l'art. Et l'artiste, prenant ainsi la parole pour
son propre compte, est amené à exprimer des sentiments
personnels positifs, d'abord parce que c'est devenu son
droit, le droit d'un homme cultivé, libre, indépendant,
par opposition à l'artiste classique, artisan qui travaillait
sur commande, et qui, souvent, en dehors de sa spécia-

lité, ne possédait pas toujours de connaissances très
étendues. En ce sens, le pré-romantisme beethovénien
est à base d'un certain humanisme, humanisme qui sera
aussi l'apanage de ses successeurs, et que nous verrons
se manifester sous différentes formes à l'heure chaude du
romantisme (depuis l'idée hoffmannienne que les arts se
complètent, jusqu'à celles de Baudelaire et de Delacroix,
en passant par celle de l'œuvre d'art totale de Wagner).

De tout cela il résulte également que Beethoven est le
premier à avoir créé une catégorie d'artistes absolument
nouvelle. Ceci est l'aspect social de la question. Il est
évident que cette émancipation vient d'assez loin, et se
préparait en pente douce avant Beethoven. Mais c'est
lui le premier qui, par sa volonté, s'est affranchi. On sentait déjà, dans le courant du xviiie siècle, que l'artiste
manifestait de légères velléités pour sortir de son rôle de
noble domestique musical, pour se dégager de sa précédente fonction de rouage social. C'est la possibilité de
faire de l'art pour l'art avec le génie qu'il avait qui a permis à Beethoven de réaliser ce retrait hors du mécanisme
social précédent, ce qui va complètement changer la situation du musicien vis-à-vis de la collectivité. Et c'est d'ailleurs
ainsi que va commencer à se creuser le fossé qui
ne tardera pas à séparer le grand créateur novateur et un
public qui se trouvera toujours de plus en plus en retard
sur les audaces de l'artiste. Et c'est ainsi, également, qu'au
lieu de se devoir, comme par le passé, à la collectivité, le
type d'artiste créé par Beethoven attend au contraire que
la collectivité vienne à lui, se suive, se doive à lui, intel-
lectuellement et matériellement.

Ce phénomène aura des répercussions considérables
sur l'évolution de la musique et de son langage : car
l'artiste beethovénien n'écrit plus ce que son public
attend de lui, mais il écrit ce qu'il veut imposer à son
public — d'où, parfois, le fossé auquel nous faisions
allusion. C'est un point sur lequel on n'insiste pas assez
souvent : cette responsabilité du génie de Beethoven. Il a
cependant été mis remarquablement en valeur par le
musicographe Alfred Einstein qui a, là-dessus, d'excellentes formules comme « avant Beethoven on écrivait
pour l'immédiat, et après lui on écrit pour l'éternité », ou
bien « Beethoven préfère écrire *contre* son temps que
pour lui ». Et il ajoute « Au xviiie siècle, si l'on publiait

une œuvre, c'était pour répondre à une demande de la part des amateurs, alors qu'au xixe bien des œuvres n'ont été imprimées que pour créer la demande ».

Ajoutons encore un détail qui a cependant son importance sur l'écoute de la musique : cette indépendance que Beethoven a été le premier à incarner va changer considérablement l'exercice de la vie musicale au point de vue social en donnant au concert et à la salle de concert une physionomie toute nouvelle.

On voit, par l'ensemble de ces quelques suggestions, tout ce que le personnage de Beethoven apportait au romantisme naissant. Avant de poursuivre ce bref examen des acquisitions proprement beethovéniennes, il convient de nous arrêter un instant au bagage d'ordre purement pédagogique que le jeune compositeur avait à sa disposition.

Pendant la période de première enfance, Beethoven eut cinq maîtres. D'abord son père qui, lui mettant les mains sur le clavecin dès l'âge de trois ou quatre ans, fit plutôt du dressage qu'autre chose, un peu dans la façon et les intentions de Léopold Mozart avec Wolfgang. Puis une sorte de funambule musical, Tobias Pfeiffer, personnage hoffmannesque qui lui donna des rudiments de clavecin et d'accompagnement. Puis un Flamand, Egidius van den Eede, qui poursuivit l'enseignement précédent. Ensuite un frère franciscain, Willibald Koch, qui le mit à l'orgue. Enfin, l'un de ses propres cousins, Franz Rovantini, qui lui donna quelques notions de violon.

Cette première formation, aussi débraillée qu'improvisée, se doublait d'études scolaires non moins rudimentaires : au Tirocinium (sorte d'école primaire) où il ne resta pas deux ans et fut assez mauvais élève, Beethoven devait apprendre à lire, à écrire, à compter (fort mal), et quelques éléments de latin.

Vient ensuite une période d'études musicales plus sérieuses. D'abord avec Ch. G. Neefe, organiste, théoricien et critique, qui lui fit essentiellement travailler *le Clavecin bien tempéré* de J.-S. Bach, et les sonates de C. Ph. E. Bach. Il ne semble pas que, dès le début, Beethoven ait assimilé avec efficacité l'enseignement profond de J.-S. Bach. Par contre, l'influence de C. Ph. E. Bach ne paraît pas discutable, notamment en ce qui concerne les problèmes de forme, et surtout la manière de traiter la dualité thématique qui constituera l'une des caractéristiques de fond du style beethovénien. De C. Ph. E. Bach, il apprend aussi le maniement de certaines valeurs dramatiques issues soit du dynamisme rythmique, soit de l'utilisation du silence, enfin une liberté d'invention mélodique s'affranchissant des clichés traditionnels, ainsi que les possibilités de certaines audaces harmoniques.

On ignore dans quelle mesure il s'intéressa aux œuvres de Muzio Clementi. Mais il ne semble pas contestable qu'il les connût, et fît son profit de la vie intense, de la pleine liberté d'invention caractérisant ces sonates, de leur « expressionnisme » hardi et nouveau, de leur exaltation de sentiments, de leur fantaisie, ainsi que du pittoresque des moyens d'écriture qui les mettent en œuvre.

Certains auteurs pensent également, mais c'est discuté, que Beethoven put tirer quelque enseignement de l'exemple de F. W. Rust qui lui aurait notamment suggéré l'utilisation de certains principes cycliques.

Lorsqu'il fut installé à Vienne, Beethoven prit quelques leçons de Haydn. Travail sérieux, certes, mais assez peu méthodique, plutôt capricieux et intermittent dû principalement aux caractères respectifs des deux hommes. A dire vrai, Beethoven apprit sans doute plus de la lecture des œuvres de Haydn, que de Haydn lui-même.

Par contre, l'un des maîtres les plus efficaces de cette période fut celui auquel Haydn le confia, Albrechtsberger, pédagogue méthodique avec lequel il travailla les disciplines classiques du contrepoint et de la fugue. Cet enseignement académique fut excellent pour Beethoven, encore que celui-ci, peu porté à se laisser paralyser par de telles contraintes, se soit empressé d'oublier aussitôt, sinon l'esprit, du moins la lettre de ces disciplines.

Enfin, toujours vers la même période, Beethoven ira demander à Salieri des conseils concernant le style vocal. Et il n'est pas douteux que ce maître lui ait transmis quelques bonnes recettes de prosodie, de phrasé, d'intonation et d'expression.

En bref, une éducation assez désordonnée, mais cependant assez large.

Sur le plan strictement musical, et indépendamment de ce qui a été dit précédemment, Beethoven apportait, de son cru, tout un ensemble d'éléments que nous verrons se dégager d'eux-mêmes en examinant son œuvre dans les chapitres qui vont suivre. En se désignant lui-même comme un « poète des sons », lui qui était cependant si peu littéraire, il allait, avec une telle formule, au-devant des désirs des romantiques et, par avance, s'engageait presque dans leurs rangs. D'autre part, sans entrer dans des détails qui ne trouveront leur place que dans les chapitres suivants de cet article, il convient d'insister encore sur quelques éléments généraux d'ordre purement musical. Il s'agit en particulier d'une idée que nous retrouverons surtout à propos des œuvres symphoniques, idée tout à fait moderne puisqu'elle est plus que jamais vivante pour les écoles d'avant-garde de ce milieu du xxe siècle, c'est celle de l'importance des timbres, de leur fonction déterminante. Mozart avait, certes, déjà eu le souci de la personnalité des timbres des différents instruments. Mais n'oublions pas non plus qu'il s'est livré tout naturellement à certaines transcriptions qui, chez les auteurs comme Haydn, Haendel, et plus encore J.-S. Bach, étaient de pratique courante (il y a parfois, dans les réalisations de ce dernier, des impossibilités qu'il magnifie sans doute de son génie, mais qui n'en demeurent pas moins des impossibilités ; je ne parle évidemment pas des transcriptions au clavecin de concertos de violon, mais de certaines pièces violonistiques transformées en airs pour soprano, etc.). Or c'est Beethoven qui, le premier, a eu le sens profond et définitif des couleurs sonores, ce qui lui a permis non pas seulement de nous donner ses propres symphonies, mais aussi de doter la musique d'un souci nouveau qui allait amener la constitution et l'épanouissement de la technique orchestrale moderne. Ce sens des timbres est chez lui si fort que ses œuvres pour piano ont souvent un caractère symphonique, abondent en suggestions orchestrales, de même, d'ailleurs, que ses quatuors à cordes que Berlioz — n'y pouvant résister — se mettait à orchestrer à titre d'exercice. Cette importance, prise soudain avec Beethoven, de la palette des timbres, cette personnalisation reconnue aux timbres sont d'abord essentiellement affirmées par le fait que la plus grande partie de son œuvre est purement instrumentale (une partie minime, en quantité du moins, faisant intervenir la voix). Et cette importance se prolonge immédiatement dans l'histoire du

romantisme qui, sans doute, connut d'admirables cycles
de lieder et quelques opéras accomplis, mais qui est avant
tout une floraison instrumentale telle qu'on n'en avait
pas connu jusqu'alors, que ce soit dans le domaine de la
musique pure ou dans celui de la musique à programme,
que ce soit même dans celui de certaines musiques traditionnellement vouées au chant puisque les opéras de
Wagner, de Berlioz et de Verdi font à l'élément orchestral une place si importante que la « symphonie »
y a parfois un rôle organique inséparable de celui de
la voix.

Sur ce même chapitre de la matière sonore, il convient
d'ajouter encore une observation concernant le piano
beethovénien dont on évoquait plus haut certains caractères symphoniques. On veut maintenant, au contraire,
faire allusion au piano considéré en tant que tel.
Après le xviiie siècle qui, en dépit de la prospérité des
instruments à clavier, fut plutôt l'âge d'or des instruments à cordes, en particulier du violon et du violoncelle
dont les Vivaldi et les Bach s'étaient mis à exploiter aussitôt les ressources que les grands luthiers venaient
récemment de porter à leur point de perfection définitif,
le xixe siècle a été le siècle du piano grâce aux considérables améliorations mécaniques et sonores que les facteurs de différents pays n'ont cessé, tout au long de cette
période, d'apporter à l'instrument à clavier et à cordes
frappées qui cherchait sa formule moderne depuis une
centaine d'années. En tout état de cause, Beethoven ou
non, il est bien évident que le piano serait probablement
devenu l'instrument par excellence de l'âge romantique
en raison des possibilités polyphoniques, sonores, et
de virtuosité que les perfectionnements techniques
avaient révélées dès le début du xixe siècle. Mais à
Vienne, dès que J. A. Streicher, le gendre de Stein, eut,
dans les toutes premières années 1800, fait pour la facture de piano autrichienne ce que d'autres spécialistes réa-
lisaient en même temps en France, en Allemagne, en Italie et en Angleterre, Beethoven eut tout de suite, et le
premier, l'intuition de ce qui pouvait être tiré de l'instrument à clavier. Il a été le seul à le comprendre aussi
vite : la musique pianistique de ses contemporains ou
cadets tels que Hummel, Weber, Schubert, et même Mendelssohn, se réfère encore étroitement à l'écriture pia-

nistique de la fin du XVIIIᵉ siècle. En ce domaine, Beethoven a vu très loin et a même risqué certains détails de
technique pianistique qui ne seront pas communément
exploités avant la fin du XIXᵉ ou même le début du
XXᵉ siècle. Quoi qu'il en soit, c'est lui qui, bénéficiant pleinement de ces possibilités mécaniques et sonores nouvelles, a, en quelques années, su déchaîner l'ensemble des
moyens d'expression du piano nouveau-né, créant ainsi
un style entièrement neuf d'une puissance, d'une diversité, d'une densité et d'une richesse qu'il était impossible
de soupçonner auparavant. C'est ce que consacrent ses
trente-deux *Sonates,* lesquelles surclassent à l'avance les
grandes réalisations des principaux romantiques du piano
car elles atteignent une virtuosité transcendante qui ne
cède jamais aux séductions de la virtuosité pure, et restent
implacablement au service de l'expression musicale, sans
un écart, sans une concession, bien que faisant parfois
éclater le cadre des possibilités sonores de l'instrument,
comme l'inspiration beethovénienne fera également
éclater le cadre des formes classiques.

Après ces quelques considérations, on conçoit bien
comment et pourquoi le romantisme s'est, devant l'histoire, aussi intégralement et aussi abusivement approprié le génie de Beethoven. Abusivement, répétons-le,
parce que Beethoven est autre, est plus, et ne saurait être
enfermé dans aucune catégorie, fût-elle aussi importante que cette admirable maladie qui s'est abattue sur le
monde musical pendant le XIXᵉ siècle. La mauvaise foi,
souvent excusable et involontaire, on l'a dit, des propa-
gandistes romantiques, a été de ne se réclamer que des
forces chaotiques jaillies de l'instinct génial de Beethoven. Pour certains — et souvent pour Wagner et pour
Berlioz — la raison d'être de Beethoven, sa signification,
c'était d'avoir été le premier à avoir su libérer le chaos, les
forces profondes et secrètes de l'intérieur, mais de n'avoir
été que cela, car ils ont surtout insisté sur ce qu'ils ont
pris pour son côté négateur et destructeur. L'image de ce
grand indépendant, de ce premier solitaire, c'était surtout
pour eux l'image de l'homme qui, tournant le dos à des
recettes jugées périmées, avait suscité les grands chocs
psychologiques et même physiologiques auxquels ils
furent toujours sensibles, et qui, grâce à un apparent
désordre, sut pénétrer dans les régions les plus secrètes de

l'inconscient, exprimer l'inexprimable, ce qui fut toujours aussi une de leurs ambitions essentielles. Ils n'ont distingué que le chaos de cette nature qui était, en effet, hérissée. Ils n'ont pas vu l'ordre, ni, si l'on ose dire, les soubassements profonds de la géologie musicale beethovénienne. Et la grande affaire, chez Beethoven, c'est, au milieu de tout cela, l'ordre souverain qu'il met dans ses pensées.

Si l'on n'a pas employé ici l'expression « ordre classique », c'est que d'une part le mot « classique » reviendra souvent dans les pages qui suivent (mais dans un sens technique précis), et que d'autre part il pourrait être aussi à l'origine d'un second malentendu, celui qui consiste à ne vouloir faire de Beethoven qu'un classique. C'est également inexact. Cette catégorie non plus ne saurait le contenir en entier ainsi que le voudraient certains esprits académiques. Après les romantiques qui n'ont vu que le contenu, il ne faudrait pas ne plus voir que le contenant. Cela dit, il est évident que, comme compositeur, Beethoven a fait preuve d'une lucidité et d'une volonté de perfection vraiment exceptionnelles dans l'histoire de la musique. Sa constante recherche d'un idéal de forme et de structure convenant à sa pensée est sans doute une des plus extraordinaires aventures de l'esprit humain, que ce soit par les épisodes mêmes de cette recherche, ou par les réalisations qui en ont résulté. Il y a là tout un mécanisme à la fois affectif et intellectuel dont le fonctionnement était absolument nouveau à l'époque, et qui, bien qu'ayant impressionné jusqu'à nos jours toutes les générations suivantes, n'a jamais pu, en dépit des techniques les plus raffinées et les plus complexes, être à nouveau atteint en perfection et en équilibre.

Chaque œuvre de Beethoven vient nous apprendre que cet art, fait d'instinct et de liberté, de logique et de raison, n'est jamais le triomphe de l'un de ces groupes de forces sur l'autre, mais qu'il n'en est que l'équilibre.

Équilibre en apparence impossible, sorte de *rerum concordia discors* qui donne à l'art de Beethoven non pas seulement son universalité et son humanisme, mais surtout sa signification de grand phénomène de la nature.

L'ŒUVRE

Nous avons divisé notre sujet en quatre chapitres consacrés successivement à la musique de piano, à la musique de chambre, à la musique symphonique et concertante, et à la musique vocale en leurs manifestations essentielles, laissant ainsi obligatoirement de côté un grand nombre d'ouvrages de valeur qui ne nous ont cependant pas paru avoir une importance absolument définitive ni déterminante tels que variations et pièces diverses pour piano et ensembles instrumentaux, ouvertures, ballets, cantates, pièces de circonstance, lieder, etc.

On s'étonnera peut-être qu'aujourd'hui encore il puisse être fait allusion à la classification célèbre et, dit-on, démodée de Wilhem von Lenz qui divise l'œuvre de Beethoven en trois styles, manières ou périodes. Pour arbitraire ou rigide que puisse toujours paraître un procédé de ce genre, il ne nous semble cependant ni abusif, ni périmé en ce qui concerne notre sujet. C'est la raison pour laquelle, sans vouloir systématiser à l'extrême, nous nous sommes souvent référé à cette fameuse classification tripartite qui a d'une part quelque chose de naturel, et qui d'autre part offre plus d'un intérêt pratique.

MUSIQUE POUR PIANO

Le passage de Beethoven dans l'histoire de la musique a provoqué une des plus extraordinaires aventures qu'ait connues la sonate au cours de son évolution plusieurs fois séculaire. Il est particulièrement significatif que cette aventure se soit essentiellement produite avec Beethoven dans le domaine du piano seul : le piano, avons-nous dit, a été l'instrument romantique par excellence; Beethoven doit, certes, à ses prédécesseurs, Haendel, Haydn, et Mozart, sur le chapitre de la musique de clavier; mais ce sont ses seules acquisitions qui ouvriront au piano romantique l'essentiel de ses considérables possibilités, acquisitions qui s'additionnent au cours d'une évolution progressive et constante dont l'examen est particulièrement révélateur de la personnalité du musicien.

Cet examen peut se faire en prenant pour base de départ la fameuse classification en trois styles dont on disait plus haut ce qu'elle peut paraître avoir d'artificiel, mais aussi de pratique dans la mesure où elle ne fausse aucun des faits beethovéniens. Pour ce qui est des trente-deux *Sonates* de piano, elles se distribuent ainsi : quinze dans la première période (jusqu'à 1802), onze dans la deuxième (1802-1814), et six dans la troisième (1814-1827). Dans ce rapide examen des sonates, nous ne ferons, sauf exception, aucune allusion aux titres de fantaisie qui ont été donnés à certaines de ces œuvres (« clair de lune », « aurore », etc.). Ces titres, rappelons-le, ne sont jamais de Beethoven, et ne sont nés que de l'imagination assez habilement — sinon opportunément — commerçante des éditeurs. Une seule exception cependant : c'est le musicien lui-même qui a donné à la *Sonate* op. 81 a le titre *les Adieux*.

Ce que Beethoven a à sa disposition lorsqu'il entre dans l'histoire de la sonate, c'est une forme classique dont les héritiers de Bach, et en particulier Carl Philipp Emanuel, ont essentiellement contribué à fixer les lignes et la structure, et que Haydn et Mozart ont portée à son plus haut point de perfection. Issue de l'ancienne suite monothématique et à tonalité unique, la sonate classique se compose, à l'époque, de trois ou quatre morceaux dont certains portent encore le souvenir de l'ancienne suite (menuet, rondo), mais dont les pièces de résistance (allegros) ont la structure interne dite forme sonate, laquelle met en œuvre deux thèmes qui sont successivement exposés, développés et réexposés.

Pendant la période de la première manière, Beethoven respecte assez généralement le schéma précédent. Mais il se permet déjà certaines libertés annonçant l'évolution profonde qui va se produire sans tarder. Sans doute ne s'agit-il pas toujours d'innovations formelles absolues. De telles suggestions, rompant avec le rigoureux idéal de la sonate classique, se trouvent déjà chez Mozart. Mais il y a là une « dramaturgie » qui n'appartient qu'à Beethoven. Ainsi il supprime volontiers le menuet et le remplace par le scherzo (cela dès sa seconde sonate et jusqu'à la septième; du reste, nous ne rencontrerons que cinq menuets dans les trente-deux *Sonates* de Beethoven); parfois, il le supprime purement et simplement, et nous avons alors la sonate en trois parties (op. 10 n°s 1 et 2, op. 14 n°s 1 et 2, op. 13 et op. 27 n° 2). D'autres fois, il intervertit l'ordre des mouvements : pour cela il attendra l'op. 26 où un morceau lent — marche funèbre — prend la place habituelle du scherzo et inversement; de même dans l'op. 27 n° 1. Autre disposition : il fait précéder l'allegro initial d'une grande introduction lente (op. 13), ou remplace cet allegro par un andante à variations (op. 26), ou par un andante composite avec un allegro central (op. 27 n° 1), ou le supprime complètement (op. 27 n° 2). Parfois le mouvement lent devient une série de variations sur le thème initial (op. 12 n° 2), solution qui sera souvent reprise ensuite par Beethoven lui-même et ses successeurs, à moins qu'il ne remplace ce mouvement lent par une marche funèbre.

Mais ce n'est pas seulement dans la forme que Beethoven commence à modifier la sonate, c'est aussi dans l'esprit. Avant lui, la sonate n'était souvent que ce que l'on a appelé « un noble jouet musical », un objet de salon. Avec Beethoven, en cette période de *Sturm und Drang* de ses débuts, la sonate va vite acquérir une force et un accent qui nous entraînent loin de la grâce et de l'élégance mondaines. Ce n'est plus un divertissement, mais un poème passionné, héroïque, brusque, joyeux, ou tragique que lui dicte sa nature. Et comme, dès sa jeunesse, la nature de Beethoven est tourmentée, passionnée, impulsive, une nature où sensations et sentiments s'opposent constamment, comme son caractère est à la fois bon et rude, le dialogue (et parfois la lutte) des deux thèmes constitutifs de la forme sonate prennent une singulière éloquence, une véhémence toute nouvelle dans la musique. Cette force inconnue, cet esprit héroïque, nous les trouvons dès les premiers opus où cette sève fait éclater les formules traditionnelles d'écriture dont Haydn et Mozart s'étaient servis et, en quelque sorte, charge ces formules d'une électricité, d'un fluide donnant à certaines figures mélodiques, ornementales ou d'accompagnement une signification tout autre que celle, purement fonctionnelle, qu'elles avaient précédemment.

Ceci se révèle particulièrement dans la *Sonate* op. 10 n° 3 qui passa, à l'époque, pour follement révolutionnaire par son « abondance de thèmes », son « accumulation de pensées sans ordre », son « artifice et son obscurité »,

(« *Allgemeine musikalische Zeitung* », 1799, col. 25). Ce que le critique du temps appelle « abondance de thèmes » n'est autre que cette faculté nouvelle qu'eut le premier Beethoven d'utiliser un même motif de façons différentes, et ce qu'il prend pour du chaos n'est qu'une organisation au contraire suprêmement raffinée. Dans cette même sonate, il faut également signaler, au second mouvement, *largo e mesto,* l'apparition de ce qui deviendra peu après le grand adagio beethovénien en forme de lied à plusieurs compartiments et à esprit de variation.

Dès le début de la première manière, nous voyons naître entre certains thèmes d'une même sonate un air de parenté (op. 13, premier et troisième mouvements), ce qui annonce la technique cyclique que Beethoven, puis bien d'autres, utiliseront plus tard.

La liberté, la rupture la plus marquée avec le schéma classique se manifestent dans la *Sonate* op. 26 qui commence par un andante à variations, se poursuit, après un très bref scherzo, par une marche funèbre, et se termine par un allegro, « fantasia » annonçant les deux œuvres suivantes. De même, et plus encore, dans celles-ci (op. 27 nos 1 et 2), toutes deux sous-titrées par Beethoven « quasi una fantasia », ce qui indique bien qu'il avait conscience de ce qu'il faisait, le mot allemand *fantasieren* signifiant alors à la fois « imaginer » et « improviser »; dans la seconde de ces deux œuvres, l'allégro initial traditionnel est remplacé par un adagio en forme de lied (le fameux « clair de lune »), et l'habituel rondo final cède la place à un allegro de forme sonate tel que l'on n'en trouvait normalement qu'au début.

Ce conscient mouvement d'émancipation de la sonate va s'accentuer et devenir volontaire pendant la période de la seconde manière. Les résultats précédents provenaient surtout d'une impulsion instinctive. Mais, à partir de sa trente-deuxième année, c'est de façon réfléchie et décidée que Beethoven va donner à la sonate un cadre à l'échelle de son inspiration. Ceci correspond aux environs de l'année 1802, époque du testament de Heiligenstadt — époque des grandes décisions, donc époque des grandes passions, de la pleine maturité physique et spirituelle, où la maladie n'a pas encore fait ses ravages définitifs, époque où Beethoven est hanté par le souci des grandes architectures dramatiques *(Fidelio)*, époque enfin où le piano vient de recevoir les perfectionnements mécaniques que le musicien s'empresse d'exploiter. Pendant cette période de la seconde manière, l'esprit cyclique qui se manifestait précédemment par instinct et avec timidité, va s'accentuer. Enfin, s'accentue aussi le besoin de liberté vis-à-vis de la physionomie externe de la sonate : sur les onze œuvres de ce groupe, la moitié ne comporte que deux mouvements; par contre une seule réunit les quatre mouvements traditionnels (op. 31 n° 3). Il faut noter également que lorsque le mouvement lent n'est pas purement et simplement supprimé (op. 31 n° 3, op. 49 n° 2, op. 54), son importance est considérablement réduite, à l'inverse de ce que nous constaterons pour la période suivante. Quant à la structure interne de chacun des mouvements, il n'y a pas alors de constante absolue : la forme sonate domine, la structure traditionnelle du menuet est respectée dans ses grandes lignes, de même que celle du rondo, tandis que le contenu expressif de ces deux sortes de morceaux prend un accent sans cesse plus vigoureux.

L'une des premières sonates de cette seconde période (op. 31 n° 3) est assez significative de tout cela. C'est l'une de celles où Beethoven exploite les nouveaux perfectionnements mécaniques du piano, en particulier les effets de staccato (dans le scherzo surtout). C'est également l'une de celles où se traduit le plus évidemment le souci cyclique : le motif *do, fa, fa* initial avec son rythme croche pointée - double croche va se retrouver sous plusieurs formes dans le scherzo, le menuet, et le presto.

Plus tard, la *Sonate* op. 53 est significative de l'évolution qui se produit alors dans l'écriture pianistique de Beethoven, laquelle devient une écriture quasi symphonique, à suggestions presque orchestrales. D'autre part, en dépit de la grandeur de cette œuvre sous le rapport des proportions et de l'inspiration, c'est l'une de celles où le mouvement lent est à peu près réduit à rien, le bref adagio molto central n'étant, en fait, qu'une introduction au finale. Celui-ci est un rondo de coupe générale traditionnelle, mais à l'intérieur duquel le déroulement des couplets successifs annonce l'emploi que Beethoven fera plus tard de la grande variation amplificatrice.

Le mouvement qui porte Beethoven en cette seconde

période arrive à son apogée avec la *Sonate* op. 57, laquelle donna naissance à tant de fâcheuse littérature. Elle est d'ailleurs sans doute une des pages les plus complètement significatives du génie beethovénien tel que nous avons essayé de le définir, car elle est à la fois « un chef-d'œuvre de logique, et un chef-d'œuvre de passion ». Ce goût de l'organisation logique dans le feu de l'inspiration se traduit par la présence de deux allegros symétriques en forme sonate (car le finale n'est pas un rondo). Et si ces deux allegros de forme sonate sont, dans les grandes lignes, conformes aux schémas classiques, il faut cependant signaler que, pour la première fois dans la production de Beethoven, l'exposition n'y est pas reprise ainsi que le veut la tradition : la logique de la progression passionnelle n'admet ni répétition, ni retour, ni piétinement; il faut aller de l'avant, que le mouvement soit irrésistible et continu. Quant au mouvement lent, c'est un andante à variations. Enfin, pour l'ensemble, toujours cet esprit cyclique déjà rencontré : le thème principal du premier allegro donne naissance au second thème de ce morceau, au thème de l'andante, et, par scission, à chacun des deux thèmes du finale.

Les caractéristiques stylistiques de cette seconde manière sont encore assez bien illustrées par la *Sonate* op. 81 a dite *les Adieux, l'Absence, le Retour*. L'esprit cyclique est ici plus accentué encore : l'œuvre est bâtie sur un thème unique *(Lebe wohl)* d'où sortiront tous les autres. Le mouvement lent est assez bref, et a cette particularité de ne comporter ni développement, ni variations, ce qui permet de le considérer comme une sorte d'introduction au finale.

Après les fougueux ouvrages de la maturité, les six sonates de la troisième manière nous présentent les méditations des dernières années — que l'on ne peut pas vraiment dire années de vieillesse, Beethoven étant mort à cinquante-sept ans, son ultime sonate datant de sa cinquante-deuxième année. La volonté, l'héroïsme, le sens de l'action caractéristiques de la période précédente, vont maintenant jouer sur un autre plan. Ces élans vont permettre à Beethoven de se dépasser lui-même, de dépasser aussi le classicisme dont il s'est dégagé et le romantisme auquel il va donner naissance. Cette période, pendant laquelle le musicien atteint à son isolement le plus complet, va produire des sonates où, comme dans les quatuors de la même époque, tout est prolongement et transcendance. La lutte d'une âme forte dans un corps souffrant, symbole des grandes dualités beethovéniennes, va nous donner ces chefs-d'œuvre de révolte et de sagesse, d'anéantissement et de victoire.

Ici, la forme est plus que jamais soumise à la fantaisie, mais aussi à la logique profonde de cette fantaisie. C'est ce qui explique ces sonates pour la plupart longuement développées. Elles suivent des schémas qu'il est, certes, toujours possible d'analyser, mais la liberté y est telle qu'il n'est souvent que d'un intérêt secondaire de vouloir les enfermer en de semblables analyses.

Sur ces six dernières sonates, trois n'ont que deux mouvements; deux sont en trois mouvements; et une seule (op. 106) comporte quatre parties. Toutes se caractérisent par un renouvellement profond dans la façon de concevoir les développements, lesquels sont parfois stoppés avec brusquerie pour céder la place à des épisodes étrangers, sortes de méditations où Beethoven suscite de nouveaux éléments d'écriture ou de langage. C'est ainsi que dans cette troisième manière, outre les formes de discours habituelles, il va utiliser principalement la fugue, le récitatif dramatique et la grande variation amplificatrice. La polyphonie va devenir plus dense, plus complexe, l'harmonie plus audacieuse, l'écriture pianistique plus escarpée et proposant à l'exécutant (surtout celui de l'époque!) des difficultés considérables et absolument insolites. Cette écriture en arrive parfois à dépasser l'instrument, comme le fait aussi l'esprit de l'œuvre elle-même par rapport au cadre de la sonate. Enfin le souci cyclique de la parenté des thèmes s'accentue encore, et s'affirme même parfois avec une force subtile (op. 110 en particulier).

L'œuvre la plus significative de ces différents caractères, de cette transcendance totale de la sonate, est sans doute l'op. 106. En premier lieu il s'agit vraiment là de l'un des édifices les plus considérables que l'on ait jamais élevés à la gloire du piano. Des plus originaux aussi. Parmi les dernières sonates de Beethoven, c'est évidemment celle qui, offrant à l'exécutant les problèmes techniques les plus redoutables, présente des singularités d'écriture pianistique d'une audace qui ne sera guère

atteinte à nouveau avant certains compositeurs du
xxᵉ siècle. Enfin c'est également la plus développée.

Il semble que, sans rejoindre les exégèses hasardeuses
auxquelles cette œuvre n'a pas manqué de donner lieu,
on puisse dire cependant que nous trouvons là l'un des
instants les plus aigus de l'aventure beethovénienne. Si
l'on en croit le souvent incroyable Schindler — qui
prétend le tenir de la bouche de Beethoven — cette
œuvre est « l'opposition de deux principes, l'un masculin,
l'autre féminin (...), celui qui résiste et celui qui prie ».
Ceci serait une assez bonne image de cette œuvre hérissée,
et symbolise à la fois l'une des constantes dualités du
génie beethovénien, tout en résumant de façon satisfaisante l'impression que nous laisse l'audition de cet
ouvrage. Cet antagonisme s'énonce ici de manière saisissante par sa violence et son raccourci dès la première
ligne de cette sonate, le premier élément étant présenté
dans les mesures 1 à 3 et le second dans les mesures 5 et 6.

La liberté, l'invention et la volonté du compositeur
sont telles que l'on ne se rend pas compte, au premier
abord, que l'on est là en présence d'un allegro initial
d'où rien du schéma traditionnel de la forme sonate n'est
absent (y compris, même, la reprise textuelle de l'exposition, ce qui est inattendu pour une œuvre dont la
démarche psychologique est si exigeante, et la conception aussi libre; mais c'est là aussi que nous retrouvons
une des formes du classicisme beethovénien). Par
contre, le développement prend des dimensions inusitées,
et il est fugué. Quant à la réexposition, elle se prolonge
par une coda étrangement dramatique et dont les proportions exceptionnelles (cinquante-six mesures) constituent une sorte de second développement — formule
qui sera souvent reprise par quelques-uns des successeurs romantiques de Beethoven, Brahms notamment.

Dans le scherzo, nous trouvons le même équilibre
entre le classicisme des lignes générales (scherzo-trio-
scherzo) et le contenu expressif dont le fantastique et la
brusquerie nous font radicalement oublier qu'à peine
vingt-cinq ans plus tôt le mot « scherzo » signifiait
encore « badinage » ou « plaisanterie ». C'est là, avec
celui de la IXᵉ *Symphonie,* l'aboutissement du scherzo
beethovénien, création toute nouvelle, scherzo formidable dont on pouvait déjà percevoir l'annonce dans

ceux des *Sonates* op. 2 n° 3, op. 7 (trio) et op. 10 n° 2.
On notera encore que la reprise du scherzo proprement
dit est précédée de deux brusques épisodes presto et
prestissimo, épisodes dramatiques tout à fait caractéristiques de la troisième manière. Au surplus, le dramatisme de l'ouvrage s'accentue encore du fait que le
scherzo enchaîne avec soudaineté sur le mouvement
suivant.

Le comble de l'invention et de l'audace en tous sens
est peut-être cet *adagio appassionato e con molto sentimento*
extrêmement développé et qui annonce la rédaction
pianistique d'un Chopin (mais Chopin n'écrira jamais
un nocturne aussi gigantesque), et qui fait totalement
éclater le cadre du lied sonate tout en conservant cependant la structure de base.

C'est un épisode d'une fantaisie dramatique encore
décuplée qui va amener le finale, un *largo*, sorte de récitatif haché, plein de sous-entendus terribles, et d'une
rédaction dont les lignes sont vraiment surprenantes pour
l'époque, et le resteront longtemps. Le finale proprement dit est une fugue énorme, d'une invention sans
cesse multipliée par elle-même, et qui fait naître en son
sein une autre fugue.

Il convient également de noter que le plan tonal de
l'ensemble de l'ouvrage affecte une courbe dramatique
très frappante de la dernière manière de Beethoven :
le *si bémol majeur* du premier morceau s'infléchit sur
le *si bémol mineur* du scherzo, fléchissement qui s'accentue avec le *la* du début de l'*adagio,* puis sur le *fa dièse*
qui termine celui-ci, et le *fa* naturel qui commence le récitatif *largo,* alors que la fugue conclusive se hisse à nouveau d'un seul coup sur le *si bémol majeur* initial.

Si les autres sonates de la troisième manière ne trans-
cendent pas à ce point le cadre de la sonate, elles ne nous
en apportent pas moins leurs caractéristiques originales.
Dans la *Sonate* op. 110, Beethoven fait à nouveau usage
du récitatif dramatique (que l'on trouve, certes, annoncé
par certains concertos de Mozart), et de la fugue, et il
y ajoute l'*arioso*. Les thèmes naissent d'un motif initial.
Le récitatif et la fugue sont plus intimement mêlés que
dans la sonate précédente grâce à la présence de l'*arioso*
qui s'insère ici de façon saisissante. La fugue est double,
et cela encore dans un but dramatique, la seconde fugue

étant le renversement de la première afin de produire un effet de fléchissement puis de rejaillissement. On remarquera également que Beethoven exploite là encore les nouvelles ressources techniques du piano ainsi qu'en témoigne la mention *una corda* concernant le jeu de pédale, mention qui apparaît ainsi pour la première fois dans l'histoire de l'instrument.

Dans la dernière des trente-deux sonates (op. 111), nous avons également affaire à l'une de ces manifestations caractéristiques de la troisième manière : elle ne comporte que deux mouvements dont le premier, austère, assez bref, prépare aux floraisons quasi baroques de la méditation constituée par l'ensemble des grandes variations amplificatrices du second morceau.

On ne peut conclure ce rapide survol de l'œuvre pianistique de Beethoven sans mentionner au moins pour mémoire deux autres séries d'œuvres que le compositeur a également marquées de son originalité : d'une part les trente-trois *Variations sur une valse de Diabelli* op. 120 qui reprennent la technique traditionnelle de la variation classique, et, sur un inoffensif petit thème de valse, édifient un ensemble monumental d'une diversité luxuriante par l'incessant renouvellement des trouvailles rythmiques, mélodiques, harmoniques et contrapuntiques (il y a même un pastiche du *Don Giovanni* de Mozart), qui comporte également une grande fugue et qui, sur le plan technique, a l'intérêt de ne plus procéder selon le principe de la grande variation amplificatrice, mais d'opérer une constante transformation du thème en lui-même; au surplus, cet ouvrage épuise toutes les possibilités mécaniques de l'instrument. D'autre part les *Bagatelles* op. 119 et 126 qui ouvrent la voie aux grands cycles pianistiques schumanniens.

MUSIQUE DE CHAMBRE

On a dit que si la musique instrumentale sous ses formes les plus diverses a été l'un des modes d'expression favoris du romantisme, c'est parce qu'elle élimine le verbe — trop précis — et qu'elle seule peut explorer un domaine dont les romantiques se sont un peu réservé l'exclusivité, celui de l'indicible.

Là encore, Beethoven a ouvert la voie, car, malgré le

Quintette en sol mineur de Mozart, il restait encore beaucoup à dire et presque tout à faire sur ce chapitre. Comme dans le domaine de la sonate pour piano où il a transcendé le genre, il a fait de même, et parallèlement, dans celui de la musique de chambre. L'éclatement du cadre formel et tonal de la forme sonate que l'on observe dans les œuvres pour piano se retrouve évidemment dans la plupart des œuvres de musique de chambre (les quatuors à cordes notamment), ce qui est naturel puisqu'elles sont construites sur le même schéma aux mêmes différentes époques de cette pensée sans cesse en marche.

Quatre groupes principaux constituent cette production instrumentale : dix sonates pour piano et violon, cinq sonates pour piano et violoncelle, cinq trios pour piano et cordes, dix-sept quatuors à cordes, à quoi il faut ajouter pour mémoire un certain nombre de partitions — généralement de jeunesse, et plutôt conventionnelles — pour différentes formations de cordes, vents, et piano à deux, trois, quatre, cinq, six ou sept exécutants, dont le célèbre (mais assez peu beethovénien, si l'on en croit Beethoven lui-même), *Septuor* op. 20.

La formule de l'ensemble piano-violon n'a qu'exceptionnellement inspiré Beethoven de façon très originale. Il convient d'ailleurs de remarquer que sur ces dix *Sonates,* les neuf premières sont antérieures à 1804, la dixième seule étant de 1812. Sans vouloir prétendre que ce ne sont qu'œuvres de jeunesse (ce qui ne voudrait pas dire grand-chose puisque nous connaissons un certain nombre de grandes sonates pour piano et de grands quatuors datant de cette période), il est évident que ce sont là des partitions dont la plupart ne nous apprennent rien de très remarquable sur leur auteur. Beaucoup d'entre elles se rattachent encore à la conception du XVIIIᵉ siècle et, par contre, rares sont là les pages qui, comme dans la musique pour piano ou pour quatuor à cordes, annoncent le grand Beethoven. Ce sont généralement des œuvres aimables, nourries de fort jolis thèmes, traitées avec l'invention et la maîtrise propres à leur auteur, mais appartenant plus au domaine du divertissement de salon qu'à celui du discours auquel Beethoven nous a habitués par ailleurs. Dans l'ensemble, il apparaît que le compositeur n'a demandé au duo piano-violon que la détente, un peu dans le style de Haydn, le ton étant le plus souvent celui des grâces pastorales et populaires.

Il importe cependant de faire une place particulière à la *Sonate* op. 47 dite « à Kreutzer » laquelle témoigne d'une recherche stylistique exceptionnelle dans ce groupe. L'intitulé de l'œuvre marque bien les intentions spéciales de Beethoven : *Sonata per il piano-forte ed un violino obligato, scritta in un stilo molto concertante, quasi come d'un concerto*. « Style concertant » indique bien qu'il ne s'agit plus de la sonate en duo classique, mais d'une opposition marquée, de l'un de ces antagonismes chers à Beethoven, opposition et antagonisme qui mettent les deux instruments assez violemment l'un en face de l'autre. A l'époque d'ailleurs, l'œuvre effraya la critique, dérouta tout le monde, le dédicataire lui-même, le violoniste Kreutzer, refusa de la jouer comme « outrageusement inintelligible ». Il est évident que ces deux grands prestos rugueux encadrant d'amples variations sur un thème de caractère populaire avaient de quoi surprendre à cette époque. N'oublions pas que le mot *concertare* signifie « lutter avec », et alors nous aurons défini le caractère si particulier de cette œuvre où, pour la première fois dans l'histoire de la musique, se combattent avec rage, âpreté ou bravoure deux instruments qui, auparavant, ne se rencontraient que pour s'unir et chanter en parfait accord.

Les cinq *Sonates* pour piano et violoncelle forment un groupe possédant infiniment plus de relief que les précédentes, bien que les deux premières soient des œuvres d'extrême jeunesse. Mais même dans celles-ci (op. 5 nos 1 et 2), malgré certaines timidités, gaucheries ou conventions, il y a déjà un ton très typiquement beethovénien. La troisième (op. 69) a la force, l'économie et l'invention originales des œuvres de la maturité. Cela dit, si ce ton est d'une rare vigueur, le compositeur n'y fait nullement éclater le cadre de la sonate ainsi qu'il l'a déjà fait par ailleurs dans ses œuvres pour piano ou quatuor à cordes. Il faut en arriver aux deux *Sonates* op. 102 pour trouver un véritable relief. La première, qualifiée par Beethoven lui-même de « sonate libre », est en effet d'une forme assez imprévue : un andante dans le sentiment concentré de la dernière manière, un allegro fougueux et pathétique de forme sonate fort libre en effet, un bref adagio dans le style du récitatif orné et improvisé, et un finale qui ne tient vraiment ni de la forme sonate, ni du rondo. La seconde, avec une concentration expressive encore plus forte que la précédente, est aussi d'un style concertant plus affirmé et qui pourrait rappeler de façon encore accentuée, les jeux rauques, âpres et implacables de la *Sonate « à Kreutzer »*. C'est une œuvre très sombre, annonciatrice de la troisième manière, et dont le finale est écrit en un style fugué où Beethoven exploite avec une sorte de fureur toutes les possibilités de cette écriture dans laquelle il n'avait jamais réussi en sa jeunesse, et qui semble lui avoir toujours inspiré des pages assez furieuses.

Comme toutes les œuvres précédentes, les *Trios* pour piano et cordes n'appartiennent qu'aux deux premières manières beethovéniennes. Dans l'ensemble, ils forment un groupe beaucoup plus homogène, constamment supérieur à la majorité des sonates précitées, et d'un accent assez parent de celui des sonates pour piano dont chacun de ces trios est contemporain. Les trois premiers (op. 1 nos 1, 2, 3) dépassent souvent le style de Haydn et de Mozart qui en constituent cependant l'essentiel. On y voit déjà le menuet perdre de son amabilité traditionnelle, et le scherzo prendre sa brusquerie typiquement beethovénienne. Si les *Trios* op. 1 sont les dignes pendants des sonates et quatuors de la même époque, on ne peut pas absolument en dire autant des deux *Trios* op. 70 qui, bien que d'une extrême vigueur et d'une grande beauté d'inspiration, n'atteignent cependant pas la force des œuvres qui leur sont contemporaines. Ils ne se signalent d'ailleurs pas par des innovations particulièrement originales sur le plan de la forme ou de l'écriture. Par contre, le dernier *Trio* (op. 97), dit « à l'archiduc », constitue la page véritablement exceptionnelle de ce groupe. Non que, là encore, Beethoven fasse preuve d'initiatives singulières sur le plan de la forme ou de l'écriture, mais son inspiration y est littéralement sublime, et sa fantaisie inventive aux points de vue thématique, tonal et harmonique y est digne de ses plus grands chefs-d'œuvre.

Mais, parallèlement à la succession des sonates pour piano, c'est surtout dans la série des dix-sept *Quatuors à cordes* que nous pouvons suivre de près l'évolution du génie beethovénien.

Il est des musiciens pour lesquels le quatuor à cordes est un mode d'expression où ils mettent tout l'essentiel de leur génie, rien que l'essentiel, et dont le survol d'ensemble permet de saisir d'un seul coup d'œil l'évolution de l'homme autant que celle de l'artiste. Ainsi en est-il de Mozart, de Schubert, de Béla Bartók et de Schönberg. Mais chez aucun de ceux-là la production en quatuor à cordes n'est aussi riche, ni aussi significative à cet égard que chez Beethoven. Ici tout se reflète comme dans les pages d'un journal intime, et l'on assiste à l'éclatante démonstration des solutions que Beethoven a été successivement amené à donner aux problèmes d'écriture, de langage et de forme. N'eût-il écrit que ses dix-sept *Quatuors* à cordes, Beethoven serait quand même ce qu'il est. Cet ensemble constitue une sorte de microcosme où il se synthétise tout entier; il est nécessaire et suffisant.

La série des quatuors se présente en trois groupes successifs correspondant très exactement aux moments les plus caractéristiques de chacun des trois styles. Beethoven, en effet, s'est attaqué au quatuor à trois reprises différentes, on pourrait presque dire au cours de trois crises, alors que le flot des autres courants de sa production — sonates, ou symphonies — s'écoulait avec continuité selon un rythme régulier. Il semble qu'à chaque étape de cette production, il éprouve le besoin de se recueillir, de se mettre en tête à tête avec lui-même pour faire le point. Et pour cela il choisit le quatuor.

Ces trois groupes se détachent très nettement les uns des autres, et se placent, comme nous l'avons dit, aux instants-sommets de chacune des trois périodes. Les années 1798-1800 nous livrent les six *Quatuors* de l'op. 18 ; les années 1805-10 les cinq *Quatuors* op. 59, 74 et 95 ; les années 1822-25 sont celles des op. 127, 130, 131, 132, 133, 135 qui lui font alors délaisser tous autres travaux.

En apparence, il y a donc une certaine discontinuité. Celle-ci n'est bien, en fait, qu'apparente. En profondeur, la trame reste serrée. Ces œuvres s'annoncent par avance les unes les autres comme les premiers contreforts d'une chaîne annoncent les plus hautes cimes. L'unité est forte entre ces fortes confidences, unité de pensée, de sentiment, de langage, de vocabulaire, unité plus indissoluble que ne pourrait en réaliser tel artifice de forme.

Les six *Quatuors* du premier groupe — qui correspondent au sommet de la première manière — sont ceux de l'op. 18. Dans l'ensemble, comme toutes les œuvres de cette époque, ils se ressentent des influences de Haydn et de Mozart, avec, comme pour les sonates de piano, des antennes audacieusement projetées vers l'avenir.

Le premier *(fa maj.)* ne dépasse guère ce stade d'influences, sauf en ce qui concerne l'*adagio affetuoso ed appassionato* où jaillit, mais avec sagesse, un réel élan romantique, et où le violoncelle prend déjà une certaine personnalité.

Le second *(sol maj.)* appartient encore tout entier au xviiie siècle. Son surnom traditionnel est d'ailleurs *Kompliments-Quartett.* Il ne nous apporte rien de typiquement beethovénien. Il en est de même du troisième *(ré maj.)* où, comme dans les deux précédents, le style de quatuor reste assez rudimentaire : le premier violon conserve sa primauté, les autres instruments n'étant qu'accompagnateurs harmoniques, le violoncelle ne se voyant attribuer que la nécessaire mais humble mission de basse.

Le style change déjà avec le quatrième *(ut min.,* tonalité qui est favorable à Beethoven) où non seulement le sentiment est plus fort, et l'accent lyrique plus vigoureux, plus volontaire, de cette brusquerie si typique de son auteur, mais encore où l'écriture instrumentale commence à évoluer. C'est ainsi que le violoncelle, abandonnant sa fonction exclusive de basse harmonique, prend plus activement la parole dans la conversation polyphonique (en particulier dans le premier mouvement). Par ailleurs les développements sont plus poussés, et l'andante, timidement *scherzoso,* assez développé lui aussi, annonce déjà le ton spécifique du futur scherzo beethovénien. Il en est de même du menuet — l'un des très rares menuets que l'on rencontre dans ces quatuors — qui prend lui aussi un certain dramatisme.

Le cinquième *(la maj.)* retrouve généralement le style galant des trois premiers, à l'exception de son *andante cantabile,* thème et variations où s'affirme avec force et originalité la vocation de Beethoven pour le travail thématique qui l'amènera à la grande variation amplificatrice.

Le sixième *(si bémol maj.)* manifeste un souci accru du
travail polyphonique en son mouvement lent, et surtout il introduit dans le quatuor cette éloquence pathétique qui va caractériser l'art de Beethoven en ce domaine :
à côté de son allegro et de son scherzo encore apparentés
à l'art de Haydn et de Mozart, son finale *(la Malinconia)*,
avec sa succession d'épisodes violemment contrastés,
nous fait plus qu'entrevoir le Beethoven de la dernière
manière. Là les instruments ont acquis plus d'indépendance respective. Le style de quatuor se transforme profondément. On peut dire que c'est avec ce morceau que
le compositeur, s'évadant des formules classiques, trouve
sa voie définitive en ce domaine, cette technique qui,
doublée d'une inspiration insolite, va faire éclater les
traditions formelles et instrumentales du genre.

Ce n'est que cinq années après ce finale du dernier
Quatuor op. 18 que Beethoven revient vers l'ensemble
à seize cordes. Il y revient avec un nouveau groupe correspondant aux caractéristiques de la seconde manière.
Les trois premiers (op. 59 nos 1, 2, 3) ne font que confirmer, mais avec plus de force et de tranquille audace,
ce qui s'était préparé dans *la Malinconia*, à telle enseigne
que des amis de Beethoven, ses exécutants habituels
du Quatuor Schuppanzigh, les trouvèrent si révolutionnaires qu'ils éclatèrent de rire en les déchiffrant.

Ce qui semble avoir le plus dérouté les auditeurs et
spécialistes de l'époque, c'est la liberté soudainement
prise avec la forme et les fonctions instrumentales. Ils
ne pensaient pas que, dans un genre relativement figé
par les conventions, on pût ainsi bousculer l'aspect d'un
genre stéréotypé par l'usage, ni tant exiger de chacun
des instruments rendus aussi indépendants.

Cette indépendance s'affirme dès la première mesure
du *Quatuor* initial (op. 59 no 1) : c'est le violoncelle, traditionnellement voué aux obscures besognes, qui expose
le thème. La polyphonie prend véritablement ses
quatre dimensions. L'allégro se libère de la reprise de la
forme sonate classique : ce qui est dit est dit, inutile de
le répéter (souci caractéristique de la seconde manière, et
qui, curieusement, ne sera pas toujours celui de la troisième). Le scherzo prend complètement sa brusquerie
et sa vigueur beethovéniennes, se libérant de ses propres
traditions, et devenant un combiné de scherzo et de

rondo que les successeurs romantiques comme Brahms exploiteront à satiété. L'adagio mêle librement l'esprit de la forme sonate et celui de la grande variation. Et le finale (à thème « russe ») est un exercice thématique inconnu jusqu'alors dans le domaine du quatuor.

Dans le *Quatuor* suivant (op. 59 n° 2), Beethoven revient au schéma classique. Pas d'innovations en ce qui concerne la forme, sinon que les proportions données à chacun des morceaux sont considérablement amplifiées pour être à la mesure du contenu expressif que leur confie Beethoven.

Par contre, le *Quatuor* op. 59 n° 3 adopte un plan original unissant la plus stricte tradition classique et les exigences expressives d'une pensée déjà très romantique. C'est ainsi que l'allégro initial, morceau de caractère colossal construit en forme sonate, fait intervenir dans le développement, outre les deux thèmes principaux, plusieurs motifs nouveaux. D'autre part, cet allegro est précédé d'une grande introduction lente aux harmonies très étranges et d'une singulière audace pour l'époque, avec des modulations dans des tonalités éloignées; et il est également remarquable que cette introduction n'ait aucun lien, thématique ou autre, avec l'allegro proprement dit. Les deux mouvements suivants sont de forme traditionnelle amplifiée; par contre, le finale, ni allegro ni rondo, est une fugue monumentale, la première que Beethoven introduise dans ses quatuors, fugue qui d'ailleurs semble, à l'époque, dépasser les possibilités normales de l'ensemble à cordes.

Nouvelles libertés encore dans le *Quatuor* op. 74 où l'allegro initial est à nouveau précédé d'une grande introduction lente qui, cette fois, contient en germe les thèmes de l'allégro. Le mouvement lent, d'une si admirable invention mélodique, est traité en rondo, ce qui est imprévu. Le scherzo est un presto violent et entêté d'où a disparu toute idée correspondant à l'étymologie du mot. Et le finale est un thème à variations.

Dans le dernier *Quatuor* de cette seconde période (op. 95), on remarque surtout la rigueur et la recherche de son travail polyphonique, de ses combinaisons thématiques, et parfois de son écriture fuguée. Sur le plan de la forme, une nouvelle singularité : ce quatuor sombre, tourmenté, caractéristique des plus violents antagonismes beethovéniens, est composé de quatre allegros successifs.

C'est seulement douze ans après l'œuvre précédente que Beethoven reviendra à cette formule instrumentale pour donner successivement les six grands quatuors de la fin. Là, toutes les acquisitions précédentes étant maîtrisées, assimilées, le compositeur va déployer une liberté plus grande encore. Comme pour les sonates de piano, si des traces profondes et très visibles des schémas classiques demeurent dans l'infrastructure de ces œuvres (forme sonate, scherzo, etc.), ce ne sont plus là des cadres qui enferment la pensée du musicien. Par ailleurs la polyphonie se fait plus escarpée, le contrepoint travaillé avec une extrême audace inventive, l'utilisation fugitive des modes anciens fait son apparition, le principe cyclique est exploité avec puissance, et la grande variation amplificatrice atteint ses sommets.

C'est ainsi que, dans le premier *Quatuor* de ce groupe (op. 127) le morceau initial, qui fait alterner par deux fois un maestoso puis un allégro, comporte deux développements, mais se passe de réexposition, celle-ci étant remplacée par une grande coda qui fait presque office de troisième développement. Le mouvement lent, d'un admirable lyrisme concentré, est entièrement voué à la technique de la grande variation. Le scherzo reprend le schéma traditionnel, mais l'agrandit jusqu'à des dimensions alors inconnues. Et le finale est une combinaison de la forme sonate et du rondo (formule qui sera souvent reprise par Brahms), et se caractérise par un travail thématique éblouissant et complexe qui trouve son aboutissement dans une coda amplement développée.

Dans le *Quatuor* suivant (op. 130), nous sommes en pleine invention libre. Pour la première fois, voici un quatuor en six mouvements. Le premier, d'un discours plein de fantaisie, fait alterner trois fois adagio et allegro, nouvelle manifestation des dualités beethovéniennes. Le second est un presto en forme de scherzo assez bref, mais d'un effet mystérieux très saisissant. L'andante est un des plus beaux exemples de variations amplificatrices, d'une richesse thématique inouïe, et qui touche à la liberté de l'improvisation. Le quatrième morceau est une sorte de danse *alla tedesca* en forme de scherzo. Le cinquième, *cavatina*, est un chant très court et très simple qui défie l'analyse par sa simplicité même, et par le génie mélodique et harmonique qui s'y manifeste. Le sixième et dernier était, à l'origine, la *Grande Fugue* op. 133 que Beethoven remplaça par un finale normal, sur la prière d'amis effrayés par tant d'audace.

Cet épanouissement sans cesse accru de la technique du quatuor se poursuit dans l'opus 131. Elle présente une physionomie encore plus originale que les précédentes puisqu'elle comporte sept mouvements qui se jouent sans interruption. Ici le style d'écriture contrapuntique et le style instrumental original du quatuor beethovénien atteignent leur sommet. Ecriture et instrument sont totalement soumis à la pensée musicale, au mépris de toutes formules en usage. Le premier morceau est lent, fugue au style et à l'écriture strictes, mais à la forme libre. Le second est un allegro sans forme précise, et qui semble n'être qu'une ample improvisation polyphonique faisant fi des habitudes d'oreilles et des règles académiques, suscitant des rencontres d'une rudesse inconnue à l'époque. C'est ensuite une troisième partie assez complexe, allegro puis adagio, sorte d'intermezzo improvisé à la fin duquel Beethoven introduit le récitatif. Le quatrième mouvement, centre et sommet de l'œuvre, est un andante traité avec une grandeur insolite en vastes variations amplificatrices; le cinquième, un presto en forme de scherzo, l'un des plus développés de Beethoven. Il s'interrompt avec brusquerie pour faire place au bref adagio de la sixième partie qui est encore une improvisation libre. Et, après tant de liberté et d'audaces, voici un finale en forme sonate stricte, mais avec quelles proportions : exposition de 77 mesures, développement de 82, réexposition de 103, et coda de 126, progression singulière !

Après les escarpements des deux œuvres précédentes, Beethoven revient à un équilibre en apparence plus traditionnel avec le *Quatuor* op. 132 qui comporte les quatre morceaux habituels. Si le grand allegro initial est composé en forme sonate, il est écrit non plus sur deux, mais sur quatre thèmes, d'une écriture d'ailleurs étrange, tour à tour fulgurante et énigmatique. Le second allegro, apparenté librement à la forme scherzo, fait apparaître un sentiment populaire. Le troisième mouvement est lent : c'est le fameux *Chant sacré de remerciement d'un convalescent à la Divinité, dans le mode lydien,* morceau de forme absolument libre où deux éléments musicaux et psychologiques s'opposent, l'un dans le sentiment du choral protestant, l'autre dans celui du récitatif lyrique, ces alternances successives s'enrichissant chaque fois dans l'esprit de la variation amplificatrice. Le finale est une sorte de marche dynamique et volontaire, se situant de très loin entre forme sonate et rondo, et où un esprit d'improvisation fait passer des dessins de récitatif lyrique.

Infiniment plus restreint par ses dimensions est le *Quatuor* op. 135. Moins ambitieux psychologiquement, du moins en apparence, c'est une œuvre très concentrée dont le premier allégro est fait d'un travail thématique fort complexe et haché, dont le vivace est une sorte de scherzo d'une invention rythmique extrêmement riche, dont le mouvement lent est un bref et sublime repos en forme de thème et variations, et dont le finale est le fameux « *Muss es sein ? Es muss sein !* » qui a fait couler tant de folle littérature, et qui n'est qu'une manifestation de plus des antagonismes beethovéniens (question-réponse, doute-décision, etc.) que le compositeur a organisés ici en deux grands compartiments dont le second est une sorte de développement du premier (si l'on veut, forme sonate sans réexposition).

L'œuvre finale de cette série de quatuors, la *Grande Fugue* op. 133, était, nous l'avons dit, composée pour servir de mouvement conclusif au *Quatuor* op. 130 dont elle fut ensuite isolée, ce qui est dommage car sa signification se dégageait tout naturellement de sa position dans l'œuvre (alors que séparée, elle semble commencer dans le vide). Fugue « tantôt libre, tantôt recherchée », c'est-à-dire aussi anti-académique que possible, et qui dépasse à la fois la forme même de la fugue classique, comme elle dépasse les facultés instrumentales de l'ensemble à cordes. C'est une double fugue où les deux épisodes échangent leurs sujets et contre-sujets, et qui comporte six parties successives développées dans l'esprit de la grande variation amplificatrice, et avec utilisation de tous les jeux contrapuntiques imaginables, le tout strictement cyclique et issu d'une seule cellule initiale unique.

Ainsi se termine cette histoire de l'émancipation du quatuor, émancipation dont les résultats n'ont pas encore été égalés depuis, aucun musicien n'ayant osé assigner au quatuor à cordes des ambitions aussi hautes.

MUSIQUE SYMPHONIQUE ET CONCERTANTE

Contrairement à ce qu'on pourrait penser, ce n'est pas dans ses symphonies que le génie de Beethoven s'est montré le plus audacieusement novateur, mais bien dans ses sonates pour piano et dans ses quatuors à cordes. On veut dire par là que, dans ses symphonies, Beethoven n'a pas été aussi loin au-dedans de lui-même; et c'est sans doute ce qui fait que sa musique de piano et de quatuor reste inégalée : parce que là seulement est le Beethoven essentiel et solitaire. Sa musique d'orchestre, au contraire, aura une prestigieuse descendance. En faisant cette observation préliminaire, on ne veut nullement diminuer cette série d'œuvres magistrales et qu'un immense succès populaire ne cesse de porter. Mais si, dans la progression qui conduit à la *IXᵉ Symphonie*, Beethoven a recréé de façon entièrement originale et nouvelle un genre classique au point que cet ensemble est devenu la source de tout ce qui s'écrira par la suite en ce genre de littérature, il n'a fait, au fond, qu'élargir le cadre qui lui était fourni par Haydn et par Mozart, sans le faire éclater vraiment comme pour la sonate ou le quatuor. En dépit de la grandeur des sentiments exprimés dans ces symphonies, Beethoven n'y a pas, comme dans les autres œuvres, retrouvé la logique formelle provoquée par ces sentiments eux-mêmes. En dépit de la grandeur romantique de ces sentiments, l'ensemble des symphonies demeure dans une certaine mesure plus classique.

Aussi bien cela est-il parfaitement explicable : c'est la matière sonore elle-même des cordes frappées du piano, ou des cordes frottées du quatuor qui l'ont porté vers la concentration et le lyrisme intérieur des œuvres de ces deux groupes; et c'est la découverte progressive des ressources sonores de l'orchestre qui l'a amené à cet épanouissement symphonique nécessairement plus extérieur, plus éclatant, plus spectaculaire — disons le mot en le prenant dans un sens noble. La musique de chambre le portait à l'introspection, donc à des réalisations plus poussées dans la subtilité et la complexité des structures. La fresque symphonique ne requérait nullement des subtilités et des complexités de cet ordre, et devait l'orien-

ter vers d'autres équilibres architectoniques suscités
par la matière sonore elle-même de l'orchestre. C'est
la raison pour laquelle, sauf exception, les problèmes de
forme qui ont tant retenu notre attention dans le domaine
de la musique de chambre, auront infiniment moins
d'importance dans celui de la symphonie où, au contraire, les problèmes sonores prennent la première place.
Pour en terminer avec ces généralités concernant la
forme, on pourrait dire que, sur le plan de la symphonie,
Beethoven reste ici beaucoup plus étroitement le successeur de Haydn (qui lui a fourni d'abondantes suggestions sur les possibilités des développements dramatiques
de la symphonie), que dans les autres secteurs de sa production.

En dehors, donc, de l'élargissement considérable que
Beethoven donne toujours à tout ce qu'il touche, il n'y
a que quelques remarques à faire sur ce chapitre dans le
domaine architectonique. A part les *VI*e et *IX*e *Symphonies* dont les caractères formels un peu particuliers
sont dus à des situations symphoniques très particulières,
les sept autres symphonies affectent la physionomie
externe la plus classique : vif — lent — menuet ou
scherzo — vif. Une petite exception cependant encore :
la *VIII*e *Symphonie* ne comporte pas de mouvement lent,
mais, par contre, un menuet et un scherzo. Par ailleurs,
tous les allegros initiaux (à la seule exception de la
*IX*e *Symphonie)* prévoient la reprise de l'exposition, ce
qui n'est pas aussi général dans la musique de piano ou
les quatuors. D'autre part, près de la moitié de ces allegros d'entrée sont précédés d'une introduction lente de
longueur sans cesse croissante, et de caractère dramatique de plus en plus accentué *(I*re, *II*e, *IV*e, *VII*e *Symphonies)*.

En fait, les deux premières symphonies, celles qui
correspondent à la première manière, sont certes d'accent beethovénien, mais cependant encore toutes proches
de l'esthétique de Haydn et de Mozart. C'est la *III*e,
l'*Eroica,* qui ouvre la seconde manière. Et c'est surtout
avec elle que Beethoven découvre son grand art symphonique. De tels développements sont alors inédits
dans la musique. Une grande marche funèbre prend la
place du traditionnel mouvement lent. L'allegro initial
est composé sur trois thèmes au lieu de deux. Le scherzo

est composé sur un thème à la métrique insolite, ce qui lui donne une extrême mobilité. Quant au finale, c'est une série de variations harmoniques.

La *IV*e *Symphonie,* comme les deux premières, retrouve les normes classiques. On notera simplement son scherzo à deux trios, ce qui n'est pas absolument inédit, mais rare, ce dont Schumann et Bruckner tireront parti par la suite.

La célèbre *V*e, de plan très classique (mais d'une inspiration dramatique qui en fait la légitime popularité) se signale par un effet cyclique : les fameux « coups du destin » par lesquels elle commence se retrouveront par la suite sous différentes formes, en particulier dans le scherzo et le finale.

On a cité la *VI*e — *Pastorale* — comme l'une des deux grandes exceptions de cette série. Ce n'est pas tellement parce qu'elle a cinq mouvements au lieu de quatre (car l'avant-dernier allegro peut n'être considéré que comme un intermède ouvrant le finale avec lequel, dramatiquement, il ne fait qu'un). Mais nous sommes surtout là en présence d'une œuvre non pas exactement « à programme » (ce dont Beethoven s'est défendu par avance), mais d'une partition à la fois expressionniste et impressionniste : on sait la fortune que ces deux esthétiques ont connue ensuite de part et d'autre du Rhin jusqu'à Richard Strauss et Debussy.

La *VII*e revient à son tour aux normes formelles et esthétiques classiques. On signalera seulement, comme dans la *IV*e, le scherzo à deux trios. Il en est de même de la *VIII*e, mise à part l'exception déjà signalée qu'elle ne comporte pas de mouvement lent. Avec la *I*re, c'est la seule à posséder un souvenir du menuet.

Quant à la *IX*e, qui exalte à l'extrême les possibilités des quatre morceaux traditionnels, elle est, avons-nous dit, la seule dont l'allegro initial ne comporte pas de reprise. D'autre part elle possède tout un réseau de ramifications cycliques plus ou moins volontaires peut-être, mais évidentes. Des neuf symphonies, c'est la seule qui, par son adagio en grandes variations amplificatrices, aille rejoindre l'art des sonates et des quatuors. Son finale est d'une invention tout originale motivée par l'introduction des voix, et il est d'une architecture entièrement nouvelle qui, au terme d'une carrière de symphoniste

classique, fait subitement éclater le genre en lui ouvrant
des possibilités que, jusqu'à ce jour, seul le génie de Beethoven a su exploiter.

On ne juge pas nécessaire de revenir ici, pas plus que
pour les autres œuvres du compositeur, sur les caractéristiques psychologiques de ces symphonies : c'est là un
chapitre qui a donné naissance à des commentaires, insen-
sés ou raisonnables, qui remplissent des bibliothèques
gigantesques. On a pensé, après ce rapide aperçu, à
consacrer plutôt quelques lignes à l'apport beethovénien dans le domaine purement symphonique, c'est-à-dire
à examiner comment se sont ainsi ouvertes des voies
toutes nouvelles dans l'art d'accommoder les timbres.
Car, avons-nous dit, la grande affaire, dans les symphonies de Beethoven, c'est avant tout l'orchestre, la création de l'esprit symphonique — ce qui est d'ailleurs
conforme à l'étymologie du mot, la combinaison des
timbres étant l'essence même de la symphonie telle qu'on
la conçoit dans les temps modernes, c'est-à-dire depuis
Beethoven, précisément. Ce qui fait l'intérêt essentiel
et capital de l'œuvre symphonique de Beethoven, c'est
cette création de l'orchestre tel que le prolongeront
Berlioz, Wagner, Debussy, Richard Strauss et quelques
autres. Si nous ne pensons pas devoir adjoindre au
mot « orchestre » l'adjectif « moderne », c'est parce qu'il
semble bien que la notion beethovénienne de l'orchestre
soit, précisément et avant tout, moderne. En un certain
sens, nous pouvons trouver ici un lien direct avec les
sonates de piano et les quatuors dans lesquels, nous
l'avons vu, il est fréquent de rencontrer des suggestions
orchestrales, phénomène qui sera ensuite constant dans
la musique pour piano et dans la musique de chambre de
romantiques tels que Schumann, Brahms ou Liszt.

Attribuant ainsi à Beethoven une responsabilité aussi
considérablement déterminante dans l'histoire de l'orchestre, nous ne voudrions pas avoir l'air de méconnaître l'apport original fait, en ce domaine, par certains
de ses contemporains, et nous songeons en particulier
ici à Schubert (en certaines pages comme la grande *Symphonie en ut*), mais surtout à Weber dont le génie coloristique instrumental peut se symboliser dans les trois notes
du cor d'*Obéron* (mais n'oublions pas non plus la scène
de la Gorge-aux-Loups du *Freischütz*), ainsi que quelques

autres passages d'une nouveauté stupéfiante. Il est incontestable que Schubert, et plus encore Weber, ont saisi, en même temps que Beethoven, la nécessité et la possibilité d'une utilisation fonctionnelle tout à fait neuve des caractères des timbres des différents instruments. Mais ils n'ont mis en œuvre cette nécessité et cette possibilité que sur un plan de couleur. Chez Beethoven, c'est sur le plan architectonique, c'est-à-dire non à plat, mais dans l'espace, que se développe le phénomène. A côté de Schubert et de Weber, illustrateurs de génie, Beethoven se comporte en architecte des timbres. Dire qu'il est, dans un sens absolu, l'*inventeur* de l'orchestre moderne pourra sembler abusif et inexact, ne serait-ce que dans la mesure où ses admirateurs les plus passionnés, comme Berlioz, Wagner, ou Richard Strauss, se sont bien gardés d'orchestrer comme lui. Il serait sans doute plus exact de dire que c'est un affranchissement, une libération des instruments de l'orchestre que l'on doit à Beethoven. Les choses ne sont, en effet, pas toujours aussi simples qu'on les résume. Mais il n'en reste pas moins que c'est à Beethoven que l'on doit l'idée d'une utilisation nouvelle et plus riche de l'orchestre.

Dans l'ensemble, on ne peut pas dire que Beethoven ait employé des effectifs instrumentaux généralement très supérieurs à ceux de Haydn ou de Mozart. Mais chez ces derniers, malgré le début de *la Création* ou certains épisodes du *Don Giovanni*, il s'agit d'une formation qui reste issue de l'orchestre de chambre, c'est-à-dire d'un petit orchestre ayant pris de l'extension en volume plus qu'en couleurs. Avec Beethoven et, dans une certaine mesure, dès la Ire *Symphonie,* nous sommes en présence de quelqu'un qui pense pour l'orchestre en fonction de la valeur ou de la signification expressive des timbres, ainsi que des harmoniques qui les constituent, de même que des multiples combinaisons coloristiques qui peuvent en résulter (on dit parfois que Beethoven « orchestre mal » : ceci est une autre affaire, fort discutable d'ailleurs, mais qui suppose déjà que la science de l'orchestration soit découverte, ce dont il est, en grande partie, l'auteur). Et c'est probablement cette virginité d'oreille qui fait qu'au départ Beethoven n'a pas eu besoin d'un matériel tellement supérieur à ceux de Haydn ou de Mozart. Et c'est ce qui explique aussi qu'une fois les portes ouvertes, les besoins se sont faits de plus en plus exigeants pour Berlioz, pour Wagner, pour Richard Strauss, pour Debussy, pour Strawinsky, pour les dodécaphonistes, pour les électronistes, etc.

Le matériel des symphonies de Beethoven, a-t-on dit, n'a rien de très exorbitant par rapport à celui des maîtres qui l'ont précédé. Nous trouvons d'abord les cordes (plus ou moins nombreuses selon les possibilités occasionnelles de l'époque — et nous savons que les premières symphonies de Beethoven ont été exécutées à Vienne avec des effectifs de cordes dont la maigreur fait aujourd'hui frémir : songeons qu'au total il n'y avait que trente instruments pour l'*Eroica* ; on voit ce qui devait rester pour les cordes !).

Les neuf symphonies utilisent les timbales, la *IX*e y adjoignant une percussion plus importante (triangle, cymbales, grosse caisse). Les cuivres sont presque toujours par deux, sauf dans la *III*e *Symphonie* où il y a trois cors, dans la *V*e où il y a trois trombones, et dans la *IX*e où il y a quatre cors et trois trombones. Les bois sont souvent aussi par deux, sauf dans les *V*e, *VII*e et *VIII*e symphonies où il y a trois bassons, dans la *VI*e où il y a trois flûtes, et dans la *IX*e où il y a trois flûtes et trois bassons.

Mais, répétons-le, ce n'était pas une question de nombre. C'est avant tout une question de fonctions et de rapports. On peut schématiser les choses en disant que si les cordes (dont Beethoven ne disposera jamais suffisamment en son temps) se sont rapidement augmentées après lui pour l'exécution de ses symphonies, c'est que d'une part il leur assignait des missions plus lourdes que par le passé, et cela en tous les domaines, mais aussi que d'autre part elles avaient à faire contrepoids à des instruments à vent dont les rôles se voient eux aussi multipliés et alourdis, et à une percussion qui prend soudain une importance réellement polyphonique (et non plus simplement harmonique ou décorative). Par ailleurs, Beethoven n'en est plus à l'âge de la conversation instrumentale du XVIIIe siècle où le système du concerto grosso régnait presque généralement avec ses *a parte* : avec Beethoven, tout le monde participe à la discussion générale ; il est peu de groupes, ou d'instruments qui soient à découvert. Il y a donc là toute une série de nouveaux équilibres à trouver, d'où, nécessairement, une impression de collectivisation (voire éventuellement d'accroissement) des moyens sonores. C'est ce qui, à l'époque, fit qualifier une telle orchestration de « fracas », alors que ce n'étaient que les premières splendeurs de l'orchestre moderne (permettons-nous ce pléonasme que nous récusions plus haut).

Dans la façon dont il conçoit soit les soli instrumentaux, soit les oppositions des familles instrumentales, Beethoven innove complètement, et s'est tout à fait détaché des formules anciennes qui avaient encore, même chez Haydn ou Mozart, quelque chose de stéréotypé. Ses oppositions, en ce domaine, prennent un caractère dramatique, ou expressionniste, ou impressionniste, ou coloristique. Il cherche des plans, des lignes, des masses. Après l'audition plane, c'est, si l'on veut, l'audition dans l'espace.

À chacun des instruments Beethoven imposera des difficultés techniques accrues : que ce soit aux timbales qui deviennent expressives, ou subtilement harmoniques ; que ce soit aux cordes qui se voient projetées dans des registres inhabituels graves ou aigus, à moins qu'on ne leur demande des traits, ornements, récitatifs, etc., dignes de solistes. Ces mêmes cordes seront souvent divisées de façon beaucoup plus subtile qu'auparavant. Il est même curieux de voir à quel point Beethoven se montre exigeant et audacieux à leur égard si l'on songe à la technique des musiciens d'orchestre de son époque. Remarquons aussi qu'il est relativement rare que les cordes soient traitées en elles-mêmes, à découvert ; par contre, elles sont fréquemment doublées ou ponctuées par les vents, accumulation de moyens que certains puristes condamnent aujourd'hui comme trop compacts, mais assez compréhensible chez quelqu'un qui est en train de découvrir les joies de la symphonie (cette accumulation et ces doublures ne feront d'ailleurs que s'accroître chez ses successeurs jusqu'à la fin du xixe siècle en attendant que Debussy ait enseigné au monde d'autres magies : ceci est particulièrement net chez Bruckner qui, dans ce domaine, ira jusqu'à l'indigestion, mais aussi chez Wagner qui doit à ces doublures systématiques une grande part du singulier vertige de son orchestre). Pour ce qui est des divisions évoquées plus haut, on les voit apparaître jusque dans les violoncelles, ce qui est exceptionnel avant lui (l'indépendance accrue donnée par Beethoven au violoncelle n'est sans doute pas, dans les symphonies, aussi poussée que dans les quatuors à cordes, mais elle est cependant très marquée). La division des altos produit également des effets inconnus jusqu'alors, et, pour discrète qu'elle soit, elle n'en est pas moins génératrice de certains mystères sonores absolument inédits.

C'est probablement dans le domaine des instruments à vent que Beethoven s'est montré le moins audacieux. Il est vrai que ses prédécesseurs avaient été là-dessus assez loin. Aussi, bois et cuivres ne nous apportent-ils là rien de bien nouveau en eux-mêmes, sauf si nous considérons leur emploi dans la chimie sonore imaginée par Beethoven. On notera cependant que les Ve, VIe et IXe symphonies introduisent l'ensemble des trombones dans la musique de concert (les trombones n'étaient auparavant utilisés que pour des effets spectaculaires au théâtre ou à l'église).

Côté percussion, ce sont évidemment les timbales qui ont bénéficié de la plus vive invention de la part de Beethoven. N'oublions pas cependant que c'est avec la *IXe Symphonie* que la grosse caisse, le triangle et les cymbales font leur entrée dans la musique de concert, n'ayant précédemment été employées que pour les musiques militaires, et pour certaines « musiques turques » de style baroque au XVIIIe siècle. Mais en ce qui concerne les timbales, elles ont une importance capitale dans le *pathos* beethovénien. L'emploi qu'en fait le compositeur a d'ailleurs beaucoup contribué à lui attirer ce reproche d'empâtement de l'orchestration qu'on lui adresse aujourd'hui encore. Quoi qu'il en soit, il en tire des effets lourdement mystérieux, étonnamment dramatiques, ou sèchement impérieux. Il les charge de missions même très délicates comme dans le mouvement lent de la Ire *Symphonie*. Il leur fait attaquer des modulations capitales comme dans la VIe. Il leur fait jouer un rôle dynamique décisif comme dans les Ve et IXe symphonies.

Tous ces prestiges symphoniques, nous les retrouverons autour des *Concertos* : cinq avec piano, et un pour le violon (nous ne citerons que pour mémoire le triple

Concerto pour piano, violon, violoncelle et orchestre, ainsi que la *Fantaisie* pour piano, chœurs, et orchestre qui ne constituent que des expériences). Il est évident que ces concertos, qui datent tous de la première ou de la seconde période, ne recherchent la plupart du temps qu'un effet décoratif par la façon dont ils sollicitent abondamment la virtuosité des solistes. Mais il convient également de remarquer qu'ils ne cultivent jamais la virtuosité en elle-même comme ce sera le cas de certains jeux romantiques. Et il faut aussi souligner le fait que les trois derniers concertos de piano et le concerto de violon atteignent à une grandeur pathétique tout à fait digne des symphonies. Toutefois, ce qui semble le plus original dans ces différentes partitions, c'est de voir comment Beethoven a su trouver une formule nouvelle, source du concerto romantique, dans laquelle le piano ou le violon ne sont plus purement et simplement des solistes accompagnés, mais deviennent de véritables collaborateurs de la *symphonie* où ils se trouvent fondus dramatiquement, tout en restant suffisamment en dehors sur le plan sonore.

MUSIQUE VOCALE

Il a été longtemps de bon ton — et il l'est encore aujourd'hui parfois — de dire que *Fidelio* est un opéra manqué, Beethoven, ajoute-t-on, n'ayant pas eu le sens dramatique. Et il est certain que si beaucoup de gens vont maintenant assister à des représentations de *Fidelio,* c'est plus pour entendre telle ou telle Léonore illustre, tel ou tel chef célèbre, que la partition de Beethoven.

Il semble bien, cependant, que nous soyons là en présence d'une des plus exceptionnelles réalisations de son auteur. Celui-ci avait d'ailleurs pour *Fidelio* une affection particulière. On a souvent pensé que c'était l'affection que l'on éprouve généralement pour l'enfant unique (on sait que c'est le seul opéra de Beethoven), ou pour l'enfant que l'on a eu le plus de mal à élever (on sait également qu'entre 1803 et 1814, date de la version définitive, Beethoven remit plusieurs fois son ouvrage sur le métier). Il est possible qu'il y ait là, en effet, un peu de ces sentiments. Mais maintenant, avec le recul de plus d'un siècle, nous pouvons constater ce que représente *Fidelio* à la fois dans la production beethovénienne et dans l'histoire du théâtre. Et nous nous rendons alors compte qu'en ce domaine comme dans les autres, le compositeur est allé vers un idéal que l'on ne pouvait soupçonner avant lui, qu'il a, là aussi, amplifié les cadres traditionnels, et considérablement apporté au drame musical moderne.

Certes, Beethoven se trouve ici encore lié à tout un ensemble de traditions et de routines qui ne céderont vraiment qu'avec Wagner et avec Verdi. Par certains aspects de l'œuvre, *Fidelio* est tout aussi rattaché au passé que les toutes premières sonates et les tout premiers quatuors. Mais par bien d'autres — le plus grand nombre — l'ouvrage s'évade loin de ces traditions. En raison de la nature du sujet (ou plus exactement de certains de ses épisodes) et du découpage du livret, Beethoven est engagé ici encore pour une bonne part dans l'ancien *Singspiel* allemand. Mais pour le reste, il est déjà tout entier dans l'opéra romantique (en quoi *Fidelio* est apparenté à *la Flûte enchantée,* mais dépasse considérablement cet ouvrage). Si certains épisodes constituent (du reste avec une dignité qui tranche sur la niaiserie de beaucoup d'ouvrages lyriques de ce temps), dans une certaine mesure, une somme des procédés alors en usage dans le théâtre d'opéra, la plupart des autres annoncent déjà de façon fort nette les futures réalisations de Wagner et de Verdi. A ce titre, et sans vouloir entrer dans le détail, il n'est que de citer quelques-uns de ces passages où Beethoven utilise une technique, une forme, une structure ou une écriture qui font pour la première fois leur apparition dans le domaine de l'opéra, rompant avec les froides conventions et retrouvant une vérité dramatique s'inscrivant à la suite des suggestions d'un Monteverdi ou d'un Purcell. Ne serait-ce, tout d'abord, que les parties chorales tout entières. Et il ne semble pas qu'auparavant le théâtre lyrique ait entendu résonner des accents aussi forts que ceux des airs de Léonore ou de Florestan, chefs-d'œuvre d'architecture lyrique et déjà de bel canto; l'extraordinaire scène et l'air de Florestan liés au prélude instrumental du début de l'acte de la prison, ainsi que l'air avec chœurs de Pizarro sont des nouveautés inouïes pour l'époque, et sont restés des modèles du genre, Verdi s'en souviendra; citons aussi des duos comme celui de Rocco et Léonore au deuxième acte, le trio du premier acte et le quatuor du deuxième, enfin le finale de ce même acte, unique alors par sa structure.

Il en est de même pour la *Missa solemnis* où nous voyons Beethoven amplifier un genre on ne peut plus traditionnel, et lui donner sa marque au point que l'œuvre en est presque extra-liturgique tant par son esprit que par ses proportions. Non pas qu'elle puisse paraître « mondaine » comme certaines messes de Haydn ou de Mozart, ou « théâtrale » comme les *Requiem* de Berlioz ou de Verdi, mais par la généralisation et l'universalisation qu'elle apporte à cette utilisation des textes sacrés. Tout en ne tournant nullement le dos au passé, et en faisant siennes les leçons de la modalité ancienne et celles des grands polyphonistes qu'il n'étudia que sur le tard, Beethoven réalise ici une conception toute personnelle dont l'audace et la nouveauté sont bien dignes de celui qui compose en même temps les derniers quatuors et la IXe *Symphonie,* qu'il s'agisse du sentiment religieux ou de la technique musicale.

Car dans ce domaine du sentiment religieux aussi, Beethoven fait éclater les cadres. Profondément pénétré de foi chrétienne, passionné pour l'histoire des cultes anciens et exotiques, d'une ferveur et d'une sincérité profondes (mais pratiquant assez peu zélé, à ce qu'il semble), ses conceptions religieuses sont davantage à base d'humanisme, d'humanitarisme et de philosophie que de pur respect des prescriptions réglementaires d'une religion donnée. Aussi retrouvons-nous dans la *Missa solemnis* l'esprit libre de ses autres œuvres et, une fois de plus, la lutte des antagonismes qui lui sont familiers : sur un plan très général, la dualité constituée par la puissance et la majesté de Dieu, en face de la petitesse et de la misère de la créature. C'est du moins ce qui semble ici l'avoir le plus frappé. Et pour traduire cette idée à travers les prières de la messe, il se comportera comme partout ailleurs, ne s'effacera pas derrière les textes sacrés, ni derrière des formules traditionnelles, mais au contraire se mettra en avant, et cela de son aveu même. Il se rendait d'ailleurs parfaitement compte de ce que cette œuvre pouvait avoir d'exorbitant par rapport à l'office, puisqu'il précisait que l'ouvrage pouvait être donné « aussi »

comme un oratorio, ce qu'il fit en 1824 en la faisant exécuter au théâtre sous le nom d'*Hymnes*.

Claude ROSTAND.

ESQUISSE CHRONOLOGIQUE

1770 Naissance à Bonn (16 décembre ?). Baptême, église
St-Rémi (17 décembre).

1778 Enfant prodige : Ier concert à Cologne. Travaille
avec son père.

1779 Études musicales avec le fantaisiste Tobias Pfeiffer.

1780 Études musicales avec Egidius van den Eeden, Willibald Koch, Rovantini. Études scolaires au Tirocinium de Bonn.

1781 Enfant prodige : tournée en Hollande.

1782 Études musicales avec C. G. Neefe.

1783 Première œuvre éditée (9 *Variations en ut mineur*
pour clavier).

1784 Nomination comme organiste en second, à Bonn.

1785 Nomination comme répétiteur au théâtre, à Bonn.

1786 Se fait une clientèle d'élèves.

1787 Voyage à Vienne. Rencontre avec Mozart. Mort de
sa mère.

1788 « Amours à la Werther » (Romberg), mais passagères.

1789 Entrée à la faculté de lettres de l'Université de Bonn.

1790 *Cantate sur la mort de Joseph II* (Ire œuvre de dimension).

1791 Voyage avec l'orchestre de l'Électeur.

1792 Rencontre avec Haydn à Bonn. Départ définitif de
Bonn. Arrivée à Vienne.

1793 Leçons avec Haydn. Présentation à Lobkowitz,
Razumovski, Lichnowsky, Browne.

1794 Études musicales avec J. G. Albrechtsberger, Salieri,
Krumpholz.

1795 Concerts et succès publics. Trois *Trios* op. 1.

1796 Voyages comme pianiste (Prague, Nuremberg, Berlin, Budapest).

1797 « Malgré toutes les défaillances du corps, mon génie
doit triompher ».

1798 *Sonate* dite « *Pathétique* ».

1799 Compositions de *Variations* pour piano.

1800 Ire *Symphonie*. Achèvement des six *Quatuors* op. 18.

1801 *Sonate* dite « *Clair de lune* ». Passion pour Giulietta
Guicciardi. Débuts précis de surdité.

1802 Crise morale et Testament de Heiligenstadt. *II*e *Symphonie.*

1803 *Sonate* dite « *à Kreutzer* ».

1804 *Symphonie* « *Eroica* ». Travaux pour *Fidelio.*

1805 Passion pour Joséphine Brunswick. *I*re de *Léonore.*

1806 Nouvelle version de *Léonore. IV*e *Concerto pour piano. Concerto pour violon. IV*e *Symphonie. Sonate* dite « *Appassionata* ». Achèvement des *Quatuors* 7 à 9.

1807 Amitié avec l'archiduc Rodolphe. *Coriolan. Messe en ut.*

1808 Achèvement de la *V*e *Symphonie.* Marie Erdödy. Achèvement de la *VI*e *Symphonie* dite « *Pastorale* ».

1809 *V*e *Concerto pour piano. Sonate des* « *Adieux* ». *X*e *Quatuor.* Contrat avec l'archiduc Rodolphe et les princes Kinsky et Lobkowitz.

1810 *Egmont. XI*e *Quatuor.* Mariage manqué avec Theresa Malfatti. Rencontre avec Bettina Brentano.

1811 *Trio* dit « *à l'archiduc* ».

1812 *VII*e *Symphonie.* Lettre « à l'immortelle bien-aimée ». Entretiens avec Goethe. *VIII*e *Symphonie.* Amalie Sebald.

1813 *La Victoire de Wellington.* Travaux pour *Fidelio.*

1814 Succès de *Fidelio.*

1815 Début de la tutelle du neveu Karl. *Sonates* pour piano et violoncelle op. 102.

1816 Aggravation de l'état de santé. *Sonate* op. 101. *Lieder* « *A la bien-aimée lointaine* ».

1817 Affection pulmonaire. Crise morale. Solitude.

1818 Convalescence. *Sonate* op. 106. Premiers travaux pour la *Missa solemnis.*

1819 Travail pour la *Missa solemnis.* Surdité devenue maintenant totale.

1820 Travail pour la *Missa solemnis. Sonate* op. 109.

1821 *Sonate* op. 110. Rechute pulmonaire. Affection hépatique.

1822 *Sonate* op. 111. Fin de la *Missa solemnis.*

1823 *IX*e *Symphonie. Variations sur une valse de Diabelli.* Affection oculaire. Échec de sa candidature au poste de maître de chapelle de la cour de Vienne.

1824 *XII*e *Quatuor* op. 127.

1825 Projet de voyage à Londres. Affection hépatique. *XIII*e *et XVII*e *Quatuors* op. 130 et 133.

1826 Projet pour *Faust* et *X*e *Symphonie.* Tentative de suicide de son neveu Karl. Pneumonie et cirrhose, *XIV*e *et XVI*e *Quatuors* op. 131 et 135.

1827 Travaille à la *X*e *Symphonie* (inachevée). Mort, le **26 mars**, à 17 h. 45.

BIBLIOGRAPHIE

OUVRAGES EN ALLEMAND.

FRIMMEL, Th. von., *Beethoven-Handbuch*, 2 vol., Leipzig, 1926.

KALISCHER, A. Ch., *Correspondance*, Berlin et Leipzig, 1908-1911.

LEITZMANN, A., *Journal intime*, 2 vol., Leipzig, 1921.

SCHÖNEWOLF, K., *Beethoven in der Zeitenwende*, 2 vol., Halle, 1953.

SCHÜNEMANN, G., *Cahiers de conversation*, 3 vol., Berlin, 1941.

OUVRAGES EN FRANÇAIS

BEETHOVEN, L. van, *Beethoven raconté par ceux qui l'ont vu*, lettres, mémoires, etc., réunis et traduits par J. G. PROD'-HOMME, Paris, 1927.

BEETHOVEN, L. van, *Carnets intimes*, suivis du *Testament d'Heiligenstadt* et des commentaires du Pr. A. LEITZMANN, traduits par M. V. KUBIÉ, Paris, 1936.

BEETHOVEN, L. van, *Carnets de conversation* (1819-1827), traduits et présentés par J. G. PROD'HOMME, Paris, 1946.

BOYER, J., *Le « Romantisme » de Beethoven. Contribution à l'étude de la formation d'une légende*, Toulouse, 1939.

CURZON, H. de, *Les lieder et airs détachés de Beethoven*, Paris, 1905.

HERRIOT, E., *Vie de Beethoven*, Paris, 1929.

KUFFERATH, M., *Fidelio de L. van Beethoven*, Paris, 1913 (1912).

LENZ, W. de, *Beethoven et ses trois styles*, 2 vol., Bruxelles, 1854.

MARLIAVE, J. de, *Les Quatuors de Beethoven*, nouv. éd., Paris, 1960.

PROD'HOMME, J. G., *Les Symphonies de Beethoven*, 1800-1827, Paris, 1906.

PROD'HOMME, J. G., *La jeunesse de Beethoven*, 1770-1800, Paris, 1927.

PROD'HOMME, J. G., *Les Sonates pour piano de Beethoven*, 1782-1823, Paris, 1937.

ROLLAND, R., *Beethoven, les grandes époques créatrices*, 7 vol., Paris, 1928-1949.

WAGNER, R., *Beethoven*, traduit par J. L. CRÉMIEUX, 7e éd., Paris, 1937.

SCHUBERT

Schubert appartient à la fois au XVIIIe et au XIXe siècle. Mais contrairement à d'autres créateurs qui, de ce fait, n'ont d'assise nulle part, il nous a légué un monde équilibré en tous ses éléments. Sa spontanéité et son naturel sont tels que beaucoup l'ont pris pour une sorte d'oiseau chantant sur sa branche. Un oiseau buvant sec, s'il est permis de parler ainsi, et dont il suffit de prononcer le nom pour que, béat, l'on évoque Vienne, le vin nouveau et les amours faciles. Pour tout dire, il aurait été un homme médiocre et un musicien inspiré.

La rupture fut-elle vraiment totale entre le compositeur et l'homme ? Écoutons les amis de Schubert. Ce sont en général des êtres cultivés, intelligents : poètes, écrivains, peintres, juristes. Quelques-uns, comme Schwind ou Grillparzer, n'ont pas disparu de notre mémoire. Les réunions étaient fréquentes ; on faisait de la musique, bien sûr, et les soirées s'appelaient alors fort significativement des « schubertiades ». Mais on lisait aussi des vers, des pièces de Shakespeare (dont on raffolait), des romans de Walter Scott, des œuvres de Tieck et de Schlegel. On discutait avec passion, et les propos de Schubert, nous dit-on, étaient toujours sensés, souvent « d'une grande élévation d'esprit », parfois d'une verdeur réjouissante. En musique, il avait des opinions « nettes, brèves, péremptoires ».

Bauernfeld, aux yeux de qui Schubert représentait le « juste alliage de l'idéal et du réel », nous apprend encore que son ami ne négligeait pas les « lectures sérieuses » et il ajoute : « Il existe de sa main des extraits d'ouvrages historiques, philosophiques même ; son journal contient ses propres pensées, des plus originales souvent, des vers aussi... »

« Grave, profond, comme inspiré », ainsi le décrit Ottenwalt dans une lettre adressée à Joseph von Spaun.

« Je ne puis parler de l'étendue de ses connaissances, continue-t-il, et dire qu'elles forment un tout, mais c'étaient des vues d'une philosophie non pas simplement assimilée, et la part que pourraient y avoir de nobles amis n'ôte rien à l'originalité qui s'y révèle ». Faisons la part de l'amitié, de l'admiration pour le musicien, de l'exaltation propre à cette époque. Même ramenée à des dimensions prudentes, l'image que nous obtenons est bien différente de celle accréditée par la tradition.

Bauernfeld parle du journal de Schubert. Il en reste quelques feuillets seulement (si tant est qu'il y en eut beaucoup plus), les uns datés de 1816, les autres de 1824. En les lisant on est frappé par l'inquiétude profonde qui s'y manifeste ainsi que par la solitude intérieure du musicien et le regard désabusé, singulièrement lucide, qu'il pouvait jeter sur le monde. Des gaucheries font sourire ; le ton, assez guindé en 1816, est, à peu d'exceptions près, celui des jeunes qui écrivent un journal. Mais, les questions étant au moins aussi importantes que les réponses, celles que se pose Schubert sont loin de refléter un esprit médiocre.

Ce journal et certaines de ses lettres contiennent des passages traitant de Dieu, de l'au-delà, des forces qui régissent l'univers. Religieux, il l'était sans doute à sa façon, par élans intermittents, et sans orthodoxie.

« Je ne m'efforce jamais à des sentiments de piété, déclare Schubert à son père au sujet de l'*Hymne à la Vierge* (le célèbre « Ave Maria ») et n'écris des compositions de ce genre que sous l'emprise inconsciente de cet état d'âme. Mais alors c'est généralement une vraie, une authentique ferveur. » Et nous lisons dans son journal : « La raison n'est que foi analysée. »

A son père il confie encore — et c'est l'autre versant de ses rapports avec la religion — « que l'on s'est montré très surpris de la piété (qu'il a) exprimée dans (son) *Hymne à la Vierge* » (il est surtout surprenant de voir placer ce lied dans une perspective si éloignée de celle qui nous semblerait acceptable). Ainsi, sa croyance oscille entre le christianisme et un déisme, lequel, tout en admettant un créateur distinct de la création, envisage (confusément) la possibilité d'un échange, après la mort, entre les énergies humaines libérées et les forces de la nature. Il a certainement connu des moments de doute, et c'est probablement à un de ces moments que fait allusion Ferdinand Walcher dans une de ses lettres, lorsque, après avoir cité le *Credo in unum Deum,* il ajoute : « Toi non, je le sais... ». Mais, placée dans son contexte, une phrase comme par exemple : « C'est un mauvais metteur en scène celui qui demande aux acteurs plus qu'ils ne sauraient donner », n'est certainement pas celle d'un athée. De toute façon, les seules violences de langage que Schubert se soit permises dans ce domaine sont dirigées contre le clergé autrichien : « La haine sans pardon contre la race des Bonzes te fait honneur », écrit-il à son frère Ignace, et c'est une chance que la police de Metternich n'ait pas intercepté cette lettre compromettante. L'attitude de Schubert s'explique par l'exaspération politique qui régnait alors dans certains milieux autrichiens, ainsi que par un mouvement de révolte contre l'étroite bigoterie de ses parents.

Depuis la perte de sa mère (1812), la mort tient une grande place dans ses pensées. Tantôt elle lui apparaît comme l'arrêt total de tout ce qui fait le prix de la vie, tantôt comme une porte ouverte sur une existence plus parfaite. « Des instants de bonheur égayent la sombre vie; là-bas, ces instants de bonheur seront une jouissance perpétuelle; de plus béats encore se transformeront en regards sur des mondes encore plus heureux et ainsi de suite. » Dans un moment de dépression, il offre sa vie au Créateur :

> Tue-la et tue-moi;
> Précipite, jette tout au Léthé :
> Et laisse une existence pure, forte,
> Éclore alors.

A peu d'exceptions près *(Gruppe aus dem Tartarus, Fahrt zum Hades)*, chaque fois que la mort se trouve évoquée dans un lied, nous rencontrons le même solennel et mystérieux éclairage, la même douceur, les mêmes alternances d'ombre et de lumière.

Ce retour d'une même attitude devant des situations semblables n'est pas dû à un phénomène de simple mimétisme; en usant d'une prudence extrême, il serait peut-être possible d'entrevoir le lien secret qui unit l'homme à l'artiste. Mais il faut bien se garder de considérer l'œuvre à travers l'homme ; c'est, bien au contraire, celui-ci qu'il faut placer dans le sillage de son art, évitant ainsi et la scission de la personnalité en deux moitiés inconciliables, et une exégèse trop littéraire des ouvrages.

LES LIEDER

Dans ses lieder, le choix des textes lui-même est révélateur des oscillations de la pensée de Schubert, et corrobore les fluctuations qu'il est possible de constater dans son journal et ses lettres. Si, dans le lied *Schwanengesang (le Chant du cygne)*, nous trouvons le double visage de la mort — celui noyé dans l'ombre et celui tourné vers l'éternité vivante —, dans l'extraordinaire *Der Jüngling und der Tod (le Jeune Homme et la Mort)*, l'adolescent demande extatiquement d'être emmené dans le mystérieux pays de la beauté pure. Mais si la mort est une extase libératrice, l'extase elle-même est une forme de la mort : *Auflösung* nous conduit vers l'instant où l'âme se libère des entraves du corps pour s'élancer à la rencontre de l'Esprit. Dans ce lied, la source génératrice est l'accord parfait majeur ; des vagues successives d'arpèges deviennent le symbole d'une dissolution harmonieuse, d'une annihilation progressive de la personnalité, et la présence presque continuelle de la tierce majeure crée un fond de douceur angoissante.

De toute façon, les lieder constituent le centre de gravité de l'œuvre entière. Non seulement par leur nombre (environ 650), mais surtout, mais avant tout, par la variété des solutions d'ordre formel, la richesse de l'invention mélodique, la possibilité enfin de concentrer un drame en quelques pages. Il est parmi eux de purs chefs-d'œuvre qui représentent l'état le plus achevé de l'art de Schubert.

Ses premiers lieder, qui naissent vers 1811, sont inspirés par les ballades de J. R. Zumsteeg, dont le caractère dramatique l'impressionne vivement : il imite celles-ci, dans un certain nombre d'œuvres assez longues, aux *tempi* continuellement changeants, prodigues en récitatifs et ariosos, et recherchant comme principe essentiel la diversité à tout prix. Mais déjà dans *Hagars Klage (la Plainte d'Agar)* on trouve un sens de l'efficacité vocale qui ne laisse d'étonner chez un garçon de quatorze ans. D'autres influences s'exercent aussi : celles des lieder de Zelter et de Reichardt (tous deux représentant l'Allemagne du Nord alors que Zumsteeg était Souabe) aux lignes mélodiques simples mais expressives, ainsi que, légèrement italianisant, l'apport viennois des Steffan, Friberth, Holzer, Rupprecht et Hoffmann. Ces influences se traduisent par une importance croissante accordée au lied strophique qui, à l'opposé de la ballade de Zumsteeg, recherche une unité totale d'atmosphère et de temps, une expression « globale » qui soit comme la somme des sentiments exprimés par le texte. Les efforts de Reichardt en faveur d'un accompagnement plus complexe, plus personnel, ne sont certainement pas restés inaperçus, sans parler de l'exemple donné par Haydn, Mozart et Beethoven (*Adélaïde* est de 1795-96).

Schiller et Matthisson semblent avoir séduit tout d'abord le jeune musicien. Mais en 1814, à 17 ans, celui-ci écrit *Marguerite au rouet,* premier grand exemple du lied romantique, premier des éclairs jaillis de sa rencontre avec le génie de Goethe. On n'a pas assez fait remarquer que ce lied ne se contente pas d'épuiser les possibilités expressives « immédiates » du texte, mais apparaît comme un miroir reflétant en sa totalité la personnalité et la destinée de l'héroïne, telles que nous les trouvons dans *Faust.*

Le tournoiement obstiné d'un motif d'accompagnement n'est pas simplement un élément de musique descriptive ; il est le symbole sonore de l'inquiétude et de l'obsession de Marguerite. Son interruption au sommet de la tension est d'un effet dramatique jusqu'alors insoupçonné dans le lied. Musicalement il assure l'unité de l'ensemble, de même que l'élan, la force qui jettent en avant la ligne mélodique et, impitoyablement, l'entraînent de plus en plus loin, à leur tour relient entre elles les différentes sections de l'ouvrage.

L'accompagnement fait preuve d'une étonnante maîtrise de l'écriture instrumentale, et la prosodie est traitée généralement avec respect et, « lorsqu'il le faut », avec une liberté intelligente. On assiste en somme à une re-création du poème de Goethe, ce qui explique d'ailleurs le peu de goût que le poète a pu avoir pour une transposition aussi audacieuse.

Composé l'année suivante — 147 lieder sont nés entre-
temps — l'*Erlkönig (le Roi des Aulnes)* assure son unité
par les mêmes moyens que l'œuvre précédente. Par sa
manière de choisir le chemin le plus court, par l'opposition rapide et cruelle des contrastes, il consacre le
triomphe, dans la musique romantique, des forces nocturnes, menaçantes, hostiles à l'homme.

Ballade de caractère nordique (ballade à composition
continue, sans la diversité du temps de Zumsteeg, mais
avec deux mesures de récitatif, à la fin, d'une bouleversante vérité musicale), l'*Erlkönig* fait penser à quelque
grand exemple d'origine populaire. Mais qu'on y
prenne garde : Schubert n'a presque jamais utilisé des
thèmes empruntés au folklore ; il a inventé lui-même des
mélodies que la musique populaire dite « viennoise »
a adoptées à cause de leur charme, de leur spontanéité
et de leur simplicité.

La répétition rapide d'octaves, dans l'accompagnement, suppose un pianiste au sens moderne du mot :
ce sont les lieder qui, à cette époque, entraînent l'écriture
de Schubert le plus loin possible sur le chemin de
l'avenir.

Graduellement, ces œuvres montrent une organisation de plus en plus « totale » de tous les éléments
d'expression ; il arrive à un équilibre de plus en plus
souple, de plus en plus assuré entre la voix et l'instrument dont tous les registres sont mis à contribution.

La partie de piano explicite la ligne vocale et devient
souple, colorée, diverse. Parfois la mélodie qui lui est
confiée s'épanouit avec une telle intensité que la voix,
émue, se contente de donner la réplique. Mesures introductrices, interludes, postludes ne se contentent plus
d'être une sorte de cadre bon à mettre en valeur le
chant lui-même : ils font indissolublement corps avec
lui.

Quelquefois un lied épouse la rigueur d'une forme
définie pour des raisons purement expressives, témoin
le *Doppelgänger (le Sosie)* construit sur un motif qui se
répète, au piano, à la manière d'une chaconne (voir
ex. 1).

Ex. 1.

Consubstantielles, mélodie et harmonie unissent leurs pouvoirs pour intensifier l'expression jusqu'à la limite du possible. Le rapport de deux tons, l'alternance des modes arrivent à créer une dimension expressive nouvelle : Schubert charge en effet les modulations de fonctions expressives que l'on réservait auparavant aux thèmes, et ces modulations ont souvent la beauté des trouvailles inespérées et pourtant nécessaires. Il en est de même de l'alternance des modes majeur et mineur sur une même tonique. Dans *Pause,* par exemple, le motif initial, souvent exposé en *si bémol majeur* (ton du lied) puis en *la bémol majeur,* est présent en *la bémol mineur,* et c'est une enharmonie inattendue (le *fa bémol* devenant *mi bécarre* et le *ré bémol* devenant en fait un *do dièse*) dramatique dans son ambiguïté qui rétablit le ton principal (voir ex. 2).

fliegt's um die Sai_ten mit seuf_zendem Klang.

(la bémol majeur)

Ist es der Nach_klang

(la bémol mineur)

_ mei_ner Lie_bes_ pein? Soll es das

Vorspiel_ neu_er_ Lie_der sein?

(si bémol majeur)

Ex. 2.

Dans *Gute Nacht (Bonne nuit)*, le majeur, survenant après trois strophes en *ré mineur*, devient le signe bouleversant d'une ironie victime de sa propre tendresse :

Ex. 3.

Toute la musique de Schubert utilise ces jeux de lumière et d'ombre : mais un moyen, qui ne semble pas avoir eu de précédent immédiat dans la musique classique viennoise, est utilisé dans *Die Stadt (la Ville)*. Ce lied (texte de Heine) est presque entièrement construit sur une pédale de tonique immuable sur laquelle se succèdent des arpèges de septième diminuée du 4ᵉ degré élevé : nous sommes plongés dans une atmosphère brumeuse, celle dans laquelle le poète entrevoit à l'horizon la ville où il a perdu son amour. Or, cet accord, dissonant selon l'école, ne se résoudra pas, anticipant ainsi sur les hardiesses réservées aux générations à venir :

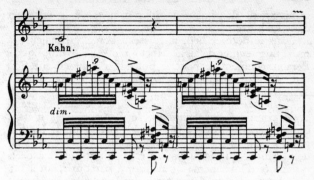

Les deux dernières mesures du lied :

Ex. 4.

C'est le développement psychologique des textes poétiques qui tout d'abord établit l'unité du cycle de *la Belle Meunière*. C'est ensuite, à défaut d'une parenté thématique, la cohésion obtenue par l'évocation persistante du ruisseau à travers la presque totalité du cycle (voir à ce sujet les remarques d'A. Einstein et de J. E. Brown). Mais c'est surtout le choix des rythmes et des tons qui compte : en dehors des rapports traditionnels entre tons relatifs, on trouve des rapports de tierce, cette « Mediantenrückung » que Beethoven a aimée autant que Schubert, des changements de mode sur une même tonique et parfois le maintien du même ton pour deux lieder qui se suivent; en revanche, des ruptures très nettes marquent un changement d'ambiance. De toute façon, l'unité tonale n'est pas recherchée : nous savons qu'il arrivait à Schubert de commencer un mouvement de sonate dans un ton et de le terminer dans un autre.

Dans le dernier lied, le ruisseau berce, en majeur, la mort du meunier délaissé. Mort « réelle » ? Symbolique ? Personnellement je penche pour la deuxième solution qui, de plus, donne plus de profondeur aux vers de Wilhelm Müller.

Die Winterreise (le Voyage d'hiver) est le dernier grand cycle composé par Schubert, le *Schwanengesang* n'étant qu'un recueil constitué *post mortem* par l'éditeur Haslinger. Les poèmes sont une fois de plus l'œuvre de Wilhelm Müller qui, ici, réussit à créer vingt-quatre aspects différents d'une même obsession, à parcourir, un à un, tous les degrés du désespoir jusqu'à la lisière de la folie *(Im Dorfe)* ou l'annihilation de la personnalité *(Der Leiermann)*.

Müller, qui devait mourir en 1827, n'a pas eu connaissance des lieder que Schubert venait de composer et qui, s'il est permis de parler ainsi, représentent l'enfer de l'être dont la mort nous est contée dans *la Belle Meunière*.

Dix-sept lieder en mineur encadrent sept autres en majeur. De toute façon, la définition toute faite : majeur = allégresse, mineur = tristesse, doit ici subir une revision très nette, car très souvent le majeur y représente un accroissement du désespoir.

Cela dit, aucun plan tonal ne se trouve à la base du cycle. Comment y en aurait-il eu un d'ailleurs, étant donné que ces vingt-quatre lieder sont en somme les diverses facettes d'un même état d'âme ? Ils sont unis entre eux par la force contraignante de l'expression qui s'exerce dans un même sens, par la *qualité* identique de leur densité.

Un bon nombre de poèmes choisis par Schubert se situe très nettement au-dessous du niveau que l'on peut concéder à Wilhelm Müller, et l'on ne s'est pas privé d'en tirer des conclusions défavorables concernant son goût littéraire. Un tel reproche est d'autant moins fondé que les noms de Goethe, Novalis, Schlegel, Rückert, Kerner sont liés à des réussites difficiles à ignorer. Et nous devons à Heine quelques lieder qui ennoblissent le recueil de Haslinger.

Il ne faut pas oublier non plus que des vers possèdent

des qualités *momentanées,* liées à l'époque de leur publication et qui ensuite s'estompent, se résorbent dans le temps. Nous n'avons pas les mêmes réactions qu'un jeune Autrichien de 1825. Ce qui nous semble plat a pu avoir pour lui une vertu de nouveauté qui nous échappe. Et puis, croit-on vraiment qu'il soit possible à un musicien, qui prend appui sur la production littéraire de son temps, d'avoir à sa disposition plus de six cent cinquante chefs-d'œuvre ?

Bien plus, il est évident qu'une phrase, ou même une seule image évoquée, peuvent suffire pour enflammer l'imagination d'un grand compositeur. Personne ne songe à défendre la valeur littéraire de *Nacht und Träume (Nuit et Rêves)* de M. von Collin; toujours est-il que ce poème insipide se trouve à l'origine d'un des lieder les plus inspirés de tout le romantisme.

En dépit des critiques partiales, mais excusables, de Hugo Wolf, il est difficile d'affirmer que Schubert n'a pas été à la hauteur des textes de Goethe qu'il a mis en musique. Bien sûr, rien n'est plus dangereux que de transporter sur un plan différent une œuvre d'art parfaite en elle-même. Mais Schubert n'a jamais trahi l'essentiel. Parfois, la transmutation opérée est saisissante de justesse, comme par exemple ce chœur, *Gesang der Geister über den Wassern (Chant des esprits au-dessus des eaux),* dont il existe plusieurs versions, la dernière étant pourvue d'un accompagnement de cordes. Ce qui frappe, c'est non seulement la noblesse des lignes, mais surtout la manière dont fut capté le « frisson cosmique » des paroles de Goethe. Un autre chœur, *Mondenschein (Clair de lune),* impose avec une évidence hallucinante l'élément quasi visionnaire du poème. On a l'impression que le génie du compositeur s'épanouit avec une splendeur à la fois sensuelle et spiritualisée dont le rayonnement est d'autant plus pur qu'aucun instrument n'y apporte son timbre et qu'il provient simplement d'un même élément multiplié par lui-même comme dans un miroir magique.

L'ŒUVRE PIANISTIQUE

On a dit que seules les limites imposées par un texte poétique ont empêché l'imagination de Schubert de

musarder et l'on s'est répandu en lamentations sur son
incapacité de « construire » au sens classique du mot.
Sans doute la trame de ses sonates est-elle moins serrée
que chez Beethoven. On se heurte à des longueurs, à
des redites. Un côté improvisateur se fait sentir. Cela
peut donner l'impression du « décousu ». Est-elle toujours justifiée ? Nous ne pensons plus que seules les
normes beethovéniennes soient valables.

Bien sûr les thèmes des sonates de Schubert ne sont
presque jamais des « thèmes » mais des mélodies qui
s'étirent et chantent éperdument. Des éléments dits
secondaires acquièrent de l'importance; les richesses que
le classicisme cachait, laissait sous-entendre, sont révélées
en plein jour. Imagine-t-on le sentiment de bonheur
dont devait s'accompagner cette libération ? Le deuxième
thème gagne en importance et, par là, très souvent, le
développement est contraint de s'allonger. On a l'impression que, délibérément, « féeriquement » si je puis
dire, l'auteur se perd en chemin parce qu'il vit dans
l'instant et *parce que,* tout de même, il connaît son
but.

Bien entendu, on trouve des « longueurs » qui sont
vraiment des longueurs et des redites qu'on ne peut
expliquer que par le plaisir de l'auteur de réécouter une
mélodie qu'il aime. Mais des œuvres existent également
qui vivent grâce à des rapports inédits de couleurs, de
volumes, de tensions et de détentes. La dynamique, les
ritardandi, les silences aident à édifier une construction
fondée sur des lois nouvelles.

Un ouvrage comme la *Sonate en la mineur* op. 42 est
sans doute une des plus belles réalisations romantiques
par la hardiesse du langage harmonique, par les domaines
de la sensibilité qu'elle explore, par la passion qui
l'anime, par l'enchantement qui transfigure le mouvement lent (avec, à la fin, la merveilleuse *Hornseligkeit*
qui aurait séduit Stendhal), par son scherzo qui fait
penser à Brahms, par l'atmosphère, curieusement partagée entre le fantasque et le réel, du finale.

Prenons un exemple précis : la coda du premier mouvement. Les oppositions d'intensité ont une valeur
structurelle. Elles concentrent, elles résument le jeu des
tensions et des détentes du mouvement entier et mettent
en valeur l'étonnante irrégularité de coupe des phrases

qui, à son tour, souligne l'alternance féconde du modal
et du tonal. Des variations de vitesse intérieure, des
accords qui, en eux-mêmes, sont déjà *expression,* des
crescendos de plus en plus puissants forment un
monde cohérent organisé vraiment d'une manière nouvelle :

Ex. 5.

Schumann pensait que trois des quatre *Impromptus*
op. 142 (les nᵒˢ 1, 2 et 4) constituaient une sorte de
sonate secrète : les romantiques ont toujours eu la
hantise de l'ordre au sein de la liberté. C'est cependant
Schubert lui-même qui a permis à Diabelli de publier
les quatre pièces dans l'ordre que nous connaissons;
et il n'a élevé aucune objection contre leur titre. De
toute façon, il faut vraiment solliciter quelque peu les
textes pour découvrir un véritable *allegro* de sonate dans
le premier de ces *Impromptus*.

La polyvalence des formes, chez Schubert, a amené
l'éditeur Haslinger à adopter une attitude contraire à
celle de Schumann, en publiant la *Sonate en sol majeur*
(D. 894), « l'œuvre la plus parfaite de l'auteur » sous
le titre « Fantaisie, Andante, Menuetto und Allegretto ».
Mais si l'on tient vraiment à établir des rapprochements
entre une forme « libre » et celle, longtemps sacro-
sainte, de la sonate, autant penser à la *Wanderer-Phantasie*. Non seulement elle établit un équilibre global des
mouvements, mais elle donne à chacun d'entre eux le
caractère qu'il aurait, de droit, dans une sonate de
type classique.

Ces quatre mouvements tirent leur substance d'un
thème commun et se jouent sans interruption. Le thème

étant emprunté à un lied bien connu de Schubert, *Der Wanderer (le Voyageur),* des exégètes en quête de littérature n'ont pas manqué d'évoquer les poèmes symphoniques de Liszt et d'échafauder des « programmes » parfaitement gratuits. Tant qu'à citer Liszt, il vaudrait mieux penser à sa *Sonate en si mineur,* laisser en paix les poèmes symphoniques et oublier définitivement l'adaptation qu'il a cru bon de faire de la *Wanderer-Phantasie.* L'œuvre se suffit à elle-même et constitue un exemple particulièrement attachant d'une certaine catégorie d'ouvrages de caractère orchestral qui ne sont pas « pianistiques », qui ne « tombent pas sous les doigts » et qui cependant ne peuvent être écrits que pour le piano.

Même cette *Fantaisie,* qui se voulait virtuose, n'a pas induit Schubert dans la tentation d'écrire un concerto pour piano et orchestre. Ses idées ne se laissaient pas facilement plier à ce genre auquel sa personnalité était réfractaire. Chaque fois que le piano est envisagé comme instrument soliste, l'œuvre se referme sur elle-même de façon que, Schubert l'eût-il voulu, elle n'aurait jamais pu se prêter à une dialectique de milieux sonores opposés.

Très éloignés de cette sorte de problèmes, les *Impromptus* op. 90 et 142 enrichissent la musique instrumentale d'une qualité de lyrisme tout à fait nouvelle et, en dépit de leur équilibre et de leur clarté, adressent un adieu définitif au classicisme.

Rappelons que cette forme nouvelle n'est pas une invention de Schubert. Ses prédécesseurs en ce domaine semblent avoir été deux musiciens tchèques, V. J. Tomašek et J. H. Vorzišek. Chez Schubert, ces pièces fixent un « moment » d'inspiration et c'est en l'organisant qu'elles entendent sauvegarder et prolonger sa spontanéité, renforcer sa raison d'être. C'est pourquoi l'éditeur M. J. Leidesdorf n'a pas été mal inspiré en appelant *Moments musicals (sic)* les six pièces publiées l'année même de la mort de Schubert. Il est amusant de se souvenir que la troisième de ces pièces a paru d'abord dans un « Album musical » sous le titre *Aire russe (sic).* Quant au dernier, il eut le droit de s'appeler *Plaintes d'un troubadour.*

Le même lyrisme, la même écriture subjective et pourtant bien des fois encore tributaire du xviiie siècle, caractérisent aussi les autres œuvres pour piano : *Varia-*

tions, Ländler, Écossaises et aussi le très bel *Allegretto en ut mineur* dont le climat est bien proche de celui du *Rondo en la mineur* de Mozart.

Il est significatif que Schubert ait accordé une attention soutenue aux compositions pour piano à quatre mains. De ces œuvres, conçues non pas tant à l'intention du public que pour la joie, simple et grande, de faire de la musique en un cercle intime, la plus belle est sans doute la *Fantaisie en fa mineur*. Schumann aurait pu la qualifier, elle aussi, de « sonate libre » — une sonate dont la cohésion interne est renforcée par la réapparition très efficace du thème initial et par la présence, *in fine,* d'un contre-sujet de fugue également emprunté au premier mouvement. Le deuxième volet recèle une curieuse prémonition de la variation VII des *Études symphoniques* et la mobilité ailée du scherzo est un enchantement. Quant à la fugue finale (pas très orthodoxe, à vrai dire, et bien hâtive) elle montre tout de même une aisance d'écriture qui a échappé à beaucoup de ses juges.

D'une manière générale, dans cette *Fantaisie,* la sonorité du piano est « moderne », de même que dans l'*Allegro non troppo* intitulé, Dieu sait pourquoi, *Lebensstürme,* dans le *Divertissement à la hongroise,* et dans le *Duo en ut majeur* op. 140. L'ampleur de cette dernière œuvre a pu faire penser à Schumann qu'elle était la réduction d'une symphonie. Ce fut la cause de maintes confusions. Joachim a orchestré le finale; on est même allé jusqu'à prétendre qu'il s'agissait de la fameuse *Symphonie de Gmunden-Gastein.*

LA MUSIQUE DE CHAMBRE

Lorsque le piano se joint à d'autres instruments, il abandonne, dans l'esprit de Schubert, sa fonction essentielle. Il n'est plus, pour employer une expression d'Alfred Einstein, « l'organe du langage personnel de l'intimité ». Délivré d'une mission aussi importante il devient l'agent efficace d'une beauté qui se contente d'être sensorielle.

Abstraction faite de trois *Sonatines* qui montrent une nouvelle fois que l'esprit du XVIIIe siècle pouvait encore être vivant dans l'âme d'un jeune musicien romantique, les œuvres pour piano et violon ont un côté virtuose et parfois même élégant qui les situe dans un des cercles les plus extérieurs de l'univers schubertien, témoin le *Rondo en si mineur.*

Assez inégale, bien que d'une grande fraîcheur d'inspiration, la *Sonate en la majeur* op. 162 (1817) demande beaucoup au talent des interprètes. Il n'est pas facile de donner au bref développement du premier mouvement le poids nécessaire pour faire souhaiter la réexposition. Il n'est pas facile non plus — et c'est un phénomène presque rare chez Schubert — d'établir un équilibre entre le raffinement des harmonies et la trop grande simplicité et légèreté des lignes mélodiques qui, pour une fois, ne sont pas consubstantielles. C'est une œuvre sympathique et divertissante tout comme la *Sonate pour piano et arpeggione* (guitare à archet) écrite pour Vincenz Schuster.

La *Fantaisie* op. 159 n'est pas non plus une œuvre profonde. Mais sa construction est curieuse, car les mouvements s'entrepénètrent, réapparaissent les uns au milieu des autres, même lorsqu'il s'agit d'un thème avec variations. (Il faut avouer que ce thème, le lied *Sei mir gegrüsst,* quelque peu modifié pour la circonstance, n'a pas gagné au change.) C'était là une innovation hardie dans le domaine de la forme; aussi, le soir de la première audition, les auditeurs furent réellement décontenancés. « La salle s'est peu à peu vidée, écrit un chroniqueur, et le signataire de ces lignes s'avoue lui-même incapable de dire quoi que ce soit de la fin de ce morceau. »

Dans les deux *Trios* op. 99 et 100 ainsi que dans le *Quintette en la majeur* op. 114 « la Truite », le piano parcourt toute l'étendue du clavier, introduit un élément de mobilité, fluidifie la substance musicale et, souvent maintenu dans le registre aigu, accroît la luminosité de l'ensemble.

Pour Schumann, le premier *Trio,* en *si bémol,* était passif, féminin, lyrique, tandis que le second, en *mi bémol,* lui semblait actif, viril, dramatique. Ce n'est pas juste. L'élan, l'allégresse, l'ampleur orchestrale du *Trio en si bémol* n'ont rien de passif. Le caractère fantasque du scherzo contraste avec l'éclat plus solide, plus traditionnel, de celui en *mi bémol,* sans pour cela avoir un caractère « féminin ».

Si l'on veut se rendre compte de la richesse d'invention de Schubert, il faut comparer, dans les deux *Trios,* les mouvements lents. La ferveur presque extatique du premier est très différente de la mélancolie poignante du second. Jusqu'à nouvel ordre, la légende de la chanson populaire suédoise, qui serait à l'origine de ce dernier, a peu de chance de passer dans le domaine des réalités. Mais il n'est peut-être pas sans intérêt d'observer que son lourd rythme de marche, qui le rapproche du premier lied du *Voyage d'hiver* (voir ex. 3) est l'indice d'une tension intérieure dont il ne nous est pas impossible de déceler la source. Aussi le voyons-nous réapparaître au cours du finale auquel il confère une profondeur assez inattendue.

Schubert aimait à replacer tel ou tel de ses lieder dans une œuvre instrumentale : il pouvait ainsi développer à son gré les virtualités qui s'y trouvaient incluses. Cela ne signifie absolument pas que ces emprunts introduisent un programme secret dans l'œuvre qui vient de les accueillir : la *Wanderer-Phantasie,* des symphonies, l'*Octuor* et même, dans une certaine mesure, les *Quatuors* nous enseignent bien le contraire. Et, de même, les variations sur le thème archiconnu de *la Truite* n'ont, au sein du *Quintette en la majeur,* qu'une signification purement musicale. Sans doute, l'idée de joindre une contrebasse à un piano, un violon, un alto et un violoncelle a été dictée par les circonstances dans lesquelles fut composé l'ouvrage. (Hummel avait déjà utilisé le même effectif.) Ce quintette, en son ensemble, a toujours été considéré comme un ouvrage de moindre importance et, bien sûr, il s'agit d'une œuvre faite uniquement de charme et de joie de vivre. Mais précisément parce qu'elle ne s'élève pas trop haut, ni ne pénètre en profondeur, sommes-nous à même d'y constater avec plus de facilité la présence active d'une liberté naturelle, qu'aucune passion, aucune violente poussée intérieure n'est venue renforcer. C'est là, à l'état pur, une des constantes de la démarche créatrice de Schubert.

L'évolution du compositeur frappe, par ailleurs, par la manière dont il élargit, approfondit, complète sa personnalité sans qu'elle subisse des transformations spectaculaires comme celle de Beethoven. Même ses premiers quatuors à cordes, qui font des emprunts à droite et à gauche et qui manquent de maturité, sont pleins de signes annonciateurs : modulations inusitées, chroma-

tisme, emploi du trémolo, liberté dans l'emploi des tonalités même à l'intérieur d'un mouvement. Puis, à 23 ans,
c'est le *Quartettsatz* : un seul mouvement, *allegro assai* (un
andante inachevé existe), d'une qualité sonore « inouïe »
jusqu'alors, sombre, mystérieux, avec d'extraordinaires
échappées vers la lumière. Plus tard que dans ses
lieder, voici Schubert en pleine possession de lui-même.

Dans le *Quatuor en la mineur,* deux mesures d'introduction suffisent pour établir une atmosphère de pénétrante nostalgie et pour faire éclore une mélodie d'autant plus émouvante qu'elle est énoncée avec une
suprême simplicité (voir ex. 6). Rarement un deuxième
thème, tout simplement au relatif majeur, eut une telle
luminosité. Cette lumière est une émanation de sa propre

Ex. 6.

substance plus que du rapport des tons entre eux.
Le deuxième mouvement est lui aussi en *ut majeur;*
mais ici, l'éclairage a changé. C'est l'*andantino* de
Rosamunde que, amplifié et pourvu de deux sections
nouvelles, Schubert établit comme un pont entre deux
rives de la mélancolie. Le menuet fait un emprunt révélateur au lied *Die Götter Griechenlands (les Dieux de la
Grèce).* « Schöne Welt, wo bist Du ? » demande le
poète, et la réponse est empreinte de tristesse. Seul le
finale essaie d'être gai ; il n'y parvient pas et, loin d'apporter un allégement, il confirme l'état de dépression dans
lequel vivait l'auteur à cette époque.

Lorsqu'on parle du *Quatuor en ré mineur,* on pense
tout de suite à son deuxième mouvement : les variations
sur le lied *la Jeune Fille et la Mort.* On pense beaucoup
moins, et l'on a tort, à l'énergie inquiète, orageuse
qui anime les trois autres mouvements et qui dévoile
un aspect de l'auteur que certains lieder, certaines
« explosions » dans les sonates avaient déjà laissé pressentir. Des éléments communs aux quatre parties ren-
forcent l'unité de cette œuvre dont le centre de gravité,
le centre nourricier, musicalement parlant, est constitué
par les étranges variations qui lui ont donné son nom.
Il est possible que Wagner se soit souvenu du scherzo
en composant la musique de Mime dans *Siegfried* et que
Brahms n'ait pas oublié les trouvailles rythmiques du
finale, ni certains détails d'écriture.

Dans le *Quatuor en sol majeur,* le dernier que Schubert
ait écrit, l'alternance majeur-mineur, caractéristique de
son langage, détermine en profondeur la structure interne
des mesures introductrices :

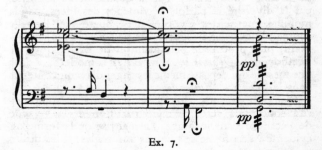

Ex. 7.

Le rapport est inversé dans la réexposition :

Ex. 8.

Petite en apparence, cette modification subtile affecte non seulement l'idée elle-même mais la structure du mouvement entier. Le jeu des modes régit aussi la construction du finale. Le trémolo, qui n'a jamais été une preuve de goût en musique de chambre, est ici non pas un moyen facile d'expression mais un élément sonore qui a sa part de responsabilité dans l'élaboration du premier mouvement. Par la qualité de sa sonorité, par la diversité et parfois la violence des idées, par la mobilité interne des « voix » et l'habileté avec laquelle sont appliquées les ressources les plus variées du contre-point, plus proche de Schumann et de Brahms que de Beethoven, le *Quatuor en sol majeur* est « moderne » dans une mesure qui dépasse même les gages d'avenir contenus dans le *Quintette en ut majeur*.

L'emploi de deux violoncelles renforce la somptuo-sité sonore de cette dernière partition et la vivacité de l'écriture dans le grave. La maîtrise de la forme est évidente : l'esprit ne se plie pas aux règles; il les utilise

et, en les utilisant, il les transfigure. L'adagio (indication
agogique rare chez Schubert) est en *mi majeur :* à nouveau
la « Mediantenrückung » exerce son attrait. Ici encore,
c'est le mouvement lent qui forme le noyau de l'ensemble,
par sa ferveur extatique, par la spiritualisation progressive de la passion qui l'habite (voir ex. 9). Dans le
scherzo, un *presto* (à trois temps, en *ut*) contraste avec

Ex. 9.

un *andante sostenuto* (en *ré bémol,* à quatre temps). C'est dans toute l'œuvre, comme une prescience : on y trouve, maîtrisée, la quintessence du romantisme.

Quant à l'*Octuor,* il imite très étroitement le *Septuor* de Beethoven par l'ordonnance de ses mouvements et par le choix des instruments — avec, en plus, un second violon. Mais dans le *Septuor,* le cor, la clarinette, le basson se souviennent encore du XVIIIᵉ siècle, alors que, chez Schubert, ils deviennent les interprètes de la nostalgie, des ombres douces, de la sérénité et donnent, en *fortissimo,* ce choc que l'on reçoit lorsque la voix humaine exprime, en chantant, le paroxysme. Cette consubstantialité des timbres et des idées nous mène directement à l'un des aspects les plus intéressants de la musique symphonique de Schubert.

L'ŒUVRE SYMPHONIQUE

On connaît le cri de Schubert, repris par Schumann et par Liszt : « Que faire après Beethoven ? » Les neuf *Symphonies* avaient porté la forme sonate à un achèvement impossible à dépasser si l'on ne changeait pas de chemin. Schubert sut trouver une solution personnelle, mais ce ne fut pas sans effort. Il commence sous les auspices de Haydn et de Mozart, s'incline, dans la *IVᵉ Symphonie,* devant Beethoven et, à partir de 1822, devient admirablement indépendant.

Certaines caractéristiques générales sont bonnes à noter : la manière dont trois régions tonales se partagent la structure de l'exposition, le rappel de l'introduction dans la réexposition (et dans le tempo de celle-ci), la densité plus grande du deuxième thème par rapport au premier, la présence d'un menuet jusqu'à la *VIᵉ Symphonie.* Il est certain que, pris dans son acception la plus stricte, le travail thématique est moins complexe que celui de Beethoven; mais le langage harmonique y supplée d'une manière neuve et raffinée — d'une manière si neuve et si raffinée que les contemporains en furent déroutés.

Le XVIIIᵉ siècle s'estompe aux portes de la *VIᵉ Symphonie,* qui mélange des traits personnels avec des influences diverses dont celle, très nette, de Rossini.

La *VIIᵉ Symphonie* — la vraie septième, dans l'ordre

chronologique — est une symphonie *en mi,* en quatre mouvements. Mais seules les premières 110 mesures sont tout à fait achevées. Le reste consiste en des esquisses comprenant *in extenso* les parties de violon et de basse. Des indications très précises permettent de prendre connaissance des intentions de Schubert. C'est en utilisant ces indications que J. F. Barnett en 1883 et Felix Weingartner en 1934 ont reconstitué cette partition incomplète. Que s'est-il passé ? On sait que, pressé par le nombre, la qualité et l'urgence de ses idées, Schubert abandonnait parfois une composition pour en commencer une autre.

C'est peut-être cette richesse d'idées se chassant les unes les autres qui peut apporter une explication à peu près satisfaisante de ce que l'on pourrait appeler le mystère de la *Symphonie inachevée.*

L'auteur en avait remis le manuscrit à son ami Joseph Hüttenbrenner. Comme convenu, celui-ci l'envoya à son frère Anselme qui habitait Gratz : c'est ce musicien médiocre qui avait transmis à Schubert un diplôme d'honneur de la société de musique qui siégeait dans sa petite ville de province. Pour des raisons obscures, la partition resta cachée, inconnue, jusqu'en 1864, bien qu'en 1853 Anselme en eût fait une adaptation pour piano à quatre mains.

T. C. L. Pritchard a émis l'hypothèse que les deux frères avaient perdu une partie du manuscrit — d'où leur discrétion. Lorsqu'on sait que les domestiques de Josef Hüttenbrenner ont allumé le feu avec les 2e et 3e actes de *Claudine von Villa Bella,* on n'est évidemment pas très rassuré.

Une deuxième hypothèse, celle d'Arnold Schering, est beaucoup moins plausible. Grand partisan d'exégèses littéraires trop hardies, le musicologue allemand (prenant appui sur le « rêve » écrit de Schubert) pensait que l'auteur avait délibérément composé une symphonie en deux mouvements. Les esquisses d'un scherzo militent, en partie tout au moins, contre cette assertion. Le fait que le premier mouvement est *en si mineur* et le second *en mi majeur* est un autre argument qui, me semble-t-il, doit être pris en considération. Nous savons bien que l'unité tonale n'a pas toujours été un souci primordial de Schubert. Mais il est peu probable qu'une symphonie

de cette importance ait été construite, en 1822, avec
un tel oubli des « bienséances ».

L'opinion d'Einstein selon laquelle, désespérant de
pouvoir mener à bonne fin une œuvre aussi splendide,
Schubert l'aurait tout simplement laissée en plan, est,
elle aussi, peu vraisemblable. Encore une fois, à moins
d'une découverte sensationnelle, il faut se contenter de
penser que l'abondance des idées a amené Schubert à
différer l'achèvement de cette œuvre au profit d'une autre.
Pour nous, concise, poétique, dramatique, l' « Inachevée » montre, bien plus encore que la *VII*e, comment
le lyrisme peut atteindre un degré d'intensité dramatique
capable de créer une œuvre symphonique parfaitement
organisée.

Un autre problème est celui de la *Symphonie de Gmunden-Gastein*. Prenant appui sur des lettres de Schubert et
de ses amis, Grove, Einstein, Deutsch, pour ne nommer
que ceux-ci, ne doutent pas de l'existence, cachée, de
cette œuvre fantôme. Cependant les arguments avancés
par M. J. E. Brown ont assez de poids pour entretenir
un doute salutaire dans notre esprit.

Selon que l'on veut tenir pour acquise ou non l'existence de cette symphonie, celle *en ut majeur* portera le
numéro IX ou X. Schumann a dit qu'elle ne devait rien
à Beethoven, ce qui est vrai, même si le modèle de l'andante n'est guère difficile à identifier, ni tel passage du
finale. Elle est monumentale, certes, mais admirablement
proportionnée. Avec l'extraordinaire appel de cor dans
l'introduction, avec ses thèmes nettement découpés, ses
couleurs resplendissantes, ses grands sommets dramatiques qui sont à l'échelle de l'ouvrage, avec son finale
qui, organiquement, est le couronnement de l'édifice,
elle montre avec clarté comment Schubert appartient
à la fois au classicisme et au romantisme.

L'ŒUVRE DRAMATIQUE

Pendant une bonne partie de son existence, Schubert
a cultivé la musique de théâtre avec une constance que
l'on ne saurait traiter à la légère. Ses lettres ne cachent
d'ailleurs pas l'importance qu'il y attachait — ni les
raisons exactes de son attitude. De toute façon, la lecture
de ces compositions nous permet de faire connaissance

avec des pages exquises, pleines de tendresse, de poésie, de trouvailles ravissantes; mais, d'une manière générale, aucune d'entre elles, prise en son ensemble, ne possède ce pouvoir contraignant sur le spectateur qui est la marque des grandes réussites théâtrales. Pourquoi ? Prenons comme point de départ de notre examen la faculté, déjà mentionnée, de concentrer un drame dans les limites étroites d'un lied. Quelle part ce don de synthèse a-t-il eue dans l'élaboration des œuvres dont nous parlons ? A-t-il agi à la manière d'un stimulant, ou bien a-t-il constitué un obstacle difficile et le plus souvent impossible à franchir ?

Dans un lied, il imorte avant tout de sauvegarder l'unité de l'atmosphère. La diversité se place à l'intérieur d'un univers déterminé et défini par le noyau affectif autour duquel, nécessairement, il gravite. Tous les aspects convergent vers cette unité supérieure — ce qui, en dépit de l'espace restreint qui leur est assigné, ne signifie pas que les tensions fortes en soient éliminées. C'est très exactement la « technique » de Schubert : la parole l'incite à concentrer l'expression, à intérioriser son propre langage.

Dans un opéra, le livret ne peut se limiter à irradier sa charge affective. Il doit modeler des caractères, déclencher des événements, bâtir une action. Il établit une succession de scènes qui naissent l'une de l'autre mais qui, pour être efficaces, ne doivent pas abandonner leur autonomie, relative d'ailleurs, au profit d'une unité immédiatement repérable.

Ainsi donc, au lieu de concentrer, il faut se déployer. Il faut dissocier les points de haut voltage et remplir d'une vie à multiples facettes les grandes étendues qu'ils sont appelés à jalonner. Par rapport au lied, cela suppose une disposition différente des composantes dans le temps, de même que les surfaces plus larges rendent nécessaire l'emploi de couleurs plus vives, de contours plus prononcés, de contrastes plus tranchés qui, à leur tour, modifient la structure du discours musical. Tout ce qui, dans le lied, était intime, se tourne largement vers l'extérieur. L'unité est avant tout interne. Le rapport voix-instrument se trouve également modifié. Le piano qui « suggérait », s'exprimait par allusion, est remplacé par l'orchestre qui exige de « payer comptant ».

Comment Schubert va-t-il réagir à ces exigences impérieuses ?

Nous avons noté que les réussites de détail étaient nombreuses. Mais si l'on prend au hasard l'un de ces ouvrages pour le considérer en son ensemble, comme un tout, on est bien obligé de reconnaître que les ombres et les lumières, les tensions et les détentes, sont distribuées de manière peu habile et que le manque de relief qui en résulte en dessert cruellement la vie dramatique. Gluck ne soutenait-il pas que l'impression produite par un air dépendait moins de sa beauté réelle que de sa place dans la partition ?

Mais il serait injuste de faire porter à Schubert seul l'entière responsabilité de ce défaut d'organisation, et même celle d'autres faiblesses que nous aurons à étudier. Étant donné sa sensibilité à la vie intérieure des mots, l'impossibilité où il se trouvait à suivre, comme dans ses lieder, cette inclination naturelle qui l'incitait à concentrer, à intérioriser, à supprimer les chaînons intermédiaires, à aller au plus pressé (rappelons que sa musique instrumentale obéit à des lois différentes), on comprendra le rôle de premier plan dévolu aux livrets. Or, à l'exception de *Claudine von Villa Bella,* Schubert n'eut à sa disposition que des textes de troisième ordre, des pièces mal construites et encombrées d'un romantisme de pacotille, de personnages sans épaisseur et de situations fausses. Leur médiocrité est telle que, parfois, même l'inépuisable lyrisme de Schubert s'en trouve comme amenuisé. Le fait de les avoir acceptés prouve, une fois de plus, que celui-ci n'était pas un vrai homme de théâtre. Pour s'en rendre compte, il suffit de penser à l'attention que portaient Lully, Mozart ou Verdi à leurs livrets.

Pourquoi Schubert s'est-il contenté de textes aussi peu satisfaisants ? On l'a dit incapable de résister à la pression de ses amis; ce n'est pas tout à fait exact : lui-même a avoué que, bien des fois, il leur a refusé des poèmes qui ne lui plaisaient pas. L'explication est peut-être d'un autre ordre : le théâtre n'est pas pour Schubert un moyen spontané d'expression, mais, pour une bonne part, un moyen d'arriver. Il avait envie de ne pas être aux yeux du monde un « simple » compositeur de lieder (on en était encore là vers 1870!). Il écrit

donc des opéras en pensant au succès. Mais il s'y prend
mal et fait des erreurs de tactique. En choisissant tel
livret, il pense obtenir l'approbation du public ou
la faveur de personnages importants (qui ne le sont
guère). Docilement, il a recours à un auteur qui, aujour-
d'hui, nous semble illisible, August von Kotzebue, mais
qui, au début du siècle, était considéré comme un écrivain important. Sa « féerie naturelle », *Des Teufels Lustschloss (le Château du Diable)* — quel sous-titre révélateur
de la mentalité du public d'alors —, avait été mise en
musique plusieurs fois avant Schubert, et par des compositeurs bien moins naïfs que lui. Mais leur esprit
s'apparentait à celui du librettiste, ce qui souvent est une
garantie de succès sinon de qualité, tandis que Schubert,
lui, n'avait aucune chance de réussir dans la médiocrité.
Toutefois, même voilé, le génie ne peut passer inaperçu.
Et c'est ainsi que *Des Teufels Lustschloss* contient quand
même quelques belles pages inspirées : celles, surtout,
où le tempo de l'action se détend et où le lyrisme l'emporte. Même l'écriture contrapuntique y est à l'honneur,
et d'une façon remarquable.

Il faut se garder de penser que Schubert a pris la
musique de théâtre à la légère : il a fait de constants et
sincères efforts pour mener à bien la tâche qu'il s'était
proposée. Il a beaucoup étudié la manière d'équilibrer,
d'assouplir, de varier un air. Très tôt, les ressources
de l'orchestre sont utilisées avec ingéniosité. Comme
dans les symphonies, les instruments à vent l'attirent
et l'inspirent. L'alliance des bois et des trombones, dans
l'ouverture de *Des Teufels Lustschloss,* est un exemple
frappant de cette ingéniosité précoce. Il en est de même
de la *Trauermusik* d'*Adraste* ou, plus tard, des passages
virtuoses dans les *Zwillingsbrüder (les Frères jumeaux),*
des mesures qui introduisent le récitatif au début de
l'acte II d'*Alfonso et Estrella,* de la scène du berger dans
Rosamunde et des cors et bassons qui, dans la même
pièce, établissent le vrai climat d'un chœur de chasseurs.
A certains moments, l'emploi poétique des timbres
montre un tel raffinement que l'on a l'impression que
timidement il annonce la « Klangfarbenmelodie ».

Cette sensibilité prophétique n'a pas frappé outre-
mesure la critique du temps qui, en revanche, est partie
en guerre contre de prétendus abus de modulations.

Le plus vivant, le plus inspiré des « Singspiele » est sans doute le fragment de *Claudine von Villa Bella ;* *Der Vierjährige Posten (Quatre Ans de faction)* est beaucoup moins transparent, moins ailé. Au point de vue de la psychologie, *Die Freunde von Salamanka (les Amis de Salamanque)* montrent une très nette amélioration dans la caractérisation des personnages, tandis que *Fernando* imite inutilement les opéras-comiques noirs que l'on donnait à Vienne : c'est de l'artisanat, de bonne façon certes, mais on sent que la participation réelle de l'auteur fait défaut. L'ouverture de la *Zauberharfe (la Harpe enchantée)* fut publiée par Leidesdorf en 1828 comme étant celle de *Rosamunde,* et c'est sous ce faux titre qu'elle a fait le tour du monde; celle des *Zwillingsbrüder (les Frères jumeaux)* mériterait non seulement une mention mais sa résurrection dans nos salles de concert. En dépit d'une Espagne de pacotille, la musique d'*Alfonso et Estrella* a parfois une flamme que M. J. E. Brown a qualifiée avec raison de verdienne. Au 3e acte, les quatre premières scènes sont reliées entre elles, et des dessins mélodiques font des apparitions répétées que l'on ne peut pas appeler des *leitmotive* mais qui en préparent l'avènement. Dans *Fierrabras,* leur emploi sera plus fréquent encore. (Il est juste de rappeler qu'avant *Alfonso,* Méhul, Lesueur, Catel, Berton, Grétry ont tous utilisé le retour plus ou moins significatif des thèmes.) *Alfonso et Estrella* est aussi le seul ouvrage de Schubert entièrement pourvu de récitatifs remarquables par leur beauté mélodique et par la souplesse et la variété de l'accompagnement instrumental.

A partir de 1823, Schubert se détourne du théâtre qui est totalement sous la domination italienne. Il y revient en 1827 lorsqu'il s'attaque à *Der Graf von Gleichen (le Comte de Gleichen),* drame turco-chrétien imaginé par son ami Bauernfeld et peu fait pour plaire à la censure impériale, car il y est question de bigamie. Que Schubert y ait consacré du temps — les esquisses sont assez avancées — signifie que le travail à cet opéra commençait à l'intéresser en lui-même.

Tel est l'état de choses. Il ne semble pas raisonnable de souhaiter la représentation intégrale d'un ouvrage lyrique de Schubert. La seule partition en faveur de laquelle on pourrait éventuellement faire une exception

serait *Der häusliche Krieg (la Croisade des dames)*, qui
met en scène l'histoire d'une Lysistrata embourgeoisée,
et dont le titre original — *la Conjuration* — avait une
fois de plus effrayé la censure viennoise. Des pages
existent, en tout cas, qu'il est de notre devoir de sauver
de l'oubli.

MUSIQUE RELIGIEUSE

Alors que les réactions de Schubert devant un poème
étaient directes, vives, personnelles, celles déterminées
par les textes sacrés de la messe avaient un caractère
moins immédiat comme si, par sa fonction comme par
son allure hiératique et impersonnelle, la langue latine
avait enveloppé le compositeur d'un réseau serré de
conventions défavorables à son tempérament artistique.

Sur leur plan particulier, chaque Kyrie, chaque Gloria
se conforme à un archétype que l'on trouve dans la
première messe (1814). En revanche, il n'est pas sans
intérêt d'observer la manière dont, comme dans les
opéras, l'écriture chorale gagne en importance à mesure
que l'on approche des années de la maturité.

Très souvent, la qualité des œuvres de Schubert est
directement proportionnelle à la liberté avec laquelle il
est permis à son lyrisme de s'épancher. C'est à cette
générosité, cette intensité, cette « vraie et authentique
ferveur » que la *Messe en la bémol majeur* doit son rayonnement. Non pas que, de la première à la dernière page,
elle présente ce caractère de nécessité absolue qui est
la marque des chefs-d'œuvre accomplis ; mais lorsqu'on
l'a entendue, il est impossible d'oublier la lumière qui
semble éclaircir de l'intérieur le *Kyrie (en la bémol)* et
le *Gloria (en mi majeur)*, ni l'*Incarnatus est* avec ses cres-
cendi rapides, ni la magnificence des harmonies du
Sanctus : en trois mesures on passe de *fa majeur* en *fa
dièse mineur*. Ce n'est certainement pas tout, mais à eux
seuls ces exemples suffiraient pour faire comprendre
l'attachement que l'auteur portait à cette partition et
les nombreuses modifications qu'il ne s'est pas lassé d'y
apporter.

La différence qui existe entre cette *Messe en la bémol*
et celle en *mi bémol majeur,* née en 1828, nous est livrée
dans ses traits essentiels par la comparaison des deux

Agnus Dei. Dans la dernière de ces partitions, la première moitié du verset, contrepointée, allant de *forte* à *fortissimo,* s'oppose à la deuxième — *Miserere nobis* — qui est pleine de douceur et de résignation. A chaque reprise, le crescendo augmente. Et le *Dona nobis pacem* commence, andante, comme un lied, se développe, change plusieurs fois de tempo et, à lui seul, dépasse de beaucoup la longueur des pages précédentes. Dans la *Messe en la bémol,* l'*Agnus Dei* est une pièce équilibrée qui, elle aussi, change de tempo pour le *Dona nobis pacem ;* mais Schubert adoucit les angles, dès les mesures introductrices confiées aux cordes. Plus encore que la thématique, c'est la structure interne qui différencie ces deux œuvres entre elles.

Le catalogue thématique d'O. E. Deutsch mentionne neuf messes et une trentaine d'autres compositions religieuses, dont six a cappella. Beaucoup de ces œuvres sont inégales; on ne peut cependant rester insensible à la ferveur, la douceur, la transparence du *Psaume XXIII* (pour voix de femmes et piano), ni à la vive allure dramatique du *Psaume XCII* écrit en hébreu pour le cantor Salomon Sulzer.

Vers 1826, un physicien, J. Ph. Neumann, demanda à Schubert de composer des chants sur des textes qu'il avait écrits pour rendre l'office divin plus accessible à ceux qui y participaient. L'ensemble (9 cantiques) reçut le titre de *Messe allemande* ou plus exactement « Chants pour la célébration du saint sacrifice de la messe ».

Six ans plus tôt, Schubert avait commencé à mettre en musique un livret d'August H. Niemeyer : *Lazare ou la fête de la résurrection,* une cantate en 3 actes pour soli, chœur et orchestre. Pour des raisons assez complexes, tant artistiques que personnelles, il ne dépassa pas le deuxième acte et c'est dommage, car une forte vie dramatique anime ces pages. La peur de la mort y est vécue avec une intensité bouleversante. Les scènes forment un tout homogène, récitatifs et airs se rapprochent, l'ensemble annonce le drame lyrique à venir.

Sans aucun doute, l'harmonie de Schubert a influencé Wagner. On la retrouve également dans la ferveur scintillante, dans la magie colorée des lieder de Wolf. Et de toute façon, comment toute la production de lieder qui a suivi ne serait-elle pas tributaire des chefs-d'œuvre si rapidement évoqués dans ce travail ? Ce qu'on a appelé le « côté viennois » de Schubert a influencé Brahms; et Mahler recherchera désespérément le lien secret qui, même dans des partitions vastes comme la *Symphonie en ut,* unit si naturellement la simplicité à la grandeur, la chanson populaire aux pages profondes et complexes. Brahms, Mahler, Bruckner ont suivi, ou essayé de suivre, l'exemple de cette symphonie : sa manière nouvelle d'organiser la forme et les dimensions agrandies qui en résultent.

On a beaucoup et inutilement discouru sur les connaissances théoriques de Schubert. Faut-il vraiment prendre encore sa défense ? Vers la fin de sa vie, il a demandé à Simon Sechter de lui donner des leçons de contrepoint. On n'a pas manqué d'interpréter cette démarche comme un aveu d'incapacité. Pourtant ses œuvres sont là pour montrer qu'il était parfaitement capable d'une écriture contrapuntique vivante; mais cette écriture doit être jugée d'après le rôle qui lui est assigné dans telle ou telle partition, et non par rapport à je ne sais quelles prouesses peu compatibles avec l'esprit du compositeur.

Chemin faisant, nous avons vu les sources qui ont nourri son génie. Miraculeuse de fécondité, sa vie, plus brève que celle de Mozart, donne, beaucoup moins que celle-ci, l'impression d'avoir été talonnée par je ne sais quelle volonté supérieure, soucieuse d'engranger toute la moisson avant qu'il ne soit trop tard. Elle ne fait pas penser à un cercle qui se refermerait sur lui-même mais plutôt à une marche brusquement interrompue.

Rien ne donne une idée plus juste de la lucidité de Schubert que cette phrase écrite en 1824 : « Mes facultés musicales et mon chagrin sont à la base de tout ce que je crée; les ouvrages nés uniquement du chagrin semblent donner moins de plaisir au monde. » L'attitude de Schubert a été identique à celle du monde. Et c'est ce qui fait sa grandeur.

Dorel HANDMAN.

BIBLIOGRAPHIE

BEAUFILS, M., *Le lied romantique allemand*, Paris, 1956.

BROWN, M. J. E., *Schubert : A Critical Biography*, Londres, 1961.

CAPELL, R., *Schubert's Songs*, Londres, 1928.

CŒUROY, A., *Les lieder de Schubert*, Paris, 1948.

DEUTSCH, O. E., *Schubert : A Documentary Biography*, Londres, 1946.

DEUTSCH, O. E., *Schubert : Die Erinnerungen seiner Freunde*, Leipzig, 1957.

DEUTSCH, O. E., *Schubert : Thematic Catalogue of all his Works in Chronological Order* (in collaboration with D. R. Wakeling), New York, 1950.

EINSTEIN, A., *Schubert, portrait d'un musicien* (traduction de Jacques Delalande), Paris, 1958.

PITROU, R., *Franz Schubert, vie intime*, Paris, 1949.

PRODHOMME, J.-B., *Schubert raconté par ceux qui l'ont vu*, Paris, 1928.

SCHNEIDER, M., *Schubert*, Paris, 1957.

LA MUSIQUE EN ESPAGNE
(1750-1880)

L A période sur laquelle s'étend le présent chapitre montre l'évolution et les transformations de style qui feront sentir leur poids sur les différents genres musicaux. L'influence étrangère sera puissante. Elle suscitera des imitateurs. Mais le genre national donnera de nouveaux fruits parfois savoureux. L'hégémonie italienne des siècles précédents cède à de nouveaux courants venus d'autres pays qui, s'ajoutant à l'apport italien, se manifesteront surtout au théâtre.

LA MUSIQUE THÉÂTRALE

Vers le milieu du XVIIIe siècle, les représentations d'opéras italiens au Colisée royal sont désertées après quelques succès retentissants de Nicola Conforto, dernier venu à la cour madrilène. Barbara de Bragance et Ferdinand VI ne sont plus, et l'héritier du trône, Charles III, n'aime pas la musique. C'est alors que le librettiste Ramón de la Cruz traduit et adapte aux besoins des théâtres municipaux et des troupes nationales les opéras de Piccinni, Sacchini, Paisiello et Giuseppe Scarlatti, et même *le Tableau parlant* de Grétry.

Cependant, vers la fin du siècle, les représentations d'opéras italiens reprennent aux Caños del Peral, et une heureuse concurrence s'établit entre les chanteurs italiens et leurs collègues madrilènes qui chantent aussi des opéras étrangers.

A Barcelone, les troupes italiennes sont maintenues avec plus de persévérance et des opéras très divers y sont joués à partir du milieu du siècle, particulièrement ceux d'Antonio Tozzi, directeur de l'orchestre. En 1797, le théâtre barcelonais monte le premier opéra de Fernando Sors, jeune compositeur qui s'établira plus tard à l'étranger, et celui de Carlos Baguer, qui ne quittera jamais la ville. Auparavant, avaient été donnés quelques opéras du célèbre Vicente Martin y Soler, originaire de Valence, ainsi que quelques œuvres du Catalan Domingo Terradellas.

A Madrid, la musique théâtrale purement espagnole subit un renouvellement décisif sous son double aspect des *zarzuelas* et des *tonadillas*. La zarzuela renonce délibérément à ce qui l'avait caractérisée depuis sa naissance : la pompe et la majesté du sujet sont résolument écartées et, au lieu des dieux, héros, empereurs et rois, c'est la vie populaire qui sert d'inspiration à de simples tableaux de mœurs. Cette innovation est due à don Ramón de la Cruz, dont le collaborateur musical fut Antonio Rodriguez de Hita, maître de chapelle du couvent de l'Incarnation. La zarzuela qui inaugura cette nouvelle mode fut représentée en 1770 sous le titre *las Segadoras de Vallecas*. Auparavant, don Ramón avait composé des zarzuelas dans le style traditionnel, mais celles qui font suite à la représentation de 1770 sont toutes dans le style rénové; parmi les collaborateurs musicaux, ajoutons au nom de Rodriguez de Hita ceux d'Estéve, de Fabian Garcia Pacheco et de Ventura Galvàn. Brunetti et Boccherini ont également travaillé avec don Ramón.

Quant à la *tonadilla escénica* (terme que je propose pour distinguer ce genre des tonadillas primitives), c'est l'époque de sa plus grande gloire. Analogue aux intermèdes italiens, elle consiste en une œuvre chantée entre les actes *(jornadas)* des comédies et se définit comme un petit opéra-comique. Ébauchée vers 1750 par Antonio Guerrero, elle acquiert sa pleine indépendance en 1757 avec Luis Misón, musicien catalan établi à Madrid, et se maintiendra au répertoire pendant un demi-siècle.

Son caractère d'abord satirique évoluera vers le sérieux, en même temps que les influences de la musique autochtone (mélodies ou rythmes inspirés plus ou moins directement du folklore) faibliront devant l'envahissement progressif des formes et du style de l'opéra italien. Les principaux compositeurs de tonadillas sont, après Guerrero et Misón, Estéve, Laserna, Aranaz, Castel, Palomino, Galvàn, Rosales, Valledor, Marcolini, Bustos, Moral et Manuel Garcia.

Dans la tonadilla, le nombre des personnages était très

variable; c'est ainsi que l'on parle de *tonadilla a solo, a dos, a tres, a cuatro* ou de *tonadilla general* (jusqu'à dix ou douze acteurs). Le répertoire de tonadillas gagna tout le pays et passa en Amérique espagnole, où il fut repris et imité par des compositeurs américains. Son prestige fut bientôt tel que l'on créa des emplois de « compositeurs » dans les deux théâtres municipaux de Madrid avec l'obligation d'écrire chaque année un certain nombre de tonadillas, nombre impressionnant d'abord, mais qui se réduira à mesure que le genre deviendra plus compliqué. Les premiers titulaires de ces charges furent Pablo Estéve et Blas de Laserna.

En dehors des zarzuelas et tonadillas, les musiciens locaux composaient, sur commande, pour les comédies espagnoles qui, de tout temps, ont fait une large place à la musique chantée ou purement instrumentale. Il en était de même pour les *autos sacramentales ;* ceux-ci, cependant, à la suite de certains scandales, furent interdits par l'ordonnance royale de 1765.

Enfin, l'exemple du *Pygmalion* de Rousseau inspira un grand nombre de *melologos,* pièces théâtrales dans lesquelles la musique intervenait pendant les silences de la déclamation, en accord avec les exigences du poète. Le premier melologo, *Guzmán el Bueno,* est du poète et musicien Iriarte. Citons ensuite, parmi les auteurs le plus en vogue, le librettiste Comella et le compositeur Laserna. Les pompeuses *scenas mudas* de l'époque exigeaient également la participation musicale.

LE THÉÂTRE AU XIXᵉ SIÈCLE

A partir de 1800, un changement complet se manifeste au théâtre : en effet, seuls sont autorisés les interprètes et la langue espagnols, à l'exclusion des étrangers et des autres langues. Aussitôt, le personnel, qui s'était distingué dans la tonadilla et qui pratiquait par conséquent le style italien, incorpora à son répertoire un grand nombre d'opéras italiens en traduction, et porta également un intérêt grandissant à la production florissante des opéras-comiques français de Dalayrac, Boieldieu, Solié et autres. Le castillan est désormais la langue de tous les spectacles, sauf à Barcelone où prévaut un régime d'exception.

Le triomphe de l'opéra-comique français et de ses imitations (parmi les imitateurs en Espagne, il faut mentionner Manuel Garcia, qui bientôt abandonnera sa patrie pour toujours) fut cependant éphémère, et, dès 1815, l'italianisme connaît un regain de vigueur grâce au succès de Rossini. La prépondérance de l'opéra italien sera manifeste au théâtre du Liceo à Barcelone, inauguré en 1847, et au Théâtre royal de Madrid, ouvert en 1850. La production espagnole pendant toute cette époque reste sous le signe de l'imitation : Ramón Carnicer, Baltasar Saldoni, Hilarión Eslava, Tomas Genovès, Vicente Cuyàs, Eduardo Dominguez, José Valero, Ventura Sanchez Lamadrid, Ignacio Ovejero et bien d'autres en témoignent. Sous le patronage de la reine Isabelle II, Emilio Arrieta donna deux opéras dans un petit théâtre construit spécialement à cet effet dans le Palais royal.

Entre-temps, la tonadilla escénica a complètement disparu des scènes espagnoles, de même que la zarzuela, dont on oublie même la définition. En 1832, on assiste à une première tentative de restauration de la zarzuela, et pendant les années 1841 à 1850, plusieurs zarzuelas en un acte verront le jour. Hernando et Gaztambide composeront même quelques zarzuelas en deux actes, preuve de l'intérêt croissant qu'on y porte. En 1851, Francisco Asenjo Barbieri crée, avec *Jugar con fuego,* la *zarzuela grande* en trois actes, bientôt imité par Oudrid, Gaztambide, Arrieta et Fernàndez Caballero. Les Bouffes-Parisiens exercent une grande influence aux alentours des années 1865, et la brève prospérité des *bufos madrileños* est liée au nom du compositeur José Rogel, aujourd'hui oublié. Le *género chico,* qui connaîtra bientôt une grande vogue, ne saurait être traité dans les limites de ce chapitre.

LA MUSIQUE PROFANE NON THÉÂTRALE

Pendant la seconde moitié du XVIIIe siècle, la chanson ne cesse d'être cultivée. Elle s'épanouira dans la première moitié du XIXe siècle.

Parfois, ce sont des couplets tirés d'œuvres scéniques qui jouissent d'une grande popularité : tel est le cas de deux *polos* encore célèbres de Manuel Garcia. D'autre part, traitée comme un genre particulier, se nourrissant de l'esprit du terroir, la chanson bénéficie d'une large diffusion à l'étranger grâce à de nombreux compositeurs, parmi lesquels il faut citer Fernando Sors, José Melchor Gomis, Mariano Rodriguez de Ledesma, Ramón Carnicer, Joaquin Espin y Guillén, Indalecio Soriano Fuertes et son fils Mariano.

L'influence de la romance française y est parfois manifeste, mais jamais celle du *lied* allemand.

Un mouvement important en faveur du chant choral se crée à Barcelone vers le milieu du XIXe siècle, sous l'impulsion de José Anselmo Clavé, fondateur d'une société musicale analogue aux orphéons français, société qu'il dirigeait et pour laquelle il composa tout un répertoire de pièces pour voix masculines, compositions ingénues qui n'ont rien perdu de leur fraîcheur. Son exemple fut suivi dans toute la contrée catalane et prépara l'avènement de chorales à voix mixtes de haute valeur.

La guitare renaît après une période de décadence complète. Un moine cistercien, le P. Basilio, dont le nom véritable est Manuel Garcia et qui fut organiste de son couvent, devint un grand maître de la guitare, et peut s'enorgueillir d'avoir eu des élèves dans la haute société madrilène. L'un d'eux, l'Italien Federico Moretti, fit une brillante carrière militaire après avoir été naturalisé. Ce Moretti rendra à la guitare·son ancienne splendeur en composant, outre des traités, un grand nombre de pièces qui bénéficieront d'une audience internationale. Fernando Sors fut aussi une des gloires de l'instrument : sa renommée était grande à l'étranger, où il passa presque toute sa vie. Nous retiendrons encore les noms de Dionisio Aguado, d'Antonio Cano, et de Juliàn Arcas, ce dernier connu pour ses œuvres très proches du caractère populaire de la musique espagnole.

Le sort de la harpe est comparable à celui de la guitare. Dédaignée pour un temps, elle regagne son ancien prestige grâce à la faveur que lui témoignent la reine Marie-Christine de Bourbon et ses deux filles — la reine Isabelle II et l'infante Marie-Louise. Le premier professeur de harpe au conservatoire de Madrid sera une Française, Thérèse Roaldès.

Domenico Scarlatti, qui vécut longtemps à Madrid, attaché à la cour royale, eut une influence considérable sur la musique pour clavier de ses contemporains et de ses cadets, en particulier sur les sonates du Père Antonio Soler, Catalan formé au monastère de Montserrat et qui finit ses jours au monastère de l'Escurial. Joaquin Nin a publié deux recueils de sonates dont les compositeurs avaient adopté ce style : les Pères Vicente Rodriguez, Narciso Casanovas, Rafael Anglés, Felipe Rodriguez et José Galles, ainsi que Freixanet, Cantallos, Blas Serrano, Mateo Albeniz et Mateo Ferrer.

Le piano s'impose en Espagne au début du XIXᵉ siècle. De nombreux pianistes se forment ou se perfectionnent à l'étranger. Pedro Albeniz (étranger à la famille d'Isaac Albeniz) étudia avec Herz et Kalkbrenner à Paris, puis composa de nombreux morceaux de bravoure, selon l'usage du temps. Le grand pianiste barcelonais Pedro Tintorer, plus jeune qu'Albeniz, travailla à Paris avec Zimmermann, et à Lyon avec Liszt. Liszt, Herz et Thalberg ne manquèrent d'ailleurs pas de susciter une certaine émulation lors de leurs tournées de concerts en Espagne.

Dans le domaine des instruments à cordes, il faut citer d'abord José Herrando, auteur d'une méthode de violon (publiée à Paris vers 1756) et compositeur de *Sonates pour violon et basse continue* (publiées en partie par J. Nin). En 1757, Francisco Manalt publia à Madrid un recueil de six sonates pour le violon, exemple qui fut suivi par de nombreux musiciens. Le précoce Juan Crisóstomo de Arriaga mourut brusquement à Paris, en pleine jeunesse; ce violoniste remarquable venait de publier trois quatuors. Les triomphes des violonistes Jesús de Monasterio et Pablo Sarasate furent universels. Rappelons qu'à la fin du XVIIIᵉ siècle, l'Espagne comptait deux personnalités marquantes parmi les musiciens qui s'y étaient fixés : Gaetano Brunetti et Luigi Boccherini.

Enfin, la flûte et le hautbois furent les instruments auxquels Luis Misón et trois Catalans, les frères José, Juan et Manuel Pla, doivent leur réputation. Pedro Broca s'est distingué comme clarinettiste dans la première moitié du XIXᵉ siècle.

La musique symphonique pénètre en Espagne grâce aux activités de Barbieri à Madrid et de Casamitjana à Barcelone. La musique classique et romantique remplace désormais les extraits d'opéras et les pièces à caractère pittoresque qui figuraient au répertoire des concerts. En

même temps, Monasterio constitua à Madrid la Société
de Quatuors qui contribua puissamment à la diffusion de
la culture musicale.

LA MUSIQUE RELIGIEUSE

Dans ce domaine, l'influence italienne est sans aucun
doute prépondérante dans la seconde moitié du
XVIIIe siècle, quoique certains compositeurs s'attachent
plus à exprimer les sentiments qu'à charmer l'auditeur.
La direction musicale de la Chapelle royale était assurée
par l'Italien Francesco Corselli, qui mourut à un âge très
avancé. Il eut pour successeur Antonio Ugena, artiste
médiocre, qui occupa sa charge pendant de longues
années. Rodriguez de Hita passa de la cathédrale de
Palencia au monastère madrilène de l'Incarnation. A
Tolède, après Casellas, deux Catalans dirigèrent successivement la maîtrise : Juan Rosell et Francisco Juncá. A
Cuenca nous trouvons le Navarrais Pedro Aranaz, dont
les œuvres se répandirent dans toute l'Espagne et qui
mérita, pour certaines d'entre elles, les plus vifs éloges
de Cherubini. Salamanque s'enorgueillit de la présence
de Manuel José Doyagüe, et Saragosse fut le lieu des
activités de Francisco Javier Garcia, « el Spagnoletto »,
lequel avait étudié en Italie où quelques opéras avaient
assuré sa renommée. Ses messes et autres compositions
religieuses étaient fort goûtées dans la péninsule, cependant leur esprit est nettement profane.

La même influence italienne se retrouve dans les
œuvres d'autres maîtres de chapelle, tels les oratorios,
fort goûtés en leur temps, de José Durán à Barcelone, qui
avait fait ses études à Naples. Son successeur à la cathédrale
de Barcelone, Francisco Queralt, fut l'un des derniers représentants de la grande tradition contrapuntique. A Valence,
nous trouvons Pascual Fuentes, Francisco Morera, et
surtout José Pons, dont l'inspiration profane se rapproche nettement de celle de Duran et de l' « Espa-
gnoletto ». Le monastère de l'Escurial a conservé une
quantité vraiment extraordinaire de musique religieuse
(messes, litanies, lamentations, etc.), à côté de *villancicos,*
— dont la majeure partie est due au Père Antonio Soler.
Les Pères José Vinyals et Jacintho Boada résidaient au
monastère de Montserrat.

Le xixe siècle se présente très mal pour la musique d'église. La guerre d'indépendance, les persécutions politiques, puis les guerres civiles portent un grand tort à l'art religieux. Après 1853, la situation s'aggrave encore : des couvents et des chapelles musicales sont supprimés. Le Concordat de 1851 avec le Saint-Siège n'avait été que très peu favorable à la musique. Hilarión Eslava entreprend, à cette époque, de copieux travaux de reconstitution historique pour sauver de l'oubli un grand nombre de chefs-d'œuvre enfouis dans les archives ecclésiastiques. Barbieri poursuivit ces recherches, puis Pedrell.

Pourtant, un certain nombre d'artistes se signalent malgré tout : la maîtrise de la Chapelle royale est dirigée successivement par José Lidón, par le Génois Federico Federici, par le compositeur et pédagogue Francisco Andrevi, par Mariano Rodriguez de Ledesma, et enfin par Eslava, peut-être le musicien le plus représentatif de son siècle, quoique l'on puisse lui reprocher de nombreux italianismes et même parfois des « meyerbeerismes ». Au monastère de l'Incarnation, l'on trouve Ignacio Ducassi, Jaime Balius et Lorenzo Román Nielfa ; à Bilbao, Nicolas Ledesma ; à Barcelone, Ramón Vilanova ; à Valence, Francisco Javier Cabo.

Parmi les organistes, il faut retenir, pour Madrid, les noms de Felix Màximo López, de José Lidón et de son élève Pedro Carreras Lanchares, de Pedro Albéniz (le pianiste) et de Romàn Jimeno ; pour Barcelone, ceux de Carlos Baguer et de Mateo Ferrer ; pour Valence celui de Pascual Pérez Gascón ; pour Malaga, celui de Joaquin Tadeo Murguia. Tous ces auteurs ont écrit de la musique tant religieuse que profane, de même que Carnicer, Saldoni et Indalecio Soriano Fuertes.

Les oratorios et villancicos sont délaissés à cette époque, au profit de *gozos* et *letrillas,* presque tous très fades et sans grand intérêt artistique.

LA PRODUCTION DIDACTIQUE

De nombreux traités de plain-chant ayant pour auteurs Jerónimo de Avila, Francisco Marcos Navas et Vicente Pérez Martinez, attirent l'attention et sont réimprimés. Une brochure enseignant la composition, due à Rodriguez de Hita, suscite de très vives polémiques en raison de certaines affirmations et innovations hardies. Il en avait été de même pour *Llave de la Modulación y antigüedades de la Musica,* du Père Soler, publié peu de temps auparavant, et dans lequel des règles fixes et strictes étaient données pour la modulation. L'auteur, ayant proclamé que « dans la faculté musicale, l'oreille a plus de droits que l'œil », dut se justifier auprès de ses accusateurs par une lettre qui fut, elle aussi, publiée.

Plusieurs jésuites, exilés par suite du décret d'expulsion promulgué par Charles III, s'établirent en Italie et y étudièrent un certain nombre de questions musicales ou paramusicales, avec une compétence et une érudition qui leur vaudront bientôt une réputation universelle. Citons, parmi leurs ouvrages, *Del origen y reglas de la musica* du Père Antonio Eximeno, écrit en italien puis traduit en espagnol. S'il n'a jamais dit, comme on l'a prétendu, que « chaque peuple doit construire sa musique sur la base de son chant national », il a proclamé, en revanche, que la fin primordiale de la musique était d'émouvoir les passions de notre âme. Le Père Esteban Arteaga est l'auteur de *le Rivoluzioni del teatro musicale Italiano dalle sue origine fino al presente ;* le Père Juan Andrés publia *Dell'origine, progressi e stato attuale d'ogni letteratura* qui contient un grand nombre de références musicales ; le Père Javier Lampillas écrivit *Ensayo histórico-apologético de la literatura española,* dans lequel il est beaucoup question des théoriciens de la musique de son pays natal. *La Musica,* poème de Tomás de Iriarte, fut traduit en de nombreuses langues, et ses *Fables littéraires* sont pleines de comparaisons et de métaphores musicales. En outre parurent de nombreux livres traitant de la danse et contenant des exemples musicaux.

Le Conservatoire de Madrid fut fondé en 1830 sur l'initiative de la reine Marie-Christine de Bourbon. Le premier traité en usage pour l'étude de l'harmonie et de la composition fut *La Geneufonia* de don Joaquin de Virués. Les traités — inspirés de Reicha — de Hilarión Eslava, le « Vogler espagnol », concernent le solfège, l'harmonie, le contrepoint, la fugue et l'instrumentation ; ils furent utilisés pendant tout le XIXᵉ siècle. Moretti et F. de Valldemosa sont les auteurs de publications tendant à simplifier la notation musicale. La première revue musicale, fondée par Espín y Guillén, parut en 1842, la même année que le dictionnaire musical d'Antonio Fargas y Soler, première réussite après quelques essais infructueux. Parmi les revues ultérieures, la « *Gaceta Musical* », fondée à Madrid par Eslava, en 1855, joue un rôle de premier plan.

José SUBIRÁ.

BIBLIOGRAPHIE

H. ANGLES, *La musica en España,* appendice à la traduction de la *Historia de la musica* de J. Wolff, 4e édition augmentée par J. Subirá, Barcelone, 1957.

H. ANGLES et J. SUBIRÁ, *Catálogo musical de la Biblioteca Nacional de Madrid,* trois volumes, Barcelone, 1946, 1949 et 1951.

G. CHASE, *The Music of Spain,* 1941, traduction espagnole de J. Panissa, Buenos-Aires, 1943.

R. MITJANA, *Espagne,* in *Encyclopédie de la musique et Dictionnaire du Conservatoire,* Paris, 1920.

F. PEDRELL, *Catalech de la Biblioteca Musical de la Diputación de Barcelona,* 2 vol., Barcelone, 1908-1909.

J. SUBIRÁ, *La musica en la Casa de Alba,* Madrid, 1927.

F. PEDRELL, *Teatro lirico español anterior al siglo XIX,* La Corogne, 1897.

J. SUBIRÁ, *Historia de la musica española e hispanoamericana,* Barcelone, 1953.

J. SUBIRÁ, *Historia de la musica,* 3e édition en quatre tomes, Barcelone, 1958.

J. SUBIRÁ, *La musique espagnole,* Paris, 1959.

ASPECTS DU ROMANTISME

L'OPÉRA ROMANTIQUE
EN ALLEMAGNE

Pendant la majeure partie du XVIIIᵉ siècle, les cours catholiques d'Autriche et d'Allemagne avaient entretenu somptueusement l'opéra italien, de même que la cour protestante de Berlin, qui marquait toutefois une préférence pour les compositeurs allemands (écrivant en italien). A la fin du siècle, elles s'étaient trop appauvries pour continuer ces folles dépenses et, après la Révolution française et les conquêtes de Napoléon, la domination italienne cesse dans le domaine de l'opéra, quoiqu'elle se poursuive encore à Munich jusqu'en 1826, à Dresde jusqu'en 1831, et à Vienne jusqu'en 1848. Les grands opéras de cour étaient destinés surtout à chanter la gloire des dynasties régnantes et à célébrer des mariages princiers ou la naissance des héritiers : *la Clémence de Titus,* de Mozart, fut le dernier de ces opéras « dynastiques » (Prague, 1791). Mais dans tous les pays, l'*opera seria* faisait place à l'*opera buffa,* puis à l'*opera semiseria.* D'autre part, tout au long du siècle, l'opéra-comique en langue nationale s'était lentement développé; il s'adressait presque exclusivement à un public populaire. Les quelques essais d'*opera seria* en allemand présentent un intérêt historique, mais ils n'eurent jamais grand succès (*Alceste* de Schweitzer, Weimar, 1773; *Rosamunde,* du même, Mannheim, 1780, et *Günther von Schwarzburg* de Holzbauer, Mannheim, 1777). En 1804, vingt-quatre théâtres d'Allemagne donnaient des opéras en allemand, mais leur répertoire comportait en majeure partie des traductions d'opéras-comiques français et d'*opera buffa* italiens. Ce genre de spectacle était également en honneur à la cour de Danemark et à celle de Suède, où la création d'opéras en danois et en suédois contribua au développement d'un opéra original en Allemagne.

Les efforts de l'empereur Joseph II pour implanter

l'opéra allemand à Vienne ne furent guère récompensés ;
la seule œuvre importante donnée dans cette ville fut
l'Enlèvement au sérail, de Mozart (1782), où l'on retrouve
l'influence de Grétry. Le seul autre opéra allemand de
Mozart, *la Flûte enchantée* (1790), écrit pour le théâtre
popula re de Schikaneder, remporta un plus grand succès
et lança la mode des opéras d'inspiration religieuse qui
réservaient au chœur un rôle important, tels ceux de Peter
von Winter, *Babylons Pyramiden* (1791), et *Das Labyrinth*
(1798), suite de *la Flûte enchantée,* bien inférieure à son
modèle. Winter fut beaucoup plus heureux avec *Das
unterbrochene Opferfest (le Sacrifice interrompu,* Vienne, 1796),
dont le livret marque une transition entre le style de *la
Flûte enchantée* et celui des mélodrames musicaux de Cherubini. Autre trait, caractéristique de cette période, l'histoire se passe au Pérou : Murney, un Anglais, doit être
sacrifié au Dieu Soleil, mais il est délivré par la fille de
l'Inca dont il avait sauvé la vie. Même arrière-plan sud-
américain dans l'*Alonso e Cora* de Simon Mayr (1802).
L'influence de Cherubini atteint son point culminant dans
Fidelio de Beethoven, créé à Vienne en 1805, sous le titre
de *Leonora ;* le livret était une adaptation allemande de
la *Léonore* de J.-N. Bouilly, mise en musique par Pierre
Gaveaux en 1798, au Théâtre Feydeau à Paris. Le même
livret, adapté en italien par Carpani, avait été utilisé par
Ferdinando Paer pour Dresde en 1804. L'*opera semiseria,*
qui marque les débuts des Italiens dans la voie de l'opéra
romantique, a également une origine française : *Nina,* de
Dalayrac (1786), imité par Paisiello, trois ans plus tard.

Le mouvement romantique, considéré dans son
ensemble, prit naissance en Angleterre et passa bientôt
en France, mais, à la fin du xviiie siècle, il s'était plus
solidement implanté en Allemagne que dans aucun autre
pays ; c'est en Allemagne qu'il était associé le plus intimement avec la musique. S'il est assez facile de situer les
débuts du romantisme en littérature, le développement
d'un style et d'une technique romantiques en musique ne
se serait fait que plus tard. Aujourd'hui l'on considère
Mozart, Cherubini et Beethoven comme les compositeurs classiques par excellence, mais Cherubini (en même
temps que Méhul et Lesueur) est le véritable créateur
de l'opéra romantique, et la popularité de ses œuvres en
Allemagne nous montre à quel point il charmait l'âme

romantique allemande. Cette âme romantique, qu'incarne avant tout E. T. A. Hoffmann, à la fois romancier, compositeur et critique musical, était prête à voir partout le romantisme ; aussi Hoffmann considérait-il *Don Giovanni* comme le plus romantique — et par conséquent le plus grand — de tous les opéras. Pour les romantiques, Don Juan représentait le nouveau type du héros, l'apothéose du Mal et l'expression musicale du satanisme. Le satanisme est né en Angleterre, grâce au Satan du *Paradis perdu* de Milton ; c'est un autre Anglais, Byron, qui, au plus fort du mouvement romantique, apparut à tous ses lecteurs, particulièrement sur le continent, comme la nouvelle incarnation du Malin.

L'une des caractéristiques les plus frappantes de l'opéra romantique est le héros satanique, tel qu'on voulait le voir en Don Juan, l'homme mauvais dont le personnage domine le drame même s'il n'en est pas le « héros » ; manifestement, ce rôle ne pouvait être confié à un soprano castrat. D'ailleurs, sous Napoléon, non seulement la justice considérait la castration comme un crime, mais le public en avait assez des castrats ; ceux qui vivaient encore passèrent au service de l'Eglise. Le héros satanique de l'opéra allemand devait être un baryton ou une basse, notamment pour une raison pratique : les ténors, pour la plupart élèves des castrats, se faisaient rares, et les barytons étaient (comme aujourd'hui) de bien meilleurs acteurs. Les chanteurs et les cantatrices de l'opéra allemand populaire étaient tous acteurs avant tout ; formés à une mauvaise école, ils chantaient mal. Même les plus célèbres cantatrices, comme Schröder-Devrient, manquaient de technique vocale en comparaison des Italiennes ; elles obtenaient leurs effets dramatiques, quelquefois irrésistibles, grâce à leur intense sincérité.

L'Allemagne possédait déjà son héros satanique, Faust, même avant que Goethe eût fait de lui le symbole du germanisme pur ; c'est le Don Juan du Nord, intellectuel mystique complètement étranger au héros sensuel du Sud. Le premier opéra allemand sur ce sujet, le *Doktor Faust* d'Ignaz Walter (Brême, 1797), semble n'avoir eu aucun succès. Signalons une autre influence romantique sur l'opéra allemand : celle de Shakespeare. Reichardt et Zumsteeg écrivirent tous deux en 1798 des opéras d'après *la Tempête.*

Mais c'étaient là des expériences isolées; le public allemand, surtout à Vienne, préférait les *singspiele* populaires de Wenzel Müller, Joseph Weigl et Carl von Dittersdorf, où l'on ne trouve pas trace du moindre romantisme. Les thèmes employés par Beethoven dans ses variations de piano nous offrent une anthologie représentative de ces œuvres agréables mais superficielles.

LES PREMIERS OPÉRAS DE WEBER

On voit paraître un esprit plus romantique dans *Das Waldmädchen (la Fille des bois)* de Weber (1800), qui marque les débuts lyriques du jeune compositeur, alors âgé de quatorze ans. Les quelques fragments qui nous restent de cette œuvre révèlent simplement que Weber n'avait reçu aucun enseignement sérieux dans le domaine de la composition; il s'y montre bien faible imitateur de Mozart. Son opéra suivant, *Peter Schmoll und seine Nachbarn (Peter Schmoll et ses voisins, 1803)*, est une comédie bourgeoise sentimentale manifestement imitée des Français; l'action se passe aux Pays-Bas parmi des émigrés de la Révolution française. La musique est plaisante, et il y a une scène amusante entre quatre personnages, une jeune fille et trois hommes, qui jouent avec un peu de mauvaise grâce à colin-maillard; la musique montre un sens théâtral très vif. En 1810, Weber reprit *Das Waldmächen* dont le livret et surtout la musique avaient été revus. Il était alors chef d'orchestre de l'Opéra de Breslau, où il devait monter plusieurs opéras français, et ce fut la connaissance de l'œuvre de Méhul qui jeta en lui les premiers germes du romantisme musical. L'héroïne de *Silvana* — nouveau titre de l'opéra — est une jeune fille mystérieuse élevée dans la forêt, qui, pendant presque tout l'opéra fait semblant d'être muette et doit s'exprimer uniquement par le mime et la danse — préfigurant ainsi Fenella dans *la Muette de Portici* d'Auber. L'intrigue, conduite avec beaucoup de charme et d'habileté, permettait également à Weber d'introduire de nouveaux rythmes de danse d'un type pittoresque. Cet emploi des danses de caractère ne se retrouve pas chez Mozart, sauf dans le fandango des *Noces de Figaro* ; en revanche, il devient un trait marquant de l'opéra romantique et apparaît, chez Schubert, dans de nombreuses œuvres instrumentales. Les autres personnages de *Silvana* sont des chevaliers et des dames du Moyen âge; dans les scènes de chevalerie, qui avaient toujours exercé une forte attraction sur Weber, on voit l'influence des compositeurs français, surtout celle de Méhul — dont il avait appris l'art d'exprimer la passion dramatique.

Dans son roman inachevé, *Tonkünstlers Leben (Une vie de musicien)*, en grande partie autobiographique, Weber décrit une réunion au cours de laquelle les invités improvisent des caricatures de l'opéra italien, français et allemand; la satire de l'opéra français est dirigée contre l'exagération des passions, les torrents de paroles et l'accent mis sur la déclamation — chaque voix s'efforce de chanter de plus en plus haut, la basse empiète sur le ténor, le ténor sur l'alto — contre l'orchestre bruyant, en particulier le nombre de ses instruments à vent (quatre cors!) et la furieuse énergie de ses cordes; un instrumentiste déclare qu'après un opéra de Cherubini, il est complètement épuisé. Mais le style propre de Weber absorbait tout cela, et le Weber dont la force dramatique nous transporte, le Weber des derniers opéras, doit plus aux Français que ses admirateurs allemands ont jamais voulu l'admettre.

En 1813, Weber devint chef d'orchestre de l'Opéra de Prague; c'était maintenant un homme en pleine maturité, parfaitement sûr de lui, qui dirigeait la représentation dans tous ses détails, non seulement comme chef d'orchestre mais encore comme régisseur et metteur en scène; il dessinait même des décors. Il imposa les opéras de Mozart et de Beethoven à un public récalcitrant, et continua à présenter les opéras de l'école française, ainsi que plusieurs nouveaux opéras allemands d'importance historique. L'un des premiers, le *Faust* de Spohr, écrit en 1813, ne fut joué qu'en 1816 sous la direction de Weber. Spohr était tout l'opposé de Weber, par sa personnalité, son éducation et jusqu'à son apparence physique; c'était avant tout un virtuose du violon, doté d'une solide formation de compositeur. Il considérait Weber comme une sorte d'amateur, non sans raison d'ailleurs : à cause de la vie désordonnée de son père, militaire et aventurier qui voyagea dans toute l'Allemagne à la tête d'une troupe théâtrale en tournées, Weber ne passa jamais assez de temps en un même endroit pour recevoir une éducation musicale approfondie. Il était brillant pianiste, mais ses œuvres pour piano ont toujours un caractère théâtral; élevé dans un milieu de comédiens, il avait un sens aigu de l'effet spectaculaire, mais une notion fort vague de la construction dramatique. Dans ses écrits littéraires, il déplore souvent que les Allemands ne sachent pas écrire un livret; on a souvent cité sa remarque selon laquelle un compositeur ne devrait pas accepter aveuglément un livret comme un enfant prend une pomme qu'on lui met dans la main, et, durant toute sa carrière, il a insisté sur le fait qu'un opéra doit être une entité organique à laquelle livret, action et décor contribuent à parts égales, — le principe de Monteverdi, repris plus tard par Gluck et par Wagner. Cependant peu de grands compositeurs ont été affligés de livrets aussi médiocres.

SPOHR

De deux ans plus âgé que Weber, il avait commencé sa carrière d'opéra en 1811 avec *Der Zweikampf mit der Geliebten (le Duel avec l'aimée)*, à Hambourg; il continua à écrire des œuvres lyriques jusqu'en 1845. Il marqua très tôt une préférence pour les sujets très romantiques, bien qu'il fût conservateur et classique par nature. C'est l'exemple typique d'un artiste très doué mais dépourvu de génie. Son style est né de Mozart et de Cherubini; on y trouve en outre une facilité d'orchestration due à son expérience de violoniste. Son *Faust* (qui ne doit rien au drame de Goethe) témoigne de quelque imagination dans la scène du Brocken; le *terzetto* où Röschen, la pure jeune fille, essaie de résister à Faust le tentateur, tandis que Méphistophélès les observe à la dérobée, témoigne d'un sens dramatique et d'une émotion véritables. Mais en général Spohr ne pouvait pas se débarrasser des formules classiques et d'un excès de charme dans l'harmonie, issu de certains passages de Mozart; tous ses personnages parlent le même langage; il était incapable de créer des caractères. Le thème de son meilleur opéra, *Jessonda* (Cassel, 1823), d'après la tragédie de Lemierre, *la Veuve du Malabar,* servit de modèle à *l'Africaine* de Meyerbeer, ainsi qu'à beaucoup d'autres opéras où il était question d'aventuriers européens et de belles dames des tropiques. *Jessonda* tient encore l'affiche de temps en temps en Allemagne. On ne peut guère qualifier Spohr de pionnier du romantisme, mais sa musique, et surtout son maniement de l'orchestre, exerça une influence importante sur ses successeurs.

E. T. A. HOFFMANN

Citons un autre opéra qu'admirait Weber : *Ondine,* de E. T. A. Hoffmann (Berlin, 1816), d'après un conte célèbre de La Motte Fouqué (l'histoire de la sirène aimée d'un mortel), dont celui-ci avait tiré le livret. Hoffmann, lui aussi, avait subi fortement l'influence de Cherubini, mais son romantisme était très personnel, et les pages les plus originales de son opéra sont celles où il dépeint les forces mystérieuses de la nature. Un siècle auparavant, des Français tels Marais, Rameau, Monsigny, avaient déjà décrit les phénomènes naturels, des orages par exemple, mais les romantiques allemands y ajoutèrent une nuance de mysticisme et de superstition qui forme l'un des traits les plus caractéristiques et les plus émouvants de leur mentalité nationale. Weber écrivit une longue et intéressante critique d'*Ondine,* où figure la phrase citée plus haut sur « l'opéra allemand idéal », somme de tous les éléments qui le composent. *Ondine* aurait eu plus de succès, dit-il, si le compositeur l'avait divisé davantage pour donner plus d'occasions au public d'applaudir; mais Hoffmann, toujours à la poursuite de la vérité dramatique, enchaîne une scène à l'autre sans interruption. C'est cette continuité musicale qui semble au lecteur d'aujourd'hui si moderne et si intensément dramatique. La pratique du théâtre avait donné à Weber l'habitude des applaudissements à la fin des arias; il les attendait et les appréciait; cette critique nous montre pourtant qu'au fond de lui-même, il exigeait une attention plus soutenue et plus concentrée, un abandon plus complet de la part de son auditoire. Le monde féerique d'*Ondine* exige, du début à la fin, l' « abolition temporaire de l'incrédulité », attitude d'esprit que Wagner, dans ses dernières œuvres, et plus encore Debussy dans *Pelléas et Mélisande,* finirent par faire accepter au public moderne.

LES DERNIERS OPÉRAS DE WEBER

Entre *Abu Hassan* (Munich, 1811), amusant petit
opéra en un acte, et son œuvre dramatique suivante,
dix années s'écoulèrent durant lesquelles son expérience
pratique de chef d'orchestre avait grandement mûri la
personnalité de Weber. Il avait lu *Der Freischütz* d'Apel
peu après sa publication en 1810 et s'en empara immédiatement pour en faire un opéra. Mais il l'abandonna
presque aussitôt et ne le reprit qu'une fois nommé chef
d'orchestre à Dresde; il y rencontra Kind, qui écrivit
pour lui le livret. Kind avait imaginé une pièce romantique, avec musique de scène, beaucoup trop longue et
trop prolixe pour un opéra; Weber la raccourcit considérablement, et les régisseurs allemands l'ont raccourcie
encore plus. La légende des balles magiques coulées
avec l'aide du Diable est vieille de plusieurs siècles en
Allemagne; l'action se passe en Bohême, mais l'élément
superstitieux exerçait une forte attirance sur la nature
romantique allemande de Weber, comme il a toujours
attiré les Allemands depuis lors. Ici, au lieu de chevaliers
et de dames, de simples paysans occupent la scène; l'une
des attractions principales de l'opéra — créé à Berlin en
1821 — était l'emploi des chants populaires, notamment
dans les chœurs des demoiselles d'honneur et des chasseurs. Les Allemands en sont venus à croire que tout
l'opéra est fondé sur ce qu'ils appellent des « Volkslieder »;
mais le musicien d'aujourd'hui (en tout cas hors d'Allemagne) pourrait témoigner quelque scepticisme; les
mélodies de Weber, qui demandent toujours une harmonie très simple de tonique et dominante, ne ressemblent ni aux mélodies traditionnelles rendues accessibles
grâce aux recherches musicologiques et folkloriques
modernes, ni aux chorals (souvent d'origine profane) de
l'Église protestante allemande. Les Volkslieder de Weber
ne remontent pas à une époque antérieure à celle de
Michael Haydn, et c'est à ce dernier et à ses contemporains que l'Allemagne doit la première popularité de ses
chants à plusieurs voix d'hommes, popularité entretenue
et favorisée du temps de Weber (et grâce à lui) par le
mouvement patriotique qui suivit les conquêtes de
Napoléon. C'est au *Freischütz*, sa seule œuvre restée popu-

laire, que Weber dut son premier succès dans le domaine
de l'opéra. A cette occasion, Wagner salua en lui « le
plus allemand de tous les compositeurs allemands »,
admiré certes à l'étranger, mais que l'on n'aimait et ne
comprenait vraiment qu'en Allemagne. *Der Freischütz*
illustre bien la tendance romantique au satanisme — le
personnage dominant n'est pas Max, le faible héros, mais
le mauvais Caspar qui a vendu son âme au Diable —,
satanisme dérivé d'une conception de la piété chrétienne
tout à fait étrangère à l'atmosphère morale, aussi noble
soit-elle, des opéras italiens plus anciens de type classique. La religion, et spécialement celle de l'Église catholique, prend de plus en plus de place dans les opéras
romantiques ; rares sont ceux qui n'ont pas leur « prière »,
et le sentiment religieux sous diverses formes est à la base
des opéras de Meyerbeer et de Gounod. Le pieux ermite
de l'opéra romantique allemand remplace le *deus ex
machina* classique. Aujourd'hui la piété d'Agathe, ver-
tueuse héroïne du *Freischütz,* semble risible, mais la
grande scène de la fonte des balles est un chef-d'œuvre
qui peut encore faire frémir un public moderne.

Le succès du *Freischütz* amena Barbaja, directeur de
l'Opéra de Vienne, à commander une nouvelle œuvre
à Weber ; ce fut *Euryanthe,* représenté en 1823. La première eut un succès sans lendemain ; les reprises ultérieures, jusqu'à nos jours, ont montré qu'*Euryanthe,*
œuvre d'un génie indiscutable, est presque impossible
à mettre en scène. On attribue en général la faiblesse
de l'opéra à la librettiste, Helmina von Chézy, femme
érudite mais excentrique et sans aucune expérience de
la scène, mais on doit tenir Weber pour également responsable. L'histoire est tirée d'un fabliau français du
Moyen âge, beaucoup trop long et trop décousu pour
être réduit aux proportions d'un opéra. Weber, plutôt
contre le gré de Mme von Chézy, insista pour introduire
l'élément surnaturel, mais les scènes fantastiques, pour
lesquelles il écrivit une musique merveilleuse, deviennent
incompréhensibles et ridicules au théâtre. *Euryanthe* fut
finalement éclipsé par *Lohengrin* de Wagner, auquel il
avait servi de modèle ; cependant, en critiquant l'opéra
de Weber, il faut résolument oublier celui de Wagner
et se rappeler que les principaux personnages d'*Euryanthe*
et ceux de *Lohengrin* agissent selon des mobiles totale-

ment différents. *Euryanthe* représente, de la part de Weber, la tentative de créer cet « opéra allemand idéal » dont il parlait à propos d'Hoffmann; il ne comporte pas de dialogue parlé et se déroule sans interruption. On y voit plus que jamais l'influence de Méhul, et particulièrement d'*Ariodant;* il ne semble pas que Weber ait jamais dirigé cet opéra, bien que les deux œuvres présentent certaines analogies. La grandeur d'*Euryanthe* ne réside pas dans les arias, si beaux que soient la plupart d'entre eux, mais dans les dialogues dramatiques d'une force et d'une intensité extraordinaires, et dans la présentation vivante des caractères. Les scènes de chœurs sont presque toutes beaucoup trop longues; si pittoresque soit-il, le grand spectacle prend trop d'importance, et, trop souvent, le désir de créer des « rôles » saisissants plutôt que des caractères entraîne Weber à l'exagération des effets vocaux et à la répétition des cadences, une *coda* succédant à l'autre afin de provoquer les applaudissements. Pourtant, malgré tous ses défauts, *Euryanthe* reste un monument sublime de cet idéalisme romantique propre à l'Allemagne et qui a toujours communiqué à l'âme allemande la force de son inspiration créatrice.

Obéron, le dernier opéra de Weber, fut composé pour l'Angleterre à la suite de l'énorme succès que le *Freischütz* y avait remporté, en 1824. Le livret de J. R. Planché ne correspondait nullement au principe de l' « opéra allemand idéal »; si Weber avait vécu plus longtemps, il l'aurait sans doute remanié complètement. Planché avait d'abord proposé un *Faust,* mais Weber préféra *Obéron* d'après un long poème narratif de Wieland. L'on y trouve les défauts de l'opéra « narratif » dont les scènes s'étalent sur une longue période et se dispersent en beaucoup d'endroits différents — exactement le contraire de la concentration dramatique exigée par la règle française des « unités » — mais ce déploiement grandiose de décors et ce mélange fantastique de féerie et de grotesque étaient précisément ce que désiraient Planché et son directeur Kemble. Le théâtre londonien comptait une foule d'acteurs qui ne savaient pas chanter; toutefois, une cantatrice au moins, Mme Vestris, était excellente comédienne. Planché modela son livret sur *le Songe d'une nuit d'été* et *la Tempête* de Shakespeare, en s'inspirant, pour la construction, de *King Arthur* et de *The*

Fairy Queen de Purcell, ce qui rendait impossible une musique suivie, sauf pendant de courtes scènes. Weber se donna beaucoup de mal pour apprendre l'anglais avant de commencer son travail, mais il semble que Planché ne lui envoya que le texte des parties chantées sans les dialogues qui les reliaient, et Weber s'aperçut vite que chants et chœurs ne contribuaient en rien au développement dramatique. Après sa mort, plusieurs compositeurs allemands écrivirent de la musique pour les dialogues, en les modifiant considérablement; le résultat est assez réussi. Il serait très souhaitable que l'on reprît *Obéron* en anglais, si possible dans sa forme originale, mais, outre la difficulté de l'entreprise, le public moderne, même en Angleterre, en serait certainement dérouté. Depuis l'ouverture jusqu'au dernier finale, la musique est du meilleur Weber; l'incohérence de l'histoire lui permettait de donner libre cours à son goût du fantastique et du pittoresque. Les chœurs des fées servirent de modèle à Mendelssohn pour *le Songe d'une nuit d'été ;* les scènes orientales possèdent des coloris d'une fantaisie extraordinaire. Il n'y a rien d'allemand dans *Obéron,* en comparaison duquel *Der Freischütz* paraît souvent « provincial » (et c'est justement pour cela qu'on l'aime tant en Allemagne); *Obéron* dépeint les pays méditerranéens et appartient au monde entier.

MARSCHNER

Weber mourut à Londres peu après les premières représentations d'*Obéron ;* il ne laissait en Allemagne aucun successeur digne de son génie. Heinrich Marschner, qui fut quelque temps l'assistant de Wagner à l'Opéra de Dresde, est presque le seul dont les opéras aient survécu (au moins en Allemagne) jusqu'à nos jours. Ses sujets sont romantiques, mais sa musique, toujours foncièrement bourgeoise, contraste avec l'aristocratique liberté de Weber; c'est pourquoi il excelle dans les scènes d'humour typiquement allemand. Son premier opéra romantique *Der Vampyr (le Vampire,* Leipzig, 1828), s'inspirait d'un récit attribué à Byron, mais en réalité de G. Polidori, traduit en allemand à partir d'une traduction française. Pour son opéra suivant, *Der Templer und die Jüdin (le Templier et la Juive,* Leipzig, 1829),

il choisit *Ivanhoe* de Walter Scott et écrivit quelques
mélodies vibrantes sur des rythmes de marche qui
contribuèrent sans aucun doute à sa popularité. Sa meilleure œuvre, *Hans Heiling* (Berlin, 1833), reprend l'élément satanique et le conflit entre le surnaturel et le
naturel. Toujours facilement mélodieux, il doit beaucoup au *Faust* de Spohr; Marschner a même un mérite
qui manque à Weber : ses mouvements ne sont jamais
trop longs, et il ne recherche jamais « l'efficacité »
théâtrale du « grand opéra ». *Hans Heiling* fut le modèle
du *Vaisseau fantôme* de Wagner, et l'on peut aussi y
trouver une anticipation des *Nibelungen,* les scènes
souterraines illustrent le vif intérêt que les mines sus-
citaient alors en Allemagne.

Les contemporains de Marschner sont complètement
oubliés aujourd'hui, que leur succès fût grand ou non
en leur temps. L'on peut voir un exemple typique, et
presque une caricature de l'opéra romantique dans
Adlers Horst (le Nid de l'aigle, Berlin, 1832), qui fut
très populaire lors de sa création. L'action se passe dans
les monts du Riesengebirge; l'intrigue est calquée sur
Eliza, opéra alpin de Cherubini, et l'on y trouve aussi
quelques traces de son *Lodoïska.* Une jeune femme abandonnée par son mari infidèle et rejetée par les paysans
de son village, se réfugie dans la montagne avec son bébé
qu'elle laisse endormi dans un pré; un aigle s'empare du
bébé et nous le voyons voler à travers la scène. La mère
grimpe sur la montagne, tandis que les paysans chantent
une prière, en bas dans la vallée. Elle découvre le bébé
toujours en vie dans le nid de l'aigle, qui ne sait encore
s'il le mangera ou non; mais entre le nid et elle, s'étend
un abîme qu'elle ne peut franchir. Au même moment le
mari apparaît sur un autre sommet inaccessible. A l'instigation de sa femme, il tue l'aigle d'un coup de fusil;
un orage éclate, un arbre est frappé par la foudre, tombe,
et forme un pont au-dessus du gouffre. L'on entend toujours au loin, dans la vallée, les femmes prier, et les
hommes du village, chargés de cordes et de haches,
arrivent à temps pour assister à la réconciliation des
parents. Comme chez Cherubini, la topographie des
montagnes n'empêche aucun des personnages d'entendre ce que chantent les autres. Le reste de l'opéra consiste
en chansons à boire, danses, et chœurs de moissonneurs;

tous les effets populaires y sont rassemblés. La musique doit davantage à Marschner et à Spohr qu'à Weber.

LES PREMIERS OPÉRAS DE WAGNER

Les deux premiers opéras de Wagner appartiennent à cette période du romantisme. *Die Feen (les Fées)*, d'après *la Donna serpente* de Gozzi (avec quelques emprunts à Shakespeare), composé en 1833, ne fut représenté qu'en 1888; son orchestration, qui devait beaucoup à Spohr, est accomplie mais l'opéra est trop compliqué et bien trop long. *Das Liebesverbot (la Défense d'aimer*, Magdebourg, 1836) en réaction violente contre le romantisme, se rapproche du style d'Auber et de Bellini; inspiré de *Mesure pour mesure* de Shakespeare, il fut longtemps jugé moralement subversif et on ne le reprit jamais avant 1923. Il se pourrait bien qu'il ait offensé le goût allemand parce qu'il attaque l'autorité et présente le gouverneur allemand de Palerme sous un jour ridicule et méprisable. Dans la scène du cloître, la musique anticipe d'une façon singulière celle de *Tannhäuser* et de *Parsifal*. Les mélodies sont souvent banales, quelquefois même vulgaires; les ensembles sont beaucoup trop longs et inutilement compliqués. D'un point de vue moderne, *Das Liebesverbot* est fort amusant, eu égard, surtout, au respect exagéré dont on entoure actuellement les dernières œuvres de Wagner.

Les opéras-comiques de Nicolai *(les Joyeuses Commères de Windsor)* et de Lortzing *(Zar und Zimmerman, Tsar et charpentier)*, *(Der Wildschütz, le Braconnier)*, parmi d'autres, sortent du cadre de ce chapitre. Ils ne sont pas le moins du monde romantiques, et leur musique assez insignifiante combine l'humour bourgeois allemand et la mélodie coulante des Italiens; ils jouissent encore d'une grande popularité auprès du public allemand.

Edward J. DENT.

BIBLIOGRAPHIE

COEUROY, A., *Weber*, Paris, 1925.
KAPP, J., *Weber*, Stuttgart, 1922.
MOSER, H. J., *Geschichte der deutschen Musik*, Stuttgart, 3 vol., 1920-1924.
SCHNOOR, H., *Weber, Gestalt und Schöpfung*, Dresde, 1953.

L'OPÉRA EN FRANCE
A L'ÉPOQUE ROMANTIQUE

Il est permis de couper en tranches l'histoire politique et militaire en délimitant les époques avec rigueur, mais il n'en va plus de même quand il s'agit des arts. Chaque période écoulée, de l'avènement d'un roi à la fin d'un règne — ou d'un régime —, ne correspond pas nécessairement à quelque changement décisif dans les modes d'expression de la pensée, dans l'évolution des genres et des écoles. Au fil des jours, quelques faits souvent inaperçus et négligés des observateurs contemporains préparent sourdement ce qui ne se manifestera que longtemps après avec éclat. Bien que tout se tienne et s'enchevêtre, causes et effets, tout semble se simplifier avec le recul des années, car la postérité ne connaît du passé que ce qui a survécu; mais l'historien de l'art doit se souvenir que jamais rien ne s'est rompu tout net, qu'au contraire, dans un domaine où tout est mouvant parce que tout est vie, il y a péril d'erreur chaque fois que, par besoin de clarté, on veut établir des divisions tranchées.

Aussi ne saurait-on dire exactement où et quand prit naissance le mouvement romantique. Il faut pourtant choisir, et l'on fixe ordinairement le lieu en Allemagne et la date environ 1776, car, cette année-là, Klinger engagea la lutte contre le rationalisme avec sa tragédie *Sturm und Drang* dont le titre, au moins, définit les tendances et la violence de ce courant d'idées : tempête et passion. Mais comme tout ce qui semble nouveau, ce mouvement n'était qu'un aboutissement, et l'on a pu, sans rien forcer, montrer du romantisme chez les classiques, dans les opéras de Mozart, par exemple, comme Émile Deschanel fit des tragédies de Corneille et de Racine. Hoffmann et Musset ont revendiqué Don Giovanni pour un ancêtre de leurs héros. Les deux orages, l'éruption du volcan des *Indes galantes* annoncent certes Berlioz par leurs feux et leur tonnerre, mais tout autant parce que Rameau sait associer le reflet des passions humaines aux violences de la nature lorsqu'il les peint.

Le plus profond bouleversement des sociétés ne parvient jamais à tout détruire radicalement; des hommes survivent et prolongent dans les temps nouveaux les choses du passé. Dans le domaine de l'art lyrique qui nous occupe ici, le romantisme français n'eût pas été ce qu'il fut sans la venue de Gluck à Paris en 1773, sans les batailles qui s'ensuivirent. Les effets de la « réforme » que Gluck crut faire subir à son art et qui marqua son époque, s'ils furent très loin d'être tels que le réformateur les avait voulus, durèrent pendant toute la période romantique et se prolongèrent même assez longtemps pour que Debussy, en 1903, jugeât encore utile de les combattre. Il reprocha au chevalier Gluck d'avoir engagé pour plus d'un siècle la musique française en des chemins où elle risquait de se perdre à jamais, et de « l'avoir fait tomber dans les bras de Wagner ». A quoi Pierre Lalo ajoutait non sans raison qu'*Alceste* avait d'abord ouvert la route à *Robert le Diable,* et *Armide* à *Lucie de Lammermoor.*

On chercherait en vain, en effet, dans l'histoire du théâtre lyrique sous les règnes de Napoléon Ier, de Louis XVIII, de Charles X et de Louis-Philippe, trace d'une réaction violente contre les idées et les goûts de l'âge précédent (sauf une exception sur laquelle on reviendra). L'évolution est lente et continue, mais il ne s'agit pas de révolution. Rien de comparable entre ce qui se passe à l'Opéra, aux Italiens, à l'Opéra-Comique, et ce qui a lieu, au même moment, au Théâtre-Français et à la Porte-Saint-Martin. Point de préface de *Cromwell,* point de bataille d'*Hernani,* point, non plus, de ces disputes que soulèvent les toiles de Delacroix, la *Barque de Dante,* ou les *Massacres de Scio.* Cependant un étudiant isolé, candidat au prix de Rome, fait jouer la *Fantastique* au concert le 5 décembre 1830. Succès sans lendemain, refroidi dès que s'éteignent les applaudissements de ses rares amis. Il faudra du temps pour que Théophile Gautier — qui, seul, se montra plus clairvoyant que les autres écrivains romantiques — ose comparer Berlioz à Hugo et à Delacroix. Mais, le 10 septembre 1838, sans que les champions de l'école lui accordassent leur soutien, Berlioz allait être témoin à l'Opéra de l'irrémédiable chute de son *Benvenuto Cellini,* seul drame lyrique véritablement romantique que la France eût encore produit, et qui allait disparaître au bout de trois représentations. Conséquence : c'est de l'étranger, c'est d'Italie, d'Allemagne, que viendront presque tous les musiciens de théâtre — les seuls d'ailleurs, à peu près, auxquels on s'intéresse. Car il n'y a guère alors que l'opéra et l'opéra-comique, presque point de « musique pure », musique de chambre ou symphonique. Mais on adore — le mot n'est point excessif — la virtuosité sous toutes ses formes; on se passionne pour l'archet de Paganini, pour les acrobaties pianistiques — et chez Liszt comme chez Chopin, c'est l'interprète que l'on met au-dessus du compositeur. Au théâtre, c'est l'âge d'or du *bel canto.* Il est vrai qu'on vit rarement en un quart de siècle autant de chanteurs et de cantatrices remarquables. Les troupes de l'Opéra et des Italiens (l'on passe volontiers de l'une à l'autre, et le répertoire se prête à ces échanges) réunissent d'illustres artistes. Il suffit de nommer Mmes Pasta, Damoreau, la Grisi, la Malibran, Pauline Viardot, Rosine Stoltz, Falcon, Sontag, Schröder-Devrient, Dorus. Et parmi les hommes, Lablache, Duprez, Levasseur, Mario, Tamburini, Roger, Nourrit, Rubini... On porte aux nues les interprètes, mais on ne respecte guère les chefs-d'œuvre. On les triture pour les accommoder au goût du jour; on ajoute un finale postiche à *Don Juan,* et le *Freischütz* se métamorphose en *Robin des Bois.* Ce qui importe, c'est que le ténor ait au bon moment — vers le milieu du spectacle — son *ut* de poitrine, et les librettistes doivent tenir compte de ces nécessités, comme ils doivent absolument faire que l'on danse assez tard pour que les abonnés assistent au ballet en sortant du cercle. Pour avoir prétendu rompre cet usage sacro-saint, Wagner, en 1861, subira la plus humiliante des défaites.

Tout cela n'est d'ailleurs point une nouveauté : les traditions se conservent au théâtre, et plus encore sur les scènes lyriques que sur les autres. Pourtant il y a, entre le bourgeois de la monarchie de Juillet, abonné à l'Opéra, et son aïeul le bourgeois gentilhomme, une différence : M. Jourdain, depuis quarante ans, « disait de la prose sans qu'il en sût rien », et M. Joseph Prudhomme croit, en écoutant *la Muette de Portici,* entendre une musique révolutionnaire et romantique, alors qu'il ne peut supporter *Benvenuto Cellini.* Joseph Prudhomme est sûr de lui, sûr de ne point se tromper. Mais cette musique de Berlioz, cependant, (Debussy le remarque) doit beaucoup à Gluck, que Berlioz admire religieusement, et beaucoup à Meyerbeer, qu'il déteste passionnément. Nous nous en apercevons aujourd'hui sans doute possible ; les contemporains n'en voient rien. D'ailleurs, fût-on révolutionnaire ou anarchiste — c'est-à-dire, entre 1830 et 1840, romantique — on n'en est pas moins le fils de quelqu'un et l'on doit parfois autant à ses adversaires qu'à ses amis.

Les genres, à cette époque, sont peu tranchés — ce qui n'est point un malheur : comment classer *Don Juan ?* —, mais l'Opéra-Comique ne va plus garder le monopole des ouvrages de tour familier : à l'Académie royale de musique, les dieux de l'Olympe cèdent la place aux personnages historiques, le cothurne disparaît, les grands premiers rôles chaussent la botte à revers. A la vérité, c'est bien plus dans les livrets, la mise en scène et les accessoires que le romantisme se manifeste au théâtre lyrique : les partitions n'en laissent souvent voir que fort peu de traces. Mais on aime assister à d'interminables défilés ; il faut sur la scène de l'Opéra des chevaux, une meute, des patineurs — au risque de n'entendre plus la musique — et un critique parle à ce propos « d'Opéra-Franconi ». Scribe, Saint-Georges, Planard excellent à fournir au musicien prétexte à ces intermèdes que le public attend et qui, avec les vocalises du soprano et le morceau de bravoure du ténor, assurent le succès de l'ouvrage.

On est moins exigeant à la salle Favart. Boieldieu y continue Monsigny, et c'est là que se maintient le mieux la tradition française. Assurément les maîtres étrangers morts ou vivants ne sont pas exclus, mais c'est à l'Opéra-Comique qu'Auber, Herold et bientôt Gounod avec *le Médecin malgré lui,* remplissent le rôle de mainteneurs des formes spécifiquement françaises, tandis que l'Opéra devient cosmopolite.

Cosmopolite, mais point universel, comme le voulait Gluck. Car on s'y efforce surtout de plaire à la masse, et l'on sacrifie, pour y réussir, toute originalité, on en bannit tout ce qui marque profondément un caractère national. Auber reste Français en traitant un sujet italien avec *la Muette* ; Rossini reste Italien en écrivant la musique de *Guillaume Tell* inspiré du drame de Schiller; mais dès 1830, Meyerbeer a déjà depuis longtemps mérité les remontrances de Weber, son condisciple chez l'abbé Vogler, qui lui reprochait amèrement de n'être plus Allemand sans pouvoir espérer malgré cela égaler les maîtres italiens qui, eux, n'ont rien renié de leurs origines. Par ces raccourcis, ces chemins de traverse, on parvient plus vite à une gloire viagère; mais on sacrifie ce qu'un artiste possède de plus précieux. Et quand on entend sans parti pris le quatrième acte des *Huguenots,* on mesure l'étendue de ce que Meyerbeer a volontairement perdu. Lui, et quelques autres avec lui, qui nourrissent les mêmes ambitions, les mêmes illusions...

Sous l'Empire, des survivants de l'Ancien Régime avaient, eux aussi, tenu l'emploi de mainteneurs, et transmis aux jeunes musiciens de ce temps ce qu'il convenait à la musique française de retenir de ses traditions passées et de l'influence de Gluck. Méhul et Gossec avaient traversé la tourmente; le premier mourut en 1817, le second en 1829. Ils n'écrivaient plus, mais ils prodiguaient les conseils autour d'eux et, surtout, on continuait de jouer leurs ouvrages où l'on cherchait des exemples. L'on représentait aussi à l'Opéra ceux de Catel, de Lesueur, de Cherubini; et si certains titres (*les Abencérages,* de Cherubini, en 1813, et, dès 1803, *les Bardes ou Ossian* de Lesueur) ont déjà le parfum du romantisme, la musique en est telle, à peu près, qu'elle aurait été faite cinquante ans plus tôt. Assurément, si le nom de Lesueur est encore aujourd'hui familier parmi les amateurs de musique, c'est parce que Berlioz, son élève, a reconnu qu'il devait beaucoup à son vieux maître. Cherubini est venu jusqu'à nous grâce à la pureté de son style quelque peu froid, mais d'une élégance qui lui valut les suffrages de Haydn et même de Beethoven. Mais lui, ne comprit rien aux symphonies du maître de Bonn, et moins encore à ses derniers quatuors. L'ouverture d'*Anacréon* paraît quelquefois de nos jours dans les concerts, mais les opéras de Cherubini sont tombés dans l'oubli, tout comme ceux de Catel.

Jusqu'en 1813, Grétry se survit sans rien produire;

toutefois on joue beaucoup ses ouvrages, et Elleviou doit
aux rôles de Blondel (dans *Richard Cœur de Lion*) et
d'Azor (dans *Zémire et Azor*) les meilleurs succès de sa
carrière. Mais c'est Spontini qui, le premier, semble
prendre intérêt aux tendances nouvelles. Est-ce à dire
qu'il soit un véritable romantique ? Spontini, né en
1774 et qui mourra en 1851, passe sa jeunesse en Italie,
sa patrie, et se plaît d'abord dans l'imitation de Cimarosa.
Il gagne la protection de Joséphine, peu après son
arrivée à Paris en 1803, et se lie en même temps avec Jouy
qui lui donne le livret de *la Vestale,* destiné d'abord à
Boieldieu (qui n'en voulut pas), puis également refusé
par Cherubini. Il arrive aux plus fins de se tromper; mais
peut-être ni Boieldieu ni Cherubini n'eussent fait de ce
livret ce que Spontini sut en tirer. Il s'appliqua à obtenir
des effets expressifs que nul avant lui n'avait réussis. Le
15 décembre 1807, *la Vestale* remportait à l'Opéra un
succès d'enthousiasme extraordinaire et durable, et
l'ouvrage recevait le grand prix décennal de composition que venait de créer Napoléon. Lesueur voyait ainsi
la Vestale préférée aux *Bardes,* bien que Napoléon eût
marqué son estime pour cet opéra. Deux ans plus tard,
Spontini faisait représenter *Fernand Cortez* qui n'eut
guère moins de succès, mais ne put se maintenir aussi
longtemps que *la Vestale*. Bien qu'il eût obtenu la direction du Théâtre-Italien au retour des Bourbons, Spontini
quitta la France en 1820 pour devenir directeur de la
musique à la cour de Prusse. Il revint à Paris en 1842,
découragé, assombri, et sa santé irrémédiablement
ébranlée. Il se retira à Majolati, son village natal, pour y
mourir. Berlioz a loué non sans quelque excès les beautés
« grandioses » de *la Vestale ;* l'art de Spontini est néanmoins grand, et le plan quasi géométrique de ses
ouvrages ne gêne pas l'expression des sentiments passionnés qu'il sait traduire avec une chaleur nouvelle,
et déjà bien romantique. *Fernand Cortez* va donner le
modèle, bientôt trop suivi, de l'opéra historique à grand
spectacle. Spontini n'en est point responsable autant que
Jouy, son librettiste. Son mérite — car c'en est un, et
d'importance — d'avoir réussi la scène de la révolte,
ne doit point lui être imputé à grief parce que d'autres,
en si grand nombre, crurent devoir l'imiter.
    Decensdant d'une illustre famille napolitaine, Michele-

Enrico Carafa di Colobrano (1787-1872), ayant suivi la carrière des armes, était devenu officier d'ordonnance de Murat lorsqu'il quitta l'armée pour se vouer à la musique. En 1822, *le Solitaire* triomphait à l'Opéra-Comique. Il y demeura fort longtemps; *Masaniello* en 1828 confirma le succès de Carafa; mais *la Muette de Portici* d'Auber allait faire oublier *Masaniello,* et ce qui était arrivé avec le sujet napolitain se renouvela en 1829 avec *le Nozze di Lammermoor,* supplantées six ans plus tard par la *Lucia* de Donizetti. L'héroïne de Walter Scott ne réussissait pas mieux au malheureux Carafa que le pêcheur d'Amalfi.

Adrien Boieldieu, né à Rouen en 1775, fut presque un autodidacte, mais s'il ne reçut d'autres leçons que celles de l'organiste Broche, et trop vite interrompues, il sut profiter des conseils que les grands maîtres — Méhul, Cherubini, rencontrés chez Érard, son protecteur, — lui donnèrent bien volontiers, car ils reconnurent en lui un musicien de race. Garat, en interprétant ses romances, lui valut ses premiers succès dans les salons. Il en eut bientôt d'autres au théâtre avec *la Dot de Suzette* (1795) et *la Famille suisse* (1797). Moins heureux avec les ouvrages qui suivirent, il retrouva la faveur du public avec *le Calife de Bagdad* (1801), puis avec *Ma tante Aurore,* en 1803. Mais cette même année, il épousait la danseuse Clotilde Malfleurai et, résolu à fuir d'incessantes querelles de ménage, il acceptait bientôt la place de compositeur de la cour à Pétersbourg où il demeura jusqu'en 1810. Rentré en France, il donna *Jean de Paris* en 1812 à l'Opéra-Comique, et ce fut un triomphe. *Le Nouveau Seigneur du village,* en 1813, *le Petit Chaperon rouge,* en 1818, connurent une semblable fortune. Enfin le 10 décembre 1825, *la Dame blanche* était accueillie avec des transports d'enthousiasme tels qu'on en avait bien rarement vu. Enthousiasme mérité, et que l'ouvrage retrouve à chaque reprise au bout de cent vingt ans, car il n'a rien perdu de sa fraîcheur. L'art de Boieldieu est tout de spontanéité et de naturel : il s'épanouit lorsqu'il rencontre un livret comme celui de *la Dame blanche,* que Scribe avait tiré de *Guy Mannering,* de Walter Scott. Sans doute bien des détails ont vieilli dans ce livret; mais la musique point; elle est un chef-d'œuvre de verve, de grâce légère qui a fait dire en Allemagne que Boieldieu était un Mozart français. La scène de la vente dans *la Dame blanche* reste un modèle inégalé. Et il ne faut pas oublier non plus *les Voitures versées,* qui furent créées en 1808, et dont une récente reprise à l'Opéra-Comique a montré que Boieldieu avait su y mettre (non seulement dans l'air demeuré célèbre « *Apollon toujours préside — Au choix de mes voyageurs* », et des variations sur *Au clair de la lune*) autant d'esprit que d'habileté. Il donna encore *les Deux Nuits* en 1829; elles n'eurent qu'un succès d'estime. Il devait mourir d'une laryngite tuberculeuse en 1834.

Son rival, Nicolo Isouard (1775-1818) était venu de Malte à Paris où, sous son prénom, il acquit la célébrité grâce au succès de deux de ses cinquante ouvrages : *Cendrillon,* créé en 1810, et *le Billet de loterie* l'année suivante. *Le Tonnelier* n'était assurément point sans mérites, non plus que *Jeannot et Colin* (1814) ni, la même année, *Joconde,* deux ouvrages écrits sous l'effet de la jalousie que le retour de Boieldieu avait fait naître chez Nicolo, et qui lui fut profitable.

On jouait encore il y a vingt ou trente ans, pour les débuts dans les théâtres de province, *le Maître de chapelle* que Ferdinand Paer, né à Parme en 1771 et mort à Paris en 1839, composa en 1821, le seul de ses quarante-trois opéras qui survécut; encore n'en donnait-on traditionnellement que le premier acte, tout à fait digne de cette faveur, et si bien qu'on regrettait de n'en point connaître la suite. Napoléon, qui appréciait Paer, le nomma chef d'orchestre impérial; Paer précéda Rossini à la direction du Théâtre-Italien.

De tous les musiciens de ce temps, Rossini est celui dont la popularité fut la plus grande et la plus durable, celui dont l'influence s'exerça le plus loin et le plus longtemps. On lui en tint grief : le succès a sa rançon. Tous les reproches qu'on lui fit n'étaient point immérités; mais il est incontestable qu'il fut un des maîtres de l'opéra et qu'il manquerait un des chapitres les plus importants à l'histoire de l'art lyrique si Rossini n'en avait point fourni la matière.

Né à Pesaro, sur l'Adriatique, en mars 1792, il fut l'élève de l'abbé Mattei au lycée philharmonique de Bologne, comme Donizetti, mais il abandonna les études aussitôt qu'il sut à peu près le contrepoint, ce qu'il estimait suffisant pour écrire des opéras. Ses ennemis tirèrent plus tard argument de cette préparation incomplète.

Il serait plus juste de constater que Rossini posséda plus
que nul autre un véritable génie de l'improvisation.
Souvent, trop souvent peut-être, il s'en contenta par
nécessité, parce que, pressé par le temps, il dut aller
vite; par paresse d'autres fois. Car ce musicien prodigieusement fécond garda toujours, il l'avoue, un fond de
paresse, et c'est au point que l'on se demande si cette
paresse ne lui fut pas bienfaisante, en somme, puisqu'elle
stimula son génie. Il a dit lui-même que, joint à la nécessité de gagner sa vie, ce défaut était responsable des
broderies échevelées et des répétitions qui abondent dans
ses ouvrages. On ne s'en plaint pas toujours : il y a
dans le style de Rossini une véritable science d'utiliser
ces facilités. Le finale du premier acte du *Barbier de Séville*
en est un exemple typique, et génial. Quand on examine
la structure de cette scène, à partir de l'entrée de la
garde, on est frappé par la simplicité des moyens mis en
œuvre. Il n'est guère de texte musical plus clair, et dont
le développement repose plus complètement sur la répétition pour ainsi dire calquée des mêmes motifs que l'ensemble « *Freddo ed immobile, come una statua* ». Mais ce que
l'analyse ne révèle point, c'est le prodigieux effet qu'en
donne l'exécution. Ce *crescendo* (a-t-on assez plaisanté
Rossini sur l'emploi qu'il en fait!) est une des réussites
les plus étonnantes du théâtre lyrique. Car il y a dans ce
passage non seulement un accord complet du sens des
mots et de la musique, mais aussi quelque chose de supé-
rieurement bouffon qui tient à ce que, non content de
répéter ces mêmes phrases, Rossini accentue par le
crescendo des reprises qui, de fastidieuses qu'elles ris-
quaient de paraître, deviennent, grâce à cette progression, démesurément comiques. On n'insistera pas ici sur
chacune des œuvres lyriques. Ce qu'il importe de retenir,
c'est le rôle si important que tint Rossini dans l'histoire
de l'art lyrique français. Il était déjà célèbre lorsqu'il
vint à Paris : *l'Échelle de soie* (1812), *Tancrède* (1813), *l'Italienne à Alger,* la même année, *le Turc en Italie* (1814)
et surtout *le Barbier de Séville* (1816), *Othello* (1816),
Cendrillon (1817) et *la Pie voleuse* la même année, *Moïse
en Égypte* (1818), *Semiramis* (1823) pour s'en tenir à ses
succès les plus marquants, lui avaient valu d'être le
musicien le plus joué non seulement en Italie, mais à
Londres, à Vienne, à Paris comme à Rome, à Venise

et à Milan. Au mois d'octobre 1824, il arriva à Paris,
venant de Londres, où, en cinq mois, il avait amassé une
petite fortune, et prit la direction du Théâtre-Italien.
Administrateur méd.ocre, il ne réussit pas à y ramener la
prospérité. La Rochefoucauld le fit nommer intendant
de la musique royale et inspecteur général du chant,
postes qu'il conserva jusqu'à la révolution de Juillet.
Pendant ce temps, il tira de quelques-uns de ses anciens
ouvrages de nouvelles moutures : *Moïse,* en 1827, dont
la « prière » devint aussitôt populaire; d'une pièce de
circonstance, écrite pour le sacre de Charles X, *le Voyage
à Reims,* remaniée en y ajoutant des fragments de *Matilde
di Sabran,* créée à Rome en 1821, il fit un opéra bouffe
plein de vivacité et de belle humeur, *le Comte Ory,* dont la
partition est une de ses meilleures réussites. Mérite
d'autant plus grand que Scribe, s'inspirant de la vieille
chanson picarde pour son livret, l'assaisonna de banalités.
La musique de Rossini fait passer sur ces platitudes.

Le 3 août 1829 reste une des dates mémorables de
l'art lyrique français : ce soir-là l'Opéra donna la première représentation de *Guillaume Tell.* Le public marqua
d'abord quelque hésitation devant un ouvrage où il ne
retrouvait plus son Rossini : celui du *Barbier.* Mais bien
vite ce fut un succès qui alla s'amplifiant lorsque l'on
comprit mieux. Le compositeur avait voulu donner à sa
partition la couleur locale (ce dont on s'était fort peu
soucié jusqu'ici, et qui était bien une nouveauté romantique). Il avait allégé, simplifié l'écriture des parties
vocales, donné plus d'importance et de vie à l'orchestre,
et affirmé dès l'ouverture, qui est une véritable symphonie, le rôle capital qu'il lui destinait. Par ce qu'il apportait
de nouveau, l'influence de *Guillaume Tell* fut considérable.

Peut-être — on l'a souvent dit — Rossini retarda-t-il
le développement de l'école française. Mais on trouve
dans *Guillaume Tell* des exemples qui furent profitables,
qui l'auraient été davantage si, Rossini ayant cessé d'écrire,
Meyerbeer n'était venu exercer une influence toute différente. Il vint à Paris précédé, lui aussi, d'une réputation déjà bien établie par le succès d'*Il Crociato in Egitto,*
créé à Venise en 1824, et ce fut Sosthène de La Rochefoucauld, surintendant des théâtres, qui l'y appela en 1826.
Il allait y demeurer — sauf quelques séjours en Alle-

magne — plus de seize ans. Giacomo Meyerbeer (Jacob Liebmann Beer : il adjoignit à son patronyme le nom d'un parent, Meyer, dont il fut l'héritier), né à Berlin en 1791, fit ses études chez l'abbé Vogler en même temps que Weber. Ses premiers ouvrages n'eurent guère de succès; il voyagea, passa quelque temps à Vienne, à Prague, gagna l'Italie sur le conseil de Salieri et se mit à écrire dans le style italien qu'il s'assimila au point de s'attirer les reproches de « trahison » que lui fit Weber. Trahison, c'était certes beaucoup dire; mais Meyerbeer eut le don prodigieux de s'assimiler toutes choses jusqu'à paraître changer de personnalité. Une demi-douzaine d'ouvrages italiens, donnés avec plus ou moins de succès, jalonnent les débuts de sa carrière. *Il Crociato* allait connaître une fortune plus vive; mais l'incroyable réussite de Meyerbeer date vraiment de *Robert le Diable* que représenta l'Opéra le 22 novembre 1831. Réussite qui inquiéta Rossini au point de le faire renoncer à tout jamais au théâtre. *Les Huguenots* (Opéra, 29 février 1836), *le Prophète* (16 avril 1849), enfin, un an après la mort du compositeur, *l'Africaine* (28 avril 1865) ont été les opéras le plus souvent joués, pendant la seconde moitié du XIXe siècle et dans le monde entier. A l'admiration excessive généralement témoignée à Meyerbeer (bien que Berlioz, Schumann et Wagner, pour ne citer que trois musiciens, aient contesté ses mérites et refusé de voir en lui un véritable artiste) succéda plus tard une défaveur aussi vive, et par cela même également excessive. Il est certain qu'avec la complicité de Scribe, librettiste qu'on eût cru mis au monde pour collaborer avec lui, Meyerbeer, courtisan du succès, n'a rien négligé pour réussir à tout prix. Ses œuvres offrent un mélange singulier de trouvailles ingénieuses et de vulgarité. Il sut son métier admirablement; il eut le don de l'invention mélodique, et mania l'orchestre avec une habileté consommée, bien que trop souvent avec lourdeur. Mais cette science et ces dons, il les gâta non point tant par sa facilité (il travaillait longuement ses ouvrages, et il a, en somme, très peu produit au regard de tant de ses contemporains) que par le besoin de séduire la foule en lui offrant ce qu'elle attendait, en cherchant à satisfaire les goûts les plus médiocres. Il lui a manqué une conscience artistique qui l'eût gardé de montrer dans ses ouvrages ce que Berlioz a pu nommer « des ficelles grosses comme des câbles ». On le déplore d'autant plus qu'il a quelquefois oublié de prendre ces précautions intéressées, et qu'alors il a laissé voir le musicien qu'il aurait pu être.

L'aventure de Gaetano Donizetti ressemble par plus d'un trait à celle de Meyerbeer. Né à Bergame le 29 novembre 1797, il eut le même maître que Rossini, il témoigna d'une précocité et d'une fécondité surprenantes. En 1818, il donnait à Venise son premier opéra, *Enrico, conte di Borgogna*, où il imitait assez habilement Rossini. Il écrit trois partitions par an, et connaît des succès suivis de déboires. Lorsqu'il arrive à Paris, en 1835, pour y donner *Marino Faliero*, il est déjà l'auteur célèbre de *Zoraide di Granata* (1822), *la Zingara* (1822), *la Regina di Golconda* (1828), *Anna Bolena* (1831), *l'Elisire d'amore* (1832), *Parisina* (1833), *Torquato Tasso* (1833), *Lucrezia Borgia* (1834), *Maria Stuarda* (1834), et de dix ou quinze autres opéras. Mais *Marino Faliero,* créé au Théâtre-Italien, est écrasé par le succès des *Puritains,* de Bellini, donné cette même année. Donizetti ne se décourage point, et fait représenter à Naples *Lucia di Lammermoor* le 26 septembre 1835. La mort de Bellini, survenue deux jours plus tôt, lui laisse le champ libre. Il revient à Paris en 1840 et y crée en quelques mois trois ouvrages. La censure napolitaine ayant interdit son *Poliuto,* cet ouvrage devient *les Martyrs,* à l'Opéra de Paris où il n'a qu'un demi-succès; mais il se relève, comme il arrive aussi à *la Fille du régiment* à l'Opéra-Comique. Ce fut la danseuse Carlotta Grisi qui, débutant dans le divertissement du second acte de *la Favorite,* assura le succès de l'ouvrage. Comme *la Fille du régiment, la Favorite* allait être jouée plus de mille fois, et point à cause des mérites d'une ballerine. En 1843, *Don Pasquale,* opéra bouffe créé à Paris, alla aux nues tandis que *Linda di Chamounix* triomphait à Vienne. Donizetti donna à Naples *Catarina Cornaro* (1844) et *Dom Sébastien* à Paris, qui n'eurent qu'une médiocre fortune.

Donizetti, nommé maître de chapelle de la cour de Vienne en 1842, dirigeait en même temps le Conservatoire de Naples. Le surmenage, la fatigue de déplacements répétés, eurent raison de sa santé. Il donna des signes d'affaiblissement mental et passa les dernières années de sa vie dans la mélancolie. Il s'éteignit dans sa ville natale le 8 avril 1848. Il laissait plus de soixante-dix opéras, et cette fécondité fut son ennemie, car il se contenta toujours à trop bon marché. *Lucia* reste son meilleur ouvrage : il y a montré dans le sextuor mieux que de l'habileté et il a trouvé quelques thèmes dont la sensibilité passionnée le fit parfois comparer à Musset. Son tempérament dramatique lui dicta ses meilleures pages, et celles-ci ont montré la route à Verdi.

Tout différent fut Vincenzo Bellini qui naquit en Sicile, à Catane, le 3 novembre 1801 et mourut prématurément à Puteaux le 24 septembre 1835, emporté par la phtisie. A vingt-six ans, *il Pirata* lui avait valu à la Scala un succès décisif. C'était son troisième ouvrage. *La Straniera*, en 1829, fut encore plus chaudement accueillie, mais *Zaïra* échoua à Paris. *I Capuleti e i Montecchi*, à Venise, *la Sonnambula* à Milan, vengèrent cet échec, et la même année 1831, à la Scala, la *Norma* fit fureur. Après avoir donné avec un succès moindre *Beatrice di Tenda* en 1833, Bellini s'installa à Paris. Il écrivit *les Puritains,* qui furent créés aux Italiens en 1835 avec un succès triomphal. Mais le malheureux était déjà près de la mort. On lui a fait reproche de la faiblesse de ses accompagnements. Il est certain qu'il y a tout à la fois une grande monotonie et bien du vide dans son orchestre : il écrit pour les voix et néglige le reste. Mais avec quelle pureté, avec quel bonheur aussi, Bellini infléchit la courbe de la ligne mélodique ! La grâce merveilleuse de ses cavatines fait aujourd'hui encore les délices des auditeurs qui restent sensibles au chant. Dans l'air « *Nel furor delle tempeste* » d'*il Pirata,* qui fut un des triomphes du ténor Rubini, la modulation a déjà tout le charme que Bellini saura donner à l'invocation de *Norma :* « *Casta diva* », l'une des plus suaves cantilènes qui aient jamais été écrites. Bizet qui adorait *Norma,* mais qui était choqué par la pauvreté de l'instrumentation, voulut réorchestrer l'ouvrage. Il y renonça bien vite et dit : « Assurément, ce que j'avais fait était mieux, mais ce n'était plus *Norma !* » Il y a chez Bellini quelque chose d'aérien, de fragile, qui est inimitable et miraculeux au point qu'on n'y peut rien changer, fût-ce le plus léger détail, sans tout détruire.

On est aujourd'hui fort injuste pour Daniel-François-Esprit Auber. Le dernier de ses prénoms fut comme un talisman : il y eut rarement homme plus spirituel, et

sa musique se ressent de cette qualité — qu'on lui imputa
parfois à crime, comme s'il avait été incapable de
rien prendre au sérieux. Ses boutades l'ont fait croire :
il a dit de la musique qu'il l'avait passionnément aimée
tant qu'elle avait été sa maîtresse, mais qu'il l'aimait
moins depuis qu'il l'avait épousée. Il se vantait aussi
de n'avoir aimé que les femmes et les chevaux. Mais
le musicien qui a écrit *le Domino noir* et *Fra Diavolo*
tient une place fort honorable dans l'histoire de l'art
lyrique français. Précisément Charles Malherbe a pu
comparer son œuvre — dix grands opéras et trente-sept
opéras-comiques, au total cent trente-deux actes — à
un jardin à la française où tout est ordonné avec soin,
où les allées sont tirées au cordeau. Il était ennemi de
tout excès, et à quatre-vingt-neuf ans, il disait : « Il ne
faut d'exagération en rien : j'ai trop vécu! ». Mais il
travaillait encore, et comme l'Opéra avait repris *la
Muette de Portici,* il dit après la répétition générale : « Si
maintenant on me donnait cet ouvrage à faire, je l'écri-
rais tout autrement. » Tel était l'homme, et telle est bien
sa musique. Il fut, en plein XIXᵉ siècle, un héritier français de Haydn, dont il eut la souple bonhomie, mais à
laquelle il joignit l'esprit le plus malicieux. Auber avait
très modestement commencé à écrire pour des théâtres
d'amateurs, *l'Erreur d'un moment,* pour une société du
Marais en 1805, *Jean de Couvin,* pour le prince de Chimay
en 1812. Ce ne fut que son sixième ouvrage, *Emma,* créé
salle Feydeau en 1821, qui connut le succès : on le joua,
en dix ans, cent quatre-vingt-une fois. *La Neige,* en
1823, réussit pareillement; mais les œuvres suivantes
tombèrent. Cependant, en 1824, *le Concert à la cour,* où
il parodiait finement l'opéra italien dans le grand air à
vocalises « *Entendez-vous au loin l'archet de la folie ?* » tint
l'affiche jusqu'en 1838 et fut joué deux cent sept fois. On
le reprit plus tard avec succès. *Le Maçon,* en 1825, allait
connaître fortune meilleure encore : on continua de le
donner jusqu'en 1900. Mais, dans le genre léger, ce
furent *Fra Diavolo,* créé salle Ventadour le 28 janvier 1830 et *le Domino noir,* le 2 décembre 1837, qui main-
tinrent le plus longtemps le nom d'Auber au répertoire de
l'Opéra-Comique : le premier de ces ouvrages atteignit
la millième représentation, le second la dépassa largement; la grâce légère de leur style fit leur longue réussite.

Ce style a passé de mode, cela n'est point contestable; mais si l'influence de Rossini et celle de Boieldieu sont manifestes chez Auber, il y a autre chose en lui, qui est bien personnel : une ironie qui n'appuie jamais, une nuance encore plus fugitive de sentiment, tout ce qu'il faut pour plaire à la masse des auditeurs, mais tout ce qui peut, aussi, satisfaire les délicats. Il n'est pas surprenant que ce sceptique ait moins réussi dans le grand opéra que dans les ouvrages de demi-caractère, surtout en un moment où, à défaut d'émotion sincère, les compositeurs qui travaillaient dans le genre sérieux se montraient prodigues de pathétique à grand effet. Ce fut Auber cependant (mais grâce au livret de Scribe et Germain Delavigne) qui, le 29 février 1828, donna un grand opéra sur un sujet tiré de l'histoire moderne. *La Muette de Portici* ouvrait dans l'histoire de l'art lyrique une voie nouvelle, et l'on a vu déjà que Rossini et Meyerbeer suivirent immédiatement Auber. *La Muette,* en soixante-quinze ans, atteignit cinq cents représentations à l'Opéra; cependant on ne l'a point reprise. Bien plus que les opéras-comiques d'Auber, son grand opéra a vieilli; mais si l'on se replace dans le temps où il fut créé, on comprend que l'abondance mélodique, la facilité des airs, la diversité et l'entrain des scènes aient charmé le public. Ces qualités se retrouvent dans *l'Ambassadrice* (1836), *les Diamants de la couronne* (1841), *Haydée* (1847), *Manon Lescaut* (1856). De ce dernier ouvrage, l'air de « l'éclat de rire » est resté célèbre et revit presque chaque année au concours du Conservatoire.

Fromental Élie Halévy (1799-1862) n'a guère de commun avec Auber que d'avoir été, comme lui, un élève de Cherubini, et d'avoir partagé avec lui la faveur du public sous Charles X et Louis-Philippe, bien que, grand prix de Rome à vingt ans en 1819, il ait eu des débuts difficiles. Le succès finit par lui venir avec *Clari,* en 1829, au Théâtre-Italien. Il lui sourit bien plus encore avec *la Juive* qui, le 23 février 1835, obtint un véritable triomphe à l'Opéra. Le caractère sérieux, la générosité des sentiments d'Halévy, se révèlent dans un ouvrage qui fut cependant, comme tous ceux de cette époque, écrit avec le souci de faire briller les interprètes alors à la mode. On a pu dire des compositeurs de la période romantique qu'ils travaillaient « sur mesure » pour les

chanteurs. Cela est vrai : ce fut même Nourrit qui fournit à Scribe les paroles de l'air « *Rachel quand du Seigneur* », car il voulait choisir « les syllabes les plus sonores
et les plus favorables à sa voix ». Scribe et Halévy
y trouvèrent leur compte : peu d'airs ont été aussi souvent
chantés. Le défaut de l'ouvrage est dans les répétitions
de mêmes effets : c'est un défaut du temps; mais il y a
dans cette musique une sincérité qui, jointe au soin avec
lequel elle est écrite, en rehausse la valeur. Elle fut montée
par Véron et Duponchel, directeurs de l'Opéra, avec un
luxe jusqu'alors inconnu : ils dépensèrent plus de cent
mille francs pour les décors et les costumes, mais ils
en furent récompensés grandement.

Après *la Juive,* Halévy écrivit encore *l'Éclair* (Opéra-
Comique, 1835), *Guido et Ginevra* qui servit de début à
Rosine Stoltz en 1838, *la Reine de Chypre,* dont le triomphe
en 1841 égala celui de *la Juive.* En 1843, *Charles VI* dut
sa popularité au refrain des strophes de Raymond :
« *Guerre aux tyrans! jamais en France jamais l'Anglais ne
régnera!* »; on les tourna contre Guizot au moment de
l'affaire Pritchard. Dans une notice sur Froberger
rédigée à la fin de sa vie, Halévy mit ces mots désan-
chantés : « Le souvenir des triomphes qui ne sont plus est
pour certains musiciens si amer, qu'il semble les poursuivre comme un remords ». N'est-ce point à *la Juive,*
aux beaux soirs de 1835, qu'il songeait vingt-cinq ans
plus tard ?

Prix de Rome lui aussi, et admirablement doué, Ferdinand Hérold devait mourir en 1833 à l'âge de quarante-
deux ans, au moment où l'on pouvait attendre de lui
des œuvres d'une originalité qui eût marqué son époque.
Mais si *la Gioventù di Enrico Quinto* (1815), du propre aveu
de son auteur, ne « vaut rien », si *Charles de France,*
écrit en collaboration avec Boieldieu, mit son nom en
relief, si *la Clochette* (en 1817) fut jouée soixante-dix fois,
si les ouvrages qui suivirent avec des fortunes diverses
restent honorables, c'est avec *Marie,* en 1826, qu'Hérold
obtint son premier grand succès. Oublié en France, cet
opéra-comique est resté populaire en Allemagne sous
le titre de *Heimliche Liebe.* Le 3 mai 1831, l'Opéra-Comique
donnait *Zampa ou la Fiancée de marbre.* Le livret de Méles-
ville imitant de trop près celui que Da Ponte écrivit
pour le *Don Juan* de Mozart, la tâche du musicien était

périlleuse. Hérold y mit de l'animation, de la grâce et de l'ingéniosité. L'ouvrage est aujourd'hui bien vieilli, et pourtant il exhale un parfum qui peut plaire encore. Il y a beaucoup plus de mérites dans *le Pré-aux-clercs,* et ce n'est pas seulement parce que Planard, le librettiste, eut, quatre ans avant Scribe, l'idée de tirer un opéra de la *Chronique du temps de Charles IX,* mais parce que les paroles et la musique forment un tout exempt des disparates que l'on rencontre dans *les Huguenots,* où le bon côtoie le pire. Si Hérold n'a point l'habileté de Meyerbeer, il a pour lui une grande sincérité; il sait émouvoir sans insister, et sa richesse mélodique lui permet de prodiguer d'heureuses trouvailles. Créé le 15 décembre 1832, *le Pré-aux-clercs* paraît encore de temps en temps à l'affiche de l'Opéra-Comique; il a, depuis bien longtemps, dépassé la millième représentation.

De la cinquantaine de partitions laissées par Adolphe Adam (1803-1856), la plupart sont aujourd'hui bien oubliées. *Le Châlet* (1834), *le Postillon de Longjumeau* (1836), *le Toréador* (1849), *Si j'étais roi* (1852) eurent cependant un succès qui se prolongea longtemps. Mais Adam s'est trop souvent abandonné à la facilité, parfois aussi à la vulgarité. Aussi bien dans son fameux *Noël* (son titre de gloire le plus durable, bien que le plus contestable) que dans ses ballets, on trouve un laisser-aller qui gâte les meilleures trouvailles d'un musicien habile mais trop complaisant à soi-même. Ainsi *Giselle* — qui d'ailleurs doit surtout à la chorégraphie de Coralli, et au souvenir de Carlotta Grisi, d'avoir survécu — renferme quelques thèmes qui eussent été charmants si Adam ne les avait liés à un contexte d'une insipide banalité, parfois même d'un goût déplorable.

Bien que le meilleur de sa gloire lui soit venu d'ailleurs, Berlioz a légitimement place parmi les musiciens de théâtre. Ce furent sans doute la nouveauté et l'éclat d'une orchestration bien faite pour surprendre les habitués de l'Opéra qui causèrent l'échec irréparable de *Benvenuto Cellini* le 10 septembre 1838. Au moins l'ouverture du *Carnaval romain* demeure-t-elle pour venger, au concert, le sort de l'opéra. Quelque vingt ans plus tard, Berlioz achevait la partition des *Troyens,* entreprise sur les instances de Liszt et de la princesse de Sayn-Wittgenstein pour doter la France d'un ouvrage qui fût pour

le monde latin ce que *l'Anneau du Nibelung* devait être
pour le monde germanique : une épopée musicale.
L'ouvrage attendit jusqu'en 1862 qu'un directeur
l'acceptât; encore Carvalho exigea-t-il pour le monter
au Théâtre-Lyrique que Berlioz renonçât à la première
partie. Détachée, elle ne fut jouée qu'en 1890 à Karls-
ruhe, et en 1899 à l'Opéra, sous le titre de *la Prise de
Troie*. La deuxième partie, *les Troyens à Carthage,* représentée le 4 novembre 1863, ne fut ensuite que rarement
réunie à la première, l'ensemble étant d'une longueur
qui rend difficile la représentation en une soirée. L'ouvrage, inégal, contient cependant quelques-unes des
plus belles pages que Berlioz ait écrites : les airs de Cas-
sandre, la scène muette d'Andromaque et d'Astyanax
dans *la Prise de Troie,* les deux airs de Didon, le nocturne,
la chasse, dans *les Troyens à Carthage*.

Béatrice et Benedict, qui ne présente point cet excès de
longueur et qui en outre est beaucoup plus uni, n'a
cependant pas eu plus de chance : composé sur un livret
que Berlioz avait tiré dès 1833 de *Beaucoup de bruit pour
rien,* ce charmant ouvrage fut créé à Bade le 9 août 1862
et fort rarement joué depuis. Les quinze numéros dont
il est fait sont tous, depuis l'ouverture enjouée et légère
jusqu'à l'accord final, pleins de grâce et d'entrain. Gounod a loué en termes chaleureux le délicat nocturne. Il
est regrettable que cet ouvrage demeure si négligé.

Félicien David (1810-1876), entraîné en Orient par sa
foi saint-simonienne, en avait rapporté le goût de l'exotisme et une connaissance beaucoup moins superficielle
que celle de ses contemporains, pour la plupart voyageurs
en chambre. Il lui dut le succès de son « ode-symphonie » *le Désert* (1844). Au théâtre il tenta avec moins de
chance de retrouver cette veine. Beaucoup plus tard
cependant, en 1862, *Lalla-Roukh,* sur un livret inspiré
de Thomas Moore, le vengea du demi-échec de *la Perle
du Brésil* et d'*Herculanum*.

Plus jeune que Berlioz de huit ans, Ambroise Thomas
(1811-1896) fut son rival heureux à l'Institut où il le
devança et au théâtre où il lui barra la route. Élève de
Lesueur, comme Berlioz, et comme lui prix de Rome
deux ans plus tard, il essuya plusieurs échecs à la scène
avant d'y briller avec *le Caïd* dont l'habileté de facture
et la charmante légèreté triomphaient à l'Opéra-Comique

en 1849. Mais Ambroise Thomas visait plus haut : *le Songe d'une nuit d'été*, qui n'avait de commun que le titre avec la féerie de Shakespeare (mais où l'on voyait Shakespeare, Falstaff et la reine Elizabeth) eut du succès en 1850. Ambroise Thomas se tourna alors vers Goethe; pour lui, Carré et Barbier tirèrent de *Wilhelm Meister* le livret de *Mignon*. Créée en 1866, l'œuvre nouvelle devait être un des succès les plus vifs et les plus durables de l'Opéra-Comique. Elle n'a jamais quitté l'affiche, et, moins de vingt-huit ans après la première, elle atteignait la millième représentation. *Hamlet* fut à l'Opéra, en 1868, une réussite aussi complète. Après Shakespeare et Goethe, ce fut à Dante qu'Ambroise Thomas demanda l'inspiration d'une *Françoise de Rimini* (1882). Elle fut accueillie sans chaleur. Nul ne peut contester à Ambroise Thomas une remarquable habileté. Son malheur est d'avoir trop constamment cherché à plaire et consenti, pour cela, à sacrifier aux plus discutables exigences du public, au risque de tomber dans la sentimentalité.

Victor Massé eut moins d'ambition. Grand prix de Rome à vingt-deux ans, en 1844, il se contenta d'écrire des opéras-comiques et de les réussir — ce qui lui valut le fauteuil laissé vacant à l'Institut par la mort d'Auber : *les Noces de Jeannette*, en 1853, *Galathée*, l'année suivante, *la Reine Topaze* en 1856, *la Mule de Pedro* en 1863, attestaient son style élégant qui, par instants, fait songer à Gounod. *Galathée* et *les Noces de Jeannette* comptèrent parmi les plus grands succès de l'Opéra-Comique.

Cinq ou six des quatorze opéras de Charles Gounod (1818-1893) constituent l'apport le plus précieux de la musique française à l'art lyrique du XIXe siècle. On doit aussi à Gounod des ouvrages de tous les genres : musique religieuse, symphonies, musique de chambre, mélodies; dans tous il a montré les qualités les meilleures, mais tous ont pâli (peut-être injustement) par l'inévitable conséquence de l'immense popularité de ses chefs-d'œuvre scéniques. Ils sont trop connus pour qu'il faille insister sur chacun d'eux. La verve exquise du *Médecin malgré lui*, où, dès 1858, Gounod fait preuve d'originalité jusque dans son pastiche de Lully; *Faust*, en 1859, *Mireille*, en 1864, *Roméo et Juliette*, en 1867, lui ont valu une place exceptionnelle parmi les musiciens de théâtre. A ces ouvrages il faut ajouter *Sapho* (1851) et *Ulysse* (la même année), parce que l'écriture des chœurs y est remarquable ; de même *Philémon et Baucis* (1860), *la Reine de Saba* (1862), contiennent aussi de fort belles pages, et, dans *Polyeucte* (1878), la lecture de l'Évangile dans la prison est une réussite merveilleuse. Nous sommes aujourd'hui trop familiers de cet art pour mesurer exactement l'importance du rôle tenu par Gounod dans le troisième quart du XIXᵉ siècle : il vint au moment précis où la musique française, à peine échappée de l'italianisme triomphant avec Rossini et ses successeurs, restait envahie par les opéras historiques selon la formule Scribe-Meyerbeer. Péril plus menaçant que le danger auquel elle avait failli succomber au temps de la querelle des Bouffons et de la guerre des Coins, des batailles entre gluckistes et piccinistes. Le style lumineux et si français de Gounod lui montra la voie du salut. Son succès à l'étranger rendit en outre à la France un immense service, mais peut-être moins grand que l'influence exercée sur ses compatriotes par la nouveauté de son art, fait d'équilibre autant que d'originalité.

Pour que le tableau de la musique lyrique française de cette époque ne soit pas trop incomplet, il convient de citer encore Niedermeyer (1802-1861) qui, avant de fonder l'école de musique religieuse à laquelle il donna son nom, s'essaya au théâtre avec *Stradella,* en 1837, *Marie Stuart* (1844), *la Fronde* (1853), mais sans grand succès. Aimé Maillart (1817-1871) en connut de fort vifs avec *Gastibelza* (1847) et surtout *les Dragons de Villars* (1856) que l'on joue encore parfois. François Bazin (1816-1878) fit applaudir en 1856 *la Farce de Maître Pathelin,* et en 1865 *le Voyage en Chine.* Ernest Reyer conquérait avec *Maître Wolfram,* en 1854, *la Statue,* en 1861, et *Érostrate* (1862) une réputation que ses deux opéras, *Sigurd* et *Salammbô,* allaient confirmer après 1870. Il faut au moins nommer aussi Louis Clapisson (1808-1866) parce que *Gibby la cornemuse* et *la Fanchonnette* eurent quelque succès en 1846 et en 1856, mais plus encore à cause de la préférence que l'Institut lui donna en l'élisant en 1854 alors que Berlioz était candidat.

Ce qui importe davantage, c'est qu'à ce moment même, en Italie, Giuseppe Verdi accomplit une tâche pareille, en ses effets, à celle que Gounod remplit en France ; sa renommée, d'ailleurs, passe bien vite les frontières. Dès 1845 on joue *Nabuchodonosor* au Théâtre-Italien; puis *Jérusalem,* version nouvelle de *I Lombardi,* est représentée à l'Opéra le 26 novembre 1847. Presque tous les ouvrages de Verdi entreront au répertoire de l'Académie impériale ou du Théâtre-Italien; quelques-uns même y seront créés, comme *les Vêpres siciliennes,* en juin 1855, *Macbeth* (remanié) en 1865, et *Don Carlos* en 1867. *Rigoletto, le Trouvère, la Traviata,* deviennent immédiatement aussi populaires en France qu'en Italie. Il en sera de même plus tard d'*Aïda* et d'*Othello.* L'influence de Verdi est naturellement considérable de ce côté des Alpes — et l'on peut dire qu'après une éclipse due au mouvement wagnérien, elle se manifeste aujourd'hui de nouveau.

Contemporain de Verdi, Richard Wagner ne se révélera largement en France que plus tardivement. On sait à quel échec aboutit, en 1861, la tentative de faire entrer *Tannhäuser* au répertoire de l'Opéra. Cependant, l'année précédente, les concerts donnés salle Ventadour par le maître saxon ont allumé des querelles profitables à son influence sur les musiciens français : les poètes, les hommes de lettres combattent pour lui. Le « wagnérisme » va devenir à la mode — et les critiques en découvriront les effets même où ils ne sont point, dans les ouvrages de Gounod et de Bizet. Cependant, après la guerre de 1870, il ne sera que trop vrai que le conseil donné par le musicien de *Tristan,* adjurant les jeunes de ne point l'imiter, ne sera pas écouté des musiciens français. Mais une réaction suivra dont on dira ailleurs l'importance. La tâche de ceux qui eurent le courage de la provoquer et l'habileté de la mener à bien n'aurait pas été possible si, parmi les artistes de la génération précédente, il ne s'était trouvé des musiciens qui surent maintenir chez les Français et le sens et le goût de la musique française.

René DUMESNIL.

BIBLIOGRAPHIE

OUVRAGES GÉNÉRAUX

BERLIOZ, H., *Mémoires*, Paris, 2 vol., 1870.
BERLIOZ, H., *Les Soirées de l'orchestre*, Paris, 1852.
BERLIOZ, H., *Les grotesques de la musique*, Paris.
BOSCHOT, A., *Portraits de musiciens*, 2 vol., Paris, 1947.
BUENZOD, E., *Musiciens*, 2e série, Lausanne, 1949.
CHANTAVOINE, J., *Cent opéras célèbres*, Paris, 1948.
COMBARIEU, J., *Histoire de la musique*, tome III, Paris, 1955.
DEBUSSY, C., *Monsieur Croche antidilettante*, Paris, 1921 et 1926.
DUFOURCQ, N., *La musique française*, Paris, 1949.
DUFOURCQ, N., *La musique des origines à nos jours*, Paris, 1946.
DUKAS, P., *Écrits sur la musique*, Paris, 1948.
DUMESNIL, R., *La musique romantique française*, Paris, 1945.
EINSTEIN, A., *La musique romantique*, Paris, 1959.
LALO, P., *De Rameau à Ravel*, Paris, 1947.
LANDORMY, P., *La musique française*, t. I : *De la Marseillaise à la mort de Berlioz*, Paris, nouv. édit. 1944.
PITROU, R., *Musiciens romantiques*, Paris, 1946.
ROLAND-MANUEL, *Plaisir de la musique*, t. II et III, Paris, 1949.

MONOGRAPHIES

MALHERBE, C., *Auber*, Paris, 1911.
LASSUS, A. DE, *Boieldieu*, Paris, 1910.
BOSCHOT, A., *Berlioz*, Paris, 3 vol., 1908-1912.
MASSON, P. M., *Berlioz*, Paris, 1923.
COQUARD, A., *Berlioz*, Paris, 1910.
BARRAUD, H., *Berlioz*, Paris, 1956.
BRANCOUR, R., *F. David*, Paris, 1911.
BELLAIGUE, C., *Ch. Gounod*, Paris, 1910.
HILLEMACHER, P. L., *Ch. Gounod*, Paris, 1905.
DANDELOT et PROD'HOMME, *Ch. Gounod*, 2 vol., Paris, 1911.
POUGIN, A., *Herold*, Paris, 1906.
CURZON, H. DE, *Meyerbeer*, Paris, 1910.
DAURIAC, L., *Meyerbeer*, Paris, 3e édit., 1930.
JULLIEN, A., *Reyer*, Paris, 1909.
DAURIAC, L., *Rossini*, Paris, 1906.
CURZON, H. DE, *Rossini*, Paris, 1920.
BOUVET, C., *Spontini*, Paris, 1930.
BELLAIGUE, C., *Verdi*, Paris, 1912.
BONAVENTURA, A., *Verdi*, Paris, 1923.
PETIT, P., *Verdi*, Paris, 1958.

L'OPÉRA ITALIEN
DE CIMAROSA A VERDI

Dans la première partie du XVIIIᵉ siècle, l'opéra italien avait occupé la première place dans tous les pays d'Europe, à l'exception de la France. A la fin du siècle, il ne représentait plus qu'une école nationale parmi d'autres. En France, l'opéra-comique, en Allemagne le *Singspiel*, en Espagne la *tonadilla*, en Angleterre le *comic opera*, jouissaient tous, plus ou moins, de la faveur publique. De ces types d'opéras populaires se dégageaient, en France et en Allemagne, les traits caractéristiques de l'opéra romantique, d'une espèce à la fois plus sérieuse et plus prétentieuse, avec des caractéristiques nationales plus accentuées : la voie était ouverte à Boieldieu et à Gounod, à Weber et à Wagner. L'ancien *opera seria* napolitain avait depuis longtemps perdu son caractère propre au profit d'un style international, mélange d'éléments français, italiens et allemands, dont le créateur et le maître du genre avait été Gluck et qu'exploitaient encore certains compositeurs, tels Cherubini et Spontini, tous deux Italiens résidant à Paris. Dans la mesure où l'on peut parler d'une capitale internationale de l'opéra dans la première moitié du XIXᵉ siècle, cette capitale était Paris. Ce fut le siège du grand opéra de Meyerbeer et de son école; quant aux compositeurs, seul un succès parisien pouvait leur apporter la gloire et couronner leur carrière.

Les trois grands Italiens de l'époque (Rossini, Bellini et Donizetti) ont tous reconnu ce prestige, et, dans les œuvres qu'ils voulaient faire jouer à Paris, leur langage, d'abord marqué par l'Italie, subit plus ou moins l'influence de l'Opéra pour lequel ils écrivent : c'est surtout le cas pour Rossini avec *Guillaume Tell,* un peu moins pour Bellini avec *les Puritains,* moins encore pour Donizetti dont les principales œuvres destinées à Paris (*la Fille*

du régiment, Don Pasquale) étaient du genre comique.
Toutefois, si les opéras italiens d'exportation allaient
dans le sens de ce style international parisien, ceux qu'ils
écrivaient pour leur pays d'origine restaient plus attachés aux formules du passé. L'influence de Gluck et de
ses successeurs ne s'est jamais fait sentir fortement au
sud des Alpes, et même les nouveaux courants du romantisme pénétrèrent beaucoup plus lentement en Italie
qu'en France et en Allemagne. La période qui, de 1790
à 1810, voit représenter *la Flûte enchantée* et *Fidelio* à
Vienne, *les Deux Journées* de Cherubini, *la Vestale* de
Spontini, et *Joseph* de Méhul à Paris, demeure en Italie
une période de stagnation.

La production est pourtant abondante; mais les principaux compositeurs italiens du XVIIIe siècle, qui vivaient
encore en 1800, n'ont donné aucune œuvre significative.
Paisiello, génie de l'*opera buffa* et rival de Mozart en Italie,
se repose sur ses lauriers; Cimarosa a, de toute évidence,
achevé sa carrière avec *le Mariage secret* en 1792; quant
à Zingarelli, s'il continue à écrire des opéras, son talent
n'était pas de premier ordre, et sa seule œuvre qui mérite
d'être retenue, *Juliette et Roméo,* date de 1796. Les œuvres
de ces trois compositeurs, ainsi que celles de Guglielmi,
eurent encore du succès en Italie pendant les premières
années du siècle, jusqu'à l'arrivée de Rossini. *Le Mariage
secret* peut être considéré comme le meilleur exemple de
l'opéra-comique italien, dans la tradition napolitaine
de la fin du siècle : invention mélodique débordante,
conception purement et intensément vocale, vivacité
de l'action, absence de prétention dans ses intentions
dramatiques. Cette œuvre était écrite pour Vienne, et l'on
ne peut douter que Cimarosa ait étudié les partitions de
Mozart; mais il y avait entre eux une différence essentielle
que Grétry a exprimée en ces termes : « Cimarosa met la
statue sur la scène et le piédestal à l'orchestre, tandis
que Mozart met la statue à l'orchestre et le piédestal sur la
scène. » Cela est exagéré, bien sûr, en ce qui concerne
Mozart; mais Grétry souligne ainsi le fait que Cimarosa,
en bon Italien, avait concentré au maximum le contenu
musical de ses idées dans la partie vocale, soli et
ensembles, et non dans les parties instrumentales.

Le caractère international de l'opéra se manifeste dans
la carrière de nombreux compositeurs italiens de la fin du

xviiie et du début du xixe siècle. Il y a ceux qui, comme
Cherubini et Spontini, se sont expatriés et dont le style
est marqué par l'étranger. D'autres ont séjourné quelque
temps hors d'Italie, mais ayant emporté le langage musical de leur pays, ils le conservent et le propagent; tels
les Napolitains Paisiello et Cimarosa à Saint-Pétersbourg,
où ils occupèrent un emploi à la cour, le premier de 1776
à 1784 et le second de 1789 à 1792. Ferdinand Paer, originaire de Parme, après avoir fait représenter, à partir
de 1787, près de vingt opéras en Italie, a vécu successivement à Vienne (de 1797 à 1802), Dresde (de 1802 à
1807) et Paris (de 1807 à 1839, année de sa mort); compositeur de maints opéras bouffes et d'œuvres dans les
divers genres mixtes alors en vogue (*dramma-giocoso,
opera semiseria, eroicomica,* etc.), il fut longtemps célèbre
grâce à *Leonora,* qui annonce le *Fidelio* de Beethoven, et
à son opéra-comique français *le Maître de chapelle* (1821).
L'échange international se produisait aussi en sens
inverse; citons, à titre d'exemple, Johann Simon Mayr,
un Bavarois qui vint très jeune en Italie, et, après avoir
étudié à Venise, se fixa à Bergame où il fut nommé
maître de chapelle à Santa Maria Maggiore et directeur
du Conservatoire. Des soixante-dix opéras de Mayr, joués
pour la plupart entre 1800 et 1815, les principaux sont
Lodoïska (1796), *Ginevra di Scozia* (1801), *la Rose rouge et
la Rose blanche* (1813) et *Medea* (1813). Mayr représente le
type de l'Allemand italianisé, comme Hasse et J.-Ch. Bach
au xviiie siècle. Sans doute est-ce lui, plus que tout autre,
qui a introduit de nouvelles formes et un nouveau style
musical dans l'opéra italien au début du xixe siècle.
  Ces conceptions nouvelles consistaient essentiellement
à élargir le cadre assez rigide de l'ancien *opera seria* :
solos, ensembles, récitatifs et chœurs alternent et se
mélangent de façon plus souple; le chœur est utilisé
plus largement, à la fois pour donner un caractère dramatique et pour obtenir des contrastes dans la structure
et les coloris musicaux; l'harmonie connaît une importance accrue comme élément du style musical, avec une
plus grande variété de modulations; l'orchestre s'enrichit grâce à l'introduction massive des instruments à vent.
Les premiers *opera seria* de Rossini indiquent déjà tous
ces changements, mais ceux-ci n'apparaissent avec toute
leur ampleur que dans les œuvres des deux élèves de

Mayr : Mercadante et Donizetti. Si l'exemple de Mayr fut bientôt suivi par des compositeurs plus jeunes, ce n'est pas uniquement à cause de son influence personnelle; la tendance générale de la musique dans la première moitié du xixe siècle se traduisait par une plus grande plasticité des formes et une structure plus élaborée, de telle sorte que les compositeurs italiens ne pouvaient guère échapper à ce mouvement.

ROSSINI

Le compositeur dont l'œuvre à la fois résume l'expérience passée et représente le mieux le passage de l'opéra classique à l'opéra romantique est Gioacchino Rossini. Rossini naquit à Pesaro en 1792. Il s'instruisit d'abord au petit bonheur, puis compléta sa formation musicale par des études systématiques de chant, de piano et de contrepoint à l'excellent Liceo Musicale de Bologne. C'était un garçon précoce. A l'âge de dix-huit ans il avait déjà écrit une symphonie, une cantate et deux opéras : *la Cambiale di matrimonio (le Contrat de Mariage)*, comédie musicale jouée à Venise en 1810, et *Demetrio e Polibio,* grand opera seria représenté pour la première fois à Rome en 1812. Très jeune donc, Rossini montrait déjà cette surprenante capacité de travail et cette facilité qui allaient caractériser le rythme de sa création. Au cours des deux années suivantes, il écrivit un autre opera seria et cinq opéras bouffes dont les plus notables sont *l'Échelle de soie* en un acte (Venise, 1812), et *la Pietra del paragone (la Pierre de touche,* Milan, 1812). Il ne saurait être question, dans ces premières œuvres, de tendances révolutionnaires ou d'un style vraiment original. Elles dénotent l'habileté technique, un sens très sûr de l' « effet » théâtral, une invention musicale féconde et une extraordinaire vitalité rythmique. A vingt ans, non seulement Rossini avait complété son apprentissage et possédait son métier, mais il avait établi sa popularité en Italie. Dès ce moment, les ouvrages de ses aînés disparurent peu à peu du répertoire.

Le premier opéra important de Rossini, *Tancrède,* fut présenté à Venise en 1813, et, après un premier échec, fit une longue et brillante carrière.

Les représentations à Vienne, puis dans d'autres pays

étrangers, marquèrent le début, pour Rossini, de sa célébrité européenne, et, pour les théâtres allemands, d'une invasion de l'opéra italien contre laquelle allaient s'insurger Weber et, plus tard, Wagner. La partition de *Tancrède* comprend certaines innovations qui provoquèrent maintes critiques en Italie : les ensembles sont plus fréquents et plus importants que dans l'opera seria habituel; au lieu de grandes étendues arides de recitativo secco, Rossini écrivit des récitatifs plus courts dans lesquels l'orchestre soutenait la voix et se mélangeait à elle. L'aria « *Di tanti palpiti* » (« *De tant d'émoi* ») du premier acte fut longtemps un air favori des gondoliers de Venise (ex. 1). C'est un bon exemple de « cette expression modérée de l'amour qui, pour être pathétique, n'en est pas moins retenue et, même dans son dernier opéra, n'aura jamais le caractère véhément de la passion « (Damerini). Quoi qu'on puisse penser, dans l'ensemble, de la musique de Rossini, on ne peut nier que son art de la mélodie suffit à le classer parmi les meil-

Ex. 1.

leurs compositeurs. Il est difficile d'analyser le charme
évident de ces mélodies apparemment faciles, d'une simplicité trompeuse, qui jaillissent en un flot ininterrompu.
Maintenues dans le cadre d'un motif rythmique continu,
divisées en courtes phrases régulières souvent immédiatement répétées, claires comme le cristal dans leur harmonisation, ponctuées parfois de brusques chromatismes,
et modulant, dans la partie médiane, à un ton assez inattendu (qui n'est pas celui de la dominante familière au
XVIIIe siècle), elles semblent recueillir l'esprit du chant
italien, l'essence même de ce génie national qui, au cours
de toute l'histoire de la musique européenne, n'a jamais
cessé d'affirmer que le mode d'expression musicale le plus
profond, le plus élémentaire et le plus dense était celui de
la pure mélodie vocale, ou, du moins, de la mélodie
d'un caractère vocal précis. La prédominance de l'élément mélodique chez Rossini se manifeste également dans
les passages — nombreux et d'un effet saisissant — de
ses opéras-comiques, où la mélodie est jouée par l'orchestre, tandis que la voix lance des interjections détachées ou une suite rapide de mots sur la même note.

Après *Tancrède*, Rossini écrivit plusieurs opéras bouffes
dont le plus important, *l'Italienne à Alger* (Venise, 1813),
est une comédie bouffe avec mise en scène orientale,
genre que le XVIIIe siècle avait rendu populaire. Rossini
n'avait fait aucune recherche d'exotisme; sa musique
était surtout remarquable par ses ensembles vifs et ani-

més. *Elisabetta, regina d'Inghilterra* (Naples, 1815), opera
seria très réussi, marque une date dans l'histoire de la
musique; en effet, pour la première fois, Rossini écrivit
en entier les agréments *(passi d'agilita)* au lieu d'en laisser
l'improvisation aux interprètes comme on l'avait toujours
fait jusque-là. Cette coutume d'improviser coloraturas et
cadences dans les airs d'opera seria était bien établie en
Italie, elle survécut longtemps; c'est une des ironies de
l'histoire musicale que Rossini se soit vu accuser par
certains d'introduire dans l'opéra les raffinements excessifs de la coloratura, alors que dans toutes ses œuvres
postérieures à 1815, il a justement cherché à en limiter
les abus par la notation précise des rôles chantés; erreur
qui provient à la fois d'une ignorance des traditions du
spectacle au XVIIIe siècle et de ce que les partitions de ses
prédécesseurs sont souvent plus simples en apparence
que celles de Rossini. A propos des fioritures chez
Rossini, Donizetti et Bellini, rappelons que, dans bien
des cas, elles devaient être chantées non pas sur le mode
vif et par une voix légère de *soprano coloratura,* mais au
contraire lentement et avec expression par une *coloratura
dramatique,* type de cantatrice qui n'est pas familier au
public actuel. Ajoutons aussi que Rossini fut le dernier
grand compositeur qui écrivit un rôle pour castrat et
l'un des premiers à apprécier les qualités des mezzo-
sopranos et des contraltos utilisés dans les rôles principaux (par exemple celui d'Arsace dans *Sémiramis*).

Le 20 février 1816 compte dans l'histoire de l'opéra :
c'est la date de la première représentation au théâtre de
la Torre Argentina à Rome, d'*Almaviva ou la Précaution
inutile,* mieux connu sous le titre du *Barbier de Séville.*
La comédie que Beaumarchais avait présentée en 1775,
déjà mise en musique par Paisiello et par plusieurs autres
compositeurs, avait été retraduite en vers pour Rossini
par Cesare Sterbini; le librettiste avait mis douze jours
à faire son travail, le compositeur seize. La première fut
un désastre à cause d'une cabale qu'organisèrent les
admirateurs de Paisiello, indignés par la présomption
de ce jeune compositeur qui avait osé traiter le même
sujet; mais dès la seconde soirée, *le Barbier* remporta un
succès triomphal. Il fut joué à Londres en 1818 et à Paris
l'année suivante; représenté à New York en 1819 dans
une version parlée et chantée et dans la version com-

plète avec récitatifs en 1825. Ce fut le premier opéra italien donné en Amérique. Cent cinquante ans après sa
création, la flamme, la fraîcheur, la gaieté mélodique et la
vivacité rythmique de ce chef-d'œuvre de l'opéra bouffe
n'ont pas faibli. Même des musiciens qui n'avaient aucune
sympathie particulière pour Rossini et pour l'opéra
italien — comme Beethoven, Berlioz, Wagner ou Schumann — ont reconnu son charme. Rossini paraît avoir
été saisi d'une fièvre créatrice au contact de l'œuvre de
Beaumarchais; il fut saisi d'enthousiasme pour les héros
et les situations, et surtout pour le personnage du Barbier
lui-même, serviteur astucieux et sympathique, qui guide
les jeunes amants dans la voie du bonheur en dépit des
obstacles dressés par la prudence et par l'intérêt. A propos
de la rapidité avec laquelle Rossini a achevé sa partition,
n'oublions pas qu'il prit une demi-douzaine de morceaux
(y compris l'ouverture, la cavatine « *Ecco ridente in
cielo* », et l'air de la calomnie) intégralement ou en partie
dans ses opéras précédents. De tels procédés étaient
courants à cette époque comme au XVIIIe siècle; ils
étaient dus aux conditions de hâte dans lesquelles les
compositeurs devaient souvent travailler. Dans le cas du
Barbier, on ne devinerait jamais qu'une partie de la
musique a été associée à d'autres paroles; c'est comme si
ces anciens morceaux avaient tous été, dès l'origine,
inconsciemment destinés au *Barbier,* tant la partition
résume parfaitement en un seul acte créateur toute l'expérience de Rossini et sa compréhension profonde de
l'esprit de l'opéra bouffe. *Le Barbier* était le but auquel
avait tendu tout l'opéra-comique italien du XVIIIe siècle;
c'est un de ces ouvrages qui annulent un siècle d'activité. Aucune œuvre antérieure ne peut lui être comparée,
sauf *les Noces de Figaro* et *Cosi fan tutte* de Mozart; au
XIXe siècle, aucun opéra ne l'égalera, excepté *Don Pasquale*
de Donizetti et le *Falstaff* de Verdi.

Certains aspects typiques du style musical de Rossini
sont si bien mis en évidence dans *le Barbier* que nous nous
devons de les mentionner. L'un d'eux, le fameux crescendo rossinien, produit au théâtre un effet frappant,
grâce à une technique apparemment simple : la répétition d'un ou de deux motifs mélodiques, dont le ton s'élève
peu à peu, tandis que l'orchestration prend de l'ampleur,
avec des accalmies soudaines, trompeuses, auxquelles

succède un nouveau paroxysme. L'exemple classique, bien entendu, est l'air de Basile, « *la Calomnie* », dont les paroles rappellent comment la calomnie, d'abord faible brise chuchotante, vole de bouche en bouche jusqu'à ce que s'enfle le scandale qui, telle une tempête, s'abat sur la malheureuse victime; le texte se prête admirablement à la musique, et Rossini l'a parfaitement mis en valeur. On retrouve souvent la même technique dans les ensembles. Le finale du premier acte est préparé par une longue gradation et combine une action diverse et animée avec un kaléidoscope de morceaux musicaux dans lesquels les styles d'aria et de récitatif, les solos, les duos, les ensembles plus vastes et les chœurs se mélangent dans une profusion qui recrée la vie. C'est ce caractère vivant qui, chez Rossini, donne leur force aux ensembles d'opéra; peut-être y ressent-on plus qu'ailleurs l'effet de cette succession de notes, rapide et nerveuse, qui fait l'originalité de son style. Son élan rythmique est si séduisant, il embrasse si pleinement le mouvement de la pièce, qu'on n'est pas gêné par l'absence d'un plan musical serré, qui serait résumé dans le final. Sans doute Mozart était-il seul capable — écoutez par exemple la fin du second acte des *Noces* — de joindre à la continuité de l'action dramatique l'unité et l'équilibre de structures propres à la symphonie.

Les opéras-comiques et semi-comiques de Rossini, postérieurs au *Barbier,* sont de moindre importance. Citons, parmi les principaux, *Cendrillon* (Rome, 1817), et *la Pie voleuse* (Milan, 1817). Le premier, qui reprend le célèbre conte de fées sur un ton à la fois comique et sentimental, est plein de ces jolies mélodies dont la source est intarissable, typiques de ce brio et de cet hédonisme dont Stendhal a si bien dit (dans un autre contexte) : « rarement sublime, mais jamais ennuyeux » *(Vie de Rossini)*. *La Pie voleuse* est surtout connue pour son ouverture, excellent spécimen du style orchestral du compositeur. Le principal opéra de cette période, *Othello* (Naples, 1816), est l'une des meilleures œuvres de Rossini, sinon même son chef-d'œuvre tragique; la musique du troisième acte surtout apparaît comme une des plus dramatiques et des plus prenantes qu'il ait jamais écrites. Le livret, pourtant, n'était pas à la hauteur de Shakespeare. Les changements apportés au texte original — la fin tragique est remplacée par une scène où l'on voit Othello et Desdémone se réconcilier — montrent assez bien la tyrannie qu'exerçait le goût du public sur l'opéra italien du début du XIXᵉ siècle. Dans cette version revisée, le rideau tombait aux accents d'un duo, « *Cara, per te quest'anima* », tiré de la partition d'*Armide*, autre opera seria de Rossini présenté sans grand succès à Naples en 1817.

Pendant le carême de 1818, le Teatro San Carlo de Naples avait monté *Moïse en Égypte*, « *azione tragico-sacra* ». Le morceau dominant de cet ouvrage était l'émouvant « *Preghiera con cori* » vers la fin de l'acte III. Rossini l'avait écrit en une heure pour distraire l'attention des auditeurs de la scène du passage de la mer Rouge, qui, au cours des premières représentations, avait eu l'effet malheureux de susciter des rires. *Moïse en Égypte* fut complètement remanié pour être présenté à Paris en 1827 en tant qu'*opera seria* ; c'est dans cette version que l'œuvre est connue de nos jours. Son style élevé et grave, ses nombreuses scènes de chœurs et d'ensembles, ses effets spectaculaires, annoncent directement *Guillaume Tell* et *les Puritains,* sans parler des *Huguenots* et de *Nabucco.* La partition est inégale : à côté de l'invocation noble « *Eterno, immenso, incomprensibil Dio !* » et de l'excellent quatuor « *Mi manca la voce* », figurent des mélodies banales et mal adaptées n'exprimant rien de particulier, où il est trop évident que Rossini, manquant d'inspiration réelle, a simplement donné libre cours à son invention mélodique exubérante.

La Dame du lac (Naples, 1819), inspirée par le poème de Walter Scott, est parfois appelée opéra « romantique ». Le terme ne peut s'appliquer qu'avec réserves : si, dans quelques passages, la courbe de la ligne mélodique, les harmonies chromatiques et les modulations originales, donnent un avant-goût de ce que nous considérons comme un langage typiquement romantique, dans l'ensemble, la musique et le livret ne sortent pas de la tradition classique, et le coloris romantique est purement superficiel.

Le dernier opéra que Rossini composa en Italie est la tragédie lyrique *Sémiramis* (Venise, 1823), où apparaissent les fruits de dix années d'expérience et où la maîtrise du compositeur virtuose, alors dans sa pleine maturité, se déploie dans une immense partition, sorte d'anthologie de tous les éléments typiques de l'*opera seria* tel qu'on le concevait alors : orchestration riche et variée (l'ouverture est l'une des meilleures de Rossini), récitatifs dramatiques, ensembles, vastes chœurs scéniques, grande diversité de formes dans les arias, et surabondance de coloraturas. Par son caractère de synthèse générale, *Sémiramis* illustre bien la tendance de l'époque (1820), dont l'idéal devait bientôt se réaliser dans le « grand opéra » du temps de Meyerbeer et de Halévy. Le dernier opéra de Rossini, *Guillaume Tell* (Paris, 1829), en est un exemple accompli; mais cette œuvre, ainsi que l'opéra-comique *le Comte Ory* (Paris, 1828), appartiennent à l'histoire de l'opéra français plutôt qu'à celle de l'opéra italien.

Si l'on considère l'ensemble de ses œuvres italiennes, depuis *l'Échelle de soie* jusqu'à *Sémiramis,* l'on comprend sans peine que Rossini représente essentiellement pour l'opéra, comme Beethoven pour la symphonie, la transition du XVIIIe au XIXe siècle, de la fin du classicisme au début du romantisme. Son tempérament est complexe : facilité, esprit, courtoisie, sens pratique; tout cela joint à un profond respect pour son art et à une grande honnêteté. Il lui manquait l'une des qualités du vrai révolutionnaire : la capacité de tout sacrifier à un idéal, sans tenir compte des conséquences pratiques immédiates. Son œuvre est peut-être d'autant plus importante qu'elle maintient la tradition italienne d'un opéra façonné par le goût populaire et garde, dès lors, comme une marque indélébile, son caractère national. Il transforma l'opéra italien, mais en même temps l'empêcha de se laisser annexer par la tendance parisienne et cosmopolite; de ce fait, Bellini, Donizetti et Verdi furent ses débiteurs.

BELLINI

L'histoire de l'opéra italien de Rossini à Verdi est pratiquement contenue dans la carrière de Bellini et de Donizetti. Vincenzo Bellini naquit à Catane en 1801; enfant, il montra un talent si remarquable que sa ville natale lui accorda une bourse annuelle qui lui permit de terminer ses études musicales à Naples. C'est là que furent jouées ses œuvres de jeunesse, opéras et cantates. Le premier ouvrage de sa maturité, *il Pirata, (le Pirate),* représenté à la Scala de Milan en 1827, marqua le début d'une collaboration féconde avec Felice Romani. En effet, celui-ci écrivit par la suite les livrets de tous les opéras de Bellini, sauf *les Puritains*. Ce qu'on a appelé « la période intermédiaire » comprend, outre *il Pirata, la Straniera* (*l'Étrangère*, Milan, 1829), et *i Capuletti e i Montecchi* (Venise, 1830). Vint ensuite la célébrité européenne, après la première, à Milan, de *la Somnambule*, en 1831. *Norma*, chef-d'œuvre de Bellini, fut représenté à la Scala, la même année; puis, à Venise en 1833, *Beatrice di Tenda*, qui n'eut aucun succès. Le dernier opéra de Bellini, *les Puritains*, fut joué à Paris en janvier 1835, huit mois avant la mort du compositeur; ce fut un triomphe.

Bellini mourut à l'âge de trente-quatre ans. Sans compter ses premiers essais de jeunesse, il avait composé neuf opéras. Au même âge, Rossini en avait terminé trente-quatre, Donizetti trente-cinq. Ces chiffres appellent une double explication : non seulement la courte vie de Bellini fut constamment troublée par des maladies et par des difficultés sentimentales, mais il travaillait plus soigneusement que les deux autres. Quand nous songeons à Rossini qui composa *le Barbier de Séville* en quinze jours et *Othello* en trois semaines, à Donizetti qui acheva la partition de *Lucie de Lammermoor* en moins de quarante jours et celle de *Don Pasquale* en dix, il suffit d'opposer à ces exploits les réflexions que fait naître une lecture attentive de la partition autographe de *Norma*, pleine de corrections, de suppressions, de variantes; le compositeur a revu huit fois la cavatine « Casta diva » avant de s'en montrer satisfait. Méditons aussi ce qu'écrivait Bellini tandis qu'il composait *l'Étrangère* : « Pour le peu de partitions que je me suis proposé d'écrire, pas plus d'une par an, j'y consacre tous mes soins... je me donne la peine avant tout de trouver un excellent livret... j'étudie attentivement le caractère des personnages, les passions qui les dominent et les idées qu'ils expriment. J'entre dans les sentiments de chacun d'eux, je me mets à la place de celui qui parle, et je m'efforce de sentir et d'exprimer efficacement ce qu'il éprouve. » Bref Bellini, contrairement à Rossini et à Donizetti, se consacra complètement à l'idéal d'une union parfaite de la poésie et de la musique. Capable, au besoin, de composer des mélodies élégantes sans faire appel à l'inspiration poétique, il ne donne cependant le meilleur de lui-même que

dans les passages où le mouvement du drame aboutit
à une situation exceptionnelle qui enflamme son imagination et permet à l'expression lyrique d'atteindre son
plus haut degré de concentration et de pureté. « Donnez-
moi de la bonne poésie et je vous donnerai de la bonne
musique », a-t-il dit. Parce que Bellini recherche obstinément l'unique traduction musicale qui convienne à
chaque phrase, son récitatif est plus mélodieux, plus varié,
plus libre de clichés que celui de n'importe lequel de ses
prédécesseurs : non seulement scrupuleusement correct
quant à la prosodie et vivant dans sa déclamation, mais
aussi, pour peu que cela se justifie sur le plan dramatique,
étroitement uni à l'action et expressif dans le moindre
détail de la mélodie et de l'harmonie. A titre d'exemple,
écoutons le récitatif qui suit « *O ! se una volta sola,* »
d'Amina, dans la dernière scène de *la Somnambule,* ou
celui que contient la merveilleuse scène d'ouverture du
second acte de *Norma.* Pour ce dernier, le lecteur voudra
bien se reporter à l'analyse complète, minutieuse, sensible et éclairante qu'en donne I. Pizzetti dans son essai
sur la musique de Bellini; nous ne pouvons en signaler
ici que les traits marquants : le long prélude orchestral,
ponctué de lugubres arpèges en gamme ascendante, de
silences lourds de signification, et dont le motif hésitant
« soupire » et se brise, aboutit à l'exposition d'un thème
cantabile qu'on entendra plus tard (sous forme plus
courte et moins symétrique) dans le « *Teneri, teneri, figli* »
de Norma. La version orchestrale est formée de quatre
périodes de huit mesures, mais elle a une telle ampleur
que l'auditeur est à peine conscient de la régularité de sa
structure. L'entrée en scène de Norma est accompagnée
par un long accord sur la dominante — deux périodes
de huit mesures — qui se résout en *ré mineur* dans l'émouvante première phrase du récitatif de Norma *(« Dormono
entrambi »).* Pour comprendre l'effet bouleversant
de cette résolution, il ne faut pas perdre de vue que les
quarante mesures précédentes ont été volontairement
divisées en périodes régulières, de manière à accroître
démesurément la densité rythmique; celle-ci se libère
alors en une seule phrase vocale, chargée de sens, et
qui se chante *sotto voce,* sans accompagnement. On ne peut,
dans tout l'opéra, choisir meilleur exemple d'une introduction qui contienne une substance musicale d'une

telle diversité, qui la canalise et la concentre avec une
telle intensité sur les premières notes du chant. Le récitatif qui suit, parfait dans tous les détails de l'expression, est mêlé à des thèmes tirés de la première partie
de l'introduction; du point de vue formel, c'est une
reprise plus serrée et librement variée du prélude orchestral, qui s'attarde également sur la dominante introduisant l'arioso, « ce chant divin de délivrance... ces pleurs
qui nous libèrent d'une angoisse que nous ne pouvons
plus supporter ni contenir » (Pizzetti).

Dans une scène de ce genre, nous trouvons résumées
les qualités essentielles de Bellini. C'est un style dans
lequel, plus que chez n'importe quel compositeur, toute
la vie intérieure de la musique s'exprime sous la forme
d'une pure mélodie vocale. Bellini chante toujours, et
le chant est toujours un, que ce soit dans un aria solo,
un récitatif, un ensemble (par exemple, le premier finale
de *la Somnambule*), ou même, sans paroles, dans un prélude ou un interlude de l'orchestre. Cette autocratie de
la mélodie vocale fait à la fois la gloire et la limite de son
art. On l'accuse de pauvreté harmonique et d'ignorance
du contrepoint; ces deux accusations sont fausses. Ses
harmonies sont correctes, logiques et bien calculées; si
le registre de ses modulations n'est pas très étendu, s'il
ne se laisse pas aller à des progressions soudaines et
imprévues ou à des dissonances brillantes, c'est parce que
de tels traits seraient contraires à l'esprit de sa mélodie.
Même ainsi, sa palette orchestrale est infiniment plus
variée que celle de Donizetti. Nous avons vu dans notre
exemple tiré de *Norma* comment il pouvait utiliser et
restreindre intentionnellement un vocabulaire d'accords
et de modulations pour construire une forme musicale
d'amples dimensions; la même démarche se retrouve dans
la première scène de l'acte I du même opéra, et dans le
finale du premier acte des *Puritains*. Du reste, ses harmonies ne manquent pas de coloris subtils, expressifs, de
touches chromatiques habiles, mais il faut que l'idée
mélodique l'exige. Quant au contrepoint, le quintette
« *Trema per te* » dans le finale du premier acte du *Pirate*
montre indubitablement que Bellini possédait parfaitement cette technique, et qu'il lui suffisait de vouloir
l'employer. C'est volontairement qu'il renonça aux harmonies et aux contrepoints compliqués, ainsi qu'aux

raffinements des sonorités orchestrales. L'explication qu'il en donne est lapidaire : « Les artifices de composition coupent l'effet des situations. » « Si j'étais appelé à concourir, je montrerais ma science du contrepoint, mais avec mes œuvres je désire charmer les oreilles et toucher les cœurs. » Bellini illustre bien une réflexion judicieuse de Mlle Nadia Boulanger : « Un artiste se fait connaître par la qualité de ses refus. »

Essayons de caractériser plus exactement cette qualité de chant qui est l'âme de la musique de Bellini. Comme nous l'avons déjà dit, il était capable — presque autant que Pergolèse, Cimarosa ou Rossini — d'écrire des mélodies dont la beauté tient au charme qu'elles exercent sur les sens, mais qui ne sont pas liées à une situation dramatique précise, des mélodies qui présentent les signes apparents de la vie, mais auxquelles manque la vie véritable faite d'émotion profonde. L'on en trouve beaucoup de ce genre, surtout parmi les passages exigés par simple convention dans l'opéra du début du XIXe siècle, comme les ouvertures, les chœurs du début, les arias coloraturas, ou les arias écrits seulement afin de permettre au chanteur principal de chanter le nombre voulu de solos. Mais le véritable chant bellinien ne figure pas parmi ces mélodies. Au contraire, il jaillit de ces quelques nœuds du drame où l'émotion est arrivée à un point de tension insupportable, tension qui se relâche alors dans une effusion lyrique où le conflit ne se poursuit pas mais, au contraire, se résout; il s'agit bien ici de réconciliation, de libération et de transfiguration de l'émotion engendrée. L'unité propre à ce lyrisme intérieur se traduit naturellement en musique sous la forme de l'aria solo en un mouvement; il exprime l'état d'une âme qui, dans l'instant, domine la complexité des passions humaines, atteignant à une connaissance sereine et exaltée, et c'est pourquoi il a surtout le ton du détachement, de la contemplation. Telle est la mélodie dont on trouve l'exemple le plus pur dans l'air d'Amina « *Ah! non credea mirarti* » du finale de *la Somnambule,* et dans l'aria « *Qui la voce sua soave* » du second acte des *Puritains.* Le célèbre « *Casta diva* » de *Norma* a aussi ce caractère, bien que le développement tiré du drame soit moins violent que dans les autres airs. L'intervention, dans tous ces passages, des autres chanteurs et du chœur, n'altère nullement leur caractère d'*arias solos* ; en effet les autres voix servent uniquement d'accompagnement ou apparaissent en interlude, comme pourrait le faire une partie supplémentaire de l'orchestre. C'est donc l'unité — à la fois de ligne et de sentiment — jointe à la sublimation de l'émotion, qui est le trait caractéristique des mélodies chantantes de Bellini. Contrairement à Rossini, il n'excellait pas dans les ensembles variés ou, en général, dans la représentation dramatique des contrastes ; et, à l'opposé de celle de Rossini ou de Donizetti, sa musique a une certaine qualité idéale qui a amené plus d'un critique à la comparer à l'art grec de l'antiquité. Une autre comparaison fréquente et juste est celle que l'on fait entre Bellini et son contemporain Chopin ; on trouve chez tous les deux la même réserve aristocratique, tous deux excellent dans la mélancolie tendre ; dans la texture des accompagnements ainsi que dans la ligne mélodique, certains nocturnes de Chopin sont comme une transcription du style de Bellini au pianoforte. Les accompagnements de Bellini sont nécessairement discrets et simples ; en effet, comme l'a dit Cherubini, quel autre accompagnement pouvait-il écrire pour de telles mélodies ? Les triolets ondulants qui habituellement soutiennent le solo symbolisent l'essence invisible de l'aria. Le solo lui-même est généralement réparti en périodes régulières, mais avec de nombreuses et subtiles gradations du détail rythmique dans les phrases. Pourtant cette uniformité de structure est quelquefois dépassée au profit de la continuité plus complexe que réalisent des longueurs de phrases inégales : par exemple, dans « *Ah ! non credea mirarti* », la première grande période est formée de dix-neuf mesures, dont les huit dernières sont la répétition variée d'une phrase de quatre mesures — seule répétition manifeste dans toute la mélodie. On trouve une asymétrie plus subtile encore dans « *Casta diva* » :

Strophe I (orchestre) : (3 +)4 + 4 + 4 mesures.

Strophe II (solo avec orchestre) : 8 + 7 mesures.

Strophe III (solo avec orchestre et chœur) : 5 + 6 mesures.

Strophe IV (id.) : 8 + 7 + 4 (étendues jusqu'à 6) mesures.

On ne saurait trop insister sur l'importance de ces

innovations formelles; pour la première fois dans l'opéra
italien, Bellini rompait ainsi brusquement avec l'équilibre
classique traditionnel et la périodicité régulière de la
phrase, pour aborder le style de l'*ewige Melodie* (mélodie
continue), libre et sans cesse mouvante, qui demeura
l'idéal de la fin du romantisme. Bien entendu, une telle
liberté est rare chez Bellini; mais même en conservant
la régularité fondamentale de la structure, il peut donner
à une mélodie une unité et un mouvement continus, par
exemple dans tel bref passage de *Norma* : « *Deh ! non
volerli vittimi* » (finale de l'acte III), où la tension mélodique toujours croissante se soutient, en dépit des pauses,
du début à la fin :

Ex. 2.

DONIZETTI

Le contraste est frappant entre l'élégance aristocratique, élégiaque, de Bellini, et l'énergie terre à terre, éruptive, furieusement prolifique de Donizetti. On voit ici les deux pôles du tempérament romantique. Gaetano Donizetti, né à Bergame en 1797, y commença ses études sous la direction de Simon Mayr et les poursuivit sous celle de Mattei à Bologne. Son premier opéra représenté en public fut *Enrico, conte di Borgogna (Henri, comte de Bourgogne,* Venise, 1818). D'autres suivirent rapidement : Donizetti composa en tout soixante et onze opéras, vingt-huit cantates, quinze symphonies, treize quatuors à cordes, environ cent cinquante chansons, solos et duos, une grande quantité de musique sacrée, et une vingtaine d'autres morceaux pour piano et pour des ensembles variés, soit instrumentaux, soit vocaux — production véritablement prodigieuse qui, sauf une douzaine d'opéras, est totalement oubliée aujourd'hui. Ses premières œuvres furent, comme on pouvait s'y attendre, fortement marquées par l'influence de Rossini, que Donizetti admira toute sa vie (il dirigea la première audition italienne du *Stabat Mater* de Rossini à Bologne en 1842). Représenté à Milan en 1830, *Anna Bolena,* sur un livret de Romani (inspiré de l'*Henri VIII* de Shakespeare), peut être considérée comme le premier opéra de Donizetti où se manifeste sa personnalité, et il fut aussi le premier à porter sa renommée au-delà des Alpes. *L'Elisir d'amore,* dont le livret est également de Romani (inspiré du *Philtre* d'Eugène Scribe), représenté à Milan en 1832, reste une œuvre importante dans le genre à la fois romantique et comique. Bien que l'on n'y trouve pas la variété d'expression et l'incomparable vigueur rythmique de Rossini, *l'Elisir d'amore* est rempli de mélodies joyeuses et séduisantes qui sont restées populaires jusqu'à nos jours. Le charme idyllique et sentimental de la romance bien connue, « *Una furtiva lagrima* », s'y fait d'autant mieux sentir que le reste de l'opéra est écrit dans un style très différent.

Lucrèce Borgia (Milan, 1833) et *Lucie de Lammermoor* (Naples, 1835) sont des exemples typiques de l'*opera seria* romantique italien juste avant Verdi. Romani écrivit le livret de *Lucrèce* d'après le drame de Victor Hugo; celui de *Lucie* est l'œuvre de Cammarano, d'après *The*

Bride of Lammermoor, de Walter Scott. Disons en passant que la vérité historique et la vraisemblance psychologique ne furent pas le principal souci des auteurs ; ils ne se proposaient que de présenter une série de situations mélodramatiques, théâtrales, qui se prêteraient à l'expression de passions violentes par une musique fortement colorée, assaisonnée d'acrobaties vocales. Donizetti était l'homme qu'il fallait pour cela ; ses meilleures scènes ont une puissance dramatique, brutale et élémentaire, qui sans doute impressionne, bien que le contenu musical soit souvent rudimentaire, comme dans la scène finale de *Lucrèce Borgia* (ex. 3). D'autre part, la partition de

Ex. 3.

Lucie est travaillée avec beaucoup plus de soin et d'esprit critique ; les effets sont moins souvent abîmés par des épisodes mélodiques incongrus ; le sextuor du second acte et le finale de l'acte II (la « scène de la folie ») sont d'excellents exemples du style de Donizetti ; l'œuvre entière garde une place méritée dans le répertoire d'opéra. Son succès fut immédiat et foudroyant ; Donizetti raconte dans une lettre à son éditeur Ricordi, avec une modestie qui le caractérise : « Lucie de Lammermoor marche bien. Permets que je me fasse rougir par amitié, et que je te dise la vérité. Elle a plu, et fort plu, si j'en crois les applaudissements et les compliments que j'ai reçus. » La supériorité de la musique de *Lucie* sur celle de *Lucrèce Borgia* est manifeste ; notons à ce sujet que c'est précisément dans la période qui sépare ces deux opéras que Donizetti assista, à Paris, à la première des *Puritains* de Bellini, expérience qui le confirma dans l'admiration qu'il lui portait et le marqua au point d'influencer toutes ses créations ultérieures.

Comme avant lui Rossini et Bellini, Donizetti fut appelé à composer pour les théâtres parisiens. De ses cinq opéras sur des livrets français, les principaux sont *la Fille du régiment*, présentée à l'Opéra-Comique le 11 février 1840, et *la Favorite*, présentée à l'Opéra le 2 décembre de la même année. *La Fille du régiment*, encore populaire en France, tient dans son œuvre une place comparable à celle du *Comte Ory* chez Rossini ; l'influence de celui-ci, ainsi que de Boieldieu, se fait sentir dans quelques-unes des mélodies et dans certains rythmes. *La Favorite* est une œuvre inégale, mais au dernier acte, dont certains passages sont du meilleur Donizetti, la musique s'accorde au texte avec sensibilité et s'impose par sa force dramatique. Les deux derniers opéras importants de Donizetti étaient destinés à Vienne : *Linda di Chamounix* (1842) et *Maria di Rohan* (1843). Tous deux eurent un succès flatteur, mais seul le premier a conservé l'estime des critiques. Il appartient au genre *semiseria*, mélange de comique, de romantique et de pathétique auquel s'adapte une musique pleine de naturel et de spontanéité.

Le chef-d'œuvre de Donizetti, l'opéra bouffe *Don Pasquale*, fut joué au Théâtre-Italien de Paris, le 3 janvier 1843. L'on peut en comparer les scènes comiques au *Barbier de Séville* de Rossini. Les deux ouvrages furent

écrits en un laps de temps incroyablement court et pour
ainsi dire d'un seul jet. Tous les deux semblent voués à
une jeunesse éternelle. Chacun dans son genre est la
parfaite expression de cette merveilleuse *vis comica* italienne, dont on ne trouve l'égale chez aucun autre
peuple. Mais outre les épisodes purement comiques, il
y a chez Donizetti des scènes de sentiment, et même de
passion, aussi heureuses que les autres, auxquelles elles
sont très habilement entremêlées. Parmi les morceaux
de bravoure de cette partition brillante, citons le duo de
Norina et du docteur Malatesta à la fin de l'acte III,
juxtaposition poignante de bouffonnerie et de pathétique;
et la sérénade exquise d'Ernesto accompagnée par le
chœur vers la fin de l'acte III.

Il serait vain de mentionner, dans cette brève esquisse,
les noms d'une foule de compositeurs mineurs des quarante premières années du XIXe siècle. En Italie plus que
dans n'importe quel pays, l'opéra a toujours été une
forme d'art vraiment populaire, c'est-à-dire que, pour
chaque œuvre dont les générations suivantes ont gardé
le souvenir, il y en avait cent autres qui vivaient leur jour
de gloire, remplissaient leur destin éphémère, puis tom-
baient dans l'oubli. Toute cette période a été traitée
avec condescendance par certains historiens de la
musique, comme si sa principale raison d'être avait été
de frayer la voie à Verdi. Ce qu'a réalisé Verdi serait
inconcevable sans l'œuvre précédente de Rossini, de
Donizetti et de Bellini; et dans ce sens l'importance
« historique » de ces trois compositeurs est sans doute
très grande; mais ils ne furent pas seulement des prédécesseurs. Maintenant, au milieu du XXe siècle, quelque
peu délivrés de la fascination longtemps exercée par
Wagner, nous sommes de nouveau capables d'apprécier
la conception classique de l'opéra considéré plutôt
comme un drame chanté que comme un drame symphonique, et de comprendre qu'à l'époque qui a produit
*le Barbier de Séville, Othello, Norma, les Puritains, Lucie de
Lammermoor* et *Don Pasquale,* s'attache une gloire unique
et impérissable dans l'histoire du théâtre lyrique.

Donald J. GROUT.

BIBLIOGRAPHIE

ABBIATI, Franco, *Storia della musica,* vol. IV, *le XVIII*e *siècle,* Cernusco, 1945.

DELLA CORTE, Andrea, *Vincenzo Bellini,* Turin, 1935.

PIZZETTI, Ildebrando, *La musica di Vincenzo Bellini,* Milan, 1916.

RADICIOTTI, Giuseppe, *Gioacchino Rossini,* 3 vol. Tivoli, 1927.

SCHIEDERMAIR, Ludwig, *Beiträge zur Geschichte der Oper um die Wende des 18 und. 19. Jarhunderts,* 2 vol., Leipzig, 1907-1910.

STENDHAL, *Vie de Rossini,* Paris, 1922.

TOYE, Francis, *Rossini, a Study in Tragi-Comedy,* New York, 1947.

ZAVADINI, Guido, *Donizetti ; vita, musiche, epistolario,* Bergame, 1948.

LE LIED ROMANTIQUE ALLEMAND

De 1820 à 1890, l'histoire du lied romantique couvre soixante-dix ans d'une « présence » — plus encore que d'une évolution — à laquelle la musique d'Occident doit une de ses figures les plus caractéristiques. Ce lied n'a point, comme tant d'autres genres, de ces origines indiscutables que décèle un rapide regard. Sans doute, on trouve entre 1750 et 1800, hors du milieu des cours, un « lied » bourgeois, disparu justement de notre souvenir, d'une prolixité envahissante et d'une grande inefficacité musicale, sur lequel « l'École berlinoise » dépense beaucoup de science, et fort peu d'inspiration. Quantz, Benda, Kirnberger et André, Hiller, Zelter et Reichardt, Graun, Weiss et Ph. E. Bach, certains mieux inspirés sur les instruments, sont les esthéticiens et les techniciens de ces *Odes sacrées et profanes,* et de ces *Divertissements musicaux*. Le lied est ici le bâtard d'une « chanson » anacréontique littéraire, maniée par des compères de gros humour, ou par des théoriciens souvent frigides de l'écriture.

Remontons-nous un peu plus haut ? l'idée seule d'un lied « solo » accompagné est une singularité. Bien plus qu'au chant « populaire » ou qu'à la substance du choral, le lied veut tout devoir à la tradition polyphonique : chanson ou madrigal. Le choral de Luther, lui-même, a commencé sur ce ton.

La première caractéristique de cette production est l'oubli dans lequel l'a reléguée l'histoire. La seconde est l'effacement dans lequel elle tient la musique derrière des préoccupations dont on n'attendra guère qu'ennui. Parmi les précurseurs du XVIIIe siècle — Sperontes, Telemann ou Keiser — nous remontons à la nuit que fut la guerre de Trente Ans, cette longue mort spirituelle. Tandis que toute musique se réfugiait dans le temple et le choral, la poésie, dans l'horrible massacre, perdait cette immédiateté vivante et cette fraîcheur que lui

avait données, au Moyen âge, un rapport déjà plus
intense qu'ailleurs avec les fluides de la terre et de la
nature : et n'oublions pas que le lied allemand primitif
est d'essence bien plus littéraire que musicale. La tradition coupée, ou étourdie par le malheur, cette poésie
passait, la préoccupation de culture aidant, aux mains
d'universitaires moins favorisés par les éruptions de leur
âme que tourmentés par la recherche à froid des renais-
sances. Sortant de là, le lied se trouvait pris entre deux
idéaux assez contradictoires : l'un, de « faire passer agréablement le temps », l'autre de « prêter ses charmes » à des
poèmes « vertueux » : un principe esthétique qui rava-
gera jusqu'au milieu du XVIIIe siècle le terrain de la
musique allemande non courtoise.

La vertu tient rarement tête au plaisir. Un cahier de
lieder paru en 1733 nous promet, entre mille autres,
« une confiserie pour l'ébaudissement de l'oreille et le
ragaillardissement du cœur ». Cette denrée — et Dieu
sait si elle fut abondante — ne peut prétendre à aucun
cousinage avec le *lied* du XIXe siècle, et ne lui sert aucunement de précurseur. Elle atteindra ses rares cimes avec
les *Gellertlieder* de Beethoven, avec les *Cantates maçonniques*
surtout et certaines *Ariettes* de Mozart. En ce domaine,
tout est toujours paradoxal. Car au moment où Mozart,
Beethoven et Weber tenteront d'arracher un lied aux
formules stéréotypées de l'opéra, où un Zumsteeg, de
son côté, essaiera une opération inverse en partant de la
ballade littéraire de style folklorique, le lied naîtra,
avec Schubert, d'une conjonction neuve, assez miraculeuse, entre une certaine poésie, d'imitation folklorique
mais parfois de haut galbe littéraire, l'air de *Singspiel*,
la déclamation dramatique et la musique de chambre.

Il est en cela un phénomène original, de caractère subit.
Créé par Schubert, il formera l'héritage, la grande confidence surtout, de Schumann, de Brahms, de Hugo Wolf
et de moindres compositeurs, injustement oubliés. Ses
constantes établies, il débouchera dans des formes symphoniques, vers lesquelles son caractère « cosmique »
devait le porter. C'est le temps de Mahler, de Richard
Strauss et, ultime frontière dans le grand voyage, celui
des *Gurrelieder* de Schönberg. Avec le Schönberg seconde
manière, avec Alban Berg, Webern et leurs disciples, le
lied recommencera un cycle : celui dans lequel nous nous

trouverions bien installés... si certaines tentations com-
modes du lied « romantique » ne gardaient, aujourd'hui
encore, quelque ténacité.

Le problème que pose le lied romantique est d'abord
un problème de définition. Or définir le lied est une
opération paradoxale, quasi désespérée. Est « lied »,
au sens commun du terme, tout ce qui est chant individuel accompagné, à l'exclusion du chant religieux, de
l'air d'opéra et aussi de cette cousine, lointaine et très
jalouse, qu'est en pays latin la « romance ». Il existe cependant en pays allemand un lied polyphonique. Il occupe
une position très personnelle entre le madrigal et le lied.

Du chant de troubadour, déjà, l'Allemand note subtilement l'autonomie. Il dit *Minnesang*. Il prendra cette
précaution souvent. Les *Magelone Lieder*, chez Brahms,
s'appellent *Romanzen*, en souvenir peut-être du pays
roman. Le terme de *Gesänge* apparaît souvent. Il semble
qu'il y ait cousinage, en de lointaines origines, entre
lied et lai, ce dernier dérivé du « lay » breton (« Un lai
en firent li Bretuns », dit Marie de France), et qu'on
retrouve en Allemagne sous la forme *Leiche*. Lai, comme
en germanique *liet, leod* ou *lioth,* remonterait au vieux
haut-allemand *hluti* (son), lui-même issu de *hellan* (*hallen :*
sonner). Nous aurions là un phénomène assez semblable
à celui, plus tardif, de *sonata*. A cette distance, il ne
peut s'agir, on le voit, que de curiosités philologiques.
De ce côté, nulle issue.

Pierre Larousse, dans le premier *Grand Dictionnaire universel* de 1866, fait une suggestion qui mérite de ne pas
passer dans l'oubli. « Les Allemands, écrit-il, entendent
par lied un genre de poésie qui est pour eux assez bien
défini ; mais ce sont des Allemands. Pour nous, ce genre
renferme presque toute la poésie possible, en dehors des
grandes compositions épiques et lyriques, puisqu'il tient
de la chanson, de la ballade, de la fable, de l'épigramme,
de la romance, de l'élégie, de l'idylle et de la satire. »
Et de citer la tirade, alors récente, de Heine, pour qui le
lied est « le cœur qui chante, la poitrine émue qui se soulève » : un phénomène d'affectivité, sous une seule
espèce, verbale et sonore, qui serait commun et également cher au simple et à l'intellectuel. Tout ceci
ne nous laisse en main, pour l'instant, qu'une réalité
assez floue.

Caractérisons-nous le lied, alors, par une structure musicale ? Le jargon des formes, somme toute, signale l'existence d'une « forme lied ». Ceci devient très vite arbitraire si l'on met en parallèle seulement cinq ou six lieder pris au hasard chez Schubert, Schumann ou Hugo Wolf. Entre les premières complaintes de Schubert, tels couplets de *la Belle Meunière,* un *Abends am Strand* de Schumann, ou un *Mörikelied* gouailleur de Wolf, il y a des mondes. Nous n'aurons pas plus de chance en envisageant le caractère « strophique » de ce lied qui s'apparente, à ses deux pôles extrêmes, aussi bien au chant populaire à période simple, qu'à l'ode *durchkomponiert* (composée de bout en bout) du XVIIIe siècle, où le musicien se plie servilement à la dialectique verbale. Nous ne ramènerons, de cet angle de recherche, qu'un élément de détail. Comme l'a fait Beethoven, après Haydn, dans l'utilisation symphonique du folklore, Schubert a trouvé, en de rares cas, pour la cellule mélodique fermée du chant populaire, un procédé de développement libératoire : ce que ne feront plus, par exemple, nos symphonistes du XIXe siècle. Mais là s'arrête notre remarque.

C'est en partant de la notion de texte qu'on se rapprochera efficacement d'une définition. Quelle parenté peut-on trouver entre le *Mondnacht* de Schumann, *le Sosie* de Schubert et *la Fille abandonnée* de Hugo Wolf ? Le lien profond, premier, nous semble à la fois très lâche et très ferme : les uns et les autres ont, dans leur texte, la valeur d'un tableau. Si l'on considère la relative rareté de la peinture allemande entre l'époque d'un Holbein ou d'un Dürer et celle d'un Feuerbach, d'un Menzel ou d'un Liebermann, on pourrait presque envisager là-bas le lied comme une forme musicale de la peinture, pendant trois quarts de siècle au cours desquels l'attention s'est centrée à la fois sur une intériorisation de toute vie, et sur une certaine cosmicité de la vision naturelle : deux attitudes propres à enfermer toute plasticité dans le lyrisme verbal. Le lied représenterait alors, mais sur une beaucoup plus vaste échelle, quelque chose comme le dessin familier de Ludwig Richter, le paysage de Hans Thoma, ou le tableau romantique de Moriz von Schwind.

Mais voici qu'une nouvelle précision s'impose. Le lied est tableau, mais tableau qui se signale par un immé-

diat absolu de la vision, avant tout effet idéologique ou littéraire. Les admirables poésies d'un Hölty, au XVIIIe siècle,
par exemple, malgré leur parfum lourd et funèbre, n'ont
pas donné naissance à un lied. Par contre, le Goethe des
Chants de Mignon, comme celui de *Marguerite au rouet* ou du
Roi des aulnes, offre de ces visions directes et trapues dont
se nourrit le lied. Schiller, l'homme du « lyrisme d'idées »,
n'a guère donné de prise au lied, pas plus que Novalis et
Hölderlin.

Et enfin : ce tableau doit être tel, en sa concision
visuelle, qu'il en émane une ambiance très condensée,
elle aussi d'une grande immédiateté et simplicité, et qui
soit plus ou moins de l'ordre d'une foi. L'humour, par
exemple, n'y aura sa place que tard, et en passant, avec
Brahms et Wolf. Nous nous expliquons alors que l'univers du lied unisse un Körner et un Eichendorff, un
Wilhelm Müller et un Lenau, ou, sur un plan d'anti-
thèse moins grossier, un Heine et un Goethe.

Il nous faut donc partir d'un peu plus loin encore, et
dire ceci : on oublie trop que, dans le folklore allemand,
en dépit d'une légende tenace, l'élément littéraire l'a
toujours emporté, en richesse comme en poids, sur l'élément musical. Le pays où Brentano pouvait glaner
l'étonnante moisson du *Cor féerique de l'enfant* recèle pour
tant de poésies miraculeuses un patrimoine de mélodies
fort respectable, mais qui peut compter en Europe comme
l'un des moins fournis. Le seul folklore français, par
exemple, est à la fois plus riche et musicalement plus
raffiné. Les pays de musique populaire abondante, au
demeurant, sont souvent des pays de musique symphonique pauvre, exactement comme les civilisations où la
pensée est le plus largement diffuse ne sont pas celles des
grandes philosophies : comme si penseur et symphoniste
compensaient, par un apport massif, quelque carence
générale des moyennes.

Pour que pût naître tout à coup un Schubert, il
fallait que se fût établie, et en milieu bourgeois, une
civilisation littéraire de type folklorique. La clé du lied
romantique allemand se trouve probablement dans ce
phénomène assez singulier qu'entre 1770 et 1870 une
lourde majorité des pièces lyriques allemandes est faite
de poésies « populaires » transcendées : un phénomène
inconnu chez nous. Schubert ne fait, après Zumsteeg,

que tirer les conséquences musicales de cet état de choses. Sur ce terrain, il quintessencie, allant du complexe au simple, non sans mal, un chant savant qui deviendra « populaire » par ses thèmes, ainsi que de leur côté l'ont fait, en littérature, Bürger, Herder, le jeune Goethe, puis les romantiques, qu'ils s'appellent Wilhelm Müller, Lenau, Mörike ou, le dernier, Heine. L'esprit, la discipline simple du lied musical sont dans le texte d'abord.

Socialement, le fait se ramène à ceci : lorsque Herder publiait, en 1778, ses *Stimmen der Völker (Voix des peuples)*, la poésie allemande, éteinte, on l'a dit, par la guerre de Trente Ans, cherchait sa renaissance à travers l'imitation de certains schèmes dont la poésie galante et pastorale des Français. Qu'on n'oublie pas que les débuts de Goethe lui-même, à Leipzig, se sont faits sur le terrain de la « bergerette », et en langue française. Herder donc signalait au génie allemand le moyen de retrouver le fil d'Ariane : le folklore médiéval. A l'appui de ses dires, il publiait une vaste anthologie de textes. Le jeune Goethe, qui rêvait à Strasbourg d'être l'éveilleur du génie national, ne se le laissait pas dire deux fois, sellait son cheval et parcourait les villages entre Vosges et Rhin, pour noter de vieilles ballades de la bouche des *Mütterchen,* et instituait par là pour un bon siècle une véritable jurisprudence, même lorsque, sous l'influence hellénique, il allait bientôt — et avec lui Schiller et Hölderlin — survoler de très haut cet univers.

Un texte reflète une âme, et les lignes de forces de tout folklore sont de l'ordre spirituel. Pour le poète et le romancier allemands, la Nature est un personnage. Elle est même le personnage central du drame humain, celui auquel se réfèrent tous les autres, puisqu'elle constitue la norme « cosmique » de notre destin. Pour le Français, elle n'est que le décor de la pièce. Le personnage du lied se trouve en tête à tête avec l'infini dans les choses, et cet infini est profilé en objets vivants et frémissants, avec la même plasticité sommaire, la même violence affective aussi que l'individu qui y aime et y souffre, qui y délire ou y a peur. Le cœur n'est qu'à moitié croyable : mais il y a une crédibilité terrifiante dans les choses. Lorsqu'un Berlioz, dans *la Damnation,* chante la « Nature immense », il essaie en vain d'annexer cet ordre de présences à l'univers poétique français, il se situe hors de notre sensibilité, et ne trouve qu'une note déclamatoire. Le lied français (pour autant qu'il y ait un lied en France) retrouvera, avec Duparc ou Chausson, la couleur germanique : mais sous le couvert de la symphonie et d'ailleurs sur un plan esthétique trop différencié pour offrir une plate-forme d'âme commune au délicat et au simple : et l'homme français n'y retrouvera point son visage.

Mais nous ne sommes encore qu'à la surface des choses. Une seconde caractéristique — d'ordre littéraire elle aussi — est l'essence pessimiste de ce lied. Rien d'autre en effet n'en peut expliquer la couleur musicale. Le lied allemand est un phénomène d'inquiétude : d'une inquiétude métaphysique diffuse dans les réflexes les plus humbles de la race. En ce sens, une famille humaine s'y retrouve immédiatement et entièrement. (On pourrait dire, en regard, que le génie français du lied se définit par une position calme, esthète, comme extérieure aux choses, une position de jeu affectif sur jeu d'images : celle de la romance, qui trouvera ses hautes cimes avec Fauré.)

Or, l'inquiétude de l'Allemand se situe face au paysage. C'est autour du paysage maléfique, hanté de mauvais Esprits, que va se construire, cent ans durant, une immense fresque dont poètes et musiciens vont quintessencier à l'envi les couleurs. Le lied allemand est pour la plus grande part un phénomène de « peur cosmique », de nature païenne. Il s'apparente en cela à la tragédie grecque, dans une mesure plus grande qu'on ne l'imagine. Seulement, les héros n'en sont pas des Atrides. Ce sont des voyageurs, des meuniers, des chasseurs. Le lied est la métaphysique du charbonnier : un charbonnier chez qui le Destin serait le maître.

Et ceci nous emmène très loin dans une vocation quasi clandestine du lied qui expliquerait bien des choses. Si l'on veut bien tenir compte des efforts incessants de Beethoven, de Schubert, de Schumann et de Hugo Wolf vers l'opéra, des innombrables projets scéniques qui jalonnent leur vie, on s'aperçoit que le lied est aussi une position de repli, qui couvre l'angoisse d'une impuissance dramatique. Wagner, en ce sens, libérera l'univers romantique du lied. Si en effet le thème de l'opéra allemand depuis Gluck est, par lentes approches, dont *Don Juan* va donner un témoignage éblouissant, l'ambi-

tion de camper, comme le Grec, l'homme en face des
puissances surnaturelles, cet opéra n'a ni son poète, ni sa
langue, ni sa mise en scène. Il échoue avec Weber. Peut-
être la technique seule de l'actuel Bayreuth le justifie-
t-elle. Le lied alors devient un drame sur un seul plan,
sans les interdits redoutables d'une scène inapte à rendre
visible l'invisible, et à matérialiser la Peur.

Sur deux plans, le lied nous familiarise avec ce monde.
Sur celui du paysage d'abord, qui seul, à notre sens, mène
le lied sur sa pente folklorique, et conduit Schubert, en
fin de course, à ce dont on a fait le poncif — savoureux
— de *la Belle Meunière*. Ici s'exprimerait le nomadisme
contradictoire du cœur allemand.

On sait que le thème central d'un certain lied est la
chanson du « voyageur ». Toute la terre, nous dit cette
chanson, est vie, mouvement, départ. Vents, vagues de
la mer, oiseaux, meule du moulin, tout se meut, ou part
à la rencontre du monde. Ainsi le voyageur, sur leur
conseil. Seulement, ce voyageur ne trouvera nulle part
sa patrie. Sommé par son inquiétude de vaguer sur tous
les chemins, il sera rejeté aux lieux de son départ sans
s'être réalisé lui-même ; et le destin ne lui montrera, pour
finir, qu'une vraie patrie, celle de Tristan : la mort. « Le
bonheur est où tu n'es pas. » Le fonds racial se montre
ici aux antipodes de celui qu'exprime notre folklore à
nous. Pour le chant populaire français — les *Grandes,*
les *Chants en plein vent* — l'homme se réalise où Dieu l'a
mis. Si le monde bouge et voyage, il vient à moi, je
l'attends. Je le reçois comme la bénédiction des Provi-
dences sur l'effort dans lequel je m'équilibre et me rends
digne. Où je me trouve, l'Univers est présent, plénitude
et sacrement. Il s'agit bien d'une position métaphysique
fondamentale.

Mais cette vocation du lied allemand est si essentielle
et profonde qu'elle se cherche aussi sur un plan littéraire
plus raffiné. Aux paysages de Mayrhofer, de Müller,
ou de moindres encore, ont déjà répondu, dès l'origine,
les grandes fresques mélodramatiques de Walter Scott,
ces brouillons de génie, mais aussi les hautes ballades de
Goethe, parfois de Schiller : *Chants du Barde* et de *Mignon,
Au postillon Chronos, Ganymède, Prométhée,* ou *Groupe au
Tartare :* paganisme allemand sur fond grec, vision
d'héroïsme humain sous le fardeau de la Destinée.

On voit dès lors combien l'horizon du lied est multiple, et comme il risque d'éclater en mille figures étrangères, chez Schubert déjà, et, selon toutes ses pentes, chez les musiciens qui suivront. Paysage simpliste, concentré lyrique, couplet strophique, vaste complainte ou ballade : le lied, sous toutes ses espèces et dans son immensité, se définit dès le premier Schubert comme universel. Ce musicien à demi cultivé, d'intuition hallucinante, simple et sauvage, emmuré, sans aventure et sans histoire, talonné par le temps, réalise dans sa bohème, entre mansarde et table de café, une sorte de concentration focale du monde : le monde insatisfait, nomadique et tragique de sa race. Il couronne le tout d'une présence obsédante de la mort. C'est autour de ce noyau que se déposeront les couches plus hétérogènes du lied futur. De Schubert elles reçoivent une polarité définitive d'unité et d'éclairage.

De Schubert sont publiés quelque deux cents lieder, dont combien sont chantés ? La grande édition Mandyczewski en compte six cents. Les premiers, et les moins connus, sont les plus bouleversants. Ils préparent une rencontre entre la sonate beethovénienne et le fantastique de Walter Scott, *Plainte d'Agar, la Fille d'Inistore, Adelwold et Emma, Plainte de Kolma, le Parricide, le Fantôme de Loda :* où est *la Truite* de nos écouteuses ? Ce sont là, parfois sur dix, douze, treize tempi différents, vraies bouillies de récit dramatique, de récitatif, et d'air *Singspiel* « noir », tumultueux et composites « madrigaux-complaintes », que seul réussira un jour un Loewe, parce qu'il les trivialisera avec une sorte de génie. Ils fixent le climat sur lequel vont flamboyer tout à coup les deux premières grandes venues : *le Roi des aulnes* et *Marguerite au rouet.*

Nous voilà bien loin du style « populaire » : le seul dont Schubert, à son départ, se distance fondamentalement. Femelles échevelées, courant dans les tempêtes à l'aboiement de la nuit et des chiens, arrachant du corps de l'amant la flèche dont elles se transpercent et balançant des complaintes funèbres, parfois étonnantes; prisonnières qu'enferme un chevalier bandit dans une tour, et qui, se croyant libérées, découvrent dans la lande leur tyran et leur libérateur, égorgés l'un par l'autre ; fantômes d'amantes jalouses qui ont tué l'aimé, puis le déterrent pour piétiner son cœur : tel l'univers sur lequel s'articuleront trois types d'œuvres désormais distincts : le paysage idyllique, parfois anodin, — mais bientôt montrant cette face de panique sur laquelle insistera Schumann — la grande ballade, et le concentré lyrique pour finir.

Trois mondes se cristallisent là, qui conditionnent trois positions musicales. Le premier aurait pour archétype, bien avant le cycle tardif du *Meunier,* les paysages de Mayrhofer. De là Schubert concevra l'univers des ruisseaux, des départs, l'intimité du cœur inquiet et d'un paysage aussi inquiet que lui-même, les présences inhumaines, frôlées au fond des sourires de l'eau, les messages à mi-voix du feuillage. La fraîcheur laisse passer le visage suspect de la peur. Le monde de Siegfried se décante par avance, plus ou moins effaré, plus ou moins spectral. Tout culmine toujours dans l'inquiétude, ou dans les rafales de vent du *Roi des aulnes,* ou de la *Jeune Religieuse,* ou dans les fracas élémentaires d'*Aufenthalt.* La couleur change, les signes sont les mêmes. Le strophisme est là plus ou moins de structure, la variation est en perpétuelle fluctuation, les modulations violentes, sans cesse sur le qui-vive, selon que l'exige l'irisation d'un morceau de ciel, ou l'universalité d'une vision d'épopée.

La seconde route est celle de la grande ballade. Le drame y est moins diffus, le galbe plus surveillé. Il y a là quelque chose d'eschylien. On l'a dit : ce lied est un phénomène de compensation. Il trompe l'impuissance à pétrir la matière invisible du monde, à saisir les espaces et les densités. Il rôde autour de l'opéra impossible. Il représente un sens ce qu'ont représenté dans les couches populaires françaises, après le xve siècle, le noël et la complainte, suppléant au drame liturgique éclaté, et offrant à l'homme du petit monde un « Mistère » portatif.

L'auteur est, cette fois, pour le texte poétique, Goethe, parfois même Schiller. Nous voici en fait très loin du lied. La coupe, en un sens, serait presque madrigalesque, si la nécessité interne du texte savant n'établissait une double et forte ligature identifiante : celle de la silhouette, et celle de l'ambiance. Schumann — *le Gant, la Fiancée du lion* — va droit au schème monteverdien : déclamation libre, accents rythmiques ou harmoniques en gros trait. Ou bien — *Abends am Strand, Mein altes Ross* — il joue de son ambiguïté personnelle entre la réalité et le rêve et définit deux matières entre lesquelles se glisse la vision équivoque. Schubert, pour transcender le lied en ballade, use d'un procédé grossissant. Pour isoler, surhausser, mais aussi distancer son texte, il le prosodie en valeurs élargies. Le « *Wer reitet so spät* » est une sorte de *cantus firmus* sur symphonie évocatrice. Dans cet espace vacant, libéré de la prosodie propre du poème, il recrée celui-ci en musique, et condense en symphonie imitative une couleur unique, élémentaire : le galop, le vent. La visibilité et l'immédiateté sont sauvées de tout détour littéraire.

Il y a enfin une troisième formule : et de celle-là le poète est Heine. Heine offre au musicien le miracle d'une vision faussement naïve, et d'une langue à la fois extrêmement simple et extrêmement raffinée, d'une intensité quasi délirante : quelque chose comme un Verlaine très grand et très viril; un art empoisonné de frôlements suspects et d'arrière-pensées. Ici, il s'agit d'un effet de choc maximum, sans affabulation, le drame en une image : *le Sosie, Ihr Bild, Dein Angesicht*. Le lyrisme affecte une position dramatique; mais le drame — l'impasse — n'est que de situation et de couleur.

Nous aurions défini là les trois couches concentriques qui, dans leur parenté profonde, font mesurer à la fois l'immense diversité du lied et son unité.

Partant de là, l'évolution historique conduit tout logiquement de Schubert à Schumann, de Schumann à Brahms et à Hugo Wolf. Schubert a tout vu, a tout dit. L'art se diversifie, se raffine et à mesure s'altère. Nous laisserons de côté Franz, Cornelius, le facile, habile et trivial Löwe, Mendelssohn prisonnier de l'exquis et Liszt du piano et de la romance — et des moindres. Même pour ceux-là Schubert a fixé une ligne, et leur œuvre pend à celle des trois grands comme l'arabesque à la discipline de la voussure ou du pilier.

Dans les trois cercles concentriques du lied schubertien, la zone centrale établit pour les autres une norme, et la projette sur eux, ainsi le lied de Schubert établit une norme pour tout ce qui lui succède. Tout lied désormais existe, si l'on peut dire, en tant que lied sous sa caution, comme sous celle du poète.

De Schumann, on se doute combien ses préoccupa-

tions, sa culture et ses problèmes le situent plus loin
encore du génie populaire, sinon à l'opposé. Il est, sauf
quelques assonances çà et là, l'homme d'un art médiat,
pétri de signes littéraires, philosophiques, d'hiéroglyphes
initiatiques autour desquels joue, plus que l'affectivité,
l'attitude générale de nostalgie et de peur. Il a fallu, pour
qu'il arrive à la simplicité apparente de son lied, la double
pente d'un amour tout à coup libéré, et d'une neurasthénie à mesure plus inhumaine. Le lied est pour lui,
bien plus que pour Schubert, une confession d'emmuré,
enfermé dans son « cas » : ainsi plus tard pour Hugo Wolf.
Mais il est, en même temps, ciselure d'une forme dont les
poètes fournissent la clé. De là le caractère paradoxal
d'un art qui va chevaucher la simplicité de l'attitude, le
raffinement des intentions et des ambiances, et parfois la
complexité du message musical.

Les trois « cercles concentriques » restent la structure
de son univers, comme aussi l'univers métaphysique
qu'on a dit. Mais chez Schubert, une attitude à la fois
catholique et viennoise tente toujours plus ou moins
de situer la lumière de ses ténèbres dans une ultime conciliation ; tandis que Schumann glisse vers le gouffre,
d'une seule pente. Plus que l'emploi qu'ils font l'un et
l'autre de Heine, il faudrait observer le choix exclusif que
fait Schumann de ce qui, chez Eichendorff ou Lenau, est
désespéré. Il faudrait suivre certains thèmes, auxquels on
ne peut qu'appliquer le système décrypteur du rêve : le
thème, par exemple, de la « noce tragique » qui revient,
varié de toutes manières possibles, assez bizarrement
entre les mains d'un amant comblé, hanté par les impasses
de l'amour. Quant au paysage méphitique, frôlé par
Schubert, il prend chez Schumann une résonance presque
panique — voyez *Zwielicht* — lorsqu'il ne se dissout pas,
— bien avant Tristan — dans l'au-delà.

Cela conditionne évidemment une langue musicale
neuve. Le procédé schubertien offre tantôt une union
intelligemment naïve du simple et du pictural : les
incipit de pure fraîcheur, les accords arpégés de *Wohin*
au début de *la Belle Meunière*, tantôt les violences élémentaires et de gros-grain, choisies avec un instinct infaillible :
le rouet de Marguerite, qui rend tangible le climat
d'obsession et de vertige, les carillons de *la Jeune Religieuse*, les tempêtes d'*Aufenthalt* ; tandis que les concen-

trations lyriques comme *le Sosie* empruntent à cet univers ses gros éclairages et ses ruptures harmoniques sommaires.

Avec Schumann, tout se complique. L'homme du symbolisme sonore et des carnavals métaphysiques ne peut renier du jour au lendemain son goût des problèmes. Voyez les sept mesures de piano qui introduisent *Zwielicht* : un miracle d'indécision rythmique et tonale, où se définit complaisamment le « chien et loup » crépusculaire. Voyez le prélude par lequel, dans *Mondnacht*, s'étale, en une neuvième arpégée, une sorte d'ubiquité stellaire onduleuse où se valorise et s'alourdit le *si* de basse, pour établir l'ambiance suspensive jusqu'à la notation tonale définitive. Des problèmes de haut lyrisme musical vont ici se poser sans cesse, qui se tiennent au bout opposé du lied. Dans le même esprit s'opèrent les longues conclusions pianistiques, où se contracte et se libère le drame chanté. Ce lied s'éloigne comme indéfiniment de ses origines, mais il reste à l'intérieur et à l'abri d'une crédibilité instituée par Schubert, maintenue par la simplicité et la netteté plastique du texte, et l'immédiate évidence de l'impression.

Instituant les constantes de l'évolution qui, chez Wolf par exemple, le complétera, Schumann spécule sur les subtilités expressives du poème. Il s'efforce pourtant de réserver là-dedans une position moyenne d'évidence. Chez Schubert, accompagnement et chant se comportent comme deux musiques parallèles. La forme « fermée » en souffre. L'imbrication des deux, chez Schumann, devient phénomène de concentration quasi contemplative : d'où chez lui un certain caractère statique. Schumann ne se distance pas de la prosodie, il l'affouille, la passe au prisme, en distribue les facettes, les couleurs, les nuances et les impondérables sur la mélodie, la déclamation, la symphonie pianistique, sans qu'un seul de ces éléments soit concevable un instant hors des autres. Et le texte offre cette sécurité, finalement, qu'il reconduit la vision vers le simple.

De Brahms, on sait qu'il fut, pour Schumann, « le disciple que le Maître aimait », et son continuateur. Mais le continuateur avait vu de trop près la folie romantique, et le ferment d'anarchie qu'elle semait. Sans doute Brahms représente, dans le contexte de son temps, un ressaisissement de l'écriture, dans une donnée musicale moins réactionnaire qu'on n'a voulu longtemps le croire. Schönberg a dit là-dessus ce qu'il fallait. Mais le secret de son lied est ailleurs. Peut-être faut-il y chercher l'exemple le plus caractéristique de ce qui fut, chez Brahms, paradoxalement, un phénomène de « confidence dissimulée ». Toujours Brahms se défendra d'exprimer son secret profond, il laissera juste percer ce qu'il faut de pessimisme douloureux et de rêve pour libérer sa solitude sans en rien livrer jamais. Là s'expliquerait un style fait pour grande part de réticences, d'arrêt sur les pentes, d'explosions contradictoires, et parfois cette impression qui s'en dégage, d'incertitude sur le chemin pris, de sombre débat intérieur mal caché.

On ne s'étonne pas assez de voir Brahms chercher, comme auteur de lieder, sa pâture surtout chez des poètes mineurs. Mais c'est qu'ici il reste libre. Schumann, sur des poètes majeurs, est obligé de tout livrer de lui-même. Brahms pourra se contenter d'une ambiance suggérée, d'une donnée générale d'imagination affective. Il ne succombera jamais au visuel, et d'ailleurs il n'a jamais été un visuel, et son « sentiment » se nichera, paradoxalement, dans des textes parfois presque abstraits. Il semble que Brahms, cette fois, se dissimule derrière ses poètes; homme du Nord, mais au-delà grand « refoulé » (un terme dont on peut ici se servir sans abus), Brahms ne livrera à sa première bien-aimée que des lieder sur paroles populaires : comme offrant un amour anonyme. Tout cela *non troppo allegro, non troppo andante,* et même *non troppo allegretto* : jamais délié, jamais « engagé ». Mâcheur de secrets, torturé de silences : tel est le Brahms du lied, avec sa richesse sans contours, dans son espace de solitaire.

Comme il refuse de se trahir, il se refuse à un lied qui serait œuvre d'art « objective », alors que Schumann unissait en lui les deux contraires. Il aime les textes « mous » et drape alentour une poésie molle, dont on ne retient que quelques cimes; et pourtant le niveau musical est toujours élevé. Jamais de paysages, ou fort peu — sinon quelques « chants de pluie ». Jamais le geste épique schubertien non plus : et il semble que, pour ce maître incontestable du lied, le lied est, dans son œuvre, une sorte de contradiction vitale.

Pourtant, un *Schön war*, une *Feldeinsamkeit*, un *Von ewiger Liebe*, restent des sommets du lied allemand. C'est peut-être que, fermé sur lui à des profondeurs jalouses, Brahms reflète le mieux le « cœur allemand ». La subtilité manque ici moins qu'on ne pense : mais on pourrait avancer que Brahms représente, de ce cœur, moins le lied que la « romance ». Ses *Magelone Lieder* — son chef-d'œuvre peut-être — s'appellent, nous l'avons dit, *Romanzen.*

Brahms, seul avec Mahler, a vécu dans l'ambiance populaire. Très jeune il a été pétri par les estaminets de Hambourg, comme Mahler par les casernes de son Autriche. Aussi le voit-on promener son masque folklorique sur quantité de lieder de type populaire, souvent admirablement venus, et dont on se demande pourquoi personne, ou presque, ne les chante.

Avec Wolf le lied éclate à nouveau, dans une diversité, une richesse, une fécondité d'expression qui semble la somme de toute une culture. Ici, l'horizon complexe du genre arrive à la limite de sa propre dislocation. Dans le chemin diffus qui mène le lied vers l'opéra, Hugo Wolf fait des pas plus décisifs que Schubert et surtout que son maître, Schumann : « Ensuite, dit-il, je n'écris plus que des *Tétralogies.* » N'a-t-on pas dit que ses lieder étaient autant d'opéras de poche ? Wagner a passé là. Mais, dans le repli confidentiel, Wolf s'aligne sur Brahms : écoutez *Verborgenheit.* Seulement, le monde de la simplicité lui échappe totalement des mains. L'intériorité, plus tourmentée d'elle-même, erre dans son labyrinthe, prodigue autour d'elle, comme pour se dégager des ténèbres, un luxe d'harmonies heurtées, d'odeurs fortes, de contrastes, de problèmes sonores point toujours également heureux.

Hugo Wolf reprend la tradition des « cycles » qui, pour Schubert, était le hasard d'une affabulation, pour Schumann l'adoption d'un univers lyrique. De Mörike, Wolf compose en cinq mois presque d'une haleine plus de cinquante lieder. Il s'interrompt pour un cycle Goethe — vingt-cinq pièces — et une décharge d'*Eichendorfflieder*. Il termine les Mörike, reprend les Goethe : et ce sont les quarante-cinq poèmes du *Spanisches Liederbuch.* L'*Italienisches Liederbuch* sera une autre décharge, en deux époques, de cinquante autres lieder. Là-dedans, point d'isolés; sinon deux Shakespeare, deux Byron, trois Michel-Ange, un Heine, six Gottfried Keller.

Il s'avère cette fois que la véritable vocation, et comme la ligne de mire secrète, du lied, n'est pas la simplicité, mais précisément cette orfèvrerie supérieure, faite d'une fiction de personnages populaires et de paysages familiers, mais, sur cette trame, d'un drame intérieur beaucoup plus raffiné, prolongé par toutes les divagations du rêve — et d'une langue sonore luxueuse. Comme pour Schumann, il s'interpose entre Hugo Wolf et l'univers ce fluide trouble et déformant d'une folie qui, cette fois encore, frappera en son temps et à coup sûr. Univers violent, angoissé, crié dans l'espace trop court d'une vie : comme dit si bien Decsey, « un drame en une page d'imprimerie ».

Cet univers, s'il n'est pas wagnérien, sinon par frôlements sonores, vit dans l'effluve de *Tristan,* où le lied menait depuis ses origines. Il est dramatique d'abord : la tragédie d'un vertige. Les trois « couches concentriques » qu'on a dites sont éclatées, transcendées par une position presque unique; à peine les dépaysent, çà et là, ces dessins « naïfs » de tierces parallèles, que retrouvera le petit Poucet de Ravel. Le ciel et son angoisse écrasent le paysage, qui disparaît parmi les cauchemars, les méditations, les contritions, et ne reprend figure amie que par des notations subtiles, assez rares : ainsi, dans *Erwartung,* ce matin mouillé, dépeigné, d'après la tempête. Là-dedans se ronge une obsession religieuse faite de honte, de peur et d'ascèse. Une iconographie pieuse y fait pendant : les dessins enfantins du *Spanisches Liederbuch :* la fuite en Égypte, Marie implorant les vents.

Mais un phénomène nouveau intervient : et il marque cette étape décisive où le lied échappe à sa définition. La mélodie n'est plus concevable que dans la trame d'une complication symphonique où elle ne chante plus par elle-même. Et elle n'est plus concevable sans le texte — de là la défaveur de Wolf à l'étranger. Car il s'agit bien, plus que jamais, d'un texte. Hugo Wolf ne jouait jamais un lied sans en déclamer plusieurs fois le poème : et que l'auditeur négligeât ce poème, fût-ce par amour pour sa musique, le mettait dans des fureurs de névrosé.

S'il existe, au moins pour le non-Allemand, un paradoxe du lied, ce paradoxe éclate avec Hugo Wolf parce qu'il est chez lui la dislocation de l'univers schumannien, aspiré par celui, plus puissant, de *Tristan* : la ligature du texte ramenant, tant bien que mal, cette joaillerie sombre à une simplicité, mais la musique lui insufflant une vérité et un éclat du message qui, subjectivement, constitue pour l'Allemand le ciment du lied.

Et ainsi nous obtiendrions, comme à vol d'oiseau, sinon une définition, du moins une image de ce lied. Lied : une qualité profonde d'évidence et de sincérité ; mais dans une ubiquité de l'expérience humaine et de ses nostalgies, qui dépasse, en tableaux courts de vérité universelle, tout ce qu'a pu prétendre exprimer l'opéra ; tout ce qu'a exprimé même la poésie. Goethe, qui disait voir, dans le *Don Juan* de Mozart, la « tragédie idéale », aurait pu, sans son mauvais génie Zelter, en dire autant du lied. Lied : une synthèse de tout lyrisme possible, dans une fiction, d'ailleurs mal gardée, de simplicité sous laquelle gronde et résonne une profondeur d'authenticité humaine ; parce que le musical ramène toute vision, toute spéculation, tout sentiment même — tout ce qui constitue le verbe tragique de l'homme — d'une sorte de gratuité formelle du verbal à une présence intérieure, à une expérience obsédante des forces : comme si la musique seule pouvait emplir le cadre verbal du poète d'une matérialité suffisante d'univers. En ce sens, le lied, de Schubert à Wolf, est un monde unique, complet, pièce essentielle de l'humanisme de sa race, miroir de sa conception loyale, profonde, riche et tragique, parfois désespérée, pessimiste en tout cas, de l'humain.

Avec Mahler, ce lied va tourner court, errant, malgré des veines parfois grandioses — le *Rewelge* de *Des Knaben Wunderhorn,* par exemple, — entre le style folklorique, désarticulé et magnifié par la vision orchestrale, et le style noble d'un Rückert. Avec Reger, il va s'engluer dans un contournement harmonique décevant. Avec Strauss, il dilapidera des richesses de sensualité souvent creuse : monde de vent, chargé de capiteuses senteurs. Et ce monde du lied « romantique » n'est pas mort. On le retrouve encore aujourd'hui bien vivant : sous tous les langages. Hindemith s'y rattache comme s'y est rattaché un Pfitzner en Allemagne, un Marx en Autriche,

ou aujourd'hui encore, valablement, un Othmar Schœck
en Suisse. Il n'en a pas moins trouvé son point terminal
dans la vaste fresque du jeune Schönberg, ces *Gurrelieder*
qui semblent nés du monde lyrique du premier Schubert,
monde de désolation dans des paysages fantomatiques,
parmi les ruines et les hurlements du vent, mais dans un
blasphème universel des hommes et des choses.

Entre-temps, la révolution schœnbergienne s'est accomplie. Un monde est né. Sur une conception neuve de la
musique, mais qui répond à une vision neuve des choses,
et surtout à une immense loyauté de l'esprit et du cœur,
Schönberg bâtira les fondements d'un univers. Ce lied-
là est une autre aventure. Elle est en cours.

Marcel Beaufils.

BIBLIOGRAPHIE

Il n'existe, sur le lied, que très peu d'ouvrages généraux
récents. Sur le problème, on consultera l'étude très perspi-
cace de :

Reuter, E., *La mélodie et le lied,* Paris, 1950.

et :

Cœuroy, A., *Les lieder de Schubert,* Paris, 1948.

Les quelques travaux de fond sont en langue allemande :

Bie, O., *Das deutsche Lied,* Berlin, 1926.

Krabbe, W., *Das deutsche Lied im XVII. und XVIII.
Jahrhundert,* in *Handbuch der Musikgeschichte,* Berlin, 1930.

Pamer, F. E., *Das deutsche Lied im XIX. Jahrhundert,* in
Handbuch der Musikgeschichte, Berlin, 1930.

Rosenwald, H., *Das deutsche Lied zwischen Schubert und
Schumann,* Berlin, 1929.

Il faudra glaner les éléments relatifs à tel compositeur dans
les monographies spécialisées : pour Schumann dans Dahms,
pour Hugo Wolf dans Decsey, pour Schubert dans Cœuroy
et dans Einstein; pour Brahms, dans Rehberg (Zürich, 1947)
et, en français, dans Claude Rostand (Paris, 1954). Nous
nous permettons enfin de renvoyer à :

Beaufils, M., *Le lied romantique allemand,* Paris, 1956. *Par
la musique vers l'obscur,* Marseille, 1943.

PAGANINI

Nous ne possédons pas encore d'histoire systématique de la virtuosité, remarque Kurt Blaukopf dans sa belle étude sur *les Grands Virtuoses*. Nous ne connaissons pas toutes les étoiles, mais trois astres continuent de nous fasciner plus d'un siècle après leur mort : au piano, Liszt et Chopin; au violon, Paganini.

Ce dernier est le premier en date. En importance aussi, d'une certaine manière, par l'élaboration puis l'apparition fulgurante, dès 1830, d'un nouveau type d'artiste, le virtuose-auteur romantique : « Cet homme aux longs cheveux noirs, à la pâle figure, nous ouvre par ses sons un monde que nous n'avions peut-être pressenti qu'en rêve », imprime le « Allgemeine Musikalische Zeitung » de Leipzig. « Son apparition a quelque chose de si démoniaque que l'on cherche en lui tantôt le pied fourchu caché, tantôt les ailes d'un ange. »

Si nous revivons ce rythme de chocs secouant les contemporains de Paganini, nous pouvons comprendre ce phénomène explosif qui, venu de loin, allait se répercuter à l'infini. A première vue, un esprit comme Goethe renonce à l'analyser : « Il me manque une base pour cette colonne de flammes et de nuées, avoue-t-il. J'ai simplement entendu quelque chose de météorique et je n'ai pas pu me rendre compte. »

Combien plus humaine la réaction des musiciens. A Vienne, en 1828, Schubert, l'année de sa mort : « J'ai entendu chanter un ange dans l'*Adagio* de Paganini. » (Ce mouvement lent, désincarné, est celui du *IIe Concerto en si mineur*.) A Varsovie, Chopin, âgé de dix-neuf ans, se rend au concert du 29 mai 1829, dont le souvenir hantera sa mémoire. A Francfort, en août, Robert Schumann, « jurist », de dix-neuf ans, griffonne sur son carnet : « Ce soir ... Paganini, *Entzückung* : transports de l'âme. » Et il publiera la transcription pour piano des *Caprices* de Paganini; puis, sur leurs thèmes qui le poursuivent, *Six Études de concert*. Après la même soirée, Henry Vieuxtemps, violoniste, alors âgé de dix ans, parle de « chaînes magnétiques » reliant le virtuose à la salle. Enfin, à Paris, Franz Liszt, à vingt et un ans, dans une lettre à un ami, décide de sa carrière, dès 1832 : « Et moi aussi, je suis peintre! s'écria Michel-Ange, la première fois qu'il vit un chef-d'œuvre... Quoique petit et pauvre, ton ami ne cesse de répéter les paroles du grand homme depuis la dernière représentation de Paganini. René! Quel homme, quel violon, quel artiste! » Lucide et passionné, Liszt cerne le problème paganinien : psychologique : « quel homme! »; musical : « quel artiste! »; instrumental : « quel violon! ». Devant une transcendance qu'il pressent pour lui-même, il précise : « Tiens! Voici quelques-uns de ses traits. » Et ses transcriptions, dont la célèbre *Campanella,* ne vont plus se compter.

Paganini peut mourir en 1840, dans le halo d'un romantisme échevelé, la réaction « en chaîne » continue, sans distinction de tempérament, d'école, d'époque ou de pays. Brahms, dans ses admirables *Variations sur un thème de Paganini,* pour piano, ouvre cent portes nouvelles. Ravel a voulu sa rhapsodie pour violon et orchestre, *Tzigane,* de style paganinien; et l'autre savoureuse *Rhapsodie sur un thème de Paganini,* pour piano et orchestre, de Rachmaninov, fait fureur en Amérique. Alfredo Casella écrit ses *Paganiniana...*

De l'interprétation, la virtuosité est donc passée dans la musique. Sous un autre angle, celui de l'orchestration, Paganini y est pour beaucoup.

Il est courant de trouver nul son art d'orchestrer. Souvent apparaît incertaine l'authenticité de ses manuscrits — il les gardait jalousement secrets, ne se gênant pas pour improviser. Mais une impression de grandeur se dégage de ce qu'il en reste; des cuivres, par exemple, annonçant l'Ange entendu par Schubert avec une solennité nouvelle.

Chez d'autres grands musiciens, les volutes modulantes des cors de Richard Strauss, la « désincarnation » du *Concerto à la mémoire d'un ange*, de Berg, les merveilleuses aspérités de Bartók doivent beaucoup à Paganini, à son mépris du danger.

Quant au quatuor d'orchestre, d'un revers d'archet, le nouveau venu abat les barrières de sécurité : « Vous êtes tous virtuoses », dira-t-il aux « premiers pupitres » ébahis. Il suffit d'entendre le prélude de *Lohengrin*... Si, avant Paganini on n'avait jamais écrit « si haut », on ne s'en est plus privé, depuis. Une pièce ravissante pour violon montant au ciel, de Messiaen, le confirme encore. De même, pour apprivoiser tous les timbres, grouper les « accessoires d'atmosphère » propres à l'avènement du soliste. N'est-ce pas à lui, maintenant, d'émanciper la mélodie ? ... « A tel point, disait-on du jeune maestro, que ni l'oreille ni les yeux ne peuvent suivre la volubilité, la rapidité des mains et des notes; d'où il résulte un espèce d'enchantement. Paganini a adopté de jouer de mémoire. Il se présente seul avec son violon; l'on dirait un Apollon... » « Un sorcier, disaient d'autres, un ange ou un démon qui transforme à volonté le violon en flûte, en guitare, en *cello,* jusqu'en voix humaine. » « La raison doit se taire puisqu'elle s'avoue captive », conclut le poète Karl von Holtei, saluant en Paganini le mythe, lui-même, de la virtuosité.

Cette belle fleur inquiétante, d'apparence spontanée, devait autant au terrain musical qu'au social. Dans le passé — toujours d'après Blaukopf — sa première racine pousse dans la brisure de l'ancien idéal communautaire religieux de la musique polyphonique. Au Moyen âge, le chœur, seul, louait le Seigneur. Il n'y avait pas de solistes. L'accession de ceux-ci à l'existence, puis à la gloire, relèverait assez de la révolte des anges dont ils gardèrent l'allure sombre ou céleste. Avec le temps, la musique, nécessaire à tout le monde, réclamerait des concerts et un public payants, comme l'attraction de talents individuels. Travaillant pour eux, une forme musicale se dégage peu à peu : le *concerto*. D'abord, *concerto grosso,* puis *concertino* ou formation plus petite opposée à la masse; enfin, dialoguant avec l'orchestre, le violon-solo, l'oiseau-parleur étincelant. De là date sa vocation pour l'extrême pointe de la virtuosité, jointe au génie des luthiers du XVIIIᵉ siècle et aux premières vagues des grands violonistes-auteurs italiens, les Corelli, les Tartini, les Vivaldi...

Leur succédant alentour de la Révolution française,

vient la fabuleuse personnalité de Paganini. Cette sève
dont il sent gonfler les fibres de son violon d'enfant, il
va la maîtriser, l'orienter, la projeter sur les temps à
venir. La virtuosité ? Ce n'est plus une révolte, c'est une
révolution, puisqu'avec une libération sociale grandissent
les « droits de l'artiste » à se dégager de la masse sonore.

Il est curieux de comparer cette avance historique et
musicale avec les découvertes de son grand instigateur et
maître, celui de *la Danse des sorcières,* Niccolo Paganini.

EN ITALIE

« A sept ans, raconte Niccolo, j'appris les premiers
éléments du violon, de mon père qui était d'oreille fausse,
mais passionné pour la musique... » Celui-ci, ancien
débardeur du port de Gênes, sera l'impresario du gamin
hypersensible, sujet aux convulsions, à la catalepsie.
Travail sérieux (harmonie, contrepoint, fugue, avec de
grands maîtres, Ghiretti, Paer, etc.) et premiers concerts
publics. « Je composai de la musique difficile, continue-t-il, faisant des études continuelles dans les difficultés de mon invention desquelles je me rendis maître. »

A Paris, c'est la prise de la Bastille. Les armées de
Bonaparte envahiront bientôt l'Italie. Niccolo risque des
Variations sur la Carmagnole (1790). A Weimar, Goethe
a fini son premier *Faust.* Nouveau pacte avec Méphisto.
Du populaire, le « démonique » gagne les lettrés.

En 1800, près de Gênes, assiégée par les Anglais,
Niccolo a écrit ses *Vint-quatre Caprices* pour violon seul.
Œuvre maîtresse, prouvant la réalité de l'homme-instru-
ment. Modulant en pleine virtuosité, comme vire un
oiseau de proie! Il a dix-neuf ans. Il s'enfuit vers le
Sud.

A Lucques, triomphateur de la fête de Saint-Martin,
concours international d'alors, il va servir la sœur de
Napoléon, Élisa, grande-duchesse de Toscane. Successivement son favori, son chef d'orchestre, son directeur de l'Opéra et... capitaine des gendarmes. La *Sonate
Napoléon* est offerte à la souveraine. Entièrement sur la
quatrième corde, c'est une superacrobatie ravissante,
sur un fond orchestral très Premier Empire. Sa *Polonaise*
suggère à l'esprit des réponses de Chopin. Les envieux
parlent d'habileté diabolique. La *Sonate en ut,* pour

violon seul, termine une idylle qui dura neuf ans. Il
s'enfuit à nouveau.

Sa vie privée reste houleuse. A la suite d'une aventure
d'allure faustienne, il passe quelques heures « au violon ».
« Solitaire et abandonné dans une prison, enchaîne
bientôt Stendhal, il apprit à traduire son âme par les
sons... »

La version diabolique de son art prend une ampleur
qui l'irrite et le sert. Mais l'œuvre, comme son exécution,
s'en ressentent. Ses deux premiers *Concertos* joignent à
de vraies trouvailles des « trucs » d'illusionniste; tierces
sardoniques, traits en retour de flamme, traînées d'étincelles des *staccati*, des *pizzicati*, décalage de « l'accord »,
harmoniques en ultra-sons. C'est la cuisine des sorcières!

Bientôt, les « mugissants trombones » se taisent. Dans
ses grandes *Fantaisies*, il s'en va seul sur un accord tendu
entre récitatif et variations. « Et les foules le suivaient »,
notent les chroniques. Le feu jaillit, semble-t-il, de son
Guarnerius, tandis qu'il joue *Moïse* ou *la Danse des sorcières*. Comment expliquer l'inexplicable ?

De plus, entre son jeu « par cœur », ses cadences et
son goût d'improviser, le virtuose ne persuade-t-il pas
l'auditoire qu'il capte à sa source la création elle-même ?
Trouble illusion, ramenant à la magie — ce talent équivoque remet tout en question.

Camouflé, un autre bastion de l'Ancien Régime reparaît à son tour : le monopole, par les grands, de la
musique et des musiciens. Certes, ceux-ci ne portent
plus, comme Haydn, la livrée Esterhazy, ou comme Niccolo, l'uniforme du gendarme. Mais, pour ce dernier,
rien ne va être plus précieux qu'un appui, une amitié
illustre : celle de Rossini, par exemple. L'auteur du *Barbier*
admirait tellement le virtuose qu'il lui arrivait d'avouer :
« Heureux que Paganini ne se livre pas exclusivement
au genre lyrique. Quel rival dangereux! » Et le violoniste, amoureux des thèmes de *Moïse*, de *Cendrillon,* de
Tancrède, les ornait à son tour de variations éblouissantes.

Autres amis, le chancelier et la princesse de Metternich, rencontrés à Rome, invitent Paganini à Vienne.
La cantatrice Antonia Bianchi, avec laquelle il vit, lui a
donné un fils, Achille, son grand amour. Un *IIIe Concerto*
naît, lui aussi, fin 1827 : « Avec polacca et les variations
sans orchestre formant de moi seul l'entière harmonie... »

(L'avenir du récital pour piano ne se dessine-t-il pas ?)
Sa santé se délabre de plus en plus. Il part quand même.
Que réserve l'Europe ?

EN AUTRICHE, ALLEMAGNE, POLOGNE

Paganini va catalyser, exaspérer le romantisme propre
à chaque pays. Vienne, impériale, artiste, frivole, fait du
« Herr Ritter Paganini » le héros de la mode. Des œuvres
de maîtres comme Weber et même Mozart pâlissent
devant les triomphes italiens. Le grand Strauss, prince
de la valse, se met à écrire *alla Paganini*.

Celui-ci heurte à Vienne l'ombre formidable de
Beethoven : *E morto !* s'écrie-t-il en pleurant, tandis qu'il
déchiffre les derniers quatuors. Il écrit sa *Sonate dramatique, la Tempête.* Vagues toutes prêtes à porter *Saint François de Paule marchant sur les flots,* de Franz Liszt.

Prague le voit « en personnage d'Hoffmann », mais
les recettes des tournées sont astronomiques... Pour
l'Allemagne mythique, la Pologne où Meyerbeer et
Spontini le portent aux nues, il devient l'Archange,
infernal ou divin, le *Mage du Midi* qu'Henri Heine sacre
« homme-planète » aux rythmes célestes.

Et les musiciens ? les violonistes ? Déjà, à Vienne,
deux membres de l'orchestre formulaient la leçon paganinienne : « Nous pouvons faire notre testament », avait
dit l'un d'eux, à l'Autrichien Jaëll, avant le concert.
« Non, répliquait Jaëll, car nous sommes déjà morts! ».

A Francfort, un excellent violoniste, chef d'orchestre,
Carl Guhr, s'attachait aux pas du maestro, « démontant »
de mémoire (puisque nul n'arrivait à voir ses manuscrits)
le mécanisme paganinien. Voici comment, dans son
ouvrage, *l'Art de jouer du violon de Paganini,* il remonte
ces pièces détachées : « Il est évident, commence-t-il
par poser, qu'un monde sépare Paganini des autres
violonistes... » Il se distingue principalement d'eux :

1º Par la manière dont il accorde son instrument. Un
écart d'un demi-ton d' « accord » le faisait jouer « à
vide » sur la sonorité plus voilée de l'orchestre, décuplant
par contraste l'éclat de ses arabesques.

2º Par le maniement d'archet qui lui est propre,
parfois doux comme un chant. Mais l'innovation principale relève du *staccato* qu'il étend, le premier, au « staccato

volant » et au « ricochet ». Il « jette l'archet » sur la
corde et parcourt des suites de gammes, pendant que
les sons sortent de ses doigts, ronds comme des perles.

3° Par le mélange et la liaison des sons produits par
l'archet avec le *pizzicato* de la main gauche. Effet dérou-
tant par l'illusion d'entendre deux violons à la fois,
comme dans le *Duo Merveille*.

4° Par l'emploi des sons harmoniques simples ou
doubles. Bouquet du feu d'artifice que l'*Harmonique*
suraigu, strident ou céleste. Sorte de dard lumineux
achevant l'auditeur déjà pantelant.

5° Par son exécution sur la corde de *sol*, la fameuse
« quatrième », artisane de ses premières performances,
et au cours desquelles sa main gauche jouait « en
pleine colophane » jusqu'au chevalet (*Sonate Napoléon*).
Sans compter le chant grave, d'un indicible velouté.

6° Par ses incroyables tours de force, parmi lesquels
l'épineuse double-corde qui était un repos pour lui,
disait un autre critique. « Double », comme la fleur travaillée aux pétales multiples...

Pourtant, à côté de l'artiste incomparable atteignant
au grandiose rossinien, Guhr, comme plus tard Fétis,
place aussi le sorcier. A l'un le talent, peut-être ?
Et au sorcier, le génie ? N'empêche que *Caprices, Concertos* et *Fantaisies* sont à la base de toute étude de virtuosité,
dans tous les conservatoires du monde.

EN FRANCE, ANGLETERRE, ITALIE

En 1831, le Paris lucide et bourgeois de Louis-Philippe
attendait l'Italien de pied ferme : ces histoires de sorcel-
lerie... On allait bien voir. Et, plus vite que les autres,
la capitale française capitule à son tour : « Malheur à
qui l'aura laissé passer sans l'entendre! », proclame la
Revue de Paris, après une première soirée à l'Opéra,
littéralement dorée sur tranches.

C'est la richesse même de cette société toute tournée
vers les affaires et s'y ennuyant à périr qui va consacrer
un choc, un « miracle », une idole : le virtuose. Celui-ci
ne comble-t-il pas sa soif secrète d'amour et de stupé-
faction ? En plein zénith de la vogue du Théâtre des
Italiens, toujours piloté par Rossini, Niccolo, ancien
familier et amant de cantatrices, phrasait, « chantait »

sur son violon comme la Malibran elle-même. Traité d'ailleurs d' « enchanteur » par Castil-Blaze, il part pour Londres, malade comme toujours, mais capable, dit-on, de faire jouer à son Guarnerius tout le *Misanthrope*.

En Angleterre, Paganini devient le « monstre musical » exploitant la naïveté de John Bull, lui soutirant des guinées qui nourriraient la pauvre Irlande! On l'appelle aussi Samiel, reparlant du Diable. Qu'importe! Puisque « mon jeu est devenu plus que jamais miraculeux, constate-t-il, et les chapeaux et les mouchoirs en l'air le prouvent avec des cris infernaux... »

Prophète en tout, il met le comble au scandale en « se louant à un entrepreneur », Watson, qui organisera ses tournées. Mode actuel de procéder dans nos bureaux de concerts.

En 1832, le choléra sévit à Paris. C'est alors qu'il joue pour les pestiférés que Liszt a la vision de Damas de sa propre carrière. « On oubliait la mort, écrivait Jules Janin, et la peur qui est pire que la mort ». Celle du Mage du Midi est proche. Pourtant, à Parme où il va diriger l'Opéra de la grande-duchesse Marie-Louise, ex-impératrice des Français, il monte encore *Guillaume Tell*, *Fidelio*, *I Puritani*... Sa gloire et son or lui ont fait trop d'ennemis, d'ennuis. Il a toutes les maladies. Après un don royal à Berlioz qu'il juge l'héritier de Beethoven, squelettique et découragé, il se rapatrie et meurt à Nice dans les bras de son fils.

Et celui-ci, « Achille, de Palerme », fait graver cette épitaphe sur une tombe en granit, au cimetière de Parme :

> *A Niccolo Paganini qui tira du violon*
> *Les harmonies divines.*

Par « harmonies divines » ou par « émancipation de la mélodie », le magicien de la virtuosité était parvenu à une zone où l'oreille et l'esprit ne le suivaient qu'en abordant un autre monde. Paganini disparu, le *medium* disparaît. On rêve, devant sa musique, au bouleversement qu'elle apporta...

En plus de sa légende, peut-être la raison en est-elle à sa *ligne,* élément vital, fécond, dans l'œuvre d'art ? « Par ligne, semble répondre Jean Cocteau, j'entends la permanence de la personnalité... Elle témoigne d'une force motrice sur la nature. » Or, nulle personnalité n'est comparable à celle de Paganini; sa musique en est tissée. « Chez le compositeur, poursuit l'auteur d'*Orphée,* un phénomène assez rare permet de voir la ligne fantôme : c'est lorsqu'elle s'incarne en une mélodie. Lorsqu'une mélodie en épouse le parcours au point de s'intégrer à elle. »

Voilà définie la phrase paganinienne, son écriture qu'on peut voir et entendre à la fois, comme l'orage. Traits, allant du zigzag de la foudre *(Moto perpetuo)* à la courbe multicolore de l'arc-en-ciel *(la Campanella, Sonate Napoléon).*

Cette courbe qui commence avec Paganini ne se referme pas sur lui, ni sur le romantisme. Elle y relie notre époque et peut-être l'avenir. L'homme qui, en technique, a vaincu la pesanteur, semble avoir « mis sur orbite » un vol de fils spirituels, les virtuoses modernes. De même pour les styles divers — je pense autant à Kreisler et Rachmaninov qu'à Prokofiev, Menuhin, Heifetz et tous les autres — que pour un rythme aérien, de tournées mondiales. On les appelle déjà les musiciens volants. Peut-être leurs fils « tourneront »-ils en fusée ?

Renée de Saussine.

BIBLIOGRAPHIE

Harrys, G., *Paganini in seinem Reisenwagen und Zimmer,* Braunschweig Vieweg, 1830.

Imbert de Laphalèque, G., *Notice sur le célèbre violoniste Niccolo Paganini,* Paris, 1830.

Schottky, J. M., *Paganini's Leben und Treiben,* Prague, 1830.

Anders, E., *Niccolo Paganini,* Paris, 1831.

Fayolle, F., *Paganini et de Bériot,* Paris, 1831.

Guhr, C., *L'art de jouer du violon de Paganini,* Paris, 1831.

Conestabile, G., *Vita di Niccolo Paganini,* Pérouse, 1851.

Reuschel, M., *Un violoniste en voyage,* Paris, 1854.

Escudier, L., *Mes souvenirs. Les virtuoses,* Paris, 1868.

Polko, El., *Paganini und die Geigenbauer,* Leipzig, 1875.

Belgrano, *Imbreviatura,* Gênes, 1882.

Niggli, A., *Niccolo Paganini,* Leipzig, 1882.

Bruni, O., *Niccolo Paganini,* Florence, 1904.

Bonaventura, A., *Paganini,* Modène, 1911.

BACHMANN, A., *Les grands violonistes du passé,* Paris,1913.
KAPP, J., *Paganini,* Berlin et Leipzig, 1913.
PRODHOMME, J. G., *Paganini,* Paris, 1927.
DAY, L., *Niccolo Paganini of Genoa,* New York, 1929.
CODIGNOLA, A., *Paganini intimo,* Gênes, 1935.
SAUSSINE, R. de, *Paganini,* Paris, 1938.
BLAUKOPF, K., *Les grands virtuoses,* Paris, 1955.
Mémoires (manuscrit anonyme), musée de Trieste, cité par
A. Codignola.

LA GRANDE GÉNÉRATION ROMANTIQUE

BERLIOZ

Il est assez étrange qu'aucun des trois musiciens français les plus illustres — ni Rameau, ni Berlioz, ni Debussy — ne se présente devant l'histoire de la musique comme un musicien régulier. Tous trois font figure d'excentriques : dans ce sens que l'on ne les imagine pas strictement centrés autour du métier de musicien. Ils ont des façons de travailler, de s'enthousiasmer, de se renfrogner, qui sont autres que celles par quoi les musiciens du bâtiment se reconnaissent. Ils manquent de naïveté et d'étroitesse d'horizon. Rameau avait été un écrivain, et presque un philosophe, avant de se mettre à composer des partitions. Berlioz était un écrivain, lisait Virgile dans le texte, et partageait avec des hommes de lettres insupportables ou fous comme Stendhal et Nerval le goût des littératures étrangères. Et Debussy, autre écrivain, avait trois caractéristiques peu compatibles avec l'esprit corporatif : l'œil du faune, la complexion du dilettante et l'amitié d'un poète ironiste.

Lorsqu'il s'agit de Bach, Mozart, Beethoven ou Chopin, en tant qu'étapes de l'histoire de la musique, il n'y a aucun doute — et c'est très rassurant — d'où l'on vient et où l'on va. Mais seule la musicologie connaît l'ascendance de Rameau, et Gluck et Rousseau lui coupèrent les héritiers sous le pied. L'influence de Beethoven sur Berlioz fut tout autre que l'on ne l'imagine communément en rapprochant la *Scène aux champs* de la *Pastorale*, et il n'y eut jamais des berlioziens comme il y eut des wagnériens. On polémique toujours autour de ce que l'on croit savoir des rapports de Moussorgsky avec Debussy et de Debussy avec Ravel. Il y eut des debussystes en grand nombre, mais ils ne servirent qu'à fausser l'image et l'influence de Debussy.

Lorsqu'on appelle Haydn le père de la Symphonie et Beethoven le père du Romantisme, on a un point de départ exact, et il ne reste qu'à ajouter les nuances. Lors-

qu'on appelle Rameau le père de l'Harmonie moderne
— moderne en 1750 —, on ensevelit la musique de
Rameau sous son *Traité*. Et l'on réussit presque une opération analogue lorsque, selon l'usage, on confine Berlioz
au génie de l'orchestration, moderne en 1830. Et il suffit
d'appeler Debussy « impressionniste » pour reléguer sa
musique, parmi beaucoup d'autres objets épisodiques, et
modernes en 1900, au jardin d'hiver d'Odette Swann.

Rameau, Berlioz et Debussy se sont cependant imposés : comme noms glorieux, musiciens du moderne, de
l'étrange, des mascarades et sérénades méphistophéliques
ou interrompues, et, selon la définition de l'un d'eux
par un contemporain, comme « distillateurs d'accords
baroques ». Ils sont, en effet, tout cela. Mais il y a le plus
baroque désaccord entre leur gloire et celle de leur
musique : Rameau étant inconnu, Debussy mal connu,
et Berlioz méconnu. Mettons qu'il n'est guère de musicien qui ne soit plus et mieux connu de quelques-uns
que de la plupart des autres. Mais la connaissance de
Rameau, Berlioz, Debussy a ceci de singulier qu'elle est,
de génération en génération, l'affaire d'un fantomatique
Rameau-club, Berlioz-club ou Debussy-club, dont les
respectifs adhérents placent au centre de leur carte de
la musique un musicien que les cartes courantes situent
dans une zone intéressante mais périphérique.

Il n'est pas interdit, ni même rare, que les membres
d'un des trois clubs appartiennent également aux deux
autres. Mais d'autre part, si Rameau est communément
ignoré sans mauvaise conscience, et Debussy souvent
mal écouté sans antipathie, Berlioz au contraire laisse
peu de musiciens indifférents. Il agace tous ceux qu'il
n'enchante pas. Et comme l'agacement rend plus
méchant que ne le ferait la haine, ses critiques ont tendance à être féroces. Ainsi Rossini sur Berlioz : « Quelle
chance que ce garçon ne sache pas la musique ; car il en
ferait de bien mauvaise... »

Et voilà formulé, dans le style de chez Tortoni, un
jugement sur Berlioz qui entrera dans l'histoire : génie
— orchestre et originalité — difficile à contester ; talent,
métier et bon sens de musicien contestables. Après cent
ans, les verdicts les plus faux sont présumés incassables.
Cependant les partitions, témoins que rien ne décourage,
restent à la disposition de qui veut rouvrir le procès.

L'*Ouverture des Francs-Juges*, op. 3, date de 1826-1827. Berlioz a vingt-trois ans et ne connaît encore ni Beethoven, ni Shakespeare; et si cette ouverture annonce son génie, c'est assez discrètement. Le thème de l'introduction:

Ex. 1.

et le premier thème de l'*allegro*:

Ex. 2.

sont honnêtement xviiie siècle. Et le second thème est, justement, invention et présentation, et sans y mettre de malice, inspiré jusqu'à la charge de la manière rossinienne:

Ex. 3.

Point d'autres matériaux que ceux-ci, tout au long de la partition ; laquelle n'est remarquable que par la dextérité de sa mise en œuvre et la virtuosité de sa construction : rapports étroits, mélodiques ou métriques, entre les thèmes ; tous les « conduits » et « divertissements » tirés des mêmes « cellules ». Développement par imitations canoniques, ou par augmentation et diminution, parfois très imprévues, d'un des thèmes :

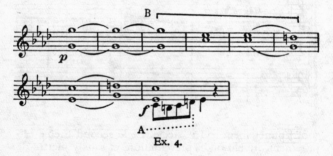

Ex. 4.

Superposition des deux thèmes, très peu usuelle à l'époque :

Ex. 4 *bis*.

de même que, plus loin, le déplacement contrapuntique du second thème à la basse; un très curieux passage polyrythmique, enfin :

Ex. 5.

qui pose l'introduction sur l'accompagnement du second thème. Bref si Rossini avait entr'ouvert cette partition, il eût dû avouer que ce n'était pas avec des gaucheries de génial ignorantin que le jeune Berlioz entrait dans la carrière, mais avec des griseries de fort en thème; y compris, pour séduire les pontifes de la classe d'harmonie, cette préciosité enharmonique : ce *sol dièse* (justifié par ce qui suit), au lieu du *la bémol* réclamé par ce qui précède. (Voir ex. 6.)

Ex. 6.

Berlioz eut alors son Prix de Rome. Et, à qui leur eût plus tard reproché d'avoir scandaleusement cédé au génie, les Académiciens eussent pu en bonne conscience répondre que c'était malchance que ce garçon sût si bien la musique, mais qu'il fallait bien récompenser le bel et académique métier, même lorsqu'il tombait entre les mains de quelqu'un qui ne tarderait pas à en faire fort mauvais emploi.

Mil huit cent trente. Berlioz connaît maintenant Beethoven à fond — aussi bien qu'il connaissait déjà Gluck et Weber. Il a été son biographe, et Beethoven a fait de lui pour toujours un symphoniste : le premier en France, où jusque-là les efforts des musiciens sérieux allaient vers la musique religieuse ou vers le théâtre; et le premier, en France et ailleurs (et pour longtemps le seul), pour lequel « suivre Beethoven » signifie s'inspirer de la *IXe Symphonie*. Car pour les autres — qu'il s'agisse de Schumann, de Brahms, de Wagner ou de Bruckner — ce sera toujours l'*Héroïque,* la *Cinquième* et la *Sonata appassionata* qui, construction et expression, serviront de modèle au Romantisme. Berlioz déclare même que les derniers quatuors et les dernières sonates de Beethoven sont supérieurs à ses symphonies. Cela est aujourd'hui un lieu commun; en 1830, c'était non seulement une remarque assez inattendue chez un compositeur qui n'écrira jamais aucune musique de chambre, mais encore une appréciation extravagante au point de passer inaperçue.

Berlioz connaît également, aussi bien que ses autres littérateurs familiers — Virgile, Goethe, Hoffmann, De Quincey — Shakespeare auquel il devra, outre des sujets de composition, sa passion pour Harriet Smithson, sa philosophie — pessimisme, ironie et indomptabilité —

et son esthétique. Et le plus original de sa technique de
musicien. Cette dernière influence (qui se confond en
partie avec la beethovénienne), nous ne savons pas à
quel degré Berlioz l'acceptait consciemment. Il ne s'est
jamais expliqué là-dessus : analyste de la plupart des
styles de son temps, il avait la peu romantique habitude
de peu s'expliquer sur ses propres tendances. Berlioz
ne pouvait guère ignorer que sa musique shakespearise
par son accent et sa coloration, par l'emportement et
l'abrupt de son tempo, par sa caractéristique façon de
passer, d'une ligne à l'autre, des rêves et fantômes aux
fanfares et bagarres. Mais il est moins certain qu'il se
rendait compte à quel point sa musique répond, « mesure
pour mesure », au baroque shakespearien : figures musicales tourmentées, asymétriques; contrepoint qui avant
d'être faisceau géométrique de lignes mélodiques est
dialogue de personnages mélodiques; construction qui
se cache d'être bonne architecture, préférant se montrer
action bien menée et bien mise en scène.

C'est ainsi que se présente la *Symphonie fantastique*,
laquelle par sa rougeoyante vitalité et sa classique réussite de forme assurera à Berlioz une popularité durable;
et lui assurera par son programme « morbide et hyper-
romantique » une réputation, non moins durable, de
musicien extramusical, « pittoresque et littéraire ». En
fait, ce qui éclate dans la *Fantastique*, c'est justement ce
que tout art baroque — que ce soit Shakespeare, Bernin
ou Berlioz — a de profondément « musical » : c'est-à-dire
de mouvementé, d'anti-géométrique, anti-unité, anti-
Boileau et anti-Lenôtre. Pour qualifier Berlioz, il faudrait
un adjectif qui serait à « musical » ce que « pittoresque »
est à « pictural » et « littéraire » à « lettré ». Car le peintre
de peintures pittoresques et le lettré littéraire ne vont
pas, illicitement, au-delà de la peinture et des lettres.
Mais ils prennent, dans leur style, conscience de certaines
possibilités particulièrement expressives de leur technique, et se plaisent à les exploiter à fond, au risque de
quelque outrance et maniérisme. De même Berlioz ne
va pas au-delà de la musique en appelant *Rêveries, Passions,* un mouvement initial de symphonie qu'un symphoniste du siècle précédent eût intitulé *allegro affettuoso.*
La musique occidentale a toujours exprimé les rêveries
et les passions de ceux qui l'écoutent; c'est même là son

principal objet lorsqu'elle n'est pas occupée à louer
Dieu. Que la musique exprime l'humain, les Classiques,
depuis la Renaissance, étaient convaincus que cela allait
sans dire. Ensuite, les Romantiques et les Modernes
tirèrent beaucoup de bonne musique de l'illusion que
cela irait encore mieux en le disant tout haut (cas de
Beethoven, Berlioz, Schumann), de l'illusion qu'il fallait
le dire tout bas — Debussy, Ravel —, et même de l'illusion qu'il fallait, jusqu'à la limite, se dérober à l'évidence
expressive : Stravinsky, Webern. Mais ce qui, à tous les
stades de l'histoire de la musique, distingue les maîtres,
c'est qu'ils savent (ou agissent comme s'ils savaient) que
l'illusion est illusion; que la musique exige que l'expression fasse corps avec elle; que lorsque la partition est
écrite, il faut de nouveau que cela aille sans dire. Ce qui,
par exemple, est le cas de la *Symphonie fantastique*.

Berlioz désigne comme « Idée fixe » le thème principal,
et présente ce thème sans accompagnement d'abord : afin
que l'on s'imprègne mieux de cet étrange contour, tout
simple selon l'harmonie impliquée, et pourtant décidément baroque — étiré, soulevé, et comme suspendu.

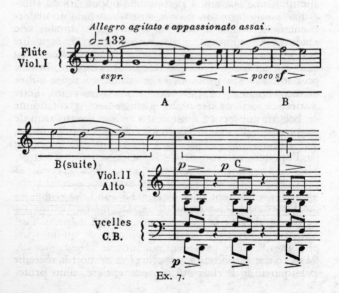

Ex. 7.

« Idée fixe » — expressive en diable; hantise, obsession, tache rouge dans la paume de Lady Macbeth; ou tout ce que l'on voudra romantiquement rêver. Après quoi il sera temps de découvrir que ce terme est aussi un jeu de mots à l'usage du grammairien de cette musique. Car il s'agit bonnement d'une « idée musicale fixe », c'est-à-dire qui, à travers d'incessantes variations, gardera son profil thématique — qu'elle serve à développer la forme sonate de cet allegro ou qu'ensuite elle se fasse valse, pastorale, *cadenza* d'une tragique marche, ou *saltarello* d'un scherzo-bacchanale. C'est cette façon de prendre la variation pour principe constructif qui fait de Berlioz au XIXe siècle l'unique disciple du dernier Beethoven. (Seul Liszt lui empruntera cette méthode.) On est à égale distance du Wagner des *leitmotive* — idées fixes au point d'être figées et d'obliger la composition à se faire marqueterie — et des fanatiques du développement qui, morcelant leurs thèmes à les rendre méconnaissables, tirent l'art de la composition vers l'abstrait.

Il vaut la peine d'examiner d'un peu plus près cette mélodie, fixe et variable, qui s'étend sur quarante mesures, et à laquelle une si grande responsabilité constructive sera impartie. Si elle appartient inconfondablement à Berlioz, elle n'en appartient pas moins à une tradition; confirmant ainsi la règle que l'originalité mélodique des mélodistes les plus originaux tient bien plus à leur façon de présenter, sertir, triturer et distordre leur mélodie, qu'à leur mélodie même, toujours puisée dans quelque fonds commun. L'idée fixe, avant d'être variée, est déjà en elle-même variation; et, étant donné le beethovénisme de Berlioz, on découvre sans trop de surprise que le début du thème (ex. 7) est tout proche, par l'attaque, et par la chute de la courbe, du début de l'op. 106, original en *si bémol* :

Ex. 8.

Mais ce qui surprend davantage, c'est de voir la mélodie passionnée de Berlioz sortie, tout entière, d'un prototype de mélodie d'amour établi par le prototype des mélodistes, Mozart :

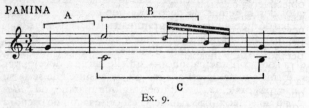

Ex. 9.

Duo de *la Flûte enchantée.*

Le rapport des deux mélodies est, au début, voilé et leur parenté secrète. Mais dès la suite, la filiation devient manifeste :

Ex. 10.

Un peu plus, et cela tournait à la citation ou au plagiat.

Ainsi, la mélodie de Berlioz se définit, caractère et contrastes, dès la *Fantastique,* telle qu'elle se retrouve dans chacune de ses œuvres. Mélodie réaliste, plein air et pleins poumons, malgré le côté rêve et évocation; aristocratique par l'envolée et populaire par le relief; objective et classique par ce qu'elle a de décoratif, subjective et romantique par ce qu'elle a de fiévreux; mélodie nerveuse et musclée parce que Berlioz est maigre, aime Beethoven et les longues marches à pied et, comme Beethoven, est incapable d'écrire une ligne sans penser à la longue marche où une symphonie engage celui qui la compose; mélodie méditerranéenne et charnelle parce que Berlioz, malgré son peu de sympathie pour les compositeurs italiens ses contemporains, ne peut s'empêcher ni d'être d'un pays aussi proche de l'Italie que Salzbourg, ni d'aimer les femmes jusqu'à manquer plusieurs fois de se suicider pour l'une ou l'autre d'elles; et parce que, contrairement au toujours idéaliste Beethoven, il est incapable d'écrire une ligne sans penser amoureusement aux voix, aux violons, ou aux hautbois.

La *Symphonie fantastique* est construite comme on pouvait s'y attendre de l'auteur des *Francs-Juges*; et Schumann, dans son analyse (de 1835, et qui reste toujours une des rares études clairvoyantes que nous ayons sur le compositeur Berlioz), a exactement constaté avec quelle maîtrise Berlioz y observe, en l'élargissant et le variant, le schéma de la sonate classico-beethovénienne. Mais ce que ni Schumann ni personne ne pouvait remarquer en 1835, c'est que la *Symphonie fantastique* ne s'accommode que paradoxalement de cette forme — aussi paradoxalement que s'en accommodera, soixante ans plus tard, et pour des raisons moins autres que l'on ne pense, un autre chef-d'œuvre juvénile, l'*Après-midi d'un faune*. Car si la forme sonate domine la musique instrumentale en 1830 et, en 1890, tyrannisera toujours les compositeurs sérieux, le symphoniste Berlioz est aussi peu que l'anti-symphoniste Debussy l'homme de cette forme. Parce que la sonate est une forme pour harmonistes-avant-tout, pour fanatiques de la cadence parfaite; lesquels travaillent avec deux thèmes opposés pour mieux opposer tonique et dominante, et développent infatigablement ces deux thèmes pour épicer et faire durer les plaisirs de la cadence par modulations, pédales, retards, appoggiatures, et autres dissonances et détours, de façon à tirer de cette cadence tout ce qu'elle peut donner comme unique principe de construction.

Alors que Berlioz ne travaille pas avec deux thèmes
taillables et corvéables, mais avec une mélodie principale et pas mal de mélodies accessoires — Schumann
note avec étonnement que certaines « parmi les plus
belles » n'apparaissent qu'une seule fois, ce qui du point
de vue de l'économie-sonate est pur gaspillage; que Berlioz, autant qu'à la tonique ou à la dominante, s'intéresse à ce que les théoriciens de la cadence-sonate ont
significativement appelé les « mauvais » degrés; qu'il
aime mieux varier que développer; et que son principe
de construction est tout autre; c'est un principe ni caden-
tiel ni harmonique, mais polyphonique; et on en trouve
dans la *Fantastique* l'archétype, l'empreinte digitale, dès
l'instant où l'Idée fixe passe de l'état monodique à l'état
de mélodie accompagnée.

Ici encore, l'expression est, ostensiblement, le point de
départ. Ce battement d'archets, c'est un battement de
cœur — c'est, coupant la « rêverie », la « passion » sous
les espèces du mi-voix rageur de l'agitation. Mais aussitôt le musicien-qui-construit se saisit de ce que le musi-
cien-qui-exprime lui apporte. Ces battements de croches,
sol-ré, et les silences qui en complètent la configuration,
c'est le rythme rythmique coupant le rythme mélodique; c'est l'harmonie, attendue, de *sol,* sous les espèces
de l'inattendu et hétérodoxe renversement de *quarte et
sixte,* lequel détourne quelque peu cette harmonie de
son caractère de dominante; et c'est le tremplin sur quoi
la forme prend son élan.

Car l'*allegro agitato e appassionato* se construira tout
entier, non pas par l'opposition, en cours de route, du
thème et d'un autre thème, mais par l'opposition, immédiate et sur deux plans distincts et simultanés, de l'idée
fixe (et dérivés) et de tout ce qui dérivera, par répétition, variation, augmentation, concassement, télesco-
page, ou allusion, de ce vraiment étonnant îlot de croches.
Si bien que l'on affirmerait sans exagération qu'avec la
Fantastique une nouvelle ère de la polyphonie aurait dû
s'ouvrir; et se serait peut-être ouverte, si la préoccupation exclusivement harmonique (en matière de hardiesse et de nouveauté) de tous les autres modernes du
XIXe siècle, sans distinction d'écoles — chopinistes,
wagnériens, brahmsiens, franckistes, chabriéristes ou
fauréens — n'avait si radicalement détourné l'attention

de cette trouvaille berliozienne que l'histoire de la musique passa sans même la remarquer. Il faudra attendre Debussy pour que, indépendamment de toute influence berliozienne, la même découverte soit faite une seconde fois.

Elle appartient pourtant bien à Berlioz; et la spectaculaire superposition de thèmes, *tempi,* rythmes et mètres différents que l'on trouve dans presque toutes les partitions de Berlioz n'en est que l'exploitation limite par l'esprit de virtuosité : *Dies irae* et *Ronde du Sabbat* (dans la *Fantastique*), la conclusion de plusieurs ouvertures, *Fête chez les Capulet* (dans *Roméo*), sérénade d'*Harold en Italie,* etc. Mais régulièrement et presque à chaque page, sa technique est ainsi faite qu'elle divise l'attention et l'écriture entre des éléments divers et divergents, et comme surpris d'être assemblés. C'est là un trait essentiel du baroquisme de Berlioz, compositeur romantique assez moderne, psychologiquement parlant, pour être divisé, schizophrène, et musicalement parlant assez classique pour tirer d'un vagabondage de l'imagination un style qui va droit au but. Une nouvelle perspective sonore est inventée, une dimension inédite ajoutée au vieil art du contrepoint, une nouvelle manière d'entendre exigée de l'auditeur. Car on peut suivre les trois voix d'une fugue d'une seule oreille (pourvu qu'elle soit exercée), comme on peut d'un seul œil se diriger à travers le trafic de la ville ou retrouver les trois dimensions sur une peinture. Mais il faut deux yeux pour manier le stéréoscope, et deux oreilles indépendantes comme des mains de pianiste pour bien écouter Berlioz.

Il y a sans doute des antécédents : *Don Giovanni* — la sérénade, et les orchestres sur la scène; tels chorals figurés de Bach et telles polyphonies plus anciennes qui font figure, en quelque sorte, d'essais de l'histoire de la musique ensuite abandonnés. Mais ce qui avait été avant Berlioz (et redeviendra après lui) curiosité et exception, est chez Berlioz habituel au point d'être la clef du style : ainsi, par exemple, c'est à partir de l'esprit de polyphonie qu'il faut comprendre sa technique, toujours admirée, d'orchestrateur aussi bien que sa technique, régulièrement dénigrée, d'harmoniste.

Le secret de Berlioz orchestrateur, c'est qu'il traite la couleur vocale ou instrumentale comme Bach traite

le dessin vocal ou instrumental — c'est-à-dire comme
l'essentiel et l'organique de la musique. Chez les devanciers de Berlioz sur ce point, les plus remarquables —
Mozart, Beethoven, Weber, Spontini — aussi bien que
chez les Liszt, Wagner, Rimsky, Strauss, Dukas et Ravel
qui sont ses disciples, l'orchestre est, selon leurs divers
tempéraments, le manteau, la robe ou le justaucorps
de la symphonie. Dans le cas privilégié de l'orchestrateur-
né, il va jusqu'à en être la peau. Mais chez Berlioz —
comme, une fois de plus, chez Debussy — l'instrumental
et le vocal sont chair et ossature de l'invention et de
l'œuvre. Ici, une mélodie, un accord de septième diminuée ou un faisceau contrapuntique sont absolument
autres selon qu'ils sont destinés aux voix, aux archets,
aux cuivres, ou à leur mélange ou opposition, ou au
passage d'une couleur à une autre. Jamais Berlioz n'a
colorié quelque préexistante géométrie musicale. Il ne
travaille pas avec des matériaux de couleurs diverses, il
fait de l'harmonie et du contrepoint avec des couleurs
diversement matérialisées. Toutes ses splendeurs et dif-
férenciations orchestrales, ce qui les lui fait inventer, ce
pourquoi il les lui faut, c'est son imagination de poly-
phoniste ensemblier.

En correspondance, si donc Berlioz avec l'orchestration s'y prend comme les autres s'y prennent avec l'harmonie, il traite l'harmonie comme les autres traitent
l'orchestration, c'est-à-dire comme une chose qui ne fait
pas forcément corps avec la pensée musicale première,
mais s'y surajoute. Non pas que très souvent il n'har-
monise régulièrement, traditionnellement, et comme il
était naturel à un disciple de Beethoven d'harmoniser;
mais d'autres et fréquentes fois, et jusqu'aujourd'hui les
professeurs n'en sont pas revenus, sa basse n'a plus
fonction d'expliciter ce que sa mélodie impliquait; mais
au contraire de contraster avec elle, d'être justement cet
élément autre, étranger et étrange, qui ajoute la perspective et la valeur, à la fois de structure et de « caractère »,
d'un second plan. L'accord de quarte et sixte du début
de la *Fantastique* (ex. 7) est un cas aussi simple que
significatif de cette manière d'harmoniser (ou de ne pas
« harmoniser »).

De même, dans le fameux départ de *Benvenuto Cellini,*

Ex. 11.

une harmonie de ce genre :

Ex. 12.

serait sans doute plus « logique et élégante ». Mais combien plus carnaval, castagnettes, mouvement de foule, faux nez, René Clair et *Pétrouchka,* la solution « gauche et primitive » trouvée par Berlioz :

Ex. 13.

Ou bien, plus significative encore, cette double présentation (toujours l'esprit de variation), d'abord archaïque, puis très romantique, et les deux fois aussi imprévue que possible, et où l'harmonique ajoute tout ce que la situation comporte de haletant, de culminant :

Ex. 14.

— passage qui, en outre, par sa configuration métrique,
est un échantillon de ce que Berlioz rythmicien a coutume de faire; et qui, par son texte, offre une devise de
choix pour compositeurs modernes.

L'archaïsme est d'ailleurs chez Berlioz bien autre
chose qu'un occasionnel caprice de l'harmoniste. Il s'annonce, avec l'emploi du *Dies irae,* dès la *Fantastique,* et
s'affirme subséquemment. Le tour mélodique, monodique, de sa pensée le prédisposait au *modal,* de même
que sa formation première de chanteur et de guitariste

connaissant de près les traditions, réelles ou imaginaires,
de la mélodie de folklore. Les conseils de Lesueur et de
Reicha, au Conservatoire, n'étaient pas faits pour le
détourner de cette pente. Et tout cela le protège du mal
harmonique du siècle : chromatisme à outrance et idolâtrie de la note sensible. L'archaïsme, grégorianisant
ou autre, complète le plus harmonieusement possible
son beethovénisme : en y contredisant quelque peu, et
en ajoutant à sa baroque poly-esthétique un contrepoint
de plus ; tout comme sa passion pour l'archaïsant Virgile
complète et nuance par la contradiction sa passion pour
Shakespeare. Et Berlioz n'est jamais plus moderne et
anticipateur que lorsqu'il archaïse. Sans avoir eu à sa
disposition rien des éléments musicologiques et exotiques qui, à partir de Debussy, aideront à faire de la
musique moderne un continuel dialogue avec l'histoire
de la musique, Berlioz, de sa seule imagination, réintro-
duira dans la symphonie la mélodie « gothique », l'évocation toute moderne de ce qui est lointain dans le temps
et l'espace, le « travail sur le motif » ; et — en flagrante
contradiction avec le dynamisme de la dominante romantique et l'esprit révolutionnaire de la symphonie romantique — la phrase modale et statique et la construction
par juxtaposition. Dans le *Requiem,* l'œuvre à laquelle
Berlioz assignait la première place dans son catalogue,
tout cela est tout naturellement exigé par le texte liturgique. (Ce n'est pas la faute de cette œuvre, si extraordinairement diverse dans sa concision, qu'en général on préfère y découvrir le Berlioz qui, avec quatre
orchestres de cuivres anticipe sur les expériences « spa-
tiales » de la musique concrète, plutôt que le Berlioz
non moins original qui anticipe sur Debussy et Stravinsky en projetant sur des mélismes grégoriens l'oblique
éclairage de vitrail de sa polyphonie chorale et de son
orchestre.) Mais *Roméo et Juliette, la Damnation de Faust,
l'Enfance du Christ,* sont également des musiques divisées
en chapitres, et le chapitre papillotant et féerique y voisine avec le chapitre lyrique, le chapitre fantomal, le
chapitre tumultueux et le chapitre froidement décoratif.

A Berlioz suffit l'unité de l'imagination — au sens
littéral de faculté de créer des images conductrices. Il
pense (fort orgueilleusement) que, l'esprit de variation
et l'esprit de polyphonie aidant, cette faculté lui accor-

dera de surcroît cette fameuse forme et unité que d'autres
n'espèrent arracher qu'à un labeur thématique forcené,
poursuivi depuis la première mesure jusqu'à la dernière.
Le constructeur virtuose des *Francs-Juges* et de la *Fantastique* n'est pas suspect de faire d'incapacité vertu; mais
l'unité que maintenant il recherche, ce n'est pas celle de
la façade de cathédrale où l'on retrouve la même ogive
partout. L'unité plutôt du *mystère* qui se joue sur le
parvis de cette cathédrale — l'unité à tout rompre d'une
fête où le sérieux, le burlesque, la magie, la liturgie,
prône et tour de jongleur, peau d'âne et prière, se rencontrent, se relayent et se confondent shakespearienne-
ment.

Le principe polyphonique ordonne — et parfois désor-
donne, comme il convient à un principe que la contradiction enchante — et le style, et la vie de Berlioz : sa
vie publique de compositeur, interprète, écrivain et voyageur; sa vie privée faite de courage et de vulnérabilité;
sa vie intérieure faite d'humour et de désenchante-
ment. Principe dramatique, principe metteur en scène
par excellence. C'est pourquoi de grands polyphonistes
comme Bach et le « troisième » Beethoven se passent
si aisément de théâtre, ayant leur comptant de drame dans
leur musique, et que Berlioz n'est jamais plus jalousement
musicien que lorsqu'il aborde le théâtre. Même à son
cher Gluck il ne voulut jamais concéder que la musique
pouvait se faire servante du drame. Ses convictions à cet
égard sont celles de Mozart et de Verdi : *dramma per
musica*, et non *dramma con musica*.

Musicalité des sujets, diversité des scènes, l'art — qui
chez lui va de soi — de traiter ses voix aussi parfaitement
et ingénieusement que ses autres instruments; et jusqu'au
respect des conventions : dans ses trois opéras, Berlioz
n'a rien oublié et tout réussi. Sauf une chose : tenir
compte des habitudes traditionnelles d'inattention dont
aucun amateur d'opéras romantiques ne veut ni ne peut
se départir. La popularité de l'opéra au XIXᵉ siècle —
Wagner compris, Wagner surtout — préfigure celle de
symphonies de Franck, Tchaikovsky et Sibelius, et de
la T.S.F. familiale, — la popularité de tous les très sincères plaisirs du rêve éveillé mis en branle par de la
musique et accompagnés par elle. Mais, au rebours, il
est typique que Berlioz — qui a pris un rêve d'intoxiqué

comme point de départ d'une symphonie — n'ait jamais
mis grain ni goutte d'opium dans son art. Le polypho-
niste réclame des auditeurs plus éveillés que nature,
double oreille et double attention. Comme Beethoven,
Berlioz en tant que musicien aime son prochain comme
soi-même, et ne lui offre que des partitions à son propre
goût. De la musique qui accroche l'esprit. Jamais de
celle qui le décroche, et qui eût ennuyé Berlioz. Il ne
pouvait envisager que le public d'opéra, sur ce point
plus moderne et plus neurasthénique que lui, s'ennuie
moins aux musiques qui escomptent l'ennui et çà et là
y consentent.

Goya, à qui Berlioz ressemble par bien des côtés,
avait peint ses plus grands morceaux pour en orner la
salle à manger de sa propre villa. De même, *Benvenuto
Cellini*, cette Piazza Navona en musique, et l'immense
fresque des *Troyens* ont ceci de paradoxal qu'ils sont, à
la fois, de la décoration à proportion de palais, et de la
musique de chambre autant que *Béatrice et Bénédict,* ce
divertissement poignant de l'homme transi et du musicien plus vigoureux et enjoué que jamais qu'était le
Berlioz des dernières années. Tout cela, évidemment,
s'accommode mal des routines du conventionnel théâtre
lyrique. Et jusqu'aujourd'hui c'est *la Damnation de Faust*,
symphonie déplacée, qui y poursuit une carrière sans
style de supplément plus corsé à un célèbre opéra sur
le même sujet. Au lieu que les opéras de Berlioz restent
bannis. Punis pour excès de musique.

Berlioz, s'il faut tenter de le résumer : esprit baroque,
esprit de polyphonie, esprit de variation — et cet esprit
de réalisme musical qui convient si bien à un musicien
français, à un mélodiste et à un metteur en scène de
figures musicales. Berlioz est presque le seul symphoniste
romantique en lequel on ne trouve ni un métaphysicien
qui s'affirme ni un hégélien qui s'ignore. On ne connaît
point de compositeur constamment plus soucieux que
le « chimérique » Berlioz de la pratique musicale. Loin
d'y achopper comme tant d'autres novateurs, il est toujours prêt à tirer parti des circonstances d'exécution. Il
invente toujours le neuf qui convient à la grande salle
ou à la petite, à l'église ou au plein air; et son œuvre
ne cesse d'affirmer, à l'instar de la boutade mallarméenne

(et avec moins de paradoxe) que la musique ne se fait pas avec la syntaxe de la sonate ou avec des dissonances symbolisant le philtre d'amour et la dialectique de l'histoire, mais avec des gosiers et des clarinettes : leçon peu intéressante lorsqu'elle est rappelée par quelque étriqué positiviste du métier de composer; mais très savoureuse lorsqu'elle est dictée par l'esprit d'équilibre et l'esprit de contradiction d'un Berlioz aventureux, shakespearien et humaniste.

Il faut ajouter l'esprit de guigne — ou plutôt l'esprit de réussite polyphoniquement enlacé à l'esprit de fiasco. En cela, Berlioz rappelle Stendhal, son contemporain en baroquisme et modernité. On a lu Stendhal et joué Berlioz en 1900, selon leurs prévisions. Vers 1950 ils ont trouvé leurs biographes exemplaires. Mais contrairement à Martineau, Jacques Barzun écrit en anglais. A la longue, l'image de Berlioz, compositeur de jugements derniers cassés pour vice de forme, pas plus absurde que l'image (qui persista pendant cent ans) de Mozart compositeur de bergeries, pourra peut-être tomber en désuétude. Mais en 1953 son cent-cinquantenaire passe inaperçu; et en 1954 les éditeurs des *Troyens* et de *Béatrice et Bénédict* refusent de se séparer en faveur d'aucun indiscret des rares partitions qui leur reste, jugeant trop onéreux de regraver et réimprimer ce qu'ils sont pourtant très fiers d'avoir dans leur stock. Le réaliste Berlioz n'aurait certainement pas tenu pour négligeable ce point d'histoire prosaïque et commercial. Lequel en apprend autant sur la courbe historique de Berlioz, aussi baroque que sa courbe mélodique, que de se rappeler que, quatre-vingts ans plus tôt, on avait jugé à propos de faire inscrire sur sa stèle funéraire qu'il fut officier de la Légion d'honneur et membre de l'Institut — après y avoir été d'abord (oublia-t-on de mentionner) blackboulé en faveur d'Onslow, d'Ambroise Thomas et de Clapisson. Et pourtant les chevaux qui conduisirent Berlioz à sa tombe avaient alors, en prenant le mors aux dents, donné l'exemple de moins de pusillanimité et d'une plus juste appréciation de la qualité de sa gloire. Il est vrai qu'en cela ils eurent moins de mérite que les hommes. Car à Schumann et à Jacques Barzun il fallut être plus clairvoyants que beaucoup d'autres musiciens, critiques et historiens qualifiés. Alors qu'aux chevaux il suffisait de ne pas être moins sensibles que d'autres chevaux, mentionnés, en des circonstances assez semblables, dans le XVIIe Chant de l'*Iliade*.

Fred GOLDBECK.

BIBLIOGRAPHIE

ÉCRITS DE BERLIOZ

Voyage musical en Allemagne et en Italie, 1844.
Grand Traité d'instrumentation et d'orchestration moderne, 1844 et 1856.
Les Soirées de l'Orchestre, 1852.
Les Grotesques de la musique, 1859.
A travers chants, 1862.
Mémoires, 2 vol., 1870.
Lettres, édit. Tiersot, 3 vol., 1904-1930.
Nouvelles Lettres, New York, 1954.

SUR BERLIOZ

BARRAUD, Henry, *Berlioz,* Paris, 1955.
BARZUN, Jacques, *Berlioz and the Romantic Century,* 2 vol., Londres, 1951.
BOSCHOT, A., *Un Romantique,* 3 vol., Paris, 1906-1913.
DUKAS, Paul, *Ecrits sur la musique,* Paris, 1948.
EMMANUEL, Maurice, *Berlioz,* in « Le Correspondant », 1920.
HOPKINSON, V. Cecil, *A Bibliography of the Musical and Literary Works of Hector Berlioz,* Edimburgh Bibliogr. Soc., 1950.
KOECHLIN, Charles, *Le cas Berlioz,* in « Revue Musicale », février 1922.
ROLAND-MANUEL, *Plaisir de la musique,* vol. III, Paris, 1951.
ROLLAND, Romain, *Musiciens d'aujourd'hui,* Paris, 1908.
TIERSOT, J., *Berlioziana,* in « Le Ménestrel », 1904-1906.
Hector Berlioz et Robert Schumann, traduction française des *Essais* de Schumann sur Berlioz, Bruxelles, 1879.

MENDELSSOHN

Pour des raisons diverses et parfois contradictoires, on ne cesse d'en vouloir à Mendelssohn de tout ce qu'il n'est pas, sans penser à le remercier de tout ce qu'il est. On oublie trop souvent qu'il représente d'une manière irremplaçable un moment de la sensibilité européenne au XIXᵉ siècle.

Sa musique possède assez fréquemment cette qualité particulière qui n'est pas la passion, ni la profondeur et que nous appelons poésie. Elle est jeune, d'une jeunesse indépendante du nombre d'années vécues; à ses meilleurs moments, elle entre de plain-pied dans un univers féerique qui est l'expression fidèle de la vie intérieure de son auteur. C'est un univers aérien dont la nostalgie n'est jamais absente; Ludwig Tieck y eût été à l'aise. Il suppose la fusion du fantastique et de la précision, du rêve et de la lucidité. Il exclut les forces du mal qui volent ou rampent dans le *Freischütz*. La musique pour *le Songe d'une nuit d'été* apporte le témoignage irréfutable de ses pouvoirs. Ce n'est pas le seul exemple à citer, de même que le féerique n'est point la seule raison que nous ayons de nous attacher à Mendelssohn. L'être est complexe; sa musique le reflète en dépit de sa limpidité trompeuse.

Son ascendance (son grand-père paternel fut un personnage important de l' « Aufklärung ») et son éducation ont contribué à aiguiser son esprit critique et à affirmer les tendances classicistes de sa personnalité. Pour lui, la clarté de l'énoncé, l'eurythmie des formes ne sont pas des impératifs lancés de l'extérieur mais des aspects très personnels de son activité créatrice renforcés par l'éducation.

Mais l'inquiétude romantique était en lui. Et si elle n'a pas prévalu contre son esprit elle n'a guère cessé de se manifester à l'intérieur des frontières établies par celui-ci. C'est ce qui, souvent, dans ses œuvres donne l'impression d'une agitation tournant autour d'elle-même. Romantique également la tendance à déployer la pensée au lieu de la concentrer. Sans aucun doute, cette expansion mélodique a-t-elle été ressentie, au début du XIXe siècle, comme une sorte de libération. C'est elle toutefois qui rendra plus difficile la construction des sonates de type beethovénien. Avec son sens des nécessités formelles, Mendelssohn essaiera de remplacer la logique serrée de ces édifices sonores par d'habiles changements d'atmosphère, par une présentation intelligemment variée des éléments constitutifs. Il y arrivera parfois et fera alors figure de précurseur (avec Schubert, bien entendu).

Parfois aussi, les deux moitiés de son être n'arrivent pas à s'accorder. La sève semble se retirer. Les lignes mélodiques, la vie harmonique et rythmique manquent de vigueur, et cela même dans des pièces brèves et de forme libre. L'activité débordante qu'il a déployée en tant que chef d'orchestre, pianiste, fondateur du Conservatoire de Leipzig l'a très certainement surmené, lui a ravi un temps précieux et a affaibli, par moments, ses forces créatrices. Il le savait et, sans rien y changer, en souffrait. Ses dernières années ont été emplies d'une impatience désespérée. Pourtant quelques-unes de ses dernières compositions possèdent une densité bien plus grande que celles écrites auparavant.

Nous ne connaissons que fort incomplètement sa musique et, en l'approchant, nous oublions trop souvent que la mise en œuvre peut être en elle-même créatrice, qu'un équilibre harmonieux peut correspondre à une nécessité tout aussi fortement ancrée en nous que celle de crier son désespoir ou sa joie.

Si l'on se penche sur l'écriture pianistique de Mendelssohn, on constate qu'elle se réclame de Hummel et de Weber avant de nous faire penser, quelquefois tout au moins, à Schubert. Beethoven y est présent et aussi Jean-Sébastien Bach : forces vives qui coexistent dans la pensée du compositeur et dont les apports seront sensibles dans tous les domaines de son activité créatrice.

Les pièces de piano de Mendelssohn ne sont pas du tout faciles à exécuter; il est même très difficile de les jouer bien, car elles demandent une sensibilité à vif et une prestesse intelligente qu'il n'est pas toujours aisé de trouver réunies chez un même interprète. Phénomène bien romantique : c'est dans ces œuvres que nous découvrirons quelques-unes des reflets les plus nuancés de la personnalité de l'auteur.

L'assurance à peine croyable d'un garçon de douze ans se manifeste dans la *Sonate en sol mineur,* op. 105, (les numéros d'opus ne correspondent pas toujours à l'ordre chronologique). L'op. 5 est un *Capriccio* et nous rencontrerons quelquefois encore ce genre de pièces dont le nom, chez Mendelssohn, ne désigne pas seulement une forme mais aussi un état d'âme. Dans l'op. 5, la transparence de la facture s'exalte jusqu'à une ardeur combative qui trouve des formules proches de celles que Chopin inventera bientôt. Rossini, à qui Mendelssohn avait joué cette pièce, y décelait l'esprit de Scarlatti. Ce n'est que partiellement juste. De toute façon, il se plaint, dans une lettre à Moscheles, de la pauvreté de son invention pianistique en fait de tournures nouvelles et de la difficulté à produire quelque chose d'ordonné, de calme.

Signe des temps : des précisions d'ordre affectif en langue allemande accompagnent les indications traditionnelles de tempo dans les *Sept Pièces caractéristiques,* op. 7. Mais les titres pittoresques, les images poétiques seront rares. En dépit d'un *Chant populaire,* d'une *Barcarolle* ou du fameux *Chant du printemps,* les *Romances sans paroles* se passent de titres comme elles tiennent à se passer de paroles. Elles se veulent « expressives » par elles-mêmes et cela définit assez clairement un point important de l'esthétique de leur auteur. Leur lyrisme varie moins que leur qualité. Certaines d'entre elles sont loin d'être anémiques et les pianistes ont tort d'en arrondir les angles. A-t-on assez remarqué qu'ici comme ailleurs les indications d'ordre dynamique sont nombreuses et contrastées ? A ce point de vue, l'introduction du *Rondo capriccioso,* op. 14, est un exemple intéressant qui nous invite à réfléchir, avant de l'interpréter et juger (ce qui au fond devrait revenir au même), à la somme d'énergie qui s'y trouve incluse.

Quoi qu'en ait dit Clara Schumann dans un accès de mauvaise humeur, les fugues de Mendelssohn n'ont rien de scolaire. Deux d'entre elles font partie des *Sept Pièces caractéristiques* et c'est assez dire l'esprit dans lequel elles furent composées. La belle *Fugue en mi mineur* (première du recueil des *Six Préludes et Fugues,* op. 35) commence dans la pénombre et dans un mouvement plutôt lent; le tempo s'accélère jusqu'à un *allegro con fuoco;* un choral éclate, fortissimo : puis tout s'apaise et l'on revient à l'andante initial.

On mesure quelle fut l'emprise de Beethoven, du dernier Beethoven, lorsqu'on se penche sur la souple et diverse *Sonate en mi majeur,* op. 6. Les différentes parties s'enchaînent sans interruption; des récitatifs dramatiques sont entrecoupés de passages lyriques; le dernier mouvement ramène le tendre et paisible allégretto initial inspiré de l'allégretto de l'op. 101. L'ombre de Beethoven plane aussi sur la *Fantaisie en fa dièse mineur,* op. 28, ouvrage curieusement bâti sur le modèle de la *Sonate quasi una fantasia,* op. 27, nº 1. Mendelssohn l'appelait sa « sonate écossaise ». Bientôt Schumann transformera une sonate en fantaisie. Le romantisme est à l'œuvre.

La folle virtuosité de l'époque a frôlé cet homme équilibré sans le brûler. La première des trois *Études,* op. 104, nº 2, est amusante à comparer avec celles de Thalberg et de Liszt. Son auteur craint l'aventure trop poussée et s'en tient à un usage prudent des prouesses des deux condottieri du piano. Cela correspond à ce que nous savons de son jeu : maîtrise absolue des moyens, mais répulsion à l'égard d'une virtuosité délirante.

Avec le piano, la musique de chambre fut l'amour le plus ancien de Mendelssohn et son op. 1 ainsi que les op. 2 et 3 sont des *Quatuors* avec piano. Malgré leur manque de maturité, ces ouvrages ont un équilibre formel qui est le résultat du tempérament et non de l'éducation.

Ne nous y arrêtons pas encore et soulignons plutôt la puissance dramatique — bien plus accusée ici que dans les trois grandes symphonies —, la couleur sombre, la violence rythmique qui caractérisent le *Trio en ut mineur,* op. 66, le *Quatuor en la mineur,* op. 13, comme celui *en fa mineur,* op. 80, stèle funéraire érigée à la mémoire de Fanny Hensel, sœur bien-aimée du compositeur.

D'une manière générale, ce qui séduit dans ces œuvres, c'est, plus encore que le sens des proportions, le don très rare de doser les valeurs sonores (don particulièrement admirable dans les *Trios* avec piano : Schumann considérait celui *en ré mineur,* op. 49, comme le plus beau de son époque), la virtuosité avec laquelle les fonctions harmoniques s'accomplissent aux endroits clefs de la construction musicale, le naturel de l'écriture contrapuntique. Les deux *Sonates pour violoncelle et piano,* op. 45 et 58, et les trois *Quatuors à cordes,* op. 44, en témoignent hautement. Mais c'est une œuvre de jeunesse, l'*Octuor pour cordes,* op. 20, qui donne à ces qualités leur plus grand rayonnement. Il « doit être joué par tous les instruments d'une manière orchestrale symphonique », nous dit l'auteur et il n'est pas étonnant que le *Scherzo,* transcrit, ait remplacé le menuet original lors de la première audition, à Londres, de l'habile Ire *Symphonie en ut mineur.*

Deux des trois « grandes » symphonies de Mendelssohn (il en avait écrit une douzaine dans son enfance) gravitent autour de la *Pastorale.* Elles sont des portraits de sentiments. Aucune velléité de narrer quoi que ce soit; aucune contrainte exercée sur l'inspiration au nom du pittoresque. Quelques touches discrètes suffisent pour évoquer l'Italie ou l'Écosse. L'auteur se garde même de pourvoir d'indications suggestives chaque mouvement pris séparément ainsi que l'avait fait Beethoven. La moins réussie des trois est la *Symphonie de la Réformation,* op. 107, animée d'un désir de solennité et de grandeur qui met son équilibre en danger.

Les œuvres pour piano et orchestre — le *Concerto en sol mineur,* op. 25, excepté — sont assez vides de substance. Non anoblie par l'inspiration, la facilité de Mendelssohn s'y étale fâcheusement. Et même dans le *Concerto en sol mineur* (dont les deux premiers mouvements sont beaux), le finale n'est pas exempt d'une certaine vulgarité, une vulgarité « urbaine » si l'on peut dire, bien différente des explosions paysannes de Beethoven. Mais le *Concerto en mi mineur* pour violon et orchestre, op. 64, est un parfait chef-d'œuvre d'un romantisme simple, direct, « habité ». Il prouve qu'il est injuste de parler d'une courbe descendante dans les dernières années de la vie de l'auteur. (Un libre et exubérant *Concerto en ré mineur* — également pour violon et orchestre —, écrit vingt-deux ans auparavant, vient d'être découvert depuis quelques années.)

Les ouvertures du *Songe d'une nuit d'été,* des *Hébrides,* de *Mer calme et voyage heureux,* de *Ruy Blas* et de *la Belle Mélusine,* cette tendre marraine du *Rheingold,* posent de nouveau le problème du contenu poétique de la musique. Elles contiennent en germe le poème symphonique à venir et ont joué leur rôle dans l'évolution de la symphonie romantique et même dans celle du réalisme musical. Tout le monde connaît la phrase irritée écrite pendant la composition de *la Grotte de Fingal* : « ... tout le développement sent plus le contrepoint que l'huile de poisson, les mouettes et la morue; et ce devrait être tout le contraire ». Que cela prouve-t-il ? Que Mendelssohn croyait en une musique « expressive » ? Le simple fait d'avoir écrit ces ouvertures en fournit la preuve. N'est-ce pas plutôt la boutade d'un compositeur mécontent d'un passage de son ouvrage ? Un fragment d'une lettre du 15 octobre 1842 met les choses au point : « La bonne musique ne deviendra pas plus intelligible à travers une interprétation poétique mais, au contraire, moins claire. » C'est bien là l'attitude hautaine de celui qui détestait que l'on écoutât une œuvre avec la partition à l'appui : « Un musicien a des oreilles », faisait-il remarquer aigrement.

Il me semble que le demi-échec de son opéra-comique *les Noces de Gamache*, op. 10, a créé une sorte de traumatisme chez ce musicien d'une susceptibilité maladive. Mettant son insuccès sur le compte du livret, il a passé sa vie à rechercher le sujet idéal qui puisse enfin lui permettre de donner toute sa mesure. Toujours est-il que *le Retour au pays*, op. 89, et le fragment tardif d'une *Loreley*, op. 98, ne manquent pas de charme ni de vie. Mais c'est la musique de scène pour *le Songe d'une nuit d'été*, op. 61, (plus proche de Schlegel et de Tieck que de Shakespeare) qui restera son chef-d'œuvre dans le domaine du théâtre.

Malgré ses élans dramatiques et son orchestration virtuose, nous ne citerons *la Nuit de Walpurgis*, op. 60, (si peu gœthéenne) qu'à cause de l'influence qu'elle a exercée sur Schumann. Mais les deux oratorios sacrés, *Saint Paul*, op. 36, et *Élie*, op. 70, retiendront notre attention par leurs fortes et profondes qualités. Difficile quant à la qualité des livrets, le compositeur a utilisé pour les deux ouvrages le texte biblique dans sa pureté. La partition d'*Élie* est moins dramatique que celle de *Saint Paul* et c'est très probablement à cause de sa grandeur tranquille et de son allure haendelienne qu'elle a décidé pendant un demi-siècle du destin de l'oratorio en Angleterre.

L'écriture chorale de Mendelssohn est habile et simple, quelle que soit l'expression recherchée. Cela est vrai des œuvres citées comme de la cantate *Lauda Sion*, op. 73, des cinq recueils de *Psaumes* ou du *Lobgesang* (appelé aussi *Symphonie n° 2*).

Ce sont les lieder qui se rapprochent le plus de l'élégance conciliante, de la sentimentalité à fleur de peau que l'on reproche généralement à Mendelssohn. Cette élégance, cette facilité seraient en quelque sorte la conséquence de sa vie heureuse. Or sa nervosité, sa susceptibilité, son instabilité, l'impossibilité où il était souvent de comprendre le point de vue d'autrui, la fatigue croissante résultant de son activité incessante, les deux chocs successifs, réellement tragiques, reçus à la mort de son père et de sa sœur, ont rendu sa vie beaucoup moins heureuse qu'on ne le pense, en dépit des conditions extérieures de son existence. Et, dans ses œuvres, le bonheur de la mélancolie me semble l'emporter sur la mélancolie du bonheur.

Dorel HANDMAN.

BIBLIOGRAPHIE

BARTELS, B., *Mendelssohn-Bartholdy, Mensch und Werk,* Brême-Hanovre, 1947.

HILLER, F., *Mendelssohn-Bartholdy,* tr. F. Grenier, Paris, 1867.

HORTON, J., *The Chamber Music of Mendelssohn,* Oxford, 1946.

JACOB, H. E., *Felix Mendelssohn und seine Zeit,* Francfort, 1959.

SCHUMANN, R., *Erinnerungen an Felix Mendelssohn-Bartholdy,* Zwickau, 1948.

WORBS, H. C., *Felix Mendelssohn-Bartholdy. Wesen und Werke im Spiegel von Selbstzeugnissen und Berichten von Zeitgenossen,* Leipzig, 1958.

YOUNG, P. M., *Introduction to the Music of Mendelssohn,* Londres 1949.

SCHUMANN

La musique de Mendelssohn exerçait une forte attirance sur Schumann. Sa clarté, sa stabilité lui semblaient être un gage de santé. On sait qu'avec une opiniâtreté pathétique, il a essayé de dresser des obstacles de plus en plus résistants contre le déséquilibre croissant dont il se sentait menacé. Mais ce dont il faut tenir compte c'est qu'avant même que la maladie ne devienne sa compagne habituelle, il a déployé d'incessants efforts pour discipliner les poussées complexes et enchevêtrées de son génie. Cette lutte traduit une tendance profonde de sa vie intérieure. Elle est, de plus, typiquement romantique. C'est pourquoi il est vain de penser qu'il aurait pu l'éviter et que c'est elle qui a amoindri, progressivement, la fraîcheur de son inspiration. Imaginons plutôt ce que serait devenue, autrement, la musique d'un homme qui sortait d'une crise pour se diriger, plus ou moins rapidement, vers une nouvelle catastrophe.

Pendant son adolescence, Schumann s'est montré indécis quant à sa vocation. Écrivain ? Musicien ? « Je ne sais pas clairement ce que je suis », note-t-il dans son journal. Mais il ajoute : « Je ne suis pas un penseur profond ; je ne puis jamais développer logiquement une pensée pourtant juste au départ. » Il se sent des affinités profondes avec E. T. A. Hoffmann et Jean-Paul ; avec Jean-Paul d'abord, dont les écrits, surchargés d'intentions, lui font comprendre la richesse expressive du contrepoint. Devant les émotions qu'il éprouve, il réagit simultanément en poète et en compositeur. Mais lorsqu'il s'agit de s'en délivrer, c'est la musique qui l'emporte, la musique dont les lois fondamentales ne seront jamais transgressées, même si les aveux lui brûlent les lèvres. Les titres de certaines œuvres ont été rajoutés après coup. Et de toute façon, les personnes et les scènes évoquées ne seront jamais matière à description : images poétiques, seul leur substrat affectif importe. Les quelques exceptions que l'on pourrait faire valoir ne modifient en rien cet état de choses. Contrairement au réalisme qui va naître, pour Schumann, comme pour maints romantiques allemands, ce n'est point l'art qui est compris dans la vie mais la vie qui est une expérience esthétique.

Jusqu'à son mariage (psychologiquement, cela est intéressant), ce maître du lied se confie presque exclusivement au piano : en dépit de ses dons littéraires, il a l'impression que la parole diminue l'intensité de l'expression musicale. L'orchestre ne semble pas le préoccuper davantage pendant cette époque. Il n'a commencé que tard de sérieuses études musicales et il les a commencées en pianiste. Son esprit n'arrivera que peu à peu à réunir en un tout conscient les éléments nécessairement épars d'une partition. La suprême aisance d'un Berlioz lui sera d'ailleurs toujours refusée.

Il n'est pas sans intérêt de constater que pour son op. 1, les *Variations sur le nom d'Abegg,* le jeune compositeur choisit une forme lui permettant d'établir une unité à travers des pièces de petit format et de caractère varié. Il n'est pas sans intérêt non plus de remarquer que les cinq premières notes du thème correspondent, selon la terminologie allemande, aux cinq lettres constituant le nom d'Abegg. Jeu naïf et sans nouveauté mais aussi plaisir d'établir des concordances mystérieuses. Mystification innocente — et révélatrice — également : une « comtesse » Abegg n'a jamais existé quoi qu'en dise la dédicace.

La virtuosité à la mode et le souvenir du dernier Beethoven sont au premier plan. Et pourtant le vrai Schumann est nettement perceptible dans tel détail d'écriture, dans telle inflexion mélodique, dans l'atmosphère de la deuxième variation et, bien sûr, dans la façon d'imiter ses modèles.

Les *Papillons,* op. 2, appartiennent déjà à un monde parfaitement personnel. Ils forment un cycle de onze pièces : le premier évoque un bal et des masques; le seul édifié sur un véritable programme. Ce programme, nous le connaissons; l'auteur a pris la peine de le noter : ce sont des scènes extraites d'un roman de Jean-Paul : *Flegeljahre.* Mais ce qui, dans le roman, était chaotique et survolté, devient simple et naturel dans sa transposition sonore. Schumann écrira par la suite des œuvres plus mûres, plus vastes, plus contrastées; l'essentiel est dit dès maintenant. Quant au finale, il semble n'être que la description réaliste d'une fin de bal masqué. En fait nous assistons à la fin d'un vertige du cœur.

D'une virtuosité peu spiritualisée, l'*Allegro,* op. 8, n'offre en définitive que la matière brute d'un puissant tempérament créateur. Schumann savait fort bien cependant quelle pouvait être la poésie de la virtuosité. Aussi est-ce dans le sens d'un approfondissement musical de certains problèmes de technique pianistique qu'il entreprit de transcrire plusieurs *Caprices* de Paganini. (Il est curieux de constater qu'en fait ce sont les pianistes qui ont été les vrais disciples du grand violoniste génois.) Contemporains de la première série (op. 3) les *Études d'après les Caprices de Paganini* (la deuxième série, op. 10, paraissant un an plus tard), les *Intermezzi,* op. 4, mettent en valeur deux ressorts primordiaux du discours schumannien : les combinaisons rythmiques, l'imbrication des lignes mélodiques. Quelques moments font penser à Hugo Wolf ; un bref éclair ramène le motif *Abegg,* une citation de Goethe apparaît comme une concrétisation des pages qu'elle orne.

Un esprit de recherche hardi anime aussi les *Impromptus,* op. 5, singulière série de variations sur un thème de Clara Wieck. En dépit du titre, Schubert est loin. Beethoven et Bach aident le jeune compositeur à vérifier un à un ses moyens d'expression.

Une première crise de neurasthénie ralentit la cadence de la production. Est-ce pour se rassurer que Schumann cherche un appui dans la réalité la plus tangible : la virtuosité ? Il achève la *Toccata,* op. 7, qui, en dépit de son côté « moteur », possède un arrière-fond d'enthousiasme et de tendresse qui l'adoucit et l'humanise.

Les germes contenus dans les op. 1 et 2 s'épanouissent dans l'op. 9, les vingt et une « Scènes mignonnes sur quatre notes » intitulées *Carnaval.* Selon le procédé connu, les quatre notes forment le mot Asch, nom de la petite ville où habitait la douce et triste Ernestine von Fricken. Mais, inversées, ces quatre lettres se retrouvent dans le nom de Schumann que cette concordance ravit. « Lettres dansantes », dira-t-il et il est vrai que la danse est souvent, pour lui, l'expression d'une extase harmo-

nieuse, de même que le carnaval et les masques lui apparaissent comme des formes symboliques de l'existence.
Bien plus, le masque n'est-il pas l'unique possibilité
offerte à un être subjectif pour se fuir, pour devenir
« un autre » ? Ajoutés à l'œuvre terminée, les titres de
ces pièces enivrées de couleur nous présentent les principaux personnages réels et imaginaires de l'univers
schumannien. Et selon les lois de cet univers, ce sont
les personnages imaginaires qui sont les plus réels,
malgré Chiarina, malgré Estrella, Chopin et Paganini.
Parmi eux, Florestan et Eusebius nous livrent —
incomplètement — le secret de l'âme du compositeur.
Maître Raro est absent. Est-ce pour cela que nous
oublions si souvent son existence ?

Lorsqu'on parle des *Sonates* de Schumann, on ne
manque pas de souligner la gêne qu'il éprouvait à concilier le jaillissement spontané de ses idées avec la rigueur
des constructions classiques. Il est vrai que son lyrisme
foncier ne l'aidait guère à concevoir des thèmes d'une
concentration exemplaire. Mais ses idées possédaient
une souplesse assez grande pour se prêter à un travail
thématique valable, encore que différent de celui de
Beethoven, et cela d'autant plus qu'il était un maître
de la variation.

Il est vrai également que souvent des éléments secondaires acquièrent une importance démesurée. Mais un
grand nombre de ces pages « gratuites » nous mènent
en des régions enchanteresses qui nous rendent heureux
sans menacer réellement l'équilibre de l'ensemble. Bien
entendu, sous l'empire de la maladie, ces traits caractéristiques se transformeront parfois en défauts. Nous
n'avons pas le droit d'en rendre responsable le génie
de Schumann.

Des trois *Sonates* pour piano, c'est celle en *sol mineur*
op. 22 — concise, presque toujours logique, passionnée
sans désespoir, vive sans confusion, tendre sans abandon — qui se rapproche le plus de l'idéal beethovénien.
La *Sonate en fa dièse mineur,* op. 11, a une construction
moins ferme mais avec la grande voix chantante de son
introduction, avec son « Fandango » exalté et ensor-
celant, avec la simplicité émue et raffinée de l'aria,
avec son scherzo fantasque et bougon — un « opéra
sans texte » — et son finale un peu confus, mais d'une

si grande richesse musicale, c'est elle qui ouvre les horizons les plus vastes, c'est elle qui est la « grande sonate » de Schumann. Quant à celle *en fa mineur,* op. 14, appelée avant son remaniement « Concert sans orchestre », elle n'est rien moins que classique. Mais en dépit d'une pensée anarchique et violente, elle offre une particularité qui mérite d'être mise en valeur : le premier thème (que nous retrouverons aussi dans le scherzo) n'apparaît dans sa pureté originelle qu'au centre de l'œuvre : et c'est un thème de Clara Wieck.

Dans le domaine des variations, rien n'égale la richesse d'invention, la profondeur de sentiment, l'élévation de pensée des *Études symphoniques,* op. 13. De dix-sept, Schumann les a réduites à douze pour assurer une plus grande cohésion à l'ensemble. Et c'est ainsi que, malgré leur variété, elles nous mènent en une constante progression de la poignante mélancolie du thème (dû au baron von Fricken) à une intense joie libératrice. La dernière variation, qui utilise un motif de Marschner, rappelle par son état la lumière aveuglante du finale de la *V*e *Symphonie* de Beethoven. L'ouvrage s'appelait originellement *Variations pathétiques.* Études symphoniques, variations pathétiques, aucune exégèse ne pourrait mieux éclairer la nature de cette musique inspirée.

Le mot « Fantaisie », dans l'acception germanique du terme, joue un rôle important dans la pensée artistique de Schumann. Loin de désigner je ne sais quelle liberté capricieuse, il évoque l'envol de l'imagination dans de hautes régions de l'esprit humain. Au point de vue formel, une « Fantaisie » sera une pièce dont le contenu aura de toute évidence la primauté sur le contenant. Est-ce à dire qu'elle fera fi de tout souci d'ordre structurel ? Certes non. La *Fantaisie,* op. 17, fut conçue originellement comme une sonate que l'auteur destinait à être vendue au profit du monument de Beethoven à Bonn et dont les trois mouvements étaient intitulés : Ruines, Trophées, Palmes. La construction est intéressante. Le *moderato, sempre energico* constitue le centre lumineux autour duquel gravitent les deux autres mouvements plus denses, certes, plus profonds, plus pathétiques mais d'une incandescence moindre. Recommençant indéfiniment ses élans, la première partie — ... « un grand cri désespéré vers toi », confessera une lettre à

Clara — est volontairement abrupte, emportée, impatiente. Éperdu de tendresse, le *larghetto* final est la conclusion la plus schumannienne, donc la plus logique, de ce chef-d'œuvre si passionné.

Plus secrètes, plus subtiles, plus « intérieures », les *Danses des Davidsbündler,* op. 6, (« danses de mort, danses de Saint-Guy, danses de Koblod et de Grâces » selon l'expression même de l'auteur) nous font entrevoir l'éventualité d'une « grande forme » nouvelle, non traditionnelle. D'une pièce à l'autre les rapports des tonalités sont vivants au point de faire penser à des modulations; l'ouvrage forme un tout dans ce sens que ses différentes parties apparaissent comme des variations sur un thème caché, sur une « innerestimme » non explicitée, comme des modifications d'une donnée unique : l'esprit qui les anime. Des rappels thématiques viennent renforcer à leur tour l'unité de l'ensemble. Et une brève indication « *wie aus der Ferne* » nous rappelle que, pour les romantiques, le lointain signifiait tout ce qui est essentiel et non tangible. Une promesse de bonheur, une source de nostalgie.

Les *Phantasiestücke,* op. 12, (le règne de Hoffmann commence) instaurent dans le domaine du piano, un jeu d'équivalences poétiques qui ne restera pas sans écho dans l'évolution ultérieure de la musique. Au soir; Dans la nuit — Élans; Idées fantasques; Brumes de Songes, huit pièces qui composent un recueil plutôt qu'un cycle. Ce n'est point le cas des *Scènes enfantines,* op. 15, qui, elles, forment un vrai petit cycle dont l'aboutissement tendre et profond s'appelle « Le poète parle ». L'émotion dont sont saturés ces douze joyaux naît moins du contact direct avec l'âme des petits que du regard rétrospectif de l'adulte sur ce que fut son enfance. Regard que l'amour pour Clara et l'espoir du mariage prochain dotent d'un pouvoir particulier de pénétration.

Le don de trouver un dénominateur commun d'ordre musical, mais d'un caractère plus secret que la parenté thématique, se manifeste avec une évidence particulière dans les *Kreisleriana,* op. 16. Le Kapellmeister Kreisler est un personnage de Hoffmann grotesque et sublime à la fois, le grotesque étant la rançon du sublime. La musique n'essaie pas de retracer le récit de ses aventures :

elle se contente d'en recréer le climat. Tendue entre une joie angoissée et une douceur extatique, elle allie le jeu à la violence et frappe par un lyrisme d'une qualité nouvelle. Dans les numéros lents, un curieux mélange d'objectivité et de subjectivité fait penser à des légendes dont le héros serait en même temps le conteur. Le visage de Clara transparaît en filigrane à travers toutes les compositions de cette époque. Pourtant c'est le nom d'une autre Clara, la cantatrice Clara Novello, qui a donné leur titre aux *Novelettes,* op. 21. Ce sont, dit Schumann, des images « écrites dans la joie; heureuses en général (...) sauf dans quelques passages où j'ai touché le fond ». Des histoires excentriques, dira-t-il encore, et nous savons le sens que les romantiques allemands prêtaient à ce qualificatif. Plus amples, plus développées, plus chargées d'avenir au point de vue harmonique, plus fermes, plus « positives » que le reste des œuvres qui leur sont contemporaines, les *Novelettes* trouvent un couronnement bouleversant dans la dernière d'entre elles : épilogue qui capte toutes les nuances de la vie intérieure du compositeur.

L'*Arabesque,* op. 18, les *Blumenstücke,* op. 19, les *Romances,* op. 28 — qui n'en connaît pas la seconde ? — et une ravissante petite suite appelée *Scherzo, Gigue, Romance et Fughetto,* op. 32, sont des œuvres mineures mais attachantes et qui mériteraient un traitement meilleur; nous délaissons aussi l'*Humoresque,* op. 20, et cela est beaucoup plus injuste encore, car, si elle manque totalement d'unité (sauf de celle que pourrait lui conférer la conception schumannienne de l'humour : un mélange de sourire et de larmes), chacune de ses parties, prise séparément, est un chef-d'œuvre.

Tandis que l'*Humoresque* oscille entre la « nuit » et le « jour », les *Nachtstücke,* op. 23, évoquent, loin de Chopin et plus loin encore des nocturnes et des sérénades du XVIIIe siècle, tout ce qui, dans la nuit, tournoie vertigineusement, tout ce qui chuchote, tout ce qui rampe, tout ce qui frôle le bizarre et l'inquiétant.

Le *Carnaval de Vienne,* op. 26, sera, dans le domaine du piano solo, la dernière œuvre importante que Schumann écrira avant bien longtemps. Alfred Einstein l'a appelé une sonate romantique et ce jugement est moins paradoxal qu'il ne pourrait paraître à première vue. La

répartition des volumes et des densités, les rapports
entre les proportions de l'ouvrage et la nature des idées
exprimées conservent effectivement quelques-uns des
éléments essentiels de la forme sonate.

Nous voici désormais à l'époque des lieder, de la
musique de chambre, de la musique symphonique. Bien
sûr, le piano, ce compagnon d'armes de la première
heure, ne sera pas purement et simplement abandonné.
Une nuée de pièces de petit format naîtront parallèlement aux ouvrages importants dont nous devrons parler.
Ce sont, groupées avec des pages plus anciennes, les
Bunte Blätter, op. 99, et les exquises *Albumblätter*, op. 124;
les quatre *Fugues*, op. 72, et les sept *Fughettes*, op. 126,
(Schumann a laissé soixante-sept esquisses de fugues);
les *Études*, op. 56, et les intéressantes *Esquisses*, op. 58,
pour piano à pédalier; l'admirable *Album pour la jeunesse*,
op. 68; quatre *Marches*, op. 76, créées sous l'impression de
la Révolution de 1848; plusieurs séries de pièces à quatre
mains et un *Andante et Variations* pour deux pianos.

Les cinq dernières années voient la naissance des
Scènes de la forêt, op. 82, avec leur félicité fugitive, leur
mélancolie crépusculaire, leur poésie typiquement allemande; les trois *Phantasiestücke*, op. 111, qui se souviennent
de Mendelssohn et de Schubert mais qui ne laissent pas
de nous troubler; les *Chants du matin* enfin. N'est-il
pas singulier que Schumann, poète de la nuit et du crépuscule, ait choisi ce titre au moment où la nuit allait
définitivement envahir son esprit? Dédiées à Bettina,
ces pièces hésitantes sont troubles et tristes. Parfois
une clarté les traverse et l'on pense à Hölderlin. Horizons nouveaux à peine entrevus et déjà disparus? Lutte
désespérée contre les ombres? Acceptation? Le premier et le dernier de ces chants nous incitent à nous
poser toutes ces questions.

Très personnelle, l'écriture pianistique de Schumann
suppose une attention extrême accordée au dosage des
sonorités en présence. La virtuosité qu'elle requiert est
moins naturelle que celle de Liszt : les doigts ne sont
pas a priori à leur aise. Force, souplesse, extension,
accords, jeu polyphonique, telles sont ses exigences.
Tout est mis au service d'un monde affectif complexe
qui inclut le calme et la rêverie comme la violence, le
grotesque et la fièvre, une fièvre inquiète qui brise et

fait haleter la ligne mélodique ou accélère jusqu'au vertige des mouvements déjà très rapides. Les incertitudes tonales y sont fréquentes; les dissonances ont une saveur amère que l'on ne rencontre nulle part ailleurs; les exemples de polyrythmie abondent.

Dans les lieder, l'écriture pianistique devient plus transparente tout en restant complexe. Comparée à celle de Schubert, elle est plus nerveuse, plus habile aussi, plus différenciée. L'union avec le chant est totale. A la fin d'un cycle comme à la fin de la plupart des lieder pris séparément, c'est le piano qui, à lui seul, redit l'essentiel avec une intensité nouvelle.

Plus subjectif que Schubert, il ne s'élargit pas aux dimensions du monde extérieur mais concentre celui-ci dans les limites de sa propre personnalité. Les poètes choisis — Eichendorff, Chamisso, Kerner, Novalis, Lenau, Rückert — gardent cependant leur individualité. Le miroir qui les reflète a beau nous les montrer tous sous un même angle d'incidence, nous les distinguons parfaitement bien les uns des autres. *L'Amour et la Vie d'une femme*, op. 42, est un cycle bien différent de celui d'Eichendorff. Le *Liederkreis*, op. 24, est aussi éloigné des *Deux Grenadiers* et des *Chants de Marie Stuart*, op. 35, que les *Novalis lieder* des *Chants de la fiancée*.

C'est peut-être parce qu'il était un « littéraire » que Schumann est moins spontané lorsqu'il met en musique des vers de Goethe. Contrairement à Schubert, il donne l'impression de rentrer ses antennes par respect pour l'immense personnalité de l'écrivain. (Nous verrons que les *Scènes de Faust* et le *Requiem pour Mignon* ne laissent rien paraître de ce raidissement intérieur.) Contrairement à Schubert encore, il enregistre les nuances les plus subtiles du lyrisme de Heine : la mobilité frémissante, la mélancolie lancinante, l'humour acéré, la pitoyable ironie. Schubert, qui pouvait être très gai, n'avait pas le sens de l'humour, il n'aurait jamais pu écrire *la Cartomancienne*.

Mais l'impression globale que l'on retire des seize recueils de lieder qu'il nous a laissés, c'est Schumann lui-même qui l'a formulée mieux que quiconque : « Il a chanté comme le rossignol à en mourir. » Pensons aux *Amours du poète*, op. 48, à la *Fleur de lotus*, à l'étrange *Mein Wagen rollet langsam*. La concordance entre le fond

et la forme qui caractérise cette admirable floraison cesse
de se manifester avec le même bonheur dès que nous
abordons les œuvres de musique de chambre. La nécessité de répartir équitablement le matériau sonore entre
les divers instruments, de respecter l'individualité de
chacun d'entre eux se heurte à une résistance qui ne
sera jamais totalement vaincue. Plus encore que toutes
les autres, les œuvres qui demandent la participation du
piano sont traitées orchestralement, l'écriture de celui-ci
étant restée chargée, « symphonique ». Dans les
deux *Sonate en la mineur,* op. 105, et en *ré mineur,* op. 121,
pour violon et piano, le violon hante les registres graves,
les lignes s'enchevêtrent sans se différencier, les détails
prennent le pas sur l'ensemble. Et pourtant certaines
pages de ces sonates sont, de par leur caractère extrême,
d'une beauté angoissante et permettent d'entrevoir de
singuliers et pathétiques paysages de l'âme. Entre ces deux
œuvres se place la composition des *Märchenbilder,* op. 113,
pour violon (ou alto) et piano, quatre pièces dont la
première produit vraiment l'impression du merveilleux.

Des trois *Trios* avec piano c'est celui *en ré mineur,* op. 63,
qui est le plus connu. Composé après un moment de
pénible dépression nerveuse, il est, si l'on veut, un
monument érigé à la santé recouvrée. Tantôt généreux,
emporté, d'une noble passion, tantôt d'un calme extatique, instable et apeuré dans le mouvement lent, il se
laisse aller à une joie débordante dans le finale. Malheureusement, répétons-le, les trois instruments ne sont pas
traités d'une manière également efficace et c'est ce que
l'on peut constater aussi dans les deux autres *Trios en
fa majeur,* op. 80, et *en sol mineur,* op. 110, dont les ombres
pathétiques ne devraient pas obscurcir l'attrait. Les
Phantasiestücke, op. 88, pour violon, violoncelle et piano
contrastent, dans leur insouciante fraîcheur, avec l'expression de ces deux derniers ouvrages.

Les trois *Quatuors à cordes,* op. 41, sont le fruit d'une
année de calme; ils sont conçus à genoux devant Beethoven, et cela est surtout perceptible dans les mouvements lents. Mais la tendance qu'ils montrent à effacer
les frontières entre la forme de la sonate et celle de la
fantaisie schumannienne se réclame elle aussi de Beethoven ce qui, jusqu'à un certain point, est pleinement
justifié. Tous les trois sont riches de substance, mais le

troisième est celui qui va le plus loin et le plus haut.
La même année voit naître le *Quatuor* avec piano, op. 47,
et le *Quintette* avec piano, op. 44, œuvre rayonnante d'une
vitalité surprenante, apparemment sans blessure. Son
équilibre formel très accusé et surtout les pages fuguées
du finale ont fait dire à Liszt qu'il « sentait un peu trop
son Leipzig ». Quoi que l'on veuille penser de cette
boutade, il est certain qu'elle ne concerne d'aucune
façon la marche funèbre et son étrange caractère de
« plainte sans tristesse ». La *Fantaisie* pour clarinette et
piano, op. 73, les trois *Romances* pour hautbois et piano,
op. 94, les cinq *Pièces* pour violoncelle et piano, op. 102,
complètent ce survol rapide des œuvres de musique de
chambre.

On ne cesse de nous assurer que Schumann était un
orchestrateur malhabile. Le jugement est d'une sévérité
excessive. Bien sûr, ses partitions ne montrent pas cette
liberté, cette richesse d'invention à l'intérieur de la
trame orchestrale, qui nous émerveillent chez Mozart;
elles n'ont pas les couleurs d'un Berlioz; elles ne sonnent
pas d'elles-mêmes. Mais on peut les faire sonner, on
peut trouver les lois de leur perspective; à quelques
exceptions près, leur orchestration ne trahit pas la nature
des idées utilisées.

On a insisté sur l'impossibilité dans laquelle se trouvait Schumann de construire des ouvrages de longue
haleine. La *IVe Symphonie en ré mineur*, op. 120, (en réalité
la seconde mais remaniée et réorchestrée) offre cependant
un magnifique exemple d'unité. Elle est splendidement
issue de son introduction. Moins rigoureusement élaborée, mais jeune, confiante, dansante, la *Ire Symphonie
en si bémol majeur*, op. 38 — *la Symphonie du Printemps* —
n'est pas sans rapports avec *la Pastorale*. Originellement,
chaque mouvement était pourvu d'un titre que l'auteur
supprima par la suite. Ample de sonorité, la *IIe Symphonie
en ut majeur*, op. 61, (en réalité la troisième) s'efforce de
cacher l'angoisse qui la mine sous des dehors fermes,
brillants, sous une « armure ». L'atmosphère qu'elle
dégage contraste avec celle de la *IIIe Symphonie en mi
bémol majeur*, op. 97, dont la plénitude ensoleillée, la
gaieté émue, la solennité souriante — et une confidence
de l'auteur — expliquent son surnom de « rhénane ».

Il existe aussi une ébauche de symphonie intitulée

Ouverture, Scherzo et Finale, op. 52, qui, malgré ses réminiscences mendelssohniennes et malgré son manque de cohésion, séduit par sa vivacité, son élan dramatique, ses trouvailles harmoniques.

La même année naît une fantaisie pour piano et orchestre. Portant en elle tous les germes d'une organisation plus ample, elle est remaniée et transformée en une œuvre qui équilibre les exigences de la tradition, l'esprit de l'époque et la personnalité de l'auteur : le *Concerto en la mineur*, op. 54.

Des liens réels rapprochent entre eux les trois mouvements; piano et orchestre semblent jouer ensemble une vaste œuvre de musique de chambre; la virtuosité est devenue porte-flambeau de l'âme. Si l'on se place, non sur le plan de quelque parenté spirituelle, mais sur celui de la réussite totale, considérée en elle-même, on peut dire que ce concerto se situe au niveau de ceux de Mozart. De moindre plénitude intérieure, le *Concertstück en sol majeur*, op. 92, est cependant une pièce portée par un élan heureux. Mais l'*Allégro de concert*, op. 134, en dépit d'un second thème attachant, est dans son ensemble pauvre de substance.

Schumann abordera plusieurs fois encore la forme difficile à compter du concerto. Mais sa santé ira déclinant. Et cette baisse de ses forces sera sensible dans l'inquiet, l'inégal, le spiritualisé, l'émouvant *Concerto pour violoncelle en la mineur*, op. 129, et surtout dans le *Concerto pour violon*, sans numéro d'opus, qui contient des parties très « intérieures », à côté d'autres qui ne trouvent plus le chemin de notre adhésion. Pour violon et orchestre également, la *Fantaisie*, op. 131, est le reflet fugitif d'un moment de répit. C'est à ce titre surtout que cette musique trop brillante nous est chère.

Schumann n'a pas écrit d'oratorios sacrés; son tempérament ne l'y portait guère. Mais nous lui devons des oratorios profanes : *le Paradis et la Péri*, op. 50, partition qui ne manque pas de puissance ni d'originalité et qui réussit à évoquer l'Orient avec tact; *le Pèlerinage de la Rose*, op. 112, qui, avec les *Ballades chorales* et *Trois Chœurs* sur des poèmes de Geibel et autres œuvres similaires, constitue (pas toujours dans le meilleur sens du terme) la partie la plus allemande de sa production; les *Scènes de Faust* qui sont restées sur le métier pendant huit années.

Dans cette dernière composition, l'auteur ne se soucie pas d'assurer la continuité de l'action, mais extrait du poème, qu'il suppose connu de tous les auditeurs, les scènes permettant une construction logique au point de vue musical. La timidité dont il semblait être saisi en approchant le grand poète n'est plus perceptible, comme si les dimensions et le caractère de l'œuvre, la présence de l'orchestre et des chœurs lui avaient donné une assurance accrue : celle de pouvoir exprimer plus librement, plus fidèlement l'immensité de la pensée goethéenne. La même remarque peut être faite au sujet du *Requiem pour Mignon*. Dans *Faust* les trois sections contiennent chacune de nombreux moments de grandeur, de profondeur, de charme poétique; la troisième (la première à avoir été composée) atteint à une élévation quasi mystique.

D'une manière totalement différente, Byron a éveillé en Schumann de profondes et secrètes résonances. Torturée, d'une spontanéité hallucinante, la musique de *Manfred* possède une puissance de choc qui a consterné Spohr que la Ve *Symphonie* de Beethoven avait déjà passablement terrorisé.

Moyen terme entre la symphonie et le théâtre lyrique, les oratorios profanes marquent la frontière que les exégètes ont tracée d'office aux dons dramatiques de Schumann. Or, si le livret de son unique opéra, *Genoveva*, est faible, la musique, d'une inspiration constante, abonde en fines notations psychologiques et possède des traits réellement dramatiques. Des rappels thématiques, logiquement utilisés, annoncent l'emploi du leitmotiv et c'est peut-être — comme le fait remarquer Otto Jahn — parce que les scènes individuelles sont reliées entre elles par des pages « symphoniques », parce que chaque acte forme un tout, parce que la partition est vraiment « composée » d'un bout à l'autre que l'œuvre a laissé désemparés ses premiers auditeurs. Il est à craindre qu'aujourd'hui encore un transfert n'ait lieu des défauts du livret sur les qualités de la musique. Ce livret est-il vraiment pire que celui de maints ouvrages qui sont pourtant à l'affiche ? Et si, au théâtre, on s'obstinait à ne pas réveiller *Genoveva* de son lourd sommeil, est-ce là une raison suffisante pour ne jamais en donner de longs fragments au concert ? N'en doutons pas, cette partition demande des yeux nouveaux et des oreilles neuves.

Les dimensions de cette étude ne permettraient pas l'analyse de quelques ouvertures pour orchestre qui témoignent des préoccupations dramatiques de l'auteur : *la Fiancée de Messine,* op. 100, *Jules César,* op. 128, *Hermann et Dorothée,* op. 136.

Mais il est impossible de terminer une étude sur Schumann sans évoquer le critique aux visages multiples — Florestan, Eusebius, Raro et le fondateur de la « Neue Zeitschrift für Musik ». Il écrit ses articles en musicien de génie ; et ses dons littéraires lui permettent de trouver des images heureuses, de faire revivre en paroles la teneur spécifique d'une œuvre. Nous lui devons l'exemple d'une critique constructive et hardie, d'une action vigoureuse contre tout ce qui n'était pas authentique : « le cirque » et « les Philistins ». Quelquefois il s'est montré singulièrement craintif devant des audaces qui n'étaient pas les siennes. Ses opinions au sujet de certains compositeurs ont subi des modifications au cours de sa vie. Sans qu'il s'en rende compte, des influences ont parfois incliné son jugement. Mais son premier article a magnifié le génie du jeune Chopin et son dernier, celui du jeune Brahms : cela prend la valeur d'un symbole. Pour nous, qui lisons ses écrits avec respect et admiration, il est intéressant de nous souvenir de quelques lignes de Fétis : « Dans un voyage que je fis en 1838, je n'entendis parler de (Schumann) que comme d'un critique qui n'était pas approuvé ».

Ce musicien « moderne », ce critique « qui n'était pas approuvé » devint par la suite un des piliers de l'école de Leipzig. Faut-il le regretter ? Nous avons pu constater que l'alliage de l'élan créateur et de la discipline a donné d'admirables résultats. Et, lorsque le mal faisait durement sentir son emprise, cette discipline fut un appui et une sauvegarde.

L'évolution de Schumann a l'allure de ses lignes mélodiques. Hachée, fragmentée, elle reprend sans cesse son élan. Certaines parties de certaines compositions tardives montrent un mûrissement qui s'est accompli parallèlement au déclin. Mais à travers toutes les variations de niveau et d'aspect de cette musique, l'oreille croît percevoir « une seule mélodie secrète » : la tendresse.

Dorel HANDMAN.

BIBLIOGRAPHIE

ABERT, Hermann, *Robert Schumann*, Berlin, 1920.

ABRAHAM, Gerald, *Schumann : a Symposium*, Oxford, 1952.

BASCH, Victor, *Schumann*, Paris, 1926.

BEAUFILS, Marcel, *La musique de piano de Schumann*, Paris, 1951.

BŒTTICHER, Wolfgang, *Robert Schumann. Einführung in Persönnlichkeit und Werk*, Berlin, 1941.

BOUCOURECHLIEV, André, *Schumann*, Paris, 1956.

BRION, Marcel, *Schumann ou l'âme romantique*, Paris, 1954.

BÜCKEN, Ernst, *Robert Schumann*, Cologne, 1940.

FULLER-MAITLAND, John Alexander, *Schumann's Pianoforte Works*, Oxford, 1927.

FULLER-MAITLAND, John Alexander, *Schumann's Concerted Chamber Music*, Oxford, 1929.

GERTLER, Wolfgang, *Robert Schumann in seinen frühen Klavierwerken*, Wolfenbüttel, 1931.

KORTE, Werner, *Schumann*, Potsdam, 1937.

PITROU, Robert, *La vie intérieure de Robert Schumann*, Paris, 1925.

REHBERG, Paula et Walter, *Robert Schumann, Sein Leben und sein Werk*, Zurich, 1954.

SCHUMANN, Eugénie, *Robert Schumann*, traduit de l'allemand par Louise Servicen, Paris, 1937.

SCHUMANN, Robert, *Gesammelte Werke*, 5e éd., Leipzig, 1914. La traduction en français a été faite d'après la 4e éd. par Henri de Curzon, et publiée sous le titre de : *Écrits sur la musique et les musiciens*, Paris, 1898.

SCHWARZ, Werner, *Robert Schumann und die Variation*, Cassel, 1932.

WORNER, Karl, *Robert Schumann*, Zurich, 1949.

WOLFF, Viktor Ernst, *Robert Schumann. Lieder in ersten und späteren Fassungen*, Leipzig, 1914.

FRÉDÉRIC CHOPIN

Pendant longtemps Chopin a été considéré comme le porte-flambeau d'un romantisme échevelé. Il s'est montré pourtant très nettement hostile à toute musique « littéraire », à toute confession, à toute effusion non contrôlée; il a fait preuve de logique, de clarté, d'un sens aigu des proportions; la perfection formelle et la « réussite objective » furent ses buts constants.

Il est vrai qu'il a dit : « Je préfère écrire toutes mes sensations que d'être dévoré par elles », mais ces sensations, en les écrivant, il les dépouillait de leur caractère individuel. C'est en cette transposition même que consistait, pour lui, la libération; elle plaçait ses tourments à une hauteur qui leur enlevait leur pouvoir destructeur; elle rendait nécessaire l'emploi actif de toutes les énergies et amenait l'artiste à s'accomplir, au sens fort du terme, dans un acte englobant sa personnalité entière. On peut dire qu'il ne devenait vraiment lui-même que sur le plan de la création. Alors cet être déchiré, divisé, retrouvait son unité; son existence y recouvrait sa densité spécifique.

Les compositions de Chopin offrent cependant de compréhensibles tentations à celui qui aimerait leur chercher un autre sens qu'elles-mêmes. D'une intensité extrême, elles s'épanouissent, à quelques exceptions près, en des formes d'une construction apparemment moins serrée que celles d'une sonate ou d'une fugue : cela semble les rapprocher des libres confessions que l'on prête si généreusement à tous les romantiques. De plus, elles utilisent à des fins architecturales des éléments empruntés à l'arsenal de la musique descriptive et qui, pendant des siècles, ont signifié quelque chose. Redevenus fonction vivante, ces anciens signes furent une source de confusion pour des exégètes romanesques.

Ainsi s'esquisse dès le début la déroutante polyvalence des forces qui animent un art aussi riche que concentré et qui s'ordonnent autour de quatre points fondamentaux : classicisme, romantisme, France, Pologne. Loin de se heurter, de s'opposer, ces tendances contraires, ces héritages dissemblables se font valoir les uns les autres.

La logique, la clarté, la mesure des œuvres de Chopin, le besoin profond d'un art non pas impersonnel mais suprapersonnel sont les témoins de son classicisme. Cette disposition innée de son esprit a, en partie, des racines françaises, mais il est certain que son développement a été favorisé par l'enseignement que le jeune compositeur a reçu à Varsovie de ses maîtres Zywny et Elsner.

C'est ainsi que la connaissance de Mozart l'a aidé à acquérir son étonnante sûreté de trait; elle l'a aidé à trouver le dosage subtil de sensualité et d'esprit qui caractérise « les longues lignes souples » de ses mélodies. Mais les spires et les méandres de ces mélodies sont formés d'intervalles révélant un jeu de tension et de détente différent; l'élan qui leur fait parcourir une orbite très longue avant l'épuisement de leur énergie initiale, la propriété de renaître de leur propre défaillance sont autant de réactions nouvelles qui supposent une qualité nouvelle de la substance sonore comme elles supposent, sur le plan humain, une qualité différente de joie et de souffrance. A cela viennent se joindre l'ambiguïté tonale de cette musique, la complexité nerveuse et chatoyante de ses harmonies : nous voici en plein romantisme.

Romantique encore l'emploi du modal qui, chez Chopin, correspond à une nécessité intérieure mais aussi, et cela est important, à la volonté consciente, réfléchie, d'être un musicien national, de recréer sur un plan personnel les danses et les chants de son pays. Ce ne sont pas là les seuls liens entre le romantisme de Chopin et la Pologne. Des analogies subtiles peuvent être constatées entre la structure intime de sa musique et celle de l'âme polonaise.

Il importe cependant de se souvenir que certains éléments ont, si l'on peut dire, plusieurs états civils; c'est ce qui contribue à iriser de nuances infinies un style dont, par ailleurs, on oublie trop souvent la fermeté. Ainsi l'élan mélodique s'encourage-t-il de maints

exemples italiens tandis que la saveur des accords est
due à une joie sensorielle typiquement française. Faut-
il encore rappeler que le père de Chopin était Lorrain,
qu'à dix-sept ans seulement il a quitté son Marainville
natal ? C'est avec raison que l'on a constaté la parenté de
son fils avec les luthistes et les clavecinistes de France.
La « consubstantialité de la mélodie avec l'harmonie »,
dit Wanda Landowska, appelle le souvenir de Couperin ; de même, la coupe et le balancement de la phrase,
la manière de comprendre l'ornementation, la riche
harmonie latente des pièces à deux voix. Si certains
enchaînements d'accords de neuvième rapprochent
Chopin des clavecinistes, ils le rapprochent aussi de
Debussy avec qui il partage également le goût de « noyer
le ton » et le penchant à se laisser guider par les données
sonores du piano. Et, dernier lien français, bien que
dans son œuvre on découvre de nombreux exemples
d'un travail thématique étonnant — preuve qu'à défaut
d'une admiration sans bornes il avait tiré profit des
sonates de Beethoven — il a toujours montré une nette
prédilection pour des formes peu complexes en elles-
mêmes qui, de ce fait, permettent au compositeur de
varier à sa convenance les éléments de leur structure
interne.

On a beaucoup parlé de l'italianisme de tel ou tel
Nocturne, de l'*Allégro de concert,* de la *Barcarolle,* d'une
bonne partie de la *Sonate,* op. 58, et l'on a grossi ou mini-
misé son importance. Il est indéniable que l'Italie a joué
un rôle important dans la vie musicale polonaise ; et
l'ont sait que le jeune Chopin fut sensible à cette présence et qu'il a aimé les œuvres de Rossini comme plus
tard celles de Bellini. A leur contact la souplesse, l'élan
de ses mélodies se sont accrus et y ont puisé le courage
d'aller plus loin dans leurs tendances originelles. Le
terme *cantabile* s'est acquis de nouveaux droits dans le
domaine du piano.

Quant aux ornements qui s'intègrent si parfaitement
à la ligne mélodique et en augmentent l'énergie, ils se
rattachent tout aussi bien aux fioritures de Rossini
qu'à la pratique des clavecinistes. On est allé même
jusqu'à souligner le caractère polonais de leur emploi.

Ecrites à une époque où son pays tendait de toutes
ses forces vers un art national, les premières œuvres de

Chopin furent des *Polonaises* et des *Mazurkas*. Fruits
de l'ambiance patriotique certes, mais aussi manifestation de plus en plus précise d'une intime correspondance de son être avec la musique populaire. Et les
constantes de cette musique passionnément aimée, passionnément étudiée, régissent non seulement *Polonaises*
et *Mazurkas* mais se retrouvent d'une manière tantôt
souterraine tantôt évidente dans l'œuvre entière.

C'est ainsi que, très souvent, les phrases décrivent un
mouvement ondulatoire ou bien qu'elles oscillent autour
d'un pôle d'attraction en s'écartant et en revenant à
leur point de départ, que les thèmes (il en existe de très
brefs à côté de longues phrases sinueuses) sont construits à l'aide d'une seule cellule rythmique, débutent
par leur dominante, que des motifs se répètent obstinément. Les irrégularités métriques, les mesures inter-
calées, ont elles aussi la même source, ainsi que les
successions de quintes, l'emploi de la quarte augmentée
lydienne, de la seconde phrygienne, de la gamme tzigane et de celle, si étrange, qui admet la coexistence des
tierces majeures et mineures au sein d'un même mode.

Mais ce sont les cinquante-cinq *Mazurkas* qui renferment le plus grand nombre de ces éléments; ce sont
elles, d'ailleurs, qui, plus particulièrement, ont ouvert
l'ère des musiques nationales.

Leur variété d'expression tient du miracle; hardies,
libres et rigoureuses à la fois, elles représentent surtout
l'union parfaite du folklore polonais et de la musique
occidentale. Tout le monde sait que Schumann les a
comparées à des canons cachés sous des fleurs. Musicalement tout au moins, l'image est on ne peut plus juste.

L'histoire des *Polonaises* est aussi ancienne que celle
des *Mazurkas*. On peut évoquer les scintillants cortèges
qui ont défilé devant Henri de Valois. On peut penser
à Heinrich Albert. Chopin a connu les polonaises vidées
de leur sens, détachées de tout lien social : un schéma
offert à tous les compositeurs d'Europe. En Pologne,
le comte Oginski, Kurpinski, Elsner, après bien d'autres,
leur donnent une allure invertébrée, souvent sentimentale et toujours inauthentique. Weber leur rend l'éclat
mais non l'esprit. C'est Chopin qui les éveille à une vie
nouvelle et qui les nourrit de sa propre vie : c'est
pourquoi leur éclairage, comme celui des *Mazurkas*,

change si souvent. Elles vont du tragique le plus sombre
à une somptueuse luminosité. Cependant, à peu de
différences près, leur armature restera inchangée,
inchangée aussi leur altière démarche processionnelle.
Le caractère fondamental de la forme n'est pas affecté
par les aspects très différents qu'elle revêt.

Chopin a écrit seize *Polonaises* si l'on compte aussi
celle, insignifiante, pour violoncelle et piano. Il est singulier de penser que la *Polonaise Fantaisie* ait pu inspirer
à Liszt un sentiment de malaise, qu'il ait pu la trouver
étrange, maladive et, pour tout dire, mal construite.
Ce n'est pas la seule fois que Chopin, par sa nouveauté,
a inquiété Liszt ou Schumann. Et pourtant Liszt n'a
jamais cessé d'être un « moderne » dans toute l'acception
du terme.

La Pologne est moins présente dans les *Valses* qui
sont des œuvres de « salon ». Gardons-nous de donner
un sens péjoratif à ce terme. Les salons ont joué un
grand rôle dans la vie de Chopin et, par contrecoup,
dans son œuvre. Les formes raffinées du *monde* le
ravissaient parce que harmonieuses, le rassuraient parce
qu'elles mettaient tous les soirs un écran protecteur
entre lui et l'existence. De plus, l'atmosphère de ces
réunions était favorable au pianiste dont la sonorité
aérienne portait peu et que le grand public effrayait.
Il pouvait donner libre cours à ses dons d'improvisateur;
il se savait admiré et cela stimulait son imagination.
Ainsi donc les salons ont rempli une importante fonction compensatrice. Par le fait même leur existence les
Valses prennent la valeur d'un détail biographique. Elles
nous montrent que Chopin a toujours conformé la
mise en œuvre de ses compositions à l'objet précis
qu'il avait en vue. Les harmonies sont simples et cela
à un moment où dans d'autres compositions elles sont
d'une somptuosité extrême. Elles montrent aussi le
pouvoir du génie d'ennoblir tout ce qu'il touche; les
Nocturnes nous en fourniront un nouvel exemple. Tout
les destinait à être une musique de salon : l'exemple de
Field comme le voisinage de la romance. Or, ils ont
permis à Chopin de « chanter » et d'atteindre ainsi à
une admirable plénitude poétique dont le caractère
particulier réside, précisément, dans la parfaite réalisation instrumentale d'une musique d'essence vocale.

Un grand nombre de *Nocturnes* ont la forme du lied. D'une manière générale, leur construction est assez simple *a priori* pour permettre au compositeur de varier à l'infini les détails de leur structure interne, de leur donner une logique affective bien à son image. Les détails qui semblent issus de la fantaisie la plus libre constituent finalement la solution la plus intelligente de tel ou tel problème de forme. Nous touchons là à une constante de son génie.

La recherche d'une expression libre, non assujettie à de sévères exigences formelles, et, en même temps, le refus de tout élément descriptif rapproche Chopin de Schubert. Mais ce sont les *Quatre Impromptus* qui tissent un lien plus serré entre les deux musiciens. Le titre, qui d'ailleurs n'est pas une création de Schubert, constitue déjà une indication; et la construction est presque toujours identique : un épisode lyrique entouré de deux épisodes rapides, brillants, comme improvisés.

Les *Préludes* de Chopin sont, peut-être, l'œuvre la plus énigmatique et la plus condensée de la littérature du piano. Toutes les formes de sa pensée s'y trouvent fixées et le noyau de ses plus larges visions. Il réalise sur tous les plans tous les possibles de l'œuvre entreprise. On y trouve même le reflet spiritualisé de ses préoccupations d'ordre technique.

Pris dans son sens le plus étroit et le plus ancien, le terme prélude évoque ces instants où, attentifs aux ressources de l'instrument qu'ils interrogent, les doigts se laissent guider par l'inspiration qu'ils ont eux-mêmes provoquée. C'est là peut-être la signification la plus juste que l'on pourrait accorder au titre choisi par Chopin. Commencés très tôt, continués en partie à Paris, terminés à Majorque, les *Préludes* sont écrits dans les vingt-quatre tons et dans l'ordre habituel de la gamme. Il faut leur joindre celui *en ut dièse mineur,* op. 44, ainsi que celui, curieusement fauréen, *en la bémol majeur* dont la découverte est relativement récente (1918).

Pour Chopin, le dessin sonore qui traduisait une difficulté technique correspondait à une tension de l'âme. C'est cette correspondance qui explique la beauté insigne des *Études* conçues chacune dans un but pratique bien précis. Vélocité, extension, tierces, sixtes, octaves, jeu polyphonique, tout est prétexte à poésie. Certaines de ces *Études* ont vu le jour très tôt et s'appelaient alors : Exercices.

Rien n'est plus extraordinaire que la faculté de certains êtres de génie de se concentrer, d'organiser leur travail, de réfléchir avec une maturité étonnante dans leur âge le plus tendre. On sait qu'enfant, Chopin s'est construit à peu près tout seul sa virtuosité. Et si les quelques leçons reçues à Paris de Kalkbrenner ont pu l'intéresser, lui être utiles, elles n'ont pas changé en profondeur l'état général de sa technique. Les *Études* présentent donc à celui qui les interroge les problèmes que Chopin s'est posés en travaillant, ainsi que les solutions assez révolutionnaires qu'il a trouvées : utiliser telle quelle l'inégalité des doigts qui ont, chacun, une sonorité différente; placer donc, s'il le faut, le pouce sur les touches noires ou jouer plusieurs notes consécutives avec le même doigt; faire passer le troisième ou le quatrième par-dessus le cinquième pour ne point changer la position de la main.

Écrits à la même époque que les premières *Études,* les deux *Concertos,* op. 11 et 21, sont moins parfaits que celles-là. Leurs dimensions et, surtout, la présence d'un orchestre peu habile, font que la cohésion de l'ensemble n'est pas toujours assurée; de plus, les traits qui abondent — ce qui est naturel — n'ont pas toujours un caractère d'absolue nécessité musicale. Mais rien que par la violence avec laquelle ils balaient le clavier en sa totalité, ces traits montrent une passion, une volonté de conquête qui ne peuvent laisser indifférent. Et les moments de lyrisme, les mouvements lents surtout, ont un rayonnement poétique inoubliable. De caractère nettement polonais, les deux finales supposent une subtilité, une liberté d'exécution que peu d'interprètes savent atteindre.

Dans sa version définitive, l'italianisant et trop virtuose *Allégro de concert,* op. 46, confie au seul pianiste le soin d'établir les contrastes entre soliste et tutti. Bach l'avait admirablement réussi dans le *Concerto italien* ; Chopin fut moins heureux. Il a pourtant aimé cette œuvre de jeunesse remaniée à l'âge mûr; l'enthousiasme « sans arrière-pensée » qui la porte a dû le séduire, comme l'a séduit, un instant, l'idée d'écrire une *Tarentelle*. Dans les concertos, le travail thématique joue un rôle moins important que les rapports « d'atmosphère » et de « couleur ». Non pas que leur auteur n'ait pas su développer; il cherchait autre chose. Il a fallu des musiciens obnubilés par l'esthétique beethovénienne pour affirmer que Chopin n'a jamais pu maîtriser que des formes libres de dimensions réduites.

La *Sonate en si bémol mineur*, op. 35, apporte un démenti catégorique à ces assertions. Tout y est nécessaire et contribue à l'unité organique de l'ensemble. Les critiques ont été pourtant nombreuses. Liszt n'a pas senti la liberté souveraine de cette musique; Schumann n'a pas décelé le lien interne qui rapproche si étroitement entre elles l'âpreté du premier mouvement, la lancinante poésie du scherzo, la résignation de la Marche funèbre et l'hallucinante présence du finale. Dans l'allégro initial, le premier thème ne réapparaît pas dans la réexposition. Cela a été considéré comme un défaut grave. Ce n'est pourtant pas la première fois qu'une telle suppression a lieu. Mozart, Beethoven et Mendelssohn y ont eu recours et personne n'a pensé à leur en faire grief. Concis, dense, sans une seule mesure de trop, le développement est proprement génial. On peut dire qu'avec sa logique et son langage si personnel ce drame en quatre actes est la première sonate moderne écrite pour le piano.

Moins concentrée, la *Sonate en si mineur*, op. 58, se compose de quatre mouvements dont chacun offre un aspect typique et différent de la personnalité de Chopin. Ici encore, l'absence du premier thème dans la réexposition a été déplorée par plusieurs commentateurs. On a regretté les « maladresses » qui affectent l'ensemble de la construction. Pourtant l'arrivée de l'extatique andante en *si majeur* après la lumineuse précision du scherzo en *mi bémol majeur* remplit une fonction précise d'une beauté indiscutable.

Œuvre de jeunesse, la Ire *Sonate en ut mineur*, op. 4, ne supporte pas la comparaison avec ses sœurs. Elle étale longuement ce que Chopin ne cessera de refréner par la suite. L'énergie est brouillonne et l'écriture surchargée. Mais on est frappé par son début qui évoque curieusement Bach et *Tristan* par certains de ses accords, par ses recherches rythmiques, par la violence du finale. Inégale, audacieuse harmoniquement, marquée d'une influence schumannienne, la *Sonate en sol mineur*, op. 65, est le fruit de l'amitié du compositeur pour le violoncelliste Franchomme. Cela dit, le violoncelle y est traité d'une façon qui révèle le peu d'intérêt que sa technique éveillait dans l'esprit de l'auteur.

Les quatre *Ballades* ont permis à Chopin de construire, en dehors du cadre sacro-saint de la sonate, des œuvres contrastées et fortement structurées. Qu'elles s'inspirent ou non des poèmes de Mickiewicz, elles s'en rapprochent par leur ton noble et passionné. Quatre fois des thèmes larges et chantants s'opposent à des pages dont la virtuosité n'existe pas pour elle-même mais en tant que pure et poignante expression. Et quatre fois, la forme étant sensiblement la même, un monde nouveau s'offre à nous.

Éblouissant improvisateur, Chopin gardait son besoin de contrôle jusque dans le jaillissement le plus spontané de son imagination. Malgré les témoignages existants, nous ne savons pas très exactement ce que furent ces mémorables soirées où la beauté et la nouveauté des idées n'avait d'égal que la perfection de l'exécution. Peut-être est-il possible de s'en faire une image en écoutant la *Fantaisie en fa mineur*, op. 49, qui semble fixer et organiser définitivement un de ces moments que les récits exaltent à l'envi et qui, en dépit de sa fièvre, bâtit consciemment la liberté. Ses diverses parties tournent, telles les figures d'un kaléidoscope, et s'immobilisent un instant autour du *lento sostenuto* qui est le centre de gravité de l'ensemble. Elles le font avec un art consommé qui utilise magistralement les retours savants et les omissions raffinées.

L'équilibre entre le gratuit et le nécessaire constitue donc un des attraits principaux de cette musique. Mais nulle part plus que dans les quatre *Scherzi* l'élément « jeu » n'est recherché pour lui-même et pour ses prolongements possibles et cela jusque dans une œuvre tragique comme l'op. 39. Jouer avec le tragique correspond à une tendance de l'esprit humain dont Shakespeare a montré toute la profondeur. C'est ce que l'on ne devrait jamais perdre de vue lorsqu'on interprète ces pièces entourées d'un halo mystérieux et qui évoquent Prospero plutôt qu'Ariel.

Vers la fin de sa vie, comme une nostalgique apothéose, Chopin compose la *Barcarolle*, op. 60. Prédebussyste par ses accords, italienne par son lyrisme, l'œuvre est étrange : ce n'est pas une musique heureuse mais une musique qui rend heureux par l'exquise harmonie de tous ses éléments. Elle pourrait constituer un commentaire romantique de *Cosi fan tutte*.

La même lumière, mais tamisée, baigne les variations de la *Berceuse,* op. 57, qui est, si l'on veut, un exercice poétique dans l'admirable acception que Valéry a donnée à ce terme. Chopin les a travaillées longuement. Aussi leur a-t-il donné le meilleur de lui-même.

Autour de ces pièces maîtresses gravitent des *Variations* (pensons à celles sur un thème de *Don Juan* que Schumann a aimées), des *Rondos,* une *Fantaisie* sur des airs nationaux polonais, un *Trio* pour piano, violon et violoncelle, des *Chants polonais*. Au total, soixante-quatorze œuvres à travers lesquelles se précise la personnalité du musicien Chopin. Comment fut l'homme ?

Un inadapté comme tant de romantiques. Loin de tremper son caractère, l'éducation reçue dans la maison paternelle en a certainement accusé les faiblesses. L'obligation de prendre des responsabilités dans la vie aura été une épreuve très dure pour cet être qui a donné tant de preuve de fermeté dans son art.

Il était mû par le désir constant de plaire; non pas tellement par vanité mais pour se sentir en sécurité. Vif, spirituel, sarcastique même, séduisant et plein de prévenance, il cachait autant qu'il pouvait — et il le pouvait — sa timidité ombrageuse et son excessive émotivité. Il ne se donnait pas, a-t-on fait remarquer, il se prêtait seulement. Ses colères étaient parfois effrayantes; George Sand en témoigne et certains de ses élèves. Soucieux du « qu'en-dira-t-on », il montrait, au fond, comme beaucoup de malades, peu de curiosité pour les humains. Ses relations avec ses confrères étaient bonnes, mais un nombre infime de musiciens trouvaient vraiment grâce devant lui.

Delacroix et Franchomme furent ses seuls amis français. « Mais », nous dit George Sand, « en fait d'art, Delacroix comprend Chopin et l'adore, Chopin ne comprend pas Delacroix. »

Ses opinions politiques étaient celles d'un conservateur intransigeant. Et l'atmosphère « démocratique » de Nohant les exacerbait.

On ne sait rien de précis au sujet de ses sentiments religieux. Ses lettres ne permettent aucune conclusion. A la Noël de 1829, il entre, à minuit, dans la cathédrale Saint-Étienne, à Vienne, « mû non par la piété mais pour contempler à cette heure-là l'immense édifice ». Il ne met aucun empressement à recevoir les derniers sacrements.

Ce ne fut pas un grand lecteur. Mais il était habile à extraire rapidement le suc de tel ou tel livre. A l'université de Varsovie, il avait suivi des cours de littérature; il était en relation avec tous les grands poètes polonais de son temps : Mickiewicz, Slowacki, Krasinski.

Une dernière remarque. Il existe une « mentalité des tuberculeux ». Mais quelle qu'ait pu être la part de la maladie dans la constitution de la personnalité de Chopin, l'organisation interne de sa musique n'en a pas souffert; elle n'a pas été touchée dans ses forces vives comme le fut, pour des raisons différentes, celle de Schumann. C'est là le seul critère qui permette de juger de la « santé » d'une œuvre.

Dorel HANDMAN.

BIBLIOGRAPHIE

Une bibliographie exhaustive des ouvrages consacrés à Frédéric Chopin a été publiée par Bronislaw Edward SYDOW, *Bibliografia F. F. Chopina,* Varsovie, 1949; avec un supplément paru en 1954.

L'œuvre de Frédéric Chopin, discographie générale réalisée sous la direction d'Armand Panigel. Introduction et notes de Marcel Beaufils. Archives de la musique enregistrée, U.N.E.S.C.O., Paris, 1949.

BRONARSKY, Ludwik, *Études sur Chopin,* Lausanne, 1944-1946.

BRONARSKY, Ludwik, *Chopin et l'Italie,* Lausanne, 1947.

EGERT, Paul, *Friedrich Chopin,* Potsdam, 1936.

GANCHE, Édouard, *Frédéric Chopin, sa vie, son œuvre, 1810-1849,* Paris, 1949.

GIDE, André, *Notes sur Chopin,* Paris, 1948.

JACHIMECKI, Zdzislaw, *Chopin. Rys zycia i tworczosci,* Varsovie, 1949.

Leclercq, Paul, *Chopin et son époque,* Liège, 1947.

Leichtentritt, Hugo, *Analyse der Chopinschen Klawier-werke,* 2 vol. Berlin, 1921-1922.

Liszt, Franz, *F. Chopin,* Paris, 1852. Nouvelle édition avec un avant-propos d'A. Cortot, et une introduction par J.-G. Prod'homme, Paris, 1942.

Schumann, Robert, *Écrits sur la musique et les musiciens,* Paris, 1898.

Weinstock, Herbert, *Chopin, the Man and his Music,* New York, 1949.

Cortot, Alfred, *Aspects de Chopin,* Paris, 1949.

Hœsick, Ferdinand, *Chopin,* Varsovie, 1911.

Huneker, James, *Chopin, the Man and his Music,* Londres, 1921.

Roland-Manuel, *Frédéric Chopin* (brochure), U.N.E.S.C.O., Paris, 1949.

FRANZ LISZT

D^E son vivant et après sa mort, Franz Liszt subit les jugements les plus contradictoires des générations successives. Destinée commune des génies situés à la charnière des siècles, dont l'œuvre est tout à la fois aboutissement, synthèse, exorde. Homme aux mille visages, âme impénétrable, son art nous surprend par ses aspects multiformes. Ni l'artiste ni l'œuvre n'ont encore dévoilé tous leurs secrets. Ils posent le problème le plus complexe de l'histoire de la musique moderne. Par surcroît, Liszt devint la victime des industriels de vies romancées qui taillent sa figure gigantesque non d'après la vérité historique, mais conformément à une optique commerciale, selon les besoins de leur roman-feuilleton, bourré d'ignorance et de truquages.

L'ascension de Liszt n'est qu'une lutte incessante pour libérer la mélodie de sa geôle tonale, des chaînes de la carrure; un combat pour la désagrégation cellulaire qui, dans une extase rythmique, renverse le dualisme majeur-mineur, pulvérise les thèmes, fait sauter la forme. De tous ces débris Liszt crée une langue nouvelle, appelée par les cuistres contemporains « musique de l'avenir ». Le crépuscule de ce romantique se transfigure en aurore de l'art abstrait.

Sa personnalité et son œuvre sont forgées de paradoxes. Après avoir vainement cherché refuge au séminaire des Missions étrangères, devant ce terrible instrument de torture qu'est le piano, ayant espéré mourir de la mort des martyrs, il devint le plus grand pianiste de tous les temps et le plus irrésistible « lion » de la monarchie de Juillet, pour céder la place au Herr Hofkapellmeister de Weimar, au chanoine d'Albano, au conseiller royal de Hongrie, à l'agent secret de Napoléon III, qui suit avec amour et inquiétude les épreuves de la France. Homme d'action d'un caractère ardent, brusque et protéiforme, jusqu'à son dernier jour il ne lâche pas son poste d'avant-

garde et provoque les violentes réactions des conservateurs. Son énergie se renouvelle constamment : virtuose,
compositeur, chef d'orchestre, organisateur, pédagogue,
semeur d'idées primesautières. C'est l'agitateur et le lutteur perpétuel.

Au cours de ses campagnes d'artiste — les créations
de Liszt sont autant de batailles d'*Hernani* — aux yeux
de ses contemporains, excepté ses fidèles, il est battu
sur toute la ligne. Les deux femmes dont il devint le
ravisseur malgré lui ont tout fait pour anéantir son
génie. L'une, à bon escient, par haine, et l'autre, inconsciemment, par amour. Cultivée, têtue, névropathe,
Marie d'Agoult organise avec l'aide de son gendre, le
marquis de Charnacé, une guérilla contre la musique
de son ex-amant. Contrairement à la vindicative comtesse, la princesse Carolyne Wittgenstein avec douceur,
mais non moins de ténacité, tâche de lui inculquer
ses propres idées novatrices, ses théorèmes confus, entravant ainsi le génie créateur du « mi-franciscain, mi-tzi-
gane » qui s'engage dans la vie trifurquée (Rome —
Weimar — Budapest), pour fuir ce docte bas-bleu.

La redoutable énergie de Liszt cachait une immense
faiblesse. En couvrant de son nom les agissements de
ses deux maîtresses, leurs écrits presque toujours prétentieux et indigestes, Liszt se prêta à une mystification qui
lui valut de graves ennuis (*Lettre sur la Scala de Milan,*
de Marie; *Des Bohémiens et de leur musique,* de Carolyne).
Un trait romantique de plus : il aimait à répandre
autour de lui un clair-obscur et à dérouter les chercheurs par de fausses indications, aggravées de défaillances de mémoire.

Le musicien a été formé en France entre la révolution
de Juillet et celle de Février. Emporté par la tempête
des Trois Glorieuses, il se jette dans l'athéisme de Marie
d'Agoult, héritière de la haine de sa grand-mère franc-
fortoise, Mme Bethmann, à l'égard du catholicisme.
Ramené au bercail par Lamennais, à travers le kaléidoscope permanent de son art et de ses volte-face
politiques, sa source d'inspiration demeure une foi profondément française, celle de Chateaubriand.

Ses contemporains français, jusqu'à son départ en 1846,
ne virent en Liszt que le virtuose. Cette méconnaissance
du public ne cède qu'après la mort de Marie d'Agoult

et grâce au courage de Saint-Saëns qui relate que, pendant des dizaines d'années, sur les rives de la Seine, Liszt compositeur voulait dire Ingres violoniste, ou Thiers astronome. Ailleurs, le sort du créateur était le même. En Allemagne, il se heurtait à des difficultés et à une malveillance insurmontables ; il donna sa démission du théâtre de Weimar. La croisade anti-lisztienne fut organisée en Autriche par Brahms, à l'instigation de Clara Schumann, avec Hanslick comme plumitif ; à Rome, par les musiciens et le clergé. « Mon cher Liszt, lui disait son protecteur Pie IX, à Rome, pour vous, il n'y a que moi et les lazzaroni. » Non seulement les conservateurs, tel Joachim, mais les wagnériens, tel Hermann Levi, l'attaquèrent. Liszt fut le plus grand solitaire de la musique du XIXe siècle. Il avouait à E. de Mihalovich : « Tout le monde est contre moi. Catholiques, car ils trouvent ma musique d'église profane, protestants car pour eux ma musique est catholique, francs-maçons car ils sentent ma musique cléricale ; pour les conservateurs je suis un révolutionnaire, pour les « aveniristes » un faux jacobin. Quant aux Italiens, malgré Sgambati, s'ils sont garibaldiens ils me détestent comme cagot, s'ils sont côté Vatican, on m'accuse de transporter la grotte de Vénus dans l'église (allusion aux septièmes diminuées de Liszt reprises par le *Tannhäuser*). Pour Bayreuth, je ne suis pas un compositeur, mais un agent publicitaire. Les Allemands répugnent à ma musique comme française, les Français comme allemande, pour les Autrichiens je fais de la musique tzigane, pour les Hongrois de la musique étrangère. Et les Juifs me détestent, moi et ma musique, sans raison aucune. »

Malgré toutes ses splendeurs et tous ses délires, la vie de l'homme fut extrêmement triste. Sa dernière composition de grande envergure, la *Via Crucis,* en est le symbole. Le changement dans l'appréciation de l'œuvre de Liszt coïncide avec le déclin du wagnérisme, lorsque le monde s'est lassé de Wagner *(wagnermüde).* Liszt disait à ses élèves : « Je peux attendre. » Cette affirmation résume sa tragédie et son triomphe.

Comment fixer les périodes de cette activité prodigieuse, de cette œuvre vaste et inégale de mille cinq cents compositions ? Discutant avec Wilhelm von Lenz les époques de l'évolution de Beethoven, Liszt proteste contre les triples phases vues par Lenz et propose deux temps : le premier où le musicien suit la voie tracée, et le second, lorsque sa personnalité commence à se former. Appliquant cette formule à Liszt, la « voie tracée » est celle de l'enfant prodige, virtuose et compositeur. Arrivé à Paris, en 1823, à l'âge de douze ans, le processus de sa formation commence dans la capitale française, s'accélère après la mort de son père (1827) et éclate lors des Trois Glorieuses qui marquent le début de sa période révolutionnaire. Mais le tonnerre du canon de Juillet fait place au chant du violon : Paganini, ce suppôt du diable, tire Liszt de son apathie, face au piano. Désormais il travaille tout le jour son instrument, tout en lisant philosophie, histoire, encyclopédies et dictionnaires, sans aucun choix, ce qui provoquera cette confusion cérébrale que l'historien Mignet lui reprochera un jour. Sous l'impulsion de Berlioz et de son maître Lesueur, il s'engoue de « musique imitative », c'est-à-dire de musique à programme. L'enfant chéri des grandes dames ultra, l'ancien candidat au séminaire, hôte assidu des cénacles, entreprend de composer une *Symphonie révolutionnaire* d'une tendance anti-catholique. L'envoûtement de Berlioz et de Paganini persistera toute sa vie durant. La *Campanella* développe un thème de Paganini *(Concerto en si mineur)* et remporte un vif succès; sa *Fantaisie symphonique,* sur les thèmes de *Lélio* de Berlioz, également. Ses neuf cahiers d'*Esquisses* révèlent un trésor de documents sur ses idées musicales et ses conceptions techniques. Déjà à la date du 1er janvier 1832, nous y trouvons le thème initial du *Concerto en mi bémol majeur*. Les *Apparitions* dénoncent le perturbateur de l'harmonie. Peu après commencent les *Années de pèlerinage* dont les deux premiers volumes reflètent ses impressions antérieures à 1839. Ainsi la révolution a mis Liszt sur la route qui par la suite s'élance en ligne droite, sans brisure.

Cette année-là, il revoit sa patrie. La Hongrie lui inspire les *Rhapsodies hongroises,* dans lesquelles il perfectionne son style de variations. Le formidable succès de Liszt en Hongrie et en Autriche l'engage dans la carrière de virtuose. Il l'assume jusqu'en 1847. Pendant ces huit années, toute l'Europe le fête, souverains, aristocrates, bourgeois, ouvriers et paysans. Ses programmes

sont dominés par ses transcriptions d'opéras ou des lieder de Schubert; avec Adolphe Nourrit, il était leur pro-
pagandiste en France. Durant sa tournée il joue à Weimar
où on l'engage comme chef d'orchestre. Il avait déjà
pris la baguette en 1840, au Théâtre national de Hongrie
et plus tard, il avait dirigé dans les villes hongroises et
allemandes. Liszt se sépare de Marie d'Agoult de plus
en plus névropathe; avant sa liaison avec Liszt, elle avait
été traitée par un aliéniste suisse, le docteur Coindet, et
elle deviendra pensionnaire du docteur Blanche.

En 1846, il s'installe à Weimar avec sa nouvelle égérie, la princesse Carolyne Wittgenstein. Il n'est plus virtuose, mais chef d'orchestre et compositeur. Pendant la
décennie de 1849 à 1859, Liszt déploie une immense
activité qui débute par la création de *Lohengrin* en 1850
et se termine par celle du *Barbier de Bagdad* de Peter Cornelius. C'est l'époque de ses grandes œuvres, il réalise le
programme qu'il a conçu à Paris. Les poèmes symphoniques sont les amplifications orchestrales de l'esthétique
des *Années de pèlerinage,* il la continue également dans ses
Études d'exécution transcendante pour piano. La *Messe de
Gran* accuse le programme de Lesueur. Rome voit la
naissance de ses oratorios, *la Légende de sainte Élisabeth,
Christus,* la *Messe du sacre,* et de sa cantate *les Cloches de la
cathédrale de Strasbourg.* Son emphase romantique se réduit
à un style sobre, après s'être éteinte sur les *Jeux d'eaux de
la villa d'Este.* Les dernières *Rhapsodies* (XVII-XIX), la
Csardas macabre, l'Arbre de Noël, la *Via Crucis,* accusent
déjà un style déromantisé. Passant par-dessus Debussy,
Liszt anticipe le style linéaire et semble atteindre les principes de l'art abstrait.

Sous le coup du romantisme, le jeune Liszt brisa les
entraves scolastiques que Czerny lui avait imposées,
pendant ses années d'apprentissage à Vienne. A Paris, il
est aux écoutes de tous les célèbres pianistes de l'époque :
Kalkbrenner, les frères Hertz, Pixis, Schunke, enfin Zimmermann, le pédagogue du Conservatoire. Le journal
personnel de Mme Boissier, mère d'une de ses élèves,
la future comtesse de Gasparin, relate des détails savoureux sur l'état d'esprit du jeune maître qui détestait les
« coupures monotones », la « musique civilisée »; il
veut mettre la révolution partout (Xe leçon); il épie le
langage de toutes les douleurs; il compare à l'*Enfer* de

Dante les innocentes *Études* de Kessler où se succèdent des explosions de rage, de jalousie, d'horreur
(XVIIe leçon). Pour bien jouer une étude de Moscheles,
il fait lire à son élève le *Jenny* de Hugo. Mme Boissier
n'a pas tort de qualifier ses leçons de « cours de
déclamation musicale » (XXIVe leçon).

La *Symphonie révolutionnaire* restée inachevée dénote
l'influence de la *Symphonie fantastique*. Les notes marginales du fragment des quatre feuilles qui nous sont par-
venues tracent le programme reflétant les idées, les
visions qui excitaient la fantaisie d'un jeune homme
exalté : « Indignation, vengeance, terreur, liberté,
désordre, cris confus, frénétiques, vagues, bizarreries,
repos, Marche de la Garde royale, doute, incertitude,
huit parties différentes, attaque, bataille, Marche de la
Garde nationale, enthousiasme, fragment de Henri IV,
combiner *Allons enfants de la patrie*. » La confidente et
biographe du maître, Lina Ramann, prétend que Liszt
a voulu y développer une chanson hussite et un choral
luthérien. Cette œuvre qui s'annonçait grandiose resta
en ébauche quoique, lors de la révolution de Février, il
ait voulu la refaire ; finalement il en utilisa certaines idées
dans *l'Héroïde funèbre* et publia séparément la chanson
hussite et *la Marseillaise*.

Inspiré par le génie de Lamennais, Liszt composa sa
première œuvre pour piano et grand orchestre : le *Psaume
instrumental* (1855) commencé à La Chenaye, manoir de
l'abbé Féli, sous le choc des *Paroles d'un croyant,* notamment
du chapitre XXIII (Psaume CXXXIX). C'est le drame
de Lamennais, traité en musique, auquel sont mêlées les
propres souffrances de Liszt qui déjà pressentait sans
issue sa liaison avec Marie d'Agoult. Le *Psaume instrumental* célèbre un combat couronné de victoire, prototype
de la pensée de ses poèmes symphoniques qui s'achèvent
toujours par une péroraison triomphale. Le piano interprète la voix du Croyant, l'orchestre les forces du Destin.
L'œuvre a un thème générateur, le cantique du *De Profundis* (sous l'influence de Choron). Au cours du développement nous entendons surgir un *fugato* qui peint la
négation comme dans la *Sonate en si mineur* ou dans la
Symphonie de Faust. L'ancien élève de Salieri et de Reicha
revient souvent à ce satanisme contrapuntique. Liszt
conserve les faux-bourdons psalmodiant le plain-chant.

A la mélodie grégorienne, il soumet le texte du *De Profundis ad te clamavi Domine ! Domine exaudi vocem meam !* Il conduit avec maestria la lutte entre le Croyant et le Destin, le piano et l'orchestre. Du cantique grégorien, dans une longue cadence, le piano forge des récitatifs dramatiques. Le *Psaume* se termine par le triomphe du Croyant sur le Destin. A la fin de la *coda,* le thème du psaume, amplifié en blanches, transparaît de nouveau.

C'est la première fois que Liszt concentre autour d'un thème un programme, un drame qui lui sert à construire une forme neuve, une série de variations dramatiques. Plus d'une fois, dans son travail, Liszt recourt aux formules modales. Le thème du *De Profundis* l'obsédera longtemps, on retrouve ce thème dans les *Pensées des morts* de Lamartine et dans la première version des variations sur le *Dies Irae* (publiées par Busoni). Cinq ans avant sa mort, Liszt se souviendra de ce thème dans son *Psaume CXXIX* pour baryton, chœur d'hommes et orgue. En avril 1834, le sang coula de nouveau à Lyon. Les canuts descendent encore une fois dans la rue, brandissant leur sinistre drapeau de 1830 dont la devise « Vivre en combattant ou mourir en travaillant ! » n'a point perdu son actualité. Leur insurrection fut noyée dans le sang par le général Buchet. Lamennais entretenait Liszt de ces douloureux événements. Franz sentit se rallumer en lui la flamme de la révolte. « Ce musicien humanitaire » écrivit un morceau intitulé *Lyon* et le dédia à l'abbé Féli. Cette marche, au rythme sourd, est une puissante évocation des barricades, comme le dernier mouvement de sa *Symphonie révolutionnaire.*

Marie d'Agoult se trouve enceinte, Liszt est forcé d'emmener sa maîtresse en Suisse (1835). Au pays des lacs et des montagnes, il devient paysagiste, précurseur de l'impressionnisme, créant un nouveau genre, une nouvelle forme, le paysage sonore où souvent prévalent les demi-teintes. La Préface de l'*Album d'un voyageur* (première version des *Années de pèlerinage*) nous révèle :

Ayant parcouru en ces derniers temps bien des pays nouveaux, bien des sites divers, bien des lieux consacrés par l'histoire et la poésie, ayant senti que les aspects variés de la nature et les scènes qui s'y rattachaient ne passaient pas devant mes yeux comme de vraies images, mais qu'elles remuaient dans mon âme des émotions profondes, qu'il s'établissait entre elles et moi une relation vague mais immédiate, un rapport indéfini mais réel, une communication inexplicable mais certaine, j'ai essayé de rendre en musique quelques-unes de mes sensations les plus fortes, de mes plus vives perceptions.

Dans les mystères de la nature alpestre, Liszt avait un guide incomparable : Senancour. Obermann analyse les rapports entre la nature éternelle et l'homme « passager d'un jour », pour lui cette connexion est le mieux exprimée par les sons. Lamartine a christianisé le panthéisme de Senancour, il sent dans le paysage la présence de Dieu. Pour Liszt, la symphonie de la nature n'est autre que la voix de Dieu qui chante. Dans la vallée d'Obermann, Liszt ressentit les luttes du héros de Senancour. Ses cris pathétiques, ses transes, ses soliloques véhéments, font pressentir l'atmosphère tragique de la *Sonate en si mineur*. S'il s'intéresse aux fleurs mélodiques des Alpes, au ranz des vaches, aux sons des grelots, au secret de la nuit, déjà l'orage le captive (le *tempestuoso d'Un soir dans les montagnes*) qui restera son grand inspirateur jusqu'à *Saint François de Paule*, à *Sainte Élisabeth* et à *Christus*. Orage de la nature et tempête du cœur.

Sa cantilène reflète l'effet vocal de l'italianisme qui domine le style romantique du piano, de Chopin à Thalberg. Le fameux *parlando* de Liszt est un chant dans le medium, enguirlandé de traits. On retrouve ce procédé chez Thalberg pour qui il est devenu une fin en soi, tandis que chez Liszt il n'est qu'un moyen d'obtenir certains effets. D'ailleurs cette manière d'exploiter la sonorité du clavier par des arpèges fut appliquée la première fois par Francesco Pollini dans son *Uno de Trentadue Esercizü per clavicembalo,* sous l'influence de Parish-Alvars, le « Paganini de la harpe ».

Liszt est un grand amoureux du lac. « J'ai toujours eu une grande prédilection pour les lacs et me fais facilement une intimité avec leurs flots et leur physionomie. Ils sont mieux en harmonie avec le ton de rêverie qui m'est habituel que les grands fleuves ou que l'Océan; et leur stabilité un peu monotone me retient davantage. Les secrètes confidences de l'âme s'épanchent doucement dans le murmure secret de leurs vagues et souvent je me suis laissé doucement conseiller le rassérènement, la bonté et l'oubli dans mes contemplatives émotions », écrira Liszt à Carolyne Wittgenstein (4 juillet 1853). Sur les rives du lac de Wallenstadt est né ce délicieux *Andante placido* où l'on entend les soupirs des flots et la cadence des avirons. Dans les pages *Au bord d'une source (Dolce con grazia)*, serpente et vibre l'ondulation gracieuse de Debussy et de Ravel, avec cet empâtement de la seconde, procédé de l'hydrotechnique impressionniste, pour fixer les nuances fugitives de la lutte de l'eau et de la lumière, estomper les contours, les rendre flous, les entourer de halo.

Au cours de ces années de pèlerinage, Liszt prit contact avec la chanson populaire suisse et italienne; ainsi à ses connaissances du folklore hongrois se joignent maintenant deux autres éléments ethniques (la vogue de la chanson tyrolienne l'atteignit encore à Paris). La *Sposalizio* d'après le tableau de Raphaël (*IIe Année de pèlerinage*) montre déjà la hardiesse de la conception harmonique de Liszt. Sous l'effet de l'ordre omnitonique de Fétis, il introduit systématiquement dans la tonalité des tons étrangers, provoquant ainsi des combinaisons polytonales. Dans ses enchaînements et résolutions exceptionnelles, les appoggiatures, souvent non résolues, tiennent toujours un rôle important. Deux motifs expressifs évoquent le tableau; la transparence mystique de Raphaël s'exprime dans cette tonalité flottante qui anticipe d'un demi-siècle le « Noyez le ton » de Debussy. Le même cahier se termine par la *Fantasia quasi sonata*, « après une lecture de Dante ». Tel Delacroix, le grand Florentin captive Liszt depuis sa jeunesse. A Bellaggio, sous les platanes de la Villa Melzi, il lit avec Marie d'Agoult *la Divine Comédie*. Sa vision dramatique et orchestrale annonce déjà l'auteur de la *Symphonie de Dante*. Malgré son caractère programmatique, Liszt observe la coupe de la sonate, quoiqu'il l'élargisse avec un hymne faisant fonction de thème secondaire. Par une sonorité massive, le premier groupe des thèmes évoque l'Enfer, le second les amours tragiques de Paolo et Francesca. Dans le développement, les débris des thèmes déchiquetés se tordent en convulsions : tantôt prime la vision infernale, tantôt la mélodie passionnelle des amoureux, puis la réexposition s'achève sur un hymne à l'amour. L'écriture pianistique, libre et incisive, de cette sonate, mobilise des effets nouveaux : paquets d'octaves jusqu'ici inédits, même chez Moscheles, Kalkbrenner, Pixis ou

Chopin, des vibratos d'accord et le détachement total des mains.

Si l'on cherche l'ascendant de ses contemporains sur Liszt, pensons en premier lieu à Christian Urhan, « le fameux alto du bon Dieu ». Leur amitié ne s'épuisa pas dans les austères pratiques de la vie mystique, ni dans les concours aux concerts. Paysagiste et panharmoniste de la Sainte Montagne « où l'on entend les derniers bruits de la terre et le premier concert du ciel », Liszt évoque ce curieux musicien; Berlioz disait de lui que ses accents emportent l'auditeur vers les altitudes célestes (« Revue et Gazette musicale » n° 5, 1835). La musique « dans le genre pathétique » de Ch. V. Alkan, injustement oubliée, sa métaphysique, sa texture, ne laissaient pas Liszt indifférent. Le vent, ses passages chromatiques, sa plainte chantée parmi les feuilles, le bruit monotone de la pluie, charmaient le poète des *Années de pèlerinage*. L'ambiance macabre du *Dies Irae* d'Alkan anticipe parfois sur les visions du *Totentanz*. Y avait-il des influences réciproques entre Chopin et Liszt ? Certainement le chromatisme de Chopin devait stimuler Liszt, mais celui-ci va infiniment plus loin que Chopin qui n'exploite pas toutes les possibilités d'une écriture formée d'accords. Liszt présente une fluctuation verticale; souvent ses parties intermédiaires ont des mélodies horizontales.

Pour les amateurs et davantage encore pour les professionnels, cette musique romantique était une nouveauté. La grande autorité du siècle, Antoine Reicha, ami de Beethoven, professeur au Conservatoire, avait publié une recette pour confectionner un morceau romantique : « Pour faire de tous nos morceaux des productions romantiques, il suffit de n'y observer ni plan, ni unité, ni proportions symétriques, ni développement d'idées ». (*l'Art du compositeur dramatique,* Paris, 1833). Ainsi parlait trois ans après la création de la *Symphonie fantastique* l'ancien professeur de Berlioz et de Liszt. Pourtant, Reicha, représentant l'aile gauche du Conservatoire, prêchait la fugue libre, tandis que Cherubini, s'attachant aux conceptions polyphoniques de ses grands maîtres, Martini et Sarti, ne voulait entendre qu'une fugue construite sur un plan tonal unique.

Avec la *Deuxième Année de pèlerinage* (la *Troisième* ne paraîtra que quarante ans après et, sauf les *Jeux d'eaux*

de la Villa d'Efte, ne marque pas de progrès) la formation de Liszt eft achevée. Une immense réserve sentimentale — impressions et expressions inédites — s'accumule dans son âme, elle évoluera dans l'avenir, mais
elle est née à cette époque. Formation entièrement
latine, façonnée par la France, la Suisse romande et
l'Italie.

Les *Études d'exécution transcendante* sont aussi de la
musique descriptive. Les *Feux follets,* au fin mécanisme
d'un *perpetuum mobile* et au coloris scintillant, sont de la
vraie pyrotechnie musicale dont les *Jeux d'eaux de la
Villa d'Efte,* avec leur hydrotechnique, sont le pendant.
Busoni remarqua que ces *Feux follets* dansent parmi le
murmure de la forêt de *Siegfried,* et allument les flammes
de l'incantation du feu de *la Valkyrie.* Parlant de l'*Étude
en la bémol majeur* de Chopin, Bülow dit que « toute la
musique de piano ne contient pas une étude de mouvement perpétuel si pleine de génie et de fantaisie, à l'exception peut-être des *Feux follets* de Liszt ». L'audacieuse
Chasse sauvage annonce *le Chasseur maudit* et va plus loin
que le père Franck. *Le Chasse-neige* eft un paysage d'hiver
de Vlaminck, avec la mélancolie du tourbillon de neige
qui se métamorphose en un tourbillon du cœur. Le
Mazeppa va poursuivre sa course dans un poème symphonique.

A la différence des sonates en forme de fantaisie de
Chopin, la *Sonate* monumentale de Liszt eft un poème
symphonique sans programme. Elle met en pièces l'architecture classique du genre et remplace la forme tripartie
par un cyclopéen mouvement unique, affectant les contours du dispositif d'une *sinfonia napolitana* (lento, encadré
par deux allégros) disloqué et rebâti avec cinq thèmes
ou motifs. Sombre et solitaire chef-d'œuvre d'une puissance écrasante et d'une tension dramatique concentrée
jusqu'au paroxysme, la sonate contient un fugato d'une
ironie cauftique, premier spécimen dans une sonate
et dans un fugato. Le montage et le démembrement
des motifs, leurs variations psychologiques inventives,
l'échafaudage des formes qui à chaque inftant semble
devoir éclater et qui, même aujourd'hui, conserve toute
sa force, furent autant de cibles pour les attaques du
groupe de Brahms, celui-ci s'étant endormi lorsque
Liszt lui avait joué son œuvre à Weimar. Quant à Clara

Schumann, elle n'avait entendu là qu'un « bruit assourdissant ».

Contrairement aux maîtres de l'époque, surtout à
Chopin qui tenait, comme le tiendra Debussy malgré
son amour pour Bach, le contrepoint pour rébarbatif,
Liszt avait un sens inné de la polyphonie. Son *Prélude
et Fugue* sur le nom du vieux Cantor, ses *Variations sur
l'ostinato de la cantate « Weinen, Klagen, Sorgen... »* et le
Crucifixus de la Messe en si mineur, évoquent avec une
force magique l'ambiance de Bach romantisé qu'il
peuple — selon l'expression d'André Pirro — de visions
dantesques. Il fut le créateur du style romantique de
l'orgue.

Paganini a révélé à Liszt le moyen le plus efficace de
réaliser ses chimères : obtenir par une nouvelle technique de piano les effets orchestraux de Berlioz. Technicien inconscient et spontané, les problèmes scientifiques
du jeu de piano ne l'intéressaient pas. Thalberg étudie
l'anatomie de la main. Liszt se laisse guider uniquement
par son instinct. Un de ses disciples favoris, Karl
Klindworth, raconte que son maître ignorait la méthode
du piano, qu'il n'a indiqué le doigté que dans sa vieillesse. Pourtant, il devait professer un enseignement personnel. Certaines écoles, comme la Grande École de
Musique de Monsieur Pons, prétendaient enseigner le
piano selon la méthode de Liszt, de Zimmermann et de
Kalkbrenner (« le Ménestrel », numéro du 12 avril 1840).
En quoi consistait cette méthode ? Les indications de
Liszt ne sont pas loquaces. C'est dans son jeu que sa
musique commençait à vivre une vie multiforme et
multicolore. A chaque fois, il recomposait ses œuvres.
Tel est le caractère improvisateur du style virtuose romantique. Mais Liszt, virtuose, ne respectait pas les textes
des autres maîtres, même ceux de Beethoven. L' « Allgemeine Musikalische Zeitung » lui reprochait de déformer
un concerto de Beethoven. Et il recomposa le fameux
Concertstück de Weber. Six pages de l'autographe lisztien
des variantes du *Conzertstück* sont conservées par la
famille du marquis della Valle à Pallanza. Ses excuses :
c'était un procédé romantique. Hummel faisait de même
avec Mozart.

Pour rendre plus sonore le toucher et plus indépendant le mécanisme des doigts, Kalkbrenner recourait au poignet et appliquait le chiroplaste. La technique de Chopin perfectionna celle de Kalkbrenner. Liszt, à la recherche de son nouveau langage, de ses puissantes sonorités jusque-là inouïes, avait besoin d'une technique nouvelle. Au début, il ne joua ni des bras ni de l'épaule. Mais au fur et à mesure que son tempérament secouait le joug du style classique, il chercha de nouvelles sources d'énergie et les trouva dans la répartition des forces motrices des doigts sur la surface du dos du pianiste, dans les mouvements du buste. Inconsciemment, il jeta ainsi les bases du jeu naturel et devint le fondateur de toutes les techniques modernes du piano.

Liszt a créé un nouveau type d'artiste, le pianiste héroïque, genre inédit alors et éminemment français, incarnation du titanisme hugolien, de la « lionnerie » des Jeune France. Dandy parfait dans son extérieur, il stylisa ses mouvements pour augmenter le dynamisme de son toucher dans le style du dandysme français. « Il a des airs de tête, des gestes, des regards, pour chaque phrase », note Mme Boissier. Ses nouvelles poses semblèrent d'abord une caricature à la critique musicale et aux romantiques tels que Balzac, alors que Liszt ne faisait pas autre chose que d'appliquer à son jeu les gestes et les attitudes des lions, caractérisés par leurs mouvements d'épaules, par leur port de bras et leurs flexions de buste. A l'étranger, le jeu de Liszt fut considéré comme un spécimen de l'art exécutant français. Le Docteur Wiest l'expose d'une façon fort intéressante dans le journal « Das Rheinland » : « Les gens appellent manière française ce procédé de faire voile en l'air puissamment par ses mains » (numéro du 26 juillet 1840). Pour que ses auditrices enivrées puissent admirer à leur aise ses profils, il fait disposer deux pianos, en sens contraire, sur l'estrade et il passe deux ou trois fois dans le cours d'une soirée de l'un à l'autre. Sans doute, son jeu mimé et gesticulé était-il le reflet de passions déchaînées, mêlées à d'obsédantes visions fiévreuses : une orgie extatique, avec une forte nuance de cabotinage.

Son écriture pianistique repose sur l'indépendance absolue des mains comme des doigts. L'une de ses pratiques favorites consistait à croiser les mains aux deux pôles du clavier, par bonds prodigieux, et à lancer des

paquets d'accords : neuvièmes, onzièmes, et même dou-
zièmes qu'il prenait facilement avec ses longs doigts
extensibles. Pour enrichir le vocabulaire expressif de son
style, il recourait à l'agrémentation vocale et instrumentale : coulés, doublés, points d'orgue, *sospiros, cercar la
nota* (genre de *portamento* anticipant la syllabe suivante)
des chanteurs du *bel canto*. Il inventa le double trille.
L'auditeur croyait entendre un jeu à quatre mains ou
plutôt à deux pianos, tant l'orchestre latent subjuguait le
public. Dans son œuvre de piano, les transcriptions et les
réductions d'orchestre (partitions pour piano) occupent
une place spéciale. Les premières, dont les modèles éclatants sont les *lieder* de Schubert, adaptent la composition
au langage et au coloris de l'instrument; les deuxièmes
sont des morceaux de virtuosité, opéras italiens de préférence, ou opéras de Meyerbeer, elles accumulent les
difficultés les plus hardies et jonglent brillamment avec
thèmes ou motifs. Les partitions pour piano de Liszt
ont créé un genre nouveau. La première fut la *Symphonie
fantastique* de Berlioz, dont il a admirablement réussi à
conserver tous les effets de coloris et toute la texture.
Schumann, après l'avoir lue, écrivit un article élogieux.
Une autre partition pour piano de Liszt est l'*Esmeralda*
de Louise Bertin, de la dynastie du « Journal des Débats ».
Œuvre insignifiante, retouchée par le critique des Débats
qui n'était autre que Berlioz (à la création à l'Opéra,
Alexandre Dumas cria ironiquement « Vive Berlioz! »);
Liszt la présenta dans une réduction parfaite. Le sommet de ce genre est les partitions pour piano des
symphonies de Beethoven, notamment la *Neuvième* avec
chœurs.

Sitôt après la mort de son père, Liszt donna des leçons
d'abord dans l'Institution pour jeunes demoiselles de
Mme Alix, rue de Clichy, puis dans les familles aristocratiques et bourgeoises (Valérie Boissier, Zoé de la
Rue, Herminie de Musset, Herminie Vial, épouse du
chef d'orchestre François Seghers). Les élèves de cette
époque ne choisirent pas la carrière d'artiste. De sa première période weimarienne ses plus célèbres disciples
sont Hans von Bülow, qui devint son gendre, Hans
Bronsart et sa femme Ingeborg Starck, mais avant tout
Charles Tausig, le plus doué de tous, enlevé prématurément. Quand il commence sa « vie trifurquée », ses

élèves le suivront à Weimar, à Budapest et à Rome. Les plus célèbres pianistes figurent dans leurs rangs : d'Albert, Sauer, Sophie Menter, Stavenhagen, Vera Timanova, Siloti, Reisenauer. A Rome : Sgambati, Pinelli et d'autres ; à Budapest : Thoman, Szendy, Juhàsz, des chefs d'orchestre tel Weingartner, Mottl également. Ses leçons n'étaient pas de véritables leçons au sens strict du mot. Certes, les élèves jouaient devant lui et il corrigeait leur interprétation, mais c'était surtout une conversation assaisonnée des plus spirituelles remarques. A ces réunions musicales participaient régulièrement violonistes, violoncellistes et cantatrices. Liszt leur enseignait la musique. La matière de son enseignement de piano, une sorte de méthode, fut publiée après sa mort, d'abord par Alexander Winterberger, puis par Martin Krause, abrégée et refondue.

L'art de Liszt offre un double aspect : français et hongrois, mais ce sont les deux faces du même visage romantique. Lorsqu'en 1839, après seize ans d'absence, il franchit la frontière de son pays natal, il reprit contact avec la chanson populaire hongroise dont il gardait de vagues souvenirs d'enfance et un recueil. La mélodie hongroise qu'il entendait partout — orchestre de tziganes, opéras de F. Erkel, salons des grandes dames — le bouleversait. Romantique pur sang, son imagination s'embrasa de brûlants accents :

Pendant mon séjour en Hongrie, j'ai recueilli quantité de fragments à l'aide desquels on recomposerait assez bien l'épopée musicale de cet étrange pays dont je me constitue le rhapsode. Les six nouveaux cahiers (une centaine de pages environ) que je viens de publier à Vienne sous le titre collectif de *Mélodies hongroises* forment un cycle quasi complet de cette épopée fantasque, semi-ossianique (car il y a le sentiment d'une race héroïque évanouie dans ces chants) et semi-bohémienne. Chemin faisant j'en écrirai encore deux ou trois cahiers pour parachever le tout (A Marie d'Agoult, le 8 octobre 1846).

Non seulement l'imagination de Liszt, mais aussi son penchant à la mystification apparaissent dans ces lignes qui deviendront l'idée fondamentale d'une compilation bizarre et illisible, rédigée par Carolyne Wittgenstein sous le nom de Liszt : *Des Bohémiens et de leur musique en Hongrie.* Sous l'influence de l'ossianisme, ce livre prétend démontrer que la musique hongroise est une musique tzigane et que le répertoire tzigane est la survivance d'une antique épopée. Nous connaissons aujourd'hui la thématique des *Rhapsodies* de Liszt, elle ne contient pas une seule mélodie d'origine tzigane, ni rien du folklore tzigane. Cette musique était inconnue aux compositeurs hongrois, incapables par suite de l'utiliser. Les tziganes hongrois n'étaient pas des artistes créateurs mais des ménétriers populaires dont le jeu, avec leur ornementation et leur *rubato,* enchanta Liszt. Il voulait transcrire la mélodie hongroise agrémentée, fixer son exécution puis la refaire entièrement. Problème passionnant pour un coloriste et un improvisateur : traduire par la technique de piano, révolutionnée, le style brodé hongrois, les effets d'ornement en un art naturaliste, romantisé, évoquant les racoleurs. Les quinze premières *Rhapsodies* développent avec une virtuosité incomparable des chansons dont nous connaissons presque tous les auteurs, de la petite noblesse ou de la classe moyenne, qui notèrent quelquefois des chants paysans.

Trente ans séparent la quinzième de la seizième *Rhapsodie;* cette dernière sera suivie encore de trois autres. Les *Rhapsodies* reflètent l'évolution harmonique de Liszt. La troisième accuse des cadences lydiennes, la septième emploie la gamme par tons entiers, les mouvements chromatiques de la douzième sont audacieusement nouveaux. La dix-septième, qui n'a que quatre pages, montre le vieux Liszt penché sur les problèmes de l'agrégation harmonique. La brève introduction dont l'armature est *si bémol* se déploie dans une gamme hongroise en *ré* avec deux secondes augmentées : *fa-sol dièse* et *si bémol-do dièse.* L'avant-dernière mesure de l'introduction présente un accord formé par les secondes augmentées citées. A partir de l'*allegretto,* l'armature indique *ré majeur,* mais la mélodie revient souvent sur le *si bémol,* pôle d'attraction ou de détente. Et c'est sur ce *si bémol* que se termine la *Rhapsodie,* sur cette note obstinée qui se prolonge pendant plusieurs mesures avant d'expirer. Liszt combine donc deux tonalités.

Le premier style hongrois de Liszt prit pour modèles les opéras de F. Erkel, quoique celui-ci italianisât la mélodie hongroise en langage de théâtre lyrique, à l'ins-

tar de Glinka. La matière première des *Rhapsodies,* les
chansons qu'il a développées, utilisent très souvent des
danses des racoleurs, toujours accompagnées par des
musiciens tziganes. Liszt a saisi leur dynamisme, leur
rythmique explosive. Il pénètre leurs secrets d'exécution, leur jeu, leur manière d'improviser, leur sonorité, particulièrement celle du cymbalum (trémolo). Et
aujourd'hui encore, les versions orchestrales de ses *Rhapsodies* triomphent dans les salles de concert. Le deuxième
style magyar de Liszt est né sous l'impulsion du compositeur hongrois Michael Mosonyi qui, avec une technique
symphonique, assouplit la mélodie hongroise. Un remarquable *lied* sur le texte de Nicolas Lenau : *les Trois Tziganes,* marque la nouvelle manière de Liszt (ex. 1). Le voyageur rencontre trois tziganes : l'un racle son violon, l'autre
fume sa pipe, le troisième dort. Ces instantanés villageois
deviennent sous la plume de Liszt d'inimitables scènes
de genre, une allégorie du temps perdu. Les larges spi-
rales que le fumeur tire de son brûle-gueule se dessinent
par de légers mélismes aigus. Le violon prend son élan.
Quant au tzigane endormi, la brise chante sur les cordes
de son tzimbalom suspendu aux arbres. Des récitatifs,
cadencés à la hongroise, évoquent ces scènes pittoresques au-dessus desquelles flotte une mélancolie tein-
tée d'humour. Les phases majeures de son style hongrois:
les *Rhapsodies, les Trois Tziganes,* la *Messe du sacre,* la *Csardas
macabre* et les *Portraits historiques hongrois.*

Les Trois Tziganes

Als_ mein Fuhr_ _werk,

p un poco marcato.

mit mü - der Qual,____

Ex. 1.

La mélodie hongroise ne quitte plus Liszt depuis 1839. Son style en assimilera les particularités. Il veut que la « cadence magyare » s'entende lorsqu'il descendra au tombeau. Lui-même en signale l'usage dans *la Notte* (d'après Michel-Ange), la seconde des *Trois Odes funèbres*. « Si, à mes obsèques, on avait à faire de la musique, j'aimerais qu'on choisît la deuxième de ces *Odes funèbres* à cause du motif à cadence magyare. » L'emprise du sol natal sur Liszt s'étend même à des ouvrages dont l'ambiance est étrangère au style magyar. Ainsi la *Sonate en si mineur* débute par la gamme hongroise.

Cadences magyares

Ex. 2.

Weimar fut le terrain de combat contre les cuistres de la bourgeoisie, l'Intendance du théâtre et la Cour, avare de ses deniers. Il n'y a guère longtemps que la lumière est faite sur la pauvreté des moyens financiers mis à la disposition de Liszt qui ne parvint jamais à engager quarante musiciens dans son orchestre ; il devait souvent recourir aux « extras ». C'est avec cette mince équipe qu'il lui fallut monter *Lohengrin, Tannhäuser, le Vaisseau fantôme, Fidelio, Benvenuto Cellini*, les opéras à grand spectacle et les œuvres vocales et orchestrales de Berlioz. Liszt, chef d'orchestre, fut le héros de violentes bagarres et de disputes. On le prétendait incapable de diriger une œuvre. Une notice de la partition de *la Légende de sainte Élisabeth* jette une lumière curieuse sur sa conception du chef d'orchestre : « Le compositeur considère le battement de la mesure usuel comme une habitude brutale et contraire au sens, et qu'il voudrait interdire pendant l'exécution de toutes ses œuvres. La musique est une suite de sons qui se réclament l'un de l'autre et qui doivent s'enchaîner d'eux-mêmes et non pas être enchaînés par le battement de la mesure. » Idéal irréalisable, vers lequel ne peut aspirer qu'un chef avec qui son orchestre est familiarisé depuis des dizaines d'années. On trouve ici la cause de tous les accidents qui mirent Liszt aux prises avec chœurs et orchestres peu habitués à sa manière de diriger particulière. Mais Liszt voulait détruire la routine des musicastres pour lesquels un chef d'orchestre n'était qu'un batteur de mesure et le musicien celui qui jouait en mesure. Lui, il cherchait à évoquer l'âme de l'œuvre.

Liszt est le créateur d'une forme libre, le poème symphonique que l'on pourrait qualifier de version orchestrale des morceaux des *Années de pèlerinage*. Dans sa coupe, il n'y a aucune trace du dispositif classique qu'accuse la construction de Beethoven, il n'y a ni dualisme thématique ni développement régulier, ni périodes symétriques. Point d'exposition, de développement, de réexposition ; l'alternance ou la succession des thèmes ou fragments thématiques obéit à un nouvel ordre fondé, comme toute la technique romantique, sur l'application de la séquence et sur les transitions. C'étaient les principaux moyens de Liszt pour donner une grande diversité à ses développements. Les transitions relient automatiquement les thèmes, les différentes phases du développement, elles sont marquées par des transformations des thèmes ou groupements thématiques, par leurs fractionnements, ou par les accouplements successifs, rarement simultanés, des thèmes. Ayant affranchi sa construction des entraves de la symétrie classique, Liszt impose une symétrie romantique qui est bien souvent une asymétrie. Un jour les dodécaphonistes qui marcheront sur ses traces, pour miner la tonalité, lui reprocheront son formalisme.

De préférence, Liszt utilise un seul thème ou motif générateur qui donne naissance par dérivation contrastante à d'autres motifs ou thèmes, quelquefois même aux figures d'accompagnement. L'esprit combinatoire de Liszt prévaut avec une grande ingéniosité dans la désagrégation cellulaire ou décalage rythmique de certains accords. Donc, les thèmes ou motifs d'un poème offrent des rapports organiques et montrent les différents visages du thème générateur. Liszt résout génialement un problème : l'expression musicale d'un processus psychologique, par un travail thématique, n'est pas une contradiction. Le motif psychologique et le motif musical avancent parallèlement, le premier évolue, le second développe, bien entendu subordonné au dessin psychologique. Ainsi, Liszt unit les deux variations que Wagner définira (symphonique et dramatique) en variation commune, dont les origines métaphysiques et techniques remontent à Berlioz, à la *Ronde du sabbat ;* le travail de l'idée fixe est le modèle. Que la musique de Liszt exprime un tableau, un drame ou une idée, elle représente toujours une action : *Bataille des Huns, Tasso, Hamlet, les Idéals, les Préludes.* Ce dernier, le plus populaire chef-d'œuvre de Liszt, n'a aucun rapport avec le poème de Lamartine. C'est l'ouverture d'une cantate, *les Quatre Éléments,* sur le texte de Joseph Autran, une symphonie de *Mare nostrum.* Ce fut la princesse Wittgenstein qui détacha la musique de Liszt de son texte inspirateur et y superposa après coup un prétendu texte de Lamartine fabriqué par elle-même.

Liszt est lui-même le tragédien invisible et toujours présent de ses poèmes symphoniques qui chantent ses propres grandeurs et ses propres misères. S'il ne suit pas un programme, il se livre au jeu des motifs. Cependant, même dans ce cas, il ne s'agit pas de construire selon les règles d'un développement classique. Dans sa lettre du 26 mars 1857 à Édouard Liszt, il explique sa technique en parlant de son *Concerto en mi bémol majeur :* « Le premier mouvement à partir de l'*allegro marziale* correspond à la deuxième phrase de l'*adagio.* C'est une récapitulation du rythme déjà utilisé et rafraîchie de rythmes plus animés. Il ne contient pas de nouveaux motifs. Cette manière de résumer et arrondir le morceau entier, avec une péroraison, m'est propre et au point de vue des formes, elle est complètement soutenable et justifiable. »

L'une de ses œuvres les plus grandioses est la *Sympho-*

nie de Faust. Un triptyque : trois portraits s'y succèdent, ceux des trois protagonistes. Chaque morceau révèle le drame intérieur du personnage. Liszt campe un Faust inquiétant, au visage prismatique, rongé par les luttes. Ce Faust n'est pas un bourgeois, Liszt marque sous le motif de Faust, confié à la trompette : *nobile.* Le premier portrait est une sonate élargie. Le second : Marguerite, une pure et tendre féminité avec un merveilleux récitatif orchestral. Le portrait de Méphisto est le plus génial. C'est le *non serviam* du diable. Liszt crée son Méphisto avec les thèmes déchiquetés de Faust, pour signifier que le démon est dans l'homme et le mal inhérent à l'âme humaine. Le motif du désir de Faust sautille en *scherzando,* celui de l'amour en fugue à quatre voix. Le thème de Marguerite n'est pas touché par les sarcasmes du diable, il n'apparaît au milieu du dernier mouvement qu'une seule fois, avec un teint blafard. La *Symphonie de Faust* eut pour conséquence que Joseph Joachim, le premier violon, quitta Weimar et bientôt parut le fameux manifeste contre « la musique de l'avenir », signé par Joachim, Brahms et deux noms insignifiants. Faust et Méphisto continuent à captiver l'imagination de Liszt. Cette fois par l'entremise de Nicolas Lenau : la rencontre de Faust avec le pèlerinage de la nuit de la Saint-Jean *(la Procession nocturne)* et les noces paysannes au cabaret du village *(Valse de Méphisto).*

La Divine Comédie ne cessait pas d'obséder Liszt. Il en voulut faire rédiger un argument par son ami marseillais, le poète Joseph Autran. Cette idée ne se réalisa pas, un projet de diorama par le peintre Bonaventura Genelli n'aboutit pas davantage. Le *Dante* de Liszt est le poète du désespoir et de la tristesse. Tout le spleen, « le profond ennui », tout le byronisme de Liszt, sa sombre situation (procès de divorce sans fin de la princesse), laquelle lui avait déjà inspiré le puissant *Psaume XIII,* sanglotent dans cette symphonie; le *Magnificat* ne peut pas dissiper entièrement les nuages qui couvrent l'azur. C'est aussi un triptyque; l'Enfer, le Purgatoire et le Magnificat (le Paradis).

Ses *lieder* sont la partie la moins connue de son œuvre. De son époque parisienne datent plusieurs *lieder* sur des textes de Victor Hugo; le plus célèbre est le *Quand je dors,* dont la cantilène dénote le *bel canto* et la romance française. *Jeanne d'Arc au bûcher* est déjà un poème symphonique, plus encore *Je voudrais disparaître,* sur les paroles de Georg Herwegh, mais surtout *le Vieux Vagabond* de Béranger (1848) où l'on trouve déjà des accents de la *Symphonie de Dante* et même des *Préludes.* Les *lieder* sur les poèmes de Heine trahissent une influence de Schubert dans leur accompagnement psychologique. On leur reprochait, déjà lors de leur parution, la prosodie inexacte. Le plus populaire parmi ses *lieder* allemands qui, sauf quelques exceptions, ne se chantent pas facilement, est *Lorelei.*

La musique d'église et plus généralement la musique religieuse marque l'apogée de l'art de Liszt. La *Messe de Gran,* le *Psaume XIII, la Légende de sainte Élisabeth,* la *Messe du sacre,* et *Christus,* sont des chefs-d'œuvre. Véritable drame, la *Messe de Gran,* évocatrice des visions du Nouveau Testament, suit la dramaturgie liturgique de Lesueur. Sa thématique suit le chant grégorien et la phraséologie romantique, les mélodies de longue haleine et les thèmes tissus d'un seul motif, développés par des séquences. Son harmonie mêle des formules hérétogènes : modales et chromatiques. Il recourt à son procédé favori : l'emploi de motifs qui reviennent au cours des diverses parties de la messe et changent de visage et d'aspect. C'est non seulement un travail symphonique mais encore une musique à programme : drame et lyrisme s'y confondent. C'est le *Credo* qui domine la messe, resplendissant de tout l'éclat pompeux de l'orchestre romantique. En développant le texte liturgique, Liszt nous initie aux mystères de la Trinité, de l'Incarnation, de la Rédemption, de la Résurrection, du Jugement dernier, de la Lumière éternelle. Et au fur et à mesure, son motif principal se métamorphose. La Résurrection, telle une toile de Delacroix, est d'une puissance écrasante. « Debout les cuivres, pavillons en l'air, tournez-vous vers l'auditoire et faites éclater les doubles croches », ordonne la partition, à la manière hectorienne. Liszt attaque une fugue : « De l'énergie et du feu! », commande le compositeur en donnant le signal de l'assaut : c'est l'*allegro militante.* Toujours armé de son motif, le maître anime un formidable tableau de bataille, une charge de croisés, qui fera dire à Jules Claretie que le sabre hongrois a soulevé la soutane. Le drame s'achève sur un *largo maestoso* dans

l'expectation de la Lumière éternelle. C'est du « style
cathédrale ». C'est Lacordaire tonnant du haut de la
chaire. Les conservateurs, les snobs de l'orthodoxie
s'alarment. Ce chromatisme écorche le plain-chant! Ce
coloris sensuel, ce n'est plus un vitrail flamboyant mais
les feux de la rampe. Par l'intermédiaire de son gendre,
Marie d'Agoult prononce doctoralement que le *Credo*
« est le pendant de la plus sombre page de Wagner. C'est
le chaos, c'est l'épouvante. J'ai vainement cherché le dessin général sans pouvoir le découvrir ». Belle-mère et
gendre étaient donc incapables de discerner que ce chaos
n'était qu'une fugue et ils ne savaient pas que, sauf la
bastonnade nocturne des *Maîtres chanteurs,* Wagner n'a
pas écrit de fugue.

La Légende de sainte Élisabeth, premier oratorio de Liszt,
porte un cachet liturgique et hongrois. C'est une série
de poèmes symphoniques. Là aussi, l'élément lyrique et
dramatique domine, alors que le public de l'époque
s'attendait à des fugues et à des artifices de contrepoint.
Il était irrité et agacé par la variation des motifs symboliques, par le long et prolixe développement en séquence
des thèmes générateurs; ce tissu chatoyant ne lui disait rien.
Le plus grave défaut de l'oratorio est la faiblesse du livret
qui fait de la scène finale une scène de théâtre meyerbeerienne. La partition a été inspirée par la *Sainte Élisabeth*
de Montalembert. Les longs intermèdes achèvent la dissolution d'une action inconsistante : Sophie, la mère du
landgrave, est une véritable belle-mère du boulevard du
Crime, sa déclamation est d'un mauvais langage d'opéra.
Une fois de plus nous sommes en face d'une intervention arbitraire de la princesse Wittgenstein. Une lettre de
Liszt avoue : « Cet ouvrage a été composé sur le texte
allemand, dirigé par votre inspiration et inculqué à
Otto Roquette » (15 août 1882). Les thèmes générateurs
ne peuvent pas donner l'unité dramatique à un livret
abondant en clichés d'opéra démodés. Toutefois, la
musique de Liszt est riche en beautés merveilleuses. Le
miracle des roses est de la plus pure poésie transcen-
dantale, la grandiose tempête et le chœur des anges de la
transfiguration, avec ses harmonies aériennes, sont des
pages incomparables. Sa musique accuse une forte couleur hongroise. La prophétie de Montalembert, dite par
le maître Klingsor : « Je vois là une belle étoile qui se

lève sur la Hongrie », fit vibrer l'âme de Liszt. Il demanda
à plusieurs érudits hongrois de lui communiquer les
vieilles mélodies qu'il pourrait développer. Entre autres,
il eut ainsi la *Cantio de S. Elisabetha, Hungariae regis filia,* du
recueil de Georges Naray, intitulé *Lyra caelestis* (Tyrnau,
1695).

C'est ici que nous mentionnons les deux *Légendes,*
délices de Pie IX. La première est la *Prédication aux oiseaux*
des *Fioretti,* qu'il a tirée du livre d'Ozanam *(les Poètes
franciscains en Italie)* qui avait mis à la mode en France
saint François d'Assise (son gendre, Émile Ollivier, lui
prêta le livre). La seconde *Légende* est celle de *Saint François de Paule marchant sur les flots* (G. Miscimarra, *Vita di
S. Francesco di Paola,* chap. XXXV). La première retrace
le miracle du Poverello avec la simplicité mystique des
Préraphaélites : c'est la puissance divine sur des animaux
innocents. La deuxième évoque le Seigneur qui freine
les éléments déchaînés. Un de ces orages dont seul le
pinceau de Liszt détient le secret, et, à travers la fureur
orchestrale du piano, chante victorieusement le thème
pathétique du saint, son alleluia. Sur ces deux musiques
de lumière, le critique viennois Hanslick, porte-parole du
groupe Brahms, écrit : « On pourrait les appeler aussi
les Amours des oiseaux ou Souvenirs des bains d'Os-
tende. »

La *Messe du Sacre* n'égale pas la *Messe de Gran,* mais là
aussi le style est très hardi et nouveau; Liszt prend certaines licences à l'égard de la stricte liturgie : ainsi l'*Offertoire* est un morceau instrumental, à l'instar du *Grand
Offertoire* des organistes français. Le *Credo* est emprunté
à l'une des *Messes royales* de Henri Dumont et harmonisé.
Dans le *Benedictus,* comme dans celui de la *Missa solemnis*
de Beethoven, s'élève un lumineux solo de violon, inspiré du célèbre artiste hongrois Édouard Remenyi. C'est
la première fois qu'un compositeur tentait d'écrire une
messe en style hongrois. Liszt disait à son ami Mosonyi
que sa principale tâche était de donner à sa musique un
caractère religieux et hongrois. Des motifs de la *Chanson
de Rákoczi,* son fameux signal de quarte et d'autres bribes
de sa mélodique s'y montrent dans toutes sortes de
combinaisons au *Gloria* et à l'*Agnus Dei.* Un véritable
leitmotiv, modelé sur la cadence hongroise, surgit au
Kyrie, au *Benedictus* et à l'*Agnus Dei.*

Ex. 3.

Vaste fresque aux dimensions haendeliennes, *Christus* est le dernier grand chef-d'œuvre de l'art de Liszt. Ultime résumé des différents aspects de sa musique, suprême épanchement de sa spiritualité. Suite de tableaux, diorama sonore. Acte de foi ardente, presque culturel, la religion forme l'unité mystique de cette composition, bâtie sur le texte latin de la Vulgate. Ses moyens d'expression sont d'une richesse infinie, on y discrimine le vocabulaire de la musique d'église et le langage de la musique profane, romantisés l'un et l'autre. Dans le triptyque de *Christus,* l'homophonie, la psalmodisation alternent avec le chant grégorien et le style *a cappella,* la musique à programme et son orchestre multicolore avec la polyphonie instrumentale, la simplicité diatonique avec le raffinement chromatique, la naïveté des chœurs d'enfants avec des ensembles grandioses. Les thèmes de plain-chant, autant de leitmotive, se développent suivant le procédé des *Années de pèlerinage,* mais souvent en modalité.

La musique d'église de Liszt réunit tous les aspects du catholicisme français de l'époque, soit la douce rêverie de Lamartine, cherchant Dieu dans les splendeurs de la nature, soit un mirage sentimental, tel Ballanche et ses utopies, soit encore l'emphase, la noblesse, la grandiloquence pathétique d'un Montalembert. Puis c'est un embrasement de mélodies et de rythmes fulgurants, semblables à la parole enflammée d'un Lacordaire. Sa musique ne s'inspire pas du dogme. Issu du spiritualisme de Chateaubriand, l'art de Liszt est catholique par sa foi ardente, son allure, ses formes, ses accents, sa modalité. Sa puissance tragique transpose le coloris de la *Pieta* de Delacroix. Il rêvait de réformer la musique d'église. Mais il dut affronter l'opposition des cardinaux qui trai-

taient d'étrangère sa musique, toute pénétrée du style
romantique français, et qui lui préféraient Meyerbeer.
En effet, lors du dix-huitième centenaire du martyre des
apôtres saint Pierre et saint Paul, le 29 juin 1867, à cette
magnifique fête dans la basilique Saint-Pierre, le riche
programme musical ne comportait aucun morceau de
Liszt ; on joua, en revanche, des œuvres du maître de
chapelle Domenico Mustafa et le fameux unisson des
instruments à archets (les violons sur la quatrième corde)
de l'*Africaine*.

Liszt considérait la mort comme une libératrice. Il citait
le mot de Montaigne d'après lequel la mort est notre
délivrance d'un joug involontaire, conséquence du péché
originel. Son *Requiem*, bien avant celui de Gabriel
Fauré, donne au sens de la mort un caractère de douce
espérance chrétienne, celle du *Recordare pie Jesu* et *Voca
me*. « Les grands et les petits compositeurs colorent le
Requiem en noir. Dès le commencement, j'ai trouvé une
autre lumière — elle continue à rayonner, malgré les terreurs du *Dies Irae* — dans la strophe *Recordare* et celle
de ma prédilection personnelle : *Qui Mariam absolvisti,
Et latronem exaudisti, Mihi autem spem dedisti*. Ainsi d'un
bout à l'autre, jusqu'à la fin ! » (A Carolyne Wittgenstein,
17 juin 1883). Le *Requiem* pour chœur d'hommes, orgue,
cuivres et timbales *ad libitum* et le *Requiem* pour orgue,
sans thèmes grégoriens, écrits dans le style de ses poèmes
symphoniques, sont une élégie de la résignation, de la
paix, du repos, de la mort sereine.

Les ennemis les plus acharnés de la musique d'église
de Liszt étaient les Céciliens de Ratisbonne, les trois
dirigeants bornés et en même temps habiles industriels :
Haberl, auteur des publications historiques, Haller qui
compléta les parties perdues du troisième chœur de plusieurs morceaux à douze voix de Palestrina ; le membre
le plus militant et le plus buté du triumvirat était F. Witt
qui osa lancer cette devise : « Il est impossible de sauver
pour l'église Mozart, Haydn et Beethoven », ce qui
caractérise le niveau artistique de ces clercs ignares ; incapables de pénétrer le secret des plus grands génies, ils
voulaient imposer aux fidèles leurs compositions, plus
que médiocres. Ils déclenchèrent une campagne non seulement contre Liszt, mais aussi contre Bruckner et Reger.
A toutes ces attaques, Liszt répondit qu'il continuerait

d'écrire selon qu'il lui « est infligé de sentir » (A Carolyne Wittgenstein, 7 juillet 1870). Mais le vieux lutteur ne perdit pas son ironie dans la guerre contre les Beckmesser. On lit à la fin de l'autographe d'*Ossa arida (la Vision d'Ézéchiel* pour chœur d'hommes et orgue) : « Professeurs et élèves des conservatoires doivent profondément blâmer dans les vingt premières mesures les dissonances inusitées de la superposition consécutive des tierces. Malgré cela, scripsit Fr. Liszt » (Villa d'Este, 18-21 octobre 1879). Haberl, qui avait applaudi la *Missa choralis,* « cette prière musicale » de Liszt, n'eut rien de plus pressé, sitôt la mort du maître, que de rayer sa messe du catalogue des Céciliens... Le *Motu proprio* de Pie X proclamait qu'une composition d'église est d'autant plus sacrée et liturgique que, par l'allure, l'inspiration et le goût, elle se rapproche davantage de la mélodie grégorienne. La porte était ainsi ouverte aux imitateurs. La restauration thomiste, instaurée par Léon XIII, considérait la musique uniquement *ad devotionem excitandam,* et voulait proscrire les instruments parce que *delectatio corporalis idea sunt contra sapientiam.* Cette austère mentalité condamnait toute la musique romantique et contemporaine. Heureusement l'encyclique *Mediator Dei et Hominum* de Pie XII a rompu avec cette conception étroite. Deux bénédictins, les Pères Sambeth et Söhnel, de l'abbaye de Beuron, ont révélé avec une rare compétence unie au zèle apostolique, la grandeur et la ferveur catholique de la musique d'église de Liszt.

Liszt exerça un fort ascendant sur ses contemporains (Chopin, Draeseke, Saint-Saëns, les Russes, etc.). On n'a pas dit encore le dernier mot sur l'amitié Wagner-Liszt, si exaltée par les chroniqueurs officiels et officieux de Bayreuth. Ce n'est que depuis la mort de Cosima et de Siegfried que l'on commence à publier, petit à petit, les passages supprimés des lettres de Wagner concernant la personne et surtout l'art de Liszt. Au début, leur amitié fut sincère. Liszt se passionna pour *Lohengrin* et les différents projets de Wagner, il voulut même retenir pour Weimar le *Jung Siegfried* et plus tard *Tristan et Isolde.* Mais un grand froid paralysa bientôt les relations de ces deux compagnons d'armes. Wagner critiquait sans cesse Liszt, lui extorquait des sommes de plus en plus importantes (en réalité à la princesse) et essayait de toucher

des acomptes au Théâtre de Weimar, en mettant Liszt
en cause, quand ce dernier avait déjà démissionné. Mais
ce fut surtout l'attitude de Wagner à l'égard de la
musique de Liszt qui mit en fureur la princesse et désap-
pointa Liszt. Tandis que celui-ci faisait une propagande
enflammée pour Berlioz et Wagner, l'auteur de *Lohengrin*
prit ombrage de l'admiration de son ami pour Berlioz
avec qui pourtant il aurait voulu mettre en musique son
Wieland, le forgeron. Dans ses lettres à Liszt, nous lisons
quelques compliments banals sur les œuvres de son ami,
mais Wagner dévoile son vrai visage dans une lettre
à Mathilde Wesendonk : « J'ai vu la nouvelle école
française, Victor Hugo en tête (au sens figuré, le poète
étant en exil depuis le coup d'État) et je ne veux pas
nier qu'une bonne partie de la musique de Liszt m'est
encore antipathique car j'y retrouve la même manière »
(passage supprimé et rétabli par Julius Kapp). Wagner
ne voulut jamais diriger une œuvre de Liszt. Passant
une saison entière à Londres à la tête d'un orchestre,
il inscrivit à son programme des œuvres de Spohr, de
Mendelssohn, et autres musiciens de second ordre, mais
nul ouvrage de Liszt.

Tout fut rompu entre les deux hommes lorsque Cosima
quitta son mari, Hans von Bülow. Liszt ne douta pas
que sa fille, dès la première année de son mariage, eût
trompé son mari avec Alexander Ritter (c'est Wagner
lui-même qui raconte l'histoire dans une lettre à Mathilde
Wesendonk, supprimée et rétablie par Julius Kapp). La
rupture dura jusqu'en 1872. La princesse, qui avait tenté
de défendre Liszt contre Cosima et Wagner, avait rebuté
son amant par ses absurdes conceptions artistiques et
théologiques et surtout par ses idées réformatrices qu'elle
exposa dans ses vingt-quatre volumes sur *les Causes intérieures de la faiblesse extérieure de l'Église* (Rome, 1870). Elle
voulait tenir le rôle de « matriarche » de l'Église (le mot
est de Veuillot). En 1873, sur l'initiative de Cosima, Liszt
et Wagner s'étaient réconciliés. Mais le créateur de *Lohengrin* ne fut jamais invité à diriger quoi que ce soit à Bayreuth. Liszt qui fuyait sa princesse graphomane se sentait
très seul et croyait que l'enfant unique qui lui restât des
trois « était bien sa fille ». Il devait amèrement reconnaître qu'il se trompait. Cosima était bien fille de sa mère,
elle avait la même incompréhension, la même dureté, le

même cynisme. On est révolté à la lecture des lettres et des mémoires des élèves attestant qu'elle contraignit son vieux père, déjà mortellement atteint, à assister aux représentations de Bayreuth, pour augmenter la faible recette par sa présence publicitaire, qu'elle lui refusa les derniers sacrements et le fit enterrer sans un accent de sa musique. La fin tragique de Liszt fut le début de la guerre que « la sainte famille » de Bayreuth fit à son grand-père et qu'elle lui fait encore aujourd'hui. Tout récemment, sa petite-fille, Friedelinde Wagner, déclara dans son livre que « Liszt compositeur n'était pas un génie » (*Héritage du feu*, p. 38).

La confrontation chronologique des œuvres de Liszt et de Wagner rend évident que l'auteur de *Tristan et Iseult* ne put se soustraire à l'influence de l'œuvre de Liszt. Les deux premiers volumes de l'*Album d'un voyageur* dévoilent déjà tous les aspects de la technique lisztienne. Alors que Wagner n'a encore en chantier que *Rienzi*, Liszt est aux prises avec sa *Sonata quasi una fantasia*, après une lecture de Dante (1839). Au début de l'année 1855, presque tous ses poèmes symphoniques sont achevés; à l'exception du chœur final, la *Symphonie de Faust* est terminée depuis le 15 octobre 1854. Chez Wagner, de 1849 à 1853, aucune création. Il se contente d'exposer ses théories dans diverses publications. Mais un trésor harmonique s'accumule dans son âme sous l'effet du choc occasionné par Liszt. L'influence de l'œuvre de Liszt sur Wagner se décèle sur trois points : le langage, la conception verticale et le coloris orchestral. Le second point est le plus important. La structure harmonique de *Tristan et Iseult* et de la *Tétralogie* a pris racine chez Liszt. « Depuis que j'ai fait la connaissance des œuvres de Liszt, au point de vue harmonique, je suis devenu un autre homme », avoue Wagner à Richard Pohl. Le chromatisme, les altérations et les enharmonies de Liszt étaient d'une captivante nouveauté pour Wagner. L'exploitation des appoggiatures, des septièmes diminuées de *Tristan,* trouve son origine dans les œuvres de Liszt. La texture thématique du maître hongrois est caractérisée par la fréquence des septièmes diminuées, d'une intensité bien plus profonde que chez Chopin ou chez Schumann. Ses *Harmonies poétiques et religieuses* (1834) se basent entièrement — excepté la section médiane — sur la septième diminuée

fa dièse — la — do — mi bémol. La deuxième *Apparition*,
Vivamente, montre une septième diminuée résolue sur une
autre septième (mesures 16-17). C'est déjà l'accord
de *Tristan*. On peut objecter qu'il n'a aucun caractère
assombri. La parenté n'est que visuelle. Le lied *Ich möchte
hingehen,* de Liszt, épitaphe de son amour pour Caroline
de Saint-Cricq, débute par deux cadences nostalgiques.
C'est par ces mêmes cadences sur *si* et sur *mi*, répétées en
séquence, d'une tonalité identique — *la mineur* — que
s'ouvre le Prélude de *Tristan* (ex. 4). Liszt avait jeté la
sienne sur le papier dix ans avant que Wagner n'eût écrit
une seule note de *Tristan*. Il est vrai que cette succession
de septièmes se résout sur un accord parfait, résolution
passagère néanmoins, qui n'apaise pas la tension harmonique. En progression chromatique, les septièmes altérées de Liszt se comportent comme des accords parfaits
dont la succession amènerait une subite accalmie. A la
manière de Liszt, Wagner les appliqua systématiquement.
Il définit la signification de ces septièmes en contorsion
chromatique : « Tout est vain, le cœur retombe impuis-
sant pour s'épuiser dans la langueur ».

Ex. 4.

Il y a déjà plus de cinquante ans qu'un élève de Liszt,
Auguste Stradal, mettant en regard quelques douzaines
de thèmes ou motifs de Liszt et de Wagner, constata la

priorité de son maître. Un passage de *Ce qu'on entend sur la montagne* accuse une identité surprenante avec un motif du troisième acte de *Tristan et Iseult*. La charge de cavalerie de *la Bataille des Huns* réapparaît dans *la Chevauchée de la Valkyrie*. Mêmes accords arpégés, s'élançant en progression à 4/4 chez Liszt, à 9/8 chez Wagner. Le motif de l'accord augmenté et arpégé du *Faust* de Liszt, qui d'ailleurs fait penser à la scène de l'église du *Faust* de Schubert, est analogue à la mélodie visionnaire de Sieglinde dans le deuxième acte de *la Valkyrie*. Une ressemblance étonnante surgit entre la scène du Voyageur de *Siegfried* et un passage de l'*Orphée* de Liszt. Le motif de la Cène de *Parsifal* se trouve dans le Prélude des *Cloches de la cathédrale de Strasbourg,* lequel est indépendant de la cantate et met en musique un autre poème de Longfellow, *Excelsior* :

Ex. 5.

On pourrait ainsi poursuivre longtemps cette énumération. Wagner ne se contenta pas d'emprunter des motifs, il imita aussi leur développement, la peinture psychologique des caractères. La montée de l'extase de la *Bénédiction de Dieu dans la solitude* rappelle l'élévation et le délire d'Iseult. Rythme et carrure thématique, et toute l'ambiance du *Forgeron* de Liszt sur le texte de Lamennais, contiennent en germe le *Chant de la forge* de *Siegfried*.

Les débuts de Liszt orchestrateur furent singuliers. Le piano, après lui avoir révélé tous ses secrets, ne veut plus le lâcher. Il craint l'orchestre latent de son piano, sa crainte lui suggère la fâcheuse idée de recourir aux services de collaborateurs : August Conradi et Joachim Raff. Il rejettera d'ailleurs leur instrumentation et trouvera rapidement son langage personnel grâce à son activité de chef d'orchestre. Même Vincent d'Indy, étourdi du vertige wagnérien et qui ne saisit rien de la grandeur de Berlioz ou de Liszt, constate que « ce qu'on est convenu d'appeler l'orchestre wagnérien, c'est plutôt la musique de Wagner dans l'orchestre de Liszt et de Berlioz ». A l'instar de sa thématique, l'orchestre de Liszt porte un cachet franco-italien. La grande variété rythmique de l'accompagnement lui fut suggérée par Rossini et d'autres *maestri* dont il admirait la musique; l'emphase de son orchestre, le langage héroïque, par Spontini mais surtout par l'opéra français, notamment Auber *(la Muette de Portici)*. L'instrumentation de Liszt est toujours d'une transparence latine. La légèreté de Gretchen, c'est bien l'emprise de Berlioz, avec sa délicatesse et son raffinement chromatiques, Liszt la rend encore plus aérienne. Il a individualisé ses instruments, puis a synthétisé leurs timbres, conséquence naturelle de l'agencement de ses motifs, de ses combinaisons verticales. La puissance pénétrante, parfois trop scintillante, de Liszt diffère de la splendeur homophone de Berlioz, mais aussi de la pesanteur polyphone et cuivrée de Wagner. Par rapport à la masse des instruments, l'orchestre de Liszt est beaucoup plus réduit dans ses effectifs. Les bois sont appliqués en triples groupes, jamais en quatre parties comme chez Wagner. La technique des vents chez Liszt est moins massive que celle de Wagner, spécialiste du registre grave des cuivres lourds. Le maniement des cordes chez Wagner reflète le mieux l'influence de Liszt, en revanche il est presque impossible de découvrir dans l'œuvre de Liszt des effets de cordes provenant de Wagner. Peut-être les trémolos aigus des violons du *Gloria* de la *Messe de Gran* qui précèdent la fanfare céleste des hautbois, annonçant au monde la naissance de l'Enfant divin, peuvent-ils rappeler les sons harmoniques des violons divisés du Prélude de *Lohengrin*. Le récitatif orchestral de Liszt agit sur la déclamation de Wagner.

Comme tous les romantiques, Liszt et Wagner se jetèrent passionnément dans la politique. Leur évolution — celle de Liszt commencée aux barricades de juillet 1830, et celle de Wagner aux barricades de mai 1849 — les amena à l'impérialisme dont Wagner sera le profiteur, Liszt seulement l'admirateur et, d'après le témoignage des documents récemment publiés, tous deux agents secrets de deux causes ennemies. Remarquons encore que le catholicisme de Liszt, son *Christus,* influença Wagner notamment dans *Parsifal* où la princesse Wittgenstein ne voyait qu'une « contrefaçon blasphématoire de l'eucharistie ».

Le créateur Liszt portait en lui un ennemi implacable, le virtuose. Ses contemporains ne voulaient voir en lui qu'un prestidigitateur du piano, panaché d'un Don Juan. Ses deux compagnons d'armes, pour lesquels il ne ménageait ni sa peine ni son argent, devinrent même les plus grands ennemis de sa musique. Berlioz tenait l'œuvre de Liszt pour la « dénigration absolue de l'art ». Wagner, qui pillait son patrimoine mélodique, sa technique et son zèle d'apôtre, voulait étouffer Liszt pour écarter tout obstacle à son impérialisme. Tous les contemporains, Chopin, Schumann, Mendelssohn, Brahms, se dressaient contre Liszt qui n'avait qu'un seul appui... Meyerbeer. Lorsque enfin triompha la « musique de l'avenir », Liszt fut relégué au rôle de commis voyageur de Bayreuth. Les snobs, les affairistes de Bayreuth, ses propres descendants proscrivirent sa musique.

De la trinité romantique, Berlioz - Liszt - Wagner, Liszt fut le dernier à se faire connaître du public. Berlioz, le plus original des trois, avait un pied dans le camp adverse. Wagner, dont les débuts furent bien conservateurs, était convaincu qu'on ne pouvait aller plus loin que lui. A Liszt manquait toute attache avec le classicisme, il était entièrement sous la bannière du progrès éternel. Sa musique ne lui barrait pas les horizons comme ce fut le cas de Berlioz ou de Wagner. Liszt avait des horizons sans fin. Il réalisa non seulement le retour à Bach par son style linéaire, mais aussi le retour à la musique d'avant Bach par la musique modale.

Un historien américain discerne une triple révolution au xixe siècle : révolution biologique incarnée par Darwin, politique représentée par Marx, et artistique déclenchée par Wagner. Sans vouloir discuter la part qui revient à Hegel dans la doctrine marxiste, il est faux que la révolution musicale du xixe siècle s'attache au nom de Wagner. Son initiative et son originalité sont dues à Berlioz et à Liszt. Mais le public, égaré et abruti par la propagande de cette entreprise politique et commerciale que fut Bayreuth, exaltait Wagner et fuyait Liszt surtout en France comme s'il était ce Docteur Faustus (alias Schönberg) de Thomas Mann, qui voulait abolir la musique. Ravel en est encore témoin en 1912 :

Une grande partie du public qui a applaudi la scène finale du *Crépuscule des dieux* n'a pas manqué de manifester contre le splendide poème de Liszt : *les Idéals*. Sans doute cette image géniale paraissait un peu longue à première audition. Mais l'est-elle réellement moins que la scène finale du *Crépuscule des dieux* dont le succès au même concert fut unanime ? N'y a-t-il pas assez de qualités dans ce bouillonnement tumultueux, dans ce vaste et magnifique chaos de matière musicale où puisèrent plusieurs générations de compositeurs illustres ? C'est en grande partie à ces défauts, il est vrai, que Wagner doit sa véhémence déclamatoire, Strauss son enthousiasme de coltineur, Franck la lourdeur de son élévation, l'école russe son pittoresque clinquant, l'école française actuelle l'extrême coquetterie de sa grâce harmonique. Mais ces auteurs si dissemblables ne doivent-ils pas le meilleur de leurs qualités à la générosité musicale vraiment prodigieuse du grand précurseur ? (S.I.M., 15 février 1912, Concert Lamoureux.)

Finalement le public se rendit compte que Wagner dans son théâtre avait popularisé la substance de l'œuvre et de la technique de Liszt, quelquefois avec des intuitions merveilleuses, mais bien souvent en les alourdissant par les procédés pénibles d'une mécanique cérébrale. Le monde fut agréablement surpris de trouver à la salle de concert dans les œuvres de Liszt la musique de Wagner, décongestionnée, sans lourdeur ni longueur, sans ces opérations de remplissage que Paul Dukas appelle avec un euphémisme bienveillant « amplification ». On s'aperçut que Wagner avait germanisé la musique latine de Liszt. Wagner « fut un beau coucher de soleil qu'on a pris pour une aurore », disait Debussy. C'est exact, mais cette aurore, ce fut Franz Liszt.

L'individualité de Liszt embrasse des perspectives illimitées, des contrastes absolus : frotter les intervalles, estomper les courbes, d'autre part revenir à la ligne, à son élan, et les assembler avec une logique tranchante. S'il fut le premier compositeur modal, il fut aussi le premier impressionniste, le premier linéaire, le premier cubiste, mais toujours musicien du subconscient. Sa musique anticipe le microfilm de l'art du XXe siècle.

Nos contemporains se partagent l'héritage prodigieux

qu'il nous a légué : guerre à la mécanique tonale, avènement de la polytonalité, création d'une nouvelle psychologie sonore. Tous les compositeurs modernes, polyhar-
monistes, dodécaphonistes, descendent en ligne directe
de Liszt. En 1861, il prédit l'épuisement du dualisme
harmonique et ironise sur le système des quarts de ton.
Les Allemands, de Bruckner à Strauss, à Hugo Wolf,
à Mahler, à Max Reger et même son détracteur Brahms
(*Intermezzo en mi bémol mineur,* op. 118, nº 6) ont subi
son emprise. En proclamant l'égalité des sons et leur
défonctionnalisation, Schönberg et son école marchent
sur les traces de Liszt. Les Russes, de Balakirev à Borodine, à Rimsky-Korsakov, se nourriront de l'esthétique
de ses poèmes symphoniques. Moussorgsky, dynamiteur
de tous les codes, qui rêva toujours de rencontrer Liszt,
s'étonnait des variations du thème grégorien du *Dies
Irae* et lui doit l'élément liturgique de son style, le développement des mélodies populaires et son inspiration
« humanitaire ». Viennent ensuite dans le sillage de Liszt,
Scriabine, avec son système de quartes superposées
(*do-fa dièse-si bémol-mi la-ré*), Stravinsky avec les têtes
de rechange de sa muse, Prokofiev avec son dynamisme
harmonique et rythmique.

Chez les Français : le style gothique de César Franck,
la musique à programme de Saint-Saëns. La reviviscence
du modal créé par Liszt agit sur Bourgault-Ducoudray
(« Parmi les jeunes compositeurs, lauréats de l'Académie
de France, c'est Bourgault-Ducoudray qui a prêté l'oreille
la plus bienveillante à deux ou trois de mes compositions d'église », écrit Liszt le 23 juin 1874 à Carolyne
Wittgenstein); elle rejaillit sur Fauré, Debussy et Emmanuel. Et la texture du piano de Ravel, la diablerie de
Delvincourt, les modes à transposition limitée d'Olivier
Messiaen. Les émules espagnols sont Albeniz, Falla,
Turina; les Italiens : Respighi, Casella, Malipiero; les
Hongrois : Mihalovich, Bartók, Kodály, Dohnányi, qui
prennent racine dans son œuvre. Il donna l'impulsion aux
recherches folkloriques, à l'épanouissement des écoles
nationales qu'il affranchit du langage néo-romantique
allemand. L'œuvre du maître demeure inépuisable et
nous réserve encore beaucoup de surprises. Liszt reste à
jamais le musicien de demain.

Émile Haraszti.

BIBLIOGRAPHIE

ARMINSKY, H., *Die ungarischen Phantasien Fr. Liszts,* Vienne, 1929.

BARZUN, Jacques, *Darwin, Marx, Wagner. Critique of a Heritage,* Boston, 1941.

BORY, Robert, *Une retraite romantique en Suisse,* Genève, 1923.

BORY, Robert, *Diverses Lettres inédites de Liszt,* Zürich, 1928.

BORY, Robert, *La vie de Fr. Liszt par l'image,* Genève, 1936.

BOUTAREL, Amédée, *L'œuvre symphonique de Fr. Liszt et l'esthétique moderne,* Paris, 1886.

BREITHAUPT, Rudolf, *Liszts Klaviertechnik,* « Die Musik », t. XIX, 1905-1906.

BUSONI, F., *Die Ausgaben der Lisztschen Klavierwerke,* dans « Allegemeine Musikzeitung », nos 30-31, 39-40, Berlin, 1900.

CALVOCORESSI, M. D., *Franz Liszt,* Paris, 1906.

CHANTAVOINE, J., *Liszt,* Paris, 1910.

DEBIEY, Herbert, *Die Klaviertechnik des jungen Fr. Liszts,* Berlin, 1931.

EUGEL, Hans, *Franz Liszt,* Potsdam, s.d.

FRIEDLANDER, E., *Wagner, Liszt und die Kunst der Klavierbearbeitung,* Detmold, 1922.

GARDONYI, Zoltan, *Ungarische Stileigentümlichkeiten in Fr. Liszts Werken,* Berlin, 1931.

GIL-MARCHEX, Henri, *A propos de la technique de piano de Liszt,* dans « Revue musicale », Paris, 1er mai 1928.

GÖLLERICH, A., *Franz Liszt, avec catalogue des œuvres,* Berlin, 1908.

HAHN, Arthur, *Fr. Liszts symphonische Dichtungen. Erläuterung mit einer Einleitung von Pochhammer,* Berlin, 1910.

HANSLICK, E., *Die moderne Oper. Kritiken und Studien,* vol. IV-VI, Berlin, 1879-1900.

HARASZTI, Emile, *Liszt à Paris* (quelques documents inédits), dans « Revue Musicale », 1936.

HARASZTI, Emile, *Fr. Liszt, Author despite himself,* dans « Musical Quarterly », New York, octobre 1947.

HARASZTI, Emile, *Les origines de l'orchestration de Liszt,* dans « Revue de Musicologie », Paris, 1953.

HARASZTI, Emile, *Deux agents secrets de deux causes ennemies : Fr. Liszt et R. Wagner,* dans « Revue d'histoire diplomatique », Paris, 1953.

HARASZTI, Emile, *Genèse des Préludes de Liszt qui n'ont aucun rapport avec Lamartine,* dans « Revue de Musicologie », Paris, 1954.

HARASZTI, Emile, *Un romantique déguisé en tzigane (l'Histoire des Rapsodies hongroises)*, in « Revue belge de Musicologie », Bruxelles, 1953-1954.

HUNEKER, G., *Franz Liszt*, New York, 1911.

KAPP, Julius, *Richard Wagner und Franz Liszt. Eine Freundschaft*, Berlin, 1908.

KLASINE, Roman, *Die konzertante Klaviersatztechnik seit Liszt*, Vienne, 1934.

KOKAI, Rudolf, *Fr. Liszt in seinenfrühen Klavierwerken*, Leipzig, 1933.

KURTH, Ernst, *Romantische Harmonik und ihre Krise in Wagners Tristan*, Berne, 1920.

LA MARA, *Aus der Glanzzeit der Weimarer Altenburg*, Leipzig, 1926.

LANDAU, Héla, *Die Neuerungen der Klaviertechnik bei Fr. Liszt*, Vienne, 1933.

MARMONTEL, A., *Les pianistes célèbres. Silhouettes et médaillons*, Paris, 1882.

NEWMANN, A., *The Man Liszt. A Study of the Tragicomedy of a Soul Divided against itself*, Londres, 1934.

OREL, Dobroslaw, *Fr. Liszt à Bratislava*, Bratislava, 1925 (en slovaque).

PROD'HOMME, J. G., *Fr. Liszt*, Paris, 1910.

RAABE, Peter, *Die Entstehungsgeschichte der Orchesterwerke Fr. Liszts*, Leipzig, 1916.

RAABE, Peter, *Fr. Liszt. Sein Leben und Schaffen*, avec le catalogue de Félix RAABE, vol. I-II, Stuttgart, 1931.

RAMANN, Lina, *Fr. Liszt als Künstler und Mensch*, avec la liste des œuvres, vol. I (1880), II (1887), III (1894).

REUSS, Edouard, *Liszts Lieder*, Leipzig, 1907.

RIETSCH, H., *Die Tonkunst in der zweiten Hälfte des XIX. Jahrhunderts*, Leipzig, 1906.

RÜSCH, Walter, *Fr. Liszts Années de Pèlerinage. Beiträge zur Geschichte seiner Persönlichkeit und seines Lebens*, Zürich, 1934.

SAMBETH, Peter H., *Gregorianische Melodien in den Werken Fr. Liszts mit Berücksichtigung seiner Kirchenmusikreformpläne*, Regensburg, 1925.

SCHERING, A., *Über Liszts Persönlichkeit und Kunst*, Leipzig, 1937.

SCHORN, Adelhaid von, *Zwei Menschenalter. Erinnerungen und Briefe aus Weimar und Rom*, 5e éd., Stuttgart, s.d.

SITWELL, Sachewerell, *Liszt*, Londres, 1934.

SOHNEL, le Père Léo, *Liszt und die katholische Kirchenmusik*, Vienne, 1927.

SOMMSICH, André, *Fr. Liszt*, Budapest, 1925 (en hongrois).

STENGEL, Theophile, *Die Entwickelung des Klavierkonzertes von Liszt bis zur Gegenwart*, Heidelberg, 1931.

STRADAL, August, *Erinnerungen an Fr. Liszt,* Berlin, 1929.
WALLACE, William, *Liszt, Wagner and the Princess,* New York, 1927.
WOHL, Janka, *Souvenirs d'un compatriote,* Paris, 1887.

CORRESPONDANCE

Correspondance de Liszt et de Madame d'Agoult, publiée par Daniel OLLIVIER, vol. I-II, Paris, 1934.
Correspondance de Liszt et de sa fille Mme Emile Ollivier (1842-1862), publiée par Emile OLLIVIER, Paris, 1936.
Liszt et ses enfants (Blandine, Cosima et Daniel) : correspondance inédite avec la princesse Marie Sayn-Wittgenstein, Paris, 1936.
Autour de Mme d'Agoult et de Liszt. Lettres publiées avec une introduction et des notes par Daniel OLLIVIER, Paris, 1941.
Fr. Liszts Briefe, vol. I-VIII, publié par LA MARA, Leipzig, 1893-1904.
Briefe an seine Mutter, publié par LA MARA, Leipzig, 1918.
Briefe an Carl Gille, publié par A. STERN, Leipzig, 1903.
Briefwechsel zwischen Fr. Liszt und H. von Bülow, publié par LA MARA, Leipzig, 1898.
Briefwechsel zwischen Wagner und Liszt, publié par Eric KLOSS, vol. I-II, Leipzig, 1887.
Briefwechsel zwischen Fr. Liszt und Carl Alexander, Grossherzog von Sachsen, publié par LA MARA, Leipzig, 1909.
Fr. Liszts Briefe an Baron Anton Augusz, publié par Wilhelm von CSAPO.
Notes de Mme Auguste BOISSIER, *Liszt pédagogue,* leçons de piano données par Liszt à Mlle Valérie Boissier; Paris, 1928.

ÉDITIONS DES ŒUVRES

Thematisches Verzeichnis der Werke, Bearbeitungen und Transcriptionen von F. Liszt. Neue vervollständigte Ausgabe, Leipzig, Breitkopf und Härtel, 1882.
(Trente volumes ont paru des *Œuvres complètes* de Liszt, publiées par Breitkopf und Härtel.)
Gesammelte Schriften von Fr. Liszt, Leipzig, 1880-1883, vol. I-VI publiés par Lina RAMANN.
Catalogue des œuvres de Liszt, par RAMANN (voir ci-dessus); par GÖLLERICH, par Félix RAABE, par Humphrey SEARLE (volume supplémentaire du *Dictionnary of Music* de Grove, London, 1940), par Erwin MAJOR (bibliographie des œuvres hongroises de Liszt, revue « Ethnographia », Budapest, 1939).
La Bibliothèque municipale de Budapest a publié en 1955 une bibliographie hongroise de Liszt.

RICHARD WAGNER

Reviendrons-nous sur la biographie de Richard Wagner ? Elle a été luxueusement, flatteusement romancée. Tous les épisodes en sont connus : l'enfance de ce fruit équivoque de deux pères, les révélations musicales à Dresde et Leipzig, les errances du chef de chant de Wurzbourg, du chef d'orchestre endetté de Magdebourg et de Riga. On connaît la fuite, en 1839, pour Paris, par la Baltique et le Skagerrak, avec Minna, l'épouse insuffisante; les vaines démarches dans la capitale, les transcriptions pour piston, la demi-misère, les humiliations et les rancunes, le retour en Allemagne trois ans plus tard, où 1848 voit le *Hofkapellmeister* de Dresde s'enfuir proscrit pour crime de révolution.

L'idylle des mois d'exil — 1857-58 — avec Mathilde Wesendonk dans l'Asile zurichois a été abondamment fleurie. L'errance encore, après la rupture : vers Venise, vers Lucerne, conduit Wagner toujours, et jamais par hasard, au milieu de paysages spectaculaires. Comme jadis le Harz, ce seront les Alpes en leur essence la plus sauvage, les lacs italiens où se profilera le jardin parsifalien des filles-fleurs. On sait enfin comment se présente, à l'aube du désespoir, l'archange sous la figure d'un jeune roi enthousiaste et neurasthénique, promis à une fin wagnérienne dans les eaux d'un lac bavarois.

Le rapt de Cosima, seconde fille de Liszt, constitue le second épisode sentimental, sur lequel de moindres se broderont encore. Nietzsche fut-il, dans les entrevues de Tribschen, à deux pas de Lucerne, amoureux jaloux et refusé de Cosima comme le pense, ou l'invente, Charles Andler ? Et n'est-il pas très imprudent de prêter au « Fall Wagner » d'aussi douteux mobiles ? Bayreuth en 1872, l'inauguration du Festspielhaus en 1876 devant les souverains allemands réunis, le triomphe en 1882 de *Parsifal,* consécration de l'église wagnérienne et du pèlerinage, la mort à Venise quelques mois plus tard, —

à une date depuis longtemps prévue, « mein glücklicher Tod » : qui n'a, dans ce temps d'après deux guerres, rêvé devant la grande dalle fruste où, près de la villa Wahnfried, reposent Richard et Cosima côte à côte derrière les grilles qui leur garantissent un peu de respect ? Le problème n'est plus là.

Une chronologie élémentaire fixera les épisodes et les schémas.

1813 : naissance à Leipzig.

1832 : première symphonie. *Les Noces.*

1833 : Wagner est chef de chœur à Wurzbourg. *Les Fées.*

1834 : Wagner est chef d'orchestre à Magdebourg. *La Défense d'aimer.*

1836 : mariage avec Minna Planer.

1838-39 : Wagner à Riga (du 21 août 1837 au 9 juillet 1839). Esquisse de *Rienzi* commencée à Dresde en juillet 37. Deuxième acte terminé le 9 avril au moment où Wagner va perdre sa situation de *Musikdirektor* et fuir la prison pour dettes.

1839 : juillet, fuite par mer; 12 août, passent à Londres; 20 août, abordent à Boulogne. Décembre, *Faustouverture.*

1840 : 25, rue du Helder. *Rienzi* terminé le 19 novembre; Wagner soumet à Léon Pillet l'esquisse en prose du *Vaisseau fantôme.* Premiers écrits : *le Virtuose et l'Artiste, Pèlerinage beethovénien.*

1841 : texte du *Vaisseau fantôme* (rejeté par l'Opéra) mis en poème (18 mai). Partition terminée le 21 octobre, 14, rue Jacob.

1842 : 7 avril : les Wagner quittent Paris. Esquisse de *Tannhäuser* à Teplitz-Schönau. Première de *Rienzi* à Dresde (Reissiger).

1843 : 2 janvier : échec à Dresde du *Hollandais.* Mai : esquisse du *Festin des Apôtres.* Terminé le 29 juin, première audition à la Frauenkirche de Dresde le 6 juillet. *Tannhäuser* mis en chantier. Il est terminé le 13 avril 1845. Wagner chef d'orchestre de cour. Entre 1844 et 1848, vision panoramique de l'œuvre wagnérien. Esquisse des *Maîtres chanteurs* commencée le 16 juillet 1844. Esquisse de *Lohengrin* commencée en août après l'esquisse en prose. Esquisse du *Mythe des Nibelungen* terminée en octobre 1848. *Tannhäuser* contenant la matière de *Parsifal* en germe, seul *Tristan* n'est pas encore en projet. *Lohengrin* commencé en 1846 est terminé le 28 avril 1848.

1849 : esquisse de *Jésus de Nazareth*. Le texte de *la Mort de Siegfried* a été terminé fin décembre 1848. Mai : le mandat d'amener oblige Wagner à fuir Weimar. Il se fixe à Lindau. Voyage inutile à Paris et retour à Zürich. Traités : *l'Art et la Révolution* (juillet) et *l'Œuvre d'art de l'avenir* (novembre).

1850 : esquisse *Wieland der Schmied*. Février-juillet en France (Paris, Bordeaux, Lyon). Envoi de *Lohengrin* à Weimar sur les instances de Liszt. Première de *Lohengrin* le 28 août (Liszt). Esquisses de *la Mort de Siegfried*. Traités : *la Musique et le judaïsme*. *Opéra et Drame* (terminé le 10 janvier 1851).

1851 : Le plan définitif du *Ring* en quatre parties : octobre. En novembre, esquisses de *l'Or du Rhin* et de *la Walkyrie* commencées.

1852 : Fin février : première rencontre avec les Wesendonk. 1er juillet : texte de *la Walkyrie* terminé. 3 novembre : texte de *l'Or du Rhin* terminé. Ils sont publiés à compte d'auteur en tirage limité et envoyés à des amis. Pèlerinages de haute montagne avec Liszt. Wesendonk finance deux voyages en Italie : juillet 52 et août 53. Révélation à La Spezia du prélude de *l'Or du Rhin* pendant la sieste du 5 septembre. Composition immédiatement engagée.

1854 : 28 mai : *l'Or du Rhin* terminé. 28 juin : mise en chantier de *la Walkyrie*. Octobre : Wagner lit pour la première fois Schopenhauer. Commence à ce moment *Tristan* en esquisse (à Liszt : « monument éternel à l'amour que je n'aurai pas connu »). *La Walkyrie* occupe Wagner de juin 54 à mai 56.

1856 : Mai, esquisse des *Vainqueurs* ; août : commence
Siegfried qu'il abandonnera en juin 57 pendant
l'idylle Wesendonk.

1857 : 10 avril (?) conception de *Parsifal,* esquisse
immédiate. 28 avril : emménagement chez
Wesendonk à l'Asile. (En mars invitation (?)
à écrire un *Tristan* avec livret italien pour le
Brésil.) Juillet : quelques semaines à nouveau
sur *Siegfried. Tristan* terminé en esquisse poétique le 18 septembre, la composition s'engage le 1er octobre. Les Wesendonk viennent
habiter la « maison des maîtres » de l'Asile.
(Mariage de Cosima et de Hans von Bülow.)
Wesendonklieder de novembre au 18 décembre.

1858 : Incidents avec Wesendonk. Wagner est à Paris
du 14 janvier au 3 février. Concert privé le
31 mars pour Wesendonk dans sa villa.
Esclandre de Minna Wagner au moment où
la partition de *Tristan* est achevée (avril) pour
le premier acte. Wagner entreprend l'acte II.
Fuite de l'Asile le 17 août. Wagner est à Venise
le 30. (Mars 59 : Milan, puis Lucerne. *Tristan*
est terminé le 6 août 1859 « à 5 h 1/2 de l'après-
midi ».)

1859 : Paris le 11 septembre (4, avenue Matignon).
Minna consent à rejoindre Wagner le 17 novembre. Concerts à Paris et Bruxelles.

1860 : Voyages en Allemagne, retour à Paris (3, rue
d'Aumale) où l'Opéra commence le 24 septembre les répétitions de *Tannhäuser.* Octobre-
décembre : remaniement du premier acte. La
bacchanale est terminée le 28 janvier 1861.

1861 : Mars : première de *Tannhäuser.* Déjà en février,
lettre de Baudelaire. 8 avril : article de Baudelaire. Voyages entre Paris et Carlsruhe, puis
Vienne. (Première de *Lohengrin.*) Winterthur
et Zurich. Wagner habite seul chez A. de Pourtalès, 78, rue de Lille. Rencontre avec Cosima
von Bülow. 12 novembre (en chemin de fer) :
esquisse de l'ouverture des *Maîtres chanteurs* et
terminaison de l'esquisse en prose. Lecture
le 3 décembre chez Schott à Mayence. Le texte
définitif est terminé à Paris le 31 janvier 1862,

pendant un séjour de deux mois. Voyages à Mayence, Biebrich, Francfort, Carlsruhe. Idylle Mathilde Maier. Ouverture I et III des *Maîtres*.

1862 : Voyages en Rhénanie toujours, puis à Vienne, Prague; Berlin en février 1863 puis Saint-Pétersbourg et Moscou. Retour à Vienne en mai, puis nouveaux voyages en Allemagne et Hongrie. Wagner quitte Vienne et son installation, pour dettes et procès. Écrit son épitaphe.

1864 : 3 mai : Wagner, invité par Louis II, se rend à Munich. Wagner reprend *Siegfried* en septembre (premier acte; deuxième acte en décembre 65; reprend l'œuvre en février 69, pour terminer *Siegfried* en août). Ces cinq années apportent l'idylle avec Cosima (qui donne à Wagner leur premier enfant, Isolde, le 10 avril 65), la première de *Tristan* (Bülow) à Munich, les premières pages de l'autobiographie (*Mein Leben*) dictées à Cosima (17 juin 65), l'esquisse (en prose comme toujours) de *Parsifal,* les difficultés avec Louis II à propos de Cosima (qui n'a pas encore quitté Bülow), la fugue de Cosima le 8 mars 66; cependant que Wagner commence la mise au net du premier acte des *Maîtres* (février 66). Les conflits surgis depuis l'idylle Cosima retardent Wagner qui ne terminera *les Maîtres* que le 24 octobre 1867. Février 1867, naissance d'Éva, seconde fille de Cosima et de Wagner.

1869 : Première visite de Nietzsche à Tribschen (17 mai). 6 juin : naissance de Siegfried Wagner. 22 septembre : première de *l'Or du Rhin* à Munich. Octobre : première esquisse du *Crépuscule.*

1870 : Projet d'un théâtre à Bayreuth. Wagner et Cosima s'unissent à Lucerne le 25 août. 4 décembre, *Siegfried Idyll* est terminé.

1871 : Wagner termine *Siegfried* (troisième acte) [5 février], reprend le *Crépuscule* (24 juin). Le conseil municipal de Bayreuth accorde la concession, qui sera encore l'objet de contestations. La première pierre sera posée le 22 mai 1872. Les

Wagner s'installent à Bayreuth fin septembre.
En octobre, Cosima se fait protestante. En
1874, Wahnfried est terminé et les Wagner s'y
installent.

1874 : Le *Ring* est terminé.

1875 : Hans Richter arrive à Bayreuth pour diriger
les répétitions du *Ring*. Deux ans de voyages
et de concerts.

1876 : 13 août, première de *l'Or du Rhin,* à Bayreuth,
le *Ring* est donné une seconde fois du 20 au
23 août. Voyages à Venise, Sorrente (dernière rencontre avec Nietzsche), Florence.

1877 : 23 février, Wagner termine le second poème
(en prose) de *Parzival* qu'il intitule désormais
Parsifal. La composition commence en septembre, et se terminera le 13 janvier 1882. Mai
1881 voit la rencontre entre Wagner et Gobi-
neau (11 mai - 5 juin).

1882 : Première de *Parsifal* à Bayreuth le 26 juillet.
14 septembre : départ des Wagner pour Venise.

1883 : Mort de Wagner à Venise le 13 février. Inhu-
mation à Bayreuth le 18.

L'UNIVERS DE WAGNER

Qui veut envisager la question wagnérienne doit choisir. Ou bien il considère une aventure spirituelle sous
l'angle où Wagner lui-même oblige à la considérer. Wagner
se tient d'abord pour poète et réformateur mystique.
Il est, surtout depuis Nietzsche et les rendez-vous de
Tribschen, le Sophocle des nouveaux temps, l'anti-
Socrate, dramaturge-philosophe et Messie du néant.
Il s'exprime par le moyen du Verbe, la musique étant,
par postulat, le milieu vital, le fluide surnaturel dans
lequel s'élaborent et se fécondent le texte et la métaphysique qu'il prophétise. Si tout poète, par définition,
extrapole son propre cas et en façonne des positions
universelles, jamais aucun n'a tenté comme celui-ci,
(sinon Dante peut-être), d'instituer ses passions, normes
transcendantes des choses; mais le rythme des grands
créateurs n'est-il pas de construire à travers leur
« scandale de l'Univers » ? Dans cet affouillement des
choses vers lequel le conduit son cas, les archétypes

ressurgissent. L'œuvre s'offre à une explication en profondeur.

Ou bien alors il faut suivre le destin commun de l'historien, reconsidérer le point de vue du créateur — qui
ne se voit que du dedans — et le replacer dans quelque
chose d'irréfutable : la réaction du milieu humain. La
synthèse finale entre le démiurge légiférant et « les
autres ». L'aventure du créateur redevient état de fait,
sec et nu, inaccessible aux indulgences. Elle rompt le
cercle de solitude avantageux, et son décor de signes.
Elle le mêle à des avatars dont il procède, qui le dépassent, qu'il a subis, poète au milieu d'un temps, pour les
prophétiser avant que le commun en ait connaissance.
Les « formes » d'un temps ne sont pas celles seulement
que le génie « impose ». Elles s'enracinent à du passé,
à quelque synthèse occulte de révélation qui passe par
l'individu détecteur et créateur.

De ce second point de vue, Wagner représente un
formidable coup de charrue dans les terrains un peu trop
jardinés du drame lyrique traditionnel. Pour l'Allemagne, il signifie l'aboutissement d'un effort social,
d'une tourmente métaphysique, d'une révolution décisive dans la conception du langage musical. Pour l'Europe, il signifie un phénomène de dépaysement, sinon de
viol, mais aussi de découverte et de fécondation, le
plus caractéristique qui se soit jamais présenté, peut-être,
puisque nous en subissons aujourd'hui encore les ressacs.

Un effort social. Lorsque Wagner, le 7 avril 1842,
quitte Paris, ses illusions perdues, et s'établit à Dresde,
il y a un siècle déjà qu'une lutte s'est engagée entre le
peuple instruit et ses rois, pour l'éclosion d'un art
national. Soixante-dix ans plus tôt, un prince de l'esprit
— Wieland — a prévu l' « Odéon tiré de terre par quelque
nouveau Périclès », où triomphera le drame musical
de la race. Il définit sans le nommer Bayreuth.

Tour à tour les opéras italiens des résidences, qui se
défendent férocement, cèdent le pas à cette inconcevable nouveauté : des troupes allemandes, jouant en
allemand, sur des scènes allemandes, des opéras allemands. La dernière capitale conquise est Dresde. Le
vainqueur est Carl Maria von Weber. La victoire ne sera
définitive qu'en 1832. Il n'aura fallu, pour que la vague
de fond prenne pareille puissance, rien de moins que la

tension d'une opinion publique, l'élaboration d'une
littérature, le tremblement de terre napoléonien, l'apport massif de Gluck, de Mozart, de Beethoven et de
Weber lui-même, non comptés les *Singspiele* de Hiller,
Dittersdorf, et de moindres. L'opéra, au temps du jeune
Wagner, est plus que jamais une affaire nationale, enjeu
de prestige, « prise de conscience » collective, découverte
d'un esprit et d'un univers.

Une tourmente métaphysique. Au moment où Français et Anglais finissent de s'interroger sur la nature et
les qualifications de la musique, considérée comme un
« plaisir », un philosophe allemand, second Luther —
Herder —, fait entrer (nous sommes en 1800) la musique
dans la philosophie. La musique est l'« Esprit des
mondes », l'énergie intime et dernière de la nature stellaire : la vibration, le mouvement. Elle est, et non pas
seulement par métaphore, présence matérielle et prophétique de l'Invisible. Elle est « magie ». En elle, par
elle, l'homme écoute s'agiter harmonieusement l'Univers, qui à son tour l'agite dans son corps. Herder livre
là à la littérature du premier romantisme un thème sur
lequel vont délirer, ou spéculer de façon profonde, Jean-
Paul, Wackenroder, Tieck, Novalis, Schopenhauer,
Hoffmann, Nietzsche, et Schumann. S'il est vrai qu'en
Allemagne, passé le seuil du XIXe siècle, la musique fait
corps indistinctement avec la littérature et la philosophie, la faute n'en est pas à Wagner. Il reçoit le message,
pêle-mêle : mystique du cosmos et mystique du son,
culte des nostalgies absolues, univers de la « nuit »
loyale et du « jour » trompeur.

Et ceci conditionne, évidemment, un comportement
neuf, un âge nouveau dans l'évolution du drame lyrique,
une révolution inouïe dans sa dramaturgie, dans ses
ressorts, dans son espace et dans ses fins, dans le milieu
humain auquel il s'adresse; dans sa langue musicale
enfin. Tout cela fera à la fois le scandale des bourgeois
rossiniens et le vertige des Nietzsche, des Liszt, des
Bülow, mais aussi des Baudelaire, des Mallarmé, des
Huysmans, des Villiers de l'Isle-Adam, de toute la
« Revue wagnérienne ». Dissocier les éléments du philtre,
dégager l'un de l'autre le littéraire, le musical et le métaphysique, serait trahir l'ambiguïté même qui constitue le
visage nouveau de la musique chez Wagner.

DE RIENZI A LOHENGRIN

Sur la scène européenne, cependant, l'opéra à l'italienne garde une royauté incontestée. Les années de chrysalide, chez Wagner, voient éclore les gloires du temps, celles qui feront obstacle à sa fortune : Auber et Rossini, Halévy et Meyerbeer. *Guillaume Tell,* en 1829, suit d'un an *la Muette de Portici. Fra Diavolo* assied un an plus tard la carrière d'Auber. Halévy et Donizetti lancent sur le marché, la même année 1835, l'un *la Juive,* l'autre, à Naples, *Lucie de Lammermoor,* qui le fait Parisien quatre ans à l'avance. Un an plus tard, voici *les Huguenots.* Wagner, avant de quitter Paris, aura le temps d'apprendre que Meyerbeer, protecteur décevant et rival redoutable, vient d'être nommé, à Berlin, *Generalmusikdirektor.* Là-dedans, deux notes discordantes : *la Damnation* en 1846, *Genoveva* deux ans plus tard. Mais l'année même où Wagner, avec *Opéra et Drame,* établit sa charte dramaturgique, Venise — 1851 — fait un triomphe à *Rigoletto.*

Il eût été stupéfiant que Wagner, équipé comme il l'était de toutes les puissances de l'orgueil, n'ait pas tenté de se faire à son tour l'apprenti sorcier d'une pareille tourmente. De fait, il est très passionnant de confronter les dates, qui nous montrent, année pour année, Berlioz essayant et échouant, Meyerbeer bluffant et s'enrichissant, Wagner surveillant et tirant les leçons.

1829 : *Huit Scènes de Faust.*
1830 : *Symphonie fantastique.*
1831 : *Robert le Diable.*
1834 : *Harold en Italie.*
1836 : *La Défense d'aimer.*
1836 : *les Huguenots.*
1838 : *Benvenuto Cellini.*
1838 : *l'Africaine.*
1839 : *Roméo et Juliette.*
1840 : *Rienzi.*
1841 : *le Hollandais volant ou le Vaisseau fantôme.*
1845 : *Tannhäuser.*
1846 : *la Damnation de Faust.*
1848 : *Lohengrin.*

Il y a, sur la scène, grand duel romantique entre Meyerbeer et Berlioz. Mais Wagner est dans les coulisses et ne perd pas une occasion d'apprendre comment on réussit sans se déshonorer. Structure meyerbeerienne ou spontinienne, dramaturgie des foules, matière musicale tenant de Gluck, de Weber, de Marschner, de Beethoven et Schubert surtout, et de l'orchestre berliozien, sans compter la leçon unique et décisive de *Don Giovanni* : les éléments s'unissent d'une première synthèse : celle qui nous conduit de *Rienzi* à *Lohengrin*. Dans cette tempête un homme cherche son mythe — comme le fera le siècle tout entier.

La Défense d'aimer lance en 1836 sur scène la même furie carnavalesque qu'y déploiera deux ans plus tard *Benvenuto Cellini*. Opéra « historique » ? Si l'on veut. *Rienzi* fera un pas de plus dans ce sens et silhouettera dans le mode shakespearien la première figure de dictateur populaire. Comme ont brûlé les Bastilles de Paris et de *Lodoïska,* comme flamboie chez Berlioz le Colisée devant le four de Cellini, le Capitole va flamber sur la mort de Rienzi, victime des versatilités du peuple et des déloyautés des possédants. C'est sans doute un brandon de ces catastrophes conjuguées qui tombera entre les mains de Brünnhilde, lorsqu'il faudra purifier par le feu l'Univers sans amour.

De *Rienzi* à *Lohengrin,* on voit très bien l'univers dramatique et musical de Wagner se chercher à tâtons et s'organiser par touches et retouches. Puisque, pour la première fois depuis Mozart, le drame musical relève d'abord d'une philosophie de l'existence, il importe de définir les « constantes » de cet univers, et ainsi se dégageront les nécessités internes d'une dramaturgie qui ne répond plus à des normes extérieures ou à des traditions. En 1845, avons-nous dit, après *Tannhäuser,* presque toutes les œuvres sont déjà profilées. Cela nous donne à réfléchir sur la façon dont Wagner, dès l'origine, pense distribuer ses motifs et agencer ses dramaturgies.

Le premier motif serait le sentiment profond d'une maléficité de l'Univers. Avec *Rienzi,* ce n'est encore que la versatilité populaire, la ruse des puissants, l'opportunisme du pouvoir papal. Avec l'Ortrude et le Telramund de *Lohengrin,* la constante est déjà déterminée, d'un univers souterrain, maléfique, en insurrection contre la grâce : l'univers de l'Osmin et du Monostatos mozartiens. Ce motif doublera celui du manquement à l'amour, ce péché d'omission de l'Univers. De Telramund, nous sautons à Alberich, et d'Elsa à la malédiction de l'or, tueur d'amour.

Le second motif serait, en revanche, celui de l'amour libérateur : amour de Senta rachetant le Hollandais, amour d'Élisabeth rédimant Tannhäuser, amour qui manque à l'Elsa trop humaine. De là nous passerons plus tard, et sur un autre plan, aux grandes figures du cycle rédemptoral : Brünnhilde, Tristan et Parsifal. Mais déjà ces motifs apparaissent comme des résonances très essentielles de l'être, comme des fonctions tragiques de l'espace et du temps, dont la notion sera déterminante sur les options musicales qui devront l'assumer et la servir. Un troisième motif pourrait donc être, ensemble, celui d'un double espace humain, dont la porte serait le rêve, et bientôt le philtre. Dans *le Hollandais,* tout est amené par une chaîne de rêves — rêve du matelot, au bout duquel apparaît le vaisseau maudit, rêve de Senta, au bout duquel apparaît le capitaine fantôme, rêve du pâle fiancé Erik, qui double et renforce celui de Senta, les deux ensemble condensant l'illusion en présences; rêve enfin du fantôme lui-même pour qui le réel est songe, long et difficile à aborder. Désormais le personnage wagnérien tend à marcher de part et d'autre d'une frontière, dans une errance équivoque entre le visible et l'invisible. Dans une dramaturgie qui, depuis Weber, tend comme désespérément vers une dimension surnaturelle, l'angélisme des « libératrices » donne la réplique valable à des diabolismes douteux, auxquels ni Weber ni Meyerbeer n'auront donné crédibilité ni figure. Et la position, en deçà et au-delà de l'invisible frontière, donne au Hollandais, mi-Ahasvérus, mi-Ulysse, le galbe wagnérien décisif. Errance de Lohengrin, de Siegfried, de Wotan, de Kundry et de Parsifal : voilà le rythme qui ne se démentira pas. Un quatrième motif serait, également « pérégrinant », celui d'une autre frontière, celle-là tracée au cœur même de l'homme : entre la sainteté et la chair. Élisabeth sainte amoureuse, Tannhäuser voluptueux cherchant à Rome sa pureté perdue, fondent à leur tour une longue dynastie : celle de Tristan et celle de Parsifal. Ce n'est pas pour rien que, *Parsifal* terminé, Wagner a rêvé de récrire *Tannhäuser,*

comme s'il y discernait le sommet, *in extremis,* de quelque
synthèse entre mystique et chair, et le motif fondamental
de son œuvre.

Nous passerons sur un cinquième motif, que l'on
pourrait dire « national ». Il aura toujours sa couleur
musicale particulière. Il fera surgir, parmi les dieux, les
archanges et les mortels, le Henri l'Oiseleur de *Lohengrin,*
les « Minnesänger » de *Tannhäuser,* les hautes murailles
de la Wartburg, et toute une archéologie de poèmes et
de pierres, sur lesquelles veille la sagesse de Hans Sachs
et roule l'Ouverture des *Maîtres chanteurs,* expressément
désignée comme l'image du Rhin allemand.

Le dernier motif, pour cette première époque,
(donc avant 1848 et le *Ring*), pourrait être enfin celui
d'une position générale « insurrectionnelle » : et qu'on
pourrait nommer le « scandale de l'amour ». Dans cette
notion se rejoignent les révoltes politiques, les ressen-
timents de l'homme insulté par la femme, une sensiblerie peut-être assez complaisante aux douleurs de
l'être, qui nous conduira vite à Schopenhauer, donc à
Tristan, Parsifal, et aux positions sonores correspon-
dantes.

Dans la perspective dramaturgique, nous noterons
donc essentiellement la notion d'espace. C'est elle qui
s'incarne le plus immédiatement dans le musical. Voici
naître dans la vision sonore wagnérienne les chants de
solitude d'abord. Ce sont, disposés avec une singulière
insistance, les chants de pâtres, de *Tannhäuser* à *Tristan,*
les chants de marins, du *Hollandais* à, de nouveau, *Tristan.* Entre-temps, le pâtre et le chanteur seront devenus
des présences invisibles. L'un s'est fait la lande même,
de désespoir; l'autre en plein ciel, sur sa hune, lance,
d'une suspension de dominante, l'espace de la mer, et
le lieu désormais des nostalgies.

Ceci ne suffisant pas sans doute, voici les espaces en
mouvement — les pèlerins de la paix avec *Rienzi,* puis
les pèlerins de *Harold en Italie,* devenus peuple chrétien
autour de Tannhäuser; les chasseurs enfin, qui font la
substance de presque un premier acte, les chasseurs —
devenus invisibles, eux aussi — qui dessineront, dans
le rêve « néantisant » de *Tristan,* au second acte, sur leurs
quintes dansantes, l'aguet du monde, du réel, du faux

honneur et du « jour ». Plus tard, le Graal ajoutera aux signes d'espace ses trompes et ses cloches, Siegfried son cor, qui proprement est l'espace vacant du monde. L'espace sonore wagnérien, se distend, dès l'origine, de l'extrême hauteur à l'extrême profondeur — à cela servira l'espace acoustique des instruments. Dans cette conception, pour lui fondamentale, opiniâtrement poursuivie, de l'espace entre abîmes et ciel doit renaître, dans la sensibilité dramatique contemporaine, la notion — jamais retrouvée, toujours ressentie — de l'espace grec entre homme et *fatum*.

De là se déduisent les constructions dramatiques et les moyens musicaux appropriés.

Avec *Rienzi*, drame des foules, le type meyerbeerien s'impose. Le chœur est sans cesse présent, violent, tourmenté et contradictoire : Romains, Nobili, moines, ambassadeurs des collectivités. Une violence jamais détendue pétrit tout cela dans les bruitages sommaires de rythmes meyerbeeriens. Au centre : la pièce de résistance, l'interminable ballet-pantomime, où le dictateur d'un jour fait jouer devant son peuple le viol de Lucrèce et le meurtre de Tarquin, cependant que les conjurés se préparent à tirer les poignards.

Avec *le Hollandais* tous les problèmes ont changé — sauf celui d'espace. Le drame pivote sur un rêve, sur des rêves. L'échec — comme plus tard avec *Lohengrin* — est que la position du réel, face au rêve, reste aussi faible avec Daland et Eric qu'avec un archange amoureux celle, face à Elsa, du spirituel. Wagner, dans ce *Hollandais*, inaugure une politique théâtrale périlleuse : substituer, dans les registres du surnaturel, l'angélisme à la diablerie, l'espace au décor. Du navigateur maudit à l'archange, en passant par cette Vénus, dont une comédienne demandait drôlement : « Comment dois-je me mettre ? », Wagner étudie sous tous ses aspects ce qui sera un jour le problème scénique de la *Tétralogie*.

Au centre du drame, donc, une ballade, rêve éveillé de Senta. Toute la pièce raboutera des éléments de « réel », avant et après la ballade. Mais voici déjà des inventions « compositionnelles ». Une petite note, sur les cors de l'Ouverture, devient élément d'ubiquité : on la trouve dans le motif des fileuses, dans les danses de marins. Elle devient le signe — plus tard cela s'appellera leitmotiv — de l'au-delà qui affecte ici le réel et l'irréel, et en efface les frontières.

Une vocation neuve de la musique s'institue. Pour que ce postulat se réalise, l'orchestre va se faire la matière même, l'élément cosmique de la tempête. Non pas « symphonie de tempête », comme l'opéra du XVIIIᵉ siècle l'a profusé, mais incantation du monde. Les forces originelles soulèvent le texte, comme le bruitage magique du Théâtre de Dionysos soulevait Oreste, Œdipe ou Philoctète. Dans l'Élément s'unissent les figures de l'en-deçà et de l'au-delà. Et ceci vient directement du *Don Juan* de Mozart.

Wagner tâtonne. Les chœurs restent les éléments traditionnels. Pour les airs, ils commencent à se faire système de dialogues, selon le schéma composite du récit épique, entre récitatif, arioso, lied et aria.

Avec *Tannhäuser*, Wagner fait retour vers ses maîtres. L'insuccès du *Hollandais* l'oblige moins à louvoyer qu'à s'interroger. Le sujet est ambitieux, complexe, et la « cosmicité » recherchée s'inscrit dangereusement dans le spatial réel et dans l'histoire. La papauté, lointaine comme la grâce, Vénus et les grottes sacrales de la volupté, le Minnesang médiéval, le cadre, national entre tous, de la Wartburg : c'est sur ce plan, grouillant et multiple, que l'acte de Senta doit se recommencer, sans rêve et sans surnaturel. Cette fois — on l'a dit — l'espace est celui du chant de pâtre, celui de chœurs nomadisant. Le mouvement du divin est impliqué dans celui de l'espace et du temps, en une discohésion analogue à celle que plus tard transcendera *Parsifal*. Ensemble vocal des chasseurs : il occupe presque la moitié d'un acte. Les chœurs de nymphes sont des bouffées de volupté : ceux des pèlerins fondent le mouvement réel du drame. La dispute des chanteurs, en dépit des mouvements divers de l'assistance, est statique. Énorme est le poids à soulever, l'inertie à vaincre.

Les scènes s'organisent selon de vastes ensembles qui tiennent de l'oratorio et de l'épopée à la fois. Notre « lieu » temporel est le château où se rencontraient en tournois les trouvères — fontaine poétique du rêve. Voici les tonalités symboliques, pareilles au *ré mineur* de *Don Juan* et du *Hollandais* : au centre, le *mi* de Vénus et du Venusberg. Wagner, pour affirmer la chair dans

ce ton, en pleine cour, devant la vierge mystique Élisabeth, aura fait gravir, au même air de volupté, les trois
tonalités préalables — au premier acte — de *ré bémol,
ré* et *mi* bémol. Les leitmotive futurs sont déjà plus que
pressentis, profils rythmiques à résonance symbolique,
dessins de faunes, blasons de chevaliers. Ils donnent au
langage musical une figure déjà plus arbitraire, plus
construite, plus plastique aussi. Une certaine servitude
extérieure met son empreinte sur la matière sonore,
conviée à des besognes précises, à des empiétements
encore diffus sur le monde verbal. L'orchestre déjà est
convié à un travail de souvenances et de commentaire,
qui annonce les demains tétralogiques et ceux de Tristan.

L'articulation n'en retourne pas moins aux grandes
scènes chorales, ou aux ensembles vocaux : chasseurs,
chevaliers, pèlerins, dramaturgie de foule, toujours.

Lohengrin ne nous mènera pas beaucoup plus loin. Il
aura du moins fait jaillir la notion angélique de façon
décisive et approfondi celle du mal. Il aura donné
à Wagner l'illusion qu'un poème ramassé plairait mieux
qu'une fresque composite. Il introduit ensuite la notion
du leitmotiv en évolution. Lui-même enfin vantera
l'effet de couleurs par enharmonie dans l'air d'Elsa :
on sait quels avenirs le procédé cache encore en lui.

LA TÉTRALOGIE

Des grands traités — *Opéra et Drame, l'Œuvre d'art
de l'avenir* (ou quels que soient leurs titres) — jusqu'au
factum sur la « régénération », il est assez vain de dire
dans quelle mesure ils fabulent autour d'une œuvre qui,
pour finir, parle suffisamment elle-même. Qu'il suffise
de constater qu'avec le *Ring*, Wagner a choisi sa formule
dimensionnelle définitive de l'espace, du temps, et de
leur dramaturgie musicale ou poétique. Les grands
motifs de la première expérience débouchent dans leur
véritable liberté. Et cette liberté s'appelle d'abord présence fluidique de l'Univers. L'identité cosmique fondamentale ramasse le drame, et donc la matière musicale
qui l'accrédite et l'incarne au réel — dans une sorte
d'immense confrontation de l'immobilité et de l'agogique.
Ici prend chair une notion « historique » de la spéculation
dramatique chez Wagner.

Nous l'avons dit : toute musique, chez Wagner, est fonction d'une dramaturgie, et toute dramaturgie est libération d'un univers notionnel. Wagner, à vrai dire, — notre chronologie l'a montré — ne se débat pas sans mal entre les aventures de sa vie et celles de ses œuvres. Après 1850, il a, si l'on ose dire, sans cesse toute son œuvre sur les bras, la *Tétralogie* en travers. Il commence, interrompt, reprend, interrompt encore : comme si l'univers qu'il assume, à la fois systématique et contradictoire, s'articulait mal ou se débordait lui-même. L'arbitraire, sans cesse, se voit renié par les logiques internes d'un univers de signes et d'images, que bon gré mal gré il faudra assumer à l'avenir. *Tristan* a déjà inventé la catharsis de ce monde, que la moitié de *Siegfried* et tout *le Crépuscule* reprendront la cosmologie à l'état pessimiste d'avant. *Tristan* a déjà libéré le système compositionnel des maquis du leitmotiv innombrable, que la dernière moitié de la *Tétralogie* recule en partie vers le kaléidoscope de *l'Or du Rhin* et de *la Walkyrie*. Mais c'est la logique des œuvres qui le veut, et celle des visions. En art il ne faut pas patronner trop de symboles à la fois.

Ici, il nous faut aller au plus court. Wagner assume, dès 1850, une bonne fois, le pessimisme brahmanique tel que l'a importé en Occident Schopenhauer. L'Univers, depuis sa création, — dans l'acte même de sa création — est pourri par la volonté de puissance, sans laquelle il n'y aurait pas d' « individuation des essences ».

Le but de l'acte spéculatif (et le comportement qui s'en déduit), c'est l'anéantissement de quelque chose qui, chez Wagner, ne sera jamais absolument clair, mais sur quoi l'Orient projette au moins sa notion : la destruction, chez le vivant, de toute complicité avec l'illusion vitale. Par la méditation, le rêve détruit sa propre erreur, et, avec cette erreur, la souffrance et la désunion du monde. Pour que le schéma soit complet, il reste à organiser l'histoire elle-même de la souffrance, en un schéma de l'Histoire-en-soi, hégélien sans doute, mais détaché des fins hégéliennes.

L'Or du Rhin nous prend à la naissance marine des choses. *Le Crépuscule* nous fait vivre la fin de l'univers : ou, du moins, de ce monde de « contrat social » illusoire, que la dialectique des Puissances oblige toujours finalement à mentir. En même temps s'abolit à mesure l'illusion qu'il existe un « salut par l'amour ». L'historicisme selon Hegel assume ici le pessimisme. L'instrument de la mort du monde, en un seul motif, — tour à tour « or », « tentation de puissance » (en écho dans le motif du heaume magique) et « épée » comme outil de cette puissance — laisse loin de nous les références très occasionnelles au socialisme naissant. L'or volé, vierge encore, par les « laids » à qui se refuse la puissance légitime du bien-né, devient enjeu du pouvoir. Il est maudit par un formulaire spécial en qui s'isole le leitmotiv le plus puissant de toute l'aventure. Qui veut être le maître par l'or doit renoncer à l'amour. Le Dieu, traqué par la volonté de puissance universelle, est bien obligé de voler le talisman cosmique, après d'autres, et de le perdre à son tour. L'aventure du monde est nouée. L'univers de signes et de tabous sociaux est mort. Le Dieu même est lié et il le sait. Le monde souterrain des mauvais, et le souverain traqué de l'Empyrée agitent, chacun pour son salut, les entités et les espaces. Tout n'est plus que l'unique complot : « qui retrouvera l'or et la puissance ? » Alberich procrée le guerrier Hagen. Wotan, lié dans ses pactes illusoires, suscite par ruse le guerrier qui, pour lui — et en lui désobéissant —, ira chercher l'or endormi dans la caverne. Folle utopie, où le Dieu joue le pur Siegfried, pour des fins torves dont l'innocent n'a pas conscience. Tartuferie inéluctable des éternels, fourberie omniprésente des larves : dans cette gueule d'Univers, l'Homme aventure une pureté généreuse et une faim cruelle d'amour. Qu'une déesse, fille de Wotan, et vérité profonde de ses pensées, « parie » pour l'amour, en même temps qu'elle le découvre : une sorte de rédemption bizarre se dessine. L'amour d'une déesse exilée va-t-il sauver les hommes et les dieux ? Un philtre fait de Siegfried un traître. La déesse n'a plus qu'à rendre aux eaux le métal terrible et à jeter une braise du bûcher de l'homme sur le palais des éternels.

Tout cela se tient. Ce siècle demande son mythe, et le *Faust* de Goethe semble le premier maillon d'une chaîne, qu'inconsciemment a entrevue Mozart. Le nouveau mythe est germain. Mais Wotan est Zeus, Fricka est Héra, et la Walkyrie est Pallas Athéné. Erda est assise sur le trépied delphique. Archétypes toujours. L'histoire entière de l'univers et de sa peur témoigne obscurément aux tréfonds de nos âmes. Et Wotan déchiré promène autour de lui, dans les crépuscules attendus, sans autre but que d'assister à sa défaite inéluctable, une figure de Dieu déchiré et de Christ-Siegfried, l'une et l'autre tournant en rond autour du monde. C'est bien l'univers grec resurgi. D'Eschyle, le Destin aveugle et sa violence ; de Sophocle, une notion de la fidélité à la grandeur, et une divination de l'amour providence. De l'un et l'autre, cette vision d'un univers double, celui des hommes et celui des dieux, que Sophocle, en fin de carrière, réconcilie. Mais le « voyant » de la nuit lucide, Tirésias, le voyant volontaire Œdipe qui s'est arraché les yeux à son tour pour comprendre, ne sont plus maintenant que le dieu borgne, pétri d'erreur et de savoir, un « œil de jour » et un « œil de nuit ». Tout est joué. La Grèce, entre Homère et Sophocle, conquérait cruellement son espoir, abordait presque aux rivages de la Providence. Dans la vision wagnérienne, Genèse et Apocalypse ensemble, tout est joué. L'origine contient l'être à l'avance, comme une immense complainte du rien. De l'espace, rien que de l'espace, où vont, depuis *le Hollandais,* rien que juifs errants, procédant de l'ombre et de la statue. L'homme, être vibrant, rêve traqué, amour qui saigne, se hasarde dans cette machine, et elle le broie.

On voit dès lors où Wagner nous mène, et par quels procédés il nous conduit. Don Giovanni, lorsqu'il blasphème sur le motif rythmique des diables et du commandeur, est, par ce rythme, « aspiré » dans la toute-puissance de Dieu. Mozart, par ce procédé, nous conduit au bord d'une opération dramaturgique qu'il ne poursuivra pas et qui passera inaperçue — que Wagner reprend où il l'a laissée. Il s'agit d'opérer la mue entre l'opéra spectacle et le drame obsessionnel. L'opéra mozartien, même dans ces moitiés d'actes qu'il dénomme « finales », et qui préfigurent le « bloc dramatique » wagnérien, ménage les contrastes, les repos, ces « points zéro » de la tension entre récitatifs et airs. Il est en suspension entre ce qu'on pourrait appeler la « liberté esthétique » de l'auditeur, et l'obsession wagnérienne, où il importe qu'il n'y ait jamais de détente. L'auditeur de *Don Juan,* même s'il ne sacrifie pas à l'illusion d'entendre une bonne comédie, se reprend, juge à distance; le « Zweiter Teil », ce postlude d'un raffinement génial, lui rend cette liberté après l'angoisse, ce « happy end », sans lequel il n'est pas de vrai plaisir, et, en sous-main, ce sentiment que, pour Donna Anna comme pour nous-mêmes, Don Juan disparu, il n'y a plus de grandeur que dans son ombre.

C'est à nous enlever cette dernière liberté que le schéma dramatique s'acharne, après *Lohengrin* ; et toute technique désormais part de là, aboutit là. Il s'agit bien d'organiser, en abolissant nos résistances, un schéma de langage et contre-langage en qui s'incarnent les deux vouloirs : celui du monde et celui de l'homme; et de l'un et l'autre nous devons être saisis jusque dans nos profondeurs. Alors, et alors seulement, peuvent se réveiller en nous toutes ces notions originelles, tous ces états millénaires, ces destinées identiques depuis la création, inscrites en nous avec leur couleur, avec leurs signes et leurs blasons, feu, eau, philtres, imprécations, et peur. Si jamais un homme a donné par avance raison à Jung, et à son esthétique des « archétypes », c'est Wagner. Wagner veut nous faire « voyants des ténèbres », comme Œdipe voulut l'être pour savoir. Tous les moyens qu'il emploiera s'articulent à cette proposition fondamentale.

Mais en différents univers, donc par des procédés compositionnels dissemblables. L'un tentera de résoudre l' « équation tétralogique ». L'autre sera l'objet des « longues méditations techniques », qui conduiront à *Tristan. Parsifal* procédera des deux. *Les Maîtres* seront encore un autre monde.

De la *Tétralogie,* gardons quelques notions présentes : cette discohésion d'abord du monde, qui mène tout, et de l'homme qui vit, pense, organise, espère, aime, ruse ou trahit en dehors d'un schéma qui lui échappe, qui l'oblige (l'oblige à trahir, l'oblige à se mentir); tout au plus peut-il en avoir, comme Wotan, la vision inéluctable. Gardons ensuite cet enchaînement d'une sorte de temps éternel, roulé sur lui-même, qui se contemple dans la vision simultanée de son présent, de ses origines, et de fins dont l'aboutissement est comme tourné vers l'origine. Il importe dès lors que la matière de cet univers, matière sonore, se présente à la fois en figures immuables et en figures temporelles, en entités invariables et en « variants », soumis à des évolutions, incarnés en des motifs fluides, qu'une mutation en mineur, une altération harmonique ou une modification de structure métamorphosera, inversera en son contraire, ou (selon un procédé beethovénien bien connu, celui, par exemple, des dernières mesures de *Coriolan*) démantèlera.

Dans ce déroulement d'un drame cosmique, l'orchestre charrie tout : motifs humains, comme reflétés par quelque Styx en leurs aventures transitoires, motifs des Forces qui « mènent tout »; et d'abord les Invariants : eau, feu, frêne originel, les « Traités » (ces brutes inutiles), et les malédictions nées de la faute, lancées dans le circuit et devenues entités à leur tour.

Nous disions : langage et contre-langage; langage de l'homme, avec ses phonèmes verbaux et l'univers gestuel qui l'enveloppe; langage de la volonté de puissance aveugle, avec ses phénomènes sonores — les « motifs » — et la véhémence rythmique qui les agite pendant que l'harmonie les colore de peur. Verbe et son interviennent ici dans une tension absolument nouvelle (connue seulement jusqu'ici peut-être de Schubert). L'un est le propre de la pensée humaine, de l'illusion et du jeu tragique entre espoir et désespoir; l'autre est une présence de l'élémentaire où se réanime la notion grecque du Destin. Il faudra donc chercher, dans le mouvement contradictoire des deux langages, autre chose qu'un univers monteverdien évolué, où l'orchestre « étofferait » la matière du verbe, et même pourrait à l'occasion la parodier ou la démentir. C'est entre ces deux tempêtes de la volonté de l'homme, et de la volonté cosmique, que s'installe le système d'écriture du drame universel.

On a beaucoup cité le fameux texte de la *Communication à mes amis,* dans lequel Wagner formule sa dramaturgie. Il s'agit bien de faire accéder une « situation décisive » du drame à sa « plénitude » par une chimie sonore rendant la *sensation* « présente à la notion ». La sensation (non le sentiment) — le choc physiologique à l'état pur — jaillit de l'influx sonore, et prend « part décisive » dans l'organisation méthodique d'une magie. Une « trame caractéristique » de motifs permet de jeter, par-dessus les scènes et les péripéties, de longs arcs d'allusions, de rapports et de retours. (Seul, peut-être, en littérature française, Péguy reprendra pareils procédés d'écriture.) Les motifs seront d'abord des obsessions, éparses dans le discours. Ils ne sont pas appelés par le texte; ou du moins ils seront, beaucoup plus souvent qu'il n'y paraît, thèmes de symphonie, organisés musicalement par avance, et en vue desquels Wagner situera dans le texte ses notions et ses mots. Nous reviendrons sur cette dialectique.

Ces obsessions, à leur tour, « satelliseront » autour d'elles les motifs, — dirons-nous les « mobiles » musicaux secondaires ? Les phénomènes musicaux sont liés autant qu'il se peut à des tonalités « de base » (*ut majeur* de l'Or-Puissance-Épée; *ré bémol* de l' « illusion Walhall », couvrant Wotan de son ombre; *mi bémol* de l'élément fluide originel, etc.). Ils s'inscrivent en nous, ajustés d'abord à des personnages, à des objets ou des notions; puis pénètrent dans les ténèbres de nos réflexes conditionnés. Là, ils régissent, en « prise directe », nos états affectifs profonds, non plus par leur dessein intelligible, mais par leur fluide. Il suffira d'un élément parfois infime du motif pour déchaîner la réaction profonde correspondante. Le motif peut (un regard sur la partition le prouve) se cacher dans la masse orchestrale, éclater en pleine lumière, ou se maintenir dans quelque pénombre intermédiaire (ceci étant question d'instrumentation) : toujours il est là, pesé, exactement calculé, selon l'ordre d'efficacité qu'on en attend. De cette immense chimie de réflexes procédera pour finir l'envoûtement auquel on nous condamne.

L'incantation, jouant sur le sentiment profond de peur (sentiment « cosmique » au plus haut point), nous met, par acte de son pur, en position de « sentants », donc de « voyants ». Monsieur Croche, avec ses quolibets sur la « carte de visite de Wotan », est loin de compte; et son motif de Golaud, tout frais cuit dans les fournaises tétralogiques, n'est qu'un « blason » du Wagner de *Tannhäuser*. Même la notion de « statues burinées dans un bloc sonore » ne saisirait qu'une part de la valeur psychogénétique du motif. Le « lexique cosmologique » dont parle Adorno aurait plus de classe que le Bottin dont se gaussa Debussy. Wagner se situe beaucoup plus loin : il nous rend à un état primitif de la pensée intuitive, où le son magique, comme plus tard celui du thiase dionysiaque, fouillait le monde pour y saisir les puissances et les notions.

De ces motifs, on a fait des dictionnaires; on leur a improvisé des noms. On a tenté de les classer. Et en effet, ils procèdent d'opérations très différenciées. Il y aurait alors les motifs de « puissances » d'abord, les invariants dont nous avons parlé; le motif formidable de la « malédiction par l'or » s'y joindrait, comme le Karma coexiste au jeu du bien et du mal. Il y aurait, au milieu d'eux, le motif originel minorisé, devenu signe d'Erda. On pourrait y joindre cet étrange dessin de quinte diminuée qui accompagne comme une ombre infernale le personnage de Hagen, ou bien les accords d'incantation qui organisent tantôt les scènes des Nornes, tantôt celles où Siegfried, après Alberich et Wotan, fait usage du « heaume magique ».

Il y aurait ensuite les motifs de notions abstraites ou incarnées en objets « animés », comme ceux qui furent, chez le Grec, le bouclier d'Ajax, la lance d'Achille, la flèche de Philoctète. Ce seraient le cor de Siegfried, pure figure de l'espace dont prend possession une volonté; ce serait (si elle n'était que la tierce figure de l'Or, devenu désir de puissance) l'épée Notung; ce serait ce fantôme du Walhalla, dont il a été parlé; ce serait surtout cette chaîne de tierces en anneaux, qui forme l'état intermédiaire entre les motifs originels — comme celui de l'eau — et les motifs de la folie humaine — comme celui du Walhalla.

Viendraient les motifs de personnes : ils sont très complexes. Celui de Wotan, nous l'avons dit, n'est que l'ombre d'une folie — le château fort dans les arcs-en-ciel; et dans cette ombre s'agite le Dieu musicalement innomé. Celui de Siegfried lui ferait pendant. L'un et l'autre, bizarrement isolés dans la Symphonie, sont des forces errantes, l'une poursuivant l'autre. Mais on notera que le motif de la « malédiction de l'or », surtout dans une partition qui cumule les altérations harmoniques, les altérations rythmiques et la variation des intervalles constitutifs de thèmes, résonne comme une figure altérée du motif de Siegfried, et donc lui substitue, dans tout *le Crépuscule,* une espèce de sosie tragique : Siegfried apparaissant dès lors sous la double espèce de la force vierge, insolente et triomphante, et de la même force ligotée par les maléfices de l'obscur.

Un degré plus bas dans l'échelle des êtres apparaî-

traient les motifs où s'impriment, l'un sur l'autre, un
être humain (Sieglinde, Siegmund, Gutrune) et le
sentiment dont il vit, qui l'emporte — langage contre langage — dans le grand laminoir de l'Originel. Si déjà tous les
motifs « premiers » s'apparentaient peu ou prou à celui
de l'or — lui-même développé à partir d'un accord
parfait dans le cercle des premiers harmoniques naturels
— les motifs des « Wälsungen » engendrés par Wotan
s'inscrivent à leur tour dans les résonances du motif
Walhalla. Le paradoxe, dans l'affaire, est cette impression
d'unité formidable qui unit tous les motifs, et leurs
familles, à quelque « rune » sonore première, dont tout
procéderait. Il faudrait enfin envisager l'existence de
motifs anonymes, d'une nature purement dynamique,
anacrouses ou spasmes, qui sont, depuis *Tannhäuser*
jusqu'à *Parsifal*, générateurs de tensions viscérales,
et qui, comme tels, « catapultent » les leitmotive par
décharges sonores, accompagnent des cris, des décisions
subites, des gestes brusques, ou rôdent épars dans la
partition (où ils sont si aisément visibles) pour forcer des
accents ou inquiéter des mouvements et des silences.
De tout cela la chimie serait plus complexe encore si
l'on voulait analyser chaque élément : les grandes lignes
errantes, comme vaines, les grands bras inutilement
tendus vers des espaces sans issue et qui donneront,
par exemple, le motif-fiction par excellence, celui de la
mort d'Isolde, ou celui, à la fin du *Crépuscule,* de la
« rédemption par l'amour ». On fait foi ici au lexique, non
à cette réalité sonore : que le geste musical ne saisit
rien.

Il y aurait donc les motifs errants, les motifs exal-
tants, les motifs accroupis dans leur force comme des
sphinx. Leurs structures, par intervalles ascendants ou
descendants, tierces, quartes ou quintes, l'enchaînement
des intervalles dans le phonème sonore, disposent de
nos vibrations intérieures : Siegfried avec ses deux
mouvements ascendants en quarte, tierce, sixte d'abord,
puis, en nouvel élan, quinte, le tout s'enfermant dans
une octave ; l'épée, en ses trois reprises d'élan ; le Walhalla,
cette massivité, désinente comme le motif générateur de
l'anneau, et dont la remontée est velléité pure et fausse
confiance ; le motif de tempête qui est toute l'essence de
Siegmund : élan bref, longue chute : chimie toujours,

chimie à dose infinitésimale ou massive, qui nous saisit, comme sous anesthésie de nos réactions volontaires.

Wagner aimait à dire que son orchestre se substituait directement, par-dessus le silence médiéval et la pastorale montéverdienne, à l'espèce d'énorme générateur magique que devait être le chœur antique, bondissant sur le sol creux et y réveillant l'entraille du monde. Sans doute : sauf à envisager qu'ici on tente de saisir, par une totalité inouïe des moyens musicaux, toutes les manières millénaires dont notre corps réagit aux sollicitations de ses peurs.

Mais ces motifs se métamorphosent. Ils sont, dans la dramaturgie des forces, les figures changeantes, sans cesse déchirées, d'eux-mêmes. Le paradoxe de la langue wagnérienne est ici la parenté inextricable du semblable et du divers. On écrirait un livre sur les figures diverses du motif « Walhall ». Rien que la scène initiale du *Crépuscule* où les Nornes, pour interroger l'avenir, relancent les mouvements originels, et scrutent dans une lumière spectrale les successions possibles de la logique éternelle, nous ferait vivre les mutations du phonème. Ce Walhalla apparaît donc dans la brume des violons divisés en septièmes diminuées et mouvements contraires : il se dessine, se profile, s'enveloppe d'une matière de feu, puis se démantèle; le motif de la malédiction surgit, formidable, comme la notification du cosmos à la Pythie : et il ne reste aux déesses qu'à le proférer, à l'unisson.

On conçoit, les paradoxes de l'un et du divers supposés résolus par le génie, quelle difficulté d'écriture se présentait. Ici, le verbe humain se trouve en face d'un vocabulaire *ne varietur,* presque d'une « centonisation » : le récit assume les motifs, sans disposer d'une marge de liberté qui dépasse celle des enchaînements. Le grand espace mélodique que l'aria ancien laissait vibrer autour de sa formule, la liberté du récitatif de Mozart, tout cela est devenu terre interdite. On se plaint souvent que Wagner, avec cette formule d'écriture, nous signifie, pour l'avenir du Drame, une esthétique du hasard. Sans cesse se posent les problèmes de jonction mélodique et harmonique, les motifs « cités » apparaissant volontiers dans une position qui leur maintient l'intégrité, ou du moins l'apparence, de leur tonalité essentielle. Le motif de l' « épée », par exemple, surgit dans des espèces de « fenêtres », où son *ut* étincelle à l'intérieur d'un système tonal.

Ou bien se pose le problème des « surimpressions » : l'image simultanée, par exemple, de l'épée, celle des Wälsungen auxquels elle est destinée, celle de Wotan qui l'a plantée dans le frêne pour eux :

Ex. 1.

Le triple motif réalise, par acte magique, la présence, en un lieu et un temps idéaux, d'une identité providentielle. Ou bien c'est le personnage lui-même qui sent le motif évoluer en lui, comme la matière de son être. Voyez, lorsque Brünnhilde annonce à Siegmund sa mort, la rune brute du « Destin » s'animer, devenir un long émerveillement, se faire conscience de l'amour des hommes, intuition de la marge « rédemptrice » permise : tentation, pour la déesse, d'être celle qui sauvera. (Voir ex. 2.)

Dans un autre enchaînement se profile (*l'Or du Rhin,* 1ʳᵉ scène) le passage d'un mot que le nain vient de saisir, à la pensée qui l'évalue et à l'acte qui le réalise. Une nymphe bavarde a révélé le pouvoir de l'Or; une autre, non moins imprudente, a trahi que l'efficacité du métal vierge était liée à la renonciation solennelle que ferait le Dieu, ou l'homme, de tout amour. Alberich calcule :

Ex. 2.

l'orchestre éveille en lui l'enchaînement rapide des notions : l'anneau tout-puissant, (flûtes, clarinettes, deux cors) par quatre vagues, puis (4/4, six tubas, deux cors, deux trombones contrebasses), le motif de la résignation diabolique ; sur un changement de clé, trois hautbois dessinent, rapides, le motif de la forge.

On a voulu trouver, d'œuvre en œuvre, dans ces motifs, des éléments cellulaires simples, sur intervalles de quarte, comme une constante d'espace :

Cloches du Montsalvat
(PARSIFAL) :

Amour naissant de Walther
(MAÎTRES CHANTEURS) :

Engagement d'amour de
Siegfried :

Joie de vivre des apprentis
(MAÎTRES CHANTEURS) :

Ex. 3.

Il se peut. Et nous ne glisserons ici cette parenthèse que pour montrer jusqu'à quelle profondeur peuvent aller les recherches, dans ce langage, d'une unité à partir de laquelle tout s'irradie. Bien plutôt rappellerait-on comment le motif, « individualisé » au sens schopenhauerien du terme, se charge de structurer le divers en unité.

C'est d'abord cette préexistence du motif musical au

texte, à laquelle nous avons fait allusion plus haut. Même une scène aussi désarticulée que celles où s'opposent par deux fois, dans *l'Or,* Wotan et les Géants, se construit sur un retour du motif Fafner-Fasolt.

Le problème est alors, pour Wagner, de faire éclater, dans le texte verbal, les véhémences et les imprécations *au lieu désigné par la construction symphonique préalable,* non par celle du dialogue. La même structure se retrouve dans la scène de la forge. Mais ceci n'est, à tout prendre, que schème grossier. Revenons à la scène des Nornes (Prologue du *Crépuscule*), voici quatre prophéties, que balisent quatre variantes du motif harmonique (*sol bémol do bémol mi bémol, sol bémol si bémol ré bécarre*). Dans les cellules ainsi disposées, le même schéma se reproduit, toutes variations mises en compte : l'incantation des violons en sourdine, la « mise en marche » des motifs « originels », l'écho du motif du « Destin », et les naissances diverses du motif Walhalla, comme l'explicitation progressive des prophéties. Dans le même prologue, les adieux et l'échange des cadeaux entre Siegfried et Brünnhilde se font en dix « cellules » analogues, que balise, cette fois, une cellule du motif du dernier acte de *Siegfried* (« nostalgie d'amour de Siegfried ») : l'élément apparaît comme un phonème-refrain, assez semblable, *mutatis mutandis,* aux formules-cadences qui terminent, isolent et signalent les éléments de certaines compositions grégoriennes.

Et n'oublions pas dans quelle large mesure certains motifs, de par leur générosité rythmique, peuvent devenir éléments de motricité générale et conduire des pages entières de symphonie : pensons ici, entre beaucoup, au motif du cor, bien entendu, à celui du « frêne originel », qui mène le finale du *Crépuscule,* ou, en fin de *l'Or,* au motif de l'arc-en-ciel.

En fait, il devient vite assez difficile de démêler la frontière entre motif « mélismatique », motif « harmonique » ou motif « rythmique ». Des longues séquences ordonnées par le cor de Siegfried, devenu pulsation de l'espace, des « pédales figuratives » sur lesquelles se bâtissent des plans entiers de développement symphonique, jusqu'à la multiplicité individuelle des « personnages rythmiques » : toute motivation tend, ensemble, à déborder, puis transcender son support notionnel

(pour nous enfoncer dans les zones liminaires de la
sensation profonde), et à créer une ubiquité du temps
et de l'espace dans laquelle s'inscrive une espèce de
« temps éternel », doublé d'un espace sans limite sensible. Il existe une histoire, alors déjà longue, des cellules rythmiques et de leur maniement. Bach, Beethoven,
Schumann auront là-dessus établi une part essentielle
de leur univers. On peut se demander dans quelle mesure
les grandes ballades de Schubert, celles qui sont construites de formules rythmiques agglomérées (le *Groupe
du Tartare* par exemple, ou *Ganymède*) n'ont pas été pour
Wagner sujet de méditations très profondes, sinon
d'efficaces révélations. Dans le *Groupe du Tartare,* on
peut plus que pressentir le *Ring* (et déjà *Lohengrin*),
comme on voit présager, même, une figure de *Tristan :*

Gruppe aus dem Tartarus

Ex. 4.

Il nous faudrait ici rappeler comment, dans sa IXe *Symphonie* par exemple, Schubert construit tout un finale sur l'incantation d'un seul triolet et la grande respiration de quatre blanches. L'incantation magique par répétition, l'annulation du temps par l'obsession sont là plus qu'en germe, pour nous conduire à ce que Bachelard appelle des « systèmes d'instants » : notre seule chance de durée.

Nous n'oublierons pas, pour finir, dans quelle mesure cet espace sonore, qui distend les pouvoirs orchestraux dans l'aigu et le grave, entre la flûte piccolo, les violons, le trombone et le tuba contrebasse, obtient, de la technique verbale du récit, un renfort d'efficacité et une structure. La langue fournit ici la plus violente matière d'allitérations qu'ait jamais tirée de son fonds l'onomatopée allemande. S'il a été parlé de langage musical « cosmique » et de contre-langage verbal « humain », on peut se demander sur quel plan agit la rythmique verbale : sur celui du verbe ou sur celui du son. Car, sauf en des moments choisis où la partition se raréfie jusqu'à un instrument solo ou une formation de musique de chambre (et alors, le texte est devenu essentiel), la violence du langage musico-verbal accule souvent le chanteur à une articulation forcenée, où le son « juste » s'écrase dans l'opération accentuelle : à quelque chose comme un « *Sprechgesang* » : et la notion de texte devient illusoire. Ailleurs, accent signifie grappes rythmiques, procédant par trains d'ondes sans cesse relancés, à mesure animés jusqu'à une véritable stretto finale. C'est exactement le système qui mènera, un siècle à peine plus tard, un dictateur délirant à un pouvoir inouï sur les foules.

TRISTAN ET PARSIFAL

A ce point de l'explication, une objection surgit, *Tristan,* et cette objection seule aurait pu faire réfléchir les wagnériens de l'époque héroïque. Car *Tristan* manifeste que le système des motifs — phonétique, sémantique et syntaxe du langage wagnérien — n'a plus cours sitôt qu'on est sorti de l'univers des phonèmes prophétiques et des apocalypses en évolution. Wagner a formellement exprimé le vœu qu'on ne fasse pas, pour *Tristan,* les mêmes formulaires de motifs, sans lesquels le wagnérien moyen ne peut se risquer dans la *Tétralogie*. Nous sommes ramenés par là à cette identité profonde, chez Wagner, du langage musical et de la pensée métaphysique. Un univers mitoyen s'offrira avec *Parsifal*.

Parsifal et *Tristan* naissent l'un et l'autre — l'un de l'autre — la même année dans la lumière zurichoise, au bord d'un lac. Ils procèdent d'une détresse vitale insensée, mais où s'impose, comme une revanche, la réalité physique de l'amour. *Parsifal* restera attaché à sa racine première, *Tannhäuser,* et en amorcera, on l'a dit, la renaissance. Pour cette raison, il maintient le double motif antithétique de la pureté et de la volupté, qu'il contourne une fois de plus sous les symboles d'une pieuse ambiguïté et d'une sainte incertitude, dans une dramaturgie à nouveau spectaculaire.

Tristan est, en revanche, un *Hollandais* qui rebondit beaucoup plus loin. Du voyageur maudit — compte tenu de ceux de ses pouvoirs qu'il aura légués à cet autre errant, Wotan — une vocation d'intériorité conduit à la « Nuit » d'Isolde, dans une métaphysique analogue du « rêve ». Toutes les implications tétralogiques disparaissent : le « vouloir-vivre » universel, son immense zodiaque de motifs et, plus profondément encore, l'identité, chère à Schopenhauer, entre le son et la matière vibrante de l'univers dont il est plus que l'équivalence.

Du drame grec inoublié remonte, avec *Tristan,* la vieille notion de catharsis. La destruction reste réservée au *Ring,* non encore terminé, qui porte en lui sa trajectoire irréversible et ses tarots. Comme les ménades se libéraient par une communion de violence et de sang (Jeanmaire parle ici d'une « catharsis homéopathique »), comme Sophocle libérait Œdipe et Antigone par la communion prophétique avec une Providence déjà plus qu'entrevue, Wagner pèse à ces divers poids son système de contraires. L'amour vain de Brünnhilde, que refuse l'univers, montre une autre face. Le voilà amour « vraiment » libérateur. Simplement, il libère le créé de lui-même, en l'invitant à la sagesse de l'anéantissement intérieur. Toute l'affaire est de bien disposer la marqueterie des nouvelles antinomies. Dans l'univers wagnérien, et en pleine phase tétralogique, *Tristan* et *Parsifal,* gloses marginales, seront, en diptyque, les suprêmes tentatives de conciliation. Nous touchons cette fois aux couches les plus profondes de la création mythique wagnérienne.

Senta et le Hollandais, pour s'unir, traversaient la frontière de l'invisible, par un système de rêves d'abord — rêve du matelot de quart, rêve d'Erik, rêve de Senta elle-même —, par une fiction poétique ensuite : et tout s'authentifiait en une double mort. Avec *Tristan,* un second mythe de « passage » se dessine : et le passeur est, cette fois, le seul Tristan. L'instrument n'est plus le rêve selon Novalis, mais le philtre. Non point le philtre qui, dans *le Crépuscule,* témoignera des pouvoirs démentiels de la haine. Celui-là fera du Siegfried fidèle un fantôme, privé de son âme, dont la fidélité se fixera, par une substitution diabolique, sur Gutrune. Siegfried vide le hanap en hommage à la Walkyrie. (De ce second philtre, Wagner ne sera pas peu fier.) Avec *Tristan,* l' « erreur » de Brangäne se révèle intuition mystique, presque occultiste. Isolde vient — ironie athénienne s'il en fut — de maudire sa mère, dont la « sagesse dérisoire » n'a jamais su que « broyer des plantes et inventer des breuvages ». Or le breuvage était prévu. Infailliblement, et à son heure, il est ensemble l'amour et la mort au réel : l'amour comme mort au réel. Il n'y a, dans les deux flacons, qu'une même réalité fondamentale du vivant : et le suc mortel en fournit la vision nocturne et « aveugle ». Nous voilà retournés à Œdipe et à Tirésias. Cette mort est l'anéantissement intérieur, nuit mystique du Grec, ou celle de saint Jean de la Croix, comme on voudra : mais avec signe bouddhique. Non pas la mort physique du Hollandais ou d'Élisabeth, non le suicide universel par le brandon de Brünnhilde, mais, seul efficace, l'acte du Nirvânâ, par lequel l'individué retire du cycle de la vie la complicité de son illusion et de son désir.

Et ceci, dans la partition, va nous conduire au second « passage ». Il se fait, presque invisiblement, dans la seconde section du deuxième acte, entre Tristan l'initiateur et Isolde l'initiée. Alors se profilent, comme clandestinement, les desseins directeurs du grand duo, cependant que le motif de « jour » s'inverse, et bascule peu à peu pour former, de lui-même, avec réduction d'inter-

valle, et mutation harmonique, le motif « nuit ». Lui-
même est né, au premier acte, du « *Hei unser Held
Tristan* » par lequel les marins, avec Kurwenal, insul-
taient la prisonnière. Il a, en accord creux, fait un cri
de lumière torturante à la première mesure du Prélude,
au second acte. Un mouvement musical suffit à la métamorphose, un flottement universel, pareil à ce flot,
peut-être, pour lequel les pharaons disposaient dans leur
tombeau un navire. L'apparence qui fut « jour », « honneur », éthique chevaleresque, s'avère, telle quelle, figure

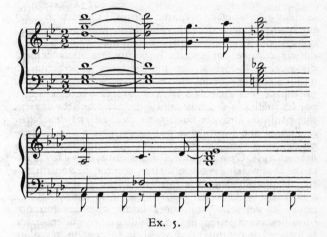

Ex. 5.

de son contraire : nuit rédemptrice, pays de nulle part,
essence de l'amour initiateur, charité du Rien qui libère de
la souffrance. Ici, des plages courtes de mouvement syn-
copé ont disloqué l'espace équivoque du « réel ». Bientôt,
à l'articulation de la troisième section de l'acte, le
même flottement deviendra portique de la nuit, sinon
enfoncement des êtres dans la nuit : vaste substitution
d'univers dans le régime de syncope, où l'accord s'al-
longe, devient tentacule d'un thème. C'est l'opération
familière au « *Davidsbund* », la même que, dans la scène
finale de *Don Giovanni,* Michel Guiomar déjà identifie
comme une « destructuration du temps » (Voir ex. 5.)

Dans sa colère, au premier acte, Isolde a, par deux fois, amorcé la notion. Deux fois, elle a nommé l'amant haï, par ses deux noms : noms de déloyauté : Tristan, Tantris, et déjà l'un était le renversement et la transposition de l'autre.

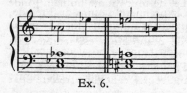

Ex. 6.

Seulement, toute une chimie d'obsessions nouvelles, fondées sur la caresse — le demi-ton — était préparée depuis l'Ouverture : cet univers qui devait devenir celui de la nuit, où luisaient, comme des astres maléfiques, des figures qu'on pourrait définir comme des motifs hors univers. Balancement du navire, « Hei » des marins : ces expédients du « jour » situent un faux réel, et donnent aux scènes, outre un espace, ces articulations, ces césures « accélérantes » par lesquelles la seconde moitié du premier acte devient une panique. Univers faux, *parce qu'il est fait de motifs ;* et l'un, d'une formidable puissance, forme déjà la première des charnières successives qui constituent ici la dramaturgie. C'est le motif, dirions-nous, du « faux Tristan ». Il apparaît avec son maître, sommé de venir mourir ; il apparaît dans une lumière d'épée et d'épouvante à la fois : — *fa — sol — si bémol — la bémol.* Et déjà nous le verrions volontiers (ainsi que de ce dominos brouillés avant le jeu) figure brouillée de ce qui constitue la matière de cet univers musical, la succession, régulière ou discontinue, des demi-tons.

Wagner n'a-t-il pas dit qu'il avait écrit *Tristan* après une grande douleur et « de longues méditations techniques » ? Partout l'affouillement du système d'écriture éclate aux yeux. Déjà le double motif de « mort », au premier acte, donnait à réfléchir ; qu'on y regarde bien : il y a le mélisme de la « mort envoyée », et le mélisme de la « mort réservée ». L'un accompagne l' « ambassade » (en style épique) de Brangäne à Tristan. L'autre est celui qu'Isolde se réserve. Dans l'univers du jour, de l'amour-haine, et du fait divers passionnel, même la mort commune est un départ de deux morts divergentes, qui ne se retrouveront plus. C'est le fameux problème du « und ».

Wagner y tient. Ce motif « poétique », où Vincent
d'Indy voit une « digression sur le mot « et », dans le
cadre d'un « badinage amoureux » : c'est la notion
profonde de notre drame, de tout drame humain fondé
sur l'amour. La conjonction de coordination « et »
ne réunit rien : elle sépare; elle souligne la dualité. Toute
la technique orientale de néantisation est tendue à la
suppression du « und ». Comme s'il craignait que la
postérité sous-estime ce thème, Wagner y revient dans
le Crépuscule, complétant, corrigeant une œuvre par
l'autre (expédient bien connu des créateurs « larges »).
Lorsque Brünnhilde et Siegfried se séparent, la Walkyrie demande l'unité dans l'absence fidèle : « et ainsi
seras-tu Brünnhilde *et* Siegfried ». Ici, le « et » a pour
garant le philtre : la maléficité de tout l'univers. Siegfried alors souligne : « wir zwei » : le « und » est devenu le
chiffre « deux ». Ceci n'aurait peut-être pas autant de
résonance si le motif fondamental de Tristan n'était la
réalisation « florale » du « und » détruit : saut de sixte,
comme un cri de désir, qui retombe blessé : mais sur la
tige, là où elle penche, bourgeonne la douce, la profonde, l'éternelle ascension du demi-ton, comme la
pérennité de la caresse amoureuse :

Ex. 7.

On dira : il existe bien un « motif » de la chasse, un
« motif » du pâtre; ces blasons, comme ceux du premier
acte, sont expédients de cadre. Même le grand chant
d'aube de Brangäne est une « augmentation » du motif
« jour ». Pour le reste, toutes les figures possibles du
motif chromatique, en renversement, en récurrence, avec
ou sans lacunes du demi-ton, en incise courte, en gamme
qui se perpétue, en valeurs égales ou en systèmes rythmiques. Le *sol dièse — la — la dièse — si* est à Tristan ce
qu'est le rebond ailleurs, d'une octave à l'autre, du *do-mi-sol*
d'accord parfait figurant l'or encore vierge. L'un bour-
geonnait en figures multiples; celui de l'unité d'Isolde

et de Tristan est un motif sans fin, qu'il se prolonge ou
se distende, se renverse ou s'anime de décharges, de
« monnayages » des valeurs et des durées. Nous touchons
là à ce que Wagner a formé de plus intérieur. Si un drame,
chez lui, peut se jouer en symphonie pure, c'est bien
Tristan.

Sans doute, l'instinct scénique garde ses droits; ce
pont de bateau, où Isolde devant sa servante délire sa
fureur, Tristan l'habite, et on ne le voit point. Un
instant, pour un message de la souveraine prisonnière,
le rideau s'ouvre entre les deux ponts. Tristan paraît,
immobile et rongé de détresse. Le rideau se ferme. Tristan est désormais présent. Mais l'échappée sur le navire
a montré encore autre chose, et les réalisations scéniques
actuelles de Bayreuth l'ont compris. Un premier cercle
autour d'Isolde est le rideau qui la sépare des matelots.
Un second cercle est le bastingage devant lequel est assis
Tristan. Un troisième cercle est l'horizon de mer. Une
seule évasion se dessine : vers le zénith; et c'est dans les
hauteurs des vergues, en plein ciel, que chante le marin,
par deux fois, comme situant le plan réel de la tragédie.
Il ne restera plus qu'à reproduire le schéma dans les
coupoles de Montsalvat, et nous aurons l'espace « vertical » des chœurs de *Parsifal*. Par-dessus la consécration du calice, devant les chevaliers du Graal, il n'y a
plus l'espace *et* le temps, exactement comme, dans la
forêt, il n'y a plus Isolde *et* Tristan. Dans une commune
éternité s'abolit l'espace lui-même. Si nous ne le sentons,
Gurnemanz nous le dira.

C'est — puisqu'on ne peut tout dire — sur cette notion
qu'on voudrait abandonner ici *Parsifal*. Il semble que
Wagner est si sûr de son unité, si sûr, pourrait-on dire,
de l'abolition en tous sens du « und », qu'il ne lui coûte
guère de revenir à une figure scénique bariolée, véritable
résurrection (dans cette vie où les œuvres vont parfois
comme par deux) de *Tannhäuser*. Simplement, il faut
saisir la grande, l'inapparente économie selon laquelle
se disposent (comme chez *Tristan* les plans du jour et
de la nuit), les plans du sacré et du mauvais, unis en
Kundry, dépassés en Parsifal, séparés par Amfortas. La
souffrance, cette maladie de l'être et cette fleur du mal,
redevient, jusque dans l'équivoque, racine d'amour; et
cette racine trempe jusqu'au mystère même du mal. Le

« et » serait peut-être ici le péché-souffrance, en suspens
entre Christianisme et Orient, dans la tension maximum
d'une conciliation en vain cherchée. Une espèce de
diktat ramène le dogme d'une évidence de l'amour. On
se rappelle que Wagner a été quelque temps poursuivi
par l'étrange tentation de faire apparaître, à la fin de
Tristan, Parsifal et sa lance. La lance guérissait aussi
Tristan.

LES MAÎTRES CHANTEURS

On s'est demandé, sans doute, ce que signifient, dans
ce contexte, *les Maîtres chanteurs*. Ils ne sont pas pour rien
la figure la plus loyale et la plus souriante de l'œuvre.
Si, comme l'écrit excellemment Anne-Marie Matter,
« Wagner cherche dans le Mythe » son vrai royaume,
« un refuge contre les préoccupations qui hantent ses
écrits théoriques », le voici pour une fois qui émerge des
abîmes de l'archétype, en dépit de ces liens allusifs
(celui qui ramène ici le roi Marke) que Wagner ne peut
se retenir d'établir, œuvre sur œuvre. *Les Maîtres* sont
issus des vieilles marottes de l'Encyclopédie : un opéra-
comique sublimisé, comme *Fidelio,* comme le *Freischütz,* mais aussi comme, après Wagner, le *Rosenkavalier.*
Le drame de Sachs est contenu dans la lumière du sourire : et l'amour n'y perd point. L'unité du monde
s'accomplit comme d'elle-même, dans la loi d'un univers
sans nains, où il ne reste de maléfique qu'un seul cuistre
amoureux. Unité de la jeunesse, de l'amour, que préservent
la sagesse et le renoncement des premières vieillesses, unité
des fluides poétiques qu'agite l'oiseau, et du travail où
le son de l'univers se « glorifie ». Un rien de loi ini-
tiatique, comme un souvenir mozartien. Belmonte ne
devra pas Constance à une supercherie, Tamino apprendra
l'amour difficile, Eva ni Walther ne pourront tendre la
main vers un amour immérité : l'atelier portatif du vieux
Sachs, sous le clair de lune, barre le chemin des évasions.
Eva est une Pamina en bonne chair, une Constance et
une Léonore sans tragédies. On sourit de penser que
Wagner nous versait de cette eau limpide à l'heure même
où, sous le bliaut de Tristan, il annonçait les néants qui
libèrent. Peut-être Mathilde Wesendonk eut-elle, même
exprimé à contretemps, ce sentiment d'une route
« saine », lorsque après la rupture déchirante elle rappela

à Wagner, sans nuances, le renoncement et la grandeur simple du vieux Sachs. Seulement, on a l'habitude des vastes cadres. La dimension « intérieure » de la comédie est le grand Reich, dans le double espace de la « Festwiese », qui en verra d'autres, et du Rhin.

WAGNER ET LA RÉVOLUTION DU LANGAGE MUSICAL

La place de Wagner dans l'histoire des formes s'avère maintenant plus complexe qu'il n'avait semblé d'abord. Il n'y a pas de système wagnérien, mais des incarnations, chaque fois minutieusement étudiées, d'un univers. Tout cela, qui fut imité, était en fait irrecommençable. Déjà Wagner avait donné à des imitateurs possibles une leçon de relativité, en définissant l'ouverture d' « opéra ». Ouverture à trois niveaux, traditionnelle ? Pot-pourri comme « dépliant » de tourisme, avec dégustation rapide, à l'avance, des airs inscrits au menu ? Ouverture considérée, avec Beethoven, et déjà Mozart, comme un poème symphonique qui, chez Beethoven, rendait la pièce inutile ? Wagner a écrit là-dessus ses pages les plus rassies. L'ouverture n'est pas un « genre ». Elle est fonctionnelle. Celle de *Lohengrin* ne peut avoir qu'un thème : l'archange descend, prend matière et poids, corps et capacité de souffrance. Refusé, il se retourne vers sa lumière à peine blessée. L'ouverture du *Hollandais* charrie un pot-pourri de motifs dans une impression unique de tempête. Celle de *Tannhäuser* serait de type beethovénien : mais évasée en une fresque immense. Les deux pôles électriques du drame sont court-circuités et survoltés. L'ouverture de *l'Or* est la création organique du monde, avec, comme aurait dit Teilhard de Chardin, « le péché dans la molécule ». Mais celle de *la Walkyrie* est un coup de catapulte, où le destin de Siegmund prend son motif dans la figure même de la tempête. Le premier acte du monde le jette dans le laminoir.

Et ainsi dirait-on des œuvres elles-mêmes. Si l'on peut alléguer, avec Nietzsche (et d'ailleurs non sans des réserves assez lourdes), que Wagner s'articule au dithyrambe grec, c'est en gérant, de main de maître, le patrimoine de l'oratorio sacral, de l'opéra classique et de la chanson de geste, raccordés à l'univers mythique eschylien, sans la lumière de Sophocle.

Dramaturgie d'ombres, de dieux ou d'entités, à laquelle le son confère tous les pouvoirs de vie : vies d'individus dans l'orbe de la vie cosmique : ce monde est en réalité une geste, et l'esprit oscille sans cesse entre celui de l'épopée et celui de l'oratorio. Le *Hollandais* est une geste mal grimée, autour d'un récit épique. *Tannhäuser* est un oratorio à incidences meyerbeeriennes. Toute la structure s'ensuit. *Lohengrin,* en revanche, est un opéra. Elsa est un personnage déchiré et double, qu'enveloppe le diabolisme à la mode, manifesté sous le jour inquiétant d'un fatum. Chœurs de peuples, de vierges, airs de genre, coups de théâtre : l'ensemble est à la fois hybride et parfait.

Sautons le fossé delphique, la même adéquation de la forme au dessein fait mentir le théoricien des traités et de la correspondance. La *Tétralogie* est une geste, *les Maîtres* un Singspiel. *Parsifal* est un « mistère », mêlé de féerie médiévale, comme il se doit. *Tristan* est une vaste cantate à deux voix principales. Orchestre et voix, verbe et son se distribuent les charges affectives et sonores, et les fonctions de l'intellect. Aux marqueteries du *Ring* répond le monolithisme de *Tristan*. Tout cela fonde un immense panorama dont chacun, avec sa construction irrecommençable, offre les facettes où se reflète la polymorphie inextricable du vivant. Et cela s'étend, bien entendu, aux relations complexes du langage.

Nous l'avons dit plus haut : la gageure était d'arracher le spectateur à toute liberté esthétique possible, et de le lier jusqu'en ses plus secrets états psychiques pour retrouver quelque fonds ancestral. Et cela conditionnait la genèse d'un art intégralement obsessionnel. Il semble bien difficile de séparer, dans l'expression wagnérienne, les trois puissances, conjuguées au maximum, de l'harmonie, du timbre et du rythme : et ceci sur toute l'échelle, depuis l'outrance de certains moyens jusqu'à la chimie des suggestions et des nuances. Le langage, depuis la *Tétralogie* surtout, suit en quelque mesure le sort des leitmotive, qui portent la couleur ou la cristallisent autour d'eux. Depuis l'accord parfait arpégé, symbole des rapports introublés du monde, jusqu'aux altérations complexes du *Crépuscule* où se désagrègent les degrés et les fonctions, et où s'offrent par le demi-ton les conduites polyphoniques les plus serrées, on peut dire que l'agrégation sonore, chaque instant, est la chimie sonore d'un état intérieur individualisé. Debussy, en abolissant les rapports de résolution, et en utilisant l'agrégat pour lui-même, tirera de cela, dans ses horizons, pour ses fins et avec ses moyens propres, le maximum de conséquences. Le phonème sonore n'est plus destiné, comme jadis, à dresser dans la succession du discours le culmen, la pointe expressive qui, unie à l'accent dynamique, élargit l'espace d'un seul affect. Ou plutôt, Wagner lui demande d'assumer ce rôle à chaque moment du développement intérieur des passions. Il lui importe que chaque son soit un état charnel qui se reconnaisse.

C'est alors dans le drame, accusés et vécus, imposés par la seule efficacité sonore et le jeu complexe ou perplexe des attractions, le poids d'une force, le poids d'un mot ou d'une prophétie, la lumière d'un élément, la montée, longuement tendue et étirée, d'un élan mystique, le choc de surprise, de colère ou de peur où se bandent toutes les forces de l'âme, la désinence psychique d'un cœur abattu, le mouvement d'une panique. Tout cela nous est apparu en son lieu. Wagner, comme tout adepte du style représentatif, comme déjà Monteverdi, est condamné à mener jusqu'à la rupture possible le langage de son temps, dans la préoccupation de l'instant individuel, de la poussière de secondes qui constitue, pour finir, l'unité toujours changeante de la durée intérieure.

Dans chaque système scénique, le plan tonal assume certaines couleurs fondamentales, sévèrement choisies, elles-mêmes attachées plus ou moins à des motifs, avec une fonction magique qui déborde la notion de symbole. Si le *ré bémol* est le ton des dieux, la cité souterraine des larves vit dans la touffeur du *si bémol* relatif. Si le *mi bémol* est la tonalité des éléments originels, le réveil de Brünnhilde, au seuil du *Crépuscule,* minorise le ton. Le mouvement profond des forces, l'appel occulte des tendances et leur évolution régissent les errances entre les tonalités essentielles, elles-mêmes suspendues entre leur dominante et leur sous-dominante, à travers les ruptures de cadences évitées, d'emprunts, d'enharmonies ou d'accords équivoques qui font surgir sans cesse d'autres attirances, d'autres mystères, d'autres attentes, et le sentiment général d'incertitude et d'irréalité du vouloir.

L'altération qui épaissit la matière et qui lance, dans la succession sonore, d'autres affects, d'autres cénesthésies, d'autres polarités ou d'autres équivoques, joue dans une esthétique consciente du cri, que déjà a pratiquée systématiquement le Schubert du *Roi des aulnes,* de *Marguerite,* du *Sosie,* et en général (avec leitmotiv véritable de cri) du *Voyage d'hiver.* Les moments de non-ubiquité sonore, chez Wagner, se comptent, organisés entre les systèmes de retours. Ils forment, sauf lorsque toute la scène demande un maximum de repos tonal — le Vendredi Saint par exemple —, les lumières filtrantes d'une chimie d'ombre. La septième diminuée avec ses multiples attractions, la sixte napolitaine et, dans une mesure non négligeable, la quinte augmentée — celle qui éblouit Mime dans la forêt incendiée de soleil — sont comme à la découverte de leurs plus vastes pouvoirs.

Dans un orchestre que tout accule à la polyphonie — celle des éléments multiples de l'univers, celle des contradictions de l'univers et du cœur des hommes —, le style s'efforce vers une fluidité de rien qu'enchaînements, une polymélodie en évolution incessante. Ici, le manque de repos est la condition même de l'incantation; l'involution qui emprisonne toute chose est le lieu même des états obsessionnels. Aux deux pôles de la lumière et de la nuit, diatonisme et chromatisme balisent un espace sonore « total ». Le jeu des degrés secondaires ménage celui des duretés et des matités. Accords incomplets, accords suggérés, qu'une touche de timbale « place » ou maintient à travers les aventures sonores, bitonalités latentes, brouillards de trémolos, papillonnement de traits rapides, d'anacrouses violentes où sonnent comme en passant des altérations fugitives mais efficaces, séquences quasi atonales où la matière se tourmente et nous suspend sur rien que de l'irrésolu — tout ceci dans une référence tonale qui reste l'essentiel du système des valeurs : il serait vain de vouloir fixer, même en raccourci, les mille opérations allusives, toutes liées à un cas, à un lieu, chacune son propre problème et sa solution unique dans le creuset d'un timbre, qui concourent toutes à gouverner en nous des résonances

physiopsychiques, en termes simples, à « accrocher »
en nous la chair.

D'autres ont dit excellemment (cf. Gisèle Brelet,
« Temps musical », n° 11), comment, d'un « temps
rationalisé », harmonieusement équilibré dans différentes formes de lui-même, Wagner nous fait accéder
à la durée immédiate de la conscience. Le paradoxe est
ici que la sonorité est à la fois l'élément de l'excitation
et son obstacle. « Le désir infini s'actualise dans les sons
malgré les sons, ... la sonorité, cette apparence, se brise
parce que la durée vitale la déchire; ... l'intelligence
qui découpait et informait le devenir est maintenant
débordée par son flux, et ne sait que le refléter; la sonorité
s'efface au profit d'un pur dynamisme, ... la mélodie
se perd dans l'indéfini, et ne sait plus se poser périodiquement sur des accents, sur des cadences; elle fuit le
repos de la symétrie, tout ce qui fixe, détermine,
enferme. »

Mais elle enferme justement par là la chair, en dépistant
tout contrôle de la pensée. Aussi « voit-on des accords
harmoniquement consonants ou peu dissonants devenir très dissonants dynamiquement, et produire un effet
d'autant plus déchirant qu'ils revêtent la forme d'accords
simples ».

Dissocier, et réassocier le moment, d'avec — ou avec
— le moment : de cette opération fondamentale procède
le jeu, infiniment divers, tantôt subtil, tantôt brutal, de
repos, de ruptures, de répits, de silences, d'exaspérations,
de longs spasmes jaillis et démultipliés jusqu'à l'orgie.
Le prisme de ces moyens oscille entre des limites aussi
lointaines que l'espace qu'il importe de saisir : pédales
d'un côté, figuratives ou non, et toutes obsessions :
voyez le prélude de *l'Or* où le mouvement du monde se
crée en partant de l'immobilité, et déjà dès les premières
mesures s'agite invisiblement des entrées successives des
huit cors. Il étale l'accord parfait sur 137 mesures, les
degrés de l'échelle harmonique s'agglomérant et s'« acquérant » peu à peu, avec la lenteur du monde. On se
rappelle la longue pédale du second acte de *Tristan*,
isolant la troisième section, où le temps commence
de s'abolir, cependant que déjà la syncope le désarticule,
et que la variation du motif le baptise nocturne, comme
par une inversion générale de l'univers. Il y a tous ces

trilles d'accords comme des pédales frémissantes; ou
bien, à l'autre bout, les déchirements du moment :
les appoggiatures flagellantes du prélude, au second acte
de *Tristan,* les grandes fusées d'anacrouses, les trémolos,
ou les cascades après cri, où le temps de l'affect dramatique se ravage à l'avance, se ramasse pour l'anticipation,
au creux de l'instant, d'un avenir total, fascinant et irréversible, qu'il brûlerait déjà de prévenir.

Si quelque chose est d'avance proscrit, c'est — sauf
dessein précis — la symétrie, la période équilibrée.
Ou plutôt la symétrie devient autre. Elle s'insère dans
d'autres systèmes de symétrie plus vastes, procède par
symétries concentriques, toutes en mouvement (ici
plus que jamais on pense aux *Mystères* de Péguy). Il en
est ici comme de ces chaos de moraines, entre glacier
et aiguilles véhémentes — pur désordre apparent de
puissances que, du pic, ou d'avion, on découvre en leur
dessein, comme un contrepoint de lignes harmonieuses :
élégances royales toutes raccordées à leur lieu sur l'échine
fondamentale de la chaîne.

L'unité des ruptures est vaste, mais présente; l'équilibre des blocs a pour modèles — mais dans une infinie
distension — ces « blocs » miniaturés des finales mozartiens dont nous parlions. Wagner y dispose aussi ces
autres blocs, parfaitement travaillés, que sont les grands
festivals symphoniques : Adieux de Wotan, Siegfried
sur le Rhin, ou sur sa civière, morts d'Isolde ou de
Brünnhilde, même ouvertes sur une espèce d'au-delà
sonore qu'on n'atteindra point. Si le rythme du discours
est rupture, si l'orchestre procède par prolification et
amplification de cellules sommaires, jusqu'aux points
d'exaspération que commande la dramaturgie du cri, le
moment vient toujours, dans le détail ou dans l'ensemble,
d'une plage de paix. Alors se rétablit, dans quelque fond
de notre conscience, l'ordre secret, le message confidentiel dont Wagner, sciemment ou non, ne perdra jamais
ni le rite, ni la nostalgie. Un accord du *Crépuscule* donne,
altéré ou non, la réponse exacte et convenable à un
accord, depuis longtemps oublié, de *l'Or.* Bruckner
pratiquera ces dentelles géantes.

Il faudrait dire maintenant le plus long de tout, et
citer mesure après mesure : les musiciens d'écoles nouvelles y auront trouvé maintes confirmations, à l'avance,

de la « Klangfarbenmelodie ». Il faudrait voir le motif, ses
satellites, ses éléments mêmes, et leurs développements, se
modifier de l'intérieur par les mutations des timbres.
Ici, il ne suffit pas d'alléguer, par exemple, la surprise
sonore fantastique, dans *l'Or,* des dix-huit enclumes
cernant l'espace de la scène, invisibles, jumelées, selon
les dimensions, et l'éclat du timbre, en trois groupes de
trois, trois de deux, un dernier groupe de trois ; là-dessus
enchaînent les cordes et quatre cors. Ces sortilèges se
retrouveront dans les scènes du feu, ou dans le grand frisson du quatuor, en dix-huit parties, par lequel Donner
chasse les miasmes du meurtre du Fafner devant le
Walhall ; ils se retrouveront dans une division et une
ubiquité analogue des harpes, amenant le motif d'arc-
en-ciel, douze arpèges sur six harpes.

Plus profondes sont les autres résonances, et moins
spectaculaires : ces quarante mesures de quatre, puis
cinq cors bouchés, dans Nibelheim, pour l'acte magique ;
six altos « épaulant » le son, ou bien, sur les accords du
Prologue, dans *le Crépuscule,* cette marqueterie des
groupes dialoguants, cors+clarinettes, hautbois, tubas+
bassons, flûtes, le dialogue se modifiant, de couleur en
couleur, à l'intérieur de cette prophétie terrifiante. A la
mort de Siegfried, autre éveil, si l'on peut dire, stupé-
faction du guerrier frappé à mort, et qui s'étonne : un
accord, *forte* — celui de l'éveil de Brünnhilde, sur trois
hautbois, trois clarinettes et trois cors ; le suivant,
pianissimo sur les quatre trombones et le tuba contrebasse, avec, *pianissimo* toujours, trois trompettes, trois
flûtes et le cor anglais : le *pianissimo* de l'effarement
s'animant et s'effritant sur la volée d'arpèges de trois puis
six harpes, *crescendo ;* et tout s'effile vers un trille des seuls
violons, échangeant les temps avec les harpes. Après
reprise du système, à la treizième mesure, nouvelle montée
à partir du silence, comme d'une perplexité mortelle,
du *mi-fa-sol-sol,* par trois hautbois, trois clarinettes, trois
trompettes, et frémissements d'altos, où vient s'inscrire
de nouveau la vague des harpes, *crescendo.* Tout converge
vers le cri, d'où redescendent les cordes seules. Mais à
telle page de *Tristan* nous verrez l'orchestre écarteler,
entre la voix d'Isolde et le hautbois, sur le plan de la
pure minutie, les deux parts déchirées du motif « floral »
tel que le fixe le Prélude, ici plus loin encore que le

« und ». On a vite fait de dire que chez Wagner « quand
tout se gâte, les trombones arrivent ». On se place
plus près du réel quand on note que, dans cet orchestre
fouillé jusqu'au plus subtil, ordonné dans les irisations
comme dans les orages, Wagner atteint, à force d'iden-
tités sonores, une sorte d'« En-soi des choses » — le
mot est d'Ernest Bloch — par « isolement du mouvement
sonore dans l'objet ». On fait grand cas du « bruit »
wagnérien; on en fait moins de son art des silences,
moins encore de la façon dont il « étend », le mot
est encore d'Ernest Bloch, « ses vagues vers le silence »;
avec les gestes tentaculaires d'Isolde et de Brünnhilde
brisées. C'est peu de dire que Wagner a isolé les couleurs
intrinsèques des instruments « à découvert », inventé
des timbres graves, approfondi de façon luxueuse l'art
des groupes d'instruments en position architecturale,
comme aussi celui des amalgames de timbres; qu'il
accuse par la division des instruments le sens, découvert
peut-être chez Schubert, de la disposition des accords,
illuminée par le jeu des timbres sur les différents mouvements des enchaînements; qu'il projette sur le devenir
symphonique, comme sur le simple énoncé d'un motif,
un « projecteur » de timbres qu'à Bayreuth souligne et
anime le mouvement de la lumière pure dans les espèces
de galaxies qui représentent ce que fut jadis le décor.
C'est peu de dire qu'il a exploré comme avant lui personne les sons « bouchés », les pianissimos des vents
graves, et institué, avant Debussy et de plus jeunes, de
véritables leitmotive de timbres. C'est l'inextricable
emploi de toutes ces efficacités sonores, c'est la précision
de tout dans une somme finalement inappréciable et
apparemment confuse, c'est l'organisation scrupuleuse
et raffinée de ce qui doit paraître, ensemble, le désordre
(pour nous) et l'ordre supérieur de l'univers — c'est
en bref l'arc-boutement de toutes ces puissances du son,
qui rend témoignage de l'art wagnérien. Qu'on mette
face à face les deux partitions de l'*Eroica,* en sa marche
funèbre, et du cortège funèbre de *Siegfried,* on mesure
le chemin parcouru. Qu'on scrute, dans un de ces
levers de soleil qui gainent les grandes actions tétralogiques, ces ondes stationnaires de quatre trombones,
passant aux cordes basses — mais les huit cors, énonçant
le motif de Siegfried, reprennent l'onde à leur tour. Sur

l'onde maintenue, voici les systèmes de canons qui s'inscrivent, violons, violoncelles, hautbois. La suspension du temps s'anime par triolets en vagues ascendantes, violons, flûtes, clarinettes : tout cela s'enflant vers le motif Siegfried — six cors, quatre trompettes — et les lumières de flûte, hautbois, clarinette et cor anglais. La lumière alors se précipite vers un « Siegfriedmotiv » trépigné, la partition allumée désormais de bout en bout, où s'inscrit le galop de Walkyrie. Sur l'accord, *fortissimo*, de tous les instruments, se hurle la première note du motif de l'amour : et le motif se trouve, subitement, isolé, en plein silence, en plein vide, en plein espace du ciel, ou du rien, ou de la solitude humaine terrifiante qui l'attend.

WAGNER PRÉCURSEUR

Le paradoxe wagnérien est trop proche encore de nous pour qu'y transparaisse la vieille loi commune à tous les créateurs : l'essentiel de leur œuvre est d'abord ce qui épouvante, puis révèle, par quelque trait d'abord invisible, la prophétie d'un avenir irréalisable sans eux, mais irrecommençable par un autre.

Nous n'en sommes plus aux temps où l'on flétrissait, chez Wagner, le chromatisme comme un procédé facile pour « harmonistes pauvres », ou, comme une décadence quasi érotique, la démarche vers l'altération et la liquéfaction des fonctions. Il fallut les deux évasions française et allemande, désormais devenues deux pôles de l'effort musical, pour que Wagner fût envisagé non plus comme celui entre les mains de qui s'est déprécié un langage (ou bien qui l'a rendu caricature de lui-même), mais le précurseur, arrivé à sa mort avec un langage neuf en vue. Réaction française, portée par la vague du modal, avec toutes ses ouvertures, du folklore à Messiaen, renforcée par la libération de l'accord intronisé à l'attitude d'une personnalité, la continuité de ces entités souveraines étant sauvegardée par des rapports purement qualitatifs. Réaction schönbergienne, portée moins par le sens tactile des choses que par une décision de l'ordre logique, d'ailleurs inévitable. Ici, une pensée très ferme cerne le problème en ce qu'a de paradoxal le maintien d'un système sonore dans lequel l'accord, instable et sans

référence — ou plutôt à références sans cesse changeantes — enchaîne doute tonal sur doute tonal, anni-
hilant dans ses enchaînements le principe même à partir duquel il s'y oblige. « Accords vagabonds », disait
Schönberg, « indifférentisme fonctionnel », dit-on encore.
Le protéisme de la tonalité incertaine et de l'accord
flottant est sans doute, en vue d'un certain but dramaturgique dont nous avons parlé, et en vue de ce but seul,
l'instrument expressif d'un perpétuel « devenir »,
qui est l'histoire mythologique du monde. Nietzsche
n'a-t-il pas noté que la « justesse d'expression » le cède
finalement à ce qu'il appelle la « force de pressentiment » ? Mais, ce monde aboli, le système est intrans-
missible : dans une symphonie surtout qui représente,
depuis le classicisme, une formule de stabilité statuaire.
Leibowitz va droit. « Chromatiquement, tout s'ar-
range toujours. » La tonalité, pour accéder au surespace,
se déborde : seulement « toute agrégation se justifie à
partir de la gamme chromatique »; pourquoi ne pas,
par-delà le bien et le mal, envisager les douze demi-tons
comme libérés des servitudes résolutives, à charge de
leur trouver des normes de continuité, en vue d'architectures et de tensions neuves ? Alentour guettent déjà
les sonorités innombrables et les innombrables bruits,
mélodieux ou non, qu'offre la nature, et dans lesquels
se désintègre, pour des nébuleuses neuves, et se multiplie, pour de nouveaux agrégats, la présence sonore de
l'univers.

Il serait injuste d'en rester là : et Wagner, nous l'avons-
dit, ambitionnait bien plus une révolution poétique, qu'il
n'a pas faite, qu'une révolution sonore, dont il a été
l'instigateur. Après tout, ce sont les poètes, et d'abord
Baudelaire, qui ont découvert Wagner. Nous avons dit
ailleurs comment le mythe wagnérien a, non seulement
consacré en Allemagne, mais répercuté vers la France,
une dramaturgie du sacral. Oratorios, messes, apocalypses, cantates d'après Péguy et Claudel, pour ne rien
dire d'une certaine veine « magique » qui ne cesse de
s'affirmer depuis *le Sacre* ; tout cela, et déjà *Pelléas,* est
une vague encore du cataclysme wagnérien, tel que, par
une jouvence paradoxale, il se rajeunit à mesure qu'il se
démode.

Mais il y a plus : ce serait à dire ailleurs, si la musique

d'avant-garde ne trouvait là son appui le plus efficace. De Wagner procède toute l'esthétique mallarméenne, aussi bien dans sa conception d'un langage « sans résolutions », que dans sa conception du poème « absolu », le fameux « Livre ». Ici Mallarmé prend à son compte, et répétrit les notions d'espace astronomique, de rythmes ondulatoires. Peut-être n'est-il pas abusif de dire, comme Daniel Charles, qu'il institue en fait, poétiquement, l'univers de la « série ». Du *Coup de dés,* on arrive vite à l'espace vers lequel se rue présentement tout l'effort de conquête de musiciens, qui ne sont pas pour rien fils du siècle de l'atome déchaîné. Wagner était trop attaché au tonal pour soupçonner l'âge du « total chromatique ». Il a suffi à de plus jeunes de l'y cueillir.

Marcel BEAUFILS.

BIBLIOGRAPHIE

Compte tenu des ouvrages traditionnels :
Houston Stewart CHAMBERLAIN, *Richard Wagner, sa vie et ses œuvres,* Paris, 1899.
Carl Friedrich GLASENAPP, *Das Leben Richard Wagners,* Leipzig, 1894-1911.
Albert LAVIGNAC, *Le voyage artistique à Bayreuth,* Paris, 1897.
Henri LICHTENBERGER, *Richard Wagner, poète et penseur,* 2e édit., Paris, 1948.
Jacques-Gabriel PROD'HOMME, traduction des *Œuvres dramatiques* de Wagner, Paris, 1922-1927.
Traduction des *Œuvres en prose,* Paris, s.d.
Édouard SCHURÉ, *Le drame musical,* Paris, 1875, 2 vol.

Rappelons :
H. BARBIERI, *Richard Wagner et Baudelaire,* thèse de doctorat, Toulouse, 1956.
Marcel BEAUFILS, *Wagner et le Wagnérisme,* Aubier, 1946.
Paul BEKKER, *Richard Wagner. Das Leben im Werk,* Stuttgart, 1924.
BOURGUÈS et DENEREAZ, article dans « La Musique et la vie intérieure », Lausanne-Paris, 1921.
René DUMESNIL, *Richard Wagner,* Paris, 1954.
P. W. JACOB, *Wagner und sein Werk,* Ratisbonne, 1952.

Zdenko von KRAFT, *Richard Wagner, une vie dramatique,* Paris, 1957.

Thomas MANN, *Souffrances et Grandeur de Richard Wagner,* Paris, 1933.

Anne-Marie MATTER, *Richard Wagner éducateur,* thèse de doctorat, Lausanne, 1959.

Ernest NEWMANN, *Life of Richard Wagner,* Londres, 1933.

Guy de POURTALÈS, *Wagner, histoire d'un artiste,* Paris, 1932 (romancé).

Marcel SCHNEIDER, *Wagner,* Paris, 1960.

Pour l'influence de Wagner sur la poésie française et en particulier sur Mallarmé :
Suzanne BERNARD, *Mallarmé et la musique,* Paris, 1959.

Nous n'aurions garde d'oublier cette mine de documents précieux jusque-là inédits :
Ludwig STRECKER, *Richard Wagner als Verlagsgefährte,* B. Schott, Söhne, Mayence, 1951,

ni enfin l'indispensable chronologie qu'a publiée aux Éditions du Festspielhaus Otto Strobel :
Richard Wagners Leben und Schaffen, Bayreuth, 1952.

GIUSEPPE VERDI

Giuseppe Verdi, l'homme, l'artiste et ses créations, constituent un phénomène purement et pleinement italien. Comprendre et apprécier ce théâtre est absolument impossible si l'on ne fait revivre et palpiter, autour de l'homme et de son œuvre, toute l'effervescence de la vie italienne au xixᵉ siècle. En effet, le phénomène Verdi n'est pas seulement musical. Vouloir considérer son théâtre (Verdi représente d'abord et avant tout le théâtre) comme un chaînon historique, un simple élément dans l'évolution du théâtre lyrique italien et mondial, c'est mal poser le problème. Pareille erreur est précisément à l'origine des divergences d'interprétations et de jugements, où les enthousiasmes excessifs voisinent avec les condamnations hautaines, les manifestations d'idolâtrie avec les attaques.

Le phénomène Verdi n'est pas purement musical ou, du moins, il ne se limite pas à cela. S'il incarna le mélodrame italien au xixᵉ siècle, ce ne fut pas d'une manière symbolique ni seulement après sa mort, ce fut au contraire de son vivant et tout à fait concrètement qu'il sut en exprimer l'esprit et la substance. Verdi, c'était le mélodrame. Cela est si vrai que, si l'on s'intéresse encore de nos jours au mélodrame italien du siècle dernier, c'est à son théâtre qu'il est logique de se référer en premier lieu.

Verdi représente une certaine forme du mélodrame, la seule possible à cette époque, en ce lieu et à ce moment précis de l'histoire. D'ailleurs, le mélodrame italien du siècle écoulé ne fut pas un phénomène exclusivement musical, mais également social, historique, culturel, l'unique et le meilleur moyen de donner libre cours, publiquement et parfois même de façon subversive, à une propagande patriotique, militaire, nationaliste, libertaire, révolutionnaire, libérale, jacobine, bref à une propagande dans l'esprit du Risorgimento.

Pour se dévouer corps et âme à cette œuvre-là, il

fallait un musicien inculte, rude, instinctif, honnête, rigide, ignorant les subtilités psychologiques et le raffinement des manières.

Tel fut Verdi à ses débuts, et tel il voulut demeurer jusque dans sa maturité et ses vieux jours, lui qui dissimulait une culture et une richesse de moyens lentement acquises mais qu'il ne voulut jamais admettre ni reconnaître, lui qui ne cessa de répéter les déclarations enflammées de sa jeunesse : inconvénients de la culture et de l'étude, nécessité de ne pas écouter la musique d'autrui et de rester fidèle à sa propre sensibilité, fût-ce à ses risques et périls et jusqu'à l'ostentation de la vulgarité; refus de tout ce qui lui était suggéré par le contact avec certains mondes plus ouverts et plus vastes que le sien, plus tourmentés, plus riches, même s'ils étaient moins courageusement productifs, et surtout plus nettement orientés. Sans même accepter la discussion, il refusa toujours de se soumettre à un programme; en effet, cette attitude eût été contraire à son esthétique de la sincérité, seule justification, à ses yeux, de la création artistique.

Verdi n'a écrit ni mémoires autobiographiques, ni traités d'art théâtral ni essais. Il n'en eût pas été capable, ne possédant ni la souplesse de style ni la préparation culturelle et esthétique nécessaire. Il nous a laissé son œuvre et une correspondance qui s'enrichit de jour en jour. Mais la valeur d'une correspondance est, bien entendu, des plus relatives. Une lettre peut témoigner d'une extrême sincérité, mais aussi d'une sincérité passagère. Elle n'a pas et ne prétend pas avoir la portée d'un écrit destiné au public. Elle peut refléter un ressentiment momentané, un mouvement de colère, une émotion incontrôlée. Elle n'est pas un document irréfutable. La suivante peut la démentir. Une lettre ne peut être qu'un indice. Un indice qui révèle un caractère à qui sait le déchiffrer.

Précisément, Verdi est une personnalité, un homme qui a vécu et qui a jeté (c'est bien le seul mot qui convienne) un certain nombre de mélodrames sur la scène. Vouloir juger leur valeur du seul point de vue de la technique et de l'exégèse théâtrales serait une naïveté. Ses mélodrames, de même que ses lettres, doivent être considérés comme des témoignages nous permettant de faire revi-

vre toute une période de l'histoire sociale et culturelle
de l'Italie. Tant mieux si l'on y distingue parfois des
valeurs universelles qui dépassent l'époque, mais juger
la portée de toute l'œuvre en fonction de ces seules
valeurs équivaudrait à ne pas comprendre Verdi, homme
avant d'être artiste, et artiste dans la mesure où il est
homme. Nous ne pouvons et ne devons pas détacher de
son abondante production les œuvres « majeures »,
pour négliger les « mineures ». Son œuvre ne peut
être considérée qu'en bloc, avec ses clairs-obscurs,
ses défauts mais aussi ses glorieuses illuminations.
Ses défauts sont indispensables à une révélation complète de ses qualités. Bref Verdi ne peut et ne
doit pas être jugé. Qu'on l'aime ou qu'on le déteste, il
faut avant tout le comprendre en revivant avec lui la
vie italienne d'un siècle qui fut le sien et qu'il représente
dans sa totalité, avec ses grandeurs et ses misères.
D'autres artistes voulurent s'élever au-dessus de leur
époque, l'orienter vers des idéaux qu'ils étaient seuls à
entrevoir, pour peu que ce ne fussent pas de pures
utopies : promouvoir et soutenir des réformes, des révolutions, des réactions. Verdi fut l'homme de son temps,
de son milieu, enraciné dans sa terre natale, lié aux hommes
qui l'entouraient, à la fois fascinant et dominé par un
public auquel il s'adressa toujours comme à l'unique
juge reconnu et admis par son honnêteté d'artisan.

Il ne voulut rien enseigner, parce qu'il ne voulait
rien dire de nouveau. Il ne résolut pas de problèmes,
parce qu'il ne s'en posait pas. Il n'innova pas car il se
refusait, pour ainsi dire, à la méditation. Il n'étudia pas
le théâtre lyrique dans son essence; il n'eut donc pas
d'idéologies à défendre, à soutenir et à propager. Avec
la même sincérité il ne comprit pas, avant de les rejeter,
les idéologies des autres, parce qu'il évitait même de
penser aux problèmes qui leur avaient donné naissance :
qu'il s'agît des idées révolutionnaires de la nouvelle
génération en Italie, ou bien des théories esthétiques
formulées en Allemagne par l'élite intellectuelle, à
l'époque où Verdi rencontrait le succès populaire dans
sa patrie, ou même simplement de certaines idées formelles qui s'imposèrent en France pendant un temps.

Verdi n'en était pas capable. Il lui manquait le goût
de la spéculation, la culture lui faisait défaut, tout comme

lui manquèrent par la suite les contacts fructueux avec
des collègues, avec des élèves (il n'en eut qu'un : le
fidèle Emanuele Muzio, compositeur médiocre mais qui
excella à diriger les œuvres du maître). La dureté de son
apprentissage exaspéra les tendances naturelles d'un caractère rude auquel répugnaient l'intimité, les effusions, la
discussion. Il était donc privé, et se privait lui-même,
des bienfaits du commerce spirituel. Plus tard, dans ses
années de maturité et de vieillesse, l'isolement (il s'agit
d'un isolement spirituel) devint une habitude chère à
l' « ours », comme lui-même aimait se laisser appeler
par de rares intimes. Cette culture, cette connaissance des
autres courants artistiques qu'il avait acquises peu à peu
sans en rien dire, sans en faire part à qui que ce fût,
et un peu à tâtons, sans méthode, il aima les dissimuler,
presque comme s'il en avait honte. Il en donna un témoignage concret dans ses dernières œuvres, des œuvres
concentrées, au *tempo* ralenti. Jamais il n'admit cette
culture. Il refusait même d'en parler. Mais le fait qu'il
se rapprocha d'Arrigo Boito, le tenant du romantisme
allemand, qui deviendra par la suite le librettiste unique
des derniers chefs-d'œuvre de Verdi, n'indique pas seulement une soumission du plus jeune au vieux maître
admiré. Ce rapprochement marque aussi et surtout une
concession du plus âgé, une façon tardive de s'ouvrir à
des exigences spirituelles et culturelles qu'il avait voulu
renier mais qui, à la fin de sa longue vie, le contraignaient
à l'adhésion, fût-elle circonspecte et limitée, sans enthousiasme et commandée par la raison.

Cependant, même au cours de cette transformation
lente et prudente, Verdi continuait à être l'homme de son
temps et de son pays. Il avait été le musicien patriote
de sa jeunesse, celle de 1848. Il s'était même laissé attirer
par le jeu parlementaire, quand il lui était apparu que
siéger dans une assemblée, aux côtés de Cavour, était
le devoir du plus célèbre musicien italien. Puis, les
enthousiasmes patriotiques s'étant apaisés dans la possession plus ou moins heureuse d'une réalité nationale, poli-
tiquement soutenue avec plus ou moins de bonheur,
Verdi s'était employé, avec la société italienne qui était
la sienne (celle de l'Italie du Nord), à reconstituer un
patrimoine culturel et artistique, que les haines bellicistes avaient diminué, appauvri, restreint. Il était parti

à la conquête de l'Europe; quoi d'étonnant si, à son tour,
il avait été conquis par elle, entraîné dans cette sorte
d'osmose où apparaissaient, en surface, comme un bouillonnement, les vaines luttes verbales et les polémiques de
presse entre partisans de l'avant-garde et tenants du
passé, entre partisans de Wagner et de Verdi, entre
nationalistes et xénophiles, mais qui, en profondeur, n'en
contribuait pas moins utilement à préparer un riche terrain d'entente : celui qui porterait les fruits de la collaboration entre Boito, l'ancien fanatique de l'avant-garde,
le romantique, le bohème de la *scapigliatura,* le poète-
musicien ou le musicien-poète (et, qui sait, peut-être ni
l'un ni l'autre) et le maître de chapelle de la province de
Parme. Ce dernier se reconnaissait (en théorie) pour
maîtres Palestrina et Marcello, mais il n'était au fond que
la « version XIXᵉ siècle » du musicien napolitain du siècle
précédent, riche d'un métier qui lui venait tout droit de
ses ancêtres. Une sensibilité naturelle et raffinée lui
ouvrait l'esprit aux suggestions les plus diverses, venues
des horizons les plus lointains comme des plus proches,
de partout enfin où régnait la musique, du moins en tant
que réalité immanente et non en tant qu'illustration de
théories souvent trop purement intellectuelles, ou qui
paraissaient telles à cet artisan très pur et sincère.

On a reproché à Verdi, en lui en attribuant la responsabilité, la totale incompréhension de la musique instrumentale (musique de chambre et musique symphonique)
qui domina, en Italie, la première moitié du siècle. Certes,
Verdi fut un musicien de théâtre exclusif et sincère :
d'abord spontanément, en raison de sa sensibilité naturelle et de son tempérament de dramaturge-né, puis par
fidélité aux idéaux de la jeunesse, lui qui s'acharna
presque à dénier aux Italiens et avant tout à lui-même,
toute possibilité vraiment créatrice en dehors du mélodrame. Mais si, dans ses jeunes années, cette attitude
était naturelle et irréfléchie, dans sa maturité il était
passé maître dans l'art polémique.

Aux affirmations sans nuances qu'on retrouve dans
ses lettres ne correspondaient plus les faits parce que son
œuvre s'enrichissait d'une nouvelle recherche symphonique, d'une nouvelle sensibilité instrumentale, qui
détruisait chacune de ses affirmations (fût-ce la plus violente) sur la primauté donnée au chant pur, et finissait

par se risquer, presque par jeu, dans le quatuor. En Italie, il ne fit jouer ce quatuor qu'en petit comité, mais il le présenta ensuite officiellement à Paris, non sans orgueil, comme pour solliciter une nouvelle marque d'estime du public international, sur lequel il comptait jalousement pour prendre sa revanche, hors de son pays, sur l'hostilité et l'incompréhension qu'il reprochait aux Italiens de marquer à son théâtre et à son art.

Le phénomène que constitue l'hostilité de Verdi envers les œuvres instrumentales mérite quelques explications. C'est peut-être sur ce point, en effet, que l'attitude du musicien s'affirme avec le plus d'évidence dans un certain contexte, tout au moins si l'on replace ce phénomène sur le terrain historique et social où il prit naissance, ce qui ne semble pas avoir été fait jusqu'à présent. Le fait est que Verdi fut, sur ce point également, l'homme de son époque. Une époque à laquelle il n'imposa pas de théories esthétiques mais dont il accepta la réalité toujours avec le même courage.

ÉTUDES MUSICALES

A l'époque où il aventurait ses premiers pas dans le domaine de la création musicale, l'Italie ne se bouchait pas tout à fait les oreilles à la musique instrumentale, notamment cette Italie du Nord dont Verdi fut le produit parfait, quoique d'origine paysanne. Il naquit le 10 octobre 1813 aux Roncole, fut élevé à Busseto, dans la province de Parme, et initié à la musique par l'organiste Baistrocchi et par Ferdinando Provesi. Ces modestes musiciens de province ne pouvaient que le nourrir d'idéaux abstraits touchant une musique sacrée, si peu différenciée qu'elle se confondait avec la musique de scène, et encore dans un petit État bourbonien comme celui de Parme, où la culture sommeillait depuis longtemps. Pourtant, à Busseto même, vivait une académie philharmonique, une des mille associations italiennes représentant, à cette époque, les prolongements de l'Arcadie du XVIIIe siècle.

C'est cette académie qui accueillit les premiers essais de Verdi et les orienta vers un idéal bourgeois, sinon directement populaire (orphéonistes). Mais les liens avec le XVIIIe siècle et l'Arcadie persistaient encore parmi les

diverses sociétés philharmoniques, et le directeur de
celle de Busseto, Antonio Barezzi, négociant et musicien
dilettante, qui s'était fait le protecteur et le mécène du
sauvage Verdi, savait dans quelle voie il convenait
d'orienter les études de ce jeune paysan inculte. Il voulut
l'envoyer à Milan, capitale lombarde de la province
impériale d'Autriche; une école musicale solidement
implantée y maintenait et diffusait une culture où s'étaient
greffées, sur la riche tradition instrumentale lombarde
du XVIIIᵉ siècle, les goûts et les œuvres d'artistes allemands ou d'école allemande. Cet apport remontait
peut-être aux joyeux séjours de Mozart à Milan. Mais il
avait été vivifié par les incursions d'autres musiciens
dans la capitale de cette riche et ardente province impériale, les Weigl, les Dussek, les Mayr, les Winter, les
Mirecki. Le Conservatoire, les académies publiques, les
académies privées des maisons princières, accueillaient
fréquemment les étrangers. Et tandis que le Conservatoire était dominé par l'éminente personnalité du célèbre
violiste et violoniste Alessandro Rolla, qui dirigeait aussi
l'orchestre de la Scala, sur l'aristocratie milanaise régnait
Peter Lichtenthal, musicien et bibliographe qui, de
Vienne, avait apporté à Milan son culte fervent de Mozart
dont il s'était proclamé le grand-prêtre à vie (à Milan
vivait encore Carl Mozart, dernier fils du musicien).
Moins célèbres que Rolla et que Lichtenthal, d'autres
Italiens travaillaient à Milan : Pollini, Morandi, Gianella,
Nava, Moro, Giuliani. Ces derniers composaient et
publiaient des sonates, des toccatas, des fantaisies, des
quatuors, des concertos pour flûte où dominait le piano;
mais la guitare avait presque autant d'importance, et l'on
trouvait les formes les plus variées d'ensemble de chambre, comme en témoigne le premier catalogue de la maison Ricordi, en 1814 (la maison avait été fondée en
1808). Le premier numéro contient précisément des
sonates pour guitare d'Antonio Nava.

Par conséquent, claire et valable sur le plan culturel
était l'orientation que Barezzi cherchait à donner à son
jeune protégé; rien ne devait, apparemment, l'entraver.

Les obstacles se présentèrent plus tard, à la suite d'un
concours de circonstances d'ordre à la fois personnel et
général. S'il eût été permis au jeune Verdi d'entrer au
Conservatoire de Milan, la solution de ses problèmes

eût emprunté une voie normale. Mais Verdi avait perdu trop de temps en études irrégulières dans son Busseto natal. Quand il se présenta à l'école milanaise pour demander son admission, il avait dépassé l'âge légal : pour venir à bout d'un règlement rigide il ne pouvait qu'invoquer des dons exceptionnels. Or l'unique emploi rétribué auquel il pût aspirer (les autres étant tous pourvus) se trouvait dans la classe de piano. Si Verdi était un musicien doué, il n'avait rien d'un pianiste exceptionnel. Ainsi jugèrent, à bon droit, les professeurs du Conservatoire, qui lui refusèrent l'entrée de l'école : Verdi aurait peut-être son mot à dire dans l'avenir, mais il n'était pas fait pour le piano.

Il fut donc repoussé, exclu, moins d'une école que de tout un climat intellectuel de préparation sérieuse et méthodique. Dès lors il bannit l'étude, l'école, la culture. De fait, il n'eut à sa disposition que l'enseignement privé du maître Vincenzo Lavigna. Et ce dernier, qu'on le note bien, donna pour base à son programme le théâtre de Mozart, jusqu'à dégoûter l'élève de l'admiration que le maître portait au *Don Juan*. Mais, de toutes manières, s'il lui donna la maîtrise des outils du métier, il ne l'orienta que vers un avenir banal de maître de chapelle, au vrai sens que ce terme avait au XVIIIe siècle : soit une rémunération assurée dans une église, soit l'avenir hasardeux, et peut-être heureux, d'un compositeur de théâtre à la merci des imprésarios, prêt à mettre en musique les livrets imposés par leurs caprices, dans l'unique but de gagner de l'argent en profitant de l'engouement du public pour un auteur ou pour un chanteur.

Le destin de Verdi était scellé : ce serait la vie difficile de l'autodidacte, rendue plus pénible encore par sa rancœur contre l'école qui l'avait repoussé. Son exclusion lui valut même d'ignorer les bibliothèques et, son inculture, venant s'ajouter aux lacunes de son éducation et à son caractère d'ours mal léché, l'éloigna définitivement des cercles intellectuels aux dehors raffinés, des académies aristocratiques, des salons des dames milanaises. L'atmosphère y était assez superficielle mais la musique y régnait encore en souveraine, et justement sous la forme de musique de chambre qui n'était pratiquée que dans ces milieux. Or la distinction établie au

siècle précédent entre musique de chambre, d'église et
de théâtre, était toujours valable, si bien que la musique
de chambre, le concert, les œuvres instrumentales aristocratiques, demeurèrent pour Verdi un monde fermé.
La musique fut désormais pour lui celle des spectacles
publics, auxquels il avait libre accès sans solliciter la
faveur d'une invitation; les seuls où un paysan de son
espèce, ignorant et refusé à son examen, pouvait se rendre
à sa guise, en se mêlant au public populaire facilement
enthousiaste : le théâtre et l'église. C'est à cette scène et
à ce public qu'il consacra désormais toute son activité.

Mais si, d'une part, ces raisons personnelles et contin-
gentes poussaient fatalement le jeune Verdi vers l'art
lyrique et lui interdisaient le domaine instrumental,
d'autre part la musique instrumentale milanaise elle-
même allait, de son côté et tout aussi fatalement, vers
son déclin. La tradition instrumentale lombarde s'était
peu à peu confondue avec la tradition allemande : les
grands artistes étrangers qui en réglaient la destinée, les
plus grands représentants de l'école viennoise en étaient
venus à symboliser un goût et une mode. Musique instrumentale signifiait musique allemande. Or les salons
milanais qui, jusqu'alors, l'avaient cultivée si ardemment,
se fermaient peu à peu à cet art étranger sous la poussée
des événements politiques et s'insurgeaient contre lui.
Les impulsions d'indépendance, avant de sortir du peuple, naissaient dans les cercles intellectuels, dans les
salons de la noblesse. Le mouvement d'opposition au
gouvernement impérial et à ses représentants en Italie
s'incarnait avant tout dans un certain snobisme aristocratique qui devait peu à peu se muer en un irrésistible
courant populaire et révolutionnaire. Une atmosphère
de conjuration politique se substituait au climat d'académie musicale : le sentiment patriotique reléguait la
musique au second plan. Ou pis encore, cette atmosphère
gagnait la musique elle-même, provoquant des mises à
l'index, conduisant au sabotage de la musique allemande
par excellence, c'est-à-dire la musique instrumentale
« classique ». Finies les calmes soirées de concert. Ceux
qui ont encore du temps à consacrer à la musique pré-
fèrent les romances sentimentales ou, mieux encore, les
fantaisies d'opéra, car tout le théâtre lyrique italien se

laisse bien vite pénétrer, malgré la censure autrichienne, bourbonienne et papale, par l'esprit du *Risorgimento*. En effet, le mélodrame qui permet les sous-entendus politiques se prête mieux à la propagande que la musique pour instruments ; de même, le patriotisme exaspéré se manifeste plus librement dans les chœurs véhéments ou les cavatines forcenées, dont les paroles peuvent toujours cacher une allusion, une espérance, un encouragement au peuple opprimé.

On voit donc le génie instrumental s'effacer complètement en Lombardie et dans toute l'Italie. Et voici que règne sur tous, sur le peuple comme sur l'aristocratie, sur les théâtres comme sur les salons, le mélodrame patriotique du milieu du siècle. Voilà donc proscrits et abandonnés les grands maîtres allemands avec un esprit de décision et une fermeté qui auront des prolongements lointains en Italie et des conséquences désormais connues. Cet ostracisme ira jusqu'à entraver, dans ses premières années, la carrière du plus célèbre et du plus savant violoniste de l'époque, cet Antonio Bazzini qui, adulé en Allemagne et en France, sera longtemps taxé en Italie de « partisan de l'Autriche », en raison de son goût et de sa vénération pour les formes classiques de la composition instrumentale.

Ce Bazzini fut ensuite directeur du Conservatoire de Milan. Ses rapports avec Verdi furent rien moins que faciles en raison précisément de leurs divergences culturelles, tous deux étant sincèrement partisans de principes éducatifs opposés : il faudra des années pour en arriver aux compromis.

Donc, tandis que le jeune Verdi se voyait exclu de la musique instrumentale italienne, celle-ci, pour des raisons historiques, quittait peu à peu la scène. Au moment où Verdi, qui avait gagné ses premières batailles, avait encore ses chances de pénétrer en triomphateur dans un univers que la misère et le hasard lui avaient tout d'abord fermé, ce monde lui-même avait disparu, submergé par les luttes de l'indépendance.

Verdi ne fut donc pas responsable de cette situation, ni du triomphe incontesté du mélodrame en Italie : non seulement le mélodrame était la seule forme musicale restée vivante dans la société de son temps, mais le compositeur n'avait pas la préparation suffisante, une fois passée la fièvre de l'année 1848, pour porter à leur apogée des formes et un génie auxquels sa formation était demeurée étrangère.

Il transforma alors son attitude : de musicien patriote, de barde du Risorgimento, il se fit le paladin d'un nationalisme plus intelligent, plus médité. Mais son absence de culture solide lui fit d'une part commettre l'erreur de croire qu'il n'y avait d'italienne que la musique de théâtre et, d'autre part, favoriser inconsciemment, contre les œuvres instrumentales et symphoniques allemandes, le boycottage politique dans lequel l'avaient entretenu les années de passion nationale. Il ignorait jusqu'à quel point et comment l'Italie avait, dans les siècles passés, apporté sa contribution à cette forme d'art.

C'est par nécessité que Verdi en était venu au théâtre. Exclu de l'école et, par conséquent, de toute étude régulière fondée sur un programme, nous avons vu que deux carrières lui restaient ouvertes : maître de chapelle dans une église ou compositeur de théâtre. Il aborda tout de suite la première, qui était la plus facile. Mais, malgré les efforts de son protecteur Barezzi et d'un groupe de ses compatriotes qui s'intéressaient à son sort, il ne réussit pas à obtenir à Busseto même la charge souhaitée et promise de maître de chapelle à la cathédrale. Le clergé local lui était hostile pour ses prises de positions nettement libérales et laïques qui se confondaient, à cette époque, avec l'idéal d'indépendance politique.

En attendant sa nomination à Busseto, il renonça tout d'abord à la charge de maître de chapelle de la cathédrale de Monza et, quand il n'eut obtenu à Busseto que l'emploi de maître de musique de la ville, ce qui le laissait en dehors de l'église, il se sentit libéré de sa dette de reconnaissance envers ses compatriotes qui l'avaient aidé en lui offrant une bourse d'études pendant ses années d'apprentissage à Milan. Il orienta désormais tous ses efforts vers la carrière théâtrale, où il voyait un moyen d'affirmer ses dons, et surtout une source de revenus.

LES « ANNÉES DE GALÈRES »

Il travailla longuement à sa première œuvre : chose naturelle puisqu'il y jouait tout son avenir. Commencée en 1836, elle fut presque terminée sous le titre de *Rocester* (ou *Rochester*); ensuite Verdi la refit complètement quand, après plusieurs tentatives, il eut enfin la chance de la faire représenter à la Scala, le 17 novembre 1839, en l'intitulant cette fois *Oberto, conte di San Bonifacio*. De ce long travail de mise au point, l'œuvre profita largement : non seulement la partition affirme déjà, sur le plan artistique, la nouvelle personnalité de Verdi qui se différencie de ses prédécesseurs et de ses contemporains, mais elle est même, sans nul doute, plus riche et plus réussie que nombre d'autres qui la suivirent et qui ne reçurent pas de l'auteur les mêmes soins prolongés et méticuleux.

Verdi, naturellement, y fait preuve (grâce à l'enseignement pratique de Lavigna), d'une technique suffisante, mais en revanche d'une culture qui laisse beaucoup à désirer. Les lacunes dans le domaine esthétique l'amènent à accepter tout de go, sans la moindre révolte instinctive ou motivée, les règles du mélodrame italien du moment. Or Bellini étant mort depuis peu d'années et Rossini s'étant tu depuis longtemps, les dernières œuvres de Donizetti représentaient alors l'idéal du spectacle musical à succès, tandis que, sur le plan européen ou parisien, Meyerbeer opposait à la veine italienne trop libre la gravité quelque peu académique, mais à n'en pas douter spectaculaire, d'une pseudo-tragédie lyrique : il préférait poursuivre l'effort de l'opéra franco-allemand de la fin du XVIIIe siècle et du début du XIXe, et en perpétuer l'éclat pompeux.

Sur un thème historique, Verdi écrit un mélodrame traditionnel composé de morceaux détachés, sur une symphonie qui ne fait qu'effleurer sans les développer les principaux motifs de l'œuvre. Mais cette partition conventionnelle, sans innovations formelles, et que ne guide nul programme révolutionnaire, révèle la nouvelle personnalité du musicien : choix du héros qui représente l'individu en lutte contre les événements; mélodie qui dessine nettement les caractères et les situations (elle va plus loin que le sens littéral d'un texte souvent très pauvre); violence parfois brutale du rythme; rapidité de l'action, considérée non pas comme un enchaînement d'événements dramatiques, mais comme la juxtaposition des moments saillants d'une aventure qui sera racontée, résumée, esquissée d'une manière dont il importe peu qu'elle soit obscure et maladroite; telle est en somme sa

conception du personnage et du mélodrame, où il
recherche les émotions fortes, les situations extrêmes,
les solutions brutales dans la mesure où elles permettent
aux sentiments impétueux de s'exprimer par le chant et,
plutôt que de s'attarder à perfectionner ses moyens, il
préfère réussir d'emblée à émouvoir son public, fût-ce
au prix des pires vulgarités et des lieux communs les
plus surannés. *Oberto* est sans nul doute tout cela, même
si l'on y trouve une franche ingénuité, des références aux
auteurs anciens ou contemporains, des incises et des
mouvements qui annoncent *Nabucco, Rigoletto* et *la Traviata,* où ces moyens seront développés et mieux exploités. Avec *Oberto* s'affirme le langage personnel de l'auteur
et sa complète prise de possession de l'arène théâtrale,
un peu comme s'il s'était dit : le théâtre, je le conçois
et je le sens ainsi; qui m'aime, m'applaudisse; qui ne
m'aime pas, me condamne.

Et le public applaudit à tout rompre. C'était un public
qui aspirait à un élan, à une libération politique, à une
révolte sociale et culturelle. Un public qui avait besoin
d'un musicien populaire qui entonnât pour lui les chants
de la patrie et de la guerre, et qui soudain le reconnaissait,
tel qu'il le désirait, en ce jeune Verdi. De son côté le musicien débutant puisait dans ce public qui frémissait de
la même ardeur sauvage et contenue, la force qui pourrait
le soutenir et l'aider, à condition que l'entente et la
compréhension réciproque qui s'étaient établies dès la
première rencontre, demeurassent aussi ferventes, aussi
enthousiastes, aussi spontanées et sincères. Une alliance
s'établissait ainsi entre les forces en présence : l'artiste
transposerait dans son théâtre l'idéal politique, romantique, les espoirs de renouveau qui étaient les siens et
ceux de son peuple. Le public ferait de lui son porte-
drapeau, son idole, son symbole. Verdi et Patrie seront
désormais synonymes : ils le demeureront pendant de
longues années, car cette incarnation dominera l'ensemble de l'œuvre de Verdi et fera passer au second plan
toute autre exigence esthétique. Ce ne sont pas des
rêves esthétiques qui soutiennent le musicien au cours
de la période qu'il appellera plus tard « les années de
galères », mais l'idéal de patrie et de liberté, qui atteindra
sa plus complète réalisation dans la fameuse interprétation politique du nom du musicien. Plus tard, en effet,

la foule s'amusera à jeter au visage des oppresseurs étrangers le cri exprimant son enthousiasme à la fois musical et politique : *Viva Verdi !* c'est-à-dire : *Viva V(ittorio) E(manuele) R(e) D'I(talia)*.

Peu importe si ces tempêtes cachent les manœuvres d'habiles imprésarios qui entraînent à leur suite le jeune musicien et exploitent à leur profit sa puissante emprise sur le public. Ils lui imposeront un rythme de production parfois harassant; leurs exigences purement commerciales auront une influence nuisible sur une partie importante des œuvres de cette époque; œuvres manifestement bâclées, où transparaissent à la fois l'angoisse de devoir tenir un engagement pour une date précise, et l'indifférence aux plus invraisemblables travestissements imposés par les diverses censures : telle était la toute-puissance des imprésarios auxquels l'auteur avait abandonné le droit de faire jouer ses œuvres n'importe comment et par n'importe quel interprète. C'est ainsi qu'avec le recul du temps, dans la période calme de sa maturité, Verdi évoquant le climat de cette époque parlera des « années de galères »; mais elles n'empêcheront pas des pages splendides de naître avec une spontanéité d'inspiration et une sincérité d'écriture que dictait au musicien le désir ardent de donner à son peuple le théâtre du renouveau, instrument nécessaire de sa libération. Les vers « fatidiques » abondent dans les œuvres de cette période. A ces vers sont liées les pages les plus émouvantes, de *Nabucco* (1842) à *la Bataille de Legnano* (1849) : depuis les chœurs fameux (« *Va pensiero...* » dans *Nabucco*, « *O Signor che dal tetto natio...* » dans *la Bataille de Legnano*, « *Si ridesti il leon di Castiglia...* » dans *Hernani*, « *La patria tradita* » dans *Macbeth*), jusqu'aux incitations ouvertes d'*Attila* (1846) (« *Ma noi, noi, donne italiche...* », « *Cara patria, già madre e regina...* »..., « *Avrai tu l'universo, resti l'Italia a me...* »), pour rejoindre enfin la parfaite épopée nationale avec *la Bataille de Legnano,* qui n'est autre qu'une incitation chorale à la guerre de libération, et dont le sommet est l'hymne héroïque « *Viva l'Italia* »; elle exalte aussi l'aspiration au sacrifice individuel pour la patrie avec l'immolation du héros « pour l'Italie sauvée », aspiration que vient couronner le morceau d'ensemble « *Chi more per la patria...* ».

Il faut comprendre aujourd'hui que ce fut dans ce

climat d'enthousiasme populaire et d'hymnographie patriotique hautement inspirée par Mazzini que naquirent coup sur coup la douzaine d'œuvres que Verdi composa au cours de ces années, œuvres construites sur de vastes ensembles vocaux plutôt que sur les personnages pris individuellement. Même les plus vivants d'entre eux ne sont qu'effigies et symboles d'un monde spirituel, religieux ou patriotique, d'où leur caractère abstrait.

La vocalité est d'un lyrisme accentué (il faut que le héros exprime sa ferveur), mais le récitatif reste assez conventionnel. Il n'y a aucun rapport entre ce que Verdi nommera la « parole scénique », et l'air ou la cavatine. La parole scénique n'est qu'un truchement nécessaire et inévitable, hâtivement traité et sans intérêt. L'air est la préparation spirituelle aux grandes scènes de masse, aux morceaux d'ensemble, sur lesquels se concentrera tout l'intérêt de l'auteur et du public. L'accompagnement instrumental est superficiel, souvent vulgaire, digne d'un orphéon. Il présente si peu d'intérêt pour le compositeur que celui-ci orchestre ses partitions après avoir entendu les premières répétitions des chanteurs au piano, ou même quelques instants avant leur entrée en scène. L'action est considérée comme une suite d'effets scéniques obtenus par les moyens les plus invraisemblables, grâce aux imbroglios les plus ridicules et à l'intervention des événements les plus incroyables : ce n'est pas du drame, c'est du théâtre populaire. Le compositeur se fie d'ailleurs au peuple, au public, comme à son unique juge souverain, alors qu'il tient dans le mépris le plus absolu la critique officielle : cette dernière ne pouvait s'empêcher de constater combien superficielles étaient bon nombre de ces œuvres. Cependant, même quand il travaille à la hâte, Verdi écrit toujours avec une intensité exaspérée : il se met tout entier dans son œuvre, sans craindre les exagérations ni les vulgarités. Du reste, il consacrait tout son temps à son activité professionnelle, depuis que son foyer avait été brisé net par la mort soudaine de sa femme Margherita Barezzi, fille de son premier protecteur, et de ses deux jeunes enfants. Il écrivait alors sa seconde œuvre, l'opéra bouffe *Un jour de règne,* qui, en 1840, connut à la Scala un échec lamentable; au point que l'auteur, aigri, eût sans doute renoncé à la carrière théâtrale si l'imprésario Merelli ne l'avait pour ainsi dire contraint à tenter une nouvelle fois sa chance avec *Nabuchodonosor* ou *Nabucco*.

DE « MACBETH » A LA « TRILOGIE POPULAIRE »

Sur ces entrefaites, les événements politiques se précipitent et prennent une tournure nouvelle. L'esprit de 1848 fléchit devant la dure réalité : il semble que la réaction triomphe. L'enthousiasme suscité par Mazzini cède le pas aux espérances plus lointaines du rattachement au Piémont des divers États italiens. L'époque des héros populaires romantiques est terminée; le flambeau de la lutte pour l'indépendance passe aux mains des hommes politiques. Aux élans désordonnés de la foule et des tribuns succède l'activité calme et réfléchie des diplomates : Cavour se charge des destinées du pays. Verdi emboîte le pas. Sans préméditation peut-être, mais précisément grâce à cet instinct qui, à tout moment de sa longue vie et de sa carrière, le place au point culminant des aspirations de son peuple pour en interpréter musicalement l'esprit et lui donner l'expression artistique nécessaire. Déjà les dernières œuvres de la première période indiquaient une transformation de son théâtre, depuis l'opéra avec chœurs *(Nabucco)* jusqu'à l'opéra avec personnages *(Hernani)*. A partir de personnages héroïques, des caractères s'étaient peu à peu esquissés *(Jeanne d'Arc, Alzira, Attila)*, jusqu'à l'étrange expérience de *Macbeth* (1847), dont la première version ne fait que démontrer l'impossibilité de la conjonction Verdi-Shakespeare, à moins qu'un poète éprouvé, sans dénaturer le drame original, n'offre au musicien un texte adapté au mélodrame. Verdi fut en effet, dans sa jeunesse, desservi par ses librettistes. Mais les Solera, les Piave, les Cammarano, et jusqu'aux Maffei, s'employaient à rédiger les livrets et les vers conformément au style que souhaitait et exigeait l'auteur. A vrai dire, celui-ci ne s'intéressait pas au texte poétique, tout au plus y voyait-il un prétexte, un moyen de faire naître la mélodie, seule maîtresse de sa scène lyrique.

Peu lui importait ce que disait le personnage. Seul l'intéressait l'état d'âme dont il s'inspirait pour faire jaillir son chant sur des paroles quelconques : ces dernières perdent leur valeur et leur sens littéral pour venir se noyer et se fondre dans la pure expression musicale. Ce qui explique l'indulgence constante du public pour les textes les plus ridicules des œuvres de Verdi, qui servaient de cible à une ironie parfaitement justifiée.

Macbeth, qui fut bien plus un heurt qu'une rencontre entre Verdi et Shakespeare, est une œuvre manquée, malgré le remaniement apporté en 1865 en vue de sa représentation à Paris, le 21 avril, au Théâtre Lyrique. On y trouve cependant la preuve que Verdi avait modifié sa conception du théâtre. Le personnage est devenu un caractère, romantique, soit, et même à l'excès, mais qui cherche son équivalent musical et le trouve, non plus seulement dans certains passages détachés, mais dans son langage même qui, du début à la fin de l'œuvre, tend vers l'unité : la « parole scénique » naît, en somme, au détriment de l'air, mais au grand bénéfice du mouvement dramatique qui se substitue à l'élément théâtral. Le héros lui-même ne se contente plus de la seule vocalité; il s'appuie aussi sur un orchestre auquel incombe la nouvelle responsabilité de contribuer musicalement, « instrumentalement », à donner son caractère à l'œuvre et à en fixer le climat avant tout spirituel. Il ne s'agit pas ici de révolution, ni de style nouveau, mais d'approfondissement, de révision, d'élargissement des moyens dans le cadre habituel. Le nouveau mélodrame délaisse l'ivresse des chœurs pour se tourner vers l'aventure psychologique. Mal lui en prend, car le public, qu'anime une ardeur patriotique sans cesse brimée, persiste dans l'interprétation équivoque du théâtre de Verdi, où il continue à voir une revendication contre l'oppresseur. Il n'est réceptif et ne s'exalte qu'aux seuls passages qui lui semblent se rapporter à la situation politique, au point qu'à Venise, et précisément à l'occasion de *Macbeth,* il fallut, pour calmer la foule, faire intervenir les soldats autrichiens. *Macbeth* est donc à la fois une tentative trop ambitieuse pour le compositeur qui ne sait mesurer ni ses propres forces ni celles de ses librettistes, mais aussi le signe très net du changement d'orientation du musicien.

Au rythme d'un labeur acharné, et tandis que mûrissaient les événements politiques en Italie, sa situation personnelle s'était elle-même clarifiée. L'aiguillon du besoin ne le tourmente plus : ses œuvres courent le monde et lui

rapportent beaucoup d'argent; les imprésarios italiens et
étrangers se le disputent et invitent l'auteur dans tous les
théâtres afin qu'il en renouvelle les répertoires. Dès 1844
il a commencé à acheter des terres, le futur fonds de
Santa Agata, qui fut d'abord son *hobby* d'agriculteur, et
qui deviendra par la suite son sanctuaire et son musée.
Son appétit de gloire, avec une arrière-pensée de revanche sur les humiliations de sa jeunesse, s'apaise une fois
satisfait. Mais en même temps apparaît clairement en lui
le besoin de consolider sa réputation, en transformant la
trop facile faveur populaire, exaltée par l'enthousiasme
patriotique, en une adhésion sincère à son théâtre. Il ne
se contente plus désormais d'être le barde du Risorgimento, il veut être le plus grand musicien de son pays et,
si possible, du monde. Les honneurs qui lui sont rendus
à l'étranger, à Paris et à Londres, les sollicitations
continuelles qui lui viennent des théâtres et de l'éditeur Escudier l'encouragent. En outre, les séjours qu'il
fait dans les capitales, surtout à Paris, lui facilitent les
contacts avec l'œuvre d'autrui, la connaissance des traditions de l'opéra français, ainsi que des idées révolutionnaires professées avec une énergie audacieuse et souvent
choquante par les jeunes musiciens de tous les pays, qu'ils
s'appellent Berlioz, Boïto ou Wagner. La production
allemande ne lui est pas étrangère : les leçons de composition qu'il donne à Emanuele Muzio, un nouveau protégé de l'infatiguable Barezzi, lui permettent d'étudier,
fût-ce hâtivement, les classiques viennois. Quant à
Wagner, il est connu depuis longtemps en Italie, sinon
comme musicien, du moins comme écrivain; dès 1842,
la « Gazetta musicale » des Ricordi publiait à Milan une
série d'articles du compositeur qui, né la même année
que Verdi, allait inventer cette forme de théâtre lyrique
typiquement allemande, que les jeunes générations italiennes elles-mêmes, anxieuses de se libérer de la tyrannie
de Verdi, devaient garder comme un idéal qui affran-
chirait le mélodrame de la trop pesante faveur populaire.
Au cours de la polémique haineuse qui s'engage entre
les tenants de l'avant-garde et ceux du passé, entre les
partisans de Verdi et ceux de Wagner, et qui gagnera
des esprits aussi distingués que Giulio Ricordi, Arrigo
Boito, Filippo Filippi, le critique le plus coté et les deux
premiers grands chefs d'orchestre de type moderne,

Angelo Mariani et Hans von Bülow, Verdi aura une attitude dictée plus souvent par le dépit et la rancœur à l'égard de ceux qui osaient tenter de le détrôner que par un jugement critique réfléchi; pourtant ses dernières œuvres (les plus parfaites) montrent que la discussion et la polémique n'avaient pas été vaines. Si Verdi repoussait parfois brutalement, en paroles, les suggestions d'autrui, son intelligence et sa sensibilité finissaient toujours ensuite par en assimiler les ferments féconds.

C'est ce qui se passe maintenant à Paris. Il y dénigre l'Opéra, son organisation, ses chanteurs, ses directeurs, mais il apprend à connaître et à aimer le théâtre lyrique plus noble, plus « habillé », plus fidèle à l'antique tradition de la tragédie en musique. C'est là qu'il acquiert, pour le spectacle théâtral, un goût nouveau et une sensibilité nouvelle, lui qui, désormais, se préoccupe de très près non seulement de l'exécution et de l'interprétation musicale de ses œuvres, mais aussi de leur mise en scène. Le « record de recette », si souvent proclamé seul résultat valable, ne lui suffit plus. Il exige à présent qu'au public dont il attend le jugement, le spectacle soit présenté sous la forme prévue. Il ne tolère plus ni coupures, ni changements arbitraires, ni mises en scène faciles et médiocres. Ce souci est à l'origine de ses dissensions avec la Scala. Il soupçonne et proclame qu'on n'a recours à ses opéras que par raccroc, pour sauver les maisons menacées d'un désastre financier, à la suite de l'échec d'œuvres d'avant-garde. A ce théâtre qui avait vu ses premiers triomphes et ses premières défaites, il ne confia plus que ses deux dernières œuvres quand, la tempête une fois calmée, il ne pouvait choisir de cadre plus approprié pour donner à leur représentation ce caractère d'événement mondial et historique qu'elles méritaient à ses yeux.

Cette brouille avec Milan n'est sans doute pas étrangère à la liaison de Verdi avec Giuseppina Strepponi, cantatrice assez célèbre, bonne interprète de ses premières œuvres, qui avait eu un fils de Merelli, imprésario de la Scala pendant de longues années. Verdi vécut longtemps avec elle avant de l'épouser en 1859, et peut-être fut-ce pour mettre cette union à l'abri des ragots qu'il choisit comme lieu de résidence le refuge de Santa Agata et qu'il s'exila souvent à Paris; c'est sans doute

aussi à cause de sa femme qu'il refusa ses œuvres à
Merelli. Ce sacrifice fut largement payé de retour : Pep
pina demeura pendant toute sa vie une compagne
dévouée, une collaboratrice, une inspiratrice. Elle s'éver-
tua constamment, non seulement avec amour, mais avec
une exquise intelligence, tant à faciliter les rapports du
musicien avec son entourage, qu'à réunir pour la postérité ce qui constitue aujourd'hui les précieuses archives
du musée de Santa Agata. Rien ne fut détruit de tout ce
que Peppina jugeait utile à rendre immortelle la gloire
du maître. Une part notable de la culture qu'est en train
d'acquérir celui que, même avec ses intimes, Peppina
n'appelle que « le Maître » ou « Verdi », est précisément
due à l'instruction et à l'éducation plus raffinée de sa
femme, à sa plus grande souplesse dans le domaine artistique et dans la vie sociale. Sous l'influence de ces transformations — transformations extérieures de la société
dans laquelle il vit, transformations intérieures de son
monde artistique — les œuvres de Verdi se font peu à
peu plus réfléchies et son rythme de production ralentit,
au point que des années de silence séparent les dernières
partitions. Mais nous n'en sommes encore qu'à la première étape de ce long chemin. Pour le moment, il
abandonne définitivement l'opéra choral de masse, encore
si proche, par l'esprit, de l'opéra-oratorio de Rossini,
afin de se consacrer entièrement à l'opéra de personnages. Si, en *Macbeth,* l'avait attiré le romantisme exaspéré d'un héros fantastique, ce qui le séduit en *Luisa
Miller* (1849), c'est un romantisme psychologiquement
plus raffiné, mais c'est aussi un personnage complexe,
encore tout entier plongé dans une intrigue de roman
de cape et d'épée; tandis qu'avec *Stiffelio* (1850), remanié
en 1857 sous le titre d'*Aroldo,* le drame du pasteur protestant qui finit par pardonner à sa femme adultère, descend presque au niveau du drame intimiste bourgeois.
Ainsi les personnages deviennent-ils de plus en plus
humains, même s'ils le sont parfois d'une manière tragique, mais l'essentiel est que l'œuvre, au lieu de s'articuler sur des morceaux indépendants, se développe
maintenant par contrastes de grands groupes de scènes.
Ce n'est pas le morceau musical qui se trouve doué d'une
vie propre, mais toute la scène dramatique, laquelle
peut même s'ordonner en airs, en duos, en morceaux

d'ensemble, tout en maintenant ferme, intangible, son unité de rythme et d'action, dont le lien le plus fort est constitué par la déclamation mélodique qui se fait de plus en plus articulée et qui devient le nouveau langage dramatique de Verdi : la parole scénique, incisive, nerveuse, musicale, éloignée du parlé et du récitatif, plus fortement dramatique qu'aucun air au lyrisme impétueux.

C'est de cette matière que sont faits les trois chefs-d'œuvre de la trilogie populaire (ainsi les a nommés Massimo Mila) : *Rigoletto* (1851), *le Trouvère* (1853), *la Traviata* (1853). Notons avant tout qu'en dépit des multiples influences et réminiscences qui apparaissent dans l'univers du musicien, et dont il a déjà été question, la trilogie populaire marque l'apogée d'une conception et d'une expression tout italiennes du mélodrame. Paris apportera peut-être à Verdi une plus grande distinction de ton ; l'Allemagne, un goût plus approfondi de l'instrumentation ; l'élargissement de sa culture, un détachement nouveau à l'égard de ses œuvres, qui lui permettra d'introduire l'humour dans son art, mais ni *les Vêpres siciliennes,* ni *la Force du destin,* ni *Don Carlos* (œuvres écrites plus tard pour des théâtres étrangers), n'atteindront le bonheur d'inspiration ni la netteté d'écriture de la trilogie. Il s'agit là d'un phénomène révélateur de l'homme et de l'artiste : il crée ses plus brillants chefs-d'œuvre pour les théâtres de son pays et de son peuple.

Chaque œuvre de la trilogie populaire relève d'une même conception : l'aventure du héros domine le mélodrame et lui donne son unité, ce personnage étant choisi pour ses qualités exceptionnelles. Un bossu éperdument épris de sa fille *(Rigoletto),* une bohémienne qui vit pour venger sa mère brûlée sur un bûcher *(le Trouvère),* une prostituée qui, pour son amant, renie l'unique sentiment pur qu'elle ait éprouvé *(la Traviata),* tels sont les trois étranges caractères qui fascinent le musicien et nourrissent l'œuvre de leurs conflits sentimentaux. Peu importe si les événements évoqués pour décrire leur psychologie complexe sont extraordinaires : ce caractère exceptionnel correspond et s'adapte au côté anormal des personnages. Le fond de ce théâtre reste romantique et romanesque, il ne pouvait d'ailleurs en aller différemment pour un théâtre qui, au beau milieu du XIXe siècle, faisait ouvertement appel aux faveurs du grand public (car Verdi n'oublie jamais qu'il s'adresse au parterre). Mais ce qui est important, c'est de voir comment tout le drame s'organise autour du héros, s'articule, se développe logiquement, se précipite vers la solution dramatique et cathartique sur un rythme fatal de tragédie classique réduite au modèle populaire. Et il porte bien la marque de Verdi, ce tournant dans la conduite de l'action mélo-dramatique. En effet, tandis que sa conception théâtrale se renouvelle en s'organisant sur de nouvelles bases, il a gardé les mêmes collaborateurs que dans sa jeunesse. Il faut donc attribuer au musicien seul la responsabilité et le mérite du renouvellement : *Rigoletto* et *la Traviata* sont encore de Piave, *le Trouvère,* de Cammarano. Du reste on sait fort bien avec quel soin Verdi élaborait son canevas, le « brouillon » du livret : une fois trouvés le personnage et le sujet, il discutait des nœuds et du déve-loppement de l'action, déterminait les principales scènes dramatiques avec les contrastes souhaités, confiait au librettiste le soin de narrer les événements et d'écrire les vers, en le contraignant à s'enfermer dans les limites d'une action que lui-même voyait déjà fixée en tableaux successifs, reliés les uns aux autres par l'inéluctable paro-xysme des passions déchaînées et de leurs fatales consé-quences. Les librettistes étaient de simples versificateurs. Comment s'étonnerait-on, à lire les lettres de Verdi, de son enthousiasme pour les vers les plus détestables de ses poètes ? Pour lui, ils étaient très beaux dans la mesure où ils correspondaient parfaitement à la réalité d'une musique qu'il portait déjà en lui, même s'il ne l'avait pas encore formulée sur le papier. Les paroles perdaient leur signification littérale en se purifiant dans la musique.

Peut-on dire que Verdi compose rapidement ? S'il met toujours peu de temps pour écrire la musique d'un livret, cette musique naît en lui lentement, jour après jour, vers après vers, au fur et à mesure que le livret lui est soumis dans la forme qu'il demande. La chose est d'autant plus apparente à ce moment de sa carrière que la trilogie populaire est l'expression suprême du paroxysme vocal dans l'art de Verdi.

Pour lui, le mélodrame est devenu le chant pur. Chant dramatique naturellement, mais, de toutes façons, mani-festation vocale : ses seuls instruments sont les chanteurs. Le mélodrame est une action tragique, rapide, pressante. Sa seule, sa véritable expression ne peut être que vocale. Non que l'orchestre, que les instruments n'existent pas. Le sens instrumental chez Verdi est même allé s'affinant en même temps que sa sensibilité et sa culture. Mais l'orchestre, mais les instruments, pour vivants qu'ils soient, si vivants qu'on pourrait les dire nouveaux dans son théâtre, n'ont de valeur qu'en tant que compléments désormais nécessaires aux voix. Ainsi le climat dramatique ne peut-il être encore fondé sur la sonorité instrumentale, mais seulement sur l'harmonie vocale. En effet, les héros ne sont pas seuls en scène : l'atmosphère les enveloppe, les soutient et les complète, mais c'est une atmosphère purement humaine, passionnelle, psychologique, qui se dégage uniquement de la nature des personnages et de leur chant.

C'est à cette unité si évidente de conception dramatique, musicale et théâtrale de la trilogie populaire, c'est à cette convergence des idées créatrices qu'il faut attribuer la valeur inégale des trois opéras (dans la mesure où ces idées y trouvent leur réalisation ainsi que leur diversité de structure architectonique et formelle). En effet, les trois œuvres, si proches dans le temps et d'une conception si voisine, sont profondément différentes. *Rigoletto* et *la Traviata* sont les deux expressions les plus parfaites de la conception du drame héroïque : dans ces opéras, le personnage principal se détache, vigoureusement sculpté, et c'est sur lui que repose tout l'édifice. Non seulement parce qu'il prétend se réserver les meilleures pages de la partition, mais parce qu'il crée un tel vide, une telle attente, quand il ne participe pas directement à la scène, qu'il réduit tous les autres personnages à des rôles de comparses, tout en leur imprimant une vitalité, secondaire si l'on veut, mais qui reste toujours fonction de la sienne. Toutefois, la vitalité propre aux héros de ces deux œuvres jumelles se manifeste d'une façon si subjective et tyrannique que les deux opéras, précisément parce qu'ils n'ont que cette sève pour toute richesse, nous paraissent exactement aux antipodes l'un de l'autre. Rigoletto, le bossu qui souffre et chante, a besoin d'une parole puissamment dramatique, libérée de toute loi formelle de chant; il crée le langage de toute l'œuvre, la parole scénique la plus musicalement vivante et articulée qui ait jamais animé un mélodrame romantique : les scènes pourront être détachées l'une de l'autre, comme des masses distinctes, mais chacune d'elles, en revanche, est une unité musicale indivisible où, surtout quand le héros est présent, il est impossible de délimiter et de distinguer les morceaux détachés, qui rappellent avec bonheur Bellini, Donizetti et aussi le Verdi des œuvres précédentes.

La Traviata est, pour sa part, dominée par le personnage féminin de Violetta; la psychologie de l'héroïne imprègne le langage de toute cette œuvre où le lyrisme domine, surtout dans la première partie; Verdi n'hésite pas ici à recourir à la cavatine, au rondeau, au grand air. On pourrait dire, un peu schématiquement, que *Rigoletto* est une partition masculine et *la Traviata* une partition féminine. Quoi qu'il en soit, il est certain que l'expression se déchaîne chez Verdi dans deux directions opposées, comme s'il était dominé par deux sensibilités. De même, il est évident qu'à l'approche du dénouement, le lyrisme de Violetta va jusqu'à s'exprimer dans une page purement orchestrale. Pourtant, dans ce prélude du dernier acte, il ne s'agit pas encore, qu'on y prenne garde, d'un renoncement à la suprématie vocale, mais plutôt de transfert à l'orchestre d'une narration qui exige une synthèse plus immédiate que celle que lui offre la parole. Ce n'est plus le personnage qui chante à présent, mais l'orchestre seul. Plus exactement : l'orchestre est seul, mais pour s'exprimer il chante, bien qu'il s'agisse d'un chant sans paroles. En somme l'orchestre n'a pas encore trouvé en Verdi son langage instrumental, mais il emprunte celui des chanteurs. Un phénomène semblable s'était déjà produit dans *Rigoletto,* avec le chœur à bouches fermées qui vient colorer la description de l'orage au dernier acte.

Quant au *Trouvère,* chronologiquement situé entre les deux autres œuvres de la trilogie, son défaut fondamental est le manque d'unité d'action, ou plutôt le fait que l'action n'est pas concentrée autour de l'héroïne, peut-être parce que sa psychologie est mal définie. Azucena ne se détache pas nettement comme Rigoletto et Violetta. Elle hésite, dans son délire, entre la soif de venger sa mère et l'amour qu'elle porte à son fils adoptif. Ou peut-être Verdi voulait-il justement dépeindre cette incertitude, ce dilemme dans lequel se débat la raison de la vieille tzigane — désir de se venger du comte de Luna ou celui de faire triompher son fils adoptif en qui elle ne sait plus si elle doit voir le propre fils ou le frère exécré du comte — et n'y a-t-il réussi qu'à moitié. Il est certain qu'il n'a donné à son héroïne ni perfection ni solidité ; les personnages secondaires en ont profité pour accroître leur rôle, au point que certains croient voir en Leonora ou en Manrico les véritables héros de la pièce. Ainsi le mélodrame à personnages manque son but, il erre parmi les méandres d'un récit embrouillé et rendu confus par une abondance de détails et de scènes accessoires qui s'ordonnent mal, et cet échec nous ramène au climat des précédentes œuvres de Verdi. Le musicien profite de cette situation, ou bien il tente de sortir de l'impasse : il multiplie les éclats lyriques qui, en poussant à l'extrême chaque situation et chaque personnage, font de cette œuvre une mosaïque de morceaux fortement inspirés, incisifs, qui forcent notre admiration et nous font oublier le manque fondamental d'unité, de logique dramatique et musicale.

DE L'ÉCHEC DE « LA TRAVIATA » A « AÏDA »

Cependant, le sort réservé à la dernière œuvre de la trilogie devait apporter à l'auteur un autre enseignement et le conduire à une décision révolutionnaire, capitale pour son art. Le 6 mars 1853, *la Traviata* échouait lamentablement à la Fenice de Venise sous les quolibets du public. Verdi comprit aussitôt la cause du désastre. « Hier soir, *la Traviata* a fait fiasco. Est-ce ma faute, ou celle des chanteurs ? L'avenir jugera », écrit-il à Muzio. Verdi s'exprimait sous une forme dubitative, mais il était manifestement convaincu — et les faits, par la suite, lui donnèrent pleinement raison — que des interprètes mal adaptés à leur rôle avaient conduit à sa perte une œuvre solide et réussie. Il juge dès lors de plus en plus nécessaire de choisir les interprètes en fonction des partitions, de fixer, en toute connaissance de cause, le lieu et la date de la représentation des œuvres que désormais il médite longuement et dont il soigne attentivement l'écriture. Il maintient également sa décision de ne plus accepter de contrats expirant à dates fixes comme de ne

plus se résigner aux malhonnêtetés des imprésarios et
des éditeurs.

Dès lors, il écrira à sa guise, sans s'imposer de délai
pour la remise des œuvres, pas plus qu'il ne permettra
l'exécution de nouveaux opéras s'il n'est pas pleinement
satisfait des interprètes et du chef d'orchestre. La fréquentation d'Angelo Mariani, le premier directeur-
interprète italien au sens moderne, lui a enseigné tout
ce que peut apporter à la représentation un chef autoritaire qui soutient tout le spectacle par une inspiration
continue jusque dans les plus humbles détails. C'est ainsi
qu'il lui arrive de ne pas apprécier les premières manifestations du « divisme » dont Mariani fait déjà preuve,
et il les lui reproche vigoureusement à chaque occasion,
en se moquant de sa manie de « recréer », d'interpréter
l'œuvre d'autrui, au lieu de suivre attentivement les
indications de l'auteur.

Sa déclaration d'indépendance, nous la lisons dans une
lettre à Tornielli du 16 février 1855 : « ... Ma détermina-
tion est inexorable de ne plus me lier à date fixe, ni pour
écrire, ni pour mettre en scène. » Sa nouvelle conception du spectacle théâtral se révélera entièrement quelques
années plus tard : il écrit *Aïda* pour deux interprètes,
Teresa Stolz et Maria Waldmann, et leur concède pour
un certain temps une sorte de droit exclusif de représentation de l'œuvre, quitte à en suivre lui-même la réalisation avec l'œil attentif d'un metteur en scène moderne
et intelligent.

Le moment est également venu pour Verdi d'exiger
des interprètes et des directeurs de théâtre qu'ils res-
pectent ses œuvres. Il ne l'exige pas, qu'on le remarque
bien, au nom d'une idolâtrie égoïste pour l'œuvre d'art,
mais plutôt par désir d'être présenté au public dans la
pureté de son génie. Le public demeure le juge indiscuté, mais en tant que tel, afin d'exercer son droit de
blâme et de louange en pleine conscience et en toute
liberté, il a aussi le droit d'exiger que l'œuvre d'art lui
soit présentée sous la forme qui lui convient. L'auteur,
de son côté, a le devoir de préserver son œuvre des altérations et des erreurs dont pourraient se rendre cou-
pables des interprètes peu scrupuleux. Ce n'est qu'à ces
conditions et dans une atmosphère d'honnêteté rigide
qu'une rencontre peut être valable entre l'auteur et son

public. Ce n'est qu'une fois appliqués ces principes que le verdict du juge doit et peut être accepté par l'auteur.

Aïda est donc le premier des trois derniers chefs-d'œuvre qui témoignent du nouveau souci de l'auteur de créer l'œuvre parfaite et d'en surveiller de près la réalisation scénique. C'est le signe d'une nouvelle conscience de la valeur et de l'importance du spectacle théâtral lyrique, et de la valeur du travail de l'artiste, qui ne représente plus seulement un gagne-pain ou un moyen d'affirmer ses dons, mais un précieux message artistique. En *Aïda* s'affirme même un nouveau langage, tandis qu'une nouvelle sensibilité s'ouvre à des horizons plus vastes. Mais c'est l'aboutissement d'une lente fermentation qui se manifeste dans toutes les œuvres qui vont de *la Traviata* (1853) à *Aïda* (1871). Qu'il s'agisse des nonchalantes *Vêpres siciliennes* (1855) et de leur traduction italienne *Giovanna di Guzman* (1856), de *Simon Boccanegra* (1857), d'*Aroldo* (nouvelle version de *Stiffelio*, 1857), du *Bal masqué* (1859), de *la Force du destin* (1862), du nouveau *Macbeth* (1865) ou de *Don Carlos* (1867), l'édifice uniquement vocal du mélodrame verdien se lézarde, pour accueillir avec des droits égaux les exigences de l'orchestre.

D'une part, soumise aux exigences du dialogue dramatique, la vocalité simple et facile de Verdi se brise en éléments brefs, engendrés et liés par la parole; le lyrisme en devient plus intime et moins expansif. D'autre part, l'orchestre intervient, non plus comme un accompagnement de guitare, ni davantage pour répéter et rabâcher la ligne mélodique du chant des personnages, mais pour suggérer des idées et ébaucher des motifs, pour conduire le dialogue et y développer, en leur donnant un caractère typiquement instrumental, certains thèmes incomplètement exprimés par les chanteurs. C'est ainsi que se crée l'atmosphère instrumentale du drame, le climat sonore, ensemble où les voix et les instruments se confondent. Il arrive aussi que l'orchestre devienne absolument indépendant comme dans le prélude du deuxième acte du *Bal masqué,* où les instruments jouent un rôle très marqué si on le compare au prélude du dernier acte de *la Traviata*.

D'autre part, ses expériences parisiennes (*Macbeth* et *Don Carlos* notamment) et ses expériences russes *(la*

Force du destin) ouvrent à Verdi de nouvelles perspectives dramatiques grandioses et spectaculaires : s'il est vrai qu'il ne réussit pas à en tirer un parfait équilibre d'action entre les personnages et les masses, elles lui donnent un sens nouveau de la fresque sonore. Le théâtre français, qu'il connaît mieux à présent, lui inspire cette légèreté de ton et d'écriture, si manifeste dans une œuvre non destinée à Paris, *le Bal masqué*, où l'on peut déjà parler sinon encore d'humour musical, tout au moins d'enjouement, de grâce et d'ironie, sans oublier le difficile exercice qui consiste à mêler le rire au chant : « *E' scherzo od è follia ?* »

Aïda, après la longue période de silence et de réflexion qui la sépare de *Don Carlos*, résume toutes ces expériences et les transcende. Elle est comme un point limite dans l'art de Verdi. Cet opéra ne marque pas la fin de sa production artistique, mais bien l'aboutissement d'une impulsion créatrice, géniale et spontanée. On le dirait né d'un besoin d'expression auquel le musicien n'a pu se soustraire, comme poussé par une force intérieure, irrépressible. Fruit d'une impulsion créatrice bouleversante, encore toute proche des vigoureuses et débordantes manifestations juvéniles, on retrouve dans cette œuvre les mêmes caractères, qualités et défauts, qui en font l'œuvre populaire par excellence parmi l'abondante production de Verdi, mais ici avec plus d'évidence encore et d'une manière plus durable que dans les deux derniers chefs-d'œuvre. Ce n'est pas pour rien qu'*Aïda* est aussi le dernier chant d'amour du musicien. Il évoquera par la suite des trahisons et des jalousies, des aventures scabreuses, il fera encore allusion aux fraîches amours de Nannetta dans *Falstaff*, mais il ne bâtira plus toute une œuvre sur une tragique aventure passionnelle comme celle de cette esclave qui se sacrifie par amour et de ce héros qui par amour trahit sa patrie.

Œuvre de circonstance s'il en fut, *Aïda* fut écrite à la demande du khédive d'Egypte pour fêter le percement de l'isthme de Suez. Cet opéra n'aurait jamais vu le jour si le musicien n'était littéralement tombé amoureux du scénario qu'on lui avait soumis, à cause de son côté spectaculaire et démesuré, de sa saveur exotique et de ce conflit de passions violentes et primitives qui agite l'œuvre du commencement à la fin. Il est absurde d'en

parler comme d'une distraction bonne à divertir le parterre, comme d'une monstruosité. C'est une œuvre à la
mode du xixe siècle, de conception déjà toute flauber-
tienne, imaginée ici selon l'optique populaire qui consiste
à regarder vers l'Orient lointain et mystérieux, à se
laisser fasciner par le spectacle monstrueux des rites et des
cérémonies en usage dans les civilisations mal connues,
mais où l'on retrouve aussi dans les passions qui agitent
ces personnages de race et de couleur différentes le fonds
commun et universel de notre humanité souffrante.

Le grand art de Verdi fut de donner à tout cela
une parfaite réalisation musicale. Comment ? sans
recherches de musicologie ou d'ethnologie, mais en se
fiant simplement à son interprétation intime, poétique,
de ce monde lointain, suggéré par un tiers et recréé par
sa propre intuition. Je n'en veux pour preuve que le
triomphe d'*Aïda* dès sa création au Caire, et le fait que
l'œuvre est encore considérée en Egypte comme un
opéra national. Verdi s'intéressa pourtant d'assez loin à
la réalisation égyptienne de son œuvre. Il consacra toutes
ses préoccupations et tous ses soins de metteur en scène
à la présentation de la nouvelle partition en Europe; il
souhaitait en effet obtenir un triomphe, et avouait son
ambition d'y parvenir non seulement en Italie, mais en
France, en Angleterre et surtout en Allemagne, ce
royaume indiscuté de Wagner; en effet, s'il se sentait
attiré vers le compositeur, Verdi repoussait le théoricien
et le grand prêtre d'un art qu'avec son tempérament de
Latin il ne voulait ni théorique ni dogmatique, mais
spontané et inspiré.

Quant à l'armature technique, on pourrait dire qu'*Aïda*
représente sur le plan vocal un retour à la passion de la
cavatine. Verdi affirmait ne pas craindre d'utiliser des
cavatines quand il les jugeait nécessaires; il le prouva précisément dans une œuvre où elles se trouvent justifiées
par la fougue lyrique de ses personnages. Cependant la
cavatine n'est jamais injustifiée, si on la détache de son
contexte musical; elle en est au contraire la conséquence
logique, comme c'était déjà le cas dans *la Traviata*. Ce
qui, en revanche, n'existait pas dans *la Traviata,* c'est le
climat psychologique créé, avant tout, par l'élément
instrumental utilisé avec une habileté exemplaire. Il n'est
pas question de couleur locale, mais d'un exotisme vague

et poétique, d'un halo léger qui entoure et transfigure les personnages et la partition, qui crée une atmosphère sonore plutôt que visuelle. C'est la voie qui conduit à l'ultime dépassement du climat dramatique shakespearien, tel qu'on le trouve dans les deux dernières œuvres : Othello et Falstaff ne vivent plus dans un milieu historique et géographique, il s'agit bien entendu d'un climat recréé, rêvé, idéalisé, mais dont le raffinement à la fois humain et héroïque naît de la psychologie même des personnages, de leur sensibilité et de leur expression musicale. Mais pour atteindre à ce niveau, il manquait encore à Verdi sa rencontre décisive avec Arrigo Boito. Cependant la veine du vieux maître s'était tarie et les enthousiasmes irréfléchis de la jeunesse avaient cédé du terrain.

DERNIÈRES ŒUVRES

Othello et *Falstaff* sont faits de tout cela : de l'heureuse rencontre avec le poète, désormais devenu indispensable au musicien, mais aussi d'une remise en question de toute sa production antérieure, d'une réflexion sur les créations passées et présentes d'autrui. Atteignant ainsi à un équilibre parfait, ces deux opéras sont les plus grands chefs-d'œuvre, les sommets de l'art verdien, mais ils n'en constituent pas moins l'aboutissement. Verdi aima ses derniers personnages, Othello, Iago, Falstaff, Alice, mais il ne se passionna pas pour eux, il ne ressentit pas leur dure tyrannie. Au lieu d'être subjugué par eux, il les domina. Seule Nannetta l'émut encore, mais comme un lointain souvenir. Et la foule, le public, ce juge toujours interrogé par Verdi, éprouva et continue d'éprouver ce détachement de l'auteur vis-à-vis de ses personnages, auxquels il préfère leurs frères plus âgés, Violetta, Rigoletto, Manrico, Azucena, Aïda, Amneris, moins parfaits mais certainement plus vrais aux yeux du peuple.

Seize ans séparent *Aïda* (1871) d'*Othello* (1887), et six ans encore *Othello* de *Falstaff* (1893). Ces deux intervalles sont marqués par les affirmations les plus catégoriques du musicien touchant sa volonté de ne plus écrire pour le théâtre, et par de rares compositions. Parmi ces dernières se détachent la *Messe de Requiem* et les deux remaniements de *Simon Boccanegra* (1881) et de *Don Carlos* (1884). Toutes ces compositions, y compris la

Messe, font partie de son activité théâtrale qui s'accompagne seulement de quelques œuvres chorales sacrées, un *Ave Maria* pour soprano et violons (1880), et de quelques très rares romances pour piano. La *Messe de Requiem* a une origine lointaine. En 1868, à la mort de Rossini, Verdi avait proposé qu'un groupe de musiciens italiens se partageât les parties de la *Messe de Requiem* pour écrire en collaboration le service funèbre consacré à la mémoire du grand musicien. Verdi s'était vu confier le *Libera me Domine.* Il en avait déjà écrit la partition quand le projet échoua : les auteurs choisis ne s'entendaient pas et les musiciens exclus avaient saboté le projet. Une fois qu'il eut écrit la musique d'un morceau, le désir était né en Verdi de composer la messe entière; le projet se réalisa par la suite sous la forme d'un hommage à Alessandro Manzoni, au lendemain de la mort de celui-ci. Ayant manifesté, tant qu'il était en vie, une fervente admiration pour le génie et l'élévation morale de Manzoni, qu'il avait rencontré sur le tard et non sans timidité, Verdi se sentait moralement obligé à ce geste d'hommage de la part du plus grand musicien italien (car c'est ainsi désormais qu'il se considérait et qu'il était considéré), envers le plus grand écrivain du pays. Et il acheva sa *Messe de Requiem* en donnant au texte une interprétation dramatique, de sorte qu'on l'appela son drame sacré; il dédia l'œuvre et en confia l'exécution aux artistes en qui il avait une foi exclusive : la Stolz et la Waldmann. Du reste, il avait lui-même conçu sa *Messe* comme une œuvre dramatique. La meilleure preuve en est qu'à peine quittée l'église pour les théâtres, il ne parla de l'exécution que sous le terme de « représentations ». Et ce furent bien des représentations, qu'il dirigea souvent volontiers lui-même à Milan et à Paris. C'était là encore une façon d'abandonner le théâtre en en transfusant l'essence dans la musique sacrée.

Mais le théâtre ne pouvait laisser échapper cet homme de génie. On assiste alors aux lents travaux d'approche d'amis, de connaissances, d'éditeurs, de familiers, à l'affût d'une occasion qui favoriserait le retour du musicien. Or, comme il ne pouvait être question que d'une rentrée par la grande porte, propre à séduire le compositeur blasé et dédaigneux, cette sorte de conjuration nationale adopte l'unique solution possible : la collaboration avec le plus illustre poète italien de l'heure. C'est ainsi que se préparent les contacts avec Arrigo Boito, qui, dans ses vieux jours, avait renoncé en grande partie à renouveler le théâtre lyrique italien. Comme tous les anciens tenants de l'avant-garde en Italie, il était un tant soit peu revenu des enthousiasmes wagnériens de sa jeunesse. La nouveauté du théâtre de Wagner est, elle aussi, dépréciée en Italie, et les milieux les plus réceptifs visent plus que jamais à dépasser, dans le sens national, les dogmes de Bayreuth. S'il s'agissait de collaborer avec Verdi, Boito avait à son actif, outre sa culture et sa réputation de poète illustre, la réussite de ses expériences de transpositions, sur la scène lyrique italienne, du drame shakespearien. Quant à Verdi, pareille transposition avait été le grand rêve de sa vie. Il l'avait parfois mal réalisé *(Macbeth)*, quand il ne s'était pas contenté d'en caresser seulement le projet (il fut longuement question du *Roi Lear* entre Verdi et ses librettistes, mais jamais l'œuvre ne fut menée à son terme). C'est pour Franco Faccio, son ami de jeunesse, qu'Arrigo Boito avait, en 1864, tiré un livret de *Hamlet* (ce Franco Faccio, après quelques tentatives dans le domaine théâtral, avait préféré se consacrer à la carrière de chef d'orchestre, devenant ainsi le chaînon entre Mariani et Toscanini). Cette création de Boito était pour Verdi la meilleure introduction.

Leur premier travail en commun consista à remanier *Simon Boccanegra* pour l'édition de la Scala du 24 mars 1881. Cette collaboration scella la réconciliation à la fois des deux générations de musiciens italiens et de Verdi avec la Scala. Tous les opéras que Verdi écrira par la suite y seront représentés, qu'il s'agisse de la nouvelle version italienne de *Don Carlos,* ou bien des deux dernières œuvres. Celles-ci naissent spontanément du génie d'un musicien qui, parfaitement conscient de personnifier un symbole, une tradition, ou peut-être l'ensemble du théâtre musical, ne peut se permettre que des chefs-d'œuvre, et se laisse convaincre à mesure que les personnages prennent vie sous la plume habile du poète. Verdi se rend très bien compte que, jamais auparavant, une pareille possibilité ne lui a été offerte, et il s'estime obligé d'accomplir une tâche qui n'incombe qu'à lui seul. S'il manquait cet ultime rendez-vous, il trahirait sa gloire et

sa légende, or Verdi est incapable de trahir. Il écrit donc
ses deux parfaits testaments artistiques : *Othello* et *Fals-*
taff. Il s'agit bien, en effet, de testament spirituel : tout
l'indique dans ces partitions où rien n'est laissé au hasard,
où rien n'est abandonné à l'improvisation de l'interprète.
Ces deux opéras ont été conçus pour être exécutés avec
la plus grande précision. Si celle-ci fait défaut, ne fût-ce
que partiellement, les œuvres ne résistent plus, tant elles
sont construites jusque dans leurs moindres détails. La
preuve en est vite faite : *le Trouvère, la Traviata, Rigoletto,*
Aïda, la Force du destin ne manquent jamais de recueillir
un succès d'enthousiasme auprès du public, que la mise
en scène en soit parfaite ou médiocre. *Othello* et *Falstaff*
sont soit présentés avec toutes les finesses requises, et
alors le mécanisme prévu se déclenche, soit, si le chef
d'orchestre n'est pas à la hauteur de sa tâche, n'entre pas
dans l'esprit des œuvres, si les chanteurs sont un tant soit
peu au-dessous du niveau technique et expressif nécessaire, le mécanisme ne se déclenche pas et la froideur
règne sur la scène.

En raison de leur structure interne, de leur caractère
réfléchi, de leur immuabilité, ces deux opéras représentent
justement le sommet de la création consciente de Verdi ;
on y retrouve tous les éléments précédents, mais cette
fois élaborés et refondus en fonction d'apports personnels, à la fois très neufs et très anciens. C'est l'ultime
produit d'un théâtre qui a renoncé à la violence de
l'inspiration débridée pour accueillir la culture et la sensibilité d'autrui. Il ne s'agit plus d'un art obstinément
national, mais d'un message que les théâtres du monde
entier peuvent accueillir. Ces œuvres ne constituent pas
l'aboutissement personnel d'un artiste extrêmement doué,
elles sont un point de départ pour tous ceux qui savent
et peuvent comprendre.

Au point de vue de la structure, l'œuvre de Verdi, qui
va s'achever, s'affirme sur le plan vocal et instrumental.
Mais ces deux éléments se fondent dans l'unité drama-
tico-musicale. C'est de l'équilibre et de la fusion de ces
deux modes d'expression, qui agissent avec un synchro-
nisme nécessaire, que naît à la musique l'œuvre nouvelle.

D'une part, en effet, l'expression mélodique, au lieu de
rester enfermée dans des formes strictes, abandonne son
caractère typiquement vocal, pour se plier et s'articuler

sur une déclamation mélodique qui n'abdique jamais en faveur du récitatif; elle reste essentiellement musicale et elle l'est fortement, mais elle fléchit et ondule sans cesse en mouvements libres et choisis qui naissent du texte poétique, dont ils révèlent l'intérêt et le contenu en l'exprimant en langage musical. La rigidité métrique du vers se dissout, se brise, se transforme musicalement en « paroles scéniques », voire en langage lyrique. Les personnages ne récitent pas plus qu'ils ne chantent. Ils parlent en musique, renouvelant un procédé déjà bien connu de Monteverdi, de Scarlatti, de Mozart. D'autre part, tandis que la mélodie strophique fait place à une déclamation instable, l'orchestre verdien se renforce grâce à une assimilation de procédés wagnériens manifestes dans la partition d'*Othello,* mais avant tout grâce à une étude attentive et sensible de l'ensemble du romantisme instrumental allemand et du patrimoine symphonique de tous les temps. Massimo Mila a déjà souligné les réminiscences évidentes de Mozart, de Beethoven, de Weber dans la partition de *Falstaff,* et surtout l'alignement du vieux Verdi, en avance sur le mouvement des jeunes qui le suivirent, « sur les positions avancées que la formidable poussée du romantisme allemand — de Haydn à Brahms — avait établies pour la conscience musicale européenne », jusqu'à préfigurer les procédés chers à Strauss et à Casella.

Ainsi prend naissance le langage qui caractérise les dernières œuvres de Verdi. C'est la dernière solution proposée par le vieux maître en faveur du mélodrame, absolument indépendante de la solution wagnérienne parallèle : c'est le langage unitaire de l'opéra, qui tend à transformer en musique un texte dramatique indispensable à la caractérisation des personnages, pour autant que ceux-ci trouvent, musicalement, leur expression dans un langage vocal qui, au lieu de s'épuiser dans le chant, soit constamment produit par les éléments instrumentaux et vocaux qui, non seulement s'équilibrent, mais aussi se complètent, se pénètrent, échangent leur matière et leur mouvement. L'élément thématique (symbolique et musical) n'existe pas; ce qui est vivant, en revanche, c'est un texte qui se réalise sur le plan instrumental et vocal en une fusion totale, où parfois les voix des chanteurs descendent jusqu'à se mêler à l'orchestre, où d'autres

fois les instruments montent au point d'envahir la scène.
Et tout cela est réalisé avec une simplicité de moyens et
une clarté d'écriture typiquement latines, qui concilient
harmonieusement et atténuent l'opposition originelle
entre la vocalité des opéras des xviiie et xixe siècles en
Italie et la richesse de ce discours instrumental, né lui
aussi en Italie, mais revécu à travers l'expérience symphonique européenne.

Claudio SARTORI.

BIBLIOGRAPHIE

LITTÉRATURE :

Toutes les œuvres de Verdi ont été publiées en réduction
pour chant et piano par la maison G. Ricordi et Cie de Milan.
La maison Ricordi a publié aussi les partitions de certaines
d'entre elles : *Rigoletto, le Trouvère, la Traviata, le Bal masqué,
Messe de Requiem, Aïda, Othello, Falstaff.*

Après la récente fondation d'études verdiennes à Parme
(le président en est Mario Labroca), il est permis de penser
qu'on s'achemine vers une édition critique des œuvres de
Verdi.

La littérature verdienne est immense et de valeur inégale.
Nous ne signalons ici que les principales sources de la correspondance de Verdi, de sa biographie et des problèmes critiques.

CORRESPONDANCE :

PASCOLATO, A., *Re Lear e Ballo in maschera* (Lettres à
A. Somm), Città di Castello, 1901.

COSTANTINI, T., *Sei lettere di Verdi a G. Bottesini,* Trieste,
1908.

CESARI T., G. et LUZIO, A., *I copialettere di Giuseppe
Verdi,* Milan, 1913.

MORAZZONI G., *Lettere inedite di Giuseppe Verdi,* Milan,
1929.

ALBERTI, A., *Verdi intimo,* Milan, 1931.

GARIBALDI, L. A., *Giuseppe Verdi nelle lettere di E. Muzio
ad A. Barezzi,* Milan, 1931.

GARIBALDI, L. A., *Cartegi verdiani,* publié par LUZIO, A.,
Académie d'Italie, vol. IV, Rome, 1935-1947.

WALKER, F., *Four Verdi's unpublished Letters,* dans « Music
and Letters », janvier 1940.

Bongiovanni, G., *Dal carteggio inedito Verdi* — Vigna, Rome, 1941.

Bongiovanni, G., *Autobiografia dalle lettere,* publiée par Oberdorfer, A., Milan, Mondadori, 1941; réédité en 1951.

Werfel, S. et Stefan, P., *Verdi, the Man, his Letters,* New York, 1942.

Walker, F., *Cinque lettere verdiane,* dans « La Rassegna musicale », juillet 1951.

On trouve un grand nombre de lettres inédites dans la vaste *Biographie de Verdi,* par Franco Abbiati, que vient d'éditer la maison Ricordi à Milan (1960).

BIOGRAPHIE :

Pougin, A., *Giuseppe Verdi,* Milan, 1881.

Vanbianchi, C., *Bibliografia verdiana,* Milan, 1913.

Bonaventura, A., *Giuseppe Verdi,* Livourne, 1919, et Paris, 1923.

Luzio, A., *Garibaldi, Cavour, Verdi,* Turin, 1924.

Bonavia, F., *Verdi,* Londres, 1930.

Toye, F., *Verdi,* Londres, 1931.

Gatti, C., *Verdi,* Milan, 1931; réimprimé en un volume, Milan, 1951; trad. française, Paris, 1961.

Gerick, H., *Giuseppe Verdi,* Potsdam, 1932.

Rensis, R. de, *F. Faccio e Verdi,* Milan, 1934.

Holl, K., *Verdi,* Berlin, 1939.

Zoppi, U., *Mariani, Verdi e la Stolz,* Milan, 1947.

Oberdorfer, A., *Giuseppe Verdi,* Milan, 1949.

Radius, E., *Verdi vivo,* Milan, 1951.

Celli, T., « *Va, pensiero* », *Vita di Giuseppe Verdi,* Milan, 1951.

La biographie la plus documentée sur Verdi est celle de Franco Abbiati, citée plus haut.

CRITIQUE (ET BIOGRAPHIE) :

A la mort de Verdi, alors que son théâtre avait toujours la faveur populaire, la critique s'acharna au contraire à en souligner les aspects les moins heureux, liant son œuvre à une négation du principe du mélodrame et du théâtre lyrique spécifiquement italien, dans le climat d'exaltation du drame wagnérien et du renouvellement symphonique. La fin de la première guerre mondiale coïncide avec une « renaissance verdienne » qui se manifeste aussi dans la critique allemande et mondiale, dont le point de vue essentiel est résumé dans le livre de Franz Werfel, *Verdi. Der Roman der Oper,* publié en 1923, dans l'essai de Bruno Barilli, *le Pays du mélodrame*

(1931) et dans le volume de Massimo Mila, *Il melodramma di Verdi,* publié en 1933, et réédité en 1958 avec peu de retouches. Dès lors le problème Verdi semble définitivement résolu dans ses justes termes. Dans le domaine de la critique, très souvent lié à celui de la biographie, tels sont, nous semble-t-il, les ouvrages à signaler :

Bellaigue, C., *Verdi,* Paris, 1912.

Bastianelli, G., *Musicisti d'oggi e di ieri,* Milan, 1914.

Roncaglia, G., *Giuseppe Verdi e l'ascensione dell'arte sua,* Naples, 1914.

Pizzetti, I., *Musicisti contemporanei,* Milan, 1914.

Barilli, B., *Il paese del melodramma,* Lanciano, 1931.

Mila, M., *Il melodramma di Verdi,* Bari, 1933.

Parente, A., *Il problema della critica verdiana,* Turin, 1933.

Loschelder, J., *Das Todesproblem in Verdis Opernschaffen,* Stuttgart, 1938.

Roncaglia, G., *L'ascensione creatrice di Giuseppe Verdi,* Florence, 1940.

Farinelli, A., *Giuseppe Verdi e il suo mondo interiore,* Rome, 1941.

Della Corte, A., *Le sei più belle opere di Giuseppe Verdi,* Milan, 1946.

Pizzetti, I., *La musica italiana dell'Ottocento,* Turin, 1947.

Williams, S., *Verdi's last Operas,* Londres, 1951.

Gianoli, L., *Verdi,* Brescia, 1951.

Mila, M., *Giuseppe Verdi,* Bari, 1958.

HÉRITAGE DU ROMANTISME

LE NATIONALISME MUSICAL ET LES VALEURS ETHNIQUES

LES ÉCOLES NATIONALES

Groupes d'élèves perpétuant un même enseignement; union de créateurs servant un idéal unique; familles d'artisans se transmettant de père en fils d'immuables secrets d'atelier : autant d'« écoles » selon le dictionnaire, qui définit ce mot : « ensemble des adeptes d'un maître ou d'une doctrine ». C'est dire que « école de Rubens », « école de Notre-Dame de Paris », « école italienne de lutherie » sont réguliers et s'entendent aisément.

Pour les écoles de composition dites nationales, il est permis d'objecter qu'il n'y a pas nécessairement « ensemble », comme le Larousse l'exige : Grieg figure, à lui seul, la norvégienne; en Bohême, Smetana et Dvorak ne sont pas exactement contemporains, non plus qu'Albeniz et Falla en Espagne. On s'en prendra, peut-être, également à l'appellation « doctrine », la jugeant excessive, ce qu'elle est, à coup sûr. De cette doctrine, un Russe nous a tout dit, ou peu s'en faut, en s'exclamant : « Pourquoi donc marcherions-nous toujours pendus aux jupes de nos nourrices italiennes ? » Il s'agit de remplacer ces étrangères par une *nyanya* semblable à celle qui ensorcela Moussorgsky enfant, puis de ne la plus jamais quitter d'une semelle. Voilà bien tout le problème, dont plus tard de solennels manifestes ne pourront nous apporter que des paraphrases (si même cet énoncé abrupt à l'excès appelle quelques retouches). Il reste que, malgré les approximations indiquées, le terme — désormais technique — d'« écoles nationales » ne prête guère à équivoque.

Ce qui, au premier chef, importe à ceux que le national tourmente est de se singulariser. Délibérément, ils s'affirmeront par opposition à l'art indifférencié de l'Europe occidentale, et leur projet sent quelque peu l'irrédentisme. Même lorsqu'ils n'avouent que des visées modestes, leur fin dernière est l'autonomie. Grieg dit

bien que si Bach et Beethoven ont élevé des temples
sur les sommets, il borne, quant à lui, son ambition
à bâtir des demeures à la mesure de l'homme, afin
qu'il y soit à son aise et heureux. Mais, d'autre part, il
proclamera, plus solennellement, qu'en puisant dans la
mine des chants populaires de son pays, il s'est bel et
bien essayé à fonder un art national. Pareillement, et
presque dans les mêmes termes, Glinka nous assure qu'il
ne songe qu'à offrir à ses chers compatriotes une musique
où ils puissent se sentir chez eux. Ce qui ne l'empêchera
pas de reconnaître, moins humblement, qu'à certain
moment de sa vie, « l'idée d'une musique nationale (lisez :
indépendante) se présentait de plus en plus clairement à
son esprit ».

Le fol espoir que cette musique-là se forgerait du jour
au lendemain, hors de toute influence étrangère, qu'elle
userait d'une tonalité encore inouïe, pratiquerait une
polyphonie à nulle autre pareille (que les Russes, par
exemple, auraient pu tirer de leur chant populaire, qui
est polyphonique), userait d'une instrumentation, sinon
même d'une écriture, entièrement nouvelles, en un mot
qu'elle différerait de celle qu'au cours de longs siècles
avait élaborée l'Occident européen autant que la chinoise ou l'arabe : pareil espoir n'a manifestement jamais
effleuré l'esprit des novateurs. Dans l'intention d'aucun
d'eux, la sécession ne devait dépasser des limites relativement étroites. Modération certes inévitable, imposée
par la nature des choses, mais qui fait toucher du doigt
l'essentielle faiblesse de l'entreprise, tour à tour portée
à la soumission et à la révolte. Tout en se détournant de
l'Europe traditionnelle, on veut y conquérir sa place;
tout en la répudiant, on entend s'en faire agréer. (Et
son grand âge rend effectivement l'Europe traditionnelle
toujours plus accueillante et plus réceptive.)

A partir d'une immémoriale tradition orale, les peuples
occidentaux avaient, au niveau de leurs classes cultivées,
lentement édifié un art bien réellement paneuropéen, où,
à l'intérieur d'un périmètre spirituel et territorial déterminé, chacun se reconnaissait aisément. Où que se fût
constituée l'une quelconque de ses techniques ou organisée l'une de ses formes, elles essaimaient aussitôt,
adoptées ou imitées dans toutes les parties de la moitié
de continent où s'est formée notre culture. Tout ce que,

chemin faisant, cet art a recueilli d'exceptionnel s'est
résorbé dans sa substance; tout ce qu'il a accepté d'ir-
régulier selon ses normes s'y est fondu dans la confor-
mité. Bourrée, polonaise, allemande ou gigue ne se
font agréer dans la société lettrée à laquelle il appartient
que dépouillées de tout provincialisme excessif; Turcs,
Iroquois, sauvages, ne paraîtront sur le théâtre de l'Occident que s'ils savent parler le beau langage qui y est
d'usage. Encore ce nivellement semble-t-il insuffisant à
Gluck qui se plaint des différences, à son idée « ridicules », entre les musiques nationales.

Pareil état d'esprit marque le point de maturité de la
musique occidentale, et l'on voit s'achever ainsi un de
ces cycles qui conduisent, en tout lieu et en tout temps,
d'un art spontané et irraisonné, dit populaire, à un art
concerté, dit savant, doté de quantité de lois, d'articles
de foi et de coutumes. Ces cycles — disons-le sans
retard — sont à jamais irréversibles.

Il va de soi qu'en cet instant historique, les « ridicules
différences » ne peuvent plus se manifester dans la matière
même de la musique occidentale : elles ne subsistent plus
dans le concret, c'est-à-dire dans la lettre, alors même que,
dans l'abstrait, c'est-à-dire l'esprit, elles persistent, déterminant le caractère de l'inspiration, le coloris sentimental,
le mouvement de la pensée.

C'est une distinction psychique de cette sorte que le « sang
mauresque » reproché à Victoria, Espagnol pathétique,
ou la sobriété germanique (*Schlichtheit*), à laquelle Schumann aimerait voir revenir Franz Liszt, dont, pour sa
part, Brahms estime non allemand (*undeutsch*) le brio
trop voyant. Et bien qu'assujetti au concret, peut-être
Rimsky-Korsakov ne pense-t-il qu'à semblables pro-
priétés ethniques sublimées, lorsqu'il nie la possibilité
de toute musique non nationale.

En revanche, telle n'est pas, semble-t-il, l'idée de Beethoven faisant l'éloge de Mozart, plus grand, à son gré,
dans *la Flûte enchantée* que dans tout autre de ses ouvrages,
parce que, dans celui-là, il fait figure de vrai maître allemand. Si, comme il en a l'air, le propos vise, outre la
langue du livret, les candeurs de Papageno, il étonne
dans la bouche d'un classique.

Il est pourtant dans la logique des événements. C'est
que si, d'un côté, les pays occidentaux avaient à la

longue accumulé, par un courant perpétuel d'échanges et
d'emprunts, un fonds considérable de conventions et de
lieux communs proprement ouest-européens ; si, au sein
d'une haute civilisation autant dire unanime, ils étaient
de bonne heure parvenus à un accord général des goûts,
d'un autre côté, les forces de cohésion s'étaient néanmoins affaiblies, petit à petit. A mesure que se dessinaient,
l'une après l'autre, les grandes routes de l'Océan, que les
conquérants abordaient à de nouveaux rivages et que le
monde, vertigineusement, grandissait, un premier germe
de corruption naissait, qui ne devait plus cesser de se
fortifier : la curiosité, insensiblement, détournait les
regards des horizons familiers vers le grand large, du
coutumier vers l'insolite, du convenu vers l'original.
Au départ, cette curiosité ne prend pas sa source dans la
sensibilité esthétique ; c'est un trait scientifique. Mais elle
ne tardera pas à contaminer les hommes d'art, et à jamais.
Pour commencer, l'exotisme ne leur apporte que des
éléments de décoration pure : ces Nègres, Bohémiens,
musiciens de campagne, qu'ils font monter sur les
planches ; mais déjà, dans les genres mineurs — clavecin
français, virginal anglais — surgissent les « airs de carrefour » signalés par Pirro, où ce pittoresque prend un
accent d'authenticité.

De toute façon, l'entraînement qui s'amorce dès lors ne
s'arrêtera pas de sitôt. Plus on avance vers le XIXe siècle,
plus le rustique et l'exotique occupent les esprits et
envahissent les partitions. Les théoriciens se prennent
à discourir sur les particularités nationales, et les ouvrages
techniques, qui prolifèrent dans la deuxième moitié du
XVIIIe (et le *Dictionnaire* de Jean-Jacques Rousseau tout le
premier), étudient comme ils peuvent, et parfois mieux
que prévu, la musique de la Chine, des Persans, des
Arabes, sans compter celle de l'Irlande et le *Ranz des
vaches* — en attendant que l'étonnant Villoteau, musicologue attitré de la campagne d'Egypte, rende compte,
par le menu, de toutes les catégories musicales ren-
contrées au cours de l'expédition. Parallèlement :
cornemuse et chalumeaux dans les symphonies ;
all'ongarese chez Haydn et ailleurs ; marche turque (et
plus turque peut-être qu'on ne pense) chez Mozart ; caisse
et cymbales orientales dans *les Pèlerins de la Mecque, les
Deux Avares, l'Enlèvement au sérail*, voire *Iphigénie en Tau-*

ride : signes des temps, qui ne cessent de se multiplier et de s'accuser aux approches du romantisme affamé de « nouveau ».

Lorsqu'il triomphe, le pittoresque de fantaisie ne se pratique plus guère; le goût est à la couleur locale vraie. Les scientifiques ont étendu leurs recherches, et les temps sont proches où George Sand divaguera sur la gamme hindoue et la gamme ioway. Pour mettre une mélodie chinoise dans *Turandot* et une turque dans *Obéron,* Weber consulte les écrits des érudits, tout comme Mendelssohn, quand il lui en faudra une écossaise. Le national s'impose ainsi de concert avec l'exotique. A Vienne, en 1829, Chopin improvise sur une chanson polonaise, *le Houblon,* ce qui, dit-il, électrise son public « inaccoutumé à entendre des chants de ce genre ». A la même occasion, avec sa *Krakowiak,* l'échelle pentatonique fait son entrée dans la musique occidentale, ou, tout au moins, y ressuscite; vingt ans plus tard, elle y aura droit de cité et s'étalera majestueusement sur deux longues octaves, aux premières mesures des *Préludes* de Liszt.

On se méprendrait fort en prenant cette fringale de nouveauté mélodique (avec ce qu'elle comporte de conséquences harmoniques) pour l'effet d'une fluctuation superficielle du goût : elle va de pair et, par certains côtés, se rattache au bouleversement que la musique occidentale subit dans la première moitié du XIXᵉ siècle. Ni les écoles nationales, ni rien de ce qui devait encore survenir jusqu'à nos jours, ne sont intelligibles s'il est fait abstraction de cette crise majeure.

C'est que l'œuvre suprême de l'Occident, celle où il se reconnaît et s'admire, la symphonie, menace ruine. On ne saurait assez redire que, portée par Beethoven aux limites extrêmes de ses ressources, c'est par lui-même qu'elle sera, sur le tard, méthodiquement disloquée, comme si, jugeant tous les effets usés, toutes les combinaisons épuisées, il avait vu, saisi d'effroi, l'imposant édifice construit de ses mains se faire peu à peu prison et les portes de la routine se fermer lentement sur lui.

Pour s'évader de ce milieu fatal, l'une des voies que, parmi d'autres, il a choisies, est le retour vers les modes d'expression du passé : formes, d'une part; système tonal, de l'autre. La symphonie étant architecture avant toute chose, et fille de la tonalité moderne, on voit que, ce faisant, il s'attaquait à ses fondements mêmes. Pour ce qui est des formes — malgré grande fugue, contrepoint, essai de concerto grosso — les archaïsmes, au bout du compte, n'auront été qu'épisodes d'envergure réduite, aussi bien dans sa « dernière manière » que dans l'histoire de son art : la destruction radicale des dispositions symétriques familières à l'allégro de sonate auront sur le développement ultérieur de cet art des effets autrement puissants (en quelque mesure analogues à ceux de ces *Fantaisies* de Schubert qui préfigurent le poème symphonique).

En revanche, les modes dits anciens (tel, dans la *Prière du convalescent,* celui de *fa,* si fréquent chez Chopin, ou encore le « dorien », dont il rêvait, sans doute comme d'un dernier coup de pioche dans les murailles de la symphonie) ne disparaîtront plus du répertoire des moyens d'expression de notre musique : au commencement de la *Sonate* de Liszt, la gamme descendante répétée en énonce plusieurs, manifestement devenus, dès lors, monnaie courante.

En effet, lorsque Liszt paraît, il recueille un héritage déjà considérable de matériaux et de procédés, que lui-même et Chopin enrichiront encore largement, non seulement quant à la substance mélodique, à l'harmonie, aux cadres formels, mais encore (bien que dans une moindre mesure) quant au rythme.

Telle est la situation musicale en Occident, à l'heure où surgit le premier compositeur « national ». Ce compositeur est-il Frédéric Chopin ? Il pourrait l'être, et, s'il faut l'en croire, le voulait, puisqu'il se targue d'avoir réussi à acquérir le sentiment de sa musique nationale, « au moins en partie »; qu'il lui arrive de fredonner à longueur de journée des chansons « des bords de la Vistule » et qu'on a pu dresser des inventaires de ses polonismes : ils vont, à l'occasion, jusqu'à la citation. De plus, il n'y a d'école nationale que dans les pays qui, par cette école, naissent, avons-nous dit, ou renaissent à la musique : qui n'ont, en d'autres termes, jamais produit une musique savante (comme la Russie) ou qui, en ayant produit une, l'ont oubliée (comme l'Espagne) : on a compté trois siècles de la mort de Victoria au manifeste nationaliste de Pedrell *Por nuestra musica,* qui est de 1891. Or, Chopin vient précisément de l'un de ces pays-là.

Néanmoins, il n'est compositeur national qu'à demi. Quelques exotismes assaisonnent bien tels nocturnes ou telle étude, et l'un de ses scherzos renferme même un noël populaire littéral; mais c'est dans ses compositions les plus confidentielles, les mazurkas, que l'accent polonais, visiblement voulu, se perçoit le plus nettement. « Faire polonais » n'est pas sa préoccupation constante. Son dessein esthétique n'est pas national. Mises à part les exceptions — il est vrai symptomatiques — qu'on vient de voir, il agit, dans tout ce qu'il écrit, en musicien occidental, représentant d'un art universel par essence, auquel il s'efforce de ramener et d'incorporer tout élément inusité, susceptible d'en aviver l'éclat.

C'est, on l'a vu, très exactement au contraire qu'aspirent les écoles nationales. Un lointain précurseur d'Espagne, Eximeno, a, dès le XVIIIe siècle, clairement formulé leur programme (que Pedrell devait faire sien) : « C'est sur la base des chansons populaires nationales que chaque peuple doit construire son système musical. » Mais comme, pour aucune d'elles, il n'a jamais été question ni de dissoudre les orchestres symphoniques, ni de détruire pianos, violons ou clarinettes, et encore moins de brûler les traités traditionnels de solfège, d'harmonie ou de contrepoint, en un mot de rejeter ce que l'Occident leur offrait de tout fait et de généralement accepté, il arrivera plus d'une fois que les deux tendances — la leur et celle des créateurs occidentaux —, si opposées en principe, se rapprochent dans la pratique (du fait qu'elles ont à surmonter des obstacles analogues) au point, parfois, de se confondre.

Cela étant, et le national se faisant plus particulièrement reconnaître par les mélodies — censément populaires et archaïques — qui l'expriment, la tâche des compositeurs nationalistes consistera, en premier lieu, à s'assimiler les techniques étrangères, en second lieu à les plier aux exigences de la matière nouvelle qu'ils mettent en œuvre.

C'est pourquoi, à moins de rester des autodidactes de gré ou de force, comme Balakirev et son groupe, ils s'abreuvent de coutume aux sources didactiques de l'Europe centrale, comme Grieg ou Albeniz, et voyagent passablement. Et c'est pourquoi aussi ils cherchent la solution de leurs difficultés, essentiellement techniques, auprès de ceux qui, à d'autres fins, en ont surmonté de

semblables et peuvent les enseigner : de Glinka à Glazounov, en passant par Borodine, Smetana, Grieg,
Albeniz, leurs chemins croisent sans cesse celui de Liszt,
qui les comprend et les protège — tout en s'abstenant,
en vrai occidental et cosmopolite, de les imiter autrement
que par jeu rhapsodique.

La première de ces difficultés est, à n'en pas douter,
l'harmonisation des nombreuses échelles autres que les
classiques (les « ecclésiastiques » notamment) que le
folklore leur propose. Voilà ce que Glinka étudie à
Berlin, Borodine chez lui, et ce que Moussorgsky
s'applique à apprendre dans l'ancienne musique liturgique. Difficulté centrale, en effet, et telle, au premier
abord, qu'elle a pu faire passer pour « nationaux » des
musiciens immigrés qui l'ont vaincue, tel Schulz, Allemand, qui s'entendait à vêtir d'une parure harmonique
appropriée les chansons danoises. Les perplexités ne sont
pas moindres pour le rythme; mais sur ce point on s'en
tirera, à l'imitation de l'Occident, comme on pourra :
non pas en créant une théorie rythmique neuve, mais en
forçant les cadres de l'ancienne. Sans parler de la mesure
de 5 temps, déjà usitée, on aura, dès Borodine, des
mesures de 7 et, dès Moussorgsky et Rimsky, des mesures
de 11 temps, qui ressemblent, à vrai dire, par endroits,
à de simples expédients graphiques. De plus, le changement perpétuel de mesure devient courant avant le
dernier quart du XIXᵉ siècle. On ne se mettra pas, non
plus, martel en tête pour les formes, toutes élaborées
et que l'on acceptera telles quelles, y compris, parmi les
plus étendues, le poème symphonique à la Liszt et la
symphonie classique, même si, dans celle-ci, les chants
sauvages ne se meuvent pas toujours sans contrainte.
Sous ce rapport, la première école nationale, celle
des « Cinq » russes, n'apporte guère de révélations,
si même, par ailleurs, « jamais musique n'eut pareil
pouvoir de dépaysement » (A. Schaeffner). Toutefois,
pendant que l'opéra occidental, figé dans quelques
schémas, piétine et se répète, puis se renouvelle en se
symphonisant, Moussorgsky, loin des voies wagnériennes, créera de toutes pièces, avec *Boris Godounov,*
un drame musical entièrement imprévisible. C'est sans
doute dans cet ouvrage et dans les morceaux de chant qui
le préparent ou le prolongent, que le principe du natio-

nalisme se fait le plus intransigeant et porte ses fruits les plus singuliers. Aussi est-ce contre eux que se dressera la résistance la plus opiniâtre. Si tel prince russe confie à Liszt en plaisantant qu'il envoie ses officiers punis à *la Vie pour le tsar*, de Glinka, il n'y a pas de sourires pareils pour Moussorgsky : les fronts des juges qui le condamnent sont assombris, et ses compagnons l'abandonnent bien avant qu'il n'ait achevé sa course.

La structure sociale moins stratifiée de la Norvège et l'irrédentisme déjà vif de la Bohême ont épargné à Grieg et à Smetana pareils déboires. Ils deviennent l'un et l'autre, de leur vivant, des symboles patriotiques très acclamés. Mais si leur gloire se maintient, leur influence directe ne dépasse pas la durée de leur carrière (début de notre siècle, tout au plus), et l'on ne peut affirmer qu'ils aient fait souche.

Au contraire, la « puissante petite clique » des cinq héritiers de Glinka disparue (assez tard, puisque Balakirev ne meurt qu'en 1910, Rimsky en 1908 et Cui en 1918), son credo survit, par succession directe, dans leur descendant le plus remarquable, Stravinsky, à tout le moins jusqu'à ses *Noces* (1923).

Lorsque la plus tardive de ces premières écoles nationales, l'espagnole, voit le jour aux environs de 1900, la perspective historique s'est sensiblement modifiée. Albeniz, lui-même, bien que disciple de Liszt — et sa descendance à plus forte raison — se placent déjà, en quelque sorte, hors de la première période du national, sur le seuil d'une époque où la persistance du dogme provoquera l'éclosion d'une seconde série d'écoles ou, tout au moins, de nouvelles flambées nationalistes locales.

C'est qu'une nouvelle étoile est apparue à l'Occident, qui guidera les puînés; Albeniz peut encore en recueillir la lumière, dont l'œuvre de ses successeurs, celle de Manuel de Falla notamment, sera toute baignée. « On ne peut exactement imaginer, en Europe occidentale, ce que la venue de Debussy a représenté pour nous », dit Kodály, et c'est, en effet, sous le signe de Debussy que, au commencement de notre siècle, naîtra une école symphonique hongroise. La leçon qu'elle reçoit du maître français continue celle de Liszt, mais la renouvelle et l'allège. Dans ses partitions, les compositeurs nationaux

de toute origine découvrent, tout d'abord, une recette :
le secret d'un milieu harmonique et d'une forme où les
mélodies de leurs peuples peuvent librement respirer.

Lui-même ne folklorise guère; il accable même de son
ironie un confrère coupable d'avoir trop tourmenté un
pauvre petit choral breton « qui ne lui avait rien fait ».
S'il recherche la couleur locale, c'est parfois comme par
plaisanterie. En revanche, son imagination est constamment attisée par des stimulants pris aux quatre coins du
monde, qu'il ne nous a pas tous désignés, même à mots
couverts. Mais ces éléments extérieurs hétérogènes qui
nourrissent son invention (et que toujours il approfondit,
s'il n'en fait pas l'étude scientifique) ne lui servent pas
de matière première textuelle. Tantôt il n'en attend
qu'une direction de sa pensée; tantôt il n'en extrait qu'une
particule typique — profil mélodique, formule rythmique,
sonorité spécifique — dont il ne laissera subsister que
l'ombre, visible aux regards les plus aigus seulement.
(Ainsi le voit-on au début du *Prélude à l'Après-midi d'un
faune* s'inspirer de la musique grecque antique : il en
condense arbitrairement, en une mélodie cohérente,
totalement sienne, trois attributs : unisson, petits intervalles du *pyknon* « enharmonique », grands écarts du
« corps de l'harmonie », toutes notions puisées, sans
doute, dans un traité, où il a voulu s'informer mais dont,
à bon droit, il a jugé inutile d'extraire plus que des
données sommaires autant qu'approximatives. Le bon
plaisir du compositeur, c'est-à-dire son pouvoir créateur,
en a opéré une synthèse rigoureusement personnelle, où
néanmoins leur essence persiste et agit fortement.)

Le pénétrant esprit analytique de Bela Bartok a-t-il
entrevu cette subtile chimie organique ? Son incomparable instinct d'artiste en a-t-il eu l'intuition ? Ses écrits
gardent le silence, en sorte qu'on ne saurait même pas dire
s'il a été conscient de sa propre évolution au cours de la
dernière dizaine d'années de sa vie, déterminée, semble-
t-il, de loin, par l'exemple de Debussy. Il reste que, au
départ promoteur résolu d'une école nationale hongroise
(que lui et Kodály allaient réellement créer), il a fini par
l'abandon tacite de son programme : dans les ouvrages
qui ont fait sa gloire, sa volonté n'est plus de doter la
Hongrie, par le moyen de son chant paysan, d'une
musique symphonique magyare, formant un compar-

timent bien délimité de l'universelle, mais à l'inverse, de tenter un rajeunissement de celle-ci, par incorporation de principes actifs tirés de toute musique populaire connue, sans distinction aucune. Par cette nouvelle conception de sa tâche, il transcende le national et se place aux côtés des maîtres occidentaux, non à leur suite.

Le temps a beaucoup accéléré sa marche, depuis quelque cent ans, si bien que le recul suffit déjà pour que grandeur et servitude du principe musical des nationalités s'offrent à la vue dans une clarté suffisante.

C'est en toute équité que l'on peut aujourd'hui lui reprocher ce qu'il a de dogmatique à l'excès et d'apriorique. Son point de départ est un axiome : chaque groupe ethnique dévoile son originalité dans sa mélodie populaire la plus authentique; et rien ne semble plus évident, à première vue. Dans la réalité quotidienne, cependant, ce qui, du premier coup, se fait reconnaître comme national, c'est bien moins, par exemple, le chant des paysans hongrois ou espagnols que les csardades et les espagnolades des cafés citadins d'Espagne ou de Hongrie. Fait d'expérience si certain que l'on inclinerait à croire ce nationalisme irrécusable exclusivement propre à une zone intermédiaire entre populaire et savant, alors que la mélodie ancestrale des campagnes se « dénationalise » à mesure qu'on remonte vers ses sources probables. Les hybrides qui prospèrent à la limite des cultures primitives ne méritent d'ailleurs pas nécessairement que mépris : maniées par de grands compositeurs, quelques locutions andalouses très communes ont suffi pour faire éclore de grandes œuvres.

On a pu regretter, par ailleurs, que les adeptes du nationalisme musical, perpétuellement préoccupés par la difficile adaptation de l'outillage classique à une matière mélodique qui ne le prévoyait pas, aient trop souvent confiné la création dans la technique seule, comme si un recueil de chansons populaires digne de foi, une plume d'harmoniste exercée et une once de goût pouvaient résoudre le problème tout entier. « Nullement, proteste Bartok; à moins d'avoir appris dès l'enfance la langue musicale de son peuple et de savoir la parler comme lui, on ne saurait rien produire de véritablement national. » Pourtant Grieg lui-même n'a prêté attention à cette langue que bien tard... Et soutiendra-t-on qu'une école écossaise — à la supposer possible — ferait mieux que Mendelssohn, dans sa *Symphonie,* une javanaise mieux que Debussy dans *Pagodes ?* Est-il enfin un Espagnol qui refuserait de signer, à la place de Ravel, l'*Alborada del gracioso,* pour ne citer qu'elle ?

Niera-t-on, au surplus, que les réussites mêmes des écoles nationales restreignent leur rayon d'action dans la mesure même où elles se rapprochent de leur but ?

Tout cela, néanmoins, ne nous fera pas oublier le rôle, somme toute décisif, que ces écoles ont joué dans le destin de la musique savante de l'Occident, et c'est sur ce rôle qu'il convient de les juger, avant tout. Par la fraîcheur de leur sensibilité artistique toute neuve aussi bien que par la quantité considérable de matériaux imprévus qu'elles lui ont apportés, elles ont revigoré un art vénérable mais proche de l'épuisement. Sans elles, Brahms, docile épigone, n'eût peut-être pas touché aux modes anciens, ni prêté l'oreille au cor des Alpes du Righi. Et *Pelléas* ne serait peut-être pas ce qu'il est.

Constantin Braïloiu.

BIBLIOGRAPHIE

Bartok, B., *Pourquoi et comment recueille-t-on la musique populaire,* Genève, 1948.

Braïloiu, C., *Le folklore musical,* Zürich, 1949.

Coirault, P., *Notre chanson folklorique,* Paris, 1942.

Mersmann, H., *Grundlagen einer musikalischen Volkslied-forshung,* Leipzig, 1922-1924.

Wiora, W., *Das echte Volkslied,* Heidelberg, 1950.

L'ÉCOLE RUSSE

Surgie soudainement du néant, l'école russe a pris son essor au milieu du XIXᵉ siècle. A ce point de l'histoire, il fallait nécessairement qu'une force vierge vînt affranchir la musique de la tutelle du romantisme germanique qui la menait, passée sa grande époque, vers un inévitable enlisement. Il est significatif de voir un tel événement choisir, pour se manifester, et comme en vue d'une efficacité plus grande, cette Russie dominée alors par une aristocratie largement ouverte aux influences du dehors, cependant qu'un peuple en servage, isolé de toute culture, de toute civilisation matérielle, conserve à l'état pur le don de Dieu à sa terre natale.

Depuis le début du siècle, une intense fermentation d'idées nouvelles gagne peu à peu l'élite de la société. La littérature a été la première à en trahir les effets, avec toute une génération d'écrivains et de poètes : Lermontov, Tourguenev, Nekrassov, Ostrovsky, héritiers des grands précurseurs Pouchkine et Gogol, et parmi lesquels deux romanciers, Tolstoï et Dostoïevsky, conquerront d'emblée une gloire mondiale. Tout est prêt pour qu'une génération de compositeurs, emboîtant le pas, entreprenne de ramener la musique à ses sources, lui imposant une sorte de retour à la terre d'où elle sortira le sang pur et les poumons libres, fût-ce tant soit peu crottée.

GLINKA

Ce n'est que vers 1860, avec l'entrée en scène du fameux groupe des Cinq, que la jeune école russe se constitue et s'organise en tant que force de révolution, avec une doctrine définie, une volonté subversive et des moyens d'action. Mais il y a déjà quelque trente ans que la musique russe a pris conscience d'elle-même, de sa prédestination et de cette matière première inestimable que lui offre un folklore riche entre tous. Cette découverte est le fait d'un grand créateur, Michel Glinka, de qui l'œuvre, faible en volume mais chargée de quel message, dépasse sans doute en génie celui de ses disciples, encore qu'il ait moins activement rayonné dans le monde.

A la source de toute la musique russe, il y a Michel Glinka. En deçà un désert, à peine peuplé d'un petit nombre d'individualités, impuissants à affirmer quelque indépendance en face de ce que nous pourrions appeler l'occupant italien. La musique russe, dans la mesure où elle existe, est alors importée d'Italie ; entendez que les Italiens Araja, Sarti, Locatelli, le Vénitien Catterino Cavos, ne laissent pas de puiser des motifs d'inspiration dans l'art populaire de leur pays d'adoption, mais n'abandonnent pas pour autant l'accent de leur terroir. Si bien établis sur les scènes de Moscou et de Saint-Pétersbourg sont le style et les procédés de l'opéra italien que les compositeurs russes, un Fomine au XVIIIe siècle, un Matinsky, un Verstovsky ne songent même pas à s'en affranchir.

Glinka lui-même, dans *la Vie pour le tsar,* le premier de ses deux grands ouvrages, accuse la très forte influence du *bel canto* italien. Mais cette influence n'agit que sur sa forme tout extérieure. Elle ne pénètre pas l'esprit d'une musique qui reste russe non seulement dans ses thèmes, mais aussi dans la façon dont elle les accommode. En dépit de telles ou telles disciplines occidentales auxquelles Glinka emprunte le découpage de sa partition et l'équilibre intérieur de chacun de ses morceaux, sa liberté s'affirme totale dans la carrure de ses phrases, dans l'emploi fréquent des rythmes à cinq ou à sept temps, dans l'usage très nouveau pour l'époque de certains modes de plain-chant, dans l'apparition d'un chromatisme oriental qui fera la fortune de ses successeurs.

Combien de ceux qui assistèrent le 27 novembre 1836 à la première de *la Vie pour le tsar* se doutèrent-ils de l'événement qu'ils étaient en train de vivre ? Assurément pas les aristocrates qui, pleins de dédain pour les éléments populaires d'où la partition tirait le meilleur d'elle-même, qualifiaient celle-ci de « musique de cocher ». Peut-être pas non plus le grand public dont l'accueil chaleureux pourrait bien avoir salué moins la nouveauté et le cachet vraiment national de l'œuvre que ce qu'elle conservait encore de *bel canto* italien. Ce qui le donne à penser, c'est l'échec, quelques années plus tard, de *Rousslan et Ludmil-*

la, chef-d'œuvre où s'accomplit, en l'absence de toute formule étrangère et de façon décisive, cette promotion d'un style musical spécifiquement russe, tentée dans *la Vie pour le tsar.*

De caractère indolent et de faible santé, Glinka n'insista pas et s'expatria pour des années. Mais sa leçon n'était pas perdue pour tout le monde. Durant que l'artiste désabusé pratiquait à Paris, à Madrid et ailleurs, un tourisme nonchalant, sa pensée vivante faisait son chemin dans un petit nombre d'esprits et de cœurs. A son retour en Russie, en 1854 — avec la *Jota aragonesa* dans son bagage — il verra venir à lui des « jeunes » dont l'ardeur à marcher sur ses traces fera plus tard de lui ce qu'il ne s'est jamais cru ni rêvé, un fondateur de dynastie.

DARGOMYJSKY

Le premier à se manifester, un petit homme d'une quarantaine d'années, vient lui soumettre, page après page, un ouvrage lyrique où, mêlée aux formes traditionnelles, s'essaye une conception neuve du grand récitatif dramatique. L'homme s'appelle Dargomyjsky. Il a déjà essuyé deux refus de la direction des Théâtres impériaux. L'œuvre, *Roussalka,* représentée en 1856, lui assurera une place de premier plan, sans pour autant obtenir du public une adhésion qui lui permette de se maintenir au répertoire.

Dès cette œuvre, et en dépit de son admiration pour Glinka, Dargomyjsky affirme une conception du drame lyrique tout à fait opposée à la sienne. Qu'on en juge : Glinka a composé la partition entière de ses deux opéras comme de la musique pure, sans aucun texte littéraire. Les paroles ont été ajoutées après coup par des tâcherons, soit directement sur la musique, soit sur des schémas rythmiques établis par l'auteur au moyen de traits et de points figurant les longues et les brèves. Dargomyjsky, au contraire, s'attaque avec *Roussalka* à un texte de Pouchkine dont il cherche à respecter et l'esprit et même la lettre. La courbe mélodique est donc commandée chez lui de façon plus ou moins impérieuse par la coupe même de la phrase littéraire. Mais à cette première étape de sa réforme, Dargomyjsky n'ose pas renoncer à l' « air » autonome, tel qu'on l'a pratiqué jusqu'à lui. Il lui fau-

dra douze ans de silence pour laisser mûrir sa formule et
en tenter la démonstration dans *le Convive de pierre,* où
le poème de Pouchkine est mis en musique sans aucun
changement, dans une sorte de récitatif continu, scrupuleusement calqué sur les inflexions naturelles de la
voix parlée et qui, malgré tout, garde une démarche
suffisamment mélodique pour que l'orchestre n'ait besoin
d'y ajouter autre chose qu'un soutien, un accompagnement. Inutile d'insister sur ce que cette conception a de
foncièrement différent de celle de Wagner.

C'est ainsi que Dargomyjsky réalise la doctrine qu'il
exprimait dans cette phrase : « Les anciennes notions
démodées obligent à chercher la mélodie qui flatte simplement l'oreille. Ceci n'est pas ma première préoccupation. Je veux que le son exprime l'idée. Je veux la
vérité. » Cette œuvre tout à fait remarquable et trop
peu connue hors de Russie est à l'origine de toute une
lignée d'opéras dont le *Boris Godounov* de Moussorgsky
reste le plus marquant. Mais, parallèlement, on voit
une tout autre tradition, issue de Glinka, se perpétuer
dans une lignée différente d'ouvrages lyriques tels que
le Prince Igor de Borodine. On marquera clairement cette
double influence en disant que Glinka a agi sur les générations qui l'ont suivi, par sa musique, et Dargomyjsky
surtout par ses idées.

LE GROUPE DES CINQ

Historiquement parlant, nous avons quelque peu
anticipé en abordant isolément *le Convive de pierre,* écrit
fébrilement de 1867 à 1869 par un grand malade qui savait
ses jours comptés, laissé inachevé d'ailleurs et orchestré
après la mort de l'auteur par Rimsky-Korsakov. Pour
bien comprendre, en effet, le futur développement de
l'école russe et l'action, sur lui décisive, des idées de
Dargomyjsky, il est indispensable d'évoquer le milieu
social, l'entourage vibrant, sensibilisé à l'extrême, où
ces idées furent émises et qui leur servit de caisse de
résonance. Or, lorsque Dargomyjsky entame la partition
du *Convive de pierre,* le monde musical pétersbourgeois
est, depuis déjà douze ans, violemment secoué par les

assauts que livrent aux citadelles de la réaction cinq jeunes enragés — baptisés par le célèbre critique Stassov avec un peu d'ironie, une certaine déférence et beaucoup de sympathie : le tout-puissant petit groupe (mais le mot employé par Stassov n'est pas traduisible en français et on se rapprocherait mieux de la nuance qu'il exprime en traduisant : la toute-puissante petite clique).

CONSTITUTION DU GROUPE

Le chef du groupe s'appelle Mily Balakirev. Il est arrivé de Kiev en 1855, âgé de dix-huit ans et, dès la première entrevue, a ensorcelé Glinka par la démonstration d'un instinct musical stupéfiant et d'une immense culture, deux facteurs dont la conjonction supplée heureusement l'absence de toute formation technique de base. Balakirev est en outre un tempérament de feu et sa volonté tyrannique est servie par un charme, un magnétisme auxquels rien ne résiste.

Il recrute tout d'abord son premier lieutenant — un authentique lieutenant d'ailleurs, sorti de l'École du Génie —, César Cui, né d'un père français demeuré en Lithuanie après la retraite de la Grande Armée. César Cui lui amène ensuite un jeune officier de la Garde de Préobrajensky, Modeste Moussorgsky, rencontré par lui dans une des soirées musicales où Dargomyjsky reçoit chaque semaine une société choisie.

En 1861, c'est un élève de l'École Navale, Nicolas Rimsky-Korsakov, qui, ayant travaillé la musique en cachette durant deux ans avec un certain Canille, se fait présenter par son maître à Balakirev et se trouve enrôlé à son tour. Enfin, quelques mois plus tard, le groupe découvre son doyen en la personne de Borodine, homme de science, âgé de vingt-huit ans, assistant de chimie à l'Académie de Médecine et « musicien du dimanche » comme il ne cessera jamais de se dénommer lui-même.

Balakirev, César Cui, Moussorgsky, Rimsky-Korsakov, Borodine, tel est le groupe des Cinq, fils spirituels de Glinka et de Dargomyjsky, fécondés dans leur génie créateur par la révélation du prophète français Hector Berlioz, lors de sa venue à Saint-Pétersbourg en 1867.

En face de cette formation de choc, la réaction occupe trois bastions principaux, dont deux de construction récente : la Société de musique russe, créée en 1859 par Rubinstein (encore une autre personnalité brillante et dont le nom doit être cité ici non seulement pour son rôle et son influence, mais également pour son œuvre, quoiqu'il soit entièrement inféodé à l'école allemande); le Conservatoire de Saint-Pétersbourg, fondation du même musicien mais plus récente encore; la Direction des Théâtres impériaux, institution d'État, extraordinairement routinière, qui administre les deux théâtres lyriques de Saint-Pétersbourg, l'Opéra italien, magnifiquement logé, doté et achalandé, et son parent pauvre, l'Opéra russe; plus les théâtres de Moscou, de Kiev, de Kharkov, d'Odessa et de Tiflis.

La critique, hostile en bloc à toute nouveauté, est entre les mains d'un petit nombre d'écrivains fort imbus de leur importance, malveillants, acerbes, voire grossiers, d'où se détache en dehors de Stassov, l'allié des Cinq, un seul homme de vrai talent, Serov, compositeur notoire, auteur d'opéras non négligeables, moins fermé que les Laroche, les Famintsyne ou les Tolstoï, mais exclusivement voué, depuis ses voyages en Allemagne, au culte wagnérien.

Du côté des Cinq, les atouts sont en petit nombre. L'un des meilleurs, c'est l'alliance avec Stassov, le plus éminent et le plus vigoureux polémiste des critiques russes. Mais le principal c'est le tempérament réalisateur de Balakirev. En 1862, celui-ci fonde son grand organisme de combat : l'École musicale gratuite, qui montera chaque saison, à grand renfort de souscriptions, une série de concerts symphoniques. Enfin, troisième atout d'importance, César Cui devient, en 1864, critique du « Journal de Saint-Pétersbourg » et y manifeste aussitôt des dons naturels pour le pamphlet qui ne contribuent pas peu à entretenir autour de l'École des Cinq une agitation intense. La vie de société est très active, les réunions nombreuses, tantôt chez Borodine, tantôt chez Ludmilla Chestakova, sœur de Glinka, tantôt chez Dargomyjsky dont l'influence ne cesse de grandir. C'est dans les soirées chez Dargomyjsky que, scène par scène, la partition du *Convive de pierre* sera révélée, jouée au piano, chantée et mimée par les amis, Moussorgsky tenant le premier rôle avec une voix magnifique et un talent de comédien extraordinaire.

Il serait fort attrayant de suivre pas à pas les détails de cette lutte acharnée, menée par un Balakirev en pleine jeunesse, tantôt victorieux au point d'arracher en 1865 le poste de chef d'orchestre de la Société de musique russe (mais pour y être remplacé au bout d'un an par son rival Napravnik), tantôt malheureux jusqu'à devoir arrêter ses concerts devant les déficits de la caisse et se retirer, provisoirement vaincu, de la vie musicale après la saison de 1871. Mais cet échec n'arrêtera pas les progrès continus du groupe des Cinq. Bien au contraire, la partie est déjà pratiquement gagnée. Leurs œuvres ont pénétré partout. Les champions de l'académisme n'ont rien pu leur opposer de valable.

Un seul musicien de grande classe, Tchaïkovsky, a vu monter son étoile en même temps que la leur. Il est entré en scène en 1865, quelques années après la fondation du groupe des Cinq, et sa personnalité est déjà nettement affirmée au moment où Balakirev se retire pour plusieurs années sous sa tente. Certes, Tchaïkovsky est fort loin par son esthétique des musiciens du « puissant petit groupe », mais ce n'est pas non plus un académiste. Disons-le plutôt un technicien beaucoup plus solide que ses concurrents, un occidental très influencé par la musique européenne. Il aura de sévères accrochages avec les Cinq, il se fera écharper par César Cui après la première, en 1874, de son opéra *Opritchnik* à Moscou. Il portera sur Moussorgsky des jugements fort incompréhensifs. Mais il existe entre ces adversaires une certaine estime réciproque qui permettra parfois d'utiles contacts.

Ce qui montre bien en tout cas le résultat positif de l'action du groupe en 1871, c'est qu'à partir de ce moment on assiste à sa rapide désagrégation, chacun jouant sa partie de plus en plus pour son propre compte. Rimsky-Korsakov est soudainement nommé professeur au Conservatoire de Saint-Pétersbourg et c'est là que, afin de pouvoir l'enseigner aux autres, il va se mettre à étudier consciencieusement, parfois même avec l'aide de Tchaïkovsky, un métier qu'il ignore. Malheureusement, le métier finira par l'absorber et le faire basculer dans un néo-académisme où il entraînera à sa suite ses futurs disciples. Moussorgsky obtiendra enfin la création de son

Boris Godounov mais sombrera ensuite dans l'alcoolisme et, sans avoir pu donner à *la Khovantchina* sa forme définitive, mourra en 1881. Borodine poussera en amateur la composition du *Prince Igor* jusqu'à cette soirée de 1887 où la mort le foudroiera en deux minutes, au milieu d'une soirée à son domicile. Les trois autres verront l'aube du xxe siècle, Balakirev assez oublié, Cui très occidentalisé sous l'influence d'une égérie, la comtesse de Mercy-Argenteau, Rimsky en glorieux chef d'école, pontife d'un groupe nouveau réuni autour du riche Belaiev et où se rencontrent de jeunes musiciens de talent quoique un peu mineurs, tels que Liadov, Glazounov, Tchérepnine, Sokolov.

On serait assez en peine de dégager de la production des Cinq, en dehors de quelques principes très généraux, les éléments d'une doctrine esthétique. On trouve dans leurs écrits et surtout dans la correspondance de Moussorgsky, abondance de formules abstraites et remarquablement vagues, susceptibles des interprétations les plus diverses, pour ne pas dire les plus opposées. Tous, sauf Rimsky-Korsakov, tiennent pour dangereux les procédés et les « stratagèmes musicaux » de l'école. Le travail thématique, dont est fait ce qu'on appelle le « développement » dans les formes classiques, leur est hautement suspect. Déjà, en 1850, Glinka renonçait à une *Symphonie ukrainienne* entamée, devant « l'impossibilité de sortir de l'ornière allemande pour le développement ». Lors de leur seconde rencontre, Borodine et Moussorgsky jouent à quatre mains la *Symphonie en si bémol* de Schumann, et Moussorgsky s'arrête au seuil du développement et déclare : « Ici commencent les mathématiques musicales. » Cependant on trouve chez Borodine une facilité plus grande que chez ses camarades à se mouvoir dans le cadre souple de la symphonie classique. Rimsky-Korsakov, Balakirev, ont le sens de la couleur plus que de l'architecture et ils procèdent par des jeux de lumière, des changements d'éclairage, des associations de tons imprévues plus que par le déroulement logique et convaincant d'un discours musical bien équilibré dans ses symétries et ses résonances internes.

Au fond, le grand élément de choc qu'il y a dans l'œuvre des Cinq est ce que nous avons appelé son « retour à la terre », cet appel au génie de la race, à ce potentiel poétique et spirituel qui, en vue de quelque harmonie supérieure, se trouve distribué entre les territoires de notre planète, chacun d'eux en ayant reçu sa part avec les formes qui lui sont propres, comme il a sa flore et sa faune particulières. Et c'est justement parce que cela entre dans un ordre universel que l'artiste créateur a d'autant plus de chances d'atteindre au général qu'il se rattache plus intimement à ses origines et à la terre où le destin l'a placé. Telle est la découverte inconsciente des Cinq. Tel aura été leur rôle dans l'histoire; celui d'avoir créé le climat favorable à cette brusque éclosion dans l'Europe entière des écoles nationales, qui a complètement renouvelé la musique et permis son nouvel essor.

BALAKIREV ET CÉSAR CUI

Si maintenant nous voulons prendre une vue plus particulière de chacun de ces cinq musiciens, il nous sera permis de déblayer le terrain en passant rapidement sur César Cui et sur Balakirev. Le premier a joué un grand rôle, plus par la violence de ses polémiques que par la valeur de sa production. Ses innombrables mélodies sont ce qui a le moins résisté à l'épreuve du temps. Dans le lot, il en est beaucoup de fort banales, mais on ne peut lui refuser une facilité mélodique et un sentiment poétique qui, lorsqu'il tombe juste, peut se rapprocher de celui de Schumann.

César Cui a été, d'autre part, le premier des Cinq attiré par l'aventure théâtrale. Son *William Ratcliff,* assez anodin, fut couvert d'injures par la critique. Huit ans plus tard, en 1876, il donna son meilleur ouvrage, *Angelo,* d'après Victor Hugo, où se mélangent la passion et la frivolité, dans un ensemble non sans agrément mais assez conventionnel. « Un des traits de la nouvelle école russe est de fuir la vulgarité et la banalité », a déclaré César Cui. N'est pas original qui veut et c'est certainement le don qui lui a été le plus refusé. Pour la vulgarité, ce serait l'accabler à l'excès que de la donner pour une de ses caractéristiques. Disons simplement que l'extrême facilité de son invention mélodique le conduit parfois à côtoyer, non point la vulgarité brutale qu'on voit à tels véristes italiens, mais un certain sentimentalisme plébéien qui n'est pas non plus du meilleur aloi.

L'œuvre de Balakirev est mince et bien oubliée aujourd'hui. Quoiqu'il faille voir dans cet oubli une certaine injustice du sort, on doit reconnaître qu'il s'explique de façon assez naturelle. Aussi exigeant pour lui-même que pour les autres, Balakirev tenait en bride, lorsqu'il composait, ses dons d'improvisateur. Il écrivait lentement, remettait sans relâche son ouvrage sur le métier. Dans l'époque où la sève surabondait en lui, il la détournait presque toute de son activité créatrice, lui préférant par tempérament sa vocation de lutteur et de directeur de conscience. C'est pourquoi on ne voit presque rien aboutir de ses grands projets musicaux. Un opéra sur *l'Oiseau de feu* demeurera à l'état d'esquisse. De loin en loin il égrène une *Ouverture sur un thème espagnol,* une *Ouverture sur trois thèmes russes,* un poème symphonique, *En Bohême,* un autre poème symphonique, la plus connue de ses œuvres, *Tamar,* terminé quinze ans après sa conception première. Plus tard deux concertos pour piano et deux symphonies viendront s'ajouter à ce catalogue. Sa musique s'impose par sa vie intense, la grâce étrange, un peu acide de certains thèmes; elle force la sympathie par une certaine réserve dans l'abandon au démon du rythme et de la couleur. Les pianistes que ne rebutent pas la difficulté technique et l'emploi massif des doubles bémols tirent de grandes joies de l'exécution d'*Islameï,* fantaisie orientale comparable aux plus brillantes réussites de Liszt avec, en plus, cette rutilance de couleurs que nous aimons dans la musique de piano d'Albeniz.

BORODINE

Au seul Borodine, parmi les Cinq, la musique pure semble un mode d'expression où son tempérament et ses dons trouvent leur emploi naturel. Dès que ses premiers contacts avec Balakirev lui ont ouvert les yeux sur ses propres richesses, c'est à une symphonie qu'il consacre sa neuve activité de compositeur, une symphonie fermement construite, libre de toute influence. S'il y garde de sa fréquentation assidue de Mendelssohn une certaine élégance nonchalante et facile dans la rédaction de sa pensée, cette pensée est déjà, dans son essence, fortement imprégnée du caractère ethnique à l'exclusion de tout autre. Elle le sera de façon bien plus apparente dans la *IIe Symphonie,* la

« Symphonie des Preux », comme l'appelle Stassov, aux thèmes bien frappés, aux fortes oppositions dynamiques, tantôt brutale dans ses rythmes, tantôt large et aérée dans ses lignes mélodiques. Une *IIIe Symphonie,* demeurée inachevée, est restée telle quelle au répertoire. L'esquisse symphonique, *Dans les steppes de l'Asie centrale,* a fini par prendre figure de rengaine à force d'exécutions répétées depuis l'estrade du concert jusqu'aux casinos et aux brasseries. Pourtant, dans une forme d'une extrême simplicité, dans la nudité d'une pensée musicale réduite à son propre énoncé, sans nul prolongement discursif, il y a là une densité poétique à laquelle, dans l'école russe, le seul Moussorgsky semble parvenir avec une pareille économie de moyens.

Passons sur les douze admirables lieder de Borodine, sur ses deux quatuors à cordes, sur de menues pièces de musique de chambre pour en venir au *Prince Igor.* L'admiration de l'auteur pour Dargomyjsky ne se traduit par aucune influence. C'est à Glinka que Borodine se réfère, en pleine conscience, comme il l'écrit lui-même : « Au point de vue dramatique, j'ai toujours été en désaccord avec un grand nombre de mes amis. Le récitatif n'est ni dans ma nature, ni dans mon caractère. Je suis plutôt attiré par la mélodie et la cantilène, entraîné vers des formes finies et concrètes. Je ne suis pas juge de la manière dont je réussirai; mais je puis en répondre, mon opéra sera plus voisin de *Rousslan* que du *Convive de pierre.* » De fait, la partition offre toute la variété des morceaux de bravoure de l'ancien opéra : airs, duos, trios, et, dans la mesure seulement où l'action l'y oblige, un récitatif dramatique très naturel, mais d'importance secondaire.

Le poème, de la main même de Borodine, peut surprendre un public de chez nous, habitué aux intrigues savamment menées de nos opéras occidentaux, souvent calqués sur des ouvrages dramatiques ou littéraires et fidèles à leurs recettes, où l'élément verbal joue le tout premier rôle. Borodine a compris que la musique introduit forcément au théâtre un élément simplificateur. Elle agrandit le champ du spectacle et lui impose des modes d'expression qui se rapprochent de ceux de la fresque. Ses armes essentielles, c'est moins l'action que le mouvement scénique, moins le texte subtilement analytique que

l'épanchement lyrique sur des données sentimentales
élémentaires, moins les entrecroisements compliqués de
différentes destinées et les longues discussions verbales
qui les manifestent et les justifient selon les lois de
la logique et de la psychologie que des situations dramatiques simples et des grands conflits massifs. D'où
l'aspect épique, les violents contrastes de cette œuvre
magnifique; d'où la prodigieuse scène d'orgie du tableau
« sous Kromi », la plus soutenue en intérêt, la plus débordante de vie, la plus haute en couleur qui ait jamais été
tentée au théâtre; d'où les grandes envolées mélodiques
qui s'opposent dans l'acte polovtsien à la sauvage frénésie des danses ou à la plainte douloureuse du chœur
chanté par les prisonniers.

Une invention mélodique intarissable et toujours personnelle, une distinction, un goût rare dans l'écriture et les
enchaînements harmoniques, achèvent de faire du *Prince
Igor,* à côté de *Boris Godounov,* de Moussorgsky, un des
sommets du théâtre lyrique de tous les temps. Il convient
de noter que Borodine mourut, laissant l'œuvre inachevée, dans un extrême désordre. Il fallut parfois des
journées pour retrouver l'ordre de succession des morceaux griffonnés sur des feuilles volantes, voire sur des
bouts de papier-filtre, éparpillés de tous côtés dans son
laboratoire. Ce travail fut mené à bien en quinze mois par
Rimsky-Korsakov et Glazounov qui réalisa ce tour de
force d'écrire entièrement de mémoire l'ouverture que
Borodine lui avait jouée plusieurs fois mais n'avait jamais
notée par écrit.

RIMSKY-KORSAKOV

L'œuvre de Rimsky-Korsakov est à peu près exclusivement symphonique ou lyrique. Il n'est pas nécessaire de
s'arrêter à quelques essais scolaires dans le domaine de la
musique de chambre. Rimsky n'est lui-même que lorsqu'il aborde l'orchestre. Sa maîtrise y est souveraine;
l'irisation de la lumière et ses jeux avec l'ombre, les
vives arêtes rythmiques ou les molles ondulations de ses
mélodies orientales lui composent un art sensuel, nerveux et pétillant, mais aussi contrôlé, précis, d'une luxu-
riance calculée, libre de passion. Ce n'est point lui qui se
laissera emporter par les débordements de sa sensibilité,
mais il mène le jeu froidement, du dehors, avec l'élé-

gance fleurie et diserte, le subtil dosage des effets qu'on voit aujourd'hui encore aux conteurs professionnels dans les pays arabes. C'est pourquoi, dès ses débuts, il marque dans ses ouvrages symphoniques — *Antar, Sadko,* plus tard *Shéhérazade* — une prédilection pour les vieilles légendes. Non qu'il nous y conte à proprement parler une histoire. Mais son imagination ne fonctionne pleinement qu'avec le stimulant d'un beau sujet et tout ce que cela représente d'images plastiques, de fonds décoratifs, de diversité d'éclairages, voire de notations psychologiques.

Le sens inné de l'orchestre s'y manifeste dès l'abord et se mue rapidement en une science profonde, qu'il doit en partie à sa faculté d'assimilation, en partie à l'influence de Berlioz, en partie aux fonctions d'inspecteur de musique de la Marine qu'il a exercées depuis l'année 1873 et dont il a profité pour apprendre à jouer lui-même à peu près de tous les instruments de l'orchestre. C'est là un des secrets de son art d'instrumentateur, un secret qu'il exposait clairement à ses élèves quand il leur recommandait avant tout de bien écrire pour chaque instrument, dans ses bonnes notes, son meilleur registre, selon ses lois propres, en tenant compte de ses possibilités techniques comme de ses faiblesses. Maître de cette virtuosité, sans doute lui arrive-t-il de la prendre pour une fin en soi, comme dans le *Capriccio espagnol,* qu'il qualifie lui-même de « morceau purement superficiel mais vivant et brillant ». Mais lorsqu'il la met au service d'une authentique pensée musicale, cela donne *la Grande Pâque russe,* qui est une œuvre autrement convaincante. Non que le sentiment religieux y soit très apparent, sinon par le choix des thèmes, empruntés à la liturgie orthodoxe. Car l'esprit dans lequel il les utilise est fort éloigné de toute conception chrétienne. Il s'en est expliqué lui-même en précisant qu'il avait voulu unir les souvenirs du prophète Isaïe, du récit évangélique et l'aspect général de joie païenne qui caractérise l'office de Pâques.

L'œuvre lyrique de Rimsky-Korsakov ne compte pas moins de treize opéras. Treize partitions d'une remarquable tenue, dont pas une n'est médiocre et où le meilleur de ses dons a trouvé à s'employer dans des sujets presque toujours légendaires, où le réel et le fantastique se pénètrent et se confondent. C'est là son élément. Non qu'il soit pourvu de ce sens du mystère qui est le privi-

lège des esprits religieux. Mais il a au plus haut degré
celui de la fantasmagorie. Sans doute est-ce là, en quelque
mesure, un art d'illusionniste et c'est bien en quoi il est
moins grand qu'un Moussorgsky ou un Borodine... et
c'est bien pourquoi il n'a pas pu se passer, comme eux,
d'un outil technique à toute épreuve.

On ne trouvera donc rien dans l'œuvre lyrique de
Rimsky qui aille aussi loin que *le Prince Igor* ou
Boris Godounov. Souvent il lui arrivera de s'aiguiller dans
telle ou telle direction suivie par ses prédécesseurs ou ses
contemporains et, dans ce cas, il donnera une réplique de
quelque chef-d'œuvre, aussi pure de style, plus achevée
dans sa forme, mais sans la force ascensionnelle qu'on
voit au modèle. *La Pskovitaine*, écrit Calvocoressi, est
« en moins viril et moins réaliste une contrepartie de
Boris Godounov. *Mozart et Salieri* est en compagnonnage
avec *le Convive de pierre*. *Sadko* et *Kitèje* appartiennent
chacun à sa manière au monde du *Prince Igor*. *La Nuit de
mai* et *Snegourotchka* sont purement lyriques, dans la veine
de Glinka ». Dans ce domaine, on peut dire que Rimsky-
Korsakov a progressé d'œuvre en œuvre toute sa vie
durant et qu'il a terminé en beauté, avec ses deux chefs-
d'œuvre : *Kitèje* et *le Coq d'or*.

MOUSSORGSKY

Après ces vues sur des musiciens révolutionnaires mais
à tout prendre raisonnables, il faudrait pouvoir changer
de langage pour tenter un raccourci de l'œuvre et de l'art
de Moussorgsky, cet « art de curieux sauvage qui décou-
vrirait la musique à chaque pas tracé par son émotion »
comme le caractérisait Debussy. On y voit tant de génie
suppléer à si peu de savoir-faire. Mais tout chez lui s'élève
à la hauteur d'un style, y compris sa gaucherie. Témoin
ces *Tableaux d'une exposition,* si étrangers à la littérature
pianistique habituelle par la fermeté du dessin, l'économie des moyens, l'absence de toute formule de virtuosité (c'est pourquoi, sans doute, on les joue si rarement, sinon dans la version orchestrale de Ravel). Mais
le plus grand Moussorgsky, c'est dans son œuvre vocale
et au théâtre qu'il faut aller le chercher. Ici la personnalité est tellement en dehors de toute norme qu'on ne voit
guère par quel artifice littéraire il serait possible d'en don-

ner l'idée à qui ne s'en serait pas directement approché.

Moussorgsky s'est lui-même abondamment expliqué sur ses canons esthétiques. Mais les formules par lesquelles il a cherché à préciser sa pensée n'ont fait qu'égarer l'opinion sur son compte. « La vie partout où elle se manifeste, la vérité, fût-elle amère, l'audace, le franc-parler devant tous, à bout portant, voilà mon levain. » On ne pouvait tendre à ses adversaires plus de verges pour se faire battre, surtout dans une époque et dans un pays où la Beauté s'écrivait avec un grand B et ne se concevait qu'idéalisée, épurée, artificiellement construite aussi haut que possible au-dessus de la terre et sans contact avec elle. D'où les accusations d'imitation servile de la nature qui lui furent prodiguées, d'où le jugement regrettable que nous trouvons sous la plume de Tchaïkovsky : « Moussorgsky est une nature basse, qui aime le grossier, le brutal et le laid... Il parle, malgré toutes les horreurs dont il est capable, une langue neuve. Elle n'est point belle mais elle est vierge. » Or, l'art de Moussorgsky n'a rien à voir avec le vérisme que l'on a déduit de ses professions de foi. Il s'est simplement refusé à bâtir dans les nuées une beauté abstraite, mais il a voulu la saisir sur le vif, dans la réalité vivante du cœur humain, dans les secrètes résonances de son propre cœur.

Et une fois qu'il l'a recréée dans une œuvre, certes nous reconnaissons d'emblée cette vérité, mais non dans ses aspects sensibles et ses contours extérieurs. La lumière dont il l'a éclairée pour nous émet des radiations qui traversent ces couches superficielles. Elle nous établit au cœur même de la réalité ; nous la reconnaissons du dedans, bien en deçà des hiérarchies artificielles et des classifications morales qui donnent une valeur positive aux notions de grossièreté, de brutalité, de laideur, invoquées par Tchaïkovsky, là où elle plonge dans le grand courant de la vie et participe à une harmonie universelle dont tout art s'efforce, par le truchement d'une matière travaillée, de donner une image sensible. Tel est le miracle de l'instinct. Car c'est par une sorte de mécanisme de l'instinct, dans l'éclair d'une sympathie fulgurante, que Moussorgsky troue le rideau des apparences en un point précis où tel spectacle, telle scène de la vie quotidienne l'a sollicité, et entend vibrer en

lui, sous le choc de la réalité découverte, des accords
inconnus.

Le Dit de l'innocent, les *Chants et danses de la mort,* en
procèdent directement, et cette œuvre sans précédent,
unique, *la Chambre d'enfants* (on dit aussi *les Enfantines*)
qui n'a pu se réaliser qu'en créant de toutes pièces sa
propre forme, cette suite d'impressions fugaces, de coq-
à-l'âne, d'accès d'humeur, de pirouettes, dont la musique
parvient à épouser les moindres nuances avec une rapidité, une instantanéité de traits miraculeuses, tout en
conservant à l'ensemble la cohésion, la continuité, l'unité
de style indispensables à toute œuvre d'art. Tout aussi
exceptionnelle, dans un genre entièrement différent, la
suite *Sans soleil* dont la nudité, la concision, le dépouillement ont décontenancé, à l'époque, les plus chauds partisans du musicien. C'est à une des mélodies de ce recueil,
la première, que Debussy disait qu'il renverrait le Mar-
tien fraîchement débarqué sur notre planète qui viendrait à lui demander ce que les Terriens entendent par le
mot « musique », tant « cette page contient la quintessence de la musique, à l'exclusion de tout ce qui lui est
étranger ».

La musique symphonique de Moussorgsky ne compte
qu'une partition importante, *Une nuit sur le Mont Chauve,*
œuvre forte et véhémente dont la gestation fut difficile
et qui passa par divers avatars avant de trouver une forme
définitive à laquelle la main de Rimsky-Korsakov n'est
pas étrangère.

C'est de Dargomyjsky que Moussorgsky reçut, en
1868, la suggestion de sa première entreprise théâtrale,
entreprise d'une « présomption folle » : la mise en
musique directement, dans la prose même, réaliste et
savoureuse, de Gogol, de la comédie *le Mariage,* de
l'illustre écrivain. L'ouvrage, abandonné par l'auteur et
terminé après sa mort par Nicolas Tchérepnine, est fort
curieux et plein de trouvailles. Mais son principal intérêt
aura été de servir d'exercice préparatoire à la composition
de *Boris Godounov.* Ces deux travaux s'enchaînent, mais
Moussorgsky a repris dans *Boris* d'importants fragments
d'un *Salammbô* qu'il avait tenté d'écrire quelques années
auparavant.

A l'opposé du *Prince Igor, Boris Godounov* est directement
dans la tradition de Dargomyjsky et du *Convive de pierre.*

Mais comme celui de Borodine, l'opéra de Moussorgsky ne fait pas appel, sinon épisodiquement, à une intrigue sentimentale. Le livret apparaît à l'observateur superficiel comme une succession de tableaux historiques, sans lien les uns avec les autres. En réalité il y a un lien, il y en a même plusieurs, tressés autour d'un thème conducteur, d'un personnage dont la présence invisible hante le drame de la première à la dernière mesure, qui parle successivement par la bouche des principaux acteurs et qui est le Génie de la Russie. D'où l'importance de la foule dans *Boris Godounov,* et sa personnalité. La foule, chez Borodine, ne se manifeste qu'en paquet; et lorsqu'il veut enlever dans un train de plus en plus rapide une scène d'orgie, il a soin d'en confier la conduite à deux joueurs de *goudok* auxquels les choristes se contentent d'emboîter le pas, d'un seul élan rigoureusement délimité. Chez Moussorgsky, au contraire, la foule a une personnalité diffuse qui donne à sa participation au drame une valeur humaine exceptionnelle.

Ses personnages, d'autre part, sont cernés musicalement avec la plus grande précision. L'allure même de la déclamation procède non seulement du texte, mais encore des caractères et de leur évolution : lâche chez le vieux Pimène, serrée chez le jeune exalté Grigori, lourde et pâteuse chez les deux moines vagabonds et ivrognes, Varlaan et Missaïl, rapide chez la cabaretière avec des inflexions populaires et des pointes aiguës sur les accents toniques, large et puissante chez Boris ou bien hachée, haletante dans la scène où le poursuit le fantôme du tsarévitch assassiné.

Si étroitement modelé sur le texte que soit le récitatif dramatique, il garde toujours un tour mélodique accusé, mais Moussorgsky laisse rarement la mélodie se composer elle-même en un tout indépendant, sinon dans le duo final de l'acte polonais ou dans le grand *arioso* de Boris qui est d'une magnifique envolée. Par malheur la version de *Boris Godounov* habituellement exécutée au théâtre n'est que ce que Stravinsky appelle la « meyerbeerisation » de l'original. Rimsky-Korsakov a cru bon, dans une intention d'ailleurs louable mais malencontreuse, d'édulcorer l'écriture harmonique foisonnant de nouveautés et de trouvailles, mais fort peu orthodoxe, de Moussorgsky, et de refaire entièrement son orchestration. Travail évidemment très brillant, mais combien éloigné de ces duretés, de ces crudités de timbre, de ces accents sauvages et de ces coloris violents qui donnent tant d'allure à l'instrumentation authentique.

On ne saurait quitter Moussorgsky avant d'avoir au moins cité ses deux autres ouvrages lyriques : *la Foire de Sorotchinsky* et *la Khovanchina*. Dans ce dernier ouvrage, Moussorgsky adopte un nouveau style qu'il caractérise ainsi : « En étudiant la parole humaine, j'ai réussi à trouver la mélodie que crée cette parole. Je suis arrivé à incorporer le récitatif dans la mélodie. Volontiers j'appellerais cela une mélodie informée par l'esprit. » De fait, le récitatif de Moussorgsky, déjà si proche de la mélodie en bien des endroits de *Boris Godounov,* devient dans *la Khovanchina* de la mélodie pure et simple, toute chargée de signification dramatique. Il en émane sans doute une grande force expressive. Mais cette partition tumul-tueuse, confuse, revue et corrigée d'ailleurs par Rimsky-Korsakov avec encore moins de discrétion que pour *Boris,* ressemble plutôt à un premier jet qu'à une œuvre d'art achevée. Elle offre une grande accumulation de maté-riaux non exploités, employés tels quels, selon des procédés élémentaires, dans des tonalités immuables. Moussorgsky, s'il en avait eu le temps, aurait certai-nement remanié tout cela.

TCHAÏKOVSKY

Face aux Cinq, en farouche opposition avec certains d'entre eux (César Cui et Moussorgsky) mais sympathi-sant avec Rimsky-Korsakov et assez impressionné par Balakirev, se tient Tchaïkovsky en qui beaucoup de ses compatriotes, à commencer par Stravinsky, voient le plus authentiquement slave des musiciens de cette époque. La formation et l'influence occidentales ne nous semblent pourtant guère douteuses chez Tchaïkovsky, encore qu'il ait vécu toute sa vie à Moscou, ville beau-coup moins européanisée que Saint-Pétersbourg. En outre sa sensibilité a quelque chose de « pleurnicheur » (le mot est de lui), de complaisamment étalé qui évoque irrésistiblement le romantisme allemand dans ses manifestations les plus copieusement sentimentales. Il est vrai qu'un drame physiologique dont le secret ne laisse pas d'être assez transparent suffit à expliquer bien des choses, sa tristesse incurable et surtout ce goût féminin de livrer son être intime à l'indiscrète contemplation des foules. Tout ce qui sort de sa plume prend l'allure d'un épanchement sentimental et cela le sépare essentiellement des Cinq chez qui l'élément descriptif est si important. C'est pourquoi le vrai terrain de ces derniers est le théâtre, tandis que le sien est la symphonie.

Outre de fort belles pages orchestrales comme *Roméo et Juliette* ou *Francesca da Rimini*, il a écrit six symphonies. On ne peut nier qu'il y atteigne à une grande maîtrise et parfois même à une beauté formelle qui, dans ses meilleurs moments, supporte la comparaison avec celles des maîtres allemands. Mais c'est quelque peu forcer les choses que de le rapprocher, comme on l'a fait, du Beethoven de la *Ve Symphonie,* sous prétexte qu'il a opiniâtrement traité le thème de l'homme aux prises avec le destin. Même dans son œuvre maîtresse, la *IVe Symphonie,* on ne perçoit de ce drame philosophique qu'une image assez édulcorée. Il y a d'ailleurs quelque chose d'assez primaire dans l'exposé qu'il a fait lui-même du programme de sa *IVe Symphonie :* « Le *fatum ;* une force du destin qui nous interdit d'être heureux... se résigner à une tristesse sans issue... se réfugier dans le rêve. Oh joie! le tendre rêve apparaît enfin... le bonheur est là. Mais non, le Destin nous réveille... » Il y en a ainsi durant trois pages. La *V^e* et la *VIe Symphonie* reprennent la même idée, cette dernière (dite *Symphonie pathétique*) s'achevant dans la défaite et le désespoir total. Dans tout cela la sincérité du musicien ne peut être mise en doute et il faut bien avouer que si l'expression de sa mélancolie n'est pas toujours sans fadeur, si malgré tels accents déchirants son lyrisme est souvent bien facile, il domine presque toujours son sujet en grand créateur, trouvant moyen, comme seul Richard Strauss a su le faire, de transfigurer parfois les lieux communs les plus plats au feu de son incontestable personnalité.

Il a le sens des vastes architectures, il trouve abondamment des mélodies longues, très expressives, il manipule le folklore du bout des doigts, en aristocrate qui goûte les charmes de la nature mais prend garde de s'y salir. Son orchestre est riche, toujours juste dans le choix des couleurs, ingénieux dans ses combinaisons (le *scherzo* de la *IVe Symphonie* est à cet égard un parfait chef-d'œuvre), très efficace dans l'écriture des instruments, comme en témoignent les fameux concertos pour piano et pour violon. Bref, c'est un authentique symphoniste, le plus grand incontestablement de l'école russe, de même qu'il reste le premier de sa génération dans le domaine de la musique de chambre. Citons les deux *Quatuors à cordes* et surtout le *Trio*.

Tchaïkovsky a en outre renouvelé l'art du ballet et préparé les voies à Diaghilev et aux compositeurs russes et étrangers qui se lèveront dans son sillage. *Le Lac des cygnes, la Belle au bois dormant, Casse-Noisette* continuent à faire les beaux jours des compagnies de danse du monde entier.

Au théâtre enfin, s'il n'a pas à son actif des réussites aussi géniales que *le Prince Igor* ou *Boris Godounov*, il a laissé au moins deux œuvres de qualité. L'une est *Eugène Onéguine*, non point opéra mais suite de « scènes lyriques » fort peu théâtrales dans leurs procédés (le sujet ne s'y prêtait guère), très éloignées de la formule de Dargomyjsky, beaucoup plus proches de la tradition de Glinka, avec ses airs et ses ensembles, reliés entre eux, toutefois, par un récitatif très mélodique qui les amorce et les prolonge sans que la frontière entre eux soit toujours très apparente. L'autre, tirée d'une nouvelle de Pouchkine, *la Dame de pique,* aborde un thème riche en perspectives assez vertigineuses sur l'au-delà. L'influence de Wagner y est très sensible, encore que Tchaïkovsky ne fût pas plus d'accord avec l'auteur de *Tristan* que ses rivaux du groupe des Cinq.

GLAZOUNOV

Après Tchaïkovsky, c'en est fini de la grande époque de la musique russe du xixe siècle. En 1883, on voit entrer en scène un personnage qui va transformer les conditions d'existence de la jeune musique en lui donnant les moyens financiers qui lui ont toujours manqué jusqu'alors. Ce mélomane impulsif et violent a nom Belaiev. Il s'est jeté avec passion dans le mécénat à la suite de l'audition de la Ire *Symphonie* d'Alexandre Glazounov qui, à seize ans, autorise tous les espoirs par ses dons et sa maturité précoce.

Tout de suite, Belaiev est entré en relations avec Rimsky-Korsakov, le maître de toute la jeune génération. Ses soirées du vendredi sont devenues des événements musicaux, voire gastronomiques. Le centre de gravité de la vie musicale se déplace en fonction de ce pôle nouveau, puissamment attractif.

Pour soutenir la jeune musique, Belaiev ouvre à Leipzig une maison d'édition qui ne recule ni devant les frais, ni devant les risques. Il fonde les Concerts symphoniques russes et les dote de façon qu'ils échappent à l'obsession de la rentabilité.

De cette vie nouvelle l'ancien chef du Groupe des Cinq se trouve exclu. Belaiev lui a refusé l'aide qu'il sollicitait de lui pour son École musicale gratuite, et ce refus consacre une rupture entre Balakirev et sa descendance, désormais groupée autour de Rimsky-Korsakov.

Le très jeune Alexandre Glazounov est donc, dans les débuts du groupe Belaiev, le « coming man » sur qui se fixent tous les regards. Cette symphonie de sa seizième année, jouée en 1882, a fait crier au génie. Elle était la première d'une série de neuf symphonies qui se succèdent entre 1882 et 1905 et se mêlent à un nombre respectable de poèmes symphoniques, de ballets, de cantates, de musique de chambre, production soutenue et fort abondante qui va de pair avec une activité pédagogique importante. Dès 1899, c'est-à-dire à trente-quatre ans, Glazounov était en effet nommé professeur de composition et d'instrumentation au Conservatoire de Saint-Pétersbourg dont, seize ans plus tard, en 1905, il était à l'unanimité élu directeur. Bientôt après il devenait président de la Société impériale russe de musique, ce qui le rendait maître de l'enseignement et pratiquement de toute la vie musicale sur l'ensemble du territoire russe.

Dans les premières années du XXe siècle, sa carrière internationale, des tournées de concerts et sa collaboration avec les Ballets russes de Serge de Diaghilev portèrent son nom dans toutes les capitales. La fin de sa vie le trouve installé à Paris où il passe ses dernières années et meurt le 21 mars 1936, quelques heures avant un festival de ses œuvres aux Concerts Lamoureux.

C'est donc d'une célébrité mondiale que jouit, sa vie durant, ce compositeur dont on put croire qu'il éclipserait ses prédécesseurs devant la postérité. Ce n'est pourtant pas ainsi que devaient tourner les choses. Les symphonies de Glazounov ont beau affirmer une perfection architecturale, une pureté d'écriture, une sûreté d'instrumentation, parfois aussi une hardiesse qui pourraient leur donner le pas sur celles de Tchaïkovsky, il semble que leur individualité s'estompe quelque peu dans l'ombre de Brahms.

Sauf dans des œuvres dont le parfum prononcé de terroir accuse la filiation de Rimsky-Korsakov, comme le fameux *Stenka Razine* écrit à vingt ans, le caractère russe de la musique de Glazounov réside plus dans l'esprit, dans la qualité du sentiment que dans la matière thématique, rythmique ou instrumentale. De sorte que, pour l'observateur superficiel qu'est forcément le grand public, c'est l'influence allemande qui semble prévaloir dans son œuvre, et cela de plus en plus à mesure que se relâchent les attaches de l'auteur avec son pays natal.

Il est vraisemblable que, de ce fait, le rayonnement de ce musicien, dans l'avenir, ne sera pas celui que Liszt et tous les témoins de ses éclatants débuts lui avaient prédit. Il n'en reste pas moins qu'il aura joué un rôle important à la charnière entre l'école russe du XIXᵉ siècle et la génération exceptionnellement brillante qui devait lui succéder après un bref hiatus. Glazounov a, en effet, fortement influencé dans leur prime jeunesse des musiciens tels que Stravinsky, Prokofiev ou Chostakovitch.

N'oublions pas enfin la reconnaissance que nous lui devons pour les deux années de travail qu'il consacra, avec Rimsky-Korsakov, à l'achèvement et à l'instrumentation du *Prince Igor* laissé par Borodine à l'état d'esquisse.

Un autre compositeur notoire du groupe Belaiev est Anatole Liadov dont l'œuvre demeure beaucoup plus fidèle à ses sources ethniques. Moins soucieux que Glazounov de musique pure et de grandes constructions symphoniques, il puise beaucoup de ses thèmes dans le folklore slave et en anime des pièces brillantes et pittoresques, telles que les deux poèmes symphoniques bien connus : *Baba Yaga* et *Kikimora*. Il a prospecté en outre ce folklore de façon méthodique et publié plusieurs recueils de chants populaires. Sa musique de piano est en revanche assez peu personnelle.

Il a aidé, d'autre part, Rimsky-Korsakov dans son travail de correction et de réinstrumentation de *Boris Godounov* et s'est acquitté de cette tâche avec le même désintéressement, le même scrupule et, il faut le dire, la même méconnaissance des vraies valeurs du langage musical de Moussorgsky.

Sa mort en 1914 lui a épargné l'option qui se posa, après la Révolution, pour beaucoup de ses amis tels que Serge Liapounov, excellent folkloriste mort à Paris en 1924, ou Nicolas Tchérepnine, autre élève de Rimsky-Korsakov, réfugié à partir de 1921 à Paris où il vécut encore jusqu'en 1945.

Nicolas Tchérepnine était né en 1873 à Saint-Pétersbourg. Il débuta dans la carrière musicale comme chef d'orchestre et exerça notamment cette fonction aux Ballets russes de Serge de Diaghilev. Il est l'auteur de trois opéras, de plusieurs ballets, de diverses pièces symphoniques, d'une ouverture sur *la Princesse lointaine* d'Edmond Rostand. On lui doit aussi une version achevée du *Mariage* de Moussorgsky.

D'autres élèves de Rimsky-Korsakov méritent encore au moins une citation : Arensky qui devint professeur au Conservatoire de Moscou et écrivit de nombreux ouvrages musicaux ou pédagogiques, Alexandre Tanéev (1850-1918) dont le neveu Serge Tanéev fut, lui, élève de Rubinstein et de Tchaïkovsky et vécut à Moscou où son enseignement influença profondément la génération actuellement en pleine production en U. R. S. S., Rachmaninov, dont la gloire comme pianiste virtuose éclipse quelque peu la réputation de créateur, auteur de concertos pour piano, de nombreuses mélodies, de plusieurs opéras dont un, *Francesca da Rimini,* montre une sensibilité et une délicatesse qui devraient lui assurer de survivre. Gretchaninov, dont l'œuvre appartient au climat de la grande époque des Cinq, avec ce même souci d'enter sur le folklore slave un art plus ou moins élaboré qui fut le leur et n'apparaît plus être tout à fait celui de sa génération. Son opéra, *Dobrynia Nikititch,* sur un livret légendaire écrit par lui-même, est peut-être son œuvre la plus marquante avec toute une série d'œuvres pour les enfants dont trois petits opéras populaires — la plupart de ces œuvres furent écrites à Paris où il s'installa en 1925 pour le quitter en 1939 et aller vivre à New York où il mourut en 1956, à quatre-vingt-douze ans.

D'autre part, loin de la zone d'attraction de Rimsky-Korsakov, naissait à Moscou, sous l'égide de Tanéev et dans l'ombre de Tchaïkovsky, une pléiade de musiciens estimables. On peut en détacher Alexandre Kastalsky dont les œuvres les plus remarquables (messes, motets, cantates, *Requiem,* etc.) font appel à des masses chorales dont il avait acquis la pratique en dirigeant des académies de chant populaire. Vassili Kalinnikov fit un début chargé des plus riches promesses, mais mourut à trente-cinq ans, en 1901, ayant écrit deux symphonies et divers ouvrages symphoniques de grande qualité. Serge Vassilenko est connu particulièrement pour sa cantate sur *la Légende de Kitèje* dont il fit ultérieurement un opéra. Rimsky-Korsakov devait être tenté par le même sujet et en tirer un de ses chefs-d'œuvre.

L'énumération sommaire qui précède peut donner à tout le moins une idée du rayonnement de la culture musicale et de l'intense activité qui en était résultée en Russie dans les dernières années du xixe siècle et les premières du xxe. Il n'en reste pas moins que nous avons affaire ici à une période creuse entre deux grandes époques; celle du Groupe des Cinq et de Tchaïkovsky, celle de Stravinsky, de Prokofiev ou de Chostakovitch.

SCRIABINE

Il surgit toutefois alors, au sein de ce foisonnement de musiciens mineurs, un créateur d'une personnalité infiniment plus forte, un novateur audacieux, un homme dont on put croire qu'il était un génie authentique et qui, tout compte fait, l'était peut-être. Mais s'il fut un génie, sans doute ne vint-il pas à son heure. Toujours est-il qu'Alexandre Scriabine, né pour révolutionner son art, pour apporter au monde un nouveau langage, une conception élargie et synthétique de la création musicale, après être apparu durant une dizaine d'années comme le père spirituel de la jeune musique russe, sombra soudain, dès après sa mort en 1915, à l'âge de quarante-trois ans, dans l'indifférence et l'oubli.

Il y a là un cas tout à fait extraordinaire. Scriabine, né à Moscou en 1872, fut le premier compositeur en Russie et l'un des premiers dans le monde, à se lancer méthodiquement dans la recherche d'un système harmonique propre à donner ordre et cohérence à une musique affranchie du principe de la tonalité.

Après des débuts placés sous le signe de Chopin, et peut-être un peu de Wagner, on le voit progressivement à travers ses trois premières symphonies, sa IVᵉ *Sonate,* compliquer son écriture, rechercher des agrégations rares, étrangères au vocabulaire de l'harmonie classique. Dans *le Poème de l'extase,* le système est déjà pratiquement découvert mais non encore réfléchi et méthodiquement formulé, comme il le sera dans ce *Prométhée* où, tentant par ailleurs la première réalisation d'un art synthétique, il joignait à son orchestre un clavier lumineux qui devait projeter sur un écran des couleurs changeantes selon les fluctuations harmoniques et instrumentales de l'œuvre.

Quelques années avant Schönberg, Scriabine eut l'intuition que l'harmonie atonale dont il rêvait devait reposer sur des étagements de quartes. Il construisit donc des agrégations de six ou de sept notes disposées par quartes et correspondant à des échelles modales du même nombre de sons dont elles font donc entendre toutes les notes. D'où le nom d'accords synthétiques qu'il donne à ces agrégations dont, par ailleurs, certaines notes sont altérées afin d'en bannir l'intervalle de quinte juste qui réintroduirait dans le système le sentiment tonal.

Telle qu'elle se présente, cette théorie en vaut une autre. Mais Scriabine, esprit métaphysique, y logeait en outre toute une idéologie d'un mysticisme passablement primaire, dérivée des ratiocinations recueillies par lui dans une secte de théosophes à laquelle il avait adhéré. *Le Poème de l'extase,* et plus encore *Prométhée ou le Poème du feu* étaient, dans son esprit, les premières manifestations d'une liturgie nouvelle, à quoi devaient concourir les projections lumineuses dont on a parlé plus haut. Ils revêtent, de ce fait, les allures d'une musique à programme, basée sur une très mauvaise et fumeuse littérature.

Il n'est pas au fond très surprenant que ces séquelles d'un romantisme décadent n'aient pas résisté au souffle vivifiant qu'un Stravinsky ou un Prokofiev allaient apporter à la musique. Après la tornade de la guerre et de la Révolution, il ne devait plus rester de cette entreprise naguère prestigieuse qu'un souvenir assez pâle.

En somme, l'histoire de l'Ecole russe au XIXe siècle se résume en huit noms de premier plan : le fondateur Glinka, son successeur immédiat Dargomyjsky, les Cinq et Tchaïkovsky. A sa suite, dans l'Europe entière, vont s'affirmer des écoles nationales brillantes. Mais nulle part leur leçon n'aura été mieux entendue qu'en France par notre Debussy puis par ses successeurs, nos créateurs devant à leur tour influencer dans une large mesure un Igor Stravinsky, restaurateur de l'école russe après sa longue éclipse. Il y a là, entre la Russie et la France, un flux et un reflux d'influences fort curieux à observer et qui remonte au début de l'activité de Balakirev.

Car la vénération de ce dernier et de tout son groupe pour Hector Berlioz fait du maître français le véritable père spirituel de la jeune musique russe du XIXe siècle, abstraction faite de l'action primordiale exercée par Glinka sur ses successeurs dans le cadre national. Ainsi Berlioz, dont l'influence sur l'évolution de la musique française ne se marque par rien d'évident et ne trouvait peut-être pas dans son propre pays un terrain favorable, fait souche en un site lointain et y participe à l'éclosion d'un art original et neuf, qui fournira ensuite à la jeunesse de chez nous une base de départ vers d'autres découvertes.

Pourquoi s'interdirait-on de voir là encore la manifestation d'un ordre supérieur, le même qui, tels produits minéraux étant indispensables à l'homme mais non assimilables en cet état par son organisme, les lui procure par l'intermédiaire des végétaux, propres à les puiser dans le sol ? De la même manière, il fallait peut-être cette transfiguration magique que le génie français allait faire subir aux trouvailles des Cinq, pour donner un jour à Stravinsky l'instrument nécessaire à ses futures investigations et permettre ce bond en avant qu'il devait faire faire, un beau jour de 1913, à la musique russe et à la musique tout court.

Henry BARRAUD.

BIBLIOGRAPHIE

D'ALHEIM, P., *Moussorgsky*, Paris, 1896.

OLENINE D'ALHEIM, M., *Le Legs de Moussorgsky*, Paris, 1908.

BOUGUES, L., et DÉNÉRÉAZ, A., *La Musique et la Vie intérieure*, chapitre sur Moussorgsky, Paris et Lausanne.

BRONNE, C., *La comtesse de Mercy Argenteau et la Musique russe*, Paris, 1935.

BRUNEAU, A., *Musiques de Russie et Musiciens de France*, Paris, 1903.

CALVOCORESSI, M. D., *Glinka*, Paris, 1913.

CALVOCORESSI, M. D., *Moussorgsky*, Paris, 1908.

CUI, C., *La Musique en Russie*, Paris, 1881.

FEDOROV, V., *Moussorgski*, Paris, 1935.

GODET, R., *En marge de Boris Godounov*, 2 vol., Paris et Londres, 1926.

HABETS, A., *Alexandre Borodine*, Paris, 1893.

HOFMANN, R., *Un siècle d'opéra russe*, Paris, 1946.

HOFMANN, R., *Tchaïkowsky*, Paris, 1947.

MARKÉVITCH, *Rimsky-Korsakov*, Paris, 1934.

MAUCLAIR, C., *Histoire de la musique européenne* 1850-1914, Paris, 1914.

NEWMARCH, R., *L'Opéra russe*, Paris, 1922, et Londres 1922.

POUGIN, A., *Essai historique sur la musique en Russie*, Paris, 1904 [1903].

RIESEMANN, VON O., *Moussorgski*, traduit de l'allemand par Louis LALOY, Paris, 1940.

RIMSKY-KORSAKOV, N., *Journal de ma vie musicale*, traduit du russe par Georges BLUMBERG, Paris, 1938.

RIMSKY-KORSAKOV, A., *Boris Godounov, de Moussorgski*, traduction de Boris de SCHLŒZER, Paris, 1922.

SOUBIES, A., *Histoire de la musique en Russie*, Paris, 1898.

WEINSTOCK, H., *La Vie pathétique de Tchaïkowsky*, Paris, 1947.

LA MUSIQUE EN SCANDINAVIE
ET EN BOHÊME

Jusqu'à l'avènement du préromantisme, la chanson populaire vécut déguisée en cantique religieux dans différents recueils, et en tradition orale; ou bien elle fut absorbée inconsciemment par la musique, comme en France et en Italie.

Sur le continent il n'y avait que ces deux styles « européens » qui ont longuement évolué. L'*ars antiqua* français fut suivi de l'*ars nova* franco-italien. Bientôt les Italiens acquirent une prépondérance dans l'*ars nova*. Le style contrapuntique, comprimé en langage vertical, pour être modelé ensuite en formes symphoniques, était italien aussi bien que celui du théâtre. Heinrich Schütz et toute la famille Bach avec Jean-Sébastien en tête, sont partis du style italien. On disait même de la musique du vieux cantor qu'elle était le cantique luthérien italianisé! Haendel est issu de l'école napolitaine. Hasse, « il Sassone », l'auteur de quatre-vingts opéras, était le rival de Haendel dans l'opéra italien en 1733 à Londres. La formation de Mozart est entièrement méditerranéenne. Le style italien est celui que l'on comprenait et aimait outre-Manche, dans les Balkans, dans les steppes russes et derrière les Pyrénées. L'un des créateurs de l'opéra allemand, le Presbourgeois Kusser, dans ses nombreux opéras, accuse l'emprunt de Lully. L'Italien Agostino Steffani, directeur de musique de l'électeur de Bavière, suivait également Lully, il fit connaissance de la musique du « célèbre Baptiste » pendant son séjour à Paris, en 1678-79. Entre Français et Italiens il y avait des interactions (Couperin et les deux Scarlatti).

Leur style était coloré de quelques notes exotiques tirées des *polacca,* des *ungarese,* des airs de danse arrivés à l'Occident par la migration des chansons, par des musiciens ambulants ou par... les guerres. Monteverdi était dans l'armée de Vincent de Gonzague, duc de Mantoue, en Hongrie (1595-96) où il a vécu le *Combattimento* et les *Madrigali guerrieri*.

On assiste à une timide tentative d'introduire dans les ballets des xviie et xviiie siècles des airs de danse étrangers (sarabandes, passamezzos, allemandes, etc.) L'apparition des étrangers, accompagnés d'une musique plutôt exotique que nationale, jeta une couleur locale sur les fêtes de la cour. Théoricien et historien du ballet, le Père Ménestrier souligne : « La mélodie a des caractères différents dans les divers pays, elle est pesante chez les Allemands, grave et forcée chez les Espagnols, enjouée chez les Italiens et régulière en France. » Lionel de La Laurencie, l'historien de l'opéra français, affirme : « Allemands, Espagnols, Turcs, Janissaires s'entourent d'une atmosphère musicale qui s'efforce de transcrire leurs particularités ethnographiques. Quant aux sauvages, Indiens et Topinambous, ils reçoivent dans la musique des entrées un caractère nettement bouffon. »

Mais n'oublions pas que leurs silhouettes musicales, malgré un bariolage quelquefois bizarre ou pittoresque, restent aussi françaises que les figures des bouffonneries turques, même quand il s'agit d'un singspiel comme *l'Enlèvement au sérail* ou un roman comme *les Lettres persanes* de Montesquieu.

En effet, la grande variété des costumes étrangers, conservés par les dessins et gravures, ne trouve pas son pendant dans l'expression sonore de la partition. Le fameux financier Law réorganisa la Compagnie des Indes orientales. A cette occasion Fuzelier et Rameau composèrent une revue d'actualité, *les Indes galantes,* appelée ballet héroïque où défilent Français, Italiens, Espagnols, Polonais (allusion à la guerre de succession d'Auguste II), Provençaux, Turcs, Péruviens, etc. Le 11 mars 1736 Rameau y ajouta encore une entrée de sauvages. L'œuvre de Rameau eut un tel succès que le Théâtre Italien en donna des parodies : *les Indes chantantes, les Indes dansantes*. Mais la musique de Rameau n'accuse aucun trait indien, même dans sa refonte actuelle.

Secoués par les révolutions successives, les peuples de l'Europe avaient pris conscience de leur nationalité.

Ce réveil reçut vite son contrecoup dans le domaine artistique. Grandes et petites nations cherchent presque en même temps le chemin conduisant de cette impasse franco-italienne (bientôt aussi germanique) à un art indépendant et national, lequel, après s'être abreuvé aux sources folkloriques, parle enfin sa langue maternelle.

Les Allemands avaient réussi assez vite à s'affranchir de l'influence française. Avec les Italiens, c'était pour eux plus difficile, car le public allemand tenait beaucoup à la musique théâtrale, terrain où les Italiens étaient et demeurent encore imbattables. Le style de Beethoven est entaché d'italianisme, Chopin, Liszt, Wagner en portèrent le cachet. Plus nous nous rapprochons du début du XIXe siècle, plus le romantisme accuse de traits nationaux. D'opprimés devenus oppresseurs, les Allemands firent peser leur langage symphonique sur les jeunes musiques en train de s'épanouir. On cherche une évasion. « Le Mozart basque », Juan Crisostomo de Arriaga, compose une hongroise (*Thème et Variation* pour violon et piano). Chantre de la mélodie populaire allemande, Schubert ne dédaigne pas le chant étranger : il compose des polonaises et transcrit des mélodies hongroises.

Excepté l'Occident, l'ombre gigantesque de l'art symphonique allemand, voilant Vivaldi et les maîtres symphonistes italiens, planait sur le ciel de l'Europe, avec sa thématique pseudo-classique et néo-romantique. Dans la mesure où les nations se sont orientées vers la chanson populaire, elles ont résisté à la poussée germanique et italienne et ont retrouvé leurs propres accents.

Lorsque Pierre le Grand eut démoli le « rideau de fer » qui séparait son pays de l'Europe, le goût occidental envahit la Russie. A la cour des tsarines Anne, Élisabeth, Catherine, c'était la musique italienne qui dominait. Parmi les compositeurs italiens occupant en Russie des postes de musique, Catterino Cavos fut le premier à s'intéresser à la mélodie populaire slave. A la fin du XVIIIe siècle les compositeurs russes se plaisaient surtout à cultiver le vaudeville et l'opéra-comique français, à les parsemer de quelques mélodies nationales. Sous le règne d'Alexandre Ier les salons de l'aristocratie résonnaient de la romance russe inspirée de la romance française, du bel canto italien et surtout de la chanson tzigane. La facture de Berezovsky et de Bortniansky, fournisseurs

du théâtre de la cour de Saint-Pétersbourg, est italienne.
Par contre leur mélodique est russe, plus exactement
russisante. Cependant le vrai créateur du style national
russe est Glinka, lequel italianisa une thématique russe
(*la Vie pour le tsar,* 1836). Mais bien avant Glinka,
anticipant son procédé, Jan Kotsi Patko et Jozef
Ruzitska ont créé l'opéra historique hongrois (*la Fuite
du roi Béla,* 1822) en italianisant les airs de danse de racoleurs, dont le grand succès ne fut éclipsé que par les
victoires de F. Erkel, fondateur de l'école hongroise.
Moniuszko et Chopin forgent la thématique polonaise à
l'aide des éléments nationaux, italiens et français.
Moniuszko est plus polonais que Chopin mais ses opéras
aussi accusent l'influence italienne.

Parmi les théoriciens, Anton Reicha est le premier à voir
juste l'avenir de la mélodie nationale, il en parle longuement dans l'édition bilingue de son *Traité de composition.*

Puissamment aidés par le gramophone, vers la fin du
XIXᵉ siècle, les folkloristes découvrent un immense
empire peu exploité : la chanson populaire sur les lèvres
du peuple. Ils discriminent la chanson primitive et la
chanson citadine qui sont d'ailleurs en contact permanent
dans les pays civilisés. Leurs recherches s'efforcent
de fixer les caractéristiques nationales, tâche peu facile,
même pour des folkloristes nantis d'une formation
historique. Dans les Balkans et à l'Est, l'enchevêtrement
des empreintes musicales des peuples et des races est tel
qu'il est fort difficile, voire impossible, d'établir avec
certitude l'origine du courant prioritaire.

LES PAYS SCANDINAVES

Un précieux trésor national s'est accumulé au fond des
pittoresques et mélancoliques pays scandinaves : le
Danemark, contrée de forêts vierges, de troupeaux
paisibles, de brouillards humides, de tempêtes violentes;
la Finlande, pays aux mille lacs, aux marécages, aux
masses de granits; la Suède, terre des îles, de lacs et de
canaux, d'une éblouissante diversité de climat et de végé-
tation; la Norvège, zone de neiges éternelles et de
fjords féeriques parsemés d'une multitude d'îles, de

roches, de montagnes, de torrents, de cascades et de
forêts. Ces quatre pays sont des régions de chasseurs, de
pêcheurs et de paysans qui aiment tous à chanter et à
danser. Au cours de leur histoire mouvementée, les
pays scandinaves ont vécu à plusieurs reprises dans
l'unité politique. Pour châtier le Danemark de son
alliance avec la France, le Congrès de Vienne lui enleva
la Norvège qu'il donna à la Suède. Ce n'est qu'en
1905 que la Norvège se sépara de la Suède.

FINLANDE

L'âme nationale de ces pays, déterminée par la langue,
le milieu et le tempérament, s'est profilée en haut relief
à travers la musique. Certes une culture musicale étrangère avait précédé dans tous ces pays l'essor de la musique
nationale, tandis que la musique populaire n'avait pas
encore droit de cité. Au XVIᵉ siècle le duc Jean avait
son orchestre dans la capitale d'antan, Turku; la
ville eut également un orchestre au XVIIᵉ siècle et
peu après les étudiants de l'université se groupèrent
en chœur. Des virtuoses ambulants visitent les villes.
Des sociétés de musique, des orchestres, des associations
chorales se fondent. Mais leur redoutable voisin, la
Russie, jeta son dévolu sur eux. Pierre le Grand, en 1710,
avait pris Viborg; le traité de Tilsit mit le grand-duché
de Finlande entièrement sous le sceptre d'Alexandre Iᵉʳ.
Après le formidable incendie de 1827, il fallut chercher
une autre capitale, ce fut Helsinki.

Un musicien d'origine hambourgeoise, Fredrik Pacius,
donna un coup violent à la conscience nationale en composant un hymne. Ilmari Krohn et son élève Armas Lau-
nis commencèrent à recueillir les chansons populaires
et à les publier. On y trouve des mélodies du *Kalevala*
conservées en notations runiques. De la jeune musique
finlandaise surgit Jean Sibelius dont l'art s'inspire des
poètes finnois Runeberg, Topelius, de l'épopée nationale, le *Kalevala,* et de la mélodie du terroir. Musique
d'un coloris sombre, on n'y voit jamais un rayon de
soleil; la douleur et la nostalgie la pénètrent. Son chef-
d'œuvre, dont la noble mélancolie est impressionnante,
est *le Cygne de Tuonela.* L'empire de la mort c'est Tuonela
ou Manala, entouré d'un fleuve lugubre sur lequel Tuoni

(la Mort) fait passer les âmes des morts. Le cygne de la mort flotte sur les eaux mornes de l'éternité et chante sa plainte perpétuelle par la voix du cor anglais, au-dessus du fond éthéré des cordes, divisées, en sourdine qui évoquent l'Escaut : mais ce n'est pas la barque de Lohengrin, c'est celle de Tuoni qui apparaît devant nos yeux.

DANEMARK

Au Moyen âge il y eut des contacts musicaux entre le Danemark et l'Allemagne, tandis que la Suède demeura plutôt sous l'influence anglaise ou française. Pendant quelque temps Heinrich Schütz fut maître de chapelle de l'orchestre des rois de Danemark. Le créateur de l'opéra romantique danois fut Friedrich Kuhlau [*Lulu* (1824), *Elverhöj* (musique de scène)] qui marchait sur les traces de Johann Abraham Peter Schultz, compositeur et théoricien allemand, chef d'orchestre de la cour (1787-1795); celui-ci cultivait le lied et le singspiel. Hartmann puisait sa thématique aux sources nationales. Gade se contentait de Mendelssohn dont il s'imprégna pendant ses années d'apprentissage à Leipzig. La plus originale figure de la musique danoise est Carl Nielsen, qui fut directeur du Conservatoire royal de Copenhague.

SUÈDE

La musique fit son entrée en Suède au ixe siècle, avec le christianisme, on y trouve plusieurs monuments de la musique médiévale. Certains membres de la dynastie de Wasa étaient mélomanes. Erik XIV avait un orchestre de musiciens italiens, néerlandais, polonais. Lorsque Gustave-Adolphe eut épousé une princesse brandebourgeoise, les musiciens allemands germanisèrent la vie musicale de la cour suédoise. Après le traité de Westphalie, des musiciens français, italiens et, bien entendu, allemands s'établirent à Stockholm. Une troupe d'opéra italien donnait régulièrement des spectacles. Au lendemain de la mort de Charles XII, un élève du célèbre J. Chr. Pepusch, arrivé de Londres, instaura le culte de Haendel. Le premier compositeur suédois, Fredrik Lindblad, jouissait d'une popularité considérable, due surtout à ses romances, chantées par son élève

Jenny Lind, le « Rossignol suédois ». Dans la seconde moitié du XIXᵉ siècle les faveurs du public allèrent aux opéras nationaux de Hallström, composés selon la recette meyerbeerienne. Franz Berwald, en revanche, n'a été reconnu que de nos jours pour le meilleur symphoniste de son pays. Les tendances de la musique contemporaine, de l'impressionnisme jusqu'au style linéaire et à la musique sérielle, trouvèrent des pionniers en Suède.

NORVÈGE

Mais ce fut la Norvège qui prit la tête des musiques scandinaves. La musique populaire norvégienne possède des caractéristiques toutes spéciales, des rythmes et des harmonies fort curieux. Les danses nationales, le *halling* et le *springar,* l'instrument paysan, le *hardanger-fidel,* sont doués d'une puissance évocatrice. Le créateur de la musique norvégienne, sur les traces du jeune Nordraak, est Edvard Grieg, d'origine écossaise (ses aïeux s'appelaient Greig). Il avait passé deux ans à Rome auprès de Liszt. Avec Björnson et Ibsen, Grieg incarne le génie norvégien. Il subit quelques influences : Kjerulf, Schumann, Chopin, Liszt. Mais c'est un paysagiste élégiaque, un peintre de genre tout à fait original et de premier ordre. Son invention fraîche remplit parfaitement le cadre des miniatures. Le procédé harmonique de Grieg est personnel et audacieux avec sa tonalité flottante, ses notes de passage, son chromatisme. L'emploi de certaines tournures harmoniques de la musique populaire, telle la chute de la sensible sur la dominante, devient quelquefois maniéré. Gade reproche à sa musique d'être trop norvégienne. Grieg est le plus populaire miniaturiste du XIXᵉ siècle, ses morceaux lyriques se trouvent sur tous les pupitres de piano. Son œuvre pianistique forme le trait d'union entre Liszt et Debussy-Ravel. Sa musique de scène pour *Peer Gynt,* dont le héros est le peuple norvégien, mêle d'une main sûre le paysagisme descriptif et impressionniste à l'élément lyrique et dramatique.

LA BOHÊME

La vie musicale de la Bohême reflète la lutte politique dont elle fut le théâtre durant son histoire. Přemysl, premier duc héréditaire de Bohême, réunit les petits États slaves. Comme un peu partout, les premiers chants populaires étaient des mélanges d'éléments grégoriens et profanes. Au milieu du XIIᵉ siècle est né l'*Hymne à saint Aldebert* dont le texte et la musique accusent une origine populaire qui continue à vivre par la bouche du peuple comme la *Chanson de Wenceslas* (fin du XIIIᵉ siècle). Sur la Bible illustrée de Bolislav, parmi les nombreuses représentations iconographiques, figure le *housle*, la vielle tchèque. Lorsque, en 1306, la dynastie des Přemysl s'éteignit, la couronne passa aux princes de Luxembourg et resta en leur possession jusqu'à 1437. C'est à cette époque que Guillaume de Machault séjourna à la cour de Jean de Luxembourg. Nous y voyons plusieurs *minnesänger* tchèques dont Mühlich von Prague. C'est aussi l'époque du style français. Le manuscrit XI E9 de la Bibliothèque universitaire de Prague a conservé quelques morceaux de l'*Ars nova* du Trecento italien. En 1356, Pétrarque séjourna également à Prague.

Il est paradoxal, mais vrai pourtant, que l'éclosion du chant populaire religieux coïncide en Bohême avec le mouvement hussite. Il y eut bien quelques chants de guerre (ceux de Jan de Rokycan), mais les ascètes taborites étaient nettement hostiles à la musique, tandis que les Frères Moraves (Frères de l'Unité ou Frères de Bohême), dont le siège principal était Fulnek en Moravie, étaient très favorables au culte de la musique. Malgré les persécutions, le nombre de leurs adhérents augmentait, surtout dans les milieux de la noblesse bohémienne. Leur musique religieuse est d'une grande variété; on y entend même des airs de danse. Après la guerre, Albert d'Autriche, puis son fils, montèrent sur le trône de Prague. Ensuite ce fut le roi Georges Podiebrad et les rois de la famille Jagellon (1471-1526). Sous Ferdinand de Habsbourg, frère de Charles Quint, la Bohême fut incorporée à l'Autriche, la couronne devint héréditaire pour la dynastie des Habsbourg. Les Tchèques tentèrent de recouvrer leur indépendance, mais leur révolution nationale fut réprimée en 1620. Alors commença la germanisation du pays.

Pour retracer aussi objectivement que possible l'évolution nationale de la musique tchèque et la séparer de la musique allemande en Bohême, il ne faut pas perdre de vue que l'expression « musiciens bohêmes » *(böhmische Musiker)* est une désignation géographique. Néanmoins il est exact qu'il y eut des interactions, des infiltrations mutuelles, entre Allemands et Tchèques. Les protagonistes de l'école de Mannheim représentent l'émigration allemande de Bohême, leur style; la manière de Mannheim prend racine dans le style napolitain. Josef Mysliveček est bel et bien tchèque. On l'appelle « il Boeme Giuseppe Venatorini »; sa grande importance fut révélée en 1928 par G. de Saint-Foix.

La bataille de Weissenberg eut une conséquence tragique aussi pour les Frères Moraves (1621). Leurs traditions musicales ont survécu dans la Bohême recatholicisée, surtout sous la présidence du comte Zinzendorf, dans la colonie de Herrnhut.

Le mérite musical des Frères Moraves, c'est d'avoir introduit systématiquement la mélodie populaire dans le culte. Pour les membres de langue allemande de la secte, Weisse traduisit en allemand le livre de chant tchèque en 1519. Leurs livres de chant, depuis celui de Blahoslav : *Pisné chval Božskych* (1561) paraissent en plusieurs éditions, de même leurs psautiers. Blahoslav est aussi l'auteur d'un important traité : *Musica* (Olmütz, 1558).

Sous le règne de Rodolphe II, Prague devint résidence impériale, le rendez-vous international de maîtres étrangers tels que Gallus (Jacob Handl) représentant de la polyphonie palestrinienne, l'Allemand Leo Hassler, élève d'Andrea Gabrieli, le Flamand Philippe de Monte, Charles Luython, organiste flamand de Rodolphe et célèbre motettiste, Jacques Regnart, maître de chapelle, et maints autres. A côté de ces célébrités européennes on voit des maîtres tchèques de la polyphonie, Harant et Turnovsky.

Mais tous les musiciens authentiquement tchèques

n'enrichirent que la musique allemande et autrichienne.

Les années qui suivirent le désastre de 1620 causèrent la stagnation de la vie nationale tchèque. La germanisation du pays avait supprimé toute cette littérature tchèque qui avait brillé aux siècles précédents. A la fin du XVIIIᵉ siècle cette léthargie commence à se dissiper. Dans l'atmosphère de l'Europe préromantique, les érudits se penchent sur le passé national. Sous l'influence de Herder parurent l'*Écho des chants russes,* puis l'*Écho des chants tchèques* de Čelakovsky. Inspirés par Macpherson, des « hardis contrefacteurs » se mirent à l'œuvre et, à défaut de textes authentiques, ils fabriquaient eux-mêmes des textes.

SMETANA

Ce courant romantique, approfondi encore par Weber, Berlioz, Liszt, entraîna les musiciens tchèques parmi lesquels un génie, Bedrich Smetana, incarne admirablement les aspirations et les efforts multiséculaires de la nation. Ce grand musicien eut un destin tragique : il mourut sourd et fou. Ce ne fut qu'à sa dix-neuvième année qu'il put s'adonner aux études musicales. Il travailla pendant quelque temps avec Liszt grâce auquel il lui fut possible d'ouvrir une école de musique à Prague. Après avoir passé quelques années en Suède comme chef d'orchestre de la Philharmonique de Göteborg, il revint à Prague et déploya une activité multiple comme pianiste, compositeur, chef d'orchestre, maître de chapelle et critique musical du « Narodny Listy ». Toutes ces occupations ne l'empêchaient pas de composer, bien au contraire, elles le stimulaient. En 1866, son nom connut la grande popularité, même au-delà des frontières de sa patrie, avec son fameux opéra-comique *Prodana nevěsta (la Fiancée vendue)*, joué aussi à Paris. Vigoureux rythmes populaires, mélodies fraîches et gaîté débordante caractérisent l'opéra de Smetana; son ouverture est un chef-d'œuvre. Il a écrit encore sept opéras : *Dalibor* (1868), *Dvě vdovy (les Deux Veuves,* 1874), *Hubička (le Baiser,* 1876), *Tajemstvi (le Secret,* 1878), *Libuše* (1881), *Violà* (1882), *Čertova stěna (le Rocher du diable,* 1882) mais aucun ne retrouva le succès de *la Fiancée vendue.*

Sa surdité s'étant aggravée, il fut obligé de quitter le fauteuil directorial du Théâtre national, se retira à Jabkonia, s'abandonna à son ouïe intérieure et, s'enfermant dans le monde de ses rêves, il continua à composer. Il s'attaque alors aux poèmes symphoniques. Smetana peint une série de fresques sonores intitulées *Má Vlast'* (*Ma Patrie*) divisée en six tableaux, autant de poèmes symphoniques. Le premier, *Vyšehrad*, est une évocation de l'histoire médiévale de la Bohême. Le deuxième est le plus connu : *Vltavà*, nom tchèque de la rivière Moldau qui parcourt une grande partie du pays. Magnifique paysage musical aux couleurs éclatantes, un véritable film aux panoramas les plus variés défile sous nos yeux : la forêt où l'on chasse, le village où l'on fête, la tombée de la nuit avec l'apparition romantique de la lune; à sa pâle lueur les willis se mettent à danser. Et à travers toutes ces scènes, de caractère si différent, nous sommes obsédés par un leitmotiv, ou plutôt par la mélodie infinie du fleuve : murmure d'une vieille chanson populaire slave dont on a relevé la ressemblance avec une canzone napolitaine, empreinte d'une douce mélancolie. Lorsque le fleuve arrive sous la capitale, une vaste vision historique éblouit l'auditeur. La construction visuelle, la notation picturale, les rythmes populaires, tout cela dénote l'influence de Liszt, surtout dans le troisième tableau : *Šarka,* nom d'une amazone légendaire. Le tableau suivant : *Prairies et Bois de la Bohême* est de la musique de programme. Les deux derniers : *Tábor* et *Blaník* évoquent par leurs cantiques la guerre des Hussites. Son *Quatuor en mi mineur* « De ma vie » est un chef-d'œuvre.

DVORAK

Le successeur et continuateur de Smetana dans le style national tchèque fut Anton Dvorak, auteur de la fameuse *Symphonie du Nouveau Monde*. Fils d'un aubergiste, ses parents le destinaient à devenir boucher. Il préférait jouer du violon avec l'instituteur du village et débuta dans un orchestre de troisième ordre, en même temps qu'il fréquentait une école d'orchestre et se perfectionnait dans la composition. Ce n'est qu'en 1873 que la Bohême connut le nom de Dvorak, compositeur, lorsqu'il fît entendre un hymne pour chœur et orchestre dont le succès lui permit d'obtenir une bourse. Dès lors son ascension fut rapide. Professeur de composition au Conservatoire de Prague, sa renommée franchit l'Atlantique, il fut appelé au poste directorial du Conservatoire de New York (1893-1895). Rentré à Prague, il fut nommé directeur du Conservatoire national de son pays.

Son œuvre est vaste. Des opéras : *Král a uhlir* (1874), *Vanda* (1876), *Šelma Sedlák* (1878), *Tvrde palice* (1881), *Dimitrij* (1882), *Jakobin* (1889), *Čert a Kača* (1899), *Rusalka* (1901), *Armida* (1904) des ouvertures, des poèmes symphoniques dont *le Rouet d'or* et *la Palombe* qui ont fait leur chemin autour du monde, son *Concerto* pour violoncelle, sa musique de chambre (huit *Quatuors* avec et sans piano, etc.) ont mérité l'éloge d'un critique peu indulgent tel que Brahms.

Dvorak jouit d'une grande popularité en Angleterre où l'on apprécie beaucoup son *Stabat Mater,* œuvre d'une noble poésie et d'un solide contrepoint. Le talent de Dvorak n'égale pas le génie de Smetana, mais son style est une expression parfaite de l'âme slave, une étape sur le chemin frayé par le romantisme de Schubert. La sonorité de son orchestre est pittoresque, ses rythmes l'emportent sur son travail thématique. Ses accents populaires deviennent quelquefois vulgaires, mais le musicien retrouve vite son noble élan. Ses rhapsodies slaves développent les danses nationales, le « dunky » au mouvement lent, et la « furiante » à l'allure vive. Son chef-d'œuvre est le *Nouveau Monde,* symphonie en *mi mineur,* d'un lyrisme élevé et d'une technique achevée. A l'exception du deuxième mouvement dans lequel Dvorak utilise un negro spiritual, « *sweet home* », la thématique de cette symphonie est entièrement de son invention, cependant elle reflète toujours les particularités de la mélodie slave. C'est la vieille patrie qui le hante dans le Nouveau Monde. Ses couleurs chatoyantes, nuancées d'une mélancolie rêveuse, ses rythmes pétillants, ses mélodies tristes ou fumeuses ont conquis les salles de concert. Aucune autre œuvre de Dvorak ne connaîtra jamais pareil triomphe.

Parmi les contemporains une remarquable personnalité : Zdeněk Fibich, compositeur fertile, écrivit de nombreux opéras : *Bukovín* (1874), *Blaník* (1881), *la Fiancée de Messine* (1884), la trilogie *Hippodamia*, montée à Prague et à Anvers : I. *la Demande en mariage de Pélops*, II. *le Fils de Tantale*, III. *la Mort d'Hippodamia* (1891), puis *la Tempête* (1895), *Hedy* (1896), *Šarka* (1897), *le Cas d'Arcone, Slavoj a Ludek*. Il composa également des symphonies, des mélodrames, de la musique pour piano, de la musique de chambre et des lieder. Son style développe le langage de Smetana-Dvorak.

JANAČEK

Le Morave Leoš Janaček est le talent le plus original de la musique tchèque moderne. Audacieux harmoniste, féru de folklore, il voulut créer une nouvelle diction théâtrale du chant rural dans son opéra *Jenufa, Jeji pasterkyna (Sa fille adoptive)*, composé en 1902 dont les premières eurent lieu à Brno en 1904, à Prague en 1916, et à Vienne en 1918. Ce sombre drame — l'argument en est de Gabriela Preissova — à mi-chemin entre *Pelléas et Mélisande, Wozzeck* et *le Consul,* est une bouleversante production du théâtre lyrique de nos jours. Jenufa, fille adoptive de Kostelnicka, est séduite et abandonnée par Stepan. Pour sauver sa fille de la honte, la mère noie l'enfant. C'est avec un rare sens dramatique que Janaček caractérise ses protagonistes, figures authentiques du peuple. Il vit avec eux; sa profonde sincérité, sa compassion humaine accompagnent les méandres tragiques de l'action dont la véritable héroïne est Kostelnicka. Le musicien évite soigneusement la grandiloquence, la prolixité et les longueurs wagnériennes, mais aussi les excès d'un vulgaire réalisme. Son style concentré et passionné travaille sur des leimotive non d'après un système bien calculé, mais au gré de sa fantaisie, pour esquisser les états d'âme des personnages. Bien avant Alban Berg, Janaček avait recouru aux artifices du contrepoint dans le langage théâtral. Au premier acte du thème de Kostelnicka est tissé un fugato dans lequel entre le vieux meunier, puis Laca et Jenufa. Leur quatuor se dessine en *la* bémol mineur sur le fond mouvant et lugubre du chœur des gens du moulin. Par de longues tierces et des sixtes, les sopranos et altos soutiennent la mélodie, tandis que, dans le mode dorien,

en doubles croches, les ténors et les basses fredonnent
alternativement. La déclamation de Janaček, se nourrissant du chant populaire, a quelquefois le caractère d'une
psalmodie. Ses transcriptions des mélodies primitives
(Kytice z narodnych pisni moravskych) et des airs de danse
sont très originales. Parmi ses œuvres scéniques : *Vec
Makropulos,* un opéra burlesque, *Vylety páně Broučkovy (les
Aventures de M. Broucek)* ; *Lyska Bystrouska (le Petit Renard
rusé)* est une sorte de précurseur du *Renard* de Stravinsky
(1924). Dans *Osud (le Fatum), Kata Kabanová* (1921) se
fait sentir l'influence de Moussorgsky. Ses œuvres symphoniques, *Taras Bulba* (1918), *Balada blanička,* ses oratorios, *Amarus, Maryčka Magdonova,* mais surtout sa *Messe
solennelle* sur un texte vieux-slave, ont remporté un succès
considérable. En dehors de ses compositions, il faut
retenir aussi ses ouvrages théoriques.

De la même génération se firent connaître Josef Bohuslav Förster qui se distingua dans tous les genres, opéras :
Debora (1893), *Marja-Èva* (1899), *Jessika* (1905), *Nepremo-
ženi (les Invincibles,* 1919), symphonies, poèmes symphoniques, suites *(Cyrano de Bergerac), Rhapsodie slave,
Stabat Mater,* œuvres vocales et de musique de chambre.
Vitezslav Novak, continuateur du style de Brahms et
de Dvorak, développe aussi des mélodies slovaques et
moraves. Josef Suk, gendre de Dvorak, était symphoniste et fut pendant quelques années membre du Quatuor
tchèque ; de même Oskar Nedbal, compositeur très
populaire d'opérettes et de ballets. Otakar Zich, professeur de philosophie à Brno, puis à Prague, est l'auteur
de nombreuses œuvres vocales et de travaux musicologiques *(la Rythmique des danses slaves,* 1919). Ses opéras :
Malírský napad (Idée pittoresque, 1910), *Vina (le Crime,*
1922), *les Précieuses ridicules,* d'après Molière (1926).
Ladislav Vyčpalek a composé une *Cantate des fins dernières de l'homme,* pour soli, chœurs et orchestre, exécutée
à Paris, en 1930, aux Concerts Lamoureux. Otakar
Jeremias fut remarqué par son puissant drame lyrique,
les Frères Karamazov. Boleslav Jirák est l'auteur entre
autres d'un opéra, *Apollonius de Thyane* et du
Psaume XXIII, pour chœurs et orchestre. Vaclav Šte-
pan est pianiste, compositeur de piano, de musique de
chambre et transcripteur de chansons populaires. Les

premières œuvres de Boleslav Vomačka, critique musical de « Lidové Noviny » et directeur de la revue « Tempo », reflètent l'influence de Schönberg; plus tard il
entre dans l'orbite de l'abstraction classique : *Mládí
(Jeunesse)* poème symphonique, *les Vivants aux Morts,*
méditation pour chœur et orchestre. Otakar Ostrčil
était directeur musical du Théâtre national de Prague,
depuis 1919. Sa *Poupě (Bouton de rose)* est une comédie
musicale très réussie; ses autres œuvres lyriques sont
la Mort de Vlasta (1904), *les Yeux de Kunala* (1908), *la
Légende d'Érin* (1920). Son vigoureux langage prend
racine dans la phraséologie Smetana-Dvorak, mêlé au
style de Mahler. La polyphonie de Schönberg l'a également touché. Rodolphe Karel, élève de Dvorak, attaqua
tous les genres. Son poème symphonique, *le Démon,* est
d'une fantaisie visionnaire. Jaroslav Křička fut révélé
au festival de musique de chambre à Chicago (1930),
par un intéressant *Duo* pour violon et alto. On lui doit
une cantate, *Pokušení,* un opéra *Hipolyta,* une ouverture *Modrý pták (l'Oiseau bleu)* enfin *Ogaři,* un opéra pour
enfants.

Une place à part revient à Alois Haba, spécialiste du
quart de ton dont Anton Reicha avait déjà parlé.
Dans plusieurs ouvrages Haba appliqua sa théorie.
Il fit ses études à Prague chez V. Novak, puis à Berlin
chez Fr. Schreker. Son opéra *la Mère,* écrit en quarts
de ton, illustre son système, différent de celui de Busoni
ou de Möllendorff. Son orchestre se compose, outre
quelques instruments à cordes, de clarinettes à quart de
ton, de deux harpes dont l'une est accordée à un quart
de ton plus haut, de trompettes à quart de ton, de trombones, de piano et d'un harmonium à quart de ton. Le
gouvernement tchécoslovaque fit construire à l'intention de Haba des pianos à quarts de ton; la fabrication
spéciale de ces instruments rend extrêmement difficile
la propagation de cette musique qui respire l'alambic
et la cornue. Haba expérimenta également avec des
sixièmes de ton.

Dans le groupe de l'école de Brno on remarque les
noms de Jan Kunc, Vilém Petrzelka, Osvald Chlubna,
František Picha, Iša Krejči.

MARTINU

De la génération contemporaine le talent le plus actif est sans doute Bohuslav Martinu, élève d'Albert Roussel. Ses années d'apprentissage ont laissé une forte empreinte parisienne sur son style. Mais cette empreinte a bientôt fait place à un cachet cosmopolite. Né en 1890, après avoir fait ses études chez Suk, il se fixa à Paris en 1922 et épousa une Française. Il y resta jusqu'à 1940. Martinu compose avec une grande facilité. Ses premiers ballets ont attiré aussitôt l'attention : *Qui est le plus puissant en ce monde ?,* ballet des animaux (Brno, 1924), *On tourne* (1925), *Révolte* (Brno, 1926), *Istar* (Prague, 1932), *Échec au roi,* sur le texte d'André Cœuroy, *The Butterfly that stamped,* d'après Kipling (1928). Après quelques ouvrages de musique de chambre, Martinu a écrit un poème symphonique sportif, *Half-Time,* en 1925, peinture vigoureuse d'un match de football trois ans avant le *Rugby* de Honegger. A sa création à Prague, *Half-Time* fut sifflé, mais bientôt l'ouvrage y retourna victorieusement. Dès lors le désordre, le tumulte, la bousculade, le vacarme persistent à l'attirer. Lors de la traversée de Lindbergh, il composa *la Bagarre,* exécutée sous la direction de Koussevitzky à New York et à Boston. En 1932, on lui décerne pour son *Sextuor* à cordes le Prix Coolidge. Ses opéras se distinguent par une conception personnelle : *le Soldat et la danseuse, les Lames du couteau,* dont le livret est de G. Ribemont-Dessaignes; *les Vicissitudes de la vie* est un opéra-film, *Journée de bonté,* un opéra bouffe avec un orchestre réduit à seize instruments, mais qui peut être amplifié par des instruments électroniques. Citons *le Théâtre de faubourg* (Brno, 1936), *le Miracle de Notre-Dame,* livret d'Henri Ghéon (Brno, 1934), *le Mariage* d'après Gogol, etc. Malgré sa prédilection pour le théâtre, Martinu n'abandonna pas la musique pure. Son grand mérite fut d'avoir affranchi la musique tchèque du « joug austro-allemand ».

Émile HARASZTI.

BIBLIOGRAPHIE

Van Tieghem, P., *Le préromantisme,* Paris, 1949, vol. I et II. *L'ère romantique. Le romantisme dans la littérature européenne,* Paris, 1948.

Spitta, Ph., *Musikegschichtliche Ausätze,* Berlin, 1894, pp. 403-462 : « Ballade ».

Lutge, W., *Bericht über ein neu aufgefundenes Manuskript, enthaltend 24 Lieder von Beethoven. Der Bär.* « Jahrbuch von Breitkopf und Härtel das auf Jaht 1927 », Leipzig, 1927.

Mooser, R. A., *Annales de la musique et des musiciens en Russie au XVIIIe siècle,* Genève, 1948-1951, 3 vol.

Mooser, R. A., *Violonistes, Compositeurs italiens en Russie au XVIIIe siècle,* Milan, 1938-1946.

Mooser, R. A., *L'Opéra-Comique français en Russie au XVIIIe siècle,* Genève, 1932.

Mooser, R. A., *Opéras, Intermezzos, ballets, cantates, oratorios joués en Russie durant le XVIIIe siècle,* Genève, 1945.

Hammerich, A., *Histoire de la musique danoise jusqu'à 1700,* Copenhague, 1921.

Norlind, T., *Almänt Musiklexikon,* Stockholm, 1926-1929, 2 vol.

Niemann, W., *Die Musik Skandinaviens,* Leipzig, 1906.

Newmarch, R., *Sibelius,* Leipzig, 1906.

Norlind, T., *Die Musikgeschichte Schwedens in den Jahrn 1630-1730,* « Sammelbände der Internationalen Musikgessellschaft », Leipzig, 1900.

Norlind, T., *Studier i svesk folklore,* Stockholm, 1911.

Closson, E., *E. Grieg et la musique scandinave,* Paris, 1892.

Schjelderup, G., *E. Grieg og hans voerker,* Oslo, 1903.

Finck, H. T., *E. Grieg,* New York (en anglais), 1906.

Schjelderup, G. et Niemann, W. L., *E. Grieg,* Leipzig, 1908.

Stein, R., *E. Grieg,* Leipzig, 1921.

Rokseth, Y., *E. Grieg,* Paris, 1933.

Blume, F., *Die Musik in Geschichte und Gegenwart,* en cours, Cassel, 1949-62, 91 fasc. parus, vol. II, *Böhmen und Mähten.*

Blume, F., *Böhmische rüder von Walter Blankenburg.*

Grove, *Dictionary of Music and Musicians,* Londres, 1954-1961, 10 vol.

Enciclopedia dello spettacolo, Rome, 1954-1961, 8 vol. parus, en cours.

PROBUS, *La Musique tchécoslovaque d'après-guerre,* dans « La Revue musicale », Paris, 1931, numéro consacré à la géographie musicale en 1931 ou essai sur la situation de la musique en tous pays.

SUREK, O., *Catalogue thématique et chronologique,* Berlin, 1917.

ZUBATY, J., *Anton Dvorak,* Leipzig, 1886.

BROD, M., *Leos Janacek,* Vienne, 1925.

MULLER, D., *Leos Janacek,* Paris, 1930.

Le catalogue des œuvres de Martinu dans Grove; voir aussi BRUYR J., *l'Écran des musiciens,* Paris, 1930, 2 vol.

L'ÉVOLUTION
EN EUROPE OCCIDENTALE
AU DÉCLIN DU ROMANTISME

JOHANNES BRAHMS

LA biographie de Brahms ne présente pas l'intérêt spectaculaire de celle de la plupart des autres musiciens
romantiques. En particulier, elle n'a rien qui puisse être
comparé au roman tumultueux que constitue l'existence
de celui qui fut son contemporain et son complémentaire
(et non vraiment son adversaire, ainsi que l'on a essayé
de le faire croire), Richard Wagner, dont le génie dramatique se situe, dans l'art germanique, au pôle opposé —
Brahms restant avant tout l'homme de ce que nous appelons, un peu abusivement peut-être, la musique pure, et
que les Allemands désignent, plus justement, semble-t-il,
sous le nom de musique absolue.

Né à Hambourg le 7 mai 1833 dans une famille de
condition très modeste, Brahms vint très tôt à la pratique
de la musique, et ce sous la conduite de son père, contre-
bassiste dans différents orchestres populaires de la ville
hanséatique. Dès sa plus tendre jeunesse, il jouera dans
les brasseries et les tavernes de matelots. A huit ans, il
travaille le piano avec O. Cossel de Hambourg, puis avec
E. Marxsen d'Altona. Il se produit, comme pianiste
toujours, sur un très modeste plan local, dès l'âge de
quatorze ans. En 1853 il devient l'accompagnateur du
violoniste hongrois E. Remenyi avec lequel il effectue
des tournées en Allemagne du Nord. C'est alors qu'il fait
la connaissance de Joachim, de Liszt et surtout de Schumann auquel il jouera ses premières compositions pianistiques et qui écrira, à propos de celles-ci, un article
resté célèbre dans l'histoire de la critique musicale, *Neue
Bahnen* (« Neue Zeitschrift für Musik »). Après avoir été
adopté par le cénacle de Weimar, il l'est par celui de Leipzig, consécration totale. Il est bientôt nommé directeur
des Concerts de la Cour et de la Société chorale du prince
de Lippe-Detmold. Il se produit un peu partout comme
pianiste et chef d'orchestre. En 1859, il revient se fixer
à Hambourg comme directeur du chœur féminin. En

1862, il s'installe à Vienne qui sera dès lors sa résidence définitive, et où il est nommé chef de la Singakademie.

Désormais l'histoire de sa vie, très paisible, ne sera que celle de son œuvre, de sa production de chaque jour. En 1872, il deviendra chef de la Gesellschaft der Musikfreunde jusqu'en 1875. Il est alors devenu une célébrité internationale, encore que ses œuvres soient âprement discutées, à Vienne même. Une assez sotte cabale de ses amis et de ceux de Wagner dressera pendant un temps les deux hommes l'un contre l'autre, hostilité qui n'aura jamais aucun fondement réel en dépit des apparences. La dernière moitié de sa vie se partagera entre Vienne et quelques voyages, soit de travail, soit de vacances, en Suisse, dans la région du Salzkammergut à Ischl, et dans la Forêt-Noire. Il meurt à Vienne le 3 avril 1897.

Pas d'aventures marquantes, pas d'amours fiévreuses, dans toute cette vie consacrée jour après jour à un robuste travail créateur. Quelques amitiés féminines exaltées, sans doute, mais sans plus. Par ailleurs, l'horreur du mariage (« autant que de l'opéra », se plaisait-il à dire). A ce sujet, on précisera que la prétendue aventure avec Clara Schumann est une légende répandue complaisamment, qui ne paraît pas avoir le moindre fondement. Quelque effort que l'on ait fait pour la répandre et la corser, rien, ni dans les témoignages de l'époque, ni dans la correspondance de Brahms et de Clara n'autorise une quelconque supposition de ce genre.

L'esthétique et le style de Brahms tiennent à des facteurs qui ne doivent rien à une formation d'école, mais sont avant tout les fruits de l'instinct, du hasard, ainsi que des origines ethniques du compositeur. Vouloir, comme on le fait trop souvent encore aujourd'hui, réduire l'art de Brahms à un académisme, ou à un néoclassicisme, est non seulement une erreur d'ordre spirituel et moral, mais aussi d'ordre matériel.

Brahms est avant tout, profondément et essentiellement, un bas-Allemand, un Allemand du Nord. On a souvent insisté sur le fait que sa musique reflétait parfois des influences viennoises et hongroises pour y assimiler et y réduire le compositeur. C'est là une autre légende qui doit être détruite. Ce ne sont là qu'accidents de surface, passagers. Le génie de Brahms est essentiellement celui d'un Nordique. Et, à ce titre, il a son profil classique et son profil romantique, ce qui, dans la seconde moitié du XIXe siècle, réalise une synthèse assez heureuse au moment où l'art allemand s'engageait dans la voie d'un classicisme desséchant dont il ne resterait bientôt qu'une carcasse d'académisme digne et scolastique, ou dans celle d'un romantisme asphyxié par les poncifs artificiellement fiévreux qu'il ne cesserait de se créer pour tenter de se survivre. À cet égard, la production de Brahms constitue un chaînon capital de l'évolution de la musique allemande : après Beethoven dont l'art, classique au départ, va mener au romantisme, après Schumann, romantique, qui essayera en vain de retrouver un classicisme, Brahms rétablit un équilibre.

Il est un Nordique, un villageois conservateur, un luthérien strict; il a le goût de l'ordre et de la rigueur de la forme; et la formation musicale sagement bourgeoise qu'il a reçue de Marxsen explique ce profil-là, lui donne toute sa signification. Mais chez Brahms, comme chez tout Allemand nordique, il y a cette exaltation intérieure qui fait contraste, un contraste rappelant celui de ces petites villes plates et grises de la Frise et du Holstein, en apparence si paisibles sous leur ciel bas et gris, et où s'exaltent les rêves et les drames décrits par les nouvelles de Theodor Storm que Brahms a lues, de même qu'il a dévoré, tout enfant, les œuvres de E. T. A. Hoffmann, de Tieck, de Jean-Paul, d'Eichendorff, ainsi que les sagas scandinaves et autres légendes nordiques que lui ont fait connaître les *Stimmen der Völker in Liedern* de Herder, dont on trouvera l'influence directe dans ses premières pièces pour piano. Tout cela crée chez le jeune Brahms un climat de rêve tendre et fantastique — de rêve et non de drame — que nous retrouverons jusque dans ses dernières méditations pour piano.

En fait, il puise ainsi aux sources les plus pures du classicisme et du romantisme, et ne se réfère jamais aux formes baroques du premier, ni aux manifestations volontiers pathologiques du second. Parler de l'esthétique de Brahms est chose assez vaine. Elle ne se catalogue pas et s'analyse difficilement. En somme, elle ne résulte, ne se dégage, au hasard des heures et des jours, que très naturellement de son instinct, de son besoin de confidence — en quoi il est bien de son siècle — même s'il s'agit d'une œuvre de commande ou de circonstance.

Il se refuse à tout système, à toute attitude de pensée musicale, et, en dehors de la syntaxe et de la forme, il n'y a chez lui rien de volontaire. Le discours reste toujours libre, et suit l'humeur du moment.

Par contre, le style s'analyse avec une grande facilité. Brahms n'emprunte, en effet, que des moules classiques. Il les traite avec respect, mais non timidité. S'il s'agit de sonate, de symphonie ou de concerto, il va exploiter avec rigueur l'architecture traditionnelle. Mais il va magnifier, amplifier les proportions, enrichir le matériel thématique et rythmique. L'allégro de forme sonate traité par Brahms comprendra souvent, au lieu des deux thèmes sacramentels, jusqu'à trois, quatre et même sept thèmes différents. La variation prendra une diversité, une liberté et une ampleur tout à fait inconnues à l'époque. Et de cet esprit de variation il nourrira à la fois ses développements d'allégros, la substance de ses mouvements lents, à moins qu'il ne s'agisse de certains finales en forme de chaconne ou de rondo varié.

Le sens du rythme est particulièrement développé. Les superpositions de pulsations diverses sont fréquentes (par exemple les *trois-pour-deux* qui n'ont nullement pour but d'étoffer une mélodie de rythme binaire par un accompagnement de rythme ternaire, mais dont les deux éléments possèdent une fonction rythmique absolument autonome). Ce sens du rythme se rattache à l'instinct et au souci nationalistes et populaires de Brahms, instinct et souci qui sont, de même, essentiellement romantiques.

La mélodie est jaillissante, et s'impose par ce jaillissement même. Elle n'est pas toujours d'une grande originalité, mais elle n'est jamais banale. Et s'il lui arrive de donner parfois une impression de déjà entendu, c'est en raison de la parenté qu'elle conserve presque constamment avec les chants et les danses populaires.

L'ŒUVRE POUR PIANO

L'œuvre pour piano seul de Brahms se compose d'environ cinquante pièces, tant sonates, variations, ballades, que *Klavierstücke* divers. Cet ensemble constitue la partie la plus profondément révélatrice, la plus totalement significative du génie du musicien. Cette production pianistique s'étend sur toute sa vie. Les toutes premières

et les toutes dernières paroles de Brahms sont confiées
au piano. Le piano a été pour lui l'instrument de tous les
jours. Il l'a traité comme un journal intime. Il s'est confié à lui sans souci des attitudes. C'est le Brahms essentiel
que nous trouvons ici, le Brahms en tête à tête avec lui-
même. C'est ce qui explique l'extrême liberté de forme de
la plupart de ces pièces.

L'écriture pianistique ne sacrifie nullement à la virtuosité brillante chère à l'époque. Elle est très particulière, et possède surtout un caractère symphonique très
marqué. Certaines œuvres telles que les *Haendel-Variations*
vont même jusqu'à suggérer impérieusement les instruments de l'orchestre. Cette écriture est la plupart du temps
très dense, ce qui rend l'exécution de cette musique souvent difficile, sans que jamais toutefois on y sente le
besoin de rechercher la virtuosité en soi. Seules les exigences expressives et poétiques commandent cette
écriture. C'est évidemment parce que cette écriture rejette
la virtuosité pour elle-même que les pièces de Brahms
tentent peu les pianistes qui la trouvent lourde, sèche,
rude, à l'excès dépourvue de *bravura,* et soi-disant peu
favorable à la mise en valeur de leurs talents.

Au point de vue du style, il faut noter quelques tournures
qui reviennent volontiers sous la plume du musicien :
progressions de tierces, de sixtes, d'octaves, ainsi que
leurs doublures, lesquelles produisent les effets symphoniques signalés plus haut; il faut noter également la
tendance à choisir de grands intervalles mélodiques;
enfin, comme dans le reste de son œuvre — là plus encore
peut-être — superposition de rythmes capricieux, et
abondance de rythmes syncopés.

Du point de vue de la forme, on peut diviser la production pianistique de Brahms en trois groupes d'œuvres :
d'une part les grandes formes, avec les sonates et les
variations; d'autre part tout un ensemble de petites
pièces, *Klavierstücke* ou *Phantasien* (trente-quatre exactement); enfin des morceaux divers tels que *Valses,
Danses hongroises, Études, Exercices,* etc.

Les musicographes d'outre-Rhin avaient adopté jadis
une classification qui n'était pas mauvaise non plus : dans
un premier groupe, dit *symphonique,* se trouvaient réunis
les trois *Sonates,* opus 1, 2, et 5, le *Scherzo,* op. 4, et les
Ballades, op. 10 — donc œuvres de jeunesse. Dans un

second, dit *technique,* toute la série des *Variations* — donc
œuvres de la maturité. Dans le troisième, dit *contemplatif,*
toutes les pièces lyriques, c'est-à-dire tout ce qui est pos-
térieur à l'opus 76 — donc œuvres de la vieillesse.

Les trois *Sonates,* qui sont très rarement jouées, sont
de forme essentiellement classique, mais très amplement
développées à l'exemple de la troisième manière beethovénienne. Mais si leur forme est très surveillée, leur esprit
n'a rien de formel ; ce sont de véritables poèmes romantiques composés dans le climat de la ballade nordique,
avec tout ce que cela suppose d'héroïque et de fantastique
d'une part, de tendre et de rêveur d'autre part. Elles sont
imprégnées de sentiments légendaires et folkloriques :
l'andante de l'opus 1 est composé sur un vieux chant
populaire allemand ; l'allégro de l'opus 2 se réfère à l'une
des plus anciennes traditions du Schleswig-Holstein
(la saga de *Beowulf*), et l'andante est bâti sur une vieille
chanson d'amour ; l'andante de l'opus 5 a également le
caractère du *lied* varié (d'après un poème de Sternau).
Cette sonate, opus 5, est d'ailleurs la plus remarquable des
trois, en raison d'une part de l'ampleur que Brahms y
donne aux proportions de la sonate (« symphonie
déguisée », écrivait Schumann), en raison aussi de
l'ampleur de l'expression, d'autre part eu égard à l'emploi
qui y est fait du procédé cyclique.

La technique de la variation est une de celles qui ont
sollicité le plus souvent le génie inventif de Brahms. A
l'exemple de Beethoven, il l'a introduite dans des œuvres
telles que symphonies, sonates, etc. Les *Variations* proprement dites sont au nombre de six séries : opus 9
(sur un thème de Schumann), opus 21 nos 1 et 2 (respectivement sur un thème original et sur un air hongrois),
opus 23 (à quatre mains sur un thème de Schumann),
opus 24 (sur un thème de Haendel), et opus 35 (sur un
thème de Paganini). Encore que Brahms y manifeste
d'évidentes préoccupations techniques, qu'il y exploite
systématiquement les ressources les plus extrêmes du
clavier, étendant dans des directions très différentes de
celles de Liszt et de Chopin le jeu romantique du piano,
c'est, là aussi, la pensée, l'émotion, la fantaisie qui passent
au premier plan. A cet égard, les *Variations* opus 9, 23, 24,
35, sont suffisamment éloquentes par elles-mêmes pour
qu'il soit inutile d'insister sur ce point. Par ailleurs, ce que

l'on disait ci-dessus à propos du caractère symphonique de l'écriture pianistique de Brahms est particulièrement frappant dans les *Variations* opus 24 (voir la petite harmonie de la deuxième variation, les cors de la septième, les trompettes de la huitième, la clarinette de la onzième, la flûte de la douzième, les bois de la dix-neuvième, le *glockenspiel* de la vingt-deuxième, etc.).

L'ensemble des pièces que l'on classe sous le terme générique et vague de *Lyrische Stücke* ne peut être l'objet de définitions précises et rigides. Tout juste peut-on les classer — et d'une façon un peu arbitraire sans doute — en tenant compte de leur caractère expressif : les *Intermezzi, Fantaisies, Caprices* auraient plutôt le caractère de méditation ou de rêverie pianistique, alors que les *Ballades, Rhapsodies* et *Romances* se référeraient au genre littéraire plus fortement accentué de la ballade ou de la légende.

LE LIED

Après le piano, c'est dans le *lied* que Brahms manifeste sa nature d'homme et son génie d'artiste avec le plus de naturel et de spontanéité. Sur l'ensemble de ses quelque trois cents lieder, la plupart ont le caractère et le style du *Volkslied,* même quand ils sont essentiellement et purement lyriques. Brahms n'a pas le souci du cycle tel qu'on l'observe chez Schubert ou Schumann. Aussi ne trouvera-t-on pas chez lui les grands préludes et postludes pianistiques. Toutefois il a composé des recueils importants dont l'esprit est voisin de celui des cycles schumanniens. On citera surtout les *Magelone Romanzen,* op. 33, dont les quinze pièces, sur des poèmes de Tieck, ont le caractère de la ballade. On citera également les *Quatre chants sérieux,* op. 121, sur des textes de la Bible et de saint Paul. L'ensemble de cette considérable production vocale (qui va du solo au chœur mixte en passant par le quatuor) est caractéristique des sentiments de tendre candeur et de sérieux marquant tout un versant du génie brahmsien.

LA MUSIQUE SYMPHONIQUE

Ce n'est qu'assez tard dans sa carrière, une fois passée la quarantaine, que Brahms vint à la symphonie. Auparavant, il avait bien écrit pour l'orchestre (*Sérénade,* op. 11, *Variations sur un thème de Haydn,* op. 56), mais jamais il ne s'était risqué en un genre qui était alors dans une sorte de désuétude du fait de la vogue dont jouissait à ce moment la musique à programme. Mais Brahms n'était nullement fait pour cette dernière, et savait, au contraire, trouver dans la symphonie un mode d'expression particulièrement adéquat à un compositeur naturellement porté vers la musique absolue.

Ses quatre *Symphonies* (op. 68, 73, 90, 98) s'échelonnent sur la période 1876-1885. Du point de vue de la forme, Brahms n'y recherche aucune innovation particulière. A cet égard, elles sont les filles des symphonies de Beethoven. Brahms y traite avec ampleur le cadre de la forme sonate. Il y jette des thèmes en abondance, et ce par quoi ces symphonies ont le plus d'intérêt c'est précisément l'usage qu'il y fait de ces thèmes, soit dans le travail du développement, soit quand il les traite dans l'esprit de la variation, et même de la grande variation.

Du point de vue expressif, il se dégage de ces symphonies tantôt une poésie de la nature, un sentiment sylvestre et pastoral, tantôt un pathétique affectueusement passionné qui, aujourd'hui, laissent rêver sur l'appréciation célèbre de Nietzsche, lequel voyait en ces quatre grandes pages les fruits de « la mélancolie de l'impuissance ». La passion de Brahms ne jette pas de flammes dévorantes. Sa nature d'homme et d'artiste ne l'y porte pas. C'est une passion un peu bourgeoise, plus en tendresse qu'en fièvre, très caractéristique de la mentalité de l'époque. Elle affecte volontiers un ton de grandeur, mais jamais de creuse grandiloquence. L'orchestration est robuste, touffue, puissante, musclée. Il est permis de la trouver épaisse à côté de bien d'autres. Elle n'a jamais les gaucheries de celle de Schumann, ni l'abondance souvent inutile de celle de Bruckner. Mais elle a surtout le mérite d'être celle de cette musique.

Cousins germains des symphonies, les *Concertos* de Brahms sont au nombre de quatre : deux pour le piano, un pour le violon, et un pour violon-violoncelle. Cette parenté ne tient d'ailleurs qu'à la façon dont le compositeur traite l'orchestre. Et ce qui fait précisément l'évidente supériorité des concertos sur les symphonies, c'est la présence d'un soliste — soliste mais non virtuose

à tout prix —, encore que ces œuvres présentent des
difficultés techniques transcendantes. Cette présence d'un
ou de deux solistes introduit dans ces partitions une
variété, crée un élément de contraste accusé, et leur donne
un relief expressif et sonore que ne possèdent pas les
symphonies dont la substance instrumentale a quelque
chose de plus compact et de plus massif.

LA MUSIQUE DE CHAMBRE

La musique de chambre revêt une importance toute
particulière dans la production de Brahms où elle ne
comporte pas moins de vingt-quatre numéros d'opus
allant de la sonate au sextuor. Dans son ensemble, cette
musique de chambre n'affecte jamais aucun caractère
décoratif, et fait pendant à la production pianistique en ce
qu'elle reste dans le domaine de la confidence et de la
méditation. Par contre, elle témoigne d'un souci de la
forme infiniment plus rigoureux que la musique de piano,
et c'est, semble-t-il, ce qui fait que l'on a considéré — et
que l'on considère encore — Brahms comme un musicien conservateur avec la légère nuance péjorative que
cela suppose.

Il est vrai que le compositeur s'en tient strictement au
cadre beethovénien et n'apporte, sur le plan formel,
aucune innovation particulière. La forme sonate et la
technique de la variation y sont exploitées dans l'esprit
classique, mais avec une singulière richesse d'invention
et une infinie souplesse d'écriture. C'est évidemment dans
cette partie de son œuvre que Brahms jette des thèmes
avec le plus de prodigalité et que, d'autre part, le travail
thématique est le plus poussé. On notera cependant que,
du point de vue de la forme, Brahms utilise volontiers
une tournure qui lui est familière et dont il tire parti avec
ingéniosité dans plusieurs de ses finales : la combinaison
de la forme sonate et du rondo.

Le sentiment en reste tout intime. Il n'y est, bien
entendu, toujours question que de musique pure, sans
intentions ou prétextes vraiment littéraires. Toutefois les
sources d'inspiration en sont souvent très visibles : tel
poème comme dans la *Regen Sonate,* op. 78, pour piano et
violon, ou comme dans la *Thuner Sonate,* op. 100, pour
piano et violon également ; ou bien un sentiment de la

nature généralement un peu mélancolique comme dans
la *Sonate,* op. 38, pour piano et violoncelle, les deux *Sonates,*
op. 120, pour clarinette et piano, le *Schwartzwald Trio,*
op. 40, pour piano, violon et cor, le *Trio* pour piano,
violoncelle et clarinette, op. 114, le *Quintette* pour clarinette et cordes, op. 115, et les deux *Sextuors* à cordes,
op. 18 et 36; l'inspiration se fait très rarement tragique,
exceptionnellement dans le troisième *Quatuor* pour piano
et cordes en *ut mineur,* op. 60.

LE REQUIEM ALLEMAND

Il est enfin une œuvre qui se situe un peu à part
dans la production de Brahms et qui y revêt une signification toute particulière, c'est *Ein deutsches Requiem,*
op. 45, pour soli, chœurs et orchestre, d'esprit typiquement luthérien. Le compositeur, en effet, n'y utilise pas
les textes latins de la liturgie traditionnelle, mais se crée
en quelque sorte sa propre liturgie en mettant en musique
des textes de langue allemande empruntés aux saintes
Écritures. Seul le *Dies irae* y apparaît, et encore n'est-ce
que d'une façon très fugitive.

L'ouvrage comporte sept parties : « Heureux ceux qui
souffrent, car ils seront consolés », « Car toute chair est
comme l'herbe », « Seigneur, apprends-moi que je dois
finir », « Combien douces sont tes demeures, Dieu de
Sabaoth », « Vous avez maintenant de la tristesse »,
Jugement dernier, *Dies irae* et Résurrection, enfin « Heureux ceux qui meurent dans le Seigneur ». Le *Requiem
allemand* se situe également un peu à part dans la production de Brahms par la façon dont l'auteur y a le souci de
rechercher un style archaïque traité dans un langage
cependant moderne.

Claude ROSTAND.

BIBLIOGRAPHIE

La bibliographie de Brahms est extrêmement abondante,
et, dans l'ensemble, d'une qualité excellente. Il est très regrettable qu'elle ne soit que de langue allemande et de langue
anglaise, car, pour les ouvrages en français, on ne peut guère
citer que :

IMBERT, H., *Johannes Brahms, sa vie et son œuvre*, préface d'Édouard SCHURÉ, Paris, 1906.

LANDORMY, P., *Brahms*, Paris, 1914, réédition en 1948.

ROSTAND, C., *Brahms*, 2 vol., Paris, 1957.

Pour réduire la nomenclature à son strict minimum, on citera, en langue allemande :

LA MARA, *Johannes Brahms*, in *Musikalische Studienköpfe*, t. III, 1878.

KALBECK, M., *Johannes Brahms*, 8 vol., Berlin, 1904-1914.

Et en langue anglaise :

MAY, F., *The Life of Johannes Brahms*, 2 vol., Londres, 1905.

EVANS, E., *Handbook to the Work of Brahms*, 4 vol. Londres, 1912 (ouvrage de travail absolument essentiel et comportant l'analyse complète et systématique de toute la production du compositeur).

D'autre part, on citera l'édition de la correspondance complète :

Brahms Briefwechsel, 16 vol., Berlin, 1907 et ss.

SAINT-SAËNS

COMMENT définir Saint-Saëns ? Une pointe sèche d'après un portrait de Mendelssohn ? Il adore Liszt et se fait dorloter à Weimar. Un pur symphoniste. Il écrit *Phaéton, le Rouet d'Omphale,* la *Danse macabre,* la *Jeunesse d'Hercule,* et utilise, à l'occasion, toutes les ficelles du « grand opéra historique ». Son classicisme français repose sur des bases allemandes. Auteur sévère, il se laisse entraîner par son lyrisme sur des pentes dangereuses. Il compose des opérettes mais il interdit l'exécution, de son vivant, du *Carnaval des animaux.* Il fait peu d'emprunts mélodiques — sauf un, de taille, dans le IIᵉ *Concerto* — mais il imite copieusement, dans leur démarche, Wagner, Haendel, Mendelssohn, Rameau, Beethoven, Lully, Berlioz, Scarlatti, Schumann et Liszt. Ce faisant, il s'estime libre et cela est sans doute vrai : c'est dans un même esprit qu'il change d'esprit, tout comme Stravinsky. Il passe aussi d'un pays à l'autre. En voyageur pressé, il faut bien le dire. Son œuvre contient un concerto égyptien, une barcarolle portugaise, une rhapsodie auvergnate, une suite algérienne, des mélodies persanes, un opéra japonais. C'est presque le tour du monde; et la liste est incomplète.

Grand pianiste, ce sont ses œuvres de piano — les concertos exceptés — qui le reflètent le moins. Il défend courageusement le *Quintette* de Franck, les œuvres de Liszt, de Berlioz, de Bizet et, à un certain moment, celles de Wagner, mais se montre d'une brutalité inconcevable à l'égard de Paul Dukas. Il écrit un article généreux sur Fauré et, à Maurice Emmanuel, une lettre atroce sur Debussy, atroce non pas tellement par l'incompréhension dont elle fait preuve et qui est plutôt dans l'ordre des choses, mais par le niveau de l'argumentation. Il admire Chopin avec clairvoyance mais commet une horrible transcription pour deux pianos de la *Sonate en si bémol mineur.* De nos jours il est le grand prêtre du poncif; vers

1860, ce fut un moderne dont, selon la « Gazette musicale », personne ne jouait les œuvres à cause des dissonances et des recherches de toutes sortes.

Sa curiosité était aussi étonnante que sa mémoire. Tout l'intéressait. Il a fait, à la Société astronomique de France, une conférence sur les phénomènes de mirage; il a écrit des *Notes sur les décors de théâtre dans l'antiquité romaine*. Il a eu le tort de publier un livre pseudo-philosophique et prétentieux intitulé *Problèmes et Mystères*. Sa culture était vaste. Mais Pierre Lalo a raison. Elle ressemblait à une « belle bibliothèque mal rangée ».

Si nous voulons dépister dans son œuvre les « recherches de toutes sortes » qui effrayaient le public de 1860, il nous faut éliminer de prime abord les pièces pour piano seul, « pièces de salon », « de salon bourgeois », valses qui sont des études, études qui sont des valses, toute une musique qui prône le mouvement pour le mouvement et dont le brillant manque d'intérêt. De toute cette nuée émergent les *Trois Préludes* et l'*Allegro appassionato* que l'auteur a inutilement transformé en un ouvrage pour piano et orchestre. Mais, dans les *Concertos*, la conjonction du piano et de l'orchestre fut bénéfique. L'écriture est ingénieuse; les rapports des deux partenaires vivants, la facture, d'une liberté savamment improvisatrice. Souvenons-nous des fonctions structurales assignées à la cadence du *IIe Concerto en sol mineur*, de l'apparition par « ébauches successives » du thème principal dans celui en *ut mineur no 3*, de la manière dont un nombre restreint de motifs mélodiques ou rythmiques assurent l'unité et — grâce aux transformations qu'ils subissent — la diversité de celui en *ut mineur no 4*. Quant au *Ve Concerto en fa majeur*, il est le plus intéressant de tous non pas par son pittoresque incontestable mais par sa construction, son orchestration, ses trouvailles harmoniques, l'importance accordée au timbre en soi et aux effets de résonance. Dans tous ces ouvrages on découvre des détails que rien ne faisait prévoir mais dont la présence est heureuse, et dont l'ingéniosité vivace est aussi peu académique que possible.

Le *IIIe Concerto pour violon et orchestre* op. 61 et le *Ier Concerto pour violoncelle et orchestre* op. 33 ne sont pas déplacés dans ce voisinage. Quant à l'*Introduction et Rondo capriccioso* op. 28, l'intérêt musical en est extrême-

ment réduit; mais les violonistes et le public sont sensibles
à l'éloquence d'un ouvrage parfaitement approprié à sa
destination.

Dans les compositions de musique de chambre,
domine le souci d'une construction ferme et limpide.
Parfois le résultat est excellent. Parfois aussi, comme
dans les deux *Quatuors à cordes* op. 112 et op. 153, le
contrôle constant, pourtant justifié en son principe, rend
le compositeur bien « cartésien ». Fort heureusement,
la forme originale d'un *Scherzo,* une touche de couleur
modale, l'emploi amusant de quintes à vide, viennent
modifier quelque peu la froide correction de ces édifices
sonores. Bien différent, le *Trio en fa majeur* op. 18 est
traversé par un chaud rayon de jeunesse qui rend sa
perfection formelle d'autant plus précieuse. En dehors
de ses propres mérites, et à cause d'eux, il a celui d'avoir
servi de modèle au *Trio* de Ravel : deux bonnes raisons
pour lui être reconnaissant.

Afin d'augmenter la cohésion de l'ensemble, les quatre
mouvements de la *Sonate en ré mineur* pour violon et piano,
op. 75, sont liés deux par deux, comme ceux du *IVe
Concerto,* comme ceux de la *IIIe Symphonie.* Le tournoiement opiniâtre du finale est la seule forme de
vertige que l'on puisse rencontrer dans la musique de
Saint-Saëns qui, par ailleurs, fera souvent usage de la
répétition d'un motif mélodique ou rythmique. L'éven-
tail expressif déployé dans le cadre de la musique de
chambre est assez large pour admettre la coexistence de la
dramatique *Sonate pour violoncelle et piano,* op. 32, et de la
claire et placide *Sonate pour basson* op. 168.

Dans le *Quatuor avec piano,* op. 41, et dans le *Quintette
avec piano,* op. 14, la nature des idées employées entraîne
l'auteur à changer la transparence de son écriture contre
une facture plus orchestrale, tandis que le vif mélange de
timbres du *Septuor en mi bémol,* op. 65, lui suggère de remplacer la forme de la sonate classique par celle de la suite.

A une époque où un professeur du Conservatoire
pouvait dire : « Qui d'entre nous voudrait s'abaisser
à enseigner la Symphonie ? », Saint-Saëns en écrit cinq.
De sa propre volonté il n'en reste que trois, et c'est
la dernière, en *ut mineur* op. 78, qui doit retenir notre
attention. L'orchestre comporte un piano et un orgue
qui enrichissent de somptueuses couleurs l'adagio et le

finale. Tandis que l'orgue se meut avec une remarquable indépendance, le piano (joué à deux et à quatre mains) crée un halo scintillant autour des lignes mélodiques. Comme toujours chez Saint-Saëns, c'est sur le quatuor que repose l'édifice entier, bien que les groupes instrumentaux soient traités avec la plus sûre virtuosité. Le premier thème circule à travers la partition et renforce sa cohésion. Chaque mouvement a un caractère nettement tranché ; le problème des reprises est fort habilement résolu ; la gradation des effets jusqu'à l'apothéose finale est magistralement établie. Indiscutablement, la *IIIᵉ Symphonie* est une des œuvres importantes de la fin du XIXᵉ siècle.

Dans *le Rouet d'Omphale* (pourquoi avoir donné un rouet à Omphale ? se demande, avec raison, Jean Chantavoine), c'est à Berlioz que l'on pense lorsque le thème d'Hercule se transforme en une phrase ironique. L'exemple de Liszt est nettement perceptible dans la *Danse macabre* et *la Jeunesse d'Hercule*. Cela est fort naturel et n'a pas empêché l'auteur de marquer à son coin ces ouvrages souples, transparents, logiques, concis, ayant chacun sa couleur individuelle. C'est précisément parce qu'ils étaient différents des poèmes symphoniques de Liszt que la France les a adoptés avant ceux-ci.

Toujours prêt à jouer le jeu, toujours chez lui dans n'importe quel genre, Saint-Saëns ne s'est pas fait scrupule de « faire du théâtre » en écrivant ses œuvres dramatiques, une quinzaine environ dont certains titres, tout au moins, n'ont pas disparu de notre mémoire : *Henry VIII, Étienne Marcel, Ascanio* qui a permis à Gounod d'écrire une étude spirituelle, fine et juste.

L'attrait de la Bible *(Samson, le Déluge)*, un *Oratorio de Noël*, une *Messe de Requiem,* des motets, pourraient donner éventuellement l'impression que l'auteur était croyant. A tort. « A mesure que la science avance, Dieu recule », a-t-il écrit en 1894 avec la satisfaction étroite d'un scientiste de cette époque. Singulier personnage, en vérité, qu'il est licite de ne pas aimer, mais que l'on ne peut guère ignorer.

Le défi jeté à l'expression à tout prix ne lui appartient pas en propre. Au même moment, Théophile Gautier prône l'art pour l'art, et Leconte de Lisle s'efforce d'écrire des poèmes impassibles. Tous les deux cependant sont des romantiques et l'on est en droit de se demander si la haine « du mouvement qui déplace les lignes » n'est pas une forme extrême du grand courant qui a embrasé la première moitié du XIXᵉ siècle. L'expression fut alors beauté; pour le Parnasse, c'est la beauté qui est expression. Si l'on y pense, peut-on encore appeler Saint-Saëns un classique?

Sa longue vie le fait contemporain de Debussy, de Roussel, des premières escarmouches des Six. Or, le moment principal de son activité créatrice se place entre 1853 et 1895. Il est à craindre que les jugements défavorables que beaucoup d'entre nous portent sur lui ne soient le fruit d'une erreur d'optique. Nous le jugeons par rapport à Ravel, et c'est le contraire que nous devrions faire. C'est son action qui, dans une certaine mesure, a permis l'existence d'un Ravel. Nous oublions ce que voulait dire, en son temps, le combat énergique qu'il a mené, sur tous les plans, en faveur d'une musique symphonique et d'un art réellement français.

La rapide analyse de ses principales œuvres a montré ses extraordinaires dons de musicien. On lui dénie celui de l'émotion vraie. On lui reproche de n'avoir rien recherché en dehors de la clarté des plans, de l'harmonie des formes, de la limpidité du discours. Mais, vécues intensément, ces émotions esthétiques sont-elles moins profondes, moins humaines, que les joies et les douleurs que nous voudrions retrouver sous chaque note qui résonne?

Ne quittons pas Saint-Saëns avant d'avoir évoqué la haute tenue des programmes de ses récitals de piano — une rareté à cette époque — ainsi que son activité de professeur. Fauré qui fut son élève a dit « qu'il lui devait tout en musique ».

N'est-il pas vrai que nous tous, nous avons une dette envers lui? Sa musique est inégale, certes, et les différences de niveau sont sensibles même au sein des ouvrages les plus réussis. Il a apporté des solutions imparfaites aux problèmes irritants qu'il a suscités. Mais il a eu le mérite de les poser d'une manière particulièrement aiguë. Et les qualités de son art s'inscrivent dans un système de valeurs auquel pendant longtemps nous n'avons pas donné sa véritable signification.

Dorel HANDMAN.

BIBLIOGRAPHIE

Catalogue général et thématique des œuvres de Camille Saint-Saëns, Paris, 1908.

BAUMANN, É., *Les grandes formes de la musique : l'œuvre de Camille Saint-Saëns*, Paris, 1908.

BONNEROT, J., *Camille Saint-Saëns, sa vie et son œuvre*, Paris, 1922.

CHANTAVOINE, J., *Camille Saint-Saëns*, Paris, 1947.

DANDELOT, A., *La vie et l'œuvre de Saint-Saëns*, Paris, 1930.

LYLE, W., *Camille Saint-Saëns, his Life and Art*, Londres, 1923.

SERVIÈRES, G., *Camille Saint-Saëns*, 2e éd., Paris, 1930.

LA MUSIQUE DE BALLET
AU XIXᵉ SIÈCLE

L A seconde moitié du XVIIIᵉ siècle vit Noverre renouveler le ballet par la transformation du divertissement en drame. Parmi ses ennemis acharnés, Angiolini qui l'attaquait dans ses pamphlets et revendiquait la priorité de ses réformes, eut la chance d'avoir Gluck pour compositeur. Du *Don Juan* de Tirso de Molina et de Molière, Angiolini, avec la collaboration de Calzabigi et du comte Durazzo, tira le livret du *Festin de pierre* sur lequel Gluck écrivit une trentaine de variations en morceaux de genre (1762). Seize ans après, le génie de la chorégraphie et le génie de la musique se rencontraient de nouveau, dans les personnes de Noverre et de Mozart, quoique-*les Petits Riens* (1779), du propre aveu de Mozart, ne soient qu'un « service d'ami rendu à Noverre ».

Le ballet ne reste pas isolé dans le tourbillon d'événements déclenchés par la Révolution française. Giuseppe Rovani, dans son *Cento Anni,* raconte la création d'un ballet, *Il Generale Colli a Roma,* que le peuple n'appelait que *Ballo del Papa ;* le sujet en était les négociations de paix entre Pie VI et la République française, aboutissant au traité de Tolentino. Le Souverain Pontife consulte ses cardinaux et hauts prélats. Le général des Dominicains s'agenouille devant Pie VI, le supplie de rejeter les conditions imposées. Sur quoi le pape brandit son épée. Les intrigues politiques du cardinal Busca, du sénateur Rezzonico et du général des Dominicains alternent avec les intrigues d'amour de la princesse Santa Croce et du prince Braschi, nièce et neveu du saint-père. Dans la scène finale, à l'annonce de la reddition de Mantoue, où s'est enfermé le général autrichien Wurmser (1797), la population se soulève contre le général Colli-Ricci, le pape substitue à la tiare le bonnet phrygien et tout le Sacré Collège, avec le Souverain Pontife, se met à danser. Nous ne connaissons ni la musique ni l'auteur de ce ballet, que les autorités militaires françaises interdirent après onze représentations.

« PROMÉTHÉE » DE BEETHOVEN

En 1801, lorsque le Premier Consul s'installa aux Tuileries, un jeune compositeur, arrivé à Vienne, bientôt admirateur de Bonaparte, mit en musique un « corédrame » de Salvatore Vigano : *Prométhée,* héros déjà d'un ballet en 1627 à la cour de Savoie, *Prometeo che rubba il fuoco a Sole.* Ce compositeur n'était autre que Beethoven. Premier et dernier contact du génie de la musique avec celui de la chorégraphie au XIXe siècle.

A peine Beethoven fut-il établi à Vienne que firent leur apparition sur la scène de l'Opéra de la cour, Salvatore Vigano, danseur et maître de ballet, et sa femme Marie Medina, danseuse, de son vrai nom Josepha Meyer. Stendhal, fanatique de Salvatore Vigano, le comparait à Napoléon, au poète Vincenzo Monti, au sculpteur Canova et avant tout à Rossini ! L'illustre écrivain jugeait *la Vestale* de Vigano « aussi forte que le plus atroce Shakespeare ». Monti affirmait qu'il y avait en Vigano l'étoffe d'un nouvel Arioste. Neveu de Boccherini qui lui avait donné des leçons, Salvatore possédait une sensibilité de musicien, une imagination de poète et une vision de peintre. A dix-sept ans, il avait composé un bref opéra bouffe, représenté à Rome. A Madrid, il épousa Marie Medina et fit la connaissance de Dauberval, élève de Noverre. Ainsi, par le truchement de Dauberval, Vigano réalisait les idées dramatiques et chorégraphiques du maître français. Salvatore a écrit une vingtaine de ballets d'action, mythologiques, anacréontiques, qu'il appelle « corédrames ». Il cherchait ses sujets un peu partout *(Otello, Gli Strelizzi)*. Dans son œuvre *I Titani,* il se fait le précurseur de Wagner, en dénonçant les funestes conséquences de l'or pour l'humanité. Ses créations majeures eurent lieu à Vienne et surtout à Milan. Quant à Marie Medina, déjà passée la prime jeunesse, elle fit, à trente-six ans, tant par son talent que par l'exhibition de ses charmes, la conquête de la ville impériale, l'empereur François II en tête.

D'après les contemporains, Marie prenait pour modèles bas-reliefs, statues et fresques antiques, comme en témoigne l'abbé Casti.

Pendant ce temps-là, le jeune Beethoven fréquentait le maître de danse Andreas Lindner, mais les leçons de celui-ci n'allaient pas sans heurts car, si l'on en croit Ries, Beethoven ne dansait pas en mesure. Pourtant la danse devait le distraire assez pour qu'il composât une douzaine de menuets et d'allemandes en vue des bals dans la petite salle de la Redoute, et encore des danses de *Mödling,* des *Ländler,* etc. La première fois que l'on vit accolés les noms de Vigano et de Beethoven, ce fut sur la page de couverture des *Douze Variations sur le menuet à la Vigano* de Beethoven, dansé par la Venturini et par Cecchi dans *le Nozze disturbate* de Jakob Haibel, au théâtre de Schikaneder, librettiste de *la Flûte enchantée* (Freihaustheater, 18 mai 1795).

D'après Heinrich von Collin dont le *Coriolan* inspira Beethoven, une rivalité opposait les admirateurs de Vigano et les partisans de Muzzarelli, représentant l'ancien style de ballet. Des écrivains et des journalistes livraient bataille dans les deux clans. Pourquoi Salvatore confia-t-il son livret à Beethoven, encore très peu connu, auteur de deux ou trois concertos et de la Ire *Symphonie* ? Beethoven a dédié son *Septuor* à l'impératrice Marie-Thérèse, qui était passionnée de musique. En choisissant Beethoven, Vigano voulut flatter la souveraine, précisément à l'heure où le maître, secouant l'influence de Mozart et de Haydn, allait trouver son langage. Or le livret de *Prométhée* est perdu. Sur l'affiche de la création (21 mars 1801), on lit :

Le thème de ce ballet allégorique est la fable de Prométhée. Les philosophes grecs qui la connaissaient nous en expliquent l'illustration. Celle-ci fait de Prométhée un esprit sublime qui, ayant trouvé l'humanité dans un état de profonde ignorance, cherche à l'ennoblir par la science et l'art, et à lui enseigner la morale. Partant de ce principe, ce ballet présente deux statues, devenues vivantes, et, par la puissance de l'harmonie, susceptibles de toutes les passions humaines. Prométhée les conduit au mont Parnasse pour y recevoir les préceptes d'Apollon, dieu des Arts. Apollon donne l'ordre à Amphion, Arion et Orphée, de leur révéler la musique, à Thalie le deuil et la gaîté, à Terpsichore et à Pan les danses de bergers de leur

récente invention, et à Bacchus la danse héroïque dont il est
le créateur.

Carlo Ritorni, ami intime et biographe de Vigano,
est plus loquace :

Poursuivi par la violente colère du Ciel, traduite par un
bruyant prélude musical, Prométhée, en parcourant la forêt,
rejoint les deux statues qu'il vient de modeler et se hâte de
poser la flamme céleste sur leurs cœurs. Les statues s'éveillent
à la vie et au mouvement. Soudain Prométhée s'emporte, il
les invite avec une tendresse paternelle, mais ne parvient pas
à les émouvoir; au lieu de se tourner vers lui, les créatures
se jettent indolemment par terre, tout près d'un grand arbre.
De nouveau, Prométhée les caresse. Cependant elles veulent
s'éloigner du Titan qui se risque alors à des menaces, sans
plus de résultat; il s'indigne, veut détruire son œuvre. Mais
une voix intérieure le retient et il entraîne les deux statues
animées.

Au deuxième acte, nous sommes au Parnasse; Apollon est
entouré des Muses, des Grâces, de Pan et, par un audacieux
anachronisme, d'Orphée, d'Amphion, d'Arion. Prométhée
arrive avec ses créatures pour les présenter à Apollon qui les
initiera aux arts et aux sciences. Sur un geste d'Apollon,
Euterpe, appuyée à Amphion, se met à jouer de la flûte, et
son jeu commence à donner l'intelligence et la réflexion aux
deux jeunes êtres. Ils éprouvent des affections humaines et
reconnaissent en Prométhée l'objet de leur gratitude, de leur
amour, et l'embrassent passionnément. Terpsichore, les
Grâces, Bacchus et les bacchantes attaquent une danse héroïque à laquelle les créatures veulent participer. Cependant,
Melpomène intervient; dans une scène tragique, elle leur
fera connaître par le poignard la mort qui met une fin aux
jours de l'homme. Melpomène se précipite sur Prométhée,
étonné, et lui reproche d'avoir créé des misérables, voués à
pareil destin; elle juge que la mort n'est pas pour lui une
punition trop cruelle. Malgré les efforts des compatissantes
créatures, Melpomène poignarde Prométhée. Une scène
comique suit la mort du Titan. Thalie pose devant le visage
des deux créatures sanglotantes son masque, tandis que Pan
et les Faunes ressuscitent Prométhée. Tous s'élancent en une
danse de joie.

L'accueil de *Prométhée* fut presque un échec. Un journal
viennois, « Zeitung für die elegante Welt » (19 mai 1801),
publia une critique détaillée de la création; nous en rele-
vons quelques fragments :

Cette nouveauté dans son ensemble n'a pas plu. La plus grande déception de notre sensible public, c'est que le plateau demeura sans changement dès la seconde scène du premier acte, jusqu'à la fin du ballet. La musique ne répondait pas complètement à l'attente quoiqu'elle possédât des qualités peu communes. Que M. van Beethoven avec une telle unité, pour ne pas dire uniformité, d'action, puisse satisfaire aux exigences du public viennois, j'en doute. Mais qu'il ait écrit pour un ballet une musique trop savante, sans égard à la danse, voilà qui est incontestable. Tout y est construit pour un divertissement — comme doit l'être un ballet proprement dit — mais à trop grande échelle et faute de situations convenables à un ballet, les fragments sont plus viables que le tout. Cela commence dès l'ouverture. Elle serait à sa place dans un grand opéra et ne manquerait pas d'obtenir un remarquable effet, mais ici elle jure. La danse guerrière et le solo de Mlle Casentini furent la meilleure réussite. Dans la danse de Pan, on a relevé quelques réminiscences d'autres ballets. Mais il me semble qu'ici on fait trop de griefs à M. van Beethoven afin que ses envieux puissent lui contester la remarquable originalité avec laquelle, c'est vrai, il prive souvent ses auditeurs des harmonies agréables et douces.

Tout en couvrant d'éloges le talent chorégraphique de Vigano, le chroniqueur critique sévèrement le spectacle :

Le Parnasse et ses habitants n'étaient guère agréables à voir. Les neuf Muses, telles des figures inanimées, restaient à leurs places désignées aussi longtemps que leur tour de danse n'était pas venu. Apollon, lui aussi, demeura toujours assis, immobile sur le sommet de la montagne. Peut-être cette scène n'a-t-elle pas suffisamment impressionné la fantaisie artistique de notre chère Casentini; tandis qu'elle présentait les enfants à son père, dieu des Muses, elle manifestait peu de sympathie et son regard, avec une indifférence surprenante, se portait sur d'autres objets. Mais ce fut surtout la première scène — d'après la critique — qui fut longue et ennuya le public; lorsque après avoir reçu le feu dans la poitrine, les statues commencèrent à piétiner, raides et sans gestes.

Beethoven rejeta la responsabilité de l'échec sur Vigano et celui-ci sur le compositeur. Sans doute Beethoven n'avait-il pas écrit un ballet auquel les habitués des spectacles chorégraphiques étaient accoutumés sous le règne de Léopold II. En 1801, *Prométhée* atteignit seize représentations, l'année suivante douze, et disparut ensuite du répertoire viennois. Vigano lui-même était mécontent de son corédrame. Il le refit et l'étendit à six actes avec des modifications substantielles. Cette nouvelle forme vit les feux de la rampe à la Scala de Milan, en 1813. Le nouveau *Prométhée* ne garda que quatre numéros de la première version, appelée par Ritorni *Il Piccolo Prometeo,* pour devenir un pastiche musical. Les autres numéros étaient empruntés à différentes œuvres de Beethoven et de Weigl, chef d'orchestre des théâtres de la cour. L'une de ses œuvres, *Die Schweitzerfamilie,* avait été jouée à Paris. Trente ans après la première de Milan, en 1843, A. Hus, maître de ballet à Vienne, refit *Prométhée*. Les épreuves du livret ont été retrouvées, elles portent les noms de Beethoven et de Mozart comme auteurs de la musique. Quoique les archives des théâtres de la cour n'en aient conservé aucune trace, cette prétendue collaboration de Mozart eût été conforme à la pratique courante des maîtres de ballet.

Beethoven a utilisé le nº 7 de ses *Douze Contredanses* pour trois œuvres de grande envergure. D'abord pour le finale de *Prométhée,* puis en thème de *Variations pour piano* (op. 35, *mi bémol*) et enfin comme *ostinato* du finale de la *Symphonie héroïque*. Les dates de naissance de ces trois œuvres coïncident presque; il est impossible d'établir si les *Contredanses* ont précédé *Prométhée* ou non. La onzième *Contredanse* est aussi développée dans le finale de *Prométhée*. Bien entendu, le développement le plus grandiose est celui de la *IIIe Symphonie,* composée en 1803-1804, tandis que les *Variations,* op. 35, datent de 1802; le finale de l'*Eroica* en est le développement orchestral élargi.

Beethoven a donc insisté sur cette danse de seize mesures qu'il trouva digne d'utiliser dans la *Symphonie héroïque,* au bout de plusieurs années. Cette énigme a incité certains spécialistes allemands à reconsidérer l'identification de l'*Eroica*. Son héros ne serait-il pas Prométhée, donateur du feu à l'humanité, et non point Napoléon ? Légende, alors, que le maître eût déchiré le frontispice et la dédicace à Bonaparte lorsque Napoléon se fit proclamer empereur ? On assiste au suprême achèvement d'un processus inauguré par *Prométhée* et terminé par la *Symphonie héroïque*. Nottebohm était d'avis que la septième et la onzième *Contredanses* furent tirées du *Prométhée* et non d'un stock de pièces de danses préexistantes.

Riemann relève que, de 1801 à 1803, Beethoven approfondit la technique de la variation pour obtenir de nouveaux effets. En octobre 1802, il écrit à Breitkopf et Härtel au sujet de ses deux séries de *Variations en fa* et en *mi bémol* que « toutes les deux sont vraiment composées d'une manière entièrement nouvelle et chacune d'une façon complètement différente ». Beethoven abandonne la technique de l'ancienne double qui n'était qu'une répétition ornementée de certaines parties des variations de la *Sonate en la bémol,* écrite immédiatement après *Prométhée.* Selon l'hypothèse de Riemann, l'argument essentiel du drame de Prométhée : réveiller l'intelligence et la sensibilité de ses créatures, aurait incité Beethoven à plier un thème à de multiples transformations, jusqu'à ce qu'il revêtît une forme apte à représenter des êtres devenus pensants et sensibles. Beethoven utilisa ainsi pour *Prométhée* sa technique de variation et, peu satisfait du résultat, s'efforça de mieux développer son thème dans l'opus 35 et surtout dans l'*Eroica.*

La musique de *Prométhée* est une série de variations, tel le *Don Juan* de Gluck, avec la différence des trouvailles techniques de Beethoven, mais dépourvue de thème central assez frappant et assez dramatique pour peindre les situations. Contrairement aux variations en morceaux de genre de Gluck, celles de Beethoven sont principalement symphoniques, leur jeu de motifs est dénué de ce fond psychologique qui sera le critère du travail thématique, évocateur de personnages ou de paysages, procédé propre aux maîtres du romantisme, depuis l' « idée fixe » de Berlioz jusqu'à la désagrégation cellulaire pratiquée par Liszt. L'art de Beethoven s'enracine avec une telle force dans la musique pure et absolue qu'il est incapable de se soumettre aux exigences de la musique à programme, encore moins à celles de la chorégraphie. De nos jours, de la *Chaconne* de Bach, en passant par la *Sonate* de Liszt, jusqu'aux œuvres de Debussy, de Schönberg, de Ravel, de Prokofiev, etc., les chorégraphes imposent leurs visions subjectives aux musiciens défunts qui ne peuvent plus protester. Mais à cette époque, le chorégraphe était le maître qui commandait au musicien. Beethoven s'in-

clina; cependant, avec la meilleure volonté, il n'était pas
capable de renoncer à l'essence de sa musique. C'est à la
disparité, voire l'incohérence, de l'action et de la musique
qu'est dû l'échec de *Prométhée*. On pouvait soumettre à
Beethoven un scénario, mais contraindre la musique
rebelle à un canevas qu'elle ne suit qu'à de rares intervalles ne réussit à personne, même à Beethoven. Du reste,
il refit ses variations, sans programme, à deux reprises.

L'INFLUENCE FRANÇAISE ET ITALIENNE EN EUROPE

Au début du xixᵉ siècle, les chorégraphes français
dominent les théâtres de l'Europe. Autant de théâtres
lyriques, autant de foyers de danse française à l'étranger.
Vienne où travaille Aumer, maître de ballet, avec ses
deux filles et son gendre Roser et où se rendent les plus
célèbres artistes français : la Bigottini, Lise Noblet et
Paul « l'Aérien »; la Russie avec Didelot, maître de
ballet de Paul Iᵉʳ, inventeur du ballet volant et du mail-
lot de couleur chair, Perrot, Lucien Petipa, Marius
Petipa; Londres, où l'hégémonie française est partagée
par les Italiens; l'Italie, où Louis Henry et d'autres chorégraphes français jouissent d'une grande popularité.
En Allemagne foisonnent des artistes français. Cette
liste s'enrichira plus tard avec Arthur Saint-Léon qui
réussit également sur les scènes italiennes et avec Bour-
nonville qui assura la prépondérance française au Danemark.

La collaboration de Beethoven et de Vigano fut suivie
d'une longue période de déclin sous le règne du pastiche. On dansait sur des airs bien connus d'opéras. Les
plus célèbres maîtres du répertoire ne dédaignaient pas
de pasticher quelquefois même leurs propres œuvres.
Méhul fit un pastiche, c'est-à-dire « composa et arrangea »
avec Gardel un ballet dramatique, *Persée et Andromède*
(1810). Henri Berton, également avec Gardel, pasticha
un ballet, *l'Enfant prodigue* (1812), lequel parvint à
quarante-neuf représentations. Persuis remporta un
grand succès en pastichant l'exquise *Nina, ou la Folle par
amour*, chef-d'œuvre de Dalayrac, avec cent quatre-
vingt-onze représentations (1813-1837). Ce fut l'un
des plus grands triomphes de Mlle Bigottini. Persuis

pasticha aussi *l'Épreuve villageoise* de Grétry sur la chorégraphie de Milon. Hérold « composa et arrangea »
*Astolphe et Joconde, ou les Coureurs d'aventures, la Somnam-
bule, ou l'Arrivée d'un nouveau seigneur, la Belle au bois dormant* et *la Fille mal gardée,* dont le livret avait été écrit par
Dauberval en 1786 et qui eut une popularité européenne. Habeneck pasticha aussi *les Noces de Figaro* en
un ballet intitulé *le Page inconstant,* sur la chorégraphie
d'Aumer.

Au début du XIXᵉ siècle, le ballet historique et mythologique connut un âge d'or. Les chefs d'orchestre de
l'Académie de Musique en sont les meilleurs fournisseurs.
Rodolphe Kreutzer met en musique *les Amours d'Antoine
et Cléopâtre* (1808). Berton écrivit *l'Enlèvement des Sabines,*
ballet-pantomime historique dont la création eut lieu
à Fontainebleau (1810); Lefebvre fit *Vénus et Adonis*
(Saint-Cloud, 1808). Avec le compositeur italien Venua,
Didelot fit maints ballets dont *Flore et Zéphyre* (ballet anacréontique) fut donné à Paris. Son plus célèbre ballet, *The
Hungarian Cottage or the illustres Fugitifs,* créé au King's
Theatre Haymarket en 1813, poursuivit sa carrière en
Russie. Carlotta Grisi et Helena Andreianova le dansèrent
encore en 1853. Henri Darondeau, élève de Berton,
composa de nombreux ballets, la plupart avec Aumer.
Sa *Jenny, ou le Mariage secret* et *les Deux créoles,* données
à la Porte-Saint-Martin, étaient connus à l'étranger.

La musique de tous ces ballets est assez insignifiante.
Mais on trouve une partition remarquable : *Alexandre
chez Apelle,* de Catel, sur un livret de Gardel. Technicien
solide, « symphoniste théâtral », Catel ne se contente
pas de fournir des rythmes au maître de ballet, il essaie
de portraiturer ses protagonistes. Au deuxième acte
éclate une véritable symphonie concertante pour flûte,
cor, basson, deux harpes et orchestre. Persuis et Kreutzer s'associant avec Milon ont composé *le Carnaval
de Venise ou la Constance à l'épreuve,* qui développa, si
l'on peut parler de développement, le fameux motif en
6/8 que tous les virtuoses varient depuis Paganini (cent
soixante-huit représentations). A Paris, Londres et
Vienne, on applaudit vivement *les Pages du duc de Ven-
dôme* (1815), œuvre de Gyrovetz, secrétaire d'ambassade
et compositeur d'une fécondité invraisemblable (soixante
symphonies, trente opéras, quarante ballets). Sa musique

assez bien rythmée ne pose pas de problèmes. Dès 1818, on rencontre sur l'affiche le nom de Schneitzhoeffer, futur auteur de *la Sylphide*, sous *le Séducteur au village ou Claire et Mectal*, ballet-pantomime, puis sous *Mars et Vénus ou les Filets de Vulcain*.

Parmi les Italiens, Cesare Bossi composa des ballets pour l'Opéra de Londres; le catalogue de l'éditeur Lavenu en a conservé les titres. Il mourut à Londres, dans la prison du Roi, en 1802. Catterino Cavos, fils du directeur de la Fenice, écrivit dès l'âge de quatorze ans une *Sylphide* pour le théâtre de Padoue, il donna six ballets. Saverio Mercadante, « rival » de Verdi, composa avec Taglioni deux ballets pour le San Carlo : *il Servo balordo o la Disperazione di Gilotto* (1817) et *il Flauto incantato le Convulsione musicale* (même année).

Mais le grand industriel international du ballet est le comte W. R. Gallenberg, époux de Giulietta Guicciardi à qui fut dédiée la *Sonate* « au clair de lune ». Elève d'Albrechtsberger, auteur de musique des festivités de Joseph Bonaparte, commanditaire du fameux imprésario Barbaja, puis lui-même fondateur du théâtre de la Porte de Carinthie à Vienne, il confectionna une cinquantaine de ballets. *Alfred le Grand* fut donné aussi à Paris avec une somptueuse mise en scène (1822). « On a applaudi fréquemment les danseurs », écrit le « Journal des Débats », « quelquefois les musiciens et souvent M. Cicéri, car il y a trois changements de décorations, et M. Aumer. » Gallenberg essaya quelquefois de donner un caractère descriptif à sa musique. Cependant, ce qui prouve à quel point la musique d'un ballet était considérée comme de troisième ordre, c'est que souvent ni l'affiche ni le livret ne mentionnent le nom du musicien.

Le genre le plus parisien de tous, l'opéra à grand spectacle, trouva dans le ballet un instrument de choix pour rehausser l'effet scénique. Spontini a inséré un grand ballet dans son *Ferdinand Cortez, ou la Conquête du Mexique*. A partir de *la Muette de Portici*, tous les opéras romantiques utilisent le ballet. Tel est le clou de *Robert le Diable*. Dans le cimetière d'un couvent en ruine, inondé de clair de lune, à minuit, sur l'invocation de Bertram, les nonnes sortent de leurs tombeaux en linceul, s'avancent, tels des fantômes, pendant les

macabres harmonies des bassons seuls parmi l'orchestre
silencieux, jusqu'à ce que sur l'invitation de la supérieure,
« elles se livrent au plaisir d'une bacchanale ardente ».
La lecture de la partition nous fait sourire, mais Balzac,
Berlioz, Chopin, Liszt, en eurent le grand frisson.

DANSES NATIONALES ET BALLET NATIONAL

Au XVIIIe siècle commença la vogue des danses nationales qui ne tarderont pas à évoluer en ballet. La célèbre
Barberina Campanini, maîtresse de Frédéric le Grand,
créée comtesse par Frédéric-Guillaume II, dansa à
Londres en 1740 des danses hongroises et tyroliennes :
« *The recruiting officer and a new Tyrolean dance between
a Hungarian and two tyrolese* » (« London Daily Post »,
30 décembre 1740). Cette vogue s'accentuera durant le
Congrès de Vienne, comme le prouve la publication
suivante de la maison Artaria : « Choix de danses
caractéristiques de diverses nations de l'Europe avec des
danses exécutées à l'occasion du séjour des Hautes Puissances à Vienne pendant les années 1814-1815 ».

Le premier ballet national à Vienne fut *la Vendange* de
Muzzarelli (12 novembre 1794) de la composition de
Paul Vranický. Il contenait une *Contradansa all' ongarese*.
« Le Courrier hongrois », journal de Vienne, nous informe
que la musique s'inspirait des danses de racoleurs. Des
femmes y participaient aussi en costumes nationaux.
D'après l'affiche du théâtre de la Porte de Carinthie,
la représentation du 15 octobre 1796 se termina par la
création d'un nouveau divertissement sur musiques
nationales, intitulé *Hommages,* du chorégraphe italien
Giuseppe Trafieri. L'affiche en donne l'argument : « Les
Autrichiens, les Tyroliens, les Calabrais et les Hongrois
viennent présenter leurs hommages dans le Temple de
l'Honneur. La musique est de M. Weigl jeune. » Il s'agit
de Joseph Weigl, d'origine hongroise, élève de Salieri et
d'Albrechtsberger, auteur de nombreux opéras et ballets,
second chef d'orchestre de la cour, poste qu'il avait
emporté sur Schubert. Le 29 novembre 1815, on vit à
l'Opéra de Vienne un ballet hongrois de l'invention
d'Aumer sur la musique de Gyrovetz qui développait les
danses de Jean Bihari, roi des violons. Ce ballet sera
monté à Paris *(la Fête hongroise)* et à la « *french season* » de

Londres. Dans *la Neige, ou le Nouvel Eginhard,* d'Auber, Mazilier et Mimi Dupuy dansèrent en 1823 un galop hongrois sur des mélodies populaires, transcrites plus tard par Liszt. La famille tyrolienne Rainer mit à la mode les danses tyroliennes en Europe et en Amérique. *La Fiancée* d'Auber insère une tyrolienne que Liszt a également paraphrasée. Désormais, la cracovienne, la tyrolienne, la hongroise, la silésienne et la cachucha espagnole animeront le coloris un peu pâle des danses « civilisées » de l'Occident.

LE BALLET ROMANTIQUE

L'histoire du ballet romantique est bien paradoxale. Incarnée par Marie Taglioni, puis par ses plus jeunes rivales, Fanny Elssler et Carlotta Grisi, sa chorégraphie révolutionna le ballet classique. Un monde mystérieux s'anima sur la scène, les songes de la fantaisie nordique, les villis, les gnomes, les sylphes, les nixes. Avec le conte de Nodier *(Trilby, ou le Lutin d'Argail)*, le romantisme écossais fit son entrée sur la scène de l'Opéra. Sous les pas aériens de la Taglioni prirent forme et figure mille merveilles de l'imagination. Son père et chorégraphe, Philippe Taglioni, a transmuté les lignes du ballet classique en couleurs, frémissements, ondulations, oscillations. La danse immatérielle de Marie triomphait. Elle était plus qu'une virtuose, sa technique avait cessé d'être une fin en soi, comme chez les Vestris. Reléguée au second plan, cette technique n'est désormais qu'une humble servante de l'idéal romantique. En effet, les cénacles exultaient, voyant dans le ballet le triomphe de leur idéologie.

Et la musique ? Or c'était justement la musique contemporaine qui aurait dû inspirer la danse ! Y avait-il une musique digne de ce nom, suggérée par la danse romantique ? Aucun des grands musiciens de l'époque ne s'intéressait au ballet. Le plus tumultueux de tous, Berlioz, l'incomparable magicien de *la Reine Mab,* déconsidérait le genre. Le jeune Liszt, tel le jeune Wagner, ne trouvait pas intéressant de faire un ballet. Malgré son orchestre latent, l'imagination de Chopin était mesurée au piano. Le rêveur fantasque du romantisme bourgeois allemand, Schumann, y resta insensible. Schubert également et pourtant tous deux s'étaient attaqués à peu près à tous les genres. La raison de l'absence des grands maîtres s'explique par la mentalité des chorégraphes, des artistes de danse qui ne voulaient pas de musiciens indépendants, seulement des hommes de métier dociles auxquels on pût imposer sa volonté. Ainsi, sous le titre du premier ballet romantique, *la Sylphide,* se lit le nom d'un modeste artisan : Schneitzhoeffer. Sa musique est dépourvue de tout ce qui fait la substance du ballet romantique. D'ailleurs le public ne cherchait qu'un plaisir visuel, content que la musique ne le dérangeât pas, qu'elle fût réduite au rôle de simple utilité. A quoi bon un plaisir auditif ? A détourner l'attention du spectateur ? Du reste, les chorégraphes ne s'efforçaient pas de rendre visuelle la musique (à elle de suivre leur imagination), sinon la concentration du spectateur eût été divisée. Un compositeur de marque aurait pu avoir une personnalité, des intentions, pour ne pas dire une volonté, il oserait peut-être contredire le chorégraphe, ou même la déesse obligée de mobiliser son protecteur. Il ne fallait pas craindre pareil danger de la part du brave Schneitzhoeffer, ancien élève de Catel, auteur d'une symphonie, de nombreuses romances, et d'un opéra inachevé, *Sardanapale.* Pour gagner sa vie, il était timbalier. C'est à peu près tout ce qu'on sait de lui, hormis trois phrases savoureuses de Fétis : « Ami du plaisir, Schneitzhoeffer ne sut pas donner une direction assez sérieuse à ses facultés. Dans sa jeunesse, les mystifications étaient à la mode, il en imagina de très bouffonnes. Plus tard, il regretta le temps qu'il avait perdu et ce retour sur lui-même lui inspira une tristesse habituelle. » De Schneitzhoeffer on ne peut rien dire d'autre sinon qu'il fut un honnête fournisseur de rythmes. Pourtant, *la Sylphide* conquit un éclatant succès, jusqu'en 1847 cent dix représentations. Mais nul ne parlait de sa musique ou guère.

Scribe et Halévy firent un *Manon Lescaut,* « ballet-pantomime » en trois actes. Malgré quelques scènes assez réussies, témoins de la valeur du compositeur, l'œuvre disparut bientôt. La même année, Auber, également sur le texte de Scribe, d'après Goethe, donna *le Dieu et la bayadère ou la Courtisane amoureuse,* qualifié par les auteurs d'opéra-ballet, mais c'est plutôt un opéra qu'un ballet. Scribe écrivit aussi pour Carafa, futur membre de l'Institut, un livret de ballet en 1831; en dépit de son titre prometteur, *l'Orgie* n'eut pas de succès.

Deux nouveaux compositeurs apparaissent sur l'affiche : Casimir Gide et Théodore Labarre. Le premier avec Halévy et le chorégraphe Coralli fit un ballet, *la Tentation,* qui récolta de vifs applaudissements, surtout à cause d'un galop devenu très populaire (cent quatre représentations). Le second, en collaboration avec Philippe Taglioni, écrivit pour Marie Taglioni *la Révolte au sérail* (1831). Le nom de Labarre demeure célèbre comme virtuose de harpe et chef d'orchestre de Napoléon III. Son ballet eut l'honneur d'inspirer la première critique musicale de Berlioz (« Le Rénovateur », 8 décembre 1833). Non seulement Hector exprime son opinion, mais il révèle la pratique courante des compositeurs de ballet et la mentalité des musiciens à cet égard :

Parmi les morceaux que l'usage a obligé d'introduire dans la musique de son ballet, M. Labarre a placé le magnifique sextuor de *la Vestale;* pourquoi en a-t-il tronqué l'instrumentation ? (suppression des timbales voilées). Il a placé avec esprit plusieurs de ses romances, entre autres celle de la *Jeune fille aux yeux noirs,* dont la vogue est connue. La musique est peu originale sur laquelle Taglioni et son armée font leur évolution. L'auteur était peut-être découragé par l'idée qu'en ce moment l'éclat de la scène absorberait tellement l'attention du public qu'il n'en resterait plus pour écouter sa musique. Sous ce rapport, il ne s'était pas trompé, écrire une symphonie guerrière pour cette scène eût été un acte de dévouement inutile de la part du compositeur, son œuvre aurait passé inaperçue.

ADOLPHE ADAM

Adolphe Adam, avec *la Fille du Danube,* ne contribua pas à sa popularité, mais à celle de Marie Taglioni. Son style est celui d'un opéra-comique moyen, néanmoins sans la fraîcheur du *Postillon de Longjumeau.* Le ballet romantique remporta sa seconde victoire avec *Giselle, ou les Wilis* (1841). La musique d'Adolphe Adam est sobre, inapte à suivre les envolées fantastiques de Carlotta Grisi. Théophile Gautier, épris de Carlotta, mit en scène la légende des Wilis, « délicieuses apparitions au teint de neige, à la valse impitoyable ». C'est l'histoire tragique de Giselle, fille d'un garde, et du prince

Albrecht. Les quatorze ballets d'Adam jouirent d'une
grande popularité en France, en Allemagne, en Russie,
en Autriche, en Hongrie, en Italie et en Grande-
Bretagne. Comme ses opéras-comiques, ses ballets
représentent le goût bourgeois louis-philippard qui
prédominait en Europe à cette époque-là. Adam avouait
très sincèrement dans « Le Constitutionnel », où il
tenait le feuilleton musical : « Rien ne me plaît davantage que cette besogne qui consiste, pour trouver l'inspiration, non à compter les rosaces d'un plafond ou
les feuilles des arbres du boulevard, mais à regarder les
pieds des danseuses... J'écris les idées qui me viennent
et elles viennent toujours des aimables filles... et il
m'arrive, tout harcelé que je sois par le maître de ballet,
de les trouver fraîches et jolies. » Saint-Saëns est très
prudent dans son jugement sur *Giselle* : « Adam a fait
la musique la plus symphonique qu'il a pu, mais il a
donné ce qu'on est convenu d'appeler de la musique
savante, il a fait danser les villis sur une fugue... » Plon-
geant dans ses chimères chorégraphiques, Serge Lifar
se trompe fort quand il juge Adam supérieur à Delibes
et proclame que *Giselle* a beaucoup plus de caractère, de
couleur locale, de cachet, que *Coppélia* ou *Sylvia* ! Précisément ce sont ces trois qualités qui lui manquent.
L'opinion de René Dumesnil est juste : « Il y a de charmantes trouvailles, mais noyées sous des flonflons insi-
pides, assaisonnées de développements fastidieux quand
ils ne sont pas vulgaires. »

LES BALLETS DE PUGNI

Pour Milan, Paris, Londres, Saint-Pétersbourg,
Vienne, le « *producer* » hors concours fut Cesare Pugni
(1805-1870), manufacturier de plus de trois cents
ballets. A l'âge de dix-neuf ans il monta son premier
ballet à la Scala : *Elerz e Zulmida*. L'Opéra de Paris
donna de lui : *la Fille de marbre* (1847), *la Vivandière* (1849),
le Violon du diable (1849), *Stella, ou les Contrebandiers*.
C'était de la musique de danse habituelle, guère originale,
mais sonnant bien. Dans son *Esmeralda*, dont le chorégraphe était Perrot, Pugni introduisit un nouveau type
de ballabile : un mouvement combiné de galop polka,
qui conserva le nom d'Esmeralda.

Les danses nationales ne suffisant plus à rehausser le coloris, Casimir Gide, sous l'effet des voyages de Bougainville, introduisit des danses indigènes dans son ballet *Ozai,* où s'illustra la Priora. Mais ses rythmes et ses mélodies étaient trop européanisés. Adam plaça une cracovienne dans *la Jolie fille de Gand* pour Carlotta Grisi. Ambroise Thomas, avec Benoist et Marliani, signa un ballet, *la Gypsy.* Mais la triple collaboration ne put éviter l'échec, pas plus que la coopération de Benoist et de Reber ne put empêcher la chute du *Diable amoureux.* Un élève doué d'Habeneck et Halévy, Edouard Deldevez (futur chef d'orchestre du Conservatoire et de l'Opéra) écrivit *Paquita,* qui met en scène un grand festival tzigane. Le premier ballet qu'Ambroise Thomas ait écrit tout seul, *Betty* (1846), avec Sofia Fuoco dans le rôle principal, souleva l'admiration.

Après la Taglioni, la Elssler, la Grisi, monte une nouvelle étoile : Fanny Cerrito. Cette danseuse napolitaine avec Perrot et Pugni fit un ballet : *Ondine ou la Naïade* (Her Majesty's Theatre, Londres 1843), d'après La Motte Fouqué, sujet qui séduisit un jour Giraudoux. C'était la première fois que le ballet évoquait le monde sous-marin. La grande attraction fut le *Pas de l'ombre* (Meyerbeer l'imitera dans *Dinorah*). La scène de la « fascination » et les charmes de Fanny inspirèrent à souhait le compositeur, la presse anglaise loua la puissance expressive de la musique. Perrot et Pugni firent un ballet d'un incident de la vie du peintre Salvator Rosa (Londres, 1869). La musique soutient sur des rythmes pointés le livret mouvementé; la belle Danoise Lucile Grahn y dansa un « pas stratégique ». Les évolutions militaires des *female brigands* plaisaient beaucoup. Pugni introduisit un rythme assez rare à cette époque : le pas à cinq temps. Perrot et trois maestri : Costa, Bajetti, Panizza, composèrent un ballet sur *Faust* (après le succès du *Faust* d'Adam à Londres), pour la Scala de Milan; le rôle de Marguerite était destiné à Fanny Elssler (1848). La partition nous est inconnue mais elle eut beaucoup de succès en Russie où Marius Petipa tint le rôle de Faust. Paul Taglioni et Pugni évoquent *les Plaisirs de l'hiver ou les Patineurs* (l'année suivante, Meyerbeer les imitera dans *le Prophète*). On y patine sur le Danube, il y a donc un « pas à la hussarde » qui n'est

qu'une polka avec de faux hongarismes (1849). Dans *la
Vivandière,* de Pugni, on danse une *redowa,* danse tchèque ;
Pugni développe aussi quelques thèmes russes dans son
ballet *le Petit cheval bossu,* dont le sujet est un conte populaire russe (Théâtre Bolchoï de Saint-Pétersbourg).

C'était une tradition chez les compositeurs de ballet
que de pasticher ou de s'approprier les mélodies des
autres. Ainsi, « Le Ménestrel » constate que dans le
Diavolina de Saint-Léon (mari de Fanny Cerrito) et de
Pugni, on entend une demi-douzaine d'airs bien connus.
La Danse des pêcheurs n'est autre que la polka-galop
Chasse aux hirondelles de Maximilien Graziani (numéro du
12 juillet 1863). Le grand succès de Fanny fut *Pâque-
rette* (1851), de François Benoist, prix de Rome de 1815,
avec ses danses hongroises cueillies à Budapest. Auber
pasticha un ballet, *Marco Spada, ou la Fille du bandit,* d'après
son opéra du même titre, et son *Fra Diavolo* (1857).
Offenbach lui aussi s'essaya au ballet. Son *Papillon,*
avec Emma Livry dans le rôle de Farfalla (la malheureuse
brûlera sur la scène de la rue Le Peletier pendant une
répétition de *la Muette de Portici*), d'après Lajarte, « déplut
considérablement au public élégant de l'Opéra par sa
trivialité et son allure incorrecte »(?).

En 1858 est donné le premier ballet d'Ernest Reyer,
Sacountala, sur le livret de Théophile Gautier, avec la
chorégraphie de Lucien Petipa. Œuvre empreinte de
l'orientalisme qui avait déjà marqué son « ode-symphonie »
le Sélam, calquée sur celles de Félicien David. Un
jeune violoniste d'origine viennoise, Louis Minkus, a
composé seize ballets dont un seul est connu aujour-
d'hui, celui qu'il a fait avec Léo Delibes : *la Source.* Les
annales politiques de l'Europe ont gardé le souvenir
de son ballet, *les Noces de Thétis et Pélée,* présenté avec
un luxe inouï au théâtre de plein air de l'île Olga à
Peterhof, lors de la visite de Guillaume II.

L'un des compositeurs les plus populaires, Paolo
Giorza, aimait les sujets dramatiques : *Shakespeare ossia
Un sogno di una notte d'estate* (Scala, 1855), *il Conte di Monte
Cristo, la Contessa d'Egmont, Un' avventura di carnevale
a Parigi* (1859). Sa musique est souvent d'un caractère
pantomimique, parfois mélodramatique. Le comte Nicolo
Gabrielli, élève de Zingarelli, qui vivra pendant qua-

rante ans à Paris, eut l'idée de composer avec Théophile Gautier un ballet inspiré intégralement de l'hypnose, *Gemma* (1854).

LÉO DELIBES

En 1866 paraît le nom d'un jeune compositeur d'opérette et d'opéra-comique, Léo Delibes, sous le titre d'un ballet : *la Source*. Minkus était aux prises avec un ballet commandé par le directeur de l'Opéra de Paris, celui-ci lui adjoignit Delibes qui en composa les deuxième et troisième actes, Minkus les premier et quatrième. Encore une version de l'Ondine, inspirée du tableau d'Ingres. La musique de Delibes, qui éclipsait celle de Minkus, révéla enfin le maître d'une musique de ballet symphonique, attendue depuis si longtemps. Grâce, charme, lyrisme s'y mêlent aux expressions vigoureuses. Habitué à la grisaille de l'orchestration de *Giselle,* le public fut enchanté de cette instrumentation chatoyante. La délicieuse valse de Naila, un scherzo-polka avec pizzicati (effet favori de Delibes), une pimpante marche, une danse circassienne au coloris rutilant (Delibes aimera la couleur locale), au rythme tour à tour langoureux, sautillant, obsédant, et admirablement mis en relief par Rita Sangalli, firent rapidement fortune. Le troisième acte est dominé par la fantaisie orchestrale de Delibes, avec ses cors lointains, ses flûtes et harpes murmurantes, ses chanterelles voluptueuses.

Peu avant la guerre franco-allemande eut lieu la création de *Coppélia,* fusion de ballet et de pantomime en drame dansant, d'après le conte bien connu de E. T. A. Hoffmann, *Der Sandmann.* L'élan rythmique de Delibes, ses phrases toujours vives, son orchestre pittoresque et spirituel, comme dans la scène des automates, même aujourd'hui n'ont pas leur pareil. Sa musique traduit exactement la marche de l'action. Tourments, curiosité et ruse ingénieuse de Swanhilda, les moqueries des jeunes gens, sont peints avec une ironie et une verve intarissables. *Coppélia* porte un cachet hongaro-polonais. On entend une mazurka, des variations remarquables sur une mélodie empruntée aux *Échos de Pologne* de Moniuszko et une csardas lente puis vive, une chanson populaire hongroise; souvenirs de musiciens tziganes de l'Exposition de 1867. Tous les thèmes sont bien développés. Le finale avec le grand ballabile était d'une nouveauté saisissante. Le petit ballet *Gretna Green* de Guiraud (1873) ne peut soutenir la lutte contre *Coppélia*. Le troisième et dernier ballet de Delibes : *Sylvia ou la Nymphe de Diane* (1876) est bâti sur un livret compliqué, proposé par Jules Reinach à Jules Barbier. L'argument remonte jusqu'à l'*Aminta* du Tasse qui n'est autre que l'ancienne fable d'Acis et Galatée. Acis s'appelle Aminta, Galatée devient Sylvia, Polyphème est Orion. Diane est obligée de pardonner à sa nymphe, autrement l'Amour dévoilera le secret sentimental de la déesse au sujet d'Endymion. *Sylvia* est un véritable poème symphonique, dramatisé, avec rappel des motifs. L'unisson des quatre cors de l'entrée des chasseresses, ponctués par les timbales, résonne comme un écho de la chevauchée de *la Valkyrie,* mais c'est la seule réminiscence de cette musique si originale. Parmi les dix-huit morceaux dont la plupart sont très développés, on trouve de vraies perles : la marche du cortège de Bacchus, la pastorale des petits bergers avec pizzicati sur les cordes vides *(la-mi)* qui jettent des étincelles; la valse lente de l'escarpolette avec ses finesses vaporeuses, le pas éthiopien aux couleurs exotiques, sont autant de pages de maître.

L'année suivante, un ancien prix de Rome, Gaston Salvayre, présente à l'Opéra son nouveau ballet, *le Fandango*. On le juge avec sévérité, mais non sans justice. « La musique est terne et sans couleur, dépourvue d'originalité et d'entrain, la verve y manque complètement. » Olivier Métra, dont le nom signifiait musique alerte, écrivit un ballet japonais, *Yedda* (1879). La critique fut d'avis que le compositeur avait voulu se mettre une cravate blanche en écrivant pour l'orchestre de l'Opéra. « La distinction engendre la monotonie et la banalité. » Pourtant la musique de Métra, presque toujours vulgaire, est fraîche et verveuse.

Depuis Delibes, le seul succès échu à un ballet est *la Korrigane,* de Charles Widor (1880). Le livret de Coppée touche à la Bretagne, au monde fantastique des forêts d'Armorique, aux dolmens et menhirs baignés de lune. Le contour mélodique est d'une belle ligne, le dessin est fin, les harmonies bien travaillées, les sonorités piquantes. Le public applaudissait la sabotière sur un tempo de mazurka, la valse lente dite « de l'épreuve », les différentes danses bretonnes, la ronde des korriganes. La fête villageoise est d'un caractère symphonique qu'aucun compositeur de ballet n'avait encore risqué : « La science de Widor se fait aimable », écrit Louis Laloy.

« NAMOUNA », DE LALO

Le grand événement du ballet français fut la création de *Namouna* d'Édouard Lalo en 1882. Cette Namouna n'est pas l'héroïne de Musset, mais une esclave grecque dont l'histoire embrouillée est un chapitre des *Mémoires* de Casanova. Jamais critique et public ne firent preuve d'une plus scandaleuse incompréhension. « Le soir de la première, pendant le prélude, tout le monde se levait, tournant le dos à l'orchestre et causant de ses petites affaires ». Lorsqu'on vint à la fin du spectacle nommer l'auteur, gravement malade (le ballet avait été achevé par Gounod), un groupe d'abonnés fit une ovation... à Delibes qui était dans la salle. Quelques spécimens de la critique contemporaine : « Une absence complète d'idées, une vulgarité de rythmes et souvent une discordance désagréable dans les sonorités. » Le plus ahurissant est Victorin de Joncières, compositeur lui-même :

Lalo excelle à développer un motif, mais le jet mélodique lui fait un peu défaut, l'imagination très réelle du compositeur se complaît plutôt dans la mise en œuvre que dans l'imagination même de l'idée. Un semblable tempérament de musique le rend absolument impropre à écrire un ballet. Pour réussir un ballet, il faut être jeune, gai, léger de caractère, il faut aussi le plaisir, les fêtes, la vie facile et mondaine... « Croyez-vous que je fais la musique de *Giselle* ? » disait Lalo au maître de ballet qui lui recommandait de prendre Adolphe Adam pour modèle... Il faut bien reconnaître que ses phrases toutes carrées qu'elles sont manquent de franchise, qu'elles se répètent à satiété et que, malgré le changement d'harmonie et d'instrumentation qui en modifie le caractère, il résulte de ces redites continuelles, une impression de monotonie vraiment fatigante.

Reyer et Jullien prirent la défense de *Namouna*. Paul Dukas fut le premier à saisir la grande beauté originale et les causes de son échec (1895) :

L'art chorégraphique s'impose comme un code rigoureux au symphoniste et coupe les ailes à son inspiration. Tant qu'on persistera à lui imposer les traditions toutes faites de la danse qui ramènent à un petit nombre de formules stéréotypes, tant qu'il lui faudra bon gré mal gré composer sa musique sur un patron taillé d'avance, le musicien ne pourra donner libre cours à sa fantaisie. Le musicien est l'esclave du maître de ballet. Lalo avait tenté de s'affranchir de cette servitude, mais sa tentative réussit peu, comme le démontra trop bien le sort d'un ouvrage contre lequel s'insurgèrent toutes les jolies jambes de l'Opéra et par suite leurs protecteurs les plus influents.

Le prélude chante une phrase longue dans le grave, enguirlandée par les violons et les harpes. Le dessin soyeux, lorsque Namouna roule sa cigarette; la sérénade pour instruments en sourdine ne sont qu'un « badinage d'orchestre d'une finesse exquise ». Vrai chef-d'œuvre que la fête foraine de Corfou, « dans laquelle est ramené avec une si heureuse persistance le rythme obstiné et contrasté des parades de foires que soulignent toujours une harmonie et une instrumentation différente » des trois orchestres de cuivres qui se répondent. Lalo développe aussi deux airs marocains notés à l'Exposition de 1878. Le pas ionien rythmé par les crotales, la bacchanale des pirates, étaient d'une sensation palpitante. Lalo fit deux suites de *Namouna* que les grands orchestres ont inscrites à leur répertoire. L'Opéra voulut réhabiliter l'œuvre en 1908. Cette reprise s'est affirmée comme un succès. Serait-il durable, demanda la critique ? Non, il ne l'était pas. Pour combler l'ironie du destin, l'Opéra, actuellement, présente une *Suite en blanc* tirée de *Namouna,* « sans lien d'action, destinée à mettre en valeur les qualités techniques du corps de ballet », dit le programme officiel. Ainsi donc cette musique, qualifiée autrefois d'indansable et, de nos jours, privée de son action, est avilie au rang de simple gymnastique rythmique.

Après *la Farandole,* insignifiante, de Dubois, André Messager remporte son premier et plus grand succès avec son ballet *les Deux Pigeons* (1886). Il avait commencé sa carrière de chef d'orchestre aux Folies Bergère, la poursuivit à l'Opéra-Comique pour la création de *Pelléas et Mélisande,* pour la terminer par la première audition du *Crépuscule des Dieux* à l'Opéra. En 1878-1879, il avait déjà donné aux Folies de petits ballets : *Fleur d'oranger, les Vins de France, Mignons et Vilains. Les Deux Pigeons* (la fable de La Fontaine), est d'une finesse et d'une élégance raffinées. Les rythmes de csardas et des mélodies hongroises, popularisées à l'Exposition de 1878, lui rendent un caractère mâle et vif, en évitant une facile sentimentalité. Messager composera encore une demi-douzaine de ballets dont *le Chevalier aux fleurs,* avec Raoul Pugno, *Une aventure de la Guimard,* sur le livret d'Armand Silvestre qui n'eurent pas, à l'Opéra-Comique, de succès retentissant.

Au sommet de sa gloire et de sa vieillesse, Ambroise Thomas écrit aussi un ballet, *la Tempête,* d'après Shakespeare, pour l'Exposition de 1889. La presse contemporaine se met en quatre pour louer « cette symphonie savante ». C'est de cette époque que date la boutade de Chabrier : « Il y a trois sortes de musique : la bonne, la mauvaise, et celle de M. Ambroise Thomas. » « La grande attraction de *la Tempête* était la trirème; la mer s'étant calmée, elle fendait les vagues, puis, virant de bord, mettait le cap sur le trou du souffleur. Elle était éblouissante, cette trirème, avec les femmes à moitié nues suspendues à ses flancs. »

LE BALLET A GRAND SPECTACLE

Vers la fin du XIXᵉ siècle, la Scala de Milan lance le ballet à grand spectacle, à sujet très varié, souvent symbolique. Les maîtres représentatifs de ce genre sont le chorégraphe Manzotti et le compositeur Romualdo Marenco. Ce dernier a composé plus de trente ballets, mais il n'atteignit jamais le triomphe de l'*Excelsior* qui, l'année de sa création (1881), eut cent trois représentations. Ce ballet, dansé par la troupe de la Scala à Paris, à l'Eden Théâtre (1889), est une apothéose historique de la civilisation humaine.

Quand le rideau se lève, c'est la nuit. Dans une ville où les cloches sonnent pour un autodafé, le génie des ténèbres, l'obscurantisme, tient tout enchaîné à ses pieds une femme belle comme le sourire de Dieu, la Lumière. Tout à coup, une voix s'élève. Génie de l'Humanité, ô Lumière, ô Progrès, lève-toi! Et la femme s'éveille, se dresse et crie à son tour à l'Esprit du Néant : Regarde! Alors la scène se transforme, nous sommes transportés dans le royaume de la Science, région éblouissante où tous les pas de l'intelligence humaine sont marqués en caractères d'or : Vapeur, Télégraphe, Suez. La découverte de Papin, les premiers essais du bateau à vapeur, le laboratoire de Volta à Côme, le désert et le simoun, le canal de Suez, le percement du Mont-Cenis. Cette revue passée, la Lumière s'arrête : Un jour tu m'as fait esclave, c'est mon tour aujourd'hui. Pour toi la mort, pour l'humanité la vie donne cet espoir devenu une réalité. Excelsior! Excelsior! L'avant-dernier tableau devant la tour Eiffel et devant le Dôme central (de l'Exposition de 1889) représente, aux sons de *la Marseillaise,* la grande Fête des Nations. Le dernier glorifie l'Industrie et la Paix.

Ce grand ballet-pantomime a une musique très expressive, toujours aux rythmes entraînants. « Les facteurs du Télégraphe, mis en galop, l'abolition de l'esclavage, le grand ballabile de la Concorde, l'américanisation du ballet, où la *furia italiana* se déploie avec une richesse de diable au corps » (« Annales du théâtre et de la musique » de Stoullig, 1889).

Un prix de Rome de 1846, Léon Gastinel, réussit à monter son ballet en 1890, vu la pénurie des nouveautés viables en France. De son *Rêve,* légende japonaise sur le livret d'Edouard Blau, la presse constate que la musique est extrêmement dansante, qu'on voit des effets de coloration analogues à ceux des fontaines lumineuses du Champ-de-Mars, mais elle a un défaut capital : « manque absolu de distinction, son orchestration sonne trop souvent le bastringue ». L'excellent pianiste Raoul Pugno se lance aussi dans le ballet *(la Danseuse de corde),* mais sans succès. Peu après le triomphe de *Werther* à Vienne (1892), Massenet donne dans la capitale impériale un ballet, *le Carillon,* dont le livret est l'œuvre du ténor réputé Van Dyck. « C'est une symphonie riante et gracieuse. » Ses autres ballets sont *la Cigale,* petit divertissement inoffensif, et *Espada* (Monte Carlo, 1908), histoire tragique d'un matador et d'une danseuse de posada, évoquée avec une certaine force, rappelant quelquefois *la Navarraise,* mais dégénérée en hispanisme de music-hall.

Pendant quelques années, un jeune Prix de Rome inonde les théâtres de ses ballets, pantomimes et mélodrames. Il s'appelle Gabriel Pierné. *Le Collier de saphirs* (Catulle Mendès), *les Joyeuses Commères de Paris* (Mendès et Courteline), sont écrits avec beaucoup d'esprit et

d'ironie. Mais *Salomé* (Armand Silvestre), pour Loïe
Fuller, fut un échec. « La figure peu réjouissante et peu
orientale » de Loïe Fuller se prêtait aussi peu au sujet
macabre que le talent « d'Ange Gabriel » à sa réalisation musicale. De son mimodrame grand-guignolesque
le Docteur blanc (C. Mendès), la critique note malicieu-
sement que Pierné, « en dépit de son excellente mémoire,
a parfois d'originales inspirations ». Loïe Fuller tient
encore une fois le premier rôle, en 1907, dans *la Tragédie de Salomé,* de Robert d'Humières sur la musique de
Florent Schmitt, dont l'écriture complexe mais luxuriante et le style vigoureux continueront à animer les
salles de concert.

Vienne alimentait son répertoire de ballets français et
italiens. Il y avait aussi des compositeurs de la maison,
artisans très actifs, dont Matthias Strebinger, fabricant
d'innombrables ballets, entre autres un *Manon Lescaut.*
Fr. Doppler, chef d'orchestre de ballet à l'Opéra de
Vienne, travaillait avec des rythmes hongrois et polonais :
Fiammetta, avec Giorza, *Der Stock im Eisen* (1880), et *In
Versailles* (1882). Son successeur, Joseph Bayer, a écrit
une vingtaine de ballets, sa musique n'est pas désagréable, *la Poupée-Fée* est encore aujourd'hui au répertoire. A Prague, Oscar Nedbal, à Budapest Raoul Mader
servirent la cause de la chorégraphie, que les compositeurs
du Reich dédaignaient.

Le Prix de Rome toulousain, Paul Vidal, remporta en
1892 un succès facile avec son ballet pyrénéen, *la Mala-
detta.* « S'il n'a voulu que chanter clair, que faire se
trémousser de jolies jambes moulées dans la soie, il a
fort bien réussi ». En 1897, l'Opéra de Paris ouvrit ses
portes à un talent authentique, André Wormser, prix
de Rome de 1875, qui se fit un renom international par
sa délicieuse pantomime, *l'Enfant prodigue* (Bouffes-Parisiens, 1890). Son ballet *l'Étoile* est l'aventure d'une belle
fruitière qui a dansé par hasard devant Vestris et désire
devenir danseuse. Le caractère descriptif et dramatique
de la pantomime, pour souligner le geste et traduire la
pensée, est réussi, mais ses rythmes ne sont pas assez
pétillants.

LES BALLETS DE TCHAÏKOVSKY

Le plus occidentaliste parmi les musiciens russes, Tchaïkovsky, dans l'orbite du ballet romantique français, écrivit aussi trois ballets sur la chorégraphie de Marius Petipa : *le Lac des cygnes* (1877), *la Belle au bois dormant* (1889) et le *Casse-Noisette* (1892). Petipa exigea que le maître suivît exactement le programme qu'il avait arrêté sans consultation préalable du compositeur, entravant ainsi sa fantaisie. Voici quelques spécimens des instructions de Petipa : « Pour la fée Carabosse, il faut une musique fantastique avec un petit sifflement orchestral. Après le récit de la fée, vous composerez une musique de triomphe. Pour la danse du chat et de la chatte, commencez à 3/4 *amoroso*, à la fin pressez avec des miaulements. » Une autre fois : « Je voudrais à cet endroit une gamme chromatique de l'orchestre. Pour l'entrée du Roi, quatre mesures pour la question, autant pour la réponse. »

Et le pauvre Tchaïkovsky s'exécuta. La musique de ces ballets — certaines parties en furent extraites sous forme de suite — est aussi inégale que l'œuvre entière du compositeur. Pourtant, si ses mélodies coulées en grande abondance accusent quelques banalités, frôlant la musique de salon, on n'y rencontre pas ces platitudes et ces vulgarités sentant le patchouli et la vodka qui, çà et là, déparent le style de ses compositions symphoniques. C'est une musique pittoresque à rythme vif, semée d'accents populaires ou exotiques (arabes, espagnols, chinois, etc.), d'une orchestration colorée, voire fine. Sur les traces de Tchaïkovsky, Glazounov composa des ballets sans originalité mais avec une technique solide.

En Angleterre, Sydney Jones, l'auteur des fameuses opérettes *The Geisha, A Greek Slave, San Toy,* écrivit quelques « fairy-ballets » *(Cinderella),* sans intérêt musical, pour l'Empire Theatre de Londres.

A Paris, le *Bacchus* d'Alphonse Duvernoy, pianiste et musicien de chambre, en dépit de ses « mélodies caressantes et orientales », ne retenait pas l'attention du public, de même que le *Lac des Aulnes* de Henri Maréchal (1907), prix de Rome de 1870. C'est bien le Roi des

Aulnes de Schubert qui y figure, avec nombreuses citations de la musique du compositeur de l'*Erlkönig*. Un joli petit ballet de Saint-Saëns sans aucune prétention, *Javotte*, plut beaucoup d'abord à Lyon (1896) puis à l'Opéra-Comique en 1899. Peu après fut appréciée *la Fête chez Thérèse*, de Reynaldo Hahn, musique charmante, « en dépit d'un piston un peu canaille ». A Dresde, on applaudit la première du *Voile de Pierrette*, pantomime sur le texte d'Arthur Schnitzler, avec la musique d'Ernst von Dohnányi.

La même année fut créé *l'Oiseau de feu*, de Stravinsky, suivi en 1911 de son *Petrouchka*. Étape révolutionnaire de l'histoire du ballet. Diaghilev affranchira enfin la musique de l'esclavage des poncifs chorégraphiques.

Émile HARASZTI

BIBLIOGRAPHIE

ABBIATI, F., *Storia della musica*, vol. IV, Rome, 1945.

ADAM, A., *Souvenirs d'un musicien*, Paris, 1850.

ADLER, G., *Studien zur Musikwissenschaft*. « Beihefte der Tonkunst in Oesterreich unter Leitung », Vienne, 1923.

AUGÉ-LARIBÉ, M., *André Messager, musicien de théâtre*, Paris, 1951.

BEAUMONT, G. W., *A Bibliography of Dancing*, Londres, 1929.

BEAUMONT, G. W., *A Short History of Ballet in Russia*, Londres, 1930.

BEAUMONT, G. W., *Complete Book of Ballets*, Londres, 1949.

BELLONI, A., *Marenco e il ballo*. « Il Teatro per il popolo, Milan », juillet-août 1939.

CAMBIASI, P., *Rappresentazioni date nel Reali Teatri di Milano 1778-1872*, Serie dei Balli rappresentate nel Reale Teatro di Scala, Milan, 1872.

CAMBIASI, P., *La Scala. Note storiche e statistiche*, vol. I (1778-1889), vol. II (1889-1906), Milan, 1906.

CASTI, A., *Lettere politiche*. « Miscellanea di Storia Italiana edita per cura della Regia Deputaziona di Storia Patria », Turin, 1883.

CURZON, H. DE., *Léo Delibes*, Paris, 1926.

DUKAS, P., *Les concerts*, dans « Revue hebdomadaire », février, 1895.

DUMESNIL, R., *La musique romantique française*, Paris, 1944.

FÉTIS, *Biographie universelle des musiciens et bibliographie générale de la musique,* 8 vol. 1838-1844, et le *Supplément,* 2 vol., par A. POUGIN, Paris, 1878-1881.

FRIMMEL, Th., *Beethoven Handbuch,* vol. II, Leipzig, 1926.

GROVE, *Dictionary of Music and Musicians,* 5e édition, Londres, 1954.

HAAS, R., *Beethoven und das Wiener Ballet.* « Velhagen und Klasings Monatshefte », Vienne, 1930.

HARASZTI, E., *A tanc története (Histoire de la danse),* Budapest, 1937.

HOFMANN, R., *Tchaïkowsky,* Paris, 1947.

JUNK, V., *Handbuch des Tanzes,* Stuttgart, 1930.

LACH R., *Zur Geschichte der Beethovenschen Prometheus Balletmusik,* « Archiv für Musikwissenschaft », Leipzig, 1921.

LAJARTE, Th. de., *Bibliothèque musicale du théâtre de l'Opéra,* vol I-II, Paris, 1878.

LALOY, L., *L'Opéra,* dans : *Cinquante ans de musique française de 1874 à 1917,* tome I, Paris, 1925.

LEVINSON, A., *Mastera Baleta,* Petrograd, 1915.

LIFAR, S., *Giselle, apothéose du ballet romantique,* Paris, 1942.

MAGRIEL, P. D., *A Bibliography of Dancing,* New York, 1941.

MÉNESTRIER, C. F., *Des représentations en musique ancienne et moderne,* Paris, 1632.

MONALDI, G., *Le Regine della danza nel secolo XIX,* Turin, 1910.

MULLIÉ, C., *Biographie des célébrités militaires... de 1789 à 1850,* vol. I, Paris, 1850.

OLIVIER, J.-J. et NORBERT, W., *Une étoile de danse au XVIIIe siècle : la Barberina Campanini (1721-1799),* Paris, 1910.

PLESCEJEV, A. A., *Nash Ballet (1673-1899),* Saint-Pétersbourg, 1899.

POUGIN, A., *Adolphe Adam,* Paris, 1877.

PROD'HOMME, J. G., *Gluck,* Paris, 1948.

PROD'HOMME, J. C., *La jeunesse de Beethoven (1770-1800),* Paris, 1921.

PRUNIÈRES, H., *Salvatore Vigano,* dans : « Revue musicale », *Le Ballet au XIXe siècle,* Paris, 1921.

RIEMANN, H., *Beethovens Prometheus Musik, ein Variationswerk,* dans « Die Musik », IX. Jahrgang, 10 Heft 13, Berlin, 1909.

RITORNI, C., *Commentarii della vita e delle opere coreodrammatiche di Salvatore Vigano,* Milan, 1838.

SAINT-FOIX, G. DE., *W. A. Mozart,* vol. III, Paris, 1936.

SCHMIDL, C., *Dizionario universale dei musicisti,* vol. I, II, III, Milan, 2e édit., 1938.

SERVIÈRES, G., *La musique française moderne,* Paris, 1897.

SERVIÈRES, G., *Édouard Lalo,* Paris, 1925.

STENDHAL, *Rome, Naples et Florence,* vol. I, Paris, 1817.

STOULLIG-NOËL, *Les Annales du théâtre et de la musique,* Paris, 1875-1915.

TCHAÏKOVSKY, M. I., *Vie de Piotr Ilytch Tchaïkovsky,* vol. I et II, trad. par Paul JUON, Leipzig, 1905.

THAYER, A. W., *Ludwig van Beethovens Leben,* édit. de DEITERS vol. II, Leipzig, 1872, et édit. de RIEMANN, vol. II, Leipzig, 1910.

TIERSOT, J., *Un demi-siècle de musique française. Entre les deux guerres 1870-1917,* Paris, 1918.

VAILLAT, L., *Ballets de l'Opéra de Paris,* Paris, 1943.

WALLASCHEK, R., *Das K. K. Hofoperntheater. Das Ballet. Die Theater Wiens.* B. IV, Vienne, 1909.

LE THÉÂTRE LYRIQUE EN FRANCE
AU DÉCLIN DU XIXᵉ SIÈCLE

WAGNER meurt le 13 février 1883, Gounod le
13 octobre 1893, l'année même où, six mois plus
tôt, Verdi, âgé de quatre-vingts ans, s'est complètement
renouvelé pour donner *Falstaff*. Quand il s'éteindra,
avec le siècle qu'il a rempli de ses succès, disparaîtra
avec lui, le 27 janvier 1901, le dernier des grands musiciens qui façonnèrent à leur image cette période de
l'histoire de leur art.

Leurs influences, à tous trois, furent profondes; elles
furent diverses comme leurs tempéraments, mais elles
dépassèrent très largement les frontières de leurs patries,
et, malgré quelques éclipses comme il arrive toujours,
elles furent durables. Mais Gounod et Verdi, bien que
l'on continuât de jouer leurs ouvrages dans tous les
théâtres du monde, parurent avoir perdu leur crédit,
tandis que le « dieu Richard Wagner » semblait devoir
régner indéfiniment. Cependant Bizet avait ouvert, dès
1875, avec *Carmen,* une route dont Nietzsche apercevait
bientôt qu'elle conduisait fort loin du temple de Bayreuth.
Le 6 août 1876, on avait inauguré le *Festspielhaus,* représenté la *Tétralogie* achevée depuis deux ans. En 1882,
c'était *Parsifal* qui paraissait sur cette scène; elle devait
en conserver jalousement le privilège jusqu'en 1914.
Un culte s'instaurait qui allait avoir ses fanatiques, et
qui garderait bien longtemps ses fidèles.

On a dit déjà, à propos de Gounod, combien fut salutaire pour la musique française le rôle de « mainteneur »
tenu par quelques musiciens en des temps où la faveur
du public se tournait complètement vers des œuvres
étrangères. Jamais ce rôle ne fut plus utile, mais sans
doute aussi jamais plus difficile, plus ingrat, qu'entre 1870
et 1900. Fort heureusement pour la musique française,
trois ou quatre musiciens de valeur se trouvèrent prêts

à le remplir efficacement. Hélas, l'un des mieux doués allait disparaître à l'instant même qu'il venait de donner la pleine mesure de son génie : Georges Bizet mourait à trente-sept ans, le 3 juin 1875, trois mois jour pour jour après la création de *Carmen* à l'Opéra-Comique, encore mal consolé de l'échec de *l'Arlésienne* en 1872, incertain encore sur l'avenir de son récent ouvrage, et ne pouvant absolument point se douter de l'éclatante revanche qu'il allait — trop tard — lui apporter. Ce succès si mérité tient à des causes que l'analyse ne révèle point toutes. *Carmen* n'est en aucune façon une œuvre révolutionnaire. Elle est construite selon le vieil usage, de numéros séparés les uns des autres par du « parlé ». A ce point de vue, il n'y a pas de différence entre elle et *les Pêcheurs de perles* (1863), *la Jolie fille de Perth* (1867), *Djamileh,* où Bizet montrait ce naturel et cette facilité mélodiques, cette sorte de fluidité qui, déjà, s'affirmaient dans la charmante *Symphonie en ut* écrite avant même qu'il obtînt le prix de Rome en 1857; oubliée par lui, égarée, elle fut retrouvée quatre-vingts ans plus tard, et entra au répertoire de l'Opéra comme musique de ballet (*Divertissement*). Si, dans *Carmen* bien plus que dans ses autres ouvrages, et même que dans *l'Arlésienne,* cet autre chef-d'œuvre, l'écriture harmonique réserve aux délicats de délicieuses surprises, si la ligne mélodique traduit avec une rare convenance les états d'âme des personnages, et si l'orchestre est plein de trouvailles ingénieuses, cela ne suffit pas à expliquer la forte séduction d'un opéra qui souffre de l'extrême faiblesse d'un livret plein de défauts. Mais le miracle accompli par le musicien est d'avoir précisément fait oublier la trahison de ses librettistes envers Mérimée, c'est d'avoir donné à la Gitane son vrai visage de fille indifférente à tout ce qui n'est point son désir. Musique lumineuse et ardente, dont Nietzsche allait dire, après l'avoir entendue plus de vingt fois, « qu'à l'entendre on se sentait devenir soi-même chef-d'œuvre »; et il ajoutait qu'il était temps de dissiper les « brumes wagnériennes » et de « méditerraniser la musique ». Cependant la plupart des critiques français, en rendant compte de *Carmen,* avaient accusé Bizet d'être un disciple de Wagner.

Pourquoi cette méprise ? Parce que trop souvent l'on juge sur les apparences formelles sans souci de rechercher,

au-delà, ce qu'il y a de profond dans un ouvrage, ce qui
échappe à une impression superficielle, à une analyse
qui peut bien révéler les procédés employés par un artiste,
mais ne tient pas compte des effets qu'il en tire, des fins
qu'il poursuit en les utilisant. Aujourd'hui, après quatre-
vingt-dix ans bientôt, nous comprenons, bien mieux
que les contemporains, ce que Bizet apportait. D'ailleurs, sous certaines plumes, le mot de « wagnérien »
était l'équivalent de ce que le mot de « symphoniste »
était pour les ennemis de Rameau au temps de la guerre
des coins. On en accablait ceux que l'on voulait combattre, tandis que d'autres, flairant le vent et sentant
venir la mode, s'appliquaient déjà, avec l'aide de librettistes comme Mendès, à contrefaire le maître de Bayreuth.
La leçon de *Carmen* n'allait pas être immédiatement com-
prise. Si Nietzsche, dès 1888, en sentait l'importance,
d'autant plus grande à ses yeux que Bizet l'avait donnée
sans préméditation et simplement pour suivre la pente
naturelle de son génie, bien peu de musiciens auraient
souscrit alors à ce jugement.

Qu'un artiste puissamment original puisse, sans que sa
personnalité en souffre aucunement, utiliser tels procédés
qu'il lui plaît d'emprunter ici ou là, Édouard Lalo nous
en donne la preuve. Né en 1823, armé d'une solide culture générale et d'une préparation musicale due aussi
bien aux leçons du Conservatoire de Lille qu'à celles
de Habeneck à Paris, et puis à la pratique de la musique
de chambre (il tint la partie d'alto dans le quatuor
Armaingaud), Lalo s'était fait connaître par quelques
mélodies et quelques pièces instrumentales lorsqu'il
prit part au concours ouvert par le Théâtre Lyrique en
1867, avec un opéra inspiré du *Fiesque* de Schiller.
Emile Perrin le retint pour l'Opéra, mais ne le monta
pas ; même insuccès à Bruxelles, malgré l'intervention
de Gounod. Lalo n'eut d'autre consolation que de publier
à ses frais sa partition, et c'est au concert que le prélude
et quelques morceaux furent donnés.

Entre-temps, Edouard Lalo s'était acquis une réputation de symphoniste, méritée par la qualité de ses
ouvrages. On savait qu'il travaillait à un opéra, *le Roi
d'Ys,* dont l'ouverture et quelques fragments avaient été
exécutés chez Colonne en 1876. Quand il l'eut achevé,
il éprouva les plus grandes difficultés à le faire représen-

ter. A l'Opéra, Vaucorbeil l'accepte, puis, soucieux de
donner le pas à Ambroise Thomas, se rétracte et demande
au lieu des trois actes et cinq tableaux du *Roi d'Ys* un
ballet, qui fut *Namouna*. Mais Vaucorbeil fixa le délai
de quatre mois pour que la partition lui fût livrée. Délai
ridicule : écrivant quatorze heures par jour, Lalo fut
frappé de congestion cérébrale et manqua mourir. Spontanément, Gounod offrit d'achever l'orchestration, travaillant d'arrache-pied sur les indications de son ami.
Une fois mis en répétition, le ballet souleva mille
intrigues. Elles eurent pour effet, le soir de la première,
de provoquer un scandale et *Namouna* faillit, le
6 mars 1882, tomber sous les efforts de la cabale. La
presse accusa Lalo d'être un « symphoniste » et un
« wagnérien », et point un compositeur de ballets. Mais
il trouva des défenseurs qui se nommaient Saint-Saëns,
Fauré, Chabrier, d'Indy, Coquard, Messager. Debussy,
qui était encore au Conservatoire, protesta si véhémen-
tement contre les siffleurs qu'il se fit malmener. C'est au
concert que *Namouna* devait trouver sa revanche. *Le
Roi d'Ys* attendit jusqu'au 7 mai 1888 pour être représenté à l'Opéra-Comique : une même cabale, une résistance opiniâtre et sourde des interprètes, prétendant la
musique « inchantable », des bruits colportés prédisant
que cela serait « un four assuré », tout semblait ligué
contre l'ouvrage et l'auteur. Ce fut un succès triomphal,
et, le soir de la première, Louis de Fourcaud pouvait
écrire : « Pas un compositeur allemand actuel ne pourrait écrire une œuvre de cette profondeur, de cet éclat.
Cela est français, cela ne pouvait venir que d'un Français. Quoi qu'ils fassent, on les verra forcés de le reconnaître, et ils salueront *le Roi d'Ys* comme ils ont salué
Carmen ». Triomphe trop tardif : Lalo paralysé ne pouvait
plus en jouir. Il laissa inachevée *la Jacquerie,* et mourut
le 22 avril 1892.

Le *Roi d'Ys* est aujourd'hui classé parmi les chefs-
d'œuvre du répertoire lyrique français. Emmanuel
Chabrier (1841-1894) l'a pareillement enrichi, mais la
malchance qui le poursuivit toute sa vie l'accable encore
après la mort. Wagnérien ardent, venu à la musique par
le détour du droit et de l'administration, il apporte à son
art une conviction passionnée, une sensibilité et une délicatesse que semblent démentir son aspect physique de

« gros réjoui », sa carrure massive d'Auvergnat et la
truculence de ses propos. Malgré cela, quelle finesse et
quelle exquise grâce dans ses inventions! Quelles couleurs dans son orchestre! Mais il a le défaut de ses qualités, cet excessif, et lui-même l'a reconnu par un de ces
mots qui font image : il a comparé sa musique à un
« Liebig » concentré. C'est vrai, et c'est ici que le wagnérien trop zélé se révèle. Lui, si français, s'est laissé
prendre au sortilège allemand. Il reste pourtant un Chabrier tout fluide et transparent, et c'est l'inimitable
maître d'*España,* des *Pièces pittoresques,* d'*A la musique,*
de *la Sulamite,* et surtout des œuvres légères — des opérettes (il ne faut pas avoir peur de ce mot : des musiciens
comme Chabrier, précisément, comme Messager et
Pierné, ont donné à l'opérette ses titres de noblesse); c'est
l'auteur d'*Une éducation manquée* et de *l'Étoile. L'Étoile*
fut créée en 1877, aux Bouffes; *Une éducation manquée*
deux ans plus tard, sur un théâtre d'amateurs. Les
livrets de Leterrier et Vanloo ne sont ni meilleurs ni pires
que beaucoup d'autres, et les partitions sont simplement
délicieuses, pleines de trouvailles ingénieuses et d'un esprit
qui jaillit constamment. *Le Roi malgré lui* (1887) n'est pas
d'une moins bonne veine; mais le scénario est compliqué
à plaisir et c'est peut-être une des raisons de l'impossibilité où l'on est de maintenir l'ouvrage à l'affiche lors
des reprises que l'on en fait. La partition est cependant
l'une des meilleures du répertoire; des pages comme
la Fête polonaise ont été sauvées par le concert. Il en a été
de même de *Gwendoline* (1886), dont le livret grandi-
loquent et brumeux de Catulle Mendès reste chargé de
symboles wagnériens. *Le Roi malgré lui* fut victime de
l'incendie de l'Opéra-Comique qui interrompit sa carrière à la troisième représentation; *Gwendoline* fut créée
à Bruxelles, à la veille de la faillite du directeur de la
Monnaie. Et la mort empêcha Chabrier d'achever la partition de *Briséis.* Il n'en avait écrit que le premier acte,
et sans doute céda-t-il à la tentation d'y mettre trop de
richesse. Qui oserait lui en tenir rigueur, et ne point
déplorer qu'il en demeure la victime ?

Il y avait chez Reyer les dons naturels qui font les
vrais musiciens de théâtre. Il lui a manqué d'acquérir
assez tôt un métier assez sûr pour exprimer sans
maladresse des idées originales et presque toujours

puissamment dramatiques. Il eut un autre malheur, et ce fut le long retard imposé à ses ouvrages qui, sans ce délai, auraient évité des comparaisons propres à les écraser. On a dit déjà dans un autre chapitre les mérites de *Maître Wolfram,* de *la Statue,* d'*Erostrate,* qui appartiennent en effet à la période du Second Empire. Reyer avait cependant terminé *Sigurd* en 1872. La Monnaie attendit 1884 pour le créer, et l'Opéra de Paris 1885. Que Wagner ait donné dans l'intervalle la *Tétralogie,* Reyer ne pouvait le prévoir et il en fut la victime. *Salammbô* souffrit de même de longs retards. On trouve dans ces deux opéras des idées mélodiques d'une originalité remarquable, et qui ont fait leur succès.

Léo Delibes a beaucoup écrit, semant, au début de sa carrière — et par nécessité — mille inventions bouffonnes dans ses œuvres légères qui méritent mieux que l'oubli (*Deux sous de charbon,* 1855, *Deux vieilles gardes,* 1856, *l'Omelette à la Follembûche,* 1859, *le Jardinier et son seigneur,* 1863, *le Serpent à plumes,* 1864, *l'Ecossais de Chatou* et *la Cour du roi Pétaud,* 1869); mais avec *la Source,* ballet écrit en collaboration avec le Polonais Minkus en 1866, plus encore avec *Coppélia* (1870) qu'il composa seul, Delibes rénovait le ballet et montrait que la musique de danse, tout en se pliant aux sujétions de la chorégraphie, pouvait être de la vraie musique. Il allait renouveler cette démonstration avec *Sylvia* (1873); dans l'intervalle, il avait donné à l'Opéra-Comique *Le roi l'a dit,* une partition charmante et originale (1873). *Jean de Nivelle* en 1880, et *Lakmé* avec un éclat plus vif et plus durable, en 1883, ont assuré à Delibes une légitime popularité. *Lakmé* demeure parmi les succès les mieux établis du théâtre.

L'œuvre lyrique de Massenet s'étend sur le dernier quart du XIXe siècle et les dix premières années du XXe. Né en 1842, mort en 1912, prix de Rome en 1863 après avoir été l'élève de Reber et d'Ambroise Thomas, il allait à son tour professer la composition et former des élèves qui ont tous reconnu la valeur de son enseignement. Son influence a été considérable, et si l'on peut discuter ses tendances esthétiques, si la grande complaisance qu'il montra parfois aux goûts du public, si son besoin de plaire furent la conséquence d'une sensibilité quasi maladive, il n'en demeure pas moins un des musiciens les plus représentatifs de l'art lyrique français, un des compositeurs le plus universellement connus et joués. On n'entrera point ici dans le détail de sa production, sur laquelle il n'est pas besoin d'insister. Il rencontre en 1877, avec *le Roi de Lahore,* son premier succès à l'Opéra (il avait débuté au théâtre en 1872 avec *Don César de Bazan,* à l'Opéra-Comique, et déjà acquis par ses mélodies, ses pièces de chambre et symphoniques, une réputation d'excellent musicien). Il semble hésiter, au début de sa carrière, entre le théâtre et le concert; mais bientôt il choisit la scène, et ses ouvrages se succèdent avec une abondante régularité : *Hérodiade,* à Bruxelles en 1881, *Manon,* à l'Opéra-Comique en 1884, *le Cid* à l'Opéra en 1885, *Esclarmonde,* en 1889, *Werther* en 1892, *Thaïs* en 1894, *la Navarraise,* la même année, *Sapho* en 1897, *Grisélidis,* en 1901, *le Jongleur de Notre-Dame,* en 1902, *Ariane,* en 1906, puis des œuvres qui marquent son déclin, *Thérèse,* en 1907, *Bacchus,* en 1909, *Don Quichotte* (où il retrouve la veine d'autrefois), en 1910, *Panurge, Cléopâtre...* Il y faudrait ajouter des oratorios, comme *Marie-Magdeleine, Ève, la Vierge,* qui sont tout proches du théâtre; des ballets... Georges Servières a pu écrire que, si on lui a reproché de « fabriquer un peu ses opéras comme les romanciers industriels leurs volumes annuels », la faute en fut moins à lui qu'à ses complices, « les chanteurs implorant de lui des créations, les directeurs sollicitant des œuvres, les reporters ses confidences ». Cela est vrai. Il eut le tort de ne pas résister; mais il a laissé deux ou trois vrais chefs-d'œuvre, où ce que l'on a appelé la « féminité » de son caractère l'a servi. C'est à elle qu'il dut d'avoir renouvelé, par des moyens fort différents, le prodige réalisé par Bizet dans *Carmen : Manon* telle que l'ont montrée H. Meilhac et Ph. Gille est aussi peu semblable à l'héroïne de l'abbé Prévost que la gitane de Meilhac et Halévy l'est à celle de Mérimée; Lescaut qui, de frère, devient par souci de convenances le cousin de la fille qu'il exploite, s'assagit fort dans l'opéra-comique. Mais la musique de Massenet dégage un parfum sensuel si capiteux qu'elle replace toutes choses et chaque personnage, et les éclaire tels qu'ils doivent être vus. Musique ensorcelante, comme Manon elle-même, et qui a conquis, qui conquiert encore les foules : elle exprime si bien que le souvenir des voluptés partagées

soit pour certains êtres comme des Grieux plus puissant
que le sentiment de l'honneur... Elle commente avec
sensibilité le trouble de Charlotte et le désespoir de
Werther; mais elle cesse de nous convaincre lorsqu'elle s'emploie à peindre une Thaïs — Paphnuce fût-
il changé en Athanaël — et moins encore lorsque avec
la complicité d'un livret invraisemblable, elle nous
montre le Précurseur troublé tout comme Hérode par les
charmes juvéniles de Salomé... Ces erreurs n'empêchent
point qu'il faut rendre hommage aux qualités de Massenet, à la clarté de son style, à son élégance, à son habileté (que certains lui reprochèrent en qualifiant sa
musique de « scientifique », accessible aux seuls « connaisseurs »!). Et Massenet n'est certes pas responsable
de tous ceux qui l'ont maladroitement imité, parce
qu'il avait du succès.

Si l'esthétique de certains de ses élèves parut s'opposer
à la sienne, ce ne fut qu'apparence : ils restèrent tout
imprégnés de son enseignement. Ils lui durent l'habileté
qu'ils ont montrée; Bruneau et Gustave Charpentier
ont introduit le naturalisme dans l'art lyrique — ou du
moins ont-ils fait renaître, en lui donnant un aspect tout
moderne, une tendance remarquée déjà au XVIIIe siècle :
le réalisme est de tous les temps, mais à certaines époques
il revêt une forme jugée provocante par ceux qui ne
l'aiment pas. C'est d'ailleurs par le décor, le costume, les
accessoires, bien plutôt que par la musique elle-même,
que le réalisme se manifeste sur une scène lyrique. L'audace extrême de substituer la prose aux vers — trop
souvent des vers de mirliton — dans les livrets n'est
qu'un retour aux origines mêmes du théâtre lyrique.
Mais faire paraître sur le plateau de l'Opéra un ouvrier
en cotte et des bourgeois en veston, leur faire chanter
des textes non seulement en prose, mais fort prosaïques,
cela semblait vraiment révolutionnaire, et d'autant plus
que ces personnages s'apparentaient étroitement —
lorsqu'ils n'étaient pas les mêmes — à ceux des romans
de Zola. Ce fut le cas du *Rêve,* qu'Alfred Bruneau
fit représenter à l'Opéra-Comique en 1891. Pour *l'Attaque du moulin,* on reporta l'action au temps des
guerres de la Révolution, mais par souci de ne point
montrer les uniformes prussiens de 1870. La longue
amitié fraternelle qui unit le musicien et le romancier

donna successivement encore *Messidor,* en 1897, *l'Oura-gan,* en 1901, *l'Enfant-roi,* en 1905, *Naïs Micoulin, la Faute de l'abbé Mouret.* La musique de Bruneau, d'inten-tion si généreuse, correspond beaucoup mieux que le texte des livrets à l'idéal qui l'inspire : il y a quelque chose d'épique, mais dont la solennité demeure fami-lière, dans le prélude du quatrième acte de *Messidor,* où de larges touches cuivrées montrent « le soleil triom-phal baignant la nappe éclatante des blés ». Mais dans *l'Enfant-roi,* le langage des personnages tour à tour tri-vial ou lyrique ne va point sans disparate gênante, par-fois même choquante.

Venue un peu plus tard — le 2 février 1900 — *Louise* s'imposa d'emblée, mais non sans soulever d'âpres dis-cussions. Gustave Charpentier, né le 25 juin 1860, prix de Rome en 1887, présentait son ouvrage sous le titre « roman musical » qui en définit l'esthétique, car roman, c'est, au sens naturaliste, une « tranche de vie quoti-dienne ». Au vrai, la partition fut beaucoup moins dis-cutée que la thèse sociale exposée par le livret, où l'on crut voir une apologie de l'« amour libre », certains dirent même du dévergondage, bien que les auteurs chantent « le plaisir » sur un ton de noir pessimisme. Mais on retrouvait dans maints passages de *Louise,* dans le tableau du lever de l'aube et des cris de Paris par exemple, les brillantes qualités du symphoniste des *Impressions d'Ita-lie.* Au premier et au dernier acte, il se montrait un « intimiste » d'une surprenante émotion. Ces qualités se manifestaient encore, à un moindre degré, dans *Julien,* qui, en 1913, n'eut pas la fortune de *Louise.* On s'est mépris sur la vulgarité de certains épisodes de ces deux ouvrages : le musicien fait parler à ses personnages le langage con-venant aux conditions dans lesquelles ils sont placés. La question est de savoir si l'on admet le postulat dont cette nécessité est la conséquence logique.

L'orientation nouvelle marquée par le réalisme de Bruneau et de Charpentier fut éphémère. Elle apparaît comme un épisode momentané du conflit que l'on retrouve souvent dans l'histoire de l'art : à de certains moments, deux courants opposés se rencontrent, se heurtent ou s'unissent, provoquant des remous d'où naissent de violentes agitations. La fin du XIXe siècle est un de ces points de rencontre, où des tendances opposées s'affrontent. Pour comprendre ce qui se passe, il est bon de ne pas isoler la musique des autres manifestations de la pensée, des autres arts. C'est dans tous les domaines de l'esprit que se manifeste la même inquiétude; certains, en cette « fin de siècle », croient voir se lever l'aube des temps nouveaux où la Science régira un monde libéré des vieilles croyances. Elle pliera à ses lois l'esthétique comme l'éthique, et déjà l'on croit possible une « littérature expérimentale » établie sur le modèle des sciences biologiques, et demeurant néanmoins faite d'œuvres d'imagination. La musique, par sa nature même, échappe en partie — mais seulement en partie — au désordre né de telles confusions. Il n'en est pas moins vrai qu'elle subit les conséquences de l'inquiétude métaphysique dont souffrent alors, consciemment ou non, tous les esprits, dont les uns se réfugient dans le scientisme matérialiste, les autres dans le scepticisme radical, d'autres enfin dans la foi religieuse. Que la musique, que le théâtre lyrique portent la marque de ces préoccupations, on n'en peut être surpris, et c'est le contraire qui semblerait extraordinaire. Entre 1880 et 1900, le foisonnement des tendances sans doctrine définie révèle aux yeux de l'historien l'attente et la préparation d'une réaction désormais fatale.

Pour beaucoup, il semble inconcevable que l'on puisse chercher hors des voies ouvertes par Wagner le salut de l'art lyrique. D'autres, plus clairvoyants, estiment que ces voies sont sans issue, et que s'il est parfaitement légitime de profiter des enrichissements dont l'art sonore peut être redevable au maître de Bayreuth, il ne faut lui demander rien de plus que les procédés et les formules dont il s'est servi — mais à condition que ces formules et ces procédés, cette technique, ne soient employés que par ceux-là seuls qui, les ayant assimilés, sachent les adapter à leur tempérament personnel.

C'est ce que feront Richard Strauss en Allemagne, et dans une certaine mesure Vincent d'Indy en France. Mais Strauss subit en même temps que l'influence de Wagner celle du vérisme qui se développe en Italie dans les dernières années du siècle. Le vérisme lui-même correspond exactement au réalisme et au naturalisme français, adapté naturellement au tempérament italien. Le romancier sicilien Giovanni Verga est le père du vérisme (et c'est sa nouvelle *Cavalleria rusticana* que Mascagni porte à la scène le 18 mai 1890, au théâtre Costanzi de Rome). Le 19 janvier 1892, l'ouvrage, traduit en français, sera représenté à Paris, à l'Opéra-Comique, et connaîtra un succès qui ne se démentira pas. *Paillasse (I Pagliacci)* commence, le 21 mai 1892 au théâtre dal Verme de Milan, une carrière triomphale et fait connaître au monde entier le nom de Leoncavallo. L'Opéra de Paris le joue le 17 décembre 1902. L'histoire du vérisme s'étend sur la période qui suit; on la trouvera donc plus loin; mais il faut marquer ici l'influence de l'école italienne sur la musique française aussi bien que sur la musique allemande. Richard Strauss (1864-1949), qui a débuté au théâtre en 1894 avec un opéra en trois actes, *Guntram,* de coupe classique et d'inspiration wagnérienne, va adopter pour *Feuersnot,* en 1901, pour *Salomé* (1905), pour *Elektra* (1908), la coupe en un seul acte, longuement développé, dont la formule est sortie du vérisme. Quant à la musique française, elle a subi naturellement l'attraction, au début du XXe siècle, de l'école vériste. Peut-être la raison ne fut-elle pas toujours très pure qui inclina certains compositeurs à imiter ce qui réussissait si bien à leurs confrères d'outre-monts. Aux raisons d'intérêt s'ajoutaient aussi des raisons de facilité : on vit, on entendit alors quantité d'ouvrages relâchés faisant large place aux effusions sentimentales et aux grands mouvements de passion, mais qui ne témoignaient point d'un travail aussi soigné, d'une science de la composition dramatique pareils à ceux que montrèrent Leoncavallo, Mascagni et Puccini. De celui-ci, *Manon Lescaut* (1893), *la Bohème* (1896), *Tosca* (1900), *Madame Butterfly* (1904), ont connu à Paris une fortune égale à celle qu'ils rencontraient en Italie et en Amérique. Ils la doivent non seulement à leur séduction facile, mais à l'art avec lequel Puccini écrit pour les voix.

Le grief que l'on peut garder, en France, contre le vérisme est qu'en se répandant dans ce pays, il a étouffé sous son succès des ouvrages comme ceux d'André Messager (1853-1929) et de Gabriel Pierné (1863-1937). Ni l'un ni l'autre n'ont eu dans leur propre patrie, de leur vivant ni moins encore après leur mort, la place qui aurait légitimement dû leur revenir. La délicieuse *Madame Chrysanthème* du premier fut délaissée au profit de *Madame*

Butterfly, qui en est une sorte de contrefaçon. Et aucun des grands succès de Messager, pas plus *Véronique* que *la Basoche* ou le merveilleux *Fortunio* n'a été suffisant pour maintenir ces petits chefs-d'œuvre d'esprit (et de bonne musique) au répertoire. Il en fut de même des ouvrages lyriques de Gabriel Pierné : *Fragonard* est un des modèles du genre. Mais Pierné, pour la plus grande partie de sa production, appartient à une période qui sera étudiée plus loin, et l'on doit se contenter ici de remarquer le dommage qu'il a souffert.

A cette fin du XIXe siècle commence à se répandre en Europe occidentale la musique russe qui va exercer une si grande influence, et servir, si l'on peut dire, d'antidote au philtre wagnérien. Cette expansion coïncide avec l'éveil d'une curiosité pour l'exotisme (non plus exotisme de pacotille, mais bien authentique folklore). Cette curiosité naît de la présence à Paris, aux expositions universelles de 1889 et de 1900, de musiciens du Moyen-Orient et de l'Extrême-Orient; ils exécutent sur leurs instruments aux timbres étranges des airs composés sur des gammes le plus souvent défectives, et qui exercent sur les oreilles européennes une séduction certaine. Claude Debussy, retour de Rome, put ainsi, sans quitter Paris, goûter en compagnie de son ami Paul Dukas, les plaisirs d'un voyage autour du monde sonore, passant des orchestres espagnols du Champ de Mars au *gamelang* javanais de l'Esplanade des Invalides, et ne se lassant pas de savourer la variété des rythmes et l'imprévu des accords. En même temps, Rimsky-Korsakov, venu lui aussi à l'Exposition, s'intéressait à ces musiques populaires. Car, en juin 1889, Rimsky dirigeait au Trocadéro les concerts dont les programmes réunissaient des œuvres de Glinka et Dargomyjsky, le *Stenka Razine* de Glazounov, la *Marche solennelle* de Cui, l'*Ouverture sur trois thèmes russes* de Balakirev, les *Danses polovtsiennes* du *Prince Igor* et *Dans les steppes de l'Asie centrale* de Borodine, le *Capriccio espagnol* et *Antar* de Rimsky-Korsakov, et *Une nuit sur le Mont Chauve,* de Moussorgsky. Léon Vallas ajoute qu'il se peut que, dès alors, Debussy ait eu entre les mains une partition de *Boris* antérieure aux retouches de Rimsky, rapportée de Russie par Saint-Saëns. D'autre part, ce fut à ce moment que la Chapelle nationale slavo-russe de Slaviansky d'Agranev donna des concerts de musique chorale populaire ou religieuse. Tout cela exerça un puissant attrait sur les jeunes musiciens de ce temps.

Il faudrait ici joindre aux œuvres, aux tendances que l'on a passées en revue, d'autres noms, d'autres œuvres, parler des disciples de César Franck, du moins de ceux qui, comme Vincent d'Indy, prirent part à l'évolution de l'art lyrique dans le dernier quart du XIXᵉ siècle. On se contentera de mentionner *le Chant de la cloche,* transporté de l'estrade du concert, où il parut en 1883, à la scène de la Monnaie en 1909, *Fervaal,* créé à Bruxelles en 1897 et à Paris l'année suivante, et de noter, pour préciser la doctrine esthétique de l'époque, ce que P. de Bréville et H. Gauthier-Villars écrivaient alors :

« On veut désormais des drames symphoniques où la musique suive pas à pas les paroles, fasse corps avec l'action, s'identifie avec les sentiments exprimés, se modifiant sans cesse avec eux, de telle sorte que l'affabulation et le développement musical forment un tout indivisible... »

Cela, qui fut écrit à propos de *Fervaal,* pouvait être répété cinq ans plus tard à propos de *Pelléas,* qui cependant ne ressemble point à l'action dramatique de d'Indy. Tant il est vrai qu'un même idéal n'est pas souvent poursuivi par des chemins identiques.

René Dumesnil.

BIBLIOGRAPHIE

A la liste des ouvrages généraux donnés p. 424 il convient d'ajouter :

Blaze de Bury, H., *Musiciens du passé, du présent et de l'avenir,* Paris, 1880.

Jullien, A., *Musiciens d'aujourd'hui,* Paris, 1892.

Landormy, P., *La Musique française,* tome II, *De Franck à Debussy,* Paris, 1943.

Séré, O., *Musiciens français d'aujourd'hui,* Paris, 1911.

MONOGRAPHIES

Gauthier-Villars, H., *G. Bizet,* Paris, 1911.

Landormy, P., *G. Bizet,* Paris, 1950.

MALHERBE, H., *Carmen*, Paris, 1951.

BOSCHOT, A., *La vie et les œuvres d'Alfred Bruneau*, Paris, 1937.

DESAYMARD, J., *Chabrier d'après ses lettres*, Paris, 1934.

SERVIÈRES, G., *Emmanuel Chabrier (1841-1894)*, Paris, 1912.

DELMAS, M., *Gustave Charpentier et le lyrisme français*, Paris, 1932.

SERVIÈRES, G., *Lalo*, Paris, 1925.

BRANCOUR, R., *Massenet*, Paris, 1922.

BOUVET, Ch., *Massenet*, Paris, 1929.

BRUNEAU, A., *Massenet*, Paris, 1935.

LA MUSIQUE ANGLAISE
AU XIXᵉ SIÈCLE

Jusqu'au XIXᵉ siècle, personne n'avait songé à appeler l'Angleterre *Das Land ohne Musik*. Dans quelle mesure ce surnom est-il justifié, c'est là affaire d'opinion. Pendant le XIXᵉ siècle les concerts et l'opéra florissaient à Londres, de nouveaux orchestres et de nouvelles sociétés musicales se fondaient en province, où les festivals de musique connaissaient une popularité croissante. On assistait à la création d'institutions musicales telles que la Société Philharmonique royale, qui commença à fonctionner en 1813 et eut, au début, des rapports avec Beethoven, et l'Académie royale de Musique, inaugurée en 1822, qui devait être pendant soixante ans le centre de l'éducation musicale en Grande-Bretagne. La seule chose que l'Angleterre ne fût pas en mesure d'offrir, c'était un compositeur de taille à partager la gloire des maîtres européens contemporains. De plus, les grands compositeurs anglais du passé, même si l'on y ajoute Haendel qui s'était fait naturaliser, avaient écrit dans un style qui n'était pas de nature à satisfaire le goût du XIXᵉ siècle. Malgré l'énorme popularité des oratorios de Haendel pendant toute cette période, on les interprétait avec des accompagnements supplémentaires et des chœurs beaucoup trop importants qui s'accordaient mal avec le style des œuvres. Les prédécesseurs anglais de Haendel avaient écrit dans un langage musical tout à fait étranger aux oreilles du XIXᵉ siècle et ne fournissaient pas de bases traditionnelles aux contemporains de Mendelssohn et de Wagner, sauf dans le domaine de la musique religieuse où la vraie tradition anglaise subsista pratiquement intacte jusqu'à la fin du siècle.

C'est dans le domaine de l'oratorio et de la musique religieuse que se situe le courant principal de l'activité créatrice anglaise, et il n'est peut-être pas difficile de trouver les raisons de l'énorme activité des compositeurs anglais dans ce domaine et de l'effondrement des bases de la critique devant les œuvres religieuses. Les orchestres réguliers de la métropole donnaient surtout de la musique allemande à un public restreint et d'esprit conservateur, tandis que les festivals provinciaux étaient presque exclusivement choraux (il faut se rappeler que la musique chorale anglaise avait frappé, fasciné et influencé d'éminents visiteurs étrangers, depuis Haydn, en 1791, au moins jusqu'à Berlioz en 1853, tout comme elle avait influencé Haendel), et réclamaient des œuvres nouvelles avec un appétit presque insatiable. C'est ainsi que Brahms et Dvorak, par exemple, étaient connus et acceptés en Grande-Bretagne en tant que compositeurs d'œuvres religieuses chorales alors que leur musique instrumentale n'avait pas encore traversé la Manche.

D'autre part, le fait que la seule musique anglaise de valeur connue du public fût la musique religieuse de Haendel était bien conforme au puritanisme inné de cette période, et propre à attirer l'attention des compositeurs sur les thèmes religieux. C'était un peu comme s'ils avaient le sentiment que la musique possédait un charme et un attrait suspects que seule une association avec un thème sublime pouvait rendre respectables. Ainsi, des raisons sociales et économiques poussaient le compositeur anglais vers les domaines restreints de l'oratorio et de la musique d'église, tandis que le développement constant de l'éducation musicale et les occasions multiples d'entendre de la musique n'arrivaient que très lentement à faire naître une attitude plus libérale et plus généralement active chez les compositeurs, et cela surtout parce qu'aucun auteur de symphonies ou d'opéras ne faisait preuve d'un mérite suffisant pour pouvoir indiquer aux autres de nouvelles voies à suivre. C'est pourquoi, dès le début, l'enseignement donné à l'Académie royale de Musique était non seulement conservateur, mais tendait inconsciemment à orienter les compositeurs anglais vers ce que l'on considérait alors comme leur domaine propre.

Les meilleures œuvres de la première moitié du XIXe siècle sont soit de la musique religieuse, soit des chants pour voix d'hommes, ces *glees* presque oubliés aujourd'hui et qui avaient pour ancêtre le madrigal de l'époque tudor. Parmi les compositeurs de musique instrumentale, il faut citer John Field. Élève de Clementi, il était employé comme courtier dans sa fabrique de pianos. Il écrivit une grande quantité de musique, et notamment cinq concertos pour piano, mais il est connu surtout pour son petit recueil de *Nocturnes* — dont le nom et la forme semblent être de son invention — qui non seulement sont écrits de façon remarquablement imaginative mais ont fourni à Chopin les éléments d'un style mélodique et pianistique. L'abîme qui sépare les œuvres profanes et les œuvres religieuses de Samuel Wesley fait ressortir les points forts et les points faibles de la musique anglaise de cette période. Tandis que ses compositions instrumentales sont des exercices conventionnels à la manière de J. Ch. Bach, sa musique religieuse, destinée aux églises anglicane et catholique, a une force, une personnalité et une netteté d'expression qui atteignent parfois à la grandeur. On trouve des qualités analogues dans les meilleures œuvres de William Crotch, tandis que les compositions de Samuel Sebastien Wesley, troisième fils (et fils naturel) de Samuel Wesley, qui fut seulement compositeur religieux, ont une élégance et un caractère pittoresque qui contrastent remarquablement avec l'œuvre de son père.

La figure dominante de la musique profane fut Henry Rowley Bishop, le premier compositeur auquel un souverain ait accordé le titre de chevalier, fait qui montre l'importance qu'il avait aux yeux de ses contemporains. Bishop avait à son actif quelque cent trente œuvres scéniques, ainsi qu'une cantate religieuse, *The Seventh Day,* et des mélodies. De plus, il avait adapté un grand nombre d'opéras, entre autres de Mozart et de Rossini, pour la scène anglaise, faisant parfois preuve d'un dédain marqué pour les idées de leurs auteurs. (Par exemple, dans sa version de *Guillaume Tell,* le « ranz des vaches » de l'ouverture change de place pour réapparaître sous forme d'aria pour soprano.) Ses propres œuvres ont un charme mélodique facile et sans prétention qu'illustre bien « *Home, sweet home* », mélodie toujours populaire, tirée de *Clari, or the Maid of Milan ;* elles font preuve cependant d'une habileté supérieure à celle de n'importe lequel de ses prédécesseurs immédiats.

La première visite de Mendelssohn en Angleterre, en 1829, le mit en présence d'un public qui, après avoir

entendu son *Saint Paul* en 1836, se soumit entièrement à
sa conception de la musique. Les quelques compositeurs
anglais qui n'étaient pas tout à fait en harmonie avec le culte
de Mendelssohn étaient des spécialistes, tels que le madri-
galiste Robert Lucas Pearsall, ou des expatriés comme
Michael William Balfe et Heinrich Hugo Pierson. Balfe,
qui se produisit comme chanteur d'opéra en Italie et en
France, se signale surtout par un opéra à succès, *The Bohemian Girl,* dans lequel un charme mélodique sans prétention se combine à des exercices de virtuosité à l'italienne.
Pierson, après quelques réussites en Angleterre, travailla
exclusivement en Allemagne, où il écrivit une musique
de scène pour la seconde partie du *Faust* de Goethe, qui
connut une vogue éphémère, ainsi que plusieurs ouvertures symphoniques, influencées par Liszt et Berlioz,
pour des pièces de Shakespeare.

Le plus éminent compositeur anglais de cette époque,
William Sterndale Bennett, avait l'esprit classique et une
plus grande largeur de vues que la plupart de ses contemporains. Son œuvre comprend des *anthems,* un oratorio,
The Woman of Samaria, quatre concertos pour piano, une
symphonie et plusieurs ouvertures. La seule œuvre qu'il
écrivit pour le théâtre, une musique de scène pour *Ajax
furieux,* de Sophocle, est très en avance sur son temps,
tant par sa solidité musicale que par son habileté. De
plus, on trouve dans ses œuvres orchestrales de nombreux passages d'une réelle beauté et d'une grande finesse
d'expression. Personnalité très remarquée dans la
musique anglaise dès l'âge de vingt ans, Bennett étudia
ensuite à Leipzig, où il rencontra Mendelssohn et Schumann, qui a dit beaucoup de bien de son œuvre dans ses
Écrits sur la musique et les musiciens. La musique de Bennett
a été profondément influencée par le raffinement, l'élégance, la grâce et l'exactitude de la forme qui caractérisent la musique de Mendelssohn. Cependant sa
période créatrice se termina pratiquement en 1856, date à
laquelle Bennett devint professeur de musique à Cambridge; il conserva ce poste jusqu'à sa mort, ainsi que
la direction de l'Académie royale de Musique qu'on
lui confia en 1866.

A ces deux postes lui succéda George Alexander Macfarren, dont l'œuvre, comme celle de Bennett, témoigne
de l'élargissement progressif du goût des composi-

teurs britanniques. Contrairement à Bennett, il s'attaqua
à l'opéra, où il connut un certain succès artistique, mais
beaucoup de malchance quant à la représentation de ses
œuvres. Sa vue baissa considérablement à partir de 1830,
et il devint bientôt complètement aveugle. Cela ne l'empêcha pas d'écrire encore une quantité prodigieuse
d'œuvres qui, si elles sont moins accomplies et moins
originales que celles de Bennett, ont une vitalité et une
ampleur qui l'ont fait considérer, vers la fin de sa vie,
comme le chef naturel de l'école anglaise.

Parmi les autres compositeurs du début de l'ère victo-
rienne, on peut citer John Goss, Henry Smart et Fre-
derick Arthur Gore Ouseley, connus pour leur musique
religieuse, tandis que la musique lyrique est représentée
par Edward James Loder, John Barnett, parent de
Meyerbeer, et Vincent Wallace, dont l'opéra *Maritana,*
comme *The Bohemian Girl* de Balfe, est resté au répertoire
jusqu'au XXᵉ siècle.

Bien que la popularité de Mendelssohn demeurât
toujours aussi grande, l'intérêt que le public portait à
la musique était de plus en plus varié. Wagner et Berlioz
vinrent travailler à Londres, l'un dirigeant les Concerts
Philharmoniques en 1855 et 1856, et l'autre ceux
de Drury Lane en 1847 et 1848, et parfois ceux
de la Nouvelle Société Philharmonique de 1852 à 1855.
Non seulement ils firent connaître ainsi leur propre
musique au public anglais, mais élevèrent le niveau d'interprétation du répertoire habituel, et présentèrent des
œuvres britanniques : Wagner dirigea des œuvres de
Cipriani Potter, premier directeur de l'Académie royale
de Musique, de Charles Lucas et de Macfarren; Berlioz,
des œuvres de Loder et de Henry Leslie. La création à
Manchester, par Charles Hallé, de l'orchestre qui porte
son nom (1857) a exercé une influence qui ne s'est pas
limitée à la région nord de l'Angleterre. La permanence
de sa composition et la discipline de son style le firent
connaître jusqu'à Londres.

Ainsi donc, vers 1850, l'art musical anglais, insulaire
et restreint, fit place à une vie musicale plus développée,
qui, par la suite, devait produire des compositeurs de la
plus haute importance. C'est en 1855 qu'August Manns
commença à diriger les concerts au Crystal Palace, qui
complétaient ceux des deux Sociétés Philharmoniques,

l'ancienne et la nouvelle, et fit connaître toute la musique classique et postclassique, ainsi que beaucoup d'œuvres nouvelles anglaises, à un public nombreux auquel la salle immense offrait des places à des prix raisonnables.

Grâce à de nouveaux moyens de diffusion, la musique se faisait de mieux en mieux connaître. L'Association « Tonic Sol-fa » fut fondée en 1853. Dix ans plus tard, elle ouvrit un conservatoire, offrant ainsi à certaines classes de la société, qui, sans elle, n'en auraient pas eu l'occasion, la possibilité d'acquérir des connaissances musicales considérables. De même, la Société des Concerts populaires, fondée en 1858, fit entendre de la bonne musique dans les quartiers pauvres de Londres; son exemple fut bientôt suivi dans les grandes villes de province. La troupe d'opéra Carl Rosa, fondée en Amérique, s'installa en Angleterre en 1875. Elle rassembla les meilleurs artistes britanniques et présenta non seulement le répertoire classique en anglais, mais aussi beaucoup d'œuvres britanniques en première audition, si bien que Londres cessa d'avoir le monopole de l'opéra.

Les facilités de spécialisation dans certaines branches de la musique s'accrurent. A Londres, le Collège de Musique de la Trinité fut fondé en 1874, pour la musique chorale et la musique religieuse; après 1880, une éducation musicale plus générale était offerte à l'École de Musique du Guildhall, et le Collège royal de Musique, fondé en 1882 sous le haut patronage de la reine Victoria, exerça, grâce à son caractère cosmopolite et avancé, une influence heureuse sur la vieille Académie royale. En province, l'Institut de Musique de Birmingham et des Midlands ouvrit en 1886, et l'Académie royale de Musique d'Écosse fut fondée en 1890. Leurs objectifs, restreints au début, ne tardèrent pas à devenir beaucoup plus vastes, vu le nombre des demandes d'admission. Le Collège royal de Musique de Manchester, dû pour une grande part à l'initiative de Hallé qui en devint le premier directeur, fut inauguré en 1893; ses méthodes et son personnel n'avaient rien à envier aux deux institutions métropolitaines.

En sa qualité de secrétaire des Concerts du Crystal Palace, qu'il organisait avec tant de succès en collaboration avec Manns, George Grove, musicologue, ingénieur et archéologue biblique, introduisit dans les pro-

grammes les premiers commentaires analytiques, et
devint directeur du Collège royal de Musique. C'est lui
qui organisa les Concerts populaires de St. James's
Hall, qui attirèrent l'attention du grand public sur la
musique de chambre, il édita aussi le grand *Dictionnaire
de la musique et des musiciens,* publié pour la première fois
en 1879, et qui en est maintenant à sa cinquième édition.

En collaboration avec Arthur Sullivan, Grove s'at-
tacha à faire connaître la musique de Schubert. Au cours
d'une visite à Vienne, ils avaient découvert une grande
partie de son œuvre, et c'est peut-être à l'influence de
Schubert que l'on doit plus d'un trait plaisant dans la
musique de Sullivan. Celui-ci débuta de façon conventionnelle en composant des oratorios, remporta un
énorme succès, en 1873, avec *The Light of the World,* et
s'aventura ensuite, non sans hésitation, dans le domaine
de l'opéra bouffe. En collaboration avec W. S. Gilbert il
en composa une série dans un style qui demeure remarquable par son invention mélodique, sa netteté, son
raffinement et l'élégance subtile de son orchestration.
Ces qualités n'apparaissent que rarement dans ses œuvres
« sérieuses », qu'il considérait comme son apport principal à la musique. De plus, il a parfois une veine spirituelle qui, dans le début des *Gondoliers,* atteint presque
les hauteurs d'une parodie inspirée, tandis que dans
Ruddigore, où il accorde une place à ses aspirations
« sérieuses », il fait preuve de plus d'honnêteté et de sens
dramatique que dans *Ivanhoe,* sa seule tentative dans le
domaine de l'opéra. Les oratorios qu'il composa par la
suite, *The Martyr of Antioch* et *The Golden Legend,* souffrent
d'un manque presque total de vitalité, tandis que, parmi
ses œuvres orchestrales, seule sa musique de scène pour
la Tempête, composée à l'âge de vingt ans, et *Overture
« di ballo »* évitent le double écueil de la mollesse et de
la vulgarité. Les opérettes de Gilbert et Sullivan créèrent
cependant un style qui eut beaucoup d'imitateurs,
mais que personne n'a réussi à égaler en habileté, en
esprit et en invention.

La musique religieuse, vers la fin de la période victo-
rienne, subit presque uniquement l'influence de Charles
Gounod, qui habita en Angleterre de 1871 à 1875, et
dont les grandes œuvres religieuses connurent une popularité qui, pour un temps, éclipsa la gloire de Mendels-

sohn. Les œuvres de John Bacchus Dykes et de John Stainer, dont la cantate, *The Crucifixion,* est toujours populaire, se caractérisent par l'accent sentimental de certains thèmes, qui rappelle fortement Gounod. Toutefois, chez Stainer, l'œuvre du musicologue eut plus d'influence et de succès que celle du musicien. Ses études et ses éditions d'œuvres musicales du début de la Renaissance sont des travaux de pionnier, qui n'ont rien perdu de leur valeur. Dans ce domaine Stainer témoignait du renouveau d'intérêt que l'on portait à la musique du passé. La Société Purcell entreprit, en 1876, l'édition complète des œuvres du maître du dix-septième siècle, et la Société de Plain-chant et de Musique médiévale fut fondée en 1888, alors qu'on s'intéressait de plus en plus aux compositeurs anglais du seizième siècle.

L'horizon musical continua de s'élargir avec les œuvres d'Alexander Campbell Mackenzie, qui comprennent sept opéras, un oratorio, des concertos pour violon et piano et beaucoup d'œuvres orchestrales à programme. Comme celle de Bennett, sa carrière de compositeur fut peu à peu submergée par les obligations professorales et administratives que lui imposait, à partir de 1888, la direction de l'Académie royale de Musique, mais ses compositions font preuve d'un grand sérieux et d'un don de l'expression pittoresque. Du point de vue historique, son œuvre forme la transition entre Bennett et les nouveaux compositeurs anglais, qui furent ses contemporains immédiats. Sans posséder le même flair que Sullivan dans le domaine de l'opérette, il ne donna jamais dans l'emphase, comme ce fut trop souvent le cas pour Sullivan. Dans le domaine de la musique légère, Frederic Hymen Cowen montra une légèreté de touche et une habileté d'artiste dignes de Sullivan. Ses six symphonies ont toutes un haut degré de fini, bien que la valeur musicale des matériaux employés soit très quelconque. Ses meilleures œuvres, comme, par exemple, la mise en musique de l'*Ode to the Passions* du poète Collins et la cantate féerique, *The Sleeping Beauty,* ont énormément de charme et de grâce.

L'œuvre de Mackenzie par son rôle de transition, et les nombreuses influences que nous venons de décrire ont beaucoup enrichi l'œuvre de Charles Hubert Hastings Parry qui, depuis son plus jeune âge, composa

beaucoup de musique, mais ne s'y consacra professionnellement qu'après le succès de son *Concerto pour piano*
en 1880. De 1894 à sa mort, Parry dirigea le Collège
royal de Musique. D'abord compositeur de musique symphonique et de chambre, Parry trouva son style propre
dans les œuvres chorales, dont la première fut l'illustration lyrique et expressive de scènes tirées de *Prometheus
Unbound* de Shelley. Son style passe par Mendelssohn
pour rejoindre Bach, Haendel et les maîtres anglais
anciens, tandis que nous sentons l'influence de Brahms
dans la gravité de son classicisme. Bien qu'il soit surtout
connu pour la dignité monumentale d'œuvres chorales,
telle que la mise en musique de *Ode at a Solemn Music*
(« *Blest Pair of Sirens* »), de Milton, dont la forme est
traditionnellement anglaise, beaucoup de ses mélodies
possèdent ce lyrisme spontané qui est si plaisant dans
Prometheus.

A la même époque, Charles Villiers Stanford, originaire de Dublin, qui avait fait ses études à Cambridge
et en Allemagne, composait une série d'œuvres
impressionnantes avec autant de sérieux et de sincérité
d'intention que Parry. En 1887, il fut nommé professeur
de musique à Cambridge, et professeur de composition
au Collège royal de Musique, où il se chargea des classes
d'orchestre et d'opéra. Son œuvre comprend sept opéras,
dont *Shamus O'Brien* (1896), *Much Ado about Nothing*
(1901) et *The Travelling Companion* (1919) sont les plus
connus, des ballades pour chœur, dont *The Revenge* et
Phaudrig Crohoore sont restées assez populaires (cette
dernière, comme *Shamus O'Brien,* est indéniablement
irlandaise, bien qu'elle ne fasse aucun usage du folklore),
de la musique religieuse catholique et anglicane, en particulier un *Stabat Mater* et de nombreuses œuvres de
musique orchestrale et de musique de chambre. Si le style
de Stanford est toujours éclectique, il semble infaillible
dans le choix de ses modèles et sait parfois les transformer complètement en les dotant d'une vie et d'une personnalité qui n'appartiennent qu'à lui seul.

Après ces deux grandes figures vient celle d'Edward
Elgar, autodidacte, instrumentiste, chef d'orchestre et
compositeur depuis l'âge de dix ans. Elgar se fit d'abord
connaître comme compositeur de pièces de salon sentimentales et d'œuvres chorales vigoureuses mais conven

tionnelles qui connurent une grande popularité aux festivals de musique en province. Ses premières œuvres, *The Black Knight, King Olaf,* l'oratorio *The Light of Life, Caractacus* ou *The Banner of Saint George,* ne laissent guère entrevoir la grandeur et l'individualité des œuvres de sa maturité; elles sont faciles, pittoresques, avec des moments parfois brillants. C'est en 1899, à la première audition de son cycle de mélodies orchestrales, *Sea Pictures,* et des magistrales *Enigma Variations,* que se révéla sa maturité musicale et que commença une période de chefs-d'œuvre allant jusqu'à 1918, chefs-d'œuvre qui prouvent que le lent développement de la « renaissance anglaise » avait enfin porté ses fruits.

Henry RAYNOR.

BIBLIOGRAPHIE

HUGUES Gervase, *The Music of Arthur Sullivan,* Londres, 1960.

KENNEDY Michael, *The Halle Tradition,* Manchester, 1960.

NETTEL Reginald, *The Englishman makes Music,* Londres, 1952.

SCHOLES Percy A., *The Mirror of Music,* 2 vol., Londres, 1947.

WALKER Ernest, *A History of Music in England,* 3⁰ édition revue par J. A. Westrup, Oxford, 1952.

LA MUSIQUE AUSTRO-ALLEMANDE
APRÈS WAGNER

La situation de la musique en Allemagne, après la mort de Wagner, est très étroitement liée à l'essor économique de l'empire allemand. Le pays, unifié, était devenu puissance mondiale et se dorait dans l'éclat de son armée victorieuse et dans le bien-être de la richesse qu'il s'était acquise par sa ténacité et son esprit d'entreprise. La grande bourgeoisie, de plus en plus puissante, ne pensait pas seulement à ses affaires; son esprit se tournait aussi vers l'art, considéré comme un agréable ornement de la richesse. Et même dans les popotes de la « glorieuse » armée, il ne manquait pas d'officiers qui se passionnaient pour l'art — c'est-à-dire pour Wagner! — et allaient peut-être jusqu'à lire Nietzsche en cachette.

Wagner devint l'idole de la nation allemande; Bayreuth, l'Olympe de la nation unifiée. Dans les années qui précédèrent la Première Guerre mondiale, ce furent avant tout les nouvelles couches ascendantes du capitalisme allemand qui se convertirent aux idées avancées de Wagner et encouragèrent, par leur aide financière, les festivals de Bayreuth. Ce n'est pas par hasard que l'on trouve à ce moment-là dans la bourgeoisie libérale tant de jeunes garçons baptisés du prénom de Siegmund ou de Siegfried. Il ne s'agissait pas, durant cette première époque, d'une propagande nationaliste fondée sur Bayreuth (ce qui fut le cas après la Première Guerre mondiale), mais d'une foi optimiste en un nouvel art allemand sous le signe de Richard Wagner. L'*Allgemeine Richard-Wagner-Verein,* l'Association générale R. W., dont le but était le maintien des festivals de Bayreuth, agissait par idéalisme.

LE CHEF D'ORCHESTRE

Toutefois, l'intérêt porté par l'ambitieuse bourgeoisie allemande à la musique ne se limitait pas à Wagner, mais se portait vers la vie musicale en général, qui prit un essor inouï, surtout dans les villes déjà riches d'une culture musicale traditionnellement promue et encouragée par les cours, comme Dresde, Munich, Vienne et Berlin. Les théâtres lyriques, et, de ce fait, les orchestres, furent largement pourvus, les meilleurs chanteurs du monde furent engagés. A côté des chanteurs, le chef d'orchestre, nouvelle *prima donna* de la vie musicale européenne, prit son essor. Presque tous les grands chefs de la fin du XIXᵉ siècle étaient attachés aux théâtres des cours allemandes : Hans Richter (et plus tard Franz Schalk) à Vienne, Carl Muck (et plus tard Richard Strauss) à Berlin, Felix Mottl (et plus tard Bruno Walter) à Munich, Ernst von Schuch à Dresde. Citons encore Arthur Nikisch, à la tête de l'orchestre du Gewandhaus de Leipzig, au passé déjà riche, et qui jouait depuis 1884 dans une nouvelle salle, à l'acoustique inégalée, et Felix Weingartner, qui dirigea successivement dans toutes les villes de culture allemande. Ce n'est probablement pas par hasard que cette première génération des grands maîtres de la baguette, à l'exception de Carl Muck, était originaire de l'Autriche, où la sève musicale est si abondante. Parmi eux, Hans von Bülow était le seul à exercer son activité dans une petite ville de résidence de l'Allemagne centrale, alors qu'il l'emportait sur tous par la force et la qualité de son esprit. C'est grâce à lui, si cruellement éprouvé par Wagner dans sa vie intime, que l'orchestre de la cour de Meiningen eut, pendant un temps, une réputation mondiale. C'est lui également qui sut, le premier, interpréter de façon exemplaire la musique de Johannes Brahms, ce compositeur qui devait devenir si important pour l'évolution ultérieure de la musique allemande. Le plus âgé parmi ses confrères, il en est le plus représentatif parce que le plus universel. A la fois pianiste, chef d'orchestre, écrivain et conférencier, il fut le premier à faire une carrière mondiale. En 1875-76 déjà, il dirigea cent trente-neuf concerts aux États-Unis, et plus tard, il eut une influence déterminante sur le développement des orchestres des sociétés philharmoniques privées, à Berlin et à Hambourg.

Dans toutes les grandes villes allemandes où il n'y en avait pas encore, on vit apparaître de ces orchestres privés, qui contribuèrent pour une grande part à la diffusion et à l'enrichissement de la culture musicale, en devenant les représentants des nouvelles tendances. D'autre part, l'expansion de la vie musicale citadine serait inconcevable sans les initiatives prises par les organisateurs de concerts. Un homme comme Herman Wolf, par exemple, a rendu d'impérissables services à la culture musicale de Berlin.

C'est à dessein que nous avons parlé d'abord de l'aspect extérieur de l'essor de la vie et de la culture musicales en Allemagne à la fin du XIXe siècle, et de ses manifestations tangibles, telles qu'elles s'imposaient de manière évidente à l'esprit de chacun. Cet aspect extérieur, qui fut de tout temps un facteur de grande importance quant à l'estimation de la physionomie musicale d'un pays, a pris de nos jours une importance prédominante : la vie musicale se déroule actuellement en public et *pour* le public. Nous connaissons tous les effets dangereux de cette extériorisation, de cet accent mis unilatéralement sur l'interprétation et sa perfection, de cet étalage sonore de la musique, dans lesquels s'épuise ce que l'on appelle l'expérience musicale de la plupart des hommes d'aujourd'hui. Autrefois, les auditeurs étaient des connaisseurs et des amateurs (comme on peut le lire si justement en tête de nombreuses partitions du XVIIIe siècle), et il n'était pas rare que ces amateurs fussent également des exécutants. Aujourd'hui, la musique est devenue un bien de consommation. Il ne servirait à rien de regretter avec une nostalgie romantique ces temps passés, ou même de vouloir les faire revivre grâce à un dilettantisme exigeant, comme a essayé de le faire le mouvement de Jeunesses musicales en Allemagne. Des cercles de joueurs de flûte à bec, réunis sous le signe de la cordialité et d'une sorte de jovialité familière et sentimentale, sont un anachronisme à l'époque de la civilisation de masse.

La tendance au superficiel, à l'exhibition, à l'envoûtement sonore et, pour tout dire, à la tromperie de l'auditoire rassemblé par hasard dans une salle d'opéra ou de concert est également une caractéristique de la production musicale en Allemagne après Wagner — et pas seulement en Allemagne. Il existe une espèce internationale des « ensorceleurs par la musique ». Il faut que l'auditeur soit ébranlé, subjugué et enfin « élevé » par les masses sonores. Le compositeur veut le saisir par les nerfs, l'exciter, le troubler, l'exalter comme sous le fouet d'une drogue, l'écraser de complexes de culpabilité, pour finalement le « libérer » par des harmonies pleines de pompe sonore et de grandiose suavité. Dans ses oreilles revivent au passage des milliers d'impressions sonores que le compositeur a ressenties ou inventées. Vision artistique et peinture décorative raffinée, passion réelle et attitude théâtrale, sentiment et sentimentalité, ivresse et calcul se rejoignent et se confondent. Qui pourrait, même parmi les musiciens dont l'honnêteté ne fait pas de doute, y distinguer encore le vrai du faux ? Qui saurait dire si le compositeur se trompe lui-même ou si c'est nous qu'il trompe ? Une chose est sûre : à cette époque, la musique n'est plus une « libre recherche de l'esprit » (pour employer la formule de Stravinsky), mais une affaire purement émotionnelle, sinon physiologique.

ANTON BRUCKNER

C'est le moment de parler d'Anton Bruckner, contemporain de Wagner, né onze ans après lui en Basse-Autriche, mais qui n'a commencé à se faire un nom qu'après la mort de Wagner, en 1884, année où sa *VIIe Symphonie* fut jouée pour la première fois, au Gewandhaus de Leipzig, sous la direction d'Arthur Nikisch. Bruckner semble anachronique par rapport à son époque, comme un paysan naïf peut l'être au milieu de la civilisation industrielle naissante. Replié sur lui-même et cependant rusé, obséquieux jusqu'à la flagornerie, dévôt au sens le plus littéral du terme, il saluait chaque prêtre qu'il rencontrait et offrit à une jeune fille qu'il voulait épouser un livre de messe en gage de son amour, — cadeau qui fut vertement refusé. Il avait cependant conscience de sa valeur et de sa mission : « Il m'arrive ce qui est arrivé à Beethoven; lui non plus n'était pas compris des imbéciles. »

Comme Haydn et Schubert, l'enfant Bruckner fait

partie d'une maîtrise; fils d'instituteur, il fait ses classes en étant surveillant à l'institution religieuse de Saint-Florian, en haute Autriche. C'est là qu'il devient maître d'école, puis également organiste. Il commence timidement à composer à un âge où Mozart avait terminé sa carrière et sa vie. Plus tard, il prend des cours de théorie à Vienne, chez Simon Sechter, dont seule la réputation égalait l'étroitesse d'esprit. Grâce à un chef d'orchestre du théâtre de Linz, où Bruckner est organiste depuis 1856, il prend connaissance des drames musicaux de Richard Wagner. Ce fut la révélation de sa vie et Wagner devint dès ce moment-là son idole aveuglément vénérée. Plus tard, à Bayreuth, on pouvait voir Bruckner se promener avec, sur le bras, un frac qu'il s'empressait de passer chaque fois qu'il croyait avoir une chance de rencontrer le grand homme : à son avis, on ne pouvait s'approcher d'un Wagner qu'en habit.

Ce n'est pas le compositeur, c'est l'organiste Bruckner qui connut d'abord le succès. C'est l'organiste qui fut fêté à Paris et à Nancy en 1869. A ce moment, il était déjà le successeur de Sechter comme professeur de théorie au Conservatoire de Vienne. Plus tard, il fut également nommé professeur à l'université. Sa vieillesse, il la vécut à Vienne, à l'abri du besoin, mais en proie, depuis de longues années, à de graves crises nerveuses. Il mourut en 1896, treize ans après Wagner. Selon sa volonté, on l'enterra dans le cloître de Saint-Florian.

Ce n'est qu'à l'âge de 41 ans qu'il commença à composer sérieusement. Son œuvre comprend plusieurs messes, un *Te Deum,* des chœurs, un *Quintette* pour cordes, et surtout les neuf *Symphonies,* dont la neuvième est restée inachevée, sans finale. Non seulement l'homme, mais l'œuvre, elle aussi, semble anachronique en cette époque de vocation civilisatrice : elle est pénétrée d'une foi naïve et authentique, elle constitue une apothéose de l'accord parfait et une profession de foi envers le système diatonique que Wagner avait dépassé dès *Tristan.* Le sentiment religieux qui est à la base de cette musique a porté nombre de ses admirateurs à voir en Bruckner un mystique qui construisait des édifices sonores, tout à la fois cathédrales gothiques et églises

baroques vibrantes de joie dans la richesse de leur ornementation. C'est là une de ces « interprétations métaphysiques » dont on a toujours été friand en Allemagne. Si on laisse de côté ces platitudes, on constatera
que la musique de Bruckner représente le pendant
symphonique du drame musical de Wagner et qu'elle
est parfaitement conforme à l'esprit de son époque.
Ses thèmes largement dessinés et conduits procèdent
des leitmotive de Wagner. Dans les mouvements rapides,
leur caractère est parfois celui des thèmes correspondants
des drames musicaux; dans les mouvements lents, dont
on a si souvent fait l'éloge, ils rejoignent le pathos
wagnérien. Le principe religieux fondamental propre au
langage symphonique de Bruckner confère cependant
à ces éléments wagnériens cette solennité spécifique
qui fait tomber à genoux l'auditeur de langue allemande, comme s'il se trouvait dans une église. N'oublions pas que Bruckner fut d'abord organiste : son
orchestre est un orgue enrichi des moyens magiques de
l'orchestre wagnérien. Dans ses trois dernières symphonies, il utilise les tubas construits sur les indications de
Wagner. Le choral joue un rôle important dans la thématique brucknerienne, il est le point culminant vers
lequel tendent ces massifs développements sonores. Cet
emploi du choral comme apothéose dans la symphonie
romantique est une invention propre à Bruckner.

Du point de vue historique, Bruckner reprend la
tradition spécifiquement autrichienne d'un Franz Schubert, qui est celle de la joie pure à faire de la musique, à
l'abri de tout souci d'ordre intellectuel ou métaphysique. Elle se manifeste de la façon la plus éclatante dans
les vigoureux scherzos qui sont, à notre avis, ce qu'il
nous a laissé de mieux. C'est là que parle le paysan de
la haute Autriche, alors que les autres mouvements
révèlent l'organiste de Saint-Florian, fasciné par Wagner.
On a souvent dit de l'œuvre de Bruckner qu'elle était
l'accomplissement romantique de la musique symphonique allemande. Cette affirmation ne nous semble pas
justifiée. Les symphonies de Bruckner sont toutes construites sur un même schéma et se développent plus en
étendue de surface qu'en densité. Elles sont monotones,
dépourvues de la nécessaire variété des aspects musicaux
et, surtout, du poids, de la force d'un message spirituel

qui pourraient leur permettre de prétendre représenter l'accomplissement exemplaire d'une forme.

Il y a quelque temps, des musicologues viennois ont constaté que les partitions éditées des *Symphonies* de Bruckner ne correspondaient pas aux originaux. En effet, ses élèves et ses amis intimes, dont certains furent ses premiers interprètes, en ont modifié l'orchestration et l'harmonie qui, surtout dans les dernières œuvres, était extrêmement audacieuse, pour rendre la musique de Bruckner plus accessible au grand public. Cela partait d'une bonne intention, et l'auteur lui-même approuva ces modifications. Autour de 1930, il se fit en Allemagne et en Autriche un grand mouvement en faveur des versions dites « originales ». Aujourd'hui elles se sont imposées dans l'ensemble, quoique dans bien des cas on ne puisse affirmer avec certitude laquelle, parmi les versions de la main même de Bruckner, doit être considérée comme le texte définitif.

HUGO WOLF

En un certain sens, Hugo Wolf (né en 1860 en Styrie autrichienne) est lui aussi un anachronisme : il est le maître hypersensible du lied à une époque qui tendait de plus en plus à l'extension de la forme et à l'hypertrophie de la matière sonore. Lui aussi était wagnérien jusqu'à la moelle, et défenseur passionné, agressif et parfois méchant de son idole. C'est pourquoi il fut surnommé souvent le « Wagner du lied ». Cela n'est exact que dans la mesure où Wolf a transposé le principe déclamatoire wagnérien dans la forme musicale la plus intime qu'ait créée le romantisme allemand. Il ne s'agit plus pour lui de transformer la mélodie du langage poétique par la musique et de créer ainsi une nouvelle entité formelle (à l'instar de Schubert, Schumann et Brahms); il aspire seulement à traduire cette mélodie du langage en musique. Cela implique une attitude toute différente à l'égard de la poésie. Hugo Wolf est un littérateur en musique, mais un littérateur capable d'une différenciation inouïe des nuances dans la gamme des sentiments, doté d'un pouvoir extraordinaire de pénétrer jusqu'en leurs moindres subtilités les états d'âme et les finesses psychologiques. Il épuise tous les sujets, du *Prométhée* de Goethe au profond lyrisme religieux du *Spanisches Liederbuch,* des sombres confessions de Michel-Ange aux humeurs gaies et badines de Eichendorff et de l'*Italienisches Liederbuch.* L'expression chez Wolf n'est pas tant dans la ligne vocale que dans la partie de piano, qui joue dans son œuvre un rôle aussi significatif et important que l'orchestre chez Wagner. Ses œuvres sont intitulées *Lieder pour voix et piano* et non pas « Lieder avec accompagnement de piano ».

Cette position particulière envers la littérature se manifeste aussi par le fait que Wolf met « ses » poètes en musique par cycles complets, qui naissent soudainement, avec la force d'éruptions volcaniques. « Les poésies me fournissent l'électricité nécessaire à la composition », dit-il un jour. Dans un laps de temps extrêmement court (1888-1891), cet homme fier, orgueilleux et mû par un puissant esprit d'indépendance, a écrit le principal de son œuvre : les *Lieder sur des textes de Mörike,* grâce auxquels le poète souabe, d'une discrétion et d'une modestie sans rapport avec la valeur de son œuvre, commença seulement à être mieux connu, puis les compositions sur des poèmes de Goethe, allant d'immenses fresques dramatiques aux chants d'amour de *Wilhelm Meister* et du *Divan,* enfin les recueils de poésies italiennes et espagnoles traduites par Geibel et Heyse.

Dans les années qui suivirent, Wolf se tourna vers l'opéra. Malgré de nombreux passages lyriques d'une grande beauté, *le Corregidor,* qui utilise le même thème que *le Tricorne* de Falla, ne put s'imposer à la scène. Le drame du retour au foyer, *Manuel Venegas,* resta inachevé car, en 1897, le compositeur fut atteint d'une maladie mentale que des brusques accès d'épuisement annonçaient depuis plusieurs années. Hugo Wolf mourut fou en 1903.

RICHARD STRAUSS

Étant donné la position primordiale que les drames musicaux de Wagner avaient universellement acquise dans le dernier quart du XIXe siècle, il est étonnant qu'il n'ait pas fait école comme compositeur. Il y eut certes de nombreux épigones, mais qui restèrent de pâles imitateurs, sans invention ni langage propres, tels le Rhénan August Bungert, qui voulut faire bâtir un théâtre spécial à Godesberg sur le Rhin pour sa tétralogie *le Monde homérique*, et qui chanta dans un poème symphonique la gloire du dirigeable du comte Zeppelin, et le Saxon Heinrich Zöllner, qui « sauva » le *Faust* de Goethe, en le mettant intégralement en musique. Les wagnériens plus intelligents reconnurent que les thèmes héroïques, avec ou sans « ferblanterie » germanique, avaient été complètement épuisés par Wagner, et se tournèrent vers des thèmes plus aimables. Le mélange judicieux d'un authentique caractère populaire et d'un art très élevé de la composition a permis au conte lyrique d'Engelbert Humperdinck, *Hänsel und Gretel,* de se maintenir au répertoire. Par contre, les contes lyriques assez pauvres en esprit et en musique du fils de Richard Wagner, Siegfried, qui fut l'élève de Humperdinck, ne purent percer.

Ce n'est qu'avec Richard Strauss que l'opéra allemand acquit à nouveau une importance internationale. Strauss aussi était « wagnérien » — « Wagnerianer », comme on disait alors, par opposition aux « Brahmines », attachés à la tradition classique personnifiée par Johannes Brahms. Mais il était wagnérien à sa façon et avec une disposition d'esprit absolument différente de celle du maître de Bayreuth. Fils d'un corniste de Munich, et allié par sa mère aux Pschorr, les célèbres brasseurs, il fut élevé dans l'académisme bavarois le plus sévère. Mendelssohn et Schumann furent les modèles du jeune Strauss. Leur sens de la forme lui fut salutaire en face des tendances dangereuses pour la cohésion formelle des drames musicaux de Wagner, qu'il n'apprit à connaître qu'après avoir acquis un solide métier d'école. A ce moment-là (1885), Strauss était déjà chef d'orchestre à la cour de Meiningen, où l'avait recommandé Hans von Bülow. Un an plus tard, il fut appelé à l'opéra de la cour de Munich. Durant quarante années, il dirigea dans les grands théâtres lyriques, bien plus estimé comme chef que comme compositeur; en 1886 déjà, lors de la première audition de sa fantaisie symphonique *Aus Italien (D'Italie),* il se heurta violemment au public conservateur de Munich. Dans cette œuvre de jeunesse, on peut voir apparaître (comme dans la *Burlesque* pour piano et orchestre) tous les traits caractéristiques de la musique de Strauss : ses lignes mélodiques

sensuellement épanouies, sa prédilection pour les airs de
danse, son sens certain de l'architecture, et avant tout
l'éclat chatoyant et raffiné de son orchestre, qui finalement eut raison du public et assura à Strauss un succès
sans égal parmi les compositeurs allemands des temps
modernes.

Il est curieux de remarquer que le chef d'opéra qui
passa de Munich à Berlin et de Berlin à Vienne, sa « terre
d'élection spirituelle », et qui, par son absolue fidélité
à la lettre et à l'esprit des œuvres, se hissa au tout premier rang des chefs lyriques, se sentit, jeune compositeur, si fortement attiré par la musique instrumentale.
Rien que ce fait le distingue fondamentalement de
l'école wagnérienne. Entre 1890 et 1903, il compose
toutes ces œuvres sans lesquelles, aujourd'hui, le répertoire international des concerts n'est plus imaginable.
Il part du poème symphonique de Liszt et transpose,
lui aussi, des concepts littéraires en musique. Lui aussi
veut raconter, peindre, illustrer au moyen des sons.
Il surclasse cependant nettement son modèle, grâce à la
plasticité de son invention thématique, à la maîtrise
de son métier de compositeur, à l'inépuisable abondance
de ses idées de peinture sonore et aussi — élément non
négligeable — grâce à son sens certain de l'architecture
musicale.

La série de ces œuvres, dont le répertoire international
ne peut plus se passer, commence en 1888 par le poème
symphonique *Don Juan,* d'après un poème du poète
autrichien Lenau. Fascinante par sa forme et par ses
effets sonores, c'est une apothéose de l'irrépressible joie
de vivre qui soulevait alors le compositeur, que le soleil
d'Égypte venait de guérir d'une grave maladie. L'année
suivante voit la composition d'une œuvre d'un esprit
bien différent : *Tod und Verklärung (Mort et Transfiguration).* Les tendances métaphysiques qui s'y dévoilent,
portées par les idées philosophiques de l'époque et nourries de Wagner, sont en fait étrangères au tempérament
joyeusement sensuel du Bavarois Strauss, autant que
le tragique authentique auquel il s'était attaqué la même
année avec *Macbeth.* Rien d'étonnant à ce que *Mort
et Transfiguration* reste loin en deçà de l'originalité de
Don Juan. Dès cette œuvre de jeunesse on voit apparaître
le penchant pour la platitude routinière de cette « beauté

sonore » qui devait faire, plus tard, si souvent le malheur
de Strauss. Caractéristique est l'ambiance du sujet « poétique » : sur son lit de souffrance, un agonisant voit se
dérouler toute sa vie, et meurt de façon musicalement
très réaliste; puis, des vagues sonores toujours renais-
santes et se mêlant les unes aux autres le transportent
en *ut majeur* au ciel. Il est possible que le jeune Strauss
ait, dès ce moment, pensé à l'apothéose de sa propre
existence, qu'il imaginait alors pleine de risques et de
combats. Sa vie durant, il éprouva la tentation quelque
peu bizarre de se mettre soi-même en musique. Quatre
ans plus tard naît à nouveau une œuvre joyeuse, et c'est,
cette fois, une réussite de premier ordre, *Till Eulenspie-
gels lustige Streiche (les Équipées de Till l'espiègle)*. Dans ce
rondo magistralement développé sont réunis tout l'esprit,
tout l'humour et toute la légèreté dont la musique allemande du XIXᵉ siècle était capable. *Also sprach Zarathustra
(Ainsi parla Zarathoustra)* est un hommage au livre à la
mode du fin-de-siècle allemand, conçu dans le style et dans
l'atmosphère d'une célèbre fête foraine de l'Allemagne du
Sud, la « foire d'octobre » de Munich; sur le plan de
l'écriture musicale, l'œuvre est intéressante par l'emploi
caractéristique de la polytonalité dans l'illustration du
chapitre *Des sciences*. Vient ensuite l'œuvre instrumentale
la plus importante — et comme de juste la moins jouée
— de Richard Strauss : *Don Quichotte* (1897), variations
fantastiques sur un thème chevaleresque. Le côté fantastique du Chevalier à la triste figure est en effet rendu
avec une élégance, une ironie et une *grandezza* qui sont
aussi rares dans la musique allemande que la jovialité
pleine d'humour de *Till l'espiègle*. De façon très originale,
le violoncelle solo conduit la voix de Don Quichotte à
travers l'œuvre, tandis que l'alto, la clarinette basse et
le tuba caractérisent le brave Sancho Pança. Un élément
concertant s'introduit ainsi dans cette suite de variations,
dont l'intérêt ne se limite pas à la variété des descriptions
sonores, mais se porte aussi sur l'agencement formel, très
spirituellement conçu.

Les deux œuvres orchestrales suivantes procèdent à
nouveau de l'étrange plaisir de Strauss de faire de soi-
même le héros de sa musique. Dans *Ein Heldenleben (Vie
d'un héros,* 1898), l'auteur glorifie avec emphase sa victoire sur ses adversaires et jouit de son triomphe, avant

de se réfugier, à la fin, dans la contemplation pastorale. Cette décision de « planter les choux » est un adieu à la joyeuse lutte d'esprit « néo-allemand ». Suit l'époque bourgeoise : vie conjugale, bonheur familial — non exempt de conflits domestiques —, jeu de scat, bien-être bourgeois, tout cela est traité dans la *Sinfonia domestica* (1903) avec une ironie indéniable et en un contrepoint d'images sonores richement ornées.

C'est à cette époque que le chef de théâtre commence à se manifester comme compositeur lyrique; et l'opéra devient, dès lors, sa préoccupation essentielle. Ses premiers essais s'inscrivent dans la lignée wagnérienne : *Guntram,* intense et pathétique drame de la rédemption, et son pendant jovial, *Feuersnot,* dans lequel Strauss se venge plaisamment de sa ville natale de Munich, qui l'avait si brutalement éloigné de son théâtre. Avec *Salomé* (1905), il se libère enfin de Wagner. Si, indubitablement, il doit toujours beaucoup à Wagner dans le traitement psychodramatique de la musique, il trouve des sonorités enchanteresses d'essence nouvelle pour évoquer l'ambiance étouffante, exaspérée par l'érotisme, qui a pour cadre la cour hellénistique d'Hérode, et dont Oscar Wilde avait enveloppé ce drame de l'amour haineux de Salomé pour Jean-Baptiste. *Elektra* (1908) accentue encore la désagrégation de l'harmonie traditionnelle, atteint même parfois l'atonalité, non cependant par suite d'une nouvelle façon de penser musicalement, (comme ce fut le cas plus tard), mais dans l'intention de représenter par les sons l'hystérie psychologique contenue dans certaines parties du poème dramatique de Hugo von Hofmannsthal. Ces parties « atonales » s'opposent à d'autres, où la béatitude sonore de l'accord parfait alterne avec une musique joyeusement spontanée, issue tout droit du terroir bavarois, et qui introduisent (comme dans *Salomé* d'ailleurs), dans ce drame musical en un acte, un esprit qui lui est totalement étranger.

Elektra est l'œuvre d'un novateur audacieux et agressif, tel que Strauss s'est considéré jusqu'à l'âge de quarante-cinq ans. *Der Rosenkavalier* (*le Chevalier à la rose,* 1911) suit des voies différentes : Strauss délaisse les sphères du tragique exacerbé à la *modern style* et s'exalte en composant une comédie musicale d'origine typiquement viennoise. Il devient le néo-classique du romantisme à son déclin; son modèle secret (et jamais atteint) est Mozart. Un certain esprit de décadence, qui contribue à la saveur de *Salomé* et d'*Elektra,* se manifeste également dans cette comédie de Hofmannsthal. Mais l'élément spécifiquement viennois agit ici comme régulateur, dans le domaine tant mélodique que formel. Le *parlando,* si rare dans l'opéra allemand, est employé à bon escient et de façon très réussie, le pathos wagnérien se trouve tempéré par une béatitude sentimentale à caractère populaire, et la séduction irrésistible de la valse viennoise coiffe le tout, s'introduisant anachroniquement dans cette comédie bourgeoise de la fin du baroque autrichien.

Les tendances néo-classiques de Richard Strauss trouvent ensuite leur expression la plus pure dans *Ariadne auf Naxos (Ariane à Naxos).* Cette œuvre est le produit d'un humanisme moderne qui, teinté d'un symbolisme souvent très peu scénique, remplit à partir de là tous les livrets que le poète viennois Hofmannsthal écrivit pour son ami (aux idées souvent bien arrêtées). Les formes fondamentales du vieil opéra italien — *buffa* et *seria* — sont emmêlées avec énormément d'esprit dans *Ariane.* La solennelle apothéose finale de Bacchus et Ariane rappelle que cette œuvre maîtresse d'un classicisme néo-romantique a, malgré tout, été composée par un wagnérien. Primitivement, *Ariane à Naxos* devait servir d'épilogue au *Bourgeois gentilhomme* de Molière. Plus tard, pour des raisons purement pratiques, la comédie de Molière fut remplacée par un autre prologue sur le théâtre, dans lequel Strauss développe un nouvel art du *parlando,* demeuré unique dans la musique allemande.

Après *Ariane,* Strauss a, toujours à nouveau, varié les différents styles de ses précédentes œuvres théâtrales, sans vraiment trouver quelque chose de neuf, et sans jamais les égaler dans la plénitude et la plasticité de leur inspiration. Il suffira de citer les plus connues : *Die Frau ohne Schatten (la Femme sans ombre,* 1919), *Die ägyptische Helena (Hélène d'Égypte,* 1928, nouvelle version en 1933), œuvres qui, toutes deux, ne sont pas viables en raison de leur symbolisme confus, et *Arabella,* une variante bourgeoise quelque peu vermoulue du *Chevalier à la rose.* Après la mort de Hofmannsthal, et si

l'on excepte *Die schweigsame Frau (la Femme silencieuse)*
de Stefan Zweig, Strauss ne trouve qu'une seule fois
encore un livret dans lequel son art, qui devenait de plus
en plus maniéré, pût se déployer librement. Il s'agit de
la ravissante comédie *Capriccio* (1941), qui traite du vieux
cas de conscience qui se pose aux auteurs d'un opéra :
savoir qui, du texte ou de la musique, doit l'emporter.
Ce livret a été écrit par Clemens Krauss, l'excellent
interprète de Strauss. Durant les dernières années de sa
vie, quand sa gloire fut universelle, s'enthousiasmant de
plus en plus pour la simplicité mozartienne, Strauss
composa encore quelques œuvres instrumentales, comme
les *Concertos* pour cor et pour hautbois, et les *Métamor-
phoses* pour vingt-trois instruments à cordes, adieu résigné au monde de la « belle apparence » dont Richard
Strauss fut l'adepte sa vie durant et qui disparut avec lui
pour toujours.

Sûr et plein de lui-même, Strauss se plaça toujours
en dehors des problèmes intellectuels et moraux de
notre temps, et même en dehors des problèmes de plus
en plus annonciateurs de crise de son art. Il ne voulait
rien savoir des gigantesques révolutions qui transfor-
maient l'art musical depuis 1910 et qui sont associées aux
noms de Schönberg et de Stravinsky. Dans sa jeunesse
il fut une forte tête, pleine d'idées, de feu, d'enthousiasme, et il fit beaucoup aussi pour assurer la situation
matérielle des compositeurs. Plus tard, il n'eut que du
dédain pour les jeunes de la nouvelle génération, qui
l'approchaient pourtant toujours avec respect.

HANS PFITZNER

Les problèmes du romantisme musical finissant, en
Allemagne, — du moins les problèmes se rapportant à
l'âme de l'art et de l'artiste — s'expriment davantage
dans l'œuvre de Hans Pfitzner, qui resta sa vie durant
dans l'ombre de son contemporain Richard Strauss. A
peine si son nom a passé les frontières de son pays, et
pour cause! Pfitzner était un chercheur toujours insatisfait et mécontent, sensitif, capricieux, d'un naturel
sombre, hanté par l'idée de la mort, un lyrique du type
tendre, mais secret et fermé au monde, en même temps
qu'un polémiste passionné qui se mêla aussi, de façon

très malheureuse, aux luttes politiques. En fait, la gaieté ne lui était pas étrangère, mais, chez lui, elle semble factice et manquant de naturel, quelquefois même puérile. Sa musique se complaît dans les teintes grises. Dans les domaines qui lui sont propres, elle est d'une puissante originalité, attachante et saisissante souvent. Ses *Lieder,* sa cantate d'Eichendorff au titre provocateur *Von deutscher Seele (De l'âme allemande)* et l'oratorio *Das dunkle Reich (l'Empire obscur)* comptent parmi ce que le romantisme allemand finissant a produit de plus pur. Et dans le drame féerique *Die Rose vom Liebesgarten (la Rose du jardin d'amour),* au symbolisme passablement embrouillé, on trouve des pages dont l'atmosphère, subtilement accordée à la nature, peut même faire penser à un Debussy allemand.

L'œuvre la plus importante de Pfitzner est la légende musicale *Palestrina* (1912). Ce drame, dont un artiste créateur est le héros, représente, dans le cadre d'un épisode, aussi touchant que peu historique, du concile de Trente, le destin spirituel de Pfitzner lui-même et sa mélancolique transfiguration. Pfitzner se sentait le dernier véritable maître de la musique et se croyait (comme Palestrina dans son interprétation légendaire) obligé de sauver l'art dans un monde ayant perdu son âme. Il est étrange de voir ce musicien, si pénétré de l'authentique romantisme allemand, s'ouvrir parfois, dans son *Palestrina,* à un domaine sonore qui, par son harmonie modale surtout, laisse pressentir certains aspects du développement de cette « musique moderne » qu'il a combattue avec tant de passion. C'est un signe, parmi d'autres, des contradictions internes d'une personnalité considérable.

En dehors de celles de Strauss et de Pfitzner, on trouve dans la musique dramatique allemande bien d'autres œuvres qui eurent du succès. Nous pensons à *Tiefland,* œuvre souvent jouée du célèbre pianiste Eugen d'Albert, et à *Mona Lisa* de Max von Schillings. A côté de ces pâles rejetons véristes de Strauss, *Ilsebill,* œuvre du Suisse Friedrich Klose, qui fut élève de Bruckner et appartient à l'éphémère « École de Munich », a plus de valeur. Comme autre représentant de cette école, il faut citer Walter Braunfels, qui fut pendant de longues années directeur de l'École supérieure de musique de Cologne.

Il se situe entre Strauss et Pfitzner et eut son heure de vogue avec l'opéra *Die Vögel (les Oiseaux)*, d'après Aristophane.

GUSTAV MAHLER

Tout ce que la personnalité de Gustav Mahler présente de déchiré et de contradictoire met en évidence la crise d'une époque et de l'homme qui la vit de façon bien plus accusée que l'individualité d'un Pfitzner. La crise de l'époque consiste à tenter de reconquérir la grandeur intérieure par le gigantisme des moyens extérieurs. La crise de l'homme, c'est d'essayer de surmonter le déchirement de l'âme et la détresse spirituelle en s'abandonnant de tout son être au désir de communion avec la nature éternelle. Gustav Mahler est élève de la nature. Il tend une oreille ravie au chant des oiseaux, au doux bruissement des feuillages. Mais il est aussi élève de la psychanalyse moderne, qui fouille avec une rage démoniaque dans ses souffrances intérieures. Son œuvre musicale allie un touchant enthousiasme pour la nature aux tourments d'une âme qui se confesse, juxtapose la poésie et le grotesque, l'ironie et le pathos. Sa musique est la confession d'un homme, produit de la civilisation, qui aspire à Dieu, à la nature et à la pureté virginale. Cette confession est d'essence noble, authentique, saisissante, quelquefois bouleversante (comme dans *Das Lied von der Erde, (le Chant de la terre)*, que l'on pourrait appeler l'adieu résigné de l'homme moderne au beau rêve du romantisme). Mais les moyens employés ne sont pas toujours d'une pureté exemplaire. N'oublions pas que la carrière de Mahler fut celle d'un chef d'orchestre d'opéra qui, après avoir passé par de petits théâtres de la monarchie austro-hongroise, eut des situations importantes à Prague, Leipzig, Budapest et Hambourg, avant de devenir, pour dix ans (de 1897 à 1907) directeur de l'Opéra de Vienne, fonction qui permettait l'exercice d'un pouvoir réel très étendu. Ces dix années viennoises furent les plus glorieuses, les plus brillantes de la vie de Mahler. S'adonnant passionnément et sans restriction à la cause de la musique, d'une sévérité inexorable envers la négligence, la routine et l'irrespect de l'art, il porta l'Opéra de Vienne à un niveau qui ne fut atteint, beaucoup plus tard, que par Karajan. Mais ses qualités lui valurent, comme à Karajan, des ennemis dont la haine était absolue, implacable. Au bout de dix ans, Mahler, résigné, abandonna son activité viennoise et alla diriger chaque année aux États-Unis. Dans sa vie, c'est là un autre trait typiquement « moderne ». Il dit un jour : « Sur le plan humain, je suis prêt à toute concession, sur le plan esthétique, je n'en fais aucune. » On se représente facilement l'effet produit par cet homme dans l'atmosphère marécageuse et le milieu si corruptible du monde musical de Vienne.

Mahler n'avait le temps de composer que pendant ses vacances d'été, qu'il passait toujours en Autriche. Durant ces mois, loin des manifestations publiques de la vie musicale (auxquelles il tenait cependant par toutes les fibres de son être), cet homme à la fois sceptique et croyant se réfugiait dans son univers spirituel. Mû par une nostalgie d'une extraordinaire puissance des enchantements romantiques, il s'inventa un univers panthéiste, auquel il tenta de donner une forme musicale : il tendait toujours vers ce qu'il y a de plus élevé. Il voulut faire la synthèse de Beethoven, Bruckner et Wagner. Mais il resta malgré tout le chef d'orchestre qui composait. De là le dualisme de sa musique, la contradiction entre le sentiment authentique de l'âme de l'artiste et la sentimentalité de sa réalisation sonore, la contradiction entre un « vouloir » grandiose et une forme qui est plus un assemblage qu'une véritable construction. Caractéristique est son attachement à la douteuse collection de chansons « populaires » *Des Knaben Wunderhorn (le Cor magique)*. On sait que cette collection n'est pas authentique; les poèmes en sont contrefaits dans le « sentiment populaire ».

Alma, la femme de Gustav Mahler, écrit dans ses mémoires :

Il était le type parfait de l'égocentrique. Il avait une volonté inflexible, qu'il faisait triompher partout et toujours, grâce à son irrésistible pouvoir de suggestion... Jamais, à aucun moment ne s'arrêtait le moteur géant qu'était l'esprit de Mahler. Il ne profitait de rien, ne se reposait jamais. Par le pouvoir absolu qu'il exerça pendant des années, et à cause d'un entourage qui lui était soumis corps et âme, il finit par accéder, solitaire, à une voie qui l'isola complètement de ses contemporains. L'orgueil que lui inspirait la conscience de son propre « moi » était tel, qu'il parlait même à ses amis comme on harangue une foule. Des tournures du genre : « Et moi, je vous le dis à vous tous », alors qu'il ne s'adressait qu'à un seul interlocuteur, lui étaient habituelles.

Ce « Et moi, je vous le dis à vous tous » pourrait aussi être placé en exergue à son œuvre qui comprend, outre des *Lieder* (avec piano ou orchestre), essentiellement neuf *Symphonies* (comme l'œuvre de son maître Bruckner). On sent le prédicateur qui, par la force de sa parole, voudrait étouffer les tourments de sa propre âme, tant dans les symphonies purement instrumentales (les *I*re, *V*e, *VI*e, *VII*e et *IX*e) que dans celles qui se servent de la parole pour préciser leur message, comme la *II*e, avec sa prodigieuse vision de la Résurrection, la *III*e, qui se livre avec délices à une sorte d'exaltation romantique de l'amour et de la nature, la *IV*e, où la joie de gagner le ciel s'exprime avec une innocence tout enfantine, et enfin la *VIII*e, la *Sinfonie der Tausend (Symphonie des Mille)*, où Mahler combine, dans une gigantesque accumulation sonore, l'hymne ambrosien *Veni Creator Spiritus* et la scène finale de la seconde partie du *Faust* de Goethe.

Malgré la grandeur éthique et humaine de l'œuvre de Mahler, son importance historique réside surtout dans l'enrichissement qu'il a apporté au traitement de l'orchestre. Mahler a ouvert à la musique symphonique le domaine du grotesque et du bizarre. A l'opposé de Richard Strauss, qui recherchait malgré tout des sonorités épanouies et compactes, Mahler a individualisé de plus en plus les instruments de l'orchestre géant du romantisme finissant. Il le fit dans l'intention d'affiner et de différencier toujours davantage le travail thématique. Dans *le Chant de la terre* et dans la *IX*e *Symphonie*, Mahler se rapproche de cette libre polyphonie instrumentale que Schönberg réalisera plus tard.

Mahler n'est pas seulement le plus intéressant, mais aussi le plus « moderne » des grands compositeurs allemands du romantisme finissant. Ce n'est pas un hasard si Arnold Schönberg dédia son *Traité d'harmonie* (1911), qui annonce la fin de l'harmonie fonctionnelle, à celui de qui il dit un jour : « Je crois de façon ferme et inébranlable que Mahler a été un très grand homme et un très grand artiste, l'un des plus grands. »

MAX REGER

A côté de Richard Strauss, le cosmopolite, et de Gustav Mahler, le romantique par essence et par excellence, se situe la personnalité très différente, mais non moins intéressante, de Max Reger, malheureusement trop tôt disparu. Il est le seul qui, aux temps postwagnériens, proclama sans ambages sa fidélité à la tradition des maîtres anciens que, du vivant de Wagner, seul Johannes Brahms avait maintenue. « Je peux dire en toute conscience, écrivit Reger un jour, que de tous les compositeurs vivants je suis peut-être celui qui a le plus de contacts réels avec les grands maîtres de notre si riche passé. » A la musique à programme de son époque, soumise à la littérature et axée sur la splendeur des couleurs orchestrales, il oppose les formes artisanales de la musique « pure », et à l'orchestre moderne le son presque oublié des instruments à clavier, l'orgue et le piano. Son origine et son éducation lui facilitèrent l'accès à cette voie du renoncement : il était issu d'une famille d'instituteurs de la Haute-Bavière, et son premier maître, Adalbert Lindner, l'éleva dans un esprit conservateur très sévère. Il ne put prendre pied à Munich, mais trouva à Leipzig, la ville de Bach, si riche de traditions, de sérieux et tangibles encouragements venant de Karl Straube, le jeune *cantor* de Saint-Thomas. Plus tard, Reger fut chef de l'orchestre de Meiningen, que Hans von Bülow avait formé d'une façon exemplaire pour l'interprétation de la musique classique, et termina sa vie si brève et si incroyablement productive comme directeur musical de l'université d'Iéna.

Quelle carrière modeste en comparaison de la carrière mondiale d'un Strauss ou d'un Mahler! Ce fut une carrière dans la tradition de celle de Jean-Sébastien Bach, qui représentait pour Reger « le commencement et la fin de toute musique ». Reger alla nettement plus loin que Brahms dans son travail de restauration. Il voulait renouveler la grande tradition de la vieille polyphonie allemande. Il sauta tout le XIXe siècle pour retrouver les « aïeux ». Grâce à son tempérament créateur et à son immense savoir, il insuffla une vie nouvelle et un sens nouveau aux formes classiques de la sonate, de la fugue, de la suite et de la variation, qui, au cours du XIXᵉ siècle, étaient devenues des exercices secs et démunis de fantaisie à l'usage des élèves compositeurs.

La musique de Reger est d'esprit nettement conservateur, sans pour cela être académique. Elle vibre d'une passion qui transporte l'auditeur des sentiments les plus élevés aux sentiments les plus sombres, et pousse les oppositions dynamiques jusqu'à leurs limites extrêmes. Reger est un homme de son temps, son âme est l'âme déchirée de conflits du romantique « fin-de-siècle ». Mais l'expression de ces conflits, il veut l'insérer de force dans le cadre des sévères formes anciennes. De là, le caractère ambigu de sa musique : de forme traditionnelle, farcie d'artifices de composition et de ruses d'écriture, elle révèle une sensibilité souvent exacerbée, aussi bien par son instabilité chromatique et son écriture harmonique surchargée que par la nervosité dynamique et le souffle court de son inspiration mélodique. Sa musique aspire à un maintien et à un équilibre classiques, et est en même temps démesurée; elle tend à l'ordre tout en apportant bien de la confusion. Ce n'est pas un hasard si le meilleur de Reger se trouve dans des variations, où il était tenu par un thème mélodique donné : dans les imposantes *Variations* pour piano sur un thème extrait d'une cantate de Bach, qui font presque éclater le cadre de l'instrument, dans les « modifications » pianistiquement très brillantes d'un thème de Telemann, le concurrent de Bach à l'église Saint-Thomas de Leipzig, dans les *Variations* pour orchestre sur une mélodie extraite d'un Singspiel de Johann Adam Hiller, un contemporain de Mozart, et avant tout dans les *Variations* sur la ravissante structure mélodique que Mozart a variée lui-même dans sa *Sonate en la majeur* pour piano. Il suffit de comparer cette œuvre, probablement la meilleure de Reger, avec les variations de Mozart, pour remarquer combien le premier est en réalité loin de l'esprit classique.

L'activité créatrice de Reger peut se décomposer en trois périodes. La première, préparatoire, suit les traces de l'académisme romantique; la seconde est placée sous le signe de l'extrême tension du *Sturm und Drang* : c'est là que se placent les grandioses *Fantaisies et Fugues* pour orgue, sur B-A-C-H et sur l'*Enfer* de Dante, un grand nombre d'œuvres de musique de chambre, des *Concertos* démesurés pour piano et pour violon et le *Prologue symphonique,* non moins surchargé. A la fin de cette période se situe la composition du *Psaume C,* aux inquiétantes masses sonores superposées en contrepoint. La troisième et dernière période (à peu près à partir de l'opus 100) se caractérise par une accalmie de la tension intérieure et par un certain allégement de la trame contrapuntique, jusqu'alors très serrée. C'était là, pour une bonne part, le résultat des expériences pratiques qu'avait faites Reger en travaillant avec l'orchestre de la cour de Meiningen. En plus des *Variations sur un thème de Mozart,* plusieurs *Suites* pour orchestre datent de cette époque, parmi lesquelles une suite de musique descriptive inspirée par des tableaux du peintre suisse Arnold Böcklin, et les deux derniers *Quatuors à cordes,* en *mi bémol* et en *fa dièse,* la somme de l'œuvre de Reger.

L'œuvre de Reger est d'une importance capitale pour le développement récent de la musique allemande. Sans lui, Hindemith serait tout aussi inconcevable que Schönberg sans Gustav Mahler.

Heinrich STROBEL.

BIBLIOGRAPHIE

ROLLAND, R., *Musiciens d'aujourd'hui,* Paris, 1908.

WOLF, H., *Critiques musicales,* Leipzig, 1911.

NIEMANN, W., *La musique depuis R. Wagner,* Berlin, 1913.

DECSEY, E., *Hugo Wolf,* Berlin, 6e éd., 1919.

BEKKER, P., *Symphonies de Gustav Mahler,* Berlin, 1921.

BRUCKNER, A., *Recueil de lettres,* Regensburg, 1924.

PFITZNER, H., *Recueil d'écrits,* Augsbourg, 1926.

MERSMANN, H., *La musique moderne depuis le romantisme,* Potsdam, 1927.

MOSER, H. J., *Histoire de la musique allemande,* 3e vol., 2e éd., Stuttgart, 1928.

REGER, M., *Lettres d'un maître allemand,* Leipzig, 1928.

REGER, E., *Ma vie avec et pour Max Reger,* Leipzig, 1930.

REGER, E., *Nouveaux Bréviaires Max Reger,* Bâle, 1948.

GYSI, F., *Richard Strauss,* Potsdam, 1934.

ABENDROTH, W., *Hans Pfitzner,* Munich, 1935.

BUSONI, F., *Lettres à sa femme,* Leipzig et Zürich, 1935.

STEIN, F., *Max Reger*, Potsdam, 1939.

LANDOWSKI, W. A., *Histoire universelle de la musique moderne, 1900-1940*, Paris, 1947.

MAHLER, A., *Gustave Mahler, souvenirs et lettres*, Amsterdam, 2e éd., 1949.

STRAUSS, R., *Réflexions et Souvenirs*, Zürich, 1949.

STRAUSS, R. et ROLLAND, R., *Correspondance, fragments de journal*, Paris, 1951.

STRAUSS, R., *Correspondance avec Hugo von Hofmannsthal*, Zürich, 1952.

GIACOMO PUCCINI

Aucune œuvre au cours des soixante dernières années n'a, autant que celle de Giacomo Puccini, défrayé la chronique théâtrale par l'enthousiasme et l'hostilité qu'elle a suscités : aucune n'a inspiré parmi les artistes et les critiques des dernières générations tant d'apologistes et de détracteurs. L'exceptionnelle diffusion, la popularité qu'ont connues la plupart des œuvres de Puccini dans tout le monde civilisé servent d'arguments aux thèses des deux parties adverses. Les uns affirment qu'un semblable pouvoir de diffusion, que cette appréciation universelle constituent une des preuves les plus sûres de la valeur de l'œuvre, de son essence artistique; les autres répliquent que cet enthousiasme indiscriminé pour Puccini se développe en raison inverse de la culture générale du public, montrant par là qu'il ne s'agit que d'un plaisir purement sensuel, que cette œuvre laisse les sentiments à l'état brut sans qu'ils aient fait l'objet d'une sublimation artistique; et si l'on retient les mélodies de Puccini faciles à fredonner, c'est qu'elles ne sont pas vraiment structurées, que, loin de posséder une vie propre, elles sont plutôt voisines de la ritournelle et des airs de danse qu'on croit toujours avoir déjà entendus quelque part.

De telles argumentations sont vaines, inutile de le souligner, et ne font qu'obscurcir le jugement. La connaissance des réactions du public à l'œuvre d'art est un élément presque superflu de l'examen critique : c'est à l'historien qu'elle sera utile au même titre que la connaissance du milieu culturel, du climat historique et géographique du pays où l'œuvre fut créée.

Il convient donc, sans idées préconçues, de reprendre l'examen de l'œuvre de Puccini, maintenant assez éloignée dans le temps pour que nous puissions l'embrasser d'un seul regard et distinguer les traits fondamentaux et permanents des traits contingents et superficiels.

Il n'est guère d'histoire de l'opéra qui ne fasse mention, au début du siècle dernier, d'une nouvelle école, le vérisme. Expression heureuse qui fit fortune puisqu'elle fut adoptée par tous les musicologues qui, naturellement, associent Puccini ainsi que d'autres à ce nouveau mouvement. Or, l'époque où l'on s'accorde à faire naître le vérisme musical, et même la suivante, nous paraissent totalement dépourvues d'événements significatifs dans le domaine de l'opéra. C'est pourquoi, procédant à un examen objectif et désintéressé des œuvres théâtrales écrites par des compositeurs italiens entre 1880 et 1900, nous sommes amené à nous demander quels sont les caractères qui les différencient des œuvres précédentes et qui pourraient justifier les commentaires des critiques : nous pensons aux traits essentiels qui permettent de dégager la physionomie de cette nouvelle école. Et avant tout, que doit-on entendre par vérisme musical ? En France, on appela « véristes » les compositeurs qui prirent pour thèmes les romans naturalistes ou des œuvres du même genre. C'est donc le livret plus que la musique qui justifie l'étiquette de vériste, et le livret en tant que trame, sujet au sens restreint du mot, en deçà de son développement artistique. La reproduction du vrai n'a rien à voir avec l'art; l'imagination de l'artiste s'empare du fait divers qui passe alors de la réalité de la vie à celle de l'art : il reste vrai, il existe, mais dans un univers différent.

Que dire alors de la musique! La musique vériste serait tout au plus faite d'onomatopées, elle reproduirait les sons existant dans la nature et perdrait toute valeur esthétique. D'autre part, si nous examinons les produits de ce prétendu vérisme musical, nous nous apercevons bien vite que loin d'être la reproduction fidèle du comportement extérieur de l'homme, reflet de tel ou tel sentiment dont il est la proie, ils se caractérisent par la même exubérance, la même stylisation qui, dans toute œuvre d'art, sont le fruit d'une émotion sincère. Quant à Puccini, il ne nous semble pas que son œuvre, pas plus que celle de tout autre, ait, vers 1890, marqué un tournant dans l'histoire du drame musical : disons plutôt qu'il a su adapter à l'opéra certaines de ses aspirations, sans toutefois en modifier la structure générale qui reste conforme au modèle reconnu en cette deuxième moitié

du xixᵉ siècle. Il faudra attendre un Pizzetti, un Malipiero, un Alfano (pour ne citer que des compositeurs
italiens), auteurs de grande culture, conscients de leur
rôle historique, avant d'assister à l'élaboration et à la
réalisation plus ou moins complète, selon les idées et
l'envergure de chacun, de ce nouvel idéal du drame
musical du xxᵉ siècle. Le drame musical de Giacomo
Puccini est sans conteste encore un drame romantique,
mais l'élan romantique, s'exprimant entre les frontières
de ce nouveau milieu bourgeois, a dû s'apaiser et renoncer à l'exubérance qui l'animait et le rendait créateur.
De romantique il ne reste plus guère que l'enveloppe,
le décor qui sert de toile de fond — ô ironie du sort ! —
à l'évocation de la plus médiocre et paisible des exis-
tences. Ce romantisme décadent, ce romantisme bourgeois est l'un des traits les plus marquants de la production
artistique de l'époque où Puccini écrivit ses premiers
opéras. On le retrouve dans le poème dramatique
pseudo-historique de Pietro Cossa, dans le théâtre moyen-
âgeux de Giacosa, dans le drame bourgeois de Paolo
Giacometti et plus tard dans la comédie et le roman
bourgeois de Gerolamo Rovetta. Le héros romantique
se rapetisse, descend du pinacle où l'avaient porté ses
créateurs, se mêle aux gens de la rue, abandonne le ton
déclamatoire, modère ses gestes, maîtrise les battements
de son cœur magnanime ; à première vue rien ne nous
le fait distinguer des autres, si ce n'est peut-être l'incor-
rigible manie qu'il a d'aimer de façon désintéressée,
voire de se sacrifier par amour, de désirer le perfection-
nement d'autrui, de persécuter les méchants jusqu'à ce
qu'ils aient expié leurs forfaits, et d'accomplir toutes
ces nobles actions dans un cadre bien particulier qui
colore chacune de ses attitudes et les met en relief. Ce
personnage possède, à des degrés variés, un tempérament
romantique aussi bien que bourgeois, qui s'affirme et
se révèle au gré de l'action dramatique ; tel qu'il est, il
satisfait pleinement le goût du public italien du dernier
quart du xixᵉ siècle, celui des grandes villes où le développement industriel et commercial est plus sensible, et
avant tout le public milanais. (Rappelons en passant que
la formation de Puccini peut être qualifiée de milanaise,
non pas tant à cause de son éducation musicale qu'il
acquit au Conservatoire de cette ville ni parce que

la capitale lombarde eut droit à la primeur de ses œuvres de jeunesse, mais surtout à cause de l'affection qui, toute sa vie durant, lia Puccini à la ville de ses éditeurs; il voulut toujours y avoir un pied-à-terre et y fit de fréquents séjours.) Ce type de personnage gagne en popularité à mesure que s'atténuent les échos de la lutte menée pour l'indépendance et l'unité italienne et que les nouvelles générations grandissent dans l'aisance, le confort de cette vie facile grâce aux richesses nouvellement acquises. Les sonneries des fanfares patriotiques ne sont plus qu'un lointain souvenir et appartiennent déjà à la légende : l'œuvre de Verdi lui-même ne trouve plus chez le public l'écho qu'elle éveillait quarante ans auparavant. (On sait combien les opéras de Verdi, du Verdi ouvertement romantique, celui de *Rigoletto,* du *Trou-vère,* de *la Traviata,* etc. ont connu un véritable déclin auprès du public dit cultivé entre les années 1880 et leur récente réapparition sous la baguette de Toscanini; ceci est vrai aussi pour ses derniers opéras, depuis *Simon Boccanegra,* représenté en 1881, jusqu'à *Otello* et *Falstaff* dont le succès et la diffusion restent aujourd'hui encore fort limités.) Le drame musical de Verdi cède le pas au drame musical de Puccini où l'idéal romantique trans-paraît juste assez pour ne pas agiter le paisible spectateur qui peut néanmoins, s'il le veut, se reconnaître dans l'un ou l'autre des personnages, voire s'identifier à lui. Le héros de l'opéra de Puccini, débarrassé de son cos-tume, soustrait aux lumières de la rampe et aux illusions de la scène, ramené à son essence, à sa psychologie élémentaire, est l'homme moyen, celui qu'on trouve en majorité dans tous les publics, celui chez qui vices et vertus s'équilibrent de manière plus ou moins stable mais pour s'affadir jusqu'à la dégénérescence; chez qui la tendresse tient lieu de passion, la tristesse de douleur, chez qui enfin le compromis est préféré à la révolte.

D'où la nécessité, que Puccini ressentit très vivement et qu'il réussit toujours à satisfaire, de créer en premier lieu l'atmosphère; celle-ci une fois rendue de façon sug-gestive, il lui suffirait d'y introduire ses personnages habituels, au succès déjà éprouvé, pour les voir acquérir une individualité plus artificielle qu'intime, propre cepen-dant à justifier leurs gestes et leurs actions. L'autre nécessité qui s'imposa à l'auteur fut celle de varier cons-

tamment l'atmosphère, de changer de pays et de porter
son choix sur les plus lointains ; le dépaysement ne serait
pas nécessairement géographique mais résulterait des
mœurs, de la psychologie, de la couleur, assurant ainsi
une apparente diversification entre les personnages qui,
sans cette précaution, eussent donné l'impression d'être
toujours les mêmes. Le soin que Puccini apporta à
l'étude des us et coutumes, des paysages, du folklore,
du pays où devait se dérouler une œuvre future nous
prouve l'importance qu'il attachait à cette première
phase de son travail ; cette préparation du terrain fut
pour lui capitale. Lorsqu'il entame la composition de
la *Tosca* qui, du point de vue de la couleur locale, est
peut-être la moins révélatrice de ses œuvres, Puccini
s'adresse à un ami romain et lui demande conseil à
propos du finale liturgique du Ier acte. Plus tard il se
rend lui-même à Rome et, à l'aube, écoute du Château
Saint-Ange le concert des cloches avoisinantes qui ins-
pirera le prélude du IIIe acte de ce même opéra. Pour
Madame Butterfly, c'est à la très courtoise ambassadrice
du Japon à Rome qu'il a recours. Elle lui procure des
mélodies japonaises. Pour *la Fanciulla del West* il écrit,
entreprend des recherches, s'informe, rassemble, par le
truchement de professeurs et d'amis, des extraits de
chansons du folklore autochtone américain. On pourrait
multiplier les exemples montrant combien Puccini
apporte de soin et de souci à la mise au point d'une
atmosphère adaptée à son œuvre, et combien il est conscient de la nécessité de varier cette atmosphère d'un
opéra à l'autre, de l'Allemagne romantique et fabuleuse
des willis à la France du XVIIIe siècle dans *Manon,* du
milieu parisien de *la Bohème* à la Rome papale, du Japon
à la Californie, du monastère du XVIIe siècle à la Florence
médiévale, à la Chine de Carlo Gozzi et des masques.

Puccini, on le sait, a fait usage du leitmotiv, un usage
bien personnel, sans doute, fort étranger par l'esprit et
la manière à celui qu'en fit Wagner ; le leitmotiv de
Puccini demeure mécanique, extérieur, comme surajouté
au personnage à qui il échoit : symbole évident mais
qui n'est pas lié à la situation. Or chez Puccini, ce que
l'on pourrait appeler les thèmes-atmosphères sont plus
nombreux et ont sans conteste plus d'importance que
les thèmes-personnages. Chaque œuvre, presque sans

exception, débute par un court prélude instrumental,
d'ordinaire quelques mesures, souvent moins encore, qui
précèdent le lever du rideau. De toute évidence le compositeur se désintéresse totalement de ce qui n'a pas pour
objet de souligner un geste ou un jeu de scène, c'est-à-
dire de la musique, expression de sentiments; néanmoins ces quelques mesures, habituellement sous forme
d'une brève incise répétée deux ou trois fois avec ou
sans variantes, lui semblent nécessaires à introduire le
spectateur dans le climat, elles sont la clé de toute l'œuvre
dont elles révèlent le ton général, les aspects sur lesquels
l'auteur veut attirer l'attention du public. Dans la *Tosca,*
ce seront trois mesures (3/2 fortissimo) exécutées par
l'orchestre tout entier; les trois accords de *si bémol,* de
la bémol et de *mi* représentent, dit-on, le thème de
Scarpia; de fait, ils réapparaîtront chaque fois qu'il sera
question de ce sinistre personnage ou qu'il sera présent
en scène.

Je crois cependant ne pas m'écarter de la vérité en
disant que ce motif musical renferme toute l'essence
tragique de l'œuvre. Il est comme une brève lueur jetée
sur ce monde de ruse, d'hypocrisie, de terreur et de
cruauté dont le drame de Sardou n'a représenté qu'un
des aspects. Et ici il convient de reconnaître que Puccini
est passé maître dans l'art de découvrir le trait musical
précis, extrêmement ramassé et schématique qui, sans
équivoque, placera incontinent le spectateur dans la
juste perspective. *Madame Butterfly* s'ouvre sur un petit
prélude, un peu plus long que d'habitude, construit par
imitation d'un thème vigoureux donné par les violons
— le thème est ensuite repris fréquemment dans l'opéra
sans référence à un personnage particulier : nous avons
donc affaire, dans ce cas, à un thème-atmosphère qui,
dans l'esprit de Puccini, doit suggérer, de façon presque
onomatopéique, la légèreté, la rapidité, la grâce du
monde de Tchio Tchio-san, faite de mouvements raccourcis et de poses délicates, contrastant avec le langage
et la démarche des Yankees, rude, lente, et un peu fan-
faronne. Ce thème que l'auteur exploite tout au long de
l'œuvre avec beaucoup d'adresse, sans jamais renoncer
ou presque à la forme canonique, est un des plus typiques
et des plus heureux de sa production. Dans toute la
première scène de l'opéra japonais Puccini manie le ton

et la couleur avec une justesse et une mesure qu'il n'atteindra, selon nous, dans aucune autre œuvre. Ce que nous avons dit des préludes s'applique également aux thèmes que l'on retrouve dans le corps de l'œuvre. Parfois, le compositeur se sert du motif musical comme d'une toile de fond, d'un écran sur lequel il projetterait des ombres. Je pense surtout au grondement sourd des basses qui, dans *Il Tabarro,* accompagne le duo d'amour entre Giorgetta et Luigi : motif repris avec obstination, à tous les tons, sous un chant avec lequel il n'a aucun lien; nous indiquions plus haut le but de cette insistance : celui de graver dans l'esprit du spectateur les images et les couleurs de cette toile de fond.

Plus que le pénible labeur nécessaire à la maturation de l'œuvre, ce sont les exigences extrêmes et bien connues de l'auteur en matière de livret qui expliquent l'intervalle entre l'apparition d'un opéra et du suivant. On sait que Puccini utilise une grande partie de ces temps morts à rechercher des sujets appropriés, à s'entretenir avec les auteurs de tel ou tel détail du livret, à les persuader de l'adapter en tenant compte de ses exigences qu'il expose de façon péremptoire. Homme calme et pondéré, d'un esprit pénétrant, il avait conscience de l'ampleur et des limites de ses possibilités et connaissait les raisons de sa bonne fortune; il maintint donc tout au long de sa carrière la même position d'intolérance quant aux services que devait lui rendre un livret d'opéra. Il ne décida jamais au hasard, ne nourrit pas d'illusions stériles et, ayant atteint l'âge mûr, sut tirer profit de ses expériences de jeunesse; il sut résister aux enthousiasmes et aux découragements faciles, comme à la tentation de s'entourer de collaborateurs illustres. A la différence de Mascagni qui entreprit sans succès d'adapter un poème de d'Annunzio parfaitement contraire à l'esprit et à la forme de son art, Puccini, après mûre réflexion, mais en toute sérénité, renonça à s'inspirer d'un autre poème dramatique que d'Annunzio avait mis à sa disposition *(la Croisade des Innocents)*. Si d'autres compositeurs, par conviction personnelle ou désir de suivre la mode, recherchèrent la collaboration d'artistes d'une valeur et d'un renom comparables au leur, afin de rehausser leur prestige, Puccini demeura fidèle au librettiste traditionnel, prompt à se soumettre à la volonté du compositeur, agréable versificateur et surtout grand connaisseur des réactions et des goûts du parterre. Tandis que le septuagénaire Verdi, découvrant un poète aux sentiments et aux images délicates comme Arrigo Boïto, comprit qu'il avait trouvé là un collaborateur précieux (lui qui avait travaillé sur les livrets de Piave, Cammarano et autres poètes de ce genre) et n'en voulut plus d'autre, Puccini, au contraire, remplaça d'abord Illica par l'auteur de certaines compositions populaires vantant les bienfaits des produits pharmaceutiques et plus tard par Adami et Forzano, écrivains qui ne pouvaient guère s'imposer par l'originalité de leurs idées dans ce travail de collaboration. Au demeurant, aucun poète digne de ce nom ne pouvait servir la cause de Puccini et de son art. Un poète dramatique est créateur de personnages, il sait les camper en quelques traits avec la rapidité que le théâtre exige, il met en opposition en les accusant des sentiments qu'il a nettement dégagés et exprimés. L'art de Puccini consiste au contraire à fondre les caractères dans la couleur ambiante, c'est-à-dire dans l'atmosphère spéciale que crée l'action dramatique et qu'il sait pouvoir évoquer avec succès. Entre tous les traits, entre toutes les données psychologiques qui composent d'ordinaire un personnage, Puccini choisit ceux qui cadrent avec sa conception et c'est pourquoi de *Manon* à *Turandot* (à part les œuvres plus brèves, *Suor Angelica* et *Gianni Schicchi*), dédaignant tout livret original, il s'appuie sur le roman ou le drame où il puise à souhait dans l'abondance des lignes et des couleurs. Au fond, ce qui intéresse Puccini ce n'est pas la poésie du livret, sa valeur artistique, mais, pour s'exprimer de façon apparemment contradictoire, la poésie du sujet. La contradiction disparaît si l'on donne au mot de poésie le sens qu'il a pour le peuple : c'est-à-dire rien de plus que l'expression verbale du sentiment poétique, ce reflet pâle et illusoire dont le lyrisme semble éclairer le sujet, cette nuance de sentimentalisme, de langueur dont le grand public est friand et qu'il associe volontiers à la poésie. Mimi, Manon, Madame Butterfly sont en ce sens des créatures « poétiques », leur drame est « poétique » ; elles entretiennent la sensiblerie du spectateur, cette sorte d'émotion qui sans doute n'a rien à voir avec l'art et se manifeste, surtout chez les femmes, par des larmes

et des soupirs. Mais puisque c'est dans le sujet que réside
la poésie, hommage soit donc rendu à Puccini d'avoir
su le découvrir et le choisir.

Ainsi, c'est le sujet qui, *a priori,* par sa couleur dominante, son climat sentimental, inspire la musique; le
travail d'approfondissement du personnage, auquel se
livre le poète librettiste dans la réalisation artistique de
son poème, semble à Puccini parfaitement superflu voire
gênant. Arnaldo Fraccaroli, dans sa biographie presque
officielle du compositeur, raconte à propos de *la Bohème*
que Puccini écrivait une musique « en liaison et en
accord avec le caractère de l'œuvre » puis se rendait
chez les deux poètes (Giacosa et Illica) et leur disait :
« Voilà la musique, à vous de trouver des vers qui lui
ressemblent. » Il avait prévu qu'au moment de l'exécution devant le public les mots prononcés ne seraient pas
tous audibles (cette indifférence est encore un reflet de
sa conception toute personnelle de l'élaboration de
l'œuvre musicale); son but était de faire comprendre
les sentiments de ses personnages même à l'hypothétique
spectateur qui n'aurait pas saisi un seul mot de leur dialogue ou qui serait atteint de surdité. Dès lors, à quoi
bon s'efforcer d'exprimer de subtils états d'âme, la progression des sentiments, cet ensemble de traits psychologiques qui composent un personnage, rendent ses décisions logiques et crédibles, lui insufflent une vie véritable
et riche ?

Clarté, rapidité, simplicité, telles sont pour Puccini
les qualités du livret idéal; des personnages à une face
du début à la fin de l'œuvre, ou bien (ce qui revient
au même de notre point de vue) à deux faces qui sont
complètement différentes et que l'auteur nous révèle chacune à leur tour, passant de l'une à l'autre avec rapidité
et sans équivoque. Manon, femme passionnée et amoureuse frivole, Johnson bandit vertueux, Turandot
d'abord impitoyable et inhumaine puis fragile créature
en proie à la passion, appartiennent à cette seconde catégorie de personnages dont la complexité n'est qu'apparente. Mimi, Minnie, Madame Butterfly, Suor Angelica,
Scarpia, Schicchi, sont à ranger dans la première.

Un véritable approfondissement de la psychologie de
ses personnages aurait amené le compositeur à celui de
l'expression musicale que l'on recherche vainement dans

toute son œuvre. « L'absence d'élaboration thématique dans un opéra, écrit Ildebrando Pizzetti, dans *Musicisti contemporanei,* prouve que la sensibilité du compositeur est imperméable aux impressions infiniment variées que suscite la vie et par conséquent qu'il est incapable de vivre avec ferveur, d'une vie profonde et intense parce que riche d'innombrables impressions. » Cette absence d'élaboration thématique est du reste commune à bien des compositeurs d'opéra italiens de la fin du siècle : ceux-ci, inconscients des exigences de l'esthétique, ou désireux de masquer une véritable carence, affirment que le théâtre et la symphonie sont deux genres bien distincts et vont jusqu'à déclarer que tout ce qui est indispensable à l'écriture symphonique doit être rejeté par le théâtre. Puccini lui-même souscrit à cette argumentation bien qu'elle soit dépourvue de tout fondement historique et esthétique, il renonce, lui aussi, à exploiter les possibilités d'expression du thème musical, conçu non point comme simple ornement mais comme unité esthétique autonome, achevée, propre toutefois à se développer et revivre sous de multiples formes. Dans l'œuvre de Puccini la mélodie n'est pas une création autonome, elle ne trouve pas en elle-même son noyau central, l'*ubi consistam* auquel elle pourrait s'intégrer ; elle se développe sans s'élargir, elle procède par phases, avec des variations plus ou moins heureuses dans l'aigu, suivant une ligne plus ou moins naturelle, mais elle ne possède pas une solide ossature rythmique d'où tirer sa force et sa vigueur, indépendamment de la couleur dont le compositeur sait l'entourer et l'embellir. Bâtir des variations sur une mélodie de Puccini est proprement impossible : elle ne résiste pas, elle se brise, ou, ce qui est pire, elle se dissout et de tous côtés se dérobe ou s'étire sans résistance par désagrégation de la matière dont elle est formée. Puccini le sait si bien qu'il ne tentera jamais d'utiliser comme thèmes ses trouvailles mélodiques ; au contraire, pour les renforcer, loin de les isoler, il les répète à souhait, formant ainsi une chaîne dont chaque maillon contribue à la solidité de l'ensemble. Souvent, pour le rendre plus dense, il n'hésite pas à répéter le même motif mélodique, en le changeant de ton ; nous en trouvons de nombreux exemples dans tous ses opéras, de *Madame Butterfly* à *Turandot* où l'épisode

de la mort de Liu, intéressant sous d'autres aspects,
donne lieu à une répétition mélodique telle qu'il nous
est permis de parler ici de décadence de l'art de Puccini.

Fausto Torrefranca, dans son fameux pamphlet de
1912, a qualifié l'œuvre de Puccini d'internationale.
Internationale dans la mesure où l'auteur adopta des
modes d'expression et des formes que les compositeurs d'opéras du XIXᵉ siècle avaient déjà révélés; il eut
recours aux personnages et à l'atmosphère qui avaient
déjà réussi à éveiller l'intérêt du public mondial; internationale enfin pour le talent avec lequel il sut introduire
dans son œuvre des éléments nouveaux, d'acquisition
récente, ce qui au premier abord semble infirmer les
arguments de ceux qui l'accusent de provincialisme ou
d'isolement. Si, comme l'affirment ses proches, Puccini
fut en tant qu'homme un vrai Toscan, son œuvre cependant ne reflète guère ses origines : on y recherche en
vain les traits savoureux qui, au XIXᵉ siècle, firent le
renom de certaines pages de la littérature toscane comme
des tableaux de ses peintres les plus remarquables : en
vain y cherche-t-on l'éclat, le caractère dépouillé, et parfois l'économie des moyens qui caractérise certaines
pages, alliés à cette désinvolture toute particulière, à ce
sentiment de légèreté et de liberté dont est empreint le
style de ces écrivains. Nous avons déjà indiqué combien
le drame musical de Puccini est peu réaliste et à quel
point le compositeur se soucie peu d'accuser les traits
de caractère de ses personnages. Comment donc peut-on
parler de vérisme à son sujet, comment l'associer à un
mouvement artistique qui s'emploie à faire triompher le
vrai, puisque rien dans son œuvre n'indique qu'il ait visé
ce but ?

Contraint, encore jeune, de se fixer dans une région
fort différente de la sienne par la nature des hommes et
l'aspect même du paysage, Puccini artiste ne connut pas
ce progrès lent et solitaire vers la maturité qui favorise
l'assimilation des caractéristiques profondes du pays
natal et leur recréation toute naturelle dans l'œuvre d'art.
Cet homme, qui aimait la Toscane et souffrait d'en être
éloigné, aspirait au fond de lui-même à découvrir des
impressions nouvelles et insolites, cachait une âme
inquiète avide d'aventures. Doté d'un esprit curieux et
toujours en éveil, il fut un des rares compositeurs de sa

génération qui s'intéressât aux nouvelles tendances de
la musique contemporaine : un des premiers à connaître
l'œuvre de Debussy dont il imita un peu la manière dans
la Fanciulla del West et dans d'autres œuvres, celle de
Stravinsky dont on retrouve l'influence çà et là; par la
suite, il manifesta de l'intérêt pour Schönberg lui-même
et son *Pierrot lunaire,* effectuant le voyage de Viareggio
à Florence dans le but précis d'entendre cette œuvre.
Ce désir qu'il eut d'être autre que lui, est certainement
louable, mais doit être rattaché à la facilité avec laquelle
il emprunta et adapta (les traits d'emprunt étant choisis
pour leur nouveauté plus que pour leur valeur); il cons-
tituerait même une preuve de la faiblesse de sa volonté
d'homme et d'artiste, rarement orientée vers l'approfondissement et l'enrichissement de sa vie intérieure. Chez
Puccini l'écriture musicale la plus complexe, les passages
de ses œuvres les plus raffinés, ne révèlent pas de sa
part une meilleure pénétration psychologique, une
compréhension plus intime de la vie de ses personnages,
mais seulement un don d'imitation fort sympathique
qu'auraient pu lui envier certains de ses contemporains :
c'est d'ailleurs pourquoi Puccini ne parvient pas à assimiler le vocabulaire d'emprunt à son langage propre et
en tirer un moyen d'expression enrichi; il sait seulement
avec goût et discrétion émailler ses phrases des vocables
et des accents d'autrui.

De *Manon* à *Turandot* son langage ne s'enrichit guère,
il s'appauvrit même à certains égards car, avec l'usage,
les mots deviennent plats et sans résonance : la pauvreté
de l'enchaînement des périodes, l'atrophie de sa syntaxe
sont autant de lacunes qui ne passent plus inaperçues.
Parfois, dans *Turandot* en particulier, Puccini cherche
avec angoisse à se dépasser lui-même, car il se trouve
confronté avec des personnages différents qui ne se
laissent pas emprisonner dans la phrase musicale habituelle, mais se dérobent constamment sans révéler leurs
pensées et leurs sentiments secrets : une lutte s'engage
qui laisse l'auteur désemparé, qui le tourmente sans
répit et l'épuise. Lorsque l'idée lui vint de composer un
opéra sur un livret tiré de la légende de Carlo Gozzi, il ne
se rendit certainement pas compte à l'origine de la difficulté qu'il aurait à reproduire de façon authentique la
personnalité de l'héroïne. Il fut — comme toujours —

probablement séduit par l'atmosphère, le climat particulier dans lesquels baignait toute l'histoire habilement
présentée par les librettistes; peut-être voulait-il se
renouveler et, à soixante ans, changer la forme de son
art à l'instar de cet autre compositeur italien qui, avant
lui, mais à un âge plus avancé, avait été conquis par
de nouvelles formules. Cependant, à mesure qu'il avan-
çait dans la composition de l'œuvre, il prenait conscience
des limites de son imagination créatrice : il lui était
impossible de la concentrer sur une intrigue dramatique
nouée par des problèmes complexes authentiquement
humains et par là bien différents de ceux que l'artiste
avait eu à évoquer dans ses opéras précédents. La conscience de sa faiblesse s'imposait à lui de façon de plus
en plus évidente, Puccini ne cessait de demander avec
inquiétude à ses librettistes « d'humaniser » la légende,
de composer un duo final dépourvu de merveilleux,
dépouillé de tout élément décoratif et comique, uniquement destiné à révéler l'âme secrète de l'héroïne. Le
destin voulut que le compositeur disparaisse avant que
le duo n'ait pris forme. Nous nous garderons de faire
des suppositions sur ce que Puccini n'eut pas le temps
d'écrire. Les difficultés qu'il eut cependant à achever
cette œuvre sont facilement explicables; elles sont celles
d'un artiste qui, à l'improviste ou presque, est dans l'obligation d'exprimer une situation pour lui si complexe et
ambiguë que son imagination s'en trouve brusquement
atrophiée. Le duo final entre Calaf et Turandot était
bien différent de ceux qui concluent les autres opéras :
cette fois sa force et sa valeur lui venaient des deux
personnages et non plus de l'atmosphère : pendant plus
de trois actes l'opéra s'était nourri d'événements margi-
naux et de personnages accessoires plus que de véritable
drame; Turandot, plus que tout autre personnage de
l'œuvre de Puccini, trahissait le péché originel que son
créateur n'avait cessé de commettre contre l'esthétique :
Turandot n'était en fait que le reflet du milieu, dépourvue
sans lui d'éclat et de vie propre. Le détail comique ou
merveilleux surcharge et déséquilibre ce dernier opéra;
le grandiose de Puccini (cet aspect que l'auteur se crut
obligé d'insérer, malgré lui, dans son œuvre) est de
toute évidence un grandiose qu'il n'a pas senti, un édifice de stuc, ambitieux et vide. Il suffit d'outrer le finale

du premier acte de la *Tosca* pour qu'il devienne le finale
du second acte de *Turandot* : dans ce dernier, en effet,
l'utilisation des chœurs et de l'orchestre n'a rien d'original dans son écriture par rapport au premier opéra :
ce n'est que la quantité qui varie; la polyphonie reste
embryonnaire et, à part quelques pages du Ier acte,
d'influence moussorgskienne, le groupe des chœurs n'est
pas personnalisé, n'a pas l'unité ni la réalité d'un véritable
personnage. Ainsi, reconnaissant que son tempérament
et les exigences de sa conscience lui barraient ce chemin
nouveau de la création artistique, Puccini reporta toute
sa sympathie sur Liu, la petite esclave humble et dévote
qui aime le prince Calaf en secret et qui, sans démonstration tragique, se tue pour ne pas le trahir, en présence
de sa cruelle rivale. Liu, dans la famille des personnages
dramatiques de Puccini, est sœur de Mimi, de Manon
et de Madame Butterfly; sa vie, comme la leur, est fragile,
elle a les mêmes accents un peu rhétoriques et maniérés
et le même idéal modeste; elle est incapable de pensées
sublimes, elle sait seulement se faire toute petite et disparaître. La dernière page écrite par Puccini est précisément celle où Liu s'achemine vers le repos éternel : c'est
elle qui a su inspirer au maître sa dernière et émouvante
page musicale; cet attachement désespéré de Puccini à
l'idéal des premiers jours, à ce type de personnage qui
avait hanté son imagination d'artiste pendant quarante
ans de carrière musicale, nous paraît symbolique.

Dans les opéras de Puccini, les moments de plus
grande intensité musicale ne correspondent pas aux points
culminants de l'intrigue dramatique, aux moments où
l'action s'accélère, où les affections les plus sacrées sont
menacées, où le sentiment dominant triomphe et mène
le jeu. A notre avis, la façon dont s'achèvent les dernières
mesures de *la Bohème*, par exemple, détruit l'harmonie
en « demi-teinte » qui a jusque-là dominé : c'est un cri
inopportun, une concession au mauvais goût du public.
A ces moments, le musicien s'efface et cède la place à
l'homme de théâtre dont la devise est celle « du moindre
effort avec le maximum d'effet ». Puccini, homme de
théâtre, mérite les applaudissements de tous les publics
du monde, mais il n'intéresse pas l'histoire de la musique.
De ce sens inné du théâtre Puccini fut un peu victime
et devant la tension d'une situation dramatique il prend

l'attitude du « spectateur » passif, négligeant d'être créateur : peu à peu son imagination, sa faculté d'invention s'émoussent et il qualifie d'effet artistique ce qui n'en est encore que l'ébauche et qui, s'il s'était contenté du premier résultat obtenu grâce à sa sagacité de spectateur expérimenté, aurait pu atteindre la plénitude. Le vrai spectateur, lui, est toujours conquis par ces demi-réussites, ces moments de l'œuvre qui restent en deçà de l'art, et ce sont eux surtout qui ont valu à Puccini sa popularité auprès du public.

C'est ailleurs, je crois, que Puccini donne sa pleine mesure artistique, non pas au moment où l'action se dénoue mais plutôt lorsque l'issue tragique est dans l'air, sensible, comme un pressentiment, comme une ombre traversant la lumière. Je pense par exemple au début du IIIe acte de *Manon Lescaut*, à presque tout le IIIe acte de *la Bohème*, au début du dernier acte de *Madame Butterfly*, à nombre de pages de *la Fanciulla del West* : dans tous ces cas, la répétition du motif permet d'atteindre l'effet artistique, elle s'adapte au moment, l'exprime complètement et parfaitement; il y a dans ces passages une tristesse sentie, ils suggèrent ce retour en soi-même qui n'est possible qu'au crépuscule, cette réflexion approfondie qui est incompatible avec la pleine lumière du jour et l'agitation de la lutte quotidienne. Dans *Manon,* c'est un fragment de quatre mesures qui commence pianissimo, mystérieux, sur un accord de basse en *ré mineur,* puis *la mineur* pour revenir enfin au ton initial. C'est une voix angoissée qui gémit sur le sort douloureux des créatures, c'est la voix des choses inanimées qui nous semble beaucoup plus émouvante et proche de nous que ces deux hommes qui s'agitent sur la scène et ressemblent à des ombres. Dans *la Bohème,* les décors trop célèbres qui irritèrent plus d'un critique lors de la première représentation — ce paysage de neige, cette aube froide et frissonnante, cette vie suspendue et lointaine, cette atmosphère de crise, cette absence d'épisode pittoresque — sont une introduction du drame des personnages. Malheureusement tout ce qu'elle a de lyrique disparaîtra au moment où se jouera le véritable drame. Aube romaine dans la *Tosca,* si claire et si fraîche, parmi le tintement joyeux des clochettes rappelant que là-bas la vie renaît, ici elle cesse. Nostalgie des mineurs du

Far West loin de leurs mères et de leur pays natal, désarroi de l'enfant devant le chanteur populaire qui sait toucher tous les cœurs. Voilà les moments (et l'on pourrait en citer d'autres) où Puccini fait preuve d'une grande sensibilité et d'une vive intuition, où il dédaigne l'effet et ne s'embarrasse plus de sa conception schématique de l'œuvre, où le froid connaisseur des réactions du public cède la place au créateur vibrant, partageant les souffrances et les joies de ses personnages. Ils marquent la victoire de l'art sur l'artifice, l'homme de théâtre s'efface et l'art triomphe : l'émotion qui nous étreint est indéfinissable, bien différente en tout cas de celle qui fait pleurer les belles dames et les femmes du peuple au IVe acte de *la Bohème*. Ces pages à elles seules (et chaque opéra peut se vanter d'en contenir un nombre plus ou moins important) forcent l'admiration et le respect. On peut être artiste et très grand artiste pour un seul sonnet, voire pour un seul vers; on peut être un vrai musicien pour un seul chant lyrique, une seule phrase mélodique. Giacomo Puccini est indéniablement un artiste et, à ce titre, il peut être rangé parmi les compositeurs les plus représentatifs de l'opéra moderne.

Guido M. GATTI.

BIBLIOGRAPHIE

CARNER, M., *Puccini, A critical Biography,* Londres, 1958.
FELLERER, K. G., *Giacomo Puccini,* Potsdam, 1937.
GADDA CONTI, P., *Vita e melodie di Giacomo Puccini,* Milan, 1955.
MAISCH, W., *Studien zum Opernschaffen Puccinis,* Erlangen, 1934.
MAREK, G. R., *Puccini,* Londres, 1952.
MARINO, S. J., *A check list of Works by and about the Composer,* in « Bulletin of New York Public Library », vol. LIX, 1955.
MONALDI, G., *Giacomo Puccini,* Rome, 1924.
SARTORI, C., *Puccini,* Milan, 1958.
SARTORI, C., *Puccini, Symposium,* Milan, 1959.
THIESS, F., *Puccini. Versuch einer Psychologie seiner Musik,* Berlin, 1947.
TORREFRANCA, F., *Giacomo Puccini e l'opera internazionale,* Turin, 1913.

LE RENOUVEAU FRANÇAIS

EMMANUEL CHABRIER

D'ORDINAIRE on se croit rapidement quitte envers l'œuvre de Chabrier : on la coiffe uniformément de l'adjectif « truculent » et tout est dit. Voilà bien le malentendu dont souffre le compositeur : l'homme a caché l'œuvre. Comme Flaubert et Stendhal, Chabrier, replet et drôle, attirant l'attention par sa mobilité, a donné le change sur celui qu'il était profondément. Comme le faisait remarquer l'un de ses fils, si « corporellement il fut plutôt Sancho, son âme était à la Don Quichotte ». Et lui-même confessait à Felix Mottl : « Malheureusement pour moi, j'appartiens, malgré ma joviale apparence, à la catégorie des gens qui ressentent très vivement. »

Non pas qu'il faille mésestimer l'importance du « comique » dans son œuvre : toute une part, et non la moindre, confirme ce propos d'un autre grand baroque, Claudel : « Le côté comique, le côté exubérant, le côté de joie profonde me paraît essentiel à l'esprit lyrique, et je dirai même à l'esprit de création. » « Je n'aime plus qu'Offenbach et Wagner », avouera-t-il à la fin de sa vie — sans doute parce qu'il retrouvait en eux les deux traits les plus exigeants de sa nature : chez Wagner l'envoûtant épanchement de la tendresse, chez Offenbach la verve bouffonne — montrant par là qu'il était resté fidèle à cet humour en musique qui, dès sa jeunesse, l'avait attiré. Le gai compagnon des écrivains et des artistes qui fréquentaient l'entresol Lemerre, le familier du salon de l'originale et peu austère Nina de Callias, l'ami de Verlaine en compagnie duquel il va se réjouir aux œuvres des « musiciens toqués », lui aussi, sacrifiera au genre bouffe, mais avec un art, un foisonnement musical qui dépassent de loin les productions d'alors. Ce sont d'abord ces deux farces inachevées, fruits d'une collaboration avec Verlaine, *Fisch Ton Khan* et *Vaucochard et fils I*er. Avec leur verve débordante elles nous appa-

raissent comme des ébauches déjà poussées de *l'Étoile*.
C'est que l'œuvre de Chabrier ne suit pas une évolution.
Très tôt, il a reconnu les particularités de son art, très
tôt, son originalité apparaît, maladroitement parfois,
mais irrésistiblement. Cette œuvre est plutôt le reflet
des admirations du compositeur entre lesquelles il
oscille, qu'il transfigure, lui donnant son unité, sa frappante originalité. Après *l'Étoile* dont Verlaine fut sans
doute le premier inspirateur et dont les parties d'orchestre
effrayèrent les musiciens des Bouffes-Parisiens — « Ils
n'étaient pas là pour jouer du Wagner! » — nous possédons avec *Une éducation manquée* la dernière opérette de
Chabrier; mais il n'abandonna jamais l'idée d'en composer
de nouvelles, de « raconter pompeusement des choses
comiques », comme le suggérait Baudelaire. Ainsi *le
Roi malgré lui,* avant d'être transformé sur le conseil
de Carvalho en opéra-comique, fut-il un opéra bouffe
que le directeur des Bouffes-Parisiens avait refusé de
monter, trouvant la musique « trop savante ». Ajoutons
deux duos bouffes que Chabrier n'entendit jamais, le
directeur du café concert à qui on les avait proposés
s'étant récrié « Pourquoi pas du Wagner! ».

Ce rire en musique, ne l'a-t-on pas assez reproché à
Chabrier! Aux oreilles « délicates » il a paru manquer de
distinction. De là à parler de vulgarité, on n'y a pas
manqué. A ce reproche, Ravel — qui vénérait Chabrier
et assurait qu'il aurait préféré être l'auteur du *Roi malgré
lui* que de la *Tétralogie* — répond : « Comment peut-on
taxer de vulgarité un musicien dont il est impossible
d'entendre deux accords sans immédiatement les attribuer à leur auteur et à lui seul ? » Baudelaire déjà avait
raillé ces « professeurs jurés de sérieux, charlatans de
la gravité qui, contemporains de Rabelais, l'eussent
traité de vil et de grossier bouffon ». Faut-il remarquer à
ce propos que Chabrier avait projeté d'écrire un *Panta-
gruel* dont le génie de son créateur était si bien accordé au
sien, l'un comme l'autre impétueux, noyant — comme l'a
dit Claude Aveline de Rabelais — « le subtil dans
l'énorme, l'audace dans le burlesque » ? Pas plus que cet
ouvrage, il ne put réaliser le *Falstaff* qui également l'inspirait.

Un préjugé défavorable s'attache à la musique bouffe;
Chabrier en est la victime. Comme l'écrivait Sainte-

Beuve : « Le gros du monde, même les gens d'esprit, est dupe des genres : il admire à outrance, dans un genre noble et d'avance autorisé, des qualités d'art et de valeur infiniment moindres que celles qu'il laissera passer inaperçues dans de moyens genres non titrés. » Debussy qui, sans préjugé, se délectait de *l'Étoile,* a parlé de Chabrier « si merveilleusement doué par la muse comique (...) *La Marche joyeuse,* certaines mélodies sont des chefs-d'œuvre de haute fantaisie dus à la seule Musique ». Pour Chabrier, comme pour Flaubert, « il y a une manière de peindre le comique qui est haute ». Aussi bien Chabrier, qui avait pourtant grand besoin d'argent, se refusat-il d'exploiter dans un but lucratif sa veine comique ainsi que le lui demandaient ses éditeurs en lui proposant d'écrire, à l'exemple du *Petit Faust* d'Hervé, un *Petit Roméo.* « *Moi,* leur répondit-il, je ne puis faire ça ; qu'un Hervé ou tout autre déclassé de la Musique se livrent à ces facéties, ça ne tire pas à conséquence ; moi *ça tirerait ;* Hervé peut blaguer Gounod, moi pas, on croirait que je l'ai fait exprès et j'ai le devoir de respecter cet homme qui a un immense talent, qui est un maître — vous parliez de *dignité !* précisément, ma dignité ne saurait s'accommoder de cette besogne-là, et si pressé que je sois de gagner quelque argent, je ne m'y attablerais à *aucun prix.* (...) Je dois pouvoir arriver à vivre sans me moquer de Shakespeare, de Gounod, ni de moi-même. »

L'art de Gounod, remarquons-le, ne fut pas sans répercussion sur celui de Chabrier. La romance à laquelle l'auteur de *Roméo* confiera ses inspirations les plus précieuses peut-être, cette romance sera aussi pour Chabrier le moule discret et commode dans lequel il affectionnera toujours de couler son lyrisme tendre et railleur aussi bien dans telles pages de ses ouvrages lyriques que dans ses mélodies qui toutes adoptent la forme à couplets. Ravel, vers lequel si naturellement nous incline Chabrier, ne s'y était point trompé qui, dans cet hommage qu'est son *A la manière de... Chabrier* utilise la célèbre romance de Siebel, marquant ainsi la parenté Gounod-Chabrier. Et si l'on peut parler de « légèreté » à propos de la musique de Chabrier, il faut s'entendre : cette légèreté n'est pas de la futilité, mais le contraire de la lourdeur.

Musicien léger, Chabrier l'est encore dans ses pièces

pour piano, et à la manière dont l'étaient nos clavecinistes. Et il est remarquable que César Franck, après l'audition des *Pièces pittoresques,* ait si justement défini leur esprit : « Nous venons d'entendre quelque chose d'extraordinaire. Cette musique relie notre temps à celui de Couperin et de Rameau. » Par la légèreté de sa touche, par son désir d'organiser la sensation plutôt que de construire et de développer son œuvre suivant un plan orgueilleux, par le raffinement de son langage, par son accentuation, l'art de Chabrier rejoint en effet celui de ces maîtres du XVIIIe siècle. La leçon de ces musiciens qu'on venait de redécouvrir — si jamais leçon il y a, car il est sans doute tout aussi juste de parler d'affinités — ira rejoindre celles des Impressionnistes. Nous y reviendrons.

Que Chabrier tourne le dos au romantisme et à sa rhétorique, nous en avons la confirmation dans le témoignage de son ami Paul Lacome confiant à son fils après que Planté eut interprété des pièces de Chabrier : « Il le joue fort mal, comme un romantique. Ce n'est pas du tout ça; et si Chabrier l'avait entendu, il ne se serait pas fait faute de lui donner une leçon en prenant le piano à sa place. Il y a dans la manière de Planté, des coquetteries, des préciosités qui ne conviennent pas au style de Chabrier. »

Où cet « éternel méconnu » a-t-il été chercher l'inspiration ? Quelles formes musicales a-t-il sollicitées pour exprimer ce monde nouveau qu'il portait en lui ? Dans un temps où les musiciens français, ses amis, souhaitaient faire entendre une langue noble soumise aux grandes architectures symphoniques, lui s'attachait aux formes les plus désuètes, celles dans lesquelles ces musiciens voyaient une des causes de la dégénérescence de la musique française : l'opérette, l'opéra-comique, la romance, la musique de salon. Mais les apparences seules sont trompeuses. Chabrier nous déroute, se rit de notre maladif besoin de définir, de classer. On ne peut jouir de sa musique que si, à l'exemple de cet autodidacte, on abandonne nos superstitions, que si l'on se débarrasse naïvement de toutes ces idées reçues qui nous empêchent de l'entendre et de l'aimer.

On nous dira : vous tirez Chabrier dans un seul sens.

Il est vrai — et on ne saurait l'oublier au risque de trahir
la complexité de son message qui explique que tant de
musiciens, et des bords les plus opposés, se réclament de
lui — que lui-même était un lieu de conflits. Comme
l'écrivait A. Suarès à G. Rouault : « Il vaut mieux se
perdre par ses propres moyens, que se sauver par les
moyens des autres. Mais il arrive qu'un artiste soit
partagé entre deux forces égales, dont l'une est sa perte,
et l'autre son salut. Il faut d'ailleurs aller où l'on a sa joie.
Pour tous et pour chacun, à tous les degrés, il s'agit
d'entendre le langage du dieu qui est en nous. »

Pour Chabrier, Wagner fut à la fois sa joie et sa douleur.

On s'en tirerait facilement en accusant ses amis, ceux
en particulier de la « bande à Franck » qui ne rêvaient
que sublime musique, d'avoir orienté Chabrier vers le
wagnérisme. Nous n'en pouvons douter, toute une partie
de lui-même était portée d'instinct vers l'art wagnérien.

Il y trouvait sa joie. A vingt et un ans, il copie la partition entière de *Tannhäuser* « pour apprendre l'orchestre ».
Et quand il parle de Wagner, c'est dans un langage passionné : « je suis un fanatique de ce grand génie », « je
reviens de Bayreuth absolument extasié. Le *Parsifal* est
l'incomparable chef-d'œuvre : c'est la plus intense émotion artistique de toute ma vie. » ... Et c'est après avoir
entendu *Tristan* à Munich en compagnie de son ami
Duparc qu'il décida — alors qu'il ne pensait pas jusque-
là devenir un « professionnei » — d'abandonner, à
trente-neuf ans, son emploi au ministère de l'Intérieur
pour se consacrer uniquement à la musique. Néanmoins,
et cela est significatif, son admiration reste lucide : « Sous
prétexte d'unité, écrit-il, j'allais dire d'uniformité, il y a
dans Wagner, et il est plus fort que le père Bruno *(sic)*,
des quarts d'heure de musique ou *récit absolu,* dont tout
être sincère, sans parti pris, dépourvu de fétichisme, doit
trouver chaque minute longue d'un siècle — ça, je le
prouverai la partition à la main, quand on voudra. On
s'en fout!!! »

Il y trouvait sa douleur. Ainsi que l'écrivait Gide à propos de Wagner : « ce prodigieux génie n'exalte pas tant
qu'il n'écrase ». Chabrier ressentit cet écrasement. Écou-
tons-le s'adresser à Costallat en 1881 : « Quant aux travaux,
je ne fais rien, rien du tout. Je trouve horrible ce qui me

vient sous ma plume et je persiste à croire que je ne suis qu'un délicat, très difficile pour les autres, plus encore pour lui-même — je prends le parti de me taire — Wagner m'a tué; il n'a pas tué grand'chose, à vrai dire, mais si mince qu'il soit, je l'ai reçu le coup du lapin. Après avoir mis le nez dans les ouvrages de ce géant, j'estime qu'il faut être fou ou naïf pour croire à ce que l'on écrit. » Néanmoins Chabrier demandait au wagnérien Mendès de lui fournir des livrets. Et ce fut *Gwendoline,* « conçu et écrit dans l'esprit de la nouvelle école dramatique musicale » et la « parsifalesque » *Briséis.* Mais qu'on ne s'y trompe pas; si Wagner est présent, c'est infiniment plus chez l'écrivain que chez le compositeur. De Wagner, Chabrier utilise les propres armes, mais pour s'en affranchir. Et de fait, ce « wagnérien d'intention » aura plus que tout autre ouvert à la musique des perspectives à l'opposé de celles de Wagner, de celles, riches de conséquences, où la tonalité n'est plus pressurée jusqu'à l'épuisement comme chez l'Allemand, mais où, par l'apport de gammes modales et défectives, elle retrouve une vigueur, une fraîcheur qui lui insufflent une vie nouvelle.

Et qui pouvait indiquer cette voie modale à Chabrier ? C'est ici qu'il faut parler de son attrait pour la musique populaire. Sans doute fut-elle le plus efficace contrepoison au philtre wagnérien. Attentive aux voix naïves du terroir, sa musique va « fleurant la menthe et le thym », ces plantes sauvages, odorantes et sans prétention qu'évoquait son ami Verlaine dans son *Art poétique.* Nos vieilles chansons pétries de modalisme l'invitent à fuir le dualisme majeur-mineur. Si épris qu'il soit de nouveautés harmoniques, rythmiques, orchestrales, comme plus tard un Bartok, Chabrier prend appui sur la musique populaire, source authentique de musique naïve, cette naïveté qu'il mettait au-dessus de tout. Et c'est bien le mélange indosable, troublant de cette naïveté qu'il trouve à l'état pur dans le folklore, et de cette préciosité, de cette bizarrerie pourrait-on dire au sens baudelairien du mot, — fruit d'une recherche obstinée, lucide, qui ciselle chaque détail pour en faire un des plus sûrs éléments du plaisir musical — qui donne à sa musique son accent unique.

La musique populaire pour lui c'est d'abord celle de

son pays natal où, depuis plusieurs générations, sa famille est enracinée. Chabrier — joueur de cabrette — disait à Paul Lacome : « Je rythme ma musique avec mes sabots d'Auvergnat. » Qu'on écoute cette musique : ce n'est pas seulement dans son ultime chef-d'œuvre, *la Bourrée fantasque,* que résonne ces « sabots », mais au cours de bien d'autres pages, même de celles qui semblent le plus loin de l'Auvergne. Quant à la musique populaire espagnole elle suscite son enthousiasme : « La musique nationale en Espagne est d'une richesse incomparable. Je note tout ce que je puis saisir et j'espère bien rapporter fin décembre un carnet intéressant. » « Et pendant que les gens des montagnes crient de semblables petites merveilles, les *maestros muy reputados de Madrid* refont sempiternellement le finale d'*Hernani* ou le 4ᵉ de *Rigoletto* et se croient de grands hommes. (...) Il y a *plus de Musique* dans le *tambori* de Navarre que dans la *cabeza* de ces messieurs. » Si, presque seule, l'irrésistible *España* porte l'éclatant témoignage du goût profond de Chabrier pour le folklore ibérique, ce n'est pas faute d'avoir cherché un sujet espagnol : « Ce que je vous dis, moi, écrivait-il à ses éditeurs, c'est qu'avec un bon livret espagnol, j'ai de quoi faire *se pugneter* tous mes concitoyens de la Madeleine à la Bastille. Pensez-y pendant que c'est chaud — et avant que Bayreuth ne m'ait reconquis ». Des liens secrets unissaient Chabrier à la musique espagnole; il y retrouvait une polyrythmie qui lui était chère, et, notons-le après M. Versepuy, l'Auvergne a gardé des traces de l'occupation des Maures aussi bien dans son architecture romane que dans son folklore. Ses « sabots d'Auvergnat » scandaient un rythme parent de celui des talons gitans.

Venons-en à ce qui est peut-être le plus frappant chez Chabrier. On sait qu'il avait tapissé les murs de son appartement de toiles dont les auteurs étaient désignés du terme alors méprisant d' « Impressionnistes ». Il possédait huit Monet, six Renoir, deux Sisley, un Cézanne, une quinzaine de Manet — et non pas des toiles mineures de ces peintres, mais des œuvres maî-tresses — sans compter d'autres tableaux de valeur dont les auteurs, pour la plupart, nourrissaient des sympathies dans le clan des impressionnistes. Dans un temps où le prestige de l' « avant-garde » était ignoré, l'autorité du choix de Chabrier n'implique-t-elle pas un accord particulièrement aigu entre sa sensibilité et celle de ces peintres qu'il chérissait ? De même que les Impressionnistes abandonnent l'atelier et son jour froid pour capter la lumière et ses reflets, Chabrier veut écrire une musique claire. « C'est TRÈS CLAIR, *cette musique-là*, assure-t-il à ses éditeurs en leur adressant le manuscrit d'une romance, ne vous y trompez pas, et ça paie comptant. C'est certainement de la musique d'aujourd'hui ou de demain, *mais pas d'hier ;* (...) ce qu'il ne faut pas c'est de la musique *malade ;* ils sont là quelques-uns, et des plus jeunes, qui se tourmentent tout le temps pour lâcher trois pauvres bougres d'accords altérés, toujours les mêmes du reste; ça ne vit pas, ça ne chante pas, ça ne pète pas. » Ne croirait-on pas entendre Manet : « Qui nous rendra le simple et le clair ? Qui nous délivrera du tarabiscotage ? » La « sensation fugitive », chère aux Impressionnistes, se retrouve dans sa musique. Pour eux comme pour lui, elle possède une puissance, un trouble, un merveilleux qu'ils exploitent. Ces « rapprochements chromatiques », qu'ils osent sur leurs toiles, trouvent chez Chabrier leurs équivalences dans les dissonances inouïes, subtiles, qui font miroiter sa matière musicale à la manière de leur matière picturale. Une semblable fugacité fait chatoyer leur peinture et sa musique. Les mêmes couleurs franches, qui éblouissent jusqu'à paraître insoutenables, se retrouvent dans sa couleur instrumentale. Lui aussi se permet des associations de timbres d'une surprenante franchise. Un d'Indy, ami et admirateur pourtant sincère de Chabrier, voyait dans cette qualité un défaut : « Chez lui l'inspiration jaillira avec une spontanéité toute méridionale, elle éclatera comme une pièce d'artifice en une lumière crue, parfois même outrancière. » Mais écoutons Chabrier : « Si pour être *un* il est fatal d'être ennuyeux, je préfère être 2, 3, 4, 10, 20, — enfin je préfère avoir dix couleurs sur ma palette et broyer tous les tons. (...) S'il ne faut traiter que le gris perle ou le jaune serin avec leurs nuances, ça ne me suffit pas, et sur le catalogue du Bon Marché, il y a trois cents nuances rien que dans le gris perle! Un peu de rouge, nom de Dieu! à bas les gniou-gniou! jamais la même teinte! De la variété, de la forme, de la *naïveté* si c'est possible, et c'est ça le

plus dur. » Dans ce désir de rester « naïf » — la chanson
populaire lui en offrait l'exemple — Chabrier ne rejoint-il
pas l'ami de Manet, Baudelaire, qui, plus d'une fois, est
revenu sur cette naïveté, pour lui, la « domination du
tempérament dans la manière », un « privilège divin
dont presque tous sont privés » ? Chabrier, dont l'éducation préserva l'ingénuité : « J'ai peut-être plus de
tempérament que de talent, confiera-t-il, et beaucoup de
choses qu'il faut apprendre enfant, je ne les apprendrai
plus jamais », ne courait guère le risque — comme Moussorgsky — de voir son inspiration tuée par l'érudition.
De même que Manet avant tout soucieux de peinture
et si étranger aux commentaires extra-picturaux avait,
pour son malheur, laissé Zacharie Astruc baptiser sa
Vénus *Olympia*, Chabrier avait demandé à Lacome de
donner à ses pièces pour piano un titre dont l'intention
anecdotique — *Idylle, Sous-bois,* etc. — étrangère à leur
contenu purement musical, venait par surcroît s'aggraver
du qualificatif de *Pittoresques*. Cette indifférence au sujet
est d'ailleurs sensible aussi bien dans les toiles de Manet
que dans la plupart des œuvres de Chabrier. Encore que
cette science de composer, c'est-à-dire de présenter le
sujet, n'ait rien de conventionnel chez ces deux artistes,
ce n'est assurément pas là ce qui les intéresse d'abord.
Cette recherche offre quelque chose d'encore trop intellectuel pour eux, leur art est plus abstrait et ne fait appel
qu'aux seules ressources sensibles de la peinture comme
de la musique. Cette même conception baudelairienne de
l'art qui unit Manet à Chabrier n'échappait pas à Ravel qui
voyait dans *Mélancolie* le pendant musical de l'*Olympia*. Et
l'on pourra trouver un symbole dans le fait que Chabrier
ait accroché *Un Bar aux Folies-Bergère* au-dessus du piano
sur lequel il composait et, peu avant sa mort, ait exprimé
le désir de reposer près de Manet. Que Valéry n'a-t-il, dans
son *Triomphe de Manet,* associé Chabrier à Manet et Baudelaire, marquant ainsi l'orientation esthétique semblable
de ces trois grands artistes dont les œuvres inauguraient
une nouvelle conception de l'art : « Ils n'entendent pas
spéculer sur le « sentiment », ni introduire les « idées »
sans avoir savamment et subtilement organisé la « sensation ». Ils poursuivent, en somme, et rejoignent
l'objet suprême de l'art, le *charme,* terme que je prends
ici dans toute sa force. » C'en est fait désormais, avec eux,

des dieux et des déesses, des grands tremblements pathétiques ; ils découvrent le sublime dans le quotidien. Aussi répugnent-ils à une hiérarchie des genres et traitent-ils avec le même sérieux un sujet familier, frivole ou humoristique qu'un thème apparemment plus noble, marquant même une prédilection pour le familier, le frivole et l'humoristique qui les préservent du faux sublime, de la pédanterie, de cette éloquence dont Verlaine voulait qu'on lui tordît le cou. « Je ne connais que trois sortes de musique : la bonne, la mauvaise et celle d'Ambroise Thomas », assurait Chabrier dans une de ses boutades primesautières où se découvrent ses idées et ses goûts. De même qu'une serveuse de bar, une asperge ou une femme enfilant ses bas sont prétextes pour Manet à des peintures qui n'ont rien de mineur, Chabrier élève au grand art des opéras bouffes, des romances ou de courtes œuvres pour piano.

R. DELAGE.

BIBLIOGRAPHIE

BRUSSEL, R., *Emmanuel Chabrier et le rire musical,* Revue d'Art Dramatique, 20 octobre 1899.

CORTOT, A., *La musique française de piano,* vol. 1, Paris, 1948.

DESAYMARD, J., *Chabrier d'après ses lettres,* Paris, 1934.

IMBERT, H., *Profils de musiciens,* Paris, 1888.

ROLAND-MANUEL, *Plaisir de la musique,* tome III, Paris, 1951.

MARTINEAU, R., *Emmanuel Chabrier,* Paris, 1910.

POULENC, F., *Emmanuel Chabrier,* Paris-Genève, 1961.

SERVIÈRES, G., *Emmanuel Chabrier,* Paris, 1912.

Revue Musicale S.I.M., 15 avril 1911.

Correspondance Chabrier-Lecocq, « Nouvelle Revue Française », novembre 1942.

Exposition Emmanuel Chabrier, catalogue rédigé par Auguste Martin, Paris, 1941.

L'ÉCOLE DE MUSIQUE
CLASSIQUE ET RELIGIEUSE.
SES MAÎTRES, SES ÉLÈVES

NIEDERMEYER

L A famille Niedermeyer était originaire de Bavière. La branche aînée, qui était catholique, s'installa en France, en 1725. Plus tard, pour des raisons politiques et religieuses, elle se réfugia en Suisse dans le canton de Vaud. L'aîné de cette branche, Georges-Michel, épousa une Française protestante dont la famille était réfugiée, elle aussi, dans ce pays à la suite de la révocation de l'édit de Nantes. Il eut trois enfants.

Louis de Niedermeyer, celui dont il sera question ici, naquit à Nyon au bord du lac Léman, en 1802. Il montra très vite de grandes dispositions pour la musique et travailla d'abord avec son père, bon musicien amateur. Après avoir fini ses études à Nyon et au collège de Genève, la Suisse n'offrant pas de grandes ressources musicales, il obtint de ses parents, à l'âge de 17 ans, la permission d'aller étudier la musique à Vienne où il resta deux ans pour travailler le piano avec Moscheles et la composition avec Förster.

Il gagna ensuite Rome où, avec Valentino Fioravanti, maître de la chapelle pontificale, il se familiarisa particulièrement avec l'écriture vocale assez négligée à l'époque en France et même en Allemagne. Pendant un séjour à Naples, auprès du chef d'orchestre Zingarelli, il se lia d'une amitié profonde avec Rossini.

En 1825, Louis de Niedermeyer vint à Paris où il fit ses débuts comme compositeur, avec sa romance *le Lac,* sur le poème de Lamartine. Cette romance connut un succès triomphal et trouva grâce, même, devant le poète. Celui-ci le reconnut dans les commentaires de ses *Méditations,* alors qu'il détestait que l'on mît ses vers en

musique : « On a essayé mille fois d'ajouter la mélodie plaintive de la musique au gémissement de ces
strophes. On a réussi une seule fois : Niedermeyer a fait
de cette ode une touchante traduction en notes. J'ai
entendu chanter cette romance, et j'ai vu les larmes qu'elle
faisait répandre... »

C'était la première fois qu'un musicien faisait précéder
la romance à couplets de l'époque — souvent petite
bluette accompagnée seulement à la guitare — d'un
grand récit dramatique, ce qui a fait écrire à Saint-Saëns :
« Niedermeyer a été surtout un précurseur en écrivant
le Lac. Le premier, il a brisé le moule de l'antique et fade
romance française. En s'inspirant des beaux poèmes de
Lamartine et de Victor Hugo, il a créé un genre nouveau,
d'un art supérieur, analogue au lied allemand et le succès
retentissant de cette œuvre a frayé le chemin à
Charles Gounod — dans *le Vallon* entre autres — et à
tous ceux qui l'ont suivi dans cette voie. » On en trouve
d'autres exemples chez Massenet dans *Pensée d'automne*
et chez Fauré dans *Automne*.

Enhardi par ce succès, Niedermeyer écrivit un bon
nombre de romances dans cette forme puis, sur le
conseil de Rossini, donna à Naples, non sans succès, un
petit ouvrage lyrique : *la Casa nel bosco*.

En 1831, il épousa une jeune Vaudoise, descendante
de la seconde fille de Guillaume d'Orange-Nassau, et
cette alliance l'apparenta à l'aristocratie des cantons de
Genève et de Vaud.

Toujours sur le conseil de Rossini, il composa, en 1837,
son premier opéra *Stradella* qui tint huit ans l'affiche à
l'Opéra de Paris et fut représenté aussi à Stuttgart. Mais,
depuis longtemps préoccupé par le désir de remettre en
lumière les œuvres vocales de la Renaissance, Niedermeyer fonda en 1840, avec l'aide de son élève, le prince
de la Moskova, « la Société de musique vocale et religieuse ».

Pendant plusieurs années, il donna des auditions très
brillantes d'œuvres de plus de quarante maîtres des
XVIe et XVIIe siècles qu'il avait recherchées et sur lesquelles il écrivit, également, des notices. La publication
de ce magnifique répertoire, premier ouvrage de ce
genre, fut faite en onze volumes, en 1845. Très initié à
l'art du chant choral, il assistait à toutes les répétitions et

se partageait les exécutions avec le prince de la Moskova.

Après avoir écrit bon nombre de pièces de piano, un *Pater Noster,* un *Super flumina Babylonis,* des motets, il tenta sa chance avec un deuxième opéra : *Marie Stuart,* donné à Paris le 6 décembre 1844, en présence du roi Louis-Philippe qui lui remit la Légion d'honneur à cette occasion. L'œuvre eut un grand succès, une presse excellente et fut aussi représentée à Stuttgart, en 1847.

Puis vint la révolution de 1848. Ayant fait valoir ses droits de citoyen français, droits qui lui venaient de sa mère, Niedermeyer prit part, avec les troupes du parti de l'ordre, à la répression de l'insurrection de Juillet.

Mais toujours plus attiré par la musique religieuse, il se mit, à la fin de l'année 1848, à la composition d'une *Grand Messe solennelle en si mineur,* exécutée à Saint-Eustache le 22 novembre 1849, jour de la Sainte-Cécile. Les critiques furent excellentes, en particulier celles de Berlioz et d'Ortigue. Berlioz y consacra tout son article du « Journal des Débats » du 27 décembre 1849 : « L'impression que cette œuvre religieuse a produite sur moi n'est pas de celles qui s'effacent au bout de quelques jours. Les qualités évidentes de la *Messe* de M. Niedermeyer, à mon avis, sont un sentiment vrai de l'expression, une grande pureté de style harmonique, une suavité extrême de la mélodie, une instrumentation sage, et beaucoup de clarté dans la disposition des divers dessins vocaux. Ajoutons-y un mérite plus rare qu'on ne le pense, en France surtout, celui de *bien prosodier la langue latine...* Une telle œuvre place son auteur à un rang auquel il n'est pas facile d'atteindre parmi les compositeurs sérieux. »

En 1853, il revint au théâtre avec un dernier opéra, *la Fronde,* dont le sujet fut trouvé séditieux et qui n'eut qu'une courte carrière. Niedermeyer prit alors la résolution de ne plus écrire pour le théâtre.

La composition et l'exécution de sa *Messe solennelle* lui avaient donné de grandes joies, malgré les difficultés dues à l'incapacité et à l'incompréhension des musiciens d'église. Il prit définitivement une nouvelle orientation. De plus en plus séduit par la musique religieuse, imbu des traditions des vieux maîtres, sans doute influencé par la connaissance qu'il fit à Rome des manuscrits de Palestrina, de Victoria — qu'il publia — et des madrigalistes, fermement croyant et attiré par la liturgie catholique — quoique protestant —, il entreprit la lourde tâche de restaurer le plain-chant. Il fallait remettre en honneur les études d'harmonie, de contrepoint, de fugue et, surtout, de l'orgue et former à cet effet la jeunesse.

On ne se rend plus compte aujourd'hui de la situation dans laquelle se trouvait la musique d'église au XIXᵉ siècle. Cela pouvait sembler une réplique de ce qui se passait un peu avant le concile de Trente en 1545. « La médiocrité planait sur le monde des organistes, écrit Norbert Dufourcq. Il n'en est pas un seul, mis à part Boëly, qui échappe à cette prolixité, à ces naïvetés, à cet art théâtral si éloigné de l'orgue — et de l'église. Les uns décrivent des orages, Lefébure-Wély publie une *Scène pastorale, avec orage, pour une inauguration d'orgue, qui peut également servir pour une messe de minuit*. La décadence est de plus en plus alarmante, le texte de la messe est traité comme un livret d'opéra où l'on multiplie les artifices d'écriture. Les maîtrises sont mortes les unes après les autres... » C'est à ce moment que Niedermeyer tenta une grande aventure.

L'ÉCOLE DE MUSIQUE
CLASSIQUE ET RELIGIEUSE

JUSQU'EN 1791, chaque paroisse importante avait, en France, son école de plain-chant. Choron, théoricien très érudit, avait même été chargé, par le ministère des Cultes, de les réorganiser en 1817; mais ces maîtrises furent définitivement supprimées en 1848. Il y avait donc, là encore, une lacune. Pour tenter de la combler et mener son but à bien, Niedermeyer envisagea de fonder une École, ce qui faisait écrire à Saint-Saëns :

Ce but qui paraîtra bizarre à bien des gens était d'abord la restauration du plain-chant ou plutôt de son exécution livrée dans les églises à l'incapacité et au mauvais goût. Étudier à fond les anciens chants liturgiques, faire comprendre leur nature, leur caractère, aux musiciens chargés de les interpréter, c'était, sans doute, une belle tâche, mais elle ne suffit bientôt plus à notre grand artiste. Il entreprit de résoudre un véritable problème, celui de l'accompagnement de ces chants si éloignés de nos habitudes. Le plain-chant, né dans un temps où l'harmonie n'existait pas, est, par son essence même, rebelle à tout accompagnement car les modes antiques, auxquels il se rattache, et la tonalité moderne, mère de l'harmonie, sont basés sur des principes différents. Aussi quand s'établit l'habitude d'affubler le plain-chant d'un accompagnement d'orgue, on s'efforça de le dénaturer et de le faire entrer de force dans la tonalité usuelle. Niedermeyer imagina de faire le contraire, de plier l'harmonie moderne à la façon des modes antiques; conception féconde autant que hardie, conservant au plain-chant son caractère, en ouvrant à l'harmonie des voies nouvelles... C'est alors que Niedermeyer s'illustra par un acte dont peu d'hommes eussent été capables et qui suffirait à lui mériter l'admiration. Avec ses ressources personnelles, engageant sa modeste fortune, au risque de se retrouver, en cas de non réussite, aux prises avec les pires difficultés, il fonda *l'École de musique classique et religieuse,* qui, depuis, a porté son nom et où des élèves choisis reçoivent, avec les rudiments de l'éducation classique, une instruction musicale complète, dirigée surtout en vue des professions d'organiste et de maître de chapelle.

Avant de réussir ce projet, Niedermeyer se heurta aux pires difficultés, créées d'abord, aussi étonnant que cela puisse paraître, par le clergé — sans doute en partie parce que Niedermeyer était protestant — et, ensuite, par le Conservatoire qui jugea inopportun la création d'une École, pourtant très spécialisée et qui ne pouvait, en rien, gêner son enseignement. Niedermeyer passa outre. L'archevêque de Paris finit par accorder son appui moral et, grâce à l'autorité du prince de la Moskova, aide de camp de l'Empereur, un décret faisait savoir, le 28 novembre 1853, que l'*École de musique classique et religieuse,* « Internat musical », était agréée par l'État. Une subvention de cinq mille francs était accordée, sur le crédit des Beaux-Arts et une allocation annuelle de dix-huit mille francs, sur les fonds du budget des Cultes, sous la forme de trente-six demi-bourses, de cinq cents francs chacune, à répartir entre les jeunes gens qui venaient, parfois, des provinces les plus reculées et semblaient heureusement doués pour la musique.

Le programme des études était très vaste et Niedermeyer désirait un internat pour éviter la dispersion et les pertes de temps. A côté des professeurs chargés des classes élémentaires, il s'entoura des meilleurs musiciens du moment, Schmidt pour le solfège, Dietsch — un des maîtres de Saint-Saëns — et Wackenthaler pour l'harmonie, le contrepoint et la fugue. La classe d'orgue fut proposée à Lemmens, qui, ne pouvant accepter, mit à sa place son élève Clément Loret, organiste de Notre-Dame-des-Victoires; ce dernier fut professeur à l'École pendant plus de quarante ans. Niedermeyer se réserva, en plus de la direction de l'École, la classe de chant seul ou simultané, l'enseignement du plain-chant, selon ses méthodes, la classe de composition et le cours supérieur de piano, qui fut, à sa mort, attribué à Saint-Saëns (Saint-Saëns qui se réclamait de l'École autant comme élève que comme professeur!).

L'étude du piano était particulièrement poussée, pour permettre aux jeunes musiciens de mieux gagner leur vie, à la sortie de l'École, en donnant des leçons.

Les études générales, mesurées aux besoins des élèves, qui allaient jusqu'au latin, et à quelques notions d'italien et d'allemand, furent confiées au clergé de Saint-Louis-d'Antin, dont l'École devint la maîtrise, renouant ainsi la tradition de la Renaissance.

La durée des études n'était pas fixée, et Niedermeyer, désirant que son École fût à la portée de tous, n'avait pas voulu de concours d'entrée. Il souhaitait « former les élèves avant de les perfectionner ». Il créait donc une sélection artistique après avoir fourni à tous le moyen de la constituer, mais « écartait rigoureusement les tempéraments ne présentant pas les dispositions voulues », disait Maurice Galerne dans son intéressant ouvrage sur l'École.

A la fin de l'année, un jury, extérieur à l'École, distribuait les diplômes, et les élèves, ainsi récompensés, étaient placés dans les églises de France et de l'étranger, comme maîtres de chapelle, ou comme titulaires du grand orgue.

Le 1er décembre 1853, l'École, installée rue Neuve-Fontaine-Saint-Georges, aujourd'hui rue Fromentin, en plein Montmartre, ouvrit ses portes à une trentaine d'élèves, dont il sera parlé plus loin, parmi lesquels Albert Périlhou, Eugène Gigout, Gabriel Fauré, Edmond Audran, plus tard André Messager et bien d'autres... Il faudrait pouvoir citer bon nombre des

compositeurs, organistes, maîtres de chapelle, de ces
quatre-vingts dernières années pour avoir un tableau
exact de tous les très différents sujets qui se sont succédé
dans cette École. L'État en appréciait l'intelligente direction. Le 1er juillet 1854, un nouveau décret de l'empereur
instituait trois prix spéciaux pour les classes de composition, d'orgue, d'accompagnement et de plain-chant.
Une médaille d'or était, en outre, attribuée par le souverain à l'élève qui avait obtenu le meilleur rang dans
chacune de ces matières. A partir de 1857 le diplôme de
maître de chapelle était officiellement décerné.

Entre-temps, Niedermeyer assurait les fonctions de
membre de la Commission de surveillance du chant dans
les écoles de la Ville de Paris. Son activité s'accrut encore.

TRAITÉ THÉORIQUE ET PRATIQUE
DE L'ACCOMPAGNEMENT DU PLAIN-CHANT

En 1856, avec la collaboration du célèbre musicographe Joseph d'Ortigue, Niedermeyer publia le *Traité
théorique et pratique de l'accompagnement du plain-chant.*

On avait bien perdu de vue la base des modes antiques,
tout en essayant de combiner les tonalités du plain-chant
avec celles très différentes des tonalités modernes.
Anton Reicha avait fait paraître, en 1824, un *Traité de
haute composition musicale* dont le premier chapitre était
intitulé *Des tons d'église, en général, et de la manière de les
accompagner,* mais il traitait les modes grégoriens avec
beaucoup de liberté et se rangeait assez vite, et sans rien
conclure, à l'avis de ses contemporains.

L'ouvrage de Niedermeyer fut très mal accueilli, et
pour citer encore Saint-Saëns : « Ce système a été naturellement très contesté; les attaques de toutes sortes ne
lui ont pas été épargnées. Il n'en demeura pas moins le
plus ingénieux et le plus rationnel pour résoudre une
question en apparence insoluble. »

Gabriel Fauré précisera plus tard la difficulté de ce
problème d'accompagnement : « On a fait grief à Niedermeyer de son accompagnement note contre note; mais
on ne tient pas compte qu'à l'apparition de son ouvrage,
en 1856, on chantait, partout, le plain-chant très lentement, à notes égales : or ce que Niedermeyer demandait,
c'était que l'harmonisation du chant d'église, quel que

soit le mode d'exécution, fût basée sur les anciennes gammes ecclésiastiques. »

Ce fut, tout de même, le premier essai tenté à la recherche de la vérité dans le domaine du chant grégorien. En effet, si on lit les notions préliminaires du traité de Niedermeyer, on constate l'accent porté sur l'emploi exclusif des notes appartenant aux modes employés. Voici les règles de son accompagnement telles qu'il les a énoncées :

1º Emploi exclusif dans chaque mode des sons de l'échelle.

2º Emploi fréquent, dans chaque mode, des accords déterminés par la finale et la dominante.

3º Emploi exclusif des formules harmoniques qui conviennent aux cadences de chaque mode.

4º Tout accord, autre que l'accord parfait et son premier renversement dérivé, devra être exclu de l'accompagnement du plain-chant.

5º Les lois qui régissent la mélodie du plain-chant doivent être observées dans chacune des parties dont se compose son accompagnement.

6º Le plain-chant doit toujours se trouver à la partie supérieure.

Après avoir étudié chacun des modes authentes et plagaux, Niedermeyer donne des conseils d'ordre esthétique. « Il importe, dans la recherche du véritable système d'accompagnement du plain-chant, de se tenir en garde contre cette sorte d'amollissement auquel la tonalité moderne n'a que trop disposé notre oreille ; cette tonalité, par le mélange du chromatique et du diatonique, a introduit dans la musique, l'élément efféminé... La tonalité grégorienne triomphera, nous l'espérons bien ; elle triomphera dans le sanctuaire, son véritable domaine ; elle y règnera glorieusement et sans partage, mais à la condition de rester elle-même, revêtue de son propre éclat, pure de tout mélange et de tout alliage ; là est sa puissance, là est sa beauté. »

N'est-ce pas surprenant de trouver ces lignes écrites par un homme dont on blâme un accompagnement note contre note ; mais si Niedermeyer l'avait imposé à ses élèves, c'était pour les accoutumer à un accompagnement purement modal, tout à fait nouveau à l'époque. D'ailleurs les organistes qui ont reçu l'enseignement de l'École déclarent eux-mêmes qu'il leur était conseillé, plutôt que d'alourdir chaque note de la mélopée par un accord, de soutenir simplement, de loin en loin, la ligne mélodique.

Niedermeyer a mis toute sa science et son dévouement au service du chant grégorien et il paraît incontestable que ses efforts, bien que critiqués, n'ont pas été vains. Il est intéressant de savoir aussi que Fauré souligne la portée de cette recherche. « Niedermeyer, en enseignant l'art d'harmoniser, selon leurs vrais caractères, les modes du plain-chant, sans les altérations empruntées au mode mineur avec sensible, donna des procédés harmoniques nouveaux, ne songeant pas qu'ils pourraient être utilisés hors de l'accompagnement des chants liturgiques. »

Henry Expert, un des grands musicologues français, également élève de l'École, fait aussi remarquer que Niedermeyer fut le premier à introduire les modes anciens dans la musique moderne.

Comme application de ses théories, Niedermeyer entreprit encore un ouvrage très important, le seul du genre : *l'Accompagnement des offices de l'Église*, écrit d'après les éditions du rite romain de Rennes et de Digne, les plus usitées à l'époque.

LA MAÎTRISE

En 1857, et toujours en collaboration avec Joseph d'Ortigue, Niedermeyer publia une revue mensuelle : « La Maîtrise ».

« Nous fondons un journal, dit-il dans sa préface, uniquement consacré aux intérêts de la musique d'église. Par musique d'église, nous entendons tous les chants qui retentissent dans le sanctuaire, musique sacrée, plain-chant, orgue. Pour le plain-chant, nous disons saint Grégoire, pour la musique sacrée, nous disons Palestrina, pour l'orgue nous disons Jean-Sébastien Bach. » Profession de foi peu commune à l'époque.

En 1860, Niedermeyer fut la véritable cheville ouvrière du grand Congrès du plain-chant, le seul congrès important du XIXe siècle, auquel on doit le retour complet à la liturgie romaine, donc au chant grégorien.

L'École était alors en pleine prospérité lorsque Niedermeyer mourut, presque subitement, le 14 mars 1861, à

l'âge de 59 ans. Et, toujours pour le citer, Saint-Saëns
écrivit au lendemain de cette mort : « Il fut modeste et
grand, et il est bon que les jeunes générations d'artistes
connaissent cette vie si bien remplie, consacrée au bien,
au culte de la moralité artistique. Ils y verront de grands
exemples de modestie, de probité, de dévouement à une
noble cause ; ils y contempleront le rare spectacle de
l'esprit d'initiative le plus audacieux, joint au respect des
traditions les plus pures. »

L'École passsa entre les mains de son fils, avec un
comité de direction dont Dietsch devint le président.
Mais ce ne fut là que mesure provisoire. Gustave Lefèvre,
musicien délicat et savant, au cœur ardent et d'un grand
désintéressement aussi, assura la direction de l'École.
Elle prit un nouvel essor et donna aussi naissance à une
nouvelle pléiade d'élèves.

GUSTAVE LEFÈVRE
SON TRAITÉ

Gustave Lefèvre, né à Provins en 1831, est la personnalité la plus marquante de l'École après celle de Niedermeyer. Il mena de front ses études universitaires et
musicales, travailla le solfège avec Foulon, Panseron et
entra dans la classe de Collet au Conservatoire. Pendant
douze ans, P. de Maleden lui enseigna le contrepoint,
l'harmonie, le rythme et la composition. Le comte de
Maleden, élève de Gottfried Weber — de la brillante
lignée de l'abbé Vogler — fut le professeur de Weber,
Meyerbeer, Saint-Saëns. Lefèvre travailla encore avec
Reicha et Fétis. On peut en conclure que, grâce à toutes
ces influences, il avait acquis une grande liberté de style.
Il composa plusieurs œuvres symphoniques et de
musique de chambre, mais s'orienta, complètement,
vers la pédagogie. Apparenté au peintre Georges Seurat,
il fonda, en 1855, la *Société du progrès artistique* — qui
disparut en 1870 — composée de peintres, de sculpteurs
et de musiciens. Richard Wagner avait accepté d'en être
membre d'honneur, ainsi qu'en témoigne une lettre de
lui, très élogieuse.

En 1859, Lefèvre avait fait la connaissance de Niedermeyer en même temps qu'il obtenait de lui le concours
de la Chorale des élèves de l'École pour ses concerts du

Progrès artistique. Six ans plus tard, il épousait une des filles de Niedermeyer et prenait la direction de l'École de musique classique et religieuse, qu'il conserva pendant plus de quarante ans. Il élargit le plan des études par des méthodes d'harmonie personnelles. Il créa des cours de musique d'ensemble, d'histoire et de théorie du chant grégorien. Les élèves, qui faisaient presque tous de longs séjours dans ce « séminaire musical » eurent donc, pour la plupart, Niedermeyer et Lefèvre comme professeurs. Lefèvre mourut en 1910, laissant un *Traité du contrepoint et du rythme,* dans lequel il explique le système de Niedermeyer :

> Je distingue deux sortes de rythmes :
> 1º Le rythme mélodique, ou intérieur, soumis;
> 2º Le rythme de la basse fondamentale, ou extérieur, absorbant, qui gouverne toute la partition des deux rythmes, naissant du même principe : ce principe réside dans les intervalles musicaux. Je ne parle pas du mot « rythme » employé dans la phraséologie musicale. Le premier temps dit « fort » est une invention de primaires. La densité de chaque temps étant le fait du rythme intérieur et non de l'emplacement occupé par la note, ou l'accord, entre les barres de mesure.

Il laissa également un *Traité d'harmonie* sur lequel il est utile d'insister puisqu'il constitue le seul témoignage de l'enseignement théorique exercé à l'École. Il sera étonnant de constater la grande influence que cet enseignement a pu avoir sur l'écriture contrapuntique et harmonique de Gabriel Fauré. En effet, ce dernier, entré à l'École en 1854, à l'âge de neuf ans, n'en sortit qu'à vingt ans, en 1865, et avait donc eu le temps de s'en imprégner.

Le *Traité* a paru en 1889 mais, comme dit Eugène Borrel, ancien élève de l'École : « L'esprit de l'École n'ayant jamais varié depuis sa fondation, tout traité émané de cette École représente une somme de son enseignement et non pas une étape de son évolution; il ne faut donc pas attacher une importance étroite à la date de parution d'un traité. »

Pour initier les jeunes élèves à l'étude de l'harmonie, Gustave Lefèvre faisait faire un tableau des différents accords parfaits sur tous les degrés de la gamme; l'élève devait rechercher les différentes fonctions de ces accords selon les tonalités auxquelles ils appartenaient. Ce travail mettait donc l'élève devant la difficulté de moduler; Lefèvre disait : « La modulation n'est pas ce que l'on veut, mais ce qui doit être. » Il a consacré une très grande partie de son ouvrage à l'art de moduler, au rôle humain des accords dans la composition musicale. D'où l'importance donnée au chiffrage qui représente l'accord : « Le chiffrage n'est pas ici une abstraction : c'est un être moral qui doit rappeler à l'élève les accords qu'il représente avec ses qualités tonales et modales. »

Ne semble-t-il pas naturel de lire chez l'un des professeurs de Fauré : « L'harmonie moderne est dans les affinités. Ne voir dans les accords que des relations d'intervalles, c'est revenir aux errements du contrepoint basé sur les modes du plain-chant » ?

Le premier point sur lequel Lefèvre a insisté est donc la modulation; le deuxième sera le rythme. « Le maître devra s'attacher à pénétrer l'élève de ces relations morales qui font et sont la musique. C'est au début des études qu'il est important de fixer ces principes féconds en résultats. »

Les règles ne sont pas des interdictions formelles, mais des conseils appuyés par les exemples pris chez les Maîtres. Ce fut, du reste, une innovation incontestable du traité de Lefèvre de ne citer que des exemples pris chez les Maîtres. S'il s'agit des règles bien connues concernant les octaves et les quintes directes et successives, Lefèvre ne considère pas comme une faute grave le fait de faire succéder deux quintes. Il est encore assez surprenant de lire dans un traité de cette époque : « L'effet que produisent les quintes successives ou retardées tient surtout à la place qu'elles occupent dans le morceau, à leur caractère tonal ou modal et à des circonstances rythmiques qui en exaltent ou en atténuent l'effet. » Cette position est très intéressante lorsqu'on la compare à celle adoptée par les professeurs du Conservatoire à la même époque...

Les principes de modulation exposés dans le *Traité* sont ainsi résumés par Françoise Gervais dans une thèse très remarquable consacrée à l'écriture harmonique de Fauré :

1º par un accord commun;

2º par un accord supposé dans lequel se produit une équivoque entre les différentes fonctions d'une même note réelle dans un ton, non réelle dans un autre;

3° enfin, par l'équivoque produite avec un degré de la gamme chromatique (l'accord modulant étant chromatique dans un ton et diatonique dans un autre), et elle ajoute :

« On voit que le principe de la modulation par la double fonction d'un accord est implicitement posé. C'est la clé du mécanisme de la pensée tonale de Fauré et particulièrement son merveilleux sens de *ton principal* qui ne fait qu'un, d'ailleurs, avec la grande souplesse de ses modulations. »

Il est clair que l'harmonie de Fauré, de Messager, de Chabrier, de Debussy et de Ravel se trouve déjà autorisée par le *Traité* de Lefèvre.

LA VIE A L'ÉCOLE

« Les rigueurs de la discipline à l'École Niedermeyer étaient sensiblement moindres que celles de l'enseignement », disait plaisamment Fauré. C'était plus qu'une école : une grande famille et il fallait bien cela pour égayer la sombre bâtisse de la rue Neuve-Fontaine-Saint-Georges. « La musique nous en étions imprégnés, écrivait-il, nous y vivions comme dans un bain, elle nous pénétrait par tous les pores. Lorsqu'aux heures de récréation le froid et la pluie nous privaient de nous ébattre dans la cour, on aurait pu voir, dans les salles d'étude nombre d'entre nous groupés autour d'un piano et fort absorbés par la lecture d'un opéra de Gluck, de Mozart, de Méhul ou de Weber. Mais comme la musique dramatique n'était pas précisément le but de nos études, cette *distraction* ne nous était permise qu'à ce moment-là. » Niedermeyer ne condamnait nullement l'art lyrique, quoi qu'on en ait dit; il l'a d'ailleurs prouvé dans sa production personnelle. Mais il exigeait des études strictement classiques. Les chansons de route des élèves de l'École, les jours de promenade, n'étaient autres que les grandes œuvres des maîtres de la Renaissance. Quand, à la fin de leur vie, Gigout, Fauré, Messager se retrouvaient, ils chantaient encore, avec bonheur, *la Bataille de Marignan* et bien d'autres chansons de Janequin et Costeley...

« Peut-être étonnerais-je, écrivait toujours Fauré, si je disais combien peut s'enrichir une nature musicale au contact fréquent des maîtres des XVIe et XVIIe siècles, et

quelles ressources peuvent même naître de l'étude et de
la pratique du chant grégorien... »

Il est intéressant de citer ses propres termes au sujet de
l'enseignement de l'École :

Le programme des études, pour le piano, comprenait,
avec les clavecinistes, Bach, Haydn, Mozart, Beethoven,
Weber, Mendelssohn; pour l'orgue, avec les organistes
français du XVIIIᵉ, Bach, Haendel, Boëly, Mendelssohn. On
dira que ce sont là programmes de toutes les écoles; actuellement oui, en 1853 non. A cette époque, les chefs-d'œuvre de
Jean-Sébastien Bach, qui constituaient notre pain quotidien,
n'avaient pas encore pénétré dans la classe d'orgue du Conservatoire; dans les classes de piano du même Conservatoire, on
s'appliquait à l'exécution des concertos d'Henri Herz, tandis
qu'Adolphe Adam répandait l'éclat de ses lumières sur les
élèves de sa classe de composition. Avouerai-je que la
dignité, la sévérité de l'enseignement que nous devions à la
ferme et, cependant, si paternelle direction de Niedermeyer,
nous rendaient peut-être un peu pédants et que, s'il arrivait
qu'on qualifiât, devant nous, le Conservatoire de mauvais
lieu de la musique, nous ne protestions pas...

Les conditions de travail étaient assez particulières.
En dehors des salles de cours où se succédaient les professeurs, les élèves disposaient de trois classes d'orgue. Les
élèves d'orgue, divisés par équipes de deux, étaient alternativement et réciproquement l'organiste et le souffleur,
car, à cette époque, la soufflerie électrique n'existait pas.
Autour d'une grande salle étaient alignés quatorze pianos
qui fonctionnaient à la fois, de sept heures du matin à
onze heures du soir, et sur lesquels les élèves ressassaient,
infatigablement, gammes, études, sonates et concertos.
Au centre étaient disposées deux rangées de pupitres, se
faisant vis-à-vis, et c'est dans ce vacarme assourdissant
que les élèves préparaient leurs devoirs d'harmonie, de
contrepoint et, même, leurs essais de composition; orches-
trant les sonates de Beethoven que Saint-Saëns leur
faisait travailler... Saint-Saëns qui leur conseillait d'écrire
des opérettes ! C'est dans ce tumulte que Gabriel Fauré et
André Messager ont écrit leurs premières œuvres...

L'enseignement n'avait rien d'austère ni de dogmatique. Bien au contraire. Il s'y manifestait une largeur
d'esprit qui facilitait aux natures les plus diversement
douées leur plein épanouissement. Chacun choisissait
librement sa voie, explorant les horizons les plus divers,

les plus lointains de l'art, depuis la symphonie jusqu'à l'opérette, voire la chanson de cabaret.

LES ÉLÈVES

Parmi les élèves sortis de l'École de musique classique et religieuse, Edmond Audran fut de la première promotion à l'ouverture de l'École en 1853. D'abord maître de chapelle, il écrivit une messe et un oratorio puis s'orienta très rapidement vers l'opérette et la musique légère. Léon Vasseur, organiste de la cathédrale de Versailles, est l'auteur d'une vingtaine d'opérettes jouées aux Bouffes-Parisiens. Eugène Gigout, né en 1844 à Nancy, suppléait, dès l'âge de dix ans, ses maîtres au grand et au petit orgue de la cathédrale. Il entra, en 1853, à l'École où il fut le condisciple et devint l'intime et fidèle ami de Gabriel Fauré. Après avoir obtenu toutes les récompenses et le diplôme d'organiste et de maître de chapelle, il fut nommé, à dix-neuf ans, organiste de l'église Saint-Augustin qui n'était encore, à l'époque, qu'une chapelle en bois... C'est plus tard à la tribune du grand orgue, dont Gigout devait rester le titulaire pendant soixante-deux ans, que Gounod, Saint-Saëns et Chabrier allaient lui donner des thèmes pour ses improvisations aux messes de onze heures.

Gigout demeura à l'École, d'abord comme professeur de solfège et de plain-chant. Henry Expert, élève lui aussi de Gigout à l'École, écrivait à propos de l'enseignement de son maître : « Ce prince de l'orgue, ce type accompli du virtuose, ce contrapuntiste fameux qui avait le génie du contrepoint, au point qu'aucun de ses contemporains ne pouvait se mesurer avec lui, ce professeur incomparable de ce que les anciens de la Renaissance appelaient, si joliment, la plaisante et très délectable science de musique. »

Eugène Gigout épousa, en 1869, la fille aînée de Niedermeyer et continua l'apostolat en faveur des doctrines de son beau-père. Il écrivit un supplément au *Traité théorique et pratique de l'accompagnement du plain-chant* et composa plus de six cent cinquante petites pièces ou versets dans les tonalités grégoriennes.

A l'École, après avoir été, sur la demande de son beau-frère Lefèvre, successivement professeur d'harmonie, de fugue et d'orgue à la mort de Clément Loret, Gigout fonda en 1885 chez lui où il habitait avec son neveu par alliance et élève Léon Boellmann, un « Cours d'orgue et d'improvisation », subventionné par l'État. Il y forma de nombreux élèves, entre autres Albert Roussel qui vint travailler, presque journellement, avec lui toutes les différentes disciplines musicales avant d'aller étudier l'orchestration avec Vincent d'Indy, à la Schola cantorum.

Appelé, en 1911, par Gabriel Fauré à la classe d'orgue du Conservatoire, Gigout y enseigna jusqu'à sa mort, en 1925. Il était âgé de quatre-vingt-un ans. Il faut citer encore Gabriel Fauré dont il sera parlé d'autre part, Albert Périlhou, longtemps organiste de Saint-Séverin, Alexandre Georges, élève en même temps que Messager et auteur de plusieurs oratorios, André Messager dont il est parlé aussi d'autre part. Marie-Joseph Erb, Alsacien comme son ami Boellmann, élève également de Gigout, a écrit des opéras, quatre messes dont une à six voix *a cappella* et beaucoup de pièces dans les tonalités grégoriennes. Léon Boellmann est entré à l'École à l'âge de neuf ans, en 1871, après avoir fui l'Alsace dont sa famille était originaire. Élève de Lefèvre dont il devint le gendre et de Gigout qui fut son père adoptif, il laisse une œuvre assez importante malgré une mort prématurée; des pièces d'orgue dont certaines dans les tonalités grégoriennes. Ravel appréciait beaucoup une de ses mélodies *Je ne fay rien que requérir* sur un sonnet de Clément Marot, écrite dans le mode phrygien, finale *ré*. Henry Expert, élève de Lefèvre, de Gigout et plus tard de Franck, fut initié par l'École à l'art de Palestrina. A la suite de Niedermeyer, son intérêt se concentra sur les œuvres des XVe et XVIe siècles. Il publia une importante série des *Maîtres de la Renaissance,* une vaste *Anthologie flamande,* un *Psautier huguenot.* Son œuvre est d'une importance extrême dans le domaine de la musicologie. Claude Terrasse est aussi de ceux qui, sortis de l'École, acceptaient pour vivre de diriger des maîtrises, mais se sentaient plus attirés par l'art lyrique. Comme pour Audran et Messager, pour lui l'opérette n'était pas un art mineur et il a consacré sa plume alerte et subtile à cette forme, après avoir sacrifié à la musique d'église avec une *Messe* et un *Laudate*... Henry Busser, né à Toulouse en 1872, n'est pas resté très longtemps à l'École. Il a travaillé avec Gounod et au Conservatoire où il enseigna longtemps la composition. Maurice Le Boucher, Raoul Pugno, Eugène Borrel furent également formés, ainsi que beaucoup d'autres, aux disciplines de l'École.

Parlant de Messager et de lui-même, Gabriel Fauré écrivait, en 1908, dans « la Revue musicale » : « L'un et l'autre, nous fûmes élèves de cette École qui sans bruit et sans vacarme fit de si bonne et si utile besogne pour la musique... »

GABRIEL FAURÉ

UNE légende accréditée veut que Niedermeyer, au cours d'un voyage qu'il fit, en 1853, dans le sud-ouest de la France, découvrit le petit Gabriel Fauré en l'entendant improviser sur l'harmonium de l'église de Pamiers, où son père était instituteur. L'enfant, alors âgé de huit ans, était le dernier né d'une famille nombreuse et rien ne permettait de penser que l'on eût songé à en faire un musicien, malgré sa tendance à la rêverie et son amour passionné de la nature. Son père accepta, néanmoins, de le confier à Niedermeyer après avoir obtenu la bourse d'études qui lui assurait une année d'internat à l'*École de Musique classique et religieuse*.

En octobre 1854, Gabriel Fauré quitta donc son Ariège pour se retrouver à Paris, pensionnaire d'une école qui venait de s'ouvrir, dans un quartier maussade et où la discipline était sévère. Le programme des études était chargé; l'indolence foncière du néophyte ne s'en accommodait pas volontiers, comme en témoigne le carnet de notes du directeur. Souvent les devoirs du jeune Gabriel étaient terminés par son cher camarade Gigout, beaucoup plus laborieux que lui.

Au bout d'un an, son père voulut le reprendre. Niedermeyer, qui avait décelé les dons exceptionnels de cet élève, refusa de s'en séparer et le garda, comme l'enfant de la maison, jusqu'à sa vingtième année. On a pu lire ci-dessus comment était organisé le travail rue Neuve Fontaine-Saint-Georges, comment et dans quel brouhaha les élèves faisaient leurs devoirs et tentaient leurs essais de composition. Parmi les quatre-vingt-seize mélodies qu'écrivit Gabriel Fauré, les vingt premières ont été, pour la plupart, composées à l'École.

L'opus 1, *le Papillon et la Fleur,* est une romance heureuse, très inspirée de Gounod. Elle plaisait beaucoup à Saint-Saëns, déjà professeur à l'École, qui la confia à de grandes cantatrices pour la faire aussitôt connaître. *Seule !,* plus sévère, marque une première expérience du mode mineur, et *Lydia,* avec son triton du cinquième mode, atteste une dilection décisive pour les modes anciens. *Après un rêve,* opus 7, est une mélodie vraiment trouvée, très italienne, d'une seule venue et d'un souffle étonnant.

A dix-neuf ans, avec *le Cantique de Racine,* pour chœurs à quatre voix mixtes, accompagnées de cordes et orgue, Fauré nous offre son premier essai de musique religieuse, petite merveille de polyphonie vocale qui lui vaudra son prix de composition.

Il quitte alors l'École pour Rennes où, pendant quatre ans, il tint l'orgue de l'église Saint-Sauveur, tout en enseignant le piano. Il revint à Paris pour prendre l'orgue d'accompagnement de Notre-Dame de Clignancourt qu'il dut abandonner pour contracter un engagement dans un régiment de voltigeurs, lors de la guerre de 1870.

Puis, sur la demande de Gustave Lefèvre, il alla quelque temps professer à l'École qui était réfugiée aux environs de Lausanne. Là, il écrivit un charmant *Ave Maria,* dédié au grand saint Bernard, qui n'est pas édité. De retour à Paris, il devient titulaire du grand orgue de Saint-Honoré d'Eylau, et passe ensuite à l'orgue de chœur de Saint-Sulpice. Nommé maître de chapelle à la Madeleine, il succède, en 1896, à Saint-Saëns, au grand orgue de la même église. Là se termine sa carrière d'organiste qui avait duré une trentaine d'années.

Dès 1876, Fauré écrit une première *Sonate pour piano et violon.* Elle est très décriée et ne trouve pas d'éditeur en France. Explosion d'extrême jeunesse très en avance sur son temps, Saint-Saëns disait que l'on y trouvait tout ce qui pouvait séduire les délicats : la recherche des modulations, des sonorités curieuses, des rythmes très imprévus qui en faisaient accepter les hardiesses.

En 1879 vint un premier *Quatuor en ut mineur* avec piano, très classique de forme, avec de beaux thèmes.

La *Ballade*, en 1881, conçue primitivement pour piano seul — orchestrée ultérieurement — valut à Fauré d'être présenté à Liszt par Saint-Saëns. Déconcerté, sans doute, par la grande simplicité et la fluidité de l'œuvre, Liszt déclara qu'il la trouvait « trop difficile ». Il est remarquable que Liszt — à qui rien de musical n'était étranger — donne le premier témoignage de la difficulté constante qu'on éprouve, hors de France, à saisir le sens et la portée du message fauréen.

La troisième mélodie de l'opus 23, *le Secret,* est l'une des plus belles pages vocales de Fauré.

De 1882 à 1886, une étonnante floraison de pièces pour le piano : trois *Impromptus,* quatre *Barcarolles,* deux *Valses-Caprice,* une *Mazurka,* trois *Nocturnes* illustrent à l'envi cette écriture pianistique si particulière en sa fugacité, avec ces modulations toujours inattendues, où l'oreille se retrouve à l'instant où l'esprit se croit égaré dans le labyrinthe des enharmonies. Jeu subtil d'illusions et de détrompements dont les mêmes équivoques supposent l'exigence du sens tonal. Ce jeu de feintes est entretenu par le flot mouvant des arpèges dont les arabesques changeantes accompagnent ou prolongent le discours mélodique.

En 1883, Gabriel Fauré rencontre le sculpteur Frémiet, grand ami de Saint-Saëns. Il épouse sa fille Marie dont il aura deux fils. La vie du ménage sera difficile. Fauré continuera à donner des leçons, car ses compositions ne lui rapportent guère et Madame Fauré peindra des éventails et des panneaux.

En 1886, Fauré revient à la musique de chambre avec un IIᵉ *Quatuor en sol mineur* pour piano et cordes. Le magnifique *adagio ma non troppo* et l'étourdissant *scherzo* en font un des sommets de son art.

On peut rouvrir, ici, la rubrique de musique religieuse avec un charmant *Maria Mater Gratiae* pour voix de femmes, et le *Requiem* (1887-1888), l'une des pièces maîtresses de son œuvre, pour chœurs, soli, orgue et orchestre. Ce *Requiem* ne ressemble à aucun autre et tranche par sa radieuse et paisible sérénité sur l'ordinaire des messes pour les défunts. L'*offertoire,* d'une polyphonie très raffinée, en est la pièce la plus caractéristique.

Quelques motets et une *Messe* complètent les rares essais de musique religieuse. On peut s'étonner que,

sorti d'une école d'organistes, Fauré n'ait jamais écrit
de pièces d'orgue. Il ne s'accommodait de l'instrument
qu'afin d'improviser, ce dont il ne s'est pas privé pendant
son passage au grand orgue de la Madeleine dont les
mélomanes fréquentaient volontiers la tribune autour de
l'année 1896.

Fertile en mélodies, l'année 1889 apportera : *les Pré-*
sents, Clair de lune, Larmes, Au cimetière, Spleen, la Rose.
En 1891, c'est Fauré tout entier qui s'exprime dans les
cinq mélodies dites « Cycle de Venise » : *Mandoline, En*
sourdine, Green, A Clymène, C'est l'extase, sur des poèmes
de Verlaine — ainsi dénommées parce qu'elles furent
conçues et partiellement réalisées pendant un séjour à
Venise où il fut donné à Fauré de découvrir une Italie
depuis longtemps désirée et pressentie.

La *IIIe Valse-Caprice,* le *Ier Quintette* pour piano et
cordes, publié en Amérique, qui eut un mauvais destin ;
Dolly, six charmantes pièces enfantines à quatre mains,
précèdent d'un an *la Bonne Chanson,* évangile des fauréens. Neuf mélodies composent ce cycle où Fauré, dans
un langage encore plus subtil, donne à la partie de piano
un rôle concertant dont l'éloquence exquise s'accorde
à toutes les nuances du lyrisme verlainien, passant du
calme extatique à l'impétuosité la plus vive.

Une *IVe Valse-Caprice,* un *VIe Nocturne,* de tous le
plus populaire, deux *Barcarolles* amèneront Fauré à une
nouvelle phase de son existence.

Inspecteur des écoles de la Ville de Paris, depuis 1892,
sa situation matérielle s'améliorait. En 1896, tandis qu'il
succédait à Saint-Saëns au grand orgue de la Madeleine,
il était désigné pour remplacer Massenet à la chaire de
composition du Conservatoire de Paris. Étrange destin
que celui d'un musicien en qui l'on pouvait saluer tant de
dons, et capable de remplir tant de rôles, sauf celui de
pédagogue qui lui fut néanmoins dévolu. En lui, pas
trace de doctrine. Sans doute, sa culture musicale était-
elle très solide, mais jamais il ne consentait à parler de
son art — à peine de celui des autres. Il est toujours,
même dans son enseignement, resté muet sur ses propres
conceptions esthétiques. Avait-il besoin d'indiquer une
préférence, une nuance, de faire une suggestion ? En
l'espèce, il n'avait d'autre éloquence que celle de sa
musique, elle le dispensait de commentaires, de pro-

fession de foi. C'est par le rayonnement qui se dégageait de l'homme et par la séduction de son œuvre que s'accomplit le prodige. De la classe de Fauré sortit une extraordinaire lignée de disciples : Maurice Ravel, Florent Schmitt, Georges Enesco, Roger Ducasse, Charles Koechlin, Gabriel Grovlez et bien d'autres.

En 1905, il recueille la succession de Théodore Dubois à la direction du Conservatoire. Cette nomination est très contestée et même, dans certains milieux officiels, très âprement critiquée. Fauré ne possède aucun des titres de ses prédécesseurs; il n'a pas appartenu, comme élève, à la maison qu'il doit diriger; il n'a pas été auréolé du Prix de Rome, l'Institut ne lui a pas encore ouvert ses portes; sa tâche sera lourde. Il lui faudra, à tout instant, compter avec l'opposition de ceux qui voient en lui le représentant d'une tradition qui n'est pas la leur.

Le premier, il s'insurge contre la conception étroite qui limite la « Cantate » imposée au concours de Rome. Il provoque un vrai scandale quand son élève Ravel se voit refuser le premier grand prix, et pourtant « les fonctions de directeur du Conservatoire comportent, comme toutes choses, ici-bas, une part de satisfactions », écrira-t-il. « Parmi celles-ci, je n'en ai jamais éprouvé de plus vive que le jour où j'ai pu appeler dans notre grande institution Vincent d'Indy, fondateur et directeur de la Schola Cantorum, laquelle passait alors pour une école rivale, et Eugène Gigout, héritier direct des doctrines de Niedermeyer. J'étais certain de l'éclat que l'un et l'autre apporteraient à l'enseignement du Conservatoire; on a pu juger que je ne m'étais pas trompé ».

Pour les concours de piano du Conservatoire, Fauré compose un *Thème et Variations* d'une grande noblesse. Les dix variations toutes en *ut dièse mineur* ne sont aucunement monotones, et la onzième vient éclairer le tout par une conclusion en majeur. La même année paraîtront le *VIIᵉ Nocturne*, l'un des plus beaux, et quelques mélodies : *Prison, Soir, le Parfum impérissable, Arpège* ; enfin un *Impromptu pour harpe* qui deviendra le *VIᵉ Impromptu* pour piano.

De 1906 à 1910, Fauré s'était consacré à la composition de la *Chanson d'Ève,* sur dix poèmes de Van Lerberghe, l'une de ses œuvres capitales. Ce cycle fut l'occasion

de vives controverses. L'art de Fauré s'épurait en se
dépouillant, sa musique se faisait statique et comme
immatérielle. Les adeptes la suivaient moins facilement
et les détracteurs y dénonçaient comme une aridité,
signe de déclin. Les interprètes, moins sûrs du succès, se
faisaient plus rares.

Fauré s'était bercé de l'illusion que le directeur du
Conservatoire disposerait de loisirs dont le compositeur
pourrait bénéficier. En fait, les travaux administratifs se
révélaient plus absorbants et plus fastidieux que les
tâches de l'organiste et du pédagogue.

Jusqu'alors peu tenté par les prestiges du théâtre, il
n'avait écrit pour l'Odéon que les musiques de scène de
Caligula et de *Shylock,* et, pour Londres, l'émouvante
partition de *Pelléas et Mélisande* (influencée par *Tristan*),
enfin *Prométhée,* à l'intention du Théâtre antique de
Béziers.

Fauré n'en souhaitait pas moins trouver un véritable
sujet d'opéra. Après bien des recherches, son choix
s'arrêta sur un livret de René Fauchois qui n'était pas
excellent, mais fut le prétexte à de fort belles pages. On
peut dire que *Pénélope* est l'extension de la mélodie fau-
réenne au théâtre. Fauré croit pouvoir écrire son opéra
en deux ans, il en mettra cinq — 1907 à 1912 — pendant
lesquels on le sent littéralement obsédé par sa tâche. Il
existe toute une correspondance dans laquelle il fait
part de ses scrupules, de ses difficultés à réaliser certaines
scènes dont celle des Fileuses. « Les fileuses flâneuses,
écrit-il à sa femme; c'est étonnant ce qu'il faut travailler
pour dépeindre des gens qui ne travaillent pas, ou peu.
Je crois que cela marche assez bien, mais, comme toujours, n'en suis pas absolument sûr... » La création eut
lieu en 1913.

Pendant près de huit années, Fauré n'écrira plus de
mélodies; mais, jusqu'en 1915, c'est une nouvelle floraison de pièces pour piano : cinq *Barcarolles,* deux *Nocturnes,* un *Impromptu,* et neuf *Préludes* pleins de fantaisie.

En 1914, *le Jardin clos,* encore sur des vers de Van Lerberghe aux surprenantes modulations et la *IIe Sonate
pour piano et violon,* en 1916, tout juste quarante ans
après la première... On y retrouve les mêmes qualités de
fraîcheur et d'élan. L'andante de cette sonate est emprunté
à une symphonie dont il n'avait pas été assez satisfait

pour la publier. Aussi bien, Fauré n'était pas un symphoniste. Il a écrit une *Fantaisie* pour piano et orchestre très académiquement construite qu'il publia, mais qu'il se refusa à laisser exécuter.

L'Opéra-Comique a monté un ballet *Masques et Bergamasques* doté d'une charmante ouverture dans le goût du XVIIIᵉ siècle.

En 1919, on lui suggère, en haut lieu, de quitter le Conservatoire. Il écrit d'Annecy, où il a passé ses derniers étés, à la fille de Léon Boellmann : « Dis à ton oncle Gigout qu'il ne fasse surtout pas comme moi, ses élèves ont encore besoin de lui. Je vais enfin pouvoir ne faire que ce qui me plaira; depuis si longtemps que je suis toujours à l'heure! » Il pourra donc s'évader, mais il est bien tard... Il marquera, du moins, son évasion en publiant coup sur coup deux *Sonates pour violoncelle et piano* assez semblables, les mélodies de *Mirages*, le IIᵉ *Quintette* qui connut une meilleure fortune que le premier. Une XIIIᵉ *Barcarolle*, encore pleine d'accents juvéniles et un XIIIᵉ *Nocturne*, la page la plus hermétique de son œuvre, clôtureront la magnifique série de ses pièces pour piano. *L'Horizon chimérique,* sur quatre poèmes de Jean de La Ville de Mirmont, aux accents virils et pourtant d'un dépouillement total, sera son dernier recueil de mélodies. En 1923, le *Trio pour piano, violon et violoncelle,* ardent et joyeux, précédera de peu la dernière de ses œuvres, son *Quatuor à cordes* qui porte le nº 121.

Il semble tout indiqué de citer ici cette phrase de Rameau qui s'applique si bien à Fauré, l'harmoniste beaucoup plus harmoniste que ne le fut Debussy à la même époque : « C'est l'harmonie qui nous guide », dit Jean-Philippe Rameau, fixant ainsi un caractère constant du génie musical français. Jamais cet apophtegme ne fut plus clairement ni plus généralement illustré qu'il ne l'est ici par la musique de Fauré, plus foncièrement liée aux suggestions de l'harmonie que celle de ses contemporains — à commencer par Claude Debussy.

Personnalité déconcertante et singulière dans son intraitable et farouche modestie qu'on s'efforcerait en vain de plier à la fameuse distinction des trois styles, Fauré désoriente les classificateurs. Indifférent aux systèmes, aux doctrines, aux consignes de la mode, rien ne l'a détourné du chemin qu'il s'est frayé sans se soucier de tracer à l'avance son itinéraire et sans se préoccuper des démarches du voisin. Il n'a jamais cessé de rester lui-même, fidèle à son génie harmonique qui ne faisait point de différence, au témoignage de son ami Paul Dukas, entre le plaisir de composer et la volupté de moduler.

On a beaucoup trop exploité le thème du « charme fauréen »; on a trop parlé de ce parfum de « fleurs vénéneuses » exhalé par ses œuvres, selon l'expression de Saint-Saëns; on a pris l'élégance pour de la mollesse. Les grandes pages dramatiques de *Pénélope,* le *Libera* du *Requiem,* des mélodies comme *Cimetière,* les mouvements lents de certaines œuvres de musique de chambre, la *Mort de Mélisande* s'inscrivent en faux contre de telles imputations.

Fauré craignait-il inconsciemment que ses interprètes n'affadissent ses œuvres ? Il demandait que l'on affirmât bien les basses, que l'on jouât sa musique très simplement, avec de beaux matériaux sonores. Il avait horreur du «rubato» qu'il n'indiquait jamais et il répétait souvent à l'une de ses proches : « Quand tu entendras ma musique jouée trop vite, tu diras encore que c'est trop lent... » Il ne composait pas rapidement, la subtilité de sa musique, la fugacité de ses arabesques modulantes ne s'accommodant pas de solutions hâtives.

Gabriel Fauré vivait en musique, mais son horizon s'étendait bien au-delà. Il aimait Stendhal, détestait écrire des articles, s'amusait à dessiner des caricatures pleines d'esprit, ou à composer des vers de mirliton... Il n'adorait pas autant Bach qu'on l'a prétendu, aimait Schumann (auquel on l'a beaucoup trop apparenté) et admirait, sans réserve, les *Sonates d'orgue* de Mendelssohn.

Son pouvoir d'intériorité était surprenant. A la fois très présent et tout à fait ailleurs, il vous écoutait toujours avec une extrême bienveillance, mais, les trois quarts du temps, ne vous entendait pas...

La leçon de Fauré est tout entière de modestie et de discrétion. Intimidé par les exigences du quatuor à cordes, il avait attendu les dernières années de sa vie pour sacrifier à cette forme suprême de la composition musicale. Au moment d'achever l'œuvre, dans sa soixante-dix-huitième année, et sentant sa fin prochaine, il avait prié ses meilleurs amis dont il appréciait la clairvoyance, de soumettre son manuscrit à l'examen le plus sévère avant de pourvoir à sa publication ; mais il ne put s'empêcher d'ajouter : « Et puis, tout cela a si peu d'importance... »

Il mourut quelques jours plus tard le 4 novembre 1924.

Marie-Louise Boëllmann-Gigout.

BIBLIOGRAPHIE

L'ÉCOLE NIEDERMEYER

L. A. Niedermeyer, *Vie d'un compositeur moderne,* introduction de Saint-Saëns, Paris, 1893.
M. Galerne, *L'école de musique classique et religieuse,* Paris, 1923.
Cinquante ans de musique française, Paris, 1925, 2 vol.
Hommage à G. Fauré, « Revue Musicale », 1925.
N. Dufourcq, *La musique d'orgue française,* Paris, 1949.

SUR GABRIEL FAURÉ

L. Aguettant, *Le génie de Gabriel Fauré,* Lyon, 1924.
C. Benoit, *La Messe de Requiem de Gabriel Fauré,* dans le « Génie musical », août 1888, Bruxelles.
A. Bruneau, *Notice sur la vie et les œuvres de Gabriel Fauré,* Paris, 1925.
M. Favre, *Gabriel Faurés Kammermusik,* Zurich, 1949.
G. Fauré, *Gabriel Fauré,* Paris-Grenoble, 1945.
G. Fauré, *Lettres intimes* publiées par Ph. Fauré-Frémiet, Paris, 1951.
Opinions musicales (Pages choisies de sa critique musicale du « Figaro » de 1908 à 1921), préface de Gheusi, Paris, 1930.
Ph. Fauré-Frémiet, *Gabriel Fauré,* Paris, 1929; nouv. édit. augmentée, Paris, 1957.
V. Jankélévitch, *Gabriel Fauré et ses mélodies,* Paris, 1938.
Ch. Koechlin, *Gabriel Fauré,* Paris, 1927; nouv. édit., Paris, 1949.
W. L. Landowski, *Chopin et Fauré,* Paris-Bruxelles, 1940.
J. de Marliave, *Études musicales : un musicien français, Gabriel Fauré,* Paris, 1917.
Cl. Rostand, *L'œuvre de Fauré,* Paris, 1945.
G. Servières, *Gabriel Fauré,* Paris, 1930.

N. Suckling, *Fauré,* Londres, 1946.

L. Vuillemin, *Gabriel Fauré et son œuvre,* Paris, 1914.

E. Vuillermoz, *Musiques d'aujourd'hui,* Paris, 1923.

E. Vuillermoz, *Gabriel Fauré,* préface de B. Gavoty, Paris, 1960.

Numéro spécial de « la Revue musicale », Paris, 1922; et pour le centenaire de Fauré, Paris, 1946.

L'ÉVOLUTION DE L'HARMONIE
EN FRANCE
ET LE RENOUVEAU DE 1880

Une mince brochure de Louis Laloy, riche de suggestions sous la modestie d'un exposé apparemment
élémentaire, éclaire les avenues de notre sujet. Remontant
aux deux sources de l'harmonie moderne qu'il découvre
dans les œuvres jumelles de Jean-Sébastien Bach et de
Jean-Philippe Rameau, Laloy constate que « dans l'harmonie de Bach, régie par la modulation, l'accord n'est
pas indépendant, mais toujours engagé, responsable de
celui qui précède et qui suit. Ce qui ne signifie nullement qu'il n'ait pas sa beauté; mais elle lui est donnée
par surcroît, de même qu'elle vient récompenser les
savants calculs du contrepoint... L'harmonie de Bach
réservait un privilège à peu près exclusif aux accords
dont l'assemblage détermine une tonalité. A peine moins
attentive au soin de préparer et de sauver (comme il dit)
les dissonances, l'harmonie de Rameau en emploie beaucoup d'autres, qui ne l'obligent pas à la modulation
perpétuelle, et laissent dans un état stable, entre deux
cadences signalétiques, la tonalité. Rameau n'a pas inventé
ce procédé, fort judicieusement employé déjà par nos
maîtres du luth et du clavecin; mais il en a fait la théorie,
qui lui a permis de l'enrichir en mettant à sa portée
d'autres formations encore [... Ainsi se trouvent définis,]
par Bach et par Rameau, deux systèmes d'harmonie,
l'un de tonalité, l'autre de sentiment, qui vont continuer
de se développer jusqu'à nos jours. »

En fait, plus d'un siècle avant la naissance de Rameau,
la trame de la polyphonie s'était effilochée sous les doigts
des luthistes, la chaîne s'étant rompue, quitte à se recom-
poser en accords au gré d'une audacieuse géométrie descriptive. C'est ainsi qu'Adrian Le Roy « met sur le luth », en
1571, cet Air de Cour de Nicolas de la Grotte :

Ex. 1.

Au clavecin comme au luth, et généralement en toute matière de musique instrumentale, le goût du mimétisme graphique propre aux Français les presse d'enclore l'émotion dans le contour de son objet, en s'attachant à ce qui, dans la musique, peut donner davantage le sentiment du spatial — l'accord, qui retient et qui fixe le charme de l'instant sonore. Louis Couperin et son neveu François, J.F. Rebel, Clérambault, Caix d'Hervelois et Destouches, entre tant, ont éprouvé avant Rameau que « l'harmonie peut émouvoir en nous différentes passions à proportion des accords qu'on y emploie », car il y a « des accords tristes, languissants, tendres, agréables, doux et surprenants ».

Au second acte de l'opéra-ballet des *Éléments* (1721), André Cardinal Destouches, évoquant le calme de la mer sous la lumière indécise de l'aurore, pose un accord de *neuvième* sur un degré — le quatrième, qui n'est pas celui que sa fonction lui assigne. S'ensuit un enchaînement inouï, où paraît le plus troublant de ces accords « par supposition » — que Rameau est précisément en train d'inclure dans son *Traité de l'harmonie réduite à ses principes naturels* (1722) :

La mer était tranquille au le_ver

Ex. 2.

On ne s'est pas suffisamment avisé que fonder en raison ces acquisitions empiriques et les soumettre aux sévérités d'une règle, ce n'était pas pour autant enrichir la technique, comme le voudrait Laloy — c'était l'arrêter dans la spontanéité de son élan pour l'enfermer dans la rigueur d'un système. En fait, il faudra plus d'un siècle pour que la musique française retrouve l'esprit qui animait la démarche d'un Destouches quand elle se montrera derechef plus curieuse d'ordonner la sensation que d'exprimer le sentiment.

Avant les années 1848, où commence à s'affirmer le principe des nationalités musicales, « fruit politique du Romantisme » (Braïloiu), nul ne s'avise encore, en Europe, de désavouer formellement le système tonal illustré par les maîtres classiques, et qui confirme, dans leurs fonctions privilégiées, les premier, quatrième et cinquième degrés d'une échelle unique dont le mode *d'ut* a fourni le diagramme.

Il suffit, néanmoins, d'interroger les œuvres des compositeurs des deux grandes générations romantiques, qu'ils se nomment Berlioz, Glinka, Chopin, Schumann, Liszt, Wagner, voire Verdi, pour constater que le système trahit çà et là des signes de lassitude, sinon d'épuisement. Dès 1830, ses fondements sont presque partout ébranlés. On le reconnaît à des signes dont les plus apparents tiennent d'abord aux comportements de l'accord de *septième naturelle,* dit *de dominante,* clé de voûte du système tonal, qui tend un peu partout à éluder l'obligation de dominer sur le cinquième degré, et conséquemment de se résoudre sur la tonique.

Il suffit d'interroger les œuvres de Chopin (par exemple le *Quatrième Nocturne*) pour voir se dégrader le caractère fonctionnel de la *septième naturelle.* Dès les premières mesures du fameux prélude de *Tristan et Isolde,* de Richard Wagner, ce même accord se transporte de tierce en tierce, négligeant, sous la vive pression des appoggiatures qui l'accablent, son office de gardien de la tonalité.

De leur côté, les agrégats de *septième diminuée* et de *septième de sensible* seront les interprètes désignés de l'éternel devenir — images sonores du rêve germanique. Péchant l'un et l'autre par la base, puisqu'ils ne sont que des accords de *neuvième* privés de leur fondamentale, tout les attire et rien ne les retient. Équivoques et fluents, ils vont concourir ensemble ou séparément à ruiner l'édifice.

L'accord de *septième diminuée,* en particulier, cet accord

fait de deux tritons « diaboliquement » entrecroisés qui se renverse à volonté sans changer de figure, introduit dans l'harmonie allemande, de Weber à Wagner, ce climat d'instabilité où s'exaltent et se multiplient les tensions ambiguës, où le sens tonal s'égare et bientôt s'amortit.

Ce mépris des degrés hiérarchiques, cet abandon des privilèges que l'ère classique avait attachés aux fonctions cardinales de tonique, de sous-dominante et de dominante attestent suffisamment l'usure du système; mais ce relâchement se manifestera de façon très différente selon l'esprit des écoles nationales, c'est à ce point que l'Allemagne et la France, en particulier, vont manifester leurs incompatibilités d'humeur et cultiver leurs différences.

Tardive en son art comme en son histoire (Focillon), l'Allemagne musicienne a trouvé son expression propre au temps même où le système tonal achevait de se former. Sa tradition lui impose ce système. Dans ses plus grandes hardiesses, du prélude de *la Création* de Joseph Haydn au prélude de *Tristan* de Richard Wagner et aux poèmes symphoniques de Richard Strauss, le romantisme allemand ne songera pas à chercher ailleurs le principe de sa méthode, jusqu'au jour où la tension des dissonances, la pression des appoggiatures et l'altération constante des degrés de l'échelle feront éclater le cadre. Il faudra bien alors se faire une norme de l'absence de tonalité et promouvoir une esthétique fondée sur la privation.

Le seul musicien germanique qui ait cédé, tout accidentellement d'ailleurs, aux attraits de l'harmonie modale est ce même Brahms dont il n'est pas inutile de noter que son romantisme s'était patiemment informé aux sources de la musique préclassique et renaissante.

Tandis qu'en Allemagne la polyphonie se prend à glisser sur les degrés de l'échelle chromatique où le sens tonal s'altère insidieusement pour courir les aventures de la mélodie infinie, les Français, toujours épris de voyages immobiles, se rafraîchissent aux sources jumelles de leur terroir et de leur liturgie.

On sait que la tradition française remonte, pour sa part, aux origines de la musique occidentale. Les modes de notre musique populaire se confondent avec les modes du plain-chant. Ils ont nourri la polyphonie médiévale et l'harmonie proprement dite à sa naissance. Refoulés sous la pression de cette espèce de cartésianisme qui imposera concurremment le tempérament égal et le régime de la tonalité, ils n'en continueront pas moins de vivre dans la mémoire paysanne, et ne cesseront d'alimenter la curiosité des savants. Solange Corbin note que cette survivance s'explique par la pratique traditionnellement uniforme du culte romain chez les Français : « Cette vérité très simple qu'il peut exister un autre répertoire que celui de la musique classique — qu'il existe une façon de chanter sans accompagnement des suites de sons qui, mêmes déformées, n'arrivent pas à se constituer en gamme majeure nous est venue par ce chemin. »

En fait, ces chants sans accompagnements, ces monodies qui échappent au droit commun de la tonalité classique, les compositeurs français ne seront pas les seuls à tenter de les intégrer dans le langage de la musique moderne; mais ils seront les premiers et les mieux décidés à les réintroduire dans le cadre d'une harmonie qui leur réponde. Nos musiciens d'opéra-comique — et nommément Grétry — s'y sentaient invités par la mode des sujets archaïques ou exotiques. Il est déjà significatif qu'ils aient entrevu le problème en esquivant ses difficultés. Compositeur d'*Aucassin et Nicolette* (1779) et de *Richard Cœur de Lion* (1784), Grétry fait une réflexion profonde sur l'éternel débat de la vérité et de la convention dans le domaine de l'art quand il déclare finement « qu'en adoptant une musique antique », il n'en faut pas moins « plaire aux modernes », car on ne sait gré à l'artiste d'avoir été vrai qu'autant qu'il amuse — et pour qu'il amuse, il ne faut pas qu'il déconcerte. Moyennant quoi, la chanson de Blondel, dans *Richard* : « *Que le Sultan Saladin* », évite de faire entendre la compromettante *sensible* de *la mineur* à la partie de chant, tout en lui ménageant une entrée discrète et tardive à l'accompagnement.

Nous avons évoqué nos musiciens d'opéra-comique : nommer, au cours du XIXe siècle, Ferdinand Hérold, Charles Gounod, Léo Delibes, Emmanuel Chabrier, André Messager, c'est aussi désigner avec Fauré, et en attendant Claude Debussy, les champions les plus décidés de cette harmonie sensible aux sollicitations de la modalité, et qui, loin de s'engager, avec l'École allemande, sur les glissières d'un éternel chromatisme, laissera « dans un état stable, comme parle Louis Laloy, entre deux cadences signalétiques » une tonalité savoureusement élargie.

En France, à l'époque climatérique du Romantisme, environ 1830, l'enseignement musical se trouve partagé, comme le note Jacques Chailley, entre deux méthodes : d'une part le dogmatisme académique du Conservatoire de Paris qui « s'en tient aveuglément aux deux modes à sensible »; de l'autre, l'étude du plain-chant modal que

Les rendez-vous de no-ble com-pa-gni-e Se donnent tous dans ce charmant séjour

Ex. 4.

préconise le Conservatoire de Musique religieuse et classique d'Alexandre Choron — école dont Niedermeyer prendra la relève, renouvellera et précisera la doctrine; mais ici comme ailleurs, et comme toujours, ce sont les exemples qui susciteront et affermiront les préceptes. Incité par un livret qui sacrifie au goût du temps pour les sujets gothiques et renaissants, Hérold, dans son ravissant opéra-comique du *Pré-aux-Clercs* (1832), impose une harmonisation délicieusement modale à un chant qui ressortit au pur et simple majeur (voir ex. 4). Au second acte, le petit air de Nicette introduit encore davantage le climat modal :

Ex. 5.

En lisant la partition de *l'Enfance du Christ* (1854), on serait tenté de prendre au sérieux la boutade de Rossini au sujet d'Hector Berlioz : « C'est une chance que ce garçon ne sache pas la musique... » Décidément rebelle à la syntaxe académique, et méprisant, sans prétendre à la connaître, la modalité grégorienne dont il dénonce le caractère indécis, « l'impersonnalité » et « l'inexpression », Berlioz n'en n'est pas moins amené, poussé par l'ange du bizarre et le démon du pittoresque, à multiplier dans l'air d'Hérode : « *O misère des rois* », comme aussi dans *le Repos de la Sainte Famille,* des incises modales caractérisées, se targuant de ce « petit style innocent *en fa dièse mineur sans note sensible ;* mode qui n'est plus de mode, qui ressemble au plain-chant, et que les savants vous diront être un dérivé de quelque mode phrygien, ou dorien, ou lydien de l'ancienne Grèce, ce qui ne fait absolument rien à la chose, mais dans lequel réside évidemment le caractère mélodique

et un peu niais des vieilles complaintes populaires ».
Mais à rebours d'Hérold, qui imposait une harmonie
modale à une mélodie conforme au majeur moderne,
Berlioz use d'une mélodie modale qui n'entraîne pas
l'harmonie dans son aventure.

Quand il récuse cavalièrement les théoriciens dont la
science « ne fait absolument rien à la chose », le compositeur du *Repos de la Sainte Famille* songe sans doute à
son fidèle d'Ortigue. Or, ce même Joseph d'Ortigue,
avant d'épouser les vues fécondes de Niedermeyer sur
l'harmonie modale, se trouve amené à envisager différemment (à propos justement de *l'Enfance du Christ*) l'op-
portunité d'harmoniser le plain-chant pour l'usage ecclésiastique et l'avantage que la musique profane peut
tirer du libre emploi des modes anciens. « Quand j'ai
dit, écrit-il dans le *Journal des Débats* (janvier 1855), que
le plain-chant à l'usage du culte, le chant liturgique est
incompatible avec l'harmonie, et que celle-ci en détruit
radicalement le caractère, je ne me suis pas interdit pour
cela le droit d'admirer le parti que certains compositeurs,
Monsieur Meyerbeer ou Monsieur Berlioz, par exemple,
pouvaient tirer de certains éléments du plain-chant en
les transportant dans la musique libre... »

Joseph d'Ortigue se plaît à donner Meyerbeer en
exemple à côté de Berlioz. A bien meilleur titre, il
aurait pu citer Charles Gounod, qui venait précisément
de faire entendre, en 1854, dans *la Nonne sanglante,* son
second opéra, un intermède où s'insinue le troisième mode
du plain-chant.

Jacques Chailley — à qui nous aimons devoir
mainte suggestion — se plaît à montrer comment et
combien Gounod ruse avec les disciplines qui ont pré-
sidé à sa double formation de lauréat académique et de
séminariste. Jeux ambigus que Gabriel Fauré se plaira
plus tard à prolonger en raffinant sur leur subtilité.

Gounod, en tout état de cause, aura montré la voie
à ceux de ses successeurs qui, s'inspirant à leur tour de
leur tradition ecclésiastique et populaire, parviendront
à plier l'harmonie aux exigences de la mélodie modale
dans une entente élargie de la tonalité.

Un tournant décisif se dessine à la veille des années
1880; Jacques Chailley en attribue l'initiative à César
Franck : mais les exemples qu'il allègue, tirés de compo-

sitions peu caractéristiques du maître liégeois, sont d'autant moins convaincants que, comme l'éminent musicologue le note fort bien lui-même, la plupart des essais modaux de Franck sont réductibles à la notion d'attirance chromatique des degrés faibles vers les degrés forts. Or, la musique modale — telle du moins qu'on l'entend ici — est diatonique par essence, et rien n'est mieux fait pour amortir l'impression de modalité que ces débauches d'altérations chromatiques à quoi l'harmonie franckiste s'abandonne sans frein.

Au surplus, les partitions qu'analyse Jacques Chailley : *Rebecca, le Chasseur maudit, Hulda* furent écrites ou achevées de 1881 à 1885. Elles sont donc postérieures de plusieurs années à *l'Étoile* et *Une Éducation manquée*, opérettes où la franchise d'Emmanuel Chabrier s'exprimait avec une audace et une liberté d'invention qui nous pressent de reconnaître dans *l'Étoile* (1877) l'ouvrage le plus nettement caractéristique de son auteur. Semi-autodidacte, comme André Cardinal Destouches, Chabrier ne se sent point tenu de ruser avec le formulaire de la tonalité classique, et quand il compose *l'Étoile,* il n'a pas encore bu le philtre de *Tristan*. C'est chez lui, et par lui, que la modalité s'intégrera au langage harmonique de l'École française (voir ex. 6) et c'est en rompant naïvement avec l'arbitraire des systèmes académiques qu'il retrouvera, sans même y songer, le sens d'une tradition dont Claude Debussy et Maurice Ravel seront les prochains bénéficiaires.

Ex. 6.

Évocations archaïques, sujets exotiques : héritage d'un romantisme prodigue d'invitations au voyage à travers le temps et l'espace, tous les prétextes seront bons pour inviter la musique française des années 1880 à faire écho à des voix séculaires par des chants inédits.

Alors que le chromatisme exacerbé de *Tristan* tendait à faire de chaque note une *sensible,* au péril imminent d'exténuer le sens tonal, la musique française, bien avant de découvrir le *gamelan* javanais à l'Exposition Universelle de 1889, avait retrouvé instinctivement l'échelle pentatonique, commune à toutes les civilisations archaïques. Chabrier et le tout jeune Debussy l'inaugurent pour la même raison qui pousse les Chinois et les Celtes, les Indiens de l'Amazone et les nègres d'Afrique australe à la conserver. Ce n'est pas par hasard que ces peuples limitent l'étendue de leur échelle sonore au cinquième palier du cycle des quintes : à pousser plus avant, ils rencontreraient le demi-ton qui les gêne. Exempte de demi-ton, la gamme pentatonique séduira nos Français, parce qu'elle élimine, avec la sensible et ses entraînements, les mêmes éléments de tension dont cet intervalle est la source en régime diatonique, comme les théoriciens du Moyen âge l'avaient éprouvé. Chabrier, pour sa part, utilise le pentatonique avec une heureuse insistance dans ses *Trois Valses romantiques* :

Ex. 7.

Le goût des échelles modales, l'attention portée sur le pentatonique attestent le désaveu des hiérarchies qui assuraient la rigueur d'un système tonal qu'on ne récuse point, mais qu'on élargit pour lui donner une aisance nouvelle. La *sensible* a perdu sa vertu attractive, le protocole des cadences est éludé. L'harmonie d'Emmanuel Chabrier est libre comme l'air. Septièmes et neuvièmes de toute espèce déposent allègrement leurs charges en renonçant aux privilèges attachés à leurs fonctions. Le chœur initial de *la Sulamite* (1885) accomplit le vœu de Franz Liszt rêvant d'une musique entendue comme « une suite de sons qui s'appellent l'un l'autre et s'enchaînent spontanément au lieu d'être menés à la baguette » :

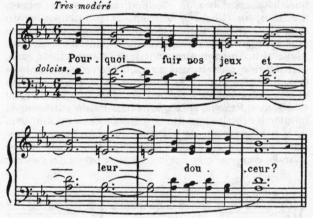

Ex. 8.

L'auditeur français, traditionnellement soumis au dogme de la hiérarchie des genres, fait volontiers scrupule d'admettre que la tâche d'un Debussy et d'un Ravel ait été préparée de longue main par nos musiciens de romances et d'opéra-comique, fidèles tenants du seul genre musical où le génie répond à la race, et dont la plume était libre.

Il n'est peut-être pas sans intérêt de noter que nos compositeurs de demi-caractère ont été formés, pour la plupart, aux disciplines du maître de chapelle : Boieldieu

et Gounod, Delibes et Messager (sans oublier Hervé
et Audran) ont fait chacun le métier d'organiste et pratiqué l'accompagnement du plain-chant.

C'est le lieu de se rappeler que les périodes organiques
de l'histoire musicale stipulent peu ou prou la synthèse
du « genre galant » et du style sévère. Ce que Mozart
aimait à devoir aux maîtres de l'opéra bouffe napolitain,
Fauré, Debussy et Ravel l'emprunteront, un siècle plus
tard, à ceux de leurs aînés dont la verve inventive avait
trouvé son expression déliée dans l'élan spontané qui
entraîne les audaces de plume et de langage, chez les
musiciens de romances, d'opéras-comiques ou de ballets.

On répète, depuis Voltaire, que le Français n'a pas
la tête épique. Cela n'est pas moins vrai du musicien
que du poète. Chez un Gounod, un Lalo, un Delibes,
un Bizet, un Chabrier surtout, la préoccupation du
style élevé rejoint trop aisément la pompe académique
sauf à s'égarer malencontreusement dans une imitation
stérile des Romantiques allemands. Gounod n'a nulle
part affirmé plus hardiment ni, plus curieusement, de
personnalité que dans la romance de *l'Absent* ou dans
des opéras-comiques comme *le Médecin malgré lui, la
Colombe,* ou *Philémon et Baucis.* Édouard Lalo a mis plus de
lui-même dans les variations harmoniques et rythmiques
de la parade foraine de *Namouna* que dans les trois actes
du *Roi d'Ys.* Léo Delibes préfigure le meilleur Fauré
quand il compose un passe-pied pour le bal du *Roi s'amuse* :

Ex. 9.

C'est dans l'opéra-comique que le génie de Bizet brille de sa flamme la plus pure et ce n'est pas *Gwendoline*, torturée par les fantômes des Walkyries — c'est la bouffonnerie de *l'Étoile* et la comédie du *Roi malgré lui* qui désignent Emmanuel Chabrier pour l'inspirateur d'un renouveau autorisé par son conseil et suscité par son exemple.

Les musiciens qu'on vient de nommer ont ainsi retrouvé la tradition la plus exigeante et la plus sûre, avec le secret de cet empirisme sensualiste que les luthistes de Louis XIII avaient transmis aux praticiens du clavecin; secret perdu depuis le XVIIIe siècle et les froides lumières de son déclin. C'est ici le jeu français par excellence. C'est l'ascèse janséniste détournée de ses fins pour ne s'appliquer plus qu'aux sciences du plaisir, haussant la délectation sensible à la dignité d'un régal de l'intelligence. A subtiliser sur le magistère harmonique, Chabrier, frère spirituel d'Édouard Manet, trahit la même race et le même esprit que nos casuistes de la gastronomie et de la préciosité galante.

ROLAND-MANUEL.

BIBLIOGRAPHIE

BERLIOZ, H., *Correspondance philosophique,* dans *Les grotesques de la musique,* Paris, 1859.

CHAILLEY, J., *Traité historique d'analyse musicale,* Paris, 1951.

CHAILLEY, J., *La renaissance de la modalité dans la musique française avant 1890,* dans « Bericht über den internalen Musikwissenschaftlichen Kongress », Vienne, 1956, Graz-Cologne, 1958.

LALOY, L., *Comment écouter la musique ?,* Paris, 1942.

ORTIGUE, J. d', *La musique à l'église,* Paris, 1861.

CÉSAR FRANCK

César Franck offre à l'historien le cas singulier d'un
compositeur de souche germanique, de nationalité
belge, qui, dans les dernières années d'une existence
modeste, effacée, a exercé sur la musique de la France,
son pays d'adoption, une influence profonde et durable,
directe ou indirecte.

LA VIE ET LES ŒUVRES

Ses parents — le père néerlandais, la mère allemande
— s'étaient installés à Liège, cité de langue française.
Le petit César-Auguste Franck naquit en cette ville le
10 décembre 1822; bien doué pour la musique, voire
enfant prodige, il étudia le piano au conservatoire
local, composa de bonne heure, donna dès son enfance
en Belgique et à Aix-la-Chapelle des concerts avec son
frère puîné, Joseph, violoniste et futur organiste; dans
sa treizième année il vint à Paris pour continuer au
Conservatoire ses études et les achever. Il devait obtenir
en 1838 dans des conditions extraordinairement
brillantes un premier grand prix de piano; en 1840, un
premier prix de contrepoint et de fugue; en 1841, un
second prix d'orgue; en 1842, il allait pouvoir concourir
pour le prix de Rome, quand il quitta le Conservatoire
sur l'ordre de son père, éducateur impitoyable, véritable tyran, qui voulait, pour l'exploiter, faire de César,
virtuose et compositeur, un nouveau Liszt.

Sa production d'enfance et d'adolescence comprend
une vingtaine d'œuvres, notées entre sa douzième et
sa dix-septième année et portant toutes une numérotation
régulière d'*opus* ; elle n'est pas sans intérêt à cause des
dons qu'elle révèle et des influences qu'on y peut remarquer : d'une part, les grands Allemands, Beethoven,
Schubert, Schumann, Mendelssohn; d'autre part, les
aimables compositeurs du vieil opéra-comique français,

dont César devait toujours se plaire à varier les airs connus.

Ses véritables premières œuvres, celles qui pour lui marquèrent, car, condamnant les précédentes, il en a fait le point de départ d'un nouveau numérotage, ont toujours été datées de 1841, deux ans avant leur édition de 1843 ; en réalité elles remontent aux environs de 1838-1840. Ce sont trois *Trios* (op. 1) ; le finale, très développé, du troisième, devint sur le conseil de Liszt un quatrième *Trio* (op. 2). Le second, *Trio de salon*, est un aimable pastiche du xviiie siècle ; le premier, en *fa dièse*, a toujours été jugé remarquable par sa bonne construction, sa liberté de modulation, son sentiment chaleureux qui, en 1843, parut extravagant, voire « cannibalesque ». Les trois *Trios* obtinrent du succès ; ils furent vite oubliés en France et le restèrent jusqu'aux années 70 ou 80 ; Liszt s'y montra fidèle et, grâce à ce maître, un certain public allemand.

Vincent d'Indy, biographe et panégyriste passionné, devait, soixante années plus tard, découvrir dans le premier *Trio* des qualités exceptionnelles qui lui permirent d'affirmer que César Franck aurait été de son temps le premier compositeur et le seul à avoir recueilli la succession de Beethoven dans l'utilisation de la forme cyclique, pourtant pratiquée par Schubert et d'autres musiciens. Cette manière de voir le jeune compositeur, imposée en France par le crédit de son futur disciple, a été admise par tous ; nous nous sommes permis de la discuter et de la juger excessive, sinon fantaisiste.

L'œuvre suivante, séparée des *Trios* par la publication de quelques pièces notées en 1843-1846 surtout pour le piano, a vu aussi sa valeur gonflée par la volonté de Vincent d'Indy : ce fut le premier oratorio écrit par Franck pour soli, chœur et orchestre, *Ruth, églogue biblique*. Son caractère candide, naïf, apparut et apparaît encore sa qualité principale ; on n'y trouve pas trace de l'influence de Franz Liszt, qui devait toujours agir sur le musicien dans sa jeunesse comme en tout le reste de sa vie. Franck remanie *Ruth* trente années plus tard pour en faire publier la partition aujourd'hui connue. Une page au moins présente de l'originalité, le *Chœur des chameliers*, d'un caractère oriental qu'on remarquera davan-

tage, trente-cinq années plus tard, dans une œuvre du
même genre, *Rébecca*. Grand succès en 1846, mais sans
lendemain malgré le patronage de Spontini, Meyerbeer,
Liszt. Quelques mois plus tard allait se produire l'échec
complet de *la Damnation de Faust*.

A la suite du triomphe retentissant mais éphémère de
Ruth, la production visible ou audible du jeune
César Franck semble se réduire à peu de chose; il écrit,
mais laisse tout en portefeuille à l'état de brouillon.
Marié en 1848, père de famille, il devient organiste; il est
inopinément lancé par le facteur d'orgues Cavaillé-Coll qui
le choisit pour l'un des experts virtuoses chargés de juger
et d'inaugurer les nouvelles orgues symphoniques. Il
semble renoncer à son ambition première de pianiste-
compositeur, ou plutôt à celles de son père, pour se
vouer à son orgue, à la musique d'église, en continuant
un modeste enseignement du piano dans des collèges ou
des pensionnats. En 1860, depuis peu organiste de la
basilique parisienne de Sainte-Clotilde, il s'affirme en
publiant *Six Pièces pour grand orgue*.

Recueil d'intérêt historique : s'il y traîne des relents
du style de l'époque, un abus du pianisme dont Franck
ne put jamais se délivrer dans ses œuvres rédigées pour
l'orgue comme en ses improvisations, on y admire la
richesse d'idée et d'écriture d'un admirable contrapuntiste, la recherche dans l'esprit du Bach des *Préludes et Fugues,* du Beethoven de la grande variation, avec
des réminiscences du genre de Mendelssohn et de
Liszt. C'est une libre sonate que la *Fantaisie en ut,* triptyque encadrant un allegretto entre deux andante;
sonate aussi, jeune, ardente, nettement cyclique que la
Grande Pièce symphonique, si diverse de sentiment dans
son unique morceau à quatre mouvements distincts,
précédés d'un prélude. Hommage évident à Bach,
découvert récemment en France et de façon incomplète,
apparaît *Prélude, Fugue et Variation,* dont la fugue naturellement sévère semble s'abréger, s'adoucir au contact
des deux autres parties qu'anime une mélodie suave. Si
la *Fantaisie en si bémol* se rattache dès le début au genre
trop brillant des organistes à la mode, on y voit paraître
ensuite le nouveau goût franckiste, marqué par une
expression ardente, un sens subtil de la souple modulation. La *Prière* en *ut dièse mineur* et la *Pastorale,* celle-là

méditation longue et émouvante, simple ou complexe, d'un caractère hautement religieux, alors exceptionnel; celle-ci justifiant parfaitement son titre; les deux œuvres, révélatrices au moins du génie mélodique de leur auteur.

Après cette publication, Franck se réduit de nouveau au silence; il n'en sortira que dix ans plus tard; au lendemain de la guerre franco-allemande de 1870-1871, il émerge définitivement de la demi-obscurité où il a vécu presque sans cesse depuis 1846 : en 1872 — on le croit français, il est encore belge, ses ennemis le disent fils de Prussien — il est nommé professeur d'orgue au Conservatoire, poste qu'il occupera jusqu'à sa mort. Sa situation apparaît changée; aux environs de sa cinquantième année, il est devenu un personnage officiel : sans renoncer à son enseignement du piano, il commence à avoir des élèves de composition appartenant soit au Conservatoire, soit au milieu de la Société nationale de Musique, groupement destiné à rénover ou du moins à développer la musique de chambre française, dont les bons représentants, tels qu'Édouard Lalo, restaient rares. Franck en avait été, dès la fondation en 1871, l'un des membres. Il voit venir à lui, pour recevoir ses leçons ou ses conseils, deux de ses anciens élèves de piano, Arthur Coquard, Henri Duparc, et un jeune amateur, Vincent d'Indy. Ces trois disciples, le dernier surtout, contribuèrent à organiser autour de leur maître une affectueuse et ardente publicité. Bientôt Franck sera considéré comme maître de composition autant que comme organiste; d'ailleurs il se montrera toujours au Conservatoire professeur de composition à l'improviste plus que de son instrument.

Le projet formé par la Société nationale de donner des concerts symphoniques le pousse à composer un grand oratorio pour soli, chœurs et orchestre : c'est *Rédemption,* écrite en 1871-1872, mal exécutée en 1873 sous la conduite d'un violoniste, chef débutant, Édouard Colonne, qui la sacrifia au succès de la *Marie-Magdeleine* de Massenet. La partition excita l'opposition des critiques qui portèrent un jugement sévère ou nuancé, et des admirateurs du musicien, qui voulurent remarquer seulement les qualités certaines et une originalité plus ou moins évidente. Franck y manifesta, avec son sens religieux, sa très personnelle inspiration mélodique, son aisance contrapuntique, son goût d'architecture tonale, opposant, selon les mouvements divers du poème, les tonalités claires et sombres; son principe profondément musical, renouvelé de Beethoven et de Weber, allait être exploité, puis enseigné largement, par Vincent d'Indy qui devait y attribuer une importance essentielle.

Après l'échec de *Rédemption*, César Franck parut de nouveau renoncer à la composition, ou du moins il ne montra, avec quelques motets pour l'église, que deux œuvres importantes : *les Éolides* (1876), poème symphonique d'une grâce ailée, d'une couleur exquise, commentaire d'une poésie de Leconte de Lisle, et trois morceaux d'orgue. Ces trois pièces-ci, destinées d'abord à l'exécution publique au Trocadéro pendant l'exposition de 1878, appartiennent comme *Rédemption* à une époque de transition; elles laissent deviner l'hésitation du compositeur entre les habitudes ou les traditions superficielles des organistes français dans la première moitié du XIXᵉ siècle, les tendances vers une nouvelle écriture, jugée audacieuse, provoquée par la création de l'orgue symphonique de Cavaillé-Coll, et l'évolution esthétique d'un temps où Wagner commençait à se révéler aux Français et leur offrait entre autres le troublant chromatisme de *Tristan et Isolde* : *Fantaisie en la,* riche d'idées mais inégale, morcelée, qui semble être la notation d'une pièce improvisée; *Cantabile* de longue mélodie aboutissant à l'un de ces canons expressifs, chers à Franck; *Pièce héroïque,* fondée sur deux idées essentielles répondant au titre, s'exposant ou se développant trop souvent sur des accords répétés dans le style du piano.

Le demi-silence du compositeur n'était qu'apparent : le meilleur de ses loisirs, Franck le consacrait à son travail anonyme pour l'église mais surtout à la lente élaboration d'une très vaste partition pour soli, chœurs et orchestre, *les Béatitudes,* dont la première audition intégrale ne put être donnée, et en province, que trois ans après sa mort. *Les Béatitudes* constituent le résultat très émouvant d'une longue méditation humaine sur la solennelle proclamation des huit félicités promises par le Christ. Leur style musical est incertain : notées lentement au cours de dix ou douze années (1868-1879),

en une période où, comme au temps de *Rédemption,*
le musicien, en pleine progression esthétique, hésitait
entre sa manière propre et celles, différentes, de Mendelssohn, du Schumann de *Faust,* du Berlioz de *l'Enfance
du Christ,* de Charles Gounod, avec en arrière-fond le
souvenir du Wagner de 1840-1850. Un bon nombre de
pages touchantes ou sublimes, les unes et les autres
commentant les paroles divines, chantant avec une grandiose et candide éloquence les chœurs des anges et des
chrétiens; une évidente unité, due au retour, en toutes
les parties, du chant par le Christ d'une émouvante
mélodie, parfois syncopée ou renversée, espèce de
leitmotiv qu'on entend à la fin de chaque *Béatitude* et qu'on
retrouve souvent dans le courant de la partition; un art
exemplaire de la progression tonale et modale; une
belle polyphonie, d'harmonie romantique, à quoi
s'oppose la vulgaire couleur meyerbeerienne ou orphéo-
nique de certains passages évoquant Satan et ses séides...
Œuvre inégale, chef-d'œuvre — en réalité faux chef-
d'œuvre — qui, pour une large part, a contribué à
clicher autour du chef de César Franck l'auréole d'un
saint de la musique.

Avec *les Béatitudes* et *Rédemption,* les improvisations
magnifiques, que quelques musiciens se plurent de
bonne heure à aller suivre en l'église Sainte-Clotilde,
achevèrent d'assurer à Franck une flatteuse réputation
de musicien religieux; l'étiquette qu'on avait placée
sur son nom semblait signaler un caractère exclusif,
définitif. Cependant, au cours des dix dernières années
de son existence, le maître allait composer pour l'orchestre ou la chambre de grandes partitions profanes,
ses meilleures; nouveautés imprévues, sinon imprévisibles, qui auraient dû modifier son classement et le
montrent, non pas tant comme un compositeur d'église,
— croyant, il l'était, mais de religion incertaine — que
comme un artiste ardent, capable de se laisser entraîner
par la passion humaine. La révélation, pour ainsi dire
laïque, du bouillonnant musicien aurait dû éclater dès
l'audition du *Quintette* pour piano et cordes; cette œuvre
de chambre parut à la Société nationale le 17 janvier 1880,
avec, au piano, Camille Saint-Saëns. Des *Béatitudes* à
cette grande sonate, quel changement! Du ciel on descend sur la terre. Franck aurait dit, un jour, de la pre-

mière de ces deux œuvres : « Ce qui m'y plaît, c'est qu'il
ne s'y trouve pas une note sensuelle. » Ce mot ne serait-il
pas une allusion discrète, un peu réprobative, au
Quintette ? En tout cas, cette œuvre marque le début
d'une révolution que nous avons voulu préciser.

Si les spécialistes de l'architecture musicale ont, dès
la première audition, admiré l'unité obtenue par le
retour des thèmes, par la personnelle adaptation du
style de l'orgue à l'écriture symphonique des violons
et du piano, si le public s'est tout de suite laissé entraîner
par la force expressive, la violence pathétique, la rayonnante beauté de la musique, dont l'intensité sembla à
de bons juges, tels que le romantique Franz Liszt,
dépasser les limites normales de la musique de chambre,
on n'a pas affirmé nettement que le *Quintette* révélait un
homme nouveau, différent du prétendu mystique que,
une fois pour toutes, on avait catalogué comme tel. On
a parfois, de façon indirecte, délicate, laissé entendre
que le tumulte sentimental évident de certaines partitions s'explique mal et difficilement. Dans *la Véritable
Histoire de César Franck,* nous avons sans scrupule affirmé
la réalité d'une violente passion terrestre, cause de la
brusque transformation ou de l'orientation nouvelle du
chantre qu'avaient inspiré les béatitudes célestes; nous
avons même suggéré, précisé, le nom de la séduisante
personnalité féminine, poétesse, peintre, musicien, qui, à
l'origine de la grande révolution franckiste, contribua
à faire luire l'aube nouvelle.

Au bouleversant *Quintette* allait succéder en 1881 la
touchante *Rébecca,* tendre et bel oratorio, conçu dans le
style de l'ancien *Ruth et Booz,* datant de l'époque des
fiançailles. A qui admet la possibilité de l'origine passionnelle, extra-conjugale, de la sonate à cinq, la nouvelle partition chorale et orchestrale peut apparaître
comme une amende honorable à l'épouse, qui détestait le
Quintette comme elle devait, pour la même raison, ne
pas aimer, ne pas vouloir entendre une grande œuvre
ultérieure, *Psyché,* nouveau poème d'amour, dont l'origine supposée lui semblait douloureuse, blessante.
Madame César Franck, ancienne élève du maître pour le
piano, devenue depuis longtemps sa répétitrice, se
mêlait avec une jalousie autoritaire à la composition
des œuvres ou, du moins, elle contrôlait sans cesse,

parfois avec colère, surtout dans les dix dernières années de l'existence de Franck, si fécondes mais troublantes; elle était restée fidèle au goût de sa jeunesse, c'est-à-dire à la musique facile et brillante; fille, petite-fille, arrière-petite-fille d'acteurs, elle aimait le théâtre. Assistée de son fils aîné, soucieux comme elle de large gloire scénique et de profit matériel plus que de consécration gratuite dans le petit monde des musiciens purs, elle poussa l'époux, le père, à composer deux opéras : *Hulda* (1882-1885) et *Ghisèle* (1888-1890); œuvres lyriques, de style hésitant, souvent meyerbeerien, sortes d'improvisations, dont la seconde ne fut pas achevée.

Dans une voie tout autre César Franck était engagé par ses disciples, par sa famille spirituelle, groupée dans la Société nationale. En ce milieu ardent et désintéressé, favorable à la production symphonique, le ton général des œuvres s'était peu à peu élevé; une austérité s'y manifestait, toute différente de la facilité des premiers programmes dans les années 70; en ce cénacle français, d'intention toute nationale, maître et élèves, anciens et nouveaux, s'excitaient mutuellement dans l'admiration des grands Allemands, dans le culte non pas tant de Jean-Sébastien Bach, encore peu et mal connu, que de Beethoven, de Schumann et aussi de Richard Wagner, dont la révélation, tardive en France, avait bouleversé tous les musiciens. L'idée du leitmotiv wagnérien s'était, parallèlement au goût de la forme cyclique, glissée dans les esprits; elle gagnait du terrain; l'opéra cédait le pas au drame lyrique; le goût de l'unité dans la grandeur s'étendait à la composition pour la chambre et l'orchestre. D'autre part, la musique tendait à perdre son caractère d'agrément, traditionnel en France, pays welche; elle devenait un art supérieur, très intellectuel, construit en les formes nobles qu'avaient consacrées classiques et romantiques, réalisant la haute expression des sentiments les plus beaux, les plus nobles. L'*Ars gallica* (telle était la devise de la Nationale), que l'on voulait créer pour l'opposer à l'art allemand, s'imprégnait chaque jour davantage d'un paradoxal germanisme, semblant tout naturel au Germain d'origine qu'était le nouveau Français César Franck; Debussy lui-même allait bientôt être pris dans des rets auxquels il aurait grand-peine à s'arracher. Cependant l'enthousiasme qui animait les tenants du groupe nationaliste, leur goût de la collaboration et de la correction mutuelle, furent de la plus heureuse utilité pour l'ensemble des jeunes musiciens français, pour César Franck autant que pour son entourage et pour toute la vie musicale de France, profondément transformée dans le dernier quart du xixe siècle.

On a cité parfois, sans y attacher assez d'importance, la déclaration de Charles Bordes, témoin de cette période artistique : « Le père Franck a été formé par ses élèves. » Ce mot est mieux qu'une boutade. Franck se plaisait à solliciter le jugement de ceux qu'il enseignait; il en tenait compte; pour ses œuvres d'orchestre, il demandait le contrôle de Vincent d'Indy; pour le choix des poèmes à mettre en musique, il recourait à l'aide d'élèves ou d'amis; si en 1882, par exemple, il adopta le sujet romantique allemand de son *Chasseur maudit,* c'est que Duparc et d'Indy lui en avaient donné l'idée, que ses deux fervents disciples lui avaient indiqué ce texte et offert en 1875 ou 1878 leur propre exemple d'utilisation de poèmes de Bürger et de Uhland; même la composition de sa *Sonate* pour piano et violon, de son *Quatuor,* de sa *Symphonie,* lui fut conseillée avec insistance par ses élèves; ceux-ci, qui avaient déjà écrit des œuvres de ces genres, voulaient obtenir de lui, non seulement des modèles pour eux-mêmes, mais des échantillons de formes neuves, renouvelées des classiques, qui puissent leur permettre de le hisser très haut, jusqu'au niveau des grands maîtres dont ils le considéraient comme un émule, encore incomplètement consacré. Franck laissait faire ceux qu'il considérait comme ses enfants, dont il était fier; il suivait leurs avis ou leurs suggestions.

En la période 1880-1890, la dernière de son existence, César Franck arriva à être considéré, au moins dans les milieux d'avant-garde, comme le maître français, pourtant tout germanique, de la musique moderne, guidant son école dans une voie parallèle à celle de Richard Wagner. A la Société nationale, où parurent alors ses œuvres nouvelles, remplaçant au programme les offertoires et les œuvrettes qu'il y avait données auparavant, il avait gagné dans l'estime générale une sorte d'avancement tel qu'il put, dès 1886, laisser ses partisans détrôner de la présidence son ami Camille Saint-Saëns, classé désormais parmi les vieux réactionnaires, tournant le dos à l'avenir, surtout à cause de sa récente opposition au wagnérisme consacré et au franckisme naissant. Devenu président de cette société essentielle à la vie musicale, Franck en laissa le gouvernement à ses lieutenants, Henri Duparc, Vincent d'Indy, puis à ce dernier, assisté d'Ernest Chausson. Sa doctrine générale, d'abord assez vague, commençait à être précisée, puis fixée, non par lui-même, mais par le second de ces jeunes maîtres qui devait plus tard la mettre au point, la compléter, la codifier de façon rigoureusement esthétique et pédagogique : chaque jour s'affirmait le franckisme, qui était en grande partie le prochain d'indysme.

César Franck, devenu sexagénaire, vivait en une atmosphère admirative qui semble lui avoir fait perdre peu à peu sa modestie naturelle et, conformément à la conviction de son entourage, l'avoir convaincu de la qualité supérieure de son génie; il semblait heureux; il aurait pu l'être complètement si, en dehors de son trouble passionnel, fertile en inspiration musicale, il n'avait eu à supporter un conflit conservatorial opposant ses disciples aux élèves compositeurs des autres classes, dont la plus représentative était celle de Massenet : ici, les étudiants de la cantate d'école et du théâtre lyrique; là, les tenants du pur symphonisme, qui auraient voulu voir leur maître devenir au Conservatoire professeur de composition et non plus seulement d'orgue et d'improvisation. Le grand organiste, bon, bienveillant, se laissait inévitablement entraîner dans ce domaine aussi par ses disciples; il se trouvait ainsi, sans l'avoir voulu, en état de guerre froide avec quelques-uns de ses collègues, avec le directeur Ambroise Thomas, musicien de théâtre, peu favorable aux tendances modernes des franckistes, avec l'administration qui n'approuvait pas l'empiétement d'une classe sur les autres. Franck continuait aussi de souffrir de la lutte plus ou moins ouverte entre sa famille, qui freinait son évolution symphonique, et ses franckistes qui, pour sa gloire personnelle et leur propre joie, le poussaient à se maintenir dans les plus hautes sphères. Cette lutte intime, comme la bataille conservatoriale, devait persister toute sa vie et se poursuivre même au-delà de sa mort.

En ses dernières années, devenues glorieuses mais

troublées par cette atmosphère d'amour et d'hostilité
artistique, César Franck écrivit et publia la dizaine
d'œuvres originales, significatives, qui forment l'essentiel de sa production; musique à programme et musique
pure pour la chambre et l'orchestre. Deux poèmes
symphoniques, très différents l'un de l'autre, *le Chasseur
maudit* (1882), commentaire d'une ballade de Bürger,
suivant, sans recherche cyclique, les développements
dramatiques du poème, déroulés dans l'abondance des
idées mélodiques, dans la force rythmique, dans une
orchestration relativement habile; c'était un hommage
au romantisme de ses jeunes années. *Les Djinns* (1884),
d'après les vers de Victor Hugo, recherche de pittoresque musical avec ou sans intention morale, philosophique. Cette partition est écrite pour piano et
orchestre, non pas dans le style des concertos traditionnels, mais dans un genre qu'il allait bientôt reprendre
et que devait, peu après, illustrer la *Symphonie cévenole*
de Vincent d'Indy. L'essai des *Djinns* après le puissant
Quintette avec piano, quelques exemples récents de
Saint-Saëns, de Gabriel Fauré, de Vincent d'Indy,
semblent avoir réveillé chez Franck le goût de la musique
de clavier, qu'il avait si longtemps négligée. Entre
deux grandes œuvres pour piano seul paraîtra une partition de la plus haute importance, notée de nouveau
pour l'instrument soliste et orchestre.

Pour piano, un premier triptyque, *Prélude, Choral et
Fugue* (1884), puis un second, de même encre et de même
aspect, *Prélude, Aria et Finale*. Celui-là, au titre caractéristique, est plein de l'esprit de Bach, des grandes sonates
de Beethoven, des *Etudes symphoniques* de Schumann et
de certaines partitions de Liszt, dont les *Variations sur
Weinen, klagen* sont proches de la réalisation franckiste,
d'ailleurs toute vivifiée par un souvenir éclatant des
cloches de *Parsifal*. En dépit de tant de parrainages,
l'œuvre reste personnelle; on a pu lui assurer un légitime
tribut d'admiration et la reconnaître comme le point
de départ d'une renaissance, réelle ou supposée, de la
musique française pour clavier. De titre symétrique, le
second triptyque, *Prélude, Aria et Finale*, est une belle
sonate de forme neuve ou plutôt élargie, qu'enrichissent
de subtiles recherches cycliques en un style voisin de
l'orgue autant que du piano.

Pour piano et orchestre, sans que l'un ou l'autre élément domine, Franck écrivit en 1885 ses *Variations symphoniques*. C'est, non plus comme *les Djinns,* musique à programme, mais musique pure, du moins en apparence, car il est difficile, en suivant le développement, de ne pas penser à un conflit sentimental : deux idées différentes, tout opposées, l'une rythmique, dure, brutale, la seconde d'exquise mélodie, de tendresse émouvante; deux personnalités musicales en constante discorde, jusqu'à la conclusion éclatante de victorieuse allégresse. C'est l'une des œuvres les plus parfaites dans la belle série finale des années 1880-1890.

En 1886 fut achevé un autre chef-d'œuvre, la *Sonate pour piano et violon :* nouveauté véritable, fruit du grand trouble moral de l'époque, ou simple rajeunissement d'une sonate prévue en 1858 comme hommage à Cosima Liszt von Bülow, future épouse de Richard Wagner ? Riche de mélodie, neuve d'harmonie et de rythme, elle fit sans retard l'enchantement de tout le public; elle excitera toujours l'admiration par sa beauté rayonnante, par l'originalité de ses retours cycliques, par le non-conformisme de sa coupe où, entre autres innovations, un *recitativo fantasia,* évoquant la fièvre du *Quintette*, remplace l'*andante* traditionnel.

En 1888 le vieux maître écrivit pour piano et chant de belles mélodies : la fameuse *Procession,* devenue presque populaire, un *Nocturne* de pareille noblesse, des chœurs à voix égales; il devait encore noter dans le même temps deux grandes œuvres. L'une, *Psyché,* composée pour orchestre et chœur, a excité de nombreux commentateurs : tel a cru y trouver une pensée platonicienne; tel autre, Vincent d'Indy, a voulu y découvrir un esprit chrétien, catholique, célébrant l'amour de Dieu et de son Église; pour Franck, indifférent aux théories philosophiques et religieuses, ce ne fut certainement qu'une célébration de l'amour, dont les personnages, Éros et Psyché, sont les symboles divins. La musique, facile à suivre, déborde de mélodies incessantes, remarquables par leur grande unité, d'un libre et large chant, dans une polyphonie aisée et expressive; son interprétation doit ressortir moins à un vague mysticisme qu'à l'ardeur passionnée, à la voluptueuse tendresse.

L'autre grande œuvre, achevée en 1888, était impa-

tiemment désirée par les franckistes pour achever de
placer leur maître au premier plan de la vie musicale;
après la *Sonate,* il leur fallait encore une symphonie et un
quatuor à cordes. Franck leur donne satisfaction, d'abord
avec sa *Symphonie en ré mineur,* commencée au moment où
Saint-Saëns venait de terminer sa troisième avec orgue et
où Lalo, membre aussi de la Société nationale, mettait
au point sa partition du même genre; d'ailleurs, rien de
l'œuvre de Franck n'a subi l'influence de l'un ou l'autre
musicien français. La *Symphonie en ré mineur* de César
Franck est une des plus belles compositions, d'une espèce
qui, en dépit de la légende d'indyste, n'avait jamais été
abandonnée en France; on en a souvent donné l'analyse,
montré le mouvement thématique et cyclique, critiqué
la double introduction d'un orchestre trop « organis-
tique », loué l'ingéniosité de l'*allegretto,* fondant en un
seul mouvement l'*andante* et le *scherzo* traditionnels,
admiré la vigoureuse éloquence de l'ensemble. La
Symphonie marque une grande date dans l'histoire de la
musique française, un point de départ pour la composition de nombreuses partitions du même genre.

Une autre date importante est celle de la composition
en 1889 du *Quatuor* à cordes, qui apportait la preuve de
la suprême maîtrise; cette épreuve, que Saint-Saëns, si
précoce, n'accepta que vers sa quarantième année, fut
tentée par Franck alors qu'il vivait sa soixante-sixième.
Le maître organiste s'était auparavant imprégné des
Quatuors de Beethoven, surtout des derniers, auxquels
il avait l'ambition de donner une suite par l'esprit et
par la recherche surtout cyclique du plan. Il réalisa le
chef-d'œuvre formel qu'il avait rêvé, mais dans un
style plus voisin de l'orgue que du quatuor même.

Une dernière partition, nouveau triptyque, devait
achever le grand œuvre; écrite pendant l'été de 1890,
elle réunit trois *Chorals* d'orgue, que Franck avait prévus
et annoncés à la manière de Bach, « mais sur un autre
plan »; plan très divers, fort ingénieux, qu'anime une
inspiration soit tourmentée, soit sereine; chaque partition se fonde sur une mélodie originale, traitée dans
l'esprit de la grande variation beethovénienne. Ce
triple chef-d'œuvre a toujours été reconnu tel et salué
comme « le chant du cygne » : le 8 novembre
César Franck allait, à la fin de sa soixante-huitième année,

mourir des suites lointaines d'un accident de voiture;
le modeste organiste de Sainte-Clotilde, devenu conscient
de sa valeur et de son influence, disparut dans l'atmosphère de combat et de gloire qui l'avait enveloppé depuis
une quinzaine d'années.

LE MUSICIEN ET SES ÉLÈVES

La musique de César Franck est caractérisée d'abord
par sa mélodie abondante et souple, qui offre des
contours, des inflexions, des accents personnels; ses
phrases souvent courtes se répètent carrées, symétriques, ou s'élargissent, s'obstinent, roulent sur elles-
mêmes en prenant parfois un appui sur une note, sorte de
point fixe pour le motif, ou formant une broderie aux
intervalles mobiles, sur un son stable. Ces mélodies
extensibles glissent ou traînent par demi-tons, modulent
avec audace, en usant d'un chromatisme expressif qui
modifie la tonalité par degrés presque insensibles. Un
des exemples les plus typiques de mélodie traînante et
tournante est celle-ci, extraite du *Quintette* :

Ex. 1.

La plasticité serpentine des thèmes, se superposant,
s'emmêlant, entraîne une écriture harmonique aussi
chromatique que la mélodie; l'harmonie, surtout issue
du contrepoint, semble naître spontanément, déclenche
des agrégations qu'on ne saurait classer, fait glisser les
accords, résout sans dureté les dissonances entraînées
dans la marche des parties, affirme des tonalités précises
ou ambiguës; dès son enfance son entraînement contrapuntique lui avait donné le goût du libre cheminement
horizontal de lignes sinueuses et surtout du canon et
de la fugue, dont il a dès le Conservatoire laissé des

exemples admirables. La rythmique de Franck, en dépit de recherches attentives et d'heureuses trouvailles, n'est pas l'élément le plus remarquable de son art; elle peut sembler souvent banale; le rythme marche d'un pas régulier, adopte des mouvements pairs avec des répétitions identiques; dans un débit mesuré, la syncope abonde, apportant un peu de souplesse et de variété.

Ses édifices musicaux, sauf d'originales modifications d'ensemble ou de détail, sont construits sur les modèles traditionnels des maîtres classiques ou romantiques, qui lui semblaient convenables à tous les cas d'improvisation ou d'élaboration. La solidité en est renforcée par un sens tonal impérieux. L'ambiguïté incessante de son écriture, ses subtils dégradés n'empêchent point une discipline inflexible de présider aux débats de la tonalité comme à la réalisation du plan, à l'équilibre des grandes lignes; dès la partition de *Rédemption* (1873), on remarque l'application d'une théorie de progression tonale, qui entraîne la musique et l'auditeur dans une ascension sans fin vers les tons diésés ou surdiésés.

L'esprit cyclique du musicien, sur quoi on a écrit des pages innombrables, a-t-il toujours été volontaire ou raisonné ? Ne serait-il pas parfois né de la floraison spontanée de mélodies d'un même sentiment, ou du retour à demi conscient de ces idées parentes que Franck désignait sous le terme pittoresque de « cousines » ? Même dans les années 80, alors que ses disciples insistaient sur ce qu'eux-mêmes considéraient comme son originalité principale, il ne semble pas y avoir attaché beaucoup d'importance : dans une analyse de sa *Symphonie,* écrite de sa main pour être publiée dans un programme, il n'a pas fait la moindre allusion au retour, pourtant essentiel, de ses divers thèmes. Comme la faiblesse de sa rythmique, comme la médiocrité de son orchestration, sorte de registration, qu'il est inutile de souligner une fois de plus, son cyclisme ne serait-il pas venu en partie de la pratique de l'improvisation à l'orgue, qui entraîne des arrêts fréquents, des redites nombreuses, un remplissage continu faisant paraître et reparaître, pour occuper le temps, pour attendre ou exciter la prochaine inspiration, les mélodies principales plus ou moins modifiées et leurs nombreuses « cousines » ? En dépit de la volonté contraire de Vincent d'Indy, Franck fut par essence, par goût, par métier, un improvisateur à l'orgue; cela peut permettre d'expliquer la force éclatante de son art symphonique et ses évidentes faiblesses.

L'improvisation de l'organiste, sommet de son génie, fut une merveille sans cesse renouvelée; ses auditeurs fortunés des années 1880-1890 l'ont vantée et même analysée. Son don de créateur à l'improviste était tel qu'il lui permettait de réaliser spontanément à l'orgue de véritables tours de force ou plutôt de virtuosité, qu'il n'aurait pas réussis dans le jeu ordinaire ou étudié. C'est que — cette observation risque de choquer les musiciens — l'organiste génial n'était ni un grand technicien de l'orgue, ni un parfait professeur de son instrument; de bonne heure il eut chez les spécialistes cette réputation, qui s'étendit au lendemain de sa mort, quand Charles-Marie Widor lui succéda dans sa classe du Conservatoire; ses meilleurs élèves, tels que Louis Vierne et Charles Tournemire, admirateurs de leur maître vénéré, durent avouer qu'ils avaient presque perdu leur temps dans la classe de Franck, où plus des trois quarts des heures étaient consacrés à l'improvisation, enseignée avec une personnelle et touchante maîtrise, tandis que l'exécution était négligée.

Pour l'enseignement de la composition écrite César Franck pratiquait une heureuse variété de méthodes, selon les dons de ses élèves : à quelques-uns il imposait une minutieuse étude contrapuntique; pour d'autres, tels que Charles Bordes, il laissait de côté la fugue. Son souci principal était la rigueur d'un plan classique et le rapport des tonalités; ses lettres à Pierre de Bréville indiquent nettement ce qu'il condamnait, permettait ou souhaitait. Pour l'harmonie, il se montrait moins strict qu'au Conservatoire; il ne semble pas avoir été choqué par les manières du jeune Debussy, qui lui-même se réjouissait des suites de quintes, de septièmes, de neuvièmes, que le maître, au cours des improvisations scolaires, laissait ou faisait épanouir. Quant à ses idées esthétiques, elles auraient été, d'après un autre élève, Guillaume Lekeu, élémentaires et vagues.

Peu importe : l'enseignement de César Franck, bon ou insuffisant, créait toujours une atmosphère de respect, de piété envers les maîtres, une véritable dévotion pour les chefs-d'œuvre et, plus généralement, pour la musique, art humain ou divin; dans cette ambiance d'admiration et aussi d'affection pour les maîtres se développaient les élèves de l'organiste ou du compositeur; l'étude perdait le caractère de souriante légèreté, qui marquait trop la musique française au XIXe siècle; un état nouveau d'esprit et d'âme créé, dont notre art national avait grand besoin; cette influence fut heureuse, immense, d'autant plus qu'elle persista longtemps et fut transmise par ses disciples, surtout par Vincent d'Indy, à leurs propres élèves.

L'ÉCOLE FRANCKISTE

Les plus anciens élèves de César Franck, Arthur Coquard et Henri Duparc, le furent d'abord, avant la guerre de 1870-1871, dans l'un des collèges ou pensionnats où le modeste professeur enseignait le piano; après la fin de leurs classes, ils étudièrent avec lui la composition, mais en amateurs. D'Arthur Coquard les œuvres sont à peu près oubliées et ne laisseront pas de visibles traces dans l'évolution artistique. Au contraire, Henri Duparc restera toujours vivant dans l'histoire de la musique française. Sa vie fut de très longue durée; sa carrière musicale, d'extrême brièveté : une maladie nerveuse l'annihila avant la maturité. Dans sa production, toute de jeunesse, on pourrait presque laisser de côté sa principale œuvre symphonique pour retenir seulement la douzaine de mélodies qu'il composa aux environs de sa vingtième année, mais ne publia que vingt-cinq ou trente ans plus tard : *l'Invitation au voyage, Phydilé, Chanson triste, la Vie antérieure,* etc., souvent appelées *lieder* par allusion aux meilleures productions de Schubert et de Schumann; de belle inspiration, elles offrirent, grâce à la fusion du texte et de la musique, grâce à leur commentaire symphonique au piano, des exemples de chant expressif d'un style encore inconnu en France et que Franck lui-même devait retrouver dans ses dernières années.

Henri Duparc condamné au silence, Vincent d'Indy le suppléa; il s'institua le fils spirituel, l'héritier de César Franck; nous lui consacrerons plus loin un chapitre spécial.

Avec Coquard, d'Indy, Duparc, les premiers élèves compositeurs dignes de mémoire furent Castillon, Benoît, Augusta Holmès. Alexis de Castillon, officier de carrière, mourut à l'âge de trente-cinq ans en 1873; on lui doit de la musique de chambre, notamment un quintette, un concerto de piano, des œuvres symphoniques; on espérait beaucoup de lui d'autant plus que, d'abord élève de Victor Massé, il avait détruit ses premières partitions et recommencé ses études avec Franck. Camille Benoît, compositeur et critique, contribua largement à ce second titre au rayonnement de son maître en Belgique et en France; au premier titre, il a laissé un drame lyrique, *Cléopâtre,* dont des fragments ont été joués au concert, une musique de scène pour *les Noces corinthiennes* d'Anatole France, un *Eleison.* Augusta Holmès, Irlandaise de Paris, artiste merveilleusement douée pour tous les arts, écrivit des œuvres ambitieuses, destinées au théâtre et au concert *(la Montagne noire, Irlande, Pologne).*

Une seconde génération de disciples de Franck, formés dans les dernières années de sa vie, comprend, entre autres noms moins connus, Bordes, Chausson, Ropartz, Lazzari, Bréville. Le premier, Charles Bordes, était un Tourangeau, né en 1863, qui devait mourir à l'âge de quarante-six ans; bien doué, apôtre ardent de son art, il se consacra d'abord à l'étude du folklore pyrénéen, publia des chants et danses basques; enthousiasmé par le chant grégorien dont presque toutes les églises dénaturaient l'antique beauté, et par la musique presque inconnue de la Renaissance, que son maître ignora ou négligea presque complètement, il se dévoua à la musique religieuse; avec un désintéressement absolu et une inquiétante fantaisie, il fonda la Schola Cantorum, école de musique religieuse qui, après quelques années, se transforma, sous la ferme direction de Vincent d'Indy, en un Conservatoire privé; son action fut grande. Ses propres œuvres, peu nombreuses, presque improvisées, sont belles par la spontanéité de leur inspiration mélodique et la libre ingéniosité de leur écriture.

Ernest Chausson, né en 1865, mort accidentellement à quarante-quatre ans, était l'un des mieux doués parmi les musiciens de l'école franckiste. Son inspiration très personnelle est coulée pour les grandes œuvres dans des

moules wagnéro-franckistes. Son amitié lui fut très
utile avec d'Indy, qui le maintint fermement dans
l'esprit franckiste, et avec Debussy, dont la sensibilité
harmonique, très voisine de la sienne, l'engagea dans
des chemins nouveaux. La plus importante de ses compositions d'orchestre, sa *Symphonie en si bémol,* qui fut à
l'origine de la deuxième de Vincent d'Indy, reste après
soixante ans au répertoire de toutes les sociétés françaises; son succès persistant est partagé par le *Poème*
pour violon et orchestre, de développement très long,
mais d'une expression émouvante. Ses musiques de
chambre sont trop négligées; son œuvre vocal est
nombreux et riche. Son *Roi Arthus,* drame lyrique
trop imprégné de Wagner, ne semble guère jouable
aujourd'hui malgré la beauté de certaines pages et la
splendeur mélodique, qui marque cette grande partition
comme les plus brefs *Lieder.* L'étude non de sa personnalité mais de son art reste à faire; riche bourgeois, non professionnel de la musique, il aurait pu devenir un maître.

Beaucoup plus marqué que Chausson et Bordes par
des caractères franckistes est J. Guy Ropartz. Breton,
élève au Conservatoire avant d'avoir étudié avec Franck,
il devint à trente ans directeur du Conservatoire de
Nancy, puis en 1919 de celui de Strasbourg. Dans ces deux
villes il exerça une grande influence en répandant les
idées franckistes, en réservant, comme chef d'orchestre,
une large part de ses concerts à son maître et aux
disciples de celui-ci. Ses œuvres nombreuses, de solide
écriture, portent généralement un caractère grave,
contemplatif, qui évoque l'atmosphère de sa Bretagne
natale. Sa musique de chambre est importante; pour
l'orchestre, il a écrit des poèmes symphoniques et cinq
symphonies; la première a comme base un choral
breton; la troisième avec chœurs, de disposition originale, paradoxale, traduit les généreux sentiments sociaux
de l'auteur; le principal de ses drames lyriques, avec
Pêcheur d'Islande, est *le Pays,* grave méditation dramatique,
très belle mais trop statique pour rester au répertoire des
théâtres.

C'est au théâtre lyrique que s'est surtout fait connaître
Silvio Lazzari, né autrichien de souche italienne,
irredente, devenu français, auteur aussi de belles œuvres
de chambre et d'orchestre. Trop wagnérien d'abord

(Armor), il dégagea vite son style : *la Lépreuse, le Sauteriot, la Tour de feu.* Quant à Pierre de Bréville, après la mort de Vincent d'Indy, il resta longtemps avec Ropartz le doyen des élèves de Franck. Destiné à la diplomatie, il jouissait d'une fortune qui lui permit de faire éditer et représenter des œuvres d'aimable inspiration, d'élégante adresse, mais efféminées ou un peu fades.

Un des derniers élèves de César Franck fut un jeune Belge, Guillaume Lekeu, mort en 1894 à l'âge de vingt-quatre ans. Il ne put réaliser ses rêves grandioses et rédiger les grandes partitions qu'on pouvait escompter d'un des musiciens les mieux doués comme mélodiste et harmoniste et ayant reçu la forte instruction contrapuntique de Franck, puis de Vincent d'Indy. Il a laissé pour orchestre une *Fantaisie sur deux airs populaires angevins,* d'inspiration très voisine de la *Symphonie cévenole,* et des œuvres de musique de chambre très expressives mais souvent de développement excessif.

Léon VALLAS.

BIBLIOGRAPHIE

On trouvera dans l'article de Wilhelm MOHR publié dans *Geschichte und Gegenwart,* tome IV (Bâle et Cassel, 1955), une bibliographie très détaillée des ouvrages consacrés à la vie et l'œuvre de César Franck.

BORREN, Ch. van den, *L'œuvre dramatique de César Franck,* Bruxelles, 1907.

BORREN, Ch. van den, *César Franck,* Bruxelles, 1950.

CORTOT, A., *L'œuvre pianistique de César Franck,* dans « Revue musicale », janvier-février 1925.

DEMUTH, N., *César Franck,* Londres, 1949.

DUFOURCQ, N., *César Franck,* Paris, 1949.

HAAG, H., *César Franck als Orgelkomponist,* Cassel, 1936.

INDY, V. d', *César Franck,* Paris, 1906.

JARDILLIER, R., *La musique de chambre de César Franck,* Paris, 1929.

KREUTZER, P., *Die symphonische Form Cesar Francks,* Dusseldorf, 1938.

KUNEL, M., *La vie de César Franck, l'homme et l'œuvre,* Paris, 1947.

SCHAEFFNER, A., *Sur quelques caractères de l'influence franckiste,* dans « Revue musicale », décembre 1922.

VALLAS, L., *La véritable histoire de César Franck,* Paris, 1955.

VINCENT D'INDY

Paul-Marie-Théodore-Vincent d'Indy, né à Paris, de souche cévenole, le 27 mars 1851, reçut une formation intellectuelle qui devait le mener à l'étude du droit ; dès sa dix-huitième année il décida de se consacrer à la musique ; après avoir pris part à la guerre franco-allemande de 1870-1871, il se lança à Paris en plein courant musical. Un voyage en pays allemand au cours de l'été 1873 lui permit de passer une dizaine de jours à Weimar auprès de Franz Liszt, d'y entendre des œuvres inconnues de nouveaux compositeurs russes, de fréquenter à Dresde, Munich et Vienne les répétitions et les représentations d'opéras allemands, de rencontrer Johannes Brahms. Il avait déjà fait un précoce début de compositeur en présentant en 1874 aux Concerts Pasdeloup l'une de ses ouvertures pour le *Wallenstein* de Schiller, quand, en 1876 et 1882, il assista à Bayreuth aux représentations de la *Tétralogie* et de *Parsifal*. Ce fut pour lui une révélation : il créerait lui-même de nouveaux modèles de théâtre lyrique français sur le plan de ceux de Richard Wagner. En attendant de trouver le beau drame de ses rêves, il compose d'après Uhland *la Forêt enchantée* (1878), partition romantique, webérienne et wagnérienne, puis *Sauge fleurie* (1884) ; l'un et l'autre poèmes symphoniques, très germaniques, sont marqués par une orchestration claire, par le goût des timbres purs, caractère personnel que conserveront toutes ses œuvres ultérieures.

C'est encore l'atmosphère allemande de Schumann et de Weber qui enveloppe un autre poème symphonique, mais pour piano, *Poème des montagnes* (1881), évocation d'une journée d'amour dans la montagne vivaroise, et son *Chant de la cloche* (1880-1883), opéra de concert comparable à *la Damnation de Faust*. Le conseil d'amis, surtout d'Henri Duparc, une indication recueillie des lèvres de Wagner souhaitant que les Français, sans renoncer à la manière de ses propres drames lyriques, se rattachent aux légendes de leur pays et à leurs chansons populaires, le succès du folklore dans les compositions savantes de divers pays d'Europe, la découverte des vieux airs chantés par les paysans des Cévennes, tout cela poussa d'Indy vers un nationalisme musical plein de contradictions; on allait en voir bientôt le résultat.

Ce fut d'abord la symphonie dite cévenole (1886) dont le vrai titre indique l'intention nationale : *Symphonie sur un chant montagnard français*, chant qu'il avait recueilli, comme une centaine d'autres, aux lèvres des paysans dans son pays d'origine; c'est le chef-d'œuvre, devenu presque populaire, du jeune maître. A cette époque s'affirme déjà son autorité; il supplée Franck dans la direction de la Société nationale de Musique que, dès la mort de son chef, il prendra complètement en main. Fait historique d'importance, qui devait avoir une influence prolongée sur la composition des programmes et sur l'évolution de la jeune musique française; cette influence allait s'étendre, quelques années plus tard, lorsque Charles Bordes se vit obligé de céder la direction de la Schola Cantorum à celui qui se considérait comme l'héritier de César Franck; alors le franckisme d'indyste s'affirma avec ses principes musicaux : amour désintéressé de la musique, foi dans l'art, culte des anciens maîtres, respect des formes consacrées par les classiques depuis Bach et par les romantiques, recherche de l'unité de la composition par le retour des thèmes... Vincent d'Indy voulut y ajouter des principes moraux, chrétiens, catholiques, dont le point de départ était marqué par les vertus dites théologales, la foi, l'espérance, la charité. Ces nobles idées d'indystes de la Schola Cantorum et celles parallèles de la Société nationale purent être largement répandues en province ou à l'étranger : des deux institutions qu'il dirigeait, Vincent d'Indy créa des succursales, confiées à des amis comme Octave Maus à Bruxelles, à des camarades comme Guy Ropartz à Nancy, à des élèves comme Witkowski à Lyon.

Pour ses besoins de propagande, d'Indy se mit à refaire lentement, patiemment, d'une façon plus ou moins consciente, l'histoire de son maître; il la transforma en un touchant panégyrique, d'exagération évidente :

Franck inconnu et méconnu, continuateur ou seul digne héritier du Beethoven des derniers jours, créateur ou restaurateur français de la forme cyclique, saint de la musique, patron de la Schola Cantorum, précurseur des idées d'indystes sur l'enseignement, l'art, la religion, un Franck, en somme, que Franck n'avait guère connu.

Vincent d'Indy, très laborieux, partageait son temps en deux parties inégales : vacances d'été dans la montagne cévenole, consacrées à la composition; le reste de l'année réservé à sa propagande musicale de chef d'orchestre international, puis surtout à la direction minutieuse de la Schola Cantorum. Ses partitions, expression de son art propre, de son génie, sont aussi, au moins dès 1900, des modèles d'écriture volontaire, résultat de l'application obstinée de ses principes directeurs. Cette production continue, très riche, d'abord admirée presque sans réserves, provoqua des polémiques lorsque, au lendemain de *Pelléas et Mélisande,* Claude Debussy, contre sa volonté, fut dressé en rival de Vincent d'Indy; à la lutte artistique ce dernier prit sans cesse une part active.

Deux *Quatuors* à cordes avaient, en 1890 et 1897, affirmé la volonté constructive d'un architecte musical, soucieux de continuer les derniers quatuors de Beethoven et celui de Franck. Parut en 1897 *Istar* pour orchestre, séduisante série, ingénieuse à l'extrême, de variations à rebours, doublée d'une musique à programme; en 1897 on représenta à l'Opéra de Bruxelles, puis à Paris, *Fervaal,* fruit de six ou sept années de travail (1889-1895) : grand événement, commenté en sens divers par toute la critique musicale. *Fervaal* parut presque tout wagnérien par son poème et sa musique, mais il portait des caractères français grâce à l'utilisation d'une chanson populaire, à l'écriture berliozienne, c'est-à-dire avec prédominance des timbres purs, d'un orchestre très nombreux et de neuve richesse; on reconnut le talent magistral de l'auteur, son sens orchestral, son audace harmonique, son parti pris de dramaturge wagnérien, qui lui interdisait les grands épanchements mélodiques de l'ancien opéra.

De quelques excès de sa composition théâtrale Vincent d'Indy se rendit compte : son second drame lyrique, *l'Étranger* (1898-1901) est plus simple, plus aéré; l'orchestre, moins nombreux, se tait souvent pour laisser distinctes les paroles chantées; d'Indy s'efforce de s'éloigner de la tradition allemande, au moins autant que le lui permettait son wagnérisme profond, volontaire.

De grandes œuvres parurent au concert : IIᵉ *Symphonie* (1902-1903) qu'on étudia avec un soin extrême et une vive passion pour y reconnaître, sous une mécanique prodigieuse, une inspiration trop volontaire; *Jour d'été à la montagne* (1905), triptyque descriptif constituant l'exaltation musicale du pays cévenol et des sentiments de l'auteur; *Souvenirs* (1906), vaste et émouvante oraison funèbre de la « Bien-aimée » du *Poème des montagnes*, c'est-à-dire de la première épouse de l'auteur, qui venait de mourir. Du même temps est une autre œuvre essentielle, écrite pour le piano : la *Sonate en mi majeur* (1907), dont la construction impeccable, doublée d'une expression intense, révèle l'application rigoureuse des principes du grand pédagogue de la Schola, du vrai chef d'école, que ses adversaires traitaient parfois de maître d'école.

De 1908 à 1915, le travail des vacances fut consacré à un nouveau drame lyrique, *la Légende de saint Christophe*, représenté à l'Opéra en 1920. Le livret, établi d'après une légende chrétienne, était dans l'esprit de l'auteur une manifestation antisémite, un vaste pamphlet contre la politique anticléricale de la IIIᵉ République et aussi contre la nouvelle musique de son temps : œuvre étrange, compromis entre les mystères du Moyen âge et les drames wagnériens; la musique est une colossale synthèse de toutes les formes, de tous les genres, de tous les styles, de tous les procédés d'écriture, de déclamation, d'orchestration; elle se fonde principalement sur des éléments mélodiques empruntés à Bach, à Beethoven, au chant grégorien. Haute conjonction des idées d'un artiste absolu, *la Légende de Saint Christophe* marque le suprême aboutissement d'un art trop idéal, l'épuisement d'un style hautain, quasi surhumain, le sommet d'une pensée et d'une expression inaccessibles au grand public; il n'a nulle chance, ne serait-ce que pour des raisons politiques, de reparaître avant longtemps au théâtre.

La guerre de 1914-1918 inspira à Vincent d'Indy une IIIᵉ *Symphonie*, dite *Sinfonia brevis de bello gallico*, œuvre de second ordre. Le musicien subit ensuite une évolution due à la transformation de la vie musicale, à un second mariage, au transfert de ses vacances des Cévennes à la Côte d'Azur : changement de style, allégement, simplification, dépouillement. Parurent, entre 1919 et 1926, deux grandes œuvres d'orchestre célébrant la nature maritime du Midi de la France, *Poème des rivages* et *Diptyque méditerranéen ;* ces partitions, plus brèves, plus concentrées que les anciennes, moins retenues, plus épanchées, restent fidèles à la description précise, à la transposition musicale des spectacles de la nature encadrant les émotions d'un grand artiste. Les œuvres de chambre, écrites de 1926 à 1930, participent au même style ramassé, épuré; elles conservent une jeunesse étonnante chez un vieillard.

Vincent d'Indy mourut le 2 décembre 1931, à quatre-vingts ans; il avait renoncé seulement dans sa dernière année à la composition de grandes partitions, mais non à l'enseignement et à la direction d'orchestre; jusqu'à son dernier jour, il s'était mêlé avec passion à la vie politique de son pays et surtout aux polémiques qui l'opposèrent à son ami Debussy, à la gloire duquel il se plaisait à consacrer son talent de chef d'orchestre; il aimait Debussy, mais non le debussysme.

De son œuvre considérable, plus de cent partitions, que restera-t-il ? Ses deux premières *Symphonies,* surtout *la Cévenole, Istar, le Jour d'été à la montagne,* mais non ses trop systématiques *Quatuors,* quelques partitions, orchestre ou chambre, de sa dernière manière; au théâtre on reverra peut-être parfois *l'Étranger* et l'on regrettera, en lisant de beaux extraits de *Fervaal,* que ce drame lyrique apparaisse aujourd'hui excessif et démesuré. On s'étonnera toujours, non de la juste et affectueuse admiration, mais de l'extrême antipathie provoquées dans les trente premières années du xxe siècle par cet artiste indépendant et passionné qu'enchaînèrent les mille liens d'une méticuleuse organisation intellectuelle et d'une fidélité étroite à des traditions, à des habitudes, à des préjugés; l'étonnante union d'une âme libérale et d'un esprit conformiste a marqué d'incessantes contradictions les actes de toute sa vie, les pages de tous ses écrits, les feuilles de toutes ses partitions. Quelque jugement plein de nuances que portera l'avenir, on ne cessera d'admirer son action continue sur la vie musicale au cours de quarante ou cinquante années, son influence pédagogique, immense jusqu'à sa mort; on ne pourra, sans se reporter à lui, comprendre l'histoire artistique de la France à la fin du XIXe siècle et pendant le premier tiers du XXe.

Parmi ses élèves innombrables, on peut retenir une dizaine de noms, dont les plus importants sont ceux d'Albéric Magnard et d'Albert Roussel. Le second est étudié en un autre chapitre; le premier, né en 1865, mort tragiquement en 1914, vécut dans un isolement orgueilleux, composa de fortes œuvres de musique pure et d'âpres drames lyriques selon Wagner, mais d'un style très personnel (*Bérénice, Guercœur*). On peut citer encore : Marcel Labey, principal lieutenant du maître à la Schola et à la Nationale, auteur surtout de musique de chambre; Déodat de Séverac, Languedocien soumis à la double influence de d'Indy et de Debussy, qui chanta son pays de Cerdagne et dont le meilleur de la production est écrit pour piano (*le Chant de la terre, En Languedoc, Cerdana*) ; Antoine Mariotte, surtout musicien de théâtre (*Salomé, Esther, Gargantua*) ; Gustave Samazeuilh, compositeur et critique, qui s'efforce de concilier l'art de d'Indy et de Debussy, et n'a pas écrit pour le théâtre; Georges Martin, dit Witkowski, qui, adoptant dans la musique pure le byzantinisme formel de son maître, restera connu comme le compositeur d'un grand oratorio laïque, *le Poème de la maison,* et d'une partition pittoresque pour piano et orchestre, *Mon lac.* Tous et bien d'autres, fermement attachés aux principes de d'Indy, sont en quelque sorte les petits-fils de César Franck.

Léon Vallas.

BIBLIOGRAPHIE

Canteloube, J., *Vincent d'Indy, sa vie, son œuvre, son action,* Monaco, 1951.

Demuth, N., *Vincent d'Indy, Champion of Classicism,* Londres, 1951.

Dufourcq, N., *Autour de Coquard, César Franck et Vincent d'Indy,* Paris, 1952.

FERCHAULT, G., article dans *Musik in Geschichte und Gegenwart*, tome VI, Bâle et Cassel, 1957.

INDY, V. d', *La Schola Cantorum, son histoire depuis sa fondation jusqu'en 1925*, Paris, 1927.

LIONCOURT, G. de, *Un témoignage sur la musique et sur la vie au XXe siècle*, Paris, 1956.

VALLAS, L., *Vincent d'Indy*, 2 vol., Paris, 1946-1949.

Malgré nos recherches, nous n'avons pas pu retrouver la trace de certains auteurs de ce volume. Les droits d'auteur leur revenant sont réservés dans un compte à nos Éditions.

Reproduit et achevé d'imprimé
par l'imprimerie Bussière Camedan Imprimeries
à Saint-Amand (Cher), le 23 mars 2001.
Dépôt légal : mars 2001.
Numéro d'imprimeur : 6514.
ISBN 2-07-041747-6/Imprimé en France.